**Laden Sie jetzt das Ebook mit Ihrem persönlichen Content Code* herunter unter www.datakontext.com**

561BF724F7D2330

*Der Code kann nur für eine Registrierung verwendet werden.

So geht`s:
Wenn Sie bereits im DATAKONTEXT-Portal registriert sind:

➜ Melden Sie sich auf www.datakontext.com/mydatakontext mit Ihrer E-Mail-Adresse und Ihrem Passwort an.
➜ Klicken Sie unten auf „Content Code eingeben".
➜ Sie finden den Zugriff auf Update-Services unter „Serviceinhalte".

Falls Sie noch nicht registriert sind:

➜ Gehen Sie auf www.datakontext.com/contentcode
➜ Registrieren Sie sich mit Ihrer E-Mail-Adresse, einem Passwort und Ihrem Content-Code.
➜ Sie erhalten eine Bestätigungsmail an Ihre E-Mail-Adresse.
➜ Nachdem Sie den Bestätigungslink angeklickt haben, finden Sie den Zugriff auf Update-Services unter „My DATAKONTEXT"-> „Serviceinhalte".

Haben Sie noch weitere Fragen? Wir helfen Ihnen gerne!

Hotline: 02234/98949-30

 ## Einladung zu den Webinaren
„Aktuelle Praxisfragen zum Arbeitnehmerdatenschutz"

Als Käufer der 6. Auflage „Handbuch Arbeitnehmerdatenschutz" laden wir Sie ein, Ihre Fragen zum Arbeitnehmerdatenschutz an den Autor Prof. Peter Gola im Rahmen zweier Webinare zu stellen.

Termine:	Webinar 1	24.09.2013	11–12 Uhr
	Webinar 2	22.10.2013	11–12 Uhr

Die Teilnahme für Sie ist **kostenlos!**

Senden Sie uns einfach eine E-Mail mit dem Stichwort „Webinar Arbeitnehmerdatenschutz" an folgende Mailadresse: webinare@datakontext.com

Fragen können Sie **bis 2 Werktage vor dem Webinartermin** einreichen.

Sie erhalten wenige Tage vor dem Webinartermin Ihre individuellen Zugangsdaten.

 DATAKONTEXT

Verlagsgruppe Hüthig Jehle Rehm GmbH · Augustinusstr. 9d · 50226 Frechen

Gola/Wronka

Handbuch Arbeitnehmerdatenschutz

Rechtsfragen und Handlungshilfen

Handbuch Arbeitnehmerdatenschutz

Rechtsfragen und Handlungshilfen

Prof. Peter Gola

Dr. Georg Wronka

6. überarbeitete und erweiterte Auflage 2013

Bibliografische Information Der Deutschen Bibliothek

Die Deutsche Nationalbibliothek verzeichnet diese Publikation in der
Deutschen Nationalbibliographie; detaillierte bibliografische Daten sind im Internet
über <http://dnb.d-nb.de> abrufbar.

Bei der Herstellung des Werkes haben wir uns zukunftsbewusst für umweltverträgliche und wie-
derverwertbare Materialien entschieden. Der Inhalt ist auf elementar chlorfreiem Papier gedruckt.

ISBN 978-3-89577-666-3
6. überarbeitete und erweiterte Auflage 2013

E-Mail: kundenbetreuung@hjr-verlag.de
Telefon: +49 89/2183-7928 Telefax: +49 89/2183-7620

© 2013 DATAKONTEXT, eine Marke der Verlagsgruppe Hüthig Jehle Rehm GmbH Heidelberg,
München, Landsberg, Frechen, Hamburg

www.datakontext.com

Covergestaltung: Michael Paffenholz
Titelbild: Vladitto © www.fotolia.de
Satz: III-satz, www.drei-satz.de
Druck: Westermann Druck Zwickau GmbH

Hinweis: Zur Vereinfachung der Darstellungen wurde bei Funktionsträgern immer die männliche
Form gewählt. Es versteht sich, dass dafür von Fall zu Fall auch die weibliche Form angewendet
werden muss.

Vorwort zur 6. Auflage

Nachdem die im Jahr 2009 abgeschlossene 5. Auflage vergriffen war, verzögerte sich die für 2012 geplante Überarbeitung des Handbuchs immer wieder, weil nicht absehbar war, ob und wann der seit Februar 2012 im Parlament beratene Regierungsentwurf eines Beschäftigtendatenschutzgesetzes Gesetzeskraft erlangt. Nachdem sich Anfang 2013 zeigte, dass dies in der laufenden Legislaturperiode nicht mehr zu erwarten ist, konnte die Neuauflage im März 2013 abgeschlossen werden. Der Aufbau des Buches ist in großen Teilen neu konzipiert und folgt im Wesentlichen den Zulässigkeitstatkriterien des § 32 BDSG. Die geplanten Neuregelungen des Beschäftigtendatenschutzgesetzes blieben unberücksichtigt; hier kann auf die Veröffentlichung Gola, Datenschutz am Arbeitsplatz verwiesen werden, auf das auch in einigen Passagen dieses Buches zurückgegriffen wurde. Ältere Abschnitte wurden gestrafft, wodurch ein Kapitel entfiel. Die Berücksichtigung der zwischenzeitlich ergangenen Rechtsprechung und umfangreichen Literatur bedingte gleichwohl eine beträchtliche Erweiterung des Umfangs des Buches.

Auch wenn das sicherlich wünschenswerte Beschäftigtendatenschutzgesetz weiterhin aussteht, macht die 6. Auflage einmal mehr deutlich, dass der Arbeitnehmerdatenschutz durch ein – in der Tat sicherlich komplexes – System von Rechtsnormen und Rechtsprechung hinreichend sichergestellt ist und das geltende Recht auch neuen Entwicklungen in befriedigender Weise Rechnung zu tragen weiß.

Königswinter/Bonn im April 2013

Prof. Peter Gola
Dr. Georg Wronka

Inhaltsverzeichnis

Vorwort zur 6. Auflage V
Abkürzungsverzeichnis XXVII
Kommentare und Einzeldarstellungen XXXIII

Kapitel 1
Strukturelemente und rechtspolitisches Umfeld des
Arbeitnehmerdatenschutzes

1 Der Persönlichkeitsrechtsschutz 1
   1.1 Allgemeines 1
   1.2 Das Recht auf informationelle Selbstbestimmung 2
      1.2.1 Allgemeines 2
      1.2.2 Das Recht auf informationelle Selbstbestimmung
          im Arbeitsverhältnis 3
      1.2.3 Der von der Rechtsprechung entwickelte
          Schutzanspruch 5
      1.2.4 Öffentlich Bedienstete in Amtsträgerfunktion 7
   1.3 Facetten des Persönlichkeitsrechts 8
      1.3.1 Das Recht am gesprochenen Wort 8
      1.3.1.1 Schutz vor Abhören und Aufzeichnen 8
      1.3.1.2 Das Fernmeldegeheimnis 9
   1.4 Das „Recht am geschriebenen Wort". 10
      1.4.1 Das Briefgeheimnis 10
      1.4.2 Schutz gegen unbefugte Zugriffe auf elektronisch
          gespeicherte Daten 11
      1.4.3 Das unbefugte Abfangen von Daten nach
          § 202b StGB 12
      1.4.4 Hilfeleistung beim Ausspähen und Abfangen
          von Daten 13
   1.5 Das Recht am eigenen Bild 13
      1.5.1 Allgemeines 13
      1.5.2 Unbefugte Verbreitung von Bildern nach § 22 KUG 14
      1.5.3 Bilder aus dem höchstpersönlichen Lebensbereich 15

2 Die Entwicklung der Datenschutzgesetzgebung 16
   2.1 Allgemeines 16
   2.2 Das BDSG und seine Fortschreibung 17
      2.2.1 Der Beginn 17
      2.2.2 Die informationelle Selbstbestimmung –
          Das BDSG 1991 18
      2.2.3 Die europaweite Vereinheitlichung –
          Das BDSG 2001 18

2.2.4	Ein Versuch der Entbürokratisierung – das BDSG 2006	19
2.2.5	Präzisierter Kunden- und Beschäftigtendatenschutz – das BDSG 2009	19
2.2.6	Der Entwurf eines Beschäftigtendatenschutzgesetzes	20

3 Die EU-Datenschutz-Grundverordnung ... 21
3.1 Allgemeines ... 21
3.2 Raum für ein nationales Beschäftigtendatenschutzgesetz ... 22

Kapitel 2
Die Grundsätze des Personalaktenrechts

1 Die Rechtsentwicklung des Personalaktenrechts ... 25

2 Pflicht zur Personalaktenführung ... 27

3 Geltungsbereich des Personalaktenrechts ... 27
3.1 Die Personalakte im formellen und im materiellen Sinn ... 27
3.2 Betriebsdaten/Sachaktendaten ... 30
3.3 Auf Statistik beruhende Bewertung (Scoring) ... 31
3.4 Persönliche, nur zum Eigengebrauch bestimmte Aufzeichnungen ... 32

4 Die Grundsätze der Personalaktenführung ... 32
4.1 Allgemeines ... 32
4.2 Die Transparenz der Personalakte ... 33
4.3 Die Richtigkeit und Vollständigkeit der Personalakte ... 33
4.4 Die Zulässigkeit (Zweckbindung) der Information ... 36
4.5 Die Vertraulichkeit der Personalakte ... 37
   4.5.1 Allgemeines ... 37
   4.5.2 Vertraulichkeit gegenüber Prüfungsinstanzen ... 39
   4.5.3 Durchbrechung der Vertraulichkeit ... 40
   4.5.4 Datensicherung ... 40

5 Digitalisierte Personalakten ... 41
5.1 Allgemeines ... 41
5.2 Zulässigkeit digitalisierter Speicherung ... 42
5.3 Richtigkeit und Vollständigkeit der Speicherung ... 43
   5.3.1 Korrekturrechte ... 43
   5.3.1.1 Vernichtung von Originalunterlagen ... 43
   5.3.1.2 Verlust der Beweisfunktion ... 44
   5.3.2 Grundsätze ordnungsgemäßer Archivierung ... 44
   5.3.3 Gewährleistung der Vertraulichkeit ... 45
   5.3.4 Transparenz gegenüber dem Betroffenen ... 45

6 Zusammenfassung ... 46

Kapitel 3
Das Bundesdatenschutzgesetz

1 Allgemeines 49

2 Regelungsgegenstand: Der Umgang mit personenbezogenen Daten 50
   2.1 Personenbezogene Daten 50
      2.1.1 Allgemeines 50
      2.1.2 Personenbezogene Daten über Beschäftigte 51
      2.1.3 Besondere Arten personenbezogener Daten 53
   2.2 Die Normadressaten 54
      2.2.1 Der Arbeitgeber als verantwortliche Stelle 54
      2.2.2 Die Einordnung des Betriebsrats 55
   2.3 Die Phasen des Umgangs mit personenbezogenen Daten 55
      2.3.1 Allgemeines 55
      2.3.2 Das Erheben der Daten im Einzelnen 56
      2.3.2.1 Definition des Erhebens 56
      2.3.2.2 Der Grundsatz der Direkterhebung 57
      2.3.2.3 Konsequenzen unterbliebener Information 60
      2.3.3 Das Speichern der Daten im Einzelnen 60
      2.3.4 Das Verändern von Daten im Einzelnen 61
      2.3.5 Das Nutzen von Daten 62
      2.3.5.1 Der Tatbestand 62
      2.3.5.2 Nutzungsverbote 64
      2.3.6 Das Übermitteln von Daten im Einzelnen 68
      2.3.6.1 Der Tatbestand 68
      2.3.6.2 Interne und externe Empfänger (Dritte) 69
   2.4 Auftragsdatenverarbeitung 69
      2.4.1 Begriffsbestimmung 69
      2.4.2 Funktionsübertragung 72
      2.4.2.1 Begriffsbestimmung 72
      2.4.2.2 Unterscheidungskriterien 73
      2.4.3 Auftragsvergabe 74
      2.4.4 Pflichten des Auftraggebers 75
      2.4.5 Pflichten des Auftragnehmers 76
      2.4.6 Auftragsdatenverarbeitungen in EU-Drittländern 78
      2.4.6.1 Allgemeines 78
      2.4.6.2 Übermittlung sensibler Daten 78

3 Die Art der Datenverarbeitung 79
   3.1 Automatisiert bzw. als Datei geführte Datenbestände 79
   3.2 Loslösung der Zulässigkeitsregelung vom Dateibezug 80

4 Das Verbot mit Erlaubnisvorbehalt 81
   4.1 Allgemeines 81
   4.2 Erlaubnis- und Verbotsregelungen außerhalb des BDSG 82
      4.2.1 Allgemeines 82
      4.2.2 Die Subsidiarität nach § 1 Abs. 3 BDSG 82

4.2.3	Subsidiarität nach § 4 Abs. 1 BDSG	84
4.2.3.1	Gesetzliche Spezialregelungen	84
4.2.3.2	Tarifverträge und Betriebs-/Dienstvereinbarungen	85
4.2.4	Zusammenfassung	87
4.3	Bereichsspezifische Regelungen des öffentlichen Dienstrechts	88
4.3.1	Allgemeines	88
4.3.2	Die Verweisung auf den 3. Abschnitt des BDSG	88
4.3.3	Der Personaldatenschutz des Beamtenrechts	90
4.3.4	Beschäftigtendatenschutz in den Landesdatenschutzgesetzen	91

5 Datenvermeidung und Datensparsamkeit ... 94

5.1	Vorrang von Anonymisierung und Pseudonymisierung	94
5.2	Realisierungsmöglichkeiten	94

6 Erlaubnis- und Verbotsregelungen im BDSG ... 95

6.1	§§ 28, 32 BDSG	95
6.2	Das Verbot „automatisierter Einzelentscheidungen" des § 6a BDSG	97
6.2.1	Allgemeines	97
6.2.2	Der Begriff der „automatisierten Entscheidung"	98
6.2.3	Die Wahrung berechtigter Interessen des Betroffenen	99
6.2.4	Beamtenrecht	99

7 Die Einwilligung des Betroffenen ... 100

7.1	Allgemeines	100
7.2	Anforderungen an die Einwilligung nach dem BGB	102
7.3	Anforderungen an die Einwilligung nach § 4a Abs. 1 BDSG	102
7.4	Keine Erweiterung des Fragerechts durch Einwilligung	103
7.5	Konkretheit der Einwilligung	104
7.6	Die Einwilligung als „conditio sine qua non" der arbeitsvertraglichen Beziehungen	105

8 Das Widerspruchsrecht des § 35 Abs. 5 BDSG ... 107

8.1	Allgemeines	107
8.2	Das Widerspruchsrecht gegenüber dem Arbeitgeber	108
8.2.1	Allgemeines	108
8.2.2	Widerspruchsgründe im Arbeitsverhältnis	109

9 Datensicherung ... 110

9.1	Allgemeines	110
9.2	Kontrollmaßnahmen der Anlage zu § 9 BDSG	112
9.3	Grundsatz der Verhältnismäßigkeit	113
9.4	Datensicherungsmaßnahmen und Schutz der bei der DV Beschäftigten	114
9.4.1	Zweckbindung der Kontrolldaten	114
9.4.2	Mitbestimmung	114
9.4.3	Praktische Hinweise	115

9.4.3.1 Protokollierungen 115
9.4.3.2 Online-Bewerbungen.............................. 116
9.4.3.3 Passwörter 116
9.4.3.4 Telearbeit....................................... 116
9.4.3.5 Telefax... 117

Kapitel 4
Die Erhebung, Verarbeitung und Nutzung von Beschäftigtendaten zur Begründung des Beschäftigungsverhältnisses

1 **Vorbemerkung** 119
1.1 Allgemeines 119
1.2 E-Recruiting 120
1.2.1 Allgemeines................................ 120
1.2.2 Skill-Datenbanken.......................... 121
1.2.3 Videointerviews............................ 122
1.2.4 Automatisierte Einzelentscheidung.......... 122

2 **Die arbeitsrechtliche Ausgangslage**.................... 123
2.1 Fragerecht und Offenbarungspflicht 123
2.2 Anfechtung....................................... 125
2.2.1 Allgemeines................................ 125
2.2.2 Recht zur Unwahrheit 126

3 **Das Anbahnungsverhältnis** 126
3.1 Vorvertragliches Schuldverhältnis 126
3.2 Die „subjektive" Personalentscheidung 127
3.3 Informationsinteresse vor und nach der Begründung des Beschäftigungsverhältnisses......................... 128
3.4 Background-Checks/Erhebung von Daten bei/mit Hilfe Dritter 128
3.5 Freiwillig zur Verfügung gestellte Daten........... 129

4 **Einzelfragen zulässiger Erhebung und Speicherung**........ 130
4.1 Angaben zur Person 130
4.1.1 Adresse/Kontaktdaten 130
4.1.2 Familienstand 130
4.1.3 Alter....................................... 131
4.1.4 Schwerbehinderteneigenschaft 131
4.1.5 Religion.................................... 132
4.1.6 Aussehen/Lichtbild 132
4.1.7 Lebenslauf................................. 132
4.2 Vermögensverhältnisse 133
4.3 Voraussehbare Fehlzeiten.......................... 134
4.3.1 Schwangerschaft 134
4.3.2 Elternzeit 135

4.3.3 Bevorstehende krankheitsbedingte Fehlzeiten
bzw. sonstige Abwesenheitszeiten 136
4.3.4 Die pauschale Frage nach Verhinderungsgründen 136
4.4 Die berufliche Tätigkeit berührende private Aktivitäten 137
4.4.1 Nebentätigkeiten/Ehrenämter/Hobbys 137
4.4.2 Rauchereigenschaft 138
4.4.3 Bisheriges Gehalt 138
4.4.4 Motive für die Bewerbung 138
4.4.5 Vorstrafen 139
4.4.6 Stasi-Tätigkeit 141
4.4.7 Gewerkschaftszugehörigkeit 142
4.5 Gesundheitsdaten 143
4.5.1 Das Fragerecht 143
4.5.2 Einstellungsuntersuchung durch Betriebsarzt/
Gesundheitsamt 144
4.5.3 Sonderfall: Genom-/DNA-Analysen. 146
4.5.4 Sonderfall: HIV-Tests/AIDS. 150
4.5.5 Alkohol- und Drogentests 152

5 Eignungs- und Persönlichkeitstests. 152
5.1 Allgemeines 152
5.2 Psychologische Testverfahren 153
5.3 Grafologische „Tests" 154

6 Auskünfte von Dritten 155
6.1 Referenzen 155
6.2 Schufa-Auskunft. 155
6.3 Arbeitgeberauskünfte 155
6.4 Branchenauskunftsdienste 158
6.5 Staatliche Sicherheits- und Zuverlässigkeitsprüfungen 158
6.6 Datenerhebung bei Präqualifikationsverfahren 159
6.7 Einschaltung der Arbeitsverwaltung oder von Headhuntern 159
6.8 Das Internet als Quelle für Bewerberdaten 159
6.8.1 Allgemeines. 159
6.8.2 Erlaubnistatbestände 160
6.8.3 Die Zulässigkeit nach § 32 Abs. 1 S. 1 BDSG 160
6.8.4 Grundsatz der Direkterhebung 161
6.8.5 Anwendung des § 28 Abs. 1 Satz 1 Nr. 3 BDSG
im Arbeitsverhältnis 162
6.8.6 Offensichtliche Interessenverletzung 162

7 Die Verarbeitung und Nutzung der Bewerberdaten 163

Kapitel 5
Erhebung, Verarbeitung und Nutzung von Beschäftigtendaten zur Durchführung des Arbeitsverhältnisses

1 **Vorbemerkung** 165

2 **Erhebung und Speicherung von Beschäftigtendaten** 165
  2.1 Verhältnis von § 32 zu § 28 BDSG 165
  2.2 Grenzen des Informationsinteresses des Arbeitgebers............. 167
  2.3 Informationsbedarf des Arbeitgebers........................ 168
      2.3.1 Grundsätzliches................................ 168
      2.3.2 Einzelfälle 168
      2.3.2.1 Arbeitsverhalten 168
      2.3.2.2 Schwangerschaft 169
      2.3.2.3 Alkohol- und Drogentests 170
      2.3.2.4 Betriebsärztliche Datenerhebung 170
      2.3.2.5 Genetische Untersuchungen 170
      2.3.2.6 Aidstest 171
      2.3.2.7 Krankheiten 171
      2.3.2.8 Betriebliches Eingliederungsmanagement 180
      2.3.2.9 Schwerbehinderung............................ 182
      2.3.2.10 Nebentätigkeiten 183
      2.3.2.11 Gewerkschaftszugehörigkeit...................... 184
      2.3.2.12 Gehaltsabzug von Gewerkschaftsbeiträgen.............. 184
      2.3.2.13 Nachweis der Vertretung........................ 185
      2.3.2.14 Beobachtung durch Detektive 186
      2.3.2.15 Datenerhebung per Whistleblowing 187
      2.3.2.16 Psychologische Testverfahren..................... 190
      2.3.2.17 Qualitätstest, Mystery Calls, Testshopping............. 191
      2.3.2.18 Mitarbeiterbefragungen......................... 194
      2.3.2.19 Beurteilungen 195
      2.3.2.20 Rügen/Abmahnungen 197

3 **Veränderung von Daten** 202

4 **Übermittlung von Beschäftigtendaten** 203
  4.1 Allgemeines 203
  4.2 Datenübermittlungen im Konzern 203
      4.2.1 Allgemeines.................................. 203
      4.2.2 Konzernseitige Arbeitsteilung per
            Auftragsdatenverarbeitung 204
      4.2.3 Die Erforderlichkeit im Rahmen des
            Beschäftigungsverhältnisses (§ 32 Abs. 1 BDSG) 206
      4.2.4 „Berechtigte Interessen" als Zulässigkeitskriterien
            (§ 28 Abs. 1 S. 1 Nr. 2, Abs. 2 Nr. 2a BDSG) 207
      4.2.5 Besondere Arten personenbezogener Daten
            nach § 3 Abs. 9 BDSG 208
      4.2.6 Regelung durch Betriebsvereinbarung 208

4.3 Grenzüberschreitender Personaldatenfluss 209
    4.3.1 Allgemeines.. 209
    4.3.2 Angemessenheit des Datenschutzniveaus 211
    4.3.3 Feststellung durch die Kommission 213
    4.3.4 Übermittlungen ohne angemessenes
          Datenschutzniveau 213
    4.3.5 Einwilligung in die Übermittlung von Personaldaten
          in Drittländer.................................... 214
    4.3.6 Hinweispflicht gegenüber dem Empfänger.............. 214
4.4 Die Veröffentlichung von Arbeitnehmerdaten in
    Werkszeitungen etc.................................... 215
    4.4.1 Das Medienprivileg............................... 215
    4.4.2 Der Arbeitgeber als Presseherausgeber................ 216
    4.4.3 Weitergabe der Personaldaten an die Redaktion......... 217
4.5 Mitarbeiterdaten in Intranet und Internet.................... 218
    4.5.1 Allgemeines...................................... 218
    4.5.2 Veröffentlichung im Intranet....................... 218
    4.5.3 Veröffentlichung im Internet....................... 219
    4.5.3.1 Allgemeines...................................... 219
    4.5.3.2 Zulässigkeitskriterien 220
    4.5.3.3 Widerspruchsrecht................................ 222
4.6 Veröffentlichung von Bildern der Mitarbeiter................. 222
    4.6.1 Das Recht des Betroffenen am eigenen Bild............ 222
    4.6.2 Rechte des Urhebers 223
4.7 Weitere Einordnungsprobleme in Beispielen.................. 223
    4.7.1 Allgemeines...................................... 223
    4.7.2 Rechtsverfolgung/Gerichtsverfahren 223
    4.7.3 Verfahren bei Kundenbeschwerden 224
    4.7.4 Zeitarbeit.. 224
    4.7.5 Outplacementmanagement 225
    4.7.6 Datenübermittlungen an Versicherungen 226
    4.7.7 Die Erteilung von Auskünften 226
    4.7.7.1 Allgemeines...................................... 226
    4.7.7.2 Gläubigeranfragen................................ 227
    4.7.7.3 Anfragen von Sicherheitsbehörden................... 229
    4.7.7.4 Arbeitgeberauskünfte 229
    4.7.7.5 Branchenauskunftsdienste.......................... 233
    4.7.7.6 Datenübermittlungen bei Unternehmensverkauf/
          -übernahme 233
4.8 Datenübermittlungen an Arbeitgeberverbände/
    Gewerkschaften 235
    4.8.1 Arbeitgeberverbände.............................. 235
    4.8.2 Gewerkschaften.................................. 236
4.9 Spezielle gesetzliche Übermittlungsge- und -verbote 236
    4.9.1 Allgemeines...................................... 236
    4.9.2 Bereichsspezifische Übermittlungsvorschriften
          des Personalaktenrechts der Beamten.................. 238
    4.9.3 Regelungen durch Betriebs- und Dienstvereinbarung 239

4.9.4 Beispiele gesetzlicher Übermittlungsregelungen zwecks Mitarbeiterüberprüfung 240
4.9.4.1 Sicherheitsüberprüfungen 240
4.9.4.2 Zuverlässigkeitsprüfung im Bewachungsgewerbe 244
4.9.4.3 Datenübermittlung im Finanzgewerbe 246
4.9.4.4 Datenübermittlungen im Rahmen der Terroristenfahndung 246

5 **Nutzung von Beschäftigtendaten** 247
5.1 Allgemeines 247
5.2 Der betriebs-/behördeninterne Datenfluss 247
5.2.1 Vorbemerkung 247
5.2.2 Geburtstagslisten/Jubiläumsfeiern 248
5.2.3 Rennlisten 249
5.2.4 Ausbildungsergebnisse/Jubiläen/Verbesserungs-vorschläge etc. 251
5.2.5 Sonstige „gegenseitige" Kontrolleffekte 252
5.2.6 Nutzung der Privatanschrift zur Mitarbeiterinformation 252
5.2.7 Nutzung zu Zwecken der Werbung 252
5.2.8 Personalrabatte 253
5.2.9 Zusatzleistungen des Arbeitgebers 253
5.2.10 Sozialauswahl 254
5.2.11 Notizen 254
5.2.12 Einkommensteuererklärung 254
5.2.13 Mitarbeiter mit „Doppelfunktion" 255
5.2.14 Nutzung zur Information der Mitarbeitervertretung 255
5.2.15 Nutzung im Interesse eines Dritten 256
5.2.16 Versand von Arbeitgeberzeitschriften 256
5.2.17 Nutzung zur Erstellung von Zeugnissen 257
5.2.18 Nutzung durch den Compliance Officer 260

Kapitel 6
Compliance und Mitarbeiterkontrollen durch Technik

1 **Allgemeines** 263

2 **Der Erlaubnistatbestand des § 32 Abs. 1 S. 2 BDSG** 264

3 **Compliance als Zielvorgabe** 265

4 **Offene und heimliche Videoüberwachung** 268
4.1 Allgemeines 268
4.2 Anzuwendende BDSG-Bestimmungen 269
4.3 Überwachung nach § 6b BDSG 270
4.3.1 Allgemeines 270

4.3.2 Wahrnehmung im Rahmen des Hausrechts 271

4.3.3 Wahrnehmung vorrangiger berechtigter Interessen 272

4.3.4 Kenntlichmachung der Beobachtung/
Benachrichtigung 273

4.3.5 Benachrichtigungspflicht 274

4.3.6 Heimliche Überwachung öffentlich zugänglicher
Räume 274

4.3.7 Löschungspflicht 276

4.4 Die Überwachung von nicht öffentlich zugänglichen
Arbeitsplätzen 276

4.4.1 Allgemeines 276

4.4.2 Heimliche Überwachung an nicht öffentlichen
Arbeitsplätzen 278

4.4.3 Fokus der Überwachung 279

4.5 Von dem Kamera-Monitorsystem zur Mustererkennung 280

5 Erfassung von Bewegungsdaten 280

5.1 Allgemeines 280

5.2 RFID-Anwendungen im Betrieb 281

5.2.1 Die Überwachungstechnik 281

5.2.2 RFID und Biometrie 282

5.2.2.1 Allgemeines 282

5.2.2.2 Aspekte eines datenschutzgerechten
Biometrie-Verfahrens 283

5.2.3 Zulässigkeitsgrenzen des RFID-Einsatzes 284

5.3 Überwachung extern tätiger Beschäftigter 285

5.3.1 Allgemeines 285

5.3.2 Staatlich vorgeschriebene Überwachung:
der digitale Tachograf 286

5.3.3 Handy-Ortung 287

5.3.3.1 Das Verfahren 287

5.3.3.2 Telekommunikation-Datenschutz 288

5.3.3.3 Arbeitsrechtlicher Datenschutz 289

5.3.4 GPS-Ortung im Arbeitsverhältnis 289

5.3.5 Arbeitsrechtliche Zulässigkeit von
Location Based Services 290

5.3.5.1 Allgemeines 290

5.3.5.2 Zugriffs- und Einsichtsrechte 292

5.3.5.3 Geheime Überwachung 292

5.3.5.4 Mitbestimmung 292

6 Kontrolle der Nutzung der betrieblichen Kommunikationstechnik 292

6.1 Allgemeines 292

6.2 Anwendung des TKG und des TMG 293

6.2.1 Private Nutzung als Geltungsbereich 293

6.2.2 Konkludente Erlaubniserteilung 295

6.2.3 Betriebliche Übung 295

6.2.4 Das Anbieter-Nutzer-Verhältnis 296

6.2.5 Konsequenzen aus der Gestattung privater Nutzung 297
6.2.6 Rücknahme der Erlaubnis privater Nutzung 297
6.2.7 Generelle Verbote 298
6.3 Telefondatenerfassung bei dienstlicher Nutzung 298
6.3.1 Allgemeines...................................... 298
6.3.2 Ausgehende Telefonate............................ 299
6.3.3 Eingehende Telefonate 299
6.3.4 Keine allgemeine Leistungskontrolle 300
6.3.5 Besonderheiten in Call-Centern 300
6.3.6 Besondere schutzwürdige Interessen des
Beschäftigten oder Dritter 301
6.3.7 Telefondaten des Betriebs-/Personalrats 302
6.4 Mithören und Aufzeichnen des Inhalts dienstlicher Gespräche 303
6.4.1 Allgemeines...................................... 303
6.4.2 Grenzen der Einwilligung 304
6.4.3 Monitoring in Call-Centern......................... 305
6.4.3.1 Das Mithören in Call-Centern 305
6.4.3.2 Das Aufzeichnen in Call-Centern 305
6.4.3.3 „Keyword Spotting" und Stimmanalyse 306
6.5 Kenntnisnahme des Inhalts dienstlicher E-Mails und
der Internetnutzung................................. 307
6.5.1 Nutzungsdaten................................... 307
6.5.2 Inhaltsdaten 307
6.5.3 Vertretungsregelungen bei dienstlicher Nutzung 308
6.5.4 Kenntnisnahme erlaubter Privatnutzung 309
6.5.5 Erweiterung der Kontrollbefugnis bei privater
Nutzung durch Einwilligung der Mitarbeiter 309
6.5.5.1 Allgemeines...................................... 309
6.5.5.2 Erweiterung der Kontrollbefugnisse bei
privater Nutzung 309
6.5.6 Erweiterung der Befugnisse durch
Betriebs-/Dienstvereinbarung 310
6.5.7 Präventive „Zensurmaßnahmen" des Arbeitgebers........ 311
6.5.7.1 Zugangssperre 311
6.5.7.2 Unterdrückung eingehender E-Mails 311

7 Datamining, Rasterfahndung, Screening, Scoring Fraud Detection 311
7.1 Allgemeines 311
7.2 Die Verfahren.. 312
7.3 Screening 312
7.3.1 Der Datenabgleich................................ 312
7.3.2 Rechtmäßigkeit 313
7.3.3 Transparenz 313
7.3.4 Verfahrensablauf 314
7.4 AEO-Terroristen-Screening 314
7.4.1 Allgemeines...................................... 314
7.4.2 Rechtsgrundlage 316

8 Erfolgskontrolle beim E-Learning 317

Kapitel 7
Löschung, Berichtigung und Sperrung von Daten

1 Allgemeines 319

2 Zulässigkeit des Löschens 319
   2.1 Allgemeines 319
   2.2 Löschung als Korrekturverpflichtung 320
      2.2.1 Personalaktenrechtliche Löschungs-/
          Entfernungsansprüche 320
      2.2.2 Löschung nach dem BDSG 323
      2.2.3 Löschen und Sperren als Korrekturinstrument
          des BDSG 325
      2.2.4 Folgen der Sperrung 326
      2.2.5 Löschung der Daten bei Beendigung des
          Beschäftigungsverhältnisses 326

3 Die Berichtigung der Personalakte 328
   3.1 Das arbeitsrechtliche Gegendarstellungsrecht 328
      3.1.1 Allgemeines 328
      3.1.2 Erklärung zum Inhalt der Personalakte 328
   3.2 Das Korrekturrecht aus § 35 BDSG 330
      3.2.1 Allgemeines 330
      3.2.2 Verhältnis des Gegendarstellungsrechts
          zu § 35 BDSG 330

Kapitel 8
Transparenzpflichten

1 Allgemeines 333

2 Benachrichtigungs- und Anhörungsrechte 334
   2.1 Personalaktenrechtliche Benachrichtigungspflichten 334
   2.2 Die Benachrichtigungspflicht nach § 33 BDSG 335
      2.2.1 Die Voraussetzungen (§ 33 Abs. 1 S. 1 BDSG) 335
      2.2.2 Der Inhalt der Benachrichtigung
          (§ 33 Abs. 1 S. 1, 3 BDSG) 336
      2.2.3 Ausnahmen von der Benachrichtigungspflicht
          (§ 33 Abs. 2 BDSG) 337
      2.2.4 Dokumentation der Befreiungstatbestände
          (§ 33 Abs. 2 S. 2 BDSG) 338
      2.2.5 Folgen bei Verstößen 338

3 Auskunfts- und Einsichtsrechte 338
   3.1 Das personalaktenrechtliche Einsichtsrecht 338
      3.1.1 Der Anwendungsbereich 338

	3.1.2	Der berechtigte Personenkreis.	340
	3.1.3	Der Umfang der Einsichtnahme	341
	3.1.4	Geheimhaltungsrecht des Arbeitgebers.	342
	3.1.5	Durchführung der Einsichtnahme	342
	3.1.6	Hinzuziehung Dritter.	342
	3.1.7	Kein allgemeines Personalaktenzugangsrecht des Betriebsrats	343
3.2	Die Auskunftsrechte nach § 34 BDSG.	343
	3.2.1	Einsichtsrecht und Auskunftsrecht	343
	3.2.2	Voraussetzung und Inhalt der Auskunftserteilung	344
3.3	Ausnahmen von der Auskunftspflicht (§ 34 Abs. 7 BDSG)	346
3.4	Folgen bei Verstoß	347

4 Informationspflichten gegenüber abgelehnten Bewerbern. 347
4.1	Diskriminierungsschutz	347
4.2	Konkurrentenstreitigkeiten im öffentlichen Dienst	349
4.3	Datenschutzrechtliche Auskunftsrechte	350

5 Informationspflichten bei Datenschutzpannen 351
5.1	Allgemeines	351
5.2	Bestehen einer besonderen Gefährdung	351
5.3	Verfahren und Inhalt der Benachrichtigung	352

Kapitel 9
Das Datengeheimnis, Schweigepflichten und Sanktionen
von Datenschutzverstößen

1 Die Adressaten datenschutzrechtlicher Schweigepflichten. 355

2 Die Datenschutzverpflichtung der Beschäftigten. 355
2.1	Das Datengeheimnis.	355
2.2	Der Schutz von Geschäftsgeheimnissen.	356
2.3	Schutz des Dienstgeheimnisses	357
2.4	Das Sozialgeheimnis	358
2.5	Das Fernmeldegeheimnis	359
2.6	Allgemeine arbeitsrechtliche Verschwiegenheitspflicht	361
2.7	Die Geheimhaltungspflicht der Mitglieder der Mitarbeitervertretung	361
	2.7.1	§ 5 BDSG und bereichsspezifische Geheimhaltungsverpflichtungen	361
	2.7.2	Förmliche Verpflichtung des Betriebsrat auf § 5 BDSG	362

3 Das Verbot „unbefugten" Handelns nach § 5 BDSG 363
3.1	Allgemeines	363
3.2	Betroffener Personenkreis	364
3.3	Durchführung der Verpflichtung und Hinweise.	365

4   Strafrechtliche Sanktionen 369
    4.1   Die BDSG-Straftatbestände 369
    4.2   Spezielle Straftatbestände 370

5   Vermögensrechtliche Haftung.................................. 371
    5.1   Haftung des Mitarbeiters 371
        5.1.1   Haftung gegenüber dem Arbeitgeber 371
        5.1.2   Haftung gegenüber dem Betroffenen 371
    5.2   Haftung des Arbeitgebers gegenüber dem Mitarbeiter 372
        5.2.1   Haftungstatbestände des BDSG 372
        5.2.1.1   Allgemeines......................... 372
        5.2.1.2   Immaterieller Schaden 375
        5.2.2   Haftung öffentlich-rechtlicher Arbeitgeber.............. 376
        5.2.3   Weitere Haftungsgrundlagen 377
    5.3   Haftung für Datenschutzverstöße des Betriebsrats 378

6   Sonstige arbeitsrechtliche Konsequenzen/Kündigung 379

Kapitel 10
Die Kontrolle des Arbeitnehmerdatenschutzes

1   Das Datenschutz-Kontrollsystem 383

2   Der betriebs- und behördeninterne Datenschutzbeauftragte.......... 384
    2.1   Allgemeines 384
        2.1.1   Eigenständiges Kontrollorgan 384
        2.1.2   Die Vorgaben der EU 385
        2.1.3   Vergleichbare Funktionen......................... 386
        2.1.4   Situation in anderen EU-Ländern 386
        2.1.5   Kommendes EU-Recht 387
    2.2   Voraussetzung für die Bestellung 387
        2.2.1   Die Zahl der beschäftigten Personen.................. 387
        2.2.2   Die in der Regel und ständig beschäftigten
                Personen 388
    2.3   Die Person des Beauftragten 390
        2.3.1   Allgemeines.................................... 390
        2.3.2   Die erforderliche Fachkunde....................... 391
        2.3.3   Die erforderliche Zuverlässigkeit 392
        2.3.4   Betriebsrat als Datenschutzbeauftragter 395
    2.4   Die Bestellung des Datenschutzbeauftragten................... 396
        2.4.1   Form der Bestellung 396
        2.4.2   Arbeitsvertragliche Auswirkungen 396
        2.4.3   Inhalt der Arbeitspflichten 397
    2.5   Die Beteiligung des Betriebs-/Personalrats 398
    2.6   Der Widerruf der Bestellung und Kündigungsschutz 398
        2.6.1   Allgemeines.................................... 398

	2.6.2	Art und Weise von Widerruf und Kündigung	399
	2.6.3	Der Widerrufs-/Kündigungsgrund	401
2.7	Die organisatorische Stellung		402
	2.7.1	Funktionsgerechte Eingliederung	402
	2.7.2	Die Weisungsfreiheit	403
2.8	Die Verschwiegenheitspflicht		404
2.9	Benachteiligungsverbot		406
2.10	Unterstützungspflicht		406
	2.10.1	Allgemeines	406
	2.10.2	Der Ausstattungsanspruch	407
2.11	Der Datenschutzbeauftragte als Anwalt der Betroffenen		407
2.12	Die Hinwirkungsaufgabe des Datenschutzbeauftragten		408
2.13	Datenschutz kontra Kontrollrecht		409
2.14	Kontrolle der Mitarbeitervertretung		410
2.15	Die Einschaltung der Aufsichtsbehörden		412
	2.15.1	Allgemeines	412
	2.15.2	Pflicht zur Einschaltung der Aufsichtsbehörde	412
	2.15.3	Im Ermessen liegendes Einschalten der Aufsichtsbehörde	413
	2.15.4	Einschalten der Aufsichtsbehörde zwecks Tatverfolgung	414
2.16	Meldepflicht		414
2.17	Die Programmüberwachung		414
2.18	Die Schulungsfunktion		415
2.19	Das „Verfahrensverzeichnis"		416
	2.19.1	Die Bereitstellung der Übersicht	416
	2.19.2	Inhalt der Übersicht	417
	2.19.3	Informationspflicht gegenüber jedermann	418
2.20	Die Vorabkontrolle		419
2.21	Haftung des Datenschutzbeauftragten gegenüber dem Arbeitgeber/Dienstherrn		420
2.22	Strafrechtliche Haftung aus Garantenstellung		421
3	**Die Behörden der Datenschutzaufsicht**		**422**
3.1	Die Organisation der Kontrollbehörden		422
3.2	Die Aufsichtsbehörden des privatwirtschaftlichen Bereichs		423
	3.2.1	Der Kontrollbereich	423
	3.2.2	Die Kontrolle „von Amts wegen"	423
	3.2.3	Auskunftspflichten der verantwortlichen Stelle	424
	3.2.4	Anordnungs- und Untersagungsrechte	424
	3.2.5	Abberufung des betrieblichen Datenschutzbeauftragten	425
	3.2.6	Überprüfung von brancheninternen Verhaltensregelungen	425
	3.2.7	Arbeitsrechtliche Besonderheiten	426
4	**Kontrollfunktionen der Betriebs- und Personalräte**		**427**
4.1	Der Schutzauftrag des § 75 Abs. 2 S. 1 BetrVG		427
	4.1.1	Förderung der freien Entfaltung der Persönlichkeit	427

	4.1.2	Unterlassungs- und Handlungsansprüche des Betriebsrats	428
4.2		Kontrollbefugnisse gem. § 80 Abs. 1 BetrVG /§ 68 Abs. 1 BPersVG	429
	4.2.1	Das BDSG als Schutzgesetz	429
	4.2.2	Zuständigkeit beim Einzelbetriebsrat	430
	4.2.3	Informationsansprüche nach § 80 Abs. 2 S. 1 BetrVG/§ 68 Abs. 2 BPersVG	430
	4.2.4	Unterrichtung bei Auftragsdatenverarbeitung	432
	4.2.5	Art und Weise der Auskunftserteilung	434
	4.2.6	Personenbezogene Daten als Inhalte der Information	434
4.3		Informationelle Selbstbestimmung und Datenschutzkontrolle	435
	4.3.1	Allgemeines	435
	4.3.2	§ 80 Abs. 2 BetrVG als vorrangige Erlaubnisnorm gemäß § 1 Abs. 3 BDSG?	435
	4.3.3	Fortgeltende Erlaubnistatbestände des BDSG	436
	4.3.4	Einwilligung des Beschäftigten	437
4.4		Kontrollregelungen in Betriebs-/Dienstvereinbarungen	438
	4.4.1	Allgemeines	438
	4.4.2	Regelungsgrenzen	439
4.5		Hinzuziehung von Sachverständigen	440
	4.5.1	Allgemeines	440
	4.5.2	Auswahl und Beauftragung des Sachverständigen	442
	4.5.3	Regelung per Betriebsvereinbarung	443
	4.5.4	Sonstige – vorrangige – Wege zur Verschaffung des erforderlichen Sachverstands	444
4.6		Kontrolle des betriebs-/behördeninternen Datenschutzbeauftragten	446
	4.6.1	Mitwirkung/Mitbestimmung bei der Bestellung	446
	4.6.2	Kontrolle der Tätigkeit des Datenschutzbeauftragten	447
4.7		Mitbestimmung bei Schulungsmaßnahmen	448
4.8		Mitbestimmung bei Maßnahmen zur Datensicherung	449

Kapitel 11
Datenschutz durch Mitbestimmung

1	**Allgemeines**		451
	1.1	Rechtsgrundlagen	451
	1.2	Auslegungsgrundsätze	451
	1.3	Anzuwendende Normen	452
2	**Mitbestimmung bei Personalfragebogen**		453
	2.1	Begriffsbestimmung	453
		2.1.1 Inhalt der Befragung	453
		2.1.2 Formularmäßige Erhebung	455

2.2 Umfang der Mitbestimmung 457
2.3 Allgemein verwendete Arbeitsverträge 458

3 Beurteilungsrichtlinien 458
3.1 Begriffs- und Problembestimmung 458
3.2 Inhalt der Mitbestimmung 459

4 Auswahlrichtlinien 460
4.1 Begriffsbestimmung 460
4.2 Anforderungsprofil 461
4.3 Inhalt der Mitbestimmung 462

5 Personalplanung 463
5.1 Begriffsbestimmung 463
5.2 Zeitpunkt und Inhalt der Unterrichtung 464
5.3 Vorschlagsrecht 465

**6 Mitbestimmung bei Fragen der Ordnung des Betriebes
und des Verhaltens der Arbeitnehmer** 466
6.1 Allgemeines 466
6.2 Fallbeispiele 468

7 Technische Überwachung 472
7.1 Allgemeines 472
7.2 Beispiele aus der Praxis 474
7.3 Weisung des Arbeitgebers hinsichtlich Überwachung
durch Dritte 476
7.4 Die Zweckbestimmung der Überwachung 476
7.5 Überwachung von Leistung und Verhalten 479
7.5.1 Leistungs- und Verhaltensdaten 479
7.5.2 Die verhaltensbezogene Auswertungsmöglichkeit 481
7.6 Die Überwachung einer Arbeitnehmergruppe 483
7.7 Reichweite der Mitbestimmung 484
7.7.1 Vorrangige Regelungen 484
7.7.2 Das BDSG als vorrangige Mindestschutznorm 485
7.7.3 Vertrauensschutz der Beschäftigten 487
7.7.4 Behördliche Anordnungen 487
7.7.5 Mitbestimmung bei Abschaffung von
Kontrolleinrichtungen 488
7.7.6 Mitbestimmung bei Auftragsdatenverarbeitung 489

8 Erweiterte Mitbestimmung durch Betriebsvereinbarung 489

9 Ausübung der Mitbestimmung durch Betriebs-/Dienstvereinbarung ... 490
9.1 Allgemeines 490
9.2 Regelungsbereich 491
9.3 Regelungsabrede 491
9.4 Abschluss, Geltungsbereich und Beendigung
der Vereinbarung 492

9.4.1   Abschluss und Zuständigkeiten.   492
9.4.2   Geltungsbereich.   494
9.4.3   Regelungsgegenstand   495
9.4.4   Wesentliche Regelungsinhalte   496
9.5   Verfahren im Streitfall/Einigungsstelle   497
9.5.1   Regelungskompetenz   497
9.5.2   Konsequenzen bei Ermessensüberschreitung   498
9.6   Gerichtlicher Rechtsschutz.   499
9.6.1   Allgemeines.   499
9.6.2   Klärung der Mitbestimmungspflichtigkeit   500
9.6.3   Unterlassungsansprüche/Einstweilige Verfügung   500

Kapitel 12
Datenschutz bei der Mitarbeitervertretung

1   Allgemeines   503

2   Die Ausstattungspflicht mit IuK-Technik
nach § 40 Abs. 2 BetrVG   504
2.1   Allgemeines   504
2.2   Die Erforderlichkeit   504
2.3   Kostengesichtspunkte.   505
2.4   Vertraulichkeitsaspekte   505
2.5   Gleichheit des Ausstattungsniveaus.   506
2.6   Der Zugang des Betriebsrats zum Intra- und Internet   507

3   Anwendung des BDSG   508
3.1   Die Mitarbeitervertretung als Normadressat   508
3.2   Die Mitarbeitervertretung als „interner" Datenempfänger.   510

4   Datenschutzrechtliche Informationsbegrenzungen
durch BetrVG bzw. Personalvertretungsrecht   510
4.1   Der allgemeine Informationsanspruch.   510
4.2   Informationelle Selbstbestimmung gegenüber
der Mitarbeitervertretung   512
4.2.1   Schutz der Personalakte   512
4.2.2   Verhältnismäßigkeit bei Einzelinformationen   513
4.3   Eigene Datenerhebungen der Mitarbeitervertretung   515
4.4   Kein Personalinformationssystem für die Mitarbeitervertretung.   516
4.5   Datenübermittlungen und Grundsatz der Vertraulichkeit   519
4.5.1   Spezielle Schweigepflicht.   519
4.5.2   Informationen an die Gewerkschaft   520
4.5.3   Erforderlichkeit und Datensparsamkeit.   521
4.5.4   Veröffentlichungen im Intra- und Internet   521
4.6   Löschungsfristen im Betriebs-/Personalratsbüro   522

5 **„Selbstkontrolle" und -organisation des Datenschutzes** 523

    5.1 Selbstkontrolle 523

    5.2 Datenschutz- und -sicherheitsorganisation 524

Anhang

Die wichtigste höchstrichterliche Rechtsprechung zur Verarbeitung
von Arbeitnehmerdaten in den Jahren 1986–2012 . . . . *527*

Stichwortverzeichnis 595

Anschriften nationaler und internationer Datenschutzbehörden 615

Abkürzungsverzeichnis

a.A.	**andere Ansicht**
a.a.O.	am angegebenen Ort
a.F.	alte Fassung
abgedr.	abgedruckt
Abl. EG	Amtsblatt der Europäischen Gemeinschaft
Abs.	Absatz
ACD	Automatic Call Distribution
ADV	Automatisierte Datenverarbeitung
AG	Amtsgericht
AGB	Allgemeine Geschäftsbedingungen
AGG	Allgemeines Gleichbehandlungsgesetz
AiB	Arbeitsrecht im Betrieb (Zeitschrift)
AIDS	Aquired Immune Defency Syndrome
a.M.	anderer Meinung
Anm.	Anmerkung
AP	Arbeitsgerichtliche Praxis (Entscheidungssammlung)
ArbG	Arbeitsgericht
ArbGG	Arbeitsgerichtsgesetz
ArbSchG	Arbeitsplatzschutzgesetz
ARSt	Arbeitsrecht in Stichworten (Zeitschrift)
ASiG	Gesetz über Betriebsärzte, Sicherheitsingenieure und andere Fachkräfte für Arbeitssicherheit (Arbeitssicherheitsgesetz)
Art.	Artikel
AuA	Arbeit und Arbeitsrecht (Zeitschrift)
Aufl.	Auflage
ArbuR	Arbeit und Recht (Zeitschrift)
Az.	Aktenzeichen
ArbZG	Arbeitszeitgesetz
BAG	**Bundesarbeitsgericht**
BayObLG	Bayerisches Oberstes Landesgericht
BB	Betriebs-Berater (Zeitschrift)
BBG	Bundesbeamtengesetz
BBiG	Berufsbildungsgesetz
Bd.	Band
Bbg DSG	Brandenburgisches Datenschutzgesetz
BeamtStG	Gesetz zur Regelung des Statusrechts der Beamten und Beamtinnen in den Ländern
BDSG	Bundesdatenschutzgesetz
BEM	betriebliches Eingliederungsmanagement
BetrVG	Betriebsverfassungsgesetz
BfDI	Bundesbeauftragter für den Datenschutz und die Informationssicherheit

BFH	Bundesfinanzhof
BGB	Bürgerliches Gesetzbuch
BGBl.	Bundesgesetzblatt
BGHZ	Bundesgerichtshof, Entscheidungssammlung in Zivilsachen
BKA	Bundeskriminalamt
BlnDSB	Berliner Beauftragter für Datenschutz und Informationsfreiheit
BlnDSG	Berliner Datenschutzgesetz
BMI	Bundesministerium des Inneren
BPersVG	Bundespersonalvertretungsgesetz
BRD	Bundesrepublik Deutschland
BR-Drs.	Bundesratsdrucksache
BrDSG	Bremisches Datenschutzgesetz
BStatG	Bundestatistikgesetz
BT-Drs.	Bundestagsdrucksache
BVerfG	Bundesverfassungsgericht
BVerfGE	Bundesverfassungsgericht, Entscheidungen
BVerwG	Bundesverwaltungsgericht
BYOD	Bring Your Own Device
bzgl.	bezüglich
BZRG	Bundeszentralregistergesetz
bzw.	beziehungsweise
c.i.c.	**culpa in contrahendo**
CD-ROM	Compact Disk Read-Only Memory
CF	Computer-Fachwissen, Fachzeitschrift für Betriebs- und Personalräte zu EDV-Einsatz, Mitbestimmung und Datenschutz (ab 1998 bis 2006)
CR	Computer und Recht (Zeitschrift)
CuA	Computer und Arbeit (Zeitschrift ab 2006)
d.h.	**das heißt**
DB	Der Betrieb (Zeitschrift)
ders.	derselbe
DDR	Deutsche Demokratische Republik
DGB	Deutscher Gewerkschaftsbund
Diss.	Dissertation
DSB	Datenschutzbeauftragter, Datenschutz-Berater (Zeitschrift)
DSG NRW	Datenschutzgesetz Nordrhein-Westfalen
DSG	Datenschutzgesetz
DSG-LSA	Datenschutzgesetz Sachsen-Anhalt
DSG-M-V	Landesdatenschutzgesetz Mecklenburg-Vorpommern
DuD	Datenschutz und Datensicherheit (Zeitschrift)
DVBl.	Deutsches Verwaltungsblatt (Zeitschrift)
e.V.	**eingetragener Verein**
ebs.	ebenso
EDV	Elektronische Datenverarbeitung

EFZG	Entgeltfortzahlungsgesetz
EG	Europäische Gemeinschaft
EGRL	EG-Richtlinie
Einl.	Einleitung
E-Mail	Electronic Mail
EMRK	Europäische Menschenrechtskonvention
Erl.	Erläuterung
EStG	Einkommensteuergesetz
etc.	und so weiter
EU	Europäische Union
EU-DSGVO	EU-Datenschutzgrundverordnung (Entwurf)
EU-DatSchRL	EU-Datenschutzrichtlinie (RL 95/46/EG)
EuGH	Europäischer Gerichtshof
evtl.	eventuell
EWR	Europäischer Wirtschaftsraum
f.	**folgende (Seite)**
ff.	folgende (Seiten)
Fn.	Fußnote
FTC	Federal Trade Commission
G 10	**Gesetz zu Artikel 10 GG**
GBO	Grundbuchordnung
GDD	Gesellschaft für Datenschutz und Datensicherheit e.V.
gem.	gemäß
GewO	Gewerbeordnung
GG	Grundgesetz für die Bundesrepublik Deutschland
ggf.	gegebenenfalls
GmbH	Gesellschaft mit beschränkter Haftung
GMBl.	Gemeinsames Ministerialblatt
grds.	grundsätzlich
GRUR	Gewerblicher Rechtsschutz und Urheberrecht (Zeitschrift)
GVBl.	Gesetz- und Verordnungsblatt
h.M.	**herrschende Meinung**
HDSG	Hessisches Landesdatenschutzgesetz
Hess. DSB	Hessischer Datenschutzbeauftragter
HessVGH	Hessischer Verwaltungsgerichtshof
HGB	Handelsgesetzbuch
Hlbs.	Halbsatz
HmbDSG	Hamburgisches Datenschutzgesetz
HR	Human Resources
Hrsg.	Herausgeber
i.G.	**im Gegensatz**
i.d.F.	in der Fassung

i.d.R	in der Regel
i.d.S.	in diesem Sinne
i.V.m.	in Verbindung mit
IFG	Informationsfreiheitsgesetz
ILO	International Labour Organization
IM	Inoffizieller Mitarbeiter
insb.	insbesondere
IöD	Informationsdienst öffentliches Dienstrecht (Zeitschrift)
ISDN	Integrated Services Digital Network
IT	Informationstechnologie
IT-Sicherheit	Praxis der Daten- und Netzsicherheit (Zeitschrift)
JArbSchG	**Jugendarbeitsschutzgesetz**
JB	Jahresbericht
JZ	Juristenzeitung
K&R	**Kommunikation & Recht (Zeitschrift)**
KG	Kammergericht Berlin
KO	Konkursordnung
KSchG	Kündigungsschutzgesetz
KUG	Kunsturhebergesetz
KWG	Kreditwesengesetz
LAG	**Landesarbeitsgericht**
LDSG	Landesdatenschutzgesetz
LDSG-BW	Landesdatenschutzgesetz Baden-Württemberg
LDSG-RPf	Landesdatenschutzgesetz Rheinland-Pfalz
LDSG-SH	Landesdatenschutzgesetz Schleswig-Holstein
LfD	Landesbeauftragte/r für den Datenschutz
LG	Landgericht
LPVG	Landespersonalvertretungsgesetz
Ls.	Leitsatz
m.w. Nachw.	**mit weiteren Nachweisen**
MADG	Gesetz über den militärischen Abschirmdienst
MDR	Monatsschrift für Deutsches Recht (Zeitschrift)
MDStV	Mediendienstestaatsvertrag
MfS	Ministerium für Staatsicherheit
MMR	Multimedia und Recht (Zeitschrift)
n.F	**neue Fassung**
NDSG	Niedersächsisches Landesdatenschutzgesetz
NJW	Neue Juristische Wochenschrift (Zeitschrift)
Nr.	Nummer
Nrn.	Nummern
NVwZ	Neue Zeitschrift für Verwaltungsrecht
NW	Nordrhein-Westfalen
NZA	Neue Zeitschrift für Arbeitsrecht

o.g.	**oben genannt**
OECD	Organisation for Economic Co-operation and Development
OLG	Oberlandesgericht
OVG	Oberverwaltungsgericht
OWiG	Ordnungswidrigkeitengesetz
PC	**Personal Computer**
PersR	Der Personalrat (Zeitschrift)
PersV	Die Personalvertretung (Zeitschrift)
PersVG	Personalvertretungsgesetz
PIN	Persönliche Identifikationsnummer
PR	Personalrat
RdA	**Recht der Arbeit (Zeitschrift)**
RDV	Recht der Datenverarbeitung (Zeitschrift)
RFID	Radio Frequency Identification
RegE	Regierungsentwurf
RiA	Recht im Amt (Zeitschrift)
Rdn.	Randnummer
Rspr.	Rechtsprechung
RVO	Reichsversicherungsordnung
S.	**Seite**
s.	siehe
SächsDSG	Sächsisches Datenschutzgesetz
SAE	Sammlung arbeitsrechtlicher Entscheidungen (Zeitschrift)
Schufa	Schutzgemeinschaft für allgemeine Kreditsicherung
SDSG	Saarländisches Datenschutzgesetz
SGB	Sozialgesetzbuch
sog.	sogenannt
SprAuG	Sprecherausschussgesetz
StAnz.	Staatsanzeiger
StGB	Strafgesetzbuch
StPO	Strafprozessordnung
str.	strittig
StUG	Stasiunterlagengesetz
StVG	Straßenverkehrsgesetz
SÜG	Sicherheitsüberprüfungsgesetz
TB	**Tätigkeitsbericht**
TMG	Telemediengesetz
ThürDSG	Thüringer Datenschutzgesetz
TK	Telekommunikation
TKG	Telekommunikationsgesetz
TÜV	Technischer Überwachungsverein
TVöD	Tarifvertrag öffentlicher Dienst

u.a.	**unter anderem**
u.U.	unter Umständen
UN	United Nations (Vereinte Nationen)
ULD	Unabhängiges Landeszentrum für Datenschutz Schleswig Holsten
UWG	Gesetz gegen den unlauteren Wettbewerb
VerfGH	**Verfassungsgerichtshof**
VersG	Versicherungsgesetz
VG	Verwaltungsgericht
VGH	Verwaltungsgerichtshof
vgl.	vergleiche
VwVfG	Verwaltungsverfahrensgesetz
WRV	**Weimarer Reichsverfassung**
WWW	Word Wide Web
z.B.	**zum Beispiel**
ZD	Zeitschrift für Datenschutz
z.T.	zum Teil
Ziff.	Ziffer
ZIP	Zeitschrift für Gesellschaftsrecht und Insolvenzpraxis
ZPO	Zivilprozessordnung
ZRP	Zeitschrift für Rechtspolitik
ZTR	Zeitschrift für Tarifrecht
ZUM	Zeitschrift für Urheber- und Medienrecht

Kommentare und Einzeldarstellungen

Barton, Multimediarecht, 2010.

Bartosch, Digitale Personalakte, 2.Aufl., 2010.

Bausewein, Legitimationswirkung von Einwilligung und Betriebsvereinbarung im Beschäftigtendatenschutz, 2012.

Beck, Professionelles E-Recruiting. Strategien – Instrumente – Beispiele, 2002.

Becker, Detektive zur Überwachung von Arbeitnehmern?, 1995.

Beck'scher TKG-Kommentar, Beck'scher TKG-Kommentar, 3. Aufl., 2006.

Bergauer, Führung von Personalakten, 2008.

Bergmann/Möhrle/Herb, Datenschutzrecht – Kommentar zum Bundesdatenschutzrecht (Loseblatt)

Besgen (Hrsg.), Handbuch Führungskräfte, 2012.

Besgen (Hrsg.), Neue Medien und Arbeitsrecht, 2006.

Claessen, Datenschutz in der evangelischen Kirche, 3. Aufl., 2004.

Collardin, Aktuelle Rechtsfragen der Telearbeit, 1995.

Däubler, Gläserne Belegschaften?, 5. Aufl., 2010.

Däubler, Internet und Arbeitsrecht, 3. Aufl., 2004.

Däubler/Hege, Tarifvertragsrecht, 2. Aufl., 1981.

Däubler/Klebe/Wedde/Weichert (D/K/W/W), Bundesdatenschutzgesetz, 3. Aufl., 2010.

Erfurter Kommentar, Erfurter Kommentar zum Arbeitsrecht, 13. Aufl., 2013.

Fachet, Datenschutz in der katholischen Kirche, 1998.

Fenski, Ausserbetriebliche Arbeitsverhältnisse, 2. Aufl., 1999.

Fitting/Engels/Schmidt/Trebinger/Linsenmaier, Betriebsverfassungsgesetz, 13. Aufl., 2012.

GDD, Datenschutz beim Outsourcing – Praxisleitfaden mit Mustern, 2. Aufl., 2006.

Gola, Datenschutz am Arbeitsplatz, 4. Aufl., 2012.

Gola/Jaspers, Das novellierte BDSG im Überblick, 6. Aufl., 2011.

Gola/Schomerus, BDSG-Bundesdatenschutzgesetz, 11. Aufl., 2012.

Grönemeyer, Die Einwilligung im Beschäftigtendatenschutz, 2012.

Hentschel/Goldenbohm/Laicher, Auskunfts-, Bescheinigungs- und Meldevorschriften im Personalwesen, 3. Aufl., 2001.

Hoeren/Sieber/Holznagel, Handbuch Multimedia-Recht (Loseblatt).

Hümmerich/Gola, Personaldatenrecht im Arbeitsverhältnis, 1975.

Kaiser/Dunkl/Hold/Kleinsorge, Entgeltfortzahlungsgesetz, 4. Aufl., 1989.

Kammerer, Personalakte und Abmahnung, 3. Aufl. 2001.

Kampffmeyer/Rogalla, Grundsätze der elektronischen Archivierung – Code of Practice Band 1, 2. Aufl., 1997.

Klopp, Der Compliance-Beauftragte: Arbeitsrechtliche Stellung und Funktion in der Compliance, 2012.

Koch, Der betriebliche Datenschutzbeauftragte: Aufgaben – Voraussetzungen – Anforderungen, 2006.

Krahmer, Sozialdatenschutz nach SGB I und X, 3. Aufl., 2011.

Küpferle/Wohlgemuth, Personaldatenverarbeitende Systeme, 1990.

Lang, Private Videoüberwachung im öffentlichen Raum, 2008.

Leinemann (Hrsg.) (Kasseler Handbuch), Kasseler Handbuch zum Arbeitsrecht, 1997.

Linnenkohl, Informationstechnologie und Mitbestimmung, 1989.

Louis, Grundzüge des Datenschutzrechts, 1981.

Menzler-Trott (Hrsg.), Call Center Management. Ein Leitfaden zum effizienten Kundendialog, 1999.

Moosmayer, Compliance – Praxisleitfaden für Unternehmen, 2010.

Müller/Berenz, Entgeltfortzahlungsgesetz und Aufwendungsausgleichsgesetz, 2006.

Plath (Hrsg.), BDSG-Kommentar, 2013.

Pulte, Aufbewahrungsnormen und –fristen im Personalbereich, 7. Aufl., 2006.

Richardi (Hrsg.), Betriebsverfassungsgesetz: BetrVG, 13. Aufl., 2012.

Roßnagel (Hrsg.), Handbuch Datenschutzrecht, 2003.

Roßnagel/Fischer-Dieskau/Jandt, Scannen von Papierdokumenten, 2008.

Sänger, E-Recruiting in Deutschland: Grundlagen, Strategien, Perspektiven, 2004.

Schaar, Datenschutz im Internet: Die Grundlagen, 2002.

Schaffland/Wiltfang, Bundesdatenschutzgesetz (BDSG) (Loseblatt).

Schaub (Hrsg.), Arbeitsrechts-Handbuch, 14. Aufl., 2011

Schlemann, Recht des betrieblichen Datenschutzbeauftragten, 2001.

Schleßmann, Das Arbeitszeugnis, 19. Aufl., 2010

Schmitt, Entgeltfortzahlungsgesetz, 6. Aufl., 2007.

Schuppert, Zutrittsrechte zu Telearbeitsplätzen, 1997.

Simitis (Hrsg.), Bundesdatenschutzgesetz, 7. Aufl., 2011.

Steidle, Multimedia-Assistenten im Betrieb: Datenschutzrechtliche Anforderungen, Rechtliche Regelungs- und Technische Gestaltungsvorschläge für Mobile Agentensysteme, 2005.

Taeger/Gabel (Hrsg.), Kommentar zum BDSG und zu den Datenschutzvorschriften des TKG und TMG, 2010.

Thüsing, Arbeitnehmerdatenschutz und Compliance, 2012.

Tröndle/Fischer, Strafgesetzbuch: StGB, 53. Aufl., 2006.

Wächter, Datenschutz im Unternehmen, 2003.

Weber/Etzel/Kern, Arbeitsrechtliches Formularhandbuch für Apotheker (Loseblatt).

Wedde/Gerutke/Kunz (Hrsg.), Entgeltfortzahlungsgesetz, 1997.

Weidner-Braun, Der Schutz der Privatsphäre und das Recht auf informationelle Selbstbestimmung. Am Bespiel des personenbezogenen Datenverkehrs im www nach deutschem öffentlichen Recht, 2012.

Wiese/Kreutz/Oetker/Raab/Weber/Franzen (Gemeinschaftskommentar), Gemeinschaftskommentar zum Betriebsverfassungsgesetz (GK-BetrVG), 9. Aufl., 2009.

Wisskirchen, AGG Allgemeines Gleichberechtigungsgesetz, 3. Aufl., 2007.

Wohlgemuth, Datenschutz für Arbeitnehmer, 2. Aufl., 1988.

Kapitel 1
Strukturelemente und rechtspolitisches Umfeld des Arbeitnehmerdatenschutzes

1   Der Persönlichkeitsrechtsschutz

1.1   Allgemeines

Datenschutzrecht ist ein relativ „modernes" Rechtsgebiet. Allein schon der Begriff ist **1** verhältnismäßig neu – in vor den 70er Jahren erschienenen Lexika fand sich das Wort noch nicht. Andererseits ist die Zielrichtung datenschutzrechtlicher Regelungen keineswegs neu. Dass – jedenfalls bei bestimmten Lebenssachverhalten – Daten nur für den von dem Betroffenen gewollten Zweck verwendet werden dürfen und eine Zweckentfremdung in aller Regel seiner Einwilligung bedarf, war schon lange Gegenstand zahlreicher, bisweilen sogar strafrechtlich sanktionierter „Vertraulichkeitsregelungen". Hierzu gehören etwa die ärztliche Schweigepflicht ebenso wie das Brief- oder Fernmeldegeheimnis oder Schweigepflichten für Betriebsräte im BetrVG oder für Arbeitnehmer z.B. im UWG oder in Tarifverträgen. Rechtspositionen wie das „Recht am eigenen Bild" oder das „Recht am gesprochenen Wort" spiegeln, abgeleitet aus dem Persönlichkeitsrechtsschutz, den Anspruch des Einzelnen auf informationelle Selbstbestimmung bei Erhebungen und Verwendungen seine Person betreffender Daten und Informationen wider.

Auslöser für die nicht nur spezielle Lebenssachverhalte, sondern generell die Verwen- **2** dung von Informationen über einen Einzelnen regelnde Datenschutzgesetzgebung waren Anfang der 70er Jahre die seinerzeit mehr erahnten als existenten Gefährdungen des Persönlichkeitsrechts durch die damalige Großrechnertechnologie mit ihren hinsichtlich Menge, Schnelligkeit und Entfernung geschaffenen Möglichkeiten unbegrenzter Datenverarbeitung. Inzwischen ist die personenbezogene Datenverarbeitung allgegenwärtig, und die Risiken für die Betroffenen haben sich potenziert.

Die automatisierte Datenverarbeitung und -nutzung stellt in Wirtschaft und Verwaltung den „Normalfall" des „Umgangs" mit personenbezogenen Daten dar und erfasst nahezu alle Lebensbereiche. Die automatisierte Auswertung von Daten ermöglicht den verarbeitenden Stellen die Erstellung aussagekräftiger Persönlichkeitsprofile, wobei staatliche wie wirtschaftliche Interessen an der Gewinnung von möglichst umfassenden Erkenntnissen über Betroffene vielfältig sind. Die Bewertung einer bestimmten Person durch Scoringverfahren, die Erstellung von Kunden- oder Mitarbeiterprofilen im Rahmen sog. Data-Warehouse-Verfahren oder staatliche Rasterfahndungen auf der Grundlage sog. Täterprofile zeigen dies beispielhaft auf. Hinzu kommt, dass der internationale Austausch personenbezogener Informationen in der globalisierten und vernetzten Welt immer selbstverständlicher wird – und diese Entwicklungen auch am Arbeitsverhältnis nicht vorbeigehen.

1.2 Das Recht auf informationelle Selbstbestimmung

1.2.1 Allgemeines

3 Im Hinblick auf die Gefahren derartiger Datensammlungen und -verarbeitungen in fremder Hand für den Betroffenen hat das Bundesverfassungsgericht in seinem Grundsatzurteil zur Volkszählung

 BVerfGE 65, 1 = NJW 1984, 419

festgestellt: „*Freie Entfaltung der Persönlichkeit setzt unter den Bedingungen moderner Datenverarbeitung den Schutz des Einzelnen gegen unbegrenzte Erhebung, Speicherung, Verwendung und Weitergabe seiner persönlichen Daten voraus. Dieser Schutz ist daher von dem Grundrecht des Art. 2 Abs. 1 in Verbindung mit Art. 1 Abs. 1 GG umfasst.*"

4 Datenschutz hat somit entgegen dem Wortlaut des Begriffs nicht den technischen Schutz von Daten oder Besitz an Daten zum Gegenstand. Diese Aufgabenstellung beschreibt der Begriff der Datensicherheit. Geschützt werden soll vielmehr derjenige, dessen Daten verarbeitet werden. Es geht um den verfassungsrechtlich geschützten Anspruch des Betroffenen auf eine unantastbare Sphäre privater Lebensgestaltung, d.h., wie das BVerfG zur Beschreibung des „Rechts auf informationelle Selbstbestimmung" weiter formuliert, dass die Befugnis des Einzelnen zu gewährleisten ist, grundsätzlich selbst über die Preisgabe und Verwendung seiner persönlichen Daten zu entscheiden.

5 Die Ausübung dieses Rechts auf Selbstbestimmung setzt voraus, dass der Betroffene überschauen kann, welches Wissen andere für welche Zwecke über ihn ansammeln und auswerten. Demgemäß formuliert das BVerfG weiterhin: „*Wer nicht mit hinreichender Sicherheit überschauen kann, welche ihn betreffenden Informationen in bestimmten Bereichen seiner sozialen Umwelt bekannt sind, und wer das Wissen möglicher Kommunikationspartner nicht einigermaßen abzuschätzen vermag, kann in seiner Freiheit wesentlich gehemmt werden, aus eigener Selbstbestimmung zu planen oder zu entscheiden. Mit dem Recht auf informationelle Selbstbestimmung wären eine Gesellschaftsordnung und eine diese ermöglichende Rechtsordnung nicht vereinbar, in der Bürger nicht mehr wissen können, wer was wann bei welcher Gelegenheit über sie weiß ...*"

6 Datenschutz hat also, wie dies auch durch seine Aufnahme in eine Reihe von Landesverfassungen deutlich wird, verfassungsrechtliche Grundlagen. Deutlich wird dies auch in der Charta der Grundrechte der Europäischen Union:

 Abl. C 80/2001 vom 10.3.2001.

> **Art. 8 „Schutz personenbezogener Daten"**
>
> *(1) Jede Person hat das Recht auf Schutz der sie betreffenden personenbezogenen Daten.*
>
> *(2) Diese Daten dürfen nur nach Treu und Glauben für festgelegte Zwecke und mit Einwilligung der betroffenen Person oder auf einer sonstigen gesetzlich geregelten legitimen Grundlage verarbeitet werden. Jede Person hat das Recht, Auskunft über die sie betreffenden erhobenen Daten zu erhalten und die Berichtigung der Daten zu erwirken.*
>
> *(3) Die Einhaltung dieser Vorschriften wird von einer unabhängigen Stelle überwacht.*

Inhaltlich stehen diese Vorgaben in direkter Verbindung mit Art. 8 der Europäischen Menschenrechtskonvention vom 4.11.1950; BGBl. 1952, II, S. 686.

Das Recht auf informationelle Selbstbestimmung wird jedoch nicht schrankenlos ge- **7** währt. Die Verarbeitung und Nutzung personenbezogener Informationen ist zum gemeinschaftlichen Zusammenleben unerlässlich. Der Staat benötigt Daten der Bürger zur Erfüllung seiner Aufgaben. Die Privatwirtschaft ist auf Daten angewiesen, um z. B. Vertragsverhältnisse abzuwickeln. Insofern sind bereits die Datenschutzgesetze gleichzeitig auch Datenverarbeitungsermächtigungsgesetze, indem sie die Kriterien aufstellen, unter denen personenbezogene Daten verarbeitet werden dürfen.

Das BDSG trägt dem Rechnung, indem es einerseits Schutzregelungen aufstellt, andererseits aber auch Datenverarbeitungen ohne oder gegen den Willen des Betroffenen erlaubt.

1.2.2 Das Recht auf informationelle Selbstbestimmung im Arbeitsverhältnis

Ob und in welcher Tragweite das vom Bundesverfassungsgericht unmittelbar aus Art. 2 **8** Abs. 1 in Verbindung mit Art. 1 Abs. 1 GG abgeleitete Recht auf informationelle Selbstbestimmung auch im Rahmen von privatrechtlichen Beschäftigungsverhältnissen zur Anwendung kommt, war zunächst in Literatur und Rechtsprechung unterschiedlich bewertet worden,

> *vgl. u. a. die Beiträge in Hohmann (Hrsg.), Freiheitssicherung durch Datenschutz; ferner die Nachweise bei Gola, NJW 1986, 1913 und NJW 1987, 1675; ders., RDV 1988, 112; Mallmann, CR 1988, 93; generell ablehnend: Wente, NJW 1984, 1447; Zöllner, DB 1984, 241*

wird jedoch nun nicht mehr in Frage gestellt.

> *Vgl. etwa Linnenkohl/Rauschenberg/Schüttler/Schütz, BB 1988, 57*

Divergierende Auffassungen bestehen nur insoweit, ob dieses Recht im privaten **9** Arbeitsverhältnis

> *für das öffentlich-rechtlich ausgestaltete Beamtenverhältnis hat die Rechtsprechung sich wiederholt für das dem Bediensteten gegenüber dem Dienstherrn zustehende Recht auf informationelle Selbstbestimmung ausgesprochen: vgl. BVerfG, RDV 1988, 248 = DB 1988, 1702; ferner OVG Münster, NJW 1988, 2496 = DVBl. 1988, 1076 = RDV 1989, 55: „Das Grundrecht auf informationelle Selbstbestimmung verbürgt seinem Träger u. a. Schutz gegen die unbegrenzte Weitergabe der auf ihn bezogenen, individualisierbaren Daten (vgl. BVerfGE 65, 1 = NJW 1984, 419 = DÖV 1984, 157; BVerfGE 67, 100 = NJW 1984, 2271; BVerfG, NJW 1988, 890 = EuGRZ 1987, 531 = DVBl. 1988, 200 = DÖV 1988, 261). Dieses Grundrecht steht auch dem Beamten gegenüber seinem Dienstherrn zu (vgl. OVG Münster, ZBR 1987, 151).“*

dem Arbeitnehmer u. a. über die Transformationsnorm des § 75 Abs. 2 BetrVG nur mittelbar gewährt ist

> *so u. a. Heußner, ArbuR 1985, 309; ders., RDV 1988, 7; Baumann, DVBl. 1984, 683; ders., RDV 1986, 3*

oder ob es sich vorliegend um ein Grundrecht handelt, das im Rahmen sogenannter Drittwirkung auch privatrechtliche Rechtsverhältnisse unmittelbar gestaltet.

> *So u. a. Simitis, NJW 1984, 398; ferner Däubler, Gläserne Belegschaften?, Rdn. 40 ff. mit Nachweisen*

---

§ 75 Abs. 2 BetrVG

(2) Arbeitgeber und Betriebsrat haben die freie Entfaltung der Persönlichkeit der im Betrieb beschäftigten Arbeitnehmer zu schützen und zu fördern. Sie haben die Selbstständigkeit und Eigeninitiative der Arbeitnehmer und Arbeitsgruppen zu fördern.

10 Das BAG hat sich in seiner jüngeren Rechtsprechung

BAGE 48, 122 mit Nachweisen

stets für eine nur mittelbare Wirkung der Grundrechte im Arbeitsverhältnis ausgesprochen und vertritt diese Auffassung auch hinsichtlich des Rechts auf informationelle Selbstbestimmung.

Vgl. die Entscheidung des 5. Senats vom 22.10.1986, RDV 1987, 129 = DB 1987, 1048: „Das Bundesverfassungsgericht hat bisher nur über die Tragweite des Rechts auf informationelle Selbstbestimmung bei Eingreifen des Staates entschieden. Dagegen besteht bei der ‚Drittwirkung' der Grundrechte auf dem Gebiet des Privatrechts das Problem, dass im Verhältnis Privater untereinander alle Beteiligten am Schutz der Grundrechte teilhaben, während das im Verhältnis des Bürgers zum Staat nicht der Fall ist (Heußner, AuR 1985, 309 (314)). Hiernach bleibt es in erster Linie Aufgabe des Gesetzgebers, die privatrechtlichen Beziehungen für alle Beteiligten grundrechtmäßig ausgewogen zu gestalten. Allerdings haben die Gerichte bei der Auslegung privatrechtlicher Vorschriften dem objektiven Gehalt der Grundrechtsordnung Rechnung zu tragen."

11 Eine Bekräftigung dieser Auffassung findet sich in einer Entscheidung vom 16.10.2010, in der das Gericht feststellt:

BAG, RDV 2011, 243 = NZA 2011, 151 „Der grundrechtliche Schutz der informationellen Selbstbestimmung erschöpft sich nicht in einem Abwehrrecht gegen staatliche Datenerhebung und Datenverarbeitung (BVerfG 10.3.2008 – 1 BvR 2388/03- Rn. 58, BVerfGE 120, 351). Im Sinne objektiver Normgeltung zeigt der Schutzgehalt auch im Privatrecht Wirkung, indem er auf die Auslegung und Anwendung privatrechtlicher Vorschriften strahlt. Auch der Richter hat kraft Verfassung zu prüfen, ob Grundrechte von der Anwendung zivilrechtlicher Vorschriften betroffen sind und diese gegebenenfalls im Lichte des Grundrechts ausgelegt und angewendet werden müssen (vgl. BVerfG 23.10.2006 – 1 BvR 2027/02 – Rn. 31 ff., WM 2006, 2270)."

12 Daraus folgt, dass die seither unbestrittene und vom Gesetzgeber ausdrücklich auch für den privaten Arbeitgeber in § 75 Abs. 2 BetrVG statuierte Verpflichtung zur Wahrung und Förderung der freien Entfaltung der Persönlichkeit der Beschäftigten auch am Arbeitsplatz unter Berücksichtigung des vom BVerfG entwickelten besonderen Schutzbedarfs zu interpretieren ist.

13 In dieser Entscheidung hat das BAG zudem die in § 241 Abs. 2 BGB vom Arbeitgeber vorgegebenen Schutz- und Rücksichtnahmepflichten zum Ausgangspunkt für die Anwendung des Grundrechts auf informationelle Selbstbestimmung genommen.

14 Als Konsequenz räumte das Gericht einem ausgeschiedenen Arbeitnehmer – unabhängig von der Geltendmachung eines berechtigten Interesses – einen Anspruch auf Einsicht in die bei seinem Arbeitgeber „herkömmlich" geführte Personalakte ein.

Der Leitsatz lautet:

1) Der Arbeitnehmer hat gemäß § 241 Abs. 2 BGB i.V.m Art. 2 Abs. 1 und Art. 1 Abs. 1 GG auch nach Beendigung des Arbeitsverhältnisses Anspruch auf Einsicht in seine vollständige Personalakte.

2) Dieser nachvertragliche Anspruch setzt nicht voraus, dass der Arbeitnehmer ein konkretes berechtigtes Interesse darlegt. Der Arbeitnehmer kann seine über das Ende des Arbeitsverhältnisses hinaus bestehenden Rechte auf Beseitigung oder Korrektur unrichtiger Daten in seiner Personalakte nur geltend machen, wenn er von deren Inhalt Kenntnis hat. Schon das begründet ein Einsichtsrecht.

Vgl. dazu auch nachfolgend Rdn. 118, 1283 ff.

Das LAG Berlin-Brandenburg

RDV 2011, 250 = ZD 2011, 20

gewährte dem folgend aus der Rücksichtnahmepflicht des § 241 Abs. 2 BGB dem ausgeschiedenen Arbeitnehmer ein Recht auf Entfernung unrichtiger Angaben aus seiner „ehemaligen" Personalakte.

Vgl. dazu auch nachfolgend Rdn. 1232

---

§ 241 BGB – *Pflichten aus dem Schuldverhältnis*

(1) ...

(2) Das Schuldverhältnis kann nach seinem Inhalt ein Teil zur Rücksicht auf die Rechte, Rechtsgüter und Interessen des anderen Teils verpflichten.

1.2.3 Der von der Rechtsprechung entwickelte Schutzanspruch

An dieser Schutzverpflichtung hat die arbeitsgerichtliche Rechtsprechung auch zuvor nie Zweifel aufkommen lassen, **15**

> *vgl. BAG, DB 1987, 1048 = MDR 1987, 698 = RDV 1987, 129: „Das Speichern in zulässiger Weise erhobener Daten ist im Rahmen der Zweckbestimmung des Arbeitsverhältnisses – mit den Einschränkungen durch das informationelle Selbstbestimmungsrecht – erlaubt."*

auch wenn nicht in jeder die Zulässigkeit der Erhebung, Verarbeitung und Nutzung von Personaldaten betreffenden Entscheidung das zu schützende Rechtsgut mit dem Begriff des „Rechts auf informationelle Selbstbestimmung", sondern weiterhin als „Persönlichkeitsrecht" bezeichnet wurde.

> *Vgl. u. a. BAG, RDV 2005, 21 = NJW 2005, 313, zur Zulässigkeit der Videoüberwachung:*
>
> *„1. Die Einführung der Videoüberwachung am Arbeitsplatz unterfällt dem Mitbestimmungsrecht nach § 87 Abs. 1 Nr. 6 BetrVG. Die Betriebsparteien haben dabei gemäß § 75 Abs. 2 BetrVG das grundrechtlich geschützte allgemeine Persönlichkeitsrecht der Arbeitnehmer zu beachten.*
>
> *2. Für die erforderliche Verhältnismäßigkeit sind die Gesamtumstände maßgebend. Mitentscheidend ist insbesondere die Intensität des Eingriffs."*

Das BAG hat in der sog. Personalfragebogenentscheidung vom 6. Juni 1984 **16**

> *DB 1984, 2627 = NJW 1984, 2910*

den mit dem vorvertraglichen Anbahnungsverhältnis beginnenden und über die Beendigung des Arbeitsverhältnisses hinaus geltenden Schutzanspruch des Arbeitnehmers bekräftigt und klargestellt, dass auch nach Inkrafttreten und außerhalb des Schutzbereichs des BDSG die Grundsätze des allgemeinen Persönlichkeitsrechts im Arbeitsverhältnis weitergelten, da mit dem BDSG der verfassungsrechtlich gewährleistete Persönlichkeitsrechtsschutz im Hinblick auf die bei der automatisierten Datenverarbeitung drohenden Gefährdungen erweitert und nicht bereits bestehende Rechte eingeschränkt werden sollten. Dabei berücksichtigt das BAG durchaus auch die Informationsbedürfnisse des Arbeitgebers, indem es fordert, dass die „*Interessen des Arbeitgebers an der notwendigen Information und die Grenzen des Schutzbereichs des Bewerbers gegeneinander abzuwägen sind und zu ermitteln ist, ob das allgemeine Persönlichkeitsrecht des Bewerbers den Vorrang verdient*".

17 Die für die (herkömmliche) Personalaktenführung aufgezeigten Zulässigkeitserwägungen sind gleichermaßen maßgebend bei automatisierter Personaldatenverarbeitung, da die insoweit primär entscheidenden, sich aus der Zweckbestimmung des Arbeitsverhältnisses (§ 32 Abs. 1 BDSG) ergebenden berechtigten Interessen des Arbeitgebers an einer Information erst nach einer Abwägung mit entgegenstehenden schutzwürdigen Interessen festzustellen sind, wobei das BAG

RDV 1987, 129 = NJW 1987, 245 = DB 1987, 1048

darauf hinweist, dass die Zweckbestimmung des Arbeitsverhältnisses den Einschränkungen durch das auch dem Arbeitnehmer gegenüber dem Arbeitgeber zustehende Recht auf informationelle Selbstbestimmung unterliegt.

18 Ob das allgemeine Persönlichkeitsrecht bzw. das informationelle Selbstbestimmungsrecht des Arbeitnehmers durch die Erhebung oder die weitere Verarbeitung seiner Daten unzulässig beeinträchtigt wird, prüft das BAG im Rahmen einer Güter- und Interessenabwägung unter Beachtung des Verhältnismäßigkeitsprinzips. Dabei geht das Gericht davon aus, dass das berechtigte Informationsinteresse des Arbeitgebers mit dem informationellen Selbstbestimmungsrecht der Beschäftigten in einen adäquaten Ausgleich zu bringen ist. Sodann stellt es fest, dass es im Rahmen der Zweckbestimmung des Arbeitsverhältnisses – auch unter Beachtung der Einschränkungen durch das informationelle Selbstbestimmungsrecht – gestattet ist, bestimmte sog. Personaldaten auch automatisiert zu speichern, und zwar im Hinblick darauf, dass diese Daten zukünftig ggf. kurzfristig benötigt werden könnten.

19 In seiner Entscheidung zur Zulässigkeit sog. Krankenläufe vom 11. März 1986 hält das BAG

RDV 1987, 191 = NJW 1986, 2724

fest, dass Vorschriften des Datenschutzrechts solchen Datenläufen nicht entgegenstehen, mit denen in einem Personalinformationssystem auf einzelne Arbeitnehmer bezogene Aussagen über krankheitsbedingte Fehlzeiten, attestfreie Krankheitszeiten und unentschuldigte Fehlzeiten verarbeitet werden. Zu der im Rahmen der Zweckbestimmung des Arbeitsverhältnisses vorzunehmenden Interessenabwägung führt es aus: *„Der Zweck eines Arbeitsverhältnisses ist der Austausch von Arbeitsleistungen gegen Zahlung von Arbeitsentgelt. Von daher entspricht es einem berechtigten Interesse des Arbeitgebers festzustellen, inwieweit dieses Austauschverhältnis durch Krankheits- und Fehlzeiten gestört ist. Diesem Interesse kann und konnte zwar in der Vergangenheit auch dadurch genügt werden, dass solche Aussagen und Erkenntnisse auch ohne Einsatz technischer Hilfsmittel erarbeitet wurden, es ist aber auch ein berechtigtes Interesse des Arbeitgebers, sich diejenigen Kenntnisse, die er berechtigterweise benötigt, in wirtschaftlich sinnvoller Weise schnell und kostengünstig zu verschaffen."*

20 Entgegenstehende schutzwürdige Interessen der Arbeitnehmer machen eine Datenverarbeitung noch nicht unzulässig. Zwar werden ggf. auch schutzwürdige Belange der Arbeitnehmer berührt, wenn der Arbeitgeber Erkenntnisse gewinnen kann, die ihnen zum Nachteil gereichen können. Das allein verbietet die Datenverarbeitung aber noch nicht. Die Grenze für die Zulässigkeit einer Datenverarbeitung ergibt sich vielmehr erst aus einer Abwägung der berechtigten Interessen des Arbeitgebers mit den schutzwürdigen Interessen des Arbeitnehmers und der daraus resultierenden Feststellung des Überwiegens dieser oder jener Interessen.

Die zur Feststellung der Informationsbefugnis des Arbeitgebers und damit zur Feststellung der Legitimation zum Eingriff in das informationelle Selbstbestimmungsrecht des Arbeitnehmers vorzunehmende Prüffolge wird beispielhaft deutlich in einer Entscheidung des BAG vom 12. August 1999 zur eventuellen Pflicht eines Arbeitnehmers – in diesem Falle eines bewaffneten Wachmanns –, sich routinemäßig einer Blutuntersuchung zur Feststellung einer eventuellen Alkohol- oder Drogenabhängigkeit zu unterziehen, aufgezeigt.   **21**

Das BAG, RDV 2000, 66 = ArbuR 1999, 468 = ZTR 2000, 39 geht dabei von folgenden Grundsätzen aus:

„1. Ein Arbeitnehmer kann gesetzlich oder tariflich zur Teilnahme an regelmäßigen gesundheitlichen Untersuchungen verpflichtet sein.

2. Bestehen begründete Zweifel an der gesundheitlichen Tauglichkeit, so kann bereits die Fürsorgepflicht den Arbeitgeber verpflichten und berechtigen, die Einholung eines ärztlichen Gutachtens anzuordnen.

3. In jedem Falle ist das Interesse an der Untersuchung abzuwägen gegen das Interesse des Arbeitnehmers an der Wahrung seiner Intimsphäre und körperlichen Unversehrtheit.

4. Daher ist ein Arbeitnehmer (hier: bewaffneter Wachmann) grundsätzlich nicht verpflichtet, im laufenden Arbeitsverhältnis routinemäßig Blutuntersuchungen zur Klärung, ob er alkohol- oder drogenabhängig ist, zuzustimmen."

Soll die Überwachung heimlich erfolgen, so war sie auch vor Inkrafttreten des § 32 Abs 1 Satz 2 BDSG   **22**

BAG, RDV 2003, 293 = NJW 2003, 3436

nur dann zulässig, wenn ausnahmsweise zu bejahende besondere Umstände, z.B. eine notwehrähnliche Lage, den Eingriff in das Persönlichkeitsrecht der Arbeitnehmer als „ultima ratio" rechtfertigen, wobei auch hier der Grundsatz der Verhältnismäßigkeit zu beachten ist.

Vgl. im Einzelnen nachfolgend Rdn. 1059 ff, 1073 ff.

1.2.4   Öffentlich Bedienstete in Amtsträgerfunktion

Bei der Frage nach der Reichweite des informationellen Selbstbestimmungsrechts und nach dem Gestaltungsspielraum, den der Gesetzgeber bei der Schaffung eventueller bereichsspezifischer Regelungen hat, ist zu beachten, dass der Schutzanspruch des Beschäftigten dann zurücktritt, wenn er als „Amtsträger" für eine Behörde tätig wurde und sich z.B. eine Übermittlung seiner Daten vorrangig nicht auf ihn als „Persönlichkeit", sondern als Amts- oder Funktionsinhaber bezieht.   **23**

Vgl. Landesdatenschutzbeauftragter Rheinland-Pfalz, 13. Tätigkeitsbericht (1989-1991), LT-Drs. 12/800 vom 16.12.1991, S. 77 ff.; zur Veröffentlichung von Funktionsträgerdaten im Internet: HessLfD, 25. Tätigkeitsbericht, Ziff. 8.3

So sind Amtsträger jedenfalls nicht grundgesetzlich dagegen geschützt, dass Akten in Archiven oder im Rahmen des Verwaltungsverfahrens von Bürgern eingesehen werden und dabei auch bekannt wird, welcher Bedienstete in welcher Weise amtlich tätig geworden ist. Grundrechtsschutz kann der Bedienstete nur in dem Bereich beanspruchen, in dem er dem Staat als Individuum, d.h. als eigenständiger Träger von Rechten und Pflichten, gegenübersteht, nicht aber dort, wo er selbst Teil des staatlichen Handelns   **24**

gegenüber Dritten ist. Würde man auch hier dem Bediensteten das Recht auf Datenschutz zugestehen, würde das darauf hinauslaufen, dass der Staat selbst gegenüber dem
Bürger ein Recht auf informationelle Selbstbestimmung reklamieren könnte.

25 Gleichwohl bewegt sich der Staat gegenüber seinen Bediensteten nicht im rechtsfreien
Raum, da er unter Heranziehung der Fürsorgepflicht auch hier Schutzverpflichtungen
gegenüber seinen Amtsträgern hat, aus denen der Betroffene Geheimhaltungsansprüche
ableiten kann.

> *Vgl. zum Anspruch auf Anonymität bei sog. verdeckten Ermittlern und V-Leuten: BGH, NJW
> 1989, 3291*

1.3   Facetten des Persönlichkeitsrechts

1.3.1   Das Recht am gesprochenen Wort

1.3.1.1   *Schutz vor Abhören und Aufzeichnen*

26 Zu dem Grundrecht des Art. 2 Abs. 1 GG gehört die Befugnis, selbst zu bestimmen, ob
ein Kommunikationsinhalt einzig dem Gesprächspartner, einem bestimmten Personenkreis oder der Öffentlichkeit zugänglich sein soll. So ist der Betroffene geschützt gegen
die Verdinglichung seines Wortes durch heimliche Tonbandaufnahme

> *BVerfG, NJW 1992, 815; BAG, NJW 1998, 1331*

oder das Mithören durch Abhöreinrichtungen.

> *Vgl. zum Mithören oder Aufzeichnen von Telefonaten nachstehend Rdn. 409, 1165 ff.*

27 Insofern ist das Recht am gesprochenen Wort nicht identisch mit dem ebenfalls im allgemeinen Persönlichkeitsrecht wurzelnden Schutz der Privatsphäre.

> *BVerfG, RDV 2003, 22 = WM 2002, 2290 (2293)*

Es geht darüber hinaus, indem sich der Schutz nicht nur auf bestimmte persönlichkeits-
sensible Inhalte oder der Privatsphäre zuzurechnende Örtlichkeiten der Gesprächsfüh-
rung begrenzt, sondern generell die Selbstbestimmung über die unmittelbare Zugäng-
lichkeit der Kommunikation verbürgt.

28 Strafrechtlich ist der Schutz abgesichert durch § 201 StGB, der die Verletzung der Vertraulichkeit des Wortes auch im Arbeitsverhältnis schützt.

> **§ 201 StGB – *Verletzung der Vertraulichkeit des Wortes***
> *Mit Freiheitsstrafe bis zu drei Jahren oder mit Geldstrafe wird bestraft, wer unbefugt*
> *1. das nicht öffentlich gesprochene Wort eines anderen auf Tonträger aufnimmt oder*
> *2. eine so hergestellte Aufnahme gebraucht oder einem Dritten zugänglich macht.*
>
> *Ebenso wird bestraft, wer unbefugt*
> *1. das nicht öffentlich gesprochene Wort eines anderen mit einem Abhörgerät abhört oder*
> *2. ...*

Demgemäß macht sich ein Arbeitgeber, der Gespräche seiner Mitarbeiter ohne deren
Einwilligung – abgesehen von einer z.B. infolge einer Notwehrsituation gegebenen

Befugnis – aufzeichnet oder unter Einsatz nicht üblicher und zugelassener Laut- oder Konferenzschalttechnik etc. abhört, strafbar.

Gleiches gilt auch für den Arbeitnehmer, der heimlich Personalgespräche aufzeichnet, was arbeitsrechtlich zur fristlosen Kündigung führen kann.

BAG, NZA 213, 143, 87

1.3.1.2   Das Fernmeldegeheimnis

Das gesprochene Wort wird in besonderer Weise geschützt, wenn das Gespräch unter   **29**
Inanspruchnahme der Telekommunikation geführt wird. Das Fernmeldegeheimnis des § 88 TKG untersagt dem Diensteanbieter die unbefugte Kenntnisnahme und Weitergabe des Inhalts der Kommunikation und auch von deren näheren Umständen. Zu den näheren Umständen zählen alle Verkehrsdaten (§§ 3 Nr. 30, 96 TKG) und sonstige Umstände, die den Vorgang individualisierbar machen. Auch erfolglose Verbindungsversuche fallen hierunter (§ 88 Abs. 1 S. 2 TKG).

> **§ 88 Fernmeldegeheimnis**
>
> *(1) Dem Fernmeldegeheimnis unterliegen der Inhalt der Telekommunikation und ihre näheren Umstände, insbesondere die Tatsache, ob jemand an einem Telekommunikationsvorgang beteiligt ist oder war. Das Fernmeldegeheimnis erstreckt sich auch auf die näheren Umstände erfolgloser Verbindungsversuche.*
>
> *(2) Zur Wahrung des Fernmeldegeheimnisses ist jeder Diensteanbieter verpflichtet. Die Pflicht zur Geheimhaltung besteht auch nach dem Ende der Tätigkeit fort, durch die sie begründet worden ist.*
>
> *(3) Den nach Absatz 2 Verpflichteten ist es untersagt, sich oder anderen über das für die geschäftsmäßige Erbringung der Telekommunikationsdienste einschließlich des Schutzes ihrer technischen Systeme erforderliche Maß hinaus Kenntnis vom Inhalt oder den näheren Umständen der Telekommunikation zu verschaffen. Sie dürfen Kenntnisse über Tatsachen, die dem Fernmeldegeheimnis unterliegen, nur für den in Satz 1 genannten Zweck verwenden. Eine Verwendung dieser Kenntnisse für andere Zwecke, insbesondere die Weitergabe an andere, ist nur zulässig, soweit dieses Gesetz oder eine andere gesetzliche Vorschrift dies ...*

Das Fernmeldegeheimnis hat der Arbeitgeber ggf. auch seinen Beschäftigten gegenüber zu gewährleisten, und zwar dann, wenn dem Arbeitnehmer die private Mitnutzung der betrieblichen oder behördlichen Telekommunikationsanlage (Telefon, Fax, E-Mail-System etc.) gestattet ist.

Vgl. hierzu im Einzelnen nachstehend Rdn. 1142 ff.

Bei Verstößen gegen ihre Schweigepflicht können die Adressaten des Fernemeldege-   **30**
heimnisses strafrechtlich verfolgt werden. Nach § 206 Abs. 1 StGB ist strafrechtlich sanktioniert jedoch nicht die durch § 88 TKG verbotene unbefugte Kenntnisnahme, sondern nur die Mitteilung der befugt oder unbefugt erlangten Kenntnisse über Tatsachen, die dem Fernmeldegeheimnis unterliegen, also die Bekanntgabe des Inhalts oder der näheren Umstände einer „vermittelten" Kommunikation. Dies kann auch durch Mitteilungen im Betrieb und auch an Vorgesetzte geschehen, wenn diese die Information nicht in ihren Funktionen bei Betreiben des Telekommunikationsdienstes im Auftrag ihres Arbeitgebers, also des Diensteanbieters, erhalten. Der Tatbestand kann auch durch pflichtwidriges Unterlassen erfüllt sein (§ 13 StGB), d.h. wenn Sicherheitsmaßnahmen nicht ergriffen werden. Hier können Pflichten nach § 109 TKG verletzt sein.

---

§ 206 StGB – Verletzung des Post- und Fernmeldegeheimnisses

(1) Wer unbefugt einer anderen Person eine Mitteilung über Tatsachen macht, die dem Post- oder Fernmeldegeheimnis unterliegen und die ihm als Inhaber oder Beschäftigtem eines Unternehmens bekanntgeworden sind, das geschäftsmäßig Post- oder Telekommunikations- dienste erbringt, wird mit Freiheitsstrafe bis zu fünf Jahren oder mit Geldstrafe bestraft.

(2) Ebenso wird bestraft, wer als Inhaber oder Beschäftigter eines in Absatz 1 bezeichneten Unternehmens unbefugt

1.eine Sendung, die einem solchen Unternehmen zur Übermittlung anvertraut worden und verschlossen ist, öffnet oder sich von ihrem Inhalt ohne Öffnung des Verschlusses unter Anwendung technischer Mittel Kenntnis verschafft,

2.eine einem solchen Unternehmen zur Übermittlung anvertraute Sendung unterdrückt oder

3.eine der in Absatz 1 oder in Nummer 1 oder 2 bezeichneten Handlungen gestattet oder för- dert.

(3) ...

(4) ...

(5) Dem Postgeheimnis unterliegen die näheren Umstände des Postverkehrs bestimmter Per- sonen sowie der Inhalt von Postsendungen. Dem Fernmeldegeheimnis unterliegen der Inhalt der Telekommunikation und ihre näheren Umstände, insbesondere die Tatsache, ob jemand an einem Telekommunikationsvorgang beteiligt ist oder war. Das Fernmeldegeheimnis erstreckt sich auch auf die näheren Umstände erfolgloser Verbindungsversuche.

1.4 Das „Recht am geschriebenen Wort"

1.4.1 Das Briefgeheimnis

31 Neben dem „gesprochenen" Wort ist auch das geschriebene Wort in gewissem Umfang gegen unbefugte Kenntnisnahme durch das strafrechtlich abgesicherte Briefgeheimnis geschützt. Auf den Versand von Botschaften auf elektronischem Wege ist der in § 202 StGB verankerte Schutz des Briefgeheimnisses jedoch nicht anwendbar.

---

§ 202 StGB – Verletzung des Briefgeheimnisses

(1) Wer unbefugt

1. einen verschlossenen Brief oder ein anderes verschlossenes Schriftstück, das nicht zu seiner Kenntnis bestimmt ist, öffnet oder

2. sich vom Inhalt eines solchen Schriftstücks ohne Öffnung des Verschlusses unter Anwen- dung technischer Mittel Kenntnis verschafft, wird mit Freiheitsstrafe bis zu einem Jahr oder mit Geldstrafe bestraft, wenn die Tat nicht in § 206 mit Strafe bedroht ist.

(2) Ebenso wird bestraft, wer sich unbefugt vom Inhalt eines Schriftstücks, das nicht zu seiner Kenntnis bestimmt ist und durch ein verschlossenes Behältnis gegen Kenntnisnahme beson- ders gesichert ist, Kenntnis verschafft, nachdem er dazu das Behältnis geöffnet hat.

(3) Einem Schriftstück im Sinne der Absätze 1 und 2 steht eine Abbildung gleich.

Faxe oder E-Mails können nicht unter den engen Begriff des verschlossenen, verkörper- ten Schriftstücks subsumiert werden. Nach dem Ausdruck liegt zwar ein verkörpertes Schriftstück vor, dem jedoch das Merkmal des „Verschlossenseins" fehlt. Schutz bietet insofern jedoch das Post- und Fernmeldegeheimnis des § 206 StGB, der auch den E- Mail-Verkehr umfasst.

Relevant werden kann jedoch § 202a StGB, der das Briefgeheimnis in gewissem **32**
Umfang auf elektronisch gespeicherte bzw. übermittelte und gegen Zugriff gesicherte
Daten ausdehnt und diese vor der unbefugten Einsichtnahme schützt.

Bei „Dienstpost" greift der Schutz – gleichgültig, ob es sich um herkömmliche oder **33**
elektronische Post handelt – nicht gegenüber dem Zugriff des Arbeitgebers auf an den
Mitarbeiter gerichtete Nachrichten.

Geht im Betrieb jedoch ein Brief ein, der erkennbar an einen einzelnen Beschäftigten
persönlich gerichtet ist, so ist er diesem verschlossen zuzuleiten.

> *Vgl. LAG Hamm, RDV 2005, 227: „Eine Verletzung des Briefgeheimnisses liegt nicht vor,*
> *wenn eine Dienststelle (hier: IHK) im Rahmen ihrer Büroordnung an Mitarbeiter und zugleich*
> *an die Dienststelle adressierte Sendungen, welche nicht als persönlich oder vertraulich*
> *gekennzeichnet sind, öffnet und mit Eingangsstempel versehen an die/den betreffende(n) Mit-*
> *arbeiterin/Mitarbeiter weiterleitet."*

1.4.2 Schutz gegen unbefugte Zugriffe auf elektronisch gespeicherte Daten

Relevant werden kann jedoch § 202a StGB der das Briefgeheimnis in gewissem **34**
Umfang auf elektronisch gespeicherte bzw. übermittelte Daten ausdehnt und diese vor
der unbefugten Einsichtnahme schützt. Als E-Mail versandte und gespeicherte Daten
fallen hierunter, wenn sie nicht für die auf sie Zugreifenden bestimmt sind und gegen
unbefugten Zugriff besonders gesichert sind. Der Absender oder Empfänger muss daher
besondere Vorkehrungen getroffen haben, die den Zugriff auf die Daten verhindern.

> **§ 202a StGB – Ausspähen von Daten**
>
> *(1) Wer unbefugt sich oder einem anderen Zugang zu Daten, die nicht für ihn bestimmt und die*
> *gegen unberechtigten Zugang besonders gesichert sind, unter Überwindung der Zugangssi-*
> *cherung verschafft, wird mit Freiheitsstrafe bis zu drei Jahren oder mit Geldstarfe bestraft.*
>
> *(2) Daten im Sinne des Absatzes 1 sind nur solche, die elektronisch, magnetisch oder sonst*
> *nicht unmittelbar wahrnehmbar gespeichert sind oder übermittelt werden.*

Dienstliche E-Mails sind – wie noch darzustellen ist – Post des Arbeitgebers, d.h., der in **35**
seinem Betrieb stattfindende E-Mail-Verkehr enthält Daten, die zunächst einmal, d.h.
mangels anderer konkreter Erkenntnisse, für ihn bestimmt sind. Das gilt auch, wenn die
E-Mail an die Adresse eines bestimmten Mitarbeiters gerichtet ist. Entsprechend seinem
Recht auf Offenlegung der brieflichen Dienstkorrespondenz steht dem Arbeitgeber das
Recht auf Einsicht in die dienstlichen E-Mails zu

> *vgl. Nägele/Meyer, K&R 2004, 312, Joefer/Wegerich, K&R 2002, 235, Fleck, BB 2003, 306;*
> *Beckschulze/Henkel, DB 2001, 1491; Lindemann/Simon, BB 2001, 1950*
> *Näheres dazu Rdn. 1179 ff.*

Von § 202a StGB werden alle Fälle der Computerspionage erfasst, wobei es unerheblich **36**
ist, ob es sich um personenbezogene Daten handelt und ob eine Verletzung des persönlichen Lebens- und Geheimnisbereichs erfolgt.

> *Vgl. Weidner-Braun, Der Schutz der Privatsphäre und das Recht auf informationelle Selbstbe-*
> *stimmung, 88*

§ 202a StGB scheidet, wenn im Betrieb nur dienstlicher E-Mail-Verkehr gestattet ist,
tatbestandmäßig regelmäßig aus.

Die Bestimmung für den Arbeitgeber liegt nicht vor, wenn der Betreff der E-Mail oder ein Attachment oder der Adressat eine private Nachricht erkennen lassen. Hat der Arbeitgeber den privaten Charakter zur Kenntnis genommen, muss der Zugriff unterbleiben bzw. beendet werden.

Vgl. Tiedemann ZD 2011, 45

37 Die gespeicherten Daten werden auch nicht dadurch zu privaten, d.h. nicht mehr für den Arbeitgeber bestimmten Daten, indem der Arbeitgeber einen Rechner zu Verfügung stellt, der nur unter Verwendung eines Passwortes in Betrieb genommen werden kann, welches der Arbeitgeber selbst bestimmt. Auszugehen ist auch hier davon, dass dieser Schutzmechanismus primär dem dienstlichen Interesse dient.

Barton, CR 2003, 839, Nägele/Meyer, K&R 2004, 312 (315); Trödle/Fischer, StGB, § 202a Rdn. 4

38 Ohne Hinzutreten weiterer Umstände, z.B. der Erlaubnis privater Nutzung, kann der Arbeitnehmer nicht davon ausgehen, dass ihm nunmehr besondere Vertraulichkeit hinsichtlich der geschützt gespeicherten Daten gewährt werden soll.

LAG Hamm, DuD 2004, 633; RDV 2012, 254 = DuD 2013,50: OVG Lüneburg, ZD 2012, 44 = RDV 2012, 85

Dem Arbeitgeber steht das Recht zu, Zugriffsberechtigungen auf höherer Ebene festzulegen.

LAG Köln, RDV 2005, 32 = NZA-RR 2004, 527; LAG Hamm, RDV

Insoweit kann der Arbeitgeber auch anordnen, das Passwort im Vertretungsfall weiterzugeben oder bei Abwesenheit systemseitig zu ermitteln.

39 Vom Arbeitgeber inzident zugesagte Vertraulichkeit – und damit der Tatbestand der besonderen Sicherung – liegt vor, wenn der Arbeitnehmer eine separate passwortgeschützte E-Mail-Adresse für private Nachrichten eingerichtet hat.

Barton, CR 2003, 839

Dass auch dann der Arbeitgeber über den Administrator unmittelbaren Zugriff hat, ändert an der erkennbar im privaten Interessen erfolgten besonderen Sicherung nichts.

1.4.3 Das unbefugte Abfangen von Daten nach § 202b StGB

40 Kommt § 202a StGB nicht zum Zuge, so kann § 202b StGB greifen. Entgegen § 202a StGB stellt sich die Frage nach der besonderen Sicherung der Daten nicht. Dafür sind andere Tatbestandsmerkmale klärungsbedürftig.

> **§ 202b StGB – Abfangen von Daten**
>
> *Wer unbefugt sich oder einem anderen unter Anwendung technischer Mittel nicht für ihn bestimmte Daten (§ 202a Abs. 2) aus einer nichtöffentlichen Datenübermittlung oder aus der elektromagnetischen Abstrahlung einer Datenverarbeitungsanlage verschafft, wird mit einer Freiheitsstrafe bis zu zwei Jahren oder mit Geldstrafe bestraft, wenn die Tat nicht in anderen Vorschriften mit schwererer Strafe bedroht ist.*

41 Ein Hauptanwendungsbereich betrifft das sich unbefugte Verschaffen von Daten aus einer nicht öffentlichen Datenübermittlung zwischen verschiedenen Computersystemen.

Zu diesbezüglichen Abgrenzungsproblemen vgl. Kusnik, MMR 2011, 720

Ein solches unbefugtes Verschaffen kann auf Seiten des Arbeitgebers beim Zugriff auf die Daten der privaten Kommunikation des Arbeitnehmers vorliegen. Das Abfangen muss unter Einsatz technischer Mittel geschehen. Nicht öffentlich ist eine Übermittlung, die an einen konkreten Empfänger gehen soll. Die Übertragung innerhalb des WLAN ist erfasst. Das Entwenden per körperlichem Datenträger übermittelter Daten wird von § 242 StGB erfasst.

Fischer, StGB § 202b Rdn. 3

§ 202b StGB greift nicht mehr, wenn die Übermittlung beendet ist, d.h. der Empfänger **42** die Herrschaft über die Daten erlangt. Das trifft auch für E-Mails zu, die sich noch ungelesen auf dem Server des Providers befinden.

Härting, CR 2009, 581

Befindet sich eine E-Mail noch auf dem Transportweg, so ist sie geschützt. **43**

Zur unterschiedlichen Bewertung der Nichtöffentlichkeit bei der Nutzung des Internets Kusnik, MMR 2011, 720; Sankol, MMR 2006, 361

Geschützt werden auch Daten, die aus der elektronischen Ausstrahlung einer Datenver- **44** arbeitungsanlage stammen. Erfasst werden Ausdrucke, die Daten aus den elektromagnetischen Abstrahlungen bzw. Wellen aus dem Computersystem wiederherstellen.

Gröseling/Höfinger, MMR 2007, 549; Vassiliki, CR 2008, 131

1.4.4 Hilfeleistung beim Ausspähen und Abfangen von Daten

Nach § 202a oder § 202b StGB wird bestraft, wer die technischen Möglichkeiten zur **45** Begehung der Taten nach § 202a oder § 202b StGB herstellt oder zugänglich macht.

> *§ 202c StGB – Vorbereiten des Ausspähens und Abfangens von Daten*
>
> *(1) Wer eine Straftat nach § 202a oder § 202b vorbereitet, indem er*
>
> *1. Passwörter oder sonstige Sicherungscodes, die den Zugang zu Daten (§ 202a Abs. 2) ermöglichen, oder*
>
> *2. Computerprogramme, deren Zweck die Begehung einer solchen Tat ist,*
>
> *herstellt, sich oder einem anderen verschafft, verkauft, einem anderen überlässt, verbreitet oder sonst zugänglich macht, wird mit Freiheitsstrafe bis zu einem Jahr oder mit Geldstrafe bestraft.*
>
> *(2) § 149 Abs. 2 und 3 gilt entsprechend.*

1.5 Das Recht am eigenen Bild

1.5.1 Allgemeines

Das Recht am eigenen Bild schützt den Arbeitnehmer vor jeder Art der unbefugten **46** Anfertigung, Verbreitung oder Veröffentlichung einer bildlichen Darstellung seiner Person durch stoffliche Fixierung und auch vor der mittels technischer Geräte bewirkten Direktübertragung seines Erscheinungsbildes.

BGH, NJW 1971, 698; 1979, 2205; 1996, 985

Mit anderen Worten: Auch hinsichtlich der Herstellung und Verbreitung seines Bildes **47** steht dem Betroffenen ein Selbstbestimmungsrecht zu, nach dem regelmäßig nur er selbst darüber zu befinden hat, ob und wie er sich in der Öffentlichkeit oder gegenüber Dritten darstellen will und wer Daten – hier in Form eines Bildes – über ihn speichert, nutzt und übermittelt.

Zur Notwehr gegen unerwünschtes Fotografieren: OLG Hamburg, RDV 2013, 96

48 Eingriffe in dieses Selbstbestimmungsrecht können jedoch im Falle eines für den Schutz anderer Rechtsgüter vorrangigen Interesses gerechtfertigt sein. Sie können sich für den Arbeitgeber im Hinblick auf die erforderliche Identifizierung von Mitarbeitern ergeben. Ein Beispiel ist die Erstellung von mit Lichtbildern versehenen Werksausweisen. Die Lichtbilder der Ausweise dienen der Erfüllung der Arbeitsverträge. Das Sicherheitsinteresse des Unternehmens überwiegt die Beeinträchtigung der Persönlichkeit durch ein unerwünschtes Bild. Der Mitarbeiter muss es daher hinnehmen, dass er einen Werksausweis mit Bild offen zu tragen hat.

Seine Grundlagen findet das Recht am eigenen Bild

- im Persönlichkeitsrecht der Art. 1 Abs. 1 und 2 Abs. 1 GG,
- in §§ 22, 23 KUG i.V.m. § 33 KUG,
- in § 201a StGB,
- in § 90 TKG,
- in § 6b BDSG
- und schließlich im BDSG.

1.5.2 Unbefugte Verbreitung von Bildern nach § 22 KUG

49 Das Recht am eigenen Bild ist teilweise – nämlich hinsichtlich der unbefugten Verbreitung bzw. Veröffentlichung des Bildes einer Person – strafrechtlich durch § 33 KUG geschützt, der ein in § 22 KUG enthaltenes Verbot sanktioniert. Danach dürfen Bildnisse nur mit Einwilligung des Abgebildeten verbreitet oder zur Schau gestellt werden (§ 22 Abs. 1 KUG),

Zur Schriftlichkeit der Einwilligung in Anwendung des § 4a BDSG vgl. Lorenz, ZD 2012, 368

wobei unter Bildnis – unabhängig von dem eingesetzten Verfahren – jede Wiedergabe des äußeren Erscheinungsbildes einer identifizierbaren Person zu verstehen ist. Entscheidend ist, dass die abgebildete Person erkennbar ist. Die Erkennbarkeit kann sich auch aus dem zusammen mit dem Bild veröffentlichten Text ergeben.

BGH NJW 1962, 211

50 Ausnahmen enthält § 23 KUG u.a. für Personen der Zeitgeschichte oder Bilder, bei denen Personen nur Begleitwerk bilden. Dies ist z.B. der Fall, wenn in einem Prospekt eines Biergartens eine Kellnerin inmitten der Gäste zu erkennen ist. Gleiches gilt, wenn von einer Betriebsversammlung mit Text und Bild berichtet wird.

Vgl. Brandt, AiB 2012, 591

---

§ 22, 23 KUG – Das Recht am eigenen Bild

§ 22: Recht am eigenen Bild

Bildnisse dürfen nur mit Einwilligung des Abgebildeten verbreitet oder öffentlich zur Schau gestellt werden. Die Einwilligung gilt im Zweifel als erteilt, wenn der Abgebildete dafür, dass er sich abbilden ließ, eine Entlohnung erhielt. Nach dem Tod des Abgebildeten bedarf es bis zum Ablauf von zehn Jahren der Einwilligung der Angehörigen des Abgebildeten. Angehörige im Sinne dieses Gesetzes sind der überlebende Ehegatte oder Lebenspartner und die Kinder des Abgebildeten und, wenn weder ein Ehegatte oder Lebenspartner noch Kinder vorhanden sind, die Eltern des Abgebildeten.

§ 23: Ausnahmen zu § 22

(1) Ohne die nach § 22 erforderliche Einwilligung dürfen verbreitet und zur Schau gestellt werden:

1. Bildnisse aus dem Bereich der Zeitgeschichte;

2. Bilder, auf denen die Personen nur als Beiwerk neben einer Landschaft oder sonstigen Örtlichkeit erscheinen;

3. Bilder von Versammlungen, Aufzügen oder ähnlichen Vorgängen, an denen die dargestellten Personen teilgenommen haben;

4. Bildnisse, die nicht auf Bestellung angefertigt sind, sofern die Verbreitung oder Schaustellung einem höheren Interesse der Kunst dient.

(2) Die Befugnis erstreckt sich jedoch nicht auf eine Verbreitung und Schaustellung, durch die ein berechtigtes Interesse des Abgebildeten oder, falls dieser verstorben ist, seiner Angehörigen verletzt wird.

Diese Ausnahmetatbestände können zwar, wie gesagt, auch bei der Veröffentlichung von Bildern, auf denen sich – auch – Beschäftigte befinden, zum Tragen kommen. **51**

Fraglich ist jedoch, ob sie auch greifen, wenn individualisierbare Fotos ins Internet eingestellt werden bzw. per Webcam übertragen werden, da hier durch die weltweite Auswertungsmöglichkeit und insbesondere durch Gesichtserkennungssoftware ein berechtigtes Interesse des Abgebildeten verletzt sein kann.

Vgl. die Auffassungen der Aufsichtsbehörden bei Gola, RDV 2012, 233

1.5.3 Bilder aus dem höchstpersönlichen Lebensbereich

Mit § 201a StGB wird eine unbefugte Bildaufnahme und -übertragung auch im StGB geahndet. **52**

§ 201a StGB — Verletzung des höchstpersönlichen Lebensbereichs durch Bildaufnahmen

(1) Wer von einer anderen Person, die sich in einer Wohnung oder einem gegen Einblick besonders geschützten Raum befindet, unbefugt Bildaufnahmen herstellt oder überträgt und dadurch deren höchstpersönlichen Lebensbereich verletzt, wird mit Freiheitsstrafe bis zu einem Jahr oder mit Geldstrafe bestraft.

(2) Ebenso wird bestraft, wer eine durch eine Tat nach Abs. 1 hergestellte Bildaufnahme gebraucht oder einem Dritten zugänglich macht.

(3) Wer eine befugt hergestellte Bildaufnahme von einer anderen Person, die sich in einer Wohnung oder einem gegen Einblick besonders geschützten Raum befindet, unbefugt gebraucht oder einem Dritten zugänglich macht und dadurch deren höchstpersönlichen Lebensbereich verletzt, wird mit Freiheitsstrafe bis zu einem Jahr oder mit Geldstrafe bestraft.

(4) Die Bildträger sowie die Bildaufnahmegeräte oder andere technische Mittel, die der Täter oder Teilnehmer verwendet haben, können eingezogen werden. § 74a ist anzuwenden.

53 Die Strafnorm erfasst die unbefugte Herstellung bzw. Übertragung und den Gebrauch bzw. die Weiterverbreitung von Bildaufnahmen, die von einer sich in einer Wohnung oder einem gegen Einblick besonders geschützten Raum aufhaltenden Person gemacht wurden. Weiteres Tatbestandsmerkmal ist, dass durch die genannte Handlung der höchstpersönliche Lebensbereich der betroffenen Person verletzt wird.

> *Borgmann, NJW 2004, 2133; Gola, RDV 2004, 115; Flechsig, ZUM 2004, 605; ferner Gola, Datenschutz am Arbeitsplatz, Rdn. 75*

54 Damit verbietet sich im Hinblick auf § 201a StGB z.B. die Videoaufzeichnung von Arbeitnehmern, die sich auf Toiletten oder in Duschräumen aufhalten.

> *Vgl. hierzu auch LDI NW, 17. TB (2004), 46 = RDV 2005, 133, die indess auf § 28 Abs. 1 Nr. 2 BDSG abstellt, dessen Voraussetzungen sie jedoch bei einer Überwachung von Umkleide-, Dusch- und Toilettenräumen niemals als gegeben ansieht*

2 Die Entwicklung der Datenschutzgesetzgebung

2.1 Allgemeines

55 Das deutsche Datenschutzrecht beruht auf einer Fülle von quantitativ und qualitativ sehr unterschiedlichen Rechtssätzen. Es wird gestaltet durch aus der Gesetzgebungskompetenz des Bundes und der Länder abgeleitete materielle Normen, in Rahmen- oder Auffanggesetzen ebenso wie in sog. bereichsspezifischen Vorschriften, die mit variierendem Gewicht und Geltungsbereich ausgestattet sind (z.B. als Gesetze, Rechtsverordnungen, Satzungen, Tarifverträge, Betriebs- und Dienstvereinbarungen). Daneben nehmen internationale Regelungen zunehmend Einfluss auf das nationale Recht.

56 Datenschutzrecht ist somit eine „Querschnittsmaterie", die zwar in ihren einzelnen Regelungen auf einheitlichen, letztlich verfassungsrechtlich verbürgten Grundprinzipien aufbaut, die aber andererseits inzwischen derart facettenreich geworden ist, dass die Überschaubarkeit und auch Verständlichkeit für den einzelnen Betroffenen weitgehend verloren gegangen ist.

57 Diese Vielfalt erklärt sich zum einen aus der Verteilung der Gesetzgebungskompetenz zwischen Bund und Ländern. Sie ist aber auch Ergebnis der Forderung des Bundesverfassungsgerichts nach sog. „bereichsspezifischen" Regelungen. Wird dem Betroffenen das Recht, selbst über die Verarbeitung seiner Daten zu bestimmen, dadurch genommen, dass der Gesetzgeber öffentlichen oder privaten Stellen die Erhebung, Verarbeitung oder Nutzung auch ohne Einwilligung bzw. auch gegen den Willen des Betroffenen gestattet, so fordert das BVerfG jedenfalls dann konkrete, normenklare Regelungen, d.h. Regelungen, aus denen u.a. ersichtlich ist, welche Daten für welche Zwecke verarbeitet werden dürfen, wenn es um sensible Daten geht, wobei sich die Sensibilität nicht allein aus der Art der Daten, sondern primär aus den Verwendungsmöglichkeiten bzw. -absichten ergibt.

58 Dem Gebot des BVerfG, dem Betroffenen klar aufzuzeigen, wann er welche Datenverarbeitungen für welche Zwecke auch gegen seinen Willen zu akzeptieren hat, können das

BDSG und die Landesdatenschutzgesetze nur bedingt gerecht werden. Zwangsläufig müssen sie ihre Erlaubnistatbestände an unbestimmten Rechtsbegriffen festmachen, wie z.B. an der „Erforderlichkeit zur Aufgabenerfüllung" oder der Abwägung „berechtigter Interessen" der verarbeitenden Stellen gegenüber „schutzwürdigen Interessen" des Betroffenen. Die Auslegungsfähigkeit solcher Klauseln ist aber keineswegs – wie bisweilen behauptet – per se eine Schwäche der Gesetze. Im Gegenteil: Sie bietet die Möglichkeit sachgerechter einzelfallabhängiger Bewertungen und vermeidet Pauschalurteile, zu denen ein unflexibles „ius strictum" nötigen kann. Um dem Betroffenen in für ihn sensiblen Bereichen der Datenverarbeitung angemessenen Schutz zu gewähren, bedarf es jedoch spezieller Datenschutzregelungen, die die Erlaubnistatbestände konkreter festschreiben sowie die zu erhebenden Daten und ihre Verwendungszwecke definieren und auf das erforderliche Maß festlegen.

59 Während solche bereichsspezifischen Normen im öffentlichen Bereich nach Verabschiedung des BDSG in großer Zahl erlassen wurden – zu nennen sind als besonders bedeutsam die Regelungen im Melde- und Archivwesen, der Sozialdatenschutz, spezielle Datenschutzgesetze im Schul- und Krankenhausbereich und für die Tätigkeiten der Sicherheitsbehörden –, herrschte für den Bereich der Privatwirtschaft zunächst weitgehende Zurückhaltung des Gesetzgebers.

60 Dies hat sich – u.a. auch unter dem Einfluss europarechtlicher Vorgaben – inzwischen in einzelnen Bereichen geändert, indem insbesondere die mit dem Einsatz von Multimedia verbundenen Fragen auch für das Arbeitsverhältnis relevante spezielle datenschutzrechtliche Antworten gefunden haben, so u.a. in dem Telekommunikationsgesetz (TKG) und dem Telemediengesetz (TMG).

2.2 Das BDSG und seine Fortschreibung

2.2.1 Der Beginn

61 Der Datenschutz gehört zu den – seltenen – Problemfeldern in der technisierten Gesellschaft, die von Politik und Gesetzgebung bereits angegangen wurden, als Öffentlichkeit und Betroffenen ein entsprechender Regelungsbedarf und selbst der den Regelungsbereich kennzeichnende Begriff „Datenschutz" noch weitgehend unbekannt waren. Bereits Anfang der 60er Jahre wuchs – im Hinblick auf zunächst in den USA gemachte Erfahrungen – die keineswegs von allen geteilte Erkenntnis,

> *vgl. ausführlich bei Abel, Geschichte des Datenschutzes, in: Roßnagel, Datenschutz-Handbuch, Kapitel 2.7*

dass dem fortschreitenden Einsatz der neuen Informationstechnologien Rahmenbedingungen gesetzt werden müssen, die – wie § 1 BDSG 77 noch formulierte – der Verletzung der schutzwürdigen Belange der Betroffenen bei der Verarbeitung ihrer Daten entgegenwirken sollten. So wurde im Jahr 1971, nachdem bereits zuvor das Land Hessen im Jahr 1970 ein Landesdatenschutzgesetz – das Land Rheinland-Pfalz folgte 1974 – verabschiedet hatte, ein erster Referentenentwurf für ein Bundesdatenschutzgesetz vorgelegt. Mehrjährige, von auch heute noch die Datenschutzdiskussion beherrschenden unterschiedlichen Standorten gekennzeichnete Beratungen und Neufassungen der Texte folgten, bis schließlich das BDSG in seiner ersten Fassung am 1. Februar 1977 verkündet wurde und am 1. Januar 1979 in vollem Umfang in Kraft treten konnte.

2.2.2 Die informationelle Selbstbestimmung – Das BDSG 1991

62 Das Erfordernis einer Konkretisierung und Erweiterung der Datenschutznormen ergab sich aus der in dem Volkszählungsurteil vom BVerfG

BVerfGE 65, 1 = NJW 1984, 419

vorgenommenen Beschreibung des „Rechts auf informationelle Selbstbestimmung" und den Rechtmäßigkeitsvoraussetzungen für einen Eingriff in dieses Recht. Damit war der verfassungsrechtliche Rang, den Datenschutz in Form des „informationellen Selbstbestimmungsrechts" genießt, nicht mehr zu bestreiten, was auch dadurch gekennzeichnet wird, dass u.a. die Länder Nordrhein-Westfalen und das Saarland sowie alle neuen Bundesländer (Berlin Art. 21b; Brandenburg Art. 11; Mecklenburg-Vorpommern Art. 6; Sachsen Art. 33; Sachsen-Anhalt Art. 6) das Grundrecht auf Datenschutz bzw. auf informationelle Selbstbestimmung in ihre Landesverfassungen aufgenommen haben.

63 Am 1. Juni 1991 trat dann das als Artikel 1 des Gesetzes zur Fortentwicklung der Datenverarbeitung und des Datenschutzes

vom 20.12.1990, BGBl. I, 2954

verabschiedete, novellierte Bundesdatenschutzgesetz in Kraft. Anschließend zogen die Bundesländer, soweit sie nicht schon tätig geworden waren, mit der Novellierung der Landesdatenschutzgesetze nach.

64 Festgehalten wurde an der Grundkonzeption des BDSG, nämlich, dass trotz teilweise, vornehmlich aus Kreisen der Wirtschaft, laut gewordener Forderungen nach einer Zweiteilung des Datenschutzes

vgl. z.B. Drews, DuD 1987, 273; Zöllner, RDV 1985, 1

das BDSG – so wie es auch die nunmehr in Kraft befindliche dritte Fassung des BDSG in noch verstärktem Maße tut – als sog. Auffanggesetz den Datenschutz sowohl für die öffentliche Verwaltung als auch für die Privatwirtschaft nach grundsätzlich gleichen Kriterien festschreibt. Dies erklärt sich daraus, dass die vom BVerfG dem Gesetzgeber hinsichtlich der Rechtmäßigkeit der Verarbeitung personenbezogener Daten gemachten Vorgaben sich zwar primär auf das Verhältnis zwischen Bürger und Staat beziehen. Die in den Grundrechten zum Ausdruck gekommene Wertordnung wirkt aber auf alle Bereiche des Rechts ein und verpflichtet den Gesetzgeber generell, Persönlichkeitsrechte bei automatisierter Datenverarbeitung vor Eingriffen Dritter zu schützen.

2.2.3 Die europaweite Vereinheitlichung – Das BDSG 2001

65 Die zweite Phase der Novellierung des Datenschutzrechts hat ihren äußeren Anstoß durch europarechtliche Vorgaben erhalten. Die seit 1991 andauernden Beratungen der EG/EU-Richtlinie zum Schutz natürlicher Personen bei der Verarbeitung personenbezogener Daten und zum freien Datenverkehr (EU-DatSchRL)

vgl. Weichert, DuD 1991, 140; Ellgar, RDV 1991, 57; Wind/Siegert, RDV 1992, 132; Kopp, RDV 1993, 1; Körner-Dammann, RDV 1993, 14; Mütscher, RDV 1994, 67; Bachmeier, RDV 1995, 49

wurden im Juni 1995 abgeschlossen. Die Richtlinie

Richtlinie 95/46/EG vom 24.10.1995; ABl. EG 1995 Nr. L281, S. 31 vom 23.11.1995 verpflichtete die Mitgliedstaaten, ihr nationales Recht innerhalb von drei Jahren den Vorgaben der EU anzupassen. Der für die Umsetzung der EU-Datenschutzrichtlinie vorgegebene Termin (24.10.1998) ist von dem Bundesgesetzgeber und der Mehrzahl der Bundesländer (Ausnahmen bilden Hessen und Brandenburg, die ihre Landesdatenschutzgesetze bis Ende 1998 EU-konform novellierten) nicht gewahrt worden. Die dritte Fassung des BDSG

BGBl. I vom 22.5.2001, 904

trat vielmehr erst am 23. Mai 2001 in Kraft.

Die Novellierung des BDSG zog sich u. a. deshalb hin, weil gewichtige Stimmen nicht nur   **66**
eine Anpassung an das EU-Recht, sondern damit verbunden auch eine grundlegende Modernisierung des Datenschutzrechts forderten. Angesichts des Zeitdrucks wurde hiervon schließlich abgesehen, wobei jedoch eine die Modernisierung verfolgende „zweite Stufe" des Novellierungsprozesses zügig nachfolgen sollte. Gleichwohl enthält die dritte Fassung des BDSG neben den sich aus den EU-Vorgaben zwingend ergebenden Gesetzesänderungen auch bereits einige Grundsätze „modernen Datenschutzrechts", wie das dem sog. Systemdatenschutz zuzuordnende Prinzip der Datenvermeidung und Datensparsamkeit, des Datenschutzes durch Technik oder eines Datenschutz-Audits. Ebenso sind erste Ansätze zu einer Selbstregulierung des Datenschutzes durch die Anwender vorhanden, indem – ggf. nach „Einsegnung" durch die Aufsichtsbehörden – allgemeine Standesgrundsätze oder unternehmensinterne „Codes of Conduct" Datenschutzgefährdungen vermeiden sollen. Ferner wurden Regelungen zur Videoüberwachung und zu sog. mobilen Speicher- und Verarbeitungsmedien (Chipkarten) aufgenommen.

2.2.4 Ein Versuch der Entbürokratisierung – das BDSG 2006

Insgesamt hat das Gesetz an Umfang und Regelungsdichte erheblich zugenommen,   **67**
sodass die ebenfalls als Kernpunkt modernen Datenschutzrechts angestrebte Rückkehr zu lesbaren und für Betroffene und Praxis noch überschaubaren Regelungen weitgehend konterkariert wird.

Eine Korrektur bzw. Regelungen zur Klarstellung einiger Anwendungsfragen erfolgten   **68**
dann im Jahr 2006 unter dem Aspekt der Entlastung der Wirtschaft vor „zu viel" Datenschutzbürokratie durch die Bestimmungen zur Bestellung des DSB (§ 4d, 4f, 4g BDSG) und zu seiner Kooperation mit der Aufsichtsbehörde.

Erstes Gesetz zum Abbau bürokratischer Hemmnisse insbesondere in der mittelständischen Wirtschaft, BGBl. I 2006, 1970

Unter anderem wurde die für die Bestellung eines DSB maßgebende Zahl von fünf auf zehn bei automatisierter DV Beschäftigte erhöht.

Vgl. Gola/Klug, NJW 2007, 118; Karper/Stutz, DuD 2006, 798

2.2.5 Präzisierter Kunden- und Beschäftigtendatenschutz – das BDSG 2009

Die Gesetze zur Änderung datenschutzrechtlicher Vorschriften des Jahres 2009   **69**

(BGBl. I, 2814 vom 19.8.2009)

widmeten sich vorrangig der Verbesserung des Kundendatenschutzes im Hinblick auf Bonitäts- und Werbedaten. Eine Reihe von Neuregelungen betrifft aber auch das Arbeitsverhältnis, wobei der neue § 32 BDSG im Vordergrund steht.

Mit der Zuständigkeitsregelung des § 32 BDSG soll ein Einstieg in die bereichsspezifische Regelung des Arbeitnehmer- bzw. Beschäftigtendatenschutzes erfolgen, wobei die Norm an der bestehenden Rechtslage nichts ändert.

Vgl. BAG, RDV 2011, 244: „Die Absicht des Gesetzgebers war, wie sich aus den Materialien unzweifelhaft ergibt, mit Einführung des § 32 BDSG lediglich eine vorläufige und der Klarstellung dienende Regelung zum Arbeitnehmerdatenschutz zu treffen, ohne damit die von der Rechtsprechung entwickelten Grundsätze zum Datenschutz in Beschäftigungsverhältnissen weiter auszudehnen (BT-Drucks. 16/13657 S. 20 ff., vgl. auch Schmidt, RDV 2009, 193, Fröhlich, ArbRB 2009, 300; Düwell, dbr 12/2009, 10).“

2.2.6 Der Entwurf eines Beschäftigtendatenschutzgesetzes

70 Dem § 32 BDSG nachfolgen sollte die umfassendere Regulierung des Arbeitnehmerdatenschutzes. Vorgesehen war ein Beschäftigtendatenschutzgesetz, das als neuer Unterabschnitt in das BDSG eingefügt werden sollte.

Dem Bundesrat wurde der Entwurf eines Gesetzes zur Regelung des Beschäftigtendatenschutzes am 25.8.2010 zugeleitet. Ohne den zahlreichen Änderungsvorschlägen des Bundesrats vom 5.11.2010

BR-Drs. 535/10

nachzukommen, brachte die Bundesregierung sodann am 25.2.2011 den Gesetzentwurf in den Bundestag ein.

BT-Drs. 17/4230

71 Dieses Artikelgesetz sollte den Arbeitnehmerdatenschutz unter Festschreibung der bisherigen Rechtsprechung präzisieren und verbessern. Insbesondere war es das Ziel, die Beschäftigten an ihrem Arbeitsplatz wirksam vor Bespitzelungen zu schützen. Gleichzeitig sollten den Arbeitgebern verlässliche Grundlagen für die Durchführung von Compliance-Anforderungen und für den Kampf gegen Korruption an die Hand gegeben werden.

So Vorwort des Gesetzesentwurfs sowie Begründung Allgemeiner Teil, Ziff. I (S. 19)

72 Ob dies gelungen war, wurde zum Teil lebhaft, aber auch völlig kontrovers diskutiert. Einerseits wurde vorgetragen, dass der Entwurf die Befugnisse der Arbeitgeber erheblich erweitere bzw. den Schutz der Beschäftigten vor dauerhafter Überwachung und Kontrolle ins Gegenteil verkehre,

so die Aufsichtsbehörden, vgl. ULD SH TB 2011, 75; BlnBDI, Jahresbericht 2010, 47

andererseits sahen die Arbeitgeber ihre Spielräume unzulässig eingeschränkt.

73 Neben den Literaturbeiträgen, die sich mit dem Gesetzesentwurf insgesamt befassten,

vgl. Beckschulze/Natzel, BB 2010, 2368; Forst, NZA 2010, 1043; Heinson/Sörup/Wibytul, CR 2010, 751; Körner, AuR 2010, 416; Tinnefeld/Petri/Brink, MMR 2010, 727;

äußerten sich andere zu besonders in die Kritik geratenen Regelungen,

Thüsing, RDV 2010, 147

zu denen die Reduzierung der Einwilligung auf einige wenige Ausnahmetatbestände

zur Vereinbarkeit der Regelung mit EG-Recht: Forst, RDV 2010, 150

oder das Verbot negativ abweichender Betriebsvereinbarungen

Brandt, DuD 2010, S. 213

gehören.

Andere Autoren zogen einen Vergleich zwischen der jetzigen und zukünftigen Rechts- **74** lage für einzelne Fälle der Beschäftigtendatenverarbeitung. Dabei ging es um die Erhebung und Verarbeitung von Bewerberdaten

> *Gola, RDV 2011, 109; Haase/Heermann/Rottwinkel, DuD 2011, 83*

und die spezielle Möglichkeit zu deren Erhebung im Internet

> *Forst, NZA 2010, 427; Lelley/Müller, RDV 2011, 59*

oder von Blutuntersuchungen,

> *Forst, RDV 2010, 8; Heermann/Klügel, DuD 2010, 819*

Erörtert wurden der Umfang der weiterhin bestehenden Möglichkeiten im Rahmen der **75** Compliance und der Korruptionsbekämpfung

> *Bierekoven, CR 2010, 203; Forst, DuD 2010, 160; Heldmann, DB 2010, 1235; Kort, DB 2011, 651; Salvenmoser/Hauschka, NJW 2010, 331*

und speziell die zukünftige Zulässigkeit der Videoüberwachung.

> *Seifert, DuD 2011, 98; Vietmeyer/Byers, DB 2010, 1462*

Gerügt wurde das Fehlen einer Regelung der Konzerndatenverarbeitung

> *Neumann, DuD 2011, 343*

und die Klärung des Verhältnisses von Datenschutzbeauftragten und Betriebsrat.

Nach einer Entscheidung der CDU-Fraktion im Januar 2013 wurde der Gesetzesentwurf **76** aber von der Tagesordnung des Bundestages abgesetzt – wohl mit dem Ziel, den Gesetzesentwurf bis zur Bundestagwahl am 22. September 2013 nicht wieder aufzurufen.

> *Vgl. Wybitul, ZD 2013, 99*

Ob, in welcher Form und von wem in der 18. Legislaturperiode ein neuer Entwurf eingebracht wird, bleibt abzuwarten.

3 Die EU-Datenschutz-Grundverordnung

3.1 Allgemeines

Die EU-Kommission möchte ihre seit geraumer Zeit verkündete Absicht **77**

> *u. a. Konsultationsverfahren Gesamtkonzept zum Datenschutz vom 4.11.2010 (KOM (2010) 609 endg.); vgl. Analyse von Klug, RDV 2011, 129*

zur weiteren Vereinheitlichung und Modernisierung des Datenschutzes in der EU in einer Verordnung regeln.

> *Europäische Kommission, Vorschlag für eine Verordnung des europäischen Parlaments und des Rates zum Schutz natürlicher Personen bei der Verarbeitung personenbezogener Daten und zum Schutz des freien Datenverkehrs (Datenschutz-Grundverordnung – DS-GVO); KOM (2012) 11 endg.*

Die Wahl der Verordnung basiert auf Erkenntnissen der Kommission, dass die bisher **78** den Datenschutz gestaltende EG-Richtlinie

> *Datenschutzrichtlinie 95/46 vom 24.10.1995*

in den Mitgliedsländern recht unterschiedlich umgesetzt ist. Nunmehr soll unmittelbar geltendes Recht zu dem bereits mit der Richtlinie angestrebten, aber bislang nicht erreichten gleichen Datenschutzniveau in den EU-angehörigen Ländern und damit zur gewünschten Rechtssicherheit und zu gleichen Wettbewerbsbedingungen für die Wirtschaft führen.

79 Auf Grund ihrer „Durchgriffswirkung" muss die Verordnung von den EU-Mitgliedsstaaten nicht in nationales Recht umgesetzt werden. Vielmehr besteht ein „Umsetzungsverbot", das auch Modifikationen der vorgegebenen Regelungen durch die einzelnen Mitgliedsstaaten grundsätzlich untersagt. Mit Inkrafttreten einer Verordnung können die Bürger aus ihr unmittelbare Ansprüche herleiten. Sie ist Vorgabe für die nationalen Behörden der Mitgliedsstaaten und Gerichte.

80 Stellen sich für die Gerichte diesbezüglich Auslegungsfragen, so muss der EuGH nach den Regeln des Vorabentscheidungsverfahrens angerufen werden (Art. 267 Abs. 1 litt. b AEUV).

Auf eine damit eintretende Minimierung des Grundrechtsschutzes durch Entzug des Rechtswegs zum BVerfG, vgl. Masing, Süddeutsche Zeitung vom 9.1.2012; Hornung, ZD 2012, 99 (100); Schwartmann, RDV 2012, 55.

81 Ergänzend zu der Verordnung soll der Kommission die Kompetenz zum Erlass sog. Rechts- und Durchführungsakte eingeräumt werden.

82 Der Verordnungsentwurf ist in Politik und Fachwelt auf große Aufmerksamkeit gestoßen und hat sofort – wie zu erwarten – unterschiedliche Kritik erfahren. Dabei geht es zum einen um Grundsatz- und zum anderen um Detailfragen der Praxis, die sich durch Änderungen der derzeitigen Rechtssituation stellen. Hierzu zählt für den betrieblichen Datenschutz in Deutschland u.a. vorrangig die beabsichtigte Regelung zur Bestellung und Aufgabenstellung von betrieblichen Datenschutzbeauftragten.

Vgl. den Zwischenbericht mit Nachweisen der bisherigen Literatur von Gola/Schulz, RDV 2013, 1

83 Zwar ist es zu begrüßen, dass das Prinzip der betrieblichen Selbstkontrolle durch den Datenschutzbeauftragte europaeinheitlicher Standard werden soll. Jedoch soll die regelmäßige Bestellpflicht erst ab einer Beschäftigtenzahl von 250 Mitarbeitern entstehen (Art. 30). Zudem werden ihm nur allgemeine Kontrollaufgaben zugewiesen.

Klug, RDV 2013, 14; Jaspers/Reif, RDV 2012, 78

84 Mit der Verabschiedung der Verordnung durch Parlament und Rat

mit einem Inkrafttreten der VO wäre aber nicht vor 2016 zu rechnen, vgl. Art. 91 des Entwurfs

würde der Datenschutz in der EU somit weitgehend auf unmittelbar geltendem einheitlichem europäischen Recht basieren, wodurch die Regelungen des BDSG weitgehend hinfällig wären. Verordnungen können jedoch auch einzelne Artikel enthalten, die ausdrücklich noch Regulierungen im nationalen Recht vorschreiben oder gestatten bzw. nationale Gestaltungsspielräume eröffnen.

3.2 Raum für ein nationales Beschäftigtendatenschutzgesetz

85 Dies geschieht in dem Verordnungsentwurf u.a. für den Beschäftigtendatenschutz (Art. 82).

Als Aufgaben, die im Rahmen eines Beschäftigtenverhältnisses zur Regelung anstehen, werden die Personalgewinnung, die Erfüllung des Arbeitsvertrags nebst der Erfüllung gesetzlicher oder tarifvertraglicher Pflichten, die Planung und die Organisation der Arbeit gezählt. Genannt werden ferner die Zwecke der individuellen oder kollektiven Wahrnehmung und Inanspruchnahme von Rechten und Leistungen im Zusammenhang mit dem Arbeitsverhältnis sowie mit der Beendigung des Arbeitsverhältnisses. Die im Rahmen dieser Zweckbestimmung anfallenden Daten decken sich damit weitgehend mit den Beschäftigtendaten i.S.v. § 32 BDSG.

Der nationale Regelungsspielraum ist jedoch begrenzt, da die Regelung sich „in den **86** Grenzen dieser Verordnung" zu bewegen hat. Die zu beachtenden „limits of this regulation" ziehen sowohl eine untere als auch eine obere Grenze. Auszugehen ist davon, dass es den nationalen Gesetzgebern nicht eröffnet wird, die Zulässigkeitsbedingungen im Arbeitsverhältnis enger als von der Verordnung vorgesehen zu gestalten, weil dies dem Ziel gleicher Wettbewerbsbedingungen zuwiderlaufen würde.

Zu den möglichen Auswirkungen des Entwurfs der EU-DS-GVO für den Arbeitnehmerdaten-schutz, vgl. Gola, EuZW 2012, 332 ; Hornung, ZD 2012, 99; Wybitul/Fladung, BB 2012, 509

Kapitel 2
Die Grundsätze des Personalaktenrechts

1 Die Rechtsentwicklung des Personalaktenrechts

Datenschutz ist, wenn auch nicht unter diesem in den 60er Jahren entstandenen Begriff, **87** für das Personalwesen keine neue Problemstellung. Und schon gar nicht hat Datenschutz im Arbeitsrecht etwa erst seinen Anfang genommen mit der Einführung der automatisierten Datenverarbeitung. So lange Personalakten über Beschäftigte geführt werden, so lange stellt sich auch die Frage nach dem die Rechte der Betroffenen wahrenden „fairen" Umgang mit den in diesen Akten gespeicherten Daten.

So wird es auch nicht verwundern, dass die Regelungen des Personaldatenschutzes ihren **88** Ausgangspunkt im öffentlichen Dienst genommen haben, denn hier haben sich die Dienstherren schon viel früher und viel intensiver für ihre Beschäftigten „interessiert", als es in der Privatwirtschaft der Fall ist. Die Geschichte der Führung von Personalakten ist daher genauso alt wie die des Beamtentums selbst.

Auch auf das Leistungsverhalten ausgerichtete Personalakten wurden in Preußen bereits **89** in den Jahren 1726 bis 1737 unter Friedrich Wilhelm I. für die Militär- und Verwaltungsbediensteten eingeführt, indem die Vorgesetzten gehalten wurden, jährlich in Form der „geheimen Conduitenlisten" dem König „wahrhaftigen Rapport" über ihre Untergebenen zu erstatten. Die Berichtspflicht wurde weiter konkretisiert, nachdem die Vorgesetzten 1783 angewiesen worden waren, über sog. „ärgerlichen Lebenswandel" sofort Bericht zu erstatten. Dabei wurden die Akten in Preußen und später im Reich – trotz anderslautender Bestrebungen – grundsätzlich bis 1918 als Geheimakten geführt.

Erste, auch heute noch bemerkenswerte Ansätze des Datenschutzes vollzog der Gesetz- **90** geber im Jahr 1910 bei Verabschiedung einer Neufassung des Reichskolonialbeamtengesetzes, dessen § 10 wie folgt lautete: *„Sind in der Personalakte Vorkommnisse eingetragen, die dem Beamten nachteilig sind, so kann die Entscheidung hierauf nur gegründet werden, nachdem dem Beamten Gelegenheit zur Äußerung gegeben ist. Eine etwaige Gegendarstellung ist den Personalakten beizufügen."*

Die Bedeutung der Transparenz der Aktendaten für den Betroffenen machte anschlie- **91** ßend die Weimarer Reichsverfassung deutlich.

> **Art. 129 WRV**
>
> *(1) Die Anstellung der Beamten erfolgt auf Lebenszeit, soweit nicht durch Gesetz etwas anderes bestimmt ist. Ruhegehalt und Hinterbliebenenversorgung werden gesetzlich geregelt. Die wohlerworbenen Rechte der Beamten sind unverletzlich. Für die vermögensrechtlichen Ansprüche der Beamten steht der Rechtsweg offen.*
>
> *(2) Die Beamten können nur unter den gesetzlich bestimmten Voraussetzungen und Formen vorläufig ihres Amtes enthoben, einstweilen oder endgültig in den Ruhestand oder in ein anderes Amt mit geringerem Gehalt versetzt werden.*

> *(3) Gegen jede dienstliche Straferkenntnis müssen ein Beschwerdeweg und die Möglichkeit eines Wiederaufnahmeverfahrens eröffnet sein. In die Nachweise über die Person des Beamten sind Eintragungen von ihm ungünstigen Tatsachen erst vorzunehmen, wenn dem Beamten Gelegenheit gegeben war, sich über sie zu äußern. Dem Beamten ist Einsicht in seine Personalnachweise zu gewähren.*
>
> *(4) Die Unverletzlichkeit der wohlerworbenen Rechte und die Offenhaltung des Rechtswegs für die vermögensrechtlichen Ansprüche werden besonders auch den Berufssoldaten gewährleistet. Im Übrigen wird ihre Stellung durch Reichsgesetz geregelt.*

92 Nachdem seit Beginn des 20. Jahrhunderts auch private Arbeitgeber mehr und mehr den Wert des Faktors Personal erkannten, weil sie zunehmend qualifizierte, im Angestelltenverhältnis beschäftigte Mitarbeiter benötigten, wurden auch hier Sammlungen mit die Mitarbeiter beschreibenden Personaldaten angelegt. Diesen Gegebenheiten Rechnung tragend haben sich Gesetzgebung und Rechtsprechung nach und nach darum bemüht, in einer sachgerechten Interessenabwägung dem zunehmenden Bedürfnis des Arbeitgebers, über seine Beschäftigten möglichst umfassend informiert zu sein, aber ebenso dem Anspruch des Arbeitnehmers auf Wahrung seiner Privatsphäre und seiner Persönlichkeitsrechte gerecht zu werden.

Regelungsgegenstand waren die Führung von Personalakten und die hierbei bestehenden Beroffenenrechte.

> *Den diesbezüglichen Stand in Rechtsprechung und Literatur stellen u. a. umfassend dar: Blaeser, Betriebliches Personalaktenrecht; Däubler, Gläserne Belegschaften?; Geulen, Die Personalakte in Recht und Praxis; Kroll, Datenschutz im Beamten- und Arbeitsverhältnis; Zöllner, Daten- und Informationsschutz im Arbeitsverhältnis; Lopacki, Personalaktenrecht der Beamten, Angestellten und Arbeiter des Bundes und der Länder; Wohlgemuth, Datenschutz für Arbeitnehmer.*

93 ***Abriss der Historie des Personalaktenrechts***

> *Ab 1726: Einführung der „Geheimen Conduitenlisten" durch Friedrich Wilhelm I. in Preußen für Militär und Verwaltung (Jährlicher wahrhaftiger Rapport = Regelbeurteilung)*
>
> *1785: Unverzügliche Berichtspflicht bei „ärgerlichem Lebenswandel"*
>
> *1848: Forderung nach Aufhebung der „Geheimhaltung" der Personalakten, jedoch Beibehaltung bis 1918; keine Aussage im Beamtengesetz von 1873*
>
> *1910: Anhörungsrecht des Beamten vor Aufnahme nachteiliger Vorgänge in die Personalakte gemäß § 10 Reichskolonialbeamtengesetz*
>
> *1918: Aufnahme des Akteneinsichtsrechts für Beamte in Art. 129 WRV*
>
> *1972: Erste gesetzliche Festschreibung des Einsichts- und Gegendarstellungsrechts für Arbeitnehmer in § 83 BetrVG*
>
> *Ab 1984: Anerkennung des Anspruchs des Arbeitnehmers auf informationelle Selbstbestimmung durch das BAG*
>
> *1993: Grundlegende datenschutzkonforme Reform des Personalaktenrechts für Beamte und Ergänzung 2009*
>
> *2009: Erste bereichsspezifische Zulässigkeitsregelung für Beschäftigten im BDSG*

2 Pflicht zur Personalaktenführung

Festzuhalten ist, dass jedenfalls im privaten Arbeitsverhältnis keine Pflicht des Arbeit- **94** gebers zur Führung umfangreicher Sammlungen von auf das Arbeitsverhältnis bezogenen Daten und Vorgängen besteht. Abgesehen davon, dass der Arbeitgeber z.T. gesetzlich gehalten ist, bestimmte Unterlagen (hierzu gehören die sog. Arbeitspapiere) – u.a. auch zu Zwecken behördlicher Kontrolle – verfügbar zu haben und ggf. auch noch nach Ausscheiden des Mitarbeiters aufzubewahren, steht die Anlage von Personalakten im Belieben des Arbeitgebers.

> *vgl. GK-Wiese, § 83, Rdn. 16; zur gesetzlichen Pflicht zur Personalaktenführung im Beamtenrecht, vgl. nachstehend Rdn. 102*

Die Regelung des Einsichtsrechts in § 83 Abs. 1 BetrVG **95**

> *Vgl. hierzu nachstend Rdn. 1183 ff.*

verpflichtet nicht dazu, dass solche Akten auch geführt werden müssen.

> *Thüsing in Richardi, § 83 Rdn. 12*

Demgemäß hat ein Arbeitnehmer der Privatwirtschaft zumindest keinen generellen **96** Anspruch darauf, dass der Arbeitgeber alle ihn und sein Arbeitsverhältnis betreffenden Unterlagen aufbewahrt. Dies gilt zunächst auch dann, wenn das Arbeitsverhältnis betreffende Vorgänge gemäß gesetzlicher (z.B. § 4 BBiG; § 623 BGB), tariflicher oder vertraglicher Regelung schriftlich zu fixieren sind. Hebt der Arbeitgeber z.B. sein Exemplar der aufgrund des Nachweisgesetzes schriftlich zu fixierenden Arbeitsbedingungen (§ 2 Abs. 1 S. 1 NachwG) nicht auf, so ist dies kein Gesetzesverstoß, im Hinblick auf eine im Streitfall zu seinem Nachteil bestehende Beweissituation jedoch zumindest leichtfertig.

Hat der Arbeitgeber sich jedoch entschieden, eine das Persönlichkeitsbild des Arbeit- **97** nehmers kennzeichnende sog. „qualifizierte" Personalakte anzulegen, ist die Aufnahme bzw. Nichtaufnahme bestimmter Vorgänge und Daten an den nachstehend darzustellenden Grundsätzen des Personalaktenrechts auszurichten. Dabei hat er sich darauf zu beschränken, Angaben aufzunehmen, die unmittelbaren Bezug zum Dienstverhältnis haben.

Bei Ausübung des dem Arbeitgeber ansonsten zustehenden Ermessens hinsichtlich des **98** Umfangs der Personalaktenführung ist aber auch der Gleichbehandlungsgrundsatz zu beachten, d.h., es dürfen nicht einige Beschäftigte ohne sachlichen Grund durch die Führung umfangreicher Akten im Hinblick auf ihr weiteres berufliches Fortkommen unzulässig bevorzugt oder benachteiligt werden.

3 Geltungsbereich des Personalaktenrechts

3.1 Die Personalakte im formellen und im materiellen Sinn

Entsprechend der hergebrachten und trotz fortschreitender Automatisierung immer noch **99** fortbestehenden Art der Speicherung und Nutzung der Personaldaten in „traditionellen" Personalakten werden die sich aus dem Persönlichkeitsrechtsschutz der Beschäftigten ergebenden Rechtsfragen beim Umgang mit diesen Daten und die dabei bestehenden Rechtspositionen der Arbeitnehmer auch bei automatisierter Verarbeitung – weiterhin – unter der Bezeichnung „Personalaktenrecht" oder – moderner – „Personaldatenrecht" erörtert,

vgl. zu diesem von Hümmerich/Gola, Personaldatenrecht im Arbeitsverhältnis, geprägten Begriff auch Kammerer, Personalakte und Abmahnung, 21 ff.

gleichwohl ist bei der Definition des Begriffs der Personalakte zwischen der „formellen" und der „materiellen" Personalakte zu unterscheiden.

100 Unter Personalaktenführung im formellen Sinn ist der Umgang mit denjenigen Schriftstücken und Unterlagen zu verstehen, welche der Arbeitgeber als „Personalakte" führt und die diesen als Bei-, Neben- oder Sonderakten zugeordnet sind.

BAG, AuR 1981, 124

Derartige Aktenbestände sind äußerlich erkennbar sprechend gekennzeichnet und nach der Art ihrer Registrierung oder Aufbewahrung als zueinander gehörend bestimmbar.

vgl. Kammerer, Personalakte und Abmahnung, Rdn. 188; Bergauer, Führung von Personalakten, 19

101 Demgegenüber bestimmt sich die Zugehörigkeit von Unterlagen zur Personalakte nach dem materiellen Personalaktenbegriff auf Grund inhaltlicher Kriterien. Danach sind Personalakten eine Sammlung von Urkunden und ggf. automatisiert geführter Vorgänge, die die persönlichen und dienstlichen Verhältnisse des Bediensteten betreffen und in einem inneren Zusammenhang mit dem Dienstverhältnis stehen. Auf eine äußere Zuordnung kommt es nicht an.

Vgl. aktuell BAG, RDV 2011, 243

102 Für das Beamtenverhältnis machen das die Bestimmungen des BBG bzw. BeamtStG deutlich, die gleichzeitig den Begriff der „Personalaktendaten" definieren.

§ 50 Personalakte – BeamtStG

Für jede Beamtin und jeden Beamten ist eine Personalakte zu führen. Zur Personalakte gehören alle Unterlagen, die die Beamtin oder den Beamten betreffen, soweit sie mit dem Dienstverhältnis in einem unmittelbaren inneren Zusammenhang stehen (Personalaktendaten). Die Personalakte ist vertraulich zu behandeln. Personalaktendaten dürfen nur für Zwecke der Personalverwaltung oder Personalwirtschaft verwendet werden, es sei denn, die Beamtin oder der Beamte willigt in die anderweitige Verwendung ein. Für Ausnahmefälle kann landesrechtlich eine von Satz 4 abweichende Verwendung vorgesehen werden.

§ 106 Personalakte – BBG

(1) Für jede Beamtin und jeden Beamten ist eine Personalakte zu führen. Sie ist vertraulich zu behandeln und durch technische und organisatorische Maßnahmen vor unbefugter Einsichtnahme zu schützen. Die Akte kann in Teilen oder vollständig automatisiert geführt werden. Zur Personalakte gehören alle Unterlagen, die die Beamtin oder den Beamten betreffen, soweit sie mit ihrem oder seinem Dienstverhältnis in einem unmittelbaren inneren Zusammenhang stehen (Personalaktendaten). Andere Unterlagen dürfen in die Personalakte nicht aufgenommen werden. Nicht Bestandteil der Personalakte sind Unterlagen, die besonderen, von der Person und dem Dienstverhältnis sachlich zu trennenden Zwecken dienen, insbesondere Prüfungs-, Sicherheits- und Kindergeldakten. Kindergeldakten können mit Besoldungs- und Versorgungsakten verbunden geführt werden, wenn diese von der übrigen Personalakte getrennt sind und von einer von der Personalverwaltung getrennten Organisationseinheit bearbeitet werden.

Mit anderen Worten: Zur materiellen Personalakte zählen alle schriftlichen Aufzeich- **103**
nungen, die sich mit der Person des Beamten/Arbeitnehmers und dem Inhalt und Verlauf seines Beschäftigungsverhältnisses befassen. Es ist also nicht entscheidend, wo, in
welcher Form und unter welcher Bezeichnung die Daten gespeichert sind. Erforderlich
ist nur, dass – wie das BVerwG und das BAG

> *DVBl. 1984, 53 = DÖV 1984, 347; BAG, RDV 2011, 243*

formulieren – die Vorgänge in einem inneren Zusammenhang mit dem Dienstverhältnis
stehen, also nicht einem Zweck dienen, der außerhalb des durch das Beschäftigungsverhältnis begründeten Rechts- und Pflichtenkreises liegt. Die Kriterien für die Zulässigkeit
derartiger materiellen Personalaktendaten ergeben sich durch § 32 Abs. 1 BDSG, der
auf die nämliche Zweckbestimmung abstellt.

Personalaktendaten, d.h. Bestandteile der Personalakte im materiellen Sinne, befinden **104**
sich damit nicht nur in der eigentlichen, i.d.R. bei der Personalabteilung geführten Personalakte im formellen Sinne, d.h. in der ausdrücklich als „Personalakte" bezeichneten
Blattsammlung, sondern ggf. auch in anderen Akten – wie für das Beamtenverhältnis
auch die nach § 106 Abs. 2 BBG (entsprechend §§ 56 Abs. 2 und 56a BRRG) ggf. erforderliche Aufteilung der Akte in Grund- und Teil- und Nebenakte deutlich macht –, in
Karteien

> *vgl. OVG Münster, PersR 1991, 175, wonach die einzelnen Karten in einer Sammlung von
> Arbeitszeitkarten der Personalakte der betroffenen Beschäftigten zuzurechnen sind; anders
> LAG Köln, RDV 2012, 37*

oder eben auch in automatisiert geführten Personaldaten- und -informationssystemen.

---

§ 106 BBG

(1) ...

*(2) Die Personalakte kann nach sachlichen Gesichtspunkten in Grundakte und Teilakten geglie-
dert werden. Teilakten können bei der für den betreffenden Aufgabenbereich zuständigen
Behörde geführt werden. Nebenakten (Unterlagen, die sich auch in der Grundakte oder in
Teilakten befinden) dürfen nur geführt werden, wenn die personalverwaltende Behörde nicht
zugleich Beschäftigungsbehörde ist oder wenn mehrere personalverwaltende Behörden für
die Beamtin oder den Beamten zuständig sind; sie dürfen nur solche Unterlagen enthalten,
deren Kenntnis zur rechtmäßigen Aufgabenerledigung der betreffenden Behörde erforderlich
ist. In die Grundakte ist ein vollständiges Verzeichnis aller Teil- und Nebenakten aufzunehmen. Wird die Personalakte nicht vollständig in Schriftform oder vollständig automatisiert
geführt, legt die personalverwaltende Stelle jeweils schriftlich fest, welche Teile in welcher
Form geführt werden, und nimmt dies in das Verzeichnis nach Satz 4 auf.*

Ohne Relevanz für den Personalaktenbegriff ist damit auch, ob Personalakten in digita- **105**
lisierter Form geführt werden. Die den Mitarbeiter betreffenden Schriftstücke werden
hierbei nicht mehr in Papierform in einer herkömmlichen Akte (Ordner) abgelegt, sondern mittels Scanner erfasst und elektronisch gespeichert. Eine derartige Digitalisierung
ändert an dem Personalaktencharakter nichts.

> *Vgl. nachfolgend Rdn. 151 ff.*

Zu den in dem geforderten unmittelbaren Zusammenhang mit dem Beschäftigungsver- **106**
hältnis stehenden Vorgängen gehören – neben Personalunterlagen und dienstlichen
Beurteilungen – nicht nur solche Unterlagen, „*die den Inhalt des Dienstverhältnisses ins-*

gesamt oder einzelne aus ihm fließende Rechte und Pflichten bestimmen oder verändern, sondern auch solche Unterlagen, die die Art und Weise erhellen, in der die jeweilige Entscheidung vorbereitet worden ist, oder die Aufschluss über Gesichtspunkte oder Erwägungen geben, die für die einzelne Maßnahme oder dafür, dass sie unterblieben ist, maßgebend waren".

So BVerwG, RDV 1991, 251; ferner BVerwGE 15, 3, 12 ff.; 67, 300, 302

107 So gehören neben den sog. Arbeitspapieren als typische Vorgänge zu den Personalakten:

- Bewerbungsunterlagen
- Personalfragebogen
- Nachweise über Vor-, Aus- und Fortbildung
- Zeugnisse, Bescheinigungen
- Arbeitserlaubnis bei Ausländern
- Arbeitsvertrag oder Ernennungsurkunden
- Versetzungsverfügungen
- Nebentätigkeitsgenehmigungen
- Beurteilungen
- Abmahnungen, Rügen
- Vereinbarungen über Darlehen, Vorschüsse
- Lohnabtretungen, Gehaltspfändungen
- das Arbeitsverhältnis betreffender Schriftwechsel zwischen dem Arbeitgeber und dem Arbeitnehmer oder Dritten

Vgl. Fitting, § 83 Rdn. 4; DKK/Buschmann, § 83 Rdn. 3

3.2 Betriebsdaten/Sachaktendaten

108 Aus dieser Eingrenzung des materiellen Personalaktenbegriffs bzw. des Begriffs der Personalaktendaten folgt, dass ein Arbeitgeber/ Dienstherr ggf. auch personenbezogene Daten seiner Mitarbeiter speichert, die nicht dem arbeits- und dienstrechtlichen Personaldatenschutz unterliegen, weil sie nicht der Zweckbestimmung des § 32 Abs. 1 BDSG dienen. Dies ist dann der Fall, wenn es sich um Aufzeichnungen sogenannter Betriebsdaten, d.h. Daten, die – zunächst – auf die Produktion und den Vertrieb gerichtet sind, handelt. Hauptbereiche sind Lagerhaltung und Warenwirtschaft, die Produktionslogistik und das Controlling (der Mitarbeiter wird als Bearbeiter eines bestimmten Werkstücks oder Nutzer einer Maschine registriert oder als Bearbeiter eines Vorgangs). Personalaktenqualität fehlt also Vorgängen außerhalb des eigentlichen Beschäftigungsverhältnisses, die arbeits- oder dienstrechtliche Beziehungen zwar berühren, aber noch nicht in dem geforderten unmittelbaren Zusammenhang mit dem Inhalt und dem Verlauf des Beschäftigungsverhältnisses stehen. Derartige Vorgänge werden als „Sachakten" bzw. „Sachaktendaten" oder auch als „beschäftigungsfremde Daten" bezeichnet. Für ihre Verarbeitung ist nicht § 32 BDSG, sondern § 28 BDSG maßgebend.

Vgl. hierzu die Chefarztentscheidung des BAG, RDV 1993, 171, nach der eine Akte, die eine Sammlung von Beschwerden von Patienten über einen angestellten Chefarzt enthält, „Verfahrensakte" und nicht Personalakte ist

109 Die Trennung der sich auf einen Mitarbeiter beziehenden bzw. beziehbaren Vorgänge in Personal- und Sachakten macht für das Beamtenverhältnis § 106 Abs. 1 S. 5 BBG deutlich, indem Unterlagen, die besonderen, von der Person und dem Dienstverhältnis des Beamten zu trennenden Zwecken dienen, nicht Bestandteil der Personalakte sind, wobei als insoweit exemplarische Beispiele

- Prüfungsakten
- Sicherheitsakten
- Kindergeldakten

expressis verbis genannt werden.

Sachaktencharakter haben ferner **110**

- Prozessakten

und alle Unterlagen, die dem Arbeitgeber/Dienstherrn erst zur Entscheidungsfindung dienen sollen, wie

- vorbereitende Personalplanungen
- Vorüberlegungen zu Stellenbesetzungen
- Vorentwürfe von Zeugnissen, Beurteilungen
- Ermittlungen zur Aufdeckung strafbarer Handlungen.

Leistungsunterlagen über Vergütung, Besoldung, Reisekosten etc. gehören insoweit zu **111** der Personalakte, als Rechtsansprüche des Beschäftigten begründet oder belegt werden; die internen Zahlungsunterlagen, wie z.B. Kassenanweisungen, Buchungsbelege, Lohn- und Gehaltslisten oder Daten im Gehaltsabrechnungsprogramm, haben dagegen keine Personalaktendatenqualität.

3.3   Auf Statistik beruhende Bewertung (Scoring)

Statistische Auswertungen von Personaldaten fallen aufgrund des fehlenden Personen- **112** bezugs nicht unter das Datenschutzrecht. Jedoch finden auch im Personalwesen nunmehr Verfahren Anwendung, in denen unter Heranziehung statistischer Erfahrungswerte auf das Verhalten eines konkreten Mitarbeiters rückgeschlossen wird. Die durch dieses Scoring

vgl. hierzu Gola/Schomerus, § 3 Rdn. 10; Abel, RDV 2006, 108

gewonnenen Aussagen über nach der Statistik wahrscheinliche Eigenschaften und Verhaltensweisen erfüllen ebenfalls die Qualität des personenbezogenen Datums und sind, wie auch andere Bewertungen des Arbeitnehmers, wenn sie vom Arbeitgeber festgehalten (gespeichert) werden, regelmäßig bereits Bestandteil der Personalakte.

Zur Zulässigkeit des nunmehr in § 28b BDSG geregelten Scorings vgl. Rdn. 471

Keine Wahrscheinlichkeitswerte im Sinne des die Zulässigkeit des Scoring regelnden **113** § 28b BDSG liegen vor, wenn der Arbeitgeber im Rahmen eines z.B. auf einem Punktesystem beruhenden Auswahlsystems den geeigneten Bewerber zu ermitteln sucht. Auch wenn es hier letztlich um die Entscheidung über den Abschluss eines Vertrages geht und hierzu ermittelt werden soll, ob der Bewerber wohl den Ansprüchen des Arbeitsplatzes gerecht werden wird, geht es nicht um einen statistischen Wert für ein zukünftiges Verhalten.

Ein Scoring liegt jedoch vor, wenn aus den Lebensdaten des Bewerbers auf Grund von Erfahrenswerten z.B. hochgerechnet wird, ob der Bewerber langfristig betriebstreu sein wird. Ob das Verfahren zulässig ist, regelt § 28b BDSG. Welche Daten verwendet werden dürfen, ergibt sich aus § 32 Abs. 1 Satz 1 BDSG.

3.4 Persönliche, nur zum Eigengebrauch bestimmte Aufzeichnungen

114 Nach Auffassung des BVerwG

RDV 2006, 124

sollen von einem Vorgesetzten handschriftliche, in einer „privaten" Tagebuchkladde erstellte und nicht als Materialsammlung für dienstliche Zwecke angelegte Beurteilungen keinen Personalaktencharakter haben. Enthält die Tagebuchkladde weitgehend negative Bemerkungen über Mitarbeiter, so liegt hierin auch kein Dienstvergehen, wenn keine Absicht der Mitteilung an Dritte und auch keine Verwechslungsgefahr mit dienstlichen Vorgängen besteht. Aus dem unbefugt erfolgenden Zugriff und der Bekanntgabe der diskriminierenden Aufzeichnung durch Dritte kann dem Vorgesetzten kein Vorwurf eines Dienstvergehens gemacht werden.

4   Die Grundsätze der Personalaktenführung

4.1 Allgemeines

115 Die Zulässigkeit der Erhebung, Verarbeitung oder Nutzung von Personalaktendaten, d.h. Daten, die zur Durchführung eines Beschäftigungsverhältnisses benötigt werden, regelt nunmehr § 32 Abs. 1 BDSG, und dies sowohl für die formellen als auch die materiellen Personalakten (§ 32 Abs 2 BDSG). Gleiches gilt für das Erheben von Daten zur Entscheidung über die Begründung eines Beschäftigungsverhältnisses, deren Umfang durch die Begriffe „Fragerecht" und Offenbarungspflicht" festgeschrieben bleibt. Da § 32 Abs. 1 BDSG aber insoweit keine neue Rechtslage schafft, sondern das bereits geltende – im wesentlich richterlich geprägte Recht – „nur" in unbestimmten Rechtsbegriffen beschreibt, bleiben auch unter der Vorgabe des § 32 BDSG die allgemeinen Grundsätze der Personalaktenführung der Maßstab.

LAG Köln, RDV 2012, 37=ZD 2012, 183

116 Als bereits klassische Prinzipien

vgl. auch die Nachweise bei Fitting, § 83 Rdn. 1 ff.; Sproll, ZIP 1984, 26

des Personalaktenrechts können vier Grundsätze aus der Rechtsprechung und Gesetzgebung für die Personalaktenführung, d.h. für den Umgang mit Personaldaten, festgestellt werden, und zwar die Grundsätze

- der Transparenz,
- der Richtigkeit,
- der Zulässigkeit

und

- der Vertraulichkeit.

Andere systematisieren nach den Prinzipien der Vertraulichkeit, der Vollständigkeit, der Richtigkeit und der Wahrheit.

Vgl. Bartosch, Digitale Personalakte, 35; Zilkens/Klett, DuD 2008, 41 mit den Prinzipien der Vertraulichkeit, der Transparenz, der Wahrheit und der Vollständigkeit

4.2   Die Transparenz der Personalakte

Wesentliche Bedeutung gewinnt der materielle Personalaktenbegriff im Rahmen der dem Beschäftigten gesetzlich zugestandenen Ansprüche auf Einsicht und inhaltliche Korrektur der Personalakte. Die Transparenz der Personalakte, d.h. das Recht des Betroffenen, in „seine" Personalakte Einsicht nehmen zu können (u.a. gemäß § 83 Abs. 1 BetrVG, § 110 Abs. 1 BBG), gehört zu den grundlegenden Datenschutzrechten im Beschäftigungsverhältnis.   **117**

Vgl. hierzu im Einzelnen nachstehend Rdn. 1283 ff.

Durch das Recht auf Einsicht in seine Personalakte im materiellen Sinne, d.h. in alle für das Arbeitsverhältnis relevanten Vorgänge, soll der Beschäftigte der Gefahr begegnen können, dass über ihn Unterlagen gesammelt werden, die unzutreffend oder unzulässig sind und die ihm zu Unrecht zum Nachteil gereichen können. Der Mitarbeiter soll erst gar nicht das Gefühl haben, Gegenstand geheimer Machenschaften werden zu können, also z.B. auf einer „schwarzen Liste" geführt zu werden. Zudem soll er die Möglichkeit haben, mit zu der Richtigkeit der Angaben in der Personalakte beizutragen, was auch im Interesse des Arbeitgebers liegt.   **118**

Dem Grundsatz der Transparenz gegenüber dem Betroffenen kann auch das Anhörungs-recht zugeordnet werden, das im Beamtenrecht oder auch in § 3 Abs. 6 TV-L dem Angehörigen des öffentlichen Dienstes expressis verbis vor Aufnahme negativer Vor-gänge in seine Personalakte eingeräumt ist. Gleiches gilt nach der Rechtsprechung aber auch für Beschäftigungsverhältnisse in der Privatwirtschaft bei der Erstellung von Beur-teilungen etc.   **119**

Vgl. hierzu im Einzelnen nachstehend Rdn. 1268 ff.

4.3   Die Richtigkeit und Vollständigkeit der Personalakte

Das Prinzip der Richtigkeit verlangt, dass die Angaben in der Personalakte ein zutref-fendes Bild über den Beschäftigten geben und nicht aufgrund ihrer Fehlerhaftigkeit zu unzulässigen Eingriffen in das Persönlichkeitsrecht führen. Der Grundsatz der Richtig-keit bezieht sich sowohl auf Tatsachenbehauptungen als auch auf Werturteile. Aus dem Grundsatz der Richtigkeit ergibt sich der Anspruch des Beschäftigten, abgesehen von dem ihm grundsätzlich eingeräumten Recht, Erklärungen zum Inhalt der Akte abzuge-ben und in diese aufnehmen zu lassen (§ 83 Abs. 1 BetrVG; § 90b S. 2 BBG), auch die Korrektur unzutreffender bzw. die Entfernung unzulässiger Angaben verlangen zu kön-nen (§§ 242, 1004 BGB, 35 Abs. 1 BDSG).   **120**

Zu den Korrekturrechten vgl. im Einzelnen nachstehend Rdn. 1226 ff.

Werturteile und dienstliche Beurteilungen sind jedoch nur eingeschränkt überprüfbar. Sie können daraufhin kontrolliert werden, ob der Beurteilende allgemeine Beurteilungs-   **121** maßstäbe beachtet, alle wesentlichen Umstände berücksichtigt und ein fehlerfreies Verfahren eingehalten hat.

> *Vgl. BAG, RDV 2009, 70:*
>
> *„1) Der Arbeitgeber darf Eignung, Befähigung und fachliche Leistung der bei ihm beschäftigten Arbeitnehmer beurteilen und die Beurteilungen den Personalakten beifügen. Auch formalisierte Regelbeurteilungen können erstellt werden.*
>
> *2) Dienstliche Beurteilungen sind gerichtlich nur eingeschränkt überprüfbar. Sie können darauf kontrolliert werden, ob der Beurteiler allgemeine Beurteilungsmaßstäbe beachtet, alle wesentlichen Umstände berücksichtigt und ein fehlerfreies Verfahren eingehalten hat.*
>
> *3) Der Arbeitnehmer hat Anspruch auf Entfernung einer dienstlichen Beurteilung aus der Personalakte, wenn sich ein Fehler im Beurteilungsverfahren auf das Beurteilungsergebnis auswirken kann.*
>
> *4) Fehler im Beurteilungsverfahren können in der nicht fristgerechten Bekanntmachung der Beurteilung liegen.“*
>
> *Vgl. ferner nachfolgend Rdn. 137, 793*

122 Für das Beamtenverhältnis sind die Anforderungen an die ordnungsgemäße Personalaktenführung, nämlich dass die Angaben nicht unbegründet oder falsch sein dürfen, gesetzlich normiert (vgl. u.a. § 112 BBG). Für das Arbeitsverhältnis gilt auch ohne gesetzliche Festschreibung das Gleiche. Zwar hat, wie auch das BAG

> *DB 1986, 489*

festgestellt hat, der Arbeitnehmer in der Privatwirtschaft keinen generellen Anspruch darauf, dass der Arbeitgeber alle ihn und sein Arbeitsverhältnis betreffenden Unterlagen aufbewahrt, jedoch kann er verlangen, dass die in seiner Akte vorhandenen Angaben zutreffend und sachlich richtig sind.

123 Die Erhebung und Speicherung von Daten kann unter Verletzung des Verhältnismäßigkeitsprinzips schutzwürdige Interessen auch deshalb verletzen, weil die korrekte Datenverarbeitung nicht durch erforderliche organisatorische Maßnahmen sichergestellt ist.

> *Vgl. zu der Organisation eines Drogenscreenings, BVerfG RDV 2005, 214:*
>
> *„1. Es mag im überwiegenden Allgemeininteresse liegen, Soldaten, die für die Verwendung als Kraftfahrer oder als Führer und Benutzer anderer Geräte und Waffen vorgesehen sind, von denen erhebliche Gefahren für Personen und Sachwerte ausgehen können, darauf zu überprüfen, ob sie Rauschmittel zu sich nehmen. Ob durch dieses Interesse auch anlasslose, nicht auf einem Verdacht beruhende Kontrollen gerechtfertigt sein können, mag dahinstehen.*
>
> *2. Die Datenerhebung kann jedenfalls nur dann dem Prinzip der Verhältnismäßigkeit genügen, wenn durch entsprechende verfahrensmäßige Schutzvorkehrungen eine ausreichende Richtigkeitsgewähr gegeben ist. Dazu können Maßnahmen beitragen, die eine Personenverwechslung nach Möglichkeit ausschließen und die zur Überprüfung des Wahrheitsgehalts des Datums beitragen. Hierzu zählen Anhörungs- und Beteiligungsrechte des Betroffenen, der die Chance erhalten muss, etwaige Fehlinterpretationen richtigzustellen.“*

124 Die letztgenannte Aussage zeigt auf, dass der Grundsatz der Richtigkeit in enger Beziehung zu dem daneben zu beachtenden Grundsatz der Vollständigkeit steht. Für das Beamtenverhältnis ist dieser Grundsatz wiederum gesetzlich fixiert, und zwar zunächst insoweit, als der Dienstherr verpflichtet ist, über jeden Beamten eine Personalakte zu führen, zu der alle Daten mit Personalaktenqualität gehören (§ 106 Abs. 1 BBG). Jedoch steht – entgegen früherer Rechtsprechung des BVerwG -

> *vgl. RDV 1991, 80; NJW 1989, 1942; ferner Hanusch, NVwZ 1982, 11; Thiele, ZRP 1981, 215*

der Grundsatz der Vollständigkeit auch im Beamtenverhältnis nicht mehr dem Anspruch des Beschäftigten auf Entfernung oder Löschung unrichtiger bzw. unzulässiger Angaben entgegen (vgl. § 112 BBG). Damit wird dem Prinzip der Personalaktenwahrheit Vorrang eingeräumt vor dem Prinzip der Aktenvollständigkeit. Gleiches gilt im Hinblick auf die Verpflichtung zur „gesonderten" Verarbeitung sensibler Daten.

Vgl. BAG, NZA 2007, 502 = DB 2007, 1198. Aus dem Leitsatz: „Soweit sensible Gesundheitsdaten in die Personalakte aufgenommen werden dürfen, ... ist der Arbeitgeber verpflichtet, diese in besonderer Weise aufzubewahren. ... Diese Einschränkung des Rechts der Personalaktenführung steht nicht dem berechtigten Interesse des Arbeitgebers an der Vollständigkeit der Personalakte entgegen."

Vgl. auch unter dem Aspekt der Vertraulichkeit Rdn. 138 ff.

Dem Arbeitnehmer steht auch im Hinblick auf die Dokumentation der Vollständigkeit **125** der Akte und die Kontrolle einer vollständigen Einsicht kein Anspruch auf eine Paginierung der Akte zu.

BAG, NZA 2008, 367

Da der private Arbeitgeber weder gesetzlich – sieht man von der Führung der sog. **126** Arbeitspapiere ab – noch grundsätzlich aus Fürsorgeverpflichtungen gegenüber dem Arbeitnehmer zur Führung von Personalakten verpflichtet ist, gilt für ihn das Prinzip der Aktenvollständigkeit nur bedingt. Andererseits steht ihm ein berechtigtes Interesse daran zu, die relevanten Daten über den Beschäftigten vollständig festzuhalten.

Vgl. BAG, DB 2007, 523 : Es besteht ein legitimes Anliegen des Arbeitgebers, dass die von ihm geführten Personalakten vollständig sind. Sie sollen möglichst lückenlos über die Person des Angestellten und seine dienstliche Laufbahn Aufschluss geben (BAG, DB 1972, 1783).

Aus der Sicht des Betroffenen greift der Grundsatz der Vollständigkeit, wenn eine nur **127** teilweise Darstellung zu einer unzutreffenden Beschreibung seiner Person führt. Wenn sich der Arbeitgeber entschlossen hat, „qualifizierte" Personalakten zu führen, hat der Betroffene ein Recht darauf, dass das Bild, das die Akte über seine Person, seine Qualifikation und seinen Werdegang zeichnet, nicht dadurch unrichtig werden darf, dass einzelne relevante Angaben willkürlich nicht aufgenommen oder entfernt werden. Insofern gilt für den privaten Arbeitgeber weiter, was vor der gesetzlichen Neufassung des beamtenrechtlichen Personalaktenrechts das BVerwG

DVBl. 1984, 53 = DÖV 1984, 347; RDV 1991, 251 für die im Ermessen stehende Aufnahme privater Dankschreiben in die Personalakte

auch für den Dienstherrn entschieden hatte, nämlich dass es Vorgänge gibt, die in die Personalakte aufgenommen werden müssen, und solche, die entweder aufgenommen oder vernichtet werden können. Bei Ausübung dieses Ermessens hinsichtlich des Umfangs der Personalaktenführung ist aber auch der Gleichbehandlungsgrundsatz zu beachten, d.h., es dürfen nicht einige Beschäftigte ohne sachlichen Grund durch die Führung umfangreicher Akten im Hinblick auf ihr weiteres berufliches Fortkommen unzulässig bevorzugt oder benachteiligt werden.

Schließlich ist dem Prinzip der Vollständigkeit Rechnung zu tragen, wenn ein Vorgang **128** einmal zum Gegenstand der Personalakte gemacht worden ist. Dann kann ihn der Arbeitgeber jedenfalls nicht willkürlich und hinter dem Rücken des Arbeitnehmers wieder entfernen – es sei denn, die Entfernung trägt dem Grundsatz der Richtigkeit Rechnung, indem erledigte oder zum Nachteil des Betroffenen reichende Unterlagen (z.B.

Urlaubsanträge der Vorjahre, durch Zeitablauf erledigte Abmahnungen etc.) entfernt und vernichtet werden.

129   Uneingeschränkt ist der Grundsatz der Vollständigkeit schließlich im Hinblick auf den bereits erörterten Grundsatz der Transparenz der Personalakte zu beachten, d.h., dem Beschäftigten sind, wenn er von seinem Einsichtsrecht Gebrauch machen will, die vollständigen Personalakten, also alle Unterlagen, Daten etc. mit Personalaktendatenqualität, zugänglich zu machen.

4.4   Die Zulässigkeit (Zweckbindung) der Information

130   Personaldaten dürfen nicht unzulässig, d.h. rechtswidrig, in der Personalakte enthalten sein. Dies kann zum einen der Fall sein, wenn sie unrichtig sind und sich deshalb „unzulässig" in der Akte befinden, oder zum anderen, weil sie trotz inhaltlicher Richtigkeit bei rechtmäßiger Personalaktenführung nicht hätten in die Personalakte aufgenommen werden dürfen. Dem entspricht § 35 Abs. 2 S. 2 Nr. 1 BDSG.

131   Das Arbeitsverhältnis stellt sich als ein besonderes Nähe-, Vertrauens- und Treueverhältnis dar (§ 241 Abs. 2 BGB), das zwangsläufig dazu führt, dass beide Seiten viel voneinander und übereinander wissen. Es erfordert gegenseitige Rücksichtnahmepflichten (§ 241 Abs. 2 BGB), die beim Arbeitgeber auch umfangreiche Kenntnis der persönlichen Verhältnisse des Beschäftigten voraussetzen. Andererseits ergibt sich auch bereits aus der Rücksichtnahmepflicht der Anspruch des Beschäftigten auf Wahrung seines Persönlichkeitsrechts bzw. seines Rechts auf informationelle Selbstbestimmung. In ständiger Rechtsprechung geht das BAG

vgl. u. a. RDV 1986, 191

davon aus, „dass in die Privatsphäre des Arbeitnehmers nicht tiefer eingegriffen werden darf, als es der Zweck des Arbeitsverhältnisses unbedingt erfordert", und dass „maßgebend für die bei Datenspeicherungen im Rahmen der Zweckbestimmung des Arbeitsverhältnisses vorzunehmende Interessenabwägung der Grundsatz der Verhältnismäßigkeit ist". § 32 Abs. 1 BDSG sagt nichts anderes aus.

Vgl. vorstehend Rdn. 15 ff.

132   Zur Beurteilung der Frage, welche Daten der Arbeitgeber bei Bewerbern oder nachfolgend im Arbeitsverhältnis erheben, speichern und auswerten, d.h. nutzen darf, ist auf die Grundsätze zurückzugreifen, die in der Rechtsprechung zum Fragerecht des Arbeitgebers bzw. zur Offenbarungspflicht des Arbeitnehmers entwickelt worden sind, wobei Dauer und Art der Nutzung von der die Erhebung und Speicherung berechtigenden Zweckbestimmung abhängen. Was der Arbeitgeber im Anbahnungsverhältnis über die Eignung des Bewerbers wissen muss, braucht sich einerseits nicht mit den Kenntnissen zu decken, die er später für den Arbeitseinsatz benötigt. Andererseits gibt es Informationen, die für die Einstellungsentscheidung keine Rolle spielen dürfen – so regelmäßig die Schwangerschaft einer Bewerberin –,

vgl. hierzu nachstehend Rdn. 398, 481, 504, 524

die aber im nachfolgenden Arbeitsverhältnis durchaus relevant sind. Demgemäß unterscheidet § 32 Abs. 1 S. 1 auch Phasen der Begründung, der Durchführung und der Beendigung des Beschäftigungsverhältnisses. Schließlich kann hinsichtlich bestimmter

Informationen ein zeitlich befristetes Informations- und Speicherungsinteresse bestehen, das aber – so z.B. bei Abmahnungen – nach Zeitablauf entfallen kann.

> *Vgl. BAG, NZA 2013, 91; nachfolgend Rdn. 790 ff.*

Maßgebend ist im Übrigen der Zusammenhang mit dem konkret vorgesehenen Arbeits- **133**
verhältnis. So können – je nach Art der vorgesehenen Tätigkeit – eventuelle strafrechtliche Verurteilungen gar nicht, unter Umständen, d.h. bei Arbeitsplatzbezogenheit

> *vgl. BAG, RDV 2000, 23 = NJW 1999, 3653*

(so Straßenverkehrsdelikte bei einem Kraftfahrer oder Vermögensdelikte eines Bank-
kassierers), oder aufgrund einer erforderlichen besonderen Vertrauenswürdigkeit (so bei
einem Mitarbeiter im Polizeidienst) generell für den Arbeitgeber relevant sein.

Unter die Offenbarungspflicht fällt, d.h. unaufgefordert vom Beschäftigten mitzuteilen **134**
ist eine entsprechende Angabe – und dies auch bei nicht einschlägigen Delikten –, wenn
feststeht bzw. erkennbar ist, dass eine vom Zeitraum her relevante Freiheitsstrafe anzu-
treten ist oder eine Schwangerschaft vorzeitig durch Fehlgeburt endete.

> *Vgl. BAG, RDV 2002, 313 = ZTR 2002, 495*

Eine schuldhafte Verletzung der Mitteilungspflicht begründet Schadensersatzansprüche.

Gleiches gilt, wenn der Bewerber an einem nicht erkennbaren Gesundheitsproblem lei- **135**
det, das ihn hindert, der Arbeitspflicht im geschuldeten Rahmen nachzukommen.

> *LAG Frankfurt, RDV 2012, 87: vgl. nachstehend Rdn. 472*

Der vom Arbeitgeber auch bei der herkömmlichen Speicherung und Nutzung von Per- **136**
sonaldaten zu beachtende Anspruch des Beschäftigten auf Persönlichkeitsrechtsschutz
wird u.a. deutlich im Rahmen der von der Rechtsprechung aufgestellten und noch zu
erläuternden Kriterien für die Rechtmäßigkeit von Beurteilungen der Beschäftigten und
der Speicherung derartiger Daten in der Personalakte des Beschäftigten.

Das BAG **137**

> *DB 1979, 1703 = AP Nr. 3 zu § 75 BPersVG; vgl. auch BAG, RDV 2009, 70 sowie vorstehend
> Rdn. 121*

sieht den Arbeitgeber als berechtigt an, den Arbeitnehmer hinsichtlich Eignung, Befähigung und fachlicher Leistung zu beurteilen und die Beurteilung in den Personalakten zu speichern. Die Speicherung der Daten ist zulässig, soweit die Angaben Bedeutung für die Personalplanung, für den sachgemäßen Einsatz der Mitarbeiter und den
beruflichen Werdegang haben, und zwar auch im Hinblick auf eventuelle zukünftige
Tätigkeiten und im Vergleich der Leistungen einzelner Arbeitnehmer untereinander.
Dabei hat der Arbeitgeber jedoch dafür Sorge zu tragen, *„dass die Personalakten ein
richtiges Bild des Arbeitnehmers in dienstlichen und persönlichen Beziehungen vermitteln“*.

4.5 Die Vertraulichkeit der Personalakte

4.5.1 Allgemeines

Personalakten sind sowohl innerhalb des Betriebes/der Dienststelle als auch gegenüber **138**
außenstehenden Ditten vertraulich zu behandeln; dies ist für das Beamtenrecht u.a. in

§ 106 Abs. 1 S. 2 und Abs. 3 BBG gesetzlich festgeschrieben, indem die Dienststelle generell verpflichtet wird, die Akte vertraulich zu behandeln und vor unbefugter Einsicht zu schützen, und ferner der Zugriff nur für solche Beschäftigten und auf solche Daten eröffnet werden darf, wie dies im Rahmen der Personalverwaltung erforderlich ist (§§ 107 Abs. 1, 111 Abs. 1 BBG).

> **§ 107 Zugang zur Personalakte**
>
> *(1) Zugang zur Personalakte dürfen nur Beschäftigte haben, die im Rahmen der Personalverwaltung mit der Bearbeitung von Personalangelegenheiten beauftragt sind, und nur soweit dies zu Zwecken der Personalverwaltung oder der Personalwirtschaft erforderlich ist. Zugang zu entscheidungsrelevanten Teilen der Personalakte haben auch Gleichstellungsbeauftragte, soweit dies zur Wahrnehmung ihrer Aufgaben erforderlich ist.*
>
> *(2) Auf Verlangen ist Beauftragten für den Datenschutz nach § 4f des Bundesdatenschutzgesetzes Zugang zur Personalakte zu gewähren. Zugang haben ferner die mit Angelegenheiten der Innenrevision beauftragten Beschäftigten, soweit sie die zur Durchführung ihrer Aufgaben erforderlichen Erkenntnisse nur auf diesem Weg und nicht durch Auskunft aus der Personalakte gewinnen können. Jede Einsichtnahme nach Satz 2 ist aktenkundig zu machen.*

139 Auch wenn eine entsprechende gesetzliche Regelung für das private Arbeitsverhältnis fehlt, bestehen für den Arbeitgeber die gleichen Verpflichtungen, wie die höchstrichterliche Rechtsprechung unter gegenseitiger Bezugnahme wiederholt bestätigt hat.

Vgl. BVerwG, DÖV 1987, 75 = DVBl. 1987, 254 = NJW 1987, 1214; ferner in Bezugnahme hierauf BAG, DB 1987, 2571 = RDV 1988, 27 = NJW 1988, 791 = NZA 1988, 53: „Auf Grund des verfassungsrechtlich gewährleisteten Persönlichkeitsschutzes ist der Arbeitgeber verpflichtet, die Personalakten des Arbeitnehmers sorgfältig zu verwahren, bestimmte Informationen vertraulich zu behandeln und für die vertrauliche Behandlung durch die Sachbearbeiter Sorge zu tragen. (Fortführung der bisherigen Rechtsprechung des Senats.) Auch muss der Arbeitgeber den Kreis der mit Personalakten befassten Mitarbeiter möglichst eng halten.", ferner BAG, NJW 1984, 321; NJW 1990, 2272

140 Das generell geltende „Verbot mit Erlaubnisvorbehalt" des § 4 Abs. 1 BDSG gewährleistet, dass der Arbeitgeber eben nicht jedem interessierten Beschäftigten für jeden Zweck Zugriff auf die Personaldaten gestatten darf bzw. ggf. auch selbst von bestimmten Nutzungen Abstand nehmen muss.

Vgl. Aufsichtsbehörde Hessen (RDV 1998, 271), die für die Auswertung der Personalakte zwecks Darstellung der Person des Mitarbeiters anlässlich der Laudatio bei einem Betriebsjubiläum die Einwilligung des Betroffenen fordert

141 Da die Daten auch innerhalb des Betriebes nur für zulässige Zwecke genutzt werden dürfen, müssen besonders sensible Daten (z.B. Angaben über gesundheitliche Verhältnisse) besonders vor missbräuchlicher Verwendung geschützt und ggf. abgeschottet von anderen Daten und Vorgängen verarbeitet werden.

So für „Beihilfedaten" § 108 BBG, LAG Köln, RDV 1986, 276; vgl. auch BAG, BB 1990, 1490 = NJW 1990, 2272 = RDV 1990, 184: „Das allgemeine Persönlichkeitsrecht schützt den Arbeitnehmer aber nicht nur vor einer zu weitgehenden Kontrolle und Ausforschung seiner Persönlichkeit, sondern umfasst ebenfalls den Schutz vor der Offenlegung personenbezogener Daten, und zwar auch solcher, von denen der Arbeitgeber in zulässiger Weise Kenntnis erlangt hat.";

Das Vertraulichkeitsgebot gilt auch gegenüber dem Betriebsrat.

Vgl. nachstehend Rdn. 1681 ff

Bei herkömmlicher Personalaktenführung, bei der von verschiedenen Sachbearbeitern **142** zwecks Erledigung bestimmter Vorgänge auf die Personalakten zugegriffen werden muss, können auch „gesonderte" Verfahren der Aufbewahrung sensibler Vorgänge – so z.B. die Abheftung in einem verschlossenen Umschlag – vor unbefugter Neugier schützen.

BAG, RDV 2007,125 = DB 2007, 523

„1. Soweit sensible Gesundheitsdaten in die Personalakte aufgenommen werden dürfen, hat der Arbeitnehmer Anspruch darauf, dass dies unter Berücksichtigung seiner Interessen geschieht. Der Arbeitgeber ist verpflichtet, die Daten in besonderer Weise aufzubewahren. Dies folgt aus der Gewährleistung des allgemeinen Persönlichkeitsrechts (Art. 1 und Art. 2 GG; § 75 Abs. 2 BetrVG). Die zur Personalakte genommenen Gesundheitsdaten sind vor unbefugter zufälliger Kenntnisnahme durch Einschränkung des Kreises der Zugriffsberechtigten zu schützen.

2. Verstößt der Arbeitgeber gegen diese Grundsätze, hat der Arbeitnehmer nach den §§ 12, 862, 1004 BGB einen Anspruch darauf, dass der Arbeitgeber ausreichende Maßnahmen zum Schutz der sensiblen Gesundheitsdaten vor unbefugter Einsichtnahme, z.B. durch Aufbewahrung in einem verschlossenen Umschlag, ergreift."

4.5.2 Vertraulichkeit gegenüber Prüfungsinstanzen

Diese besonders geschützte Aufbewahrung schützt dann auch das Persönlichkeitsrecht **143** der Betroffenen bei der Kontrolle von Personalaktenvorgängen durch Prüfungsinstanzen wie die Revision

vgl. BAG, RDV 1990, 184 = NJW 1990, 2272:

„1. Die Revisionsstellen einer Sparkasse sind im Rahmen ihres Prüfungsauftrags befugt, im Einzelfall Personalakten stichprobenartig zur Nachprüfung der Personalaufwendungen einzusehen.

2. Soweit besonders vertrauliche Informationen in der Personalakte enthalten sind, sind besondere Vorkehrungen erforderlich, um den Schutz für sensible Daten zu gewährleisten.

3. So kann es unter Umständen notwendig sein, solche Vorgänge in geschlossenen Umschlägen oder außerhalb der Personalakte in besonders gesicherten Schränken aufzubewahren."

oder auch bei der Steuerprüfung.

Nach § 42f Abs. 3 der Lohnsteuerrichtlinie hat sich eine Lohnsteueraußenprüfung **144** hauptsächlich darauf zu erstrecken, ob sämtliche Arbeitnehmer erfasst wurden, alle zum Arbeitslohn gehörigen Einnahmen dem Steuerabzug unterworfen wurden und ob bei der Berechnung der Lohnsteuer von der richtigen Lohnhöhe ausgegangen wurde. Dazu sind Auskünfte zu erteilen und Einsicht in die maßgebenden Unterlagen zu gewähren. Zu den Unterlagen können auch Personalakten gehören, die neben steuerlich relevanten auch ggf. sensitive steuerlich nicht relevante Daten enthalten. Dies hat die Behörde bzw. der Arbeitgeber bei der Gewährung der Einsichtnahme bzw. Vorlage der Unterlagen zu berücksichtigen. Lebensläufe, Beurteilungen, Gesundheitszeugnisse, Schwerbehindertenstatus dürfen kenntlich gemacht werden. Der Arbeitgeber hat vor der Prüfung für die Trennung derartiger Daten von steuerlich relevanten Unterlagen zu sorgen.

LDA Brandenburg, TB 2010/2011, Ziff. 7.1

Für den Zugang zur Personalakte u.a. durch Datenschutzbeauftragte und Revision enthält § 107 Abs. 2 BBG eine ausdrückliche Regelung: § 107 BBG Zugang zur Personalakte.

4.5.3 Durchbrechung der Vertraulichkeit

145 Der Grundsatz der Vertraulichkeit steht jedoch nicht generell einer – ggf. auch gegen den Willen des Arbeitnehmers erfolgenden – Weitergabe oder sogar Veröffentlichung im Betrieb oder der Datenübermittlung an Dritte entgegen.

Vgl. LAG Niedersachsen RDV 2012, 309

146 Die Bekanntgabe muss nach § 32 Abs. 1 S. 1 BDSG erforderlich sein, was nur aufgrund eines nach einer Güter- und Interessenabwägung festgestellten überwiegenden Interesses des Arbeitgebers, des Dritten oder der Allgemeinheit der Fall ist

Vgl. BAG, DB 1985, 2307 = NJW 1986, 341;

Noch restriktiver regelt dies § 111 Abs. 2 BBG für den öffentlichen Dienst.

> **§ 111 BBG Vorlage von Personalakten an Dritte:**
> *Auskünfte an Dritte dürfen nur mit Einwilligung des Beamten erteilt werden, es sei denn, dass die Abwehr einer erheblichen Beeinträchtigung des Gemeinwohls oder der Schutz berechtigter höherrangiger Interessen des Dritten die Auskunftserteilung zwingend erfordert. Die Auskunft ist auf den jeweiligen Umfang zu beschränken, Inhalt und Empfänger der Auskunft sind der Beamtin oder Beamten schriftlich mitzuteilen.*

147 Im Regelfall hat der Arbeitnehmer einen Anspruch darauf, dass die im Rahmen der arbeitsvertraglichen Zweckbestimmung gespeicherten Daten im Kenntnisbereich der Arbeitsvertragsparteien verbleiben.

148 Eine unzulässige Offenlegung der Personalakte oder von Einzelinformationen hieraus kann Schadensersatzansprüche des Arbeitnehmers begründen, wobei in gravierenden Fällen auch eine Entschädigung für den durch die Persönlichkeitsrechtsverletzung eingetretenen immateriellen Schaden geschuldet wird.

BAG, RDV 1999, 166 = DB 1985, 2307; NZA 1999, 645; im Einzelnen nachstehend Rdn. 1417 f.

4.5.4 Datensicherung

149 Aus dem Gebot der Vertraulichkeit ergibt sich schließlich auch für nicht automatisiert gespeicherte Personaldaten das Gebot der Datensicherung. Der Arbeitgeber ist gehalten, die unter Beachtung des Verhältnismäßigkeitsprinzips und der Schutzbedürftigkeit der Daten angemessenen Schutzvorkehrungen zu ergreifen, wobei auch dem Zweckbindungsprinzip Rechnung zu tragen ist. Dazu kommen bei herkömmlicher Personaldatenspeicherung u.a. in Betracht:

- die Führung besonderer Personalakten (Teilakten)
- die Verwendung verschlossener Umschläge in der Personalakte, die die zufällige und unbefugte Kenntnisnahme verhindern
- die Aufbewahrung in besonders gesicherten Schränken oder Räumen
- die Aufstellung besonderer Pflichten für die Sachbearbeiter, etwa jede erfolgte Einsichtnahme zu vermerken oder die Weitergabe nur gegen Quittung etc.
- je nach Datenart ein System abgestufter Zugangs- bzw. Zugriffsmöglichkeiten (z.B. Vier-Augen-Prinzip).

Um der Sensibilität der Daten in angemessener Weise Rechnung zu tragen, empfiehlt es **150** sich, ein Schutzstufenkonzept zu entwickeln, das den Aufwand für den Datenschutz in Grenzen hält und bürokratisch wirkende Schutzmaßnahmen auf das Notwendige beschränkt.

Insoweit können nach einem Vorschlag des Hamburgischen Datenschutzbeauftragten

> *Tätigkeitsbericht (1992), 18*

folgende vier Schutzstufen in Betracht kommen:

- **Stufe A**: Personenbezogene Daten, deren Missbrauch keine besonderen Beeinträchtigungen erwarten lässt – z.B. Adressangaben und Berufsbezeichnungen (so bedarf z.B. das betriebsinterne Telefonverzeichnis keines besonderen Schutzes vor dem unbefugten Zugriff Dritter)
- **Stufe B**: Personenbezogene Daten, deren Missbrauch die Betroffenen in ihrer gesellschaftlichen Stellung oder in ihren wirtschaftlichen Verhältnissen beeinträchtigen kann – z.B. Daten über Familienverhältnisse und Freizeitinteressen
- **Stufe C**: Personenbezogene Daten, deren Missbrauch die Betroffenen in ihrer gesellschaftlichen Stellung oder in ihren wirtschaftlichen Verhältnissen erheblich beeinträchtigen kann bzw. die einer besonderen Geheimhaltungsverpflichtung unterliegen – z.B. Daten zu gesundheitlichen Verhältnissen, religiösen oder politischen Anschauungen, Fragen des Arbeitsrechtsverhältnisses, strafbaren Handlungen oder Ordnungswidrigkeiten
- **Stufe D**: Personenbezogene Daten, deren Missbrauch für den Betroffenen Gefahren für Leib und Leben bedeutet (wobei solche Daten von Arbeitgebern und Dienstherren nur ausnahmsweise gespeichert werden dürfen)

5 Digitalisierte Personalakten

5.1 Allgemeines

Was der Begriff der digitalen oder auch elektronischen oder virtuellen Personalakte **151** meint, ist klar: Die auf Papier in der „klassischen" Personalakte vorgehaltenen Dokumente werden in einen „digitalisierten" Zustand überführt. Während die auf Mikrofilm gespeicherte bzw. nachfolgend auch digitalisierte Personalakte zunächst auf einem automatisiert abrufbaren Indexverzeichnis beruhte, aus dem einzelne Dokumente in Kopie abgerufen werden konnten,

> *auf die „abgespeckte" Form der Indexdatenbank, bei der auf Mikrofiche abgespeicherte Vorgänge automatisiert ermittelt und dann in Kopie zugeliefert werden, wird hier nicht näher eingegangen; vgl. bei Franz, Die elektronische Personalakte, BTQ-Beratungsstelle der DAG Hessen*

sind die Systeme inzwischen ausgereifter.

> *Vgl. ferner insgesamt Diller/Schuster, DB 2008, 928; Gola, RDV 2008, 135*

Werden die Dokumente in einem Dokumentenmanagementsystem vorgehalten, so kön- **152** nen dessen Such- und Auswertungsfunktionen zu bisher nicht oder nicht in diesem Umfang gegebenen Aussagen zur Person des Mitarbeiters führen. Damit wächst die

Gefahr, dass Personalentscheidungen automatisiert vorgegeben werden. Darüber hinaus ermöglicht die Automatisierung – worauf Hersteller entsprechender Software auch als ausdrücklichen Vorteil hinweisen – den unmittelbaren weltweiten Zugriff auf die Datenbestände, was bei herkömmlicher Aktenführung bereits an der praktischen Realisierbarkeit scheiterte. Es liegt nahe, dass derartige Zugriffsmöglichkeiten auch zum Wunsch ihrer Realisierung führen und dass das Problem weltweiter „Human Resource Systems" sich nun auch für die klassische Personalakte ergibt.

153 Zu beachten ist jedoch, dass aufgrund der jedenfalls jetzt mit der Digitalisierung verbundenen Dokumentation und der damit verbundenen Auswertungsmöglichkeit der Dateibegriff (§ 3 Abs. 2 BDSG) erfüllt ist, so dass das BDSG insgesamt Anwendung findet, soweit es nicht durch vorrangige arbeitsrechtliche Normen verdrängt wird. § 32 BDSG enthält nur eine die Zulässigkeit der Verarbeitung betreffende Aussage, in die „herkömmliche" Daten einbezogen sind.

154 Gleichzeitig führt die automatisierte Verarbeitung zur Mitbestimmung (§ 87 Abs. Nr. 6 BetrVG)

vgl. hierzu Fitting, § 87 Rdn. 287 ff.; a.A. Worzallain in HSWG § 87, Rdn. 313-318 m.w.N. sowie nachstehend Rdn. 1831 ff.

nicht nur bezüglich der technischen Verfahren, sondern auch hinsichtlich ihres Umfangs. Bereits die Datensicherungspflichten des § 9 BDSG zwingen zur Speicherung der an sich nach § 31 BDSG an diesen Zweck gebundenen Protokoll- und Verfahrensdaten.

5.2 Zulässigkeit digitalisierter Speicherung

155 Vorschriften, die die Überführung schriftlicher Personalvorgänge in eine digitalisierte Form untersagen, bestehen für den Bereich der Privatwirtschaft nicht. Maßstab für die Verarbeitung der Daten ist einheitlich § 32 Abs. 1 BDSG, der keine Unterschiede zwischen herkommlicher und automatisierter Verarbeitung macht.

156 Das, was im Rahmen der Zweckbestimmung des Arbeitsverhältnisses manuell zulässig war, darf in demselben Rahmen auch automatisiert geschehen, wobei ggf. aber zusätzlich Mitwirkungsrechte der Personalvertretung zu beachten sind.

Eine Ausnahme bildet jedoch das Beamtenrecht, das die Umstellung von Personalakten auf elektronische Akten für Personalverwaltung und Personalwirtschaft erlaubt und keine Unterlagen über medizinische Untersuchungen und Tests eingrenzt (§ 114 BBG).

Vgl. zur ordungsgemäßen Organisation: LfDI Bremen, 35. TB (2012), Ziffer 12.1.1

Jedoch kann nunmehr die Technik gewährleisten, dass von vorneherein bzw. durch Zeitablauf unzulässig gespeicherte Daten entfernt/gelöscht werden, ohne Spuren zu hinterlassen. Gegenüber dem manuellen Verfahren lässt sich dies durch bereits bei der Speicherung nach Fristablauf automatisch vorgesehene Löschung organisieren. Da der Arbeitgeber aber im Sonderfall, z.B. wegen zwischenzeitlich erneut eingetretener abmahnungsrelevanter Vorgänge, ein geändertes Interesse an der weiteren Aufbewahrung haben kann, sollte vor der Löschung eine „Vorwarnung" erfolgen.

Grentzer, RDV 2005, 134

Desgleichen können Zugriffsrechte „technisch" vergeben werden.

5.3 Richtigkeit und Vollständigkeit der Speicherung

5.3.1 Korrekturrechte

Hinsichtlich der Beachtung des Grundsatzes der Richtigkeit der Daten ergeben sich durch die Digitalisierung keine Besonderheiten. Gewährleistet werden müssen die sich aus dem BetrVG und dem BDSG (§ 35) ergebenden Korrekturrechte des Betroffenen. Es muss ein Verfahren eingesetzt werden, nach dem eine Gegendarstellung des Betroffenen (§ 83 Abs. 2 BetrVG)   **157**

> *vgl. dazu im Einzelnen nachstehend Rdn. 1252 ff.*

auch immer zur Kenntnis genommen wird, unabhängig davon, welche Relevanz ihr bei zumessen ist.

5.3.1.1 *Vernichtung von Originalunterlagen*

Unter dem Aspekt der Vollständigkeit der Akte stellt sich die Frage, ob auf Grund einer gesetzlich vorgeschriebenen Schriftform bzw. einer Pflicht zur Aufbewahrung von Originaldokumenten die in die digitalisierte Form überführten Personalvorgänge gleichwohl weiterhin auch als schriftliches Original aufzubewahren sind.   **158**

Durch zahlreiche gesetzliche und tarifliche Vorschriften müssen das Arbeitsverhältnis betreffende Vorgänge schriftlich abgefasst und – ggf. nach Unterzeichnung durch die Parteien – in einer Fassung dem Arbeitnehmer ausgehändigt werden. Während einige Schriftformregelungen reine Beweisfunktion haben, sind andere konstitutiv. Die Vorschrift der Schriftform findet sich zum Beispiel für Verträge im Berufsbildungsgesetz (BBiG), im Arbeitnehmerüberlassungsgesetz (ArbÜG) und im Teilzeitbefristungsgesetz (TzBfG) und in Tarifverträgen für den gesamten Arbeitsvertrag, für den Nachweis der wesentlichen Arbeitsbedingungen im Arbeitsvertrag oder in einer Niederschrift im Nachweisgesetz (NachwG), für die Kündigung im BGB. Teilweise ist die Verletzung der Schutzregelung der Schriftform mit Bußgeld belegt (§ 102 Abs. 1 Nr. 1, 2 BBiG für den Ausbildungsvertrag).   **159**

Gesetzliche Schriftform bedeutet, dass die Urkunde die eigenhändige(n) Unterschrift(en) aufweisen muss (§ 126 BGB). Die gesetzliche Schriftform kann in vielen Fällen durch die elektronische Form ersetzt werden (§ 126a BGB). Diese ist gewahrt, wenn ein elektronisches Dokument mit einer qualifizierten elektronischen Signatur nach dem Signaturgesetz versehen ist. Da die elektronische Signatur jedenfalls zurzeit kaum Praxis ist, werden die Schriftform benötigende Vorgänge i.d.R. weiterhin auf Papier erstellt und in dieser Form dem Arbeitnehmer ausgehändigt werden. Für die wichtigsten Erklärungen, nämlich für die schriftliche Festlegung der Arbeitsbedingungen nach dem NachwG (§ 2 Abs. 1 S. 3 NachwG),   **160**

> *vgl. zur Nichtaufbewahrung der Urkunde Bergwitz, BB 2001, 2316; Weber, NZA 2003, 644*

die Niederschrift des Berufsausbildungsvertrages (§ 11 Abs. 1 BBiG) und Kündigungen (§ 623 BGB), ist die elektronische Schriftform zudem nicht zugelassen.

Für die Frage der Vernichtung der Originalurkunde durch sog. ersetzendes Scannen ist, sofern keine ausdrückliche Aufbewahrungspflicht des Originals besteht, die Zweckbestimmung maßgebend, für die die ursprünglichen Papierdokumente erstellt worden sind und die zukünftig durch Scanprodukte erfüllt werden soll.   **161**

5.3.1.2   Verlust der Beweisfunktion

162   Insoweit ist von Relevanz, welchen Beweiswert gescannte Dokumente im Rahmen einer arbeitsgerichtlichen Auseinandersetzung haben. Im Prozess hat nur die unterzeichnete Urkunde die Vermutung der Vollständigkeit und Richtigkeit für sich (§ 420 ZPO).

BGH, NJW 2002, 3164

163   Der Arbeitgeber verliert den insoweit bestehenden Beweisvorteil, wenn er nur ein elektronisches Dokument vorlegen kann. Ob er den in Kauf nehmen will, ist eine Frage der Risikoabwägung.

Der Beweisnachteil kann aber auch zu Lasten des Arbeitnehmers eintreten, wenn die Aufbewahrungspflicht zu seinen Gunsten besteht. Soll die Aufbewahrung der Dokumente auch zu Gunsten dritter Personen erfolgen, so steht der mit dem Scannen zu Lasten des Dritten eintretende Verlust der Beweisfunktion der Vernichtung des Originals entgegen.

Roßnagel/Fischer-Dieskau/Jandt/Wilke, Scannen von Papierdokumenten, 2007, S. 1

Das Gericht kann das ausgedruckte Dokument jedoch durch Inaugenscheinnahme im Rahmen freier Beweiswürdigung werten (§ 286 Abs. 1 S. 1 ZPO).

Vgl. hierzu Fischer-Dieskau/Roßnagel/Steidle, MMR 2004, 451

Ob bei einer qualifizierten Signatur (§ 371a Abs. 1 ZPO) anderes gilt, ist umstritten.

Vgl. dazu Roßnagel/Wilke, NJW 2006, 2145; Prinz, LOHN+GEHALT, Digitale Personalakte Special, 2007, 1

164   Der Beweiswert gescannter Unterlagen kann daher gegenüber einer im Original vorgelegten Urkunde reduziert sein. Demgemäß sollten diejenigen Dokumente nicht vernichtet werden, bei denen der Verdacht der Verfälschung besteht. Aufgehoben werden sollten auch die Dokumente, denen im Rahmen von arbeitsrechtlichen Auseinandersetzungen eine besondere Bedeutung zukommen kann.

Prinz, LOHN+GEHALT, Digitale Personalakte Special, 2007, 1 empfiehlt seitens des BDA jedenfalls wie folgt: „Der Beweiswert des durch Scannen erzeugten elektronischen Dokuments bleibt mit Unabwägbarkeiten verbunden. Es ist daher ratsam, alle als wichtig erachteten Dokumente auch bei Umstellung auf eine elektronische Personalakte weiterhin im Original aufzubewahren."

5.3.2   Grundsätze ordnungsgemäßer Archivierung

165   Die Einhaltung der aufgezeigten Grundsätze der Richtigkeit und Vollständigkeit setzt eine ordnungsgemäße Archivierung voraus.

Geis/Grentzer/Jänicke, Rechtliche Betrachtung eines digitalen Personalaktensystems, in: Pulte, Aufbewahrungsnormen und -fristen im Personalbereich, 339

Die Grundsätze ordnungsgemäßer DV-gestützter Buchungssysteme kommen entsprechend auch hier zur Anwendung.

Zusammengefasst gilt Folgendes:

1) Jedes Dokument muss unveränderbar archiviert werden.
2) Es darf kein Dokument auf dem Weg ins Archiv oder im Archiv selbst verloren gehen.
3) Jedes Dokument muss mit geeigneten Retrievaltechniken wieder auffindbar sein.

4) Es muss genau das Dokument wiedergefunden werden, das gesucht worden ist.

5) Kein Dokument darf während der vorgesehenen Lebenszeit zerstört werden können.

6) Jedes Dokument muss genau in der gleichen Form, wie es erfasst wurde, wieder angezeigt und ausgedruckt werden können.

7) Jedes Dokument muss zeitnah wiedergefunden werden.

8) Alle Aktionen im Archiv, die Veränderungen in der Organisation und Struktur bewirken, sind derart zu protokollieren, dass die Wiederherstellung des ursprünglichen Zustands möglich ist.

9) Elektronische Archive sind so auszulegen, dass eine Migration auf neue Plattformen, Medien oder Softwareversionen ohne Informationsverlust möglich ist.

10) Das System muss dem Anwender die Möglichkeit bieten, die gesetzlichen sowie die betrieblichen Bestimmungen des Anwenders hinsichtlich Datenschutz und Datensicherheit über die Lebensdauer des Archivs sicherzustellen.

Vgl. insgesamt bei Kampffmeyer/Rogalla, Grundsätze der elektronischen Archivierung – Code of practice.

5.3.3 Gewährleistung der Vertraulichkeit

Im Gegensatz zur herkömmlichen Personalaktenführung, bei der Sachbearbeiter oder **166** Vorgesetzten häufig Zugriff auf die gesamte Akte eingeräumt wird, obwohl nur hinsichtlich eines konkreten Vorgangs ein berechtigter Informationsbedarf besteht, kann die Einsicht nun systemtechnisch auf die relevanten Vorgänge beschränkt werden. Das Gebot der internen Vertraulichkeit gilt insbesondere hinsichtlich besonders sensibler Vorgänge. Diese Vorgänge müssen – so wie das BAG

RDV 2007, S. 125 (Ls) = NZA 2007, 502 = DB 2007, 1198 sowie RDV, BB 1990, 1490 = NJW 1990, 2272 = RDV 1990, 184

es bei herkömmlicher Personalaktenführung z. B. durch Aufbewahrung in einem „versiegelten" Umschlag als geboten angesehen hat – besonders geschützt werden und können in jedem Falle nicht einem allgemeinen Zugriff von Vorgesetzten oder Führungskräften offenstehen. Ein Weg hierzu wäre etwa die Verschlüsselung derartiger Datenbestände.

Durch die nunmehr technisch abgesicherten Rollen- und Berechtigungsstrukturen kön- **167** nen Zugriffsbefugnisse mit den Alternativen des Lesens oder auch des Speicherns und Veränderns sicherer festgelegt werden.

5.3.4 Transparenz gegenüber dem Betroffenen

Digitale Speicherung ermöglicht, dass dem Mitarbeiter vom Arbeitsplatz aus lesender **168** Zugriff auf „seine" Akte eingeräumt wird, sodass die beiderseitige Arbeitszeit in Anspruch nehmende Einsichtnahme in der Personalabteilung entfällt. Zudem kann die unbürokratische und nicht etwa zu protokollierende Einsichtsmöglichkeit das Datenschutzinteresse der Mitarbeiter fördern. Das Einsichtsrecht kann auch nicht mehr vorübergehend dadurch „ausgesetzt" sein, dass die Akte von der Personalabteilung an Vorgesetzte etc. ausgeliehen wurde.

6 Zusammenfassung

169 Die Konferenz der Datenschutzbeauftragten des Bundes und der Länder hat eine Handlungsempfehlung zum Datenschutz bei technisch unterstützten Verfahren der Personal- und Haushaltsbewirtschaftung

www.bfdi.bund.de; 21. Tätigkeitsbericht (2005/2006), 149

mit folgenden „Allgemeinen Leitplanken" vorgelegt:

Handlungsempfehlungen Datenschutz bei technikunterstützten Verfahren der Personal- und Haushaltsbewirtschaftung

Allgemeine datenschutzrechtliche Leitplanken

Personenbezogene Daten fallen bei der Nutzung dieser technisch unterstützten Verfahren als Inhaltsdaten (Personaldaten bzw. Personalaktendaten) und als Protokolldaten (mit besonderer Zweckbindung) an.

Für den Umgang mit diesen Daten gelten die folgenden allgemeinen Grundsätze:

1) Personenbezogene Daten der Beschäftigten dürfen in technikgestützten Verfahren nur in dem Umfang gespeichert, übermittelt und genutzt werden, in dem dies rechtlich zulässig und im Rahmen der festgelegten Zwecke zur Durchführung der der jeweiligen Stelle obliegenden personalwirtschaftlichen, organisatorischen und sozialen Aufgaben erforderlich ist (Grundsatz der Zulässigkeit, Zweckbindung und Erforderlichkeit).

2) In einem Berechtigungskonzept ist festzulegen, welche Stellen und/oder Funktionsträgerinnen oder Funktionsträger im Rahmen der ihnen übertragenen Aufgaben für welche Zwecke und in welcher Form (lesend/verändernd) befugt sind, auf Daten zuzugreifen oder Auswertungen vorzunehmen. Das Berechtigungskonzept ist fortzuschreiben und mindestens so lange zu speichern wie die zugehörigen Protokolldaten.

3) Es ist schon im Vorfeld bei der Auswahl und Gestaltung der automatisierten Verfahren darauf hinzuwirken, dass keine oder möglichst wenig personenbezogene Daten verarbeitet werden (Grundsatz der Datenvermeidung und Datensparsamkeit).

4) Die Betroffenen sind über ihren persönlichen Datenbestand, die Zwecke der Verarbeitung und Zugriffsberechtigungen zu unterrichten. Ihre Rechte auf Auskunft, Sperrung und Löschung sind zu wahren (Transparenzgebot und Betroffenenrechte).

5) Arbeits- und dienstrechtliche Entscheidungen, die für die Betroffenen eine rechtliche Folge nach sich ziehen oder sie erheblich beeinträchtigen, dürfen nicht ausschließlich auf eine automatisierte Verarbeitung personenbezogener Daten gestützt werden, die der Bewertung einzelner Persönlichkeitsmerkmale dient (Verbot der automatisierten Einzelentscheidung).

6) Zulässige dienststellenübergreifende Auswertungen der in den Verfahren verarbeiteten Personaldaten sollten soweit möglich anonym oder pseudonym erfolgen; dies gilt nicht für Auswertungen, Abgleiche oder Zusammenführungen, die sich auf die in der Anlage aufgeführten Merkmale (Informationen zur dienstlichen Funktion und Erreichbarkeit = sogenannte Funktionsträgerdaten) beschränken.

7) Die Sicherungsziele Vertraulichkeit, Integrität, Authentizität und Revisionsfähigkeit sind – ausgerichtet am Schutzbedarf der Daten – durch geeignete technisch-organisatorische Maßnahmen zu gewährleisten; das Grundschutz-Handbuch des Bundesamtes für Sicherheit in der Informationstechnik BSI gibt dazu zahlreiche Hilfestellungen.

Für die Ausgestaltung der Datenschutz- und Datensicherungsmaßnahmen ist – ggf. aus einer Vorabkontrolle (vgl. Ziffer 9) – ein Sicherheitskonzept zu entwickeln und entsprechend dem Stand der Technik fortzuschreiben. Die für das jeweilige Verfahren fachlich Verantwortlichen sind verpflichtet, die erforderlichen technischen und organisatorischen Maßnahmen spätestens mit dem Einsatz des Verfahrens umzusetzen und zu dokumentieren, falls dies noch nicht im Sicherheitskonzept enthalten ist. Insbesondere mit Protokollierungsverfahren ist zu gewährleisten, dass nachträglich überprüft und festgestellt werden kann, wer welche Beschäftigtendaten zu welcher Zeit eingegeben, verändert, übermittelt und/oder abgerufen hat; Entsprechendes gilt auch für die Systemadministration.

8) *Protokolldaten von Anwenderinnen und Anwendern sowie Administratorinnen und Administratoren, die ausschließlich zu Zwecken der Datenschutzkontrolle, der Datensicherung oder zur Sicherstellung des ordnungsgemäßen Betriebs gespeichert werden, dürfen grundsätzlich nicht für andere Zwecke, insbesondere nicht für eine Verhaltens- und Leistungskontrolle, verarbeitet werden. Die Zweckbindung muss daher technisch und organisatorisch (z.B. durch Dienstanweisung) sichergestellt werden. Für Art, Umfang und Aufbewahrung der Protokollierung gilt der Grundsatz der Erforderlichkeit. Soweit technisch möglich und ausreichend, sollte auf personenbezogene Daten verzichtet werden. Die Beteiligungsrechte des Personalrates sind zu beachten.*

9) *Vor der Einführung und Anwendung neuer Verfahren oder im Falle einer wesentlichen Veränderung der Verfahren ist eine Vorabkontrolle (auch „Technikfolgenabschätzung" genannt) durchzuführen, wenn dies durch eine Rechtsvorschrift vorgesehen ist.*

10) *Die Verfahren sind in inhaltlicher und technischer Hinsicht ausreichend und nachvollziehbar zu dokumentieren.*

11) *Die behördlichen Beauftragten für den Datenschutz sind bei der Entwicklung und Implementierung der Verfahren frühzeitig zu beteiligen.*

12) *Um die Akzeptanz zu fördern, wird empfohlen, über Einführung und Anwendung der Verfahren eine Dienstvereinbarung mit dem Personalrat abzuschließen, in der insbesondere die Fragen der Zugriffsberechtigungen, der Zulässigkeit und Zweckbestimmung von Auswertungen und die Durchführung von Kontrollen für alle Beteiligten eindeutig und klar geregelt werden. Soweit die Verfahren geeignet sind, das Verhalten oder die Leistung der Beschäftigten zu überwachen, sind die Mitbestimmungs- bzw. Mitwirkungsrechte der Personalvertretung zu berücksichtigen.*

Kapitel 3
Das Bundesdatenschutzgesetz

1   Allgemeines

Soweit die Erhebung, Verarbeitung und Nutzung von personenbezogenen Daten der **170** Beschäftigten im Geltungsbereich der allgemeinen Datenschutzgesetze stattfinden, gelten – unter Beachtung der noch aufzuzeigenden Vorrangigkeit

vgl. nachstehend Rdn. 314 ff.

bereichsspezifischer Regelungen des Arbeits- und Dienstrechts – auch die dort statuierten Schutzregelungen.

Normadressaten sind gleichermaßen private wie öffentliche Stellen, wobei das BDSG **171** für die Privatwirtschaft und die Bundesverwaltung und die Landesdatenschutzgesetze für die Verwaltungen in den Ländern maßgebend sind. Die im Wesentlichen gleichlautenden Regelungen haben sog. „Auffangcharakter", d.h., dass sie gegenüber den fraglichen Sachverhalt gezielt regelnden Rechtsvorschriften des Bundes zurücktreten.

> **§ 1 BDSG Zweck und Anwendungsbereich des Gesetzes**
>
> *(1) Zweck dieses Gesetzes ist es, den Einzelnen davor zu schützen, dass er durch den Umgang mit seinen personenbezogenen Daten in seinem Persönlichkeitsrecht beeinträchtigt wird.*
>
> *(2) Dieses Gesetz gilt für die Erhebung, Verarbeitung und Nutzung personenbezogener Daten durch*
>
> *1. öffentliche Stellen des Bundes,*
>
> *2. öffentliche Stellen der Länder, soweit der Datenschutz nicht durch Landesgesetz geregelt ist und*
>
> *soweit sie*
>
> *a) Bundesrecht ausführen oder*
>
> *b) als Organe der Rechtspflege tätig werden und es sich nicht um Verwaltungsangelegenheiten handelt, ...*
>
> *3. nichtöffentliche Stellen, soweit sie die Daten unter Einsatz von Datenverarbeitungsanlagen verarbeiten, nutzen oder dafür erheben oder die Daten in oder aus nicht automatisierten Dateien verarbeiten, nutzen oder dafür erheben, es sei denn, die Erhebung, Verarbeitung oder Nutzung*
>
> *der Daten erfolgt ausschließlich für persönliche oder familiäre Tätigkeiten.*
>
> *(3) Soweit andere Rechtsvorschriften des Bundes auf personenbezogene Daten einschließlich deren Veröffentlichung anzuwenden sind, gehen sie den Vorschriften dieses Gesetzes vor. Die Verpflichtung zur Wahrung gesetzlicher Geheimhaltungspflichten oder von Berufs- oder besonderen Amtsgeheimnissen, die nicht auf gesetzlichen Vorschriften beruhen, bleibt unberührt.*
>
> *(4) Die Vorschriften dieses Gesetzes gehen denen des Verwaltungsverfahrensgesetzes vor, soweit bei der Ermittlung des Sachverhalts personenbezogene Daten verarbeitet werden.*
>
> *(5) ...*

172 Gewährleistet wird das Persönlichkeitsrecht des Betroffenen zum einen dadurch, dass die Verarbeitung und Nutzung seiner Daten entweder durch ein Gesetz oder von ihm selbst „freigegeben" sein muss. Zum anderen sollen keine Verarbeitungen im Geheimen „hinter dem Rücken" des Betroffenen stattfinden, weshalb das BDSG Verarbeitungsbedingungen diktiert und umfassende Transparenz- sowie Informationspflichten vorsieht und die Betroffenen auf unterschiedliche Weise aktiv in die Verarbeitungsprozesse einbezieht.

Demgemäß reglementieren die Datenschutzgesetze den „Umgang" mit personenbezogenen Daten und legen den datenverarbeitenden Stellen folgende grundsätzliche Pflichten bzw. Beschränkungen auf:

1) Die Verarbeitung und Nutzung von personenbezogenen Daten muss auf der Grundlage des Zweckbindungsprinzips erfolgen;

2) die Zulässigkeit der Verarbeitung wird von den Datenschutznormen im Rahmen des für einen legitimen Zweck Erforderlichen genehmigt;

3) der Betroffene soll grundsätzlich aufgrund von Anzeige- und Benachrichtigungspflichten bzw. Registereinsichts- und Auskunftsrechten Informationen dazu erhalten, wer welche Art von Daten über ihn verarbeitet;

4) unrichtige Daten müssen berichtigt werden; unzulässig gespeicherte, nicht mehr benötigte oder bestrittene Daten müssen gelöscht oder gesperrt werden;

5) die Daten müssen vor Missbrauch durch Dritte und Verlust oder Zerstörung gesichert werden;

6) hinsichtlich der Einhaltung dieser Gebote ist die datenverarbeitende Stelle internen und externen Kontrollinstanzen unterworfen;

7) unzulässige Verarbeitungen und Verstöße gegen die datenschutzrechtlichen Verpflichtungen sind als Ordnungswidrigkeiten oder Straftaten sanktioniert.

173 Ausgangspunkt der gesetzlichen Regelungen war – wie gezeigt – die technische Entwicklung mit nicht absehbaren Möglichkeiten automatisierter Verarbeitung personenbezogener Daten. Um jedoch die Umgehung der gesetzlichen Schutzmechanismen durch Fortführung DV-ähnlicher Verarbeitungen zu vermeiden, wurde die Verarbeitung in sog. Dateien mit einbezogen.

Im Zug der Fortschreibung der Gesetze wurden dann – teilweise – auch ansonsten (z.B. in Akten) gespeicherte Daten in den Schutzbereich mit einbezogen. Das gilt etwa für die öffentliche Verwaltung und die Beschäftigtendatenverarbeitung.

2 Regelungsgegenstand: Der Umgang mit personenbezogenen Daten

2.1 Personenbezogene Daten

2.1.1 Allgemeines

174 Der Schutz des BDSG setzt voraus, dass es um die Verarbeitung personenbezogener Daten geht, d.h. nach § 3 Abs. 1 BDSG um Informationen, die sich auf eine bestimmte

oder bestimmbare – einzelne – lebende natürliche Person beziehen oder geeignet sind, einen Bezug zu ihr herzustellen (z.B. Ausweisnummer, Versicherungsnummer, Telefonnummer, Fotografie, Fingerabdruck). Es muss sich um Daten handeln, die Informationen über den Betroffenen selbst oder über einen auf ihn beziehbaren Sachverhalt enthalten (z.B. Anschrift, Familienstand, Geburtsdatum, Staatsangehörigkeit, Konfession, Beruf, Fähigkeiten, Gesundheitszustand, Überzeugungen). Personalplanungsdaten,

> *Gola/Schomerus, BDSG § 3 Rdn. 8*

d.h. Angaben über in der Zukunft liegende Verhältnisse, auch wenn sie hinsichtlich ihrer Realisierung noch ungewiss sind, beschreiben ggf. schon „Verhältnisse" des Betroffenen.

---

§ 3 BDSG – Weitere Begriffsbestimmungen

(1) Personenbezogene Daten sind Einzelangaben über persönliche oder sachliche Verhältnisse einer bestimmten oder bestimmbaren natürlichen Person (Betroffener).

(2) ... (11) ...

Für die Bestimmbarkeit kommt es auf die Kenntnisse, Mittel und Möglichkeiten der verantwortlichen Stelle an. Sie muss den Bezug mit den ihr normalerweise zur Verfügung stehenden Hilfsmitteln und ohne unverhältnismäßigen Aufwand herstellen können. Der Begriff des Personenbezugs ist daher relativ, d.h., dieselben Daten können für den einen anonym und für den anderen der betroffenen Person zuordenbar sein. So weist die Personalnummer auf dem Werksausweis nicht ohne weiteres auf eine bestimmte Person hin: Der Kollege oder ein außenstehender Dritter kann sie nicht dechiffrieren, wohl aber die Personalabteilung, die das entsprechende Referenzverzeichnis besitzt. **175**

Einzelangaben sind nicht mehr gegeben bei aggregierten oder anonymisierten Daten sowie bei Sammelangaben über Personengruppen. Ist jedoch eine Einzelperson als Mitglied einer Personengruppe gekennzeichnet, über die bestimmte Angaben gemacht werden, so handelt es sich auch um Einzelangaben zu dieser Person, wenn die Daten auf sie „durchschlagen".

> *BAG, NZA 1995, 185 = RDV 1995, 29*

Dies gilt selbst dann, wenn es sich bei den Angaben zur Beschreibung der Personengruppe um statistische oder im Rahmen eines Scoringverfahrens ermittelte Erfahrungswerte handelt. Um die Zweifelhaftigkeit dieser Daten klarzustellen, schreibt § 35 Abs. 1 S. 2 BDSG vor, dass geschätzte Daten als solche zu kennzeichnen sind. **176**

2.1.2 Personenbezogene Daten über Beschäftigte

Denjenigen, dem das BDSG seinen Schutz gewährt, bezeichnet das Gesetz als Betroffenen. Über einen Arbeitnehmer werden Daten verarbeitet, die unmittelbar sein Beschäftigungsverhältnis betreffen, aber auch solche außerhalb dieser Zweckbestimmung. So regelt § 32 BDSG in einer speziellen Vorschrift die Zulässigkeit der Verarbeitung von personenbezogenen Daten von Beschäftigten zum Zwecke der Begründung, Durchführung oder Beendigung ihres Beschäftigungsverhältnisses, während für Daten eines Arbeitnehmers mit anderer Zweckbestimmung andere Gestattungsregelungen, insbesondere § 28 BDSG, heranzuziehen sind. **177**

178 Der Begriff des Beschäftigten ist in § 3 Abs. 11 BDSG definiert. Erfasst werden alle in abhängiger Tätigkeit Beschäftigten, angefangen von den Arbeitnehmern im eigentlichen Sinne (Angestellte, Arbeiter, Auszubildende) über arbeitnehmerähnliche Personen bis hin zu den Beamten.

179 Einbezogen sind auch Bewerber oder ehemalige Angehörige eines der genannten Beschäftigungsverhältnisse. Die Definition des Begriffs des Beschäftigten bezieht sich auf § 32 BDSG. Seine Reichweite macht deutlich, dass letztlich alle in abhängiger Tätigkeit Beschäftigten erfasst werden sollen.

> *Seifert in Simitis § 3 Rdn. 283; vgl. auch § 3 Abs. 11 RegE zum Beschäftigtendatenschutz, BT-Drs. 17/4230*

180 Mit der Nennung der Angestellten, Arbeiter und zu ihrer Berufsausbildung Beschäftigten werden die auch in anderen Normen (z.B. § 5 BetrVG) als Arbeitnehmer bezeichneten Gruppen von Beschäftigten erfasst. Zu den arbeitnehmerähnlichen Personen zählen auf Grund ihrer arbeitnehmerähnlichen Abhängigkeit z.B. (vgl. auch Definition in § 12 a TVG) Einfirmenvertreter, freie Mitarbeiter von Medien, Rundfunkgebührenbeauftragte, Heimarbeiter. Fraglich ist jedoch die Erstreckung auf Organmitglieder.

> *Seifert in Simitis, § 3 Rdn. 284; a. A. Zöll in Taeger/Gabel, § 32 Rdn. 13*

181 Zur Berufsausbildung Beschäftigte sind jedoch nicht nur Auszubildende, sondern alle i. S. v. § 1 Abs. 1 BBiG in Bildungsmaßnahmen Befindliche. Leistungen zur Teilhabe am Arbeitsleben, zur Abklärung der beruflichen Eignung oder Arbeitserprobung sind u. a. Ein-Euro-Jobs (§ 16 d SGB II), Maßnahmen der Arbeitstherapie (§§ 27 S. 2 Nr. 6, 42 SGB V) oder eine Beschäftigung zur Wiedereingliederung nach längerer Krankheit (§ 74 SGB V). Die Beschäftigung in Werkstätten für behinderte Menschen erfolgt nach §§ 136 ff. SGB IX.

---

§ 3 BDSG – Weitere Begriffsbestimmungen

(1) ... (10) ...

(11) Beschäftigte sind:

1. Arbeitnehmerinnen und Arbeitnehmer,

2. zu ihrer Berufsbildung Beschäftigte,

3. Teilnehmerinnen und Teilnehmer an Leistungen zur Teilhabe am Arbeitsleben sowie an Abklärungen der beruflichen Eignung oder Arbeitserprobung (Rehabilitandinnen und Rehabilitanden),

4. in anerkannten Werkstätten für behinderte Menschen Beschäftigte,

5. nach dem Jugendfreiwilligendienstegesetz Beschäftigte,

6. Personen, die wegen ihrer wirtschaftlichen Unselbstständigkeit als arbeitnehmerähnliche Personen anzusehen sind; zu diesen gehören auch die in Heimarbeit Beschäftigten und die ihnen Gleichgestellten,

7. Bewerberinnen und Bewerber für ein Beschäftigungsverhältnis sowie Personen, deren Beschäftigungsverhältnis beendet ist,

8. Beamtinnen und Beamte, Richterinnen und Richter des Bundes, Soldatinnen und Soldaten sowie Zivildienstleistende.

---

182 Abgesehen von den von dem Anwendungsbereich der Zulässigkeitsnorm des § 32 BDSG erfassten Verarbeitungen von personenbezogenen Daten von Beschäftigten kommen nach allgemeinen Zulässigkeitsnormen zu beurteilende Verarbeitungsprozesse in

Betracht. Gleiches gilt für den Vorrang spezieller BDSG-Zulässigkeitsregelungen. So richtet sich beispielsweise die Verarbeitung von Beschäftigte betreffenden besonderen Arten von personenbezogenen Daten nach § 28 Abs. 6 BDSG.

Vgl. BAG, RDV 2012, 192 (194 f)

2.1.3 Besondere Arten personenbezogener Daten

Besondere Zulässigkeitsbedingungen gelten für die Erhebung, Verarbeitung und Nut-   **183**
zung von „besonderen Arten personenbezogener Daten" auf Grund ihrer besonderen
Sensibilität.

> *§ 3 BDSG – Weitere Begriffsbestimmungen*
>
> *(1) ... (8) ...*
> *(9)Besondere Arten personenbezogener Daten sind Angaben über die rassische und ethnische Herkunft, politische Meinungen, religiöse und philosophische Überzeugungen, Gewerkschaftszugehörigkeit, Gesundheit oder Sexualleben.*
> *(10) ... (11) ...*

Die Information über die besonders sensiblen Gegebenheiten kann sich auch mittelbar   **184**
aus dem Gesamtzusammenhang ergeben. So können bereits Informationen über Arztbesuche Angaben über die Gesundheit enthalten.

Vgl. BlnDSB, Materialien zum BDSG Nr. 30, S. 9

Die „Schwerbehinderteneigenschaft" zählt in jedem Fall hierzu. Andererseits sind „Grunddaten", die Rückschlüsse auf sensible Informationen eröffnen, nicht dem besonderen Schutz unterworfen, wenn keine derartige Auswertungsabsicht besteht (z. B. Passbild eines Brillenträgers als Gesundheitsdatum; Adresse der Bewohner eines Wohnhauses für Drogenabhängige bei einem Pizzalieferservice). Die in einer Adressendatei gespeicherten islamischen Vornamen werden erst dann von Abs. 9 erfasst, wenn eine diesbezügliche Auswertung erfolgt.

Die besonders sensiblen Daten enthalten im Übrigen Daten, deren Erhebung, Verarbei-   **185**
tung oder Nutzung auch nach dem Allgemeinen Gleichbehandlungsgesetz (AGG) untersagten diskriminierenden Zwecken dienen kann bzw. zumindest eine – ggf. bereits zum Schadensersatz verpflichtende – Vermutung der Diskriminierung begründet.

Vgl. Gola, RDV 2006, 224; ferner nachfolgend Rdn 502, 518

> *§ 1 AGG*
>
> *Ziel des Gesetzes*
> *Ziel des Gesetzes ist, Benachteiligungen aus Gründen der Rasse oder wegen der ethnischen Herkunft, des Geschlechts, der Religion oder Weltanschauung, einer Behinderung, des Alters oder der sexuellen Identität zu verhindern oder zu beseitigen.*

Nicht genannt sind in § 3 Absatz 9 BDSG im AGG geschützte Daten über das Alter und   **186**
das Geschlecht.

Zur ausnahmsweisen Zulässigkeit der Berücksichtigung diesbezüglicher Information im Rahmen des AGG (§§ 8–10) und des § 28 Abs. 1 S. 1 Nr. 1 bzw. bei den sensiblen Daten nach § 28 Abs. 6 Nr. 3 BDSG vgl. Willemsen/Schweibert, NJW 2006, 2583; ferner nachfolgend Rdn. 509, 510, 513

187 Das BAG

> *RDV 2012, 192 = ZD 2012, 481 mit Anm. von Wibytul*

hat klargestellt, dass Beschäftigte betreffende besondere Arten personenbezogener Daten nicht von § 32 BDSG erfasst werden. Es führt aus, dass der Regelungsgegenstand des § 32 BDSG sich auf personenbezogene Daten i. S. d § 3 Abs. 1 BDSG beschränke, wozu die sensitiven Daten des § 3 Abs. 9 BDSG nicht gehören sollen. Diese Trennung ist jedoch verfehlt, da Daten nach § 3 Abs. 9 BDSG von dem Oberbegriff des § 3 Abs. 1 BDSG umfasst sind. Nur unter dieser Voraussetzung kann der auf nicht dateigebundene oder nicht automatisierte Datenverarbeitung erweiterte Anwendungsbereich des § 32 Abs. 2 BDSG in sinngemäßer Auslegung auch auf sensitive Daten angewendet werden.

Eine derartige Unterscheidung ist auch nicht erforderlich, um die Spezialität des § 28 Abs. 6 BDSG gegenüber der allgemeinen Norm des § 32 Abs. 1 BDSG begründen zu können.

Den besonderen Schutzauftrag bezüglich der das Persönlichkeitsrecht besonders tangierenden Informationen macht ferner § 75 Abs. 2 S. 2 BetrVG deutlich.

> *Vgl. dazu nachstehend Rdn. 1634 ff.*

Die Kriterien, die sich nicht zum Nachteil des Beschäftigten auswirken dürfen, sind mit denen des BDSG und des AGG weitgehend deckungsgleich.

---

§ 75 BetrVG – Grundsätze für die Behandlung der Betriebsangehörigen

(1) Arbeitgeber und Betriebsrat haben darüber zu wachen, dass alle im Betrieb tätigen Personen nach den Grundsätzen von Recht und Billigkeit behandelt werden, insbesondere, dass jede Benachteiligung von Personen aus Gründen ihrer Rasse oder wegen ihrer ethnischen Herkunft, ihrer Abstammung oder sonstigen Herkunft, ihrer

Nationalität, ihrer Religion oder Weltanschauung, ihrer Behinderung, ihres Alters, ihrer politischen oder gewerkschaftlichen Betätigung oder Einstellung oder wegen ihres Geschlechts oder ihrer sexuellen Identität unterbleibt.

(2) ...

2.2 Die Normadressaten

2.2.1 Der Arbeitgeber als verantwortliche Stelle

188 Verpflichtet zur Einhaltung der gesetzlichen Normen ist die sog. „verantwortliche Stelle". Gemeint ist die natürliche oder juristische Person, die letztlich über die Erhebung, Verarbeitung oder Nutzung der Mitarbeiterdaten entscheidet.

---

§ 3 BDSG – Weitere Begriffsbestimmungen

(1) ... (6) ...

(7) Verantwortliche Stelle ist jede Person oder Stelle, die personenbezogene Daten für sich selbst erhebt, verarbeitet oder nutzt oder dies durch andere im Auftrag vornehmen lässt.

(9) ... (11) ...

Im Arbeitsverhältnis ist verantwortliche Stelle der Arbeitgeber. Im Konzern ist es allein das dem Konzern angehörige Unternehmen, mit dem das Arbeitsverhältnis besteht, es

sei denn, der Konzernmutter sind vereinbarungsgemäß Personalentscheidungen zugewiesen.

> *Vgl. zur Datenverarbeitungen im Konzern nachfolgend Rdn. 667, 800 ff.*

Überträgt der Arbeitgeber im Rahmen sog. „Auftragsdatenverarbeitung" die Verarbei- **189**
tung von Mitarbeiterdaten einer externen Person oder Stelle, ändert das an seiner Verantwortung für die dort stattfindenden Verarbeitungen nichts.

> *Vgl. zur Auftragsdatenverarbeitung nachfolgend Rdn. 259 ff., 1659*

2.2.2 Die Einordnung des Betriebsrats

Trotz der der Mitarbeitervertretung (Betriebs-/Personalrat) im Hinblick auf die ihr hin- **190**
sichtlich der Einhaltung des Datenschutzes vom BAG

> *NJW 1998, 2466 = RDV 1998, 64*

zugesprochenen Eigenverantwortlichkeit kann diese Verantwortlichkeit dem Begriff i.S.v.
§ 3 Abs. 7 BDSG gleichwohl nicht zugeordnet werden, da sie dann gleichzeitig zum
„Dritten" würde. Zutreffend wurde nämlich bislang der Betriebsrat als Teil der speichernden Stelle und damit nicht als „Dritter" i. S. v. § 3 Abs. 8 BDSG verstanden,

> *für viele: Fitting, § 1 Rdn. 180 ff.; vgl. ferner nachfolgend Rdn. 1969 ff.*

dies u. a. deshalb, weil der Datenfluss innerhalb des Betriebes, also von einer Abteilung
an eine andere oder von der Personalabteilung an den Betriebsrat, nicht dem Tatbestand
der Übermittlung gemäß § 3 Abs. 4 Nr. 3 BDSG zuzuordnen ist. Dies bedeutet jedoch
nicht, dass dieser Datenfluss zur Mitarbeitervertretung, der sich als Nutzen der Daten
darstellt, nicht datenschutzrechtlichen Restriktionen unterworfen ist.

> *Vgl. Gola, DuD 1987, 440; Gola/Wronka, NZA 1991, 790; sowie beispielsweise BAG, DB*
> *1989, 1033; BVerwG, RDV 1991, 35; hierzu Hey, RdA 1995, 298*

Abzustellen ist darauf, dass die Weitergabe zur Erfüllung der Informationsansprüche **191**
z. B. aus § 80 Abs. 2 BetrVG als nach § 32 Abs. 1 S. 1 BDSG erforderliche Nutzung zu
bewerten ist

> *LAG Köln, ZD 2011, 183; BAG, RDV 2012, 192 = ZD 2012,481; BAG, RDV 2012, 192; Kort,*
> *RDV 2012, 8; vgl. aber auch Wronka, RDV 2012, 277; Jordan/Bissels/Löw, BB 2010, 2889*

Die insoweit bestehende besondere Eigenverantwortung des Betriebsrats erstreckt sich **192**
auch auf die zu ergreifenden Datensicherungsmaßnahmen.

> *BAG, RDV 2012, 295; LAG Berlin-Brandenburg, RDV 2011, 197*

Außerhalb des Unternehmens bestehende Vertretungen (Konzern-, Euro-, Betriebsräte)
sind Dritte ebenso wie in ihrer Funktion als Vertrauensleute tätige Mitarbeiter.

2.3 Die Phasen des Umgangs mit personenbezogenen Daten

2.3.1 Allgemeines

Das BDSG realisiert den Schutz des Einzelnen, indem es den Umgang mit personenbe- **193**
zogenen Daten in den drei Stufen – Verarbeitung, Erhebung, Nutzung – regelt.

- Die Stufe der „Verarbeitung" betrifft den eigentlichen Umgang mit personenbezogenen Daten in der betrieblichen Praxis in den Phasen des Speicherns, Veränderns,
  Übermittelns, Sperrens und Löschens.

- Das „Speichern" ist das Erfassen, Aufnehmen und Aufbewahren von Daten auf einem Datenträger zum Zwecke ihrer weiteren Verwendung oder Nutzung;
- „Verändern" ist das inhaltliche Umgestalten gespeicherter Daten, ggf. das Hineinstellen in einen neuen Kontext;
- „Übermitteln" ist die Weitergabe von Daten an Dritte bzw. die Einsichtnahme oder der Abruf durch einen Dritten von hierzu z.B. in einem Online-Verfahren bereitgehaltenen personenbezogenen Daten (Dritter ist jede Person oder Stelle außerhalb der speichernden Stelle, ausgenommen der Betroffene und eine im Auftrag für andere Daten verarbeitende Stelle); der Tatbestand des Übermittelns ist auch bei der Veröffentlichung der Daten gegeben (so auch beim Einstellen personenbezogener Daten in das Internet);
- „Sperren" ist das Kennzeichnen gespeicherter Daten, um ihre weitere Verarbeitung oder Nutzung einzuschränken;
- „Löschen" ist das Unkenntlichmachen gespeicherter Daten z.B. durch Vernichten von Datenträgern (z.B. Aktenvernichter) oder Entfernen von Daten vom Datenträger (z.B. Überschreiben von Magnetbändern).

194 Als Stufe des Umgangs (vgl. § 1 Abs. 1 BDSG) mit personenbezogenen Daten, die der Verarbeitung vorgeschaltet ist, regelt das BDSG ferner

- das „Erheben", d.h. das Beschaffen von Daten entweder bei dem Betroffenen, d.h. mit seiner Kenntnis (Grundsatz des Vorrangs der Direkterhebung), oder bei Dritten; die Auswertung eigener Erkenntnisse oder „aufgedrängter" Daten (z.B. unaufgefordert eingehende Bewerbungen) fällt nicht unter den Begriff;

und

- das „Nutzen", d.h. jede sonstige Verwendung von gespeicherten Daten.
- Daneben kennt es die Verarbeitungsform des „Anonymisierens", d.h. das Verändern der Daten dahingehend, dass der Personenbezug entfällt;

und

- das „Pseudonymisieren", d.h. die abgeschottete Verarbeitung der zur Identifikation des Betroffenen dienenden Daten, so dass die Herstellung des Personenbezugs nur denjenigen möglich ist, die Zugriff auf die Identifikationsdaten (Referenzdateien) haben. Für diejenigen, die über die Identifikationsdaten nicht verfügen, handelt es sich um anonymisierte Daten.

195 Beide Verarbeitungsformen dienen dem bei jedem Verfahren zu beachtenden Grundsatz der Datensparsamkeit bzw. Datenvermeidung (§ 3a BDSG). Die Vorgänge stehen nicht unter dem „Verbot mit Erlaubnisvorbehalt", wenn der Personenbezug der Daten dadurch entfällt.

Zu beachten ist, dass die EU-Datenschutzrichtlinie und die Mehrzahl der Landesdatenschutzgesetze den Begriff der „Verarbeitung" von Daten weiter fassen und die Erhebung und Nutzung mit einbeziehen.

2.3.2 Das Erheben der Daten im Einzelnen

2.3.2.1 Definition des Erhebens

196 Die Datenerhebung ist nach der vom BDSG getroffenen Definition (§ 3 Abs. 3 BDSG) „das Beschaffen von Daten über den Betroffenen". Das BDSG ordnet – im Gegensatz zu einer Reihe von Landesdatenschutzgesetzen und der EU-Datenschutzrichtlinie

vgl. bei Gola/Schomerus, BDSG § 3 Rdn. 23

das Erheben von Daten noch nicht dem Verarbeiten der Daten zu. Das Beschaffen der Daten über den Betroffenen wird als Vorphase, d.h. Voraussetzung für die nachfolgenden Verarbeitungen angesehen. Gleichgültig ist, ob die Daten mündlich, schriftlich oder per Einsicht- bzw. Augenscheinnahme beschafft werden, ob der Betroffene befragt wird oder die Daten beibringen soll oder ob Dritte befragt werden.

---

§ 3 BDSG – Weitere Begriffsbestimmungen

(1) ... (2) ...

(3) Erheben ist das Beschaffen von Daten über den Betroffenen

(4) ... (11) ...

Für das Beschaffen von Arbeitnehmerdaten stehen dem Arbeitgeber im Wesentlichen folgende Quellen zur Verfügung: **197**

- der betroffene Arbeitnehmer (indem dieser selbst mündlich oder schriftlich befragt oder zielgerichtet beobachtet, getestet, gefilmt oder abgehört wird),
- außenstehende Dritte (z.B. Kunden, frühere Arbeitgeber, Auskunfteien, Behörden),
- amtliche Mitteilungen, öffentliche Verzeichnisse, Publikationen (z.B. im Internet usw.).

Keine Erhebung liegt vor, wenn der Arbeitgeber nicht selbst gezielt die Informationsbeschaffung betreibt, z.B. wenn der Arbeitgeber ihm „aufgedrängte" Informationen erfasst und auswertet (z.B. unaufgeforderte Bewerbung, Mitteilungen von Behörden oder sonstigen Dritten) oder eigene Erkenntnisse registriert oder analysiert. **198**

Dabei ist zu beachten, dass, wenn die Datenerhebung bei Dritten erfolgt, die Erhebung eine Datenübermittlung voraussetzt, deren Zulässigkeit wiederum an den Vorschriften des BDSG oder an bereichsspezifischen Vorschriften zu messen ist. **199**

2.3.2.2   Der Grundsatz der Direkterhebung

2.3.2.2.1   Allgemeines

Auch wenn die Zweckbestimmung des Arbeitsverhältnisses dem Arbeitgeber den Bedarf an einer bestimmten Information über den Bewerber/Arbeitnehmer nach § 32 Abs. 1 S. 1 Nr. 1 BDSG zugesteht, können die Datenerhebung und damit auch die nachfolgende Speicherung rechtswidrig sein, wenn sich der Arbeitgeber die Daten unter Verstoß gegen § 4 Abs. 2 BDSG „hinter dem Rücken" des Betroffenen beschaffen will. **200**

---

§ 4 BDSG – Zulässigkeit der Datenerhebung, -verarbeitung und -nutzung

(1) ...

(2) Personenbezogene Daten sind beim Betroffenen zu erheben. Ohne seine Mitwirkung dürfen sie nur erhoben werden, wenn

1.   eine Rechtsvorschrift dies vorsieht oder zwingend voraussetzt oder

2.   a) die zu erfüllende Verwaltungsaufgabe ihrer Art nach oder der Geschäftszweck eine Erhebung bei anderen Personen oder Stellen erforderlich macht oder

b) die Erhebung beim Betroffenen einen unverhältnismäßigen Aufwand erfordern würde und keine Anhaltspunkte dafür bestehen, dass überwiegende schutzwürdige Interessen des Betroffenen beeinträchtigt werden.

(3) ...

---

201 Mit dem Gebot der Direkterhebung, d. h. Informationen über den Bewerber bzw. Arbeitnehmer sind zunächst bei diesem selbst einzuholen, wird dem Persönlichkeitsrechtsschutz insoweit Rechnung getragen, als der Betroffene weiß und selbst bestimmen kann, welche Informationen der Arbeitgeber erhalten soll.

> *Vgl. z.B. LDSB Baden-Württemberg, 28. TB (2007), S. 84 zum unzulässigen Zugriff auf die vollständige Personalakte bei der beantragten Feststellung von Versorgungsanwartschaften, wenn die benötigten Daten beim Antragsteller zu erhalten sind*

202 Erhebung beim Betroffenen heißt, dass die Daten mit seiner Mitwirkung oder jedenfalls Kenntnis erhoben werden, so dass auch die Untersuchung bei dem Betriebsarzt oder ein Einstellungstest eine Datenerhebung beim Betroffenen bedeuten, mag auch das dem Arbeitgeber mitgeteilte Ergebnis durch die Beurteilung des Arztes bzw. Testers bestimmt sein.

Erhebung bei dem Mitarbeiter setzt die Kenntnis der Datenoffenbarung voraus. Keine Direkterhebung ist daher bei der Erhebung von Verhaltensdaten des Mitarbeiters durch Detektive oder durch sog. Testkäufer gegeben.

> *Vgl. Gola/Schomerus, § 4 Rdn. 19 ff.*

203 Von dem Gebot der Direkterhebung sieht § 4 Abs. 2 S. 2 BDSG Ausnahmen vor. Abgewichen werden kann von dem Prinzip der Direkterhebung, wenn

- eine Rechtsvorschrift dies vorsieht oder zwingend vorschreibt
  oder
- wenn nach einer Abwägung mit eventuell entgegenstehenden schutzwürdigen Interessen des Betroffenen
- die Erforderlichkeit für eine Verwaltungsaufgabe oder der Geschäftszweck
  oder
- ein ansonsten entstehender unverhältnismäßig hoher Aufwand die Erhebung auf andere Weise, z.B. bei Dritten, rechtfertigt.

204 Ein Beispiel für eine vom Arbeitgeber gesetzlich bei Dritten vorgesehene Erhebung stellt § 275 SGB V dar, der als Maßnahme der Krankenkontrolle die Einschaltung des medizinischen Dienstes der Kassen vorgibt. Da § 275 SGB V insoweit als vorrangige Rechtsvorschrift gem. § 1 Abs. 3 BDSG zu betrachten ist, wird durch sie auch § 4 Abs. 2 BDSG verdrängt.

205 Der Geschäftszweck erfordert die Datenerhebung bei Dritten, wenn es z.B. darum geht, Angaben des Arbeitnehmers durch Bestätigung von dritter Seite zu verifizieren, wobei aufgrund häufig entgegenstehender Interessen des Beschäftigten zumeist dessen Einwilligung erforderlich ist. Der Arbeitgeber ist ggf. auch befugt, einen Detektiv mit der Beobachtung des Arbeitnehmers zu beauftragen. Hier ist auf § 32 Abs. 1 S. 2 BDSG abzustellen.

206 Keine Datenerhebung bei Dritten liegt vor, wenn Daten mit Doppelbezug erhoben werden, so wenn der Arbeitnehmer zwecks Gewährung eines „Familienzuschlags" Angaben über seinen Ehepartner macht.

2.3.2.2.2 Informationspflichten bei der Direkterhebung

207 Dadurch, dass der Arbeitgeber durch § 4 Abs. 3 BDSG verpflichtet wird, Bewerber bzw. Arbeitnehmer bei einer Datenerhebung auf den Zweck der Verarbeitung und die Rechts-

folgen einer Auskunftsverweigerung hinzuweisen, soll der Betroffene eine Entscheidungsgrundlage erhalten, ob er Informationen preisgeben will.

> **§ 4 BDSG – *Zulässigkeit der Datenerhebung, -verarbeitung und -nutzung***
>
> *(1) ... (2) ...*
>
> *(3) Werden personenbezogene Daten beim Betroffenen erhoben, so ist er, sofern er nicht bereits auf andere Weise Kenntnis erlangt hat, von der verantwortlichen Stelle über*
>
> *1. die Identität der verantwortlichen Stelle,*
>
> *2. die Zweckbestimmungen der Erhebung, Verarbeitung oder Nutzung und*
>
> *3. die Kategorien von Empfängern nur, soweit der Betroffene nach den Umständen des Einzelfalles nicht mit der Übermittlung an diese rechnen muss,*
>
> *zu unterrichten. Werden personenbezogene Daten beim Betroffenen aufgrund einer Rechtsvorschrift erhoben, die zur Auskunft verpflichtet, oder ist die Erteilung der Auskunft Voraussetzung für die Gewährung von Rechtsvorteilen, so ist der Betroffene hierauf, sonst auf die Freiwilligkeit seiner Angaben hinzuweisen. Soweit nach den Umständen des Einzelfalles erforderlich oder auf Verlangen ist er über die Rechtsvorschrift und über die Folgen der Verweigerung von Angaben aufzuklären.*

So ist der Arbeitgeber zunächst – sofern der Betroffene nicht bereits entsprechende Kenntnis hat – gehalten, den Bewerber über **208**

- die Identität der verantwortlichen Stelle, d.h. über den Partner des Arbeitsverhältnisses,

und

- die Zweckbestimmung der Erhebung, Verarbeitung oder Nutzung zu unterrichten.

Regelmäßig kann wohl davon ausgegangen werden, dass die „verantwortliche" Stelle, d.h. der Arbeitgeber, bekannt ist. Ausnahmen können u.U. aber innerhalb eines Konzerns bestehen, wenn die Personalhoheit im Weg der Funktionsübertragung bei der „Mutter" liegt. **209**

Gleiches gilt für die Zweckbestimmung der Datenerhebung bei Bewerbern.

Vgl. BlnDSB, Materialien zum Datenschutz, Nr. 30, 24

Zu informieren ist ferner über die Kategorien von Empfängern – dies aber nur, soweit der Betroffene nach den Umständen des Einzelfalles nicht mit der Datenweitergabe an diese rechnen muss. **210**

Eine derartige Information kann dann auch auf den Inhalt des Arbeitsvertrages hinweisen bzw. diesen gestalten. Teilt der Arbeitgeber mit, dass die Bewerbungsunterlagen nach einer Vorauswahl zur endgültigen Entscheidung der Konzernmutter vorgelegt werden, der im Rahmen der Konzernorganisation die wesentlichen Personalentscheidungen obliegen, so ergibt sich hieraus auch die Befugnis zur diesbezüglichen Datenübermittlung auf der Basis des Anbahnungsverhältnisses (§ 32 Abs. 1 S.1 BDSG). **211**

Schaltet der Arbeitgeber einen Personalberater ein, an den die Daten übermittelt werden, so ist dies mitzuteilen. Empfänger von Daten sind nach der Definition des § 3 Abs. 8 BDSG aber auch Stellen innerhalb der verantwortlichen Stelle oder Auftragsdatenverarbeiter. Während z.B. der interne Datenfluss an die Mitarbeitervertretung als bekannt **212** vorausgesetzt werden kann, ist das bei Einschaltung eines Externen zur Verarbeitung der Personaldaten im Auftrag trotz der zunehmenden Tendenz zum „Outsourcing" und zur arbeitsteiligen Organisation in Konzernen nicht ohne Weiteres vorauszusetzen. Allerdings reicht es, den Mitarbeiter darüber zu informieren, dass solche Dienstleister eingeschaltet werden – ihre Namen bzw. Firmenbezeichnungen müssen nicht angegeben werden.

> *Vgl. im Einzelnen bei Gola/Schomerus, § 4 Rdn. 32 ff.*

213 In § 4 Abs. 3 S. 2 BDSG werden weitere Auskunftspflichten aufgestellt. So ist der Bewerber/Arbeitnehmer über eine gesetzliche Auskunftspflicht bzw. die Folgen einer Auskunftsverweigerung zu informieren. Diese Bestimmung macht im Arbeitsverhältnis nur dann Sinn, wenn die Mitteilung „freiwillig" ist, d.h., dass die Auskunft auch verweigert bzw. der gefragte Umstand verschwiegen werden kann, ohne dass dies nachteilige Folgen für den Betroffenen hat.

2.3.2.3 Konsequenzen unterbliebener Information

214 Ob eine unterbliebene Unterrichtung zur Unzulässigkeit der nachfolgenden Verarbeitung führt, wird unterschiedlich bewertet.

> *Vgl. hierzu Gola/Schomerus, § 4 Rdn. 46 ff.*

Insoweit ist bei den Rechtsfolgen zu differenzieren: Das Fehlen der Hinweise nach S. 1 hat auf die Zulässigkeit der Erhebung und der anschließenden Speicherung zunächst keinen Einfluss, solange und soweit die Zweckbestimmung der Erhebung selbst rechtlich nicht zu beanstanden ist. Anders ist es jedoch, wenn – wie in dem vorstehenden Konzernbeispiel – die Information nicht gleichzeitig auf für den Abschluss und den Verlauf des Arbeitsvertrages notwendige Datenübermittlungen hinweist, die der Bewerber nach Kenntnisnahme mit Einreichung seiner Bewerbung akzeptiert.

215 Ist hingegen der Hinweis auf die Freiwilligkeit unterblieben

> *zur Notwendigkeit bei der Erhebung des Datums Schwerbehinderung vgl. nachstehend Rdn. 496, 510 ff.*

und macht der Betroffene geltend, er hätte die Daten in Kenntnis der Freiwilligkeit nicht preisgegeben, waren die Erhebung und damit auch die nachfolgende Verarbeitung unzulässig. Gleiches gilt, wenn der Betroffene einwendet, dass er aus berechtigten subjektiven Überlegungen (vgl. § 35 Abs. 5 BDSG) bei Kenntnis der Zweckbestimmung – mag diese auch legitim sein – die Daten nicht mitgeteilt hätte.

216 Es ist unzulässig und führt auch zu einem Verwertungsverbot bzw. einer Löschungspflicht, wenn der Bewerber unter Vorspiegelung falscher Informationen oder durch treuwidriges Verschweigen zur Mitteilung der Daten verleitet wurde, was z.B. der Fall wäre, wenn eine Stelle ausgeschrieben wird, um mit den Bewerberdaten Adresshandel betreiben zu können.

2.3.3 Das Speichern der Daten im Einzelnen

217 Gespeichert sind die Daten, wenn sie zwecks weiterer Verarbeitung oder Nutzung auf einem Datenträger festgehalten werden (§ 3 Abs. 4 S. 2 Nr. 1 BDSG).

Vielfach wird die Phase der Datenerhebung mit der des Speicherns von Daten zusammenfallen (so z.B. bei automatisierter Zugangskontrolle oder Zeiterfassung oder beim Ausfüllen eines Fragebogens). Bisweilen werden Daten aber auch nur erhoben, ohne nachfolgend gespeichert zu werden, wie es z.B. bei einem Vorstellungsgespräch oder bei der Übertragung der Arbeitsdaten eines Call-Center-Agenten auf den Kontrollstand des Supervisors der Fall ist.

> *Vgl. auch Sproll, ZiP 1984, 24 f. mit Nachweisen; BAG, RDV 1987, 129 = DB 1987, 1048 = ArbuR 1988, 124*

Der Begriff des Speicherns wird durch die Erfüllung der ihn prägenden Merkmale Erfassen, Aufnehmen oder Aufbewahren bestimmt, wobei diese drei alternativ aufgezählten Vorgänge kaum eigenständige Bedeutung haben, zumal sie häufig zusammenfallen. Erfassen ist das schriftliche Fixieren der Daten. Das Aufnehmen kennzeichnet primär das Fixieren der Daten mit Aufnahmetechniken, d.h. per Tonband, Film, Video etc. Das gesonderte Erwähnen des Aufbewahrens soll deutlich machen, dass auch das bloße Aufbewahren anderweitig fixierter Daten den Tatbestand des Speicherns erfüllt. Erforderlich ist, dass das personenbezogene Datum unter einem dieser Kriterien auf einem Datenträger „gespeichert" ist, wobei jedoch der Begriff des Datenträgers nicht näher definiert wird. Vom Sinn der Vorschrift her ist darunter jedes Medium zu verstehen, das zum Aufnehmen personenbezogener Daten geeignet ist, d.h. auf dem Informationen für eine spätere Wahrnehmung festgehalten werden können. Dazu gehören Fragebögen auf Papier und Karteien ebenso wie elektronische (CD, Festplatte) oder optische Datenträger (z.B. Mikrofiches). **218**

Dieses Vorrätighalten muss zum Zwecke der weiteren Verarbeitung oder Nutzung geschehen. Die Zweckbestimmung der weiteren Verwendung wird regelmäßig unproblematisch sein, weil sie eben selbstverständlich ist. Ist der Speicherungszweck entfallen und sollen die Daten gelöscht werden, so bleiben sie bis zur endgültigen Löschung „gespeichert", da auch das Löschen noch einen Fall „weiterer Verarbeitung" beinhaltet. **219**

> *Bergmann/Möhrle/Herb, § 3 Rdn. 73*

Es kommt nicht mehr darauf an, wie lange die Daten gespeichert werden. Jedoch wird bei aus rein technischen Gründen kurzfristig zwischengespeicherten Daten der Tatbestand „zum Zwecke weiterer Verwendung" entfallen. **220**

> *Dammann in Simitis, § 3 Rn. 124*

Auch gesperrte Daten bleiben gespeicherte Daten. Als gespeichert sind ferner auch solche Daten anzusehen, die „normalerweise" nicht mehr verwendet werden sollen, d.h. die z.B. als Sicherungskopien dienen, um im Falle von Störungen oder Katastrophen die Wiederaufnahme des Betriebs zu ermöglichen oder Archivbestände zu bilden, die aufgrund von Rechtsvorschriften geführt werden. **221**

2.3.4 Das Verändern von Daten im Einzelnen

Unter den Begriff des Veränderns von Daten fällt jede inhaltliche Umgestaltung von gespeicherten Daten. Verändern ist – abgesehen von dem sonst gegebenen Tatbestand des Nutzens der Daten – auch das Verknüpfen von Daten aus verschiedenen Dateien. Zwar werden Daten im Falle ihrer Verknüpfung nicht in dem Sinn verändert, dass die einzelne Information einen anderen Inhalt bekommt; die Veränderung kann aber darin liegen, dass die Daten durch die Zusammenfassung ihren bisherigen Kontext verlieren und durch ihre häufig sehr starke Verkürzung insgesamt eine neue Qualität, einen neuen Informationsgehalt bekommen. **222**

> *Gola/Schomerus, § 3 Rdn. 30; Bergmann/Möhrle/Herb, § 3 Rdn. 78*

---

§ 3 – Weitere Begriffsbestimmungen

(1) ... (3) ...

(4)Verarbeiten ist das Speichern, Verändern, Übermitteln, Sperren und Löschen personenbezogener Daten. Im Einzelnen ist ungeachtet der dabei abgewendeten Verfahren

1...

2.Verändern das inhaltliche Umgestalten gespeicherter personenbezogener Daten

(5) ... (11) ...

---

223 Diese Form der Datenverarbeitung ist erst durch die automatisierte Datenverarbeitung in größerem Umfang relevant geworden. Allerdings ist Verändern nur das inhaltliche Umgestalten, nicht bereits das Verändern der äußeren Form (z.B. Chiffrierung von Daten, Änderungen einzelner Feldbezeichnungen). Nur wenn die Daten durch die Veränderung insgesamt einen neuen, abgewandelten Informationswert erhalten haben, liegt eine Veränderung im Sinne dieser Vorschrift vor. Hierfür kann auch die Zweckbestimmung der Datei maßgebend sein, in die die Daten von einer anderen Datei überspielt werden (z.B. Daten aus der Datei säumiger Kunden in die Personaldatei).

224 Die nicht eindeutige Abgrenzung des Begriffs des Veränderns vom Nutzen oder Speichern und Löschen ist nur von marginaler Bedeutung, da eine Veränderung, die in Form der Speicherung zusätzlicher Daten oder der Löschung eines Teils der Daten besteht, oder eine Auswertung der Daten auch unter dem Grundsatz des Verbots mit Erlaubnisvorbehalt (§ 4 Abs. 1) steht. Es ist davon auszugehen, dass je nach Fallkonstellation die den Interessen des Betroffenen besser gerecht werdenden Zulässigkeitstatbestände des Speicherns oder Löschens zum Zug kommen.

Vgl. Dammann in Simitis, § 3 Rdn. 141 ff.

225 Das Löschen, Pseudonymisieren und Anonymisieren von personenbezogenen Daten stellen in der Regel – wenngleich § 3 Abs. 6 BDSG für das Anonymisieren den Begriff Verändern verwendet – keine Veränderung der betroffenen Daten dar, weil die Information entweder vernichtet oder gekürzt, aber nicht verändert wird. Führt die Löschung jedoch zu einer Neuaussage (z.B. Löschung der Angabe „evang." im Melderegister besagt gleichzeitig, dass der Betroffene nicht mehr kirchensteuerpflichtig ist), so kann dies eine Veränderung sein.

Dammann in Simitis, § 3 Rdn. 131, 141 f. sieht hier die Löschungsregelung als vorrangig an.

226 Werden Daten in der Form berichtigt, dass falsche Daten gelöscht und die zutreffenden Daten gespeichert werden, so erfüllen die Tatbestände des Löschens und Speicherns gleichzeitig den Tatbestand des Veränderns. Da jedoch jedenfalls die Vorgänge des Speicherns, Veränderns und Nutzens den gleichen Zulässigkeitsbedingungen unterliegen, ist eine strikte Trennung der Begriffe nicht erforderlich. Gegenüber dem Tatbestand des Löschens ist jedoch der des gleichzeitig bewirkten Veränderns als subsidiär zu betrachten.

2.3.5 Das Nutzen von Daten

2.3.5.1 Der Tatbestand

227 Das BDSG reglementiert als selbstständigen, ebenfalls unter das Verbot mit Erlaubnisvorbehalt des § 4 Abs. 1 BDSG gestellten Vorgang des „Umgangs" mit personenbezogenen Daten deren Nutzung. Nach der in § 3 Abs. 6 BDSG enthaltenen Definition wird hiervon jede Verwendung der Daten erfasst, die nicht bereits als Verarbeitung definiert ist.

> **§ 3 – Weitere Begriffsbestimmungen**
>
> *(1) ... (4) ...*
>
> *(5) Nutzen ist jede Verwendung personenbezogener Daten, soweit es sich nicht um Verarbeitung handelt*
>
> *(6) ... (11) ...*

Für die Zulässigkeit der Nutzung gelten die gleichen Rechtmäßigkeitsvoraussetzungen wie für ihre vorhergegangene Speicherung, d.h., wenn nicht spezielle Nutzungsver- oder -gebote bestehen und keine Einwilligung des Betroffenen vorliegt, ist zunächst die Erforderlichkeit im Rahmen der Begründung, Durchführung oder Beendigung des Beschäftigungsverhältnisses zu prüfen (§ 32 Abs. 1 S. 1 BDSG). **228**

Gegebenenfalls kann auch noch § 28 Abs. 1 S. 1 Nr. 2 oder Abs. 2 Nr. 1 und 2 oder Abs. 6 BDSG in Betracht kommen. **229**

> *Vgl. nachstehend Rdn. 364 ff.*

Nutzungen von Daten können auch nach § 28 Abs. 2 Nr. 2a BDSG zulässig sein, wenn diese in einem vorrangigen berechtigten Interesse eines Dritten liegen. **230**

Keine dem Verbot mit Erlaubnisvorbehalt (§ 4 Abs. 1 BDSG) unterliegende Datenver- arbeitung liegt vor, wenn die Datenverwendung sich nicht auf den Personenbezug erstreckt, also statistische oder aggregierte Auswertungen gefahren werden. Anders ist es bei pseudonymisierten Auswertungen. **231**

> *Vgl. Dammann in Simitis, § 3 Rdn. 191; a. A. Däubler, Gläserne Belegschaften? Rdn. 427, der für die statistische Auswertung einer Nachwuchsdatei und die Mitteilung des aggregierten Ergebnisses an die Konzernmutter § 28 Abs. 2 Nr. 2a BDSG heranzieht*

Das Nutzen ist somit als Auffangtatbestand **232**

> *Gola/Schomerus, § 3 Rdn. 42; Bergmann/Möhrle/Herb, § 3 Rdn. 107*

zu verstehen, der immer dann zum Tragen kommt, wenn eine Verwendung von Daten keiner der Phasen der Verarbeitung zugeordnet werden kann. Ein Nutzen von gespei- cherten Daten liegt vor, wenn die Daten mit einer bestimmten Zweckbestimmung aus- gewertet, zusammengestellt, abgerufen oder ansonsten zielgerichtet zur Kenntnis genommen werden.

> *Zur dabei zu beachtenden Zweckbindung von Personaldaten allgemein vgl. auch Däubler, Gläserne Belegschaften?, Rdn 394 ff.*

Erfasst wird also jeder „Gebrauch" der Daten, was eine Handlung mit erkennbarer Wir- kung voraussetzt. Es genügt bereits die bloße gezielte Kenntnisnahme von Daten.

Eine Nutzung liegt insbesondere vor bei einer Bekanntgabe, die keine Übermittlung ist, d.h., wenn der Empfänger der Daten kein Dritter ist. **233**

> *Dammann in Simitis, § 3 Rdn. 193*

Damit fällt die betriebsinterne Mitteilung von Personaldaten, wenn die Information an die Mitarbeiter als Teil der verantwortlichen Stelle gerichtet ist, unter den Begriff der Nutzung.

234 Gleiches gilt für den Datenfluss zwischen Personalabteilung und Betriebsrat.

Vgl. dazu nachstehend Rdn. 1972

Will die Personalabteilung dem Betriebs-/Personalrat Informationen über die Mitarbeiter zugänglich machen, so stellt auch dieser interne Datenfluss zwar keine Übermittlung, wohl aber eine Nutzung dar.

BAG, RDV 2012, 192 (196); Kort, RDV 2012, 8 (10); Wybitul, ZD 2012, 485; Schaub, § 233, Rdn. 18

Der Tatbestand der Übermittlung ist nicht erfüllt, da die Mitarbeitervertretung trotz ihrer Selbständigkeit Teil der verantwortlichen Stelle und kein „Dritter" ist.

235 Eine Nutzung liegt auch vor, wenn ein Mitarbeiter personenbezogene Daten aus dem Unternehmensbereich im Rahmen des BYOD (Bring Your Own Device) zwecks dortiger Bearbeitung auf seinen privaten Laptop lädt.

Vgl. BAG RDV 2011, 300

236 Die Trennung von Datenbeständen, z.B. die Aufteilung einer Datei in mehrere Einzeldateien, ist ebenso als Nutzung zu bewerten wie umgekehrt die Zusammenführung einzelner Dateien in eine Gesamtdatei. Weitere Beispiele: die Datenzusammenstellung für die Personalauswahl im Rahmen betriebsbedingter Kündigungen oder elektronische Datenabgleiche im Rahmen der Compliance.

Vgl. dazu ausführlich Thüsing, 75 ff.; Däubler, Gläserne Belegschaften?, Rdn. 427a ff.

237 Dabei ist auch hier zu beachten, dass die Rechtmäßigkeit der Speicherung von Daten und ihre Nutzung in einer nicht trennbaren Beziehung stehen. Die Rechtmäßigkeit der Speicherung von Daten kann nämlich nicht abstrakt festgestellt werden, sondern nur aufgrund einer sich aus den arbeitsvertraglichen Beziehungen ergebenden Zweckbestimmung. Daher dürfen die gespeicherten Daten selbstverständlich zu den Zwecken genutzt werden, aus denen ihre Erhebung und Speicherung gerechtfertigt wurde.

238 Erst wenn weitere, neue Zweckbestimmungen hinzutreten oder wenn die Speicherung für mehrere Zweckbestimmungen erfolgte, stellt sich die Frage, ob die neuen oder alle vorgesehenen Nutzungen zulässig sind.

Vgl. das Beispiel der allein zu Abrechnungszwecken legitim gespeicherten Kantinendaten bei Däubler, Gläserne Belegschaften?, Rdn. 401

Stellt sich heraus, dass alle vorgesehenen Nutzungen nicht zulässig sind, so ist auch die Speicherung rechtswidrig mit der Folge, dass die Daten zu löschen sind.

239 Insofern ist darauf hinzuweisen, dass durch den Gesetzgeber und – für die Praxis von besonderem Gewicht – durch Betriebs- oder Dienstvereinbarungen Nutzungsverbote für gespeicherte Mitarbeiterdaten aufgestellt sind, die sich in der Regel als „Zweckbindungsgebote" darstellen, d.h. die Nutzung gespeicherter Daten nur für bestimmte abschließend aufgezählte Nutzungsziele gestatten.

2.3.5.2   Nutzungsverbote

240 Innerhalb und außerhalb des BDSG bestehen Bestimmungen, die dem Arbeitgeber die Verwendung von Beschäftigtendaten nur für konkret festgelegte Zwecke gestatten und damit für andere Zweckbestimmungen Nutzungsverbote aufstellen. Beispiele im BDSG sind § 31 und § 6 Abs. 3.

2.3.5.2.1 § 31 BDSG

Nach § 31 BDSG dürfen personenbezogene Daten, die ausschließlich für Zwecke der Datenschutzkontrolle, der Datensicherung oder zur Sicherung des ordnungsgemäßen Betriebs der Datenverarbeitungsanlagen gespeichert sind, nicht für andere Zwecke verwendet, d.h. gespeichert und genutzt werden. Insoweit besteht also ein strenges Zweckbindungsgebot bzw. Zweckänderungsverbot.

Es gilt jedoch nur für „ausschließlich" zur Datenschutzkontrolle gespeicherte Daten; **241** hierbei handelt es sich um Daten, die nur – noch – gespeichert sind, um ggf. die Zulässigkeit der erfolgten Verarbeitungen und Zugriffe überprüfen zu können. Auswertungen, die darauf gerichtet sind, datenschutzwidriges Verhalten festzustellen, sind damit von der Zweckbestimmung umfasst. Sonstige, z.B. das Arbeitsvolumen betreffende, sind jedoch unzulässig.

> **§ 31 BDSG – Besondere Zweckbindung**
>
> *Personenbezogene Daten, die ausschließlich zu Zwecken der Datenschutzkontrolle, der Datensicherung oder zur Sicherstellung eines ordnungsgemäßen Betriebes einer Datenverarbeitungsanlage gespeichert werden, dürfen nur für diese Zwecke verwendet werden.*

Die Entscheidung, dass die Daten nur dieser Zweckbestimmung dienen sollen, muss vor **242** bzw. bei ihrer Speicherung getroffen sein. So wäre es jedenfalls nicht von vornherein unzulässig, im Rahmen der Zutrittskontrolle gespeicherte Zutritts- und Abgangsdaten auch für Zwecke der Arbeitszeiterfassung und Vergütungsabrechnung zu nutzen. Eine nachträgliche Änderung der Zweckbestimmung mit dieser Zielrichtung wäre jedoch unzulässig.

> *Unklar insoweit Däubler, Gläserne Belegschaften?, Rdn. 424, der eine „Öffnung" für andere Kontrollen als grundsätzlich nicht möglich ansieht. Nach Dammann in Simitis, § 31 Rdn. 7 soll auch per Betriebsvereinbarung für die Zukunft eine Zweckerweiterung ermöglicht werden können.*

Bei den in § 31 BDSG angesprochenen Daten wird es sich weitgehend um sog. Benut- **243** zer- oder Bedienerdaten, also um Daten von Arbeitnehmern handeln, die bei der Verarbeitung von Daten tätig sind. Insoweit ist zu beachten, dass die Speicherung und Nutzung der Daten durchweg nur mit Zustimmung des Betriebs-/Personalrats zulässig ist und dass derartige Verbote zweckentfremdender Nutzung auch regelmäßig Inhalt der üblicher- und zweckmäßigerweise hierüber abgeschlossenen Betriebs-/Dienstvereinbarung bilden.

> *Vgl. Zöll in Taeger/Gabel, § 31 Rdn. 5 f.*

Hinsichtlich sonstiger unter dem Begriff der Betriebsdaten erfasster Protokolldaten des **244** Arbeitsverhaltens gilt eine solche absolute Nutzungsbegrenzung nicht. Zwar werden Betriebsdaten primär erfasst und ausgewertet, um die Produktionsabläufe verfolgen, steuern und ggf. optimieren zu können. Ob die Betriebsdaten aber auch, wie es z.B. vom BAG bei sog. Bedienerplatzreports in einem Call-Center

> *RDV 1996, 30 = NZA 1996, 218 = MDR 1996, 393*

als zulässig angesehen wurde, ohne Verletzung des Persönlichkeitsrechts der Beschäftigten zur Kontrolle von Leistung und Verhalten der Mitarbeiter ausgewertet werden dürfen, kann nur im Einzelfall und jedenfalls immer unter Beachtung des Verhältnismäßigkeitsprinzips entschieden werden.

> *Nicht uneingeschränkt gefolgt werden kann Däubler, Gläserne Belegschaften?, Rdn. 403, der hier in aller Regel eine konkludente oder ausdrückliche und dann bindende Aussage des Arbeitgebers unterstellt, dass es ihm bei der Speicherung der Betriebsdaten nur um eine bessere und rationellere Arbeitsorganisation gehe und nicht um die Kontrolle der Leistung der Arbeitnehmer.*

2.3.5.2.2 § 6 Abs. 3 BDSG

245 Das Nutzungsverbot des § 6 Abs. 3 BDSG gilt, wenn der Arbeitnehmer von seinen Datenschutzrechten Gebrauch macht. Die insoweit anfallenden Daten dürfen nur zur Erfüllung des Rechtsanspruchs Verwendung finden. Der Verwendungsschutz besteht nicht nur bei der Wahrnehmung von Rechten aus dem BDSG, sondern auch aus dem BetrVG (§ 83) oder aus Betriebsvereinbarungen. Andere Konsequenzen für den Arbeitnehmer dürfen hieraus nicht abgeleitet werden. Nach Erledigung des Vorgangs sind sie zu löschen, es sei denn, dass ein berechtigtes Interesse an der Dokumentation des Vorgangs besteht. Daraus folgt, dass eine Speicherung über eine erfolgte Einsichtnahme in die Personalakte unzulässig ist.

---

§ 6 BDSG – Rechte des Betroffenen

(1) ... (2) ...

(3) Personenbezogene Daten über die Ausübung eines Rechts des Betroffenen, das sich aus diesem Gesetz oder aus einer anderen Vorschrift über den Datenschutz ergibt, dürfen nur zur Erfüllung der sich aus der Ausübung des Rechts ergebenden Pflichten der verantwortlichen Stelle verwendet werden.

2.3.5.2.3 § 39 Absatz 8 und 9 EStG

246 Mit Beginn des Jahres 2013 ist die Abrechnung der Lohnsteuer auf Grund der vom Arbeitnehmer vorzulegenden Lohnsteuerkarte entfallen. Eingeführt ist ein mit einer elektronisch abzurufenden „Karte" stattfindendes Verfahren (§ 39e EStG, § 69b AO). Die Angaben auf der bisherigen Vorderseite der Lohnsteuerkarte (Steuerklasse, Kinder, Freibeträge und Kirchensteuerabzugsmerkmale) werden als sog. elektronische Lohnsteuerabzugsmerkmale (ELSTAM) in einer Datenbank der Finanzverwaltung zum elektronischen Abruf für den Arbeitgeber bereitgestellt. Das bis dahin in § 39b Abs. 1 S. 4 EStG enthaltene Zweckbindungsgebot, nachdem der Arbeitgeber die auf der Lohnsteuerkarte enthaltenen Merkmale nur für die Einbehaltung der Lohnsteuer verwenden darf, ergibt sich nunmehr aus § 39 Abs. 8 und 9 EStG.

---

§ 39 EStG

(1) ... (7) ...

(8) Der Arbeitgeber darf die Lohnsteuerabzugsmerkmale nur für die Einbehaltung der Lohn- und Kirchensteuer verwenden. Er darf sie ohne Zustimmung des Arbeitnehmers nur offenbaren, soweit dies gesetzlich zugelassen ist.

(9) Ordnungswidrig handelt, wer vorsätzlich oder leichtfertig entgegen Absatz 8 ein Lohnsteuermerkmal verwendet. Die Ordnungswidrigkeit kann mit einer Geldbuße bis zu zehntausend Euro geahndet werden.

---

§ 39b Einkommenssteuergesetz

(1) Für die Durchführung des Lohnsteuerabzugs hat der unbeschränkt einkommensteuerpflichtige Arbeitnehmer seinem Arbeitgeber vor Beginn des Kalenderjahres oder beim Eintritt in das Dienstverhältnis eine Lohnsteuerkarte vorzulegen. Der Arbeitgeber hat die Lohnsteuerkarte während des Dienstverhältnisses aufzubewahren. Er hat sie dem Arbeitnehmer während des Kalenderjahres zur Vorlage beim Finanzamt oder bei der Gemeinde vorübergehend zu überlassen sowie innerhalb angemessener Frist nach Beendigung des Dienstverhältnisses herauszugeben. Der Arbeitgeber darf die auf der Lohnsteuerkarte eingetragenen Merkmale nur für die Einbehaltung der Lohnsteuer verwerten; er darf sie ohne Zustimmung des Arbeitnehmers nur offenbaren, soweit dies gesetzlich zugelassen ist.

Hiernach darf der Arbeitgeber die auf der Lohnsteuerkarte eingetragenen Daten nur für die Einbehaltung der Lohnsteuer verwerten, d.h. nutzen; eine Offenbarung, d.h. mit der Nutzungsbeschränkung nicht zu vereinbarende Weitergabe nach innen oder Übermittlung nach außen, ist nur zulässig, wenn der Betroffene zugestimmt hat bzw. eine spezielle gesetzliche Regelung dies gestattet.   **247**

Nach dem EGMR   **248**

    DÖV 2011, 408 = NVwZ 2011, 1503

verstößt die Angabe auf der Lohnsteuerkarte über Zugehörigkeit bzw. Nichtzugehörigkeit zu einer Religionsgesellschaft nicht gegen die Europäische Menschenrechtskonvention. Entsprechend erkannte der BayVerfGH

    DÖV 2011, 282 = NVwZ 2011,40

keine Verfassungswidrigkeit in der zweckgebundenen Angabe des Datums an den Arbeitgeber.

2.3.5.2.4 § 18f SGB IV

Ein weiteres Beispiel für konkret zugelassene Nutzungen von Daten bzw. das Verbot anderweitiger Nutzung stellt im Bereich der Sozialversicherung die Verwendung der Sozialversicherungsnummer bzw. des Sozialversicherungsausweises durch den Arbeitgeber dar.   **249**

§ 18f SGB IV – Zulässigkeit der Erhebung, Verarbeitung und Nutzung

(1) Die Sozialversicherungsträger, ihre Verbände, ihre Arbeitsgemeinschaften, die Bundesagentur für Arbeit, die Deutsche Post AG, soweit sie mit der Berechnung oder Auszahlung von Sozialleistungen betraut ist, die Versorgungsträger nach § 8 Abs. 4 des Gesetzes zur Überführung der Ansprüche und Anwartschaften aus Zusatz- und Sonderversorgungssystemen des Beitrittsgebiets und die Künstlersozialkasse dürfen die Versicherungsnummer nur erheben, verarbeiten oder nutzen, soweit dies zur personenbezogenen Zuordnung der Daten für die Erfüllung einer gesetzlichen Aufgabe nach diesem Gesetzbuch erforderlich ist; die Bundesversicherungsanstalt für Angestellte darf die Versicherungsnummer auch zur Erfüllung ihrer Aufgaben im Rahmen der Förderung der zusätzlichen kapitalgedeckten Altersvorsorge nach § 91 des Einkommensteuergesetzes erheben, verarbeiten und nutzen. Aufgaben nach diesem Gesetzbuch sind auch diejenigen aufgrund von über- und zwischenstaatlichem Recht im Bereich der sozialen Sicherheit. Bei Untersuchungen für Zwecke der Prävention, der Rehabilitation und der Forschung, die dem Ziel dienen, gesundheitlichen Schäden bei Versicherten vorzubeugen oder diese zu beheben, und für entsprechende Dateien darf die Versicherungsnummer nur erhoben, verarbeitet oder genutzt werden, soweit ein einheitliches Ordnungsmerkmal zur personenbezogenen Zuordnung der Daten bei langfristigen Beobachtungen erforderlich

ist und der Aufbau eines besonderen Ordnungsmerkmals mit erheblichem organisatorischem Aufwand verbunden wäre oder mehrere der in Satz 1 genannten Stellen beteiligt sind, die nicht über ein einheitliches Ordnungsmerkmal verfügen. Die Versicherungsnummer darf nach Maßgabe von Satz 3 von überbetrieblichen arbeitsmedizinischen Diensten nach § 24 des Siebten Buches, auch soweit sie das Arbeitssicherheitsgesetz anwenden, erhoben, verarbeitet oder genutzt werden.

(2) ... (5) ...

2.3.6 Das Übermitteln von Daten im Einzelnen

2.3.6.1 Der Tatbestand

250 Den der Verarbeitung von Daten zugeordneten Schritt der Übermittlung definiert § 3 Abs. 4 S. 2 Nr. 3 BDSG als das Bekanntgeben gespeicherter oder durch Datenverarbeitung gewonnener Daten an einen Dritten, wobei die Weitergabe unmittelbar, aber auch in der Weise erfolgen kann, dass der Dritte die Daten einsehen oder abrufen kann.

251 In welcher Form die Weitergabe erfolgt (schriftlich oder mündlich, per Telefax, durch Weitergabe des Datenträgers selbst), ist unerheblich.

252 Auch wenn die Bekanntgabe der Daten nicht an einen einzelnen bestimmten Dritten, d.h. an einen nicht konkret bestimmten externen Empfängerkreis, z.B. durch Bekanntgabe in einer auch extern verteilten Werkszeitung oder Kundeninformation, erfolgt, ist der Tatbestand erfüllt.

Ansonsten wäre, so wie bei der betriebsinternen dienstlichen Veröffentlichung, der Tatbestand der Nutzung erfüllt.

Vgl. Dammann in Simitis, § 3 Rdn. 163; Däubler, Gläserne Belegschaften?, Rdn. 442; Gola/ Schomerus, § 3 Rdn. 32

253 Demgemäß ist auch das Einstellen von Personaldaten in das Internet eine – zudem grenzüberschreitende – Übermittlung, die nur ausnahmsweise ohne Einwilligung der Betroffenen zulässig ist.

Vgl. hierzu nachstehend Rdn. 862 ff.

254 Den für den Tatbestand der Übermittlung maßgebenden Begriff des Dritten regelt § 3 Abs. 8 BDSG dahingehend, dass Dritter jeder Datenempfänger außerhalb der verantwortlichen Stelle ist, mit Ausnahme des Betroffenen und ggf. eines im Auftrag tätigen Datenverarbeiters. Der Dritte ist also Normadressat des BDSG als verantwortliche Stelle. Datenflüsse innerhalb des Unternehmens stellen keine Übermittlung dar, unterliegen aber als – in der Regel den Mitarbeiter weniger belastende – Nutzung ebenfalls dem Verbot mit Erlaubnisvorbehalt. „Dritter" ist eine Person oder Stelle, die selbst als verantwortliche Stelle dem Regime des BDSG unterworfen wird, also etwa Zulässigkeitsprüfungen anzustellen hat oder Adressat der vom Betroffenen geltend gemachten Rechte (§§ 6, 35 BDSG) ist.

Vgl. hierzu vorstehend Rdn. 121, 188

§ 3 BDSG – Weitere Begriffsbestimmungen

(1) ... (7) ...

(8) Empfänger ist jede Person oder Stelle, die Daten erhält. Dritter ist jede Person oder Stelle außerhalb der verantwortlichen Stelle. Dritte sind nicht der Betroffene sowie Personen oder

Stellen, die im Inland, in einem anderen Mitgliedstaat der Europäischen Union oder in einem anderen Vertragsstaat des Abkommens über den Europäischen Wirtschaftsraum personenbezogene Daten im Auftrag erheben, verarbeiten oder nutzen.

(9) ... (11) ...

2.3.6.2 Interne und externe Empfänger (Dritte)

Der Begriff des Empfängers von Daten geht weiter und umfasst neben dem Dritten alle **255** Daten empfangenden Organisationseinheiten innerhalb der verantwortlichen Stelle, also z.B. den Betriebs-/Personalrat oder einen der verantwortlichen Stelle insoweit zuzurechnenden Auftragsdatenverarbeiter.

Bedeutsam ist der Begriff im Rahmen der Informations-, Benachrichtigungs- und Meldepflichten, die nunmehr auch die Angabe der Empfänger bzw. zumindest der „Kategorien" von Empfängern beinhalten (vgl. §§ 4 Abs. 3 S. 1 Nr. 3, 4e S. 1 Nr. 6, 33 Abs. 1 S. 3 BDSG). Dazu vorstehend Rdn. 210, 1275.

Personen innerhalb des Unternehmens, also u.a. die dort beschäftigten Mitarbeiter (vgl. **256** § 5 BDSG), sind i.d.R. nicht Dritte. Nimmt ein Angehöriger eines Unternehmens im Rahmen seiner Tätigkeit personenbezogene Daten zur Kenntnis und verwendet er sie „unbefugt" (vgl. § 5 S. 1 BDSG), so erfüllt die Kenntnisnahme der Daten nicht den Tatbestand der Übermittlung. Anderes gilt, wenn er die Daten an andere Außenstehende unbefugt weitergibt. Werden dem Bediensteten jedoch Daten außerhalb seiner dienstlichen Obliegenheiten z.B. zur privaten oder geschäftlichen Nutzung bekannt gegeben (Mitteilung der Anschriften der neu eingestellten Auszubildenden an einen Mitarbeiter, der im Nebenamt „Vertrauensmann" einer Versicherung oder Bausparkasse ist), so ist der Bedienstete Dritter.

Gola/Schomerus, § 3 Rdn. 54; Bergmann/Möhrle/Herb, § 3 Rdn. 133

Ob eine Person innerhalb der verantwortlichen Stelle tätig ist, richtet sich nach der recht- **257** lichen Ausgestaltung des zugrunde liegenden Vertragsverhältnisses, nicht nach der tatsächlich ausgeübten Tätigkeit. Ein selbstständiger Handelsvertreter (§ 84 HGB) bleibt Dritter, obgleich er für die verantwortliche Stelle tätig ist.

Ein in den Betrieb eingegliederter Leiharbeitnehmer ist jedoch hinsichtlich der ihm **258** dienstlich zugänglichen Daten nicht als Dritter einzustufen.

2.4 Auftragsdatenverarbeitung

2.4.1 Begriffsbestimmung

Abzugrenzen ist die Datenübermittlung von dem Fall der im BDSG gesondert geregel- **259** ten Auftragsdatenverarbeitung. Das Gesetz definiert den Begriff nicht, sondern statuiert in § 11 nur die Konditionen der Auftragsvergabe und die Rechte und Pflichten von Auftraggeber und Auftragnehmer.

Folge ist, dass in der Literatur und auch seitens der Aufsichtsbehörden der Begriff in unterschiedlicher Weite definiert wird; vgl. Hoeren, DuD 2002, 736; Kramer/Herrmann, CR 2003, 938; Sutschet, RDV 2004, 97; Wronka, RDV 2003, 132; ferner die nachfolgenden Hinweise.

§ 11 BDSG – Erhebung, Verarbeitung oder Nutzung personenbezogener Daten im Auftrag

(1) Werden personenbezogene Daten im Auftrag durch andere Stellen erhoben, verarbeitet oder genutzt, ist der Auftraggeber für die Einhaltung der Vorschriften dieses Gesetzes und anderer Vorschriften über den Datenschutz verantwortlich. Die in den §§ 6, 7 und 8 genannten Rechte sind ihm gegenüber geltend zu machen.

(2) Der Auftragnehmer ist unter besonderer Berücksichtigung der Eignung der von ihm getroffenen technischen und organisatorischen Maßnahmen sorgfältig auszuwählen. Der Auftrag ist schriftlich zu erteilen, wobei insbesondere im Einzelnen festzulegen sind:

1. *der Gegenstand und die Dauer des Auftrags,*

2. *der Umfang, die Art und der Zweck der vorgesehenen Erhebung, Verarbeitung oder Nutzung von Daten, die Art der Daten und der Kreis der Betroffenen,*

3. *die nach § 9 zu treffenden technischen und organisatorischen Maßnahmen,*

4. *die Berichtigung, Löschung und Sperrung von Daten,*

5. *die nach Absatz 4 bestehenden Pflichten des Auftragnehmers, insbesondere die von ihm vorzunehmenden Kontrollen,*

6. *die etwaige Berechtigung zur Begründung von Unterauftragsverhältnissen,*

7. *die Kontrollrechte des Auftraggebers und die entsprechenden Duldungs- und Mitwirkungspflichten des Auftragnehmers,*

8. *mitzuteilende Verstöße des Auftragnehmers oder der bei ihm beschäftigten Personen gegen Vorschriften zum Schutz personenbezogener Daten oder gegen die im Auftrag getroffenen Festlegungen,*

9. *der Umfang der Weisungsbefugnisse, die sich der Auftraggeber gegenüber dem Auftragnehmer vorbehält,*

10. *die Rückgabe überlassener Datenträger und die Löschung beim Auftragnehmer gespeicherter Daten nach Beendigung des Auftrags.*

Er kann bei öffentlichen Stellen auch durch die Fachaufsichtsbehörde erteilt werden. Der Auftraggeber hat sich vor Beginn der Datenverarbeitung und sodann regelmäßig von der Einhaltung der beim Auftragnehmer getroffenen technischen und organisatorischen Maßnahmen zu überzeugen. Das Ergebnis ist zu dokumentieren.

(3) Der Auftragnehmer darf die Daten nur im Rahmen der Weisungen des Auftraggebers erheben, verarbeiten oder nutzen. Ist er der Ansicht, dass eine Weisung des Auftraggebers gegen dieses Gesetz oder andere Vorschriften über den Datenschutz verstößt, hat er den Auftraggeber unverzüglich darauf hinzuweisen.

(4) Für den Auftragnehmer gelten neben den §§ 5, 9, 43 Abs. 1, Nr. 2, 10 und 11, Abs. 2, Nr. 1 bis 3 und Abs. 3 sowie § 44 nur die Vorschriften über die Datenschutzkontrolle oder die Aufsicht, und zwar für

1. *a) öffentliche Stellen,*

   b) nicht-öffentliche Stellen, bei denen der öffentlichen Hand die Mehrheit der Anteile gehört oder die Mehrheit der Stimmen zusteht und der Auftraggeber eine öffentliche Stelle ist, die §§ 18, 24 bis 26 oder die entsprechenden Vorschriften der Datenschutzgesetze der Länder,

2. *die übrigen nicht-öffentlichen Stellen, soweit sie personenbezogene Daten im Auftrag als Dienstleistungsunternehmen geschäftsmäßig erheben, verarbeiten oder nutzen, die §§ 4f, 4g und 38.*

(5) Die Absätze 1 bis 4 gelten entsprechend, wenn die Prüfung oder Wartung automatisierter Verfahren oder von Datenverarbeitungsanlagen durch andere Stellen im Auftrag vorgenommen wird und dabei ein Zugriff auf personenbezogene Daten nicht ausgeschlossen werden kann.

Im Personalwesen liegt eine Auftragsverarbeitung beispielsweise vor, wenn sich der Arbeitgeber bei der Gehaltsabrechnung der Serviceleistungen eines externen Rechenzentrums bedient und zu diesem Zweck die Personaldaten an das Rechenzentrum „weitergibt". Personaldaten können im Auftrag ebenso erhoben (durch einen nach Vorgaben handelnden Personalberater oder eine Mitarbeiterbefragung durch eine hiermit beauftragte Fremdfirma) wie gelöscht werden (Datenträgervernichtung durch Fremdfirma). **260**

Die gesetzliche Konstruktion der Auftragsdatenverarbeitung basiert auf der aufgezeigten Bestimmung des § 3 Abs. 8 S. 3 BDSG, nach der Personen und Stellen, die im Geltungsbereich des BDSG bzw. der EU-DatSchRl personenbezogene Daten im Auftrag erheben, verarbeiten oder nutzen, keine „Dritten" sind. Entsprechend stellt § 3 Abs. 7 BDSG klar, dass Auftragnehmer nicht als verantwortliche Stelle im Sinne des Gesetzes tätig sind. **261**

Auftragsdatenverarbeitung i.S.d. BDSG ist dadurch charakterisiert, dass sich der Arbeitgeber eines Dienstleistungsunternehmens bedient, das in Abhängigkeit von den Art und Umfang der Datenverarbeitung betreffenden Vorgaben die Verarbeitung personenbezogener Daten für ihn betreibt. Das Serviceunternehmen fungiert gleichsam als „verlängerter Arm" oder als ausgelagerte Abteilung der verantwortlichen Stelle, die als „Herrin der Daten" die volle Verfügungsgewalt behält und damit auch allein über ihre Verarbeitungen und Nutzungen bestimmt. **262**

> *Dolderer/v. Garrel/Müthlein/Schlumberger, RDV 2001, 223; Wächter, CR 1991, 333; Müthlein, RDV 1992, 63; Petri in Simitis, § 11 Rdn. 20*

Auftragsunternehmen dürfen daher auch in Ermangelung der Selbstständigkeit bei der Datenverarbeitung von sich aus keine Löschung und Berichtigung der Daten vornehmen oder Auskünfte an den Betroffenen erteilen (§ 11 Abs. 1 S. 2 BDSG). Verantwortlich hierfür ist der Auftraggeber, der jedoch dem Auftragnehmer aufgeben kann, entsprechend zu verfahren. Dann obliegt dem Auftragnehmer auch insofern „die tatsächliche technische Ausführung der Datenverarbeitung". **263**

In welcher Rechtsform ein Auftragsverhältnis i.S.v. § 11 BDSG begründet wird, ist unerheblich. In Betracht kommen Dienstverträge, Werkverträge, Geschäftsbesorgungsverträge, aber auch Gestaltungen im Rahmen bestehender Geschäftsbeziehungen, z.B. kann bei im Rahmen eines Konzerns verbundenen Unternehmen das Rechenzentrum eines Unternehmens die Verarbeitung der Personaldaten ganz oder teilweise für alle anderen konzernangehörigen Unternehmen übernehmen. Der Begriff „Auftrag" ist also nicht ausschließlich im Sinn des BGB (§ 662) zu verstehen. **264**

Der Auftrag muss die Verarbeitung oder Nutzung personenbezogener Daten beinhalten. Der typische Fall ist die Beauftragung eines externen Rechenzentrums mit der Durchführung bestimmter Datenverarbeitungsaufgaben. Der Auftrag muss nicht alle Phasen der Verarbeitung und das Nutzen umfassen. Auch wenn nur eine Phase der Datenverarbeitung oder nur das Erheben oder Nutzen von Daten Gegenstand des Auftrags ist, wird der Tatbestand des § 11 BDSG erfüllt. **265**

> *Gola/Schomerus, § 11 Rdn. 7*

Noch keine Auftragsdatenverarbeitung, sondern ggf. Miete von fremden DV-Anlagen liegt vor, wenn ein Rechenzentrum einem Kunden seine Anlage ganz oder teilweise zur Verfügung stellt und dieser sie für die Datenverarbeitung (online) nutzt. Der Kunde entscheidet allein und ausschließlich darüber, welche personenbezogenen Daten wann und **266** in welcher Weise verarbeitet werden. Die Programme werden von ihm erstellt und eingesetzt. Das Rechenzentrum sorgt nur für die Einsatzbereitschaft des Systems und führt zu Abrechnungszwecken Buch darüber, wann, wie lange und welche Anlagen der Kunde benutzt hat. In Fällen dieser Art ist § 11 BDSG nicht anwendbar. Die Verantwortung für den Datenschutz bleibt uneingeschränkt bei dem Kunden. Er selbst oder sein Beauftragter für den Datenschutz haben sowohl bei der Auswahl des Rechenzentrums als auch bei der folgenden Verarbeitung der Daten für die gebotenen Datenschutzmaßnahmen zu sorgen.

Einschränkend Wedde in D/K/W/W, § 11 Rdn. 11 im Hinblick auf auch insoweit bestehende Zugriffsmöglichkeiten des Dienstleisters

2.4.2 Funktionsübertragung

2.4.2.1 Begriffsbestimmung

267 Der Bereich der Auftragsdatenverarbeitung wird verlassen, sobald dem Service-Unternehmen eine „rechtliche Zuständigkeit" oder eine „tatsächliche Entscheidungskompetenz" für die Aufgabe, deren Erfüllung die Datenverarbeitung oder -nutzung dient, zugewiesen wird. Ob dies der Fall ist, lässt sich nur anhand einer Einzelfallbetrachtung entscheiden.

Vgl. hierzu auch GDD (Hrsg.), Datenschutz beim Outsourcing, 21 ff.; Beispiele bei Wedde in D/K/W/W, § 11 Rdn. 15

268 Wird nicht nur die Verarbeitung von Daten, sondern auch die Aufgabe, zu deren Erfüllung die Verarbeitung der Daten notwendig ist, übertragen, so liegt ein Fall einer eine Datenübermittlung voraussetzenden „Funktionsübertragung" vor.

Vgl. Aufsichtsbehörde Baden-Württemberg, Hinweis zum BDSG Nr. 26, Staatsanzeiger vom 10.1.1987, Nr. 1/2, S. 7; zu neueren Abgrenzungsversuchen bezüglich Auftragsdatenverarbeitung und Funktionstrennung Plath in Plath, § 11 Rdn. 27 ff.; Gabel in Taeger/Gabel, § 11 Rdn. 14 ff.

Im Fall der Funktionsübertragung ist der „Auftragnehmer" für die datenschutzrechtliche Zulässigkeit seines Handelns verantwortlich. Ihm obliegt ferner die Erfüllung der sonstigen unabdingbaren Ansprüche (§ 6 BDSG) des Betroffenen. Damit ist, sofern nicht ein Ausnahmetatbestand des § 33 Abs. 2 BDSG vorliegt, der Betroffene über die Speicherung seiner Daten bei dem Funktionsnehmer von diesem zu benachrichtigen.

269 Steht die Absicht der Übermittlung an den Dritten bereits zum Zeitpunkt der Erhebung der Daten bei dem Betroffenen fest, so besteht insoweit ggf. die Informationspflicht nach § 4 Abs. 2 S. 1 Nr. 3 BDSG. Da sich die Informationspflicht auf die Empfänger von Daten bezieht, greift sie sowohl bei der Weitergabe von Personaldaten an Auftragsdatenverarbeiter als auch an Funktionswahrnehmer. Wird dem Betroffenen hierbei der Name des Funktionsträgers konkret benannt, entfällt für diesen die Benachrichtigungspflicht gemäß § 33 Abs. 2 Nr. 1 BDSG.

270 Weder Auftragsdatenverarbeitung noch Funktionsübertragung, sondern allein die räumliche Auslagerung des Arbeitsplatzes stellt die sog. Telearbeit dar.

Vgl. Gola/Jaspers, RDV 1998, 243; Wedde in D/K/W/W, § 11 Rdn. 14

Nur wenn der Telearbeiter als Selbstständiger mit der Erhebung, Verarbeitung oder Nutzung von personenbezogenen Daten beauftragt ist, kann je nach Ausgestaltung des Auftrags und der vertraglichen Beziehung Auftragsdatenverarbeitung oder Funktionsübertragung vorliegen.

2.4.2.2 Unterscheidungskriterien

Ein Fall der selbstständigen Erledigung der Aufgabe liegt z.B. vor, wenn der Arbeitgeber unter Zurverfügungstellung der benötigten Personaldaten ein externes Institut mit der Errechnung von Rückstellungen für die betriebsinternen Renten oder einen Steuerberater mit der Erstellung der Steuererklärung beauftragt oder wenn in einem Konzern die Konzernmutter in ihrem Rechenzentrum nicht nur die Personaldatenverarbeitung einheitlich für alle Konzernfirmen betreibt, sondern gleichzeitig zumindest teilweise auch Aufgaben der Personalverwaltung übernimmt. Derartige Konstellationen treten auch häufig bei dem sog. „Outsourcing" von Betriebsteilen auf, so wenn das Rechenzentrum rechtlich verselbstständigt wird, die gesamte Personalverwaltung aber bei der Mutter verbleibt. **271**

Vgl. insoweit zum Transfer von Mitarbeiterdaten in verbundenen Unternehmen Conrad, ITBR 2005, 164; Nink/Müller, ZD 2012, 505

Dafür, ob eine Aufgabe einem Dienstleister als Auftragsdatenverarbeiter oder als Funktionsnehmer übertragen wird, besteht – je nach Fallkonstellation – für den Auftraggeber ein gewisser Spielraum. Wird z.B. der Werkschutz durch eine Fremdfirma wahrgenommen, die auch eine Videoüberwachungsanlage betreibt, kann die Überwachung als Auftragsdatenverarbeitung oder Funktionswahrnehmung erfolgen, wobei es sich im Rahmen der Zulässigkeitsüberlegung des § 6b BDSG nach Auffassung der Datenschutzaufsicht Baden-Württemberg **272**

Aufsichtsbehörde Baden-Württemberg, Hinweis zum BDSG für die Privatwirtschaft Nr. 40 vom 18.2.2002 = RDV 2002, 148

empfiehlt, den Weg der Auftragsdatenverarbeitung zu wählen.

Schaltet ein Arbeitgeber bei einer Stellenausschreibung, z.B. um zunächst anonym zu bleiben, einen Personalberater ein, so ist dieser, wenn er nur die Bewerbungsunterlagen entgegennimmt, nach Vorgaben sortiert und weiterleitet, als Auftragsdatenverarbeiter tätig. Trifft aber der Berater aus dem Kreis der Bewerber eine Vorauswahl, so liegt Funktionsübertragung vor. Funktionsübertragung ist auch anzunehmen, wenn die Unterlagen von Bewerbern einem Personalberater zwecks Beratung bei der Personalauswahl übergeben werden. **273**

Zur Problematik der selbstständigen Datenerhebung durch Personalberater und sog. Headhunter vgl. auch Schlosser, DB 2003, 554

Auch der Arbeitgeber kann Personaldaten seiner Mitarbeiter ggf. im Auftrag einer anderen verantwortlichen Stelle verarbeiten. **274**

Vgl. im Einzelnen zu Datenverarbeitungen für Betriebskrankenkassen bzw. Unterstützungskassen Wächter, Datenschutz im Unternehmen, Rdn. 1253 f.

Das Auftragsverhältnis fordert nicht, dass ein Auftragnehmer nur Umgang mit solchen Daten haben darf, die der Auftraggeber zur Verfügung gestellt hat. **275**

Vgl. zum diesbezüglichen Meinungsstreit Kilian/Scheja, Freier Datenfluss im Allfinanzkonzern, Supplement Banken Versicherungen 2002, 19 (22 ff.)

Dies stellt das BDSG dadurch klar, dass es das Erheben im Auftrag in § 11 Abs. 3 S. 1 ausdrücklich zulässt. Ebenfalls ist die teilweise geforderte Abschottung zwischen Auftragnehmer und Betroffenen nicht zwingend, d.h. Auftragsverarbeitung schließt den unmittelbaren Kontakt zwischen Auftragnehmer und Betroffenen nicht aus.

276   Voraussetzung für die Gestaltung einer „Zuarbeit" als Auftragsdatenverarbeitung ist jedoch, dass die Aufgabe in der weisungsgebundenen Unselbstständigkeit der Auftragsdatenverarbeitung wahrgenommen werden kann und dass die Parteien dementsprechende Abreden getroffen haben.

277   Zur Unterscheidung zwischen Auftragsverarbeitung und Funktionsübertragung kann auf folgende Kriterien

> *vgl. auch LDSB Niedersachsen (Hrsg.), Konferenz der Datenschutzbeauftragten des Bundes und der Länder, Vom Bürgerbüro zum Internet – Empfehlungen zum Datenschutz für eine serviceorientierte Verwaltung, S. 39; RP Darmstadt, Arbeitsbericht der Ad-hoc-Arbeitsgruppe „Konzerninterner Datenverkehr"; Drewes, in: Besgen, Handbuch Führungskräfte, 602 f.; Wronka, RDV 2003, 132 ff.*

abgestellt werden:

Für eine Auftragsdatenverarbeitung spricht:

- das Fehlen einer Entscheidungsbefugnis des Auftragnehmers über die Daten,
- Auftragsschwerpunkt ist auf die Durchführung einer Datenverwendung gerichtet, die der Auftraggeber nach außen in eigener Verantwortung durchführt,
- das Fehlen einer eigenständigen rechtlichen Beziehung des Auftragnehmers zu Betroffenen.

Für eine Funktionsübertragung spricht dagegen:

- die Gestattung der Nutzung der herausgegebenen Daten für eigene Zwecke des Funktionsnehmers,
- das Fehlen der Möglichkeit des Funktionsgebers, auf einzelne Phasen der Verarbeitung oder Nutzung Einfluss zu nehmen,
- die auf den Funktionsnehmer abgewälzte Verantwortlichkeit für die Zulässigkeit und Richtigkeit der Datenverarbeitung,
- Verarbeitung von Daten, die erst aufgrund einer eigenständigen Rechtsbeziehung des Auftragnehmers mit dem Betroffenen erhoben werden.

2.4.3 Auftragsvergabe

278   Der Auftrag ist schriftlich zu erteilen. Die Schriftform ist für den Abschluss des dem Auftrag zugrunde liegenden Vertragsverhältnisses konstitutiv (§ 125 BGB). Durch die Schriftform soll erreicht werden, dass der Auftraggeber auch tatsächlich Weisungen erteilt und der Auftragnehmer nachweisen kann, dass er weisungsgemäß verfahren ist. Für den Inhalt des Auftrags legt das Gesetz einen Katalog von insbesondere zehn zu treffenden Regelungen fest.

279   Demgemäß forderten die Aufsichtsbehörden auch schon vor der in 2009 erfolgten diesbezüglichen Ergänzung des § 11 BDSG

> *vgl. Aufsichtsbehörde Baden-Württemberg, Hinweis zum BDSG Nr. 31, Staatsanzeiger vom 9.1.1993, Nr. 1/2, S. 5/6*

eindeutige (schriftliche) Regelungen, wobei insbesondere Vereinbarungen über nachstehende Verantwortlichkeiten angemahnt werden:

- die Zuordnung der Auftragsarbeiten zu den verfügbaren DV-Verfahren und zu den vom Auftragnehmer verwalteten Datenbeständen nach Art und Umfang,
- Beschreibung der organisatorischen, räumlichen und personellen Maßnahmen zur Abgrenzung der Datenverarbeitung zu anderen Unternehmensbereichen,
- die Verpflichtung der Mitarbeiter des Auftragnehmers zur Wahrung des Datengeheimnisses gem. § 5 BDSG,
- Zeitpunkt, Ort und Berechtigung/Verpflichtung zur Anlieferung bzw. Abholung der Datenträger (Daten, Programme, vorgenommene Auswertungen bzw. Arbeitsergebnisse),
- Transport-/Versendungs-/Aufbewahrungsformen von Datenträgern,
- Art und Dauer der Aufbewahrung der Datenträger beim Auftragnehmer (auch für den Fall der Beendigung des Auftragsverhältnisses),
- Zeitpunkt und Art der Vernichtung manueller Datenträger und von Ausschuss- oder Testmaterial,
- Maßnahmen bei Verlust oder Beschädigung von Datenträgern,
- Zeitpunkt und Maßnahmen zur Löschung von Ein-/Ausgabedateien beim Auftragnehmer,
- Kontrollrechte des Auftraggebers,
- beiderseits durchzuführende Kontrollen der Verfahren,
- Festlegung der Verfügungsberechtigungen,
- vertragliche Absicherung des Auftraggebers auch gegenüber dem Subunternehmen,
- Zulässigkeit der Beauftragung von Subunternehmen und Verpflichtung des Auftragnehmers, die Verfügungsberechtigung und das Kontrollrecht des Auftraggebers sicherzustellen.

Regelungen bedarf es auch für den Fall der Beendigung des Auftrags hinsichtlich des **280** Verbleibs von Daten und Datenträgern. Der Auftraggeber würde die Herrschaft über seine Daten wegen des Wegfalls der Weisungsbefugnis aus § 11 BDSG ggf. verlieren, wenn nicht insoweit klare Abmachungen getroffen wurden. Empfehlenswert ist es auch, Fragen der Beweisführung und der Haftung bei eventuellen Schadensersatzansprüchen der Parteien oder Dritter zu regeln.

Bergmann/Möhrle/Herb, § 11 Rdn. 19, 20

2.4.4 Pflichten des Auftraggebers

Der Auftraggeber ist gehalten, den Auftragnehmer sorgfältig auszuwählen. Er muss sich **281** also vor der Auftragserteilung insbesondere darüber informieren, ob der Auftragnehmer in der Lage und willens ist, die erforderlichen Sicherungsmaßnahmen auszuführen. Insoweit ist auch die Verpflichtung des Auftragnehmers aus Ziffer 6 der Anlage zu § 9 BDSG von Belang, nach der durch geeignete Maßnahmen zu gewährleisten ist, dass die Daten nur entsprechend den Weisungen des Auftraggebers verarbeitet werden.

Zu den Kriterien bei der Auswahl von Entsorgungsunternehmen vgl. bei Schaffland/Wiltfang, § 11 Rdn. 9b; Wächter, Datenschutz im Unternehmen, Rdn. 1241 ff.

Auch hierüber muss sich der Auftraggeber Gewissheit verschaffen. Um die erforderli- **282** chen Datensicherungsmaßnahmen ergreifen zu können, bedarf der Auftragnehmer entsprechender Hinweise des Auftraggebers, da der Auftragnehmer u. U. nicht weiß, welche Daten er verarbeiten soll und welche Maßnahmen erforderlich sind. Als Faustregel wird gelten: Der Auftraggeber muss verlangen, dass beim Auftragnehmer die Daten-schutzvorkehrungen getroffen werden, die er selbst vornehmen müsste, wenn er die Daten in eigener Regie verarbeiten würde.

283 Im Einzelfall wird jedoch bei konzerninterner Auftragsdatenverarbeitung, insbesondere dann, wenn sie im Wege eines von der Konzernleitung verfügten Outsourcings an ein anderes Konzernunternehmen vergeben wird, eine sorgfältige Auswahl de facto nicht mehr stattfinden. Gleiches gilt für die Kontrolle des Sicherungskonzepts, wenn z.B. die Tochter die Mutter beauftragen „muss" und ggf. sogar der Datenschutzbeauftragte in Personalunion Datenschutzbeauftragter der Tochter ist. Die Vergabe des Auftrags ohne Kontrolle bedeutet eine Ordnungswidrigkeit (§ 43 Abs. 1 Nr. 2b BDSG).

284 Wie in § 11 Abs. 2 S. 4 BDSG festgeschrieben ist, muss die Information über bzw. die Kontrolle der Datensicherungsmaßnahmen und der weisungsgemäßen Tätigkeit des Auftragnehmers auch während des Auftragsverhältnisses möglich sein und mit entspre-chender Regelmäßigkeit auch stattfinden. Die Kontrolle muss jedoch nicht vor Ort durchgeführt werden. Das Ergebnis der Prüfung ist zu dokumentieren. Dies dient der Entlastung der Aufsichtsbehörde und auch Dritter gegen Haftungsansprüche.

> *Vgl. Hallermann, RDV 2012, 226; zur Kontrolle beim Cloud Computing, Selzer, DuD 2013, 21*

285 Zu beachten ist, dass dem Auftraggeber zwar eine diesbezügliche Prüfungspflicht obliegt, jedoch eine entsprechende Duldungspflicht des Auftragnehmers fehlt. Insofern ist es geboten, entsprechende Vereinbarungen bei Erteilung des Auftrags zu treffen. So ist bei Verträgen mit Entsorgungsunternehmen vorzusehen, die kontrollierte Vernich-tung der Datenträger vertraglich abzusichern und das Recht zur stichprobenartigen Überprüfung des datenschutzgerechten Verwertungsverfahrens durch den betrieblichen Datenschutzbeauftragten des Auftraggebers festzuschreiben.

> *Vgl. Aufsichtsbehörde Baden-Württemberg, Hinweis zum BDSG Nr. 11, Staatsanzeiger vom 2.7.1980, Nr. 53, S. 5: „Dem betrieblichen Datenschutzbeauftragten des Auftraggebers obliegt es nach § 37 BDSG (jetzt § 4g), auch insoweit die Einhaltung der Vorschriften des BDSG und anderer Vorschriften über den Datenschutz sicherzustellen. Das bedeutet, dass er bei der Aus-wahl eines Auftragnehmers und bei der Auftragsvergabe regelmäßig unter Datensicherungsge-sichtspunkten zu beteiligen ist und über eine Aufstellung der verschiedenen Auftragsdatenver-arbeitungsverträge seines Unternehmens verfügen bzw. davon in anderer Weise unmittelbar Kenntnis erlangen können muss." Vgl. auch den Mustervertrag des ULD Schleswig-Holstein.*

286 Entsprechendes gilt bezüglich der sich aus § 80 Abs. 1 Nr. 1 und Abs. 2 BetrVG bzw. § 68 Abs. 1 Nr. 1 und Abs. 2 BPersVG ergebenden Kontroll- und Unterrichtungsrechte der Mitarbeitervertretung, die auch im Fall der Auftragsverarbeitung von Personaldaten bestehen und vom Arbeitgeber gegenüber dem Auftragnehmer gewährleistet werden müssen.

> *BAG, RDV 1988, 189 = DB 1988, 1491*

2.4.5 Pflichten des Auftragnehmers

287 Der Auftragnehmer darf die Daten nur nach den Weisungen des Auftraggebers erheben, verarbeiten oder nutzen (§ 11 Abs. 3 S. 1 BDSG). Demgemäß ist der Auftraggeber ver-pflichtet, hinreichend konkrete Anweisungen zu erteilen. Der Auftragnehmer wiederum muss sicherstellen, dass nur weisungsgemäße Verarbeitungen oder Nutzungen vorge-nommen werden.

Zu den Pflichten des Auftragnehmers allgemein vgl. Wedde in D/K/W/W, § 11 Rdn. 61 ff.; Petri in Simitis, § 11 Rdn. 85 ff.: Plath in Plath, § 11 Rdn. 115 ff.; Gabel in Taeger/Gabel, § 11 Rdn. 56 ff.

Der Auftragnehmer ist nach § 11 Abs. 3 S. 2 BDSG verpflichtet, unverzüglich zu **288** warnen, wenn eine Weisung oder die in Auftrag gegebenen Erhebungen, Verarbeitungen oder Nutzungen nach seiner Ansicht ganz oder teilweise gegen Datenschutzvorschriften verstoßen. Es handelt sich um eine Hinweispflicht, d.h., der Auftraggeber braucht dem Hinweis nicht zu folgen, und der Auftragnehmer darf – und ist je nach der Ausgestaltung des dem Auftrag zugrunde liegenden Rechtsverhältnisses auch verpflichtet – den „beanstandeten" Auftrag gleichwohl auszuführen. Eine generelle Pflicht, jede als rechtswidrig vermutete oder erkannte Verarbeitung abzulehnen, hat der Gesetzgeber, wie die bloße Hinweisregelung deutlich macht, nicht gewollt. Dies gilt selbstverständlich nicht, wenn der Auftragnehmer durch eine Weisung zur Durchführung einer strafbaren Handlung angehalten wird und er sich ggf. der Beihilfe schuldig macht. Dem Auftragnehmer ist die Ablehnung des Auftrags auch dann anzuraten, wenn er sich andernfalls gegenüber dem Betroffenen schadensersatzpflichtig machen könnte; zur Befolgung solcher Weisungen kann er auch vertraglich nicht verpflichtet werden.

Entgegen der insoweit nicht eindeutigen Formulierung trifft die Benachrichtigungs- **289** pflicht des § 42a BDSG die verantwortliche Stelle – die Parallelvorschriften des § 15a TMG und § 93 Abs. 3 TKG machen das deutlicher. Der Auftragnehmer ist jedoch zur Meldung entsprechender Vorfälle an den Auftraggeber zu verpflichten.

Die Haftung für im Rahmen eines weisungsgemäß durchgeführten Auftrags erfolgte **290** Datenschutzverstöße trifft zunächst den für die Verarbeitung verantwortlichen Auftraggeber. Normadressat der Haftungsregelungen der §§ 7, 8 BDSG ist die verantwortliche Stelle. Die Haftung trifft aber dann den Auftragnehmer, wenn er sich rechtswidrig selbst zur Daten verarbeitenden Stelle macht und Verarbeitungen und Nutzungen abweichend von der erteilten Weisung durchführt. Als gleichgelagert muss der Fall betrachtet werden, wenn der Auftragnehmer „bösgläubig" einer rechtswidrigen Weisung folgt, auch in diesem Fall haftet er (u.a. aus § 823 BGB) neben dem Auftraggeber gegenüber dem Betroffenen.

Zur Beschäftigung von Subunternehmern ist der Auftragnehmer nur berechtigt, wenn **291** hierzu konkrete Aussagen in dem schriftlich erteilten Auftrag getroffen wurden. Auch gegenüber diesem Subunternehmer bleibt der Auftraggeber die für die Verarbeitung verantwortliche Daten verarbeitende Stelle. Der den Unterauftrag vergebende Auftragnehmer muss dies vertraglich klar- und zudem sicherstellen, sodass der Auftraggeber auch gegenüber dem Subunternehmer seinen Kontrollpflichten nachkommen kann.

Da der Auftragnehmer nur in dem angezeigten Rahmen die Verantwortung für die **292** Rechtmäßigkeit der durchzuführenden Verarbeitungen und Nutzungen hat, gelten für ihn nur die Vorschriften des BDSG, die sich auf den dem Auftragnehmer obliegenden Verantwortungsbereich beziehen. So ist er zur Gewährleistung der Datensicherungsmaßnahmen nach § 9 BDSG verpflichtet. Das Datengeheimnis (§ 5 BDSG) gilt auch für seine Mitarbeiter. Ferner unterliegt auch er sowohl der externen Datenschutzaufsicht als auch der Pflicht zur Bestellung eines internen Datenschutzbeauftragten (vgl. § 11 Abs. 4 Nr. 2 i.V.m. §§ 4f und 4g BDSG).

2.4.6 Auftragsdatenverarbeitungen in EU-Drittländern

2.4.6.1 Allgemeines

293 Von § 11 BDSG erfasst werden, wie § 3 Abs. 8 S. 2 BDSG deutlich macht, nur Auftragnehmer, die im Geltungsbereich des BDSG bzw. der EU-DatSchRl tätig werden. Außerhalb der EU gelegene Rechenzentren, Konzernmütter etc. sind somit immer Dritte, sodass auch zum Zwecke der Auftragsdatenverarbeitung durchgeführte Datenweitergaben den Tatbestand der unter dem Verbot mit Erlaubnisvorbehalt (§ 4 Abs. 1 BDSG) stehenden Datenübermittlungen erfüllen.

> *Siehe auch Erd, DuD 2012, 225; Wybitul, RDV 2011,11*

294 Der Datenfluss an den Auftragnehmer im Drittland ist daher zunächst im Hinblick auf das Verbot des § 4 Abs. 1 BDSG unter den Zulässigkeitstatbeständen des § 28 BDSG zu prüfen. Ein berechtigtes Interesse an der Auftragsdatenverarbeitung im Drittland kann sich beispielsweise aus finanziellen Erwägungen, der Beauftragung eines konzernangehörigen Unternehmens aufgrund der Geheimhaltung oder fehlender entsprechender Dienstleister innerhalb der EU ergeben.

> *Vgl. Kahler, RDV 2012,167*

295 Ferner sind noch die besonderen Zulässigkeitsvoraussetzungen der §§ 4b, 4c BDSG für die Datenübermittlungen in Drittländer zu beachten.

> *Vgl. Dammann, RDV 2002, 70; Gola/Schomerus, § 11, Rdn. 16; Wedde in D/K/W/W, § 11 Rdn. 20; Nink/Müller, ZD 2012, 505; ausführlich Däubler, Gläserne Belegschaften?, Rdn. 490 ff.*

§ 4c Abs. 1 BDSG regelt insofern Ausnahmetatbestände, bei deren Vorliegen personenbezogene Daten ausnahmsweise auch in Drittländer ohne angemessenes Schutzniveau übermittelt werden dürfen.

> *Vgl. zu den Ausnahmetatbeständen nachstehend Rdn. 826 ff.*

296 Das ansonsten erforderliche angemessene Datenschutzniveau kann dann durch vertragliche Vereinbarungen oder verbindliche Unternehmensregelungen gewährleistet werden. Hierzu hat die EU-Kommission Standardvertragsklauseln

> *Abl. EG Nr. L 6/52 vom 10.1.2002; vgl. auch bei Wächter, Datenschutz im Unternehmen, Rdn. 750 ff.; Däubler, Gläserne Belegschaften?, Rdn. 507c ff.*

verabschiedet. Diese sehen vor, dass ein Auftraggeber mit Sitz in der EU den Datenimporteur im Drittland anweist, die ihm weitergegebenen Personaldaten nur auftragsgemäß und in Übereinstimmung mit den Vorgaben des § 11 BDSG zu verarbeiten. Werden diese Standardvertragsklauseln unverändert vereinbart, so ist eine aufsichtsbehördliche Genehmigung des Drittlandtransfers nicht erforderlich.

> *Siehe auch Scholz/Lütz, CR 2011, 424; Weber/Voigt, ZD 2011,74*

297 Geschaffen werden kann das angemessene Datenschutzniveau auch durch eine Betriebsvereinbarung. Erforderlich ist jedoch, dass ihre Regelungen hinreichend konkret und aufgrund vertraglicher Abrede auch für den Datenimporteur im Drittland verbindlich sind.

> *BfDI, TB 2002, Ziff. 4.7.3*

2.4.6.2 Übermittlung sensibler Daten

298 Sollen an Auftragsdatenverarbeiter in Drittländern besonders sensible Daten (§ 3 Abs. 9 BDSG) übermittelt werden, gelten die restriktiven Erlaubnistatbestände des § 28 Abs. 6 BDSG.

Auf die zu § 28 Abs. 1–3 BDSG aufgezeigten wirtschaftlichen Überlegungen kann nicht zurückgegriffen werden. Anders als die EU-Richtlinie in Art. 8 Abs. 2 b sieht das BDSG keinen auf das Arbeitsverhältnis abstellenden Erlaubnistatbestand vor.

> *Nielen/Thum, K&R 2006, 17 halten es insoweit für vertretbar, Auftragsdatenverarbeitung innerhalb und außerhalb der EU gleich zu behandeln.*

Die nach dem BDSG in Betracht kommende Erlaubnisregelung des § 28 Abs. 6 Nr. 3 erfordert zunächst, dass die Verarbeitung „zur Geltendmachung, Ausübung oder Verteidigung rechtlicher Ansprüche erforderlich ist". Diese Voraussetzung kann zur Berechtigung der Vergabe von Verarbeitungsaufträgen vom Text her nicht herangezogen werden. **299**

Um der Praxis Rechnung zu tragen, wird daher auch von den Aufsichtsbehörden **300**

> *unter Berufung auf die Gesetzesbegründung zu § 28 BDSG BT-Drs. 14/4329 vom 13.10.2000; vgl. Gola, RDV 2001, 125 und den in Rdn. 913 geschilderten Fall des Betriebsübergangs nach § 613a BGB*

die Argumentation für vertretbar gehalten, dass im Falle der Funktionsübertragung Daten, die der Funktionsnehmer auch selbst erheben könnte, auch als Annex zu der Funktionsübernahme übermittelt werden dürfen und dass dies dann auch für die Auftragsdatenverarbeitungsübermittlung gelten müsse.

> *Vgl. Gola/Schomerus, § 4b Rdn. 8*

3 Die Art der Datenverarbeitung

3.1 Automatisiert bzw. als Datei geführte Datenbestände

Im Bereich der Privatwirtschaft knüpft der Geltungsbereich des BDSG an den Einsatz von Datenverarbeitungsanlagen bzw. die geordnete Sammlung der Daten in Dateien an, d.h., nach § 1 Abs. 2 Nr. 3 und § 27 Abs. 1 Satz 1 BDSG gelten die Vorschriften des BDSG für nicht öffentliche Stellen u.a. – nur –, soweit personenbezogene Daten automatisiert, d.h. unter Einsatz von Datenverarbeitungsanlagen (§ 3 Abs. 2 S. 1 BDSG) oder in oder aus Dateien verarbeitet, genutzt oder dafür erhoben werden. **301**

> *§ 1 BDSG – Zweck und Anwendungsbereich des Gesetzes*
>
> *(1) ...*
>
> *(2) Dieses Gesetz gilt für die Erhebung, Verarbeitung und Nutzung personenbezogener Daten durch*
>
> *...*
>
> *3. nicht-öffentliche Stellen, soweit sie die Daten unter Einsatz von Datenverarbeitungsanlagen verarbeiten, nutzen oder dafür erheben oder die Daten in oder aus nicht automatisierten Dateien verarbeiten, nutzen oder dafür erheben, es sei denn, die Erhebung, Verarbeitung oder Nutzung der Daten erfolgt ausschließlich für persönliche oder familiäre Tätigkeiten.*
>
> *(3) ... (5)*

> **§ 3 BDSG – Weitere Begriffsbestimmungen**
>
> *(1) ...*
>
> *(2) Automatisierte Verarbeitung ist die Erhebung, Verarbeitung oder Nutzung personenbezogener Daten unter Einsatz von Datenverarbeitungsanlagen. Eine nicht automatisierte Datei ist jede nicht automatisierte Sammlung personenbezogener Daten, die gleichartig aufgebaut ist und nach bestimmten Merkmalen zugänglich ist und ausgewertet werden kann.*
>
> *(3) ... (11)*

302 Der für den Fall manueller Personaldatenverarbeitung maßgebende Dateibegriff ist bereits erfüllt, wenn die Datensammlung gleichartig aufgebaut ist und nach bestimmten Merkmalen ausgewertet werden kann (§ 3 Abs. 2 S. 2 BDSG). Da eine Umordnung der Daten nicht mehr gefordert wird, erfüllt auch eine Gehaltsliste den Dateibegriff.

Vgl. Berliner DSB, Materialien zum Datenschutz Nr. 30, S. 7

3.2 Loslösung der Zulässigkeitsregelung vom Dateibezug

303 Der die Verarbeitung von Beschäftigtendaten betreffende Zulässigkeitstatbestand des § 32 BDSG

vgl. im Einzelnen nachfolgend Rdn. 364 ff.

erstreckt seinen Geltungsbereich über dateimäßige oder automatisierte Verarbeitungen hinaus. Geht es um Daten, die für die Begründung, Durchführung oder Beendigung eines Arbeitsverhältnisses benötigt werden, werden nach § 32 Abs. 2 BDSG auch sonstige „manuelle" nicht für eine dateimäßige Erfassung vorgesehene Daten erfasst.

304 Soweit die Datenerhebung in einem Personalfragebogen im Rahmen des Einstellungsverfahrens erfolgt, bildet nunmehr § 32 Abs. 1 S. 1 BDSG den entsprechenden Erlaubnisrahmen. Werden Arbeitnehmerdaten zu außerhalb der arbeitsvertraglichen Beziehungen liegenden Zwecken erhoben und verarbeitet, so ist das BDSG im privaten Arbeitsverhältnis jedoch weiterhin nur anwendbar, wenn die Voraussetzungen des § 1 Abs. 2 Nr. 3 BDSG erfüllt sind.

305 Für den letztgenannten Datenbereich gibt es aber wiederum eine Ausnahme in § 27 Abs. 2 S. 2 bzw. § 28 Abs. 5 BDSG. Diese greift dann, weil sie die gesamten Regelungen des 3. Abschnitts mit einbezieht, auch hinsichtlich der Zulässigkeit der in § 32 Abs. 1 S. 1 BDSG geregelten Datenverarbeitungen. Nach § 27 Abs. 2 BDSG unterliegen eine Verarbeitung und Nutzung in Akten dann den Vorschriften des 3. Abschnitts des BDSG, wenn die in der Akte enthaltenen Daten offensichtlich Ergebnis einer automatisierten Verarbeitung sind. Die Festlegung der Anwendungsbreite dieser Vorschrift auf nicht dateigebunden gespeicherte Dateiauszüge bereitet Probleme.

Vgl. auch bei Gola/Wronka, RDV 1991, 165 (169)

306 Unter Hinweis darauf, dass diese Vorschrift nur eine Umgehung des BDSG der Art verhindern solle, dass bestimmte Verarbeitungsergebnisse in eine Akte übernommen werden, wird weitgehend eine äußerst restriktive Anwendung dieser Regelung für geboten erachtet – u.a. mit der Folge, dass das BDSG nur mit seinen Zulässigkeitsregelungen, nicht aber hinsichtlich der Benachrichtigungs- und Auskunftspflichten zur Anwendung

kommen soll bzw. dass darüber hinaus nur unmittelbar aus eigenen Verarbeitungen stammende Daten betroffen sein sollen.

So Schaffland/Wiltfang, § 27 Rdn. 51

Dass der Gesetzgeber zumindest die letztgenannte Konsequenz nicht gezogen hat, macht jedoch § 28 Abs. 5 BDSG deutlich, nach dem die weitere Verarbeitung und Nutzung der von dritter Seite übermittelten Daten nur unter den Zulässigkeitsvoraussetzungen des § 28 BDSG gestattet sind, wobei bei zu Zwecken des § 32 Abs. 1 BDSG übermittelten Daten auf diese Norm hätte verwiesen werden müssen. **307**

Entnimmt die verarbeitende Stelle die Daten den automatisiert gespeicherten Personaldatenbeständen, so ist auch das Merkmal „offensichtlicher" Herkunft gegeben, da es insoweit nur auf die Kenntnis der verantwortlichen Stelle und nicht eines einzelnen Sachbearbeiters ankommen kann. Aber auch bei übermittelten Daten ist die Kenntnis regelmäßig gegeben, da für die übermittelnde Stelle eine diesbezügliche Hinweispflicht gegenüber dem Empfänger in § 28 Abs. 5 S. 3 bzw. § 29 Abs. 4 BDSG besteht. **308**

Vgl. hierzu im Einzelnen auch Gola/Schomerus, § 27 Rdn. 16.

Zu beachten bleibt, dass die Loslösung von der Dateibezogenheit nur für die Zulässigkeit von im Rahmen der Zweckbestimmung des § 32 Abs. 1 BDSG verarbeiteten Daten gilt (§ 32 Abs. 2 BDSG). **309**

Ferner bleibt es hinsichtlich der Auskunfts- und Korrekturrechte bei der allgemeinen Abgrenzung.

Vgl. nachfolgend Rdn. 1301 ff.

Eine weitere Ausnahme bildet die spezielle Ausgestaltung der Auskunftpflicht der Auskunfteien, die sich auch auf in Akten gespeicherte Daten erstreckt (§ 34 Abs. 3 BDSG); diese Bestimmung hat auch Relevanz für Auskunfts- und Warndienste über Arbeitnehmer, wie z.B. den Auskunftsdienst für Versicherungsvertreter im Außendienst (AVAD). **310**

4 Das Verbot mit Erlaubnisvorbehalt

4.1 Allgemeines

In Berücksichtigung der Auffassung des BVerfG, nach der jede gegen oder ohne den Willen des Betroffenen stattfindende Verarbeitung seiner Daten als ein Eingriff in sein sich aus dem Persönlichkeitsrecht ergebendes Recht auf informationelle Selbstbestimmung einer besonderen Rechtfertigung bedarf, stellt das BDSG die Verwendung personenbezogener Daten unter ein Verbot mit Erlaubnisvorbehalt. **311**

§ 4 BDSG – Zulässigkeit der Datenerhebung, -verarbeitung und -nutzung

(1) Die Erhebung, Verarbeitung und Nutzung personenbezogener Daten sind nur zulässig, soweit dieses Gesetz oder eine andere Rechtsvorschrift dies erlaubt oder anordnet oder der Betroffene eingewilligt hat.

(2) ... (3) ...

312 Das BDSG spricht das grundsätzliche Verbot der Erhebung, Verarbeitung und Nutzung personenbezogener Daten aus. Anders ausgedrückt heißt dies, die Erhebung, Verarbeitung oder Nutzung personenbezogener Daten bedarf jeweils einer besonderen Rechtfertigung. Sie ist demzufolge nur zulässig,

1) wenn eine Rechtsvorschrift außerhalb des BDSG die Verarbeitung gestattet oder hierzu ggf. sogar verpflichtet; der Vorrang dieser Erlaubnisvorschrift besteht auf Grund der sich aus § 1 Abs. 3 BDSG ergebenden Subsidiarität des BDSG gegenüber bereichsspezifischem Bundesrecht. Gemäß § 4 Abs. 1 BDSG gehen aber auch Landes-, Satzungs- oder kollektiv-arbeitsrechtliche Normen (also Tarifverträge und Betriebsvereinbarungen) den Erlaubnisregelungen des BDSG vor.

Es genügt, dass die vorrangige Vorschrift das Speichern, Übermitteln etc. gestattet; nicht erforderlich ist, dass die Erlaubnis ausdrücklich auf automatisierte Verarbeitungsverfahren abstellt;

2) wenn das BDSG in seinen Zulässigkeitstatbeständen (für private Daten verarbeitende Stellen im 3. Abschnitt: §§ 28 bis 32 BDSG) die Verarbeitung gestattet oder

3) wenn der Betroffene in die entsprechende Verarbeitung seiner Daten eingewilligt hat. Die Einwilligung muss sich auf die konkreten Verarbeitungsvorgänge beziehen und regelmäßig schriftlich erklärt werden (§ 4a Abs. 1, § 28 Abs. 3a BDSG).

313 Ist die Verarbeitung der Daten nicht durch einen derartigen Erlaubnistatbestand legitimiert, so sind die unzulässig gespeicherten Daten zu löschen; es bestehen ggf. Unterlassungs-, Widerrufs- und Schadensersatzansprüche. Ferner kann eine Ordnungswidrigkeit bzw. Strafbarkeit nach §§ 43, 44 BDSG vorliegen.

4.2 Erlaubnis- und Verbotsregelungen außerhalb des BDSG

4.2.1 Allgemeines

314 Die Regelungen des BDSG und der Datenschutzgesetze der Länder haben Auffangfunktion, d.h., sie sollen den Datenschutz überall dort gewährleisten, wo er – noch – nicht Gegenstand sog. „bereichsspezifischer", den Problemen des speziellen Falles gerecht werdender Spezialregelungen ist. Liegen solche „bereichsspezifischen" Regelungen vor, so treten die Regelungen der Datenschutzgesetze zurück. Diese Subsidiarität allgemeiner Normen im Fall sogenannter Gesetzeskonkurrenz, d.h. für den Fall, dass auf einen Tatbestand mehrere gesetzliche Bestimmungen zutreffen, bezeichnet auch der eine Grundregel der Gesetzesanwendung beinhaltende Satz: „lex specialis derogat legi generali".

4.2.2 Die Subsidiarität nach § 1 Abs. 3 BDSG

315 Für das BDSG ist dieses Prinzip der Subsidiarität zunächst in § 1 Abs. 3 BDSG zum Ausdruck gebracht. Nach Satz 1 sind alle Vorschriften des Bundes vorrangig, die den Umgang mit personenbezogenen Daten regeln. Von der Vorrangigkeit nach § 1 Abs. 3 S. 1 BDSG werden also nur Vorschriften des Bundes erfasst. Neben Gesetzen im formellen Sinne kommen sämtliche materiellen Rechtsnormen in Betracht.

§ 1 BDSG – Zweck und Anwendungsbereich des Gesetzes

(1) ... (2) ...

(3) Soweit andere Rechtsvorschriften des Bundes auf personenbezogene Daten einschließlich deren Veröffentlichung anzuwenden sind, gehen sie den Vorschriften dieses Gesetzes vor. Die Verpflichtung zur Wahrung gesetzlicher Geheimhaltungspflichten oder von Berufs- oder besonderen Amtsgeheimnissen, die nicht auf gesetzlichen Vorschriften beruhen, bleibt unberührt.

(4) ... (5) ...

Tarifverträge oder Betriebsvereinbarungen fallen nicht unter diese Vorrangregelung. **316** Trotz der durch bundesrechtliche Regelung angeordneten zwingenden Wirkung des normativen Teils von Tarifverträgen, Betriebsvereinbarungen und Sprüchen von Einigungsstellen handelt es sich bei der Vereinbarung selbst nicht um eine „Rechtsvorschrift des Bundes".

> *Vgl. hierzu Gola/Schomerus, § 1 Rdn. 23; zur Vorrangigkeit von Tarifverträgen, Betriebs- und Dienstvereinbarungen im Rahmen von § 4 Abs. 1 BDSG vgl. nachstehend Rdn 332 ff.*

Auch Vorschriften der Bundesländer verdrängen das BDSG nicht; relevant werden solche Vorschriften, soweit sie spezielle Zulässigkeitsregelungen enthalten, jedoch ggf. im Rahmen von § 4 Abs. 1 BDSG. **317**

Vorrangige bundesrechtliche Rechtsvorschriften können auch solche sein, die einen **318** geringeren Datenschutz bieten, als ihn das BDSG vorsieht. Es muss nicht einmal Ziel der Norm sein, den Umgang mit vom BDSG geschützten Daten, d.h. den Problemkreis „Schutz des Persönlichkeitsrechts", bei der Datenverarbeitung regeln zu wollen. Auf den Schutzzweck der Norm kommt es nicht an, sondern auf ihren Gegenstand, d.h. darauf, ob die Verarbeitung personenbezogener Daten unmittelbar geregelt wird.

Außer Betracht bleiben im Rahmen der Subsidiarität daher die Vorschriften, die zwar **319** bei der Verarbeitung von personenbezogenen Daten Anwendung finden können, jedoch keinen speziellen Fall der Datenverarbeitung regeln. Teilweise sind diese Normen allgemeiner Art und zunächst ohne jeden Bezug zur Datenverarbeitung. Ein Beispiel mag dies erläutern: Wenn eine Daten verarbeitende Stelle unwahre oder ehrverletzende Angaben speichert oder übermittelt, so kann sie nach § 823 Abs. 2 BGB in Verbindung mit §§ 185, 186, 187 StGB (Beleidigung, üble Nachrede, Verleumdung) schadensersatzpflichtig werden. Auch ein Anspruch auf Unterlassung, d.h. hier Löschung der gespeicherten Daten, ist aus diesen Normen, ggf. in Verbindung mit § 1004 BGB, herzuleiten. Damit finden die genannten Rechtsvorschriften also auch auf die Verarbeitung personenbezogener Daten – in oder aus Dateien – Anwendung.

> *BGH, BB 1983, 2016; Wohlgemuth, Datenschutz für Arbeitnehmer, Rdn. 613*

Gleichwohl ist hieraus nicht abzuleiten, dass die bei dem geschilderten Tatbestand **320** bestehenden Ansprüche auf Löschung oder Sperrung bzw. Schadensersatz nach dem BDSG durch die genannten Normen verdrängt, d.h. ausgeschlossen würden.

Die Subsidiaritätsregelung des § 1 Abs. 3 BDSG kann nur dahin verstanden werden, **321** dass das BDSG dann als „lex generalis" zurücktreten muss, wenn in einem bestimmten Bereich unmittelbar der Umgang mit Daten, d.h. die Zulässigkeit der Verarbeitung in ihren einzelnen Phasen oder die Rechte der Betroffenen, geregelt wird, wobei es sich bei diesen Daten nicht speziell um geschützte personenbezogene Daten handeln muss (z.B.

§ 17 UWG, § 88 TKG). Bei Vorliegen einer solchen Vorschrift mit DV-Bezug muss aber geprüft werden, ob diese Vorschrift auch die Konfliktlage regelt, auf die sich die betreffende Bestimmung des BDSG bezieht.

Vgl. Simitis, ArbuR 1977, 97

322 Der Umfang der Subsidiarität des BDSG wird deutlich eingeschränkt durch das in § 1 Abs. 3 S. 1 BDSG vorangestellte Wort „soweit". Danach kommt einer anderen Bundesnorm nur dann Vorrangigkeit zu, wenn und soweit die einzelne Vorschrift genau den Sachverhalt anspricht, der auch Gegenstand der Regelung des Bundesdatenschutzgesetzes ist. Deshalb kann nur eine „deckungsgleiche" Regelung der betreffenden Bestimmung des BDSG vorgehen, mit anderen Worten: Die Subsidiarität tritt nur bei Tatbestandskongruenz ein.

> *Diese das BDSG bzw. die LDSG verdrängende Tatbestandskongruenz sieht das BVerwG, RDV 2003, 238 = ZTR 2003, 420 für die datenschutzrechtlichen Regelungen des Beamtenrechts als gegeben: „Indem in § 56 Abs. 1 S. 2 BRRG, § 90 Abs. 1 S. 2 BBG und § 102 Abs. 1 S. 2 LDSG-NW ausdrücklich klargestellt ist, dass zur Personalakte auch die in Dateien gespeicherten Unterlagen gehören, nehmen sie Dateien mit Daten zur Person der Beamten aus dem Geltungsbereich der Datenschutzgesetze aus und unterwerfen sie den beamtenrechtlichen Vorschriften. Diese bilden ein umfassendes und abschließendes Regelwerk über den Umgang mit Personaldaten, die sich im Besitz des Dienstherrn befinden; gleichgültig ob es sich um Daten in Personal- oder Sachakten handelt." Zum Verhältnis von § 80 Abs. 2 BetrVG zu § 1 Abs. 3 BDSG vgl. Wronka, RDV 2012, 277; weitere Beispiele bei Dix in Simitis, § 1 Rdn. 170.*

323 Erst eine tatbestandsmäßig „deckungsgleiche" Regelung verdrängt das BDSG, wobei jedoch spezialrechtliche Vorschriften auch eine höhere Verkehrsfähigkeit von Daten zu Lasten des Betroffenen normieren und z. B. dessen Korrektur- und Auskunfsrechte einschränken können.

> *So hat das datenschutzrechtliche Auskunftsrecht des § 34 BDSG aufgrund der unterschiedlichen Reichweite der Normen teilweise weiter Bestand neben dem personalaktenrechtlichen Einsichtsrecht des § 83 Abs. 1 BetrVG. Vgl. hierzu nachstehend Rdn. 1267, 1283 ff.*

324 Eine nur teilweise Regelung in einem Spezialgesetz schließt nicht die Anwendbarkeit des BDSG insgesamt aus; regelt eine fachspezifische Rechtsvorschrift zwar die Zulässigkeit des Speicherns für bestimmte Zwecke, so gilt hinsichtlich der weiteren Phasen der Verarbeitung und der Rechte der Betroffenen das BDSG, es sei denn, dass das Schweigen des Fachgesetzes zu den anderen Verarbeitungsphasen ausnahmsweise als deren Verbot verstanden werden müsste.

325 So ist die dem Arbeitgeber in § 16 Arbeitszeitgesetz auferlegte Verpflichtung zur Aufzeichnung von die Regelarbeitszeit von acht Stunden überschreitenden Stunden zur Arbeitszeitkontrolle durch die Gewerbeaufsicht eine spezielle Zulässigkeitsnorm, die aber hinsichtlich der Verwendung der Arbeitszeitdaten für andere Zwecke das BDSG nicht verdrängt.

4.2.3 Subsidiarität nach § 4 Abs. 1 BDSG

4.2.3.1 Gesetzliche Spezialregelungen

326 Ein zweiter Fall der Subsidiarität ergibt sich im Zusammenhang mit dem „Verbot mit Erlaubnisvorbehalt" des § 4 Abs. 1 BDSG. Eine etwaige Verdrängungswirkung bezieht sich nur auf die Zulässigkeit der Verarbeitung – also anders als bei § 1 Abs. 3, demzu-

folge das BDSG insgesamt hinter bundesrechtlichen Spezialnormen zurücktreten muss, also ggf. auch im Hinblick z.B. auf die Rechte der Betroffenen.

Bei der Aufzählung der das Verbot durchbrechenden Zulässigkeitsvoraussetzungen ist **327** zwar „dieses Gesetz" an erster Stelle genannt, gemäß dem Charakter des BDSG als Auffanggesetz wird jedoch zunächst die „andere Rechtsvorschrift" relevant. Rechtssystematisch hätte im Hinblick auf die vom BDSG zu schützende informationelle Selbstbestimmung die Einwilligung an erster Stelle der Zulässigkeitstatbestände genannt werden müssen; was die Praxis betrifft, so hat die Einwilligung jedoch in der Regel nur nachrangige Bedeutung, zumal sich gerade im Arbeitsverhältnis die Frage nach der erforderlichen „Freiwilligkeit" der Erklärung stellt.

> *Vgl. hierzu Gola, RDV 2002, 109; Bausewein, Legitimationswirkungen von Einwilligungen und Betriebsvereinbarungen im Beschäftigtendatenschutz,; Grönemeyer, Die Einwilligung im Beschäftigtendatenschutzgesetz*

Aus dem zuvor Gesagten leitet sich ab, dass im Rahmen des § 4 Abs. 1 BDSG Rechts- **328** normen des Bundes, die die Anwendung des BDSG – und damit auch des § 4 Abs. 1 BDSG – aufgrund ihrer Vorrangigkeit nach § 1 Abs. 3 S. 1 BDSG bereits verdrängt haben, nicht mehr in Betracht kommen. Der Hinweis auf „andere Rechtsvorschriften" kann daher nur noch relevant werden für Zulässigkeitsregelungen, die von § 1 Abs. 3 S. 1 BDSG nicht erfasst werden, also Vorschriften eines Landes (sofern hier nicht der Grundsatz greift: „Bundesrecht bricht Landesrecht"), Satzungsrecht oder die für die Verarbeitung von Arbeitnehmerdaten besonders wichtigen Normen in Tarifverträgen und Betriebs-/Dienstvereinbarungen.

Ebenso wie § 1 Abs. 3 S. 1 BDSG verlangt § 4 Abs. 1 BDSG eine Norm, die die Verar- **329** beitung personenbezogener Daten konkret, d.h. unter Nennung zumindest der Art der Daten und des Zwecks der Verarbeitung, für zulässig erklärt. Prinzipiell reicht es daher nicht aus, wenn nur eine bestimmte Aufgabe beschrieben wird, deren Verwirklichung die Kenntnis bestimmter Informationen voraussetzt.

> *Vgl. Gola/Schomerus, § 4 Rdn. 8; Bergmann/Möhrle/Herb, § 4 Rdn. 17*

Vorrangige Vorschriften im Sinn von § 1 Abs. 3 und § 4 Abs. 1 BDSG sind auch solche **330** Normen, die das Verbot der Verarbeitung bestimmter Daten ggf. zu bestimmten Zwecken aussprechen. Dazu gehören insbesondere Vorschriften, die die Nutzung von Daten nur für abschließend definierte Zwecke zulassen oder die Übermittlung bestimmter Daten untersagen. Auf derartige Verbotsnormen weist § 1 Abs. 3 S. 2 BDSG ausdrücklich hin.

Solche Schweige- und Geheimhaltungsvorschriften gelten auch im Hinblick auf die **331** Verarbeitung von Personaldaten. Nach § 1 Abs. 3 S. 1 BDSG vorrangig sind u.a. für den Betriebsrat die Geheimhaltungsvorschriften nach § 79 BetrVG, für den Vertrauensmann der Schwerbehinderten die Regelungen des §§ 96 Abs. 2 SGB IV, für den betriebsärztlichen Dienst die Schweigepflichten nach § 8 Abs. 1 S. 2 ASiG, § 203 Abs. 1 Nr. 1 StGB.

4.2.3.2   Tarifverträge und Betriebs-/Dienstvereinbarungen

Besondere Bedeutung als vorrangige Erlaubnis-, Zweckbindungs- und Verbotsregelun- **332** gen haben für die Verarbeitung und Nutzung von Personaldaten Betriebs- und Dienstvereinbarungen gewonnen, wobei die Vorrangigkeit von solchen innerbetrieblichen bzw. innerbehördlichen Regelungen gemäß § 4 Abs. 1 BDSG allgemein anerkannt ist. Ihre normative Wirkung ergibt sich aus § 4 Abs. 1 TVG bzw. § 77 Abs. 4 S. 1 BetrVG.

Gola/Schomerus, § 4 Rdn. 10; Fitting, § 83 Rdn. 29; Louis, Grundzüge, 46; Kort, RDV 2012, 8

333 Diese Auffassung hatte das BAG bereits in seinem Beschluss vom 27. Mai 1986

BAGE 52, 88 = RDV 1986, 199 = DB 1986, 2080 (Zulässigkeit der Telefondatenerfassung); ferner BAGE 82, 36

vertreten. Das Gericht verweist darauf, dass der Begriff „andere Rechtsvorschriften" denkbar weit sei und die Materialien zum BDSG an keiner Stelle erkennen ließen, dass der Gesetzgeber damit nur Rechtsvorschriften gemeint habe, die von staatlichen Stellen beschlossen oder erlassen worden sind.

334 Darüber hinaus vertritt das BAG – wenn auch erst- und bislang letztmalig – die Auffassung, dass die Betriebsvereinbarung die Verarbeitung von Personaldaten abweichend vom BDSG ggf. auch zum Nachteil des Arbeitnehmers zulassen könne. Wörtlich wird ausgeführt: *„Die Einbeziehung von Tarifverträgen und Betriebsvereinbarungen in den Kreis der anderen Rechtsvorschriften, durch die die Verarbeitung personenbezogener Daten abweichend vom BDSG erlaubt werden kann, erscheint auch sinnvoll und erforderlich. Die Verarbeitung personenbezogener Daten im Arbeitsverhältnis kann für den jeweiligen Arbeitgeber nur nach einheitlichen Gesichtspunkten erfolgen. Die Zulässigkeit der Verarbeitung personenbezogener Daten im Arbeitsverhältnis muss daher an Wertungen anknüpfen, die diesen Umstand berücksichtigen und das Interesse der Arbeitnehmer als Betroffene in ihrer Gesamtheit gegeneinander abwägen. Die Vorschriften des Bundesdatenschutzgesetzes für die Datenverarbeitung nicht öffentlicher Stellen in den §§ 22 ff. BDSG 77 knüpfen jedoch die Zulässigkeit an eine Abwägung allein der Interessen des Arbeitgebers und des einzelnen Arbeitnehmers als des jeweiligen Betroffenen. Deren Interessen können jedoch von unterschiedlichem Gewicht sein mit der Folge, dass eine bestimmte Datenverarbeitung dem einen Arbeitnehmer gegenüber zulässig, dem anderen gegenüber jedoch unzulässig ist. Dem kann jedoch durch eine kollektive Regelung, wie sie Tarifverträge und Betriebsvereinbarungen darstellen, begegnet werden.*

Sind damit Tarifverträge und Betriebsvereinbarungen andere Rechtsvorschriften im Sinne von § 3 Satz 1 Nr. 1 BDSG (jetzt § 4 Abs. 1 BDSG), so folgt daraus, dass diese hinsichtlich ihres zulässigen Inhalts nicht an den Vorschriften des Bundesdatenschutzgesetzes zu messen sind. Sie können den Datenschutz der Arbeitnehmer auch abweichend vom Bundesdatenschutzgesetz regeln. Sie sind nicht darauf beschränkt, nur unbestimmte Rechtsbegriffe des Bundesdatenschutzgesetzes unter Berücksichtigung der betrieblichen Besonderheiten näher zu konkretisieren oder den Datenschutz der Arbeitnehmer zu verstärken. Der Datenschutz nach dem Bundesdatenschutzgesetz ist gegenüber den genannten anderen Rechtsvorschriften nicht unabdingbarer Mindeststandard, der durch Tarifverträge oder Betriebsvereinbarungen nur zugunsten der Arbeitnehmer verbessert werden könnte."

335 Die Auffassung des BAG ist in der Literatur durchweg auf Ablehnung gestoßen

vgl. Gola, Computer-Fachwissen 1/2001, 24; Latendorf/Rademacher, CR 1989, 1105; Wohlgemuth, CR 1988, 1005; Sokol in Simitis, § 4 Rdn. 11 m.w.N.; Tinnefeld/Petri/Brink, MMR 2011, 427

und in nachfolgenden Entscheidungen in dieser Form auch nicht mehr wiederholt worden; vielmehr hat das BAG dann wieder die Zulässigkeit von Beschäftigtendatenverarbeitungen, auch wenn sie Gegenstand einer Betriebsvereinbarung oder des Spruchs einer Einigungsstelle waren, unter Heranziehung der Normen des BDSG geprüft.

Vgl. auch BAG, RDV 1995, 296, das die Zulässigkeit einer per Tarifvertrag geregelten Datenübermittlung anhand von § 28 Abs. 1 Nr. 2 BDSG prüft und es dahinstehen lässt, ob tarifvertragliche Regelungen an diese materiellen Voraussetzungen des BDSG gebunden wären. Zu diffenzierenden Ansätzen vgl. aber auch Thüsing, RDV 2010, 147; ders., NZA 2011, 16; Kort, RDV 2012, 8 (15 f.)

Dies ist auch im Prinzip sachgerecht, da der Gestaltungsspielraum der Parteien bei Abschluss einer Betriebs-/Dienstvereinbarung oder eines Tarifvertrages begrenzt ist. Diese haben sich „an den grundgesetzlichen Wertungen, zwingendem Gesetzesrecht und den sich aus allgemeinen Grundsätzen des Arbeitsrechts ergebenden Beschränkungen" auszurichten. Zieht man den sich aus § 75 Abs. 2 BetrVG für Arbeitgeber und Betriebsrat gleichermaßen ergebenden Schutzauftrag hinzu, so sind Beispiele, in denen eine nach dem BDSG unzulässige Datenverarbeitung durch Betriebsvereinbarung gleichwohl gestattet sein könnte, kaum denkbar. **336**

Fitting, § 83 Rdn. 30; Wohlgemuth, Datenschutz für Arbeitnehmer, Rdn. 613 ff.

4.2.4 Zusammenfassung

Somit besteht der Vorrang bereichsspezifischer Erlaubnisnormen und die diesbezügliche Subsidiarität des BDSG auf drei Ebenen: **337**

- Fach- und bereichsspezifische Rechtsnormen des Bundes

Eine die Verarbeitung und Nutzung der Personaldaten rechtfertigende Wirkung geht von allen Rechtsvorschriften des Bundes aus, die in fach- und bereichsspezifischer Weise auf den Umgang mit Daten der Beschäftigten einschließlich deren Veröffentlichung anzuwenden sind (§ 1 Abs. 3 S. 1 BDSG). Liegt eine solche Rechtsnorm vor, gleichgültig, ob sie allgemeiner Art ist oder speziell auf arbeitsrechtliche Rechtsbeziehungen abstellt, so verdrängt sie das BDSG und gestattet die Verarbeitung und Nutzung im Rahmen ihrer speziellen Tatbestandsfassung. Ob die Spezialregelung hinter dem Datenschutzniveau des BDSG zurückbleibt oder es höher ansetzt, ist unbeachtlich.

- Andere Rechtsvorschriften im Sinne des § 4 Abs. 1 BDSG

Liegt keine die Anwendung des BDSG bereits nach § 1 Abs. 3 S. 1 BDSG verdrängende bundesrechtliche Zulässigkeitsregelung vor, so richtet sich die Zulässigkeit der Datenverarbeitung nach § 4 Abs. 1 BDSG, der vorrangig auf „andere Rechtsvorschriften" verweist und damit gegenüber Bundesrecht nachrangige Rechtsvorschriften meint, wie Bestimmungen des Landesrechts, normative Teile von Tarifverträgen, Betriebs-/Dienstvereinbarungen etc. Kann auf derartige Bestimmungen zurückgegriffen werden, so bestimmt sich die Zulässigkeit der Verwendung der Daten ausschließlich hiernach; die Einzelregelungen des BDSG entfalten insofern unmittelbar keine Wirkung mehr. Erforderlich ist aber, dass die betreffende Norm die Verarbeitung und Nutzung von Personaldaten konkret anspricht, d.h. für bestimmte Daten und bestimmte Verwendungszwecke Erlaubnis- oder Verbotsregelungen aufstellt. Es genügt nicht, dass die Verarbeitung bestimmter Informationen „stillschweigend" vorausgesetzt wird bzw. zur Erfüllung von in der Norm aufgestellten Verpflichtungen sinnvoll ist. **338**

- Vorschriften des BDSG

339   Zentrale Legitimationsnorm ist § 32 BDSG, wobei auch Normen, die dem Arbeitgeber die Verwendung bestimmter Informationen vorschreiben, ohne dass sie diese und die Art der Verarbeitung und Nutzung konkret benennen, mittelbar für die Zulässigkeit bestimmend sein können, weil über sie die diesbezüglichen, sich im Rahmen der Zweckbestimmung des Beschäftigungsverhältnisses oder des vorvertraglichen Anbahnungsverhältnisses ergebenden Berechtigungen und ggf. auch Verpflichtungen der Vertragspartner festgelegt werden.

340   So schreibt § 1 Abs. 3 KSchG vor, bei der Auswahl von aus betriebsbedingten Gründen zu kündigenden Arbeitnehmern soziale Gesichtspunkte zu berücksichtigen und auf Verlangen dem gekündigten Arbeitnehmer diese Gründe aufzuzeigen. Damit setzt § 1 Abs. 3 KSchG voraus, dass der Arbeitgeber die „Sozialdaten" der vergleichbaren Arbeitnehmer kennt und nutzt. Welche Daten hierzu gehören und mit welchem Gewicht sie eine Rolle spielen dürfen – und ob diese unter dieser Zweckbestimmung schon mit Beginn des Beschäftigungsverhältnisses automatisiert gespeichert werden dürfen –, kann jedoch nur im Rahmen einer die Zweckbestimmung des Arbeitsverhältnisses auslotenden Interessenabwägung gemäß § 32 Abs. 1 S. 1 BDSG festgestellt werden.

     BAG, RDV 1987, 129

341   Durch die Zweckbestimmung des Arbeitsvertrages wird eine Erhebung, Verarbeitung oder Nutzung legitimiert, wenn sie der Erfüllung der Pflichten oder der Wahrnehmung der Rechte aus dem Vertragsverhältnis dient, wobei der Begriff „dient" mit der „Erforderlichkeit" der Verarbeitung – wie noch darzustellen ist – synonym ist.

4.3   Bereichsspezifische Regelungen des öffentlichen Dienstrechts

4.3.1   Allgemeines

342   Der allgemeine Datenschutz in der öffentlichen Verwaltung und damit auch der Schutz der Daten der dort Bediensteten – gleichgültig, ob es sich um öffentlich-rechtlich beschäftigte Beamte oder privatrechtlich beschäftigte Arbeitnehmer handelt – richtet sich in den Ländern, Kommunen und sonstigen öffentlichen Einrichtungen eines Landes nach dem jeweiligen Landesdatenschutzgesetz. Im öffentlichen Bereich findet das BDSG nur Anwendung auf Verwaltungsstellen des Bundes (§ 1 Abs. 1 Nr. 1 und 2 BDSG) und die dort Bediensteten.

343   Im Bereich der öffentlichen Verwaltung erstrecken sich die allgemeinen Datenschutzgesetze durchweg auch auf die Verarbeitungen in Akten, wobei die Erhebung, Verarbeitung und Nutzung von Daten im Rahmen früherer, bestehender oder zukünftiger dienst- und arbeitsrechtlicher Rechtsverhältnisse keine Ausnahme machen. Dies ist zunächst für die überwiegende Mehrzahl der Landesdatenschutzgesetze, die insoweit sogar eigene Sondervorschriften enthalten, unzweifelhaft.

4.3.2   Die Verweisung auf den 3. Abschnitt des BDSG

344   Daran ändert sich auch nichts dadurch, dass für die im öffentlichen Dienst des Bundes Beschäftigten in § 12 Abs. 4 BDSG auf die einschlägigen, für die Privatwirtschaft geltenden Normen des 3. Abschnitts des BDSG verwiesen wird. Nach § 12 Abs. 4 BDSG finden im Fall der Verarbeitung und Nutzung personenbezogener Daten für frühere,

bestehende oder zukünftige dienst- und arbeitsrechtliche Rechtsverhältnisse von Bundesbediensteten anstelle der §§ 13 bis 16, 19 und 20 die Regelung des § 28 Abs. 2 Nr. 2 sowie die §§ 32 bis 35 BDSG Anwendung.

> ### § 12 BDSG – Anwendungsbereich
>
> *(1)–(3) ...*
>
> *(4) Werden personenbezogene Daten für frühere, bestehende oder zukünftige Beschäftigungsverhältnisse erhoben, verarbeitet oder genutzt, gelten § 28 Absatz 2 Nummer 2 und die §§ 32 bis 35 anstelle der §§ 13 bis 16 und 19 bis 20.*

Unklar ist jedoch, ob tatsächlich nur die Zulässigkeitsregelungen des § 28 Abs. 2 und § 32 BDSG zur Anwendung kommen sollen. Der für die Verarbeitung von „besonderen Arten personenbezogener Daten" (§ 3 Abs. 9 BDSG) im Arbeitsverhältnis maßgebende Absatz 6 des § 28 **345**

> *vgl. Gola, RDV 2001, 125; BAG, RDV 2012,192*

wird nicht genannt. Damit stellt sich die Frage, ob z. B. Gesundheitsdaten unter den gleichen Regelungen wie sonstige Daten oder nur noch mit Einwilligung des Betroffenen oder aufgrund spezialgesetzlicher Erlaubnisnormen verarbeitet werden dürfen oder ob § 32 Abs. 1 S. 1 BDSG auch derartige Daten in die Zulässigkeitsregelung einbezieht.

> *Vgl. Däubler, Gläserne Belegschaften?, Rdn. 196 ff.; BAG, RDV 2012, 192*

Hinter der Verweisung auf die Normen für privatwirtschaftliche Beziehungen steht die keineswegs überzeugende Überlegung, **346**

> *vgl. die gegenteilige Auffassung des Bundesbeauftragten für den Datenschutz, dessen Vorschlag zur Streichung der Verweisungsregelung der Gesetzgeber nicht gefolgt ist, BfD, 13. Tätigkeitsbericht (1990), 43*

dass die für die Verarbeitung von Personaldaten in Arbeitsverhältnissen der Privatwirtschaft maßgebenden Normen auch den Problemstellungen des Datenschutzes im Rahmen von Dienst- und Arbeitsverhältnissen der öffentlichen Hand besser gerecht werden als die ansonsten für die Verarbeitungen der öffentlichen Hand maßgebenden Bestimmungen des 2. Abschnitts des BDSG bzw. des jeweiligen Landesdatenschutzgesetzes.

Die Vorschriften des BDSG treten jedoch nach § 1 Abs. 3 BDSG zurück gegenüber den bereichsspezifischen Regelungen des Beamtenrechts in §§ 106 ff. BBG. **347**

Nur soweit es sich um in den §§ 106 ff. BBG nicht erfasste Sachaktendaten **348**

> *vgl. Rdn. 108, 1283*

handelt, könnte die Verweisung Wirkung entfalten, wobei aber auch hier bereichsspezifische Vorschriften zum Zug kommen.

Auch wenn die Formulierung des § 12 Abs. 4 BDSG von der des § 32 Abs. 1 S. 1 BDSG abweicht, ist gleichwohl davon auszugehen, dass der gleiche Kreis von Daten gemeint ist. Die Verweisung ist zudem gegenstandslos, weil auf Grund des Einbezugs des Beamtenbegriffs in den Begriff der Beschäftigten (§ 3 Abs. 11 BDSG) § 32 BDSG per se für Bundesbeamte gilt. **349**

Wenn also auch in Akten gespeicherte Bedienstetendaten den Regelungen des 3. Abschnitts des BDSG unterliegen, so bleibt noch zu klären, ob auf diesen 3. Abschnitt nur hinsichtlich der Verarbeitung und Nutzung von Personalaktendaten, d.h. Daten, die **350**

Inhalt der Personalakte im materiellen Sinn bilden, verwiesen wird, sodass es bei der Verarbeitung von Bedienstetendaten mit Sachaktencharakter bei der Anwendung des 2. Abschnitts des BDSG verbleibt. Festzustellen ist, welche Daten der Gesetzgeber insoweit mit der Formulierung „Daten für dienst- und arbeitsrechtliche Rechtsverhältnisse" gemeint hat. Eine Aussage hierzu kann aus dem Umfang der Verweisung gezogen werden. Auffallend ist nämlich, dass die Verweisungsregelung des § 12 Abs. 4 BDSG nicht den die Zweckbestimmung der im Rahmen der Datensicherung und -schutzkontrolle gespeicherten Benutzerdaten festschreibenden § 31 BDSG umfasst, andererseits aber auch der mit § 31 BDSG gleichlautende § 14 Abs. 4 BDSG nicht zur Anwendung kommen soll.

351 Nun kann es keineswegs gewollt sein, die zu Zwecken der Datenschutzkontrolle, der Datensicherung oder des ordnungsgemäßen Betriebs einer Datenverarbeitungsanlage gespeicherten Daten von Bediensteten einer Dienststelle keinem Zweckbindungsgebot zu unterwerfen. Dies kann aber nur dadurch erreicht werden und muss auch so als gewollt angesehen werden, dass derartige auf Beschäftigte bezogene oder beziehbare „Betriebs- und Organisationsdaten" und sonstige Daten, die nicht zu den Personalaktendaten zu zählen sind, weiterhin den Regelungen des 2. Abschnitts des BDSG unterliegen.

> *Vgl. auch Gola/Schomerus, § 12 Rdn. 8; davon, dass es Beschäftigtendaten gibt, die weiterhin den Regelungen des 2. Abschnitts unterliegen, geht offensichtlich auch die Bundesregierung aus, wenn sie in Beantwortung einer Anfrage der SPD-Fraktion zum Arbeitnehmerdatenschutz (BT-Drs. 12/2948 vom 26.6.1992) darauf hinweist, dass ein Arbeitnehmer Auskunft über die zu seiner Person gespeicherten Daten nach §§ 19 und 34 BDSG verlangen kann.*

4.3.3 Der Personaldatenschutz des Beamtenrechts

352 Für Beamte des Bundes und der Länder wird das Personalaktenrecht in den Beamtengesetzen bereichsspezifisch geregelt.

In § 106 BBG wird – in einer weitgehend abstrakt gehaltenen Zweckbestimmungsklausel – übereinstimmend mit § 32 Abs. 1 S. 1 BDSG festgelegt, dass der Dienstherr personenbezogene Daten über Bewerber, Beamte und ehemalige Beamte nur erheben darf, soweit dies zur Begründung, Durchführung, Beendigung oder Abwicklung des Dienstverhältnisses oder zur Durchführung organisatorischer, personeller und sozialer Maßnahmen, insbesondere auch zu Zwecken der Personalplanung und des Personaleinsatzes, erforderlich ist oder eine Rechtsvorschrift dies erlaubt.

353 Des Weiteren enthalten die § 106 Abs. 3 und § 114 Abs. 1–3 BBG weitere Präzisierungen der Zweckbestimmung der Verarbeitung.

> *§ 106 BBG – Personalakte*
>
> *(1)–(2) ...*
>
> *(3) Personalaktendaten dürfen nur für Zwecke der Personalverwaltung oder Personalwirtschaft verwendet werden, es sei denn, die Beamtin oder der Beamte willigt in die anderweitige Verwendung ein. Eine Verwendung für andere als die in Satz 1 genannten Zwecke liegt nicht vor, wenn Personalaktendaten ausschließlich für Zwecke der Datenschutzkontrolle verwendet werden. Gleiches gilt, soweit im Rahmen der Datensicherung oder der Sicherung des ordnungsgemäßen Betriebes eines Datenverarbeitungssystems eine nach dem Stand der Technik*

*nicht oder nur mit unverhältnismäßigem Aufwand zu vermeidende Kenntnisnahme von Perso-
nalaktendaten erfolgt.*

(4) ...

§ 114 BBG – Automatisierte Verarbeitung von Personalaktendaten

*(1) Personalaktendaten dürfen nur für Zwecke der Personalverwaltung oder der Personal-
wirtschaft automatisiert verarbeitet werden. Ihre Übermittlung ist nur nach Maßgabe des
§ 111 zulässig. Ein automatisierter Datenabruf durch andere Behörden ist unzulässig, soweit
durch besondere Rechtsvorschrift nicht anderes bestimmt ist.*

*(2) Personalaktendaten im Sinne des § 108 dürfen nur im Rahmen ihrer Zweckbestimmung
und nur von den übrigen Personaldateien technisch und organisatorisch getrennt automatisiert verarbeitet werden.*

*(3) Von den Unterlagen über medizinische oder psychologische Untersuchungen und Tests
dürfen im Rahmen der Personalverwaltung nur die Ergebnisse automatisiert verarbeitet werden, soweit sie die Eignung betreffen und ihre Verwendung dem Schutz der Beamtin oder des
Beamten dient.*

(4) ... (5)

4.3.4 Beschäftigtendatenschutz in den Landesdatenschutzgesetzen

Die Landesdatenschutzgesetze enthalten in der Mehrzahl eigene Vorschriften zur   **354**
Datenverarbeitung bei Dienst- und Arbeitsverhältnissen, die sich nicht nur – wie das
BDSG – auf eine „simple" Zulässigkeitsregelung beschränken.

> *So die Länder Baden-Württemberg (§ 36 LDSG-BW); Brandenburg (§ 29 BbgDSG); Bremen
> (§ 16b BremDSG); Hamburg (§ 28 HmbDSG); Hessen (§ 34 HDSG); Mecklenburg-Vorpom-
> mern (§ 31 DSG MV); Nordrhein-Westfalen (§ 29 DSG NW); Saarland (§ 31 SDSG); Sachsen
> (§ 31 SächsDSG); Sachsen-Anhalt (§ 28 DSG-LSA); Schleswig-Holstein (§ 23 LDSG)*

So sind z.B. Löschungsvorschriften für Bewerberdaten oder das Verbot der automati-   **355**
sierten Verarbeitung von medizinischen und psychologischen Befunden in der Spezialnorm des DSG Mecklenburg-Vorpommerns vorgesehen.

§ 35 – Datenverarbeitung bei Dienst- und Arbeitsverhältnissen

*(1) Öffentliche Stellen dürfen Daten ihrer Beschäftigten nur verarbeiten, wenn dies zur Einge-
hung, Durchführung, Beendigung oder Abwicklung des Dienst- oder Arbeitsverhältnisses
oder zur Durchführung innerdienstlicher organisatorischer, sozialer und personeller Maßnahmen erforderlich ist oder eine Rechtsvorschrift, ein Tarifvertrag oder eine Dienstvereinbarung es vorsieht.*

*(2) Eine Übermittlung der Daten von Beschäftigten an Personen und Stellen außerhalb des
öffentlichen Bereichs ist nur zulässig, wenn*

1. der Betroffene eingewilligt hat,

2. eine Rechtsvorschrift dies vorsieht,

*3. Art oder Zielsetzung der einem Beschäftigten übertragenen Aufgabe oder der Dienstver-
    kehr es erfordert oder*

*4. der Empfänger ein rechtliches Interesse glaubhaft macht und der Betroffene vor der
    Übermittlung unterrichtet wurde und dieser nicht widersprochen hat.*

*(3) Die Übermittlung an einen künftigen Dienstherrn oder Arbeitgeber ist nur mit Einwilli-
gung des Betroffenen zulässig.*

(4) Das Erheben medizinischer Daten aufgrund ärztlicher Untersuchungen zum Zwecke der Eingehung eines Dienst- oder Arbeitsverhältnisses ist nur zulässig, soweit dadurch die Eignung des Bewerbers hierfür festgestellt wird und er seine Einwilligung erteilt hat. Das Erheben psychologischer Daten zur Eingehung eines Dienst- oder Arbeitsverhältnisses ist nur zulässig, soweit dies wegen der besonderen Anforderungen an die vorgesehene Tätigkeit erforderlich ist und der Bewerber hierzu seine Einwilligung erteilt hat. Der Dienstherr darf nur das Ergebnis der Untersuchungen anfordern.

(5) Personenbezogene Daten, die zu Zwecken der Eingehung eines Dienst- oder Arbeitsverhältnisses erhoben wurden, sind zu löschen, sobald feststeht, dass ein Dienst- oder Arbeitsverhältnis nicht zustande kommt. Dies gilt nicht, wenn der Betroffene in die weitere Speicherung eingewilligt hat oder soweit Rechtsvorschriften einer Löschung entgegenstehen. Besteht Grund zu der Annahme, dass durch die Löschung schutzwürdige Belange des Betroffenen beeinträchtigt werden, ist er zu benachrichtigen. Soweit Rechtsvorschriften nicht entgegenstehen, sind personenbezogene Daten nach Beendigung eines Dienst- oder Arbeitsverhältnisses zu löschen, wenn diese nicht mehr benötigt werden.

(6) Beurteilungen und Personalentscheidungen dürfen nicht allein auf Informationen gestützt werden, die aus automatisierter Datenverarbeitung gewonnen werden; medizinische und psychologische Befunde von Beschäftigten oder Bewerbern dürfen vom Dienstherrn oder Arbeitgeber nicht automatisiert verarbeitet werden.

(7) Daten von Beschäftigten, die im Rahmen der Durchführung der technischen und organisatorischen Maßnahmen nach den §§ 21 und 22 gespeichert werden, dürfen nicht zu Zwecken der Verhaltens- oder Leistungskontrolle genutzt werden.

§ 36 Mobile Datenverarbeitungssysteme

(1) Mobile Datenverarbeitungssysteme dürfen nur eingesetzt werden, wenn

1. eine Rechtsvorschrift, eine tarifvertragliche Regelung oder eine Dienstvereinbarung dies zulässt oder

2. der Betroffene eingewilligt hat.

(2) Für den Betroffenen muss jederzeit erkennbar sein,

1. ob Datenverarbeitungsvorgänge auf dem mobilen Datenverarbeitungssystem oder durch dieses veranlasst durchgeführt werden,

2. welche seiner personenbezogenen Daten betroffen sind und

3. welcher Verarbeitungsvorgang im Einzelnen abläuft oder angestoßen wird.

Dem Betroffenen sind die Informationen nach Nummer 2 und 3 auf seinen Wunsch schriftlich mitzuteilen.

(3) Der Betroffene ist bei der Ausgabe des mobilen Datenverarbeitungssystems über die ihm zustehenden Rechte aufzuklären. Sofern zur Wahrnehmung der Informationsrechte besondere Geräte oder Einrichtungen erforderlich sind, hat die ausgebende Stelle dafür zu sorgen, dass diese in angemessenem Umfang unentgeltlich zur Verfügung stehen.

(4) Der Betroffene kann die ihm zustehenden Rechte gegenüber der ausgebenden sowie jeder anderen Stelle geltend machen, die das mobile Datenverarbeitungssystem zur Datenverarbeitung einsetzt. Dies gilt unabhängig davon, welche Stelle im Einzelfall für die jeweilige Datenverarbeitung verantwortlich ist. Die beteiligten Stellen leiten die Anliegen des Betroffenen an die zuständige Stelle weiter.

356   Eine umfangreiche Regelung enthält das Landesdatenschutzgesetz Rheinland-Pfalz. In § 31 Abs. 3 wird die Arbeitgeberauskunft an die Einwilligung geknüpft. Das Einsichtsrecht wird in Abs. 8 über die Personalakte hinaus in andere Akten gewährt, in denen Daten im Hinblick auf das Dienst- und Arbeitsverhältnis gespeichert werden.

Landesdatenschutzgesetz Rheinland-Pfalz vom 5. Juli 1994 (Göbl. S. 693); zuletzt geändert durch Gesetz vom 9. März 2011; vgl. Göbl., S. 70

§ 31 Datenverarbeitung bei Dienst- und Arbeitsverhältnissen

(1) Die öffentlichen Stellen dürfen personenbezogene Daten von Beschäftigten nur verarbeiten, soweit dies zur Begründung, Durchführung, Beendigung oder Abwicklung des Dienst- oder Arbeitsverhältnisses oder zur Durchführung organisatorischer, personeller und sozialer Maßnahmen erforderlich ist oder eine Rechtsvorschrift dies erlaubt. Soweit tarifvertraglich nicht etwas anderes geregelt ist, sind die für das Personalaktenrecht geltenden Vorschriften des Beamtenstatusgesetzes und des Landesbeamtengesetzes auf Beschäftigte im öffentlichen Dienst entsprechend anzuwenden.

(2) Die Übermittlung personenbezogener Daten von Beschäftigten an andere als öffentliche Stellen ist nur zulässig, soweit

1. *eine Rechtsvorschrift dies vorsieht oder zwingend voraussetzt,*

2. *die Betroffenen eingewilligt haben,*

3. *dies aus dienstlichen Gründen geboten ist,*

4. *dies zur Abwehr erheblicher Nachteile für das Gemeinwohl oder Rechte Dritter erforderlich ist oder*

5. *die Stelle, der die Daten übermittelt werden, ein rechtliches Interesse darlegt und überwiegende schutzwürdige Interessen der Betroffenen nicht entgegenstehen.*

(3) Im Zusammenhang mit der Begründung von Dienst- oder Arbeitsverhältnissen ist die Erhebung personenbezogener Daten von Beschäftigten bei der bisherigen Beschäftigungsstelle nur zulässig, wenn die Betroffenen eingewilligt haben. Satz 1 gilt entsprechend für die Übermittlung personenbezogener Daten an zukünftige Beschäftigungsstellen.

(4) Entscheidungen im Rahmen von Dienst- und Arbeitsverhältnissen dürfen nicht ausschließlich auf Informationen und Erkenntnisse gestützt werden, die durch die automatisierte Verarbeitung personenbezogener Daten gewonnen wurden.

(5) Personenbezogene Daten der Beschäftigten, die im Rahmen der Durchführung der technischen und organisatorischen Maßnahmen nach § 9 gespeichert wurden, dürfen nicht zu Zwecken der Verhaltens- oder Leistungskontrolle genutzt werden. Die Befugnis, eine Überprüfung insbesondere bei Vorliegen von Anhaltspunkten für einen Datenschutzverstoß vorzunehmen, bleibt unberührt.

(6) Personenbezogene Daten von Personen, die sich um eine Einstellung bewerben, dürfen nur verarbeitet werden, soweit dies im Rahmen des Einstellungs- und Auswahlverfahrens erforderlich ist. Steht fest, dass ein Dienst- oder Arbeitsverhältnis nicht zustande kommt, sind die von den Betroffenen vorgelegten Unterlagen diesen unverzüglich zurückzusenden. Haben die Betroffenen in die weitere Verarbeitung der von ihnen vorgelegten Unterlagen eingewilligt oder ist dies wegen eines bereits anhängigen oder wahrscheinlich zu erwartenden Rechtsstreits erforderlich, ist eine weitere Verarbeitung auch insoweit zulässig.

(7) Die Weiterverarbeitung der zum Zwecke der Eingehung eines Dienst- oder Arbeitsverhältnisses bei ärztlichen oder psychologischen Untersuchungen und Tests erhobenen Daten ist nur mit schriftlicher Einwilligung der Betroffenen zulässig.

(8) Beschäftigte haben neben dem Anspruch auf Einsicht in ihre vollständigen Personalakten auch ein Recht auf Einsicht in andere Akten, in denen personenbezogene Daten über sie im Hinblick auf das Dienst- oder Arbeitsverhältnis gespeichert werden; dies gilt nicht für Sicherheitsakten. Die Einsichtnahme ist unzulässig, wenn die personenbezogenen Daten der Beschäftigten mit personenbezogenen Daten Dritter oder mit geheimhaltungsbedürftigen nicht personenbezogenen Daten derart verbunden sind, dass ihre Trennung nicht oder nur mit unverhältnismäßig großem Aufwand möglich ist. In diesem Fall ist den Beschäftigten Auskunft zu erteilen.

(9) Besondere Rechtsvorschriften über die Verarbeitung personenbezogener Daten bei Dienst- und Arbeitsverhältnissen bleiben unberührt.

5 Datenvermeidung und Datensparsamkeit

5.1 Vorrang von Anonymisierung und Pseudonymisierung

357 Bevor über die Zulässigkeit einer Datenverarbeitung im Hinblick auf das „Verbot mit Erlaubnisvorbehalt" nachzudenken ist, sind Inhalte und Reichweite des Gebots der Datenvermeidung und Datensparsamkeit des § 3a BDSG zu hinterfragen.

> **§ 3a – Datenvermeidung und Datensparsamkeit**
>
> *Die Erhebung, Verarbeitung und Nutzung personenbezogener Daten und die Auswahl und Gestaltung von Datenverarbeitungssystemen sind an dem Ziel auszurichten, so wenig personenbezogene Daten wie möglich zu erheben, zu verarbeiten oder zu nutzen. Insbesondere sind personenbezogene Daten zu anonymisieren oder zu pseudonymisieren, soweit dies nach dem Verwendungszweck möglich ist und keinen im Verhältnis zu dem angestrebten Schutzzweck unverhältnismäßigen Aufwand erfordert.*

Der Grundsatz der Datenvermeidung und -sparsamkeit gibt der verantwortlichen Stelle u.a. vor, die Nutzung personenbezogener Daten und die Auswahl und Gestaltung von Datenverarbeitungssystemen an dem Ziel auszurichten, dass so wenig personenbezogene Daten wie möglich genutzt werden.

Das Prinzip der Datenvermeidung zielt primär auf den Verzicht der Erhebung, Verarbeitung und Nutzung personenbezogener Daten. Es wird am konsequentesten dadurch umgesetzt, dass von vornherein überhaupt keine personenbezogenen Daten verwendet werden.

Gola/Schomerus, § 3a Rdn. 22

358 Lässt sich dieses Ziel nicht erreichen, weil es keine geeignete und rechtlich zulässige Alternative zur vollständigen Vermeidung gibt, ist die verarbeitende Stelle gehalten, die Verarbeitungsprozesse so zu gestalten, dass die Verarbeitung personenbezogener Daten wenigstens minimiert wird („Datensparsamkeit"), indem die Daten anonymisiert oder pseudonymisiert werden.

Scholz in Simitis, § 3a Rdn. 31

359 Das Gebot der Datensparsamkeit korrespondiert mit dem Grundsatz der Erforderlichkeit, der das gesamte Datenschutzrecht, namentlich auch das BDSG (z.B. §§ 28, 29, 32), durchzieht.

Vgl. Zscherpe in Taeger/Gabel, § 3a Rdn. 2, 8

360 Während diese Normen Rechtmäßigkeitsvoraussetzungen enthalten, ist dies bei § 3a BDSG nicht der Fall. Er ist – jedenfalls im Hinblick auf seine Sanktionierung – ein reiner Programmsatz.

5.2 Realisierungsmöglichkeiten

361 Datensparsamkeit lässt sich in unterschiedlichen Formen praktizieren. Sie kann nicht nur dadurch erreicht werden, dass generell die Anzahl personenbezogener Daten reduziert, z.B. auf die Verarbeitung bestimmter Daten verzichtet wird, sondern auch

dadurch, dass der Kreis der – auch innerbetrieblichen – Datenempfänger eingeschränkt wird.

Vgl. Scholz in Simitis, § 3a Rdn. 35, 37

Ferner können Beschränkungen bei einzelnen Verarbeitungsphasen und Nutzungsschritten angebracht sein. Eine andere Ausführungsform der Datensparsamkeit kann das Absehen von einer „Verschriftlichung"   **362**

Dix, in: Roßnagel, Kap. 3.5, z.B.:Rdn. 18 „Unter bestimmten Umständen muss systemseitig die Ausgabe von personenbezogenen Daten, z. B. der Ausdruck, unterbunden werden, um besonderen Risiken für das informationelle Selbstbestimmungsrecht zu begegnen."

darstellen.

Schließlich ist eine Umsetzung der Anordnung des § 3a BDSG denkbar durch „eine technisch und organisatorisch abgesicherte Datentrennung, das heißt eine exakt auf die jeweilige Aufgabenerfüllung der an einem Datenverarbeitungsvorgang beteiligten Akteure zugeschnittene Verteilung personenbezogener Daten".   **363**

Scholz in Simitis, § 3a Rdn. 37

6   Erlaubnis- und Verbotsregelungen im BDSG

6.1   §§ 28, 32 BDSG

Der 2009 in das BDSG eingestellte § 32 BDSG stellt deutlicher als bisher dar, dass es zulässig ist, personenbezogene Daten von Bewerbern und Mitarbeitern zu erheben, zu verarbeiten oder zu nutzen, sofern dies zur Begründung, Durchführung oder Beendigung eines Beschäftigungsverhältnisses erforderlich ist.   **364**

> **§ 32 BDSG – Datenerhebung, -verarbeitung und -nutzung für Zwecke des Beschäftigungsverhältnisses**
>
> *(1) Personenbezogene Daten eines Beschäftigten dürfen für Zwecke des Beschäftigungsverhältnisses erhoben, verarbeitet oder genutzt werden, wenn dies für die Entscheidung über die Begründung eines Beschäftigungsverhältnisses oder nach Begründung des Beschäftigungsverhältnisses für dessen Durchführung oder Beendigung erforderlich ist. Zur Aufdeckung von Straftaten dürfen personenbezogene Daten eines Beschäftigten nur dann erhoben, verarbeitet oder genutzt werden, wenn zu dokumentierende tatsächliche Anhaltspunkte den Verdacht begründen, dass der Betroffene im Beschäftigungsverhältnis eine Straftat begangen hat, die Erhebung, Verarbeitung oder Nutzung zur Aufdeckung erforderlich ist und das schutzwürdige Interesse des Beschäftigten an dem Ausschluss der Erhebung, Verarbeitung oder Nutzung nicht überwiegt, insbesondere Art und Ausmaß im Hinblick auf den Anlass nicht unverhältnismäßig sind.*
>
> *(2) ... (3) ...*

Eine spezielle Aussage enthält § 32 Abs. 1 S. 2 BDSG zur Beachtung des Verhältnismäßigkeitsprinzips bei der Überwachung zur Aufdeckung von Straftaten.

Vgl. ausführlich nachstehend Rdn. 763, 1015, 1061

365 Obwohl der Wortlaut dies nicht erkennbar macht und man zunächst das Gegenteil vermuten könnte, ist § 32 Abs. 1 BDSG keine abschließende Regelung für die Verarbeitung von Daten von Bewerbern, Mitarbeitern oder ausgeschiedenen Beschäftigten. § 32 Abs. 1 S. 1 BDSG verdrängt – ohne zu einer inhaltlichen Änderung zu führen – nur die allgemeine Norm des § 28 Abs. 1 S. 1 Nr. 1 BDSG. Weiterhin Geltung haben u.a. die Zulässigkeitsregelungen in § 28 Abs. 1 S. 1 Nr. 2 und 3, Abs. 2 Nr. 1 und 2 BDSG, die auf außerhalb der Zweckbestimmungen des § 32 Abs. 1 S. 1 BDSG liegende Verarbeitung abstellen

Vgl. u.a. Eckardt, DuD 2009, 587; Ehrfurth, NJOZ 2009, 2914; Forst, RDV 2009, 204; Gola/Jaspers, RDV 2009, 212; Grenzenberg/Schreihauser/Schuppert, K&R 2009, 523; Schmidt, RDV 2009, 193

366 Somit können Personaldaten auch für sich außerhalb einer für das Beschäftigungsverhältnis unmittelbaren Erforderlichkeit ergebende Interessen des Arbeitgebers oder eines Dritten verarbeitet werden.

367 Für die Voraussetzungen, unter denen besondere Arten personenbezogener Daten erhoben, verarbeitet oder genutzt werden dürfen, ist weiterhin § 28 Abs. 6 BDSG maßgebend.

> *§ 28 BDSG – Datenerhebung und Speicherung für eigene Geschäftszwecke*
>
> *(1) ... (5) ...*
>
> *(6) Das Erheben, Verarbeiten und Nutzen von besonderen Arten personenbezogener Daten (§ 3 Abs. 9) für eigene Geschäftszwecke ist zulässig, soweit nicht der Betroffene nach Maßgabe des § 4 a Abs. 3 eingewilligt hat, wenn*
>
> *1. dies zum Schutz lebenswichtiger Interessen des Betroffenen oder eines Dritten erforderlich ist, sofern der Betroffene aus physischen oder rechtlichen Gründen außerstande ist, seine Einwilligung zu geben,*
>
> *2. es sich um Daten handelt, die der Betroffene offenkundig öffentlich gemacht hat,*
>
> *3. dies zur Geltendmachung, Ausübung oder Verteidigung rechtlicher Ansprüche erforderlich ist und kein Grund zu der Annahme besteht, dass das schutzwürdige Interesse des Betroffenen an dem Ausschluss der Erhebung, Verarbeitung oder Nutzung überwiegt, oder*
>
> *4. dies zur Durchführung wissenschaftlicher Forschung erforderlich ist, das wissenschaftliche Interesse an der Durchführung des Forschungsvorhabens das Interesse des Betroffenen an dem Ausschluss der Erhebung, Verarbeitung und Nutzung erheblich*
>
> *überwiegt und der Zweck der Forschung auf andere Weise nicht oder nur mit unverhältnismäßigem Aufwand erreicht werden kann.*
>
> *(7) ... (9) ...*

368 Maßgebend für das Beschäftigungsverhältnis ist Abs. 6 Nr. 3, wobei in sachgerechter und europarechtskonformer Interpretation die Ausübung rechtlicher Ansprüche vorliegt, wenn der Arbeitgeber die Daten zur Erfüllung seiner gesetzlichen Pflichten benötigt.

Vgl. Gola/Schomerus, § 32 Rdn. 40; BAG, RDV 2012, 192

369 Voraussetzung ist stets, dass die Daten für die Erreichung eines legitimen Zwecks erforderlich sind. Die Erforderlichkeit liegt vor, wenn eine unter dem Gesichtspunkt der Verhältnismäßigkeit erfolgte Interessenabwägung zum Ergebnis führt, dass die berechtigten Informationsinteressen des Arbeitgebers auf andere Weise nicht bzw. nicht angemessen gewahrt werden können. Wenn mehrere gleichermaßen wirksame Maßnahmen in Betracht kommen, ist die den Beschäftigten weniger belastende zu wählen.

Vgl. ausführlich, Gola/Schomerus, § 28 Rdn. 26 f.

6.2 Das Verbot „automatisierter Einzelentscheidungen" des § 6a BDSG

6.2.1 Allgemeines

Ein auch für das Personalwesen relevantes Datenerhebungs-, Speicherungs- bzw. ggf. **370** Nutzungsverbot personenbezogener Daten stellt das in § 6a BDSG enthaltene Verbot automatisierter Einzelentscheidungen dar. Nach § 6a Abs. 1 BDSG dürfen Entscheidungen, die für den Betroffenen eine rechtliche Folge nach sich ziehen oder ihn erheblich beeinträchtigen, nicht ausschließlich auf eine automatisierte Verarbeitung personenbezogener Daten gestützt werden, die der Bewertung einzelner Persönlichkeitsmerkmale dienen.

Maßgeblich ist, dass das Computerergebnis letztendlich im Wesentlichen entscheidend **371** ist. Anderes gilt, wenn tatsächlich und nicht nur formal überprüft wird, d.h. noch eine zusätzliche inhaltliche Bewertung von einem zur Abänderung befugten Vorgesetzten etc. erfolgt (§ 6 Abs. 1 S. 2 BDSG). Aufgehoben wird die zunächst bestehende Rechtswidrigkeit der automatisierten Entscheidung ferner dadurch, dass dem Betroffenen diese menschliche Bewertung nachträglich angeboten wird.

> **§ 6a BDSG – Automatisierte Einzelentscheidung**
>
> *(1) Entscheidungen, die für den Betroffenen eine rechtliche Folge nach sich ziehen oder ihn erheblich beeinträchtigen, dürfen nicht ausschließlich auf eine automatisierte Verarbeitung personenbezogener Daten gestützt werden, die der Bewertung einzelner Persönlichkeitsmerkmale dienen. Eine ausschließlich auf eine automatisierte Verarbeitung gestützte Entscheidung liegt insbesondere dann vor, wenn keine inhaltliche Bewertung und darauf gestützte Entscheidung durch eine natürliche Person stattgefunden hat.*
>
> *(2) Dies gilt nicht, wenn*
>
> *1. die Entscheidung im Rahmen des Abschlusses oder der Erfüllung eines Vertragsverhältnisses oder eines sonstigen Rechtsverhältnisses ergeht und dem Begehren des Betroffenen stattgegeben wurde oder*
>
> *2. die Wahrung der berechtigten Interessen des Betroffenen durch geeignete Maßnahmen gewährleistet ist und die verantwortliche Stelle dem Betroffenen die Tatsache des Vorliegens einer Entscheidung im Sinne des Absatzes 1 mitteilt sowie auf Verlangen die wesentlichen Gründe dieser Entscheidung mitteilt und erläutert. Als geeignete Maßnahme gilt insbesondere die Möglichkeit des Betroffenen, seinen Standpunkt geltend zu machen. Die verantwortliche Stelle ist verpflichtet, ihre Entscheidung erneut zu prüfen.*
>
> *(3) Das Recht des Betroffenen auf Auskunft nach den §§ 19 und 34 erstreckt sich auch auf den logischen Aufbau der automatisierten Verarbeitung der ihn betreffenden Daten.*

Obwohl die Bestimmung den Begriff aufgrund seiner Ungenauigkeit sinnvollerweise **372** selbst nicht erwähnt, zielt sie ab auf die Verhinderung der Erstellung von Persönlichkeitsprofilen. Sie greift, wenn die automatisiert getroffene Entscheidung auf der Auswertung von einzelnen Persönlichkeitsmerkmalen des Betroffenen beruht, was ein gewisses „Mindestmaß an Komplexität" der Angaben beinhaltet (also Angaben über die berufliche Leistungsfähigkeit, die Zuverlässigkeit oder das Verhalten).

373 Damit erfasst § 6a Abs. 1 BDSG zunächst einmal nicht jegliche ggf. zu einer abschließenden, endgültigen Entscheidung führende Auswertung personenbezogener Daten. Trifft beispielsweise der Computer die abschließenden Feststellungen über die Gewährung eines Fahrtkostenzuschusses oder die Zuteilung eines Parkplatzes an einen Arbeitnehmer ausschließlich aufgrund seiner Adresse, d.h. der Entfernung des Wohnorts vom Arbeitsplatz, so liegt eine Bewertung von Persönlichkeitsmerkmalen im Sinne von § 6a Abs. 1 BDSG nicht vor. Zudem fehlt es, jedenfalls wenn sich der Anspruch des Arbeitnehmers aufgrund eines Vertrages oder einer Betriebsvereinbarung ergibt, an der automatisierten „Entscheidung".

Vgl. nachstehend Rdn. 376 ff.

374 Schon aus dieser Eingrenzung des Schutzzieles des § 6a BDSG folgt, dass das Gesetz keineswegs untersagt, den Computer zur Entscheidungsfindung heranzuziehen bzw. diese ihm allein zu übertragen. Berücksichtigt man zudem die Ausnahmen, unter denen das Gesetz auch unter Auswertung von Persönlichkeitsmerkmalen ergangene Entscheidungen zulässt, so kommt das Verbot des § 6a BDSG nur in seltenen Fällen zur Anwendung bzw. kann bei gesetzeskonformem Vorgehen ausgeschlossen werden.

375 Eine automatisierte Einzelentscheidung im aufgezeigten Sinne darf nämlich nach den beiden Ausnahmetatbeständen des Absatzes 2 gleichwohl stattfinden,

zum einen, wenn sie ergeht

- im Rahmen des Abschlusses oder der Erfüllung eines Vertrags- oder sonstigen Rechtsverhältnisses und dem Begehren des Betroffenen, also z.B. der Bewerbung oder der Gewährung eines Arbeitgeberkredits, stattgegeben wurde,

und zum anderen, wenn

- der Betroffene von der verantwortlichen Stelle über das Vorliegen einer automatisierten Entscheidung und auf Verlangen über die Gründe des Ergebnisses informiert wird und zugleich die verantwortliche Stelle Maßnahmen ergriffen hat, die die Wahrung der berechtigten Interessen des Betroffenen gewährleisten. Dies ist u.a. der Fall, wenn sie sich unter Hinweis auf die Computerentscheidung bereit erklärt, die automatisiert getroffene Entscheidung nochmals zu überprüfen.

6.2.2 Der Begriff der „automatisierten Entscheidung"

376 Automatisierte Entscheidungen im Sinne des § 6a BDSG liegen nur dann vor, wenn die Verarbeitung von Daten zu einer Entscheidung führt und der Computer nicht nur lediglich etwas ausführt, was zuvor mit dem Betroffenen vereinbart worden war oder von ihm angeordnet wird. Demgemäß sind keine Entscheidungen im Sinne des § 6a BDSG Vorgänge wie etwa das Öffnen einer Tür nach Eingabe einer Zugangskontrollkarte oder die von dem Gehaltsabrechnungsprogramm getroffene Entscheidung über die Höhe der monatlichen Bezüge. Wenn dem Begehren des Betroffenen nicht stattgegeben wird, weil z.B. der Eintritt in den Sicherheitsbereich mangels Zutrittsberechtigung nicht gewährt wird, handelt es sich nicht um eine – negative – automatisierte Entscheidung, sondern um die bloße Überprüfung der vom Arbeitgeber vergebenen Zutrittsbefugnisse.

377 Gleichfalls erfolgt keine Auswertung von „Persönlichkeitsmerkmalen" durch sog. biometrische Identifikationsverfahren, die z.B. unter Überprüfung der Stimme, des Fingerabdrucks etc. entscheiden, ob Zugang, Zugriff usw. gewährt werden. In diesen Fällen

geht es allein um die Identität des Betroffenen. Eine Bewertung der Persönlichkeit erfolgt nicht.

Gleiches gilt für ein Gehaltsprogramm, das nach dem Arbeitnehmer bekannten Kriterien **378** eine ihm zu gewährende Leistungszulage ermittelt oder versagt. Auch hier wurde die Entscheidung über die Gewährung bereits zuvor im Arbeitsvertrag, in einer Betriebsvereinbarung oder in einem Tarifvertrag getroffen. Der Computer dient allein dazu, die Entscheidung unter Auswertung der maßgebenden Daten zu vollziehen.

Voraussetzung ist weiter, dass die per Computer aus den gespeicherten Persönlichkeits- **379** merkmalen gewonnenen Erkenntnisse unmittelbar zu der Entscheidung führen. Bilden die mit Hilfe des Computers gewonnenen Erkenntnisse die Grundlage einer noch von einem Menschen zu treffenden abschließenden Entscheidung, findet § 6a BDSG keine Anwendung. Werden z.B. Bewerberdaten in einem Programm zwecks „Rankings" der Bewerber nach vorgegebenen Kriterien gespeichert und entscheidet dann der Arbeitgeber, ob und welche Bewerber in Betracht kommen, so liegt keine „ausschließlich" auf automatisierte Verarbeitung gestützte Entscheidung vor. Anders ist es jedoch, wenn Bewerber – wie es z.B. bei Bewertungen beim E-Recruiting geschieht –, die eine vom Arbeitgeber vorgegebene Punktzahl nicht erreichen, in die weiteren Auswahlüberlegungen von vornherein nicht mehr einbezogen werden und bereits per Programm die Absage erhalten.

Zur Anwendung des § 6a BDSG bei E-Recruiting vgl. Gola, Datenschutz am Arbeitsplatz, Rdn. 570 f.

6.2.3 Die Wahrung berechtigter Interessen des Betroffenen

Die automatisierte Einzelentscheidung ist zudem gestattet, wenn dem Betroffenen die **380** Wahrung seiner berechtigten Interessen durch geeignete Maßnahmen gewährleistet wird. Dies setzt die Erfüllung eines dreistufigen Verfahrens voraus. Der erste Schritt ist, dass der Betroffene über den Tatbestand der „Computerentscheidung" informiert worden ist. Im zweiten Schritt sind dem Betroffenen – dies jedoch nur auf sein Verlangen – die wesentlichen Gründe der Ablehnung seines Begehrens mitzuteilen und zu erläutern. Im dritten Schritt muss dem Betroffenen eine „geeignete Maßnahme" eröffnet sein, um die Entscheidung „anfechten" zu können. Dies wird regelmäßig in dem Angebot der – unter Berücksichtigung der Argumente des Betroffenen – nunmehr nachträglichen inhaltlichen Überprüfungen liegen. Über die Möglichkeit der Schritte zwei und drei ist der Arbeitnehmer in Zusammenhang mit der Information im Schritt eins ebenfalls zu unterrichten, da nur so seine „berechtigten Interessen" hinreichend gewahrt sind.

Daher sind dem Betroffenen im Rahmen der Begründung der Entscheidung die wesent- **381** lichen zur Ermittlung der Entscheidung herangezogenen personenbezogenen Daten offenzulegen. Er soll wissen, was für das negative Ergebnis „ausschlaggebend" war. Die Information muss so detailliert sein, dass der Betroffene in die Lage versetzt wird, zu entscheiden, ob er von seinem Recht auf menschliche Nachprüfung Gebrauch machen will.

6.2.4 Beamtenrecht

Die beamtenrechtlichen Vorschriften enthalten ein zunächst gleichlautendes Verbot. **382** Informationsverpflichtungen und die Möglichkeit für den Betroffenen, seinen Standpunkt geltend zu machen, bestehen logischerweise auf Grund des generellen Verbots nicht.

---

§ 114 BBG – Automatisierte Verarbeitung von Personalaktendaten

(1)–(3) ...

(4) Beamtenrechtliche Entscheidungen dürfen nicht ausschließlich auf eine automatisierte Verarbeitung personenbezogener Daten gestützt werden, die der Bewertung einzelner Persönlichkeitsmerkmale dienen.

(5) ...

DSG Mecklenburg-Vorpommern

§ 35 Datenverarbeitung bei Dienst- und Arbeitsverhältnissen

(1) ... (5) ...

(6) Beurteilungen und Personalentscheidungen dürfen nicht allein auf Informationen gestützt werden, die aus automatisierter Verarbeitung gewonnen werden; medizinische und psychologische Befunde von Beschäftigten oder Bewerbern dürfen vom Dienstherrn oder Arbeitgeber nicht automatisiert verarbeitet werden.

(7) ...

---

7 Die Einwilligung des Betroffenen

7.1 Allgemeines

383 Wenn sich die Verarbeitung nicht mit einer bereichsspezifischen Vorschrift oder durch das BDSG rechtfertigen lässt, kann die Einwilligung, d.h. die vorherige Einverständniserklärung des Betroffenen, den Vorgang gestatten. Was die Praxis betrifft, so hat die Einwilligung jedoch, wie gesagt, nur Bedeutung für den „Notfall", nämlich dann, wenn kein sonstiger Rechtfertigungsgrund zu finden ist.

> *Vgl. EU-Art 29-Gruppe, WP Nr. 114 vom 25.11.2005 (Az.: 2093-01/05/DE) S. 14: „Das Erfordernis der Einwilligung kann also als vermeintlich gute Lösung erscheinen, die auf den ersten Blick einfach, in der Praxis jedoch komplex und schwerfällig ist." Zum „Ranking" der Erlaubnistatbestände des § 4 Abs. 1 BDSG, vgl. ausführlich Bausewein, 49 ff. sowie oben Rdn. 311 ff.*

384 Nicht mehr unbefugt handelt der Arbeitgeber, wenn er ein Bild mit Einwilligung des Beschäftigten veröffentlicht (§ 22 KUG) oder ein Gespräch mit diesem per Tonträger aufzeichnet (§ 201 StGB). Die in § 88 TKG untersagte Kenntnisnahme der Daten eines Privatgesprächs kann nur mit Einwilligung des Betroffenen „befugt" erfolgen.

> *Zur Frage, ob auch hier die Form des § 4a Abs. 1 BDSG erfüllt sein muss, vgl. Rdn. 1189 ff.*

---

§ 4a BDSG – Einwilligung

(1) Die Einwilligung ist nur wirksam, wenn sie auf der freien Entscheidung des Betroffenen beruht. Er ist auf den vorgesehenen Zweck der Erhebung, Verarbeitung oder Nutzung sowie, soweit nach den Umständen des Einzelfalles erforderlich oder auf Verlangen, auf die Folgen

der Verweigerung der Einwilligung hinzuweisen. Die Einwilligung bedarf der Schriftform, soweit nicht wegen besonderer Umstände eine andere Form angemessen ist. Soll die Einwilligung zusammen mit anderen Erklärungen schriftlich erteilt werden, ist sie besonders hervorzuheben.

(2) ...

(3) Soweit besondere Arten personenbezogener Daten (§ 3 Abs. 9) erhoben, verarbeitet oder genutzt werden, muss sich die Einwilligung darüber hinaus ausdrücklich auf diese Daten beziehen.

Sie sollte auch nur dann eingeholt werden, weil ansonsten bei dem Betroffenen der Eindruck entstehen könnte, dass die Verarbeitung tatsächlich voll und ganz im Rahmen seines informationellen Selbstbestimmungsrechts liege und damit ggf. auch durch – generell zulässigen – Widerruf der Einwilligung wieder beendet werden könne. **385**

> *Wohlgemuth, Datenschutz für Arbeitnehmer, 2. Aufl., Rdn. 120 ff.; vgl. auch Stellungnahme 8/2001 der EU-Art. 29-Datenschutzgruppe zur Verarbeitung personenbezogener Daten von Beschäftigten vom 13.9.2001 – 5062/01/DE/endg. WP 48: „Die Artikel 29-Datenschutzgruppe ist der Auffassung, dass es in den Fällen, in denen ein Arbeitgeber zwangsläufig aufgrund des Beschäftigungsverhältnisses personenbezogene Daten verarbeiten muss, irreführend ist, wenn er versucht, diese Verarbeitungen auf die Einwilligung der betroffenen Person zu stützen. Die Einwilligung der betroffenen Person sollte nur in den Fällen in Anspruch genommen werden, in denen der Beschäftigte eine echte Wahl hat und seine Einwilligung zu einem späteren Zeitpunkt widerrufen kann, ohne dass ihm Nachteile erwachsen." Kritisch zu dieser Auffassung Bausewein, S. 51.*

Ob dann, wenn sich ein Arbeitgeber z.B. bestimmte Datenübermittlungen per Einwilligung des Arbeitnehmers legitimieren lässt, bei Widerruf der Einwilligung ohne Verstoß gegen § 242 BGB noch auf die Erlaubnistatbestände der §§ 28, 32 BDSG zurückgegriffen werden kann, kann fraglich sein. **386**

> *Zu dieser Problematik vgl. Gola/Wronka, RDV 2007, 59 (64 f.); Däubler, Gläserne Belegschaften? S. 100: „Frage der Auslegung"*

Zudem vermag die Einwilligung im Arbeitsverhältnis nur bedingt Verarbeitungsbefugnisse des Arbeitgebers über den bereits gesetzlich festgelegten Rahmen hinaus zu begründen. **387**

> *Vgl. nachfolgend Rdn. 392 ff.; zum Verhältnis zwischen einem grundlosen Widerruf und dem Grundsatz der Vertragstreue, vgl. Thüsing, 69 f.*

Die Einwilligung kann ferner dort nicht mehr greifen, wo die Zulässigkeitsgrenzen durch Betriebs- und Dienstvereinbarung – ohne das Persönlichkeitsrecht des Arbeitnehmers in unzulässiger Weise einzuschränken (§ 75 Abs. 2 BetrVG) – im kollektiven Interesse einheitlich festgelegt worden sind. Enthält also eine Betriebsvereinbarung einen abschließenden Katalog der zulässigerweise automatisiert verarbeiteten Personaldaten, so kann der Arbeitgeber sich die Speicherung weiterer Daten nicht über den Weg der Einwilligung legitimieren lassen. Untersagt andererseits eine Betriebsvereinbarung die Speicherung und Übermittlung von Personaldaten, so kann dies nicht ausschließen, dass Personaldaten dann gespeichert und übermittelt werden dürfen bzw. sogar übermittelt werden müssen, wenn der betroffene Mitarbeiter es wünscht. In diesem Fall wird zu prüfen sein, ob die kollektivrechtliche Regelung ihrem Zweck nach individualrechtliche Ausübungen des „informationellen Selbstbestimmungsrechts" zwingend ausschließt. Dabei ist namentlich zwingend zu berücksichtigen, ob sich ein Arbeitnehmer durch das **388**

Verlangen nach Aufnahme bestimmter positiver Angaben in die Personalakten unberechtigte Vorteile gegenüber seinen Kollegen verschafft, die vielleicht ähnliche Vor-
züge aufweisen, diese aber nicht „registrieren" lassen.

Vgl. zur Gestattung der regelmäßig nur bei Einwilligung des Betroffenen zulässigen Veröffent-
lichung von Mitarbeiterdaten im Internet per Betriebsvereinbarung: Gola, Computer-Fach-
wissen 1/2001, 16; vgl. auch zur Gestattung der Kontrolle privater Telekommunikation per
Betriebsvereinbarung und zur erforderlichen Einwilligung nachfolgend Rdn. 1189 ff.; 1192 ff.

7.2   Anforderungen an die Einwilligung nach dem BGB

389   Die Einwilligung wird z.T. als eine rechtsgeschäftliche Erklärung,

vgl. Simitis in Simitis, § 4a Rdn. 20 mit Nachweisen

z.T. als geschäftsähnliche Handlung angesehen.

Däubler, Gläserne Belegschaften?, S. 101 m.w. Nachw.

390   Eine wirksame Erklärung setzt die Einsichtsfähigkeit des Erklärenden voraus. Bei Min-
derjährigen ist ggf. die Zustimmung der gesetzlichen Vertreter erforderlich. Bei
Beschäftigungsverhältnissen ist § 113 BGB zu beachten, der die Befugnis des Jugendli-
chen für Erklärungen im Zusammenhang mit seiner Arbeitnehmertätigkeit gewährleistet. Dazu kann auch die Abgabe einer Zustimmungserklärung zu bestimmten DV-Pro-
zessen gehören.

391   Soweit in Standard-Arbeitsverträgen Einwilligungsklauseln enthalten sind, können sie
der AGB-Kontrolle nach den §§ 307-309 BGB unterliegen. Dabei wird die Frage eine
zentrale Rolle spielen, ob ein Arbeitnehmer entgegen Treu und Glauben unangemessen
benachteiligt wird (§ 307 BGB).

Vgl. dazu Däubler, Gläserne Belegschaften?, Rdn. 164 ff.; Thüsing, 65 f.

7.3   Anforderungen an die Einwilligung nach § 4a Abs. 1 BDSG

392   Die Anforderungen an eine wirksame, in Ausübung des Selbstbestimmungsrechts erfol-
gende Einwilligung enthält § 4a Abs. 1 BDSG. Voraussetzung ist zunächst, dass die
Erklärung auf der freien Entscheidung des Betroffenen beruht, d.h. – wie die EU-
DSchRl in Art. 7 und Art. 2 Buchst. h formuliert – „ohne jeden Zweifel" und „ohne
Zwang" die Verarbeitung legitimiert.

Vgl. auch bei Klug, RDV 2001, 266 (272)

393   Insoweit stellt sich die Frage, wann bzw. ob überhaupt im Verhältnis Arbeitgeber-
Arbeitnehmer von einer Einwilligung „ohne Zwang" gesprochen werden kann, da – wie
häufig eingewandt wird –

für das Arbeitsverhältnis: vgl. Wohlgemuth, Datenschutz für Arbeitnehmer, Rdn. 120 ff. Nach
dem „Entwurf eines Gesetzes zur Änderung des Bundesdatenschutzgesetzes" der SPD-Bun-
destagsfraktion (BT-Drs. 10/545) sollte bei arbeitsvertraglichen Beziehungen die Einwilligung
die Datenverarbeitung nicht legitimieren können, „weil die Entscheidungsfreiheit des Betrof-
fenen wegen der für ihn existenziellen Bedeutung des Arbeitsverhältnisses faktisch einge-
schränkt ist". (Siehe Begründung zu § 25a des Entwurfs; ebenso 4. Tätigkeitsbericht des Bun-
desbeauftragten für den Datenschutz, BT-Drs. 9/1243, S. 57 f.); anders – für die Berechtigung
der Einwilligung im Arbeitsverhältnis – die Bundesregierung, BT-Drs. 16/13657, S. 35

dem Bürger im Verhältnis zu Behörden, Unternehmen oder Arbeitgebern oft gar keine andere Wahl bleibt, als die geforderten Daten zur Verfügung zu stellen. Diese Bedenken teilt auch die EU-Kommission, wenn sie die Notwendigkeit einer eigenen Datenschutzrichtlinie

> *vgl. RDV 2001, 242; dazu einerseits Hornung-Draus, RDV 2002, 34 und andererseits Simitis, AuR 2001, 429*

für den Beschäftigtenbereich u. a. an einem Regelungsbedarf zur Wirksamkeit von Einwilligungen im Arbeitsverhältnis festmachen will.

> *Vgl. die Darstellung der Vorbehalte gegen Einwilligungen im Arbeitsverhältnis bei Bausewein, S. 58 ff. und Däubler, Gläserne Belegschaften?, Rdn. 150 ff.*

Eindeutig ist, dass eine Einwilligung dann als Rechtsgrundlage ausscheidet, wenn die Einwilligung unter Ausnutzung einer wirtschaftlichen Machtposition „abgepresst" wurde. **394**

> *Bergmann/Möhrle/Herb, § 4 Rdn. 34; Schapper/Dauer, RDV 1987, 170 mit Nachweisen; Däubler, Gläseren Belegschaften?, Rdn: 157: („undue influence"); differenzierend Thüsing, 63*

Derartige oder auch durch arglistige Täuschung erschlichene Einwilligungen geben nicht den wahren Willen des Betroffenen wieder. In solchen Fällen wird ein Berufen auf die Einwilligung auch aufgrund des Einwands des Rechtsmissbrauchs (§ 242 BGB) entfallen. **395**

> *Vgl. Bausewein, 65*

Für das Arbeitsverhältnis bedeutet dies zunächst, dass eine Einwilligung nur dann dem Arbeitgeber zusätzliche, über bereichsspezifische Normen oder die BDSG-Erlaubnistatbestände des § 28 hinausgehende Informationsbefugnisse einzuräumen vermag, wenn der Arbeitnehmer seine Zustimmung zur Verarbeitung seiner Daten, ohne Sanktionen oder ungerechtfertigte Nachteile befürchten zu müssen, auch versagen bzw. später wieder zurücknehmen kann. In Kauf nehmen muss der Arbeitnehmer jedoch solche Nachteile, die dadurch bedingt sind, dass ihm die mit der Datenerhebung bzw. -verarbeitung verbundenen Vorteile aufgrund der versagten Einwilligung nicht gewährt werden. Bietet z.B. die Konzernmutter den Mitarbeitern der Tochter unter bestimmten Konditionen Unternehmensaktien an und müssen hierfür Personaldaten über Einkommen etc. an die Mutter übermittelt werden, so müssen die Mitarbeiter, die die für die Datenübermittlung notwendige Einwilligung nicht erteilen wollen, auf den günstigen Firmenrabatt verzichten. **396**

7.4 Keine Erweiterung des Fragerechts durch Einwilligung

Darüber hinaus greift der Einwand des Rechtsmissbrauchs, wenn die Einholung der Einwilligung gegen zwingende Schutznormen bzw. -prinzipien verstößt bzw. zu ihrer Umgehung führen soll. Ein Arbeitgeber kann nicht über die Einwilligung des Arbeitnehmers Informationen verarbeiten, die ihm nach den für das Arbeitsrecht geltenden Grundsätzen unzugänglich sein sollen. Die arbeitsrechtlichen Beschränkungen des Fragerechts des Arbeitgebers werden nicht durch Einholung einer Einwilligung des Bewerbers oder Arbeitnehmers aufgehoben. **397**

> *Innenministerium Baden-Württemberg, Hinweis zum BDSG für die Privatwirtschaft Nr. 34, Staatsanzeiger vom 2.1.1996, Nr. 1, S. 10 = RDV 1996, 127; Däubler, Gläserne Belegschaften?, Rdn. 161, 205*

398   Würde sich ein Arbeitgeber von einer Bewerberin vor der Frage nach einer eventuellen Schwangerschaft

vgl. hierzu im Einzelnen nachstehend Rdn. 481, 496

zunächst die schriftliche Erklärung über das Einverständnis mit dieser Datenerhebung geben lassen, so wäre die Erhebung und nachfolgende Speicherung – gleichgültig, ob sie manuell oder automatisiert erfolgt – gleichwohl rechtswidrig und unwirksam. Die Verwendung des Datums wäre sogar dann unzulässig, wenn die Bewerberin von sich aus ungefragt mitgeteilt hätte, dass sie nicht schwanger sei, weil dies zu einer die anderen Bewerberinnen diskriminierenden Bevorzugung führen könnte.

399   Ein Arbeitnehmer darf auch nicht von einem Bewerber verlangen, dass er den die Einstellungsuntersuchung vornehmenden Arzt von der Schweigepflicht entbindet.

Däubler, Gläserne Belegschaften?, Rdn. 161

400   Gleiches gilt, wenn das Gesundheitsamt sich die Einwilligung geben lässt, nicht nur den Bescheid, sondern auch den Befund der Untersuchung des Beamten an die Dienststelle weiterzugeben.

Vgl. nachstehend Rdn. 578

401   Holen Arbeitgeber nach einer von den Aufsichtsbehörden festgestellten Praxis

Innenministerium Baden-Württemberg, Hinweise zum BDSG für die Privatwirtschaft Nr. 34, Staatsanzeiger vom 2.1.1996, Nr. 1, S. 10 = RDV 1996, 127

von Bewerbern oder neu eingestellten Arbeitnehmern die Einwilligung ein, Arbeitsunfähigkeitszeiten und Krankheitsdiagnosen bei der Krankenkasse erheben zu dürfen, so ist diese Erklärung sowohl wegen Überschreitens des Fragerechts als auch vielfach deshalb unwirksam, weil die Einwilligung wegen des bestehenden Abhängigkeitsverhältnisses nicht freiwillig erteilt worden ist. Krankenkassen dürfen daher Arbeitgebern in solchen Fällen keine entsprechenden Daten übermitteln.

7.5   Konkretheit der Einwilligung

402   In § 4a Abs. 1 S. 2 BDSG wird dem Arbeitgeber zudem eine Hinweispflicht auferlegt. Der Bewerber oder Arbeitnehmer kann nur frei und „ohne jeden Zweifel" über die Erteilung der erbetenen Einwilligung entscheiden, wenn er die vorgesehenen Verarbeitungen kennt und daher auch eine hinreichend bestimmte Erklärung abgeben kann („informierte Einwilligung"). Eine Erklärung des Betroffenen, er sei mit jeder weiteren Form der Verarbeitung seiner Daten einverstanden, kann nicht ausreichen. Der Betroffene muss Kenntnis davon haben, was mit den Daten geschehen soll. Dazu muss er zunächst wissen, auf welche personenbezogenen Daten sich die Einwilligung bezieht. Der Betroffene ist ferner über den Zweck der Speicherung aufzuklären sowie über den Zweck und Empfänger ggf. vorgesehener Übermittlungen. Wird die Einwilligung zusammen mit der Erhebung der Daten eingeholt, so ergibt sich diese Informationspflicht ausdrücklich aus § 4 Abs. 3 BDSG.

Vgl. Däubler, Gläserne Belegschaften?, Rdn. 139 ff.; Thüsing, 57 f.

403   Ein Hinweis darauf, welche Folgen eine Verweigerung der Einwilligung hat, hat nur zu erfolgen, wenn es nach den Umständen des Einzelfalles erforderlich ist oder der Betroffene danach verlangt. Erforderlich ist der Hinweis, falls der Betroffene ansonsten nach objektiver Sicht „die Sachlage nicht erkennen kann" (vgl. Art. 2 Buchst. h EU-DatSchRl).

Vgl. Däubler, Gläserne Belegschaften?, Rdn. 141

Schließlich bedarf die Einwilligung gemäß § 4a Abs. 1 S. 3 BDSG grundsätzlich der **404** Schriftform. Ein Verstoß dagegen würde in entsprechender Anwendung der §§ 125, 126 BGB die Einwilligung unwirksam machen und zur Unzulässigkeit der darauf basierenden Datenverarbeitungen führen. Nur unter besonderen Umständen kann eine andere Form angemessen sein.

Nach Simitis in Simitis, § 4a Rdn. 43 m.w.N. kann das nur eine ausdrückliche mündliche – nicht eine stillschweigende, konkludente – Erklärung sein.

Dies kann z.B. der Fall sein, wenn die Personalabteilung das Einverständnis des Mitarbeiters zu einer Mitteilung in einer Personalangelegenheit an einen anfragenden Dritten telefonisch erfragt.

Vgl. zur ggf. konkludent erteilten Einwilligung bezüglich der Durchbrechung des Fernmeldegeheimnisses zwecks Kontrolle privater Kommunikation nachstehend Rdn. 1191

Wird eine zustimmende Willenserklärung nicht in der erforderlichen Schriftform erteilt, **405** ist aber erkennbar, dass der Betroffene sein Einverständnis zum Ausdruck bringen will, kann diese Äußerung auf die Interessenabwägung des § 28 Abs. 1 S. 1 Nr. 2 BDSG – und ggf. auch des § 32 Abs. 1 BDSG – durchschlagen: „Volenti non fit iniuria".

Vgl. Dörr, RDV 1992, 167

Die Einwilligung darf auch nicht im sog. „Kleingedruckten" von Arbeitsverträgen ver- **406** steckt sein (§ 4a Abs. 1 S. 4 BDSG), sodass der Betroffene sie durch seine Unterschrift erteilt, ohne sich ihrer Bedeutung bewusst zu sein. Die Einwilligungsklausel ist also in Arbeitsverträgen an deutlich sichtbarer Stelle – z.B. als eigener Paragraf – oder drucktechnisch von dem anderen Text abgesetzt darzustellen.

Vgl. allgemein zur Gestaltung von datenschutzrechtlichen Einwilligungserklärungen: Zweiter TB (2006) der Regierung von Mittelfranken, RDV 2007, 84; zu den AGB-rechtlichen Anforderungen, vgl. Thüsing, 65 f.

Auf die Freiwilligkeit und die Möglichkeit der Nichtabgabe der Erklärung z.B. durch Streichung oder Verwendung der Opt-out-Klausel ist hinzuweisen.

Vgl. Bausewein, 74

7.6 Die Einwilligung als „conditio sine qua non" der arbeitsvertraglichen Beziehungen

Irreführend und für die Verarbeitungsbefugnisse des Arbeitgebers fragwürdig sind **407** somit „Einwilligungserklärungen", die etwas gestatten sollen, zu dem der Arbeitgeber bereits aufgrund der arbeitsvertraglichen Beziehungen mit dem Beschäftigten berechtigt ist. In derartigen Fällen hat die – z.B. im Arbeitsvertrag – eingeholte Einwilligung im Grunde nur die Funktion der u.a. nach § 4 Abs. 2 BDSG erforderlichen Information des Betroffenen über die Verwendungszwecke der erhobenen Daten.

Vgl. zur „vorsorglichen Einwilligung", Bausewein, 51

Wiederum anders gelagert sind die Fälle, in denen der Bewerber/Arbeitnehmer ohne die **408** Erteilung der notwendigen Einwilligung auf dem vorgesehenen Arbeitsplatz nicht beschäftigt werden kann. Da hier von einer Freiwilligkeit im aufgezeigten Sinn nicht die Rede sein kann, die Freiwilligkeit nur darin besteht, dass der Arbeitnehmer von dem Abschluss eines Arbeitsvertrages zu den aufgezeigten Bedingungen absehen kann, enthält die Einwilligung auch hier im Grunde nur eine Information über legitime und vom Arbeitnehmer bei Eingehung des Arbeitsverhältnisses zu akzeptierende Eingriffe in sein Persönlichkeitsrecht.

409   Ein Beispiel dafür, dass die „Einwilligung" lediglich eine Information über die vom Bewerber bei Eingehung des Arbeitsverhältnisses zwangsläufig zu akzeptierenden Arbeitsbedingungen darstellt, sind Klauseln, mit denen sich Mitarbeiter von Call-Centern mit der Aufzeichnung von Gesprächen „einverstanden" erklären. Auch wenn die Gesprächsaufzeichnung – wie z.B. beim Telefonbanking – zwingend geboten ist, so bedarf sie zur Wahrung des „Rechts am gesprochenen Wort"

vgl. die Beispiele bei Menzler-Trott, RDV 1999, 257 (258); Gola, RDV 2005, 105

der Einwilligung der Betroffenen. Dem Mitarbeiter bleibt jedoch hinsichtlich der Abgabe der Erklärung nur die Wahl, entweder zuzustimmen oder auf die Eingehung des Arbeitsvertrages zu verzichten. Der Mitarbeiter muss jedoch den arbeitsplatznotwendigen Eingriff in sein Persönlichkeitsrecht kennen, um dann über die Akzeptanz dieser Arbeitsbedingung entscheiden zu können. Sollen die Aufzeichnungen zur „Qualitätssicherung" und Schulung der Mitarbeiter ausgewertet werden bzw. allein zu diesem Zweck erfolgen, kann die Einwilligung dem Arbeitgeber mangels Freiwilligkeit des Bewerbers/Arbeitnehmers wiederum nicht mehr gestatten, als ihm bereits aufgrund seiner Kontrollrechte aus dem Arbeitsverhältnis zusteht.

Jordan/Bissels/Löw, BB 2008, 2626

410   Das Persönlichkeitsrecht des Beschäftigten verlangt insofern zum einen, dass die Aufzeichnung in der Regel nicht heimlich erfolgen darf, und zum anderen, dass sie sich unter Wahrung des Verhältnismäßigkeitsprinzips auf Stichproben oder Auffälligkeiten beschränkt.

Vgl. hierzu im Einzelnen Gola, Datenschutz am Arbeitsplatz, Rdn. 329 ff, m.w.N; zur angemessenen Regelung derartiger Verfahren durch Betriebsvereinbarung vgl. Tammen, Neue Aufgaben für Betriebsräte, in: Menzler-Trott, Call Center Management, 391 (409 f.)

411   Die Datenschutzaufsichtsbehörden lassen es sogar mit der Information des Mitarbeiters über die generelle Verfahrensweise des Arbeitgebers genügen und sehen bei diesbezüglich erteilter Einwilligung das offene, aber auch das heimliche Mithören und sogar das offene und heimliche Aufzeichnen ggf. als zulässig an.

Vgl. 4. Tätigkeitsbericht des Innenministeriums Baden-Württemberg (2007), S. 198

412   Eine gleiche Situation besteht bei dem Abschluss eines Telearbeitsvertrages. Um seinen u. a. auch datenschutzrechtlichen Kontrollpflichten nachkommen zu können, müssen der Arbeitgeber und der Datenschutzbeauftragte – und letztendlich auch die Datenschutz-Aufsichtsbehörde –

vgl. Landesdatenschutzbeauftragte NW, 14. Datenschutzbericht (2000), Ziff. 11.4 und RDV 1999, 234

die Möglichkeit des Zugangs zu dem in die Wohnung des Mitarbeiters ausgelagerten Arbeitsplatz haben. Da der Arbeitgeber kein originäres Zutrittsrecht zu der Wohnung des Arbeitnehmers hat, müssen das Zutrittsrecht und seine Modalitäten vertraglich mit dem Telearbeiter vereinbart werden,

> *Verfassungsrechtliche Fragen einer solchen Zugangsvereinbarung sollen hier dahinstehen, vgl. hierzu Schuppert, Zutrittsrechte zu Telearbeitsplätzen, 1997; Collardin, Aktuelle Rechtsfragen der Telearbeit, 48 ff.; vgl. unter dem Aspekt des Verhältnismäßigkeitsprinzips und der betrieblichen Notwendigkeit Fenski, Außerbetriebliche Arbeitsverhältnisse: Heim- und Telearbeit, 233.*

wobei die „Freiwilligkeit" des Arbeitnehmers auch hier allein darin besteht, den Vertrag inklusive Zutrittsrecht zu akzeptieren oder auf die Beschäftigung im Telearbeitsverhältnis zu verzichten. Sollte der Arbeitnehmer trotz vertraglich vereinbarten Zutrittsrechts den Zutritt unter Berufung auf sein Hausrecht (Art. 13 GG) verweigern, so muss der Arbeitgeber das Telearbeitsverhältnis beenden können, was zweckmäßigerweise in der Vereinbarung klargestellt sein sollte.

Einen ähnlich gelagerten Fall bildet die nach der Rechtsprechung des BAG **413**

> *NJW 1984, 446 = MDR 1984, 81 = DB 1984, 139; vgl. Rdn. 494, 622 ff.*

notwendige Einwilligung des Bewerbers in die grafologische Begutachtung seiner Handschrift. Auch hier muss der Bewerber damit rechnen, dass er bei Verweigerung der Einwilligung von einem „grafologiegläubigen" Arbeitgeber nicht eingestellt werden könnte. Rechtsprechung

> *ArbG München, DB 1975, 1657*

und h.M. der Literatur sehen somit in der Einholung des grafologischen Gutachtens – jedenfalls dann, wenn solche Eigenschaften ermittelt werden sollen, die für das Arbeitsverhältnis von Bedeutung sind – keine datenschutzwidrige Datenerhebung bei Dritten, verlangen jedoch, dass der Bewerber – ebenso wie es § 4 Abs. 2 BDSG bei Datenerhebungen zwecks nachfolgender BDSG-Verarbeitung ausdrücklich verlangt – weiß, warum z.B. ein handgeschriebener Lebenslauf gefordert wird, sodass er sich dann entscheiden kann, ob er seine Handschrift zu diesem Zweck zur Verfügung stellen will. Dass die Grafologie keine anerkannte Wissenschaft ist, spielt insoweit keine Rolle. Der Datenschutz untersagt dem Arbeitgeber nicht, seine Einstellungsentscheidung ggf. auch auf abwegige Überlegungen zu stützen, so z.B., wenn er das Sternzeichen und eine astrologische Begutachtung hierbei berücksichtigt.

> *Vgl. zur Inkaufnahme bei Verweigerung der Einwilligung durch den Bewerber/Arbeitnehmer, Bausewein, 73 f., 187; hinsichtlich eventueller Mitbestimmung bei formularmäßiger Einholung der Einwilligung nach § 94 Abs. 1 BetrVG vgl. nachstehend Rdn. 1755 ff.*

8   Das Widerspruchsrecht des § 35 Abs. 5 BDSG

8.1   Allgemeines

Mit der Anpassung des BDSG und der Landesdatenschutzgesetze an die Vorgaben der **414** Europäischen Datenschutzrichtlinie wird den Betroffen erstmals ausdrücklich ein Recht auf Widerspruch gegen die Verarbeitung ihrer personenbezogenen Daten sowohl durch öffentliche als auch durch private Daten verarbeitende Stellen gewährt. Nach Art. 14 Buchst. a EU-Datenschutzrichtlinie (DatSchRl) und dem folgend § 35 Abs. 5 BDSG ist den Betroffen dann, wenn die Verarbeitung ihrer Daten aufgrund vorrangiger öffentlicher oder privater Interessen gestattet wird (Art. 7 Buchstabe e und f), das

Recht einzuräumen, „jederzeit aus überwiegenden, schutzwürdigen, sich aus der besonderen Situation ergebenden Gründen Widerspruch einlegen zu können". Im Fall eines berechtigten Widerspruchs muss die weitere Verarbeitung der Daten unterbleiben.

415   Das mit dem allgemeinen Widerspruchsrecht des Art. 14 Buchstabe a EU-DatSchRl verfolgte Ziel verdeutlicht Erwägungsgrund 45, wonach eben auch – aus der Sicht der verantwortlichen Stelle – rechtmäßige Datenverarbeitungen durch „berechtigten" Widerspruch regelmäßig „ex nunc" rechtswidrig werden. Die Ex-nunc-Wirkung des Widerspruchs ergibt sich daraus, dass er sich gegen eine – zunächst – rechtmäßige Verarbeitung richtet, d.h. eine Verarbeitung, die die verantwortliche Stelle nach sorgfältiger Prüfung der Interessenlage z.B. nach § 28 Abs. 1 S. 1 Nr. 2 BDSG als bis zum Zeitpunkt der gegenläufigen Willenserklärung des Betroffenen legitimiert ansehen konnte.

8.2   Das Widerspruchsrecht gegenüber dem Arbeitgeber

8.2.1   Allgemeines

416   Selbst bei zuvor erteilter Einwilligung kann ein nachfolgender Widerspruch für die weitere Zulässigkeit der Verarbeitung relevant werden. Der Betroffene kann – auch wenn das BDSG dies nicht ausdrücklich erwähnt – eine einmal erteilte Einwilligung regelmäßig auch wieder zurücknehmen. Der damit zum Ausdruck kommende Widerspruch gegen weitere Verarbeitungen ist von der Daten speichernden Stelle für die Zukunft zu beachten, d.h., der Widerruf der Einwilligung entzieht den Verarbeitungen ex nunc die erforderliche Rechtsgrundlage, wobei es zur Ausübung dieses „Widerspruchs" regelmäßig nicht des Einbringens besonderer, der Verarbeitung nunmehr entgegenstehender persönlicher Gründe bedarf. Allein eine willkürliche, den Grundsätzen von Treu und Glauben zuwiderlaufende Rücknahme der Einwilligung kann unbeachtlich sein.

Vgl. im Einzelnen Gola/Schomerus, § 4a Rdn. 38

417   Für die Beurteilung der Zulässigkeit einer Verarbeitung kann auch die Nichtausübung eines eingeräumten Widerspruchsrechts relevant sein. Das BDSG macht die Zulässigkeit der Erhebung, Verarbeitung und Nutzung mehrfach davon abhängig, dass schutzwürdige Interessen des Betroffenen nicht beeinträchtigt werden. Für den Arbeitgeber ist es oft schwierig, dies zu beurteilen, insbesondere dann, wenn eine Einzelfallprüfung erforderlich ist. Hier kann es sinnvoll sein, zur Sicherheit eine Einwilligung einzuholen.

418   In bestimmten Fällen ist es aber aus Praktikabilitätsgründen naheliegend und zur Wahrung des Datenschutzes des Betroffenen häufig ausreichend, dem Betroffenen die Möglichkeit des Widerspruchs einzuräumen. Diese Widerspruchsmöglichkeit ersetzt nicht etwa die Einwilligung. Ist jedoch wegen der Art der zu verarbeitenden Daten oder wegen der beabsichtigten Nutzung davon auszugehen, dass schutzwürdige Interessen im Regelfall nicht beeinträchtigt werden, so kann aus der Tatsache, dass von der ausdrücklich eingeräumten Widerspruchsmöglichkeit kein Gebrauch gemacht wurde, darauf geschlossen werden, dass eventuelle, für die verantwortliche Stelle nicht erkennbare, entgegenstehende Interessen Einzelner nicht vorliegen. Dieses Vorgehen bietet sich z.B. an für „betriebsinterne" Publikationen von Jubiläen der Beschäftigten.

419   Erste Zulässigkeitsvoraussetzung ist aber auch hier ein – sich ggf. aus einer Vertragsbeziehung ergebendes – berechtigtes Interesse (z.B. nach § 32 Abs. 1 BDSG) der verantwortlichen Stelle. Mangels einer aus dem Vertragszweck abgeleiteten Legitimation

reicht das Einräumen eines Widerspruchsrechts z.B. nicht aus bei der Weitergabe von Arbeitnehmerdaten an ein Versicherungsunternehmen, auch wenn dieses den Beschäftigten ein „Vorzugsangebot" machen will.

> *Vgl. Aufsichtsbehörde Baden-Württemberg, Hinweis zum BDSG Nr. 32, Staatsanzeiger vom 12.01.1994, Nr. 3, S. 8*

Gleiches gilt regelmäßig für die nicht funktionsbedingte Veröffentlichung von Mitarbeiterdaten im Internet. **420**

> *Vgl. Gola, Datenschutz am Arbeitsplatz, Rdn. .538 ff.*

8.2.2 Widerspruchsgründe im Arbeitsverhältnis

Trägt der Arbeitnehmer aus seiner persönlichen Situation sich ergebende Gründe vor, die gegen eine Erhebung, Verarbeitung oder Nutzung bestimmter Daten für bestimmte Zwecke sprechen, d.h. bislang nicht berücksichtigte schutzwürdige Interessen für den Arbeitgeber mit der Folge offenbar machen, dass zunächst zu Recht als vorrangig angesehene berechtigte Interessen des Arbeitgebers im konkreten Fall zurückzutreten haben, so muss die insoweit vorgetragene Einwendung als „Widerspruch" des Arbeitnehmers beachtet werden (§ 35 Abs. 5 S. 1 BDSG). **421**

---

§ 35 BDSG – *Berichtigung, Löschung und Sperrung von Daten*

(1) ... (4) ...

(5) Personenbezogene Daten dürfen nicht für eine automatisierte Verarbeitung oder Verarbeitung in nicht automatisierten Dateien erhoben, verarbeitet oder genutzt werden, soweit der Betroffene dieser bei der verantwortlichen Stelle widerspricht und eine Prüfung ergibt, dass das schutzwürdige Interesse des Betroffenen wegen seiner besonderen persönlichen Situation das Interesse der verantwortlichen Stelle an dieser Erhebung, Verarbeitung oder Nutzung überwiegt. Satz 1 gilt nicht, wenn eine Rechtsvorschrift zur Erhebung, Verarbeitung oder Nutzung verpflichtet.

(6) ... (8) ...

Auch gegenüber privaten Daten verarbeitenden Stellen ist das „allgemeine" Widerspruchsrecht ausgeschlossen (§ 35 Abs. 5 Satz 2 BDSG), „wenn eine Rechtsvorschrift zur Erhebung, Verarbeitung oder Nutzung verpflichtet". Derartige Normen, die private Stellen zu einer Datenverarbeitung verpflichten, sind zunächst und regelmäßig solche, die Privatunternehmen konkret vorschreiben, personenbezogene Daten an staatliche Stellen zu übermitteln oder zumindest für diese bereitzuhalten. Dabei kann nicht Voraussetzung sein, dass sich die Verpflichtung auf die Speicherung in oder die Übermittlung aus Dateien bezieht. Es handelt sich insofern also um Normen, die – sofern es sich um Bundesrecht handelt – nach § 1 Abs. 3 BDSG oder ansonsten nach § 4 Abs. 1 BDSG als vorrangige Erlaubnisvorschriften das Verbot mit Erlaubnisvorbehalt im Rahmen der insoweit bestehenden doppelten Subsidiarität des BDSG durchbrechen. Demgemäß muss die Rechtsvorschrift eine eindeutige Verarbeitungsverpflichtung regelmäßig unter Nennung zumindest der Art der Daten und des Zwecks der Verarbeitung begründen. Erforderlich ist, dass die Verpflichtung zur Verarbeitung unmittelbar in der Norm geregelt ist und die Notwendigkeit der Verarbeitung sich nicht etwa nur als Folge der Verpflichtung zur Umsetzung der Norm ergibt. **422**

Bergmann/Möhrle/Herb, § 4 Rdn. 17

423 Ist Letzteres der Fall, so kann die Norm nur in Ausfüllung der Erlaubnistatbestände der § 32 Abs. 1 BDSG und § 28 Abs. 1 S. 1 Nr. 2 und Abs. 2 Nr. 1 und 2 und der dort verlangten „Erforderlichkeit" Bedeutung erhalten. Speichert und übermittelt der Arbeitgeber die Konto- und Gehaltsdaten des Beschäftigten, weil er vertraglich oder tariflich berechtigt und „verpflichtet" ist, das Gehalt unbar per Überweisung auszuzahlen, so bleibt § 32 Abs. 1 S. 1 BDSG Legitimationsgrundlage zur diesbezüglichen Datenverarbeitung.

424 Die Norm muss zudem eine Verpflichtung zur jeweiligen Erhebung, Verarbeitung oder Nutzung enthalten. Normen, die nur eine darauf bezogene Berechtigung begründen – mag diese auch zur Erfüllung einer Verpflichtung eingeräumt worden sein –, schließen das Widerspruchsrecht selbst dann nicht aus, wenn es in der jeweiligen Norm nicht erwähnt wird. Soll das Widerspruchsrecht in bereichsspezifisch geregelten Erlaubnistatbeständen ausgeschlossen werden, bedarf es einer im Rahmen des Art. 14 EU-DatSchRl zulässigen konkreten Regelung. Ansonsten wird die zum Widerspruchsrecht schweigende Norm durch das insoweit mangels Deckungsgleichheit

Gola/Schomerus, § 1 Rdn. 24

nicht verdrängte BDSG ergänzt.

425 Auch Betriebs- und Dienstvereinbarungen können als „andere" Rechtsvorschriften im Sinn von § 4 Abs. 1 BDSG die Verarbeitung von Personaldaten gestatten. Betriebsvereinbarungen enthalten jedoch durchweg keine Datenverarbeitungsverpflichtungen, sondern lediglich diesbezügliche Berechtigungen, denen der betroffene Mitarbeiter ggf. mit einem begründeten Widerspruch begegnen kann.

426 Abgesehen davon steht den Parteien einer Betriebsvereinbarung auch nicht das Recht zu, den Beschäftigten im sog. „kollektiven Interesse" diese Rechtsposition zu nehmen.

Vgl. Gola, DuD 2001, 278

9 Datensicherung

9.1 Allgemeines

427 Unter „Datensicherung" versteht man im Allgemeinen die Summe der Maßnahmen zur Sicherung des ordnungsgemäßen Ablaufs der Datenverarbeitung durch Sicherung der Hardware, der Software und der Daten vor Verlust, Schädigung und Missbrauch. Das Ziel ist die Datensicherheit. Dass bereits der personalaktenrechtliche Grundsatz der Vertraulichkeit den Arbeitgeber verpflichtet, die Personaldaten vor missbräuchlicher Verwendung zu schützen, unterstreicht nur diesen Aspekt.

428 Werden die Personaldaten im Geltungsbereich des BDSG verarbeitet, so wird der Arbeitgeber auf diese Verpflichtung zusätzlich ausdrücklich durch § 9 BDSG hingewiesen.

Die in § 9 enthaltene Verpflichtung zur Schaffung ausreichender technischer und organisatorischer Maßnahmen zur Gewährleistung des Datenschutzes steht in einem engen

Zusammenhang mit den schon im Interesse der Daten verarbeitenden Stelle gebotenen Maßnahmen der Datensicherung. Insofern sind die Begriffe Datenschutz und Datensicherheit nicht identisch; soweit Datensicherung jedoch unter der Zielrichtung des Datenschutzes, d.h. zur Gewährleistung des Persönlichkeitsrechts des Betroffenen, betrieben wird, dient sie dem Datenschutz.

Im Ergebnis geht es darum, die Verfügbarkeit, Authentizität und Integrität zu gewährleisten. **429**

- Verfügbarkeit: Die Verfügbarkeit von Dienstleistungen, Funktionen oder Dateien über die Grenzen des Unternehmens hinaus ist sehr wichtig. So sollte z.B. eine Systemverwaltung ständig zu erreichen sein, die bei Problemen Abhilfe schaffen kann. Die Verfügbarkeit kann durch organisatorische Maßnahmen gewährleistet werden.
- Authentizität: Authentizität ist gegeben, wenn sichergestellt ist, dass empfangene Daten auch tatsächlich von authentifizierten Benutzern stammen. Gewährleisten kann man dies durch digitale Unterschriften, Passwörter etc.
- Integrität: Integrität ist nur dann gewährleistet, wenn Unbefugten die Änderung der Daten unmöglich ist. Die Möglichkeit einer unbefugten Änderung der Daten besteht z.B., wenn mehrere Personen denselben PC nutzen, bei einem Systemabsturz, bei Dateiformatskonvertierungen (die hin und wieder durch verschiedene Programmversionen unumgänglich sind) und wenn Hacker die Daten abfangen, abändern und dann weiterleiten.

> **§ 9 BDSG – *Technische und organisatorische Maßnahmen***
>
> *Öffentliche und nicht öffentliche Stellen, die selbst oder im Auftrag personenbezogene Daten erheben, verarbeiten oder nutzen, haben die technischen und organisatorischen Maßnahmen zu treffen, die erforderlich sind, um die Ausführung der Vorschriften dieses Gesetzes, insbesondere die in der Anlage zu diesem Gesetz genannten Anforderungen, zu gewährleisten. Erforderlich sind Maßnahmen nur, wenn ihr Aufwand in einem angemessenen Verhältnis zu dem angestrebten Schutzzweck steht.*

Im Übrigen ist der Terminus der technischen und organisatorischen Maßnahmen weit zu fassen; er umfasst die in § 31 BDSG unterschiedenen Zielrichtungen der Datenschutzkontrollen oder der Maßnahmen zur Gewährleistung des ordnungsgemäßen Betriebsablaufs. Er enthält auch die Bereiche personeller oder baulicher Maßnahmen der Datensicherung. Technische Vorkehrungen sind also auch Einbruchs- oder Brandschutzeinrichtungen. Organisatorische Maßnahmen beziehen sich auf die Verfahren der Personalauswahl, das Vier-Augen-Prinzip, die Festlegung von Arbeitsabläufen in Arbeitsplatzbeschreibungen ebenso wie auf Zugangskontrollen. Die Begriffe sind demgemäß auch keineswegs eindeutig abgrenzbar, was rechtlich jedoch ohne Bedeutung ist. **430**

Das BDSG erwähnt den Begriff der Datensicherung nur an einer Stelle, und zwar im Rahmen der Zweckbindung der insoweit gespeicherten Daten (§ 31). Dort unterscheidet es zwischen Maßnahmen der Datenschutzkontrolle, der Datensicherung und solchen, die dem ordnungsgemäßen Betrieb der Datenverarbeitungsanlage dienen. Die Begriffe überschneiden sich jedoch; Maßnahmen des Datenschutzes dienen zugleich der Datensicherung, und der Schutz der Daten vor Verlust, Verfälschung, Diebstahl etc. dient auch dem Datenschutz, d.h. der Gewährleistung des Persönlichkeitsrechts der Betroffenen gemäß § 1 Abs. 1 BDSG. **431**

9.2   Kontrollmaßnahmen der Anlage zu § 9 BDSG

432   In einer Anlage zu § 9 BDSG gibt der Gesetzgeber für automatisierte Datenverarbeitungen acht besonders relevante Sicherungsziele vor. Ausgehend von dem generellen Gebot, die interne Organisation so zu gestalten, dass sie den besonderen Anforderungen des Datenschutzes gerecht wird, sieht er insbesondere folgende Maßnahmen vor:

433   • Die Zutrittskontrolle verlangt, Unbefugten den „körperlichen" Zutritt zu Datenverarbeitungsanlagen, mit denen personenbezogene Daten verarbeitet werden, zu verwehren. Es soll verhindert werden, dass Personen unkontrolliert in die Nähe von Datenverarbeitungsanlagen kommen, die dazu nicht befugt sind. Hierdurch soll von vorneherein die Möglichkeit unbefugter Kenntnis- oder Einflussnahme ausgeschlossen werden.

434   • Die Zugangskontrolle soll die unbefugte Nutzung von Datenverarbeitungssystemen verhindern. Gemeint ist hiermit im Gegensatz zur Zutrittskontrolle das Eindringen in das EDV-System selbst seitens unbefugter (externer) Personen, während die nachfolgend geregelte Zugriffskontrolle die Tätigkeit innerhalb des EDV-Systems durch einen grundsätzlich Berechtigten außerhalb seiner konkreten Berechtigung erfasst.

435   • Die Zugriffskontrolle soll gewährleisten, dass die zur Benutzung eines Datenverarbeitungssystems Berechtigten ausschließlich auf die ihrer Zugriffsberechtigung unterliegenden Daten zugreifen können und dass personenbezogene Daten bei der Verarbeitung und Nutzung nicht unbefugt gelesen, kopiert, verändert oder entfernt werden können. Im Rahmen der im Einleitungssatz der Anlage zu § 9 geforderten datenschutzgerechten Organisation ist sicherzustellen, dass der Zugriff nur zu solchen Daten eröffnet wird, die der Mitarbeiter zur Erledigung der ihm übertragenen Aufgaben benötigt.

436   • Durch die Weitergabekontrolle soll verhindert werden, dass Datenträger unbefugt gelesen, kopiert, verändert oder entfernt werden können und dass überprüft werden kann, an welchen Stellen eine Übermittlung personenbezogener Daten durch Einrichtungen zur Datenübertragung vorgesehen ist. Datenträger ist jedes Medium, auf dem Daten festgehalten werden. Unbefugt ist jedes Verhalten, das sich nicht mit den den Beschäftigten übertragenen Aufgaben und Kompetenzen deckt, wobei im Gegensatz zu der früheren Abgangskontrolle nicht mehr nur das unbefugte Entfernen, sondern auch die unbefugte Kenntnis- und Einflussnahme zu verhindern sind.

437   • Die Eingabekontrolle soll gewährleisten, dass nachträglich überprüft und festgestellt werden kann, welche personenbezogenen Daten zu welcher Zeit von wem in Datenverarbeitungssysteme eingegeben, dort verändert oder auch gelöscht und entfernt worden sind. Auch bei dieser Kontrollmaßnahme geht es um die Nachprüfbarkeit eines Verarbeitungsvorgangs. Urheber, Inhalt und Zeitpunkt von Datenspeicherungen sollen im Nachhinein ermittelt werden können. Diese Maßnahme wird regelmäßig nur durch – manuell oder automatisiert – erfolgende Protokollierungen realisierbar sein. Als Nachweis können sowohl Originalbelege mit handschriftlichen Vermerken als auch maschinell erstellte und verbindlich gekennzeichnete Protokolle in Betracht kommen. Das Eingabeverfahren ist jedenfalls regelmäßig derart zu organisieren, dass die erfolgten Dateneingaben dokumentiert und überprüft werden können. Unverzichtbar ist die Eingabekontrolle jedenfalls dann, wenn die Eingabe zum Zwecke der Änderung von mehreren Arbeitsplätzen aus erfolgen kann.

- Im Rahmen der Auftragskontrolle hat der Auftragnehmer zu gewährleisten, dass die **438** im Auftrag zu verarbeitenden Daten nur entsprechend den Weisungen des Auftraggebers verarbeitet werden. Zur Auftragskontrolle verpflichtet ist zunächst der Auftragnehmer, mittelbar aber auch der Auftraggeber, dem es obliegt, entsprechend klare Weisungen zu erteilen (vgl. insoweit auch § 11 BDSG) und eindeutige vertragliche Abreden nebst Kontrollabreden zu treffen. Dabei sind insbesondere verantwortlich zu regeln: Zeitpunkt, Ort und Berechtigung/Verpflichtung zur Anlieferung bzw. Abholung der Daten, Transport-/Versendungsform, Leistungsumfang, Aufbewahrung von Datenträgern, beiderseitige Verfügungsberechtigungen, beiderseits durchzuführende Kontrollmaßnahmen, Maßnahmen bei Verlust von Datenträgern, Zulässigkeit der Heranziehung von Subunternehmern etc.
- Die Verfügbarkeitskontrolle zielt ab auf den Schutz vor zufälliger Zerstörung und **439** meint damit Wasserschäden, Brand, Blitzschlag, Stromausfall etc. Beispiele für Sicherungsmaßnahmen sind: Auslagerung von Sicherungskopien, Notstromaggregate etc.
- Das Trennungsgebot will die zweckbestimmte Verarbeitung auch technisch sicherstellen. Ist eine Zweckänderung zulässig bzw. ist ein System auf eine Zweckänderung und Zusammenführung der Daten konzipiert, so greift das Gebot nicht. Das **440** Trennungsgebot verlangt keine räumliche Trennung derart, dass die Daten in gesonderten Systemen oder auf gesonderten Datenträgern gespeichert werden müssen, es reicht vielmehr eine sog. logische Trennung.

Für die Realisierung der Zugangs-, Zugriffs- und Weitergabekontrolle empfiehlt S. 3 der **441** Anlage zu § 9 die Verwendung von Verschlüsselungsverfahren, die dem Stand der Technik entprechen.

9.3 Grundsatz der Verhältnismäßigkeit

§ 9 Abs. 1 S. 1 BDSG geht vom Grundsatz der Erforderlichkeit aus, d.h., er bestimmt **442** generalklauselartig, dass jeder, der nach Maßgabe dieses Gesetzes personenbezogene Daten verarbeitet, die technischen und organisatorischen Maßnahmen zu treffen hat, die erforderlich sind, um die Ausführung der Vorschriften dieses Gesetzes zu gewährleisten.

Damit wird dem Normadressaten zwar die Möglichkeit eröffnet, die auf den Einzelfall **443** zugeschnittenen Datensicherungsmaßnahmen zu treffen; er muss aber gleichzeitig auch die – nicht immer leichte – Entscheidung fällen, welche von den zahlreichen möglichen Sicherungsmaßnahmen erforderlich sind. Gleichzeitig hat der Gesetzgeber in § 9 Abs. 1 S. 2 BDSG alle Datensicherungsmaßnahmen unter den Grundsatz der Verhältnismäßigkeit gestellt. „Erforderlich" sind danach nur Maßnahmen, deren Schutzwirkung in einem angemessenen Verhältnis zu dem Aufwand steht, den sie verursachen.

Gleichwohl bedeutet dies nicht, dass auf bestimmte Maßnahmen – die erforderlich sind, **444** um „die Ausführung der Vorschriften dieses Gesetzes zu gewährleisten" – wegen zu hohen Aufwands verzichtet werden könnte. In jedem Fall muss sichergestellt werden, dass die gesetzlichen Verbote beachtet und die Gebote ausgeführt werden. Der Auskunftsanspruch des Betroffenen kann also nicht deshalb versagt werden, weil der Aufwand für das Aufsuchen der Daten zu hohe Kosten verursacht. Es müssen stets die technischen und organisatorischen Vorkehrungen getroffen werden, die erforderlich sind, um der Auskunftsverpflichtung vollständig und rechtzeitig genügen zu können. Allein die Maßnahmen, die den Zeitpunkt der Auskunft, die Vermeidung von Fehlern, die korrekte Zustellung an den Betroffenen etc. betreffen, sind am Verhältnismäßigkeitsprinzip auszurichten. Die Daten verarbeitende Stelle kann nicht das „Ob" der Auskunftserteilung, sondern nur das „Wie" im Rahmen des Verhältnismäßigkeitsprinzips abwägen; sie kann unter Beachtung der Sensibilität der Daten etwa entscheiden, ob die schriftliche Auskunft per normalen Brief oder per Einschreiben zugeschickt werden soll.

445 Die Festlegung der Einzelmaßnahmen hat sich mithin an den Bezugsgrößen „Schutzzweck und Aufwand" zu orientieren. Es müssen deshalb Schutzkriterien gewählt werden, die sich konkret an der Schutzbedürftigkeit der einzelnen gespeicherten Daten orientieren.

9.4 Datensicherungsmaßnahmen und Schutz der bei der DV Beschäftigten

9.4.1 Zweckbindung der Kontrolldaten

446 Wie die in der Anlage zu § 9 BDSG ausdrücklich genannten acht Kontrollverpflichtungen deutlich machen, beinhalten Maßnahmen der Datensicherung und Datenschutzkontrolle zwangsläufig auch die Kontrolle der bei der Datenverarbeitung beschäftigten Mitarbeiter. Damit sind insoweit in Einklang zu bringen die Überwachungserfordernisse einerseits mit den Datenschutzansprüchen der Beschäftigten andererseits. Der Gesetzgeber trägt dem Rechnung, indem er in §§ 14, 31 BDSG den Arbeitgeber verpflichtet, die Daten, die zu Zwecken der Datenschutzkontrolle, der Datensicherung oder zur Sicherung eines ordnungsgemäßen Betriebs einer Datenverarbeitungsanlage gespeichert werden, nur für diesen Zweck und nicht für sonstige Leistungs- und Verhaltenskontrollen zu verwenden.

9.4.2 Mitbestimmung

447 Zu beachten ist ferner, dass auch zur Gewährleistung der gesetzlich vorgeschriebenen Datensicherung und Datenschutzkontrolle erfolgende Mitarbeiterkontrollen regelmäßig der Mitbestimmung unterliegen dürften (vgl. § 87 Abs. 1 Nr. 1, Nr. 6 BetrVG). Dies wäre nach § 87 Abs. 1 Obersatz BetrVG nur dann nicht der Fall, wenn dem Arbeitgeber bei der Gestaltung der Kontrollmaßnahme keinerlei Spielraum verbleiben würde. In der Regel steht dem Arbeitgeber aber eine Reihe von Möglichkeiten zur Verfügung, um seiner Datensicherungspflicht zu genügen. In diesen Fällen ist die Mitarbeitervertretung zu beteiligen, um die Sicherungsvorkehrungen auszuwählen, die im Rahmen des wirtschaftlich Vertretbaren und hinsichtlich des Schutzzwecks Erforderlichen die Persönlichkeitsrechte der Mitarbeiter am wenigsten beeinträchtigen.

448 Nur dort, wo das Gesetz zwingend bestimmte, eine Kontrolle der Mitarbeiter ermöglichende Datensicherungsmaßnahmen vorschreibt, d.h. dem Arbeitgeber keine Alternative verbleibt, kann die Mitarbeitervertretung entsprechenden Datenerfassungen und -speicherungen ihre Zustimmung nicht versagen. Sie wird aber auch hier Wert darauf legen, in der dazu abzuschließenden Betriebs-/Dienstvereinbarung im Einzelnen festzu-

legen, welche Daten wie lange gespeichert werden, wer und bei welchen Anlässen zum Zweck der Datenschutzkontrolle Zugriff haben soll und welche Maßnahmen „auffällig" gewordenen Mitarbeitern drohen.

Vgl. auch nachstehend Rdn. 1879 ff.

9.4.3 Praktische Hinweise

9.4.3.1 Protokollierungen

Eine Maßnahme der Datensicherung stellt z.B. die Aufzeichnung von Systemnachrichten und -eingaben in Form von Protokollen dar. Der Bundesbeauftragte für den Datenschutz **449**

14. Tätigkeitsbericht, S. 194 = RDV 1993, 274

hat unter dem oben aufgezeigten Aspekt folgende Empfehlungen zu Protokolldateien gegeben: *„Eine Erzeugung von Protokolldateien ist nur zulässig, wenn sie auch erforderlich sind, d.h. tatsächlich genutzt werden. Werden sie ausschließlich zu Zwecken der Datenschutzkontrolle, der Datensicherung oder zur Sicherung eines ordnungsgemäßen Betriebes der EDV-Anlage gespeichert, dürfen sie nur für diese Zwecke verwendet werden (§ 14 Abs. 4 BDSG) (vgl. auch § 31 BDSG). ...*

Die zulässigen Auswertungen der Protokolldateien sowie die Art ihrer Nutzung sollten unter Beteiligung des internen Datenschutzbeauftragten und des Personalrates oder Betriebsrates festgelegt werden. Tatsächliche Auswertungen zu Zwecken der Datenschutzkontrolle oder der Kontrolle der IT-Sicherheit sollten durch den Datenschutzbeauftragten bzw. IT-Sicherheitsbeauftragten unter Beteiligung des Personalrates erfolgen. ...

Eine wahllose Registrierung aller Aktivitäten der Benutzer ist aus Sicht des Datenschutzes bedenklich. Zwar fordert § 9 BDSG Maßnahmen, damit nachträglich überprüft und festgestellt werden kann, welche personenbezogenen Daten zu welcher Zeit in das System eingegeben wurden. Der Angemessenheitsgrundsatz des § 9 gestattet es jedoch, dahingehende Registrierungen in Protokolldateien auf sensiblere Aktivitäten (Benutzung bestimmter Programme, Dateien, Datenfelder) zu begrenzen. Es sollten daher alle systemseitig vorhandenen Möglichkeiten – durch Einstellen von Parametern oder Setzen von ‚Schaltern' – genutzt werden, damit wirklich nur Aktivitäten mit erhöhtem Schutzbedarf registriert werden. So reicht es aus, wenn nicht jeder Zugriff z.B. auf eine Personaldatei registriert wird, sondern nur diejenigen, die besonders sensible Datenfelder oder Programme betreffen. Auch eine solche Protokolldatei darf nicht zur Verhaltens- und Leistungskontrolle genutzt werden. ...

Protokolldaten müssen nach angemessener Zeit (automatisch) gelöscht werden; eine Speicherdauer von maximal einem Jahr ist im Allgemeinen als ausreichend anzusehen."

Der Arbeitskreis „Technische und organisatorische Datenschutzfragen der Konferenz der Datenschutzbeauftragten des Bundes und der Länder" hat eine Orientierungshilfe erarbeitet, welche Aspekte in der Praxis zu berücksichtigen sind.

Sie sind mit Stand vom 2. November 2009 u.a. veröffentlicht im 38. TB des Hessischen Datenschutzbeauftragten, www.datenschutz.hessen.de/taetigkeitsberichte.htm.

9.4.3.2 Online-Bewerbungen

450 Die Landesbeauftragte für Datenschutz und Informationsfreiheit der Freien Hansestadt Bremen hat in ihren „Tipps für Bürger" auf die Bedeutung von Datensicherungsmaßnahmen bei Online-Bewerbungen hingewiesen (*www.datenschutz-bremen.de*).

Namentlich Maßnahmen der Nummern 3, 4, 5 der Anlage zu § 9 BDSG hält sie für geboten.

> *„Als wesentliche Maßnahme kommt die Verschlüsselung der Daten in Betracht, deren Entschlüsselung nur dem Absender und dem Empfänger ermöglicht werden darf."*

9.4.3.3 Passwörter

451 Das Passwort ist immer noch das gebräuchlichste Verfahren, um den unberechtigten Zugriff auf personenbezogene Daten abzuwehren. Jeder Benutzer sollte über eine Benutzerkennung und ein persönliches Passwort verfügen, um sich so gegenüber dem IuK-System als Berechtigter ausweisen zu können. Der Landesbeauftragte für den Datenschutz Niedersachsen hat unter dem Titel „Passwörter …, aber richtig" eine Orientierungshilfe erarbeitet, mit der konkrete Empfehlungen zu Gestaltung und Verwendung von Passwörtern gegeben werden.

> *Der Text (Stand 24.10.2011) ist abrufbar unter www.lfd.niedersachsen; zur Sorfaltspflicht bei Passwörtern Lorenz, DuD 2013, 220*

9.4.3.4 Telearbeit

452 Besonders deutlich wird das Erfordernis hinreichender Datensicherungsmaßnahmen einerseits und gleichzeitiger Gewährleistung des Datenschutzes der Beschäftigten andererseits bei der Arbeitsform der Telearbeit. Ob die Auslagerung eines Arbeitsplatzes mit der damit verbundenen Verarbeitung personenbezogener Daten in die Wohnung des Mitarbeiters durchführbar ist, hängt einerseits von der „Art der Tätigkeit" und andererseits von der „Eignung" der häuslichen Arbeitsstätte ab.

Die Aufsichtsbehörden bieten Orientierungshilfen, Checklisten und Arbeitshilfen an, in denen einerseits auf die Gefahren und Risiken beim Aufbau und Einsatz von mobilen Arbeitsplätzen hingewiesen wird, andererseits konkrete Empfehlungen für technische und organisatorische Sicherungsmaßnahmen ausgesprochen werden.

> *Vgl. etwa „Mobiles Arbeiten – datenschutzgerecht gestaltet" des Landesbeauftragten für den Datenschutz Niedersachsen (www.lfd.niedersachsen.de); „Telearbeit – Ein Datenschutz-Wegweiser" des Bundesbeauftragten für den Datenschutz und die Informationsfreiheit, Stand: August 2012 (www.bfdi.bund.de); LDSB NRW, Datenschutzbericht 1999, 130*

453 Im Hinblick auf die Problematik der Gewährleistung eines angemessenen Schutzes der Daten u.a. vor der Kenntnisnahme durch Unbefugte etc. wird sich die Verarbeitung von Personaldaten in Telearbeit häufig verbieten.

> *Vgl. Musterdienstvereinbarung für die Bundesverwaltung (www.staatmodern.de/projekte/aktuell), nach der Telearbeit nur unter der Voraussetzung zugelassen ist, dass eine Verarbeitung von Informationen, die ihrer Natur nach oder aufgrund ihrer Einstufung besonders vertraulich zu behandeln sind, nicht oder nur selten stattfinden soll*

Jedoch können auch hier Differenzierungen angezeigt sein. So können Ausbildungs- und Fortbildungsdaten oder solche über einzelne Verwendungen zur Verarbeitung in Telearbeit durchaus geeignet sein, während bei Daten über Beurteilungen und Erkrankungen die „häusliche" Verarbeitung ausscheiden muss.

> *Vgl. BfDI 22. TB (2007/08), S. 123*

Da der Telearbeiter seine Arbeit zu Hause und nicht im Gebäude seines Arbeitgebers **454** verrichtet, muss der Arbeitgeber, um seinem Kontrollrecht bzw. seinen gesetzlichen Kontrollpflichten nachkommen zu können, die Möglichkeit zum Zugang zur Wohnung vertraglich mit diesem vereinbaren. In das Zutrittsrecht sind auch nach dieser Maßgabe ggf. sonstige Kontrollberechtigte (z.B. Personalrat, Datenschutzbeauftragter, Gewerbeaufsicht) mit einzubeziehen.

Schuppert, Zutrittsrechte zu Telearbeitsplätzen

9.4.3.5 Telefax

Besonderer Sicherungsmaßnahmen bedarf beispielsweise auch die Versendung von Per- **455** sonaldaten per Telefax. Die Aufsichtsbehörden haben hierzu Muster von Dienstanweisungen entwickelt.

Vgl. LfD Mecklenburg-Vorpommern; LfD Baden Württemberg, LfD Niedersachsen, jeweils auf der Homepage abrufbar

Folgende Sicherungsgrundsätze sollten beachtet werden

www. lfd.niedersachsen.de

- Sensible personenbezogene Daten (Steuer-, Sozial- Personal- und medizinische Daten) dürfen nicht ohne Sicherung (z.B. Verschlüsselungsgeräte) gefaxt werden.
- Bei der Übertragung sensibler Daten ist mit dem Empfänger der Sendezeitpunkt abzustimmen.
- Das Telefaxgerät ist so aufzustellen, dass Unbefugte keine Kenntnis vom Inhalt eingehender Schreiben erhalten.
- Sicherheitsmaßnahmen wie die Anzeige störungsfreier Übertragung, gesicherte Zwischenspeicherung, Abruf nach Passwort, Fernwartung sperren sind zu nutzen.
- Fehlübertragungen durch Wählfehler sind durch Sichtkontrolle zu verhindern.
- Dokumentationspflichten sind einzuhalten (Vorblatt, Zahl der Seiten eingeben, Protokolle aufbewahren).
- Transferfolien von Laserfaxgeräten können personenbezogene Daten enthalten und sind daher datenschutzgerecht zu entsorgen.
- Vor Verkauf, Weitergabe oder Aussortieren von Telefaxgeräten alle im Gerät gespeicherte Daten löschen.

Kapitel 4

Die Erhebung, Verarbeitung und Nutzung von Beschäftigtendaten zur Begründung des Beschäftigungsverhältnisses

1 Vorbemerkung

1.1 Allgemeines

Die primär maßgebende, das Verbot mit Erlaubnisvorbehalt des § 4 Abs. 1 BDSG durchbrechende Zulässigkeitsnorm für die Erhebung, Verarbeitung und Nutzung von Bewerberdaten ist § 32 Abs. 1 S. 1 BDSG. In einer Generalklausel werden die Erhebung und die nachfolgende Verwendung von personenbezogenen Daten von Beschäftigten, wozu nach der Definition des § 3 Abs. 11 BDSG auch Bewerberdaten zählen, davon abhängig gemacht, dass diese „für die Entscheidung über die Begründung eines Beschäftigungsverhältnisses erforderlich sind".

Vgl. bereits vorstehend Rdn. 364 ff.

Kriterium ist die Feststellung der Eignung für die vorgesehenen Tätigkeiten. Auch der Gesetzentwurf zum Beschäftigtendatenschutz enthält zur Datenerhebung im Anbahnungsverhältnis eine entsprechende Generalklausel,

RegE § 32 Abs. 1 S. 2 BDSG; BT-Drs. 17/4230

indem die Daten erhoben werden dürfen, die für die Beurteilung der Eignung für die vorgesehene Tätigkeit erforderlich sind. Präzisiert wird die Aussage dadurch, dass hierzu insbesondere Daten über die fachlichen und persönlichen Fähigkeiten, Kenntnisse und Erfahrungen sowie über die Ausbildung und den bisherigen beruflichen Ausbildungsgang gehören.

RegE § 32 Abs. 1 S. 2 und 3 BDSG

So kann bei zu besetzenden Führungspositionen die Art des von dem Bewerber praktizierten Führungsstils ein Auswahlkriterium sein.

BAG, NZA 2008, 1016

Auszurichten sind die Erhebungen zunächst bezogen auf den bzw. die ins Auge gefassten Arbeitsplätze. Ggf. können auch Möglichkeiten eines – ggf. späteren – anderen Einsatzes des Mitarbeiters ausgelotet werden, wobei die Zweckbestimmung dem Bewerber nach § 4 Abs. 3 BDSG offenzulegen ist. Zur Frage der Eignungsbeurteilung gehören auch Kriterien, die der Arbeitgeber zur Auswahl unter mehreren geeigneten Bewerbern anwendet.

Besondere Anforderungen sind an die Auswahl von Bewerbern für sicherheitskritische Positionen zu stellen.

Vgl. Petri/Overkamp, RDV 2013, 21

460   Erörtert wurde, ob Arbeitgebern in der Leiharbeitsbranche wegen der Flexibilität des Arbeitseinsatzes und der Haftung für ein Auswahlverschulden ein erweitertes Frage- recht zusteht. Der LDI NRW

> *20. Datenschutzbericht (2011), Ziff. 7.7*

lehnt dies zu Recht ab. Dabei verweist er darauf, dass eine solche Erweiterung nicht mit § 32 Abs. 1 S. 1 BDSG vereinbar sei. Demgemäß besteht beispielsweise ein generelles Fragerecht nach Vorstrafen nicht.

> *Zum Datenschutz bei Sicherheitsnehmern vgl. Fernandez/Heinemann, DuD 2011, 711*

461   Die Erforderlichkeit der Datenerhebung wird schließlich durch den Verlauf des Bewer- bungsverfahrens bestimmt.

> *Vgl. Haase/Heermann/Rottwinkel, DuD 2011, 83, die zwischen Bewerbungs- und Einstel- lungsverfahren trennen*

Nach dem Grundsatz der Verhältnismäßigkeit und der Datensparsamkeit darf eine ärzt- liche Untersuchung des Bewerbers erst erfolgen, wenn im Übrigen die Voraussetzungen für die Einstellung gegeben sind. Nicht erforderlich ist jedoch, dass die Einstellungszu- sage bereits unter der aufschiebenden Bedingung eines positiven Untersuchungsergeb- nisses erteilt wurde. Gleiches gilt für den Zeitpunkt einer ausnahmsweise zulässigen Anforderung eines polizeilichen Führungszeugnisses.

> *Vgl. nachfolgend Rdn. 561 ff.*

1.2   E-Recruiting

1.2.1   Allgemeines

462   Inter- und Intranet finden zunehmend auch als Kommunikationsweg zur Besetzung von Stellen im Rahmen des sog. E-Recruitings Verwendung

Die Interpretation des Begriffs E-Recruiting hat eine unterschiedliche Bandbreite. Sie reicht von der bloßen Bewerbung per E-Mail bis zu einem vollkommen elektronisch ablaufenden, über Workflow-Regelungen bestimmbaren, papierlosen Personalbeschaf- fungsprozess unter Einsatz der neuen Medien.

> *Vgl. hierzu Sänger, E-Recruiting in Deutschland; Beck, Professionelles E-Recruiting*

463   Werden beispielsweise externe und interne Bewerber aufgefordert, sich elektronisch auf in das Netz gestellte offene Stellen des Unternehmens zu bewerben, bestehen zunächst einmal abgesehen von dem Problem der Sicherstellung der Vertraulichkeit der Personal- daten keine speziellen datenschutzrechtlichen Probleme.

464   Diese elektronische Bewerbung geschieht jedoch nicht unstrukturiert. Vielmehr bieten die gängigen Personal-Programmpakete die Möglichkeit, umfangreiche und struktu- rierte Anforderungskataloge für die zu besetzenden Stellen zu definieren und in gleicher Weise Qualifikationsanforderungen (Skills) der Bewerber zu beschreiben. Die Bewer- berdaten werden dann über Programmroutinen mit vakanten Stellen verglichen, wobei auch eine prozentuale Gewichtung der einzelnen Anforderungen für die Auswahlent- scheidung erfolgen kann.

> *Vgl. bei Schaar, Datenschutz im Internet, Rdn. 772 f., der insoweit auf die Eröffnung der Mög- lichkeit anonymer und pseudonymisierter Bewerbung verweist, wobei der Bewerber sich erst bei näherem Interesse an seiner Bewerbung offenbart.*

Leitet der Bewerber den ausgefüllten Anforderungsbogen dann dem Arbeitgeber online zu, so kann unmittelbar eine Präselektion erfolgen, die die als ungeeignet oder wenig aussichtsreich bewerteten Bewerbungen automatisch zurückweist.

Daten interessanter Bewerber sollen zudem dazu dienen, einen Datenpool von für Stellenbesetzungen interessanten Talenten aufzubauen, mit denen per Newsletter etc. ständiger Kontakt gehalten wird. Dem Bewerber wird zumeist die Möglichkeit eingeräumt, auch später noch auf seine Bewerbungsdaten zuzugreifen und diese zu ergänzen oder zu ändern. Auch haben Bewerber in Wartestellung die Möglichkeit, mit Hilfe eines Fragebogens ein Self-Assessment durchzuführen, beispielsweise im Hinblick auf ihre Persönlichkeit, ihre Fähigkeiten oder ihren Marktwert. Wird eine Stelle frei, lässt sich anhand umfassender Suchfunktionen der Talentpool im Hinblick auf geeignete Bewerber analysieren und – bei entsprechender Trefferquote – die Stelle rasch und kosteneffizient besetzen. **465**

> Vgl. SAP Info vom 22.4.2002: „*Was sich in Bezug auf den Kunden unter dem Schlagwort Customer Relationship Management längst bewährt hat, macht nun auch bei der Personalrekrutierung Schule: die langfristige Beziehungspflege. Ein so genanntes Talent Relationship Management – im Zusammenspiel mit weiteren Maßnahmen des E-Recruitings – soll helfen, rasch geeignete Bewerber zu identifizieren und den Aufwand bei der Besetzung freier Stellen zu minimieren. Die Lösung setzt sich aus den folgenden Komponenten zusammen: einem Talent Warehouse für ein aktives Talent Relationship Management, einem so genannten Recruiter, der mit Hilfe workflow-gestützter Bearbeitungsprozesse für eine effizientere Bewerbungsabwicklung sorgt ...*"

Sollen auch anderen Firmen des Konzerns die Bewerbungsdaten erhalten oder hierauf Zugriff haben, so bedarf dies der Einwilligung, die den Vorgaben des § 13 TKG entsprechen muss. Danach muss das Unternehmen sicherstellen, dass **466**

- der Nutzer seine Einwilligung bewusst und eindeutig erteilt hat,
- die Einwilligung protokolliert wird und
- der Nutzer den Inhalt der Einwilligung jederzeit abrufen kann.

Bayer. Aufsichtsb., TB 2009/2010, Ziff. 12.2

Ein Hinweis in der Datenschutzerklärung und ein Link hierauf genügen nicht.

> *Zum insoweit sachgerechten Passwortverfahren vgl. Innenministerium Baden-Württemberg, 5. TB 2009, Abschnitt B 10.5*

1.2.2 Skill-Datenbanken

In Skill-Datenbanken werden aber nicht nur Bewerberdaten, sondern auch solche vorhandener Beschäftigter gespeichert. Dies geschieht zu unterschiedlichen Zwecken. Zweckbestimmung kann die Rekrutierung von Führungskräften oder die Einsatzplanung bei Projekten sein. In Konzernen wird der Zugriff allen Konzernfirmen eröffnet. Je nach der Zweckbestimmung ist davon auszugehen, dass die der Personalplanung dienenden Datenbanken nicht der Begründung bzw. Durchführung des Beschäftigungsverhältnisses zuzuordnen sind (§ 32 Abs. 1 S. 1 BDSG). Dies gilt in jedem Falle für ihre konzernweite Verwendung. Gerechtfertigt werden kann dies – und dies ist bei der informierten Eingabe der Daten durch den Betroffenen gegeben – durch die Einwilligung des Beschäftigten. **467**

1.2.3 Videointerviews

468   Mit interessanten Bewerbern werden ggf. als ein Schritt zur weiteren Vorauswahl zeit-versetzte Videointerviews geführt. Zur Vergleichbarkeit der Bewerber haben diese in Bild und Ton einheitlich vorgegebene Fragen zu beantworten. Es wird anders als bei Telefoninterviews oder Videokonferenzen kein interaktives Gespräch geführt, vielmehr wird das aufgezeichnete Interview später ausgewertet. Datenschutzrechtliche Bedenken bestehen hinsichtlich des Verfahrens nicht, jedoch gilt auch hier, dass die vorgegebenen Fragen dem Fragerecht des Arbeitgebers entsprechen müssen.

469   In der Online-Welt erweitern sich auch die Möglichkeiten von Leistungs- und anderen Tests. In Online-Tests werden „anforderungsgesteuert" numerisches und analytisches Denkvermögen der Bewerber, ihre Konzentrationsfähigkeit sowie Sprachkenntnisse ermittelt. Kritisch sind jedoch online geführte Persönlichkeitstests und Assessment-Center.

Vgl. hierzu nachstehend Rdn. 613 ff.

1.2.4 Automatisierte Einzelentscheidung

470   Zu beachten ist, dass derartige automatisierte Auswahlverfahren unter das Verbot automatisierter Einzelentscheidungen gemäß § 6a BDSG fallen können.

Vgl. hierzu vorstehend Rdn. 370 ff.

Das ist der Fall, wenn die negative Entscheidung ausschließlich auf einer automatisiert getroffenen Bewertung einzelner Persönlichkeitsmerkmale beruht. Dies trifft noch nicht zu, wenn Bewerber vorab aussortiert werden, die nicht die für die Position erforderlichen Sprachkenntnisse haben. Eine „Ausschließlichkeit" ist nicht gegeben, wenn die mithilfe des Computers gewonnenen Erkenntnisse die Grundlage einer nicht nur formalen menschlichen Letztentscheidung bilden. Werden Bewerberdaten in einem Programm zwecks Rankings der Bewerber nach vorgegebenen Kriterien gespeichert und entscheidet dann der Arbeitgeber unter Zugrundelegung der ermittelten Reihenfolge, ob und welche Bewerber in Betracht kommen, so liegt der Tatbestand des § 6a BDSG nicht vor.

471   Ein derartiges Verfahren erfüllt auch nicht den in § 28b BDSG geregelten Fall der Ermittlung von „Wahrscheinlichkeitswerten" durch sog. Scoring. Werden jedoch die Daten des Lebenslaufs und beruflichen Werdegangs aufgrund von Erfahrungswerten hochgerechnet, um zu ermitteln, ob der Bewerber wahrscheinlich langfristig betriebstreu sein wird, so ist für das Verfahren § 28b BDSG zu beachten. Welche Daten verwendet werden können, richtet sich nach § 32 Abs. 1 S. 1 BDSG. Soll der ermittelte Wahrscheinlichkeitswert unmittelbar zur Ablehnung der Bewerbung führen, steht dem das Verbot des § 6a BDSG entgegen. Die „berechtigten Interessen" (§ 6a Abs. 2 Ziff. 2 BDSG) des Bewerbers müssen zumindest dadurch gewahrt werden, dass diesem die Art der Entscheidung offengelegt werden muss und ihm anheimgestellt wird, sich nochmals schriftlich unter Darlegung seiner ggf. besonderen, bei der Erhebung und Auswertung der für die Entscheidung maßgebenden Daten evtl. nicht berücksichtigten Aspekte zu bewerben.

2 Die arbeitsrechtliche Ausgangslage

2.1 Fragerecht und Offenbarungspflicht

Unter dem Begriffspaar „Fragerecht und Offenbarungspflicht" hat sich das Arbeitsrecht **472** seit langem und unabhängig von dem BDSG mit den persönlichkeitsrechtlichen Grenzen der Erhebung von Bewerberdaten befasst. Daher machte es für die Rechtsprechung keinen Unterschied, ob die Daten – wie es z.B. bei einem Vorstellungsgespräch der Fall sein kann – erhoben werden, ohne sie nachfolgend festzuhalten, oder ob ihre nachfolgende Fixierung in Akten oder automatisiert erfolgt.

> *Erich, DB 2000, 421; Thüsing/Lambrich, BB 2002, 1146; Hohenstatt/Stamer/Hinrichs, NZA 2006, 1065; Schierbaum, CuA 5/2008, 7*

Grundlage für die Beurteilung, ob eine an den Bewerber gerichtete Frage, d.h. die Daten- **473** erhebung,

> *zur unberechtigten Kritik von Riesenhuber an der weiteren Verwendung der Bezeichnung Fragerecht mit Blick auf § 32 BDSG siehe NZA 2012, 771; Wank in Erfurter Kommentar, § 32 BDSG Rdn. 5*

zulässig ist, bildet der Anspruch des Bewerbers auf Schutz seines Persönlichkeitsrechts, wobei der auch vor Abschluss und nach dem Ende des Arbeitsverhältnisses bestehenden speziellen arbeitsrechtlichen Schutzpflicht des § 75 Abs. 2 BetrVG besondere Bedeutung zukommt.

> *Vgl. hierzu BAG, DB 1984, 2627 = NJW 1984, 2910; BAG, RDV 2005, 216*

Ausgelotet wurde die Berechtigung des Informationsinteresses des Arbeitgebers im **474** Rahmen einer Interessenabwägung unter Berücksichtigung des Verhältnismäßigkeitsprinzips. Wenn das BAG

> *NZA 2007, 1045*

das Fragerecht von einem für die Einstellungsentscheidung berechtigten, billigenswerten und schutzwürdigen Interesse des Arbeitgebers abhängig machte, entsprach es damit den Anforderungen, die das BDSG mit dem Tatbestand der Erforderlichkeit aufstellt.

> *Beckschulze/Natzel, BB 2010, 2368; vgl. auch Begründung des RegE zum Beschäftigtendatenschutzgesetz (BT-Drs. 17/4213) zu § 32 Abs. 1*

Keinen unmittelbaren Datenschutzaspekt hat dagegen das in der Offenbarungspflicht **475** bestehende Spiegelbild des Fragerechts. Hier werden Schutzinteressen des Arbeitgebers gewahrt, indem der Bewerber auch von sich aus – d.h. ungefragt – verpflichtet sein kann, dem Arbeitgeber für das Arbeitsverhältnis relevante persönliche Daten zu offenbaren. Im Anbahnungsverhältnis ist das der Fall, wenn das „Schweigen" eine arglistige Täuschung im Sinne von § 124 BGB bedeuten würde. Ein solches Verhalten liegt vor, wenn Tatsachen verschwiegen werden, von denen der Arbeitnehmer weiß, dass die Personalentscheidung eines verständigen Arbeitgebers hiervon wesentlich beeinflusst würde und der Arbeitgeber andererseits mit dem Vorliegen einer solchen Tatsache nicht rechnen konnte.

Die Offenbarungspflicht kann daher nicht Umstände erfassen, für die seitens des Arbeit- **476** gebers kein Fragerecht besteht. Es geht vielmehr um relevante Umstände, die der

Arbeitgeber nicht nachfragt, weil er ihr Vorliegen bzw. Nichtvorliegen und deren Mitteilung als selbstverständlich voraussetzen kann.

477 Ob der Bewerber auch ungefragt eine ihm bekannte Gesundheitsbeeinträchtigung offenbaren muss, wurde vom BAG

> *AP Nr. 6 zu § 276 BGB*

bereits dahingehend bejaht, dass der Bewerber hierzu verpflichtet ist, wenn er damit rechnen muss, infolge der Erkrankung seiner Arbeitspflicht nicht nur vorübergehend nicht nachkommen zu können, und insoweit seine Einstellung für den Arbeitgeber unzumutbar ist. Dem steht das Diskriminierungsverbot des AGG nicht entgegen.

> *Vgl. ArbG Berlin, RDV 2006, 25; vgl. auch LAG Hamm, vom 22.1.1996 bei Alper, in: Hümmerich/Spirolke, Rdn. 577, wonach ein Bewerber eine Epilepsie nicht nennen muss, wenn sie die Eignung für den konkreten Arbeitsplatz nicht beeinträchtigt und die Ausfallzeiten für den Arbeitgeber zumutbar sind*

478 Als konsequent ist die Entscheidung des ArbG Kiel

> *BB 1982, 804*

zu bewerten, nach der ein Bewerber als Berufskraftfahrer auch ungefragt eine bestehende Alkoholabhängigkeit mitteilen muss. Gleiches gilt für die vom LAG Frankfurt bejahte Anfechtung des Arbeitsvertrages durch den Arbeitgeber, wenn ein Bewerber für einen in Nacht- und Wechselschicht tätigen Frachtabfertigerposten die eindeutig fehlende gesundheitliche Eignung verschweigt.

> *RDV 2012, 87*

479 Mitzuteilen ist auch ein Wettbewerbsverbot, das der Tätigkeit des Bewerbers bei der wahrzunehmenden Tätigkeit entgegensteht. Es besteht sonst das Risiko der Beendigung der Tätigkeit, wenn der frühere Arbeitgeber gegen den Mitarbeiter und ggf. auch gegen den Arbeitgeber vorgeht. Im Übrigen wird auch der Arbeitgeber in der Regel nicht gewillt sein, einem anderen Arbeitgeber unter Akzeptanz eines Vertragsbruchs in den Rücken zu fallen.

480 Nur hinzuweisen ist darauf, dass auch dem Arbeitgeber Offenbarungspflichten gegenüber dem Bewerber über für den Bestand des Arbeitsverhältnisses sich konkret abzeichnende Risiken (Zahlungsschwierigkeiten, bevorstehende Insolvenz, Betriebsübernahme, Umzug der Firma etc.) obliegen.

> *Vgl. BAG, RDV 2005, 268: „Ein Arbeitgeber, der Vertragsverhandlungen eingeht, darf Umstände gleich welcher Art, die die vollständige Durchführung des in Aussicht genommenen Arbeitsverhältnisses in Frage stellen, nicht verschweigen, soweit diese ihm bekannt sind oder bekannt sein müssen. Eine schuldhafte Verletzung dieser Aufklärungspflicht begründet Schadensersatzansprüche, wenn die verschwiegene Gefahr später zu einer Beendigung des Arbeitsverhältnisses führt."*

Das Bestehen einer schlechten wirtschaftlichen Lage und eine bislang nur theoretisch bestehende Möglichkeit eines Stellenabbaus begründen noch keine diesbezügliche Informationspflicht.

481 Vielfach bestehen auch Offenbarungs- und Mitteilungspflichten im bestehenden Arbeitsverhältnis.

> *Vgl. dazu ausführlich Kapitel 5*

2.2 Anfechtung

2.2.1 Allgemeines

In der arbeitsgerichtlichen Rechtsprechung hat sich das Problem der Zulässigkeit einer **482** Datenerhebung weitgehend unter zwei Aspekten gestellt:

- nämlich zum einen, ob die Daten gegen den Betroffenen, z.B. im Rahmen einer Kündigung, verwendet werden dürfen,
- und zum anderen, ob der Arbeitgeber nach unwahrer Beantwortung einer an den Bewerber gestellten Frage zur Anfechtung des Arbeitsvertrages wegen Irrtums (§ 119 BGB) oder arglistiger Täuschung (§ 123 BGB) berechtigt ist.

Nach ständiger Rechtsprechung des BAG **483**

BAGE 5, 159 = AP § 123 Abs. 1 BGB Nr. 2

kann auch der Arbeitsvertrag durch Anfechtung beendet werden. Das Anfechtungsrecht wird grundsätzlich nicht durch das ggf. gleichzeitig bestehende Recht zur außerordentlichen Kündigung verdrängt. Das BAG hat ein Anfechtungsrecht wegen arglistiger Täuschung zum einen daran geknüpft, dass die bewusst unwahr beantwortete Frage „zulässig" war, und zum anderen daran, dass der Bewerber wusste oder erkennen musste, dass die falsche Angabe für die Einstellungsentscheidung von ausschlaggebender Bedeutung sein konnte, d.h., der Täuschende muss bewusst durch Vorspiegelung oder Entstellung von Tatsachen beim Erklärungsgegner einen Irrtum erregt und ihn hierdurch zur Abgabe einer Willenserklärung veranlasst haben.

So BAG, NJW 1991, 2723; BAGE 11, 270; 49, 214 = NZA 1986, 635

Die Täuschung muss sich auf objektiv nachprüfbare Umstände beziehen; subjektive **484** Werturteile genügen nicht. Die Täuschung kann durch positives Tun, also durch Behaupten oder Entstellen von Tatsachen, oder aber auch durch das Verschweigen (Unterdrücken) von Tatsachen erfolgen, sofern der Betroffene zur Offenlegung der fraglichen Tatsache verpflichtet war. Ohne eine entsprechende Frage des Arbeitgebers muss der Arbeitnehmer von sich aus nur auf solche Tatsachen hinweisen, deren Mitteilung der Arbeitgeber nach Treu und Glauben erwarten kann.

Darüber hinaus kann eine unwahre Angabe bzw. die unwahre Beantwortung einer Frage **485** auch zur Anfechtung wegen Irrtums über die verkehrswesentliche Eigenschaft einer Person (§ 119 Abs. 2 BGB) berechtigen.

Vgl. BAG, NJW 1991, 2723, der Leitsatz lautet: „Gibt eine transsexuelle Person, deren Geschlechtsumwandlung nach §§ 8, 10 TSG noch nicht erfolgt ist, bei Einstellungsverhandlungen ihr wahres Geschlecht ungefragt nicht an, so liegt darin im Hinblick auf den Schutzzweck des Transsexuellengesetzes keine rechtswidrige arglistige Täuschung (§ 123 BGB). Es kann jedoch eine Anfechtung wegen Irrtums über eine verkehrswesentliche Eigenschaft (§ 119 Abs. 2 BGB) in Betracht kommen."

Trotz der Täuschung scheidet die Anfechtung aus dem Gedanken des § 242 BGB aus, **486** wenn die Rechtslage des Getäuschten im Zeitpunkt der Anfechtung nicht mehr beeinträchtigt ist.

BAGE 75, 77 = BB 1994, 357; RDV 1998, 256 = NZA 1998, 474 zum Verschweigen einer Stasi-Tätigkeit

Andererseits kann die durch die Täuschung relevante Beeinträchtigung der Interessen des Arbeitgebers auch noch nach Jahren andauern.

> *Vgl. LAG Baden-Württemberg, RDV 2007, = DB 2007, 1197 mit Nachweis der Rechtsprechung*

Die Anfechtung wegen eines bei der Einstellung in der Benotung gefälschten Berufsbildungszeugnisses verstößt auch nach achtjähriger Tätigkeit nicht gegen Treu und Glauben, wenn die Rechtslage immer noch beeinträchtigt ist. Der Arbeitgeber hat auch nach derartigem Zeitablauf ein schützenswertes Interesse, dass die vorgelegten Zeugnisse die Qualifikation auch tatsächlich wiedergeben und nicht gefälscht sind.

2.2.2 Recht zur Unwahrheit

487 Zwar gibt es grundsätzlich kein Recht zur Lüge; die Mitteilung der Unwahrheit kann jedoch ohne rechtliche Folgen bleiben. Eine Anfechtung scheidet mangels Arglist des Täuschenden nämlich auch dann aus, wenn die Datenerhebung unzulässig ist und der Bewerber/Arbeitnehmer eine unzutreffende Angabe macht, um die rechtswidrige Verwendung von Daten zu seinem Nachteil zu vermeiden.

> *BAGE 11, S. 270 = BB 1961, 1237; zur unwahren Verneinung der Schwangerschaft BAG, RDV 2003, 86 (Ls); zu mit der Anfechtung verbundenen Fragen vgl. Strick, NZA 2000, 695*

Wäre der Bewerber darauf beschränkt, auf die unzulässige Frage die Antwort zu verweigern, so gäbe bereits das für den Arbeitgeber Anlass zu der Annahme, dass eine „positive" Beantwortung nicht möglich ist.

Zusammengefasst ist festzustellen: Die wahrheitswidrige Beantwortung von unzuässigen Fragen begründet weder ein Anfechtungsrecht des Arbeitgebers gem. §§ 119, 123 BGB noch hat der Arbeitgeber das Recht zu einer verhaltensbedingten Kündigung seines Mitarbeiters.

> *Schaub, § 178 Rdn. 16*

3   Das Anbahnungsverhältnis

3.1   Vorvertragliches Schuldverhältnis

488 Unabhängig davon, ob später ein Arbeitsvertrag geschlossen wird, entsteht nach § 311 Abs. 2 BGB bereits durch die Aufnahme von Vertragsverhandlungen ein gesetzliches Schuldverhältnis.

Dieses im Vorfeld der Begründung des Beschäftigungsverhältnisses zwischen Bewerber und Arbeitgeber bestehende Schuldverhältnis bezeichnet das Arbeitsrecht als Anbahnungsverhältnis. Auch hier bestehen bereits gegenseitige Pflichten. Dazu gehören Schutzpflichten im Hinblick darauf, Rechtsgüter des Vertragspartners vor Schäden zu bewahren, speziell Aufklärungs- sowie Offenbarungspflichten und damit korrespondierend Frage- und Informationsrechte.

> *Vgl. bei Schaub, § 25 Rdn. 12 sowie Rdn. 25 zur Pflicht zur sorgfältigen Aufbewahrung und zur Rücksendung der aufgrund einer Stellenausschreibung eingereichten Unterlagen und – soweit dies nicht anders vereinbart wurde – zur Übernahme von Vorstellungskosten*

Den Datenschutzanspruch bzw. insoweit bestehenden Informationsbedarf des Arbeitge- **489**
bers beschreibt § 32 Abs. 1 S. 1 BDSG. Sein Zweck ist es, dem Arbeitgeber die erforderlichen Informationen zum eventuellen Abschluss des Arbeitsvertrages zu geben.

Damit ist im Rahmen des Anbahnungsverhältnisses zunächst – abgesehen von dem noch
zu beachtenden Persönlichkeitsrechtsschutz des Arbeitnehmers aus § 75 Abs. 2 BetrVG
– die Erhebung solcher Daten gerechtfertigt, die über die Eignung des Bewerbers Auskunft geben. Zu eng wären die Informationsbefugnisse des Arbeitgebers aber eingegrenzt, wenn diese Zweckbezogenheit zu dem konkreten Arbeitsverhältnis gleichgesetzt
würde mit einem unmittelbaren Bezug zu dem zu besetzenden Arbeitsplatz. Dem
Arbeitgeber, der den neuen Mitarbeiter in seinen Betrieb eingliedern will, kann nicht
untersagt sein, sich zumindest ein grobes Bild über die allgemeine Persönlichkeit des
Bewerbers zu machen. Primär diesem Zweck dient regelmäßig auch jedes Vorstellungsgespräch.

Sog. Soft Skills, wie Sozialkompetenz oder Teamfähigkeit und Durchsetzungsvermö- **490**
gen, fallen hierunter.

> *Beckschulze/Natzel, BB 2010, 2386; Haase/Heermann/Rottwinkel, DuD 2011, 83*

Demgemäß kann ggf. auch die Frage nach für den Arbeitsplatz relevanten Freizeitakti- **491**
vitäten zulässig sein. Zulässig ist es nach den letzten Bezügen des Bewerbers zu fragen,
wenn die Gehaltsverbesserung erkennbar zum Verhandlungsgegenstand gemacht wurde
oder das bisherige Gehalt Hinweise auf die Qualifikation des Bewerbers gibt.

> *BAG, DB 1984, 298*

Nach den Motiven für einen geplanten Arbeitgeberwechsel kann gefragt werden, um die
Karriereplanung und Selbsteinschätzung des Bewerbers zu ermitteln, wobei der Bewerber rein private Gründe nicht zu nennen braucht.

3.2 Die „subjektive" Personalentscheidung

Das vom BAG statuierte Abwägungskriterium des Zweckzusammenhangs mit dem **492**
Arbeitsverhältnis darf nicht absolut gleichgesetzt werden mit der Zweckbeziehung zur
zukünftigen Arbeitspflicht des Bewerbers.

> *Sproll, ZiP 1984, 26*

Auch nach sonstigen Umständen, die der Arbeitgeber bei seiner subjektiv gestalteten
Einstellungsentscheidung berechtigterweise berücksichtigen will, darf gefragt werden.

Lässt man nämlich gesetzlich vorgegebene Ge- oder Verbote bestimmter Auswahlkrite- **493**
rien außer Betracht, so bleibt für die beim Arbeitgeber liegende Einstellungsentscheidung das Prinzip der Vertragsfreiheit maßgebend. Der Bewerber hat – anders als im
öffentlichen Dienst – keinen Anspruch auf eine sachgerechte, ermessensfehlerfreie oder
sozial gerechtfertigte

> *BAG, ARSt 1985, 126*

Einstellungsentscheidung. Eine derartige Entscheidungsbindung kann auch nicht aus
Nebenpflichten des Anbahnungsverhältnisses oder gar einem „Recht auf Arbeit" gefolgert werden.

Die Einstellungsentscheidung des Arbeitgebers darf – abgesehen von dem Fall unzuläs- **494**
siger Diskriminierung oder eines Gesetzesverstoßes – subjektiv ausfallen, wenngleich

die Begrenzung des Fragerechts mit dem Kriterium des objektiv vorrangigen Informationsinteresses zu sachgerechten Einstellungsentscheidungen beiträgt. Konkret heißt dies: Der Arbeitgeber bedarf zur Einholung einer grafologischen Begutachtung des Bewerbers aufgrund des Persönlichkeitsrechtsschutzes der ausdrücklichen Einwilligung des Betroffenen;

BAG, NJW 1984, 446; Schaub, § 26 Rdn. 12; vgl. Rdn. 413, 622

welches Gewicht der Arbeitgeber dem Gutachten jedoch bei der Einstellungsentscheidung zumisst, ist ausschließlich seine Sache. Insofern könnte auch ein astrologiegläubiger Arbeitgeber seine Entscheidung von der Aussage eines Astrologen abhängig machen.

Vgl. zu Eignungstests ohne Aussagewert nachstehend Rdn 615

495   Intelligenz- und Kreativtests bedürfen ebenso der Einwilligung der Bewerber wie sog. Stressinterviews, aus denen der Arbeitgeber ableiten will, wie sich der Bewerber in unvorhersehbaren Situationen verhält.

Schaub, § 26 Rdn. 13; vgl. auch BAG, AP 24 zu § 123 BGB

3.3   Informationsinteresse vor und nach der Begründung des Beschäftigungsverhältnisses

496   Das Informationsinteresse des Arbeitgebers erfordert vor der Begründung des Beschäftigungsverhältnisses nicht bereits Angaben, die erst im bestehenden Arbeitsverhälnis zu dessen Durchführung benötigt werden. In einem Bewerberfragebogen oder im Vorstellungsgespräch gestellte Fragen nach dem Familienstand und der Kinderzahl sind für die Einstellungsentscheidung in der Regel irrelevant.

Vgl. nachstehend Rdn. 508

Die Schwangerschaft einer Bewerberin gewinnt erst nach der Einstellung im Rahmen des Mutterschutzes eine Bedeutung für Arbeitgeberentscheidungen.

Eine ähnliche Situation besteht hinsichtlich der Gewerkschaftzugehörigkeit oder der Schwerbehinderteneigenschaft.

Vgl. nachstehen Rdn. 679, 732, 736 ff.

3.4   Background-Checks/Erhebung von Daten bei/mit Hilfe Dritter

497   Für die Erhebung von Bewerberdaten gilt der Grundsatz der Direkterhebung (§ 4 Abs. 2 BDSG).

Vgl. im Einzelnen vorstehend Rdn. 200 ff.

Die Erhebung von Daten über den Bewerber bei Dritten oder sonstigen Quellen bildet die Ausnahme. Dabei ist dann zu unterscheiden, ob die Erhebung ohne Einschaltung des Betroffenen, hinter seinem Rücken, stattfindet oder ob der Bewerber bei dieser Erhebung mitwirken muss, wie es bei ärztlichen Begutachtungen oder Einstellungstests der Fall ist.

498   Auszugehen ist dabei grundsätzlich davon, dass der Arbeitgeber auch insoweit nur Daten erheben darf, die von seinem Fragerecht gegenüber dem Bewerber erfasst sind.

499   Dem Arbeitgeber wird es aber häufig darum gehen, sich die Angaben des Bewerbers bestätigen zu lassen bzw. auf ihren Wahrheitsgehalt zu überprüfen. Gesprochen wird dann von sogenannten Background- oder Pre-Employment Checks.

Besonders in den USA und in Großbritannien sind Pre-Employment Checks bereits seit vielen Jahren ein gängiges Mittel, um Risiken bei der Bewerber- und Personalauswahl zu minimieren. Dabei ist die Prävention von Wirtschaftskriminalität nur einer von vielen Gründen für die Durchführung von Pre-Employment Checks.

Die Überprüfung geschieht durch externe Dienstleister, die auch die Angaben des **500** Bewerbers zu Ausbildung, Examina und vorherigen Arbeitgebern analysieren und nachprüfen. Dies geschieht auch durch Recherchen von öffentlichen Informationen u. a. aus sozialen Netzwerken.

Vgl. hierzu Hohenstatt/Stamer/Hinrichs, NZA 2006, 1065

Ob der Dienstleister als Auftragsdatenverarbeiter tätig wird oder als Funktionswahrnehmer, hängt davon ab, ob er nur als „Informationsbeschaffer" oder in der Funktion eines Personalberaters agiert.

Als Informationsquellen, die der Arbeitgeber/Dienstleister selbst oder mit Hilfe des **501** Bewerbers erschließen kann, kommen u. a. in Betracht:

- Internetrecherche und Pressespiegel
- amtliche Auskünfte und kommerzielle Auskunftsdienste
- polizeiliches Führungszeugnis
- psychologische und grafologische Gutachten
- Gesundheitschecks, Alkohol- und Drogentests
- Überprüfung von Zeugnissen, Zertifikaten
- Anforderung von Referenzen
- Erkundigungen bei früheren Arbeitgebern

Die diesbezüglichen datenschutzrechtlichen Grenzen bedürfen jedoch näherer Betrachtung.

Zur weitergehenden Unzulässigkeit derartiger Überprüfung LfD Bremen, 35. TB (2012), S. 96

3.5   Freiwillig zur Verfügung gestellte Daten

Fraglich ist jedoch, wie der Arbeitgeber mit Daten zu verfahren hat, die er nicht erhebt, **502** d. h. beschafft, sondern die ihm vom Bewerber ungefragt mitgeteilt werden und die von dem Fragerecht des Arbeitgebers nicht erfasst sind.

Der Regierungsentwurf des Beschäftigtendatenschutzgesetzes (§ 32 b Abs. 2 EBDSG) will dem Arbeitgeber erlauben, diese Daten auch dann für die Feststellung der Eignung oder zur Entscheidung über die Begründung des Arbeitsverhältnisses heranziehen, wenn er sie nicht nach § 32 oder § 32a BDSG-E hätte erheben dürfen.

Zutreffend ist, dass die Berechtigung zur Speicherung der Daten aus dem Wunsch des Bewerbers, dass die Information dem Arbeitgeber bekannt sein und von ihm berücksichtigt werden soll, gefolgert werden kann.

Andererseits kann der Arbeitgeber nicht ermächtigt sein, Daten zu nutzen, die er auf **503** Grund von Diskriminierungsverboten

vgl. dazu vorstehend Rdn. 185

nicht verwenden dürfte.

Keine Verwendung finden dürfen Daten, durch die Mitbewerber diskriminiert oder indirekt – um gleichzuziehen – gezwungen werden, auf ihre Persönlichkeitsrechte zu verzichten.

Zur Diskriminierung durch Dritte bei der Bewerberauswahl vgl. Fischer, NJW 2009, 3547

504 So wird ein nicht vorbestrafter Bewerber ggf. ein Führungszeugnis von sich aus vorlegen. Eine Frau mag ggf. zu Recht denken, dass ein Arbeitgeber zu ihrer Einstellung motiviert wird, wenn sie ihm ein ärztliches Attest darüber vorlegt, dass sie nicht mehr schwanger werden kann. Würde der Arbeitgeber diese Information verwenden, würde das eine unzulässige Diskriminierung derjenige Bewerber bedeuten, die von ihrem Schweigerecht Gebrauch machen.

4 Einzelfragen zulässiger Erhebung und Speicherung

Vgl. auch die Übersicht bei Ertel, DuD 2012, 126

4.1 Angaben zur Person

4.1.1 Adresse/Kontaktdaten

505 Bislang nicht in Zweifel gezogen wurde, dass der Arbeitgeber berechtigt ist, Name und Kontaktdaten (Anschrift, Telefon, E-Mail) zu erheben. Zumindest ohne Namen und Anschrift ist ein Bewerbungsverfahren nicht möglich. Keinerlei Indiz für eine geschlechtsbezogene Diskriminierung kann daraus gefolgert werden, dass die Anrede Frau/Herr abgefragt und gespeichert wird.

506 Zur Vermeidung der Vermutung einer Diskriminierungsabsicht empfiehlt es sich aber in Personalfragebögen etc. von einer gesonderten Erhebung des Datums männlich bzw. weiblich abzusehen. Eine gesonderte Erhebung des Datums – das ihm im Übrigen im Rahmen der Bewerbung sowieso nicht verborgen bleibt – kann zur Vermutung führen, dass der Arbeitgeber ihm bei der Auswahlentscheidung – so z.B. im Rahmen eines Bewerberauswahlprogramms – eine Bedeutung zumisst.

Der Gesetzentwurf der Bundesregierung zum Beschäftigtendatenschutz schreibt das Recht zur Erhebung der Kontaktdaten in einem § 32 Abs. 5 Nr. 1 BDSG fest.

507 Aus datenschutzrechtlichen Verpflichtungen folgt auch nicht das Gebot sogenannter anonymisierter bzw. besser pseudonymisierter Bewerbungsverfahren. Hier ist notwendigerweise der Bewerber bekannt, nur sollen bestimmte, u.a. dem Namen und der Adresse entnehmbare Kriterien (z.B. Geschlecht, Herkunft, sozialer Hintergrund) bei der Auswahlentscheidung auch keinen indirekten Einfluss nehmen können. Eine Verpflichtung hierzu kann zudem aus dem Gebot der Datensparsamkeit nicht gefolgert werden.

4.1.2 Familienstand

508 Der Familienstand des Bewerbers (z.B. Ehepartner, alleinerziehend, Zahl und Alter der Kinder) betrifft dessen Privatsphäre und steht im Regelfall in keinem notwendigen Zusammenhang mit dem vorgesehenen Arbeitsverhältnis. Im Bewerbungsgespräch

mögen solche Erklärungen im Rahmen der sozialen „Kontaktaufnahme" stattfinden, wobei klar sein muss, dass sie für das Einstellungsverfahren unerheblich sind. Sieht der Bewerber seine Interessen gefährdet, kann er ohne Rechtsfolgen die Unwahrheit sagen. Nach Auffassung der Aufsichtsbehörde Baden-Württemberg

LDSB-TB, LT-Drs. 15/955, S. 142

kann das u.U. aber auch anders sein: „*Im Bewerbungsgespräch können derartige Fragen dagegen nur unter besonderen Umständen ausnahmsweise zulässig sein. Solche Umstände können etwa dann gegeben sein, wenn die Position, für die sich der Arbeitnehmer bewirbt, regelmäßig mit unvorhersehbaren Einsätzen zu ungewöhnlichen Zeiten verbunden ist, die einem alleinerziehenden Elternteil minderjähriger Kinder nicht oder nur schwer möglich sind. In welcher Form alleinerziehende Arbeitnehmer die Betreuung ihrer Kinder während der regulären Arbeitszeit organisieren, ist allein ihre Sache.*"

4.1.3 Alter

Nach § 1, 7 Abs. 1 AGG und § 75 Abs. 1 BetrVG ist eine unterschiedliche Behandlung auf Grund des Alters untersagt, es sei denn, dass sie „objektiv und angemessen und durch ein legitimes Ziel gerechtfertigt ist". **509**

Vgl. § 10 Abs. 1 AGG, der Beispiele hierfür aufführt

Kann der Arbeitgeber solche Rechtfertigungsgründe nicht vorweisen, darf das Alter bei den Auswahlüberlegungen keine Rolle spielen. Grundsätzlich sollten vorbeugend dafür auch keine Anhaltspunkte gegeben werden, sei es z.B. in der Stellenausschreibung oder dadurch, dass in dem Bewerberfragebogen das Alter gesondert abgefragt wird. Unzulässig ist es jedoch nicht, Unterlagen zu speichern, aus denen sich das Alter ergibt (Zeugnisse, Lebenslauf etc.).

Vgl. im Einzelnen Schaub, § 26 Rdn. 19

4.1.4 Schwerbehinderteneigenschaft

Im Gegensatz zu zurückliegender Rechtsprechung des BAG **510**

RDV 1994, 128; 1996, 137; 1999, 119; offen lassend BAG, RDV 2012, 147 = NZA 2012, 40

kann der Bewerber bei einer allgemeinen, d.h. tätigkeitsneutralen Frage nach der Anerkennung als Schwerbehinderter im Hinblick auf das Diskriminierungsverbot des AGG bzw. § 81 SGB IX nicht mehr als offenbarungspflichtig angesehen werden. Er kann die Frage also – trotz Behinderung – rechtsfolgenlos verneinen.

Vgl. vorstehend Rdn. 487

Ein Vortäuschen der Anerkennung wäre jedoch eine arglistige Täuschung. Dem behinderten Bewerber muss indes freigestellt sein, den ihm gewährten Schutz bereits im Anbahnungsverhältnis in Anspruch zu nehmen, d.h., im Personalfragebogen muss die Angabe ausdrücklich als freiwillig gekennzeichnet sein. **511**

Dabei obliegt es dem Arbeitgeber, im Streitfall zu beweisen, dass das Ziel der Datenerhebung eine positive Maßnahme im Sinne von § 5 AGG, d.h. insbesondere die Eingliederung von Schwerbehinderten oder die Erreichung der vorgeschriebenen Beschäftigtenzahl nach § 71 SGB IV, sein sollte. **512**

4.1.5 Religion

513 Die Religion darf nur bei Einstellungsentscheidungen einer Religionsgemeinschaft oder einer ihr zuzuordnenden Gemeinschaft bzw. entsprechenden Tendenzbetrieben (z.B. Krankenhäuser, Kindergärten, Schulen, Pflegeheimen) eine Rolle spielen (§ 8 AGG). Voraussetzung ist, dass die Zugehörigkeit nach dem Selbstverständnis und der Art der Tätigkeit und im Hinblick auf ein zu erwartendes loyales und aufrichtiges Verhalten im Sinn der vertretenen Überzeugung als berufliche Anforderung zu bewerten ist.

Schaub, § 26 Rdn. 31

4.1.6 Aussehen/Lichtbild

514 In der Regel ist ein Lichtbild selbstverständlicher Bestandteil von Personalakten. Zur Aufnahme des Bildes kommt es zumeist schon deshalb, weil der Bewerber das Bild seinen Bewerbungsunterlagen beigefügt hatte.

515 Unter dem Aspekt der indizierten Vermutung einer Diskriminierung empfiehlt die wohl überwiegende Mehrheit der Literatur,

vgl. Wisskirchen, DB 2006, 1491; Bauer/Göpfert/Krieger, AGG, § 12 Rdn. 12; Müthlein/Jaspers, AGG – Rechtssichere Personalprozesse und -datenverarbeitung, 29; zurückhaltend Nicolai, Das AGG in der anwaltlichen Praxis, Rdn. 315

bei Stellenausschreibung auf die ausdrückliche Anforderung eines Lichtbildes zu verzichten, da hieraus Angaben zum Geschlecht, zum Alter oder zur Rasse oder Religion, z.B. wegen Tragens eines Kopftuches oder eines Turbans, ersichtlich sein könnten. Als überflüssig haben sich diese Bedenken angesichts der zwischenzeitlich ergangenen umfangreichen Rechtsprechung zum AGG erwiesen, bei der das Erheben eines Lichtbildes keine Rolle spielte.

516 Zudem sprechen auch bei Arbeitsplätzen, bei denen das Aussehen des Bewerbers unmittelbar keine Rolle spielt, für die Erhebung eines Lichtbildes durchaus sachgerechte Gründe. Bereits die Art des Lichtbildes und die Eigendarstellung des Bewerbers sind Mosaiksteine der Angaben, die Auskunft über die Persönlichkeit des Bewerbers geben, einem Ziel, dem das bei in die engere Wahl gekommenen Bewerbern stattfindende Vorstellungsgespräch ebenso dient.

4.1.7 Lebenslauf

517 Unter dem Gesichtspunkt des AGG stellt sich auch die Frage, inwieweit die in Stellenanzeigen übliche Anforderung eines Lebenslaufes noch rechtmäßig ist bzw. ob der Bewerber zum Verschweigen für die Einstellungsentscheidung nicht erforderlicher und eine Diskriminierungsgefahr vermuten lassender Daten berechtigt ist.

518 Auch wenn die Rechtsprechung bisweilen den Bewerber zur Vorlage eines vollständigen Lebenslaufes verpflichtet,

vgl. BGH RDV 2001, 235 = NJW 2001, 2023:

„1. Im Rahmen der ihm obliegenden Verkehrssicherungspflicht hat ein Bewachungsunternehmen vor Einstellung eines bewaffneten Wachmannes die ihm zumutbaren Möglichkeiten auszuschöpfen, um sicherzustellen, dass die zum Wachdienst erforderliche Waffe nur in die Hand von Personen gelangt, die einen verantwortungsbewussten Umgang mit der Waffe gewährleisten.

> *2. Dazu ist u.a. und in jedem Falle erforderlich, sich einen lückenlosen Lebenslauf mit entsprechenden Belegen vorlegen zu lassen."*

so kann der Lebenslauf nicht dazu dienen, auf diesem (Um-)Weg diskriminierungsrelevante Daten zu erheben. Andererseits kann das nicht dazu führen, dass z.B. zur Identifikation des Bewerbers und zur Ermittlung seiner Schul- und Berufsausbildung relevante Daten nicht erhoben werden dürfen, da sich hieraus ggf. Angaben zu Herkunft, Rasse oder Alter ablesen lassen. Angaben über den abgeleisteten Wehr- oder Ersatzdienst können nicht durch falsche Angaben für den Zeitraum ersetzt werden.

Problematisch ist, ob die Entscheidung des LAG Köln   **519**

> *RDV 1996, 142*

weitergelten kann; das Gericht bestätigte die Rechtswirksamkeit der Anfechtung des Arbeitsvertrages wegen „Verschleierung" einer Entziehungskur im Lebenslauf, wenn das Suchtproblem inzwischen erledigt ist.

In diese Überlegungen reiht sich die Entscheidung des LAG Berlin   **520**

> *RDV 1989, 181*

ein, nach der ein Bewerber für eine Hilfsarbeiterstelle nicht arglistig handelt, wenn er bei den Angaben über den Werdegang eine abgeschlossene Berufsausbildung zum Architekten verschweigt. Das Erhebungsrecht kann nicht damit begründet werden, auf eine mögliche „Überqualifizierung" für den Arbeitsplatz schließen zu können. Die vom Bewerber unterdrückte „Überqualifizierung" für den Arbeitsplatz berechtigt den Arbeitgeber nicht zu nachträglichen personellen Maßnahmen oder zur Anfechtung des Arbeitsvertrages.

Dem Bewerber steht es vielmals offen – ohne jedoch den Lebenslauf durch falsche Angaben zu verfälschen – insbesondere Angaben zu unterlassen, deren Verwendung zu einer unzulässigen Diskriminierung (z.B. Staatsangehörigkeit, Religion, Geburtsort, Geburtsdatum) führen könnten.

4.2   Vermögensverhältnisse

Die finanziellen Verhältnisse können für ein einzugehendes bzw. bestehendes Arbeits-   **521**
verhältnis relevant sein, wenn eine Überschuldung, Pfändungen oder die Leistung des Offenbarungseids (jetzt: eidesstattlich versicherte Vermögensoffenbarung) vorliegen und der Beschäftigte eine Position ausfüllen soll bzw. ausfüllt, in der – wie z.B. bei einem Finanzberater – Seriosität und Vertrauenswürdigkeit in finanziellen Fragen bedeutsam sind. Gleiches gilt aber auch für einen Mitarbeiter – wie bei einem Buchhalter –, bei dem finanzielle Zuverlässigkeit gefordert wird. Demjenigen, der mit seinem eigenen Geld nicht sorgsam umgeht, wird ein Arbeitgeber zu Recht nicht sein Geld anvertrauen wollen.

> *Vgl. Seifert in Simitis, § 32 Rdn. 25; Schaub, § 26 Rdn. 31*

Die Frage des Arbeitgebers kann sich entweder nur auf die „geordneten" Vermögens-   **522**
verhältnisse beziehen oder auf konkret die „Nichtordnung" belegende Tatsachen, wie das Vorliegen einer eidesstattlichen Versicherung (und § 807 ZPO) oder die aktuelle Durchführung eines (Verbraucher-)Insolvenzverfahrens. Zu berücksichtigen ist jedoch,

dass es Sinn des Verbraucherinsolvenzverfahrens ist, dem Schuldner die Chance eines Neuanfangs zu eröffnen.

523 Ob eine Überschuldung insofern für die Einstellungsentscheidung bedeutsam sein kann, als die zahlreichen Pfändungen den Arbeitgeber arbeitsmäßig belasten, kann nur im Hinblick auf die Abläufe des Betriebes beantwortet werden. Die aus dem Jahr 1982 stammende Entscheidung des BAG,

NJW 1982, 1062 = DB 1982, 498

nach der 20 Gehaltspfändungen den Arbeitgeber wegen der damit verbundenen unzumutbaren Arbeitsbelastung zur Kündigung berechtigen, müssen im Hinblick auf die heutigen EDV-Gehalts-Abrechnungsprogramme wohl als überholt angesehen werden. In den Fällen, in denen die von ihm zu tragenden finanziellen Kosten der Pfändungsbearbeitung

vgl. BAG, RDV 2007, 126

für den Arbeitgeber ein Grund sein können, das Arbeitsverhältnis zu beenden, muss eine entsprechende vorbeugende Datenerhebung im Anbahnungsverhältnis in jedem Fall als berechtigt angesehen werden.

4.3 Voraussehbare Fehlzeiten

4.3.1 Schwangerschaft

524 Die Berücksichtigung einer Schwangerschaft bei einer Einstellungsentscheidung stellt eine geschlechtsbezogene Diskriminierung dar.

525 Das BAG

BAGE 11, 270, DB 1961, 1522 = BB 1961, 1237 = AP NR. 15 zu § 123 BGB

hatte zwar zunächst das berechtigte Interesse des Arbeitgebers prinzipiell anerkannt, bereits im Verlauf der Einstellungsverhandlungen zu erfahren, ob eine Bewerberin schwanger ist, um sich nicht unerwartet den Konsequenzen des Mutterschutzes gegenüberzusehen. Unter dem Aspekt unzulässiger Diskriminierung im Sinn von § 611a BGB ist das BAG – mehr oder weniger gezwungen durch die Rechtsprechung des EuGH zu dem Verbot geschlechtsbezogener Diskriminierung in (damals) Art. 119 EG-Vertrag – jedoch nachfolgend Schritt für Schritt von der grundsätzlichen Zulässigkeit hin zur generellen Unzulässigkeit gekommen.

Vgl. hierzu Thüsing/Lambrich, BB 2002, 1146; zur sog. „gespaltenen Lösung" BAGE 51, 167 = NZA 1986, 739 = DB 1986, 2287

526 Maßgebend war u.a. das Urteil des Europäischen Gerichtshofs vom 8.11.1990,

BB 1991, 692 = NZA 1991, 171 = DB 1991, 286 = RDV 1991, 132

das in der Verweigerung der Einstellung einer Frau wegen einer Schwangerschaft auch für den Fall, dass sich nur Frauen um den vakanten Arbeitsplatz bewerben, einen unmittelbaren Verstoß gegen den Gleichbehandlungsgrundsatz erkannte. Ebenfalls kann nicht darauf abgestellt werden, ob eine Bewerberin aufgrund der besonderen Fallkonstellation die Arbeitspflicht wegen einer Schwangerschaft überhaupt nicht erfüllen kann, d.h. für die angestrebte Arbeit zunächst „objektiv" nicht geeignet ist.

RDV 1993, 174 DB 1993, 1978 = NJW 1999, 148 = NZA 1993, 933; so zuvor das BAG bei einer unbefristet eingestellten Arzthelferin, die wegen der Schwangerschaft und der gesund-

heitlichen Gefährdung für Mutter und Kind bei der vorgesehenen Labortätigkeit – zunächst – überhaupt nicht eingesetzt werden durfte.

Der EuGH 527

MDR 2000, 400; vgl. ferner EuGH, BB 2001, 2478 = DB 2001, 2451

bejaht eine rechtswidrige Diskriminierung auch für einen solchen Fall. Wenn bei dem unbefristeten Arbeitsverhältnis nur ein zeitweises Einsatzverbot besteht, kann im Hinblick auf ein dauerhaft angelegtes Schuldverhältnis nicht von fehlender Geeignetheit gesprochen werden.

Zu den Stimmen, die unter Bestätigung der BAG-Rechtsprechung das Fragerecht in derartigen Fällen bejahen, weil nicht das Geschlecht, sondern das Beschäftigungsverbot causa für die Ablehnung des Vertrages sei, vgl. Preis in Erfurter Kommentar, § 611a BGB, Rdn. 1; Weber, SAE, 2000, 76; Stürmer, NZA 2001, 527; Ehrich, DB 2000, 421

Auszugehen ist schließlich davon, dass selbst bei befristeten Verträgen, die wegen der 528 Schwangerschaft in wesentlichen Teilen oder sogar insgesamt nicht erfüllt werden können,

vgl. zu befristeten Verträgen EuGH, RDV 2002, 81

die Schwangerschaft bei der Einstellung keine Rolle spielen darf.

Selbst wenn bei dem Arbeitgeber bewusst eine falsche Vorstellung über die volle 529 Arbeitsfähigkeit der Mitarbeiterin erzeugt wird, berechtigt dieser Irrtum nicht zur Anfechtung der abgegebenen Willenserklärung.

Vgl. EuGH, RDV 2003, 133 = ZTR 2003, 299:

„Keine Pflicht zur Mitteilung einer erneut bestehenden Schwangerschaft bei Verlangen um vorzeitige Beendigung einer Elternzeit

1. Artikel 2 Absatz 1 der Richtlinie 76/207/EWG des Rates vom 9. Februar 1976 zur Verwirklichung des Grundsatzes der Gleichbehandlung von Männern und Frauen hinsichtlich des Zugangs zu Beschäftigung, zur Berufsbildung und zum beruflichen Aufstieg sowie in Bezug auf die Arbeitsbedingungen ist dahin auszulegen, dass er dem entgegensteht, dass eine Arbeitnehmerin, die mit Zustimmung ihres Arbeitgebers vor dem Ende des Erziehungsurlaubs an ihren Arbeitsplatz zurückkehren möchte, verpflichtet ist, dem Arbeitgeber mitzuteilen, dass sie erneut schwanger ist, wenn sie wegen bestimmter gesetzlicher Beschäftigungsverbote ihre Tätigkeit nicht in vollem Umfang ausüben kann.

2. Artikel 2 Absatz 1 der Richtlinie 76/207/EWG ist dahin auszulegen, dass er dem entgegensteht, dass ein Arbeitgeber nach nationalem Recht zur Anfechtung seiner Willenserklärung, mit der er der Rückkehr der Arbeitnehmerin auf ihren Arbeitsplatz vor Ende des Erziehungsurlaubs zugestimmt hat, berechtigt ist, weil er sich über das Bestehen einer Schwangerschaft bei der Betroffenen geirrt hatte."

Als unzulässig hat das LAG Köln 530

RDV 2013,48

die Frage nach der Schwangerschaft auch für den Fall angesehen, dass eine Bewerberin als Vertretung für eine schwangere Beschäftigte eingestellt werden soll.

Anders Däubler, Gläserne Belegschaften?, Rdn. 215

4.3.2 Elternzeit

Der Arbeitsverhinderung infolge von Beschäftigungsverboten des Mutterschutzgesetzes 531 folgt häufig die weitere Abwesenheit wegen Inanspruchnahme von Elternzeit. Da die

Inanspruchnahme der Elternzeit beiden Elternteilen möglich ist, könnte man folgern, dass mit der an alle Bewerber gestellten Frage nach in absehbarer Zeit geplanter Inanspruchnahme von Elternzeit keine geschlechtsbezogene Diskriminierung verbunden sei.

532 Andererseits ist unverkennbar, dass eine Bewerberin, deren zukünftige Elternzeit auf einer derzeit bestehenden Schwangerschaft beruht, damit genötigt ist, diese indirekt zu offenbaren. Da sie hierzu nicht gezwungen werden darf, wird in diesem Fall die Frage, ohne arglistig zu handeln, unwahr beantwortet werden dürfen. Erhebt der Arbeitgeber andererseits das Datum „beabsichtigte Elternzeit" nur bei männlichen Bewerbern, würde wiederum eine unzulässige geschlechtsbezogene Benachteiligung vorliegen. Ferner stellt sich im Hinblick auf das Maßregelungsverbot auch die Frage, ob ein Bewerber deshalb benachteiligt werden darf, weil er gesetzliche Freistellungsansprüche in Anspruch nehmen will.

> *Vgl. hierzu auch Gola, RDV 2000, 202 (206)*

533 Im Übrigen ist die diesbezügliche Datenerhebung wenig aufschlussreich, da man einer Bewerberin bzw. einem Bewerber kaum nachweisen wird, dass zum Zeitpunkt der Datenerhebung der Entschluss zur Inanspruchnahme der Elternzeit schon getroffen war.

4.3.3 Bevorstehende krankheitsbedingte Fehlzeiten bzw. sonstige Abwesenheitszeiten

534 Steht fest, dass der Bewerber sich nach dem vorgesehenen Einstellungstermin einer längeren Operation oder Kur unterziehen wird, so ist er verpflichtet, hierauf hinzuweisen. Gleiches gilt für abzuleistende Haft. So ist nach dem LAG Frankfurt

> *NZA 1987, 352 = BB 1987, 868*

ein Arbeitnehmer, der sich um eine Dauerstellung bewirbt, verpflichtet, von sich aus und ungefragt eine bereits rechtskräftige und demnächst zu verbüßende mehrmonatige Freiheitsstrafe zu offenbaren. Diese Offenbarungspflicht besteht auch bei nicht „einschlägigen" Delikten, da insoweit allein das aus der sicher zu erwartenden, mehrmonatigen Nichterfüllung des Vertrages für den (einstellenden) Arbeitgeber resultierende, außergewöhnliche und atypische Vertragsrisiko entscheidend ist.

4.3.4 Die pauschale Frage nach Verhinderungsgründen

535 In der Literatur

> *so Hunold, DB 2000, 573*

finden sich Ratschläge, die oben aufgezeigten Datenerhebungsverbote dadurch zu umgehen, indem abstrakt schon jetzt nach bekannten Verhinderungen gefragt wird bzw. die Verfügbarkeit als Vertragsklausel zugesichert werden soll. Je nach den Umständen des konkreten Falls betrifft die „Nicht-Verfügbarkeit" auch oder allein Umstände, die der Arbeitgeber nicht erheben darf bzw. die für den Bewerber nicht nachteilig sein dürfen. Steht dem Bewerber insofern – je nach der Ursache der Verhinderung – auch die Möglichkeit der Falschbeantwortung offen, so wird er, insbesondere wenn die Form der Vertragsklausel gewählt wird, gleichwohl rechtswidrig zu einer aus § 32 Abs. 1 S. 1 BDSG nicht zu rechtfertigenden Datenerhebung gezwungen.

4.4 Die berufliche Tätigkeit berührende private Aktivitäten

4.4.1 Nebentätigkeiten/Ehrenämter/Hobbys

Eine generelle Pflicht des Arbeitnehmers, dem Arbeitgeber Auskunft über ausgeübte **536** Nebentätigkeiten zu geben, besteht nicht.

> *Vgl. LAG Frankfurt, DB 68, 2178*

Gleiches gilt für private „Geldgeschäfte". **537**

> *Vgl. BAG, RDV 2003, 87 hinsichtlich einer Anzeige des privaten Aktienhandels der Redakteure einer Wirtschaftszeitung*

Die Durchführung von Nebentätigkeiten kann jedoch bisweilen aufgrund tarifvertragli- **538** cher oder vertraglicher Regelungen anzeige- oder genehmigungspflichtig sein. Eine Nebentätigkeit muss darüber hinaus dem Arbeitgeber angezeigt werden, soweit dadurch seine Interessen bedroht sind. Das ist der Fall, wenn die Nebentätigkeit mit der vertraglich geschuldeten Arbeitsleistung nicht vereinbar ist und die Ausübung der Nebentätigkeit somit eine Verletzung der Arbeitspflicht darstellt.

> *Vgl. auch Wagner, RDV 2011, 281*

Der Arbeitgeber hat das Recht, den Bewerber auf die Aufgabe dieser Tätigkeit im Falle der Einstellung hinzuweisen.

Andererseits muss der Bewerber nicht auf ehrenamtliche Tätigkeiten hinweisen, selbst **539** wenn er hinsichtlich ihrer Ausübung einen Freistellungsanspruch gegenüber dem Arbeitgeber hat (z.B. politisches Mandat, ehrenamtlicher Richter, Feuerwehrdienst).

Gleiches gilt für sportliche Betätigungen, selbst wenn es sich um Sportarten handelt, die **540** zu häufigen Verletzungen und Arbeitsunfähigkeiten führen.

Ausnahmen bestehen ggf. im Bereich sog. Tendenzunternehmen (z.B. Presseunterneh- **541** men, Parteien, Gewerkschaften, karitative Einrichtungen), sofern berechtigterweise ein mit der Tendenz des Unternehmens

> *zur Religionszugehörigkeit vgl. vorstehend Rdn. 513*

nicht kollidierendes außerdienstliches Verhalten bzw. eine mit der Tendenz überein- stimmende persönliche Überzeugung erwartet werden kann.

> *Vgl. auch Fitting, § 94 Rdn. 13 ff.*

Philosophische, weltanschauliche oder politische Überzeugungen können demgemäß **542** auch nach dem AGG allgemein oder im konkreten Fall von Relevanz sein, wenn sie konträr zu den Interessen des Arbeitgebers stehen. So ist

> *Bauer/Baeck/Merten, DB 1997, 2534*

der Arbeitgeber als berechtigt anzusehen, Bewerber für Vertrauensstellungen nach ihrer Zugehörigkeit bei den Scientologen zu befragen, wobei dahinstehen mag, ob es sich hierbei um eine Religion oder Weltanschauung handelt.

Der Arbeitgeber, der ein Atomkraftwerk betreibt, wird es legitimerweise vermeiden dür- **543** fen, Atomkraftgegner einzustellen.

Gegebenenfalls kann sich die Freizeitbeschäftigung für die Einstellungsentscheidung **544** auch positiv auswirken, so bei ausgeübtem sozialem Engagement einer Sozialarbeiterin, bei sportlicher Betätigung eines Schwimmmeisters etc. Die Offenlegung dieser Daten muss dem Betroffenen aber freistehen.

545 Das Vorhandensein einer Fahrerlaubnis ist nur relevant, wenn diese zur Erledigung der geschuldeten Arbeit benötigt wird.

> *Bergmann/Möhrle/Herb, § 28 Rdn. 33*

546 Der öffentliche Dienst ist insoweit „Tendenzbetrieb", als er von seinen Beschäftigten erwarten kann, dass sie sich zumindest nicht aktiv in verfassungsfeindlichen politischen Gruppierungen betätigen, d.h., dass sie zu den freiheitlich demokratischen Werten des Grundgesetzes stehen.

4.4.2 Rauchereigenschaft

547 Auch für Fragen nach sonstigen privaten, nicht arbeitsplatzbezogenen Lebensgewohnheiten, wie z.B. dem Rauchen, besteht regelmäßig kein legitimes Informationsinteresse des Arbeitgebers. Der Arbeitgeber muss im Hinblick auf die Arbeitsstättenverordnung (§ 5) Regelungen zum Rauchen im Betrieb treffen und deren Einhaltung überprüfen. Er kann in Bewerbungsgesprächen auch auf Rauchverbote im Unternehmen hinweisen, darf aber Bewerber nicht danach fragen, ob sie Raucher oder Nichtraucher sind. Ob jemand raucht oder Nichtraucher ist, ist grundsätzlich der privaten Lebensgestaltung zuzurechnen.

> *Vgl. Aufsichtsbehörde Baden-Württemberg (30. TB) LT-Drs. 15/955, S. 142*
>
> *Die Berechtigung der Frage kann auch nicht aus einem Interesse des Arbeitgebers am Gesundheitsschutz des Bewerbers oder seiner zukünftigen Kollegen begründet werden; BfDI, RDV 2006, 226.*

Das Informationsinteresse des Arbeitgebers kann auch nicht darauf gestützt werden, dass ein „abhängiger" Raucher Probleme haben könnte, das betriebliche Rauchverbot zu beachten.

4.4.3 Bisheriges Gehalt

548 Das BAG hat die Zulässigkeit der Frage nach dem vom Bewerber zuletzt bezogenen Gehalt nur im Ausnahmefall für eine Einstellungsentscheidung als relevant angesehen.

> *DB 1984, 298 = BB 1984, 533*

Im Regelfall wird nämlich das dem Bewerber zu zahlende Gehalt nicht durch sein vorheriges Einkommen, sondern durch tarifliche Vorgaben und teilweise bereits feststehende Arbeitgeberentscheidungen bestimmt. Allein wenn das Gehalt erkennbar zum Verhandlungsgegenstand gemacht wird oder das Gehalt Hinweise auf die Qualifikation des Bewerbers gibt, kann dieses Datum für die Einstellungsentscheidung relevant und somit die Erhebung zulässig sein.

4.4.4 Motive für die Bewerbung

549 Damit stellt sich generell die Frage, inwieweit überhaupt noch das Erforschen der Motive für eine Bewerbung und den Arbeitgeberwechsel zulässig ist. Soweit diesbezügliche Fragen dazu dienen, Karriereerwartung, Selbsteinschätzung und Leistungsverhalten des Bewerbers zu ermitteln, wird man sie als zulässig ansehen müssen.

> *Zeller, BB 1987, 1523*

Zudem sollte nicht übersehen werden, dass der Arbeitgeber in diesem Bereich der Bewerberbefragung wohl bereits selbst voraussetzt, von dem Bewerber ein „gefärbtes", positives Motivationsbild vorgestellt zu erhalten. In der Regel kann z.B. nicht damit gerechnet werden, dass der Bewerber seine gesamten tatsächlichen Motive für einen Arbeitgeberwechsel oder die Bewerbung bei dem jetzigen Arbeitgeber offenlegt. **550**

Im Regelfall sind derartige, die persönlichen Lebensverhältnisse betreffenden Fragen unzulässig. Ob für die Bewerbung einer zeitweise aus dem Beruf ausgeschiedenen Ehefrau finanzieller Zwang oder der Wunsch nach „Selbstverwirklichung" spricht, muss nicht offengelegt werden bzw. es kann auf eine entsprechende Frage „gefärbt" geantwortet werden. Gleiches gilt für die zukünftige private Lebensgestaltung. **551**

4.4.5 Vorstrafen

Als bereits klassisches Beispiel der Beschränkung des Datenerhebungsrechts des Arbeitgebers ist die Frage nach eventuellen Vorstrafen des Bewerbers zu nennen. Auch derartige Datenerhebungen sind nur gezielt, d.h. hinsichtlich solcher Konflikte mit dem Strafgesetz zulässig, die unmittelbaren Bezug zu dem in Aussicht genommenen Arbeitsplatz und Arbeitsverhältnis haben. **552**

Dabei kommt es nicht auf die subjektive Einstellung des Arbeitgebers an, welche Vorstrafen er für einschlägig ansieht. Anzulegen ist ein objektiver Maßstab. **553**

> *BAG, BB 1970, 803; RDV 2000, 23 = NZA 1999, 975 = NJW 1999, 3653*

Demgemäß darf beispielsweise eine Bewerberin um die Stelle einer Kassiererin die Frage nach Vorstrafen zulässigerweise verneinen, wenn eine Verurteilung wegen Vortäuschung einer Straftat (§ 145 d StGB) vorliegt.

> *ArbG Wiesbaden, RDV 1991, 41; weitere Beispiele bei Schaub, § 26 Rdn. 35*

Die Frage nach Vorstrafen muss also so formuliert sein, dass dem Bewerber die Begrenzung auf „einschlägige" Vorstrafen deutlich wird. **554**

Gefragt werden kann ggf. auch nach schwebenden Strafverfahren. Dies kann zum einen unter dem Aspekt der Arbeitsplatzbezogenheit der betreffenden Anschuldigung und zum anderen im Hinblick auf eine gewichtige Abwesenheit wegen des potenziellen Strafantritts gefragt werden. Insoweit besteht unter Umständen sogar eine Offenbarungspflicht des Bewerbers. **555**

> *Vgl. BAG, RDV 2000, 23 = MDR 1999, 1273 = ArbuR 1999, 352 = ZTR 1999, 523 = NJW 1999, 3653, Leitsätze:*
>
> *„1. Der Arbeitgeber darf den Bewerber bei der Einstellung nach Vorstrafen fragen, wenn und soweit die Art des zu besetzenden Arbeitsplatzes dies erfordert (st. Rspr. AP Nr. 2 zu § 123 BGB = MDR 1958, 372).*
>
> *2. Bei der Prüfung der Eignung des Bewerbers für die geschuldete Tätigkeit (im Fall: Einstellung in den Polizeivollzugsdienst) kann es je nach den Umständen zulässig sein, dass der Arbeitgeber den Bewerber auch nach laufenden Ermittlungsverfahren fragt bzw. verpflichtet, während eines längeren Bewerbungsverfahrens anhängig werdende Ermittlungsverfahren nachträglich mitzuteilen.*
>
> *3. Die wahrheitswidrige Beantwortung einer danach zulässigen Frage nach Vorstrafen und laufenden Ermittlungsverfahren bzw. die pflichtwidrige Unterlassung der nachträglichen Mitteilung eines Ermittlungsverfahrens rechtfertigen unter der Voraussetzung der §§ 123, 124 BGB die Anfechtung des Arbeitsvertrages."*

556 Somit hat ein Bewerber um eine Chefarztstelle ein laufendes Ermittlungsverfahren wegen fahrlässiger Tötung eines Neugeborenen im Rahmen seiner vorhergehenden Tätigkeit offenzulegen.

Der Datenerhebung steht nicht die in Art. 6 Abs. 2 EMRK verankerte Unschuldsvermutung entgegen.

> *ArbG Frankfurt, RDV 2002, 318: „Auf Befragen ist ein Bewerber ggf. auch verpflichtet, über laufende staatsanwaltschaftliche Ermittlungsverfahren Auskunft zu geben. Dem steht die in Art. 6 Abs. 2 EMRK verankerte Unschuldsvermutung nicht entgegen. Entscheidend ist, ob der gegen den Bewerber gerichtete Verdacht seine Geeignetheit für den vorgesehenen Arbeitsplatz nach objektiver Sicht in Frage stellt."; ferner LAG Frankfurt, NZA 1987, 352; a.A. ArbG Münster, DB 1988, 2209 = BB 1988, 2178; Wedde, CR 1992, 681; Moritz, NZA 1987, 334.*

Nicht einschlägige, anhängige Bagatelldelikte müssen somit nicht mitgeteilt werden.

> *Vgl. insgesamt LDSB Sachsen, 3. TB ,(2005/6), 40*

557 Nach eingestellten Ermittlungsverfahren darf ein Bewerber grundsätzlich nicht gefragt werden.

> *BAG vom 15. 11. 2012 – 6 AZR 339/11, Leitsätze:*
>
> *„An der Informationsbeschaffung durch die unspezifizierte Frage nach eingestellten Ermittlungsverfahren an den Stellenbewerber besteht grundsätzlich kein berechtigtes Interesse des potenziellen Arbeitgebers. Eine solche Frage ist damit im Regelfall nicht erforderlich i.S.v. § 29 Abs. 1 Satz 1 DSG NRW. Das ergibt sich aus den Wertentscheidungen des § 53 BZRG. Eine allein auf die wahrheitswidrige Beantwortung einer solchen Frage gestützte Kündigung verstößt deshalb gegen die objektive Wertordnung des Grundgesetzes, wie sie im Recht auf informationelle Selbstbestimmung zum Ausdruck kommt, und ist nach § 138 Abs. 1 BGB unwirksam."*

558 Zu Recht rügen die Datenschutzaufsichtsbehörden,

> *75. Konferenz 3./4. April 2008 = RDV 2008, 131*

wenn polizeiliche und nachrichtendienstliche Erkenntnisse außerhalb gesetzlicher Grundlagen Arbeitgebern zur Überprüfung von Bewerbern übermittelt werden. Dass dies mit zuvor eingeholter Einwilligung der Betroffenen geschieht, ändert an der Unzulässigkeit nichts. Auch per – in der Regel zudem unfreiwillige – Einwilligung kann der Arbeitgeber nicht eine Erweiterung eines Fragerechts erreichen.

> *Vgl. vorstehend Rdn. 472 ff.*

Gleiches gilt, wenn die Bewerber angehalten werden, eine Selbstauskunft zwecks Vorlage beim Arbeitgeber einzuholen.

559 Zudem sind die Löschungsfristen nach dem Bundeszentralregistergesetz (BZRG) zu beachten. Vorstrafen – auch einschlägige –, die nicht mehr in dem polizeilichen Führungszeugnis genannt werden (§ 51 BZRG), brauchen auch auf Befragen nicht mehr offenbart zu werden (vgl. § 53 BZRG).

560 War die Vorstrafe mit einer von dem Bewerber abzuleistenden Freiheitsstrafe verbunden, so wird dies i.d.R. offenbar, wenn der Arbeitgeber die Vorlage eines Lebenslaufes verlangt; die Angabe ist erforderlich, wenn der Arbeitgeber ggf. zur Überprüfung der Zuverlässigkeit eines Bewerbers verpflichtet ist.

561 Ob der Arbeitgeber die Vorlage eines polizeilichen Führungszeugnisses verlangen darf, das auch nicht für den Arbeitsplatz „einschlägige" Vorstrafen aufweist, ist umstritten.

Ablehnend u. a. Thüsing, Arbeitnehmerdatenschutz und Compliance, Rdn. 401; Thum/Szcesny, BB 2007, 2405; Gola, DuD 1985, 271; Hamburgischer Datenschutzbeauftragter, 6. Tätigkeitsbericht (1987), 146

Anders als im öffentlichen Dienst wird ein derartiges Verlangen nur zulässig sein, wenn es um die Besetzung von „Vertrauenspositionen" geht, bei denen Konflikte mit dem Strafgesetz generell von Gewicht sein können oder die Einhaltung von rechtlichen Vorgaben im Hinblick auf ihre Zuverlässigkeit von besonderer Bedeutung ist.

Dem berechtigten Wunsch des Arbeitgebers, der mangels Vorlage des Führungszeugnisses die Angaben des Bewerbers nur schwer nachprüfen kann, könnte de lege ferenda ein „Arbeitgeberführungszeugnis" dienen.

Vgl. Seifert in Simitis, § 32 Rdn. 46

Hinzuweisen ist auch auf die Möglichkeit der Anforderung eines „Erweiterten Führungszeugnisses" (§ 30 a BZRG), das bestimmten Arbeitgebern die Überprüfung von Bewerbern für „kinder- und jugendnahe Tätigkeiten" hinsichtlich der Bestrafung wegen Sexualdelikten an Kindern eröffnet. **562**

Fordern gesetzliche Vorschriften die Überprüfung der „Zuverlässigkeit" eines Stelleninhabers, so gehört hierzu die Pflicht zur Überprüfung zumindest einschlägiger Strafdelikte. Ein Beispiel bildet § 34d WpHG i. V. mit der WpHG-MaAnzV zur Überprüfung von Compliance-Beauftragten in Wertpapierdienstleistungsunternehmen.

Vgl. Böckelmann, RDV 2012, 235

4.4.6 Stasi-Tätigkeit

Eine besondere Problemstellung ergab sich im Hinblick auf die Einstellung bzw. Weiterbeschäftigung von Mitarbeitern, die durch politische Aktivitäten im Regime der ehemaligen DDR belastet sind. Für den öffentlichen Dienst ist die Rechtslage insofern weitgehend dadurch bestimmt, dass die Verfassungstreue nach Art. 33 Abs. 2 GG Einstellungsvoraussetzung ist und dass der Einigungsvertrag für die öffentlichen Arbeitgeber im Hinblick auf die politische Belastung des Betroffenen sogar spezielle Kündigungsmöglichkeiten geschaffen hat. **563**

Vgl. im Einzelnen Wronka/Gola, RDV 1992, 12; Wedde, CR 1992, 679

Demgemäß kann nach der Mitgliedschaft bzw. früheren Tätigkeit in mit einer Zugehörigkeit zum öffentlichen Dienst nicht zu vereinbarenden Organisationen gefragt werden. **564**

BVerwG, DÖD 1983, 26; Wisskirchen/Bissels, NZA 2007, 169

Die in einem entsprechenden Personalfragebogen enthaltenen Fragen sind, unabhängig von der bekleideten Position, von dem Angehörigen des öffentlichen Dienstes wahrheitsgemäß zu beantworten. Die unwahre Beantwortung kann zur Anfechtung oder Kündigung des Vertrages bzw. zur Entlassung oder der Entfernung des Beamten aus dem Dienst sowie zu strafrechtlichen Konsequenzen wegen sog. Anstellungsbetruges führen.

BAG, RDV 1998, 256 = NZA 1998, 474; BAG, RDV 1997, 123; zum Anstellungsbetrug, BVerfG, RDV 1999, 115 = NJW 1998, 2589; Entfernung aus dem Dienst: BVerwG, NJW 1998, 693

Dies soll sogar für den Fall gelten, dass der Fragebogen rechtswidrig ohne die erforderliche Zustimmung des Personalrats eingesetzt wurde. **565**

Vgl. BAG, NJW 2000, 2444 = PersR 2000, 336: „Die fehlende Zustimmung des Personalrats zu einem Personalfragebogen gibt dem Arbeitnehmer nicht das Recht, eine in dem Bogen individualrechtlich zulässige Frage wahrheitswidrig zu beantworten."

566 Ob und in welchen Fällen sich ein privater Arbeitgeber zu Recht für die politische „Vorbelastung" von Bewerbern oder Arbeitnehmern aus der DDR-Zeit interessieren darf, bedarf jedoch differenzierterer Betrachtung, wobei hierbei auch die fortschreitende zeitliche Distanz zu dem Geschehen von Bedeutung ist.

Vgl. BVerfG, NJW 1997, 2307; ferner BVerfG, NZA 1998, 418 für Nichtrelevanz von vor dem Jahr 1970 liegenden Ereignissen; zur erforderlichen „Vertrauensbeeinträchtigung" BVerfG, NZA 1998, 587

567 Dass auch der Gesetzgeber einen solchen Informationsbedarf jedenfalls nicht grundsätzlich ausschließt, zeigen die Regelungen des Stasi-Unterlagengesetzes (StUG) auf, das in § 20 Abs. 1 ausdrücklich auch privaten Arbeitgebern die Möglichkeit eröffnet, sich über Stasi-Aktivitäten von in leitender Position tätigen Beschäftigten oder bei Betriebsratsmitgliedern zu unterrichten.

Vgl. zu der Frage, inwieweit der Arbeitgeber bei Einholung einer Auskunft nach dem Stasi-Unterlagengesetz den betroffenen Bewerber/Arbeitnehmer informieren muss, Schmidt, RDV 1993, 63

568 Je stärker der Aspekt des „Vertrauens" und auch der der „Repräsentation" des Unternehmens nach außen das Arbeitsverhältnis beherrscht, desto intensiver wird die politische Vergangenheit – jedenfalls noch für eine bestimmte Zeit – Arbeitgeberentscheidungen

vgl. im Einzelnen Wronka/Gola, RDV 1992, 12

zu Recht bestimmen können. Dies gilt nicht nur in sog. Tendenzbetrieben.

A.A. z.B. Wedde, CR 1992, 679, der ein Fragerecht nach MfS-Tätigkeit, sofern nicht eine strafrechtliche Verurteilung deswegen erfolgt ist, generell verneint und ggf. nur bei Mitarbeitern mit Außenwirkung in Tendenzbetrieben bejahen will

4.4.7 Gewerkschaftszugehörigkeit

569 Gemäß der in Art. 9 Abs. 3 GG verbürgten Koalitionsfreiheit und dem Benachteiligungsverbot in § 75 Abs. 1 BetrVG ist es dem Arbeitgeber untersagt, einen Bewerber oder Arbeitnehmer deswegen zu bevorzugen oder zu benachteiligen, weil er sich einer Gewerkschaft angeschlossen hat. Demgemäß darf die Tatsache, dass ein Arbeitnehmer Mitglied einer Gewerkschaft ist, für Einstellungsentscheidungen auf Grund der Drittwirkung dieses Grundrechts

vgl. BAG, NZA 2000, 1294; Däubler, Gläserne Belegschaften?, Rdn. 212 f.; Seifert, in Simitis, § 32 Rdn. 31; ggf. mag etwas anderes gelten für einen Bewerber bei einem Arbeitgeberverband, so Fitting, § 94 Rdn. 15

regelmäßig keine Rolle spielen.

570 So wie es das ArbG Wuppertal für die Betriebsratstätigkeit entschieden hat, gilt das auch für die Gewerkschaftszugehörigkeit, dass sich hierin nicht die Praktizierung einer Weltanschauung widerspiegelt und dass bei Benachteiligungen Ansprüche aus dem AGG erwachsen können.

Vgl. Pauken, ArbRAktuell 2013, 28

571 Soweit ein Arbeitgeber zwecks Erfüllung tariflicher Ansprüche oder zwecks des Abzugs von Gewerkschaftsbeiträgen vom Gehalt die Gewerkschaftszugehörigkeit erfragen und das Datum speichern will, besteht die Berechtigung dazu gemäß § 28 Abs. 6 Nr. 3 BDSG erst nach Abschluss des Arbeitsvertrages.

Zeller, BB 1987, 1522; Wohlgemuth, ArbuR 1992, 46; vgl. nachstehend hierzu Rdn. 736 ff.

4.5 Gesundheitsdaten

4.5.1 Das Fragerecht

Informationen über die Gesundheit bzw. eine Behinderung des Beschäftigten unterlie- **572** gen besonderem Schutz (§§ 3 Abs. 9, 28 Abs. 6 BDSG; 1, 7, 8 AGG; 75 Abs. 1 BetrVG).

Sie zählen zu den besonders geschützten besonderen Arten von personenbezogenen Daten (§ 3 Abs. 9 BDSG). Der Arbeitgeber hat nach der dem § 32 Abs. 1 BDSG vorgehenden Bestimmung des § 28 Abs. 6 Nr. 3 BDSG nur einen Informationsanspruch, wenn die Gesundheitsdaten Voraussetzung zur Geltendmachung, Ausübung oder Verteidigung rechtlicher Ansprüche sind, was der Fall ist, wenn ihre Verarbeitung nach nationalen Recht zulässig ist.

Zur diesbezüglichen unionsrechtskonformen Auslegung des § 28 Abs. 6 Nr. 3 BDSG: BAG, RDV 2012, 192(195)

Eine hierauf beruhende Benachteiligung ist untersagt. Gleichwohl hebt dieser Diskrimi- **573** nierungsschutz das diesbezügliche Fragerecht des Arbeitgebers nicht auf. § 8 Abs. 1 AGG erlaubt die Nachfrage nach gesundheitlichen Beeinträchtigungen der Arbeitsfähigkeit, wenn diese „wegen der Art der auszuübenden Tätigkeit oder der Bedingungen ihrer Ausübung eine wesentliche und entscheidende berufliche Anforderung darstellt". Maßstab muss sein, ob eine gesundheitliche Beeinträchtigung vorliegt, die bei bestehendem Arbeitsverhältnis – die interessenbezogene Einzelentscheidung außer Acht lassend – Anlass für eine Kündigung sein könnte.

Zur Unverzichtbarkeit der Information, BAG, RDV 2010, 281 = NZA 2010, 872.

Demnach ist die Frage nach dem Gesundheitszustand eines Bewerbers zulässig, wenn **574** gezielt die Beschäftigung unzumutbar machende potenzielle Ausfallzeiten oder Einschränkung der Tätigkeit ermittelt werden.

Vgl. Wisskirchen, DB 2006, 1491

Weiterhin darf nach ansteckenden Krankheiten gefragt werden, die die zukünftigen Kol- **575** legen oder Kunden gefährden könnten.

Nicht zu beanstandende Fragestellungen **576**

vgl. Lichtenberg/Schücking, NZA 1990, 44; Schaub, § 26 Rdn. 23

müssten demgemäß etwa wie folgt lauten:

- Liegt eine Krankheit bzw. Beeinträchtigung des Gesundheitszustands vor, durch die die Eignung für die vorgesehene Tätigkeit auf Dauer oder wiederkehrend gravierend eingeschränkt ist?
- Liegen ansteckende Krankheiten vor, die Kollegen oder Kunden gravierend gefährden könnten?
- Ist in absehbarer Zeit mit längerer Arbeitsunfähigkeit zu rechnen, z.B. durch Operation, Kur oder akute schwerwiegende Erkrankung?

577 Werden insoweit falsche Angaben gemacht, so ergibt sich hieraus in der Regel zwar ein Anfechtungsrecht des Arbeitgebers; Schadensersatzansprüche scheiden – jedenfalls im Hinblick auf die wegen der verschwiegenen Erkrankung entstehenden Entgeltfortzahlungsansprüche – jedoch aus.

> *Vgl. BAG, NJW 1991, 2371 = RDV 1991, 263, der Leitsatz lautet: „Hat ein Arbeitnehmer auf Befragen bei der Einstellung erklärt, er sei gesund, wird ihm dann aber auf einen zuvor gestellten Antrag nach Beginn des Arbeitsverhältnisses eine Kur bewilligt, so kann der Arbeitgeber die während der Kur zu gewährende Lohnfortzahlung nicht als entstandenen Schaden geltend machen."*

4.5.2   Einstellungsuntersuchung durch Betriebsarzt/Gesundheitsamt

578 Bei der Erhebung von für die Eingehung des Arbeitsverhältnisses und seinen nachträglichen Ablauf relevanten Gesundheitsdaten werden ggf. der Betriebsarzt bzw. im öffentlichen Dienst das Gesundheitsamt eingeschaltet.

579 Dort, wo Untersuchungspflichten (z.B. Untersuchung nach § 32 JArbSchG, § 28 Abs. 2 GefStoffV, § 81 Abs. 1 SeemG, §§ 67 FF StrlSchVO) gesetzlich vorgeschrieben sind, besteht das Prinzip der freien Arztwahl.

Ansonsten bedarf die Untersuchung der Einwilligung des Bewerbers.

> *Vgl. BAG, RDV 2000, 66 = DB 1999, 2369 = ZTR 2000, 39*

580 Dem Arzt obliegt die Pflicht, den Bewerber über die Art und die Ziele der Untersuchung aufzuklären, wobei die Zulässigkeitsvorgaben des § 8 Abs. 1 AGG auch durch die Einwilligung des Bewerbers nicht aufgehoben werden.

581 Insofern regelt sich dann auch die Frage von Blutuntersuchungen.

> *Forst, RDV 2010, 1044; Beckschulte/Natzel, BB 2010, 2368*

Ihre Zulässigkeit deswegen generell abzulehnen, weil sie ohne Kenntnis des Betroffenen Rückschlüsse auf Krankheiten erlaubt, die für die Einstellung irrelevant bleiben müssen, unterstellt dem Arzt rechtswidriges Verhalten und die Missachtung seiner Schweigepflicht.

> *So aber Haase/Heermann/Klügel, DuD 2010, 819*

582 Nimmt der Betriebsarzt neben der Einstellungsuntersuchung auch Vorsorgeuntersuchungen im „Interesse des Arbeitnehmers" vor, ist nach der Aufsichtsbehörde Baden-Württemberg

> *LDSB Baden-Württemberg (30. TB (2010/11), LT-Drs. 15/955, 134*

folgende Kritik zu beachten:

- Dadurch, dass der werksärztliche Dienst in einem Termin nicht nur Eignungs- und Pflichtuntersuchungen, sondern auch weitere, ausschließlich im Interesse des Betroffenen vorzunehmende Vorsorgeuntersuchungen durchführte, verstieß er gegen das gesetzliche Trennungsgebot, nach dem Untersuchungen, über deren Ergebnis der Arbeitgeber zu unterrichten ist, und solche, bei denen die Unterrichtung zu unterbleiben hat, grundsätzlich nicht zusammen durchgeführt werden dürfen.
- Der werksärztliche Dienst unterließ es datenschutzrechtswidrig, die Bewerberin in der gebotenen Weise über die verschiedenartigen Untersuchungen, deren Zweck und Inhalt, etwaige Mitwirkungspflichten und die Folgen der Verweigerung zu informieren.

- Die Firma verwendete bei der Einstellungsuntersuchung von Auszubildenden Fragebögen, in denen auch nach persönlichen Umständen des zu Untersuchenden und seiner Familie gefragt wurde, die zur Beurteilung seiner Eignung für eine bestimmte Tätigkeit als künftiger Mitarbeiter dieser Firma nicht erforderlich waren.
- Ein weiterer Verstoß gegen den Erforderlichkeitsgrundsatz war darin zu sehen, dass sich Art und Umfang der Datenerhebung bei den Einstellungsuntersuchungen nicht strikt an den Anforderungen des jeweiligen Arbeitsplatzes orientierten. Insbesondere Blut- und Urinuntersuchungen dürfen auch nach der Rechtsprechung der Arbeitsgerichte nur vorgenommen werden, um Gefahren auszuschließen, die mit der Tätigkeit, die der Betroffene anstrebt, verbunden sind und ihm oder anderen drohen können.

Lässt sich ein Bewerber/Arbeitnehmer durch den Betriebsarzt untersuchen, so liegt **583** hierin zunächst auch die Einwilligung in die Erhebung der für das Arbeitsverhältnis relevanten Gesundheitsdaten, nicht aber eine Einwilligung in die unbeschränkte Weiterleitung dieser Daten an den Arbeitgeber und ggf. die dortige Speicherung der Daten in der Personalakte. Vielmehr gilt für den Betriebsarzt, mag man diesen auch aufgrund seiner Funktionen nach § 3 ASiG nicht als Dritten im Sinne von § 3 Abs. 9 BDSG und damit als Teil der speichernden Stelle des Unternehmens ansehen,

Gola/Schomerus, § 3 Rdn. 49

im Hinblick auf die Weitergabe medizinischer Daten im Betrieb die ärztliche Schweigepflicht (§§ 203 StGB, 8 Abs. 1 ASiG).

Däubler, BB 1989, 282; Budde, DB 1985, 1529; Hinrichs, DB 1980, 2287; Kilian, BB 1981, 990; Wiese, DuD 1980, 23; Tinnefeld/Böhm, DuD 1992, 64; zur Beachtung der Schweigepflicht und der datenschutzrechtlichen Zulässigkeit bei sog. betrieblicher Epidemiologie vgl. Hilla/Goldenbohm, CR 1992, 175

Auch zur Weitergabe der erhobenen Bescheiddaten bedarf es – sofern die Daten nicht **584** einer im Geltungsbereich des BDSG geführten Datei entnommen werden – einer nicht an die inhaltlichen und formellen Anforderungen des § 4a Abs. 1 BDSG geknüpften Einwilligung, die jedoch regelmäßig hinsichtlich der vom Arbeitgeber gewünschten Überprüfung der gesundheitlichen Eignung für den vorgesehenen Arbeitsplatz als konkludent erklärt unterstellt werden kann.

Vgl. Eiermann, BB 1980, 215; restriktiver: Däubler, BB 1989, 282 mit Nachweisen

Hinsichtlich der dem Bescheid, d.h. der auf den vorgesehenen Arbeitsplatz ausgerichteten Mitteilung – z.B. in der Form „geeignet, gut geeignet" oder „nicht geeignet" – **585** zugrunde liegenden Befunddaten gilt jedoch nach wie vor die Schweigepflicht, sodass diese nur dem Arzt zur Verfügung stehen

Keller, NZA 1988, 562; ob diese ärztlichen Unterlagen als Teil der materiellen Personalakte dem Einsichtsrecht des § 83 Abs. 1 BetrVG unterliegen, ist strittig, vgl. nachfolgend Rdn. 1289; Däubler, CR 1991, 475

und nicht in die Personalakte gelangen dürfen.

Vgl. für behördliche Sozialdaten entsprechend SozG Hildesheim, RDV 1986, 27

Entsprechend betont der LfD Mecklenburg-Vorpommern, **586**

10. TB (2010/11), 133

dass die Angaben aus amtsärztlichen Gutachten in der Personalakte auf „dienstfähig", „dienstunfähig" oder „eingeschränkt dienstfähig" zu beschränken sind. Nur im letztgenannten Fall können Ergänzungen zum weiteren Handlungsbedarf der Dienstelle erforderlich sein. Diese Unterlagen sind in gesondert gekennzeichneten Umschlägen aufzubewahren.

So ausdrücklich die einschlägigen Personalaktenführungsrichtlinie Thüringen; TLfD, 9. TB (2010/2011), Ziff. 6.2

587 Nach dem BayLDSB

21. TB, Ziff. 16.3.1

darf das zusammenfassende Untersuchungsergebnis einer amtsärztliche Untersuchung nur dann, wenn Bedenken gegen die gesundheitliche Eignung bestehen, insoweit konkretisiert werden, als der Dienstherr/Arbeitgeber darüber befinden kann, ob gleichwohl die gesundheitliche Eignung noch bejaht werden kann, ob ergänzende ärztliche Untersuchungen erforderlich sind oder ob die gesundheitliche Eignung zu verneinen ist. Die Grenze für gezielte weitere Untersuchungen sei jedoch dort zu ziehen, wo durch die Untersuchung erheblich in die Intimsphäre eingegriffen würde (z.B. bei einer Genomanalyse).

Umgangen werden kann die Begrenzung auf die Mitteilung des Ergebnisses nicht dadurch, dass sich das Gesundheitsamt eine Erklärung zur Entbindung von der ärztlichen Schweigepflicht unterzeichnen lässt und sodann das vollständige Gutachten übersendet.

Vgl. LDI NRW 20. TB (2011), Ziff. 7.8

Unterlagen (z.B. Arztterminzettel), die die Häufigkeit und die Art der Arztbesuche über einen gewissen Zeitraum belegen, haben keine Personalaktenqualität und sind aus der Akte zu entfernen.

588 Der Betriebsarzt darf die von ihm erhobenen Patientendaten schon im Rahmen der ärztlichen Dokumentationspflicht auch automatisiert verarbeiten, wobei eine zur Gewährleistung der Schweigepflicht angemessene Datensicherung die Speicherung in einem von der Personalverwaltung gesondert betriebenen System erfordert.

Vgl. hierzu im Einzelnen Däubler, Gläserne Belegschaften?, Rdn. 396 ff.

589 Hinzuweisen ist insofern ergänzend auf die bereichsspezifischen Arbeitnehmerdatenschutzregelungen in einigen Landesdatenschutzgesetzen, die ausdrücklich nur die Weitergabe des Ergebnisses der Einstellungsuntersuchung und eventueller Risikofaktoren gestatten (z.B. § 22 Abs. 2 BremDSG, § 28 Abs. 5 HambDSG).

4.5.3 Sonderfall: Genom-/DNA-Analysen

590 Die Genomanalyse zielt auf die Untersuchung, Feststellung und Kartierung des menschlichen Erbguts (Genom), d.h. der in einer Zelle vorhandenen Erbinformationen, ab. Jedes Gen enthält Informationen über körperliche und geistige Eigenschaften des betreffenden Menschen. Die Bedeutung dieser Kodierungen für die weitere Entwicklung eines Menschen wird jedoch mehr und mehr erforscht. Daher eröffnet die Genomanalyse der Medizin zunehmend die Möglichkeit, Leiden und auch die Disposition zu bestimmten Krankheiten und Anfälligkeiten (z.B. Allergien) zu erkennen.

Vgl. Menzel, NJW 1989, 2041

591 Dass in derartigen Analysen personenbezogene Angaben von hohem und meist äußerst sensiblem Aussagewert entstehen können,

„die zumindest teilweise zum inneren Kernbereich der Persönlichkeitssphäre gehören und aus deren Kenntnis sich weitreichende, möglicherweise existenzielle Konsequenzen für den Betroffenen ergeben",

BfD, 11. TB, 48

ist offenkundig.

Als besondere Problematik kommt für den Betroffenen – ähnlich wie bei einem erzwungenen HIV-Test – zudem die Tatsache zum Tragen, dass die durch die Analyse frühzeitig erkannten Krankheiten ggf. nicht heilbar sind und der Betroffene unfreiwillig einen Blick in die entferntere Zukunft werfen muss, der seine Lebensdispositionen und -hoffnungen in Frage stellen kann, wobei darauf hinzuweisen ist, dass das Recht auf informationelle Selbstbestimmung auch ein Recht auf „Nichtwissen" gewährt: Zum Kernbereich des Persönlichkeitsrechts gehört die Freiheit, selbst darüber zu entscheiden, ob man in die eigene Zukunft schauen oder auf derartige Erkenntnisse verzichten will.   **592**

Der Problematik trägt das Gendiagnostikgesetz (GenDG)   **593**

Gesetz über genetische Untersuchungen bei Menschen vom 28.04.2009, BGBl. I, S. 2529

Rechnung. Das Gesetz widmet sich im Wesentlichen der Gendiagnostik im Arbeitsleben und bei Abschlüssen von Versicherungen. Geregelt wird auch die Zulässigkeit der Klärung der Abstammung.

Im Arbeitsverhältnis sind zunächst auf Verlangen des Arbeitgebers durchgeführte genetische Untersuchungen verboten. Auch darf der Arbeitgeber die Ergebnisse einer in anderem Zusammenhang vorgenommenen Untersuchung nicht erfragen, entgegennehmen oder verwenden. Dies gilt auch, wenn sie vom Bewerber/Arbeitnehmer von sich aus vorgelegt werden.   **594**

§ 19 GenDG schließt somit aus, dass Beschäftigte wegen festgestellter genetischer Eigenschaften oder Veranlagungen nicht eingestellt, versetzt oder befördert werden.

Bisher zulässige Untersuchungen, die notwendig sind, um im Einstellungsverfahren die körperliche Eignung feststellen zu können, bleiben zulässig. Auch bei der arbeitsmedizinischen Vorsorgeuntersuchung bestehen Ausnahmen bzw. können geschaffen werden (§ 20 GenDG). Ihre Durchführung hängt jedoch von der vom GenDG geforderten Einwilligung ab.

---

§ 19 GenDG – Genetische Untersuchungen und Analysen vor und nach Begründung des Beschäftigungsverhältnisses

Der Arbeitgeber darf von Beschäftigten weder vor noch nach Begründung des Beschäftigungsverhältnisses

1. die Vornahme genetischer Untersuchungen oder Analysen verlangen oder

2. die Mitteilung von Ergebnissen bereits vorgenommener genetischer Untersuchungen oder Analysen verlangen, solche Ergebnisse entgegennehmen oder verwenden.

§ 20 GenDG – Genetische Untersuchungen und Analysen zum Arbeitsschutz

(1) Im Rahmen arbeitsmedizinischer Vorsorgeuntersuchungen dürfen weder

1. genetische Untersuchungen oder Analysen vorgenommen werden noch

2. die Mitteilung von Ergebnissen bereits vorgenommener genetischer Untersuchungen oder Analysen verlangt, solche Ergebnisse entgegengenommen oder verwendet werden.

(2) Abweichend von Absatz 1 sind im Rahmen arbeitsmedizinischer Vorsorgeuntersuchungen diagnostische genetische Untersuchungen durch Genproduktanalyse zulässig, soweit sie zur Feststellung genetischer Eigenschaften erforderlich sind, die für schwerwiegende Erkrankungen oder schwerwiegende gesundheitliche Störungen, die bei einer Beschäftigung an einem bestimmten Arbeitsplatz oder mit einer bestimmten Tätigkeit entstehen können, ursächlich oder mitursächlich sind. Als Bestandteil arbeitsmedizinischer Vorsorgeuntersuchungen sind genetische Untersuchungen nachrangig zu anderen Maßnahmen des Arbeitsschutzes.

(3) Die Bundesregierung kann durch Rechtsverordnung mit Zustimmung des Bundesrates regeln, dass abweichend von den Absätzen 1 und 2 im Rahmen arbeitsmedizinischer Vorsorgeuntersuchungen diagnostische genetische Untersuchungen durch zytogenetische und molekulargenetische Analysen bei bestimmten gesundheitsgefährdenden Tätigkeiten von Beschäftigten vorgenommen werden dürfen, soweit nach dem allgemein anerkannten Stand der Wissenschaft und Technik

1. dadurch genetische Eigenschaften festgestellt werden können, die für bestimmte, in der Rechtsverordnung zu bezeichnende schwerwiegende Erkrankungen oder schwerwiegende gesundheitliche Störungen, die bei einer Beschäftigung an einem bestimmten Arbeitsplatz oder mit einer bestimmten Tätigkeit entstehen können, ursächlich oder mitursächlich sind,

2. die Wahrscheinlichkeit, dass die Erkrankung oder gesundheitliche Störung bei der Beschäftigung an dem bestimmten Arbeitsplatz oder mit der bestimmten Tätigkeit entsteht, hoch ist und

3. die jeweilige genetische Untersuchung eine geeignete und die für die Beschäftigte oder den Beschäftigten schonendste Untersuchungsmethode ist, um die genetischen Eigenschaften festzustellen.

Absatz 2 Satz 2 gilt entsprechend.

(4) Die §§ 7 bis 16 gelten entsprechend.

595 Das bereits in § 4 GenDG enthaltene Benachteiligungsverbot präzisiert § 21 GenDG für das Arbeitsverhältnis. Die Verweigerung der Erteilung der Einwilligung in erlaubte Untersuchungen oder die Verwendung der Kenntnisse über genetische Eigenschaften des Beschäftigten oder genetisch verwandte Personen ist, selbst wenn der Beschäftigte diese freiwillig mitgeteilt hatte, unzulässig. Verstöße können entsprechend §§ 15 und 22 AGG zu Entschädigungsansprüchen führen.

§ 21 GenDG – Arbeitsrechtliches Benachteiligungsverbot

(1) Der Arbeitgeber darf Beschäftigte bei einer Vereinbarung oder Maßnahme, insbesondere bei der Begründung des Beschäftigungsverhältnisses, beim beruflichen

Aufstieg, bei einer Weisung oder der Beendigung des Beschäftigungsverhältnisses nicht wegen ihrer oder der genetischen Eigenschaften einer genetisch verwandten Person benachteiligen. Dies gilt auch, wenn sich Beschäftigte weigern, genetische Untersuchungen oder Analysen bei sich vornehmen zu lassen oder die Ergebnisse bereits vorgenommener genetischer Untersuchungen oder Analysen zu offenbaren.

(2) Die §§ 15 und 22 des Allgemeinen Gleichbehandlungsgesetzes gelten entsprechend.

§ 22 GenDG – Öffentlich-rechtliche Dienstverhältnisse

Es gelten entsprechend

1. für Beamtinnen, Beamte, Richterinnen und Richter des Bundes sowie Soldatinnen und Soldaten die für Beschäftigte geltenden Vorschriften,

2. *für Bewerberinnen und Bewerber für ein öffentlich-rechtliches Dienstverhältnis oder Personen, deren öffentlichrechtliches Dienstverhältnis beendet ist, die für Bewerberinnen und Bewerber für ein Beschäftigungsverhältnis oder Personen, deren Beschäftigungsverhältnis beendet ist, geltenden Vorschriften und*

3. *für den Bund und sonstige bundesunmittelbare Körperschaften, Anstalten und Stiftungen des öffentlichen Rechts, die Dienstherrnfähigkeit besitzen, die für Arbeitgeber geltenden Vorschriften.*

Grundsätzlich darf eine Genomanalyse mit dem Ziel, etwaige gesundheitliche Gefährdungen infolge der ausgeübten bzw. auszuübenden Arbeit zu erkennen, nur mit Zustimmung des Arbeitnehmers/Bewerbers durchgeführt werden. Der Bewerber wird diese Zustimmung jedoch zumeist nicht in voller Entscheidungsfreiheit erteilen bzw. versagen können, da er damit rechnen muss, bei der Verweigerung der Offenbarung seiner genetischen Daten nicht eingestellt zu werden. **596**

Sofern es um den Schutz des Arbeitnehmers vor ihn gefährdenden Tätigkeiten und Arbeitsplätzen geht, sollte es daher dem Arbeitnehmer selbst überlassen bleiben, sich – wenn er es wünscht – von einem Arzt seines Vertrauens untersuchen und über Risiken aufklären zu lassen. Dem Arbeitgeber dürfen diese Informationen nicht zugänglich sein. Das legitime Interesse des Arbeitgebers, keinen gesundheitlich ungeeigneten Bewerber einzustellen, darf nicht dahin führen, dass ganze Personengruppen mit bestimmten Risikofaktoren vom Arbeitsleben ausgeschlossen werden. **597**

Geht man weiter davon aus, dass die unter Beachtung der Begrenzung des Arbeitgeberfragerechts zulässigen und notwendigen Informationen über den Gesundheitszustand eines Bewerbers auch bei konventionellen Untersuchungsmethoden gewonnen werden können, so muss die Genomanalyse – wegen der hohen potenziellen Gefährdung des Persönlichkeits- und Selbstbestimmungsrechts des Bewerbers – im Rahmen einer Einstellungsuntersuchung in aller Regel als unzulässig angesehen werden; **598**

so auch Däubler, Gläserne Belegschaften?, Rdn. 230 ff.

dies gilt jedenfalls so lange, wie der Gesetzgeber nicht klare Grenzen gezogen hat, die den Schutz des Arbeitnehmers ausreichend sicherstellen

vgl. Gola, DuD 1990, 59 mit Nachweisen; ferner die Datenschutzaufsichtsbehörden, vgl. 13. Tätigkeitsbericht des Landesbeauftragten für den Datenschutz Rheinland-Pfalz, LT-Drs. 12/ 800 vom 16.12.1991, S. 77; Berliner Datenschutzbeauftragter, Jahresbericht 1989, S. 10; Entschließung der Konferenz der Datenschutzbeauftragten des Bundes und der Länder vom 26.10.2001, DuD 2002, 150

und ggf. die Genomanalyse ausnahmsweise für solche Arbeitsplätze gestatten, bei denen besonders hohe, nur mit der Genomanalyse festzustellende Gefährdungen bestehen.

Gendaten und DNA-Analysen können auch zur Identifikation von Betroffenen dienen. Der Arbeitgeber wird zur derartigen Datenerhebung nur bei gravierenden Straftaten befugt sein, insoweit gilt jetzt § 32 Abs. 1 S. 2 BDSG. **599**

Für generelle Unzulässigkeit: Däubler, Gläserne Belegschaften?, Rdn. 286

Jedenfalls gibt der Wunsch nach Ermittlung des Urhebers von an den Vorstand gerichteten anonymen Briefen keine Berechtigung, anhand der DNA-Spuren an einer von dem Verdächtigten benutzten Kaffeetasse und an dem mittels Speichel zugeklebten Brief seine Täterschaft zu belegen.

Vgl. VGH Baden-Württemberg, ArbuR 2001, 469

4.5.4 Sonderfall: HIV-Tests/AIDS

600 Wendet man die von der Rechtsprechung entwickelten Grundsätze zur Erhebung von Gesundheitsdaten eines Bewerbers auf die Frage nach einer AIDS-Erkrankung an, so wird das berechtigte Interesse des Arbeitgebers nach auch einhelliger Meinung der Literatur

Bruns, MDR 1987, 353; ders., MDR 1988, 95; Löwisch, DB 1987, 936; Eich, Beilage 2 zu NZA 1987, 1387; Thiel, ZTR 1987, 264; Klak, BB 1987, 1387; Richardi, NZA 1988, 75; Haesen, RdA 1988, 161

nicht abzustreiten sein. Der an AIDS erkrankte Bewerber wird zumindest in absehbarer Zeit, gleichgültig, auf welchem Arbeitsplatz er eingesetzt werden soll, nicht in der Lage sein, seiner Arbeitspflicht weiter nachzukommen.

601 Anders verhält es sich jedoch bezüglich der Frage nach einer HIV-Infektion. Hier lässt sich nach dem derzeitigen Stand der Kenntnis des Verlaufs einer HIV-Infektion nicht voraussagen, ob in absehbarer Zeit mit einer relevanten Arbeitsunfähigkeit zu rechnen ist, mag die Einschätzung, zu welchem Prozentsatz und in welchem Zeitraum eine HIV-Infektion zum Ausbruch der Krankheit führt, bisher auch noch ungünstig sein. Zudem besteht auf „normalen" Arbeitsplätzen auch kein Informationsinteresse im Hinblick auf den Schutz künftiger Kollegen oder Kunden vor Ansteckung. Ob dies bei Arbeitsplätzen, bei denen eine erhöhte Verletzungsgefahr und damit die Gefahr des Kontaktes mit infiziertem Blut besteht, oder z.B. auch bei Tätigkeiten im Bereich der Krankenpflege oder bei Arbeitsplätzen im Bereich der Lebensmittelherstellung anders zu beurteilen ist, erscheint fraglich. Wenn ein Teil der Literatur

Thüsing in Richardi, § 94 Rdn. 17; Löwisch, BB 1987, 939; Richardi, NZA 1988, 75; Keller, NZA 1988, 563

dies bejaht, so erscheint diese Auffassung jedenfalls nur so lange vertretbar, wie über die Ansteckungsweise des AIDS-Erregers noch Unklarheiten bestehen oder hinreichender Schutz in diesen gefährdeten Arbeitsbereichen nicht möglich ist.

Daher lehnen auch ein Fragerecht ab: Lichtenberg/Schücking, NZA 1990, 41; Wollenschläger/Kreßel, ArbuR 1988, 201; Bruns, MDR 1988, 96

602 Zutreffend weist man aber im Übrigen

Klak, BB 1987, 1387; ferner Gola, DuD 1988, 289

darauf hin, dass die Frage nach AIDS oder der HIV-Infektion in der Praxis wenig effektiv sein wird – zum einen, weil häufig ein Bewerber von einer Infektion keine Kenntnis haben wird, zum anderen, weil ein bewusstes Verschweigen der bekannten Infektion oder Erkrankung vom Arbeitgeber nur in seltenen Fällen nachzuweisen sein wird. Eine im begrenzten Maß gesicherte Erkenntnis über die Erkrankung oder Infektion eines Bewerbers kann der Arbeitgeber daher ggf. nur im Wege eines HIV-Tests im Rahmen der Einstellungsuntersuchung erhalten.

603 Die Zulässigkeit eines z.B. bei der Einstellungsuntersuchung geforderten HIV-Tests oder das Verlangen nach Vorlage einer anderweitig ärztlich eingeholten „Negativbescheinigung" unterliegt denselben Restriktionen wie das diesbezügliche Fragerecht. Insoweit darf der HIV-Test auch regelmäßig nicht Bestandteil gesetzlich vorgeschriebener Einstellungsuntersuchungen sein. Entsprechend der Begrenzung des diesbezüglichen Fragerechts heißt dies im Ergebnis, dass eine festgestellte AIDS-Erkrankung zu einem negativen Ergebnis der Einstellungsuntersuchung führt, eine HIV-Infektion jedoch nicht ermittelt und – sollte sie doch festgestellt worden sein – dem Arbeitgeber nicht mitgeteilt werden darf.

> *Vgl. hierzu auch LG Braunschweig, NJW 1990, 770 = RDV 1990, 138: „Wird bei einem dem Pflegepersonal angehörenden Mitarbeiter eines Krankenhauses ein AIDS-Test durchgeführt, so ist der behandelnde Arzt nicht befugt, ein positives Testergebnis ohne Information des Betroffenen an die Krankenhausleitung weiterzugeben. Eine Durchbrechung der ärztlichen Schweigepflicht wäre nur gerechtfertigt, nachdem der Arzt dem Bediensteten Gelegenheit gegeben hat, selbst tätig zu werden."*

Bei der Einstellung von Beamten, jedenfalls bei ihrer Übernahme in das Beamtenverhältnis auf Lebenszeit, kann jedoch auch eine HIV-Infektion Bedeutung erlangen. **604**

> *Vgl. VG Ansbach, NJW 1988, 1540: „Dabei ist festzuhalten, dass es – grundsätzlich – rechtlich nicht zu beanstanden ist, wenn ein souveräner Dienstherr, wie z. B. der Freistaat Bayern oder auch andere Gemeinden in Bayern, im Rahmen der ärztlichen Einstellungsuntersuchung generell die Beamtenanwärter einem HIV-Test unterzieht. Andererseits ist es aber ebenfalls rechtlich nicht zu beanstanden, wenn er – wie vorliegend die Antragstellerin – im Rahmen der Einstellungsuntersuchung nicht jeden Beamtenanwärter einem HIV-Test unterzieht, sondern diesen erst dann vornimmt, wenn aufgrund des ärztlichen Eindrucks besondere Anhaltspunkte dafür bestehen, dass es sich bei dem Beamtenanwärter um einen HIV-Infizierten handeln könnte."*

Hinsichtlich der Durchführung eines HIV-Tests im Rahmen einer Einstellungsuntersuchung ist ferner zu beachten, dass ein heimlicher Test regelmäßig einen unzulässigen Eingriff in die Persönlichkeitsrechte des Untersuchten und auch eine strafbare Körperverletzung nach § 223 StGB beinhalten; dies gilt selbst dann, wenn dem Bewerber mit seiner Einwilligung Blut zwecks labormäßiger Untersuchung entnommen wurde. **605**

> *Eberbach, NJW 1987, 1470; einschränkend: Janker, NJW 1987, 2897; vgl. auch Heubing, DuD 2012, 823 mit einer Anmerkung zum Urteil des AG Bremen, in dem einem Patienten ein Schmerzensgeld zuerkannt wurde*

Dem untersuchenden Arzt obliegt eine konkrete Aufklärungspflicht bezüglich des beabsichtigten HIV-Tests. Der HIV-Test bedarf daher – sofern er ausnahmsweise zulässig sein sollte – der ausdrücklichen Zustimmung des Bewerbers, seine allgemeine Einwilligung in die Einstellungsuntersuchung umfasst den Test nicht. **606**

> *Vgl. auch StA Mainz, NJW 1987, 2946; StA beim KG, NJW 1987, 1485 f. mit Nachweisen; ferner OLG Koblenz, DSB 6/1989, 22 für Bluttests bei Strafgefangenen: „Das Ergebnis eines ohne Einwilligung des Gefangenen durchgeführten Tests ist aus der Gesundheitsakte des Gefangenen zu entfernen."*

Nicht zu verkennen ist jedoch, dass ein Bewerber – ebenso wie bei einer ihm abverlangten Genomanalyse – kaum Möglichkeiten hat, sich einem vom Arbeitgeber – ggf. rechtswidrig – geforderten HIV-Test zu entziehen, will er sich die Chance auf Einstellung nicht verscherzen. **607**

> *Vgl. auch bei Klak, DB 1987, 1387*

Ein Anspruch auf Einstellung besteht nämlich selbst dann nicht, wenn die Ablehnung des Bewerbers aus rechtswidrigen Überlegungen erfolgt. Ansprüche auf Schadensersatz bzw. auf Entschädigung können sich jedoch aus dem AGG ergeben. **608**

> *Vgl. Leder, SAE 2006, 305*

609 Ein gewisser Schutz der Bewerber besteht nur darin, dass die regelmäßige Erhebung dieses Gesundheitsdatums als Grundlage der Einstellungsentscheidung eine mitbestimmungspflichtige Auswahlrichtlinie (§ 95 Abs. 1, 2 BetrVG) beinhaltet.

> *Vgl. auch Löwisch, DB 1987, 940 f.; Bruns, MDR 1988, 95 (97), jeweils mit Nachweisen*

4.5.5 Alkohol- und Drogentests

610 Jedenfalls im Regelfall ist davon auszugehen, dass ein alkohol- oder drogenabhängiger Bewerber für jeden Arbeitsplatz als ungeeignet anzusehen ist. Drogen- oder Alkoholabhängigkeit ist eine Krankheit, die die Erfüllung der Arbeitspflicht generell wesentlich beeinträchtigen wird.

> *Diller/Powietzka, NZA 2001, 1227; vgl. zum Drogenscreening auch Heilmann/Wienemann/ Thelen, AiB 2001, 464; ablehnend Weichert, RDV 2007, 189*

611 Anlass, derartige Tests durchführen, besteht jedoch nur, wenn Gründe in der Person des Bewerbers den Arzt hierzu veranlassen oder wenn der vorgesehene Arbeitsplatz insoweit absolute Zuverlässigkeit verlangt. Entsprechend ist auch eine diesbezügliche Frage zulässig, wenn die Art der Tätigkeit danach verlangt, dass keine solche Abhängigkeit besteht.

> *Schaub, § 26 Rdn. 18*

612 Sichergestellt werden muss, dass das in der Regel vom Betriebsarzt im Rahmen einer Einstellungsuntersuchung festgestellte Ergebnis zutreffend ist. Bei festgestelltem vorausgegangenem Drogenkonsum muss dem Bewerber ggf. Gelegenheit zur Stellungnahme bzw. Zweituntersuchung gegeben werden. Die Nachweiszeiten der verschiedenen Substanzen sind nämlich unterschiedlich: Gefährliche Drogen wie Kokain, Ecstasy oder Amphetamin sind nur ein bis vier Tage nachweisbar, während Marihuana, das vergleichsweise harmlos ist, mehrere Wochen lang im Urin zu finden ist. Im Übrigen weist ein festgestellter Drogenkonsum zwar nicht generell auf eine krankhafte Abhängigkeit des Bewerbers hin. Wenn ein Bewerber jedoch in diesem „Zustand" zu der Einstellungsuntersuchung erscheint, deutet das auf eine Abhängigkeit zumindest hin.

5 Eignungs- und Persönlichkeitstests

5.1 Allgemeines

613 Häufig werden zur Vorbereitung der Einstellungsentscheidung Eignungstests durchgeführt,

> *vgl. Schmid, BB 1981, 1648; Klein, Die Rechtmäßigkeit psychologischer Tests im Personalbereich, Jur. Schriften Nr. 21, 1982; Sproll, ZiP 1984, 26; Gola, BB 1980, 584*

die, wenn sie eine psychologische Begutachtung beinhalten, auch bei vorliegender Einwilligung des Bewerbers nicht unbedenklich sind. Zu berücksichtigen ist dabei auch, dass der Bewerber bzw. Arbeitnehmer von dem Ergebnis des Tests regelmäßig nur „indirekt" Kenntnis erhält, indem seine Bewerbung mit der üblichen allgemeinen Begründung abgelehnt wird.

Die Einholung grafologischer Gutachten soll nach Ansicht des BAG   **614**

> *NJW 1984, 446; Sproll, ZiP 1984, 26 mit Nachweisen; Hohenstatt/Stamer/Hinrichs, NZA 2006, 1069*

bei ausdrücklicher Einwilligung des Bewerbers zulässig sein, wobei das Gericht jedoch die Fragwürdigkeit der Freiwilligkeit

> *vgl. Wohlgemuth, BB 1980, 1534 mit Nachweisen; ders. ArbuR 1981, 274*

derartiger Einwilligungen im Anbahnungsverhältnis und der „Wissenschaftlichkeit" dieser Untersuchung außer Betracht lässt.

Datenschutzwidrig ist es jedoch nicht, wenn der Arbeitgeber für oder gegen den Bewer-   **615** ber Untersuchungsergebnisse heranzieht, denen jeder objektive Erkenntniswert abzusprechen ist.

> *Vgl. Schuler, Psychologische Personalauswahl, 1996, 141 f.; Kaehler, DB 2006, 277*

Es steht dem Arbeitgeber frei, sofern er sich hiervon Erfolg verspricht, die Einstellungsentscheidung von dem Ergebnis einer Kristallkugelbefragung oder von einer astrologischen Begutachtung des Bewerbers abhängig zu machen. Maßgebend ist jedoch, dass die Datenerhebung nicht auf die fragwürdige Erstellung eines Persönlichkeitsprofils des Bewerbers hinausläuft.

> *Wiese, ZfA 1971, 293; Schmid, NJW 1969, 1655; zur subjektiven Einstellungsentscheidung, vgl. auch vorstehend Rdn. 491 ff.*

5.2   Psychologische Testverfahren

Im Rahmen der betrieblichen Personalauswahl finden neben klassischen Einstellungsin-   **616** terviews und reinen „Qualifikationstests" auch psychologische Tests Verwendung. Hierunter versteht man im weiten Sinn Verfahren zur Ermittlung innerer Vorgänge und Merkmale einer Person. Ziel muss jedoch einzig und allein sein, die Eignung des Bewerbers für die vorgesehene Tätigkeit festzustellen, d.h. es muss eine Notwendigkeit der Erhebung der Daten in Bezug zu dem Anforderungsprofil des konkreten Arbeitsplatzes bestehen. Maßstab ist, dass jede Art der Datenerhebung und Verarbeitung von Beschäftigtendaten dem Erforderlichkeitsgrundsatz und dem Verhältnismäßigkeitsprinzip des § 32 Abs. 1 S. 1 BDSG entsprechen muss.

> *Vgl. hierzu Kaehler, DB 2006, 277; Franzen, NZA 2013, 1*

„Demnach sind nur Testverfahren zulässig, die bestimmte arbeitsplatznotwendige   **617** Eigenschaften oder Fähigkeiten messen und daher den Kriterien der Objektivität, Valididtät und Zuverlässigkeit entsprechen."

> *Franzen, NZA 2013, 1 (3)*

Demgemäß kann festgehalten werden, dass ein derartiger psychologischer Ermittlungs-   **618** bedarf hinsichtlich der überwiegenden Mehrzahl der Arbeitsplätze nicht besteht. Wegen der Intensität der „Durchleuchtung" der Persönlichkeit müssen Tests auf Ausnahmen beschränkt bleiben, in denen Zuverlässigkeit, Belastbarkeit, Verhalten in Krisensituationen auch zum Schutze Dritter relevant sind, wie das etwa bei Piloten

> *vgl. BAG, AP Nr. 1 zu Art. 1 GG = DB 1964, 302 und 554 für Omnibusfahrer*

der Fall ist.

619 Das Prinzip der Erforderlichkeit ändert nichts daran, dass der Bewerber – wie bei einer ärztlichen Untersuchung – informiert einwilligen muss. Vor jedem Test ist der Betroffene über das geplante Vorgehen und über die zu ermittelnden Eignungsmerkmale und die Verwendung der erhobenen, der Gesamtbewertung zugrunde liegenden Einzeldaten zu informieren. Der Betroffene muss wissen, worauf er sich einlassen soll.

620 Ob mangels entsprechender obiger Kriterien psychologische Testverfahren generell abzulehnen sind,

> *so Albrecht, AiB 2010, 576 (579)*

mag dahinstehen. Jedenfalls wird man allgemeine Persönlichkeitstests und sog. rein quantifizierende Intelligenztests im Regelfall als insgesamt rechtswidrig anzusehen haben.

> *Fitting, § 94 Rdn. 24 f.; Klebe in DKK, § 94 Rdn. 38; Däubler, CR 1994, 101 (104); Grunewald, NZA 1996, 15*

Der eingeschaltete Psychologe darf dem Arbeitgeber – so wie bei der betriebsärztlichen Einstellungsuntersuchung – nur die auch ansonsten für die Einstellungsentscheidung zulässigerweise erhobenen Daten mitteilen.

621 Soll der Bewerber nicht mehr vom Fragerecht des Arbeitgebers umfasste Daten offenbaren, und sei es, dass sie „nur" als Grundlage der Gesamtbewertung dienen sollen, muss auch hier die unzutreffende Beantwortung rechtsfolgenlos bleiben.

5.3 Grafologische „Tests"

622 Einen ähnlich gelagerten Fall bildet die nach der Rechtsprechung des BAG

> *NJW 1984, 446 = MDR 1984, 81 = DB 1984, 139; vgl. Rdn. 413, 494*

notwendige Einwilligung des Bewerbers in die grafologische Begutachtung seiner Handschrift. Auch hier muss der Bewerber damit rechnen, dass er bei Verweigerung der Einwilligung von einem „grafologiegläubigen" Arbeitgeber nicht eingestellt werden könnte. Rechtsprechung

> *ArbG München, DB 1975, 1657*

und h.M. der Literatur sehen somit in der Einholung des grafologischen Gutachtens – jedenfalls dann, wenn solche Eigenschaften ermittelt werden sollen, die für das Arbeitsverhältnis von Bedeutung sind – keine datenschutzwidrige Datenerhebung bei Dritten, verlangen jedoch, dass der Bewerber – ebenso wie es § 4 Abs. 2 BDSG bei Datenerhebungen zwecks nachfolgender BDSG-Verarbeitung ausdrücklich verlangt – weiß, warum z.B. ein handgeschriebener Lebenslauf gefordert wird, sodass er sich dann entscheiden kann, ob er seine Handschrift zu diesem Zweck zur Verfügung stellen will. Dass die Grafologie keine anerkannte Wissenschaft ist, spielt insoweit keine Rolle. Der Datenschutz untersagt dem Arbeitgeber nicht, seine Einstellungsentscheidung ggf. auch auf abwegige Überlegungen zu stützen, so z.B., wenn er das Sternzeichen und eine astrologische Begutachtung hierbei berücksichtigt.

> *Hinsichtlich eventueller Mitbestimmung bei formularmäßiger Einholung der Einwilligung nach § 94 Abs. 1 BetrVG vgl. nachstehend Rdn. 1755 ff.*

6 Auskünfte von Dritten

6.1 Referenzen

Zulässig ist es, dass der Arbeitgeber den Bewerber zur Vorlage von Referenzen auffor- **623** dert, jedenfalls in dem Fall, wenn der Bewerber die Personen hierfür selbst auswählen kann.

6.2 Schufa-Auskunft

Aufgezeigt wurde bereits, dass der Arbeitgeber sich nur ausnahmsweise für die Vermö- **624** gensverhältnisse des Bewerbers interessieren darf.

> *Vgl. vorstehend Rdn. 521*

Liegt ein berechtigtes Interesse vor, kann mit Einwilligung des Bewerbers auch eine gezielte Auskunft einer Auskunftei eingeholt werden. Hinsichtlich der Vorlage einer Schufa-Auskunft scheitert die in § 32 Abs. 1 S. 1 BDSG zu messende Zulässigkeit der Erhebung der vom Bewerber angeforderten Auskunft bei der Regelauskunft daran, dass diese die gesamten wirtschaftlichen Verhältnisse des Bewerbers aufzeigt und Informationen enthält, die für den Arbeitgeber nicht erforderlich sind.

Aus diesem Grund liefert die Schufa inzwischen auch eine „reduzierte" Auskunft, die sich auf die berechtigten Informationswünsche eines Arbeitgebers oder Vermieters beschränkt.

6.3 Arbeitgeberauskünfte

Häufig sieht ein Arbeitgeber die vorgelegten Zeugnisse für eine fundierte Einstellungs- **625** entscheidung nicht als ausreichend an, zumal sich aus Zeugnissen nur in begrenztem Maß möglicherweise relevante Detailinformationen entnehmen lassen.

Insbesondere wenn es um die Besetzung leitender Positionen oder besonderer Vertrauensstellungen geht, ist es Praxis, zusätzliche Informationen über in die engere Wahl gezogene Bewerber bei deren bisherigen oder früheren Arbeitgebern einzuholen.

Die hierzu ergangene ältere Rechtsprechung **626**

> *vgl. BAG, DB 1985, 2307 = NJW 1986, 341; LAG Hamburg, ARSt 1985, 35; LAG Köln, DB 1983, 1664*

ist großzügig verfahren und hat den Arbeitgeber auch ohne Zustimmung des betroffenen (ehemaligen) Mitarbeiters als berechtigt angesehen, Auskünfte über Person und Verhalten seines Arbeitnehmers zu erteilen, sofern der Datenempfänger ein berechtigtes Interesse an der Auskunft geltend macht. Das BAG

> *NJW 1958, 1061; ebenso LAG Hamburg, BB 1985, 804 = DuD 1985, 305*

wollte die Berechtigung zur Auskunftserteilung gegen den Willen des ausgeschiedenen Arbeitnehmers daraus ableiten, dass ein Arbeitgeber grundsätzlich nicht gehindert werden könne, anderen Arbeitgebern bei der Wahrung ihrer Interessen zu helfen.

> *Zutreffend hat dagegen das ArbG Stuttgart (RDV 2006, 26) die Einholung der Auskunft von der Einwilligung des Stellenbewerbers abhängig gemacht und für den Fall, dass Auskünfte*

ohne Einwilligung erteilt wurden, dem Bewerber einen Anspruch auf Auskunft über die Arbeit-geber, bei denen Auskunft eingeholt wurde, zugesprochen.

627   Andererseits ist den schutzwürdigen Interessen des Betroffenen insofern Rechnung zu tragen, dass die Auskunft wie ein Zeugnis wahr im Sinne einer vollständigen, gerechten und nach objektiven Gesichtspunkten durchgeführten Beurteilung sein muss; vom Inhalt des Zeugnisses unterscheidet sie sich jedoch insofern erheblich, als dass sie „umfassen-der und freier" gestaltet sein darf. So soll der Arbeitgeber angesichts des vertraulichen Charakters und der regelmäßig mündlichen Form der Auskunft auch solche Umstände mitteilen dürfen, die in ein Zeugnis nicht aufgenommen werden dürfen. Der Unterschied zwischen Auskunft und Zeugnis beruht nach Auffassung des BAG gerade darin, dass die Auskunft genauere Angaben gerade auch über für den Arbeitnehmer ungünstigere Aspekte ermöglicht, da das Zeugnis – im Gegensatz zur einmaligen mündlichen Aus-kunft – den Arbeitnehmer auf Lebenszeit auf seinem Berufsweg begleite. Demgemäß sei eine solche das Zeugnis begleitende Auskunft nur gegenüber dem nächstfolgenden Arbeitgeber zulässig, da nur dieser ein berechtigtes Interesse habe, sich ein genaueres Bild über die aktuelle Leistung und Führung des Arbeitnehmers und den Grund seines Ausscheidens zu machen.

628   Die gegenüber der Auskunftserteilung unter Arbeitgebern unter Bezugnahme auf das Zeugnisrecht vorgetragenen Bedenken,

vgl. bei Wohlgemuth, Datenschutz für Arbeitnehmer, Rdn. 426 m.w.N.; deutlich kritisch auch der Hamburgische Datenschutzbeauftragte, 6. TB (1987), 146

denen zufolge der Arbeitnehmer nach den einschlägigen Normen über die Zeugniserteil-lung (u.a. §§ 630 BGB, 73 HGB, 113c GewO) selbst entscheiden könne, ob er ein ein-faches oder qualifiziertes Zeugnis erhalte, und dass dieses ihm gesetzlich eingeräumte Recht der Beschränkung der Informationsweitergabe nicht durch ergänzende Auskünfte hinter seinem Rücken unterlaufen werden dürfe, hatte die Rechtsprechung nicht aufge-griffen.

Vgl. hierzu LAG München, RDV 1986, 278 (279), das darauf verweist, dass Zeugnisse, schon um diesbezügliche Auseinandersetzungen zu vermeiden, auch hinsichtlich der Leistungsanga-ben häufig „geschönt" sind

629   Ob und unter welchen Umständen die aufgezeigten Auffassungen der Rechtsprechung weiter aufrechterhalten werden können, ist jedenfalls im Hinblick auf das dem Mitarbei-ter zustehende informationelle Selbstbestimmungsrecht einer Neubewertung zu unter-ziehen, die in Teilen der Literatur

vgl. bei Wächter, Datenschutz im Unternehmen, Rdn. 729, der – ein berechtigtes Informations-interesse vorausgesetzt – ohne Einwilligung nur die Bestätigung der Beschäftigung, des Arbeitsortes und der Tätigkeitsbezeichnung zulassen will

und auch bei den Datenschutzaufsichtsbehörden

vgl. Aufsichtsbehörde Baden-Württemberg, Hinweis zum BDSG Nr. 35, Staatsanzeiger vom 27.1.1997, Nr. 3, 7: „Für einen Arbeitgeber besteht unter Umständen das Bedürfnis, vor einer Einstellung beim bisherigen Arbeitgeber Auskünfte über Leistung und Verhalten des Arbeit-nehmers während des Arbeitsverhältnisses einzuholen, etwa auch über krankheitsbedingte Fehlzeiten. Ob eine derartige Auskunft heute noch ohne ausdrückliche Einwilligung des betroffenen Arbeitnehmers zulässig ist, erscheint fraglich. Bisher arbeitsrechtlich für zulässig gehaltene Arten der Datenübermittlung müssen im Lichte des so genannten Volkszählungsur-teils des Bundesverfassungsgerichts (‚Recht auf informationelle Selbstbestimmung') neu bewertet werden. Aus diesem Grunde empfiehlt es sich, solche Auskünfte nur mit schriftlicher Einwilligung des Bewerbers einzuholen."

zu dem Ergebnis geführt hat, die Zulässigkeit regelmäßig von der Einwilligung des Betroffenen abhängig zu machen.

Entsprechend sind die Gesetzgeber mit den für den öffentlichen Dienst geschaffenen bereichsspezifischen Datenschutzregelungen verfahren; vgl. u.a. § 34 HDSG; ferner sollte das Thema Gegenstand des Beschäftigtendatenschutzes (§ 32 Abs. 3 E-BDSG-E) werden.

Eindeutig ist jedoch trotz ggf. zuvor erteilter Einwilligung Folgendes: **630**

- Das Auskunftsersuchen darf nur auf solche Informationen gerichtet sein, die vom Fragerecht des Arbeitgebers umfasst sind. Datenerhebungen, die gegenüber dem Bewerber unzulässig sind, können nicht in Umgehung des Direkterhebungsgrundsatzes und des Persönlichkeitsrechtsschutzes des Bewerbers bei dritter Seite stattfinden. Das bedeutet, dass es sich bei der Arbeitgeberauskunft im Ergebnis immer nur um die Bestätigung bzw. Korrektur von an sich beim Bewerber zulässigerweise zu erhebenden Daten handeln kann.

Vgl. Aufsichtsbehörde Baden-Württemberg, Hinweis zum BDSG Nr. 35, Staatsanzeiger vom 27.1.1997, Nr. 3, 7: „Unabhängig vom Vorliegen der Einwilligung und unabhängig davon, ob der Arbeitnehmer Einwendungen erhoben hat oder nicht, darf der bisherige Arbeitgeber dem künftigen Arbeitgeber unter Berücksichtigung der arbeitsrechtlichen Rechtsprechung zum Fragerecht des Arbeitgebers nur solche Daten übermitteln, an deren Kenntnis der künftige Arbeitgeber im Hinblick auf das geplante Arbeitsverhältnis ein berechtigtes, billigenswertes und schutzwürdiges Interesse hat."

Vgl. hierzu auch ausführlich Schmid, DB 1983, 769

- Das Auskunftsersuchen muss in jedem Falle unterbleiben, wenn der Bewerber sich **631** Nachfragen bei seinem Arbeitgeber, z.B. weil er sich in ungekündigter Stellung befindet, verbeten hatte. Wünscht der Bewerber aus verständlichen Gründen, dass sein derzeitiger Arbeitgeber von der Bewerbung nicht erfährt, so muss der potenzielle neue Arbeitgeber dem Rechnung tragen.

Vgl. Däubler, Gläserne Belegschaften?, Rdn. 458; Gola, DuD 1986, 232 m.w.N.

- Auskunft darf nicht erteilt werden, wenn sich der (frühere) Arbeitgeber dem Arbeit- **632** nehmer gegenüber zur Vertraulichkeit verpflichtet hatte oder z.B. für den Arbeitnehmer nachteilige Vorwürfe in einem gerichtlichen Verfahren für erledigt erklärt wurden.

- Die Auskunft muss in Abwägung der berechtigten Interessen des anfragenden **633** Arbeitgebers und des schutzwürdigen Interesses des Arbeitnehmers erfolgen, wobei der Grundsatz der Vertraulichkeit der Personalakte von Gewicht ist.

Vgl. BAG, DB 1985, 2307: „.... Der Arbeitgeber ist gehalten und ggf. auch gegen den Willen des Arbeitnehmers berechtigt, Auskünfte über den Arbeitnehmer an solche Personen zu erteilen, mit denen der Arbeitnehmer in Verhandlungen über den Abschluss eines Arbeitsvertrages steht. Dieses Auskunftsrecht rechtfertigt nicht die Überlassung der Personalakte oder Teile derselben."

Willigt der Bewerber in das Auskunftsersuchen ein, kann sich für den früheren bzw. bis- **634** herigen Arbeitgeber aus dem Gesichtspunkt der – ggf. nachwirkenden – Fürsorgepflicht eine Verpflichtung zur Auskunftserteilung ergeben.

LAG Berlin, RDV 1990, 97; ferner LAG Berlin, BB 1989, 1825 = CR 1990, 208, wonach die Verletzung der Pflicht bzw. die Erteilung einer unzutreffenden Auskunft schadensersatzpflich-

tig macht. Da die Auskunft wahr sein muss, kann der Arbeitgeber sie auch erteilen, wenn sie für den Arbeitnehmer ungünstig ist; vgl. auch LAG Hamburg, BB 1985, 804

635 Voraussetzung ist einerseits ein besonderes Interesse des Arbeitnehmers, das im Rahmen einer anderweitigen Bewerbung zu bejahen ist, und andererseits, dass die Auskunft für den Arbeitgeber nicht mit einem besonderen Aufwand verbunden ist. Das besondere Interesse des Arbeitnehmers kann sich aber nur auf zusätzliche, spezielle Informationen erstrecken, die aus dem Zeugnis nicht zu entnehmen und für die derzeitige Bewerbung von Belang sind.

LAG Berlin, RDV 1990, 97

6.4 Branchenauskunftsdienste

636 Sollen Arbeitgeberauskünfte nicht bezogen auf eine konkret anstehende Personalentscheidung, sondern generell über einen brancheninternen Informationsdienst ausgetauscht werden, so kann dies – wie am Beispiel des Datenaustauschs durch die Auskunftsstelle für den Versicherungsaußendienst (AVAD)

LAG Berlin, DB 1979, 2187; LAG Hamm, DuD 1979, 74; ArbG Bremen, DuD 1984, 248; a.A. LAG München, RDV 1986, 278 = CR 1985, 158

oder auch eines zur Ermittlung von „Sozialbetrug" angelegten Arbeitgeberinformationssystems

LAG Hamburg, RDV 1990, 39

entschieden wurde – nur mit Einwilligung des Arbeitnehmers als zulässig angesehen werden.

Ebenso die Literatur: Wohlgemuth, Datenschutz für Arbeitnehmer, Rdn. 429; Däubler, Gläserne Belegschaften?, Rdn. 455; Gola, RDV 2002, 113; Simitis in Simitis, § 28 Rdn. 109

Das Führen eines solchen Systems ohne Einwilligung des betroffenen Arbeitnehmers, das wie ein privates Strafregister wirken kann, lässt sich weder aus der Zweckbestimmung des Beschäftigungsverhältnisses (§ 32 Abs. 1 S. 1 BDSG) noch aus vorrangigen berechtigten Interessen der an dem System teilnehmenden Arbeitgeber (§ 28 Abs. 2 i.V.m. Abs. 1 S. 1 Nr. 2 BDSG) rechtfertigen.

Vgl. zur diesbezüglichen Argumentation auch Däubler, Gläserne Belegschaften?, Rdn. 455

Die gleiche Problematik tritt auch auf bei einem Datenaustausch zwischen konzernverbundenen Unternehmen, wenn z.B. die Konzernmutter die Rolle der Auskunftsstelle übernimmt.

6.5 Staatliche Sicherheits- und Zuverlässigkeitsprüfungen

637 Bevor Mitarbeiter mit bestimmten sicherheitsrelevanten Tätigkeiten betraut werden, schreiben Gesetze ihre Überprüfung z.B. hinsichtlich eines Sicherheitsrisikos oder hinsichtlich ihrer Zuverlässigkeit vor. Zudem ist der Arbeitgeber verpflichtet, Daten des Bewerbers an die zuständige Stelle zu übermitteln. Das Erfordernis kann sich bei der Einstellung oder später ergeben.

Vgl. zur Darstellung der Problematik nachstehend Rdn. 933 ff.

6.6 Datenerhebung bei Präqualifikationsverfahren

Die Erforderlichkeit von einem Unternehmen, das mit der Erbringung von Maschinen- **638** leistungen beauftragt werden soll, die Namen und Qualifikationsnachweise der Personen zu erhalten, die es bei der Bedienung der Maschinen einsetzen will, ist zu verneinen. Nach Ansicht des BInBDI

> *BInBDI, Jahresbericht 2012, Ziff. 10.3*

genügt für die Vorauswahl der Auftragsvergabe regelmäßig eine Mitteilung in pseudonymisierter Form. Nur in definierten Ausnahmefällen oder falls aufgrund von ersichtlichen Ungereimtheiten Zweifel an der Korrektheit der Angaben bestehen, kann eine stichprobenartige Vorlage von Kopien der Originaldokumente zulässig sein.

6.7 Einschaltung der Arbeitsverwaltung oder von Headhuntern

Erfolgt die Vermittlung von für die Einstellung in Betracht kommenden Personen durch **639** die Arbeitsverwaltung oder Personalberater, ist die mit der dortigen Nachfrage verbundene Datenerhebung durch § 32 Abs. 1 S. 1 BDSG gedeckt. Die Datenübermittlung durch das Arbeitsamt findet ihre Datenverarbeitungserlaubnis in SGB X.

> *Vgl. Seifert in Simits § 32 Rdn. 52*

Für private Vermittlungen, die auf Grund eines mit dem Arbeitssuchenden abgeschlos- **640** senen Vertrags (§ 296 SGB III) tätig werden, gelten die Regeln des § 298 SGB III. Vermittler dürfen Daten über Ausbildungs- und Arbeitsplatzsuchende nur erheben, verarbeiten und nutzen, soweit dies für die Vermittlungstätigkeit erforderlich ist. Dass die Übermittlung der Bewerberdaten an Arbeitgeber, die entsprechend freie Stellen besetzen wollen, im Rahmen der Aufgabenstellung des Vermittlers erforderlich ist und dem Willen des zu Vermittelnden entspricht, bedarf keiner näheren Erörterung.

> *Zum sog. Assessment-Center vgl. Schaub, § 26 Rdn. 13*

6.8 Das Internet als Quelle für Bewerberdaten

6.8.1 Allgemeines

Manche Information über Bewerber, nach der direkt zu fragen dem Arbeitgeber gemäß **641** den datenschutzrechtlichen Grenzen seines „Fragerechts" nicht gestattet wäre, stellt ihm das Internet ohne Probleme zur Verfügung. Politische oder religiöse Aktivitäten sind ebenso betroffen wie private Vorlieben oder sexuelle Wünsche. Zumeist sind auch Fotos hinterlegt. Ins Netz gelangen diese Informationen zum einen durch den Betroffenen selbst,

> *Nach einer Untersuchung von BITKOM stellt bereits jeder Fünfte private Informationen ins Netz. In der Generation der 14- bis 29-Jährigen ist es jeder Zweite, bevorzugt in Profilen sozialer Netzwerke; vgl. http://www.focus.de/finanzen/karriere/bewerbung/studie-firmen-erschnueffeln-bewerberdaten-im-web_aid_428350.html im Web.*

zum anderen aber handelt es sich um Drittquellen. Abgesehen von der Zulässigkeit derartiger Recherchen, ist eine Abwehr zumeist nicht möglich. Der Arbeitgeber wird sich hüten, die auf diesem Wege ggf. ermittelten Negativinformationen mitzuteilen, und zwar schon deshalb, um die sich aus dem AGG ergebenden Diskriminierungsansprüche zu vermeiden. Andererseits kann „Datenvermeidung" des Bewerbers sich auch negativ auswirken, weil negative Webpräsenz auch schädlich sein kann.

Nach einer Studie des Verbraucherschutzministeriums gehen vier von fünf Personalchefs auf „virtuelle Schnüffeltour", bevor sie über die Entscheidung zur Einladung zum Vorstellungsgespräch entscheiden: vgl. Focus-Studie vom 21.8.2009; vgl. auch Bausewein, Legitimationswirkung von Einwilligung und Betriebsvereinbarung, 143.

Ggf. wird der Bewerber erst gar nicht zum Vorstellungsgespräch geladen. Das übliche pauschale Ablehnungsschreiben lässt nichts über die Ablehnungsgründe erkennen.

Dazu, dass auch technisch die Internetaktivität regelmäßig nicht nachzuvollziehen ist und der Arbeitgeber sich praktisch im rechtsfreien Raum bewegt, Oberwetter, BB 2008, 1562; Forst, NZA 2010, 100.

6.8.2 Erlaubnistatbestände

642 Fraglich ist, ob vorrangig vor den Erlaubnisvorschriften des BDSG andere Erlaubnistatbestände für die Internetrecherche in Betracht kommen (§ 4 Abs. 1 BDSG). Zu überlegen ist dabei, ob die Datenerhebung konkludent wirksam erlaubt wurde, wenn der Bewerber die Daten bewusst für jedermann einsehbar ins Internet gestellt hat bzw. diese sich auf berufsorientierten Plattformen befinden.

Weichert, AuR 2010, 100; Däubler in: D/K/K/W, § 4 Rdn. 16

643 In das Verhalten des Betroffenen wird man keine pauschale jedwede Verwendung der Daten gestattende Erlaubnis hineinlesen können, zudem fehlt es an der konkreten Information vor Abgabe einer ausnahmsweise auch zulässigen konkludenten Einwilligung.

Vgl. dazu ausführlich Bausewein, 145 mit Nachweisen

Die Besonderheit der Situation ist vielmehr im Rahmen des § 28 Abs. 1 S. 1 Nr. 2 BDSG zu berücksichtigen.

644 Auch Betriebsvereinbarungen und Tarifverträge scheiden auf Grund der fehlenden Kompetenz der Gewerkschaft bzw. der Mitarbeitervertretung für die Regelung von Bewerbungsverhältnissen aus. Der Betriebsrat vertritt nur die in den Betrieb eingegliederten Arbeitnehmer (§ 5 BetrVG). Die Sonderregelung des § 94 BetrVG zur Mitbestimmung bei Personalfragebögen, die gerade auch Bewerberfragebögen erfasst, ändert daran nichts.

Tarifvertragsparteien können per Tarifvertrag nur den Inhalt, Abschluss und die Beendigung von Arbeitsverhältnissen oder betriebliche Fragen regeln, wozu die Frage der Gewinnung von Informationen über Bewerber nicht zählt.

Bausewein, 147

6.8.3 Die Zulässigkeit nach § 32 Abs. 1 S. 1 BDSG

645 Zu fragen bleibt, ob und ggf. in welchem Umfang eine Erhebung von Bewerberdaten durch „Googeln" oder die Suche in einem sozialen Netzwerk mit § 32 Abs. 1 S. 1 BDSG zu rechtfertigen ist. Dass eine gezielte Ermittlung von Informationen über den Bewerber per Internetrecherche den Tatbestand einer Datenerhebung erfüllt, ist offenkundig.

Die maßgebende Norm für die Erhebung von Bewerberdaten (vgl. § 3 Abs. 11 Nr. 7   **646**
BDSG) stellt § 32 Abs. 1 Satz 1 BDSG dar.

> *Das gilt auch für die Datenerhebung bei Dritten, vgl. Schmidt, RDV 2009, 193; Weichert, AuR 2010, 100; Rolf/Rötting, RDV 2009, 263; a. A. Vogel/Glas, DB 2009, 1747*

Der Arbeitgeber darf personenbezogene Daten erheben, wenn dies für die Entscheidung   **647**
über die Begründung eines Arbeitsverhältnisses erforderlich ist. Zu klären sind damit für
die Zulässigkeitsprüfung zwei Tatbestände; nämlich einmal, ob der Verwendungszweck
z. B. der Begründung des Arbeitsverhältnisses zuzuordnen ist, und zum anderen, ob der
Tatbestand der Erforderlichkeit erfüllt ist.

> *Vgl. hierzu vorstehend Rdn. 364 ff.*

Auf eine Interessenabwägung stellt auch § 28 Abs. 1 Satz 1 Nr. 3 BDSG ab, der speziell   **648**
die Entnahme von Daten aus allgemein zugänglichen Quellen regelt.

Hier ist die Grenze erst dann gezogen, wenn das schutzwürdige Interesse des Betroffenen
gegenüber dem erforderlichen berechtigten Interesse des Arbeitgebers offensichtlich
überwiegt. Zu hinterfragen ist, ob die der Befragung des Bewerbers gezogenen Grenzen
durch eine „hinter dem Rücken des Betroffenen" erfolgende Datenerhebung im Internet
unterlaufen werden dürfen.

6.8.4 Grundsatz der Direkterhebung

Bewerberdaten sind grundsätzlich beim Betroffenen zu erheben (§ 4 Abs. 2 Satz 2   **649**
BDSG). Die Regel dient der Transparenz der Verarbeitung gegenüber dem Betroffenen.
Der Bewerber soll wissen, wer was wann über ihn an Daten sammelt, verarbeitet und
nutzt. Deshalb sind im Grundsatz personenbezogene Daten bei ihm selbst und nicht
ohne seine Kenntnis oder Mitwirkung zu erheben. Unter Mitwirken ist ein bewusstes
aktives oder auch passives Verhalten zu verstehen. So sind Daten nur dann bei dem
Betroffenen erhoben, wenn er die reale Möglichkeit hat, darüber zu entscheiden, ob er
die zu erhebenden Daten für den ihm bekannt zu gebenden Zweck preisgeben will und
welche dies sein sollen. Regelmäßig liegt daher eine Datenerhebung ohne Mitwirkung
des Betroffenen auch bei der Auswertung allgemein zugänglicher Datenquellen vor.

Erlaubt ist die ohne konkrete Einschaltung des Betroffenen erfolgende Erhebung jedoch,   **650**
wenn eine Rechtsvorschrift dies vorsieht (§ 4 Abs. 2 Satz 2 Nr. 1 BDSG). Hierzu zählt
auch die Erlaubnisnorm des § 28 Abs. 1 Satz 1 Nr. 3

> *Gola/Schomerus, § 4 Rdn. 23 ; Oberwetter, BB 2008, S.1562; a. A. Däubler in D/K/K/W, § 32 Rdn. 56 f.*

oder des § 29 Abs. 1 Satz 1 Nr. 2 BDSG. Es ist davon auszugehen, dass die Vorschrift
des § 4 Abs. 2 Satz 2 Nr. 1 diese speziellen BDSG-Normen in den Katalog der eine
Datenerhebung ohne Mitwirkung des Betroffenen „vorsehenden" Vorschriften mit einbezieht. Wäre das nicht der Fall, würde die in den Zulässigkeitstatbeständen der §§ 28,
29 BDSG erleichterte Verarbeitung von jedermann zugänglichen Daten weitgehend aufgehoben. Demgemäß sehen landesrechtliche Bestimmungen, soweit sie nicht für in
öffentlich zugänglichen Quellen gespeicherte Daten per se keine Anwendung finden
(vgl. § 3 Abs. 4 HDSG), das Gebot der Direkterhebung nicht für den Fall vor, dass
Daten aus allgemein zugänglichen Quellen entnommen werden (vgl. u. a. § 13 Abs. 2
LDSGBW; Art. 16 Abs. 2 Satz 1 BayDSG; § 12 Abs. 2 i. V. m. § 13 Abs. 2 Satz 1 Buchstabe f BDSG).

6.8.5 Anwendung des § 28 Abs. 1 Satz 1 Nr. 3 BDSG im Arbeitsverhältnis

651 Nach wohl ganz überwiegender Meinung wird die erleichterte Datenerhebungsregelung des § 28 Abs. 1 Satz 1 Nr. 3 BDSG nicht durch die arbeitsrechtliche Erlaubnisnorm des § 32 Abs. 1 BDSG verdrängt.

> *Vgl. vorstehend Rdn. 364 ff.; ebenso Bausewein, 147 f., der jedoch den Gedanken des § 28 Abs. 1 Nr. 3 in die Erforderlich- und Verhältnismäßigkeitsprüfung mit einbezieht*

652 Dabei ist bedeutsam, ob – wie im Zusammenhang mit der allgemeinen Interessenabwägungsklausel des § 28 Abs. 1 Satz 1 Nr. 2 BDSG erörtert – § 28 Abs. 1 Satz 1 Nr. 3 BDSG nur bei sog. beschäftigungsfremden Zweckbestimmungen greift. Rolf/Röttig

> *RDV 2009, 263; ebenso Wellhörner/Byers, BB 2009, 2310*

bejahen dies einerseits, wenden jedoch § 32 Abs. 1 BDSG nicht mehr an, da das Unternehmen davon ausgehen müsse, dass es mit der Onlinerecherche eine Vielzahl von Daten erhalte, die für die Entscheidung über die Begründung des Arbeitsverhältnisses nicht benötigt bzw. gar nicht verwendet werden dürften. Andererseits ist die Datenerhebung im Rahmen ihrer eindeutigen Zweckbestimmung auf die Einstellungsentscheidung gemünzt. Auch bei der Durchsicht des Internets ermittelte Daten dürfen jedenfalls nur dann in die Einstellungsentscheidung einfließen, wenn sie „erforderlich" sind.

6.8.6 Offensichtliche Interessenverletzung

653 Eine Erhebung und Verwendung der Internetdaten ist nach § 28 Abs. 1 Satz 1 Nr. 3 BDSG nur zulässig, wenn ein berechtigtes Interesse des Arbeitgebers besteht. Dieses besteht nur hinsichtlich der tatsächlich erforderlichen Informationen. Gleichwohl ist deshalb die Internetrecherche nicht ausgeschlossen, da, um diese erforderlichen Daten zu erhalten, eben zwangsläufig nicht verwendbare Nebeninformationen anfallen.

654 Weiterhin dürfen schutzwürdige Interessen durch die Erhebung der Daten „offensichtlich" nicht verletzt werden. Dieser Tatbestand entscheidet sich wesentlich danach, wer die Informationen in das Internet eingestellt hat und ob der Betroffene durch erkennbare Festlegung des informierten Kreises Arbeitgeberzugriffe erkennbar ausschließen wollte.

655 Werden Daten unmittelbar oder mittels einer Suchmaschine ermittelt, so bestehen keine Bedenken hinsichtlich deren Erhebung, wenn der Bewerber sie auf einer eigenen Webseite oder in offenen Meinungsforen selbst eingestellt und allgemein freigegeben hat.

> *Zu den Varianten allgemein zugänglicher Internetdaten vgl. ausführlich bei Bausewein, 149 ff.*

Das Risiko, dass in unzulässiger Weise Informationen die Arbeitgeberentscheidung beeinflussen, die hierfür nicht erforderlich sind, hat der Betroffene selbst geschaffen.

656 Handelt es sich um in sozialen Netzwerken eingestellte Daten, deren Profile nur einem bestimmten Nutzerkreis, zu dem der Arbeitgeber nicht zählt, zugänglich sein sollen, muss der Arbeitgeberzugriff unterbleiben.

> *Weichert, AuR 2010, 100*

Dies gilt auch, wenn die Mitgliedschaft ohne weiteres erlangt werden kann und sofort nach Freischaltung ein Zugriff auf die Daten der Mitglieder möglich ist.

7 Die Verarbeitung und Nutzung der Bewerberdaten

Führt die Datenerhebung zu Ergebnissen, die für die Einstellungsüberlegungen relevant sind, so ist der Arbeitgeber berechtigt, diese Daten mit der Zweckbestimmung „Auswahl der Bewerber" auch zu speichern (§§ 32 Abs. 1 S. 1 bzw. 28 Abs. 6 Nr. 3 BDSG). **657**

Mit Ende des Auswahlverfahrens dürfen die Daten des eingestellten Bewerbers, soweit sie nunmehr für das begründete Beschäftigungsverhältnis benötigt werden, in dessen jetzt anzulegende Personalakte übernommen werden. **658**

Ansonsten sind die Daten der nicht berücksichtigten Bewerber zu löschen bzw. die von ihnen überlassenen Unterlagen an diese zurückzusenden.

Dem steht jedoch nicht entgegen, dass der Arbeitgeber die Auswahlentscheidung dokumentiert und solange vorrätig hält, wie mit Auseinandersetzungen mit nicht berücksichtigten Bewerbern zu rechnen ist. Hier ist eine Frist von sechs Monaten angemessen. **659**

Vgl. hierzu nachfolgend Rdn. 1315 ff.

Hat der Bewerber sich nicht ausdrücklich allein auf eine ausgeschriebene Position beworben, so kann die Bewerbung ohne vorherige Einwilligung auch im Unternehmen an Abteilungen weitergegeben werden, in denen Stellen zu besetzen sind, für die der Bewerber auch in Betracht kommen könnte. **660**

Eine Weitergabe der Daten im Konzern oder an Tochterunternehmen ist dagegen ohne Einwilligung unzulässig.

Auf spezieller Regelung beruht die ebenfalls den Tatbestand der Nutzung darstellende Pflicht, alle Bewerbungsunterlagen dem Betriebsrat vorzulegen, sobald es zu einer Entscheidung des Arbeitgebers über die Besetzung der vakanten Stelle gekommen ist (§ 99 Abs. 1 S. 1 BetrVG). Liegt die Zustimmung des Betriebsrats vor, so ist der Arbeitgeber befugt, nunmehr auch solche Daten abzufragen, die der ordnungsgemäßen Durchführung des Beschäftigungsverhältnisses dienen. **661**

Kapitel 5

Erhebung, Verarbeitung und Nutzung von Beschäftigtendaten zur Durchführung des Arbeitsverhältnisses

1 Vorbemerkung

Daten von Beschäftigten, die zulässigerweise im Zusammenhang mit der Begründung **662** des Arbeitsverhältnisses erhoben und gespeichert werden, werden durchweg auch während des laufenden Arbeitsverhältnisses und ggf. sogar darüber hinaus benötigt. Die Legitimation der Erhebung und Verarbeitung der bereits vor Vertragsschluss dem Arbeitgeber vom Bewerber zur Verfügung gestellten oder vom Arbeitgeber anderweitig beschafften Daten perpetuiert sich im zustande gekommenen Arbeitsverhältnis, sofern nicht ausnahmsweise mangels Erforderlichkeit die Löschung einzelner Informationen angezeigt ist.

Verschiedene Daten erhebt und speichert der Arbeitgeber aber originär während des Arbeitsverhältnisses, um sie weiterzuverarbeiten und zu nutzen. Die Berechtigung dazu muss der Arbeitgeber gem. dem Regelungssystem des BDSG aus den §§ 1 Abs. 3, 4 Abs. 1 ableiten können. Sofern nicht Sondervorschriften heranzuziehen sind und eine Einwilligung des betroffenen Beschäftigten nicht vorliegt, bilden die §§ 32 und 28 BDSG die zentralen Erlaubnisnormen.

2 Erhebung und Speicherung von Beschäftigtendaten

2.1 Verhältnis von § 32 zu § 28 BDSG

Obwohl der Wortlaut dies nicht kenntlich macht, ist § 32 Abs. 1 BDSG keine abschlie- **663** ßende Regelung für die Verarbeitung von Arbeitnehmerdaten.

Begründung des RegE zu § 32, BT-Drucksache 16/12011

§ 32 Abs. 1 S. 1 BDSG verdrängt – ohne zu einer inhaltlichen Änderung zu führen – nur die allgemeinere Norm des § 28 Abs. 1 S. 1 Nr. 1 BDSG. Gleiches gilt für die Pflicht zur Dokumentation der die Verarbeitung rechtfertigenden Zweckbestimmung (§ 28 Abs. 3 S. 2 BDSG), da die Zweckbestimmung bereits durch § 32 Abs. 1 S. 1 BDSG vorgegeben ist.

Nicht verdrängt werden jedoch die § 28 Abs. 1 S. 1 Nr. 2 und 3, Abs. 2 Nr. 1 und 2 und **664** Abs. 6 bis 8 BDSG. Somit können Arbeitnehmerdaten auch für sich außerhalb einer für das Arbeitsverhältnis unmittelbaren Erforderlichkeit ergebende Interessen des Arbeitgebers oder eines Dritten verarbeitet werden. Diese auf nicht im Rahmen der arbeitsvertraglichen Beziehung erforderliche Daten abstellenden Zulässigkeitsalternativen des Abs. 1 S. 1 Nr. 2 und Abs. 2 Nr. 1 und 2 kommen jedoch nur ausnahmsweise in Betracht. Die Zulässigkeitsalternativen des § 32 Abs. 1 S. 1 und § 28 Abs. 1 S. 1 Nr. 2 und 3 Abs. 1 und 2 BDSG können demnach jedenfalls im Arbeitsverhältnis nicht absolut alternativ nebeneinanderstehen.

> *Vgl. Gola/Schomerus, § 28 Rdn. 9 f.; Simitis in Simitis, § 28 Rdn. 77: „Die gesetzliche Regelung orientiert sich bei Verwendung personenbezogener Daten für eigene Zwecke zwar nicht ausschließlich, aber doch primär an den vertraglichen Beziehungen"; sowie Rdn. 78: „Die vertragliche Bindung muss stets bedacht werden und zwingt deshalb zu einer restriktiven Anwendung." Vgl. generell zum Verhältnis der beiden Bestimmungen Stamer/Kuhnke in Plath, § 32 Rdn. 8 ff.; Zöll in Taeger/Gabel, § Rdn. 5 ff.*

665 Wenn bereits im Rahmen der ersten beiden Zulässigkeitsalternativen des § 32 Abs. 1 S. 1 BDSG, d. h. zur Feststellung der Zweckbestimmung der vertraglichen Beziehungen und der insoweit begründeten Rechtmäßigkeit einer Datenverarbeitung, eine Abwägung der in der Regel gegensätzlichen Interessen der Vertragspartner stattfinden muss, so stellt sich die Frage, ob, wenn die Interessenabwägung negativ ausgefallen ist, nunmehr noch auf die weiteren, ebenfalls auf einer Interessenabwägung basierenden Zulässigkeitsalternativen zugegriffen werden kann. Dies kann zunächst nicht der Fall sein, wenn die Prüfung bereits ergeben hat, dass die beabsichtigte Erhebung oder Verarbeitung der Schutzpflicht des § 75 Abs. 2 BetrVG zuwiderlaufen würde.

> *Ebenso Däubler, Gläserne Belegschaften?, Rdn. 185 f.*

666 Hier wie in anderen Rechtsverhältnissen, z.B. bei Dienstverträgen zwischen Arzt und Patient oder Rechtsanwalt und Mandant oder auch bei Bankverträgen auf Grund des Bankgeheimnisses, ist dem Vertragspartner, bedingt durch Schutz- und Vertraulichkeitsverpflichtungen, nur gestattet, solche Daten zu verarbeiten, die im Rahmen der Zweckbestimmung des Vertragsverhältnisses benötigt werden. Weitere Zulässigkeitsalternativen des BDSG können nicht etwas gestatten, was die vertragliche Beziehung nicht zulässt. § 28 Abs. 1 S. 2 Nr. 2, Abs. 3 Nr. 1 und 2 oder Abs. 6 BDSG können dann zur Anwendung kommen, wenn vertragliche Schutzpflichten nicht verletzt werden.

> *Vgl. dazu Aufsichtsbehörde Baden-Württemberg (Hinweis zum BDSG Nr. 3, Staatsanz. Baden-Württemberg, 1978, Nr. 52, S. 3): „Die andere Zulässigkeitsalternative (Erforderlichkeit zur Wahrung berechtigter Interessen und kein Grund zur Annahme der Beeinträchtigung schutzwürdiger Belange) hat daneben zwar selbstständige Bedeutung, ist aber bei Bestehen eines Vertragsverhältnisses eng auszulegen. Der Vertragspartner soll sich in der Regel darauf verlassen können, dass seine Daten nur für den Zweck verwendet werden, zu dem er sie gegeben hat, so dass er bei einer anderweitigen Verwendung meist in seinen schutzwürdigen Belangen beeinträchtigt sein dürfte."*

667 Die nicht auf die vertragliche Erforderlichkeit abstellenden Zulässigkeitsalternativen können als Ausnahmefall jedoch greifen, wenn es um gleichfalls mit dem Arbeitsverhältnis in Bezug stehende Vorgänge geht, die jedoch bei enger Interpretation nicht mehr der Zweckbestimmung des Vertragsverhältnisses zuzuordnen sind. Hierbei kann es sich um Daten in Bezug auf z.B. freiwillige Leistungen des Arbeitgebers, um Veröffentlichungen in Werkszeitungen, um Mitteilungen bei Unternehmensverkauf und ggf. auch um einen konzerninternen Datenfluss handeln.

> *Vgl. für Fälle der Nutzung (Zusendung einer Arbeitgeberzeitschrift) nachstehend Rdn. 993 ff. und der Übermittlung (im Rahmen einer Due-Dilligence-Prüfung) Rdn. 910 ff.*

Offen ist die Frage, ob auch § 28 Abs. 2 Nr. 1 und 2 BDSG noch zur Anwendung **668** kommt, d.h., dass mit der Zweckbestimmung nach § 32 Abs. 1 S. 1 BDSG erhobene Daten unter den genannten Gegebenheiten auch für andere Zwecke genutzt werden dürfen, wobei § 28 Abs. 2 BDSG jedoch hier relevant wird, wenn der neue Zweck nicht mehr durch § 32 Abs. 1 S. 1 BDSG gedeckt ist. Werden Daten also zunächst ausschließlich im Rahmen einer Arbeitszeiterfassung erhoben und gespeichert, so stellt sich die Frage, ob diese Daten auf Grund eines zunächst nicht gesehenen Bedarfs auch für eine erforderlich gewordene Zugangskontrolle genutzt und ausgewertet werden dürfen. Dass die Nutzungserweiterung ohne einen Erlaubnistatbestand zur Erweiterung der konkreten Zweckbestimmung zulässig ist, ergibt sich daraus, dass der Erlaubnisrahmen des § 32 Abs. 1 BDSG nicht verlassen wird.

Sollen die Daten aber für nicht unter § 32 Abs. 1 BDSG zu subsumierende Zwecke Ver- **669** wendung finden, kann über die Regelung des § 28 Abs. 2 Nr. 1 BDSG auf den Erlaubnisrahmen des § 28 Abs. 1 S. 1 Nr. 2 BDSG zurückgegriffen werden.

Die insoweit sachgerechte Lösung kann – unter Beachtung der Rangfolge der Zulässigkeitsalternativen einerseits und des Informationsrechts des Arbeitgebers andererseits –

> *vgl. insoweit auch Ehmann, RDV 1999, 12; Lambrich/Cahlik, RDV 2002, 287*

nur sein, in diesem Falle die 2. Alternative des Satzes 1 Abs. 1 anzuwenden, wenn hierfür sich aus der arbeitsrechtlichen Position des Arbeitgebers ergebende, den Schutzinteressen des Mitarbeiters vorrangige berechtigte Interessen entsprechen.

Gleiches gilt für den Fall, wenn die unter Anwendung des § 28 Abs. 1 S. 1 Nr. 2 BDSG **670** gespeicherten Daten nun auch zur Durchführung des Arbeitsverhältnisses verwendet werden sollen, so wenn der Arbeitnehmer in den Verdacht einer strafbaren Handlung geraten ist und anhand von Abrechnungsdaten an der betrieblichen Tankstelle oder in der Kantine seine Anwesenheit im Betrieb zu der Tatzeit geklärt werden kann.

Wird jedoch – wie Däubler formuliert – der „Primärzweck" des § 32 Abs. 1 S. 1 BDSG verlassen, d.h., sollen im Rahmen der Arbeitszeiterfassung festgehaltene Daten über die Inanspruchnahme von Raucherpausen zwecks Erziehung zu gesünderem Leben ausgewertet werden, wäre für die Zweckänderung zwar § 28 Abs. 1 S. 1 Nr. 2 BDSG die nunmehr mögliche Rechtsgrundlage, deren Interessenabwägung aber zu Gunsten der Beschäftigten ausfiele.

2.2 Grenzen des Informationsinteresses des Arbeitgebers

Will der Arbeitgeber beim Beschäftigten personenbezogene Daten erheben, **671**

> *zum Vorrang dieser Direkterhebung siehe Rdn. 200 ff., 649 f.*

so hat er bereits nach der ihm arbeitsrechtlich obliegenden Fürsorgepflicht gewisse Grenzen zu beachten. Grundlage für die Beurteilung, ob eine an den Arbeitnehmer gerichtete Frage, d.h. die Datenerhebung, zulässig ist, bildet der Anspruch des Arbeitnehmers auf Schutz seiner Persönlichkeitsrechte,

> *vgl. hierzu BAG, DB 1984, 2627 = NJW 1984, 2910*

wobei die auch nach dem Ende des Arbeitsverhältnisses sich aus § 75 Abs. 2 BetrVG ergebende spezielle arbeitsrechtliche Schutzpflicht besondere Bedeutung gewinnt.

672   Ausgelotet wird die Berechtigung des Informationsinteresses des Arbeitgebers im Rahmen einer Interessenabwägung, für die das Verhältnismäßigkeitsprinzip bestimmend ist.

Diese Voraussetzungen für die Zulässigkeit der Erhebung und der nachfolgenden Verarbeitung bzw. Nutzung von Personaldaten hingen schon bisher nicht davon ab, ob die Verarbeitung im Geltungsbereich des BDSG oder „herkömmlich" erfolgt. Die Regelung des § 32 Abs. 2 BDSG, die die Zulässigkeitsnorm des Abs. 1 auf jede Art der Datenverarbeitung nunmehr ausdrücklich erstreckt, enthält demnach im Ergebnis keine Änderung der vor 2009 geltenden Rechtslage.

673   Im laufenden Arbeitsverhältnis findet das Erhebungsrecht des Arbeitgebers seine Grenzen nicht nur in den genannten allgemeinen Schutz- und Fürsorgepflichten, die der Arbeitgeber seinem Mitarbeiter schuldet, sondern auch in einzelnen, konkreten Sachverhalten regelnden gesetzlichen Bestimmungen. Eine besondere Rolle spielt dabei das AGG, das diskriminierende Datenerhebungen – und damit inzidenter sich anschließende Verarbeitungen und Nutzungen – verbietet.

674   Eine Einschränkung erfolgt ferner etwa durch § 3 Abs. 9 BDSG, und zwar dadurch, dass die Erhebung und Verarbeitung dieser „besonderen Arten personenbezogener Daten" grundsätzlich von der expliziten Einwilligung des Beschäftigten abhängig gemacht werden; Ausnahmen regelt § 28 Abs. 6-9 BDSG. Zudem bleibt es beim Prinzip der Direkterhebung der Daten, das bereits im Anbahnungsverhältnis zu beachten ist.

Der Arbeitgeber wird zwar einerseits in seinen Möglichkeiten, sich Daten über die Beschäftigten zu verschaffen, eingegrenzt, andererseits kann er aber erwarten, dass ihm der Mitarbeiter ungefragt bestimmte, für die Durchführung des Arbeitsverhältnis relevante Informationen mitteilt. In bestimmten Situationen trifft den Beschäftigten eine Meldepflicht, deren Verletzung für ihn erhebliche nachteilige Konsequenzen haben kann.

2.3   Informationsbedarf des Arbeitgebers

2.3.1   Grundsätzliches

675   Der Arbeitgeber ist zur ordnungsmäßigen Durchführung des Arbeitsvertrages auf zahlreiche Informationen zu seinen Beschäftigten angewiesen, die er sich entweder selbst beschaffen darf bzw. sogar muss oder die der Beschäftigte ihm von sich aus mitteilen muss. Im Wesentlichen sind folgende Vorgänge von besonderer Relevanz:

2.3.2   Einzelfälle

2.3.2.1   *Arbeitsverhalten*

676   § 32 Abs. 1 Satz 1 BDSG legitimiert den Arbeitgeber, die mit dem Beschäftigten arbeitsvertraglich vereinbarten Arbeitszeiten und -modalitäten zu speichern. Er darf die Gesamtarbeitszeit für bestimmte Zeiträume (Tag/Woche/Monat), die tatsächlichen Anwesenheitszeiten im Unternehmen, die Dauer auswärtiger Termine, Fehltage (Krankheit, Fortbildung usw.), Überstunden u.a. erfassen, wenn sie etwa zur Entgeltberech-

nung, Beurteilung, Bewertung des Arbeitsplatzes oder Personalplanung bzw. Personaleinsatzplanung (z.B. Urlaubszeiten, Feiertagsregelung) benötigt werden.

Sofern ein Mitarbeiter sich vertragswidrig verhält, insbesondere strafbare Handlungen begeht oder der Verdacht einer Straftat begründet ist, gilt Folgendes: **677**

Hinsichtlich derartiger Kontrollen zeigt § 32 Abs. 1 S. 2 BDSG die sich insoweit ergebenden Grenzen auf, wenn der Arbeitgeber der Ermittlung von Straftätern nachgehen will. Die besondere Gefährdung der Betroffenenrechte liegt hier zumeist darin, dass Datenerhebung bzw. Auswertungen regelmäßig heimlich erfolgen. Voraussetzung für ein Tätigwerden sind zunächst tatsächliche, zu dokumentierende Anhaltspunkte für eine Straftat, wobei die Intensität der Überwachungsmaßnahme an dem Gewicht der Straftat zu messen ist.

> *Vgl. zur heimlichen Videoüberwachung zuletzt BAG RDV 2012, 279 sowie Rdn. 1059, 1073*

Relevanz entfaltet die Norm auch hinsichtlich des Nachgehens von Meldungen im Rahmen sog. Whistleblowings und insbesondere der Verwertung anonymer Anzeigen. Geht es um die gezielte, und zwar regelmäßig zunächst heimlich durchgeführte Maßnahme gegenüber einem oder mehreren potenziellen Tätern, bedarf es eines konkreten Tatverdachts. Ein Tatverdacht muss auf Tatsachen beruhen. Diese sind zu dokumentieren, wobei die Dokumentation eingeleiteter Ermittlungen bei negativem Ausgang zu löschen ist. **678**

> *Vgl. zum Whistleblowing Rdn. 747 ff.*

2.3.2.2 Schwangerschaft

Im bestehenden Arbeitsverhältnis gibt zunächst § 5 Abs. 1 MuSchG der schwangeren Beschäftigten die im eigenen Interesse bestehende Obliegenheit auf, dem Arbeitgeber die Schwangerschaft alsbald mitzuteilen, damit er ihr den Schutz des Mutterschutzgesetzes zukommen lassen kann. **679**

> *Auf die „Soll"-Regelung weist Däubler, Gläserne Belegschaften?, Rdn. 275 hin.*

Kommt die Mitarbeiterin dieser Obliegenheit erst verspätet nach, so kann der Arbeitgeber gleichwohl keine Schadensersatzpflichten wegen eventueller Probleme bei Besetzung des frei werdenden Arbeitsplatzes ableiten.

> *Vgl. zur Mitteilungspflicht des vorzeitigen Endes einer Schwangerschaft, BAG, ZTR 2002, 495 (Ls):*
>
> *„1. Eine Arbeitnehmerin ist im Hinblick auf den damit verbundenen Fortfall umfangreicher Schutzpflichten verpflichtet, den Arbeitgeber über das vorzeitige Ende einer zuvor mitgeteilten Schwangerschaft unverzüglich zu unterrichten (in Bestätigung von BAG vom 18.1.2000 – 9 AZR 932/98 – BAGE 93, 179).*
>
> *2. Das gilt auch, wenn der Arbeitgeber der Arbeitnehmerin in Unkenntnis der Schwangerschaft bereits gekündigt hatte, die Arbeitnehmerin innerhalb der Zwei-Wochen-Frist des § 9 Abs. 1 MuSchG ihre Schwangerschaft zur Inanspruchnahme des Kündigungsschutzes mitteilt und der Arbeitgeber sich gleichwohl weigert, sie weiter zu beschäftigen. Der Annahmeverzug des Arbeitgebers lässt die sich aus dem Arbeitsverhältnis ergebenden (Mitteilungs-)Pflichten unberührt.*
>
> *3. Die schuldhafte Verletzung der Mitteilungspflicht begründet Schadensersatzansprüche. Wenngleich der Arbeitgeber bei früherer Mitteilung ggf. das Arbeitsverhältnis gekündigt hätte, umfasst der zu ersetzende Schaden nicht die während des Annahmeverzuges bestehenden Entgeltansprüche. Die Abgabe einer Kündigungserklärung kann nicht über § 249 S. 1 BGB fingiert werden.*

2.3.2.3 Alkohol- und Drogentests

680 Fehlen entsprechende gesetzliche oder tarifvertragliche Verpflichtungen, so ist ein Arbeitnehmer – selbst wenn es sich um Arbeitsplätze mit einem gewissen Sicherheitsrisiko handelt, wie es bei einem bewaffneten Wachmann der Fall ist –

BAG, RDV 2000, 66 = ArbuR 1999, 486 = DB 1999, 2369

ohne konkrete Verdachtsmomente nicht verpflichtet, sich routinemäßig auf eine eventuelle Alkohol- oder Drogenabhängigkeit untersuchen zu lassen.

Für Soldaten, bei deren konkreten Beschäftigungen erhebliche Gefahren für Personen und Sachwerte ausgehen können, lässt das BVerfG, RDV 2005, 214 die Berechtigung der nicht anlassbezogenen Überprüfung auf Rauschmittelkonsum dahinstehen. Die Datenerhebung genügt jedenfalls nur dann dem Prinzip der Verhältnismäßigkeit, wenn u. a. keine Verwechselungsgefahren bestehen und der Betroffene die Möglichkeit hat, Fehlinformationen richtigzustellen.

Ein berechtigter Anlass zu ggf. auch nur stichprobenartigen Drogentests besteht für den Arbeitgeber auch nicht, wenn dieser Test Voraussetzung für eine Zertifizierung (hier durch die in den USA ansässige NAID (National Association of Information Destruction)) ist.

Vgl. 19. TB der Aufsichtsbehörde Hessen, HessLT-Drs. 16/5892 vom 16.8.2002: „Die Rechtmäßigkeit der Erhebung, Verarbeitung und Nutzung von Mitarbeiterdaten hat sich primär nach dem Zweck des Arbeitsvertrages, also nach § 28 Abs. 1 Satz 1 Nr. 1 BDSG zu richten. Eine Erhebung der durch Drogentests zu gewinnenden Daten stand hier aber in keinem unmittelbaren Bezug zum Zweck des Arbeitsvertrages. Auch die Zulässigkeitsalternative des § 28 Abs. 1 Satz 1 Nr. 2 BDSG kam nicht in Betracht, da die Zertifizierung für das Unternehmen keine zwingende Voraussetzung darstellte und es somit an dem Erfordernis zur Wahrung berechtigter Interessen fehlte. Im Übrigen bietet der Bundesverband Sekundärrohstoffe und Entsorgung e.V. (bvse) Zertifizierungen für Entsorgungsbetriebe an, ohne Drogentests bei Mitarbeitern zu fordern. In diesem Fall standen der Erhebung derartiger Gesundheitsdaten die überwiegenden schutzwürdigen Interessen der Beschäftigten entgegen. Ebenso wurde die Zulässigkeit solcher Drogentests mit Einwilligung der Betroffenen verneint, da von der Freiwilligkeit solcher Erklärungen im Arbeitsverhältnis bei der Erhebung sensibler Daten regelmäßig nicht ausgegangen werden kann.“

2.3.2.4 Betriebsärztliche Datenerhebung

681 Sofern nicht spezielle gesetzliche, tarifliche oder vertragliche Pflichten bestehen, ist ein Bewerber/Arbeitnehmer nicht verpflichtet, sich auf Wunsch des Arbeitgebers durch einen (Betriebs-)Arzt untersuchen zu lassen. Auch eine vertragliche Nebenpflicht kann den Arbeitnehmer grundsätzlich nicht zu der Mitwirkung an einer Untersuchung verpflichten. Der Arbeitgeber kann aber bei konkreten Anhaltspunkten für eine besondere Gefährdung zur Anordnung einer solchen Untersuchung bereits im Rahmen seiner Fürsorgepflicht berechtigt und sogar verpflichtet sein.

Vgl. BAG, RDV 2000, 66 = DB 1999, 2369 = ZTR 2000, 39; vgl. im Einzelnen Rdn. 578

2.3.2.5 Genetische Untersuchungen

682 Grundsätzlich sind genetische Untersuchungen von Beschäftigten im laufenden Arbeitsverhältnis unzulässig. Insoweit gilt das, was im Zusammenhang mit der Eingehung des Arbeitsverhältnisses gesagt wurde,

vgl. Rdn. 590

entsprechend.

Vgl. § 19 GenDG: „Der Arbeitgeber darf von Beschäftigten weder vor noch nach Begründung des Beschäftigungsverhältnisses ... "

2.3.2.6 Aidstest

Ein Aidstest kann nur bei solchen Tätigkeiten in Betracht kommen, bei denen eine besondere Ansteckungsgefahr besteht. **683**

Vgl. dazu ausführlich Rdn. 600 ff.

Im laufenden Arbeitsverhältnis wird ein solcher Test – anders als ggf. im Einstellungsverfahren – wohl nur in äußerst seltenen Ausnahmefällen zu erwägen sein.

Vgl. Urteil des LAG Berlin-Brandenburg vom 13.1.2012 (Az.: 6 Sa 2159/11), demzufolge einem mit der Medikamenten-Herstellung befassten Arbeitnehmer in der Probezeit wegen HIV von seinem Pharmabetrieb gekündigt werden kann.

Vgl. LDA Braunschweig, Tätigkeitsbericht 2010/2011, Ziff. 7.2; LfD Baden-Württemberg, 30. Tätigkeitsbericht 2010/2011, 136

2.3.2.7 Krankheiten

– Krankengespräche

Eine Informationspflicht des Beschäftigten über Erkrankungen besteht auch im Rahmen sog. „Krankengespräche" nicht. **684**

Vgl. ArbG Mannheim, RDV 2000, 281:

„1. Die arbeitsrechtliche Treuepflicht begründet keine Pflicht des Arbeitnehmers, seinem Arbeitgeber Auskunft über die Art seiner Erkrankung und deren zukünftige Entwicklung zu geben.

2. Eine wegen der Verweigerung der Auskunft erteilte Abmahnung ist aus der Personalakte zu entfernen. "

Vgl. LDA Brandenburg TB 2010/2011, Ziff. 7.2; LfD Baden-Württemberg, 30. TB 2010/2011, 136

Der Arbeitnehmer ist zwar regelmäßig zur Teilnahme verpflichtet,

vgl. LAG Hamm, RDV 2002, 29; vgl. aber auch BAG, RDV 2009, 214 zu einem verweigerten Gehaltsgespräch

er kann allerdings zu seinem Schutz ein Betriebsratsmitglied hinzuziehen. Eine Hinzuziehung einer betriebsfremden Person (z.B. Anwalt) ist jedoch nur im Rahmen der „Waffengleichheit" gestattet, d.h., wenn auch der Arbeitgeber die persönliche Beziehung des Gesprächs durch Hinzuziehung Dritter verlässt.

Vgl. ferner Däubler, Gläserne Belegschaften?, Rdn. 274

Auch unabhängig von Maßnahmen im Rahmen des BEM sind Krankenrückkehrergespräche sinnvoll, wenn sie dazu dienen, die weitere Einsatzfähigkeit des Mitarbeiters zu erörtern. Bei der Einladung zu dem Gespräch ist der Betroffene auf dessen Zweck und die Reichweite seiner Auskunftspflichten hinzuweisen. **685**

Zum Inhalt solcher Gespräche vgl. Gola, RDV 2013, 28 unter Darstellung der Auffassung der Aufsichtsbehörden.

– Anzeige und Nachweispflichten

Bedeutsam sind die Anzeige- und Nachweispflichten im Zusammenhang mit krankheitsbedingter Arbeitsunfähigkeit. Wenn der Arbeitnehmer infolge Krankheit an der Arbeitsleistung verhindert ist, so treffen ihn nach der bereichsspezifischen Regelung des § 3 EFZG Mitteilungs- und Nachweispflichten. So hat er dem Arbeitgeber die krank- **686** heitsbedingte Abwesenheit unverzüglich (§ 121 Abs. 1 S. 1 BGB = ohne schuldhaftes Zögern) anzuzeigen (§ 5 Abs. 1 S. 1 EFZG). Des Weiteren ist die mitgeteilte Arbeitsunfähigkeit ggf. durch Vorlage eines ärztlichen Attests zu belegen.

687 Nicht anzugeben ist grundsätzlich die Art der Erkrankung. Gleiches gilt für den Inhalt des ärztlichen Attests. Die Bescheinigung darf keine Angaben über Art und Ursache – außer bei Arbeitsunfällen – der Erkrankung machen.

Anderes gilt für die Mitteilung des Arbeitnehmers, wenn der Arbeitgeber ausnahmsweise ein berechtigtes Interesse an der Information hat, so z.B. bei Ansteckungsgefahr für andere Beschäftigte oder wenn diese Kenntnis erforderlich ist, um die Voraussetzungen für den Entgeltfortzahlungsanspruch (z.B. bei einer Fortsetzungskrankheit, wobei insoweit dem Informationsanspruch des Arbeitgebers ggf. auch durch Auskunft der Krankenkasse Rechnung getragen wird) zu prüfen.

Vgl. bei Kaiser/Dunkl/Hold/Kleinsorge, EFZG § 5 Rdn. 11

688 Hat der Arbeitnehmer die Arbeitsunfähigkeit selbst herbeigeführt, so muss auch insoweit eine Informationspflicht bejaht werden, da andernfalls die Entgeltfortzahlung u.U. zu Unrecht in Anspruch genommen würde.

Will der Arbeitnehmer wegen der Teilnahme an einem Kur- oder Heilverfahren der Arbeit fernbleiben, so regelt § 9 Abs. 2 EFZG gleichgelagerte Anzeigepflichten.

– Anzeigepflicht nach § 5 Abs. 1 S. 1 EFZG

689 Arbeitsunfähigkeit hat der Arbeitnehmer dem Arbeitgeber unverzüglich anzuzeigen. Regelmäßig wird der Arbeitnehmer in der Lage und verpflichtet sein, sein Fehlen am ersten Fehltag in den ersten Stunden telefonisch mitzuteilen. Ist der erste Krankheitstag für den Arbeitnehmer kein Arbeitstag, so ändert das nichts an der unverzüglichen Mitteilungspflicht, es sei denn, der Arbeitnehmer kann davon ausgehen, dass er an seinem ersten Arbeitstag wieder gesund ist.

690 Eine Form ist – jedenfalls gesetzlich, betriebliche Regelungen können etwas anderes festlegen – nicht vorgesehen; die Mitteilung kann also mündlich, schriftlich, telefonisch oder per Boten (z.B. durch Arbeitskollegen) erfolgen. Es muss jedoch sichergestellt sein, dass die Nachricht den Arbeitgeber auch unverzüglich erreicht, was bei Mitteilung per Briefpost regelmäßig nicht der Fall sein wird.

Vgl. BAG, NZA 1990, 433

Da es darum geht, dem Arbeitgeber aufgrund des Fehlens evtl. erforderliche Dispositionen zu ermöglichen, kann die Mitteilung ausnahmsweise auch entbehrlich sein, wenn dem Arbeitgeber (z.B. bei einem Arbeitsunfall) diese Informationen bereits vorliegen.

Schmitt, EFZG § 5 Rdn. 13 mit Nachweisen

691 Wem gegenüber konkret die Mitteilung zu erfolgen hat, z.B. dem Vorgesetzten,

Nicht zuständig soll i.d.R. der Vorarbeiter sein gem. BAG, DB 1990, 790.

der Personalabteilung etc., richtet sich im Zweifel nach betrieblicher Regelung. Der Arbeitnehmer hat seiner Verpflichtung aber wohl auch Rechnung getragen, wenn er die Sekretärin des Arbeitgebers oder den Pförtner informiert und als „Boten" um Weiterleitung der Nachricht bittet,

vgl. Worzalla, NZA 1996, 61

deren „schuldhaftes" Fehlverhalten (Vergessen) er jedoch in seltenen Ausnahmefällen u.U. gegen sich gelten lassen muss.

Mitzuteilen ist die Tatsache der Arbeitsunfähigkeit und – zunächst im Rahmen einer **692** Selbstprognose – deren voraussichtliche Dauer. Bei längeren Erkrankungen wird diese Prognose dann durch das nachzureichende ärztliche Attest korrigiert, sodass insofern weitere Mitteilungen des Arbeitnehmers regelmäßig überflüssig sind.

Verletzt der Arbeitnehmer seine Anzeigepflicht, so hat dies keine Auswirkungen auf **693** den Anspruch auf Entgeltfortzahlung, da dieser Anspruch allein von der Arbeitsunfähigkeit infolge Krankheit abhängt. Zumindest eine wiederholte und abgemahnte Vernachlässigung der Anzeigepflicht kann jedoch einen Grund für eine ordentliche oder ggf. sogar außerordentliche Kündigung darstellen.

> *Vgl. BAG, DB 1990, 790 = ARSt 1990, 65: „Der Arbeiter hat nach § 3 Abs. 1 S. 1 LohnFG dem Arbeitgeber seine Arbeitsunfähigkeit unverzüglich anzuzeigen. Im Rahmen dieser von der Nachweispflicht zu unterscheidenden Unterrichtungspflicht hat der Arbeiter die voraussichtliche Dauer der Arbeitsunfähigkeit nach seinem subjektiven Kenntnisstand zu schätzen und mitzuteilen. Er darf nicht mit der Anzeige warten, bis eine ärztliche Diagnose vorliegt. Auch die Verletzung dieser Anzeigepflicht kann ein Grund für die soziale Rechtfertigung einer ordentlichen Kündigung sein."; vgl. ferner Hessisches LAG, RDV 2012, 39; LAG Düsseldorf, DB 1981, 1094; LAG Hamm, DB 1985, 927*

Das schuldhafte Unterlassen der Anzeige kann ferner Schadensersatzansprüche des Arbeitgebers wegen Verletzung dieser unselbstständigen vertraglichen Nebenpflicht (§ 280 BGB, positive Vertragsverletzung) auslösen.

– Die allgemeine Nachweispflicht durch Attestvorlage nach § 5 Abs. 1 S. 2 EFZG

Von der Pflicht, die Arbeitsverhinderung dem Arbeitgeber unverzüglich anzuzeigen, ist **694** die Frage zu unterscheiden, ob der Arbeitgeber auch einen Nachweis der behaupteten Arbeitsverhinderung verlangen kann. Durch § 5 Abs. 1 S. 2 EFZG wird der Arbeitnehmer verpflichtet, diesen Nachweis in Form einer ärztlichen Arbeitsunfähigkeitsbescheinigung („Gelber Schein")

> *hierzu Borchert, ArbuR 1990, 375; Gaul, DB 1992, 2189; Reinecke, DB 1989, 2069*

zu erbringen. Der Gesetzgeber präzisiert damit eine Nebenpflicht des Arbeitsverhältnisses.

Der erkrankte Arbeitnehmer hat Anspruch auf Entgeltfortzahlung bis zur Dauer von **695** sechs Wochen. Er nimmt damit einen gesetzlichen Anspruch gegenüber dem Arbeitgeber in Anspruch, der sich letztlich nur aus der Fürsorgepflicht des Arbeitgebers rechtfertigen lässt. Dieser Verpflichtung gegenüber steht die Treuepflicht des Arbeitnehmers, die es gebietet, das ihm Zumutbare zu tun, um dem Arbeitgeber die Dispositionen zu erleichtern, die durch den krankheitsbedingten Ausfall des Arbeitnehmers erforderlich werden. Der Arbeitgeber hat ein erkennbares und berechtigtes Interesse daran, durch ärztliches Attest zu erfahren, mit welcher Arbeitsunfähigkeitsdauer voraussichtlich noch zu rechnen ist, und auch daran, dass die Inanspruchnahme der Entgeltzahlung trotz Nichtleistung berechtigt ist.

Daher ist ein Arbeitnehmer grundsätzlich auch nach Ablauf der ersten sechs Krankheits **696** wochen und Fortfall der Entgeltfortzahlung verpflichtet, ärztliche Arbeitsunfähigkeitsbescheinigungen vorzulegen, aus denen die weitere Dauer der Arbeitsunfähigkeit erkennbar wird.

Die Vorlage des Attests ist nicht gesetzliche Voraussetzung für den Entgeltfortzahlungsanspruch. Wird die Arbeitsunfähigkeit vom Arbeitgeber trotz fehlenden Attests nicht in

Frage gestellt oder beweist der Arbeitnehmer die Arbeitsunfähigkeit auf andere Weise, so kann die Entgeltfortzahlung nicht zurückbehalten werden.

Vgl. BAG, AuA 1998, 34, BAGE 48, 11 = NZA 1985, 427; BAG, AP Nr. 63 zu § 1 LohnFG = DB 1985, 1400

697 Bei mehr als dreitägiger Erkrankung ist das Attest – sofern der Arbeitgeber nichts Abweichendes angeordnet hat – am darauffolgenden Arbeitstag vorzulegen. Die Frist zur Vorlage des Attests ist nach den Regelungen der §§ 187 ff. BGB zu berechnen, d.h., der Tag, im Verlaufe dessen die Arbeitsunfähigkeit während der Arbeit eintritt, wird nicht mitgezählt.

A.A. Vossen in Kasseler Handbuch zum Arbeitsrecht, Ziff. 2.2, Rdn. 179 unter Heranziehung von § 187 Abs. 2 BGB, zustimmend nur, soweit die Arbeitsunfähigkeit nach Ende der geschuldeten Arbeitsleistung eintritt; Schmitt, EFZG § 5 Rdn. 34, der diesen Tag in jedem Fall als ersten Tag der Erkrankung ansieht; ferner so Kramer, BB 1996, 1664

698 Ist der Arbeitnehmer bereits zu Arbeitsbeginn krank, so besteht die Pflicht, am 4. Krankheitstag ein Attest einzuholen; erst dann dauert die Krankheit länger als drei Tage. Ist dieser Tag sowohl allgemeiner als auch individueller Arbeitstag, so ist auch an diesem Tag das Attest vorzulegen.

So trotz des mehrdeutigen Wortlauts die absolut h.M., vgl. Gola, BB 1995, 2318; Lepke, NZA 1995, 1086; Kaiser/Dunkl/Hold/Kleinsorge, EFZG § 5 Rdn. 17; Schmitt, EFZG § 5 Rdn. 32, 37 f., jeweils mit Nachweisen; a.A. Müller/Berenz, EFZG § 5, Rdn. 7

699 Ist also ein Angestellter, in dessen Betrieb die Fünftagewoche gilt, ab Montag arbeitsunfähig, so hat er, wenn er am Donnerstag immer noch arbeitsunfähig ist, auch an diesem Tag die Arbeitsunfähigkeitsbescheinigung vorzulegen. Liegt Arbeitsunfähigkeit ab Mittwoch vor, so ist die Bescheinigung am folgenden Montag vorzulegen; die Erkrankung ist aber ab Samstag zu bescheinigen.

Fraglich ist, wann die Vorlage zu geschehen hat, wenn dieser vierte Tag zwar allgemein, d.h. für den Betrieb, jedoch nicht für den betroffenen Arbeitnehmer ein „Arbeitstag" ist.

Zu den möglichen Interpretationen des Begriffs vgl. Hanau/Kramer, DB 1995, 94; Schliemann, ArbuR 1995, 317; Schmitt, EFZG § 5 Rdn. 40 mit Nachweisen; Kaiser/Dunkl/Hold/Kleinsorge, EFZG § 5 Rdn. 18; Diller, NJW 1995, 169

Zutreffend ist, auf den allgemeinen betrieblichen Arbeitstag abzustellen, da der Gesetzgeber mit der Vorlageregelung nur von einer unsinnigen und im Einzelfall auch nicht durchführbaren Pflicht befreien wollte, nämlich das Attest an einem Tage vorzulegen, an dem im Betrieb niemand zu erreichen ist. Da der Gesetzgeber aber keine Beschränkung auf einen Werktag vorgesehen hat, ist der erkrankte Arbeitnehmer auch an einem Sonntag vorlagepflichtig, sofern es sich für seinen Betrieb, aber nicht unbedingt für ihn, um einen Arbeitstag handelt.

Vgl. auch Schaub, BB 1994, 1629

700 Datenschutzrechtlich von Relevanz ist auch, wem konkret im Betrieb das Attest vorzulegen ist. Zutreffend weist der Berliner Datenschutzbeauftragte

Jahresbericht 1994, S. 123

darauf hin, dass es datenschutzrechtlich bedenklich ist, wenn bei Eingang und Kenntnisnahme des Attests andere als die den Personalvorgang bearbeitenden Stellen (also z.B. der Vorgesetzte) eingeschaltet werden. Diese Einschränkung ist deshalb geboten, weil aus dem Attest auch der behandelnde (Fach-)Arzt erkennbar ist, woraus sich wieder

Rückschlüsse auf die Art der Krankheit ergeben können. Die Attestvorlage sollte daher so organisiert werden, dass die Nachweise der Erkrankung nicht dem jeweiligen Fachvorgesetzten, sondern unmittelbar der Betriebs-/Dienststellenleitung bzw. der personalaktenführenden Stelle zuzuleiten sind, die dann den Fachvorgesetzten über die voraussichtliche Dauer der Abwesenheit unterrichtet.

Maßgebend für die Einhaltung der Frist ist nicht die Absendung, sondern der Zugang, d.h., das Attest muss spätestens mit Ablauf des maßgebenden Arbeitstages in den Machtbereich (§ 130 BGB) des Arbeitgebers gelangt sein. Verzögerungen, die der Arbeitnehmer, z.B. bei verspäteter Zustellung durch die Post, nicht zu vertreten hat, gehen nicht „zu seinen Lasten". **701**

Ist der Arbeitnehmer zunächst der Meinung, die Krankheit sei in spätestens drei Tagen ausgeheilt, und sucht er erst dann den Arzt auf, so darf der Arzt die Arbeitsunfähigkeitsbescheinigung nur ausnahmsweise und dann i.d.R. nur bis zu zwei Tagen rückdatieren; in diesem Falle ist der Arbeitnehmer für die nicht nachzuweisenden Tage gemäß § 275 Abs. 1 BGB befreit. **702**

Vgl. hierzu Vossen in Kasseler Handbuch zum Arbeitsrecht, Ziff. 2.2, Rdn. 186

– Die vorgezogene Nachweispflicht nach § 5 Abs. 1 S. 3 EFZG

Abweichend von der gesetzlich erst nach drei Tagen Arbeitsunfähigkeit entstehenden Vorlagepflicht kann der Arbeitgeber die Vorlage des Attests nach § 5 Abs. 1 S. 3 EFZG auch früher verlangen. Obwohl der Gesetzgeber die Ausübung des vorzeitigen Vorlageverlangens an keine Voraussetzungen knüpft – wie z.B. im Rahmen des Günstigkeitsprinzips weiterhin geltende tarifliche Vorschriften das Verlangen auf den „Einzelfall" beschränken –, stellt sich die Frage nach den dem Vorlageverlangen gezogenen Grenzen. **703**

Nach Auffassung des BAG

ArbR aktuell 2012 582 = NJW 2013, 892

bedarf das Verlangen weder einer Begründung noch eines sachlichen Grundes oder gar besonderer Verdachtsmomente auf Vortäuschen einer Arbeitsunfähigkeit in der Vergangenheit. Die Ausübung des Direktionsrechts steht im „nicht gebundenen" Ermessen.

Jedoch darf der Arbeitgeber bei der Ausübung seines diesbezüglichen Direktionsrechts nicht unbillig vorgehen (§ 315 BGB). **704**

Das Verlangen nach früherer Vorlage des Attests darf nicht gegen das arbeitsrechtliche Gleichbehandlungsgebot verstoßen oder diskriminierende oder schikanierende Auswirkungen haben.

Lepke, NZA 1995, 1086; Worzalla, NZA 1996, 65; Gola; BB 1995, 2318

Bei Einzelfallregelungen bleibt es ein sinnvolles Vorgehen, wenn der Arbeitgeber von Mitarbeitern, deren Krankheitsbild in der Vergangenheit die nunmehr auch vom Gesetzgeber in § 275 Abs. 1a SGB V normierten Gründe für Zweifel an der Berechtigung des Fehlens aufzeigt, die vorzeitige Vorlage fordert. Als weitere Gründe kommt in Betracht die Erkrankung im Anschluss an arbeitsfreie Zeiten oder bei Verstoß gegen die Anzeigepflicht. Als nicht zumutbar ist die Sachlage jedoch zu beurteilen, wenn dem Arbeitnehmer, der seine Erkrankung bereits am ersten Tag anzeigt, abverlangt wird, auch noch **705** an diesem Tag ein Attest vorzulegen. Der Arbeitgeber kann schließlich auch spontan vorgehen, indem er etwa „stichprobenartig"

> *Diller, NJW 1994, 1692; Vossen in Kasseler Handbuch zum Arbeitsrecht, Ziff. 2.2, Rdn. 261*

bei Anzeige der Arbeitsunfähigkeit das Attest – dann aber für den nächsten Tag – fordert.

706 Da das Gesetz das vorzeitige Vorlageverlangen nicht auf den Einzelfall beschränkt, sind auch generelle Regelungen zulässig,

> *so BAG, RDV 199, 172 = NJW 1997, 2762 für Regelungen per Arbeitsvertrag; gegen eine allgemeine Anweisung Schaub, § 98 Rdn. 131*

die aber ebenfalls den allgemeinen Billigkeitsgesichtspunkten Rechnung tragen, also zumindest Ausnahmen (z.B. bei Arbeitsunfällen) zulassen müssen. Wird jedoch für die Mitarbeiter einer Abteilung, die besonders hohe Fehlzeiten aufweist, generell – ggf. durch Aushang am Schwarzen Brett – die vorzeitige Vorlage angeordnet, so ist diese Regelung zulässig. Nicht erlaubt wäre es jedoch, die Namen derer, von denen sofort ein Attest verlangt wird, im Betrieb bekannt zu machen.

707 Derartige allgemeine Regelungen unterliegen im Übrigen der Mitbestimmung nach § 87 Abs. 1 Nr. 1 BetrVG, sodass dem Arbeitgeber schon insoweit Grenzen gezogen sein werden.

> *Vgl. aber BAG, RDV 2003, 187 (Ls), wonach im Fall tarifvertraglicher Regelung die Frage nicht mehr Gegenstand einer Betriebsvereinbarung sein kann, günstigere einzelvertragliche Regelungen jedoch wirksam sind*

– Die fortgesetzte Nachweispflicht nach § 5 Abs. 1 S. 4 EFZG

708 Im Hinblick auf den Informationsbedarf des Arbeitgebers ist es im Grunde selbstverständlich, dass der Arbeitnehmer nach § 5 Abs. 1 S. 4 EFZG verpflichtet ist, eine neue ärztliche Arbeitsunfähigkeitsbescheinigung vorzulegen, wenn die Krankheit länger dauert, als der Arzt bei der vorhergehenden Untersuchung angenommen hatte. Dies gilt auch, wenn kein Entgeltfortzahlungsanspruch mehr besteht.

709 Keine Aussage trifft das Gesetz bezüglich einer insoweit gleichzeitig bzw. zunächst bestehenden Anzeigepflicht. Eine Anzeige ist jedoch überflüssig, wenn die Vorlagepflicht des neuen Attests sich terminlich mit einer Anzeige deckt. Mangels hierzu bestehender ausdrücklicher Regelung ist die Folgebescheinigung, sofern die Fortdauer der Krankheit abzusehen ist, spätestens bis zu dem Zeitpunkt vorzulegen, an dem der Arbeitnehmer den Dienst hätte wieder antreten sollen.

> *A.A. u.a. Schmitt, EFZG § 5 Rdn. 85, der den 4. Arbeitstag als Fristende sieht; für analoge Anwendung des § 5 Abs. 1 S. 2 EFZG vgl. Vossen in Kasseler Handbuch zum Arbeitsrecht, Ziff. 2.2, Rdn. 210 f. mit Nachweisen*

Zeigt sich die Fortdauer der Erkrankung erst zum Zeitpunkt des vorgesehenen Arbeitsantritts, ist das Folgeattest unter analoger Beachtung der Dreitagesfrist des Abs. 1 S. 1 nachzureichen.

> *BAG, AP Nr. 18 zu § 6 LohnF; Wedde/Gerntke/Kunz/Platow, EFZG § 5 Rdn. 48*

– Attest bei Urlaub des Arbeitnehmers gemäß § 9 BUrlG

710 Ist der Arbeitnehmer erkrankt, kann ihm schon begrifflich eine „Freistellung von der Arbeitspflicht" in Form des Urlaubs nicht gewährt werden.

> *Vgl. BAG, AP Nr. 26, 28 zu § 13 BUrlG; AP Nr. 26 zu § 7 BUrlG*

Die vor Urlaubsbeginn eingetretene Arbeitsunfähigkeit ist nach den aufgezeigten Regeln anzuzeigen und ggf. nachzuweisen. Die bereits erfolgte Urlaubsgenehmigung wird jedenfalls für die Zeit der Erkrankung gegenstandslos.

Erkrankt der Arbeitnehmer während des angetretenen Erholungsurlaubs, so ist die Arbeitsunfähigkeit in jedem Falle durch ärztliches Attest nachzuweisen (§ 9 BUrlG), wobei jedoch die Vorlage des Attests auch hier nicht Voraussetzung für die Nichtanrechnung der Krankheitstage auf den Urlaubsanspruch ist. Ausnahmsweise – z. B. wenn kein Arzt erreichbar ist – sind auch andere Beweise zulässig.

Wenngleich § 9 BUrlG keine Frist für die Vorlage des Attests nennt, gilt mangels anderer tariflicher Regelung die Pflicht zur unverzüglichen Vorlage, d. h. also ggf. spätestens mit der Rückkehr aus dem Urlaub.

– Pflichten bei Erkrankung im Ausland nach § 5 Abs. 2 EFZG

Befindet sich der Arbeitnehmer – dienstlich oder privat – bei Eintritt der Arbeitsunfähigkeit im Ausland, so sieht § 5 Abs. 2 EFZG eine „Verschärfung" der Informationspflichten des Arbeitnehmers vor. Dies gilt zunächst für Art und Umfang der zu erstattenden Anzeige. Zusammen mit der Mitteilung der Erkrankung ist auch die Adresse am Aufenthaltsort mitzuteilen. Dabei geht der Gesetzgeber wohl davon aus, dass eine solche Adresse, unter der der Arbeitnehmer auch nachfolgend erreichbar ist, jedenfalls im Fall der Erkrankung regelmäßig vorhanden ist. **711**

> *Vgl. hierzu aber BAG, NZA 1997, 652*

Während für den Regelfall des § 5 Abs. 1 S. 1 EFZG das Gesetz den Arbeitnehmer zur „unverzüglichen" Mitteilung verpflichtet, fordert § 5 Abs. 2 S. 1 EFZG die „schnellstmögliche" Art der Übermittlung. In dieser Formulierung steckt sowohl die Pflicht zu unverzüglichem Handeln wie eben auch die Pflicht, ein Kommunikationsmittel zu wählen, mit Hilfe dessen die Information den Arbeitgeber am schnellsten erreicht, wobei hinsichtlich der Kosten aber auch das Verhältnismäßigkeitsprinzip zu beachten sein wird. Damit wird die Mitteilung regelmäßig per Telefon oder Telegramm erfolgen müssen, nicht jedoch z. B. durch Beauftragung eines Taxifahrers als Boten erforderlich sein. **712**

Schließlich hat der Arbeitnehmer den Arbeitgeber nach § 5 Abs. 2 S. 7 EFZG unverzüglich zu informieren, wenn er wieder in das Inland zurückgekehrt ist. Dabei wird er – sofern er nicht zu seiner Wohnung zurückgekehrt ist – auch die Adresse anzugeben haben. **713**

Die gesteigerte Informationspflicht des Arbeitnehmers liegt darin begründet, dass der Arbeitgeber, allein schon wegen der ggf. langen postalischen Laufzeit der Attestbeförderung, nur eingeschränkt die Möglichkeit hat, die Berechtigung der Krankmeldung ggf. überprüfen zu lassen.

Eine weitere Problematik besteht insoweit darin, dass der EuGH den Arbeitgeber an die u. U. zu Recht angezweifelte „Krankmeldung" bzw. Arbeitsunfähigkeitsbescheinigung als gebunden ansieht und eine Überprüfung regelmäßig nur durch einen „Vertrauensarzt" gestattet. **714**

> *EuGH, NJW 1992, 2687 = DB 1992, 1577; ferner NJW 1996, 1881 = NZA 1996, 635; kritisch Schiefer, DB 1993, 38 (42); Abele, EuZW 1992, 4; Berenz, DB 1993, 2442; Lepke, NZA 1995, 1090*

Der Gesetzgeber wollte in Konsequenz dieser Entscheidung dem Arbeitgeber durch die Beschleunigung der Information über die Arbeitsunfähigkeit und durch die Kenntnis der

Adresse des Arbeitnehmers wenigstens die Möglichkeit geben, diesen Vertrauensarzt einzuschalten.

– Beweiswert der ärztlichen Bescheinigung/Erhebung weiterer Nachweise

715 Im Regelfall wird sich der Arbeitgeber auf die Richtigkeit der von dem Arzt festgestellten Arbeitsunfähigkeit verlassen bzw. verlassen müssen. Der Arbeitgeber muss eben – und im Regelfall geschieht dies wohl auch zu Recht – unterstellen, dass der Arzt die Erkrankung des Arbeitnehmers nach sorgfältiger Untersuchung erkannt und zudem zutreffend beurteilt hat, ob die Erkrankung den Arbeitnehmer an der Erfüllung der vertraglich geschuldeten Arbeitsleistung tatsächlich hindert.

> *Vgl. BAG, DB 1981, 2628 = BB 1982, 805*

716 Ob der Arzt jedoch bei der Feststellung der Arbeitsunfähigkeit diesen Ansprüchen an eine ordnungsgemäße Arbeitsunfähigkeitsbescheinigung tatsächlich genügt hat, kann der Arbeitgeber kaum überprüfen und daher auch nur in den seltensten Fällen widerlegen, d.h. erfolgreich bezweifeln. Gleiches gilt für den Fall, dass der Arbeitnehmer die Erkrankung vorgetäuscht hat.

Das BAG

> *MDR 1993, 153 = DB 1992, 1528*

lehnt es zudem ab, den durchaus nicht zu verkennenden Fall der missbräuchlichen Krankschreibung zum Regelfall zu erheben. Dazu stellt es weiterhin fest: „Der Arbeitgeber, der das Vorliegen einer durch ärztliche Bescheinigung belegten Arbeitsunfähigkeit bestreiten will, muss Umstände darlegen und ggf. auch beweisen, die zu ernsthaften Zweifeln an einer Arbeitsunfähigkeit Anlass geben." Er muss konkrete Tatsachen vortragen und ggf. beweisen, die ernsthafte Zweifel an der Richtigkeit der ärztlichen Bescheinigung begründen. Der Arbeitnehmer kann dann zur Entkräftung dieser Zweifel den Arzt als Zeugen benennen. Entbindet er den Arzt nicht von der Schweigepflicht, geht dies zu Lasten des Arbeitnehmers, denn er muss nun weitere Beweise für die Arbeitsunfähigkeit erbringen bzw. zumindest die Beweiseinreden des Arbeitgebers entkräften.

> *Vgl. bereits BAG, AP Nr. 2 zu § 3 LohnFG = DB 1977, 119; der Leitsatz lautet:*
>
> *„1. Eine ordnungsgemäß ausgestellte ärztliche Bescheinigung über die Arbeitsunfähigkeit eines Arbeiters (§ 3 Abs. 1 Satz 1 LohnFG) begründet für die Tatsache der Erkrankung keine gesetzliche Vermutung i.S. von § 292 ZPO. Der Arbeitgeber kann im Rechtsstreit Umstände darlegen und beweisen, die zu ernsthaften Zweifeln an der behaupteten Erkrankung Anlass geben. Dann ist eine erschöpfende und in sich widerspruchsfreie Würdigung aller für und gegen die Erkrankung sprechenden Umstände im Rahmen des § 286 ZPO erforderlich.*
>
> *2. Der Beweiswert einer ärztlichen Bescheinigung wird dadurch beeinträchtigt, dass der Arzt diese Bescheinigung ohne vorausgegangene Untersuchung ausstellt."*

717 Manche dieser Umstände, die zu ernsthaften Zweifeln an der bescheinigten Arbeitsunfähigkeit berechtigen, kann der Arbeitgeber anhand der ihm zugänglichen Personaldaten selbst ermitteln, so wenn z.B. drei Arbeitnehmer, die regelmäßig mit demselben Pkw zur Arbeitsstelle fahren, gleichzeitig krank werden,

> *LAG Düsseldorf, DB 1973, 2533 = BB 1973, 1640*

wenn sich alle Arbeitnehmer oder deren Mehrzahl, denen gekündigt wurde

> *ArbG Elmshorn, BB 1983, 125*

oder denen ein Verweis erteilt wurde,

ArbG Berlin, BB 1980, 1105

krankmelden.

Zweifel sind ferner begründet aufgrund von Erklärungen, die der Arbeitnehmer vor der **718**
Krankschreibung abgegeben hat (Androhung der Erkrankung)

vgl. LAG Düsseldorf, DB 1973, 2533; 1978, 750; 1981, 588; LAG Hamm, DB 1982, 2705;
1985, 49 und 92

aufgrund eines offensichtlich gegensätzlichen Verhaltens während der angeblichen
Krankheit (z.B. Schwarzarbeit, Besuch eines Spielkasinos)

LAG Hamm, DB 1983, 235

oder des Besuchs einer Kirmesveranstaltung trotz bescheinigter Gichterkrankung,

ArbG Solingen, ARSt 1983, 18

durch eine regelmäßige Teilnahme an Fahrstunden trotz Bandscheibenschadens

ArbG Iserlohn, ARSt 1981, 1178

oder aufgrund der Art und Weise der Krankschreibung (z.B. Rückdatierung, Attest ohne
Untersuchung).

Vgl. BAG, AP Nr. 2 zu § 3 LohnFG = DB 1977, 119; LAG Hamm, DB 1978, 2180

Der Beweiswert des Attests ist für den Arbeitgeber zu Recht auch in Frage gestellt,
wenn eine Arbeitnehmerin, die im Wesentlichen mit handschriftlichen Schreib- und
Lesearbeiten befasst ist und mit der rechten Hand schreibt, lediglich den linken Arm in
Gips hat.

ArbG Hannover, ARSt 1993, 104

Viele dem Arbeitgeber aus den Personalakten erkennbare Verdachtsmomente reichen **719**
dagegen nach der Rechtsprechung noch nicht aus, den Beweiswert des Attests ernsthaft
in Zweifel zu ziehen. Das gilt z.B. für einen häufigen Arztwechsel bzw. den Wechsel zu
einem Arzt, der bekanntermaßen schnell „krankschreibt", oder das häufige kurzfristige
Krankmelden nach oder zwischen Feiertagen. Selbst die Tatsache, dass dem Arbeitnehmer für die Zeit der Arbeitsunfähigkeit zuvor ein Antrag auf Urlaub oder Arbeitsbefrei-
ung versagt wurde, soll für sich allein regelmäßig noch nicht die Richtigkeit der Arbeitsunfähigkeitsbescheinigung in Frage stellen.

LAG Hamm, ArbuR 1988, 186; anders ArbG Passau, ARSt 1979, 43

Gleiches gilt für den Fall, dass der erkrankte Arbeitnehmer während der angeblichen
Arbeitsunfähigkeit außer Haus angetroffen wird oder zu Verwandten verreist ist, es sei
denn, der Arzt hatte ein Ausgehverbot angeordnet.

– Dienstunfalldaten und Regressansprüche

Werden Beamte oder ihre Angehörigen körperlich verletzt oder getötet, geht nach dem **720**
Beamtenrecht (z.B. § 76 BBG) „ein gesetzlicher Schadensersatzanspruch, der diesen
Personen infolge der Körperverletzung oder der Tötung gegen den Schädiger zusteht,
insoweit auf den Dienstherrn über, als dieser während einer auf der Körperverletzung
beruhenden Aufhebung der Dienstfähigkeit oder infolge der Körperverletzung oder
der Tötung zur Gewährung von Leistungen verpflichtet ist. Der Übergang des
Anspruchs kann nicht zum Nachteil der Verletzten oder der Hinterbliebenen geltend
gemacht werden."

Für das Arbeitsverhältnis regelt § 6 EFZG die gleiche Rechtsfolge hinsichtlich des dem Arbeitnehmer gegenüber einem Dritten wegen des Verdienstausfalls infolge Arbeitsunfähigkeit zustehenden Schadensersatzes.

721 Datenschutzrechtlich ergeben sich insoweit zwei Aspekte.

Im Regelfall erfährt der Arbeitgeber/Dienstherr bei der Krankmeldung nicht die Ursache der Arbeitsunfähigkeit. Der Arzt hat auch keine Befugnis, auf der Arbeitsunfähigkeitsbescheinigung auf den privaten Unfall hinzuweisen. Damit der Arbeitgeber/Dienstherr seine Ansprüche rechtzeitig geltend machen kann, hat der Beschäftigte daher unverzüglich von sich aus die zur Geltendmachung des Schadensersatzanspruchs erforderlichen Angaben zu machen.

722 Sodann stellt sich für den Arbeitgeber die Frage, welche Informationen er bei Geltendmachung der auf ihn übergangenen Schadensersatzsprüche (398 BGB) weitergeben darf.

Der BayLfD

> *25. TB (2012), Ziff. 11.3*

weist insoweit zunächst grundsätzlich darauf hin, dass die Dienstunfallunterlagen besonders sensible Gesundheitsdaten und dem Personalaktengeheimnis unterliegende Personalaktendaten darstellen (§ 50 Satz 2 BeamtStG). Daraus folgert er:

723 „Grundsätzlich hat der Dienstherr lediglich eine – weder eine Diagnose noch einen Befund des behandelnden Arztes enthaltende – Arbeitsunfähigkeitsbescheinigung an den Schadensersatzpflichtigen zu übersenden.

Falls eine solche Arbeitsunfähigkeitsbescheinigung nicht vorliegt, ist sie beim betroffenen Beamten anzufordern und sodann an den Schadensersatzpflichtigen zu übersenden.

Nur dann, wenn weder eine Arbeitsunfähigkeitsbescheinigung noch ein sonstiger geeigneter Beleg vom betroffenen Beamten vorgelegt werden kann, darf die Übersendung des Befundberichts aus der Dienstunfalluntersuchung an den Schadensersatzpflichtigen erfolgen, allerdings erst nach Unkenntlichmachung aller zum Nachweis der Unfallbedingtheit nicht erforderlichen persönlichen Daten.

724 Gleiches gilt hinsichtlich der zum Nachweis der unfallbedingten Heilbehandlungskosten an den Schadensersatzpflichtigen übersandten Rechnungen des behandelnden Arztes. Auch diese dürfen erst nach Unkenntlichmachung aller zum Nachweis der Unfallbedingtheit nicht erforderlichen persönlichen Daten an den Schadensersatzpflichtigen übersandt werden."

Des Weiteren gilt, dass die Privatadresse des Verunfallten keinesfalls an den Schadensersatzpflichtigen bzw. dessen Versicherung übermittelt werden darf.

2.3.2.8 *Betriebliches Eingliederungsmanagement*

725 Für Beschäftigte, die innerhalb eines Jahres länger als sechs Wochen ununterbrochen oder wiederholt arbeitsunfähig sind, sieht § 84 Abs. 2 SGB IX ein sog. „betriebliches Eingliederungsmanagement" vor. Da trotz der zu Gunsten des Beschäftigten geschaffenen Vorschrift – Überwindung der Arbeitsunfähigkeit, Erhaltung des Arbeitsplatzes – die Befürchtung des Arbeitnehmers nicht abwegig ist, die zu Grunde liegenden Daten könnten einer krankheitsbedingten Kündigung Vorschub leisten, ist das Verfahren von seiner Zustimmung abhängig (§ 84 Abs. 2 S. 3 SGB IX). Die Zustimmung bezieht sich nach entsprechender Information des Arbeitnehmers (§ 84 Abs. 2 S. 1 SGB IX) auch auf besonders sensible Daten gem. § 3 Abs. 9 BDSG, zu denen Krankheits-, Behandlungs- und Diagnosedaten gehören; einer ausdrücklichen Einwilligung in Bezug auf diese Daten bedarf es nicht.

So aber Däubler, Gläserne Belegschaften?, Rdn. 399c

§ 84 Abs. 2 SGB IX ist eine vorrangige Rechtsvorschrift i.S.v. § 1 Abs. 3 BDSG, so dass auch § 3 Abs. 9 BDSG verdrängt wird. Gleiches gilt für § 4a BDSG. „Zustimmung" i.S.v. § 84 Abs. 2 SGB IX ist nicht gleichbedeutend mit „Einwilligung" gem. §§ 4 Abs.1, 4a BDSG.

A.A. Däubler, Gläserne Belegschaften?, Rdn. 399d

Deshalb bedarf es vor allem nicht der formalen Voraussetzungen des § 4a Abs. 1 BDSG. So liegt eine wirksame „Zustimmung" auch vor, wenn der betroffene Mitarbeiter nur mündlich sein Einverständnis erklärt hat. **726**

Vgl. insgesamt hierzu Gundermann/Oberberg, RDV 2007, 103; Kiper/Schierbaum, CuA 1/ 2012, 25

> **§ 84 SGB IX – Prävention**
>
> *(1) Der Arbeitgeber schaltet bei Eintreten von personen-, verhaltens- oder betriebsbedingten Schwierigkeiten im Arbeits- oder sonstigen Beschäftigungsverhältnis, die zur Gefährdung dieses Verhältnisses führen können, möglichst frühzeitig die Schwerbehindertenvertretung und die in § 93 genannten Vertretungen sowie das Integrationsamt ein, um mit ihnen alle Möglichkeiten und alle zur Verfügung stehenden Hilfen zur Beratung und mögliche finanzielle Leistungen zu erörtern, mit denen die Schwierigkeiten beseitigt werden können und das Arbeits- oder sonstige Beschäftigungsverhältnis möglichst dauerhaft fortgesetzt werden kann.*
>
> *(2) Sind Beschäftigte innerhalb eines Jahres länger als sechs Wochen ununterbrochen oder wiederholt arbeitsunfähig, klärt der Arbeitgeber mit der zuständigen Interessenvertretung im Sinne des § 93, bei schwerbehinderten Menschen außerdem mit der Schwerbehindertenvertretung, mit Zustimmung und Beteiligung der betroffenen Person, die Möglichkeiten, wie die Arbeitsunfähigkeit möglichst überwunden werden und mit welchen Leistungen oder Hilfen erneuter Arbeitsunfähigkeit vorgebeugt und der Arbeitsplatz erhalten werden kann (betriebliches Eingliederungsmanagement). Soweit erforderlich wird der Werks- oder Betriebsarzt hinzugezogen. Die betroffene Person oder ihr gesetzlicher Vertreter ist zuvor auf die Ziele des betrieblichen Eingliederungsmanagements sowie auf Art und Umfang der hierfür erhobenen und verwendeten Daten hinzuweisen. Kommen Leistungen zur Teilhabe oder begleitende Hilfen im Arbeitsleben in Betracht, werden vom Arbeitgeber die örtlichen gemeinsamen Servicestellen oder bei schwerbehinderten Beschäftigten das Integrationsamt hinzugezogen. Diese wirken darauf hin, dass die erforderlichen Leistungen oder Hilfen unverzüglich beantragt und innerhalb der Frist des § 14 Abs. 2 Satz 2 erbracht werden. Die zuständige Interessenvertretung im Sinne des § 93, bei schwerbehinderten Menschen außerdem die Schwerbehindertenvertretung, können die Klärung verlangen. Sie wachen darüber, dass der Arbeitgeber die ihm nach dieser Vorschrift obliegenden Verpflichtungen erfüllt.*
>
> *(3) nicht belegt*
>
> *(4) Die Rehabilitationsträger und die Integrationsämter können Arbeitgeber, die ein betriebliches Eingliederungsmanagement einführen, durch Prämien oder einen Bonus fördern.*

Maßgeblich beteiligt an dem Verfahren ist der Betriebsrat, aber auch die Schwerbehindertenvertretung oder das externe Integrationsamt. Erforderlich ist jedoch zunächst die Bereitschaft des Betroffenen, an dem Verfahren teilzunehmen. Durch gemeinsam **727** geplante Maßnahmen der Gesundheitsprävention soll das Arbeitsverhältnis möglichst dauerhaft gesichert werden.

> *Zur Frage, ob ein unterbliebenes Angebot des Eingliederungsmanagements zum Verbot oder zumindest zur Erschwernis einer krankheitsbedingten Kündigung führt, vgl. Brose, DB 2005, 390; Löw, MDR 2005, 608; BAG, AuR 2007, 50; LAG Berlin, NZA-RR 2006, 184; LAG Niedersachsen, NZA-RR 2005 523; LAG Nürnberg, AuR 2006, 412*

728 Daraus ergibt sich, dass eine Klärung mit der zuständigen Interessenvertretung und die damit verbundene Datenübermittlung erst nach erteilter Einwilligung des betroffenen Beschäftigten zulässig ist.

Da das Verfahren nur mit Einwilligung des Betroffenen durchgeführt werden darf, was nach § 84 Abs. 2 Satz 3 SGB IX den Hinweis auf die erforderlichen Daten voraussetzt, ist im Regelfall die „Selbstbestimmung" gewahrt.

> *Zu Verfahren und der Art der für die Ermittlung der Krankheitsursachen zu erhebenden Daten vgl. Gundermann/Oberberg, RDV 2007, 103*

Auf § 28 Abs. 6 Nr. 3 BDSG kann allein die Ermittlung der Voraussetzungen für die Pflicht zum Angebot des Eingliederungsverfahrens gestützt werden.

> *Vgl. aber auch weitergehend Simitis in Simitis, § 28 Rdn. 101*

729 Aus dem dem Verfahren generell vorausgestellten Einwilligungserfordernis folgt, dass eine über den Rahmen der Einwilligung hinausgehende Verwendung der Daten unzulässig ist, d.h. nicht auf andere BDSG-Erlaubnistatbestände gestützt werden kann. Während das Gesetz in § 84 SGB IX die Freiwilligkeit der Einwilligung unterstellt, läge diese regelmäßig auch nicht vor, wenn der Betroffene zur Teilnahme am Verfahren „genötigt" würde, auch der Verarbeitung der Daten für andere Zwecke zuzustimmen.

Die Einwilligung erfordert die umfassende Information u.a. darüber, welche Informationen über das Eingliederungsmanagement in die Personalakte aufgenommen werden und wie der Informationsaustausch mit dem Betriebsarzt erfolgt.

> *Vgl. im Einzelnen LDI NRW, TB 2009, S. 114*

730 Das Verfahren ist zu beenden, wenn der Betroffene seine Einwilligung widerruft. Bereits gespeicherte Daten sind zu löschen. Er nimmt jedoch den Nachteil in Kauf, dass er arbeitsrechtlich so behandelt wird, als ob er dem Verfahren erst gar nicht zugestimmt hätte.

Gemäß ihrer gesonderten Zweckbestimmung sind die erhobenen Daten keine Personalaktendaten. Der der besonderen Zweckbindung entsprechende Schutz sollte sich auch in einer entsprechenden Organisation der Eingliederungsstelle niederschlagen.

> *Vgl. Gundermann/Osterloh, RDV 2007, 103 m.w.N.*

731 Die Regelungen zum Eingliederungsverfahren unterliegen der Mitbestimmung nach § 87 Abs. 1 Nr. 1 und Nr. 7 BetrVG.

> *Fitting, § 87 Rdn. 16; DKK/Klebe, § 87 Rdn.167. Zum Informationsanspruch des Betriebsrats bzgl. der Namen aller Mitarbeiter, die über einen längeren Zeitraum krank waren, vgl. BAG, RDV 2012, 192*

2.3.2.9 Schwerbehinderung

732 Im bestehenden Arbeitsverhältnis muss die Frage nach einer Schwerbehinderung beantwortet werden, da schon im Hinblick auf den Schutz des SGB IX Diskriminierungsfolgen nicht erkennbar sind und der Arbeitgeber ein berechtigtes Interesse an dem Wegfall der ihm anderenfalls auferlegten Abgabepflicht hat.

> *Vgl. auch Franzen, RDV 2003, 1; Rolfs/Paschke, BB 2002, 1261; Thüsing/Lambrich, BB 2002, 1146; Weichert, RDV 2007, 189; BAG, RDV 2012, 141: „Die Frage des Arbeitgebers nach der Schwerbehinderung bzw. einem diesbezüglich gestellten Antrag ist im bestehenden Arbeitsverhältnis jedenfalls nach sechs Monaten, d. h. ggf. nach Erwerb des Behindertenschutzes gemäß §§ 85 ff. SGB IX, zulässig. Das gilt insbesondere zur Vorbereitung von beabsichtigten Kündigungen."*

2.3.2.10 Nebentätigkeiten

Eine generelle Pflicht des Arbeitnehmers, dem Arbeitgeber Auskunft über Nebentätig- **733** keiten zu geben, besteht nicht.

> *Vgl. LAG Frankfurt, DB 68, 2178*

Gleiches gilt für private „Geldgeschäfte".

> *Vgl. BAG, RDV 2003, 87, hinsichtlich einer Anzeige des privaten Aktienhandels der Redakteure einer Wirtschaftszeitung*

Die Durchführung von Nebentätigkeiten kann bisweilen aufgrund tarifvertraglicher **734** oder vertraglicher Regelungen anzeige- oder genehmigungspflichtig sein. Eine Nebentätigkeit muss darüber hinaus dem Arbeitgeber angezeigt werden, soweit dadurch seine Interessen bedroht sind.

> *Schaub, § 42 Rdn. 14*

Das ist der Fall, wenn die Nebentätigkeit mit der vertraglich geschuldeten Arbeitsleistung nicht vereinbar ist und die Ausübung der Nebentätigkeit somit eine Verletzung der Arbeitspflicht darstellt bzw. sich hieraus z. B. Entgeltansprüche des Arbeitgebers ableiten.

> *BAG, RDV 1997, 29 = ZTR 1996, 475; BAG, RDV 2003, 90: „Hat sich der Arbeitnehmer auf seinen Entgeltanspruch anderweitig erzielten Verdienst anrechnen zu lassen, kann der Arbeitgeber Auskunft über die tatsächlichen Umstände der anderweitigen Erwerbstätigkeit verlangen."*

Eine Genehmigungs- bzw. zumindest Anzeigepflicht von Nebentätigkeiten besteht im **735** öffentlichen Dienst in den Beamtengesetzen bzw. den hierauf Bezug nehmenden Tarifverträgen. Die Rechtsprechung rechtfertigt dies aus dem Interesse an der Prüfung der eventuellen Verletzung von Dienstpflichten bzw. daraus, dass für den Beamten die Berufsausübung seine Hauptaufgabe ist, der er grundsätzlich seine volle Arbeitskraft zu widmen habe.

> *Vgl. zur Anzeigepflicht eines Richters über wissenschaftliche Tätigkeit BVerfG, RDV 2008, 237:*
>
> *„1. Die Vorschrift des § 66 Abs. 2 S. 1 BBG – soweit sie über § 46 DRiG auch Richtern eine Anzeigepflicht auferlegt – ist mit Verfassungsrecht vereinbar.*
>
> *2. Dabei kann dahinstehen, ob die Anzeigepflicht in die Freiheit der informationellen Selbstbestimmung eingreift. Ein solcher Eingriff wäre jedenfalls verfassungsrechtlich gerechtfertigt.*
>
> *3. Die Anzeigepflicht für bestimmte entgeltliche, nicht genehmigungspflichtige Nebentätigkeiten dient einem legitimen Zweck. Die Anzeigepflicht soll dem Dienstherrn die Prüfung und Entscheidung darüber erlauben, ob durch die Nebentätigkeit dienstliche Pflichten verletzt werden und ob sie dem Ansehen der öffentlichen Verwaltung schadet. Sie soll namentlich Gefahren für die hergebrachten Grundsätze des Berufsbeamtentums in Art. 33 Abs. 5 GG vorbeugen, demzufolge ein Beamter sich mit voller Hingabe seinem Beruf zu widmen hat."*

2.3.2.11 Gewerkschaftszugehörigkeit

736 Ebenso wenig wie der Arbeitgeber befugt ist, einen Bewerber nach seiner Gewerkschaftszugehörigkeit zu befragen,

vgl. Rdn. 496, 569 ff.

ist ihm dies während des Beschäftigungsverhältnisses gestattet. Gleichwohl kann er davon sozusagen indirekt erfahren, ohne sich diese Kenntnis gezielt verschaffen zu wollen.

2.3.2.12 Gehaltsabzug von Gewerkschaftsbeiträgen

737 Wenn die Gewerkschaftsbeiträge der Arbeitnehmer durch den Arbeitgeber vom Gehalt einbehalten und unmittelbar an die Gewerkschaft abgeführt werden sollen, so benötigt der Arbeitgeber die Information, welche Arbeitnehmer Gewerkschaftsmitglieder sind. Gleichgültig, ob er dieses Datum durch Befragen der Arbeitnehmer erhebt und anschließend speichert oder ob die Daten von der Gewerkschaft zu diesem Zweck übermittelt werden, in beiden Fällen stellt sich die Frage nach der Berechtigung zur entsprechenden Erhebung und Verarbeitung. Diese Berechtigung hängt zunächst davon ab, ob der Arbeitgeber dem Arbeitnehmer gegenüber zu dem Beitragsabzugsverfahren legitimiert ist und somit zur Erfüllung vertraglicher Ansprüche i.S.v. § 28 Abs. 6 Nr. 3 BDSG handelt. Die Berechtigung zum Gehaltsabzug und zu den damit verbundenen Datenverarbeitungen ergibt sich für den Arbeitgeber jedenfalls nicht bereits daraus, dass er sich – ggf. in einem Tarifvertrag – hierzu gegenüber der Gewerkschaft verpflichtet hat. Auch in diesem Fall bedürfen die Einbehaltung des Mitgliedsbeitrags und damit die Speicherung des Datums „Gewerkschaftszugehörigkeit" noch der Einwilligung der betroffenen Arbeitnehmer bzw. individueller Absprache.

Vgl. hierzu Däubler/Hege, Tarifvertragsrecht, Ziff. 299

738 Zulässig ist das Gehaltsabzugsverfahren also nur, wenn auch der Arbeitnehmer seine Zustimmung gegeben hat. Dies kann einmal dadurch geschehen, dass der Arbeitnehmer dem Arbeitgeber einen Auftrag zur Begleichung des Gewerkschaftsbeitrags im Gehaltsabzugsverfahren erteilt. Dieser vom Arbeitgeber dann ggf. aufgrund tariflicher Verpflichtung auszuführende Auftrag begründet vertragliche Pflichten, zu deren Erfüllung die Speicherung und Übermittlung der benötigten Daten erforderlich ist.

Der Arbeitnehmer kann auch dadurch dem Gehaltsabzug zugestimmt haben, dass er sich beim Eintritt in die Gewerkschaft oder nachfolgend einem derartigen Verfahren – ggf. durch entsprechende Bestimmung in der Gewerkschaftssatzung – unterworfen hat (§§ 398 ff. BGB). Da die Gewerkschaftsbeiträge regelmäßig in Prozentsätzen der Vergütung des Arbeitnehmers festgesetzt sind, übermittelt der Arbeitgeber bei Abführung des Beitrags zwangsläufig auch Informationen über die Einkommenssituation des Mitarbeiters. Hierzu ist er nach § 28 Abs. 1 S. 1 Nr. 2 BDSG jedenfalls dann berechtigt, wenn der Arbeitnehmer in die jeweilige Anpassung des Beitrags an Veränderungen seiner Vergütung nach dem oben aufgezeigten Verfahren eingewilligt hat.

739 Zur bloßen Kontrolle der Beitragsehrlichkeit der Mitglieder sind jedoch weder der Arbeitgeber noch der Betriebsrat nach § 2 Abs. 1 BetrVG befugt, Lohn- und Gehaltsdaten der Belegschaft an die Gewerkschaft zu übermitteln.

Vgl. bei Fitting, § 2 Rdn. 30; BAG, AP Nr. 3 zu § 23 BetrVG

Vom Betriebsrat ist zudem die Geheimhaltungspflicht des § 79 BetrVG zu beachten, da Lohn- und Gehaltsdaten als Betriebs- und Geschäftsgeheimnisse vertraulich zu handhaben sind.

Vgl. BAG, DB 1988, 2569 und 1987, 2526; BAG, DB 1959, 979

2.3.2.13 Nachweis der Vertretung

Das Betriebsverfassungsgesetz weist den Gewerkschaften zahlreiche Aufgaben und Befugnisse im Betrieb zu. Voraussetzung für ein Tätigwerden ist jedoch, dass die Gewerkschaft im Betrieb vertreten ist (vgl. u.a. §§ 2 Abs. 1 und 2, 14 Abs. 7, 16 Abs. 2, 17 Abs. 3, 18 Abs. 1 und 2, 19 Abs. 2 BetrVG etc.). **740**

Vgl. die Aufstellung bei Fitting, § 2 Rdn. 52

Die Vertretung ist bereits anzunehmen, wenn nur ein Arbeitnehmer des Betriebes der betreffenden Gewerkschaft angehört; fraglich ist jedoch, wie die Gewerkschaft den ggf. erforderlichen Nachweis der Vertretung erbringen kann, d.h., ob sie hierzu zumindest die Mitgliedschaft eines Beschäftigten dem Arbeitgeber offenbaren muss **741**

vgl. hierzu Prütting/Weth, DB 1989, 2273 mit Nachweisen

oder ob auch insoweit – was die wohl herrschende Meinung vertritt –

vgl. bei Fitting, § 2 Rdn. 26 mit Nachweisen

dem Datenschutz der betroffenen Arbeitnehmer Vorrang einzuräumen ist.

Auch von der Rechtsprechung **742**

LAG Baden-Württemberg, ARSt 1974, 88; LAG Düsseldorf, DB 1979, 111; BAG, NJW 1993, 612, der Leitsatz lautet u.a.

„1. Eine Gewerkschaft ist dann im Betrieb vertreten, wenn ihr mindestens ein Arbeitnehmer des Betriebes angehört, der nicht zu den leitenden Angestellten im Sinne von § 5 Abs. 3 BetrVG zählt.

2. Die Gewerkschaft kann den erforderlichen Beweis auch durch mittelbare Beweismittel, z.B. durch notarielle Erklärung, führen, ohne den Namen ihres im Betrieb des Arbeitgebers beschäftigten Mitglieds zu nennen. Ob diese Beweisführung ausreicht, ist eine Frage der freien Beweiswürdigung."

wird es als ausreichend angesehen, dass das „Vertretensein" im Prozess durch mittelbare Zeugenaussagen nachzuweisen ist, z.B. durch Aussage eines Vertreters der Gewerkschaft oder eine notarielle Bescheinigung, in der festgehalten ist, dass eine Person, deren Personalien in einem besonderen Umschlag hinterlegt sind, einem Betrieb und einer bestimmten Gewerkschaft angehört.

Wie das LAG Düsseldorf

DB 1989, 1036 = BB 1989, 286

ausgeführt hat, sind bei der Art der Nachweisung die unterschiedlichen Interessen des Arbeitgebers einerseits und der Gewerkschaft und der Arbeitnehmer andererseits abzuwägen. Ein für den Arbeitgeber eindeutig nachprüfbarer Nachweis könne zwar letztlich nur durch die Nennung des Mitglieds erfolgen. Dem stehe aber entgegen, dass es der Gewerkschaft schon aus datenschutzrechtlichen Gründen versagt sei, den Namen des Mitglieds ohne dessen Einwilligung weiterzugeben. Ferner folge aus der grundsätzlichen Unzulässigkeit der Erhebung des Datums im Rahmen des Fragerechts des Arbeitgebers, dass die Gewerkschaftszugehörigkeit auch im Wege der Zeugenvernehmung nicht offenbart werden dürfe. Das damit für den Nachweis des „Vertretenseins" gerecht-fertigte „Geheimverfahren" ist zwar auch auf Kritik

vgl. bei Prütting/Weth, DB 1989, 2273; dies., NJW 1993, 576

gestoßen, gewährt dem einzelnen Arbeitnehmer jedoch den seinem Recht auf informationelle Selbstbestimmung und Koalitionsfreiheit angemessenen Schutz.

2.3.2.14 Beobachtung durch Detektive

743 Keineswegs unproblematisch ist das heimliche Beobachten der Arbeitnehmer durch Detektive, das u. a. zum Schutz gegen Diebstahl oder zur Krankenkontrolle in der Privat-wirtschaft erfolgt und keine absolute Seltenheit bildet.

Vgl. Becker, Detektive zur Überwachung von Arbeitnehmern, 1981; ders., DB 1983, 1253; Wohlgemuth, Datenschutz für Arbeitnehmer, Rdn. 157; Lindemann/Göpfert, DB 1997, 374

744 Zulässig ist der damit verbundene Eingriff in das Persönlichkeitsrecht nur bei begründe-tem Verdacht eines schweren unkorrekten Verhaltens (Unterschlagung, Diebstahl etc.). Auch im Bereich der Krankenkontrolle kann die Beauftragung einer Detektei gemäß § 32 Abs. 1 S. 2 BDSG nur als „ultima ratio" in Betracht kommen.

In derartigen Fällen hat die Rechtsprechung

Vgl. BAG, RDV 1999, 75 = NJW 1999, 308 = NZA 1999, 1334: „Der Arbeitnehmer hat dem Arbeitgeber die Kosten der Beauftragung eines Detektivs zu ersetzen, wenn der Arbeitgeber anlässlich eines konkreten Tatverdachts gegen den Arbeitnehmer einem Detektiv die Überwa-chung des Arbeitnehmers überträgt und der Arbeitnehmer einer vorsätzlichen vertragswidri-gen Handlung überführt wird." (Best. von BAG, BB 1987, 689); ferner LAG Hamm, RDV 1989, 164; LAG Hamm, DB 1989, 183; vgl. auch LAG Köln, RDV 2002, 247: „Ein Schadens-ersatzanspruch des Arbeitgebers wegen Erstattung von Detektivkosten zur Aufklärung von Art und Umfang einer widerrechtlichen Konkurrenztätigkeit des Arbeitnehmers kann nicht ohne weiteres mit der Begründung verneint werden, die von den Detektiven gewonnenen Erkennt-nisse seien nicht nennenswert über das hinausgegangen, was der Arbeitgeber schon gewusst habe oder ohne größere Mühe selbst hätte herausfinden können. Maßgeblich abzustellen ist vielmehr auf das Aufklärungsinteresse des Arbeitgebers im Zeitpunkt der Beauftragung der Detektive."

den betrügerisch bzw. vertragswidrig handelnden Arbeitnehmer im Rahmen seiner ver-traglichen Schadensersatzpflicht sogar als verpflichtet angesehen, die mit der Beauftra-gung der Detektei entstandenen Kosten in angemessenem Rahmen zu tragen.

Vgl. LAG Mainz, RDV 2000, 74:

„1. Der Arbeitnehmer, der sich während einer ärztlich attestierten Arbeitsunfähigkeit gene-sungswidrig verhält, begeht eine vorsätzliche Vertragsverletzung, die ihn dem Arbeitgeber gegenüber zum Schadensersatz verpflichtet.

2. Die Schadensersatzpflicht erstreckt sich auf alle Aufwendungen des Geschädigten, soweit sie nach den Umständen des Einzelfalls als notwendig anzusehen sind. Dazu können auch die Kosten für die Beauftragung einer Detektei gehören, wenn konkrete Verdachtsmomente dazu Anlass gaben.

3. Der Arbeitgeber kann nicht darauf verwiesen werden, er habe die Beobachtung auch mit eigenen Arbeitnehmern vornehmen lassen können und müssen. Er darf sich der Personen bedienen, die – als Detektive – in Ermittlungstätigkeiten erfahren sind."

745 Zu den zu erstattenden Kosten können auch die einer heimlichen Videoüberwachung gehören. Bei den Mitteln der Beobachtung, denen sich der Detektiv bedient, muss er die

Grenzen beachten, die dem Arbeitgeber nach § 32 Abs. 1 S. 2 BDSG datenschutzrechtlich gezogen sind.

Vgl. LAG Köln, RDV 2007, 129: „Bei der Zulässigkeit einer heimlichen Videoüberwachung sind von dem Detektiv die vom BAG insoweit aufgestellten Ausnahmevoraussetzungen zu beachten, d.h. u.a., es muss ein konkreter Verdacht einer Straftat oder sonstigen schwerwiegenden Verfehlung bestehen. Eine unzulässige Überwachung begründet keinen Erstattungsanspruch."

Trotz des mit dem Einsatz von Detektiven verbundenen Eingriffs in das Persönlichkeitsrecht der Beschäftigten räumt das BAG **746**

BB 1991, 691 = NZA 1991, 729 = DB 1991, 1834 (als Kunden getarnte Detektive führten verkehrsunsichere Autos beim TÜV vor)

dem Betriebsrat an dieser Stelle kein Mitbestimmungsrecht ein, da es hierbei nicht um nach § 87 Abs. 1 Nr. 1 BetrVG erfasste Regelungen zur Ordnung des Betriebes und des Verhaltens der Arbeitnehmer innerhalb dieser Ordnung gehe, sondern um das sog. Arbeitsverhalten, dessen Kontrolle aber nach § 87 Abs. 1 Nr. 6 BetrVG nur dann der Mitbestimmung unterliege, wenn sie mit Hilfe technischer Einrichtungen erfolge.

2.3.2.15 *Datenerhebung per Whistleblowing*
– Allgemeines

Durch sog. Compliance- oder Ethikregelungen werden Mitarbeitern vom Arbeitgeber Verhaltensregelungen vorgegeben, **747**

Mitbestimmung ergibt sich ggf. aus § 87 Abs. 1 Nr. 1 BetrVG

wobei es sich überwiegend um eine präzisierte Verpflichtung auf die Einhaltung der Gesetze und internen Unternehmensregelungen handelt.

Zu den aus amerikanischem Usus stammenden Regelungen vgl. Bürkle, DB 2004, 2158; Breinlinger/Krader, RDV 2006, 60; Meyer, NJW 2006, 3005; Müller, NZA 2002, 424; Tinnefeld/Rauhofer, DuD 2008, 717; Thüsing, Rdn. 41 ff.; Gola, Datenschutz am Arbeitsplatz, Rdn. 28 ff. mit Nachweisen; zum sog. externen Whistleblowing Deiseroth/Derleder, ZRP 2008, 248; hierzu ferner Rdn. 1460; Wisskirchen/Jordan/Bissels, DB 2005, 2190; von Zimmermann, RDV 2006, 235

In diesem Zusammenhang werden die Mitarbeiter zumeist angewiesen, festgestellte Verstöße von Kollegen in einem in der Regel besonders gestalteten Meldeverfahren – z.B. über einen hierzu installierten Compliance Officer – zu melden. **748**

Konkretisiert der Arbeitgeber mit dieser Anweisung zur Datenmeldung nur die sich für den Arbeitnehmer bereits aus § 241 BGB und der arbeitsvertraglichen Treuepflicht ergebende Verpflichtung, Schaden vom Arbeitgeber abzuwenden, und sei dies auch im Rahmen ihm zumutbarer Anzeige von „kriminellen" Kollegen, so handelt es sich um ein in seinem Direktionsrecht liegendes

Schuster/Darsow, NZA 2005, 273

und durch § 32 Abs. 1 S. 1 BDSG abgedecktes Datenerhebungsverfahren.

Gliss/Kramer/Herrmann, CF 4/2006, 24; Gola/Schomerus, § 28 Rdn. 16a

Ist die Anzeigepflicht Gegenstand einer besonderen Abrede im Arbeitsvertrag oder einer Betriebsvereinbarung, so dürfen auch hier die Zumutbarkeitsgrenzen (vgl. auch §§ 305 ff. BGB) nicht überschritten werden. Der Informationsbedarf des Arbeitgebers ist im Rahmen einer Interessenabwägung und unter Beachtung des Verhältnismäßig- **749** keitsprinzips mit dem Anspruch des Arbeitnehmers auf Wahrung seines Persönlichkeitsrechts (§ 75 Abs. 2 BetrVG) abzuwägen.

750   Der außerbetriebliche Lebensbereich der Arbeitnehmer ist dem Regelungsbereich des Arbeitgebers bzw. der Betriebsparteien entzogen. So ist ein generelles Verbot von Liebesbeziehungen im Betrieb wegen des darin liegenden schwerwiegenden Eingriffs in das allgemeine Persönlichkeitsrecht unzulässig. Demgemäß können auch Kolleginnen oder Kollegen, die Entsprechendes bemerken, nicht generell angehalten oder gar verpflichtet werden, dies dem Arbeitgeber zu melden. Für Regelungen z.B. hinsichtlich des Verhaltens von Vorgesetzten zu Untergebenen kann ggf. anderes gelten.

Vgl. hierzu BAG, RDV 2009, 25 = DB 2008, 2485; ferner LAG Düsseldorf, RDV 2006, 76

751   Im Hinblick auf die Wahrung der Datenschutzrechte der „Beschuldigten" sind die in den Compliance-Regelungen zu findenden Verpflichtungen zur Wahrung der Anonymität des Anzeigers oder auch die Zulässigkeit anonymer Anzeigen als problematisch zu betrachten. § 32 BDSG Abs. 1 S. 2 verlangt für eine Nachprüfung der Beschuldigung die Mitteilung von Personen, die bei eingegangener Meldung besonders sorgfältig zu prüfen sind.

Vgl. hierzu Gola/Schomerus, § 33 Rdn. 34a; vgl. auch zur Bekanntgabe „externer" Informanten von Behörden BVerwG RDV 2003, 238 und 2002, 32

Dabei ist einerseits relevant, dass ohne Anonymität Meldungen unterbleiben würden, weil der Einmelder negative Konsequenzen seitens der Kollegen oder Vorgesetzten fürchtet. Andererseits muss durch entsprechende Gestaltung des Verfahrens der Gefahr der Ermittlung auf Grund fahrlässigen oder bösartigen Denunziantentums begegnet werden.

752   Des Weiteren stellt sich die Frage, ab wann der ggf. angelegte Ermittlungsvorgang zur Personalakte des Beschuldigten zählt und damit dem Einsichtsrecht des § 83 Abs. 1 BetrVG oder bei automatisierter Verarbeitung dem Auskunftsrecht des § 34 unterliegt.

Die sich mit der Thematik befassende Art. 29-Gruppe der EU

Stellungnahme 1/2006 (A29A06), WP 117; vgl. auch bei Breinlinger/Krader, RDV 2006, 60

unterwirft den Arbeitgeber bzw. den ggf. externen Compliance Officer zutreffend den gesetzlichen Auskunfts- und Informationspflichten.

Ausnahmen sollen gelten für unbelegte oder nicht vom Zweck des Meldesystems gedeckte Vorwürfe, die unmittelbar nach Sichtung gelöscht werden. Sofern mit der Information oder Auskunftserteilung die Aufklärung beeinträchtigt würde, soll die Benachrichtigung/Auskunft bis zum Abschluss der Ermittlungen hinausgeschoben werden können. Diese ergibt sich im Rahmen der Pflichten aus § 34 Abs. 4 und § 33 Abs. 2 Nr. 3 bzw. § 7b BDSG. Für Informationspflichten nach § 83 Abs. 1 BetrVG kennt jedenfalls der Wortlaut der Norm keine Einsichtsverweigerung auf Grund eines Geheimhaltungsinteresses. Hier kann darauf abgestellt werden, dass in dieser Situation der Betroffene nicht seinen sich aus der Fürsorgepflicht des Arbeitgebers ergebenden Informationsanspruch geltend machen kann.

Vgl. DKK/Buschmann, § 83 Rdn. 8; Fitting, § 83 Rdn. 6

– Das Verfahren im Einzelnen

753   Das Verfahren zur Meldung von Mitarbeiterverfehlungen wird häufig in sog. Codes of Conduct oder Compliance- oder Ethikregelungen den Mitarbeitern vorgegeben, wobei

es sich überwiegend um eine präzisierte Verpflichtung auf die Einhaltung der Gesetze und internen Unternehmensregelungen handelt.

So stellt der Code of Conduct der Fa. Bertelsmann

http://www.bertelsmann.com/bertelsmann_corp/wms41/customers/bmcr/pdf/ Bertelsmann_Code_of_Conduct_DE.pdf

auf ethische Anforderungen, geltende Gesetze und auf die Bertelsmann-internen Regeln ab. Der Bertelsmann Code of Conduct umfasst 20 Prinzipien: Sie betreffen die gesellschaftliche Verantwortung, das Verhalten am Arbeitsplatz, Finanzgeschäfte und das Berichtswesen sowie den Umgang mit Medien und Technologien. Die einzelnen Punkte reichen vom Datenschutz über den Schutz vor Korruption bis zur unabhängigen und verantwortungsvollen Berichterstattung in den von Bertelsmann publizierten Medien.

Ähnlich formuliert der Code of Ethics der Daimler AG.   **754**

„Code of Ehtics der Daimler AG für ‚Senior Officers‘

(Dieser Code of Ethics wurde nach US-Recht verabschiedet (Section 406 des Sarbanes-Oxley Act von 2002)

1 Einleitung

Die Daimler AG (die ‚Gesellschaft‘) hat diesen Code of Ethics* (‚Code‘) verabschiedet, um Fehlverhalten zu verhindern und die folgenden Ziele zu fördern:

- *Aufrichtiges und ethisches Verhalten einschließlich entsprechender Handhabung tatsächlicher oder vermeintlicher Interessenkonflikte zwischen persönlichen und geschäftlichen Beziehungen;*
- *Vollständige, faire, korrekte, zeitgerechte und verständliche Berichterstattung in allen bei der US-Börsenaufsichtsbehörde (Securities and Exchange Commission, ‚SEC‘) einzureichenden (Finanz-)Berichten und Unterlagen sowie in allen anderen Veröffentlichungen der Gesellschaft oder ihrer Tochtergesellschaften;*
- *Einhaltung geltender Gesetze, Verordnungen und sonstiger Rechtsvorschriften;*
- *Umgehende interne Meldung von Verstößen gegen den Code an die darin aufgeführten zuständigen Personen; und*
- *Verantwortlichkeit für die Einhaltung dieses Codes.“*

In diesem Zusammenhang werden die Mitarbeiter zumeist angewiesen, festgestellte **755** Verstöße von Kollegen in einem in der Regel besonders gestalteten Meldeverfahren – z.B. über einen hierzu installierten Compliance Officer – zu melden.

Wisskirchen/Körber, Bissels, BB 2006, 1567

Vgl. aus den Codes of Conduct der Daimler AG:

„5 Meldung von Verstößen

Hat ein Senior Officer Grund zu der Annahme, dass ein Verstoß gegen geltende Gesetze, Rechtsvorschriften oder diesen Code vorliegen könnte, hat er den vermuteten Verstoß unverzüglich der unten genannten Stelle zu melden. Unbegründete Verzögerungen bei der Meldung möglicher Verstöße stellen ihrerseits einen Verstoß gegen diesen Code dar.

Vorstandsmitglieder müssen entweder den Vorsitzenden des Aufsichtsrates oder das Business Practices Office informieren. Andere Senior Officers benachrichtigen entweder ihren direkten Vorgesetzten oder das Business Practices Office. Die Gesellschaft wird keine disziplinarischen Maßnahmen gegen Senior Officers ergreifen, die im Zusammenhang mit einer solchen Meldung in gutem Glauben gehandelt haben. Unsere Business Practices Offices werden Senior Officers über die Auslegung dieses Codes und ihre Verpflichtung zur Meldung von Verstößen gegen den Code beraten. Die Verpflichtung zur Meldung von Verstößen gilt ergänzend zu anderen Meldepflichten, die sich aus anderen Richtlinien der Gesellschaft oder anwendbaren Gesetzen ergeben können."

756 Die Hinweiswege sind ggf. vielfältig und dem Mitarbeiter zur freien Wahl gestellt.

Vgl. den Code of Conduct der Fa. Bertelsmann:

„Bertelsmann stellt Ihnen mehrere Anlaufstellen zur Verfügung, um Ihre Bedenken zu äußern. Nutzen Sie den Weg, der Ihnen in Ihrer Situation am besten geeignet erscheint.

1. Anlaufstellen in Ihrem unmittelbaren Arbeitsumfeld

Sie können sich an Personen in Ihrem unmittelbaren Arbeitsumfeld wenden, um Fragen zum Verhaltenskodex zu stellen oder Verstöße gegen den Kodex zu melden.

Dies sind z.B.

- *Ihr Vorgesetzter*
- *Ihre Geschäftsleitung*
- *Ihre Personal-, Rechts-, Finanz-, Revisions- oder IT-Abteilung oder – wo vorhanden – Ihr Betriebsrat*

2. Ombudsperson

Bertelsmann hat externe Ombudspersonen berufen, um Mitarbeitern eine sichere Anlaufstelle für Hinweise zur Verfügung zu stellen. An diese neutralen Personen können sich Mitarbeiter und Dritte vertrauensvoll wenden, wenn sie Verstöße gegen den Verhaltenskodex – insbesondere illegale Geschäftspraktiken – im Unternehmen beobachten. Die von Bertelsmann berufenen Ombudspersonen sind – wie z.B. Rechtsanwälte oder Wirtschaftsprüfer – zur Verschwiegenheit verpflichtet. Ihnen ist gesetzlich vorgeschrieben, die Identität des Hinweisgebers vertraulich zu behandeln. Die Identität des Hinweisgebers kann nur mit dessen ausdrücklichem Einverständnis preisgegeben werden.

3. Hinweise per Internet

Zur Meldung von wesentlichen Verstößen gegen den Verhaltenskodex – insbesondere illegalen Geschäftspraktiken – steht Ihnen auch ein Internetsystem zur Verfügung. Hinweise von Mitarbeitern, die über dieses System kommen, werden vertraulich behandelt. Das System wird nicht von Bertelsmann, sondern von einer externen Firma betrieben.

4. Ansprechpartner im Bertelsmann Corporate Center

Sie können auch Kontakt mit den Fachabteilungen im Corporate Center der Bertelsmann AG aufnehmen, etwa den Abteilungen für Ethics & Compliance, Personal, Recht, Revision oder IT. Auch der Konzernbetriebsrat der Bertelsmann AG steht Ihnen als Ansprechpartner zur Verfügung."

2.3.2.16 Psychologische Testverfahren

757 Im Rahmen der betrieblichen Personalauswahl bzw. Arbeitsplatzbesetzung finden neben klassischen Einstellungsinterviews und reinen „Qualifikationstests" auch psychologische Tests Verwendung.

Vgl. hierzu Kaehler, DB 2006, 277; Däubler, Gläserne Belegschaften?, Rdn. 281 f.

Zulässig können derartige Test nur sein, wenn ihr Ergebnis sich in dem Rahmen bewegt, der dem Arbeitgeber im Rahmen seines Fragerechts zuzugestehen ist. Wird bei dem Test ein Dritter eingeschaltet, so darf er dem Arbeitgeber – so wie bei der betriebsärztlichen Einstellungsuntersuchung – nur die auch ansonsten für die Einstellungsentscheidung zulässigerweise erhobenen Daten mitteilen.

Vor jedem Test ist der Betroffene über das geplante Vorgehen und über die zu ermitteln- **758** den Eignungsmerkmale und die Verwendung der erhobenen, der Gesamtbewertung zugrunde liegenden Einzeldaten zu informieren. Der Betroffene muss wissen, worauf er sich einlassen soll.

Wegen der Intensität der „Durchleuchtung" der Persönlichkeit müssen sie auf Ausnahmen beschränkt bleiben, in denen Zuverlässigkeit, Belastbarkeit, Verhalten in Krisensituationen auch zum Schutze Dritter relevant sind, wie das etwa bei Piloten

vgl. BAG, AP Nr. 1 zu Art. 1 GG = DB 1964, 302 und 554 für Omnibusfahrer

der Fall ist.

2.3.2.17   Qualitätstest, Mystery Calls, Testshopping
– Allgemeines

Unternehmen versuchen die Leistungsfähigkeit, die Kundenfreundlichkeit, aber auch **759** die Korrektheit ihrer Mitarbeiter durch externe Tester, die als „getarnte" Kunden auftreten, zu ermitteln. Auch der Schutz gegen Diebstähle wird durch „Testdiebe" überprüft.

Aus den Informationen eines Anbieters für den Finanzmarkt:

„Eine hohe Service- und Beratungsqualität ist heute so entscheidend wie noch nie, auch und gerade im Finanzmarkt. Im Finanzvertrieb zählt ‚Vertauen' zu den am häufigsten strapazierten Schlagworten. Banken, Maklerpools, Versicherungen und Fondsgesellschaften versprechen durchweg guten Service für Vertriebspartner und Kunden. Wie die Realität bzw. die Praxis aussieht, das sollen verdeckte Testkäufe (Mystery Shopping) zeigen. Ins Zentrum rückt dabei zunehmend die Beratungsqualität. Diese zu testen und zu verbessern stellt jedoch besonders hohe Ansprüche an die Marktforschung. So ist die Überprüfung der Beratungsqualität der wichtigste und zugleich anspruchsvollste Baustein des Mystery Shoppings in der Finanzbranche. Beim byQuality Mystery Shopping geht es vorrangig um ganzheitliche Beratungsgespräche, die eine hohe fachliche und methodische Kompetenz der Bankberater erfordern. Deshalb steht das Beratungs- und Verkaufsgespräch mit all seinen Facetten im Zentrum der Untersuchung – angefangen von der Begrüßung über die Bestands- und Bedarfsanalyse, Nutzenargumentation, Kosten- und Risikoaufklärung, Datenschutz bis hin zur Gesprächsprotokollierung und Verabschiedung."

Zur Verbesserung der Servicequalität von Call-Centern werden ggf. Testanrufe durch- **760** geführt.

Vgl. Gola, Datenschutz am Arbeitsplatz, Rdn. 345 ff.

Dienstleister, die Unternehmen Qualitätstests ihrer Produkte mithilfe von Testkäufen, Testreisen oder eben auch Testanrufen anbieten, finden sich vielfach auf dem Markt, wobei diese Tests regelmäßig mit dem Vorwort „Mystery" verbunden sind, was deutlich macht, dass der Testcharakter des vermeintlichen Kundenkontakts dem Mitarbeiter verborgen bleiben soll. Datenschutzrechtlich relevant werden die Tests bzw. ihre Ergebnisse, wenn sie nicht nur allgemein gehalten sind, sondern Aussagen zu konkreten oder bestimmten Mitarbeitern enthalten.

Vgl. aus einem Mystery-Shopping-Angebot:

„Durch die statistische Auswertung und Analyse der Testkaufdaten werden detaillierte Leistungsprofile und Verbesserungspotenziale für Ihr Unternehmen sowie für spezielle Abteilungen ermittelt. Zusätzlich zum Fragebogen verfasst der Mystery Shopper einen Erlebnisbericht, in dem er den Einkauf aus eigener Sicht kommentiert. Diese Auswertung mündet in ein Fazit zum Entwicklung- und Trainingsbedarf."

An der Zulässigkeit der Datenerhebung und ggf. Übermittlung an den Auftraggeber und der dortigen Auswertung der Erkenntnisse ändert das nichts, da auch der Funktionsnehmer keine weitere Befugnisse als der Arbeitgeber selbst hat.

– Zulässigkeit der „Mystery-Tests"

761 Der Arbeitgeber kann derartige verdeckte Mitarbeitertests selbst – ggf. mit Hilfe eines Auftragsdatenverarbeiters – durchführen oder einem selbstständig agierenden Dienstleister übertragen, wenn derartige Kontrollen im Rahmen der Durchführung des Beschäftigungsverhältnisses erforderlich sind (§ 32 Abs. 1 S. 1 BDSG).

Für die grundsätzliche Unzulässigkeit, vgl. Wedde in D/K/K/W, § 32 Rdn. 121; Däubler, Gläserne Belegschaften?, Rdn. 294

Das BAG hat derartige Tests, wenn sie der Ermittlung der Beratungsqualität zufällig ausgewählter Mitarbeiter dienen, nicht beanstandet.

BAG, RDV 2001, 24: Das BAG hatte sich mit den Vorgängen im Zusammenhang mit der vom Betriebsrat eingeforderten Mitbestimmung zu befassen, diese jedoch verneint; vgl. auch BAG, DB 1991, 1834 zur Kontrolle der sorgfältigen Arbeit des TÜVs durch Detektive mit der Vorführung unsicherer Pkws

762 Fraglich ist, inwieweit der Arbeitgeber den Mitarbeiter im Rahmen sog. Zuverlässigkeitstests „auf die Probe stellen" darf. So sah das BAG

RDV 2000, 166

in Ehrlichkeits- und Zuverlässigkeitskontrollen (hier: heimliche Erhöhung des Kassenbestands durch den Arbeitgeber) nicht von vornherein einen rechtswidrigen Eingriff in das grundrechtlich geschützte Persönlichkeitsrecht der Arbeitnehmer. Maßgebend sei, ob im Rahmen einer Abwägung der Kontrollinteressen des Arbeitgebers mit dem Persönlichkeitsrecht des Arbeitnehmers die Interessen des Arbeitgebers als überwiegend zu betrachten sind, was bei dem Verdacht strafbarer Handlungen infolge von aufgetretenen Fehlbeständen anzunehmen ist.

Vgl. auch LAG Hamm vom 9.5.2005 – 8 Sa 118/04 und 8.3.2007 – 17 Sa 1604/06-

763 Fraglich ist, ob diese Rechtsprechung mit § 32 Abs. 1 BDSG vereinbar ist, da nunmehr davon auszugehen ist, dass eine heimliche Videoüberwachung nur unter den Voraussetzungen des § 32 Abs. 1 S. 2 BDSG, nämlich zur Aufdeckung eines konkreten Strafverdachts, zulässig ist. Sie muss sich gezielt gegen einen oder einen abgegrenzten Kreis von Arbeitnehmern richten.

Vgl. BAG, RDV 2012, 297, und die Anmerkung von Thüsing, EzA § 611 BGB 2002 Persönlichkeitsrecht Nr. 13

764 Der Unterschied zu Mystery-Tests beruht insofern jedoch darauf, dass sie gerade ungezielt stattfinden und vom Ansatz her nicht einen konkreten Mitarbeiter überwachen sollen. Besonders deutlich wird dies bei Mystery Calls in einem Call-Center, bei denen die ACD-Technik dem Anrufern den jeweils freien Arbeitsplatz vermittelt.

Der Mitarbeiter wird bei diesem logischen, nur stichprobenartig stattfindenden Tests auch keinem „ständigen" und zusätzlichen Überwachungsdruck unterworfen, da er immer damit rechnen muss, dass ein unzufriedener Kunde eine Beschwerde führen könnte, gleichgültig, ob er zuvor von einem Mitarbeiter schlecht beraten wurde oder ob er beim Kassiervorgang nicht das vollständige Wechselgeld erhalten hat. Ein gewöhnlicher und der jeweiligen Tätigkeit immanenter Arbeitsdruck ist also immer gegenwärtig.

Die Erhebung und personenbezogene Aufzeichnung bedarf jedoch einer allgemein **765** gehaltenen vorherigen Information der Mitarbeiter (entsprechend der Verpflichtung aus § 4 Abs. 3 BDSG)

Vgl. auch ArbG Gelsenkirchen vom 9.4.2009 – 5 Ca 2327/08, das ein Beweisverwertungsgebot bejaht:

„Testkäufe ohne vorherige, diese zeitlich eingrenzende Information des Arbeitnehmers verstoßen gegen die Vorschriften der §§ 241 Abs. 2, 242 BGB (Verstoß des Arbeitgebers gegen die arbeitsvertragliche Rücksichts- und Fürsorgepflicht sowie gegen Treu und Glauben), indem sie in das grundrechtlich geschützte Persönlichkeitsrecht des Arbeitnehmers (Art. 2 Abs. 1 GG i.V.m. Art. 1 Abs. 1 GG) unverhältnismäßig eingreifen."

Eine derartige Information führt in der Regel auch nicht – und wenn doch, umso besser **766** – dazu, dass die Mitarbeiter ihr Arbeitsverhalten ändern.

Wird das Mitarbeiterverhalten mit Hilfe eines Bewertungsbogens dokumentiert und

vgl. 4. TB (2007) des Innenministeriums Baden-Württemberg, 200, wonach allenfalls eine schriftliche Dokumentation zulässig ist

automatisiert aufgezeichnet, so greifen ggf. die Vorgaben des BDSG u.a. mit der Folge, dass der Mitarbeiter hierüber zu benachrichtigen ist (§ 33 Abs. 1 BDSG). Zu beachten ist insofern auch das Sparsamkeitsprinzip des § 3a BDSG, das den Verzicht auf Personenbezug gebietet, wenn statistische oder anonymisierte Angaben jedenfalls in einem ersten Schritt zur Qualitätskontrolle ausreichen.

Die Zulässigkeit der vom Arbeitgeber mittels beauftragter Dritter oder auch vom Auf- **767** traggeber des Call-Centers durchgeführten Testanrufe ist nicht in Frage zu stellen. Das Persönlichkeitsrecht der Betroffenen wird nicht in unzulässiger Weise tangiert, zumal ein unzulässiger Überwachungsdruck aufgrund der von der Sache her nur stichprobenartigen Durchführbarkeit nicht eintritt.

A.A. Wedde, Computer Fachwissen 6/2000, 20

Anderes gilt jedoch, falls die Testgespräche zwecks nachfolgenden Coachings aufgezeichnet werden sollen. Da hier die erforderliche vorherige Information im Einzelfall

vgl. auch BfDI, 18. Tätigkeitsbericht (1999/2000), 185

ausscheidet, andererseits eine pauschale Einwilligung im Arbeitsvertrag nicht ausreicht, sind Aufzeichnungen nicht gestattet.

Vgl. Gola, Datenschutz am Arbeitsplatz, Rdn. 350, 352; ebenso 4. TB (2007) des Innenministeriums Baden-Württemberg, S. 200, wonach allenfalls eine schriftliche Dokumentation zulässig ist

Die Art und Weise, wie die Arbeitnehmer insoweit relevante Informationen dem Arbeit- **768** geber mitzuteilen haben, kann der Arbeitgeber auf Grund seines Direktionsrechts festlegen. Sein Weisungsrecht betrifft zunächst die Konkretisierung der Hauptleistungspflicht. Es ermöglicht dem Arbeitgeber, dem Arbeitnehmer bestimmte Aufgaben zuzuweisen und den Ort und die Zeit ihrer Erledigung verbindlich festzulegen. Seiner Befugnis zur Erteilung von Weisungen zur Ordnung und dem Verhalten der Arbeitnehmer im Betrieb (§ 106 GewO) erstreckt sich auch auf die Anordnung zur Teilnahme an Mitarbeitergesprächen. Voraussetzung ist, dass es sich um eine Angelegenheit handelt, die im Rahmen des Direktionsrechts besprochen werden soll

BAG NJW 2009, 3115 = NZA 2009, 1011 = DB 2009, 1991

und dass die vom Mitarbeiter erbetenen Informationen sich im Zulässigkeitsrahmen des BDSG bewegen. Stets muss der Arbeitgeber bei Weisungen billiges Ermessen walten lassen. Das schließt die Achtung grundrechtlich geschützter Interessen ein.

ErfK/Preis § 106 GewO Nr. 6

Ein Beispiel solcher sich in dem aufgezeigten Rahmen bewegender Mitarbeitergespräche bilden Mitarbeiterjahres- oder Zielvorgabegespräche.

Zur fehlenden Erzwingbarkeit von Personalgesprächen vgl. Bausewein, RDV 2012, S. 139

Bestandteil von zur Aufklärung von strafrechtsrelevanten Sachverhalten im Betrieb durchgeführten Internal Investigation sind Mitarbeiterbefragungen, wobei es um Aussagen von Zeugen und Verdächtigen geht. Der Pflicht über im Zusammenhang mit seinem Arbeitsverhältnis stehenden Fragen Auskunft zu geben, kann hier im Spannungsfeld mit dem im Strafrecht geltenden Grundsatz stehen, dass niemand sich selbst belasten muss.

Zur Teilnahme und Auskunftspflicht vgl. Momsen, ZIS 6/2011, 567: ZIS-online-comldatlartikell2011-6 586; Dann/Schmidt, NJW 2009, 1851; Göpfert/Merten/Siegrist, NJW 1998, 1705

Ein weiteres Beispiel bilden Krankenrückkehrergespräche.

Vgl. vorstehend Rdn. 685

769   Im Gegensatz zu diesen „Einzelgesprächen" stehen „pauschale" Mitarbeiterbefragungen der gesamten oder bei nach bestimmten Kriterien festlegten Teilen der Belegschaft.

Vgl. hierzu BfD, 20. TB 120 = RDV 2005, 187; Hamburgischer Beauftrager für Datenschutz- und Informationsfreiheit, Empfehlungen zur Datenschutz bei Mitarbeiterbefragungen: www.datenschutzhamburg.de

Derartige Datenerhebungen sollen helfen, Stärken oder Schwächen eines Unternehmens zu erkennen. Sie dienen zum einen dem Arbeitgeber zur Analyse und Diagnose der erfragten Sachverhalte und zum anderen der Beteiligung der Beschäftigten bei Veränderungs- und Modernisierungsprozessen. Abgefragt werden Bewertungen des Arbeitsumfelds, von Führung und Zusammenarbeit, die Arbeitszufriedenheit oder die Motivation. Gegenstand der Erhebung können auch sensible Tatbestände wie das Gesundheits- und Stressbild der Beschäftigten sein. Gleichwohl ist von Interesse nicht der einzelne Beschäftigte, sondern das Meinungsbild von Teilen oder der Gesamtheit der Belegschaft.

Vgl. SKOPOS, Institut für Markt- und Kommunikationsforschung GmbH & Co. KG, www.skopos.de

2.3.2.18   Mitarbeiterbefragungen

770   Von allen Mitarbeitern erhoben werden personenbezogene Daten in Mitarbeiterbefragungen. Abgefragt werden subjektive Einschätzungen über das Arbeitsumfeld, die Arbeitszufriedenheit, die Motivation oder auch die Einschätzung von Vorgesetzten.

Vgl. hierzu BfD, 20. TB, 120 = RDV 2005, 187

Der Zweckbestimmung derartiger Erhebungen wird in der Regel durch die Durchführung in anonymisierter Form Rechnung getragen. Zu vermeiden ist, dass diese Anonymität dadurch aufgehoben wird, dass der Mitarbeiter nach „statistischen Daten", wie der Dauer der Betriebszugehörigkeit, nach Voll- oder Teilzeitbeschäftigung, nach Lebensalter etc., befragt wird. In diesen Fällen ist jedenfalls bei kleineren Einheiten eine Rückführung auf die betroffene Person ohne Weiteres möglich.

Zum Ausschluss derartiger Möglichkeiten: LfD Baden Württemberg, 30. TB (2010/2011), S. 144 f.

Jedenfalls dann, wenn ein Personenbezug der erhobenen Daten besteht oder herstellbar ist, muss die Teilnahme an der Erhebung der subjektiven Einstellung des Mitarbeiters zum Betrieb freiwillig sein. Die freie Entscheidung des Mitarbeiters setzt eine umfassende Information über Ablauf und Auswertung der Befragung voraus, wozu insbesondere die Frage der Vernichtung der individuellen Fragebögen nach Aggregierung der Daten gehört. Wird die Befragung durch ein externes Unternehmen durchgeführt, ist dessen Vorgehen aufzuzeigen. Bei entsprechender Geheimhaltungsverpflichtung des Fremdunternehmens kann die Gefahr des Missbrauchs der Daten durch den Arbeitgeber im Rahmen personeller Einzelmaßnahmen weitgehend ausgeschlossen werden. Werden dem Beratungsunternehmen die Daten personenbezogen zur Auswertung zur Verfügung gestellt, so kann dies als Auftragsdatenverarbeitung oder Datenübermittlung organisiert sein. Der Personenbezug kann auch darin bestehen, dass Aussagen zu Vorgesetzten erfragt wurden.   **771**

Hinsichtlich der grundsätzlichen datenschutzrechtlichen Bedenken der Erhebung und Datenübermittlung vgl. ULD Schleswig-Holstein, www.datenschutzzentrum/wirtschaft/praxis/index.htm; vgl. auch Däubler, Gläserene Belegschaften?, Rdn. 268

Die oben geschilderten Grundsätze gelten auch bei Mitarbeiterbefragungen, die Schulungszwecken dienen und dabei das konkrete Wissen abfragen. Bleibt das Ergebnis geheim, d.h., wird es nur dem Mitarbeiter aufgezeigt und z.B. – im Rahmen von Online-Datenschutzschulungen – nur in aggregierter Form dem DSB zwecks Beurteilung eines/des weiteren Schulungsbedarfs angezeigt, so kann die Teilnahme an der im Rahmen eines Selbstlernprozesses durchgeführten Schulung auch seitens des Arbeitgebers angeordnet werden.   **772**

Sollen die Daten personenbezogen erhoben werden, greifen auch hier die nachfolgenden Zulässigkeitsmaßstäbe.

2.3.2.19 Beurteilungen

Der vom Arbeitgeber auch bei der herkömmlichen Speicherung und Nutzung von Personaldaten zu beachtende Anspruch des Beschäftigten auf Persönlichkeitsschutz wird deutlich im Rahmen der von der Rechtsprechung aufgestellten Kriterien für die Rechtmäßigkeit von Beurteilungen der Beschäftigten, d.h. der Speicherung derartiger Daten in der Personalakte des Beschäftigten.   **773**

Das BAG

DB 1979, 1703 = ARSt 1979, 161 = AP Nr. 3 zu § 75 BPersVG; ferner BAG, RDV 2009, 70; Rdn. 113a

sieht den Arbeitgeber als berechtigt an, den Arbeitnehmer hinsichtlich Eignung, Befähigung und fachlicher Leistung zu beurteilen und die Beurteilung in den Personalakten zu speichern. Die Speicherung der Daten ist zulässig, soweit die Angaben Bedeutung für die Personalplanung, für den sachgemäßen Einsatz der Mitarbeiter und den beruflichen Werdegang haben, und zwar auch im Hinblick auf eventuelle zukünftige Tätigkeiten und im Vergleich der Leistungen einzelner Arbeitnehmer untereinander.

Unter diesen Voraussetzungen hat das BAG

MDR 1982, 694; BAGE 38, 141

z. B. die im öffentlichen Dienst übliche, vom konkreten Anlass losgelöste „Regelbeurteilung" nicht beanstandet. Die Regelbeurteilung soll auch im Interesse des Arbeitnehmers liegen, da sie objektiver ausfalle als eine Ad-hoc-Zweckbeurteilung und im Übrigen eine Reihe von Beurteilungen ein besseres Bild über die Leistung des Arbeitnehmers gebe.

774 Ob die insoweit vom BAG akzeptierte „Vorratsspeicherung" auch für eine Speicherung von Beurteilungen in automatisierten Personalinformationssystemen Geltung haben kann, hat die arbeitsgerichtliche Rechtsprechung bisher nicht erörtert. Das BVerwG

RDV 1988, 198 = NJW 1988, 1405

hat jedenfalls die Aufnahme von in förmlichen Prüfungsverfahren erzielten Ergebnissen in automatisierten Dateien (hier in dem Datensystem Perfis der Bundeswehr) sogar ohne Anhörung des Betroffenen als zulässig angesehen.

775 Nicht außer Betracht bleiben darf aber, dass die bereichsspezifischen Arbeitnehmerdatenschutzregelungen in einigen der Landesdatenschutzgesetze die automatisierte Speicherung von Beurteilungsdaten ausdrücklich untersagen. Dieser Bewertung der „Gefährlichkeit" derartiger Datenspeicherungen hat sich die Literatur teilweise angeschlossen.

Louis, Rdn. 141

776 Aber auch bei der Speicherung von Beurteilungsdaten in der Personalakte sind dem Arbeitgeber datenschutzrechtliche Grenzen gezogen. Er hat dafür Sorge zu tragen, „dass die Personalakten ein richtiges Bild des Arbeitnehmers in dienstlichen und persönlichen Beziehungen vermitteln",

BAGE 7, S. 267, 273 = AP Nr. 6 zu § 611 BGB, Fürsorgepflicht; vgl. auch BAG, AP Nr. 3 zu § 75 BPersVG:

„1. Der Arbeitgeber darf Eignung, Befähigung und fachliche Leistung der bei ihm beschäftigten Arbeitnehmer beurteilen und die Beurteilung in den Personalakten festhalten.

2. Auf Verlangen des Arbeitnehmers muss er seine Beurteilung begründen. Dazu gehört die Angabe von Tatsachen, die eine ungünstige Beurteilung rechtfertigen sollen.

3. Der Arbeitnehmer kann verlangen, dass der Arbeitgeber bei allen dienstlichen Beurteilungen auf seine berechtigten Interessen Rücksicht nimmt. Die Beurteilungen müssen in der Sache zutreffen und ordnungsgemäß zustande gekommen sein. Sie dürfen den beruflichen Werdegang des Arbeitnehmers nicht in unzulässiger Weise behindern. Dabei müssen im Einzelfall die beiderseitigen Interessen gegeneinander abgewogen werden (vgl. AP Nr. 83 zu § 611 BGB Fürsorgepflicht).

4. Von dem Beurteilungsrecht des Arbeitgebers gehen das Betriebsverfassungsgesetz 1972 und das Bundespersonalvertretungsgesetz aus.

5. Dem Dienstvorgesetzten ist bei seiner Beurteilung ein erheblicher Beurteilungsspielraum eingeräumt. Für die Beurteilung nach insgesamt neun Bewertungsstufen kann es ein dienstliches Bedürfnis geben.

6. Im Rechtsstreit kann nachgeprüft werden, ob die der Bewertung zugrunde liegenden Tatsachen zutreffen und ob die Bewertung unter Einräumung eines Beurteilungsspielraums nach den zur Begründung vorgetragenen Tatsachen zu rechtfertigen ist. In erster Linie muss der Arbeitgeber bzw. Dienstvorgesetzte seine Beurteilung durch die Darlegung von Tatsachen begründen. Der Arbeitnehmer braucht dann nur noch die Tatsachen vorzutragen, die der Beurteilende nach seiner Ansicht zu Unrecht nicht berücksichtigt hat, obwohl sie eine bessere Beurteilung rechtfertigen könnten."

da das Persönlichkeitsrecht des Arbeitnehmers durch unrichtige oder abwertende, sein berufliches Fortkommen berührende Äußerungen rechtswidrig verletzt wird. Das verfassungsrechtlich abgesicherte Recht des Arbeitgebers auch auf freie Meinungsäußerung über den Arbeitnehmer findet seine Grenzen in diesem Schutzanspruch.

BAG, DB 1986, 489; ferner Falkenberg, NZA 1988, 489; Bock, ArbuR 1987, 217

Welche Aspekte in die Beurteilung einfließen dürfen, richtet sich im Übrigen nach dem Zweck der Beurteilung und der Rechtsstellung des Beschäftigten. So darf ein Dienstleistungszeugnis eines Richters keine Umstände bewerten, die seine richterliche Unabhängigkeit betreffen. **777**

BGH, NJW 1986, 2705

Da die Beurteilung sich auf Eignung, Befähigung und fachliche Leistung der Beschäftigten zu erstrecken hat, haben Angaben, die hiermit in keinem Zusammenhang stehen bzw. aufgrund spezieller Regelungen vom Arbeitgeber (hier § 8 BPersVG) nicht berücksichtigt werden dürfen, hierbei nichts zu suchen. Demnach darf eine ehrenamtliche Tätigkeit nach dem Bundespersonalvertretungsgesetz im Regelfall in einer dienstlichen Regelbeurteilung nicht erwähnt werden.

BAG, PersR 1993, 85; ebenso LAG Hamm, ARSt 1992, 30: „Ein Arbeitnehmer kann vom Arbeitgeber verlangen, dass dieser Angaben über seine ehrenamtliche Tätigkeit aufgrund des BPersVG (hier: Jugendvertretertätigkeit) aus einer dienstlichen Beurteilung entfernt.“

2.3.2.20 Rügen/Abmahnungen

– Allgemeines

Erteilt der Arbeitgeber seinem Mitarbeiter eine Rüge, Verwarnung oder Abmahnung, d.h., spricht er die Missbilligung eines bestimmten Verhaltens ggf. unter der Androhung von Rechtsfolgen bei weiteren derartigen Vorfällen aus, so dient dies zwei arbeitsrechtlichen Zielen: **778**

- Zum einen soll die durch das missbilligte Verhalten des Beschäftigten eingetretene Störung des Beschäftigungsverhältnisses beendet werden;
- zum anderen ist die Abmahnung erforderlich, um die rechtlichen Voraussetzungen für eine bei weiteren Vertragsverletzungen beabsichtigte verhaltensbedingte Kündigung erfolgreich aussprechen zu können.

Dem Arbeitnehmer soll also durch die Willensäußerung des Arbeitgebers die Rechtswidrigkeit eines bestimmten Verhaltens vor Augen geführt werden. Im erstgenannten Fall ist sie Ausdruck des allgemeinen Rügerechts des Arbeitgebers und dient – nur – der Anmahnung von bestimmten vertraglichen Leistungspflichten. Ihre Berechtigung ergibt sich unmittelbar aus der Stellung des Arbeitgebers als Gläubiger der geschuldeten Arbeitsleistung. **779**

Im zweiten Fall hat sie Warn- und Androhungsfunktion und stellt sich als Obliegenheit des Arbeitgebers dar. Ihre Berechtigung und Erforderlichkeit werden aus § 326 BGB und dem Grundsatz der Verhältnismäßigkeit begründet. Nach § 326 Abs. 1 BGB kann der Schuldner, wenn sein Interesse an der Vertragserfüllung entfallen ist, vom Vertrag zurücktreten. Anstelle des Rücktrittsrechts steht dem Arbeitgeber das Recht zur außerordentlichen Kündigung (§ 626 BGB) zu. Unter Heranziehung des Grundsatzes der Verhältnismäßigkeit und des kündigungsschutzrechtlich zu beachtenden Interesses des Arbeitnehmers am Erhalt seines Arbeitsplatzes muss in der Regel einer außerordentli- **780** chen und auch einer ordentlichen Kündigung (zur sozialen Rechtfertigung der Kündigung gemäß § 1 Abs. 2 KSchG) eine Abmahnung vorausgehen, die so konkret formuliert ist, dass sie der erforderlichen Warn- und Androhungsfunktion gerecht wird.

Vgl. hierzu Näheres bei Adam, DB 1996, 476; Becker-Schaffner, ZTR 1999, 105; Conze, ZTR 1993, 312, ders., ZTR 1997, 342; Schaub, NJW 1990, 872; ders., NZA 1997, 1185; Kranz, DB 1998, 1464; Pauly, MDR 1996, 121 jeweils m.w.N.

781 Erforderlich ist die Abmahnung regelmäßig bei Störungen im Leistungsbereich; bei Störungen im Betriebs- und Vertrauensbereich ist sie nach Auffassung des BAG

DB 1985, 340; NJW 1983, 700; NZA 1989, 633 = DB 1989, 1427; NZA 1989, 634; NZA 1991, 557

nur ausnahmsweise als Vorstufe der Kündigung gefordert, und zwar dann, wenn der Arbeitnehmer aus berechtigten Gründen annehmen konnte, sein Verhalten sei nicht vertragswidrig oder es werde vom Arbeitgeber zumindest nicht als erhebliches Fehlverhalten angesehen.

782 Das gerügte Verhalten muss daher genau beschrieben und sein Unterlassen deutlich angemahnt werden. Ferner muss – ohne dass die Art der Kündigung schon konkret genannt werden muss – deutlich werden, dass andernfalls der „Bestand oder Inhalt des Arbeitsverhältnisses gefährdet ist". Fehlt es hieran, so liegt nur eine Rüge vor, auf die eine spätere Kündigung nicht gestützt werden kann.

BAG, AP Nr. 17 zu § 1 KSchG 1969, verhaltensbedingte Kündigung; BAG, NZA 1989, 633

783 Zudem ist es daher erforderlich, dass die Abmahnung von einem Vorgesetzten ausgesprochen wird, der auch die Kompetenz zur Einleitung entsprechender arbeitsrechtlicher Maßnahmen hat.

BAG, BB 1980, 1269; LAG Hamm, DB 1983, 1930

784 Die Abmahnung ist zu ihrer kündigungsrechtlichen Wirksamkeit nicht an die Schriftform gebunden. Jedoch wird sie aus Dokumentations- und Beweiszwecken schriftlich erfolgen und dann zum Inhalt der Personalakte des Arbeitnehmers werden.

– Rechtmäßigkeit der Speicherung

785 Für die Beantwortung der Frage, ob eine zu Unrecht ergangene Erklärung obigen Inhalts aus der Personalakte zu entfernen ist, ist die Differenzierung zwischen Rüge, Verwarnung oder Abmahnung datenschutzrechtlich irrelevant. Die Frage, unter welchen Umständen eine Abmahnung rechtmäßig ergeht, ob sie zu Recht in der Personalakte gespeichert und anschließend im Rahmen einer Kündigung „genutzt" werden kann, hat Rechtsprechung und Literatur in den letzten Jahren umfangreich beschäftigt.

Dazu ist festzuhalten, dass nach Ansicht des BAG

DB 1992, 843; im Gegensatz zu LAG Düsseldorf, DB 1991, 975

die Rechtmäßigkeit der Abmahnung nicht davon abhängt, ob die ausgesprochene Warnung, d.h. die rechtliche Wertung des gerügten Fehlverhaltens, zutreffend ist. Vielmehr soll der Arbeitgeber im Rahmen der ihm zustehenden Meinungsfreiheit zunächst selbst darüber entscheiden, ob er ein Fehlverhalten des Arbeitnehmers abmahnen will oder nicht. Ob die vorgeworfene Pflichtverletzung zur Kündigung berechtige, könne erst im Rechtsstreit über die Kündigung selbst und nicht schon vorher abschließend beurteilt werden.

Vgl. auch BAG, DB 1987, 1494

Dieser Aussage entspricht die von der Rechtsprechung des BAG für das Abwehrrecht **786** des Arbeitnehmers vertretene Auffassung, nach der der Arbeitnehmer weder aufgrund einer arbeitsvertraglichen Nebenpflicht noch aufgrund einer entsprechenden Obliegenheit gehalten sei, gegen die Richtigkeit einer Abmahnung nach deren Ausspruch gerichtlich vorzugehen, d.h., der Arbeitnehmer kann die fehlende Berechtigung der zunächst unbeanstandet hingenommenen Abmahnung auch noch in einem späteren Kündigungsschutzprozess geltend machen. Die Wirksamkeit der Kündigung hängt damit nicht von der Beseitigung einer vorhergehenden Abmahnung ab, vielmehr ist im Kündigungsschutzprozess unabhängig davon zu prüfen, ob die in einer Abmahnung enthaltenen Vorwürfe gerechtfertigt waren.

> *Vgl. hierzu auch LAG Hamm, DB 1990, 710 = DB 1990, 691 = NZA 1990, 540 (jeweils Ls):*
> *„Klagt ein Arbeitnehmer auf Rücknahme einer Abmahnung und deren Entfernung aus der Personalakte und schließt er dann mit dem Arbeitgeber einen Vergleich des Inhalts, dass die Abmahnung nach Ablauf eines Jahres seit ihrer Erteilung aus der Personalakte entfernt wird, so liegt darin mangels einer entsprechenden ausdrücklichen Erklärung des Arbeitnehmers keine Anerkennung der Begründetheit der Abmahnung, weshalb das ihr zugrunde liegende Fehlverhalten in einem nachfolgenden Kündigungsschutzprozess noch bestritten werden kann.“*

Ferner ist die Berechtigung der Abmahnung nur insofern gerichtlich überprüfbar, wie **787** sie Gegenstand in der Personalakte ist. Mit anderen Worten: Mündliche Abmahnungen sind jedenfalls regelmäßig gerichtlich nicht überprüfbar; Gleiches gilt für die in der Warn- und Ankündigungsfunktion liegende Gefährdung des Arbeitsverhältnisses.

> *Vgl. bei Kammerer, BB 1991, 1926*

In jeden Fall setzt die Zulässigkeit der Abmahnung die Missbilligung eines objektiven **788** Verstoßes des Arbeitnehmers gegen seine Pflichten voraus. Die Abmahnung kann daher unwirksam sein, weil sie unsubstantiiert ist, weil die Vorwürfe ungerechtfertigt sind oder weil sich der Sachverhalt tatsächlich anders darstellt. Ungerechtfertigt sind Vorwürfe auch, wenn der zugrunde liegende Sachverhalt in keinem Zusammenhang mit dem Arbeitsverhältnis steht oder wenn die Bewertung des Sachverhalts ungerechtfertigt ist, d.h., der Vorfall unter Berücksichtigung des Verhältnismäßigkeitsprinzips keinen Anlass für eine schriftliche Rüge und Dokumentation in der Personalakte bietet.

> *Vgl. auch LAG München, ZTR 1988, 359; ferner LAG Düsseldorf, ARSt 1986, 173: „Eine krankheitsbedingte und auf entschuldigte Fehlzeiten gestützte Abmahnung ist aus den Personalakten zu entfernen.“*

Auf die Vorwerfbarkeit, d.h. ein Verschulden des Arbeitnehmers an dem missbilligten Verhalten, soll es dagegen nicht ankommen.

> *BAG, NJW 1989, 545 = ZTR 1989, 122 = DB 1989, 284; NJW 1989, 633 = NZA 1989, 272; NJW 1986, 1065 = NZA 1986, 227*

– Erledigung durch Zeitablauf

Die Speicherung eines (für den Arbeitnehmer negativen) Vorgangs in der Personalakte **789** kann ferner dadurch unzulässig werden, dass der Vorfall für die zukünftige Beurteilung des Arbeitnehmers bzw. für die fernere Abwicklung des Arbeitsverhältnisses durch Zeitablauf bedeutungslos geworden ist und eine Interessenabwägung ergibt, dass eine weitere Aufbewahrung zu unzumutbaren beruflichen Nachteilen für den Arbeitnehmer führt.

Wann eine Abmahnung durch Zeitablauf wirkungslos geworden ist, soll sich nach Auf- **790** fassung des BAG

NZA 1987, 458; ferner ZTR 1988, 309: „Für die Beurteilung, ob eine Abmahnung nach Ablauf einer bestimmten Zeit wirkungslos geworden ist, sind regelmäßig sämtliche Umstände des Einzelfalls zu beurteilen. Insbesondere sind die Art der Verfehlung des Arbeitnehmers sowie sein weiteres Verhalten und die Einstellung des Arbeitgebers hierzu im Anschluss an die Abmahnung sowie die Geringfügigkeit der erhobenen Vorwürfe zu berücksichtigen. Ferner ist zu würdigen, dass seitdem eine neue Abmahnung nicht mehr ausgesprochen werden musste."

nicht anhand einer bestimmten Regel-Ausschlussfrist bestimmen, sondern nur unter Heranziehung aller Umstände des Einzelfalles entschieden werden, wobei insbesondere die Schwere des Vorwurfs oder der Beeinträchtigung der Interessen des Arbeitnehmers von Relevanz ist.

Vgl. BAG, DB 1987, 2571 zur Entfernung eines durch die Ereignisse überholten amtsärztlichen Gutachtens; vgl. aber auch LAG Hamm, NZA 1987, 26, das in der Regel von einer zweijährigen Ausschlussfrist ausgeht; ebenso ArbG Frankfurt, RDV 1999, 274 für eine nicht besonders schwerwiegende Verfehlung

Die Speicherung des Vorgangs ist also so lange zulässig, wie die betreffenden Vorgänge für die weitere berufliche Beurteilung und Entwicklung des Arbeitnehmers von Bedeutung bleiben. Dies kann ggf. für die Dauer des gesamten Arbeitsverhältnisses zutreffen.

Der Anspruch auf Entfernung setzt voraus,

Vgl. BAG NZA 2013, 91

dass die Abmahnung ihre Warnfunktion verloren hat und der Arbeitgeber auch kein sonstiges Interesse an der Dokumentation der Pflichtverletzung hat. Letzteres kann darin bestehen, dass die Abmahnung infolge der Erheblichkeit des Pflichtverstoßes bei einer im Rahmen einer späteren Kündigung erforderlichen Interessenabwägung Bedeutung erlangen kann.

– Erörterungs- und Anhörungsrecht

791 Als Rechtmäßigkeitsvoraussetzung für die Speicherung von Beurteilungen, Abmahnungen und sonstigen negativen Vorgängen ist jedoch die vorgehende Erörterung bzw. Anhörung des Betroffenen durchzuführen bzw. diesem zumindest hierzu Gelegenheit zu geben.

Vgl. ArbG Frankfurt/Oder, RDV 2000, 227 mit Nachweisen der Rechtsprechung und Literatur:

„1. Der Arbeitgeber muss im Rahmen seiner Fürsorgepflicht dafür Sorge tragen, dass die Personalakte ein richtiges Bild des Arbeitnehmers in den arbeitsrechtlich relevanten Beziehungen vermittelt.

2. Bevor Beschwerden und Behauptungen tatsächlicher Art, die für den Arbeitnehmer ungünstig sind oder ihm nachteilig werden können, zu den Personalakten genommen werden können, hat der Arbeitgeber den Arbeitnehmer anzuhören.

3. Auch eine unter formellen Mängeln zustande gekommene Abmahnung ist aus der Personalakte zu entfernen."

A. A. Schaub, § 132 Rdn. 14; Wilhelm, NZA-RR 2002, 449

792 Im öffentlichen Dienst hat der Arbeitnehmer aufgrund tariflicher Regelung einen Anspruch darauf, gehört zu werden, bevor nachteilige Vorgänge zum Gegenstand der Personalakte gemacht werden.

Für das Beamtenverhältnis gilt § 109 BBG, der bestimmt, dass der Beamte zu Beschwerden, Behauptungen und Bewertungen, die für ihn ungünstig sind oder ihm nachteilig werden können, vor Aufnahme in die Personalakte zu hören ist.

Es herrscht jedoch Übereinstimmung, dass dieses Anhörungsrecht auch für sonstige Arbeitsverhältnisse, in denen derartige tarifvertragliche Ansprüche nicht bestehen, Geltung hat, sei es, dass hierzu § 82 Abs. 1 BetrVG herangezogen wird, sei es, dass das Anhörungs- und Erörterungsrecht aus einer vertraglichen Nebenverpflichtung des Arbeitgebers abgeleitet wird.

> *Vgl. bei Kammerer, BB 1991, 1926 (1930); ders., Personalakte und Abmahnung, S. 58, der insoweit von einem tragenden Grundsatz des Personalaktenrechts spricht; ferner Schaub, NJW 1990, 872 (876)*

Daraus ergibt sich, dass unabhängig von entsprechenden gesetzlichen (z. B. § 109 BBG, § 34 Abs. 1 BLVO) oder tariflichen Regelungen der Arbeitgeber gehalten ist, eine den Arbeitnehmer betreffende Beurteilung zu begründen, was im Rahmen der Fürsorgepflicht die Pflicht beinhaltet, die Beurteilung vor ihrer endgültigen Fassung mit dem Arbeitnehmer zu erörtern und eventuelle berechtigte Einwände bereits bei der endgültigen Abfassung zu berücksichtigen. Dieses bei Beurteilungen und Abmahnungen bestehende Recht des Mitarbeiters auf rechtzeitige Anhörung ergibt sich aus den das Verhältnis zwischen Dienstherrn/Arbeitgeber und Mitarbeiter gestaltenden Prinzipien der Offenheit und des Vertrauens. Im Rahmen der Fürsorgepflicht verlangen diese Grundsätze vom Arbeitgeber, aus einem Sachverhalt nur dann eine für den Beschäftigten ungünstige Folgerung zu ziehen, „wenn er zuvor Gelegenheit gegeben hat, zu diesem Sachverhalt Stellung zu nehmen und Erklärungen darüber abzugeben, wie er zu seiner Handlungsweise gekommen ist". **793**

> *Im Rahmen des Beamtenverhältnisses spricht der BGH (BGHZ 22, S. 258 ff.) insoweit von einem „Fundamentalgrundsatz jeder rechtsstaatlichen Ordnung"; vgl. auch Geulen, Die Personalakte in Recht und Praxis, S. 93 ff.; BGH, DÖD 1977, 260*

Nimmt der Arbeitgeber für den Arbeitnehmer nachteilige Vorgänge und Unterlagen unter Verstoß gegen das Anhörungs- und Erörterungsrecht zu den Personalakten, so ist die Speicherung rechtswidrig; die Rechtswidrigkeit kann auch durch eine nachträgliche Anhörung nicht geheilt werden. Der Hinweis von Schaub, **794**

> *NJW 1990, 872 (876)*

dass es ausreichend sei, in der Abmahnung auf die Abheftung in der Personalakte hinzuweisen und der Stellungnahme des Arbeitnehmers entgegenzusehen, kann daher nicht gefolgt werden.

> *Vgl. BAG, DB 1990, 841 = NZA 1990, 477 = RDV 1990, 14 = BB 1990, 709:*
>
> *„1. § 13 Abs. 2 Satz 1 BAT, wonach der Angestellte über Beschwerden und Behauptungen tatsächlicher Art, die für ihn ungünstig sind oder ihm nachteilig werden können, vor der Aufnahme in die Personalakten gehört werden muss, ist nicht auf Beschwerden und Behauptungen Dritter beschränkt. Nimmt der Arbeitgeber eine Abmahnung ohne vorherige Anhörung des Angestellten gemäß § 13 Abs. 2 Satz 1 BAT zu den Personalakten, so hat der Angestellte einen schuldrechtlichen Anspruch auf Entfernung der Abmahnung aus den Personalakten.*
>
> *2. Die nachträgliche Anhörung des Arbeitnehmers in Form der Übersendung des zu den Akten genommenen Abmahnungsschreibens heilt den Mangel nicht. Ebenso wenig kann der abgemahnte Arbeitnehmer auf sein Recht zur Gegendarstellung oder sein Recht zur Überprüfung der inhaltlichen Unrichtigkeit verwiesen werden. "*

Gegebenenfalls kann der Vorgang nach entsprechender Würdigung des Vorbringens des Angestellten wieder zum Gegenstand der Akten gemacht werden.

> *So auch LAG Frankfurt, ARSt 1984, 1111*

Dies muss jedenfalls dann gelten, wenn der Vorgang, der zunächst mangels Anhörung rechtswidrig zum Gegenstand der Personalakte gemacht wurde, von Dritten rührt und bei einer Entfernung in Form der Vernichtung auch für eine nachträgliche Anhörung nicht mehr zur Verfügung stünde.

– Konsequenzen

Unzulässig gespeicherte Abmahnungen sind aus der Akte zu entfernen.

795   Gleiches gilt für eine zu Unrecht ergangene Androhung einer Abmahnung.

> *BAG, RDV 1997, 29 = ZTR 1996, 475*

Neben dem Entfernungsanspruch steht dem Arbeitnehmer ggf. auch nach Entfernung der Abmahnung ein Anspruch auf Widerruf der in der Abmahnung enthaltenen Erklärung zu, sofern seine Rechte weiterhin beeinträchtigt sind.

> *Vgl. BAG, RDV 1999, 264 = NJW 1999, 3576*

> *Zum Anspruch auf Korrektur und Entfernung nach Ende des Arbeitsverhältnisses vgl. vorstehend Rdn. 78*

3   Veränderung von Daten

796   Unter den Begriff des Veränderns von Daten fällt jede inhaltliche Umgestaltung von gespeicherten Daten. Verändern ist – abgesehen von dem sonst gegebenen Tatbestand des Nutzens der Daten – auch das Verknüpfen von Daten aus verschiedenen Dateien. Zwar werden Daten im Falle ihrer Verknüpfung nicht in dem Sinn verändert, dass die einzelne Information einen anderen Inhalt bekommt; die Veränderung kann aber darin liegen, dass die Daten durch die Zusammenfassung ihren bisherigen Kontext verlieren und durch ihre häufig sehr starke Verkürzung insgesamt eine neue Qualität, einen neuen Informationsgehalt bekommen.

> *Gola/Schomerus, § 3 Rdn. 30; Bergmann/Möhrle/Herb, § 3 Rdn. 78*

797   Diese Form der Datenverarbeitung ist erst durch die automatisierte Datenverarbeitung in größerem Umfang möglich geworden. Allerdings ist Verändern nur das inhaltliche Umgestalten, nicht bereits das Verändern der äußeren Form (z.B. Chiffrierung von Daten, Änderungen einzelner Feldbezeichnungen). Nur wenn die Daten durch die Veränderung insgesamt einen neuen, abgewandelten Informationswert erhalten haben, liegt eine Veränderung im Sinne dieser Vorschrift vor. Hierfür kann auch die Zweckbestimmung der Datei maßgebend sein, in die die Daten von einer anderen Datei überspielt werden (z.B. Daten aus der Datei säumiger Kunden in die Personaldatei).

798   Die nicht eindeutige Abgrenzung des Begriffs des Veränderns zum Nutzen oder Speichern und Löschen ist nur von marginaler Bedeutung, da eine Veränderung, die in Form der Speicherung zusätzlicher Daten oder der Löschung eines Teils der Daten besteht, oder eine Auswertung der Daten auch unter dem Grundsatz des Verbots mit Erlaubnisvorbehalt (§ 4 Abs. 1) steht. Es ist davon auszugehen, dass je nach Fallkonstellation die den Interessen des Betroffenen besser gerecht werdenden Zulässigkeitstatbestände des Speicherns oder Löschens greifen.

> *Vgl. Dammann in Simitis, § 3 Rdn. 141 ff.*

4 Übermittlung von Beschäftigtendaten

4.1 Allgemeines

Für die Zulässigkeit der Übermittlung von Beschäftigtendaten ist primär die Spezial-norm des § 32 Abs. 1 BDSG und sekundär § 28 Abs. 1 S. 1 Nr. 2, Abs. 2 Nr. 1 und 2 sowie Abs. 6 bis 8 BDSG anzuwenden. **799**

Natürlich gibt es zahlreiche Bestimmungen, die den Arbeitgeber verpflichten, Arbeit-nehmerdaten an öffentliche Stellen weiterzugeben. Abgesehen davon kann der Bewer-ber oder Arbeitnehmer davon ausgehen, dass seine Daten beim Arbeitgeber verbleiben, da sie zu seiner Information bestimmt sind. Aber auch ohne gesetzliche Verpflichtung kann die Übermittlung im Zusammenhang mit der Erhebung, Durchführung oder Been-digung des Arbeitsverhältnisses erforderlich sein (§ 32 Abs. 1 BDSG). Daneben können ausnahmsweise berechtigte Interessen des Arbeitgebers oder auch des Datenempfängers nach § 28 Abs. 1 S. 1 Nr. 2 oder Abs. 2 Nr. 1 und 2 zur Weitergabe berechtigen. M.a.W.: Datenübermittlungen lassen sich je nach Sachlage mit der Berechtigung zur „Durchführung des Beschäftigungsverhältnisses" oder mit einem außerhalb der vertrag-lichen Beziehung liegenden Arbeitgeberinteresse begründen.

4.2 Datenübermittlungen im Konzern

4.2.1 Allgemeines

Bei der Frage der Zulässigkeit des Personaldatenflusses im Konzern geht es in der Regel um den Zugriff der Mutter auf die Daten der Töchter, eine konzernweite einheitliche Personalverwaltung oder auch um den konzernweiten Zugriff auf die Mitarbeiterdaten im Rahmen von sog. „Human-Resources-Systemen". **800**

Vgl. Nink/Müller, ZD 2012, 505; Däubler, Gläserne Belegschaften?, Rdn. 450 ff.

Die in § 2 Abs. 4 BDSG getroffene Entscheidung des Gesetzgebers, jede einzelne natür-liche oder juristische Person des privaten Rechts als eigenständigen Normadressaten anzusehen,

vgl. Gola/Schomerus, § 2 Rdn. 19

hat nämlich nachhaltige Auswirkungen für Unternehmen, die zwar rechtlich selbststän-dig, wirtschaftlich aber mehr oder weniger eng miteinander verbunden sind. Derartige Unternehmensgruppen (z.B. Konzerne) vermögen ihre Funktionen vielfach nur zu erfüllen, wenn sie trotz ihrer rechtlichen Trennung wirtschaftlich als Einheit handeln.

Zur Problematik bei der Personaldatenverarbeitung Wohlgemuth, ArbuR 1987, 264

Der Gesetzgeber hat diesem Tatbestand auf anderem Gebiet wiederholt Rechnung getra-gen und für verbundene Unternehmen (§§ 15 ff. AktG) in Einzelfällen Sonderregelun-gen getroffen (z.B. § 7a Körperschaftssteuergesetz, § 2 Abs. 2 Gewerbesteuergesetz, § 2 Abs. 2 Nr. 2 Umsatzsteuergesetz, § 54 BetrVG). In datenschutzrechtlicher Hinsicht jedoch gilt ausschließlich die juristische Betrachtungsweise mit der Folge, dass inner-halb verbundener Unternehmen personenbezogene Daten nur nach Maßgabe des BDSG übermittelt werden dürfen. Ein Konzernprivileg kennt das BDSG nicht, **801**

Vgl. Gola/Schomerus, §§ 2 Rdn. 10, 21, 27, 28 Schaffland/Wiltfang, § 27 Rdn. 25 ff.; Simitis in Simitis, § 22 Rdn. 139 ff.

da es nicht als zu rechtfertigen angesehen wurde, auf der Basis einer rein wirtschaftlichen Betrachtungsweise verbundene Unternehmen als Einheit zu betrachten und damit auf den Datenschutz innerhalb dieses bedeutenden Wirtschaftsbereichs mehr oder weniger zu verzichten. Jede Datenweitergabe ist daher eine Datenübermittlung, selbst wenn sie den Beteiligten noch so sehr als interne Angelegenheit vorkommt. Dies gilt selbstverständlich auch für Arbeitnehmerdaten, mag der Konzern auch eine konzerneinheitliche und konzerngesteuerte Personalpolitik anstreben.

802   Dies führt in der Tat zu dem Ergebnis, dass unternehmensinterne Datenflüsse von einer Abteilung an eine andere als weniger beeinträchtigende Nutzung gestattet sind, dass der nämliche Datenfluss jedoch dann, wenn der fragliche Bereich z.B. „outgesourct" und rechtlich verselbstständigt wurde, anhand der Übermittlungstatbestände des BDSG zu prüfen und ggf. als nicht mehr zulässig zu bewerten ist.

803   Ob eine Weitergabe von Personaldaten im Unternehmensverbund zulässig ist, kann nicht allein aufgrund eventueller rechtlicher oder vertraglicher Beziehungen zwischen den nunmehr selbstständigen Unternehmen, sondern nur in Auslotung der zwischen dem Betroffenen und seinem – neuen – Arbeitgeber bestehenden Beziehungen festgestellt werden.

Vgl. auch Däubler, Gläserne Belegschaften?, Rdn. 451; Freise/Wohlgemuth, DuD 1982, 251; Gola, RDV 2002, 114

4.2.2   Konzernseitige Arbeitsteilung per Auftragsdatenverarbeitung

804   Einen u.a. auch für die konzerninterne Arbeitsteilung ggf. relevanten Ausnahmefall bildet die in § 3 Abs. 9 S. 2 und § 11 BDSG geregelte Auftragsdatenverarbeitung, wobei es, wenn sich z.B. eine konzernangehörige Daten verarbeitende Stelle zur Erledigung einer bestimmten DV-Aufgabe der Hilfe eines (Konzern-)Rechenzentrums bedient, von den zwischen Auftraggeber und Auftragnehmer getroffenen Vereinbarungen abhängt, ob Auftragsverarbeitung oder eine von einer Datenübermittlung begleitete Funktionsübertragung vorliegt.

Vgl. im Einzelnen zur Auftragsdatenverarbeitung Rdn. 259 ff.; für den Fall der Weitergabe von Personalstammdaten durch die Konzernmutter an ein mit der Verwaltung von Werkswohnungen befasstes Tochterunternehmen bei Sponeck, CR 1991, 600; zur Auftrags-DV bei der Verarbeitung von Mitarbeiterdaten im Rahmen der zentralen Bereitstellung von Internetdienstleistungen im Konzern vgl. bei Wächter, Datenschutz im Unternehmen, Rdn. 63 ff.

805   Häufig stehen dem Auftraggeber zur Erreichung des gewünschten Verarbeitungsziels beide Alternativen offen bzw. es können Mischformen vorliegen, wobei ggf. auf den Schwerpunkt der Tätigkeit des Konzerndatenverarbeiters abgestellt werden kann.

Vgl. 10. Bericht des Innenministers Hessen als Aufsichtsbehörde für den nicht öffentlichen Bereich, LT-Drs. 14/3086 vom 1.8.1697 im Hinblick auf das Bestehen einer bei Auftragsverarbeitung – vormals – bestehenden Meldepflicht: „Einige Konzerndatenverarbeiter wickeln große Teile der Datenverarbeitung zentral für ihre Tochterunternehmen ab. Zusätzlich wird die Datenverarbeitung als Kontrollinstrument zur Überwachung der verbundenen Unternehmen genutzt. Nach Auffassung der Konzerndatenverarbeiter begründet die Überwachungstätigkeit eine Funktionsübernahme. ... Die Aufsichtsbehörde teilt diese Auffassung jedoch nicht uneingeschränkt. Wie weitgehend die Kontrollen über das auftraggebende Tochterunternehmen auch immer sein mögen, in der Regel wird die Durchführung der Datenverarbeitung im zentralen

Konzernrechenzentrum im Vordergrund stehen. In konkreten Einzelfällen wird nachzuprüfen sein, wo der Schwerpunkt der Datenverarbeitung für das Tochterunternehmen liegt."

Wird z.B. der Werksschutz ausgegliedert, so kann die von ihm „betriebene" Videoüberwachung des Gebäudes entweder als Auftragsdatenverarbeitung oder als Funktionsübertragung organisiert sein, wobei sich jedoch nur der Auftraggeber auf das Hausrecht als Rechtfertigung berufen kann.

Vgl. hierzu vorstehend Rdn. 272, 1044.

Insgesamt gesehen stehen Konzerne im Hinblick auf die konzerninterne Kooperation vor folgender Situation: **806**

vgl. Schaffland/Wiltfang, BDSG § 27, Rdn. 25 ff.

Betreibt ein Konzernunternehmen ausschließlich oder zu einem überwiegenden Teil die Datenverarbeitung für die übrigen Konzernfirmen als Dienstleistungsunternehmen, so gelten hierfür die Bestimmungen des § 11 BDSG. Wird in einem Konzernunternehmen eine Abteilung „Datenverarbeitung" eingerichtet, die auch für die übrigen konzernangehörigen Firmen arbeitet, so ist zu unterscheiden: Dient die Zentralisierung der Datenverarbeitung dem Zweck, die einheitliche Führung des Konzerns zu gewährleisten und die Geschäftstätigkeit der übrigen konzernangehörigen Firmen zu kontrollieren, so ist mit der technischen Durchführung der Datenverarbeitung auch noch eine weitere eigenständige Aufgabe verbunden, aufgrund derer der Zentrale die Daten übermittelt und von ihr als verantwortlicher Stelle für eigene Zwecke verarbeitet werden.

Vgl. insoweit für das Outsourcing mit Funktionsübertragung im Personalbereich Breinlinger, RDV 1995, 211 (213)

Entsprechendes gilt, wenn die Konzernmutter den gesamten Vertrieb oder die Personalverwaltung für alle Töchter erledigt und dafür auch Datenverarbeitungen durchführt. Es handelt sich dann um eine Funktionsübertragung, wobei die zur Wahrnehmung der Funktion erforderlichen Datenübermittlungen unter dem Verbot mit Erlaubnisvorbehalt stehen, d.h. entweder aufgrund einer Rechtsvorschrift innerhalb oder außerhalb des BDSG erfolgen können oder der Einwilligung des Betroffenen bedürfen.   **807**

Vgl. Breinlinger, RDV 1995, 211; Däubler, RDV 1999, 243; Simitis in Simitis, § 2 Rdn. 139

Vom Konzernverbund zu unterscheiden ist der Datenfluss zwischen unselbstständigen Zweigniederlassungen oder Filialbetrieben, dessen Zulässigkeit – jedenfalls bei nicht in Drittländern gelegenen Stellen –   **808**

vgl. hierzu nachfolgend Rdn. 826 ff.

unter dem Aspekt der Datennutzung zu prüfen ist.

Datenübermittlungen liegen auch vor, wenn Personaldaten an überbetriebliche Mitarbeitervertretungen (Gesamt- oder Konzernbetriebsrat) durch den Arbeitgeber oder den Einzelbetriebsrat weitergegeben werden, wobei auch insoweit wieder die sich aus dem Betriebsverfassungsgesetz ergebenden Informationspflichten Vorrang haben.   **809**

Werden also Aufgaben des Personalwesens für konzernangehörige Firmen von „Drittfirmen" nicht im Wege der Auftragsdatenverarbeitung, sondern als Funktionsübertragung wahrgenommen, so ist der dafür erforderliche Datenzugriff – abgesehen von der Einwilligung der Betroffenen – nur unter den aufgezeigten Vorgaben der §§ 28, 32 BDSG zulässig.

4.2.3 Die Erforderlichkeit im Rahmen des Beschäftigungsverhältnisses (§ 32 Abs. 1 BDSG)

810   Zulässig ist der konzerninterne Datenfluss, wenn der Konzernbezug zum Gegenstand des Arbeitsverhältnisses gemacht wurde. Eine solche „Konzerndimensionalität" des Arbeitsverhältnisses wird einem Bewerber bereits deutlich, wenn ihm bei der Erhebung der Personaldaten z.B. die Konzernmutter als Adressat der Bewerbung und damit als entscheidungsrelevante Stelle benannt ist. Gleiches muss z.B. gelten bei einem entsprechenden Hinweis auf die Datenempfänger bei der Erhebung im Rahmen des § 4 Abs. 3 BDSG.

> *Zum „konzerndimensionalen Arbeitsverhältnis" vgl. Däubler, Gläserne Belegschaften?, Rdn. 454; Nink/Müller, ZD 2012, 505 (506)*

811   Noch deutlicher wird dies, wenn der Arbeitsvertrag dem Arbeitgeber auch den Einsatz des Mitarbeiters zusammen mit oder in anderen konzernangehörigen Firmen gestattet. Der für die entsprechende Personalentscheidung maßgebende Datenfluss zu der „Einsatzfirma" oder in den „Human-Resources-Datenpool" dient der Zweckbestimmung des Arbeitsverhältnisses.

812   Ohne ausdrückliche Vereinbarung werden hierzu ebenfalls die Führungskräfte zu zählen sein, wenn sie die Unternehmensstruktur und Konzernverpflechtung kennen und sich über die Notwendigkeit bzw. Üblichkeit konzerninterner Mobilität klar sein müssen.

Dasselbe gilt für Nachwuchskräfte, die an die (Führungs-)Aufgaben im Konzern herangeführt werden sollen, oder für Mitarbeiter von Forschungsabteilungen der konzernangehörigen Firmen, die in Forschungsprojektteams zusammenarbeiten sollen.

813   Ein Praxisproblem stellt sich, wenn Konzernverbindungen z.B. durch den Aufkauf eines Unternehmens erst im Verlauf eines Arbeitsverhältnisses eintreten, sodass ihnen bei Abschluss des Arbeitsvertrages nicht Rechnung getragen werden konnte. Erfolgt keine Vertragsänderung bzw. Einwilligung der Betroffenen, so kann der zur Wahrnehmung der Funktionsübertragung erforderliche Zugriff auf die Personaldaten jedenfalls nicht auf § 32 Abs. 1 S. 1 BDSG gestützt werden.

814   Sind also bei Abschluss des Vertrages oder nachfolgend durch ausdrückliche oder konkludente Gestaltung der arbeitsvertraglichen Beziehung von dem Betroffenen eindeutig erkennbare abgegrenzte Zuständigkeiten außerhalb des als „Arbeitgeber" agierenden Konzernteils getroffen worden, so ist die Übermittlung bereits zur Erfüllung oder Wahrnehmung von sich aus der Zweckbestimmung des Arbeitsverhältnisses ergebenden Pflichten oder Rechten erforderlich.

> *Vgl. auch bei Däubler, Gläserne Belegschaften?, Rdn. 454, der insoweit aber auch auf die Möglichkeit einer Konzernbetriebsvereinbarung hinweist (Rdn. 453); vgl. hierzu auch BAG, DB 1996, 198*

Nicht mehr in den Vertragszweck hineinzuinterpretieren sind – auch unter Heranziehung der arbeitsrechtlichen Fürsorgepflicht – Übermittlungen nur deshalb, weil sie auch im mutmaßlichen Interesse des Betroffenen liegen.

> *Vgl. Simitis in Simitis, § 2 Rdn. 138: „Die Einwilligung bleibt auch dann erforderlich, wenn das Interesse der Betroffenen an der Übermittlung naheliegt. Eine rechtzeitige Information der Konzernunternehmen kann beispielsweise das Beschäftigungsrisiko eines Arbeitnehmers mindern. Trotzdem muss es dem Betroffenen überlassen bleiben, das eigene Interesse selbst zu beurteilen."*

4.2.4 „Berechtigte Interessen" als Zulässigkeitskriterien (§ 28 Abs. 1 S. 1 Nr. 2, Abs. 2 Nr. 2a BDSG)

Fraglich ist, inwieweit darüber hinaus berechtigte Interessen der Tochter (§ 28 Abs. 1 S. 1 Nr. 2 BDSG) oder der Mutter (§ 28 Abs. 2 Nr. 2a BDSG) einen konzerninternen Personaldatenfluss rechtfertigen können. **815**

Wie aufgezeigt, bestehen aufgrund der Verflechtungen und des Strebens nach einheitlichen Maßstäben in der Personalpolitik und ggf. des Wunsches nach konzernweiter Personalsteuerung durchaus erkennbare konzerninterne Informationsinteressen. Könnten diese allein die konzerninterne Übermittlung von Personaldaten rechtfertigen, so würde das die Wiedereinführung des vom Gesetzgeber bewusst negierten Konzernprivilegs „durch die Hintertür" bedeuten.

> *Vgl. Simitis in Simitis, § 2 Rdn. 156; Däubler, Gläserne Belegschaften?, Rdn. 234; vgl. ferner Aufsichtsbehörde Baden-Württemberg, Hinweis zum BDSG Nr. 5; Staatsanzeiger vom 6.1.19979: „Durch die eindeutige Ablehnung der Aufnahme einer sog. Konzernklausel in das BDSG ... hat der Gesetzgeber unmissverständlich zu erkennen gegeben, dass die Datenverarbeitung im Konzern datenschutzrechtlich keine Sonderbehandlung beanspruchen kann."*

Das in § 28 geforderte „berechtigte" Interesse muss vielmehr mehr beinhalten. Ferner ist es in Bezug zu setzen zu den Schutzinteressen des Betroffenen, wobei diese durch die für ihn nicht mehr kontrollier- und beeinflussbaren konzerninternen Datenflüsse tangiert sein können. Das sich aus organisatorischen und wirtschaftlichen Gegebenheiten abzuleitende Interesse an einer arbeitsteiligen Zusammenarbeit der Konzernunternehmen ist nicht höher anzusetzen als das Interesse der Beschäftigten an der Vertraulichkeit ihrer Daten. **816**

Andererseits kann der Anspruch auf Datenschutz der Betroffenen nicht grundsätzlich einer Personaldatenübermittlungen erfordernden konzerninternen Organisation von Zuständigkeiten im Personalbereich entgegenstehen. Jedenfalls dann, wenn das die Personaldaten empfangende Unternehmen nicht mehr Funktionen erhält, als sie auch dem Arbeitgeber zustehen, und wenn z.B. durch vertragliche Abrede – so wie es auch bei einer Auftragsdatenverarbeitung der Fall zu sein hat – **817**

> *vgl. insoweit zur Konkretisierung und Verbindlichmachung solcher Regelungen unter Einschränkung des § 28 Abs. 5 BDSG: Gola/Wronka, RDV 2007, 59*

sichergestellt ist, dass darüber hinausgehende, sich aus dem Konzerninteresse ergebende Verwendungen nicht vorgenommen werden, können die schutzwürdigen Interessen der Betroffenen zurücktreten. Im Übrigen ist aber auch auf die Schutzbedürftigkeit der übermittelten Daten abzustellen.

> *Däubler, Gläserne Belegschaften?, Rdn. 451 will ein entgegenstehendes schutzwürdiges Interesse allenfalls bei der konzernweiten Bekanntgabe von Telefonverzeichnissen oder Betriebsdaten verneinen, wobei derartige Übermittlungen ggf. auch noch aus der Zweckbestimmung des Arbeitsverhältnisses zu rechtfertigen wären.*

Nicht nur unter dem Aspekt des § 3a BDSG, sondern wegen des Fehlens der „Erforderlichkeit" der Übermittlung ist immer zu prüfen, ob dem Informationsinteresse auch dadurch hinreichend Rechnung getragen wird, dass die Daten der Mitarbeiter der Konzerntöchter der Mutter in anonymisierter Form bereitgestellt werden. **818**

> *Vgl. zur ähnlich gelagerten Problemen bei der sog. Due-Diligence-Prüfung nachstehend Rdn. 910 ff.*

4.2.5 Besondere Arten personenbezogener Daten nach § 3 Abs. 9 BDSG

819 Auch bei einer Übermittlung besonders sensibler personenbezogener Daten im Rahmen eines ansonsten gerechtfertigten Konzerndatenflusses können dem Datenfluss die Einschränkungen des § 28 Abs. 6 Nr. 3 BDSG entgegenstehen. Die von der Praxis nicht nachvollzogene Konsequenz wäre, dass eine für die Personalverwaltung erforderliche Übermittlung von Krankheitsdaten ohne im Arbeitsvertrag erklärte Einwilligung, d.h. auf der Basis des § 28 Abs. 1 S. 1 Nr. 2 oder Abs. 3 Nr. 1a BDSG, nicht zulässig wäre.

820 Auszugehen ist – wohl auch mit Akzeptanz der Aufsichtsbehörden –

vgl. hierzu Hillenbrand/Beck, RDV 2007, 189

insoweit davon, dass § 28 Abs. 6 Nr. 3 BDSG – der großzügigeren Vorgabe der EU-Datenschutzrichtlinie entsprechend – auch eine Datenübermittlung – ähnlich wie bei den im Rahmen des § 613a BGB erforderlichen Datenflüssen – bei einer konzerninternen Funktionsübertragung gestattet.

Ist die Funktionsübertragung zulässig, so sollte sie ebenso wie eine Betriebsveräußerung nicht daran scheitern, dass insoweit auch sensible Daten mit übermittelt werden müssen. Andererseits sollte aber auch nicht verkannt werden, dass bei anderen Sachverhalten, in denen eine Datenübermittlung (§ 4 Abs. 1 BDSG) – hier im Rahmen besonderer Schweigepflichten des § 203 StGB – unter einem „Verbot mit Erlaubnisvorbehalt" steht, die Übermittlung der besonders geschützten Daten bei einer Funktionsübertragung in Form eines Praxisverkaufs nur bei Einwilligung der betroffenen Kunden/Patienten etc. gestattet ist.

4.2.6 Regelung durch Betriebsvereinbarung

821 Dass die konzerninternen Datenflüsse regelmäßig auf der Grundlage automatisierter Datenverarbeitung erfolgen und damit der Mitbestimmung nach § 87 Abs. 1 Nr. 6 BetrVG unterliegen, steht außer Frage.

822 Zuständig wäre bei der für den konzerninternen Personaldatenfluss zwingend erforderlichen konzerneinheitlichen Regelung der Konzernbetriebsrat.

Vgl. BAG, DB 1996, 1985: „Lässt sich der Zweck einer Regelung (hier: Austausch von Mitarbeiterdaten zwischen Konzernunternehmen) nur durch eine einheitliche Regelung auf Konzernebene erreichen, so ist der Konzernbetriebsrat zuständig."

823 Verfehlt wäre es jedoch,

so aber wohl Däubler, RDV 1999, 243

aus dieser Regelungszuständigkeit gleichzeitig ein den Schutzinteressen der Betroffenen vorrangiges berechtigtes Verarbeitungsinteresse abzuleiten. Ob das von der Sache her nur einheitlich regelbare Verfahren auch zulässig, d.h. mit den Schutzinteressen der betroffenen Beschäftigten vereinbar ist, steht vielmehr auf einem anderen Blatt.

824 Demgemäß müssen sich auch Betriebsvereinbarungen, die einen konzerninternen Datenfluss legitimieren, zunächst daran messen lassen, ob die Datenflüsse tatsächlich dem keinen „Ermessensspielraum" unterliegenden Tatbestand der „Erforderlichkeit" entsprechen und ob den schutzwürdigen Interessen der Beschäftigten hinreichend Rechnung getragen ist.

Zu kurz greift daher das Innenministerium Hessen als Aufsichtsbehörde für den nicht öffentlichen Bereich, 11. Tätigkeitsbericht, LT-Drs. 14/159, wenn es bei der Prüfung der Rechtmä-

ßigkeit eines konzernweiten Personalinformationssystems ausführt: „Kritisch hinterfragt wurde hinsichtlich des in der ersten Ausbaustufe vorgesehenen Datenkatalogs, ob die Erforderlichkeit besteht, bei allen betroffenen Mitarbeitern sämtliche Daten des Katalogs zu übermitteln, oder ob hier je nach Funktion des Mitarbeiters eine Differenzierung möglich wäre.

Von einer abschließenden Klärung dieser Frage konnte aber abgesehen werden, da der Datenkatalog Bestandteil der Betriebsvereinbarung war. Diese diente somit der Konkretisierung des Rechtsbegriffs der ‚Erforderlichkeit' unter Berücksichtigung der betrieblichen Gegebenheiten und war nicht zu beanstanden. "

Auch hier war der festgelegte Datenkatalog unter den Vorgaben des § 28 Abs. 1 zu prüfen. Würde die Betriebsvereinbarung im Interesse des einheitlichen konzerninternen Datenverkehrs mehr gestatten als das BDSG, so wären diese Regelungen regelmäßig unwirksam. Zutreffend ist es jedoch, dass die Betriebsvereinbarung Schutzregelungen aufstellt, die den schutzwürdigen Interessen der Beschäftigten Rechnung tragen und damit dem berechtigten Interesse des Arbeitgebers Vorrang einräumen. **825**

Zutreffend hält der Hamburgische Datenschutzbeauftragte

Tätigkeitsbericht 2000/01, 193 = RDV 2002, 211

bei Prüfung einer ein konzernweites, grenzüberschreitendes Personalinformationssystem installierenden Betriebsvereinbarung Folgendes fest: *„Es stellt sich jedoch zunächst die Frage, ob Betriebsvereinbarungen die Übermittlung personenbezogener Daten rechtfertigen können, wenn sie das durch das BDSG gewährleistete Schutzniveau unterschreiten. ... Die Aufsichtsbehörde ist wie die überwiegende Meinung der Literatur der Meinung, dass Betriebsvereinbarungen den Datenschutz gegenüber dem BDSG nicht einschränken können. Betriebsvereinbarungen können nur so weit vom BDSG abweichen, wie sie die dort getroffenen Regelungen durch Schutzvorkehrungen ersetzen, die den besonderen Beschäftigungsbedingungen besser angepasst, allerdings mindestens so weitreichend sind. "*

4.3   Grenzüberschreitender Personaldatenfluss

4.3.1   Allgemeines

Ob man die Weiterleitung von Daten an Stellen außerhalb des Bundesgebietes generell als eine „besonders gefährliche Form der Übermittlung" bezeichnen kann, **826**

Däubler, Gläserne Belegschaften?, Rdn. 490

mag dahinstehen. Jedenfalls sind besondere Zulässigkeitsrestriktionen nach §§ 4b und 4c BDSG zu beachten, wenn Personaldaten im international tätigen Konzern oder auch an sonstige Stellen übermittelt werden sollen, die außerhalb der EU bzw. der EWR-Länder Liechtenstein, Island und Norwegen angesiedelt sind.

Wie der Titel der EU-DatSchRL schon zum Ausdruck bringt, will sie einerseits Persönlichkeitsrechtsschutz und andererseits freien Datenverkehr gewährleisten. Aufgrund des durch die Richtlinie innerhalb der EU gewährleisteten einheitlichen Datenschutzes untersagt es Art. 1 Abs. 2 EU-DatSchRL den Mitgliedstaaten, den freien Verkehr personenbezogener Daten zwischen den Mitgliedstaaten aus Gründen des Datenschutzes zu beschränken oder zu untersagen. **827**

Die Zulässigkeit der Datenübermittlung ist also im Anwendungsbereich der Richtlinie allein geknüpft an die auch für Übermittlungen im Inland geltenden, das Verbot mit

Erlaubnisvorbehalt durchbrechenden Tatbestände. Sofern der Betroffene nicht eingewilligt hat oder bereichsspezifische Erlaubnisse oder Verbote bestehen, ist auf die Übermittlungstatbestände des zweiten und dritten Abschnitts des BDSG abzustellen.

**§ 4b BDSG – Übermittlung personenbezogener Daten ins Ausland sowie an über- oder
zwischenstaatliche Stellen**

(1) Für die Übermittlung personenbezogener Daten an Stellen

1) in anderen Mitgliedstaaten der Europäischen Union,

*2) in anderen Vertragsstaaten des Abkommens über den Europäischen Wirtschaftsraum
oder*

3) der Organe und Einrichtungen der Europäischen Gemeinschaften

*gelten § 15 Abs. 1, § 16 Abs. 1 und §§ 28 bis 30 nach Maßgabe der für diese Übermittlung
geltenden Gesetze und Vereinbarungen, soweit die Übermittlung im Rahmen von Tätigkeiten
erfolgt, die ganz oder teilweise in den Anwendungsbereich des Rechts der Europäischen
Gemeinschaften fallen.*

*(2) Für die Übermittlung personenbezogener Daten an Stellen nach Absatz 1, die nicht im
Rahmen von Tätigkeiten erfolgt, die ganz oder teilweise in den Anwendungsbereich des
Rechts der Europäischen Gemeinschaften fallen, sowie an sonstige ausländische oder über-
oder zwischenstaatliche Stellen gilt Absatz 1 entsprechend. Die Übermittlung unterbleibt,
soweit der Betroffene ein schutzwürdiges Interesse an dem Ausschluss der Übermittlung hat,
insbesondere wenn bei den in Satz 1 genannten Stellen ein angemessenes Datenschutzniveau
nicht gewährleistet ist. Satz 2 gilt nicht, wenn die Übermittlung zur Erfüllung eigener Aufgaben einer öffentlichen Stelle des Bundes aus zwingenden Gründen der Verteidigung oder der
Erfüllung über- oder zwischenstaatlicher Verpflichtungen auf dem Gebiet der Krisenbewälti-
gung oder Konfliktverhinderung oder für humanitäre Maßnahmen erforderlich ist.*

*(3) Die Angemessenheit des Schutzniveaus wird unter Berücksichtigung aller Umstände beur-
teilt, die bei einer Datenübermittlung oder einer Kategorie von Datenübermittlungen von
Bedeutung sind; insbesondere können die Art der Daten, die Zweckbestimmung, die Dauer
der geplanten Verarbeitung, das Herkunfts- und das Endbestimmungsland, die für den betreffenden Empfänger geltenden Rechtsnormen sowie die für ihn geltenden Standesregeln und
Sicherheitsmaßnahmen herangezogen werden.*

*(4) In den Fällen des § 16 Abs. 1 Nr. 2 unterrichtet die übermittelnde Stelle den Betroffenen
von der Übermittlung seiner Daten. Dies gilt nicht, wenn damit zu rechnen ist, dass er davon
auf andere Weise Kenntnis erlangt, oder wenn die Unterrichtung die öffentliche Sicherheit
gefährden oder sonst dem Wohl des Bundes oder eines Landes Nachteile bereiten würde.*

(5) Die Verantwortung für die Zulässigkeit der Übermittlung trägt die übermittelnde Stelle.

*(6) Die Stelle, an die die Daten übermittelt werden, ist auf den Zweck hinzuweisen, zu dessen
Erfüllung die Daten übermittelt werden.*

§ 4c BDSG – Ausnahmen

*(1) Im Rahmen von Tätigkeiten, die ganz oder teilweise in den Anwendungsbereich des Rechts
der Europäischen Gemeinschaften fallen, ist eine Übermittlung personenbezogener Daten an
andere als die in § 4b Abs. 1 genannten Stellen, auch wenn bei ihnen ein angemessenes Datenschutzniveau nicht gewährleistet ist, zulässig, sofern*

1) der Betroffene seine Einwilligung gegeben hat,

*2) die Übermittlung für die Erfüllung eines Vertrags zwischen dem Betroffenen und der ver-
antwortlichen Stelle oder zur Durchführung von vorvertraglichen Maßnahmen, die auf
Veranlassung des Betroffenen getroffen worden sind, erforderlich ist,*

---

3) *die Übermittlung zum Abschluss oder zur Erfüllung eines Vertrags erforderlich ist, der im Interesse des Betroffenen von der verantwortlichen Stelle mit einem Dritten geschlossen wurde oder geschlossen werden soll,*

4) *die Übermittlung für die Wahrung eines wichtigen öffentlichen Interesses oder zur Geltendmachung, Ausübung oder Verteidigung von Rechtsansprüchen vor Gericht erforderlich ist,*

5) *die Übermittlung für die Wahrung lebenswichtiger Interessen des Betroffenen erforderlich ist oder*

6) *die Übermittlung aus einem Register erfolgt, das zur Information der Öffentlichkeit bestimmt ist und entweder der gesamten Öffentlichkeit oder allen Personen, die ein berechtigtes Interesse nachweisen können, zur Einsichtnahme offensteht, soweit die gesetzlichen Voraussetzungen im Einzelfall gegeben sind.*

Die Stelle, an die die Daten übermittelt werden, ist darauf hinzuweisen, dass die übermittelten Daten nur zu dem Zweck verarbeitet oder genutzt werden dürfen, zu dessen Erfüllung sie übermittelt werden.

(2) Unbeschadet des Absatzes 1 Satz 1 kann die zuständige Aufsichtsbehörde einzelne Übermittlungen oder bestimmte Arten von Übermittlungen personenbezogener Daten an andere als die in § 4b Abs. 1 genannten Stellen genehmigen, wenn die verantwortliche Stelle ausreichende Garantien hinsichtlich des Schutzes des Persönlichkeitsrechts und der Ausübung der damit verbundenen Rechte vorweist; die Garantien können sich insbesondere aus Vertragsklauseln oder verbindlichen Unternehmensregelungen ergeben. Bei den Post- und Telekommunikationsunternehmen ist der Bundesbeauftragte für den Datenschutz und die Informationsfreiheit zuständig. Sofern die Übermittlung durch öffentliche Stellen erfolgen soll, nehmen diese die Prüfung nach Satz 1 vor.

(3) Die Länder teilen dem Bund die nach Absatz 2 Satz 1 ergangenen Entscheidungen mit.

Zu beachten ist damit, dass die §§ 4b und 4c BDSG immer erst zur Anwendung kommen, wenn die Zulässigkeit der Datenübermittlung selbst, z. B. unter Anwendung der §§ 28, 32 BDSG, außer Frage steht. **828**

> *v.d. Bussche in Plath, § 4b Rdn. 4: „Primärebene"*

Sollen die Daten in einen Drittstaat übermittelt werden, ist sodann nach § 4b und § 4c eine zusätzliche dreistufige Prüfung erforderlich:

- Besteht ein angemessenes Datenschutzniveau?
- Sind trotz mangelhaften Datenschutzniveaus die Erlaubnisse des § 4c Abs. 1 BDSG tragfähig?
- Können angemessene Garantien durch zu genehmigende Vertragsklauseln oder verbindliche Unternehmensregelungen nach § 4c Abs. 2 BDSG geschaffen werden?

> *Vgl. die Anlagen zum Beschluss des Düsseldorfer Kreises vom 19./20.4.2007 „Positionspapier zum internationalen Datenschutz" und „Handreichung zur rechtlichen Bewertung von Fallgruppen zur internationalen Auftragsdatenverarbeitung", Texte unter www.bfdi.bund.de*

4.3.2 Angemessenheit des Datenschutzniveaus

Die maßgebenden Kriterien eines angemessenen Datenschutzniveaus gibt § 4b Abs. 3 BDSG wieder. Ausschlaggebend sind für die Beurteilung des angemessenen Schutzni- **829** veaus zunächst die im Empfängerland geltenden Datenschutzgesetze. Entspricht der Datenschutz aufgrund allgemeiner oder für den konkreten Fall geltender spezieller Datenschutznormen dem in Deutschland geltenden Datenschutzrecht, erleidet der Betroffene also durch die Übermittlung in den Drittstaat keine Einbußen seiner Datenschutzposition, so kann die Übermittlung, sofern sie ansonsten nach dem BDSG gestattet ist, erfolgen.

Ferner können die Rechte des Betroffenen ggf. auch durch verbindliche und beachtete Standesregelungen oder durch von dem Empfänger getroffene Sicherheitsmaßnahmen gewahrt sein.

> *Zur Angemessenheit des Datenschutzniveaus vgl. v.d. Bussche in Plath, § 4b Rdn. 33 ff.; Gabel in Taeger/Gabel, § 4b Rdn. 21 ff. – jeweils mit weiteren Nachweisen*

830 Daneben ins Kalkül zu ziehen ist die Art der Daten, die zur Übermittlung anstehen, wobei von besonderer Relevanz ist, ob auch besondere Arten von Daten nach § 3 Abs. 9 BDSG betroffen sind und wie hoch die Gefährdung von Persönlichkeitsrechten einzuschätzen ist. Ferner sind die Zweckbestimmung und die Dauer der geplanten Verarbeitung zu betrachten. Die Zweckbestimmung ist Grundlage der Abwägung des potenziellen Gefährdungsgrads der Betroffenenrechte. Werden wenig schutzbedürftige Daten übermittelt, kann die Übermittlung auch dann erfolgen, wenn der bestehende Datenschutz zwar nicht dem EU-Standard entspricht, aber gleichwohl noch „angemessen" ist.

831 Kann ein angemessenes Datenschutzniveau nicht festgestellt werden, kann die übermittelnde Stelle unter Einschaltung der Aufsichtsbehörde „ausreichende Garantien" zur Gewährleistung der Schutzansprüche der Betroffenen schaffen. Hierzu bietet das Gesetz in § 4b Abs. BDSG die sog. Vertragslösung

> *vgl. das Beispiel von Däubler, AiB 1997, 258 ff.; ferner Gola/Schomerus, § 4c Rdn. 11 ff.*

oder für internationale Konzerne auch das Inkraftsetzen verbindlicher Unternehmensregelungen (Codes of Conduct) an. Die Genehmigung erstreckt sich nur auf die Herstellung des Schutzniveaus, nicht auf die Zulässigkeit der Übermittlung an sich. Stellt die Behörde jedoch einen Verstoß z.B. gegen §§ 28, 32 BDSG fest, so hat sie dies im Rahmen des Kontrollrechts nach § 38 Abs. 1 BDSG zu beanstanden und die Genehmigung zu versagen.

832 Keine Zweifel hinsichtlich der Angemessenheit der insoweit geschaffenen Regelungen bestehen, wenn der Vertragslösung die von der Kommission verabschiedeten „Standardvertragsregelungen"

> *Abl. EG Nr. L 181 = RDV 2001, 192*

zugrunde gelegt werden. In diesem Fall bedarf es keiner Genehmigung des Vertrages bzw. des damit beabsichtigten Datentransfers durch die Aufsichtsbehörde.

> *Vgl. Aufsichtsbehörde Baden-Württemberg, Hinweis zum BDSG Nr. 40, Ziff. 2.8 = RDV 2002, 138*

Die Standardklauseln enthalten eine rechtlich durchsetzbare Erklärung (Garantie), nach der sich sowohl der Exporteur als auch der Importeur der Daten in gesamtschuldnerischer Haftung gegenüber dem Betroffenen verpflichten, die für ein angemessenes Datenschutzniveau maßgebenden Datenschutzgrundsätze einzuhalten.

> *Vgl. zu alledem: Räther/Seitz, MMR 2002, 431. Vgl. auch die Standardvertragsklauseln der EU-Kommission für Auftragsdatenverarbeitung in Drittländern, Abl. EG Nr. L039 vom 12. Februar 2010*

4.3.3 Feststellung durch die Kommission

Nach Art. 25 der Richtlinie kann die EU-Kommission im Rahmen des in Art. 31 Abs. 2 **833** EU-DatSchRL geregelten Verfahrens für die Mitgliedstaaten und Anwender verbindlich feststellen, dass ein Drittland kein angemessenes Datenschutzniveau aufweist (Abs. 4) bzw. dass eine Datenübermittlung ohne Gefährdung der Betroffenenrechte zulässig ist (Abs. 6). Dies ist u.a. für Argentinien, Israel, Kanada, die Schweiz und Neuseeland der Fall.

Vgl. im Einzelnen bei Gola/Schomerus, § 4b Rdn. 14

Eine weitere Entscheidung nach Art. 25 Abs. 6 EU-DatSchRL hat die Kommission zu **834** Datenübermittlungen in die USA getroffen. Danach gewährleistet das mit dem US-Handelsministerium ausgehandelte „Safe-Harbor"-Verfahren einen angemessenen Datenschutz. Voraussetzung ist, dass der Empfänger in den USA sich durch Erklärung gegenüber der zuständigen US-Behörde zur Einhaltung bestimmter Datenschutzprinzipien verpflichtet,

vgl. im Einzelnen bei Klug, RDV 2000, 212; Heil, DuD 2000, 444

wobei besondere Regelungen für den Datentransfer von Personaldaten gelten.

4.3.4 Übermittlungen ohne angemessenes Datenschutzniveau

§ 4c BDSG gestattet ggf. eine Datenübermittlung an Stellen in einem Drittstaat auch **835** ohne dort vorhandenes angemessenes Datenschutzniveau. Die Ausnahmen sollen dafür Sorge tragen, dass der Wirtschaftsverkehr mit Drittstaaten nicht unangemessen behindert wird.

Dazu zählen insbesondere – was im Grunde eine Selbstverständlichkeit ist – die Einwilligung und die Übermittlungen, die im Rahmen eines Vertrages erforderlich sind, der durch den Betroffenen selbst oder durch einen Dritten in seinem Interesse geschlossen worden ist (§ 4c Abs. 1 S. 1 Nr. 1 und 2 BDSG).

Wer eine Banküberweisung tätigt, erwartet, dass seine Daten korrekt übermittelt werden (§ 4c Abs. 1 S. 1 Nr. 2). Wer bei einem Reisebüro ein Hotelzimmer etc. im Ausland bucht, geht davon aus, dass er bei Ankunft ein auf seinen Namen reserviertes Zimmer etc. vorfindet, d.h., dass das Büro einen entsprechenden Vertrag mit dem Hotel abschließt (§ 4c Abs. 1 S. 1 Nr. 3).

Unproblematisch ist somit auch die Datenübermittlung im Zusammenhang mit Auslandseinsätzen von Mitarbeitern, soweit diese zur Vertragserfüllung erforderlich ist.

Gleiches gilt für Datenflüsse, die Inhalt der Vertragsausgestaltung sind. Wenn bei Ver- **836** tragsabschluss klar war, dass die in einem Drittland ansässige Konzernmutter die Einstellungsentscheidung trifft oder genehmigen muss, schafft der Vertrag die Basis sowohl für die Zulässigkeit für die Übermittlung an sich (§ 32 Abs. 1 BDSG) als auch für den weiteren Tatbestand des Datenflusses in einen Drittstaat.

Vgl. dazu vorstehend Rdn. 810

Der Schutz des Persönlichkeitsrechts tritt ferner zurück, wenn ein wichtiges öffentliches **837** Interesse besteht, z.B. beim Datenaustausch im Bereich der Steuer- und Finanzverwaltung oder bei der Bekämpfung der Geldwäsche, und die Verteidigung von Rechtsansprüchen vor Gericht oder der für öffentliche Register geltende Publikationsgrundsatz es erfordern. Wichtige öffentliche Interessen im Sinne von Nr. 4 werden im privatwirtschaftlichen Sektor kaum auftreten. Im Hinblick auf lebenswichtige Interessen im Sinne von Nr. 5 kommen medizinische Daten in Frage, wenn der Betroffene nicht einwilligen kann. Nr. 6 meint die Übermittlung aus öffentlichen (behördlichen) Registern wie z.B. dem Handelsregister. Wiederum ist der Datenempfänger darauf hinzuweisen, dass die Daten nur zu dem Zweck verarbeitet werden dürfen, zu dem sie übermittelt wurden.

4.3.5 Einwilligung in die Übermittlung von Personaldaten in Drittländer

838   Auch die Einwilligung (§ 4a BDSG) kann die Übermittlung in ein „datenschutzloses" Ausland rechtfertigen. Sie ist dann gesondert erforderlich, wenn der Betroffene nicht bereits bei der von ihm vereinbarten Ausgestaltung seines Arbeitsvertrages den Datenfluss akzeptiert hat.

Vgl. hierzu auch Gola/Wronka, RDV 2007, 59

839   Die „informierte" Einwilligung setzt voraus, dass der Zweck der Datenverarbeitung angegeben wird (§ 4 Abs. 2 S. 1 BDSG). Dies impliziert auch die Angabe des Empfängers und des Zielorts der Übermittlung. Ferner muss auf die dort geltenden Verarbeitungsvoraussetzungen und die damit möglicherweise verbundenen Risiken hingewiesen werden. Konkret sollte daher die Angabe erfolgen, dass in dem Empfängerland kein der EU vergleichbares Datenschutzniveau gewährleistet ist, eventuell relativiert durch Angaben zur konkreten Verarbeitungssituation beim Empfänger.

Im Arbeitsverhältnis stellt sich insoweit die Frage nach der erforderlichen Freiwilligkeit der Erklärung.

Vgl. den von dem Innenministerium Hessen im Bericht über den Datenschutz im privaten Bereich (LT-Drs. 15/357 vom 27.8.1999 = RDV 2002, 38) berichteten „Grenzfall": „Die deutsche Tochter eines amerikanischen Unternehmens wollte Daten ihrer Mitarbeiter an die Muttergesellschaft übermitteln, damit diesen Konzernaktien (stock options) zugeteilt werden konnten. Die Zuteilung und Verwaltung der Aktien sollte also in den USA erfolgen. Da die Aktienzuteilung einen finanziellen Vorteil für die Betroffenen bedeutete, sprach dies dafür, die beabsichtigte Einholung entsprechender Einwilligungen als wirksam zu bewerten.

Erfreulicherweise war das Unternehmen letztlich bereit, zusätzlich einen Vertrag mit der Muttergesellschaft zugunsten der Mitarbeiter zu schließen. Durch diesen wurde ein angemessenes Datenschutzniveau und insbesondere die Zweckbindung festgelegt."

4.3.6 Hinweispflicht gegenüber dem Empfänger

840   § 4b Abs. 6 BDSG verpflichtet den Arbeitgeber, den im Ausland ansässigen Empfänger auf die Zwecke hinzuweisen, zu deren Erfüllung die Daten übermittelt wurden. Eine entsprechende Pflicht findet sich aber auch schon anderweitig, da Abs. 1 und Abs. 2 S. 1 die Übermittlungsbestimmungen der §§ 28 bis 30a BDSG für entsprechend anwendbar erklären und der durch § 32 nicht verdrängte § 28 Abs. 5 S. 3 BDSG eine die Zweckbindung noch konkreter betonende Hinweispflicht enthält.

841   Inwieweit die Stelle, an die die Daten übermittelt wurden, diese für andere als die ursprünglichen Übermittlungszwecke verarbeiten oder nutzen darf, hängt von den für sie das angemessene Datenschutzniveau sicherstellenden Regelungen ab, die im Regelfall insoweit den BDSG-Vorgaben entsprechen müssen und ggf. durch Haftungsregelungen abgesichert sind.

Vgl. bei Gola/Schomerus, § 4b Rdn. 12

4.4 Die Veröffentlichung von Arbeitnehmerdaten in Werkszeitungen etc.

4.4.1 Das Medienprivileg

Die betriebsinterne Veröffentlichung, d.h. allgemeine Bekanntgabe von Personaldaten, **842** fällt unter den Tatbestand des Nutzens. Ob dies auch bei der externen Verbreitung von Personaldaten z.B. in Werkszeitungen oder auf der Homepage des Unternehmens der Fall ist oder ob dieser Vorgang als Übermittlung zu werten ist, wird im Hinblick darauf, dass die Daten nicht an bestimmte Dritte weitergegeben werden, unterschiedlich gesehen.

Im Ergebnis kann dies jedoch dahinstehen, da eine derartige Nutzung, die in der Sache die das Persönlichkeitsrecht in intensivster Weise tangierende Form der Weitergabe von Daten darstellt, jedenfalls hinsichtlich der Zulässigkeit dem Tatbestand der Übermittlung zumindest gleichstehen muss.

Zur Frage steht, ob derartige Publikationstätigkeiten ggf. von den Restriktionen des **843** BDSG befreit sind, d.h. unter das Medienprivileg des § 41 BDSG fallen.

§ 41 Abs. 1 BDSG nimmt, da er lex specialis auf dem Gebiet des redaktionellen Datenschutzes ist, die Medien aus der Anwendung des BDSG hinsichtlich der journalistisch-publizistischen Datenverarbeitungen heraus und verweist insoweit mit einer in der Gesetzgebungskompetenz des Bundes liegenden Rahmenvorschrift (Art. 75 GG) auf die Gesetzgebung der Länder.

Die Ausnahmeregelungen für die Presse sind Ausfluss der im Grundgesetz verankerten **844** Pressefreiheit (Art. 5 Abs. 1 GG). Sie haben ihren Grund nicht darin, dass es dort keines Datenschutzes bedarf; im Gegenteil, namentlich Presse und Rundfunk speichern und nutzen personenbezogene Daten in starkem Umfang, vielfach handelt es sich dabei um besonders sensitive Daten. So beruht ein großer Teil der Rechtsprechung zum Schutz des allgemeinen Persönlichkeitsrechts auf Sachverhalten aus diesem Bereich.

Zur Veröffentlichung von diskriminierenden Mitarbeiterdaten: BAG, RDV 1999, 264 = NJW 1999, 3576 = BB 1999, 1119:

„1. Die Pressefreiheit (Art. 5 Abs. 1 S. 2 GG) vermag keine ehrverletzenden Berichte aus der Intimsphäre eines Arbeitnehmers zu rechtfertigen.

2. Wird eine bei einem Anzeigenblatt beschäftigte und über längere Zeit wegen Krankheit und Schwangerschaft arbeitsunfähig geschriebene Arbeitnehmerin – wenn auch unter Namenskürzel, aber ohne vollständige Anonymisierung – unter Schilderung der von dem Arbeitgeber in Zweifel gezogenen Fehlzeitengründe und Hinweise auf evtl. Hintergründe der Schwangerschaft als ‚faulste Mitarbeiterin Deutschlands‘ und ‚Königin der Tagediebe‘ tituliert, so begründet sich hieraus ein Anspruch auf Schmerzensgeld gemäß § 823 Abs. 1, §§ 830, 847 BGB i.V.m. Art. 1, 2 Abs. 1 GG, dessen Höhe im konkreten Fall mit 4.000,– DM angemessen festgesetzt ist.“

Die uneingeschränkte Anwendung des Gesetzes auf diese Medien würde aber zu Kolli- **845** sionen mit der grundgesetzlich garantierten Pressefreiheit führen. Soweit Einrichtungen des Medienbereichs personenbezogene Daten zum Zwecke der Veröffentlichung verarbeiten und nutzen, bedarf es zum Schutz des Bürgers besonderer Regelungen, die einerseits die Pressefreiheit nicht in ihrem Wesensgehalt beeinträchtigen, andererseits aber auch das im Grundgesetz verankerte informationelle Selbstbestimmungsrecht nur insofern einschränken dürfen, wie es die Pressefreiheit erfordert.

4.4.2 Der Arbeitgeber als Presseherausgeber

846 Das Medienprivileg gilt für Unternehmen oder Hilfsunternehmen der Presse. Als Träger des Presseprivilegs gelten – ausgehend von dem formellen Pressebegriff –

vgl. Gola/Schomerus, § 41 Rdn. 5

alle Hersteller von Druckwerken. Daraus folgt, dass das Medienprivileg auch auf eine Kunden- oder Werkzeitung oder ein sonstiges Informationsblatt Anwendung findet, wenn die Schrift von einer Stelle herausgegeben wird, deren unternehmerische Tätigkeit gerade die Herausgabe solcher Druckwerke zum Gegenstand hat, wobei die Zeitschrift selbst die Minimalanforderungen an Auflagenhöhe und Verbreitungsgrad erfüllen muss, um dem Anspruch der „Verbreitung in der Öffentlichkeit" zu genügen.

847 Fraglich ist jedoch, ob die Berufung auf das Medienprivileg auch dann noch möglich ist, wenn die Publikation von einem an sich pressefremden Betrieb herausgegeben wird, wie es u.a. bei dem Großteil der Werks- und Kundenzeitungen, aber auch bei Partei- und Vereinszeitungen der Fall ist. Soll die Regelung des Absatzes 1 dem beabsichtigten Grundrechtsschutz gerecht werden, kann jedoch auch in diesem Fall die Werks- oder Kundenzeitung nicht aus dem Medienprivileg ausgenommen werden. Maßgebend dafür, ob und wieweit das Medienprivileg greift, muss der Schutzbereich der Norm sein, der die mit der publizistischen Aktivität unmittelbar zusammenhängende Unternehmung, d.h. die redaktionelle Organisation der Kunden- oder Werkszeitung, erfasst, gleichgültig ob diese einem anderen Zwecken dienenden größeren Unternehmen rechtlich zugehört.

Vgl. Westphal in Taeger/Gabel, § 41 Rdn. 22

848 Zu beachten ist jedoch, dass aus dem Schutzbereich des BDSG nur solche Daten ausgenommen sind, die „ausschließlich" zu publizistischen Zwecken verarbeitet werden. Es ist also erforderlich, dass die von der Redaktion der Werkzeitung vorgenommenen Datenverarbeitungen losgelöst von den für andere Zwecke der Redaktion (z.B. Vertrieb, Anzeigenverwaltung) oder des Betriebs (z.B. sonstige Personalverwaltung) durchgeführten Verarbeitungen erfolgen.

Vgl. auch Wohlgemuth, Datenschutz für Arbeitnehmer, Rdn. 53; Walz in Simitis, § 41 Rdn. 11; Westphal in Taeger/Gabel, § 41 Rdn. 23

849 Tauglicher Adressat des Medienprivilegs sind deshalb organisatorisch in sich geschlossene, gegenüber den sonstigen betrieblichen Stellen abgeschottete, in der redaktionellen Tätigkeit autonome Organisationseinheiten (Presseabteilung, Stabsstelle Information o.Ä.).

Gola, DB 1978, 2159; a.A. Wächter, Datenschutz im Unternehmen, Rdn. 671

Liegt eine derartige Abschottung vor, d.h., wird die publizierende Abteilung als „Unternehmen im Unternehmen" tätig, so ergibt sich daraus die Konsequenz, dass für die Weitergabe von Daten aus dem nicht publizistischen Bereich an die die Zeitschrift herausgebende Abteilung des Unternehmens die datenschutzrechtlichen Voraussetzungen für eine Übermittlung vorliegen müssen.

Vgl. auch den von der Aufsichtsbehörde Baden-Württemberg beurteilten Fall der Herausgabe einer Kurzeitung, bei der jedoch das Erfordernis der klaren organisatorischen Abschottung der Redaktion verneint wurde, vgl. Aufsichtsbehörde Baden-Württemberg, Hinweis zum BDSG Nr. 28, Staatsanzeiger Baden-Würtenberg vom 4.1.1989, Nr. 1/2, S. 10

4.4.3 Weitergabe der Personaldaten an die Redaktion

Aber auch wenn die Verarbeitung der Personaldaten – z. B. Jubiläen, Auszeichnungen, **850**
Beförderungen – durch die Redaktion durch das Medienprivileg nicht unter die Regelungen des BDSG fällt, so bedeutet dies nicht, dass das BDSG auf den Vorgang überhaupt keine Anwendung finden würde. Maßgebend ist insofern, auf welchem Wege die
in der Werkszeitung oder auf der Homepage publizierten Daten an die Redaktion
gelangt sind.

Hat der Mitarbeiter selbst seine Daten der Redaktion zur Veröffentlichung mitgeteilt **851**
bzw. wurden sie von dort unmittelbar bei ihm erhoben, findet dieser Vorgang zwar
außerhalb der Restriktionen des BDSG statt. In der zweckbestimmten Mitteilung kann
aber regelmäßig ein konkludentes Einverständnis mit der Veröffentlichung gesehen
werden: Volenti non fit iniuria.

Macht der Mitarbeiter die Angaben aufgrund einer allgemeinen betrieblichen Regelung **852**
oder auch konkreten Anordnung des Arbeitgebers, so ist die Rechtmäßigkeit der Anord-
nung im Rahmen der § 32 Abs. 1 S. 1 und § 4 Abs. 2 und 3 BDSG sowie ggf. unter dem
Aspekt betriebsverfassungsrechtlicher Normen zu überprüfen. Eine gleichmäßige
Befragung von Mitarbeitern erfordert die Zustimmung des Betriebsrats nach § 94
BetrVG.

Eine Anweisung zur Bekanntgabe von Daten zwecks Veröffentlichung ist nur zulässig, **853**
sofern die insoweit sehr engen Grenzen zur Durchbrechung des Grundsatzes der Vertraulichkeit von Personaldaten nicht überschritten werden.

Gleiches gilt, wenn die zu veröffentlichenden Daten von der Personalabteilung zur Verfügung gestellt werden. Im Rahmen des Arbeitsverhältnisses ist nur die Nutzung der
gespeicherten Personaldaten zwecks Bekanntgabe an einen externen Personenkreis
erforderlich, wenn die Veröffentlichung geboten ist, damit der Mitarbeiter seine Funktionen im Betrieb ordnungsgemäß wahrnehmen kann.

> *Vgl. Däubler, Gläserne Belegschaften?, Rdn. 484: „Seine Befugnis, Arbeitnehmerdaten an ein*
> *solches internes Presseorgan zu übermitteln, wird durch § 41 BDSG nicht erweitert."; vgl.*
> *auch Simitis in Simitis, § 28, Rdn. 117*

Liegt die Veröffentlichung jedoch mehr im Bereich der Public-Relations-Arbeit des **854**
Unternehmens, so werden Veröffentlichungen von Geburtstagen, Jubiläen, Auszeichnungen, prämierten Verbesserungsvorschlägen etc. nur mit Einwilligung des Betroffenen – zumindest abhängig von der „Sensitivität" der Daten im Rahmen des § 28 Abs. 1
S. 1 Nr. 2 – nach zuvor ausdrücklich eröffneter Widerspruchsmöglichkeit zulässig sein.

> *Vgl. auch Däubler, Gläserne Belegschaften?, Rdn. 484 unter Hinweis auf § 2 Abs. 4 S. 2*
> *WahlO 2001, der von dem Abdruck der Geburtstage der Wahlberechtigten in dem im Betrieb*
> *auszulegenden Wählerverzeichnis absieht*

Entsprechendes gilt für die Angabe aller neu eingetretenen und ausgeschiedenen Mitar- **855**
beiter in einer Werkszeitung. Selbst wenn es nach den Gegebenheiten des Betriebes
erforderlich wäre, die gesamte Belegschaft über entsprechende Personalveränderungen
zu informieren, so muss ein anderer Weg als der der Werkszeitung jedenfalls dann
gewählt werden, wenn diese auch extern zur Verteilung kommt.

Im öffentlichen Dienst sind die Personalabteilungen der Behörden und Dienststellen **856**
gehalten, Personalveränderungen im Staatsanzeiger bzw. in den Amtsblättern zu veröffentlichen. Mit Namen und Amtsbezeichnung des Betroffenen sind bekannt zu geben:

Ernennungen (einschließlich Beförderungen), Versetzungen, Eintritt in den Ruhestand, Entlassungen, Sterbefälle. Scheidet der Beamte aus dem Dienst aus, ist der Zeitpunkt anzugeben, wobei auf die gesetzliche Grundlage hingewiesen werden kann.

Auch dieses Verfahren ist – trotz der damit gewollten Transparenz der öffentlichen Verwaltung – datenschutzrechtlich nicht völlig unproblematisch.

> *Vgl. HessLDSB, 16. TB, S. 136: „Damit die öffentliche Verwaltung für den Bürger transparent wird, ist es sicherlich auch notwendig, Personalnachrichten im Staatsanzeiger zu veröffentlichen. Zur Transparenz trägt jedoch nicht bei, wenn die Gründe veröffentlicht werden, aus denen ein Beamter aus dem Dienst ausscheidet."*

4.5 Mitarbeiterdaten in Intranet und Internet

4.5.1 Allgemeines

857 Per Intranet firmen- oder konzernweit und per Internet weltweit bekannt gegeben werden häufig Mitarbeiterdaten unter Einstellung in diese Informationssysteme.

Während bei der Veröffentlichung im Intranet der Empfängerkreis beschränkt ist, eröffnet das Internet jedem Interessierten Zugang zu den Daten.

4.5.2 Veröffentlichung im Intranet

858 Die Veröffentlichung im konzernweiten Intranet kann einer Publikation in einer Konzernwerkszeitung oder der Veröffentlichung von Informationen „an alle" per Aushang, Rundschreiben oder sonstige Verteilmethoden gleichgesetzt werden. Ist die Bekanntgabe im Hinblick auf ihre Konzernrelevanz in herkömmlicher Form zulässig, so muss sie auch unter Nutzung der neuen Medien zulässig sein.

859 Dementsprechend ist die Publikation eines konzernweiten Namens-, Telefon- und E-Mail-Verzeichnisses dann gestattet, wenn die Funktion des Mitarbeiters und die von ihm erwarteten konzerninternen Kontakte die entsprechende Publizität erfordern (§ 32 Abs. 1 S. 1 BDSG).

> *Vgl. 15. Bericht der Hessischen Landesregierung über die Tätigkeit der Aufsichtsbehörden für den Datenschutz im nicht öffentlichen Bereich vom 26.11.2002 (LT-Drs. 15/4659 = RDV 2003) zu einem konzernweiten Telefonverzeichnis: „Die Erstellung eines konzernweit verfügbaren Telefonverzeichnisses mit Namen, dienstlicher Anschrift, Aufgabengebiet, dienstlicher Telefon- und Faxnummer sowie E-Mail-Adresse ist grundsätzlich als zulässig zu bewerten, denn es entspricht der legitimen Erwartung, eine ebenso schnelle wie reibungslose konzerninterne Kommunikation herzustellen (vgl. Aufsichtsbehörde Baden-Württemberg, Hinweis zum BDSG Nr. 34, Staatsanzeiger vom 2.1.1996, Nr. 1, S. 10; Simitis, § 28, Rdn. 195, zur Weitergabe firmeninterner Telefonbücher an konzernverbundene Unternehmen). Im Einzelfall kann eine Zugriffsbeschränkung auf Teile des Verzeichnisses geboten sein, soweit dies für die konzerninterne Kommunikation genügt."*

Die Beistellung eines Bildes (Fotos) des Betroffenen wird regelmäßig nicht erforderlich sein. Sie ist zudem nur dann zulässig, wenn der Betroffene ausdrücklich eingewilligt hat.

> *vgl. auch Rdn. 46 ff. 1068*

Dass bei derartigen Veröffentlichungen ggf. auch Kollegen Daten mitgeteilt werden, die diese wahrscheinlich nie dienstlich gebrauchen werden, ist – soll die Veröffentlichung noch praktikabel gehandhabt werden – nicht zu vermeiden.

Auf die Aufnahme von Mitarbeitern, bei denen das konzernweite Publikationsinteresse **860** weitgehend auszuschließen ist (z.B. Boten, Gärtner, Putzkolonne etc.), sollte verzichtet werden bzw. ihnen sollte jedenfalls ein Widerspruchsrecht eingeräumt werden. Im Übrigen kann auch das Widerspruchsrecht des § 35 Abs. 5 BDSG Bedeutung erlangen.

Allgemein kann als Richtschnur gelten, dass Datenschutzstandards herkömmlicher Ver- **861** fahren nicht unterschritten werden dürfen, sodass allein die Möglichkeit einer vorschriftswidrigen Weitergabe von Intranet-Telefonlisten an andere Stellen, die genauso auch bei herkömmlichen Listen möglich ist, die Publikation nicht unzulässig macht.

> *Vgl. BfDI im 17. TB, Ziff. 18.4, der auch insoweit gegen die Bereitstellung von dienstlichen Telefonverzeichnissen im IVVBB-Intranet – zu dem ausschließlich Bundesbehörden Zugriff haben – keine Bedenken geltend macht, andererseits aber auch auf die bereichsspezifischen Regelungen des Beamtenrechts zur Weitergabe von Personalaktendaten verweist.*

4.5.3 Veröffentlichung im Internet

4.5.3.1 Allgemeines

Insbesondere öffentliche Stellen und Unternehmen, die auf ihr Erscheinungsbild in der **862** Öffentlichkeit und globale Kontakte Wert legen bzw. den Kontakt mit Bürgern und Kunden über Multimedia führen wollen, sind dazu übergangen, Daten ihrer Mitarbeiter, wie z.B. Namen, Arbeitsgebiet, Fachbereich, Telefon- und Faxnummer, nicht nur in gedruckter Form (Briefbogen, Prospekte, Verzeichnisse etc.) bestimmten Kunden- und Interessentenkreisen mitzuteilen, sondern auch im Internet zu veröffentlichen.

> *Landesdatenschutzbeauftragter Baden-Württemberg, Tätigkeitsbericht (1997), S. 97 = Datenschutz-Berater 2/98, 9; zur Problematik vgl. insgesamt auch Däubler, Internet und Arbeitsrecht, Rdn. 361 ff.*

Die Zulässigkeit dieser Datennutzung bzw. der nachfolgenden grenzüberschreitenden **863** Weitergabe richtet sich – mangels im Regelfall nicht vorhandener spezieller Regelung – nach dem BDSG bzw. Landesdatenschutzrecht.

> *Zur Frage, ob es sich hierbei um Nutzungen oder Übermittlungen von Daten handelt, vgl. auch bei Gola, Datenschutz am Arbeitsplatz, Rdn. 533 ff.*

Eine Veröffentlichung von Mitarbeiterdaten ist bislang – abgesehen von gesetzlichen **864** Publikationspflichten (z.B. Geschäftsführer einer GmbH) – ohne Einwilligung der betroffenen Beschäftigten auch herkömmlich nur zulässig gewesen, wenn sie zur Erfüllung der Arbeitspflicht (z.B. Tätigkeit als Kundenberater, Außenvertreter u.Ä.) (§ 32 Abs. 1 S. 1 BDSG) erforderlich oder üblich (z.B. bei an einer Hochschule lehrenden Wissenschaftlern) ist (vgl. § 28 Abs. 1 S. 1 Nr. 2 BDSG). Daneben kann auch der Aspekt der Vertretung nach außen bzw. der Repräsentation des Unternehmens durch den Mitarbeiter einen Veröffentlichungsgrund bilden (z.B. bei der Publikation eines Forschungspreises an einen Mitarbeiter für ein für die Firma entwickeltes Produkt etc.).

> *Vgl. Däubler, Gläserne Belegschaften?, Rdn. 465 ff.*

Zu beachten ist jedoch, dass eine Befugnis oder Verpflichtung zur Veröffentlichung von **865** Daten z.B. in Printmedien keineswegs in jedem Fall auch zu der Einstellung dieser Daten in das Internet berechtigt. Im Gegensatz zur Veröffentlichung der Daten in gedruckten, von der Natur der Sache her einem begrenzten, interessierten Kreis zugänglichen Publikationen und Verzeichnissen stellt die Einstellung in das Internet sich als

Veröffentlichung in einer von jedermann global abrufbaren, virtuellen Zeitung dar, deren Informationen problemlos mit weiteren im WWW vorhandenen Daten zu Persönlichkeitsprofilen zusammengeführt werden können.

Vgl. hierzu Kaufmann, DuD 2005, 262

4.5.3.2 Zulässigkeitskriterien

– Allgemeines

866 Demgemäß rechtfertigt nach Auffassung des Landesdatenschutzbeauftragten von Sachsen-Anhalt

IV. Tätigkeitsbericht (1998), S. 44 = RDV 1999, 277; ähnliche Überlegungen stellt die Landesdatenschutzbeauftragte NW an (Tätigkeitsbericht 1995/96, 117), wenn sie es als unzulässig ansieht, dass die Industrie- und Handelskammern die Daten der eingetragenen Unternehmen in das Internet einstellen und damit jedem beliebigen unkontrollierten Zugriff eröffnen.

die Befugnis zur öffentlichen Bekanntmachung der von den IHKn bestellten Sachverständigen nicht die Publikation der Daten im Internet; eine solche Veröffentlichung überschreite den insoweit vom Gesetzgeber eingeräumten Ermächtigungsrahmen bei Weitem und erfordere deshalb die informierte Einwilligung der Betroffenen.

867 Angesichts der mit dem Internet verbundenen grenzüberschreitenden Übermittlung der Daten auch in Länder ohne angemessenes Datenschutzniveau kann – abgesehen von der Einwilligung (§ 4c Abs. 1 S. 1 Nr. 1 BDSG) – die Übermittlung von Arbeitnehmerdaten nach § 4c S. 1 Nr. 2 BDSG nur gerechtfertigt sein, wenn dies zur Erfüllung der arbeitsvertraglichen Pflichten erforderlich ist, wobei den veränderten Usancen der Recherche nach Geschäftspartnern eben auch im Internet Rechnung zu tragen ist.

Zur ggf. gleichwohl erforderlichen Zustimmung des Betriebsrats vgl. Gola, Computer-Fachwissen 11/2000, 27 f.; 2/2001, 33; OVG NW, RDV 2000, 171; Däubler, Gläserne Belegschaften?, Rdn. 471

– Die arbeitsplatzbedingte Erforderlichkeit

868 Bei der Beurteilung, wann unter diesem Aspekt die weltweite Bekanntgabe von Daten wie Name, Titel, Funktion Telefonnummer, E-Mail-Adresse der Mitarbeiter eines Unternehmens oder einer Behörde nur zur Wahrnehmung der arbeitsvertraglichen Pflichten erforderlich und damit auch ohne Einwilligung der Betroffenen zulässig ist, vertreten die Datenschutzaufsichtsbehörden – Rechtsprechung fehlt bislang – unterschiedlich restriktive Auffassungen.

Vgl. Däubler, Gläserne Belegschaften?, Rdn. 469

So lässt der Landesbeauftragte Schleswig-Holstein

23. Tätigkeitsbericht, 99

Veröffentlichungen ohne Einwilligung auch für Behördenbedienstete nur bei Gestattung durch eine spezielle Rechtsvorschrift zu.

Ebenso Däubler, Gläserne Belegschaften?, Rdn. 467, der generell eine Einwilligung ggf. im Arbeitsvertrag selbst (so z. B. für den Vertrag des Pressesprechers eines Unternehmens oder einer Behörde) fordert.

Der Bayerische

18. Tätigkeitsbericht (1998), Ziff. 12.3

und der Hessische Landesdatenschutzbeauftragte

25. Tätigkeitsbericht (1996), Ziff. 8.3

stellen auf die Aufgabe als Ansprechpartner des Bürgers ab. Insofern vertritt der Hessische Landesdatenschutzbeauftragte zur Einstellung von Telefonverzeichnissen von Dienststellen in das Internet folgende Auffassung: *„Datenschutzrechtlich ist die Veröffentlichung von kompletten dienstlichen Telefonverzeichnissen im Internet ohne Einwilligung der Betroffenen nicht zulässig. Sind jedoch Bedienstete betroffen, die als Amtswalter aufgrund ihrer dienstlichen Tätigkeit Außenstehenden bekannt sein sollen, so ist die Bekanntgabe von Name, Aufgabe und Telefonnummer nicht zu beanstanden."*

Die Einstellung von Telefon- und Vorlesungsverzeichnissen etc. durch Hochschulen in das Internet ist durch mit der Datenschutzaufsicht abgestimmten Erlass **869**

> *vgl. XIV. Tätigkeitsbericht des Niedersächsischen Landesbeauftragten für den Datenschutz (1997/98), 128, Ziff. 22.1*

in Niedersachsen wie folgt geregelt. Eine Veröffentlichung ist zulässig, wenn es sich um folgende Daten handelt:

- Forschungsergebnisse unter Nennung der Autoren sowie der Forschungseinrichtung,
- Ankündigung und Berichte von Tagungen mit Namen der Referenten und Kontaktadressen,
- Namen, Kontaktadressen und Forschungsgebiet der unmittelbar in Forschung und Lehre tätigen Bediensteten,
- Sprechzeiten sowie Bezeichnung und Termine von Lehrveranstaltungen der lehrenden Bediensteten,
- private Kontaktadressen nur, wenn die vorgenannten Bediensteten sonst dienstlich nicht erreichbar sind.

Weitere Angaben dürfen nur mit schriftlicher Einwilligung veröffentlicht werden. Die Veröffentlichung von Studentendaten ohne Einwilligung ist grundsätzlich unzulässig.

> *Vgl. auch BGH, MMR 2009, 608 zum Lehrerbewertungsportal „spickmich.de"*

Eine weitere Frage ist, ob der Mitarbeiter der unter Nennung seines Namens in die Öffentlichkeit treten muss, auch seinen Vornamen angeben bzw. dessen Publikation hinnehmen muss. Das LAG Schleswig-Holstein **870**

> *RDV 2008, 212*

geht davon aus, dass, wenn in der Dienstpost und in dienstlichen E-Mails nach Anordnung des Arbeitgebers auch der Vorname anzugeben ist, Persönlichkeits- und Datenschutzrechte in der Regel nicht verletzt werden.

Gleichermaßen haben sich das BVerwG und das OVG Rheinland-Pfalz (RDV 2007, 27) für eine Publikation des vollen Namens im Internet entschieden.

> *Vgl. BVerwG, RDV 2009, 30 = DuD 2008, 696:*
>
> *„1. Kein Bediensteter einer Behörde hat Anspruch darauf, von Publikumsverkehr und von der Möglichkeit, postalisch oder elektronisch von außen mit ihm Kontakt aufzunehmen, abgeschirmt zu werden.*
>
> *2. Das beinhaltet das Recht der Behörde, die personenbezogene E-Mail-Anschrift im Internet anzugeben."*
>
> *Zur fehlenden Mitbestimmung bei einer solchen Anordnung: BAG, RDV 2000, 23*

871   Bei der Einholung der Einwilligung ist zu beachten, dass sie „freiwillig" erfolgen muss, d.h., dass es dem Mitarbeiter ohne Befürchtung von negativen Konsequenzen freigestellt sein muss, die Zustimmung auch zu versagen.

4.5.3.3   Widerspruchsrecht

872   Auch in den Fällen, in denen die Veröffentlichung im Internet ohne Einwilligung zulässig ist, sollte – wie der Berliner Datenschutzbeauftragte zutreffend fordert – „aufgrund der besonderen Gefährdung des informationellen Selbstbestimmungsrechts der Mitarbeiter bei einer weltweiten Veröffentlichung ihrer Daten, d.h. auch in Ländern, in denen kein oder kein hinreichender Datenschutz besteht, den Betroffenen grundsätzlich ein Widerspruchsrecht (vgl. auch § 35 Abs. 5 BDSG) gegen die Aufnahme ihrer Daten in derartige Verzeichnisse eingeräumt werden."

4.6   Veröffentlichung von Bildern der Mitarbeiter

4.6.1   Das Recht des Betroffenen am eigenen Bild

873   Nicht von den in engen Grenzen zulässigen einseitigen Publikationsbefugnissen des Arbeitgebers umfasst ist die Veröffentlichung des Bildes des Mitarbeiters. Nach § 22 KUG dürfen Bildnisse nur mit Einwilligung des Abgebildeten verbreitet oder öffentlich zur Schau gestellt werden.

> *Vgl. vorstehend Rdn. 46 ff.*

Von diesem Verbreitungsverbot bestehen zwar zahlreiche Ausnahmen, die jedoch auf die Veröffentlichung von Mitarbeiterporträts im Regelfall nicht zutreffen.

874   Durch die Einstellung des Bildes auf der Homepage ist der Begriff des Schaustellens, d.h. der unkörperlichen Darstellung des Bildes in der Öffentlichkeit, erfüllt.

> *Gounalakis/Rhode, Persönlichkeitsschutz im Internet, Rdn. 55*

Öffentlichkeit ist nicht nur anzunehmen bei der gleichzeitigen Darbietung des Bildes gegenüber einem nicht geschlossenen Personenkreis, sondern auch dann, wenn das Bild nacheinander vielen Personen gezeigt bzw. diesen ungehindert die Möglichkeit der Kenntnisnahme eröffnet wird.

875   Erforderlich ist also in jedem Fall die Einwilligung des Mitarbeiters, die, da mit der Einstellung des Bildes in das Inter- oder Intranet ggf. zugleich ein personenbezogenes Datum genutzt oder verarbeitet wird, den Anforderungen des § 4a BDSG genügen muss.

876   Ob die Einwilligung auch frei widerruflich ist,

> *zu diesem Grundsatz, vgl. bei Gola/Schomerus, § 4a Rdn. 17 ff.; vgl. aber auch bei Wächter, Datenschutz im Unternehmen, Rdn. 1297, der insoweit auf wichtige persönlichkeitsbedingte Gründe abstellt und analog zu § 122 BGB und § 42 UrhG eine Schadensersatzpflicht sieht; vgl. auch Gola/ Wronka, RDV 2007, 51 für den Fall der Einwilligung als Vertragsbestandteil*

hängt davon ab, ob der Arbeitnehmer die Veröffentlichung als Ausfluss seiner Arbeitspflicht akzeptiert hat. So wird einem Mannequin, das vereinbarungsgemäß die Produkte seines Arbeitgebers auf der Bestellseite der Homepage präsentiert, kein auf seiner Pflicht aus dem Arbeitsvertrag beruhendes Widerrufsrecht zustehen, während der mit seiner Einwilligung veröffentlichte Betriebsratsvorsitzende die Erklärung jederzeit widerrufen kann. Auch bei an einem Theater engagierten Schauspielern wird die

Zustimmung zu der Publikation einer Aufnahme aus dem Programm des Spielplans als konkludent erteilt angenommen werden können (volenti non fit iniura).

Handelt es sich um „Panoramaaufnahmen", z.B. ein „Blick" auf eine Betriebsversammlung oder ein hausinternes Seminar, mit dem eine Mehrzahl von Arbeitnehmern erfasst wird, ist eine Einwilligung der fotografisch „Eingefangenen" regelmäßig entbehrlich (vgl. § 23 Abs. 1 Nr. 3 KUG).

Vgl. vorstehend Rdn. 50

4.6.2 Rechte des Urhebers

Außer dem Persönlichkeitsrecht des Abgebildeten sind bei der Veröffentlichung im Internet regelmäßig auch die urheberrechtlichen Nutzungs- und Verwertungsrechte des Fotografen zu beachten (§ 72 Abs. 1 UrhG). Wurde das Lichtbild des Mitarbeiters nicht vom Arbeitgeber, sondern z.B. von einem Fotografen gefertigt – sei es im Auftrag des Arbeitgebers oder des Mitarbeiters – , so stellt das Einstellen des Fotos in das Internet **877**

bereits das Einscannen stellt eine zustimmungspflichtige Vervielfältigungshandlung dar

regelmäßig eine Vervielfältigung und Verbreitung eines urheberrechtlich geschützten Lichtbildes dar, in die der Urheber einwilligen muss.

Vgl. Strunk, Computer-Fachwissen 10/2004, 27

Hat er dies nicht bei der Erstellung des Bildes (ggf. konkludent) getan, nachdem er über die beabsichtigte Verwendung informiert wurde, so steht dem Urheber ein Anspruch auf Unterlassung und ggf. auf Schadensersatz zu. **878**

4.7 Weitere Einordnungsprobleme in Beispielen

4.7.1 Allgemeines

Beispiele für die Datenübermittlung zur Erfüllung arbeitsvertraglicher Zweckbestimmungen sind die Datenweitergabe an die Bank des Arbeitnehmers bei der unbaren Gehaltszahlung, an eine rechtlich selbstständige Verwaltungsgesellschaft von Werkswohnungen oder aufgrund einer im Rahmen der arbeitsvertraglichen Beziehungen zu Gunsten des Arbeitnehmers abgeschlossenen Versicherung. **879**

Aus der Zweckbestimmung des Arbeitsverhältnisses sind auch solche Datenübermittlungen und Bekanntgaben abzuleiten, die erforderlich sind, damit der Mitarbeiter seiner Arbeitspflicht, wozu in bestimmten Fällen auch der Kontakt mit Außenstehenden gehört, nachkommen kann. **880**

Zu Publikation von Daten im Internet und Intranet vgl. vorstehend Rdn. 857 ff.

4.7.2 Rechtsverfolgung/Gerichtsverfahren

Durch die Zweckbestimmung des Arbeitsverhältnisses gerechtfertigt sind Datenübermittlungen, die erfolgen, weil der Arbeitgeber arbeitsvertragliche Ansprüche mit Hilfe des Gerichts durchsetzen muss bzw. gerichtlich geltend gemachte Ansprüche des Arbeitnehmers abwehren will. Hierbei ist der Grundsatz der Erforderlichkeit zu beachten. **881**

Vgl. Berliner Beauftragter für Datenschutz und Informationsfreiheit (Jahresbericht 2002, S. 77) zu der Übersendung der Personalakte an einen Rechtsanwalt: „Die Übersendung der gesamten Personalakte an einen Rechtsanwalt zwecks Führung eines Kündigungsschutzprozesses ist aus datenschutzrechtlicher Sicht grundsätzlich unzulässig. Wir verkennen nicht, dass im Interesse einer effektiven Vertretung des Arbeitgebers der betreffende Rechtsanwalt umfassend über die Hintergründe des Arbeitsverhältnisses und der Kündigung informiert sein muss. Allerdings kann nicht darauf verzichtet werden, dass vor Herausgabe der Personalakte eine Prüfung erfolgt, welche Aktenteile für die Untermauerung der dem Kündigungsschutzprozess zugrunde liegenden Kündigungsgründe nicht von Relevanz sind. Ein besonderes Augenmerk ist hierbei auf die Teile der Personalakte zu richten, die besonders sensitive Daten beinhalten. Soweit sie für die Prozessführung nicht von Belang sind, müssen diese Teile der Akte vor der Übersendung der Akte herausgenommen werden. Hinnehmbar ist, dass trotz dieser vorherigen Prüfung einzelne Dokumente dem Rechtsanwalt übersandt werden, deren Relevanz für den Prozess sich nach eingehender Prüfung durch den Anwalt nicht bestätigt."

Bei betriebsbedingten Kündigungen muss der Arbeitgeber ggf. im Kündigungsprozess die in die Sozialauswahl (§ 1 Abs. 3 KSchG) einbezogenen Mitarbeiter bzw. die sie betreffenden Merkmale vortragen, um die Rechtmäßigkeit seiner Entscheidung – als sozial gerechtfertigt – beweisen zu können. Die Übermittlung der Vergleichsdaten an das Gericht zu Beweiszwecken rechtfertigt sich aus § 1 Abs. 3 S. 3 KSchG in Verbindung mit § 32 Abs. 1 S. 1 BDSG.

882 Hat der Arbeitgeber einen konkreten Verdacht eines strafbaren oder ansonsten schwerwiegenden vertragswidrigen Verhaltens, kann er einen Detektiv unter Mitteilung der erforderlichen Mitarbeiterdaten mit Recherchen beauftragen (§ 32 Abs. 1 S. 2 BDSG), wobei der Arbeitnehmer die insoweit entstehenden Kosten zu tragen hat.

Vgl. hierzu vorstehend Rdn. 202, 743 ff.

4.7.3 Verfahren bei Kundenbeschwerden

883 Wenn ein Vorgehen gegen einen Mitarbeiter aufgrund einer berechtigten Kundenbeschwerde erfolgt, so ist der Arbeitgeber zwar berechtigt, bei der wohl fälligen Entschuldigung für das Fehlverhalten auch darauf hinzuweisen, dass erforderliche Maßnahmen gegen Widerholungen ergriffen wurden. Ein konkreter Hinweis auf die dem Mitarbeiter gegenüber ergriffene Maßnahme (z.B. Abmahnung, Versetzung, Kündigung) muss im Hinblick auf die Vertraulichkeit dieser Daten aber unterbleiben.

4.7.4 Zeitarbeit

884 Wird der Mitarbeiter im Rahmen eines „echten" Leiharbeitsverhältnisses oder im Rahmen sog. Zeitarbeit an ein Unternehmen ausgeliehen, so liegt es in der Zweckbestimmung seines Arbeitsverhältnisses, dass der Entleiher auch schon vor Abschluss des mit dem Verleiher bekannten Vertrages über den Mitarbeiter, den er ausleiht, vom Verleiher informiert wird. Gleiches gilt ggf., wenn der Mitarbeiter im Rahmen eines Werkvertrages in einem fremden Betrieb arbeitet.

Vgl. bei Däubler, Gläserne Belegschaften?, Rdn. 449

Nicht mehr erforderlich ist aus dem Vertrag jedoch die Werbung einer Entleihfirma unter Bekanntgabe der Personalia der zur Verfügung stehenden Mitarbeiter. Insoweit muss sich der Arbeitgeber auf anonymisierte Angaben beschränken.

Vgl. 14. Bericht der Aufsichtsbehörden Hessen, LTDrs. 15/2950 vom 18.9.2001 = RDV 2002, 38: „Ein Wirtschaftsunternehmen übermittelte der Aufsichtsbehörde eine Faxwerbung, die ihm unverlangt zugesandt worden war. Darin bot ein Zeitarbeitsunternehmen seinen Service zur Vermittlung von Mitarbeitern an, indem die Dienste von namentlich genannten Mitarbeitern und deren Stundensätze offeriert wurden. Darüber hinaus wurden Mitarbeiterprofile aller angebotenen Zeitarbeitnehmer übersandt, die wiederum die Namen, die Geburtsdaten, Schulabschlüsse, Berufserfahrungen sowie spezielle Kenntnisse beinhalteten und mit einer Bemerkung zur Person des betroffenen Zeitarbeitnehmers endeten.

Dem Zeitarbeitsunternehmen wurde mitgeteilt, dass die unverlangte Werbung durch Übermittlung von Mitarbeiterprofilen als unzulässig anzusehen ist. Zum einen war sie nicht durch die im Personalbogen enthaltene Einwilligungserklärung gedeckt. Diese war zu pauschal abgefasst. Es wurde den Mitarbeitern nämlich nicht mitgeteilt, welche Daten zu welchen Zwecken an welche Unternehmen übermittelt würden. Zum anderen war zu berücksichtigen, dass der Umfang der Datenübermittlung nicht das für den konkreten Zweck erforderliche Maß überschreiten darf.

So dürfen selbst konkreten Vertragspartnern nicht alle Daten, die im Personalfragebogen aufgeführt sind, übermittelt werden."

4.7.5 Outplacementmanagement

Eine ähnliche Problematik der Einordnung in die Bestimmung der Zweckbestimmung der Durchführung bzw. Beendigung des Beschäftiungsverhältnisses stellt sich bei Datenübermittlungen, die im weitesten Sinne noch der sich aus dem Arbeitsverhältnis ergebenden Fürsorgepflicht zugeordnet werden können, wie es z.B. bei der Übermittlung von Personaldaten zum Zweck des Outplacements der Fall ist. **885**

Die Umstrukturierung von Betrieben ist in vielen Fällen mit umfangreichen Personalreduzierungen verbunden. **886**

Zur Milderung der in Aussicht genommenen Kündigung bieten manche Unternehmen den betroffenen Mitarbeitern an, ihnen bei der Suche nach einem neuen Arbeitsplatz durch die Einschaltung eines Unternehmensberaters oder von privaten Arbeitsvermittlern, eines sog. Outplacementmanagers, behilflich zu sein.

Dazu hat sich die Aufsichtsbehörde Baden-Württemberg

Hinweis zum BDSG Nr. 33, Staatsanzeiger vom 4.1.1995, Nr. 1/2, S. 6

geäußert: *„Auch wenn die Einschaltung eines Outplacementmanagers grundsätzlich im Interesse von Arbeitgeber und Arbeitnehmer liegen kann, ist die Tätigkeit des Outplacementmanagers nicht mehr von der Zweckbestimmung des Arbeitsvertrags mit dem betroffenen Mitarbeiter umfasst. Die Hilfe des Arbeitgebers zur Arbeitsplatzbeschaffung außerhalb des Unternehmens ist keine arbeitsvertragliche Nebenpflicht, sondern eine freiwillige Fürsorgemaßnahme.*

Die Übermittlung von Personaldaten der für das Outplacement vorgesehenen Mitarbeiter an den Outplacementmanager ist deshalb nicht von § 28 Abs. 1 S. 1 Nr. 1 BDSG (jetzt § 32 Abs. 1 S. 1) gedeckt. Sie kann zwar nach § 28 Abs. 1 S. 1 Nr. 2 BDSG zur Wahrung berechtigter Unternehmensinteressen erforderlich sein, wenn durch das Outplacement ein sozialverträglicher Personalabbau ermöglicht wird. Doch werden der Übermittlung von Personaldaten an den Outplacementmanager regelmäßig überwiegende schutzwürdige Belange der betroffenen Arbeitnehmer entgegenstehen. Damit scheidet das Bundesdatenschutzgesetz als Zulässigkeitsnorm für die Datenübermittlung aus. Das Outplacement ist auf eine Tätigkeit nach Beendigung der Betriebszugehörigkeit gerichtet; eine Betriebsvereinbarung, die die Übermittlung von Arbeitnehmerdaten im Rahmen des Outplacements zulassen würde, wäre daher von der Regelungsautonomie der Betriebspartner nicht rückgedeckt.

Die Übermittlung von Personaldaten für Zwecke des Outplacements setzt deshalb immer eine Einwilligung des betroffenen Mitarbeiters voraus. Dabei muss der Mitarbeiter im Einzelnen darüber informiert werden, welche Daten für welche Zwecke an den Outplacementmanager übermittelt werden sollen."

4.7.6 Datenübermittlungen an Versicherungen

887 Ebenso zeigt die Aufsichtsbehörde Baden-Württemberg

> *Hinweis zum BDSG Nr. 32, Staatsanzeiger vom 12.1.1994, Nr. 3, S. 8*

zutreffend auf, dass der Arbeitgeber dem Wunsch von Versicherungsunternehmen, ihnen Namen und Adressen von Mitarbeitern – und hier insbesondere von Berufsanfängern und Auszubildenden – zur Bewerbung mit Versicherungsleistungen zu überlassen, nach keiner der in Betracht kommenden Zulässigkeitsalternativen der §§ 28, 32 BDSG nachkommen kann.

Die Erlaubnis kann sich also hier nur aufgrund einer Einwilligung nach § 4a BDSG ergeben, deren Freiwilligkeit hier regelmäßig gegeben sein wird.

> *Vgl. Gola, RDV 2002, 113; Däubler, Gläserne Belegschaften?, Rdn. 460*

888 Die Weitergabe kann, selbst wenn die Versicherungen einen Firmenrabatt gewähren wollen, auch bei extensiver Interpretation der Fürsorgepflicht nicht aus der Zweckbestimmung des Arbeitsverhältnisses abgeleitet werden.

Auch die durchaus bestehenden berechtigten Interessen des Datenempfängers und das mögliche Interesse einer Anzahl der Arbeitnehmer an der Inanspruchnahme des Firmenrabatts lassen nicht die Annahme entfallen, dass andere Beschäftigte keinen Versicherungsabschluss wünschen und nicht in ihrem privaten Bereich, z. B. durch Vertreterbesuch, belästigt werden wollen.

Nicht gehindert ist der Arbeitgeber aber daran, selbst auf derartige Vergünstigungen hinzuweisen, wenn er beispielsweise ein entsprechendes Rahmenabkommen mit einer Versicherungsgesellschaft getroffen hat. Will er seinen Mitarbeitern Unterlagen des Versicherungsunternehmens zukommen lassen, kann er diesen Versand ggf. im Weg der Datennutzung bewerkstelligen.

> *Vgl. dazu Rdn. 976*

4.7.7 Die Erteilung von Auskünften

4.7.7.1 Allgemeines

889 Die Zulässigkeit der Datenübermittlung steht für den Arbeitgeber häufig in Frage, wenn dritte Stellen um Auskunft über den Arbeitnehmer nachsuchen. Teilweise ist der Arbeitgeber zur Erteilung solcher Auskünfte aufgrund gesetzlicher Regelung verpflichtet; teilweise handelt es sich aber auch um Auskunftsersuchen, die nach dem Grundsatz der Vertraulichkeit von Personaldaten im Generellen und der vom BDSG geschaffenen Rechtslage im Speziellen als zweifelhaft angesehen werden müssen. Aufgabe des Arbeitgebers ist es, durch entsprechende Organisation der diesbezüglichen Zuständigkeiten

vgl. hierzu auch bei Wächter, Datenschutz im Unternehmen, Rdn. 721 ff.

und Unterweisung der Mitarbeiter dafür Sorge zu tragen, dass einerseits berechtigte Auskunftsersuchen ordnungsgemäß erfüllt werden.

Bei Nichterteilung der Auskunft können ggf. Schadensersatzansprüche oder Bußgelder **890**
anstehen. Andererseits ist dafür zu sorgen, dass unzulässige Datenübermittlungen unterbleiben. Wenn gesetzliche Mitteilungspflichten auch in vielen Fällen eindeutig sind, so bleibt es doch auch vielfach sowohl bei Anfragen von Behörden – trotz der Hinweispflicht des § 13 BDSG – als auch von privaten Stellen offen, ob eine gesetzliche Auskunftspflicht besteht.

Hier ist es in jedem Falle geboten, nachzufragen, aufgrund welcher Rechtsvorschrift die **891**
Auskunft erbeten wird. Wählt man den Weg der „Zwischenantwort" zur Nachfrage der Rechtsgrundlage des Auskunftsersuchens, so bietet es sich an, dem Mitarbeiter eine Kopie zur Kenntnisnahme zukommen zu lassen. Es liegt dann an ihm, eine Einwilligung zu erteilen bzw. selbst Auskunft zu geben.

Ob eine freiwillige Auskunft erteilt wird, sollte vom Interesse des Arbeitgebers bzw. des **892**
Arbeitnehmers an der Auskunftserteilung abhängig gemacht werden. Ein solches Interesse kann sich aus Geschäftsbeziehungen mit der anfragenden Stelle ergeben. Hat das Unternehmen kein eigenes Interesse an der Auskunftserteilung, muss es im Rahmen seiner Fürsorgepflicht prüfen, ob die in seinem Ermessen liegende Auskunft erteilt werden soll. In der Regel sollte der Mitarbeiter über die Anfrage informiert werden und dann selbst entscheiden, wie insofern verfahren werden soll.

4.7.7.2 *Gläubigeranfragen*

Bei den an Arbeitgeber gerichteten Auskunftsersuchen geht es häufig um die Frage des **893**
Bestehens eines Arbeitsverhältnisses und um das Einkommen des Beschäftigten. Familiengerichte, Fürsorgeämter, Gläubiger oder von diesen eingeschaltete Inkassofirmen versuchen in vielen Fällen, durch sog. Arbeitgeberanfragen näher aufzuklären, ob Aussicht besteht, Forderungen gegen Arbeitnehmer durch Lohn- oder Gehaltspfändungen oder andere Zwangsvollstreckungsmaßnahmen beizutreiben.

Hierbei sind nach Hinweis der Aufsichtsbehörde Baden-Württemberg

vgl. Aufsichtsbehörde Baden-Württemberg, Hinweis zum BDSG Nr. 35, Staatsanzeiger vom 27.1.1997, Nr. 3, S. 7 ff.

insbesondere folgende Gesichtspunkte zu beachten: „*Für den Arbeitgeber besteht bei solchen Anfragen keine Auskunftspflicht (anders als bei der Drittschuldnererklärung nach § 840 ZPO).*

Der Arbeitgeber hat aufgrund der arbeitsvertraglichen Fürsorgepflicht die Daten von Arbeitnehmern und ehemaligen Arbeitnehmern vertraulich zu behandeln. Daher sollte er Gläubigern und Inkassofirmen grundsätzlich keine Auskunft geben, es sei denn, der betroffene Arbeitnehmer hat in die Auskunftserteilung eingewilligt.

In Ausnahmefällen kann die Erteilung einer Auskunft ohne die Einwilligung des Arbeitnehmers auf der Grundlage einer Interessenabwägung in Betracht kommen. Vor einer Auskunftserteilung sollte der Arbeitgeber jedoch nach Möglichkeit den Arbeitnehmer oder ehemaligen Arbeitnehmer unterrichten und ihm Gelegenheit zur Äußerung geben, damit er dessen Interessen bei der zu treffenden Entscheidung über die Auskunftsertei-lung angemessen berücksichtigen kann. Bei datenmäßig gespeicherten Daten gilt darü-ber hinaus Folgendes:

- *Eine Auskunft ist unzulässig, wenn die Interessen des Arbeitnehmers am Unterblei-ben der Auskunft überwiegen (§ 28 Abs. 1 Nr. 2 BDSG). Beispielsweise kann ein überwiegendes Interesse des Arbeitgebers bestehen, nicht mit einem Lohnpfän-dungsverfahren überzogen zu werden, wenn wegen Vorpfändungen weder derzeit noch in absehbarer Zukunft eine Pfändung des Arbeitseinkommens des Arbeitneh-mers möglich ist oder dieser aus dem Unternehmen ausgeschieden ist, ohne noch Forderungen aus dem Arbeitsverhältnis zu haben.*

- *Eine Auskunft ist ferner zulässig, wenn der Gläubiger oder die Inkassofirma ein berechtigtes Interesse an der Erteilung der Auskunft hat und der betroffene Arbeit-nehmer kein schutzwürdiges Interesse daran hat, dass eine Auskunft unterbleibt (§ 28 Abs. 2 Nr. 1a BDSG). Dabei ist jedoch zu berücksichtigen, dass es in erster Linie Sache des Arbeitnehmers ist, sich mit seinem Gläubiger auseinanderzusetzen, und dass dem Arbeitgeber die Interessen seines Arbeitnehmers regelmäßig näher-liegen werden als diejenigen des Gläubigers oder der Inkassofirma. Deshalb sollte der Arbeitgeber eine Auskunft im ausschließlichen Interesse des Gläubigers oder der Inkassofirma nur mit größter Zurückhaltung erteilen. Eine Auskunft kann bei-spielsweise in Betracht kommen, wenn über die Forderung ein Vollstreckungstitel vorliegt und die Rechtsverfolgung ohne die Auskunft vereitelt oder gravierend erschwert würde (etwa wenn der Arbeitnehmer mit unbekannter Anschrift verzogen ist, dem Arbeitgeber aber Informationen über die neue Anschrift oder den neuen Arbeitgeber vorliegen).*

Wenn eine Auskunft erteilt wird, sollte dies in einer für den betreffenden Arbeitnehmer möglichst schonenden Weise geschehen und sich auf die für die Beurteilung der Aus-sichten der Lohn- oder Gehaltspfändung unbedingt erforderlichen Angaben beschrän-ken. Dabei kommen etwa Angaben darüber in Betracht,

- *ob der Schuldner noch im Unternehmen beschäftigt ist (ggf. ob in ungekündigter Stellung),*
- *wie hoch der noch pfändbare Teil des monatlichen Nettoeinkommens des Schuld-ners ist,*
- *ob und welche Ansprüche andere Personen am Arbeitseinkommen des Schuldners geltend machen sowie,*
- *falls der Schuldner aus dem Unternehmen ausgeschieden ist, bei welchem Arbeitge-ber er jetzt beschäftigt ist bzw. seine neue Anschrift.*

Darüber hinausgehende Informationen muss sich der Gläubiger bzw. die Inkassofirma grundsätzlich beim Schuldner selbst beschaffen. Dies gilt beispielsweise für Fragen nach dem Familienstand, der Zahl der Personen, für die der Schuldner unterhaltspflich-tig ist, der vermögenswirksamen Anlage von Teilen des Arbeitseinkommens oder dem Finanzamt, bei dem ein Lohnsteuerjahresausgleich durchgeführt wird. Es ist nicht Sache des Arbeitgebers, durch solche weitgehenden Angaben die Vollstreckung des Gläubigers gegen seinen Mitarbeiter zu fördern."

Zur sorgfältigen Prüfung etwaiger Ausnahmen von der Vertraulichkeitsverpflichtung vgl. auch ULD, TB 2007, Ziff. 510

4.7.7.3 Anfragen von Sicherheitsbehörden

Häufig wenden sich Polizeibehörden im Rahmen ihrer Ermittlungen an den Arbeitgeber **894** und verlangen bestimmte Angaben zu einzelnen Arbeitnehmern, sei es, dass diese als Tatverdächtige, sei es, dass sie als Zeugen in Betracht gezogen werden. Dabei ist zu beachten:

Die Rechtsgrundlagen für die Verpflichtung zur Übermittlung von Arbeitnehmerdaten – sei es im Einzelfall, sei es im Weg einer Rasterfahndung – finden sich durchweg nicht im BDSG.

Maßgeblich sind vielmehr zum einen Bestimmungen der StPO, zum anderen Vorschrif- **895** ten im Polizeirecht der Bundesländer.

§§ 98a, 98b StPO sehen richterliche bzw. bei Gefahr in Verzug staatsanwaltschaftliche Anordnungen bei bestimmten schweren Straftaten (z.B. Drogenhandel, Brandstiftung, Mord, Totschlag usw.) vor.

In NRW z.B. kann eine Rasterfahndung auch auf § 31 Abs. 1 PolG NRW gestützt wer- den, „soweit dies zur Abwehr einer gegenwärtigen Gefahr für den Bestand oder die Sicherheit des Bundes oder eines Landes oder für Leib, Leben oder Freiheit einer Person erforderlich ist". Auch dann muss gem. § 31 Abs. 4 PolG NRW eine richterliche Anord- nung erfolgen. In anderen Bundesländern differieren die Regelungen. In Bayern etwa verlangt Art. 44 Abs. 1 BayPAG nur, dass die Rasterfahndung „zur Abwehr von Straf- taten von erheblicher Bedeutung" erforderlich ist und das Staatsministerim des Innern – also kein Richter – zustimmen muss.

§ 28 Abs. 2 Nr. 2b BDSG kann dem Arbeitgeber unter den dort genannten Vorausset- **896** zungen erlauben, bestimmte Informationen über seine Mitarbeiter an die Behörden wei- terzugeben. Er wird dann aber zudem sorgfältig zu prüfen haben, ob er damit nicht gegen seine aus dem Arbeitsverhältnis abzuleitende Fürsorgepflicht gegenüber seinem Mitarbeiter verstößt.

Zu beachten ist bei derartigen Anfragen aber auch seitens der anfragenden Behörde, dass **897** bei Aufzeigen des Grundes der Anfrage bzw. aufgrund der gestellten Fragen ein ggf. ungerechtfertigter Verdacht gegenüber dem Mitarbeiter geweckt wird, der für sein wei- teres Arbeitsverhältnis nachteilig sein kann. Dem hat die Behörde im Rahmen des Ver- hältnismäßigkeitsprinzips Rechnung zu tragen.

> *Vgl. BVerwG, RDV 1998, 171: „Die Verfassungsschutzbehörden haben bei der Sammlung von Informationen und der hierbei ggf. erforderlichen Bekanntgabe personenbezogener Daten an Dritte (hier unzulässige Information des Arbeitgebers bei Gesprächskontakt mit einer Arbeit- nehmerin) den Grundsatz der Verhältnismäßigkeit zu wahren."*

4.7.7.4 Arbeitgeberauskünfte

– Allgemeines

Häufig sieht ein Arbeitgeber seinen Informationsstand durch die vom Bewerber bei **898** einem Arbeitsplatzwechsel erhaltenen Daten für eine fundierte Einstellungsentschei- dung nicht als ausreichend an, zumal sich aus Zeugnissen nur in begrenztem Maß mög- licherweise relevante Detailinformationen entnehmen lassen.

> *Vgl. Däubler, Gläserne Belegschaften?, Rdn. 457 ff.*

Insbesondere wenn es um die Besetzung leitender Positionen oder besonderer Vertrau- ensstellungen geht, ist es Praxis, zusätzliche Informationen über in die engere Wahl gezogene Bewerber bei deren bisherigen oder früheren Arbeitgebern einzuholen.

899 Dieses Verfahren ist unter zwei Aspekten datenschutzrechtlich nicht unproblematisch:

- Zum einen weicht der anfragende Arbeitgeber von dem in § 4 Abs. 2 BDSG vorgegebenen Grundsatz der Direkterhebung ab, wobei er zudem die Information übermittelt, dass sich der Betroffene bei ihm beworben hat.
- Zum anderen übermittelt der angefragte Arbeitgeber, sofern er sich nicht darauf beschränkt, die vom Bewerber gemachten Angaben zu bestätigen, Daten, die er jedenfalls nach dem Zeugnisrecht nicht mitteilen dürfte.

Dabei sind beide Gesichtspunkte insoweit miteinander verknüpft, als dass eine Datenerhebung, die nur im Wege einer unzulässigen Datenübermittlung erfolgen kann, ebenso rechtswidrig ist wie die Verwertung von Daten, die in rechtswidriger Weise übermittelt wurden.

Die hierzu ergangene ältere Rechtsprechung

> *vgl. BAG, DB 1985, 2307 = NJW 1986, 341; LAG Hamburg, ARSt 1985, 35; LAG Köln, DB 1983, 1664*

ist großzügiger.

Danach soll ein Arbeitgeber auch ohne Zustimmung des betroffenen (ehemaligen) Mitarbeiters berechtigt sein, Auskünfte über Person und Verhalten seines Arbeitnehmers zu erteilen, sofern der Datenempfänger ein berechtigtes Interesse an der Auskunft geltend macht. Ein solches berechtigtes Interesse wird bei dem potenziell neuen Arbeitgeber im Hinblick auf die zu treffende Einstellungsentscheidung bejaht.

> *Zutreffend hatte dagegen das ArbG Stuttgart (RDV 2006, 26) die Einholung der Auskunft von der Einwilligung des Stellenbewerbers abhängig gemacht und für den Fall, dass Auskünfte ohne Einwilligung erteilt wurden, dem Bewerber einen Anspruch auf Auskunft über die Arbeitgeber, bei denen Auskunft eingeholt wurde, zugesprochen.*

900 Andererseits ist den schutzwürdigen Interessen des Betroffenen insofern Rechnung zu tragen, dass die Auskunft wie ein Zeugnis wahr im Sinne einer vollständigen, gerechten und nach objektiven Gesichtspunkten durchgeführten Beurteilung sein muss; vom Inhalt des Zeugnisses unterscheidet sie sich jedoch insofern erheblich, als dass sie „umfassender und freier" gestaltet sein darf. So soll der Arbeitgeber angesichts des vertraulichen Charakters und der regelmäßig mündlichen Form der Auskunft auch solche Umstände mitteilen dürfen, die in ein Zeugnis nicht aufgenommen werden dürfen. Der Unterschied zwischen Auskunft und Zeugnis beruht nach Auffassung des BAG gerade darin, dass die Auskunft genauere Angaben gerade auch über für den Arbeitnehmer ungünstigere Aspekte ermöglicht, da das Zeugnis – im Gegensatz zur einmaligen mündlichen Auskunft – den Arbeitnehmer auf Lebenszeit auf seinem Berufsweg begleite. Demgemäß sei eine solche das Zeugnis begleitende Auskunft nur gegenüber dem nächstfolgenden Arbeitgeber zulässig, da nur dieser ein berechtigtes Interesse habe, sich ein genaueres Bild über die aktuelle Leistung und Führung des Arbeitnehmers und den Grund seines Ausscheidens zu machen.

901 Die gegenüber der Auskunftserteilung unter Arbeitgebern unter Bezugnahme auf das Zeugnisrecht vorgetragenen Bedenken,

> *vgl. bei Wohlgemuth, Datenschutz für Arbeitnehmer, Rdn. 426 m.w.N.; kritisch auch der Hamburgische Datenschutzbeauftragte, 6. TB (1987), 146*

denen zufolge der Arbeitnehmer nach den einschlägigen Normen über die Zeugniserteilung (u.a. §§ 630 BGB, 73 HGB, 113c GewO) selbst entscheiden könne, ob er ein einfaches oder qualifiziertes Zeugnis erhalte, und dass dieses ihm gesetzlich eingeräumte Recht der Beschränkung der Informationsweitergabe nicht durch ergänzende Auskünfte hinter seinem Rücken unterlaufen werden dürfe, hatte die Rechtsprechung nicht aufgegriffen.

Vgl. hierzu LAG München, RDV 1986, 278 (279), das darauf verweist, dass Zeugnisse, schon um diesbezügliche Auseinandersetzungen zu vermeiden, auch hinsichtlich der Leistungsangaben häufig „geschönt" sind.

Ob und unter welchen Umständen die aufgezeigten Auffassungen der Rechtsprechung weiter aufrechterhalten werden können, ist jedenfalls im Hinblick auf das dem Mitarbeiter zustehende informationelle Selbstbestimmungsrecht einer Neubewertung zu unterziehen, die in Teilen der Literatur **902**

vgl. Schaub, § 147 Rdn. 3; Däubler, Gläserne Belegschaften?, Rdn. 459 unter besonderem Hinweis auf den Wegfall der Dateibindung in § 32 BDSG

und auch bei den Datenschutzaufsichtsbehörden

vgl. Aufsichtsbehörde Baden-Württemberg, Hinweis zum BDSG Nr. 35, Staatsanzeiger vom 27.1.1997, Nr. 3, 7: „Für einen Arbeitgeber besteht unter Umständen das Bedürfnis, vor einer Einstellung beim bisherigen Arbeitgeber Auskünfte über Leistung und Verhalten des Arbeitnehmers während des Arbeitsverhältnisses einzuholen, etwa auch über krankheitsbedingte Fehlzeiten. Ob eine derartige Auskunft heute noch ohne ausdrückliche Einwilligung des betroffenen Arbeitnehmers zulässig ist, erscheint fraglich. Bisher arbeitsrechtlich für zulässig gehaltene Arten der Datenübermittlung müssen im Lichte des so genannten Volkszählungsurteils des Bundesverfassungsgerichts (‚Recht auf informationelle Selbstbestimmung‘) neu bewertet werden. Aus diesem Grunde empfiehlt es sich, solche Auskünfte nur mit schriftlicher Einwilligung des Bewerbers einzuholen."

zu dem Ergebnis geführt hat, die Zulässigkeit regelmäßig von der Einwilligung des Betroffenen abhängig zu machen.

Entsprechend sind die Gesetzgeber mit den für den öffentlichen Dienst geschaffenen bereichsspezifischen Datenschutzregelungen verfahren; vgl. u.a. § 34 HDSG; ferner sollte das Thema Gegenstand des bereits wiederholt angekündigten Arbeitnehmerdatenschutzgesetzes werden; ferner Gola/ Wronka, RDV 1991, 161.

– Die maßgebenden Grundsätze
Eindeutig ist jedoch Folgendes: **903**

• Das Auskunftsersuchen darf nur auf solche Informationen gerichtet sein, die vom Fragerecht des Arbeitgebers umfasst sind. Datenerhebungen, die gegenüber dem Bewerber unzulässig sind, können nicht in Umgehung des Direkterhebungsgrundsatzes und des Persönlichkeitsrechtsschutzes des Bewerbers bei dritter Seite stattfinden. Das bedeutet, dass es sich bei der Arbeitgeberauskunft im Ergebnis immer nur um die Bestätigung bzw. Korrektur von an sich beim Bewerber zulässigerweise zu erhebenden Daten handeln kann.

Vgl. Aufsichtsbehörde Baden-Württemberg, Hinweis zum BDSG Nr. 35, Staatsanzeiger vom 27.1.1997, Nr. 3, 7: „Unabhängig vom Vorliegen der Einwilligung und unabhängig davon, ob der Arbeitnehmer Einwendungen erhoben hat oder nicht, darf der bisherige Arbeitgeber dem künftigen Arbeitgeber unter Berücksichtigung der arbeitsrechtlichen Rechtsprechung zum Fragerecht des Arbeitgebers nur solche Daten übermitteln, an deren Kenntnis der künftige Arbeitgeber im Hinblick auf das geplante Arbeitsverhältnis ein berechtigtes, billigenswertes und schutzwürdiges Interesse hat."

Vgl. hierzu auch ausführlich bei Schmid, DB 1983, 769

- Das Auskunftsersuchen muss in jedem Falle unterbleiben, wenn der Bewerber sich Nachfragen bei seinem Arbeitgeber, z.B. weil er sich in ungekündigter Stellung befindet, verbeten hatte. Wünscht der Bewerber aus verständlichen Gründen, dass sein derzeitiger Arbeitgeber von der Bewerbung nicht erfährt, so muss der potenzielle neue Arbeitgeber dem Rechnung tragen.

904 Aber auch wenn der Wunsch nach Vertraulichkeit nicht ausdrücklich ausgesprochen wurde, aus den Bewerbungsunterlagen aber ersichtlich ist, dass der Bewerber sich in einem ungekündigten Arbeitsverhältnis befindet, darf wegen der für den Bewerber nicht auszuschließenden Nachteile ohne seine vorher erteilte Zustimmung keine Information des derzeitigen Arbeitgebers erfolgen.

Vgl. bei Däubler, Gläserne Belegschaften?, Rdn. 458; Gola, DuD 1986, 232 m.w.N.

- Auskunft darf nicht erteilt werden, wenn sich der (frühere) Arbeitgeber dem Arbeitnehmer gegenüber zur Vertraulichkeit verpflichtet hatte oder z.B. für den Arbeitnehmer nachteilige Vorwürfe in einem gerichtlichen Verfahren für erledigt erklärt wurden.
- Die Auskunft muss in Abwägung der berechtigten Interessen des anfragenden Arbeitgebers und des schutzwürdigen Interesses des Arbeitnehmers erfolgen, wobei der Grundsatz der Vertraulichkeit der Personalakte von Gewicht ist.

Vgl. BAG,DB 1985, 2307: „… Der Arbeitgeber ist gehalten und ggf. auch gegen den Willen des Arbeitnehmers berechtigt, Auskünfte über den Arbeitnehmer an solche Personen zu erteilen, mit denen der Arbeitnehmer in Verhandlungen über den Abschluss eines Arbeitsvertrages steht. Dieses Auskunftsrecht rechtfertigt nicht die Überlassung der Personalakte oder Teile derselben."

– Selbstbestimmung des Arbeitnehmers

905 Fraglich ist, ob die ausnahmsweise zulässige Auskunft unterbleiben muss, wenn der Arbeitnehmer diese ausdrücklich untersagt hatte. Das BAG

NJW 1958, 1061; ebenso LAG Hamburg, BB 1985, 804 = DuD 1985, 305

will die Berechtigung zur Auskunftserteilung gegen den Willen des ausgeschiedenen Arbeitnehmers daraus ableiten, dass ein Arbeitgeber grundsätzlich nicht gehindert werden könne, anderen Arbeitgebern bei der Wahrung ihrer Interessen zu helfen.

906 Diese Hilfestellung kann jedoch das dem Arbeitnehmer zustehende Recht auf informationelle Selbstbestimmung nicht aushebeln. Jedenfalls wenn er seinen diesbezüglichen Willen deutlich gemacht hat, muss die Entscheidung des Arbeitnehmers, keine weiteren Informationen bekannt zu geben, beachtet werden. Der potenzielle Arbeitgeber erleidet dadurch auch keine Nachteile, da es wiederum seine Entscheidung ist, ob er im Hinblick auf die vom Bewerber untersagte Arbeitgeberauskunft von der Einstellung absieht.

907 Andererseits kann sich für den Arbeitgeber aus dem Gesichtspunkt der – ggf. nachwirkenden – Fürsorgepflicht eine Verpflichtung zur Auskunftserteilung ergeben, wenn der Arbeitnehmer diese ausdrücklich wünscht.

Schaub, § 147 Rdn. 5; LAG Berlin, RDV 1990, 97; ferner LAG Berlin, BB 1989, 1825 = CR 1990, 208, wonach die Verletzung der Pflicht bzw. die Erteilung einer unzutreffenden Auskunft schadensersatzpflichtig macht. Da die Auskunft wahr sein muss, kann der Arbeitgeber sie auch erteilen, wenn sie für den Arbeitnehmer ungünstig ist; vgl. auch LAG Hamburg, BB 185, 804.

Voraussetzung ist einerseits ein besonderes Interesse des Arbeitnehmers, das im Rahmen einer anderweitigen Bewerbung zu bejahen ist, und andererseits, dass die Auskunft für den Arbeitgeber nicht mit einem besonderen Aufwand verbunden ist. Das besondere Interesse des Arbeitnehmers kann sich aber nur auf zusätzliche, spezielle Informationen erstrecken, die aus dem Zeugnis nicht zu entnehmen und für die derzeitige Bewerbung von Belang sind.

> *LAG Berlin, RDV 1990, 97*

4.7.7.5 Branchenauskunftsdienste

Sollen Arbeitgeberauskünfte nicht bezogen auf eine konkret anstehende Personalent- **908**
scheidung, sondern generell über einen brancheninternen Informationsdienst ausgetauscht werden, so kann dies – wie am Beispiel des Datenaustauschs durch die Auskunftsstelle für den Versicherungsaußendienst (AVAD)

> *LAG Berlin, DB 1979, 2187; LAG Hamm, DuD 1979, 74; ArbG Bremen, DuD 1984, 248; a.A. LAG München, RDV 1986, 278 = CR 1985, 158*

oder auch eines zur Ermittlung von „Sozialbetrug" angelegten Arbeitgeberinformationssystems

> *LAG Hamburg, RDV 1990, 39*

entschieden wurde – nur mit Einwilligung des Arbeitnehmers als zulässig angesehen werden.

> *Ebenso die Literatur: Wohlgemuth, Datenschutz für Arbeitnehmer, Rdn. 429; Däubler, Gläserne Belegschaften?, Rdn. 455; Gola, RDV 2002, 113; Simitis in Simitis § 28 Rdn. 109*

Die im Geltungsbereich des BDSG stattfindende Weitergabe von Daten an derartige **909**
Auskunftsdienste, die wie ein privates Strafregister wirken können, lässt sich weder aus der Zweckbestimmung des Arbeitsverhältnisses noch aus vorrangigen berechtigten Interessen der an dem System teilnehmenden Arbeitgeber rechtfertigen.

> *Vgl. zur diesbezüglichen Argumentation auch Däubler, Gläserne Belegschaften?, Rdn. 455*

Die gleiche Problematik tritt auch auf bei einem Datenaustausch zwischen konzernverbundenen Unternehmen, wenn z.B. die Konzernmutter die Rolle der Auskunftsstelle übernimmt.

4.7.7.6 Datenübermittlungen bei Unternehmensverkauf/-übernahme – Due-Diligence-Prüfung

Ähnliche Überlegungen wie bei der Frage der Zulässigkeit des konzerninternen Perso- **910**
naldatenflusses sind im Rahmen der sog. Due-Diligence-Prüfung beim Unternehmenserwerb anzustellen. Zu berücksichtigen ist, dass ein Unternehmen regelmäßig nicht zu veräußern sein wird, ohne dass dem potenziellen Erwerber bzw. den von ihm beauftragten Wirtschaftsprüfern Informationen über die „Due Diligence", d.h. u.a. auch über die Geschäftsbeziehungen und das Personal, gegeben werden.

Da auch in derartigen Fällen die Übermittlung nicht im Rahmen der Durchführung des **911**
Arbeitsvertrages erforderlich ist, wird der Betriebsinhaber zur Befugnis für die Übermittlung der Daten diesbezügliche „berechtigte Interessen" (§ 28 Abs. 1 S. 1 Nr. 2 BDSG) anführen müssen, die die Übermittlung auch unter – summarischer – Berücksichtigung evtl. entgegenstehender Interessen der Betroffenen als erforderlich und damit gerechtfertigt erscheinen lassen.

§ 32 BDSG ist nicht einschlägig; Braun/Wybitul, BB 2008, 782 (785); Zöll in Taeger/Gabel, § 32 Rdn. 32

Dies ist der Fall, wenn der Betriebsinhaber bei vernünftiger Betrachtung auf die Weitergabe angewiesen ist, um sein Recht zur Veräußerung des Betriebes wahrnehmen zu können, also bei „objektiver" Sicht ein Verkauf sonst nicht realisierbar wäre. Abzuwägen ist dieses Interesse an der Weitergabe der Personaldaten mit den der Offenlegung ihrer Daten entgegenstehenden „Vertraulichkeits"-Interessen der Mitarbeiter, wobei je nach Sachlage auch die Arbeitnehmer ein Interesse an der Übernahme des Betriebes und dem Erhalt ihrer Arbeitsplätze haben können, dem im Rahmen der Interessenabwägung Rechnung zu tragen ist. Grundsätzlich sollten nur anonymisierte oder wenigstens pseudonymisierte Daten weitergegeben werden.

Zöll in Taeger/Gabel, § 32 Rdn. 32

912 Bei vernünftiger Betrachtung wird sich das berechtigte Interesse des Erwerbers auf das leitende Management und ggf. besonders relevante Experten etc. erstrecken. Erfasst werden Angaben über Qualifikation, beruflichen Werdegang ebenso wie über die Modalitäten des Arbeitsvertrages. Weiterhin wird die Weitergabe von Personaldaten dann akzeptiert werden müssen, wenn die Zahl der Mitarbeiter des Unternehmens oder die betroffene Gruppe von Beschäftigten so klein ist, dass eine wirksame Anonymisierung nicht möglich ist. Offengelegt werden dürfen also solche Daten der für den Erwerber „relevanten" Mitarbeiter, die individuell unterschiedlich und eben unter Kaufaspekten für den Wert des Objekts von Bedeutung sind (also im Wesentlichen Angaben über die Gehälter, Pensionsverpflichtungen und sonstige finanziellen Leistungen, über die Kündigungsmodalitäten, nachvertragliche Wettbewerbsverbote und Qualifikationen).

913 Unzulässig wäre es dagegen, dem potenziellen Erwerber Einblick in die Personalakten zu gewähren oder personenbezogene Angaben über Krankheitszeiten oder Mitgliedschaften in Gewerkschaft oder Betriebsrat zukommen zu lassen.

Vgl. bei Diller/Deutsch, K&R 1998, 16 und 19; ebenso Seidel, Computer-Fachwissen 3/1998, 27

Einer automatisierten Übermittlung derartiger besonders sensitiver Daten (§ 3 Abs. 9 BDSG) stünde zudem § 28 Abs. 6 BDSG entgegen, d.h., sie wäre nur mit Einwilligung der Betroffenen zulässig.

– Der Betriebsinhaberwechsel

914 Kommt es zu dem Betriebsinhaberwechsel i.S.d. § 613a BGB, so tritt der neue Betriebsinhaber an die Stelle des bisherigen Arbeitgebers mit der Folge, dass ihm auch der Zugriff auf alle Personalinformationen im Rahmen der Zweckbestimmung des fortbestehenden Arbeitsverhältnisses zusteht. Der Erwerber ist somit mit Erwerb des Betriebes nicht mehr Dritter.

Sieht man in § 613a BGB keine Spezialnorm, die auch die Herrschaft über die Daten weitergibt,

vgl. bei Däubler, Gläserne Belegschaften?, Rdn. 489b f.; ders., RDV 2004, 55; als Rechtsgrundlage wird dann § 28 Abs. 1 S. 1 Nr. 2 BDSG herangezogen

so ist mit dem Betriebsübergang die Datenübermittlung erforderlich zur Durchführung des übergeleiteten Arbeitsvertrages (§ 32 Abs. 1 S. 1 BDSG), wobei jedoch in Ausnahmefällen ein schutzwürdiges Interesse des Beschäftigten an einer Nichtweitergabe bestimmter Daten nicht ausgeschlossen werden kann.

Grundsätzlich für die Anwendbarkeit von § 28 Abs. 1 Satz 1 Nr. 2 BDSG statt § 32 BDSG Zöll in Taeger/Gabel, § 32 Rdn. 32

Bildet dagegen § 613a BGB die Rechtsgrundlage, so stellt sich auch nicht das Problem einer Übermittlung besonders sensitiver Daten, die ggf. nur mit Einwilligung des Arbeitnehmers zulässig wäre. **915**

Vgl. auch bei Däubler, Gläserne Belegschaften?, Rdn. 489d, für den Fall, dass der Betriebserwerber einen neuen Betriebsarzt einsetzen würde; vgl. zur Problematik des Wechsels des Betriebsarztes jedoch Berliner Beauftragter für Datenschutz und Informationsfreiheit, Jahresbericht 2002, S. 86: „Bei Veräußerung einer Privatpraxis eines frei niedergelassenen Arztes kann die Patientendokumentation nur an den Praxisnachfolger übergeben werden, soweit die Zustimmung der Patienten dafür eingeholt werden konnte. Die betriebliche Sicherheit und die Bereitstellung einer betriebsärztlichen Einrichtung ist jedoch eine gesetzliche Pflichtaufgabe des Arbeitgebers. Der Arzt wird im Auftrag des Arbeitgebers tätig. Der Arbeitgeber kann diese Aufgaben auch auf einen externen betriebsärztlichen Dienst verlagern. Auch der externe Dienst unterliegt der Schweigepflicht, was bedeutet, dass der Arbeitgeber auf die mitarbeiterbezogenen arbeitsmedizinischen Unterlagen keinen Zugriff nehmen darf. Wenn der Betriebsarzt wechselt, verbleiben die arbeitsmedizinischen Unterlagen gleichwohl institutionell im betriebsärztlichen Dienst des Arbeitgebers. Sie können nicht von dem ‚abgehenden‘ Arzt mitgenommen werden. Der Arbeitgeber könnte sonst seine gesetzlichen Verpflichtungen nach dem Arbeitssicherheitsgesetz nicht mehr erfüllen. Denn die Unterlagen werden von dem nachfolgenden Arzt benötigt. Die ärztliche Schweigepflicht schützt also die Mitarbeiter nach innen, institutionell handelt es sich aber um betriebliche Daten des Arbeitgebers."

Wird ein Unternehmen im Rahmen der Insolvenz ohne Rechtsnachfolger liquidiert, so gilt es für den Insolvenzverwalter im Hinblick auf die nachwirkende Fürsorgepflicht eine Lösung zu finden, dass für die Beschäftigten z.B. im Hinblick auf spätere Ansprüche noch relevante Daten weiter zur Verfügung stehen. Sofern eine sog. Treuhandlösung nicht in Betracht kommt, **916**

vgl. Däubler, Gläserne Belegschaften?, Rdn. 489e

sollten die Unterlagen den Betroffenen überlassen werden.

4.8 Datenübermittlungen an Arbeitgeberverbände/Gewerkschaften

4.8.1 Arbeitgeberverbände

Wenn es innerhalb eines Konzerns ausnahmsweise zulässig ist, die Übermittlung von Personaldaten mit einem berechtigten Interesse des Arbeitgebers bzw. der Konzernmutter/-schwestern zu begründen, so vermögen diese Zulässigkeitsalternativen nicht mehr zu ziehen, wenn der Arbeitgeber Personaldaten – und seien es nur die Anschriften der Beschäftigten – an einen Arbeitgeberverband weitergeben will. Dies gilt selbst dann, wenn die Absicht verfolgt wird, dass der Verband die Beschäftigten z.B. über Tarifverhandlungen informieren soll. **917**

Vgl. Däubler, Gläserne Belegschaften?, Rdn. 456; Simitis in Simitis, § 28 Rdn. 255

Gleiches gilt für zentrale Arbeitgeberwarndienste bestimmter Branchen oder für eine überbetriebliche Prüfstelle. **918**

LAG Hamburg, RDV 1990, 39

Die Vorgänge bedürfen der Einwilligung.

4.8.2 Gewerkschaften

919 Entsprechendes gilt für Personaldatenübermittlungen an Gewerkschaften.

> *Vgl. hierzu auch HessStGH, RDV 1986, 143; BAG, DB 1959, 974 zum Fall, dass ein Betriebsratsmitglied vertrauliche Listen über die Lohngruppenzugehörigkeit von Arbeitnehmern an eine Gewerkschaft zwecks Überprüfung der „Beitragsehrlichkeit" weitergibt*

Wenn solche Datenübermittlungen im Rahmen des Einzugs des Gewerkschaftsbeitrags per Gehaltsabzug stattfinden, bedarf es der Einwilligung der betroffenen Beschäftigten. Eine Einwilligung des gewerkschaftlich organisierten Arbeitnehmers liegt nicht schon dann vor, wenn die Satzung der Gewerkschaft den Einzug des Beitrags vorsieht. Es bedarf vielmehr einer zusätzlichen, eigenständigen Einverständniserklärung des Mitglieds.

920 Ebenfalls unzulässig ist eine derartige Datenweitergabe, wenn der Arbeitgeber in Verhandlungen mit der Gewerkschaft über tarifliche Personalkostensenkungsmaßnahmen steht und dem Wunsch der Gewerkschaft auf Zurverfügungstellung von Lohnlisten der Beschäftigten, nebst Angaben über deren sozialen Status, zur Überprüfung der Gehaltssituation nachkommt. Das BetrVG gibt hierzu keine Berechtigung. Zudem genügen für diesen Fall – ähnlich wie bei der Due-Diligence-Prüfung – in der Regel anonymisierte bzw. pseudonymisierte Angaben.

> *LDI-NRW, TB 2007, Ziff. 14.2*

921 Allein wenn die Übermittlung unverzichtbar ist und sich der Personenbezug nicht vermeiden lässt, bildet hierfür § 28 Abs. 1 S. 1 Nr. 2 BDSG die Erlaubnisnorm.

Nimmt ein Betriebsratsmitglied gleichzeitig die Aufgabe einer gewerkschaftlichen Vertrauensperson wahr, so dürfen beide Funktionen bezüglich der Erhebung und Verarbeitung personenbezogener Daten nicht vermischt werden.

> *Vgl. Innenministerium BW, TB 2005, Ziff. 9.5*

922 Wenn der Betriebsrat die E-Mail-Adressen der Mitarbeiter für Informationszwecke nutzen darf, so gibt ihm das nicht die Befugnis zur Weitergabe der Adressen zwecks gewerkschaftlicher Werbung.

Daran ändert nichts, dass das BAG

> *RDV 2009, 172*

den Arbeitgeber als verpflichtet ansieht, die Versendung von E-Mails an die betrieblichen E-Mail-Adressen hinzunehmen, falls keine unzumutbaren Nachteile im konkreten Fall entstehen.

> *Vgl. zur Problematik im Einzelnen bei Gola, Datenschutz am Arbeitsplatz, Rdn. .203 ff.*

4.9   Spezielle gesetzliche Übermittlungsge- und -verbote

4.9.1 Allgemeines

923 Gerade im Personalwesen ist hinsichtlich vielfältiger Datenübermittlungen zu berücksichtigen, dass sie aufgrund von speziellen gesetzlichen Regelungen nicht nur zulässig, sondern ggf. sogar zwingend gesetzlich geboten sind;

> *vgl. Hentschel/Goldenblohm/Laicher, Auskunfts-, Bescheinigungs- und Meldevorschriften im Personalwesen*

dies gilt insbesondere für dem Arbeitgeber gegenüber staatlichen Instanzen wie Finanz- und Arbeitsämtern, Sozialversicherungsträgern, Industrie- und Handels- oder Handwerkskammern auferlegte Melde-, Berichts- und Auskunftspflichten.

Festzuhalten ist aber, dass auch derartige spezielle gesetzliche Übermittlungsgebote von der Rechtsprechung an dem Recht des einzelnen Beschäftigten auf informationelle Selbstbestimmung gemessen werden.   **924**

> *Vgl. die für staatliche Übermittlungsregelungen vom BVerfG, BVerfGE 65, 1 = NJW 1984, 419 (Volkszählungsurteil) gezogenen Grenzen: „Das Recht auf informationelle Selbstbestimmung besteht jedoch nicht schrankenlos. Der Mensch als gemeinschaftsbezogener und gemeinschaftsgebundener Bürger muss im Interesse dieser Gemeinschaft gebotene Beschränkungen hinnehmen. Wo die Grenze zwischen einem unantastbaren Bereich privater Lebens- und Informationsgestaltung und dem Recht der Gemeinschaft, des Staates, auf Information verläuft, bestimmt sich im Einzelfall nach dem Verhältnismäßigkeitsgrundsatz. Dieser zieht einem staatlichen Eingriff Grenzen und bestimmt damit zugleich auch die Reichweite des Rechts auf informationelle Selbstbestimmung des Einzelnen."*

So hatte das BAG   **925**

> *RDV 1988, 197 = DB 1988, 1552 = NZA 1988, 621*

über die Zulässigkeit der Weitergabe von Personaldaten an den Bundesrechnungshof gemäß § 95 Abs. 1 BHO zu entscheiden, wobei es darum ging, dass die – damals noch staatliche – Post auf Ersuchen des Bundesrechnungshofes Schaublätter aus Fahrtenschreibern in von Bediensteten gefahrenen Kraftfahrzeugen dem Bundesrechnungshof übersandte. Das BAG stellt dazu fest: *„Der Verhältnismäßigkeitsgrundsatz erfordert im Einzelfall die Abwägung der in Betracht kommenden Interessen. Wiegen die Interessen der Gemeinschaft, deren Wahrung die staatliche Maßnahme dienen soll, schwerer als die einer Preisgabe von Informationen entgegenstehenden Interessen des Einzelnen, so ist der Eingriff zulässig. Solche Maßnahmen muss der Einzelne als Bürger eben dieser Gemeinschaft hinnehmen (BVerfG 27 S. 344, 352 = AP Nr. 17 zu Art. 2 GG). Diese Interessenabwägung führt im vorliegenden Falle dazu, dass der Kläger es hinnehmen muss, wenn der Staat die Bundespost durch § 95 Abs. 1 BHO verpflichtet, die Schaublätter dem Bundesrechnungshof vorzulegen.*

Das Interesse des Klägers, die in den Schaublättern enthaltenen Angaben über Lenk- und sonstige Zeiten nicht dem Bundesrechnungshof bekannt werden zu lassen, fällt demgegenüber nicht ins Gewicht. Diese Daten betreffen nicht den Bereich einer privaten und der Kenntnis Dritter grundsätzlich verschlossenen Lebensführung. Sie haben Bezug zum Verhalten des Klägers in einem Rechtsverhältnis, das dieser durch den Abschluss des Arbeitsvertrages freiwillig eingegangen ist und aufgrund dessen dem Kläger für die auch durch die Schaublätter ausgewiesenen Zeiten eine Leistung gewährt worden ist. Daran, dass diese Zeiten dem Bundesrechnungshof nicht bekannt werden, kann der Kläger nur dann ein Interesse haben, wenn er solche Leistungen zu Unrecht bezogen haben sollte. Ein solches Interesse wäre jedoch nicht schützenswert."

Als weiteres Beispiel kann die Entscheidung des OVG Münster   **926**

> *NJW 1988, 2496 = RDV 1989, 24*

zu der Frage angeführt werden, ob und unter welchen Voraussetzungen der Petitionsausschuss des Deutschen Bundestages die Vorlage von Personal- und Disziplinarakten eines Beamten verlangen kann. Das Gericht stellt fest, dass das Grundrecht auf informationelle Selbstbestimmung im überwiegenden Allgemeininteresse durch das Gesetz über die Befugnisse des Petitionsausschusses des Deutschen Bundestages (Ges. nach Art. 45c GG) vom 19.7.1975 (BGBl. I, 1921) eingeschränkt wird. Gemäß § 1 dieses Gesetzes haben die Bundesregierung und die Behörden des Bundes dem Petitionsausschuss über Beschwerden nach Art. 17 GG Akten vorzulegen, Auskunft zu erteilen und Zutritt zu ihren Einrichtungen zu erteilen. § 31 sieht vor, dass Aktenvorlage, Auskunft und Zutritt nur verweigert werden dürfen, wenn der Vorgang nach einem Gesetz geheim gehalten werden muss oder sonstige zwingende Geheimhaltungsgründe bestehen. Unter Heranziehung dieser Einschränkung der Datenübermittlung verneint es die Zulässigkeit der Vorlage der kompletten Personalakte, wobei es ausführt: *„Personalakten enthalten Vorgänge, für die sonstige zwingende Geheimhaltungsgründe i.S.d § 31 des Gesetzes nach Art. 45c GG bestehen. Diese Gründe ergeben sich daraus, dass die Personalakten eine Sammlung von Urkunden und Vorgängen sind, die die persönlichen und dienstlichen Verhältnisse des Beamten betreffen."*

In diesem Kontext erwähnenswert ist auch die Entscheidung des HessStGH,

> *RDV 1986, 149 = DVBl. 1986, 936*

nach der die im damaligen Hessischen Personalvertretungsgesetz vorgesehene Teilnahme von Vertretern der im Personalrat vertretenen Gewerkschaften an den sog. Monatsgesprächen zwischen Dienststellenleiter und Personalrat die Einwilligung der Beschäftigten voraussetzt, deren Personalangelegenheiten behandelt werden sollen. Für eine Regelung, die die Datenübermittlung an Gewerkschaftsvertreter auch ohne Einwilligung der Betroffenen vorsehe, fehle das überwiegende Allgemeininteresse. Entsprechendes hätte der StGH nach ausdrücklichem Bekunden in den Urteilsgründen auch für das bisher unbeanstandet im Personalvertretungs- und Betriebsverfassungsrecht (§ 31 BetrVG) enthaltene Teilnahmerecht der Gewerkschaftsvertreter an Personalratssitzungen erklärt, sofern diese Frage zu seiner Entscheidung gestellt gewesen wäre. Das derzeit geltende HPVG sieht daher in §§ 33, 60 Abs. 5 auch vor, dass die Weitergabe von Personaldaten an Gewerkschaftsvertreter nur mit Einwilligung der betroffenen Beschäftigten erfolgen darf.

4.9.2 Bereichsspezifische Übermittlungsvorschriften des Personalaktenrechts der Beamten

927 Das für Beamte maßgebende Personalaktenrecht enthält für die interne und externe Weitergabe von Personaldaten spezielle Verarbeitungs- und Nutzungsverbote, die die Vorlage und Übermittlung von Personalaktendaten bzw. der gesamten Haupt- oder Nebenpersonalakte regeln.

Vgl. Däubler, Gläserne Belegschaften?, Rdn. 486 ff.

§ 111 BBG – Vorlage von Personalakten und Auskünfte an Dritte

(1) Ohne Einwilligung der Beamtin oder des Beamten ist es zulässig, die Personalakte der obersten Dienstbehörde oder einer im Rahmen der Dienstaufsicht weisungsbefugten Behörde vorzulegen, soweit dies für Zwecke der Personalverwaltung oder Personalwirtschaft erforderlich ist. Das Gleiche gilt für Behörden desselben Geschäftsbereichs, soweit die Vorlage zur Vorbereitung oder Durchführung einer Personalentscheidung notwendig ist, sowie für Behörden eines anderen Geschäftsbereichs

desselben Dienstherrn, soweit diese an einer Personalentscheidung mitzuwirken haben. Einer Ärztin oder einem Arzt, die oder der im Auftrag der personalverwaltenden Behörde ein medizinisches Gutachten erstellt, darf die Personalakte ebenfalls ohne Einwilligung vorgelegt werden. Für Auskünfte aus der Personalakte gelten die Sätze 1 bis 3 entsprechend. Soweit eine Auskunft ausreicht, ist von einer Vorlage abzusehen.

(2) Auskünfte an Dritte dürfen nur mit Einwilligung der Beamtin oder des Beamten erteilt werden, es sei denn, dass die Abwehr einer erheblichen Beeinträchtigung des Gemeinwohls oder der Schutz berechtigter, höherrangiger Interessen der oder des Dritten die Auskunftserteilung zwingend erfordert. Die Auskunft ist auf den jeweils erforderlichen Umfang zu beschränken. Inhalt und Empfängerin oder Empfänger der Auskunft sind der Beamtin oder dem Beamten schriftlich mitzuteilen.

Die Übersendung von Personalakten an Behörden, die nicht in § 111 BBG privilegiert sind – also im Fall der Bewerbung des Beamten bei einem anderen Dienstherrn (bei Versetzungen zu Behörden des gleichen Geschäftsbereichs des Dienstherrn darf die Akte zur Vorbereitung der Entscheidung weitergegeben werden) –, ist, wie der Einleitungssatz des Absatzes 1 aufzeigt, mit Einwilligung des Beamten weiterhin zulässig. Die Weitergabe der Akte an sonstige Dritte wird jedoch – auch mit Einwilligung des Beamten, d.h. ggf. sogar bei einem ausdrücklich dahingehend geäußerten Wunsch – aufgrund ihrer dienstlichen Zweckbestimmung regelmäßig nicht in Betracht kommen. **928**

Sonstige Dritte können gemäß § 111 Abs. 2 BBG Auskunft erhalten; ob auch eine Pflicht zur Auskunftserteilung besteht, regelt die Bestimmung nicht. Danach ist die Erteilung einer Auskunft grundsätzlich an die Einwilligung des Beamten geknüpft, es sei denn, dass ein gewichtiges vorrangiges Informationsinteresse des Dritten oder eine erhebliche Beeinträchtigung des Allgemeinwohls die Auskunftserteilung auch ohne Einwilligung des Beamten zwingend erfordert. Jedoch sollte auch in diesen Fällen aufgrund der Fürsorgepflicht des Dienstherrn im Regelfall versucht werden, zunächst die Einwilligung des Beamten einzuholen bzw. seine der Auskunftserteilung ggf. entgegenstehenden Interessen festzustellen. Dadurch kann ermittelt werden, ob das Informationsinteresse des Dritten ggf. als höherrangig zu bewerten ist. In jedem Fall darf die Übermittlung der Daten nicht hinter dem Rücken des Beamten stattfinden, d.h., er ist nach § 111 Abs. 2 BBG über Inhalt und Empfänger der Auskunft schriftlich zu informieren. Das kann wohl am einfachsten durch Übersendung einer Kopie des Auskunftschreibens geschehen, wobei zu beachten ist, dass eine weitere Kopie zu der Personalakte des Beamten zu nehmen ist. Die Schriftlichkeit der Mitteilungspflicht bewirkt ferner, dass auch eine mündlich erteilte Auskunft nachträglich schriftlich zu fixieren ist. **929**

Generell muss sich die Aktenvorlage und Auskunft auf die jeweils erforderlichen Informationen beschränken. Wenn also in § 111 Abs. 1 S. 3 BBG Ärzten, die im Auftrag der personalverwaltenden Behörde ein Gutachten erstellen, die Personalakte vorgelegt werden kann, so gilt das nur für den Fall und den Umfang, d.h. die Teile der Akte, die der Arzt für die Erstellung der ärztlichen Begutachtung benötigt. **930**

4.9.3 Regelungen durch Betriebs- und Dienstvereinbarung

Gerade auch in diesem Zusammenhang muss noch einmal deutlich gemacht werden, dass auch in einer Betriebs- oder Dienstvereinbarung getroffene Regelungen über die **931**

Zulässigkeit bzw. das Verbot von bestimmten Datenübermittlungen eine gemäß § 4 Abs. 1 S. 1 BDSG „vorrangige" Zulässigkeitsnorm darstellen.

932 Derartige Regelungen dürfen aber nicht das informationelle Selbstbestimmungsrecht des Beschäftigten ausschließen. Enthält eine Betriebsvereinbarung einen abschließenden Katalog zulässiger Übermittlungstatbestände und erlaubt sie weitere Übermittlungen nur „nach erteilter Zustimmung durch den Betriebsrat", so kann dies nicht für den Fall gelten, dass der betroffene Mitarbeiter die Übermittlung der Daten wünscht. Die Individualberechtigung geht also dem Kollektivrecht insoweit vor.

Umgekehrt kann durch eine in einer Betriebsvereinbarung unter der zwangsläufig pauschal erfolgten Abwägung der Interessen von Arbeitgeber und Belegschaft geschaffene Übermittlungserlaubnis nicht das Widerspruchsrecht des Einzelnen nach § 35 Abs. 5 BDSG ausgehebelt werden.

4.9.4 Beispiele gesetzlicher Übermittlungsregelungen zwecks Mitarbeiterüberprüfung

4.9.4.1 Sicherheitsüberprüfungen

933 Unter Umständen finden sehr „sensible" Datenerhebungen und Übermittlungen im Rahmen von Sicherheitsüberprüfungen von Mitarbeitern statt. Bei derartigen Prüfungen ist der Beschäftigte gehalten, Angaben über seine persönlichen Verhältnisse zu machen, die über die üblicherweise zulässigen Arbeitgeberfragen weit hinausgehen.

Vgl. hierzu bei Däubler, Gläserne Belegschaften?, Rdn. 901 ff.

934 Der Wunsch nach der Angabe von Personaldaten zwecks einer von ihm durchgeführten Überprüfung geht ggf. vom Auftraggeber des Arbeitgebers aus. Hier müssen das berechtigte Interesse des Auftraggebers, Sicherheitsprobleme zu vermeiden, und das Interesse des Arbeitgebers, entsprechende Aufträge nicht zu verlieren, mit der gleichwohl noch zu gewährleistenden Wahrung der Interessen der Betroffenen vereinbar sein.

Vgl. Innenmisterium BW, TB 2005, S. 142, für bei US-Streitkräften tätige private Dienstleister

– Sicherheitsüberprüfungsgesetz (SÜG)

935 Rechtsnormen für Sicherheitsüberprüfungen enthalten z.B. § 12b des Atomgesetzes und § 7 des Luftsicherheitsgesetzes und insbesondere des SÜG.

Sicherheitsüberprüfungsgesetz vom 20. April 1994 (BGBl. I S. 867), zuletzt geändert durch Artikel 10 Abs. 5 des Gesetzes vom 5. Januar 2007 (BGBl. I S. 2), mittelbar geändert durch Artikel 2 des Gesetzes vom 5. Januar 2007, zum wesentlichen Inhalt vgl. Engelien-Schulz, RDV 2006, 204

Betroffen sind nicht nur Bedienstete des öffentlichen Dienstes, sondern auch solche der Privatwirtschaft.

---

§ 2 SÜG – Betroffener Personenkreis

(1) Eine Person, die mit einer sicherheitsempfindlichen Tätigkeit betraut werden soll (Betroffener), ist vorher einer Sicherheitsüberprüfung zu unterziehen. Die Sicherheitsüberprüfung bedarf der Zustimmung des Betroffenen, soweit gesetzlich nichts anderes bestimmt ist. Die Zustimmung ist schriftlich zu erteilen, aber nicht in elektronischer Form. Eine sicherheitsempfindliche Tätigkeit darf erst nach Vollendung des 16. Lebensjahres übertragen werden. Auf

---

eine Sicherheitsüberprüfung nach diesem Gesetz kann verzichtet werden, wenn für den Betroffenen bereits eine gleich- oder höherwertige Sicherheitsüberprüfung durchgeführt worden ist.

(2) Der volljährige Ehegatte, der Lebenspartner oder der volljährige Partner, mit dem der Betroffene in einer auf Dauer angelegten Gemeinschaft lebt (Lebensgefährte), soll in die Sicherheitsüberprüfung nach den §§ 9 und 10 einbezogen werden. Über Ausnahmen entscheidet die zuständige Stelle. Im Falle der Einbeziehung ist die Zustimmung des Ehegatten, Lebenspartners oder Lebensgefährten erforderlich. Die Zustimmung ist schriftlich zu erteilen, aber nicht in elektronischer Form. Geht der Betroffene die Ehe während oder erst nach erfolgter Sicherheitsüberprüfung ein oder begründet er die Lebenspartnerschaft oder die auf Dauer angelegte Gemeinschaft in dem entsprechenden Zeitraum, so ist die zuständige Stelle zu unterrichten, um sie in die Lage zu versetzen, die Einbeziehung des Ehegatten, Lebenspartners oder Lebensgefährten in die Sicherheitsüberprüfung nachzuholen. Das Gleiche gilt bei später eintretender Volljährigkeit des Ehegatten oder Lebensgefährten.

(3) ...

Das sicherheitsgefährdete Unternehmen verpflichtet sich, um Aufträge zu erhalten, die den Umgang mit Verschlusssachen erfordern, die vom Bundesministerium für Wirtschaft und Technologie in dem Handbuch für den Geheimschutz in der Wirtschaft konkretisierten Prüfungsverfahren zu beachten. **936**

Beherrscht wird das Verfahren von der Freiwilligkeit. Einerseits bildet § 11 Abs. 1 SÜG eine bereichsspezifische Erlaubnisnorm gemäß § 1 Abs. 3 BDSG, andererseits macht § 2 Abs. 1 S. 2 SÜG die Zustimmung des Betroffenen zur grundsätzlichen Voraussetzung der Durchführung des Sicherheitsüberprüfungsverfahrens. Widerruft der Betroffene seine Zustimmung während des Verfahrens, so ist dieses ohne Entscheidung in der Sache einzustellen. Andererseits ist nicht zu verkennen, dass insbesondere die daraus resultierende fehlende Beschäftigungsmöglichkeit in bestimmten Einsatzgebieten die Einstellung bzw. Weiterbeschäftigung gefährden kann. **937**

Vor der Feststellung eines Sicherheitsrisikos steht dem Beschäftigten das Recht auf Anhörung zu. Eingeschränkte Auskunftsrechte ergeben sich aus § 36 SÜG. Gegen die Feststellung eines Sicherheitsrisikos steht der Klageweg vor den Verwaltungsgerichten offen. **938**

Zu dem den Behörden von der Rechtsprechung eingeräumten Beurteilungsermessen und entsprechender Rechtsprechung sowie dem Verfahren vgl. bei Däubler, Gläserne Belegschaften?, Rdn. 915 ff., 931 ff.

Dem Betroffenen sind Auskunftsansprüche eingeräumt. Daneben sind die Pflichten zur Löschung der Daten explizit geregelt.

– Zuständigkeit

Die Zuständigkeit der Überprüfung liegt bei der mit der Beschäftigung des Mitarbeiters und damit der Anvertrauung sicherheitsempfindlicher Informationen betrauten Behörde. In der Privatwirtschaft ist es in der Regel das Bundeswirtschaftsministerium (§ 3 SÜG). **939**

§ 3 SÜG – Zuständigkeit

(1) Zuständig für die Sicherheitsüberprüfung ist

1. die Behörde oder sonstige öffentliche Stelle des Bundes, die einer Person eine sicherheitsempfindliche Tätigkeit zuweisen, übertragen oder sie dazu ermächtigen will,

2. ...

940 Der Behörde und den von ihr zu beteiligenden Stellen, d. h. auch dem privaten Arbeitgeber, sind in § 11 SÜG Datenerhebungsermächtigungen eingeräumt.

---

§ 11 SÜG – Datenerhebung

(1) Die zuständige Stelle und die mitwirkende Behörde dürfen die zur Erfüllung ihrer Aufgaben nach diesem Gesetz erforderlichen Daten erheben. Der Betroffene sowie die sonstigen zu befragenden Personen und nicht-öffentlichen Stellen sind auf den Zweck der Erhebung, die Auskunftspflichten nach diesem Gesetz und auf eine dienst-, arbeitsrechtliche oder sonstige vertragliche Mitwirkungspflicht, ansonsten auf die Freiwilligkeit ihrer Angaben hinzuweisen. ...

(2) Die zuständige Stelle erhebt die personenbezogenen Daten beim Betroffenen oder bei dem in die Sicherheitsüberprüfung einbezogenen Ehegatten, Lebenspartner oder Lebensgefährten. Reicht diese Erhebung nicht aus oder stehen ihr schutzwürdige Interessen des Betroffenen oder seines Ehegatten, Lebenspartners oder Lebensgefährten entgegen, können andere geeignete Personen oder Stellen befragt werden.

Die von dem betroffenen Arbeitnehmer bzw. seinen Familienangehörigen anzugebenden Daten listet § 13 SÜG auf.

---

§ 13 SÜG – Sicherheitserklärung

(1) In der Sicherheitserklärung sind vom Betroffenen anzugeben:

1) *Namen, auch frühere, Vornamen,*

2) *Geburtsdatum, -ort,*

3) *Staatsangehörigkeit, auch frühere und doppelte Staatsangehörigkeiten,*

4) *Familienstand,*

5) *Wohnsitze und Aufenthalte von längerer Dauer als zwei Monate, und zwar im Inland in den vergangenen fünf Jahren, im Ausland ab dem 18. Lebensjahr,*

6) *ausgeübter Beruf,*

7) *Arbeitgeber und dessen Anschrift,*

8) *Anzahl der Kinder,*

9) *im Haushalt lebende Personen über 18 Jahre (Namen, auch frühere, Vornamen, Geburtsdatum und Geburtsort und Verhältnis zu dieser Person),*

10) *Eltern, Stief- oder Pflegeeltern (Namen, auch frühere, Vornamen, Geburtsdatum, Geburtsort, Staatsangehörigkeit und Wohnsitz),*

11) *Ausbildungs- und Beschäftigungszeiten, Wehr- oder Zivildienstzeiten mit Angabe der Ausbildungsstätten, Beschäftigungsstellen sowie deren Anschriften,*

12) *Nummer des Personalausweises oder Reisepasses,*

13) *Angaben über in den vergangenen fünf Jahren durchgeführte Zwangsvollstreckungsmaßnahmen und, ob zurzeit die finanziellen Verpflichtungen erfüllt werden können,*

14) *Kontakte zu ausländischen Nachrichtendiensten oder zu Nachrichtendiensten der ehemaligen Deutschen Demokratischen Republik, die auf einen Anbahnungs- und Werbungsversuch hindeuten können,*

15) *Beziehungen zu verfassungsfeindlichen Organisationen,*

16) *anhängige Straf- und Disziplinarverfahren,*

---

17) Angaben zu Wohnsitzen, Aufenthalten, Reisen, nahen Angehörigen und sonstigen Beziehungen in und zu Staaten, in denen nach Feststellung des Bundesministeriums des Innern als Nationale Sicherheitsbehörde besondere Sicherheitsrisiken für die mit sicherheitsempfindlicher Tätigkeit befassten Personen zu besorgen sind,

18) zwei Auskunftspersonen zur Identitätsprüfung des Betroffenen nur bei der Sicherheitsüberprüfung nach den §§ 9 und 10 (Namen, Vornamen, Anschrift und Verhältnis zur Person),

19) drei Referenzpersonen (Namen, Vornamen, Beruf, berufliche und private Anschrift und Rufnummern sowie zeitlicher Beginn der Bekanntschaft) nur bei einer Sicherheitsüberprüfung nach § 10,

20) Angaben zu früheren Sicherheitsüberprüfungen.

Der Erklärung sind zwei aktuelle Lichtbilder mit der Angabe des Jahres der Aufnahme beizufügen.

(2) ...

Ferner enthält § 13 SÜG Regelungen zur Erhebung von Daten aus anderen Quellen.

Für die Datenerhebung im nicht öffentlichen Bereich werden die Daten vom Arbeitgeber erhoben und an die zuständige Stelle, d.h. in der Regel das Wirtschaftsministerium, weitergegeben (§ 26 SÜG). **941**

– Nutzungsverbote

Hinsichtlich der erhobenen Daten besteht ein Zweckbestimmungs- und Abschottungsgebot. Der Sicherheitsbereich muss abgeschottet von der Personalabteilung organisiert sein. Die Personalabteilung erfährt nur die Erkenntnisse (z.B. über den Verdacht eines Dienstvergehens) oder das für den Einsatz des Mitarbeiters relevante Ergebnis der Prüfung. Verstöße gegen das Zweckbindungs- und Abschottungsgebot sind strafrechtlich sanktioniert (§ 37 Abs. 2 Nr. 1 SÜG). **942**

§ 18 SÜG – Sicherheitsakte und Sicherheitsüberprüfungsakte

(1) Die zuständige Stelle führt über den Betroffenen eine Sicherheitsakte, in die alle die Sicherheitsüberprüfung betreffenden Informationen aufzunehmen sind. ...

(2) ...

(3) Die Sicherheitsakte ist keine Personalakte. Sie ist gesondert zu führen und darf weder der personalverwaltenden Stelle noch dem Betroffenen zugänglich gemacht werden; § 23 Abs. 6 bleibt unberührt. ...

Für den privaten Bereich schreibt § 25 Abs. 3 SÜG ein Abschottungsgebot vor. **943**

§ 25 SÜG – Zuständigkeit

(3) Die Aufgaben der nicht-öffentlichen Stelle nach diesem Gesetz sind grundsätzlich von einer von der Personalverwaltung getrennten Organisationseinheit wahrzunehmen.

Die zuständige Stelle kann Ausnahmen zulassen, wenn die nicht-öffentliche Stelle sich verpflichtet, Informationen, die ihr im Rahmen der Sicherheitsüberprüfung bekannt werden, nur für solche Zwecke zu gebrauchen, die mit der Sicherheitsüberprüfung verfolgt werden.

Andererseits kann zur Überprüfung der Angaben des Betroffenen von dem Sicherheitsbeauftragten auch die Personalakte in den jeweils relevanten Bereichen eingesehen werden.

Zur Sicherheitsüberprüfung anhand der Terrorismuslisten vgl. Rdn. 952 ff., 1211 ff.

– Mitbestimmungspflicht

944 Ist die Sicherheitsüberprüfung dem Arbeitgeber durch bestandskräftigen Verwaltungsakt z.B. im Rahmen der erteilten Betriebserlaubnis auferlegt worden oder ist sie zwingend erforderlich, damit der Bewerber eingestellt werden kann, so unterliegen die Datenerhebungen und die insoweit praktizierte Auswahlrichtlinie nicht der Mitbestimmung.

BAG, RDV 1992, 130; BAGE 58, 297 = RDV 1989, 48 = DB 1988, 2055

Führt der Arbeitgeber die Sicherheitsüberprüfung „freiwillig" durch, z.B. um die Voraussetzungen für Aufträge der öffentlichen Hand zu schaffen, und bleibt es ihm überlassen, ob er einen Bewerber trotz mitgeteilter Bedenken einstellt bzw. weiterbeschäftigt, so besteht Mitbestimmungspflicht.

ArbG München, RDV 1988, 204

4.9.4.2 Zuverlässigkeitsprüfung im Bewachungsgewerbe

– Normadressaten

945 Ein weiteres Beispiel der Einholung einer behördlichen Erlaubnis zur Beschäftigung von Personal und für die dabei stattfindenden Datenübermittlungen stellen die gesetzlichen Regelungen

vgl. Gesetz zur Änderung des Bewachungsgewerberechts vom 23.7.2002, BGBl. I, 2002, S. 2724;

für das Bewachungsgewerbe dar.

vgl. LfD Baden-Württemberg, 30. TB (2010/2011) S. 158

946 Nach § 34a GewO und der dazu ergangenen Bewachungsverordnung – BewachV – haben diejenigen, die Bewachungsaufgaben, d.h. gewerbsmäßig die Bewachung von Leben und Eigentum fremder Personen, wahrnehmen, die entsprechenden Kenntnisse nachzuweisen und sich einer Zuverlässigkeitsüberprüfung zu unterziehen. Die von Personen oder Sachen abzuwehrenden Gefahren können von Dritten, aber auch von dem zu bewachenden Objekt bzw. der zu schützenden Person selbst ausgehen. Durch das Merkmal des „Schutzes" grenzt sich die Bewachung von Beobachtungs- und Ermittlungstätigkeiten der Detektive (Ausnahme: selbstständiger Hotel- oder Kaufhausdetektiv gemäß seiner Schutzfunktion) oder Auskunfteien ab. Das Spektrum des Wach- und Sicherheitsgewerbes reicht vom Werk- und Objektschutz, Pförtner- und Empfangsdienst, Fluggastkontrolleur und Disco-Türsteher bis zum Parkplatzwächter.

947 Nicht erfasst wird, wer sein Eigentum durch eigenes Personal bewachen lässt. Gleiches gilt, wenn die Bewachung fremden Eigentums oder fremder Personen nur „Nebenpflicht" einer anderen Dienstleistung ist (z.B. angestellte/r Garderobenfrau/Hoteldetektiv bewacht Eigentum der Gäste). Wird in einem Kongresszentrum die Garderobe von einem Fremdunternehmen betrieben, so ist dieses Normadressat.

– Genehmigungspflicht und Zuverlässigkeitsprüfung

948 Wer Dritten eine Dienstleistung auf dem Gebiet der Bewachung erbringen will, bedarf der Genehmigung nach § 34a GewO. Voraussetzung sind u.a. für den Gewerbetreibenden und sein Personal die erforderliche Rechts- und Fachkenntnis und die Zuverlässigkeit. So hat der Gewerbetreibende einzustellendes Wachpersonal der zuständigen Behörde zu melden. Ohne Durchführung der Zuverlässigkeitsprüfung darf die Tätigkeit nicht aufgenommen werden. Die Behörde holt im Rahmen der Zuverlässigkeitsprüfung u.a. eine uneingeschränkte Bundeszentralregisterauskunft und, bei besonderen Gefahren für die Allgemeinheit, auch eine Auskunft beim Landesverfassungsschutz ein (§ 9 BewachV). Dem Arbeitgeber kann das Ergebnis der Überprüfung einschließlich der für die Beurteilung der Zuverlässigkeit erforderlichen Daten mitgeteilt werden (§ 34a Abs. 3 GewO). Die Gewerbeämter werden darüber hinaus von der Staatsanwaltschaft bzw. den Gerichten über Strafsachen unterrichtet, deren Tatvorwurf Zweifel an der Zuverlässigkeit begründet (§ 15 BewachV).

---

§ 34a GewO – Bewachungsgewerbe

(1) Wer gewerbsmäßig Leben oder Eigentum fremder Personen bewachen will (Bewachungsgewerbe), bedarf der Erlaubnis der zuständigen Behörde. ...

(2) Das Bundesministerium für Wirtschaft und Technologie kann mit Zustimmung des Bundesrates durch Rechtsverordnung

1) ...

2) ...

3) zum Schutze der Allgemeinheit und der Auftraggeber Vorschriften erlassen über den Umfang der Befugnisse und Verpflichtungen bei der Ausübung des Bewachungsgewerbes, insbesondere über

a) den Geltungsbereich der Erlaubnis,

b) die Pflichten des Gewerbetreibenden bei der Einstellung und Entlassung der im Bewachungsgewerbe beschäftigten Personen, über die Aufzeichnung von Daten dieser Personen durch den Gewerbetreibenden und ihre Übermittlung an die Gewerbebehörden, über die Anforderungen, denen diese Personen genügen müssen, sowie über die Durchführung des Wachdienstes,

c) ...

d) die Unterrichtung der zuständigen Behörde durch Gerichte und Staatsanwaltschaften über rechtliche Maßnahmen gegen Gewerbetreibende und ihr Personal, das mit Bewachungsaufgaben betraut ist.

(3) Sofern zur Überprüfung der Zuverlässigkeit des Bewachungspersonals nach Absatz 1 Satz 4 von der zuständigen Behörde Auskünfte aus dem Bundeszentralregister nach § 30 Abs. 5, § 31 oder unbeschränkte Auskünfte nach § 41 Abs. 1 Nr. 9 Bundeszentralregistergesetz eingeholt werden, kann das Ergebnis der Überprüfung einschließlich der für die Beurteilung der Zuverlässigkeit erforderlichen Daten an den Gewerbetreibenden übermittelt werden.

(4) Die Beschäftigung einer Person, die in einem Bewachungsunternehmen mit Bewachungsaufgaben beschäftigt ist, kann dem Gewerbetreibenden untersagt werden, wenn Tatsachen die Annahme rechtfertigen, dass die Person die für ihre Tätigkeit erforderliche Zuverlässigkeit nicht besitzt.

(5) ...

---

949 Der Gewerbetreibende und sein Bewachungspersonal haben sich – mangels eines anderweitigen entsprechenden Kenntniserwerbs – vor Aufnahme der Tätigkeit bei der IHK einer „Unterrichtung" zu unterziehen, zu deren Gegenstand expressis verbis das Datenschutzrecht gehört.

4.9.4.3 Datenübermittlung im Finanzgewerbe

950 Seit dem 1. November 2012 sind Wertpapierdienstleistungsunternehmen verpflichtet, gegenüber der Bundesanstalt für Finanzdienstleistungsaufsicht (BaFin) diejenigen Mitarbeiter anzuzeigen, die mit der Anlageberatung betraut sind (§ 34d Abs. 1 WpHG). Gemäß § 8 Abs. 1 Abs. 1 Nr. 2 WpHG-MaAnzW sind dabei anzugeben: Familienname, Geburtsname, Vorname, Tag und Ort der Geburt.

Zum „Profil" dieses Mitarbeiters vgl. Böckelmann, RDV 2012, 235

951 Nach § 17 der seit dem 1. Januar 2013 geltenden Finanzanlagenvermittlungsverordnung (FinVermV) müssen auch freie Finanzanlagenvermittler, die nicht unter § 31 des WpHG fallen, ihren Kunden sämtliche Zuwendungen offenlegen, die sie im Rahmen der Vermittlung von Finanzanlagen erhalten. Dazu gehören nicht nur Vertriebsprovisionen, sondern auch sonstige geldwerte Vorteile; vgl. dazu § 17 Abs. 2 Satz 1 FinVermV.

Näheres bei Cybucki, RDV 2013, 79

4.9.4.4 Datenübermittlungen im Rahmen der Terroristenfahndung

952 Bei den polizeilichen Ermittlungen nach den Tätern und Hintermännern der terroristischen Anschläge in New York und Washington am 11. September 2001 zeigte sich, dass einige der Täter sich vor der Tat als sog. „Schläfer" unauffällig in Deutschland aufgehalten hatten bzw. von hier aus langfristig auf ihren terroristischen Einsatz vorbereitet wurden. Um eventuelle weitere Schläfer und Unterstützer zu ermitteln, wurde von den Polizeibehörden der Länder bundesweit eine „Rasterfahndung" durchgeführt, im Rahmen derer bei öffentlichen und privaten Stellen nach vorgegebenen Suchkriterien Daten u. a. von dort beschäftigten Personen erhoben wurden.

953 Rechtsgrundlage für die Datenerhebung, die die Pflicht zur Übermittlung beinhaltete, war einschlägiges Landesrecht, d. h. die Polizei- oder allgemeinen Sicherheitsgesetze.

Zu den diversen Rechtsgrundlagen derartiger Rasterfahndung in den Polizeigesetzen der Länder, der StP0 und dem BKAG vgl. Gerling/Lander/Rossmann, DuD 2001, 746; ferner Däubler, Gläserne Belegschaften?, Rdn. 885 ff.; ferner zur Rasterfahndung Simitis in Simitis § 28 Rdn. 225 ff.

Die insbesondere aus dem universitären Bereich gegen die Anordnung zur Datenherausgabe angerufenen Gerichte kamen, u. a. aufgrund unterschiedlicher Interpretation des die Datenerhebung rechtfertigenden Begriffs „der gegenwärtigen Gefahr für Bestand und Sicherheit des Bundes oder eines Landes oder für Leib und Leben oder Freiheit einer Person", zu unterschiedlichen, in der Letztinstanz jedoch zumeist die Übermittlungspflicht bestätigenden Entscheidungen.

Vgl. LG Berlin, RDV 2002, 84 mit Anm. Gola und Nachweisen; KG, RDV 2002, 192 mit Nachweisen der Rechtsprechung; HessVGH, RDV 2003, 147

954 Von dieser zwangsweisen Datenerhebung zu trennen waren einschlägige Auskunftsersuchen des Bundeskriminalamts an Großunternehmen der Industrie, da dem BKA zwar ein entsprechendes Datenerhebungs- und -verarbeitungsrecht gesetzlich eingeräumt ist, das jedoch nicht mit einer Auskunftspflicht der Arbeitgeber korrespondiert.

955 Die Übermittlungsbefugnis war aus § 28 Abs. 2 S. 1 Nr. 2 BDSG auf Grund der Abwehr von Gefahren für die eigene und öffentliche Sicherheit abzuleiten.

Vgl. BfD, 19. TB, S. 12; ferner zur Interpretationsproblematik der Ermächtigungsnorm Simitis in Simitis, § 28, Rdn. 226 ff.
Zu den Datenvergleichen gemäß der EG-Anti-Terrorismusverordnung vgl. Rdn. 1211 ff.

5 Nutzung von Beschäftigtendaten

5.1 Allgemeines

Wenn auch die Zulässigkeit einer gesetzlich nicht angeordneten Erhebung und Speiche- **956**
rung von Beschäftigtendaten regelmäßig vom damit verfolgten legitimen Ziel abhängt,
so wird damit eine Prüfung der Nutzungsbefugnis gleichwohl nicht entbehrlich. Im
Gegenteil, es bedarf im Einzelfall bisweilen sehr eingehender Untersuchungen, zu welchen konkreten Zwecken diese Daten herangezogen werden dürfen. Das bedeutet: Da
die rechtmäßige Nutzung auf eine Erlaubnisregelung gestützt werden muss, §§ 1 Abs. 3,
4 Abs. 1 BDSG, sind neben der Einwilligung vor allem die §§ 32 und 28 BDSG als einschlägige Gestaltungsnormen heranzuziehen.

Die nachfolgend dargestellten Fälle bilden typische Vorgänge ab. Sie sind nicht als
abschließend anzusehen. Insbesondere kommen darüber hinaus noch zahlreiche Nut-
zungsformen in Betracht, mit denen der Arbeitgeber elektronisch gestützte Kontrollen
des Arbeitsverhaltens seiner Beschäftigten durchführt; vgl. dazu Kapitel 6.

5.2 Der betriebs-/behördeninterne Datenfluss

5.2.1 Vorbemerkung

Werden Daten innerhalb des Betriebes oder innerhalb der Dienststelle „weitergegeben" **957**
oder durch dienstlich bedingte betriebsinterne Bekanntmachung „veröffentlicht", so
handelt es sich nicht um eine der Verarbeitung der Daten zuzuordnende „Übermittlung"
im Sinne von § 3 Abs. 5 S. 2 Nr. 3 BDSG, sondern um die Nutzung von Daten. Der Tatbestand der Übermittlung setzt voraus, dass Daten an Dritte, d.h. an eine Person oder
Stelle außerhalb der speichernden Stelle (§ 3 Abs. 9 BDSG), weitergegeben werden.
Mitarbeiter, denen – ob rechtmäßig oder nicht spielt insoweit zunächst keine Rolle –
Daten in ihrer Funktion innerhalb der speichernden Stelle mitgeteilt werden, sind keine
Dritten, sondern Teil der verantwortlichen Stelle.

Insoweit ist zu beachten, dass es trotz des grundsätzlichen Gebots der Vertraulichkeit **958**
von Personaldaten betrieblicher Praxis entspricht, dass Mitarbeiterdaten betriebsintern
oder auch nach außen – insoweit liegt dann der Tatbestand der Übermittlung vor – allgemein zugänglich gemacht werden. Dies ist teilweise für den betrieblichen Arbeitsab-
lauf unumgänglich (z.B. im betrieblichen Telefonverzeichnis, in dem die Angabe der
Privatnummer allerdings im Regelfall nur mit Zustimmung des Mitarbeiters genannt
werden darf, oder in Organisationsplänen etc.); teilweise handelt es sich um Veröffentlichungen im Rahmen der außer- oder innerbetrieblichen „Public-Relations-Tätigkeit"
des Unternehmens.

> *Zur Veröffentlichung von Mitarbeiterdaten im Internet vgl. Rdn. 857 ff.*

Dabei ist jedoch immer das Interesse des Arbeitgebers an der Bekanntgabe mit dem **959**
Anspruch des Beschäftigten auf Wahrung der Vertraulichkeit abzuwägen.

Dass insofern ein Arbeitgeber nicht berechtigt ist, den gegen einen Arbeitnehmer erhobenen Vorwurf des Diebstahls am „Schwarzen Brett" der Belegschaft kundzutun,

> *BAG, DB 1979, 1513*

bedarf ebenso wenig der weiteren Begründung wie die Pflichtwidrigkeit eines Betriebs-rats, der Daten über die Gehalts- und Lohnhöhe einzelner Beschäftigter am „Schwarzen Brett" bekannt gibt.

LAG Berlin, RDV 1987, 252

960 Gleiches gilt für die personenbezogene Bekanntmachung des Krankenstands des Unter-nehmens, mag ein Interesse des Arbeitgebers, seine ihm hierdurch eintretenden Belas-tungen der Belegschaft aufzuzeigen und insoweit auf eine Reduzierung der Fehlzeiten hinzuwirken, auch nicht zu leugnen sein.

Vgl. hierzu Aufsichtsbehörde Baden-Württemberg, Hinweis zum BDSG Nr. 32 (Staatsanzeiger vom 12.1.1994, Nr. 3, S. 8 ff.): „Der Aufsichtsbehörde liegen Informationen vor, wonach in Betrieben Listen am ‚Schwarzen Brett' ausgehängt oder den Gehaltsabrechnungen beigelegt worden sind, aus denen die Namen der einzelnen Beschäftigten sowie deren jährliche Krank-heitstage hervorgehen. Nach dem Bundesdatenschutzgesetz und nach arbeitsrechtlichen Grundsätzen sind personenbezogene Daten, die sich auf arbeitsrechtliche Rechtsverhältnisse beziehen, vertraulich zu behandeln. Dies bedeutet, dass ein Arbeitgeber, wenn er seinen Arbeitnehmern den Krankenstand vor Augen halten will, allenfalls zusammengefasste Anga-ben hierzu machen darf, die sich nicht auf einzelne Arbeitnehmer beziehen lassen.

Wenn ein Arbeitgeber auf Mitarbeiter einwirken will, muss dies im Rahmen des jeweiligen Arbeitsverhältnisses direkt gegenüber dem einzelnen Arbeitnehmer geschehen (etwa in Perso-nalgesprächen). Eine Anprangerung durch Aushang am ‚Schwarzen Brett' oder durch Vertei-len von Listen an die Arbeitnehmer ist demgegenüber unzulässig und stellt eine unverhältnis-mäßige, das Persönlichkeitsrecht der Arbeitnehmer verletzende Maßnahme dar. Auch im Verhältnis zum einzelnen Arbeitnehmer dürfen grundsätzlich keine Angaben über krankheits-bedingte Fehlzeiten gemacht werden, die sich auf namentlich bekannte oder bestimmbare Ver-gleichspersonen beziehen."

961 Unzulässig ist auch die betriebsöffentliche Auslegung von Rauchlisten, in denen die Inanspruchnahme einer Raucherpause eingetragen werden soll.

Vgl. hierzu LfDI Bremen, 31. TB (2008), Ziff. 18.13.6:

„Arbeitsunterbrechungen – gleich welcher Art – sind Personaldaten, die nur befugten Perso-nen zugänglich sein dürfen, in der Regel dem Beschäftigten, dessen Vorgesetztem bzw. Arbeit-geber und ggf. der Personalabteilung. Die betriebsöffentliche Auslegung einer Liste, in die sich Raucher eintragen sollen, würde bedeuten, dass andere Personen – ob sie dort eine Rau-cherpause machen oder nicht – Kenntnis über die Rauchpausen erhalten, obwohl dies nicht erforderlich ist. Zudem könnten Raucher dadurch gebrandmarkt werden und der Arbeitgeber erhielte eine Liste über die rauchenden Beschäftigten, ohne dass dazu eine Notwendigkeit bestünde. Insoweit überwiegen schutzwürdige Interessen der Betroffenen gegenüber dieser Datenverarbeitung, unabhängig davon, dass die Liste und deren betriebsöffentliche Auslegung nicht erforderlich sind. Soweit Rauchpausen als Arbeitsunterbrechung gelten, reicht es aus, wenn die Beschäftigten selbst in ihrem Arbeitszeitnachweis Rauchpausen als allgemeine Arbeitsunterbrechung eintragen und Einsicht in die Arbeitszeitnachweise nur befugte Perso-nen erhalten."

5.2.2 Geburtstagslisten/Jubiläumsfeiern

962 Nicht selten kursieren in den Betrieben und Behörden per EDV erstellte Geburtstagslis-ten. Je nachdem, wie weit der Kreis der Empfänger gezogen wird, erhalten dadurch nicht nur Vorgesetzte, sondern auch Kollegen Kenntnis von Geburtstagen und damit dem Alter ihrer Kollegen.

Auch hier stellt sich die Frage, ob diese mit der Zweckbestimmung „Pflege des Betriebs- **963** klimas" stattfindende Mitarbeiterinformation und die diesbezügliche Nutzung der Stammdaten der Mitarbeiter mit der Zweckbestimmung des Arbeitsverhältnisses vereinbar sind. Zwar wird das Merkmal „Geburtsdatum" bzw. „Alter" häufig der Umgebung des Betroffenen oder sogar der Öffentlichkeit bekannt sein, doch ist es deswegen nicht ungeschützt. Entscheidend ist vielmehr, in welchem Zusammenhang es verarbeitet oder genutzt wird. Gerade im Arbeitsleben enthält die Altersangabe eine besondere Aussagekraft. Sie lässt z.B. unerwünschte Rückschlüsse auf Karriereverläufe zu. Es ist vorstellbar, dass es etwa einem betagten Referenten „unangenehm" ist, wenn nach außen offenbar wird, dass er trotz seines Alters noch nicht den Zugang zu einer der höheren Führungsebenen geschafft hat.

Bei weiblichen Angehörigen dürfte die Altersangabe ohnehin aus traditionellen Gründen eine Sonderrolle spielen, sodass ihre Preisgabe auf die oftmals nur emotional zu erklärenden, datenschutzrechtlich aber durchaus zu respektierenden Vorbehalte dieser Personenkreise stoßen könnte. Letztlich wird es nicht selten vorkommen, dass der Betroffene sich nicht dem Druck ausgesetzt sehen möchte, den Kollegen „einen auszugeben".

Vgl. Wronka in Weber/Etzel/Kern, Arbeitsrechtliches Formularhandbuch für Apotheker, Kapitel Datenschutz (A11.4.8)

Da an der Bekanntgabe der Altersangabe – die häufig im Zusammenhang mit Jubiläen, **964** Ehrungen und Auszeichnungen erfolgt – ein gewichtiges Interesse des Arbeitgebers kaum zu erkennen ist, andererseits entgegenstehende Interessen einzelner Beschäftigter eben nicht auszuschließen sind, ist hier regelmäßig die Einwilligung bzw. zumindest die zuvor ausdrücklich eingeräumte Widerspruchsmöglichkeit erforderlich.

Vgl. zur Veröffentlichung persönlicher Daten anlässlich eines Betriebsjubiläums Zehnter Bericht Aufsichtsbehörde Hessen, RDV 1998, 271: „Für den Fall des Dienstjubiläums bedeutet dies, der Arbeitnehmer muss vor der Veröffentlichung seiner privaten Daten um Einwilligung gebeten werden." Zur Veröffentlichung von Geburtstagen in der „Werkszeitung" vgl. Däubler, Gläserne Belegschaften?, Rdn. 484

5.2.3 Rennlisten

In den Unternehmen der Privatwirtschaft wird die EDV auch eingesetzt, um die Aktivi- **965** täten der Außendienstmitarbeiter sowohl zu Abrechnungs- als auch zu Vertriebssteuerungszwecken sehr detailliert zu erfassen und auszuwerten.

Vgl. hierzu Lennartz/Richardt, ArbuR 1991, 236; Küstner, BB 1984, 1906

Die erforderlichen Daten wurden in der Vergangenheit mit Hilfe von „Berichtsbögen" **966** erhoben; zwischenzeitlich dient hierzu mehr und mehr auch der Einsatz von Laptops. Dass der Arbeitgeber bzw. die für den Vertrieb und den Einsatz der Außendienstmitarbeiter verantwortlichen Stellen insoweit ein berechtigtes Informationsinteresse haben, da der Außendienst nur so effizient gestaltet werden kann, und dass derartige Datenspeicherungen und -nutzungen im Rahmen der Zweckbestimmung des Arbeitsverhältnisses des Außendienstmitarbeiters liegen, wird in der Literatur zu Recht nicht in Frage gestellt.

967 Zu beachten ist jedoch, dass die Nutzungen und damit Zugriffsberechtigungen auf diese die Verkaufs- und Kundenkontakte betreffenden Daten datenschutzrechtlichen Restriktionen unterliegen. Eine personenbezogene Auswertung der Leistungsdaten der Außendienstmitarbeiter darf zum einen nur den für ihren Einsatz verantwortlichen Vorgesetzten zugänglich gemacht werden; für etwaige von der Vertriebs- oder Werbeabteilung etc. zu ergreifende Maßnahmen oder zur vergleichenden Information über den Umsatz etc. verschiedener Bezirke genügen regelmäßig die entsprechenden Informationen in anonymisierter Form.

968 Ein besonderes Problem ergibt sich zum anderen aus der Erstellung sog. Rang- bzw. Rennlisten, in denen die Leistungen wie Verkaufs- und Werbeaktivitäten oder Umsätze der einzelnen Außendienstmitarbeiter vergleichend gegenübergestellt und allen Außendienstmitarbeitern bekannt gegeben werden. Diese Rennlisten sollen den einzelnen Mitarbeitern Leistungsvergleiche ermöglichen und ihnen – wie der Name der Liste treffend zum Ausdruck bringt – Leistungsanreize geben und Leistungsziele aufzeigen.

969 Aber auch insoweit ist festzustellen, dass der Motivierungs- und Ansporneffekt einer Renn- oder Rankingliste in aller Regel auch dann eintritt, wenn die Listen in anonymisierter Form an die Kollegenschaft verteilt werden. Jeder Außendienstmitarbeiter kennt seine Arbeitsergebnisse und findet daher auch seine Leistungsposition unter den Angaben zu den Kollegen wieder, ohne dass der – möglicherweise durchaus beabsichtigte, aber als unzulässig anzusehende – Effekt der Diskriminierung der Leistungsschwächeren eintreten muss.

So die Auffassung der Aufsichtsbehörde Baden-Württemberg, Hinweis zum BDSG Nr. 32 (Staatsanzeiger vom 12.1.1994, Nr. 3 S. 8 ff.); Hamburger Datenschutzbeauftragter, 19. TB (2002/3), S. 93 zu den Rennlisten über Handelsvertreter in der Versicherungswirtschaft: „Die Rennlisten werden von der Versicherungswirtschaft für erforderlich gehalten, um den Mitarbeitern im Außendienst Leistungsvergleiche zu ermöglichen und ihnen Leistungsanreize zu geben und Leistungsziele aufzuzeigen. ... Die Obersten Aufsichtsbehörden teilen diese Auffassung nicht. Sie halten das Verfahren ohne Einwilligung des Betroffenen nach § 4a BDSG für datenschutzrechtlich bedenklich und fordern eine Änderung der Praxis. Die Handelsverteter müssten bei Vertragsabschluss zumindest auf die in dem jeweiligen Unternehmen bestehende Praxis und die Möglichkeit, jederzeit der Aufnahme in die Leistungsaufnahmen widersprechen zu können, hingewiesen werden. ... Die Versicherungswirtschaft hat sich grundsätzlich bereit erklärt, künftig entweder eine Einwilligung einzuholen oder die Liste unter Pseudonym zu führen. ... "

970 Soll die betriebsinterne Veröffentlichung von Arbeitnehmerdaten in „Bestenlisten" ausnahmsweise personenbezogen erfolgen, so ist dies nur zulässig,

- wenn es ausnahmsweise bereits nach dem Arbeitsvertrag erforderlich ist (§ 32 Abs. 1 S. 1 BDSG) oder
- soweit die Mitarbeiter hierin wirksam eingewilligt haben oder
- wenn die Voraussetzungen des § 32 Abs. 1 Satz 1 BDSG vorliegen, d.h. ausnahmsweise ein besonders stark zu gewichtendes berechtigtes Interesse des Arbeitgebers an der Veröffentlichung der Daten im Hinblick auf die Durchführung des Beschäftigungsverhältnisses besteht.

Vgl. hierzu auch Aufsichtsbehörde Baden-Württemberg, Hinweis zum BDSG Nr. 32 (Staatsanzeiger vom 12.1.1994, Nr. 3 S. 8 ff.): „Danach wird die Veröffentlichung einer ‚Bestenliste' in der Regel nach § 28 Abs. 1 Nr. 2 BDSG zulässig sein, weil regelmäßig kein Grund zu der

Annahme bestehen wird, dass die betroffenen Mitarbeiter ein der Veröffentlichung entgegenstehendes schutzwürdiges Interesse haben. Um die Verletzung von Mitarbeiterbelangen aber auch in solchen Fällen auszuschließen, empfiehlt es sich, die betroffenen Mitarbeiter zu unterrichten und ihnen Gelegenheit zu geben, gegen die vorgesehene Veröffentlichung Einwände vorzubringen. Zu bedenken ist bei einer Veröffentlichung der besten Arbeitsergebnisse, dass damit indirekt auch Informationen über die übrigen Mitarbeiter preisgegeben werden. Dies kann bei einer geringen Mitarbeiterzahl leicht zu Diskriminierungen führen.

Die Veröffentlichung der Arbeitsergebnisse aller Mitarbeiter des Unternehmens oder einzelner Unternehmensbereiche in einer sog. ‚Rennliste‘ auf der Grundlage von Einwilligungen ist nur zulässig, wenn diese freiwillig und ohne Zwang erteilt worden sind. Das kann wegen der in Arbeitsverhältnissen häufig bestehenden sozialen Abhängigkeit problematisch sein. Bei Mitarbeitern, die unterdurchschnittliche Leistungen erbracht haben, stehen einer Veröffentlichung nach § 28 Abs. 1 Nr. 2 BDSG regelmäßig schutzwürdige Interessen entgegen, da die Veröffentlichung schlechter Arbeitsergebnisse erhebliche Auswirkungen auf das Ansehen des Betroffenen innerhalb und außerhalb des Betriebs haben kann."Als regelmäßig nicht von § 32 Abs. 1 BDSG gedeckt sieht auch Däubler die Veröffentlichung von Rennlisten an, Gläserne Belegschaften?, Rdn. 483.

5.2.4 Ausbildungsergebnisse/Jubiläen/Verbesserungsvorschläge etc.

Auch die interne Bekanntmachung von Ausbildungsergebnissen, d.h. individueller **971** Prüfungsergebnisse von Auszubildenden und Arbeitnehmern, wird von der Zweckbestimmung des Arbeits- oder Ausbildungsvertrages nicht gedeckt. Zulässig und für den internen Betriebsablauf erforderlich ist jedoch die Bekanntgabe eines Ausbildungsabschlusses und die damit ggf. verbundene Übernahme neuer Aufgaben.

Gola/Schomerus, § 32 Rdn. 21; vgl. auch hierzu Aufsichtsbehörde Baden-Württemberg, Hinweise zum BDSG Nr. 32 (Staatsanzeiger vom 12.1.1994, Nr. 3 S. 8 ff.): „Eine Veröffentlichung von Prüfungsergebnissen darf deshalb nur mit schriftlicher Einwilligung des Betroffenen oder aufgrund von § 28 Abs. 1 Nr. 2 BDSG erfolgen. Diese Vorschrift setzt voraus, dass der Arbeitgeber in Einzelfällen ein berechtigtes Interesse an der Veröffentlichung von Prüfungsergebnissen hat (z. B. Veröffentlichung eines ‚Landessiegers‘), die Veröffentlichung zur Wahrung seiner Interessen erforderlich ist und schutzwürdige Interessen des Betroffenen dem nicht entgegenstehen. Um dies beurteilen zu können, empfiehlt es sich, den Betroffenen von der beabsichtigten Veröffentlichung zu unterrichten und ihm Gelegenheit zu geben, hiergegen Einwände vorzubringen."

Der Veröffentlichung aller im Betrieb erzielten Prüfungsergebnisse, insbesondere der negativen Prüfungsergebnisse, werden demgegenüber regelmäßig überwiegende schutzwürdige Interessen von Betroffenen entgegenstehen. Prüfungsergebnisse sind persönliche Daten, deren Bekanntgabe erhebliche Auswirkungen für das Ansehen der Betroffenen innerhalb und außerhalb des Betriebs haben kann.

Gleiche Grundsätze sind bei der Bekanntgabe von Betriebsjubiläen, ggf. dotierten Ver- **972** besserungsvorschlägen etc. maßgebend. Sofern der Arbeitgeber im Rahmen der Zweckbestimmung des Arbeitsverhältnisses dem Mitarbeiter durch die Bekanntmachung danken bzw. seine Verdienste würdigen will, hat er gleichwohl auf eventuell entgegenstehende Wünsche des Mitarbeiters Rücksicht zu nehmen.

Vgl. zur Einwilligung für die anlässlich des Dienstjubiläums beabsichtigte Bekanntgabe persönlicher Daten des Arbeitnehmers über dessen schulischen und beruflichen Werdegang in einer Festrede Aufsichtsbehörde Hessen, RDV 1998, 271

5.2.5 Sonstige „gegenseitige" Kontrolleffekte

973 Ähnliche gegenseitige Kontroll- und Erziehungseffekte sind bisweilen auch Ziel der Information von Mitarbeitern über sonstige Verhaltensweisen ihrer Kollegen – so wenn abteilungsintern als Ergebnis der automatisierten Telefondatenerfassung erstellte Listen der Telefongespräche der Mitarbeiter einer Abteilung monatlich im Umlaufverfahren allen Mitarbeitern zwecks Abzeichnung ihrer Gespräche zugänglich gemacht werden.

974 Ein derartiges Verfahren muss ebenso als eine unzulässige Nutzung bewertet werden wie die „Öffentlichkeit" von An-/Abwesenheitslisten bei Stechuhren oder automatisierter Zeiterfassung, die jedem Befugten oder Unbefugten, der das Dienstgebäude betritt, die An- oder Abwesenheit eines Mitarbeiters und ggf. den Grund hierfür anzeigt.

Andererseits hat das BVerwG

PersR 1990, 259

zu Recht eine Weisung nicht beanstandet, nach der sich Mitarbeiter vor Verlassen des Dienstgebäudes in sog. „Abwesenheitslisten" unter Angabe von Namen, Datum, Zeitraum und Grund (dienstlich oder privat) und, bei Dienstgängen, des Aufenthaltsorts einzutragen hatten, wobei Zweck dieser Listen auch die leichtere Erreichbarkeit der Mitarbeiter durch Kollegen war. Erforderlich ist aber, dass diese Listen nicht ohne Anlass jedermann zugänglich sind.

5.2.6 Nutzung der Privatanschrift zur Mitarbeiterinformation

975 Der Arbeitgeber darf die Anschriftendaten der Beschäftigten selbstverständlich nutzen, um mit ihnen brieflich oder persönlich bezüglich das Arbeitsverhältnis betreffender Fragen in Kontakt zu treten. Das gilt auch für die Zusendung allgemeiner betrieblicher Informationen. So steht dem nichts entgegen, wenn der Arbeitgeber die Werkszeitung – sofern aus organisatorischen oder sonstigen Gründen ein Interesse hierfür besteht – nicht im Betrieb verteilt, sondern an die Privatanschrift der Mitarbeiter versendet.

Zur besonderen Problematik der Versendung der Zeitschrift AKTIV vgl. Rdn. 993 ff.

5.2.7 Nutzung zu Zwecken der Werbung

976 Die Verwendung der Adresse zu Zwecken der Werbung ist jedoch nur ausnahmsweise gestattet. § 32 Abs. 1 BDSG greift nicht, da die Durchführung des Arbeitsverhältnisses nicht betroffen ist. Gleiches gilt für die Spezialregelung des § 28 Abs. 3 BDSG infolge im Regelfall entgegenstehender schutzwürdiger Interessen der Beschäftigten.

977 Anders kann es sein, wenn die Nutzung einen Bezug zum Arbeitsverhältnis hat; so z.B. wenn den Mitarbeitern ein Produkt der Firma (z.B. Jahreswagen) mit besonderem Rabatt angeboten wird. Insoweit können ggf. auch diesbezügliche Fremdangebote – z.B. Mitteilung über den Abschluss einer Versicherung bei der zum Konzern gehörenden Versicherung unter Gewährung des Firmenrabatts – vom Arbeitgeber den Mitarbeitern zugeleitet werden.

Vgl. Zöll in Taeger/Gabel, § 32 Rdn. 6; Gola/Jaspers, RDV 2009, 212

978 Erforderlich ist jedoch die Prüfung, ob durch die Verteilung der Information im Betrieb nicht der gleiche Informationserfolg zu erzielen ist. Dies wird in manchen Fällen – z.B.

bei Mitarbeitern, die überwiegend im Außendienst tätig sind und nur selten das Betriebsgelände betreten, oder bei längeren Abwesenheitszeiten infolge von Urlaub, Erkrankung, Kuren, Auslandseinsätzen u.Ä. – häufig zu verneinen sein.

5.2.8 Personalrabatte

Bisweilen erhalten Mitarbeiter bei sog. Personaleinkäufen Rabatte auf Produkte des Arbeitgebers. Registriert der Betrieb die Einkäufe der Höhe nach, um ein etwaiges Überschreiten des steuerlichen Jahresbetrages gem. § 8 Abs. 3 S. 2 EStG zu ermitteln, ist dies nach § 32 Abs. 1 S. 1 BDSG gestattet. Zwar ist die Beziehung des Arbeitgebers zu seinem Arbeitnehmer grundsätzlich nach § 28 Abs. 1 BDSG zu beurteilen, wenn der Beschäftigte als Kunde auftritt, da ein solches Verhältnis für die Durchführung des Arbeitsverhältnisses nicht erforderlich ist. **979**

Anders sieht es aber aus, d.h. § 32 Abs. 1 BDSG ist anzuwenden, wenn der Arbeitgeber die rabattierten Einkäufe deswegen erfasst um festzustellen, ob und ggf. in welcher Höhe sie den Freibetrag von 1.080,– EUR überschreiten. Das Unternehmen muss nämlich bei die Freigrenzen übersteigenden Beträgen für diese als „geldwerten Vorteil" zu Gunsten der Beschäftigten Lohnsteuer abführen, eine Verpflichtung, die es im Rahmen der Durchführung des Arbeitsverhältnisses trifft.

Vgl. dazu auch 30. TB des LfD Baden-Württemberg (2010/2011), S. 140 f.

5.2.9 Zusatzleistungen des Arbeitgebers

Häufig gewährt der Arbeitgeber dem Beschäftigten zu dem Arbeitsentgelt weitere Leistungen, die für diesen mit finanziellen Vorteilen verbunden sind. Insoweit ist zu unterscheiden: **980**

Handelt es sich um sog. „geldwerte Vorteile" oder „Sachbezüge" – z.B. Überlassung des Dienstwagens zum privaten Gebrauch, kostenlose Wohnung, verbilligte Verpflegung –, so ist die damit verbundene Nutzung von Beschäftigtendaten dann nach § 32 Abs. 1 S. 1 BDSG zu beurteilen, wenn sie steuerliche Auswirkungen haben. Der Arbeitgeber schuldet seinem Mitarbeiter im Rahmen der arbeitsvertraglichen Beziehung eine ordnungsgemäße Lohn- und Gehaltsabrechnung. Sind Sachbezüge als Einkommensbestandteile steuerpflichtig (vgl. § 8 EStG, § 2 Abs. 1 LStDV), ist die entsprechende Berücksichtigung der damit zusammenhängenden Daten, d.h. die Verarbeitung und Nutzung der relevanten Angaben, „erforderlich" zur Durchführung des Beschäftigungsverhältnisses. Entsprechend verhält es sich mit Fahrtkostenzuschüssen, die einer pauschalen Lohnsteuer von 15 Prozent unterliegen; vgl. im Übrigen § 9 Abs. 1 EStG. **981**

Anders sieht es aus, wenn der Arbeitgeber auf Anweisung des Beschäftigten bestimmte Beträge von seinem Netto-Entgelt einbehält, um sie zweckgebunden abzuführen. Soll der Mietzins für eine Werkswohnung oder der Beitrag für einen Betriebskindergarten direkt vom (Netto-)Lohn/Gehalt abgezogen und an die dafür zuständige Verwaltungsstelle weitergeleitet werden, mag dies zwar eine gewisse mit dem Arbeitsverhältnis in Verbindung stehende abwicklungstechnische Entlastung des Arbeitnehmers bedeuten, zur Durchführung des Beschäftigungsverhältnisses ist dieser Datenumgang nicht erforderlich. Als Zulässigkeitskriterium ist insoweit § 28 Abs. 1 BDSG heranzuziehen. **982**

5.2.10 Sozialauswahl

983 Bei betriebsdingten Kündigungen hat der Arbeitgeber eine „soziale Auswahl" gem. § 1 Abs. 3 KSchG zu treffen. Er ist verpflichtet, zahlreiche Daten der in Betracht kommenden Mitarbeiter zu bewerten und zu vergleichen. § 1 Abs. 3 KSchG ist eine das BDSG verdrängende Spezialnorm (§ 1 Abs. 3 BDSG).

BAG, NJW 1984, 79; Gola, DuD 1984, 33

Sie beschränkt sich auf die Nutzung der entsprechenden Daten, erfasst also nicht etwaige Erhebungen und sonstige Verarbeitungsprozesse durch den Arbeitgeber.

Zur Kritik vgl. Däubler, Gläserne Belegschaften?, Rdn. 264 ff.; zur Weitergabe der Vergleichsdaten an die Gerichte vgl. Rdn. 881

5.2.11 Notizen

984 Eine Nutzung umfasst jede Form des Gebrauchtmachens. Vorgesetzte machen häufig Notizen „für sich" über die ihnen unterstellten Beschäftigten und vermerken in ihren persönlichen Unterlagen bestimmte Erkenntnisse und Informationen über sie. Diese Sammlungen positiver oder negativer Datensammlungen gelten als vom Unternehmen erhobene, verarbeitete und genutzte Daten. Notiert der Vorgesetzte wiederholte Verspätungen, Pausenüberschreitungen, ein übersteigertes Kommunikationsbedürfnis oder sonstige Verhaltensweisen eines Mitarbeiters, die ihm „unangenehm auffallen", und zieht daraus Konsequenzen zum Nachteil des Betroffenen (z.B. bei Beurteilungen hinsichtlich der Zuweisung des Arbeitsplatzes oder der Förderung durch Fortbildungsveranstaltungen usw.), liegt eine Nutzung dieser Daten vor, für deren Rechtmäßigkeit (§ 32 BDSG) das Unternehmen verantwortlich ist.

5.2.12 Einkommensteuererklärung

985 Viele – vor allem größere – Unternehmen bieten ihren Mitarbeitern Unterstützung bei der Erstellung ihrer Jahres-Lohn-/Einkommensteuererklärung an. Erfolgt sie durch betriebsinterne Stellen – z.B. das eigene Lohnsteuerbüro –, liegt eine Nutzung solcher Daten vor, die bereits im Unternehmen vorhanden sind, sowie solcher, die der Mitarbeiter zusätzlich beiträgt (z.B. Quittungen über private Spenden, Arztrechnungen usw.) Da es sich bei derartigen Angeboten des Arbeitgebers um Leistungen handelt, die zum arbeitsvertraglichen Umfeld gehören und Ausfluss des arbeitgeberseitigen Fürsorgegedankens sind, ist diese Nutzung gem. § 32 Abs. 1 BDSG gestattet.

Anders ist die Situation, wenn für solche Hilfsangebote eine externe Stelle, etwa ein Steuerberater oder eine Wirtschaftsprüfungsgesellschaft, eingesetzt wird. In diesem Fall liegt eine Datenübermittlung vor, für deren Zulässigkeit bei Fehlen einer ausdrücklichen Regelung im Arbeitsvertrag die Einwilligung des Mitarbeiters erforderlich sein wird. Sofern davon Daten gem. § 3 Abs. 9 BDSG betroffen sind – z.B. Abzug von Mitgliedsbeiträgen für Gewerkschaften oder Zugehörigkeit zu einer Kirche –, muss die Einwilligung sich gem. § 4a Abs. 3 BDSG ausdrücklich auf sie beziehen.

Vgl. 30. TB des LfD Baden-Württemberg (2010/2011), S. 143 f.

5.2.13 Mitarbeiter mit „Doppelfunktion"

Besondere Probleme entstehen, wenn ein Mitarbeiter in „Doppelfunktion" tätig ist, **986** wenn also der Personalsachbearbeiter gleichzeitig nebenamtlich „Vertrauensmann" einer Krankenversicherung oder Bausparkasse ist und es für ihn damit naheliegt, dienstlich bekannt gewordene Personaldaten auch im Rahmen seiner Nebentätigkeit zu nutzen. Zur Vermeidung der Gefahr kann sich für den Arbeitgeber nur eine Konsequenz ergeben, nämlich dass er derartige Nebentätigkeiten Mitarbeitern im Personalbereich generell untersagt, wozu er im Rahmen seiner Verantwortung für die Wahrung des Datengeheimnisses auch berechtigt ist.

Ähnliche Probleme ergeben sich in dem von Küpferle/Wohlgemuth **987**

> *Personaldatenverarbeitende Systeme, Rdn. 113 ff. unter Bezugnahme auf BfD, 7. Tätigkeitsbericht (1985), S. 48 f.*

erörterten Fall der Wahrnehmung der Aufgabe des Personalchefs und des Geschäftsführers der Betriebskrankenkasse in Personalunion. Dass insoweit Beschäftigte die nicht unbegründete Befürchtung haben könnten, dass im Rahmen der Tätigkeit für die Betriebskrankenkasse bekannt gewordene Daten auch im Rahmen von Arbeitgeberentscheidungen berücksichtigt werden, liegt auf der Hand, wobei jedoch ein solcher Nutzungstransfer – was die bei der Betriebskrankenkasse gespeicherten Daten betrifft – auch gegen die speziellen Datenschutzgebote der §§ 35 SGB I, 67 ff. SGB X verstoßen würde. Auch hier muss also, um zweckentfremdende, rechtswidrige Nutzungen nach Möglichkeit auszuschließen, die aufgezeigte Doppelfunktion unterbleiben.

Hinzuweisen ist besonders auf das Trennungsgebot des § 35 Abs. 1 S. 3 SGB I, das eine **988** unzulässige Nutzung von Sozialdaten im Personalbereich von vornherein ausschließen soll. Danach dürfen die bei einem Leistungsträger gespeicherten Sozialdaten der eigenen Beschäftigten solchen Personen, die Personalentscheidungen treffen, nicht zugänglich sein.

5.2.14 Nutzung zur Information der Mitarbeitervertretung

Will die Personalabteilung dem Betriebs-/Personalrat Informationen über die Mitarbeiter **989** zugänglich machen, so stellt sich auch dieser Vorgang als interner Datenfluss und damit nicht als Übermittlung, sondern als eine Nutzung von Daten dar,

> *Vgl. zuletzt etwa BAG, RDV 2012, 192 (196); LAG Niedersachsen, Beschluss vom 18.04.2012 – 16 TaBV 39/11; Kort, RDV 2012, 8 (10); Wybitul, ZD 2012, 485; Schaub, § 233 Rdn. 18; Bergmann/Möhrle/Herb, § 3 Rdn. 109*

da die Mitarbeitervertretung als Teil der „verantwortlichen Stelle" und trotz ihrer Selbstständigkeit nicht als „Dritter" anzusehen ist.

Sofern also der Arbeitgeber nicht durch spezielle Vorschriften des BetrVG bzw. des Personalvertretungsrechts verpflichtet ist, bestimmte Daten der Mitarbeitervertretung bekannt zu geben bzw. nicht bekannt zu geben, ist die Zulässigkeit derartiger Nutzungen in erster Linie an der im Rahmen des § 32 Abs. 1 S. 1 BDSG maßgebenden Zweckbestimmung des Beschäftigungsverhältnisses zu messen.

> *Vgl. zum Verhältnis von § 80 Abs. 2 BetrVG zu § 1 Abs. 3 BDSG Wronka, RDV 2012, 277; vgl. auch Rdn. .1610 ff.*

5.2.15 Nutzung im Interesse eines Dritten

990   Nutzungen und sogar Übermittlungen von Daten sind nach § 28 Abs. 2 Nr. 2a BDSG auch zulässig, wenn diese in einem vorrangigen berechtigten Interesse eines Dritten liegen. Während für Datenübermittlung derartige – jedoch mit dem Vertraulichkeitsgebot von Personalakten abzuwägende – Interessen eines Dritten durchaus in Betracht kommen,

> *speziell zu konzerninternen Übermittlungen Rdn. 800 ff.*

dürften Beispiele der sich aus dem Interesse eines Dritten ergebenden bloßen Nutzungen in der Praxis eher selten sein. Sie sind namentlich vorstellbar bei Konzerngesellschaften, die einem entsprechenden Anliegen der Holding entsprechen wollen.

991   Denkbar sind Auswertungen von Personaldaten jedoch, um im Vorfeld einer von dem Dritten erbetenen Übermittlung zu prüfen, ob bei dem Betroffenen die Voraussetzungen für die Übermittlung vorliegen. Dies wäre z.B. der Fall, wenn zunächst einmal festgestellt werden soll, ob ein oder mehrere Mitarbeiter zu einem von Dritten nachgefragten Personenkreis gehören.

992   Im Interesse einer Konzernmutter können ggf. auch Nutzungen liegen, deren Ergebnis an die Mutter mangels eines Übermittlungsinteresses nur in anonymisierter Form weitergegeben werden darf. Dies wäre z.B. der Fall, wenn bei der Konzerntochter nach Mitarbeitern mit einer bestimmten Qualifikation zwecks anderweitigen Personaleinsatzes nachgefragt wird, die Tochter jedoch die Angaben mangels der erforderlichen Einwilligung der Betroffenen zunächst nur in anonymisierter Form übermittelt.

5.2.16 Versand von Arbeitgeberzeitschriften

993   Ein prägnantes Beispiel für die Beurteilung der Weitergabe von Personaldaten als Nutzung stellt die Organisation des Versands der von dem Deutschen Instituts-Verlag (DIV) herausgegebenen Wirtschaftszeitschrift „AKTIV" dar. Die Zeitschrift erscheint in der Regel 14-tägig mit einer Gesamtauflage von rund 1 Million Exemplaren. Zentrale Aufgabe der populär gestalteten Zeitschrift ist es, Arbeitnehmer über Entwicklungen in der betreffenden Branche bzw. in den Unternehmen zu informieren und Verständnis für Positionen der Arbeitgeber(-verbände) in zentralen Fragen der Arbeitswelt und der Wirtschafts- und Gesellschaftspolitik zu wecken. Der Versand der Zeitschrift an Arbeitnehmer wird durch den jeweiligen Arbeitgeber veranlasst, der die Zeitschrift für seine Arbeitnehmer auf Kosten des Arbeitgeberverbandes bei dem DIV abonniert. Dabei wird regelmäßig so verfahren, dass der Arbeitgeber die Privatanschriften seiner Mitarbeiter dem DIV zwecks unmittelbaren Postversands an die Wohnadresse zuleitet. Widerspricht der Beschäftigte dem Bezug, so wird die Belieferung eingestellt.

> *Zutreffend als unzulässig wurde es jedoch angesehen (vgl. 11. Tätigkeitsbericht der für den nicht öffentlichen Bereich zuständigen Datenschutzaufsicht Hessen 1998, LT-Drs. 14/4159 vom 16.9.1998; Ziff. 8.2), dass ein gegen die Zusendung der Zeitschrift gerichteter Widerspruch eines Arbeitnehmers dem jeweiligen Vorgesetzten mitgeteilt oder zu den Personaldaten genommen wird. Dazu heißt es: „Es war zu befürchten, dass die Nichtempfänger der Arbeitgeberzeitschrift einem psychologischen Druck ausgesetzt worden wären, der sie gezwungen hätte, zur Wahrung ihrer innerbetrieblichen Chancen die Zeitschrift doch zu beziehen."*

994   Insoweit wurde in der Literatur zunächst in Abrede gestellt, dass die Beauftragung des Verlags mit dem Versand der Zeitschrift als Nutzung und Auftragsdatenverarbeitung zu

bewerten sei, wobei die aus dieser Negierung gefolgerte Datenübermittlung weder durch § 28 Abs. 1 S. 1 Nr. 1 (nunmehr § 32 Abs. 1 S. 1) noch nach Nr. 2 BDSG als zulässig bewertet wurde. Insbesondere wurde in Frage gestellt, inwieweit ein eigenes Interesse des die Zeitung herstellenden und vertreibenden Verlags an dem Erhalt der Privatanschriften die Eigenschaft als im Auftrag des Arbeitgebers tätiger Auftragsdatenverarbeiter ausschließt.

Vgl. insoweit Petri in Simitis, § 11 Rdn. 23; vgl. insgesamt ferner Mathy, AfP 1977, 372; Meyer-Maly, DB 1980, 1441; Schuster, RDV 1989, 157; Wohlgemuth, Datenschutz für Arbeitnehmer, 2. Aufl., Rdn. 404 ff.

Nachdem das Auftragsverhältnis inzwischen weitgehend nicht mehr nachgefragt wird, beurteilt sich die Verwendung der Daten danach, ob der Arbeitgeber nach § 28 Abs. 1 S. 1 Nr. 2 BDSG zu einer derartigen Nutzung der Daten berechtigt ist, was jedoch unzutreffend ebenfalls wieder teilweise verneint wird. **995**

Vgl. hierzu Wronka, RDV 2007, 202 unter Hinweis auf die im Gegensatz zum baden-württembergischen Innenministerium das Verfahren bejahende Auffassung der schleswig-holsteinischen Aufsichtsbehörde. Nach Ansicht des Innenministeriums Baden-Württemberg, 4. TB (2007), S. 200 soll die diesbezügliche Nutzung nur mit Einwilligung zulässig sein, wobei gleichzeitig die insoweit erforderliche Freiwilligkeit in Frage gestellt wird.

Da der Grundsatz der Vertraulichkeit der Personaldaten insoweit nicht tangiert würde, muss es auch ohne Einwilligung der Betroffenen zulässig sein, dass der Arbeitgeber die Zeitschrift nicht im Betrieb verteilt, sondern unter „Nutzung" der Privatanschriften an die Mitarbeiter unter Berufung auf § 28 Abs. 1 S. 1 Nr. 2 BDSG versendet. Hierfür sprechen gute Gründe im Sinne des Erforderlichkeitsgrundsatzes (z. B. Erreichbarkeit aller, d.h. auch der zurzeit abwesenden Mitarbeiter, der Lesestoff ist nicht zur Lektüre während der Arbeit bestimmt etc.). Dann spielt es keine Rolle, ob er die Versendung selbst oder unter Einschaltung eines Auftragsdatenverarbeiters vornimmt. **996**

Vgl. Aufsichtsbehörde Baden-Württemberg, Hinweis zum BDSG Nr. 32, Staatsanzeiger vom 12.1.1994, Nr. 3, S. 8 für die Berechtigung des Arbeitgebers zur Weiterleitung eines günstigen Versicherungsangebots mit Firmenrabatt an die Privatanschrift der Auszubildenden, während die Übermittlung der Daten an die Versicherung als unzulässig angesehen wurde.

5.2.17 Nutzung zur Erstellung von Zeugnissen

– Allgemeines

Der gesetzlich vorgesehene Weg, auf dem Informationen aus einem früheren Arbeitsverhältnis zukünftigen Arbeitgebern zukommen sollen, ist das Zeugnis des Arbeitnehmers. Für seinen Inhalt hat die Rechtsprechung dem Persönlichkeitsrecht des Betroffenen und der Zweckbestimmung der Information gerecht werdende Regelungen entwickelt. **997**

Datenschutzinteressen des Arbeitnehmers sind somit auch bei der Erstellung eines auf Wunsch des Mitarbeiters auszustellenden qualifizierten Zeugnisses (§§ 630 BGB, 73 HBG, 113 GewO, 8 BBiG etc.) zu beachten. Während das einfache Zeugnis nur Aussagen über Art (d.h. die zeitliche Reihenfolge und Inhalt der konkret ausgeübten Tätigkeiten) und Dauer (d.h. über Beginn und Ende des Vertragsverhältnisses) der Tätigkeit machen darf, enthält das qualifizierte Zeugnis zusätzliche Beschreibungen und Bewertungen von Führung und Leistung des Mitarbeiters. **998**

999 Nach den für die Zeugniserstellung maßgebenden Grundsätzen der „Wahrheit" einerseits und des „verständigen Wohlwollens im Hinblick auf das weitere berufliche Fortkommen" andererseits muss das qualifizierte Zeugnis alle wesentlichen Tatsachen und Beurteilungen enthalten, die für die Gesamtbeurteilung des Mitarbeiters von Bedeutung sind und an deren Kenntnis ein künftiger Arbeitgeber ein berechtigtes, billigenswertes und schutzwürdiges Interesse haben kann.

BAG, DB 1976, 2211 = AP Nr. 11 zu § 630 BGB mit Anm. Schleßmann; ferner BAG, RDV 2008, 205 mit folgenden Leitsätzen:

„1. Nach § 109 Abs. 2 GewO muss das Zeugnis klar und verständlich formuliert sein (Grundsatz der Zeugnisklarheit). Deshalb darf das Zeugnis keine Formulierungen enthalten, die eine andere als aus der äußeren Form oder aus dem Wortlaut ersichtliche Aussage über den Arbeitnehmer treffen. Weiterhin muss das erteilte Zeugnis Leistung und Sozialverhalten des Arbeitnehmers bei wohlwollender Beurteilung zutreffend wiedergeben (Grundsatz der Zeugniswahrheit).

2. Im Übrigen bestimmt sich der notwendige Inhalt nach dem Zeugnisbrauch. Dieser kann nach Branche und Inhalt unterschiedlich sein. Lässt ein erteiltes Zeugnis hiernach üblich Formulierungen ohne sachliche Rechtfertigung aus, hat der Arbeitnehmer Anspruch auf Ergänzung. Die Auslassung eines bestimmten Inhalt der von einem einstellenden Arbeitgeber in einem Zeugnis erwartet wird, kann ein unzulässiges Geheimzeichen sein. "

– Die zulässigen Angaben im Einzelnen

1000 Keineswegs darf der Arbeitgeber hierbei alle ungünstigen Vorkommnisse festhalten oder bewerten, da das Zeugnis von einem verständigen Wohlwollen getragen sein und das weitere berufliche Fortkommen nicht unbillig erschweren soll.

Vgl. hierzu insgesamt bei Schleßmann, Das Arbeitszeugnis, 25 ff.; Schaub, § 146 Rdn. 28; Schmidt, DB 1986, 1334, sowie LAG Frankfurt, DB 1985, 820; BAG, DB 1977, 1369

Es dürfen auch keine Aussagen unterbleiben, aus deren Fehlen ggf. negative Schlüsse gezogen werden könnten.

Vgl. LAG Hamm, RDV 2006, 213 zur Angabe der „Ehrlichkeit" bei Arbeitnehmern, die mit Geld umgegangen sind, wenn branchenüblich aus dem Fehlen des Wortes Zweifel an der Ehrlichkeit entstehen

1001 Unzulässig ist es auch, negative Einzelfälle zu erwähnen, die für den Verlauf des Arbeitsverhältnisses nicht typisch waren. Tätigkeiten oder Vorkommnisse außerhalb der Arbeitsverpflichtung, z. B. Personalrats-, Betriebsrats-

BAG, PersR 1993, 85 = RDV 1993, 129 = NZA 1993, 222 mit Nachweisen der Literatur; ArbG Ludwigshafen, ARSt 1987, 139

oder Gewerkschaftstätigkeiten oder nicht relevante Krankheiten,

vgl. hierzu ArbG Frankfurt, ARSt 1991, 233, wonach es dem Arbeitgeber sogar untersagt sein soll, zu erwähnen, dass vor der Zeugniserteilung eine eineinhalbjährige ununterbrochene Arbeitsunfähigkeit vorgelegen hat; dazu ferner ArbG Hagen, DB 1969, 886

dürfen nicht – auch nicht indirekt – erwähnt werden, es sei denn, der betroffene Arbeitnehmer hat einen diesbezüglichen Wunsch geäußert.

Zur Angabe der Inanspruchnahme von Elternzeit vgl. BAG, RDV 2006, 18 = NZA 2005: „Der Arbeitgeber darf in einem Zeugnis die Elternzeit eines Arbeitnehmers nur erwähnen, sofern sich die Ausfallzeit als eine wesentliche tatsächliche Unterbrechung der Beschäftigung darstellt. Das ist der Fall, wenn diese nach Art und Dauer erheblich ist und wenn bei ihrer Nichterwähnung für Dritte der falsche Eindruck entstände, die Beurteilung des Arbeitnehmers beruhe auf einer der Dauer des rechtlichen Bestands des Arbeitsverhältnisses entsprechenden tatsächlichen Arbeitsleistung."

Der Grund des Ausscheidens ist ebenfalls nur anzugeben, wenn der Betroffene es wünscht; **1002**

LAG Düsseldorf, NZA 1988, 399 = NJW 1988, 1616 = BB 1988, 1463

dies gilt grundsätzlich selbst für den Fall des Arbeitsvertragsbruchs durch den Arbeitnehmer,

LAG Köln, ARSt 1990, 68 = BB 1990, 856

wobei aber das Fehlverhalten ggf. aus der Schlussformulierung des Zeugnisses ablesbar sein kann.

Insoweit ist ein Arbeitgeber nach Ansicht des BAG

NJW 2001, 2995 = ZTR 2001, 531

jedenfalls nicht verpflichtet, eine zumeist übliche Schlussklausel zu verwenden, in der er dem ausscheidenden Arbeitnehmer „alles Gute" wünscht.

Schließlich ist bei den Formulierungen des Zeugnisses und den Bewertungen der Leistung die übliche Zeugnissprache zu verwenden. **1003**

Vgl. zur dienstlichen Führung BAG, DB 1986, 1340; ferner LAG Düsseldorf, DB 1985, 2692, wonach eine Arbeitsleistung, die nicht beanstandet wurde, nicht als „sehr gut" bewertet werden muss. Vgl. auch die in der Praxis verbreitete sechsstufige Notenskala, Schaub, § 146 Rdn. 23:

*„(1) Eine sehr gute Leistung wird mit ,**stets (oder jederzeit, immer) zu unserer vollsten Zufriedenheit**' bezeichnet.*

*(2) Eine gute Leistung wird mit ,**stets zu unseren vollen Zufriedenheit**' bewertet.*

*(3) Wird die Leistung mit ,**stets zu unserer Zufriedenheit**' oder ,**zu unserer vollen Zufriedenheit**' bewertet, soll dies eine befriedigende bzw. gut durchschnittliche Beurteilung sein.*

*(4) Eine unterdurchschnittliche, aber noch ausreichende Leistung wird mit ,**zu unserer Zufriedenheit**' bewertet.*

*(5) Eine mangelhafte Leistung wird mit ,**insgesamt zu unserer Zufriedenheit**' oder mit ,**eine im Großen und Ganzen zufriedenstellende Erledigung der Arbeit**' gekennzeichnet.*

*(6) Bezeichnet der Arbeitgeber die Leistungen mit ,**der Arbeitnehmer hat sich bemüht**' die Arbeitsanforderungen zu erfüllen, heißt dies, dass der Arbeitnehmer eine unzureichende Leistung erbracht hat. Die Beurteilung entspricht der Schulnote ungenügend. Gleiches gilt, wenn formuliert wird, der Arbeitnehmer ,**hat die ihm übertragenen Aufgaben mit großem Fleiß und Interesse durchgeführt**'."*

– Die äußere Form

Nicht nur der Inhalt, sondern auch die äußere Form des Zeugnisses darf nicht zu dem Eindruck einer „Diskriminierung" führen. Durch die äußere Form darf nicht der Eindruck erweckt werden, der ausstellende Arbeitgeber distanziere sich vom buchstäblichen Wortlaut seiner Erklärung. Werden z.B. im Geschäftszweig des Arbeitgebers für schriftliche Äußerungen üblicherweise Firmenbogen verwendet und verwendet auch der Arbeitgeber solches Geschäftspapier, so ist ein Zeugnis nur dann ordnungsgemäß, wenn es – in einheitlicher Maschinenschrift – auf diesem Firmenpapier geschrieben ist. **1004**

BAG, DB 1993, 1624 = NJW 1993, 2197 = NZA 93, 697 = ZTR 1993, 385; vgl. im Einzelnen Schaub, § 146 Rdn. 16 f.

1005 Unterschreibt ein unternehmensangehöriger Vertreter des Arbeitgebers ein Arbeitszeugnis, ist im Zeugnis herauszustellen, dass der Vertreter gegenüber dem Arbeitnehmer weisungsbefugt war. Ist ein Arbeitnehmer direkt der Geschäftsleitung unterstellt, so ist das Zeugnis von einem Mitglied der Geschäftsleitung auszustellen. Der Unterzeichnende muss in dem Zeugnis auf seine Position als Mitglied der Geschäftsleitung hinweisen.

> *BAG, NJW 2001, 2995 = MDR 2001, 1063; vgl. auch BAG, RDV 2005, 268 = NZA 2005, 436:*
> *„Wird ein Zeugnis nicht vom Arbeitgeber selbst, seinem gesetzlichen Vertretungsorgan oder im öffentlichen Dienst von dem Dienststellenleiter oder dessen Vertreter unterschrieben, so ist es zumindest von einem ranghöheren Vorgesetzten zu unterzeichnen, der zudem aus Sicht eines Dritten geeignet ist, die Verantwortung für die Beurteilung des Arbeitnehmers zu übernehmen. Die Stellung muss sich aus dem Zeugnis entnehmen lassen.“*

– Korrekturansprüche

1006 Entspricht der Inhalt des Zeugnisses nicht diesen Anforderungen, so kann der Arbeitnehmer die Erstellung eines neuen Zeugnisses verlangen. Diesen Anspruch muss der Arbeitnehmer aber nach Erteilung des beanstandeten Zeugnisses rechtzeitig geltend machen. Wartet er zu lange, so kann der Anspruch verwirkt bzw. durch tarifliche Ausschlussfrist entfallen sein.

> *BAG, NJW 1988, 1616 = MDR 1988, 607 = NZA 1988, 427 = ZTR 1988, 227 = BB 1988, 978*

Macht der Arbeitnehmer einen Korrekturanspruch geltend, so ist das Zeugnis nur hinsichtlich des beanstandeten Teils zu überprüfen, ansonsten bleibt der Arbeitgeber jedoch an den bisherigen Zeugnistext gebunden. Eine Ausnahme greift nur dann, wenn dem Arbeitgeber nachträglich Umstände bekannt wurden, die die Leistung oder das Verhalten des Arbeitnehmers in anderem Licht erscheinen lassen.

> *BAG, RDV 2005, 216 = NZA 2005, 104 = DB 2005, 2360*

1007 Ein vom Arbeitgeber berichtigtes Zeugnis ist auf das ursprüngliche Ausstellungsdatum zurückzudatieren, wenn die verspätete Ausstellung nicht vom Arbeitnehmer zu vertreten ist. Wenn ein Zeugnis ein Ausstellungsdatum trägt, welches nicht unerheblich nach dem Ausscheiden des Arbeitnehmers liegt, kann nach den Erfahrungen des Arbeitslebens der Eindruck entstehen, das Zeugnis sei erst nach längeren Auseinandersetzungen mit dem früheren Arbeitgeber ausgestellt worden.

> *BAG, BB 1993, 729*

5.2.18 Nutzung durch den Compliance Officer

1008 Die Unternehmen treffen häufig umfangreiche Vorkehrungen, mit denen präventiv und/oder repressiv arbeitsvertraglichen Verfehlungen der Mitarbeiter begegnet werden soll. Die Aufdeckung von Straftaten bzw. ihre Vorbeugung, namentlich im Hinblick auf Korruption und die Verletzung von Betriesgeheimnissen, sowie die Verhinderung sonstiger Verstöße gegen betriebsinterne Richtlinien (Codes of Ethics u.Ä.) bilden ein zentrales Anliegen der Geschäftsführung. Fehlt es an entsprechenden Abwehrmaßnahmen, an einem sog. Compliance Management, können sich daraus u.U. sogar strafrechtliche Konsequenzen ergeben.

> *Vgl. Barton, RDV 2010, 19 ff., 247 ff. Ausführlich zu Compliance-Maßnahmen Rdn. 1021 ff.*

Diese muss u.U. auch der insbesondere von größeren Unternehmen berufene Compliance Officer befürchten, also derjenige, dem Compliance-Aufgaben als Funktion übertragen wurden.

Vgl. BGH, BB 2009, 2263

Die sachgerechte Erledigung dieser Aufgabe wird es nicht selten, wenn nicht sogar in aller Regel, erfordern, dass er sich mit personenbezogenen Daten der Mitarbeiter befassen, sie also erheben, verarbeiten und nutzen muss. Wenn auch unter dem Aspekt der Vertraulichkeit der Personalangelegenheiten der Kreis der Personen begrenzt sein muss, die innerbetrieblich Zugang zu Personaldaten haben dürfen, ist der Compliance Officer gleichwohl zu dem insoweit berechtigten Personenkreis zu zählen. Ihm obliegt eine Aufsichtspflicht, die ihn dazu legitimiert, im Rahmen der §§ 32 ff. BDSG auf Mitarbeiterdaten zuzugreifen und sie zur Gewährleistung rechtskonformen Verhaltens zu nutzen. **1009**

Vgl. 30. TB des LfD Baden-Württemberg (2010/2011), 147

Kapitel 6
Compliance und Mitarbeiterkontrollen durch Technik

1   Allgemeines

Datenschutz im Arbeitsverhältnis verdichtet sich bei dem Einsatz der Datenverarbei-   **1010**
tungstechnik als Überwachungsinstrument. Dies geschieht einmal durch infolge automatisierter Verarbeitungstechniken erheblich erweiterte Speicherungs- und Auswertungsmöglichkeiten von Arbeitnehmerdaten.

Besondere Bedeutung verdient zudem der Umstand, dass die Nutzung der neuen Kommunikationstechniken am Arbeitsplatz verbunden wird mit einer Kontrolle des Mitarbeiterverhaltens bzw. – wie es bei der Videoüberwachung oder der Ermittlung des Aufenthalts von Mitarbeitern per RFID, GPS oder Handy-Ortung der Fall ist – dass diese
Techniken unmittelbar für diese Zwecke installiert werden.

Überwachung der Mitarbeiter zur Vermeidung oder Aufdeckung von Vertragsverletzungen und Straftaten geschieht aber auch ohne Technikeinsatz, z.B. durch Detektive
oder Ehrlichkeitskontrollen.

Sofern solche Kontrollen der Aufdeckung von Straftaten, d.h. einem Verbrechen oder   **1011**
Vergehen (§ 12 StGB) dienen, enthält § 32 Abs. 1 S. 2 BDSG eine besondere Zulässigkeitsregelung. Diese spezielle Regelung ist aber nicht dahingehend misszuverstehen,
dass Kontrollmaßnahmen, die vorbeugenden Charakter haben, also präventiv die Mitarbeiter von Fehlverhalten abhalten sollen, nicht mehr zulässig sind.

Zur Durchführung des Arbeitsverhältnisses erforderlich sind also auch Kontrollen, ob   **1012**
der Arbeitnehmer seinen aus dem Arbeitsvertrag geschuldeten Pflichten nachkommt.
Eingeschlossen sind präventive Kontrollmaßnahmen, die zunächst bewirken sollen,
dass Pflichtverletzungen erst gar nicht stattfinden (Zeiterfassung, offene Videoüberwachung, Taschenkontrolle, Kontrolle rechtmäßiger Internetnutzung etc.). Durch Satz 2
des § 32 Abs. 1 BDSG werden derartige Kontrollen nicht tangiert.

> *Wybitul, BB 2009, 1583; Thüsing, NZA 2009, 868*

Soweit nicht auf die Verfolgung eines Verdächtigen gerichtete Kontrollmaßnahmen
stattfinden, sind sie aus § 28 Abs. 1 S. 1 Nr. 2 BDSG zu rechtfertigen. Auch die Durchführung sog. Screenings von Konten kann hierunter fallen, wenn sie sich auf Grund
einer Risikoanalyse als erforderlich erweist.

> *Seifert in Simitis, § 32 Rdn. 10*

Für die sog. Telefondatenerfassung sind als legitime Zweckbestimmung die Kosten- und   **1013**
Wirtschaftlichkeitskontrolle und der Schutz vor Missbrauch (= unerlaubtes Führen von
Privatgesprächen) anerkannt. Den gleichen Kriterien der Angemessenheit und Verhält-
nismäßigkeit unterliegt auch die Überwachung von Bewegungsdaten per RFID, Handy-
Ortung oder GPS. Abgedeckt sind damit auch angemessene Maßnahmen zur Erfüllung
der den Unternehmen auferlegten Kontrollpflichten (z.B. § 91 Abs. 2 AktG, § 33 Abs. 1
Nr. 1 WpHG, § 130 OWiG).

1014 Auch wenn der Wortlaut der Bestimmung es nicht deutlich sagt, machen die repressiven Überwachungen nach § 32 Abs. 1 S. 2 BDSG nur Sinn, wenn sie heimlich erfolgen, während der mit präventiver Überwachung gewünschte Abschreckungseffekt nur bei den Mitarbeitern bekannt gegebenen Maßnahmen eintritt.

2 Der Erlaubnistatbestand des § 32 Abs. 1 S. 2 BDSG

1015 Soweit es um repressive Maßnahmen, d. h. die Aufklärung bzw. die Verfolgung von Straftaten geht, greift § 32 Abs. 1 S. 2 BDSG. Dabei kann es durchaus so sein, dass sich der konkrete Tatverdacht innerhalb der im Rahmen des Satzes 1 durchgeführten Maßnahmen ergibt. Es müssen Tatsachen vorliegen, die zwar nicht den Straftatbestand belegen, wohl aber Indizien dafür bilden. Soll diesem Verdacht zielgerichtet nachgegangen werden, was regelmäßig durch heimliche Beobachtung geschieht (hierauf stellt auch die Parallelvorschrift des § 100 Abs. 3 S. 1 TKG ab), ist den Anforderungen des Satzes 2 zu genügen.

Thüsing, NZA 2009, 868; Barton, RDV 2009, 200

1016 Die Frage, ob im strafrechtlichen Sinne ein dringender Tatverdacht (§ 112 Abs. 1 S. 1 StPO) oder ein einfacher Anfangsverdacht (§ 152 Abs. 2 StPO) genügt, kann dabei dahinstehen, da die Schwere des Verdachts ein Abwägungskriterium im Rahmen der Verhältnismäßigkeitsprüfung ist.

Vgl. Seifert in Simitis, § 32 Rdn. 104 mit Nachweisen

Es müssen zumindest hinreichende, konkrete, sich gegen einen oder mehrere Verdächtige richtende Anhaltspunkte einer Straftat vorliegen. Unter diesen Kriterien lässt das BAG

RDV 2012, 297 = NZA 2012, 1025

die Auswertung heimlicher Videoüberwachung auch in öffentlich zugänglichen Räumen zu, wenn die verdeckte Überwachung – nach Ausschöpfung möglicher weniger einschneidender Mittel – das einzig verbleibende Mittel darstellt und unter Beachtung des Verhältnismäßigkeitsprinzips erfolgt.

Vgl. hierzu nachstehend Rdn. 1059 ff.; 1073 ff.; zur heimlichen Videoüberwachung ferner BAG, RDV 2003, 213; RDV 2008, 238; RDV 2012, 297

1017 Auch wenn ein hinreichender Tatverdacht vorliegt, muss eine am Verhältnismäßigkeitsprinzip und an der Interessenabwägung

vgl. VGH Baden-Württemberg, ArbuR 2001, 469 zur unzulässigen Aufdeckung des Schreibers beleidigender Briefe per DNA-Analyse

ausgerichtete Einzelfallentscheidung vorgenommen werden.

Dabei ist die Intensität der Überwachungsmaßnahme an dem Gewicht der Straftat zu messen. Keineswegs ist damit jedoch verfügt, dass unbefugte Verwendungen von an sich geringfügigen Materialien nicht durch eine systematische Datenauswertung überprüft werden dürften.

Schmidt, RDV 2009, 193; restriktiver wohl Däubler in D/K/K/W, § 32 Rdn. 129

1018 Besonderheiten des Satzes 2 sind, dass sich die Kontrollmaßnahme nur gegen einen oder mehrere konkret verdächtigte Betroffene richten darf sowie die dem Arbeitgeber ausdrücklich auferlegte Dokumentationspflicht.

> *§ 32 – Datenerhebung, -verarbeitung und -nutzung für Zwecke des Beschäftigungsverhältnisses*
>
> *(1) Personenbezogene Daten eines Beschäftigten dürfen für Zwecke des Beschäftigungsverhältnisses erhoben, verarbeitet oder genutzt werden, wenn dies für die Entscheidung über die Begründung eines Beschäftigungsverhältnisses oder nach Begründung des Beschäftigungsverhältnisses für dessen Durchführung oder Beendigung erforderlich ist. Zur Aufdeckung von Straftaten dürfen personenbezogene Daten eines Beschäftigten nur dann erhoben, verarbeitet oder genutzt werden, wenn zu dokumentierende tatsächliche Anhaltspunkte den Verdacht begründen, dass der Betroffene im Beschäftigungsverhältnis eine Straftat begangen hat, die Erhebung, Verarbeitung oder Nutzung zur Aufdeckung erforderlich ist und das schutzwürdige Interesse des Beschäftigten an dem Ausschluss der Erhebung, Verarbeitung oder Nutzung nicht überwiegt, insbesondere Art und Ausmaß im Hinblick auf den Anlass nicht unverhältnismäßig sind.*

Diese Dokumentationspflicht dient u. a. dem Nachweis der Berechtigung der Kontrolle speziell auch für den Fall, dass sie Maßnahme vorsieht, über die der Betroffene nachträglich zu unterrichten ist.

§ 32 Abs. 1 S. 2 BDSG zielt ab auf Straftaten, die gegen das Unternehmen gerichtet sind. Aber auch Straftaten gegenüber Arbeitskollegen oder Kunden des Arbeitgebers, wenn sie im Zusammenhang mit dem Arbeitsverhältnis stehen, so bei Diebstahl von Transportgut durch einen LKW-Fahrer, werden erfasst. **1019**

> *Seifert in Simitis, § 32 Rdn. 102*

Ansonsten sind derartige Ermittlungen Sache des Staates, dem nach § 28 Abs. 2 Nr. 2 BDSG Hilfe geleistet werden kann.

Bleibt die Frage, ob § 32 Abs. 1 S. 2 BDSG mit der Beschränkung repressiver Ermittlungen auf Straftaten solche bei Ordnungswidrigkeiten oder nicht strafrechtlich relevanten schweren Vertragsverletzungen ausschließt. Hiervon ist wohl auszugehen, mag der Gesetzgeber die Grenze auch zu eng gezogen haben, wie § 32e Abs. 2 BDSG des Entwurfs des Beschäftigtendatenschutzgesetzes belegt, der die Erhebung ohne Kenntnis des Beschäftigten auch bei Verdacht „mehrerer schwerer Pflichtverletzungen" erlauben wollte. **1020**

> *Vgl. Seifert in Simitis, § 32 Rdn. 102; Zöll in Taeger/Gabel, § 32 Rdn. 39*

Hier verbleiben also allein präventive Maßnahmen.

3 Compliance als Zielvorgabe

Mit der Durchführung der aufgezeigten Kontrollen verbunden ist auch der Begriff der „Compliance". Der aus dem Englischen übernommene und ebenfalls seit Ende der 90er Jahre eingebürgerte Begriff ist neu, die damit beschriebene Aufgabe der Unternehmensleitung nicht. Sichergestellt werden muss, dass die Mitarbeiter Gesetz und Recht akzeptieren und befolgen. Er umfasst „die Gesamtheit der Maßnahmen, die das rechtliche Verhalten eines Unternehmens, seiner Organe und Mitarbeiter im Hinblick auf alle gesetzlichen und unternehmenseigenen Gebote und Verbote gewährleisten soll". Im „Deutschen Corporate Governance Kodex" (DCGK) wird seit 2007 der Begriff „Com- **1021** pliance wie folgt definiert: „Der Vorstand hat für die Einhaltung der gesetzlichen Bestimmungen und der unternehmensinternen Richtlinie zu sorgen und wirkt auf deren Beachtung durch die Konzernunternehmen hin (Compliance)."

Thüsing, Compliance, Rdn. 9 mit weiteren Nachweisen der Literatur; Klopp, Der Compliance-Beauftragte, S. 21ff.; Moosmayer, Compliance, Praxisleitfaden für Unternehmen, 2010

1022 Ziel ist es, Beeinträchtigungen des Unternehmens, seiner Organe und seiner Arbeitnehmer zu vermeiden. Compliance begründet also keine besondere Pflicht der Beschäftigten, Gesetze einzuhalten. Vielmehr geht es um die in der Verantwortung der Unternehmensleitung liegende Organisation des Unternehmens. Über das gesetzeskonforme Verhalten hinaus umfasst der Begriff Compliance im Sinne von „best practice" (und nicht nur „good practice"), auch das (ethische) korrekte Verhalten des Unternehmens und seiner Mitarbeiter. Dieses Ziel strebt eine zunehmende Zahl von Unternehmen durch Einführung von Verhaltensregeln an (Codes of Conduct). Hierzu pflegen Unternehmen in Compliance- oder Ethikregelungen

zur Mitbestimmung des Betriebsrats siehe BAG, RDV 2009, 25

Mitarbeitern Verhaltenspflichten vorzugeben.

1023 Ohne dass eine diesbezügliche gesetzliche Verpflichtung besteht, wird die Zuständigkeit für die Thematik häufig einem „Compliance-Beauftragten"

Klopp, Der Compliance-Beauftragte, S. 317 ff.; Barton, RDV, 2010, 19; Heidmann, DB 2010, 1235; Kamp/Körffer, RDV 2010, 72; Krieger/Günther, NZA 2010, 367

übertragen. Letztlich geht es um die präventive und auch repressive Überwachung der Beschäftigten. Hierzu zählen Fraud-Detection-Programme

nachfolgend Rdn. 1199 ff.

und Videoüberwachung ebenso wie das Screening von Mitarbeiterdaten

Heinson, BB 2010, 3046 und nachfolgend Rdn. 1203 ff.

oder eine Regelung zum internen Whistleblowing.

1024 Dem Arbeitgeber sind derartige Kontrollmaßnahmen, wenn auch ohne Detaillierung im Einzelnen, ggf. gesetzlich vorgegeben (§§ 93 Abs. 1 S. 1, 91 Abs. 2 AktG,

hierzu bei Thüsing, Compliance, Rdn. 12 ff.; Bock, ZIS 2009, 68

§ 43 Abs. 3 GmbHG, § 317 Abs. 4 HGB). Als bereichsspezifische Vorschriften zu nennen sind § 33 Abs. 1 WpHG, § 25a KWG sowie § 64a VAG und § 9 GeldWG.

Nach BGH, NJW 2009, 3373 wird für derartige Beauftragte eine Garantenstellung nach § 13 StGB begründet; hierzu Barton, RDV 2010, 19; Stoffers, BB 2009, 2263.

1025 Als generelle Norm ist § 130 OWiG von Gewicht. Verletzt der Unternehmer schuldhaft seine Pflicht zur Verhinderung von gegen den Betrieb gerichteten Straftaten oder Ordnungswidrigkeiten, handelt er selbst ebenfalls ordnungswidrig, wenn die Zuwiderhandlung bei gehöriger Aufsicht verhindert oder wesentlich erschwert worden wäre.

§ 130 OWiG

(1) Wer als Inhaber eines Betriebes oder Unternehmens vorsätzlich oder fahrlässig die Aufsichtsmaßnahmen unterlässt, die erforderlich sind, um in dem Betrieb oder Unternehmen Zuwiderhandlungen gegen Pflichten zu verhindern, die den Inhaber treffen und deren Verletzung mit Strafe oder Geldbuße bedroht ist, handelt ordnungswidrig, wenn eine solche

Zuwiderhandlung begangen wird, die durch gehörige Aufsicht verhindert oder wesentlich erschwert worden wäre. Zu den erforderlichen Aufsichtsmaßnahmen gehören auch die Bestellung, sorgfältige Auswahl und Überwachung von Aufsichtspersonen.

(2) Betrieb oder Unternehmen im Sinne des Absatzes 1 ist auch das öffentliche Unternehmen.

(3) Die Ordnungswidrigkeit kann, wenn die Pflichtverletzung mit Strafe bedroht ist, mit einer Geldbuße bis zu einer Million Euro geahndet werden. Ist die Pflichtverletzung mit Geldbuße bedroht, so bestimmt sich das Höchstmaß der Geldbuße wegen der Aufsichtspflichtverletzung nach dem für die Pflichtverletzung angedrohten Höchstmaß der Geldbuße. Satz 2 gilt auch im Falle einer Pflichtverletzung, die gleichzeitig mit Strafe und Geldbuße bedroht ist, wenn das für die Pflichtverletzung angedrohte Höchstmaß der Geldbuße das Höchstmaß nach Satz 1 übersteigt.

Compliance-Regelungen, die auf die Einhaltung der Gesetze und auch unternehmensinterner Regelungen abzielen, erfordern ebenfalls Maßnahmen, damit diese Gesetzestreue auch Betriebswirklichkeit ist. **1026**

> *Vgl. hierzu auch Brandt, CuA 3/2009, 25; Albers, Compliance der Compliance: Elektronische Analyseverfahren personenbezogener Daten zur Prävention und Aufdeckung geschäftsschädigender Handlungen in Unternehmen, Forschungsbericht Ausgabe 6, 2009 des Fachbereichs Wirtschaft der FHS Düsseldorf*

Whistleblower-Regelungen spielen hierbei genauso eine Rolle wie unternehmensinterne Kontrollverfahren. **1027**

> *Vorgabe hierfür ist für international tätige Unternehmen der Sarbanes-Oxley Act der USA, der jedoch in Deutschland nicht als Eingriffsnorm herangezogen werden kann; vgl. BAG, RDV 2009, 25.*

Ob und in welchem Umfang der Arbeitgeber zur Einhaltung der Compliance die Erhebung und Verarbeitung von Beschäftigtendaten vornehmen darf, richtet sich, sofern die oben aufgezeigten Normen nicht konkrete Erlaubnisse oder Gebote enthalten, nach § 32 Abs. 1 BDSG. Dabei ist davon auszugehen, dass diesbezügliche Verarbeitungen im Rahmen der Durchführung des Beschäftigungsverhältnisses anfallen. Die datenschutzrechtliche Grenze derartiger Compliance-Maßnahmen zieht der Begriff der Erforderlichkeit, der eine Abwägung der Kontroll- und Aufklärungsinteressen des Unternehmens im Rahmen des Verhältnismäßigkeitsprinzips mit den schutzwürdigen Interessen der Beschäftigten gebietet.

Die Einführung eines Compliance-Systems gehört zu den Organisationspflichten eines jeden Unternehmens. Die Art und der Umfang der konkreten Ausgestaltung hängen jedoch von den individuellen Besonderheiten des jeweiligen Unternehmens, dem Geschäftsgegenstand und den besonderen Risiken ab. Branchenübergreifend gehören dazu insbesondere: **1028**

- Bestimmung der Risiken des Unternehmens
- Maßnahmen zur Vorbeugung
- Maßnahmen zur Kontrolle und Aufklärung
- Maßnahmen zur Ahndung
- Maßnahmen zur fortlaufenden Verbesserung der Compliance-Organisation.

4 Offene und heimliche Videoüberwachung

4.1 Allgemeines

1029 Durch jede Form der Videoüberwachung, gleichgültig, ob nur beobachtet oder auch aufgezeichnet wird, ist die freie Entfaltung der Persönlichkeit der Beschäftigten tangiert. Schon die Möglichkeit der jederzeitigen Überwachung erzeugt einen mit dem Anspruch des Arbeitnehmers auf Wahrung seiner Persönlichkeitsrechte regelmäßig nicht zu vereinbarenden ständigen Überwachungsdruck.

So bereits BAG, NZA 1992, 43; RDV 1992, 179, RDV 1988, 403

1030 Daran ändert sich auch nichts, wenn die Videoüberwachung nur sporadisch erfolgt, die Mitarbeiter aber den Zeitpunkt nicht kennen und jederzeit mit der Überwachung rechnen müssen. Werden Kameras direkt auf die Arbeitsplätze gerichtet, so dass die dort beschäftigten Mitarbeiter permanent erfasst werden, kann dieser durchgehende Überwachungsdruck nicht mit einem allgemeinen Interesse des Arbeitgebers an der Vermeidung von Diebstählen oder der Verringerung von Inventurverlusten begründet werden.

Hess. Innenministerium, Bericht 2009, LT-Drs. 18/1015, Ziff. 12.2; vgl. allgemein: Koch/ Francke, NZA 2009, 646; Kratz/Gubbels, NZA 2009, 654

1031 Dass der sich aus dem Arbeitsvertrag ergebende besondere Anspruch des Arbeitnehmers (§ 75 Abs. 2 BetrVG) auf Persönlichkeitsschutz nur ausnahmsweise gegenüber Sicherheitsinteressen des Arbeitgebers zurücktreten muss, hat die Rechtsprechung wiederholt deutlich gemacht.

BAG, NZA 1988, 92 = RDV 1988, 41; RDV 1992, 178 = CR 1993, 230

Für die erforderliche Abwägung bei der Installation der Videoüberwachung in einem Briefverteilungszentrum der Deutschen Post hat das BAG

RDV 2005, 21

festgehalten: *„Der Eingriff in das Persönlichkeitsrecht der Arbeitnehmer kann nur durch überwiegende schutzwürdige Belange des Arbeitgebers gerechtfertigt sein. Dient die Videoüberwachung dem Zweck, die Entwendung von Postsendungen zu verhindern, so sind das Postgeheimnis, das Eigentum der Postkunden und die eigenen wirtschaftlichen Interessen des Arbeitgebers als hohe (Grund-)Rechtsgüter und schutzwürdige Belange zugunsten des Arbeitgebers zu beachten. Ob diese Belange es rechtfertigen, das ebenfalls grundrechtlich geschützte Interesse der Arbeitnehmer an der Beachtung ihres allgemeinen Persönlichkeitsrechts – zumindest zeitweilig – hintanzusetzen, hängt von den Umständen des Einzelfalls ab.“*

Hinsichtlich der erforderlichen Interessenabwägung hatte das BAG bereits zuvor ausgeführt: *„Dabei ist für die Angemessenheit der grundrechtsbeschränkenden Maßnahme die Eingriffsintensität mitentscheidend. Daher ist bedeutsam, wie viele Personen wie intensiven Beeinträchtigungen ausgesetzt sind und ob die Personen hierfür einen Anlass gegeben haben. ... Die Intensität hängt ferner maßgeblich von der Dauer und der Art der Überwachungsmaßnahme ab.“*

BAG, AP BetrVG 1972, § 87 Überwachung Nr. 42

4.2 Anzuwendende BDSG-Bestimmungen

Eine spezielle Zulässigkeitsnorm zur Überwachung in öffentlich zugänglichen Räumen **1032** enthält das BDSG in § 6b BDSG. Sie gilt auch für in solchen Bereichen angesiedelte Arbeitsplätze.

Der Regierungsentwurf des Beschäftigtendatenschutzgesetzes enthielt zwei Normen die sich mit der Zulässigkeit der Videoüberwachung befassen. § 32f BDSG-E regelt quasi als Parallelnorm zu § 6b BDSG die offene Videoüberwachung im nicht öffentlich zugänglichen Betriebsgelände und in Betriebsräumen, gleichgültig, ob in diesem Zusammenhang Beschäftigtendaten gezielt oder zufällig mit erfasst werden können.

> *Zur Kommentierung im Einzelnen, siehe Seifert, DuD 2011, 98; Vietmeyer/Byers, DB 2010, 1462; Thüsing/Forst, RDV 2011, 163; Forst, NZA 2010, 1043; Heinson/Sörup/Wybitul, CR 2010, 751*

Mangels spezieller Regelung richtet sich die Überwachung in den nicht öffentlich **1033** zugänglichen Arbeitsplätzen nach der auf jede Art der Erhebung und Verarbeitung von Beschäftigtendaten (§ 32 Abs. 2 BDSG) anzuwendenden Zulässigkeitsnorm des § 32 Abs. 1 BDSG.

Ferner gilt der Schutz des Rechts am eigenen Bild nach § 22 KUG und § 201a StGB **1034** gegenüber der unerlaubten Herstellung und Verbreitung von Bildaufnahmen.

> *Vgl. vorstehend Rdn. 46 ff., 873 ff.*

Fraglich ist, ob auch das reine Monitoring unter die Regelungen der §§ 6b und 32 BDSG **1035** fällt. § 6b BDSG regelt den Tatbestand der „Beobachtung". Mit dem Begriff ist nach der Aussage in Abs. 3 das Erheben der Daten gemeint, dem dann eine Verarbeitung oder Nutzung folgen kann. Das Erheben, d.h. das Beschaffen von Daten wird jedoch bei Anwendungen der Privatwirtschaft nur erfasst, wenn „die nicht öffentlichen Stellen die Daten unter Einsatz von Datenverarbeitungsanlagen verarbeiten, nutzen oder dafür erheben ..." (§ 1 Abs. 2 Nr. 3 BDSG). Fraglich ist daher, ob, wenn der Arbeitgeber sich auf das reine Monitoring beschränkt, § 6b BDSG bereits zur Anwendung kommt. Für § 32 BDSG stellt sich die Frage ebenso.

> *Vgl. ausführlich hierzu Gola/Schomerus, § 6b Rdn. 12*

Datenerhebung durch Beobachtung erfordert also zumindest, dass der Arbeitgeber **1036** manuell einen per Video erkannten Vorgang festhält.

Abweichend davon vertreten die Aufsichtsbehörden

> *z. B. BlnDSB, Materialien zum Datenschutz Nr. 30, S. 20 ff.*

und die weitaus überwiegende Meinung der Literatur

> *Scholz in Simitis, § 6b Rdn. 52 ff.*

teilweise unter Hinweis auf den gesetzgeberischen Willen

> *Gesetzesbegründung, BT-Drs. 14/4329, S. 38*

eine gegenteilige Auffassung, d.h. sie ziehen die bloße Beobachtung in den Regelungsbereich mit ein.

Soweit erkennbar, hat sich die Rechtsprechung mit dieser Frage noch nicht befasst. Der von ihr bei Beurteilung der Videoüberwachung von Arbeitnehmern mehrfach herangezogene Schutzanspruch aus § 75 Abs. 2 BetrVG führt aber auch zu den Zulässigkeitskriterien der §§ 6b bzw. 32 BDSG.

1037 Als Medium der Beobachtung werden optisch-elektronische Einrichtungen genannt, die der Gesetzgeber in dem Klammerzusatz als Videoüberwachung definiert. Auch wenn erst das Beobachten der Zulässigkeitsregelung unterworfen ist, begründet bereits das Installieren einer Kamera, d.h. die Schaffung der Möglichkeit der Beobachtung und Aufzeichnung, ggf. einen Abwehranspruch des Beschäftigten aus § 1004 BGB.

Vgl. Weichert, DuD 2000, 662; vgl. LG Braunschweig, NJW 1998, 2457, wonach die durch die Installation einer Kamera geschaffene dauernde Androhung einer Videoüberwachung in unzulässiger Weise in das Persönlichkeitsrecht des Betroffenen eingreift.

1038 Der regelmäßig unzulässige Überwachungseffekt wird auch durch Kameraattrappen erzielt, wobei der Abwehranspruch aus § 1004 BGB sich erledigt, wenn der Arbeitgeber den Charakter der Attrappe offenlegt.

4.3 Überwachung nach § 6b BDSG

4.3.1 Allgemeines

1039 § 6b BDSG soll die mehr und mehr Verbreitung findende Videoüberwachung öffentlich zugänglicher Bereiche,

vgl. NdsLDSB, XX. TB (2009/2010), S. 114

der der betroffene Bürger ohne Möglichkeit der Einflussnahme ausgesetzt ist, eine gesetzliche Grundlage geben, „die der Wahrung des informationellen Selbstbestimmungsrechts durch einen angemessenen Interessenausgleich Rechnung trägt".

Vgl. Beschluss der 59. Konferenz der Datenschutzbeauftragten vom 14./15.3.2000 = RDV 2000, 137

---

§ 6b BDSG – Beobachtung öffentlich zugänglicher Räume mit optisch-elektronischen Einrichtungen

(1) Die Beobachtung öffentlich zugänglicher Räume mit optisch-elektronischen Einrichtungen (Videoüberwachung) ist nur zulässig, soweit sie

1) zur Aufgabenerfüllung öffentlicher Stellen,

2) zur Wahrnehmung des Hausrechts oder

3) zur Wahrnehmung berechtigter Interessen für konkret festgelegte Zwecke

erforderlich ist und keine Anhaltspunkte bestehen, dass schutzwürdige Interessen der Betroffenen überwiegen.

(2) Der Umstand der Beobachtung und die verantwortliche Stelle sind durch geeignete Maßnahmen erkennbar zu machen.

(3) Die Verarbeitung oder Nutzung von nach Absatz 1 erhobenen Daten ist zulässig, wenn sie zum Erreichen des verfolgten Zwecks erforderlich ist und keine Anhaltspunkte bestehen, dass schutzwürdige Interessen der Betroffenen überwiegen. Für einen anderen Zweck dürfen sie nur verarbeitet oder genutzt werden, soweit dies zur Abwehr von Gefahren für die staatliche und öffentliche Sicherheit sowie zur Verfolgung von Straftaten erforderlich ist.

(4) Werden durch Videoüberwachung erhobene Daten einer bestimmten Person zugeordnet, ist diese über eine Verarbeitung oder Nutzung entsprechend §§ 19a und 33 zu benachrichtigen.

(5) Die Daten sind unverzüglich zu löschen, wenn sie zur Erreichung des Zwecks nicht mehr erforderlich sind oder schutzwürdige Interessen der Betroffenen einer weiteren Speicherung entgegenstehen.

Geregelt wird die Beobachtung öffentlich zugänglicher Räume, wobei der Begriff „Räume" im Sinn von öffentlich zugänglichen „Bereichen" zu verstehen ist. Es kommt darauf an, ob die Räume entweder dem öffentlichen Verkehr gewidmet sind oder nach dem Willen des Inhabers des Hausrechts von unbestimmten Personen genutzt oder betreten werden können. **1040**

Die Eigentumsverhältnisse am Beobachtungsobjekt sind zunächst unbeachtlich. Entscheidend ist allein die tatsächliche Nutzungsmöglichkeit durch die Allgemeinheit. Hierunter fallen z. B. Ausstellungsräume eines Museums, Verkaufsräume eines Warenhauses und Schalterhallen eines Bahnhofs ebenso wie der Bahnsteig oder der Bahnhofsvorplatz. Damit können sich also auch Arbeitnehmer auf den Schutz des § 6b BDSG berufen, nämlich dann, wenn – wie es z. B. bei einem Museumswärter der Fall ist – deren Arbeitsplatz der beobachtete öffentlich zugängliche Raum ist. **1041**

Nicht öffentlich zugänglich ist in der Regel ein Büro- oder Fabrikgebäude, auch wenn am Eingang kein Pförtner den Zugang kontrolliert. Auch der nur für Mitarbeiter ausgewiesene Parkplatz fällt, selbst wenn mangels Zugangsschranke jeder dort parken kann, nicht unter § 6b BDSG. **1042**

> *Thüsing, Compliance, Rdn. 346; Lang, Private Videoüberwachung im öffentlichen Raum, S. 242; a.A. Scholz, in Simitis, § 6b Rdn. 48*

§ 6b BDSG sieht die Videobeobachtung und ggf. Aufzeichnung als zulässig an, wenn sie erforderlich ist **1043**

- zur Wahrnehmung des Hausrechts

oder

- zur Wahrnehmung berechtigter Interessen für konkret festzulegende Zwecke.

4.3.2 Wahrnehmung im Rahmen des Hausrechts

In Ausübung des Hausrechts ist der Arbeitgeber befugt, die zum Schutz des Objekts oder der dort tätigen Mitarbeiter erforderlichen Maßnahmen zu treffen, d.h. über Haus und Hof frei zu verfügen. **1044**

> *Vgl. insoweit Ziegler, DuD 2003, 337*

Die Beobachtungsbefugnis des Hausrechtsinhabers endet jedoch grundsätzlich an den Grenzen seines Grundstücks. Will er z. B. den davor liegenden Straßenraum in die Beobachtung mit einbeziehen, so setzt dies besondere Gefährdungsrisiken voraus.

Während sich der Arbeitgeber gegenüber „unerwünschten" Dritten auf die Wahrnehmung des Hausrechts berufen kann, erstreckt sich diese Ermächtigungsbefugnis nicht auf den (mit-)überwachten Arbeitnehmer. Jedenfalls nicht für sich allein kann das Hausrecht die Überwachung von Arbeitnehmern während der Arbeitszeit rechtfertigen. Dies ergibt sich u.a. aus der Pflicht des Arbeitgebers, den Arbeitnehmer vertragsgemäß zu beschäftigen. Sein Hausrecht – im Sinn des freien Verfügungsrechts über die in seinem Besitz stehenden Räume – unterliegt im Arbeitsverhältnis Einschränkungen. „Hier hat einerseits der Arbeitnehmer die vertragliche Pflicht, sich an dem vom Arbeitgeber bestimmten Ort aufzuhalten, um dort seine geschuldete Arbeitsleistung zu erbringen. Es besteht für ihn gerade nicht die Möglichkeit, sich der Überwachung durch Verlassen der überwachten Räumlichkeiten zu entziehen ... Andererseits ist aber auch der Arbeitgeber verpflichtet, den Arbeitnehmer vertragsgemäß zu beschäftigen." **1045**

> *BAG, RDV 2005, 21 = NJW 2005, 313*

4.3.3   Wahrnehmung vorrangiger berechtigter Interessen

1046   Da der Schutz von Personen oder des Eigentums nicht als Bestandteil des Hausrechts anzusehen ist,

> *so Innenministerium Baden-Württemberg, Hinweis zum BDSG Nr. 40, RDV 2002, 148; vgl. zur Videoüberwachung in einem Kaufhaus, BayObLG, RDV 2002, 313*

ist abzuwägen, ob die Maßnahme zum Erreichen dieses Schutzziels erforderlich ist. Es dürften Anhaltspunkte für die Verletzung überwiegender schutzwürdiger Interessen der Beobachteten bestehen, wobei diese einerseits Kunden oder sonstige Dritte und andererseits Beschäftigte sein können. Besteht ein berechtigtes Schutzinteresse gegenüber sonstigen Personen, ist dieses in Einklang zu bringen mit den schutzwürdigen Interessen der in die Überwachung ggf. zwangsläufig mit einbezogenen Beschäftigten.

1047   Sofern die Mitarbeiter nicht der eigentliche „Gegenstand" der Beobachtung sind, ist eine Auswertung der Beobachtungsergebnisse zum Zweck einer mitarbeiterbezogenen Leistungs- und Verhaltenskontrolle unzulässig. So würde die Auswertung der zum Schutz gegen Überfälle gerechtfertigten Videoüberwachung einer Bank zwecks Kontrolle des Mitarbeiterverhaltens mit der Zweckbestimmung der Datenerhebung und -speicherung unvereinbar sein, während die Videoüberwachung in einem Kaufhaus ggf. auch legitimerweise zum Schutz vor Diebstählen durch die Mitarbeiter eingesetzt ist.

1048   Gleiches gilt für die Mitarbeiter in der Gastronomie. Wenn sich in einer Gaststätte, bedingt durch ihre besondere Lage, oft alkoholisierte Gäste aufhalten, die in der Vergangenheit vermehrt Straftaten begingen, ist die Kameraüberwachung des Kassenbereichs und ausnahmsweise auch des Gastraums zulässig. Gleiches gilt nach bayerischen Erfahrungen regelmäßig für die Videoüberwachung in Bierzelten.

> *Bayerisches Landesamt für Datenschutzaufsicht, TB (2009/2010), S. 91 und 93; zur Videoüberwachung in der Gastronomie, die sich auf Sicherheitsbereiche zu beschränken hat, vgl. ULD-SH, 32 TB (2010), Ziff. 552; siehe auch Nds. LDSB, XX. TB (2009/2010), S. 121 bzgl. vier Filialen der Systemgastronomie, in denen 94 Kameras installiert waren.*

Eine auf die Mitarbeiter bezogene Auswertung darf nur erfolgen, um ihr Verhalten bei den Auseinandersetzungen mit den Gästen festzuhalten.

1049   Auch bei Taxis kann die Überwachung zur Abwehr von Gefahren für die Fahrer, aber nicht zu deren Kontrolle zulässig sein.

> *Zu den Voraussetzungen Hamb. LfDI, TB (2010/2011), S. 152*

1050   Scheiden weniger einschneidende Mittel, z.B. eine andere Kassenorganisation, aus, kann etwa nach festgestellten Kassendifferenzen eine offene Videoüberwachung zulässig sein, um Zahlungen von Kunden an Mitarbeiter einer Autovermietung nachzuweisen.

> *Aufsichtsbehörde Thüringen, 5. TB (2009/2010), S. 29*

Verhältnismäßig ist auch die Überwachung des Anlieferungsbereichs einer Postfiliale zwecks Überwachung und Beweisführung bei der Paketanlieferung.

> *BAG, RDV 2008, 238 = NZA 2008, 1187*

1051   Erfolgt die Videoüberwachung in sensitiven Bereichen, so ist fraglich, ob direkt oder indirekt die Anwendung von § 28 Abs. 6-9 BDSG zum Tragen kommt. Jedenfalls hebt § 6b BDSG nicht den in § 28 Abs. 6-9 gewahrten Schutzgedanken auf.

> *Nguyen, DuD 2011, 715*

Eine Videoüberwachung von Streikenden, die die Zufahrt zum Betrieb blockieren, ist in Hinblick auf die Koalitionsfreiheit erst verhältnismäßig, wenn sie bei tatsächlichen Ausschreitungen erfolgt. **1052**

> *Nds. LDSB, XX. TB (2009/2010), S. 121, wobei der besondere Schutz des § 3 Abs. 9 BDSG zu beachten war, da durch die Kleidung die Mitgliedschaft zur Gewerkschaft erkennbar war.*

Die Erforderlichkeit setzt voraus, dass die Maßnahme geeignet ist, d.h. das Überwachungsziel tatsächlich erreicht wird, und dass dafür kein anderes, gleich wirksames, aber den Betroffenen weniger in seinen Rechten beeinträchtigendes Mittel zur Verfügung steht. Insofern ist eine Beobachtung mit Aufzeichnung nicht erforderlich, wenn auch die bloße Beobachtung genügt bzw. nur das aktuelle Monitoring den beabsichtigten Schutz bewirkt. Eine zur Abschreckung von Straftätern gedachte Überwachung ist ungeeignet, wenn sie für die potenziellen Täter nicht gut erkennbar ist. **1053**

> *Scholz in Simitis, § 6b Rdn. 87*

Nicht verlangt wird, dass die Überwachung kompletten Schutz gewährleistet.

> *So OVG NRW, RDV 2009, 232, wenn die Videoüberwachung der Bibliothek nur bestimmte „Brennpunkte" beobachtet*

Die objektiv mildere, aber gleich wirksame Alternative, die auch unter dem Gebot der Datensparsamkeit und Datenvermeidung geboten sein kann, muss jedoch auch objektiv zumutbar sein. Dabei spielt der Kostenfaktor eine wesentliche Rolle. Helfen bereits eine bessere Beleuchtung des Geländes oder häufigere Rundgänge durch das bereits vorhandene Sicherheitspersonal, kann sich die Überwachung erübrigen. Wenn durch Einsatz der Videoüberwachung Kosten für Sicherheitspersonal eingespart werden sollen, kann dem der Datenschutz nicht ohne weiteres als gewichtiger entgegengesetzt werden. **1054**

Bewirkt die Videoüberwachung eine lückenlose Dauerüberwachung der Mitarbeiter, stellt das in der Regel einen unzulässigen Eingriff in das Persönlichkeitsrecht der Mitarbeiter dar. **1055**

> *BremLDSB, TB (2007), S. 60*

Beispielhaft ist ein Fall, in dem eine Friseurkette in ihren Geschäften Videokameras zur zentralen Kontrolle durch den Inhaber installiert hatte, die ihm auch dazu dienten, die Mitarbeiter per Telefon anzuweisen, freundlicher zu lachen oder sparsamer zu schamponieren. Die angegebene Begründung, dass dies zum Schutze vor Diebstahl erfolgte, war indes nicht verifizierbar.

> *ULD-SH, 33. TB (2011), Ziff. 514*

4.3.4 Kenntlichmachung der Beobachtung/Benachrichtigung

Die Videobeobachtung ist nach § 6b Abs. 2 BDSG dem Betroffenen gegenüber von der verantwortlichen Stelle transparent zu machen. Die Auswahl der dazu geeigneten Maßnahmen bleibt der beobachtenden Stelle überlassen. Häufig wird die Tatsache der Beobachtung bereits dadurch erkennbar sein, dass die Videokamera für jedermann sichtbar installiert ist (vgl. § 29b Abs. 1 S. 2 DSG NW mit dem Verzicht auf die Information, wenn die Beobachtung offenkundig ist). Ob dann noch weitere Maßnahmen (Hinweise) erforderlich sind, mag fraglich erscheinen. Da, wie bei der Videoüberwachung in Banken, aus der Installation der Kamera nicht auf ihren dauernden Betrieb geschlossen werden kann, werden wohl regelmäßig entsprechende deutlich sichtbare Hinweisschilder etc. zu installieren sein. **1056**

1057 Kenntlich zu machen ist nach dem Wortlaut der Norm nur der Tatbestand der Beobachtung, sodass für den Betroffenen offenbleibt, ob auch Aufzeichnungen erfolgen. Erkennbar zu machen ist ferner die verantwortliche Stelle, damit der Betroffene seine Rechte wahrnehmen kann.

Nach Auffassung der Aufsichtsbehörde Baden-Württemberg

> *Innenministerium Baden-Württemberg, Hinweis zum BDSG Nr. 40, RDV 2002, 148 (151) mit dem Argument, dass erkennbar sein muss, ob der Kunde seine Rechte bei der Filiale oder der Konzernzentrale geltend machen kann*

ist diese Angabe auch dort zu machen, wo dies – so z.B. in einer Bank – offensichtlich ist.

> *Anders 14. Bericht der Hess. Landesregierung für den Datenschutz im nicht-öffentlichen Bereich, LT-Drs. 15/2950 = RDV 2001, 128, wonach es genügen soll, wenn die verantwortliche Stelle aus sonstigen Umständen offensichtlich erkennbar ist*

Hat der Arbeitgeber ein Sicherheitsunternehmen mit der eigenständigen Wahrung der Sicherheit des Unternehmens übertragen, ist dieses als verantwortliche Stelle zu benennen, da den Beschäftigten die insoweit bestehenden Konditionen nicht bekannt sind.

4.3.5 Benachrichtigungspflicht

1058 Nach § 6b Abs. 4 BDSG besteht eine zusätzliche Pflicht zur Benachrichtigung des Betroffenen entsprechend §§ 19a und 33 BDSG, wenn durch die Videoüberwachung erhobene und gespeicherte Daten einer bestimmten Person zugeordnet werden können, wobei die Pflicht entfällt, wenn der Betroffene die personenbezogene Aufzeichnung kennt bzw. kennen müsste.

Dient die Überwachung dem Schutz von Personen oder des Eigentums, so wird es die Zweckbestimmung der Beobachtung sein, den Täter und ggf. das Opfer festzustellen. Eine Benachrichtigung des Täters wird jedoch je nach Fallkonstellation unter Heranziehung der Ausnahmetatbestände des § 33 Abs. 2 BDSG entfallen.

4.3.6 Heimliche Überwachung öffentlich zugänglicher Räume

1059 Eine Ausnahme von der Transparenzpflicht gegenüber den Betroffenen sieht § 6b BDSG im Gegensatz zu anderen Benachrichtigungs- und Auskunftsregelungen nicht vor. Fraglich ist, ob die Erfüllung der Hinweispflicht Rechtmäßigkeitsvoraussetzung

> *ablehnend Thüsing, Rdn. 358; Lang, Private Videoüberwachung im öffentlichen Raum, 311*

ist, mit der Folge, dass eine heimliche Überwachung in öffentlich zugänglichen Räumen generell nicht mehr zulässig ist.

1060 Bejaht man die Rechtmäßigkeitsvoraussetzung, ist auch eine zur Abwehr bzw. Überführung eines konkret verdächtigen Diebes durchgeführte heimliche Aufzeichnung unzulässig.

> *Kritisch Gola/Klug, RDV 2004, 65 (73); Vietmeyer/Byers, DB 2010, 1462*

Daraus wurde dann ein Beweisverwertungsverbot gefolgert.

> *So z.B. ArbG Frankfurt a.M., RDV 2006, 214; Bayreuther, NZA 2005, 1038, mit der Empfehlung an den Gesetzgeber, die unbefriedigende Rechtslage zu ändern*

1061 Anders hat nunmehr das BAG

> *RDV 2012, 297*

entschieden:.

Leitsatz 2: „Das aus einer verdeckten Videoüberwachung öffentlich zugänglicher Arbeits-
plätze gewonnene Beweismaterial unterliegt nicht allein deshalb einem prozessualen Beweis-
verwertungsverbot, weil es unter Verstoß gegen das Gebot in § 6b II BDSG gewonnen wurde,
bei Videoaufzeichnungen öffentlich zugänglicher Räume den Umstand der Beobachtung und
die verantwortliche Stelle durch geeignete Maßnahmen kenntlich zu machen."

Ferner LAG Hamm, ZD 2012, 141 und LAG Köln, ZD 2011,47

Danach ist nach seiner Auffassung „die heimliche Videoüberwachung eines Arbeitnehmers
zulässig, wenn der konkrete Verdacht einer strafbaren Handlung oder einer anderen schwe-
ren Verfehlung zu Lasten des Arbeitgebers besteht, weniger einschneidende Mittel zur Auf-
klärung des Verdachts ergebnislos ausgeschöpft sind, die verdeckte Videoüberwachung
damit praktisch das einzig verbleibende Mittel darstellt und sie insgesamt nicht unverhält-
nismäßig ist (... BAGE 105, 356). Der Verdacht muss in Bezug auf eine konkrete strafbare
Handlung oder andere schwere Verfehlung zu Lasten des Arbeitgebers gegen einen zumin-
dest räumlich und funktional abgrenzbaren Kreis von Arbeitnehmern bestehen. Er darf sich
nicht auf die allgemeine Mutmaßung beschränken, es könnten Straftaten begangen werden,
er muss sich jedoch nicht notwendig nur gegen einen einzelnen, bestimmten Arbeitnehmer
richten (...). Auch im Hinblick auf die Möglichkeit einer weiteren Einschränkung des Kreises
der Verdächtigen müssen weniger einschneidende Mittel als eine verdeckte Videoüberwa-
chung zuvor ausgeschöpft worden sein."

Gegenüber dem Verbot verdeckter Videoüberwachung macht das Gericht verfassungs- **1062**
rechtliche Bedenken geltend.

„Im Hinblick auf die ihrerseits durch Art. 12 Abs. 1, Art. 14 Abs. 1 GG geschützten Integri-
tätsinteressen des Arbeitgebers begegnete ein absolutes, nur durch bereichsspezifische Spe-
zialregelungen (vgl. etwa § 100 c und § 100 h StPO) eingeschränktes Verbot verdeckter
Videoaufzeichnungen in öffentlich zugänglichen Räumen verfassungsrechtlichen Bedenken.
Ob und inwieweit eine verdeckte Videoüberwachung öffentlich zugänglicher Verkaufsräume
zulässig ist, wenn sie dem Ziel der Aufklärung eines gegen dort beschäftigte Arbeitnehmer
bestehenden konkreten Verdachts der Begehung von Straftaten oder anderer schwerwiegen-
der Pflichtverletzungen dient, lässt sich nur durch eine Abwägung der gegenläufigen Grund-
rechtspositionen unter Wahrung des Grundsatzes der Verhältnismäßigkeit im Einzelfall
beurteilen. Dem trägt auch die Formulierung in § 6b Abs. 1 Nr. 3 BDSG Rechnung. Ein
uneingeschränktes Verbot der verdeckten Videoüberwachung öffentlich zugänglicher
Räume würde dem nicht gerecht, § 6b BDSG ist deshalb – verfassungskonform – dahin aus-
zulegen, dass auch eine verdeckte Videoüberwachung öffentlich zugänglicher Räume im
Einzelfall zulässig sein kann (zutreffend Byers, Die Videoüberwachung am Arbeitsplatz,
2010, S. 79 f.; Müller, Die Zulässigkeit der Videoüberwachung am Arbeitsplatz, 2008,
S. 126 f.; Vietmeyer, DB 2010, 1462 [1463 f.])."

Die Zulässigkeit heimlicher oder verdeckter Videoüberwachung hatte das BAG **1063**

RDV 2003, 293 = NJW 2003, 3436 (Leitsätze):

„1. Die heimliche Videoüberwachung eines Arbeitnehmers durch den Arbeitgeber stellt einen
Eingriff in das durch Art. 2 Abs. 1 GG geschützte allgemeine Persönlichkeitsrecht dar.

2. Dieser Eingriff führt jedoch dann nicht zu einem Beweisverwertungsverbot, wenn der kon-
krete Verdacht einer strafbaren Handlung oder einer anderen schweren Verfehlung zu Lasten
des Arbeitgebers besteht, weniger einschneidende Mittel zur Aufklärung des Verdachts ausge-
schöpft sind, die verdeckte Videoüberwachung praktisch das einzig verbliebene Mittel darstellt
und insgesamt nicht unverhältnismäßig ist."

aber auch schon vor Inkrafttreten der Bestimmungen des § 6b und § 32 Abs. 1 S. 2 BDSG nach den genannten Kriterien bejaht.

Die Verhältnismäßigkeit der Maßnahme kann es erfordern, dass die Mitarbeiter über den Anlass einer heimlichen Überwachung generell, nicht aber über den konkreten Überwachungsfall informiert werden,

> *BAG, RDV 2008, 238*

wobei Schutzinteressen der Beschäftigten dadurch gewahrt werden, dass der Betriebsrat über den Einsatz zur Überwachung mitentscheidet.

4.3.7 Löschungspflicht

1064 Die Löschungspflicht des § 6b Abs. 4 BDSG entspricht den bei der Speicherung personenbezogener Daten sich aus den §§ 20 Abs. 2, 35 Abs. 2 BDSG ergebenden Pflichten. Ist der die Speicherung legitimierende Zweck entfallen, so ist diese nunmehr unzulässig. So sind zum Schutz gegen Überfall, Vandalismus etc. getätigte Aufzeichnungen unverzüglich

> *bei vollständiger Aufzeichnung eines Geschäftstages wird die Frist ein bis zwei Tage betragen, so Innenministerium Baden-Württemberg, Hinweis zum BDSG Nr. 40, RDV 2002, 148 (151)*

zu löschen, wenn sich aus ihrem Inhalt keine Relevanz ergibt. Gleiches gilt, wenn erst nachträglich vorrangige schutzwürdige Interessen der Betroffenen auftreten.

1065 Eine unverzügliche Löschung der Speichermedien sollte durch eine automatisierte Technik unterstützt werden. Eine manuelle Löschsperre könnte dann lediglich bei einer gegebenen Gefahrenlage (z.B. Vandalismus, Bedrohung) aktiviert werden.

4.4 Die Überwachung von nicht öffentlich zugänglichen Arbeitsplätzen

4.4.1 Allgemeines

1066 Nachdem die für die Verarbeitung von Beschäftigtendaten maßgebende Zulässigkeitsnorm des § 32 Abs. 1 BDSG auf jedwede Art der Erhebung, Verarbeitung und Nutzung Anwendung findet (§ 32 Abs. 2 BDSG), ist der Arbeitgeber zu derartigen Überwachungsmaßnahmen befugt, wenn sie für die Durchführung des Beschäftigungsverhältnisses erforderlich sind. Ob die Daten analog oder digital gespeichert werden, ist relevant. Zu klären sind damit für die Zulässigkeitsprüfung zwei Tatbestände: nämlich zum einen, ob der Verwendungszweck z.B. der Durchführung des Beschäftigungsverhältnisses zuzuordnen ist, und zum anderen, ob der Tatbestand der Erforderlichkeit erfüllt ist. Liegt die Zweckbestimmung „Durchführung des Beschäftigungsverhältnisses" nicht vor, stellt sich die Frage des Rückgriffs auf § 28 Abs. 1 S. 1 Nr. 2 BDSG. Zur Durchführung des Arbeitsverhältnisses bestimmt sind die Daten, die der Arbeitgeber zur Erfüllung seiner Pflichten, aber auch zur Wahrnehmung seiner Rechte gegenüber dem Arbeitnehmer vernünftigerweise benötigt. Gestattet sind auch Maßnahmen zur Kontrolle, ob der Arbeitnehmer den geschuldeten Pflichten nachkommt. Schließlich können der Durchführung des Beschäftigungsverhältnisses Überwachungsmaßnahmen zugerechnet werden, die sich nicht auf die Mitarbeiter beziehen, sondern die Organisation der Arbeitsabläufe, Sicherheitsaspekte etc. betreffen, denen sich der Mitarbeiter unterwerfen muss, weil er anderweitig seinen Arbeitspflichten nicht nachkommen kann.

Zulässig ist daher eine offene Beobachtung der Beschäftigten nur, wenn bei gleichzeitiger Berücksichtigung des Verhältnismäßigkeitsprinzips überwiegende Sicherheitsinteressen des Arbeitgebers oder auch der Beschäftigten selbst diese erforderlich machen und weniger einschneidende Kontrollmaßnahmen nicht in Betracht kommen.

Die Zwecke der Überwachung müssen „konkret festgelegt", d.h. dokumentiert und ggf. **1067** im Rahmen der Vorabkontrolle (§ 4d Abs. 5 Nr. 2 BDSG)

so HambDSB TB (2006/2007), S. 112, wenn die Überwachung nach Art und Umfang die Bewertung der Persönlichkeit der betroffenen Arbeitnehmer einschließlich ihrer Fähigkeiten, ihrer Leistungen und ihres Verhalten ermöglicht; vgl. auch Gola/ Schomerus, BDSG § 6b, Rdn. 33 sowie nachstehend Rdn. 1602

mit einem ebenfalls dokumentierten Prüfungsergebnis versehen sein und in einem Verfahrensverzeichnis jedem Interessierten offengelegt werden.

Nach Auffassung des Innenministeriums Baden-Württemberg, Hinweis zum BDSG Nr. 40, RDV 2002, 148 (151) handelt es sich bei Videoüberwachung nebst Aufzeichnung um ein automatisiertes Verfahren, das in einem Verfahrensverzeichnis jedermann offenzulegen ist (§ 4g Abs. 2 BDSG).

Ferner ist die Zulässigkeit der Beobachtung weiterhin unmittelbar an dem Anspruch des **1068** Betroffenen auf Schutz seines Persönlichkeitsrechts und bei gleichzeitiger Abbildung auch am Recht am eigenen Bild gemäß §§ 22 f. KUG und § 201a StGB zu messen. Abwehrrechte folgen aus §§ 823 Abs. 1 und 2, 1004 BGB. Daneben stand und steht dem Betroffenen bei einem sich bei rechtswidriger Videobeobachtung regelmäßig gegebenen „schweren" Eingriff in das Persönlichkeitsrecht ein Anspruch auf angemessene Geldentschädigung zu.

Insoweit ist hinzuweisen auf die Rechtswidrigkeit des Filmens oder Fotografierens Arbeitswilliger durch Streikposten, vgl. Kappes, DB 1993, 378; zu den straf- und arbeitsrechtlichen Konsequenzen geheimer Mitarbeiterkontrollen vgl. Dann/ Gastell, NJW 2008, 2945.

Schon die Möglichkeit der jederzeitigen Überwachung erzeugt einen mit dem Anspruch **1069** des Arbeitnehmers auf Wahrung seiner Persönlichkeitsrechte (§ 75 Abs. 2 BetrVG) regelmäßig nicht zu vereinbarenden Überwachungsdruck, sodass eine Videoüberwachung von Arbeitsplätzen und Arbeitnehmern nur durch besondere Sicherheitsinteressen des Arbeitgebers ausnahmsweise gerechtfertigt ist.

BAG, RDV 1992, 179; ferner BAG, DB 1988, 403 = BB 1988, 137 = RDV 1988, 41 = NZA 1988, 92; ebenso LAG Frankfurt, BB 1990, 1280; ferner BVerwG, RDV 1989, 80

Der saarländische LfDI (21. TB, S. 85 = RDV 2008, 83) sieht die Videoüberwachung im Serverraum als gerechtfertigt an, wenn die Rechte der Mitarbeiter durch getrennte Datenspeicherung und eingeschränkte Zugriffsmöglichkeiten gewahrt sind.

Daraus folgert das ArbG Dortmund, **1070**

CR 1989, 715

dass ein Arbeitnehmer seiner Arbeitspflicht nicht nachkommen muss, solange der ihm zugewiesene Arbeitsplatz im Blickfeld der unzulässig installierten Kamera liegt.

Bei der Abwägung der Zulässigkeit ist auch die Intensität der Beobachtung zu berück- **1071** sichtigen, also ob der Mitarbeiter nur gelegentlich (z.B. Betreten eines öffentlich zugänglichen Flures) oder dauernd erfasst wird. Zur rechtswidrigen Vollüberwachung zählt auch, wenn die Videoüberwachung zwar nur sporadisch erfolgt, die Mitarbeiter aber den Zeitpunkt nicht kennen und jederzeit mit der Überwachung rechnen müssen.

1072 Soll die Videoüberwachung der Abwehr von potenziellen Diebstählen durch die Mitarbeiter dienen, bedarf es einer Risikoanalyse. Das Ergebnis kann aber nur zu einer offenen Überwachung führen. Dass es sich hierbei um einen Ausnahmefall handelt, hat das BAG wiederholt deutlich gemacht.

> *Zur Überwachung in Briefverteilungszentren der Post, vgl. BAG, RDV 2005, 21 = NJW 2005, 313; RDV 2005, 216 = ArbuR 2005, 146*

4.4.2 Heimliche Überwachung an nicht öffentlichen Arbeitsplätzen

1073 Die von der Rechtsprechung zur heimlichen Videoüberwachung an öffentlich zugänglichen Arbeitsplätzen aufgestellten Zulässigkeitskriterien hat der Gesetzgeber für nicht öffentlich zugängliche Arbeitsplätze in § 32 Abs. 1 S. 2 BDSG festgeschrieben. Es gilt das Ultima-ratio-Prinzip. Die Bestimmung reduziert die Maßnahme auf ein Überführen von Straftätern.

1074 Die Überwachung einer Kaufhof-Schuhreparatur-Zentrale hat die Aufsichtsbehörde Hessen

> *14. Bericht für die Aufsicht im nicht öffentlichen Bereich (2000), Ziff. 7.5*

demgemäß als zulässig angesehen, weil sie auf den engeren Theken- und Kassenbereich beschränkt blieb und in einem „abgestuften" Verfahren nur bei einem mit den Mitarbeitern zuvor erörterten Diebstahls- und Unterschlagungsverdacht aktiviert wurde. Für die Aktivierung fordert die Aufsichtsbehörde ein „Vier-Augen-Prinzip", indem ein Vertreter des Arbeitgebers und möglichst der betriebliche Datenschutzbeauftragte diese mittels Passwortschutz nur gemeinsam vornehmen könne. Dass die Mitarbeiter, deren Filiale nicht überwacht wurde, gleichwohl auf Grund der technischen Überwachungsmöglichkeit einem gewissen Überwachungsdruck unterworfen waren, wurde als akzeptabel angesehen, weil allen Mitarbeitern die Möglichkeit eingeräumt wurde, sich bei dem betrieblichen Datenschutzbeauftragten anhand der bei ihm geführten Dokumentation im Nachhinein zu informieren, ob ihre Filiale unter Beobachtung stand.

1075 Führt der Arbeitgeber die Überwachung nicht selbst durch, kann er ihm von Dritten überlassenes Beweismaterial nur verwenden, wenn der von diesem vorgenommene Persönlichkeitseingriff rechtmäßig war.

> *Vgl. LAG Köln, RDV 2006, 172, wenn der Arbeitgeber die Kündigung eines Mitarbeiters mit einer heimlich gefertigten Videoaufnahme belegt, die eine Fluggesellschaft zur Aufdeckung festgestellter Diebstähle durch Bedienstete des Arbeitgebers (hier Flughafen) gefertigt hatte*

1076 Das BAG hat die Voraussetzungen für eine heimliche Videoüberwachung präzisiert, dabei die Frage, ob die versäumte Mitbestimmung zu einem Verwertungsverbot führt, unter den speziellen Fallgegebenheiten offengelassen.

> *BAG, RDV 2003, 293 = NJW 2003, 3436 (Leitsätze):*
>
> *„1. Die heimliche Videoüberwachung eines Arbeitnehmers durch den Arbeitgeber stellt einen Eingriff in das durch Art. 2 Abs. 1 GG geschützte allgemeine Persönlichkeitsrecht dar.*
>
> *2. Dieser Eingriff führt jedoch dann nicht zu einem Beweisverwertungsverbot, wenn der konkrete Verdacht einer strafbaren Handlung oder einer anderen schweren Verfehlung zu Lasten des Arbeitgebers besteht, weniger einschneidende Mittel zur Aufklärung des Verdachts ausgeschöpft sind, die verdeckte Videoüberwachung praktisch das einzig verbliebene Mittel darstellt und insgesamt nicht unverhältnismäßig ist.*

3. Ist die Videoüberwachung entgegen § 87 Abs. 1 Nr. 6 BetrVG ohne vorherige Zustimmung des Betriebsrats durchgeführt worden, so ergibt sich aus dem Verstoß jedenfalls dann kein eigenständiges Verwertungsverbot, wenn der Betriebsrat der Verwendung des Beweismittels und der darauf gestützten Kündigung zustimmt und die Beweisverwertung nach den allgemeinen Grundsätzen gerechtfertigt ist."

Kritisch Wronka, RDV 2012, 277 zu BAG, RDV 2012, 297; zum Verwertungsverbot vgl. Lunk, NZA 2009, 457

Soll die Videoüberwachung der Abwehr von potenziellen Diebstählen etc. durch die Mitarbeiter dienen, besteht höchstens ein Interesse an offener Überwachung. Dass es sich auch hierbei um einen Ausnahmetatbestand handelt, hat das BAG durch zwei Entscheidungen **1077**

RDV 2005, 21 = NJW 2005, 313; RDV 2005, 216 = ArbuR 2005, 346

zur in den konkreten Fällen als unzulässig bewerteten Videoüberwachung in Briefverteilungszentren der Post deutlich herausgestellt.

Gleichwohl kann die zur Aufklärung eines konkreten Tatverdachts erforderliche Überwachung zulässig sein, wenn die Mitarbeiter hierüber zwar allgemein, aber natürlich nicht im konkreten Fall informiert werden. Voraussetzung ist auch hier, dass die Regelung geeignet, erforderlich und unter Berücksichtigung der Freiheitsrechte der Beschäftigten angemessen ist, um den erstrebten Zweck zu erreichen. **1078**

Demgemäß hat das BAG

RDV 2008, 238 = NZA 2008, 1187 = BB 2008, 2743 = MMR 2008, 777 = ZIP 2008, 2283

zugelassen, dass im Verdacht einer strafbaren Handlung der potenzielle Tatort befristet heimlich überwacht werden darf.

Ist die Videokameraanlage nicht funktionstüchtig oder gar nur eine eine Überwachung vortäuschende Attrappe, so ändert das zunächst an den oben aufgezeigten Zulässigkeitsbeständen nichts. Der unzulässige Überwachungsdruck kann auch hier bestehen, da der Arbeitnehmer – wenn ggf. auch zu Unrecht – mit der Möglichkeit jederzeitiger Beobachtung rechnen muss. **1079**

Vgl. LG Bonn, RDV 2005, 122; vgl. aber auch LG Koblenz, RDV 2007, 30, das im Hinblick auf eine potenzielle Umstellung des Kamerablickwinkels kein Abwehrrecht einräumt gegenüber einer bislang nicht das Nachbargrundstück erfassenden Kamera

Dies gilt umso mehr, wenn der Arbeitgeber sogar auf die nicht stattfindende Überwachung ausdrücklich hinweist. Zulässig wäre ein solches Vorgehen nur, wenn der Arbeitgeber auch zur tatsächlichen Überwachung berechtigt wäre und den mit der Überwachung erstrebten „Abschreckungseffekt" kostengünstiger erreichen will.

4.4.3 Fokus der Überwachung

Zulässig ist die Videoüberwachung, wenn sie zum Schutz des Betriebes/der Dienststelle oder/und der sich dort aufhaltenden Personen (so z.B. bei der Videoüberwachung in einem Kernkraftwerk) das geeignete und nach dem Verhältnismäßigkeitsprinzip schonendste Mittel ist. Die Überwachung der Beschäftigten zu dem Zweck, einen ordnungsgemäßen Dienstablauf zu gewährleisten, kann die Überwachung nicht rechtfertigen. **1080**

Edenfeld, PersR 2000, 323; vgl. auch ArbG Frankfurt, RDV 2001, 190: „Eine nicht durch vorrangige betriebliche Interessen gerechtfertigte (in diesem Falle heimlich installierte) und unter Verstoß gegen das Mitbestimmungsrecht des Betriebsrats durchgeführte Videoüberwa-

chung ist ein die Zahlung eines Schmerzensgeldes rechtfertigender schwerer Eingriff in das Persönlichkeitsrecht."

1081 Zu unterscheiden ist zudem, ob der Mitarbeiter „Gegenstand" der Überwachung ist (so bei der Videoüberwachung in einem Kaufhaus zur Verhütung von Diebstählen durch Kundschaft und Personal) oder nur als „Nebenprodukt" erscheint (Videoüberwachung in einer Bank zum Schutz vor Überfällen). Im letzteren Fall muss durch entsprechende Zugriffsregelungen sichergestellt werden, dass eine mitarbeiterbezogene Auswertung nicht stattfinden kann.

4.5 Von dem Kamera-Monitorsystem zur Mustererkennung

1082 Die fortschreitende Technik kann aus den bloß beobachtenden und aufzeichnenden Systemen ggf. sog. „Thinking Cameras" machen, die mit Hilfe entsprechender Programme die Bilder anhand vorgegebener Muster durchsuchen und aus den Ergebnissen Konsequenzen ableiten. Das reicht von der Beschränkung der Aufzeichnung von auf dem System nicht bekannten, „nicht berechtigten" Personen – wodurch aber Mitarbeiter ausgenommen werden können – bis hin zu der Alarmmeldung bei Aufenthalten Unbefugter.

> *Zum diesbezüglichen Einsatz biometrischer Zutrittsverfahren und der RFID-Technik vgl. nachfolgend Rdn. 1089 ff.*

Möglich ist auch die Ermittlung bestimmter, als außergewöhnlich definierter Verhaltensweisen und die Einleitung hieraus folgender Konsequenzen. Die ausnahmsweise Zulässigkeit solcher Verfahren hängt u.a. nach dem Verhältnismäßigkeitsprinzip von dem Grad der Gefahrenlage ab.

5 Erfassung von Bewegungsdaten

5.1 Allgemeines

1083 Die Entwicklungen neuer Überwachungstechniken geben dem Arbeitgeber auch die Möglichkeit, den jeweiligen Aufenthaltsort von Mitarbeitern zu erfassen, was insbesondere bei „mobil", d.h. nicht an einem ständigen Arbeitsplatz Beschäftigten von Interesse sein kann.

> *Zur Mitarbeiterüberwachung durch Ortung vgl. insgesamt Meyer, K&R 2009, 14; Gola, NZA 2007, 1139*

1084 Neben die praktizierte Erfassung der Bewegungsdaten im Betrieb durch Videobeobachtung oder Zutrittskontrollsysteme tritt die Erfassung durch den Einsatz von RFID (Radio Frequency Identification). Die dauerhafte Feststellung des Aufenthalts extern eingesetzter Beschäftigter ermöglichen GPS (Global Positioning System/GPS-Track) oder Handy-Ortung (GSM-Ortung). Die Auswertungen der erfassten und dem Arbeitgeber übertragenen Standortdaten können über „Location Based Services" beliebig gesteuert werden. Da der Einsatz derartiger Überwachungstechnik mehr und mehr betriebliche Realität ist, stellt sich die Frage nach den durch das Persönlichkeitsrecht der Arbeitnehmer und ggf. durch das diesen Schutz umsetzende BDSG gezogenen Grenzen solcher Überwachungsmethoden. Mit Däubler

CF 7-8/2005, 42

ist nachzufragen, inwieweit der Arbeitnehmer dem Wissensdrang des Arbeitgebers einen Anspruch auf Wahrung eines „Aufenthaltsgeheimnisses" entgegenstellen kann.

Für die Überwachung des Aufenthalts der Arbeitnehmer im Betrieb und ihrer dortigen **1085** Tätigkeit durch offene und ggf. auch ausnahmsweise heimliche Videoüberwachung hat die arbeitsgerichtliche Rechtsprechung die durch das Persönlichkeitsrecht der Beschäftigten gezogenen Grenzen bereits aufgezeigt.

Die Schutzansprüche der Beschäftigten gelten vom Grundsatz her auch im Zusammenhang mit den neuen Überwachungstechniken, zumal im Rahmen der Kontrolle auch Verbindungen von RFID und Videotechnik möglich sind.

5.2 RFID-Anwendungen im Betrieb

5.2.1 Die Überwachungstechnik

Diskutiert werden datenschutzrechtliche Fragestellung der RFID-Technik derzeit insbe- **1086** sondere bei ihrem Einsatz im Waren- und Dienstleistungsbereich unter dem Aspekt des Kundendatenschutzes.

Vgl. die Aufsichtbehörden: Beschluss des Düsseldorfer Kreises am 8./9.11.2006; DuD 2007, 37; Anwendungsbeispiele bei Dreyer, ZD 2012, 20

RFID-Technik ermöglicht, dass mit Hilfe von Funketiketten (RFID-Chips, auch Tags genannt) gespeicherte Daten – also hier die spezifische Identifikationsnummer einer konkreten Ware – berührungslos und ohne Sichtkontakt an ein Empfangsgerät (oft gekoppelt mit einem Computer) übermittelt werden. Von herkömmlichen Datenerfassungen unterscheidet sich die RFID-Technik durch die von dem Betroffenen nicht initiierte und ggf. auch nicht bemerkte Datenmeldung. Die RFID-Tags funktionieren nach dem Prinzip eines Transponders, indem die Tags über elektromagnetische Wellen angesprochen und ihre Informationen ausgelesen bzw. von ihnen gesendet werden. Das Lesegerät kann die Informationen mit einer Datenbank verbinden, die sie mit weiteren Informationen zusammenführt.

Zur Funktionsweise und zu Einsatzmöglichkeiten im Endkundenbereich in Supermärkten etc. vgl. bei von Westerholt/Döring, CR 2004, 710

Die Chips sind derart winzig, dass sie z.B. auf Konsumgütern untergebracht werden können, ohne dass ihre Existenz bemerkt wird. Ihre Reichweite zum Auslesegerät ist jedoch auf kurze Entfernungen, im zweistelligen Meter-Bereich, begrenzt.

Zur insoweit unterschiedlich aufwändigen Technik vgl. Handen/Wiese, DuD 2004, 109

Anwendung findet die Technik im Bereich der Logistik, indem Waren hinsichtlich Arti- **1087** kelnummer, Produktherkunft oder Preis im Betriebsablauf identifiziert und bestimmungsgemäß verteilt werden können. Ein Beispiel hierfür bilden Warenhäuser,

vgl. hierzu die Gesamtbetriebsvereinbarung zum RFID-Einsatz bei der Kaufhofwarenhaus AG, RDV 2005, 192

wo per RFID ggf. auch das Inkasso durch Personal eingespart werden kann.

Mit Chips versehen werden können auch Arbeitnehmer bzw. von ihnen mitzuführende **1088** Gegenstände. So kann die Technik Anwendung finden bei Hausausweisen. Zum Teil sind die Überwachungsmöglichkeiten nicht anders – wenn auch komfortabler – als bei herkömmlichen Transponderkarten. Die gespeicherten Ausweisdaten können von einem berührungslos funktionierenden Türöffner gelesen und ggf. mit einem Zeitstempel versehen in einer Datenbank abgespeichert werden. Festgehalten werden kann, ob der Mitarbeiter auch tatsächlich zu der vorgegebenen Zeit (z. B. beim Rundgang eines Wachmannes, bei Routineuntersuchungen von Wartungstechnikern etc.) an dem vorgeschriebenen Ort war. Festgehalten werden kann aber auch, wann er welches Regal mit wie viel Produkten welcher Art nachgefüllt hat. Ermittelbar sind natürlich genauso der Gang zur Toilette und die Dauer des dortigen Aufenthalts. Damit steht einer verdeckt erfolgenden Erstellung detaillierter Bewegungsprofile technisch jedenfalls kein Hindernis entgegen.

5.2.2 RFID und Biometrie

5.2.2.1 Allgemeines

1089 Zunehmend werden in der Wirtschaft biometrisch gestützte Authentifizierungs- und Zutrittskontrollsysteme eingesetzt bei dem Zugang zu IT-Systemen bzw. beim Eintritt in Räume.

> *Vgl. Hornung/Steidle, ArbuR 2005, 201*

1090 Statt oder neben den vom Betroffenen parat zu haltenden Passwörtern oder PINs, die aufgrund von Erinnerungslücken beim Betroffenen bzw. wegen des möglichen Missbrauchs durch Unbefugte nicht unproblematisch sind, bieten biometrische Verfahren aufgrund der nahezu unverwechselbaren Authentifizierung des Betroffenen eine höhere Sicherheit.

1091 Die Authentifizierung kann auf den Wegen der Identifikation und der Verifikation erfolgen. Bei der Identifikation wird aus einer großen Gruppe die Identität einer Person festgestellt, wie es z. B. bei dem Warnsystem per Video der Fall ist. Bei der Verifikation wird eine vom Betroffenen behauptete Identität durch Vergleich eines auf einem Datenträger gespeicherten individuellen biometrischen Referenzmerkmals mit dem aktuellen individuellen biometrischen Merkmal einer Person geprüft. Die biometrischen Muster basieren auf bei jedem Menschen unterschiedlichen Merkmalen. Zu unterscheiden sind physiologische und damit passive (Fingerabdruck, Gesichts-, Iris- oder Venenerkennung etc.) und verhaltensbedingte, d.h. aktive Merkmale (Stimmerkennung, Unterschrift, Tippmuster bei Eingabe eines Passworts etc.).

> *Bartmann/Wimmer, DuD 2007, 199*

1092 Unter dem Aspekt des Diskriminierungsverbots des AGG und des besonderen Schutzes, den das BDSG besonderen Arten personenbezogener Daten (§ 3 Abs. 9 BDSG) gewährt, weist die Speicherung biometrischer Daten jedenfalls im Identifikationsverfahren Probleme auf, wenn ihnen – wie bei der Gesichtserkennung – z. B. Erkenntnisse über die Rasse oder die Gesundheit entnehmbar sind. Zum Teil wird hieraus deren Unzulässigkeit gefolgert.

> *Gundermann/Probst, Biometrie am Arbeitsplatz, in Roßnagel, Handbuch Datenschutzrecht, Kap. 9.6; Steidle, 232*

5.2.2.2 Aspekte eines datenschutzgerechten Biometrie-Verfahrens

Keiner Diskussion bedarf es, dass einer Person zugeordnete oder zuordenbare biometri- **1093** sche Merkmale personenbezogene Daten von besonderer Sensibilität sind. Datenschutzrechtlich sind daher Verfahren vorzuziehen, in denen die Merkmale ausschließlich auf dem im Besitz des Mitarbeiters befindlichen RFID-Chip gespeichert sind und die Authentifizierung im reinen Vergleich des tatsächlichen biometrischen Musters mit dem gespeicherten erfolgt (Comparison on card). Beim Arbeitgeber werden dabei keine biometrischen Daten der Mitarbeiter gespeichert. Bei dem Fingerabdruckverfahren ist es sogar möglich, dass der Fingerabdrucksensor auf der Karte implementiert ist und eine Speicherung der Daten bei einem vom Arbeitgeber vorzunehmenden Erhebungsvorgang entfällt.

Zwar „gehören" auch die in der Verfügungsgewalt des Arbeitnehmers stehenden Spei- **1094** cherkarten oder RFID-Chips dem Arbeitgeber. Gleichwohl ist zur Wahrung des informationellen Selbstbestimmungsrechts sicherzustellen, dass die Daten auch gegenüber dem Arbeitgeber auslesesicher gespeichert sind und ihre Freigabe der ausdrücklichen Verfügung des Mitarbeiters bedarf.

> *Biltzinger, DuD 2005, 726*

Demgemäß muss dem Mitarbeiter auch das Recht eingeräumt sein, den Fingerabdruck bei Wegfall des Speicherungszwecks, also etwa bei Ende des Arbeitsverhältnisses, selbst z.B. durch Vernichtung der Karte zu löschen.

Beim Einsatz von Smartcards ist die Transparenz gegenüber dem Mitarbeiter in der **1095** Regel dadurch gegeben, dass ihre Verwendung eine Aktivität des Mitarbeiters voraussetzt. Bei dem Einsatz der RFID-Technik ist diese Transparenz durch die Technik nicht vorgegeben. Das Auslesen ist jedenfalls dann heimlich möglich, wenn das Erkennen und Vergleichen des Mitarbeiters mit den RFID-Daten keine Aktivität erfordert, was z.B. bei der Gesichtserkennung oder dem Sprechverhalten in Betracht kommen könnte.

Zur Diskussion gestellt werden muss, ob statt des vorstehend aufgezeigten Verfahrens **1096** noch biometrische Zutrittskontrollen zu rechtfertigen sind, bei denen der Abgleich des Fingerabdrucks etc. mit vom Arbeitgeber gespeicherten biometrischen Daten erfolgt.

> *Diese Verfahren der Authentifizierung bei IT-Zugriff ablehnend und bei Kontrolle des Zutritts nur bei Kontrolle sich nicht selbst identifizierender Personen bejahend: Biltzinger, DuD 2005, 726*

Es liegt nahe, dass ein derartiges Verfahren weit eher die Gefahr der zweckentfremdenden Nutzung eröffnet. Es ist eindeutig als unzulässig zu bewerten, wenn der Arbeitgeber als eine Art Vorratsspeicherung alle Fingerabdrücke seiner Arbeitnehmer zwecks Aufklärung eventueller späterer Diebstähle speichern würde. Nur schwer wird man den Arbeitgeber jedoch von der Nutzung bereits vorhandener Daten zurückhalten können – der Staat liefert hierfür ein prägnantes Beispiel –, wenn es z.B. darum geht, die Daten für die Aufklärung einer innerbetrieblichen Diebstahlserie zu nutzen. Andererseits soll aber auch nicht übersehen werden, dass bei diesem Verfahren bei einem Verlust der Chipkarte ein dem Arbeitgeber und dem Mitarbeiter zumindest lästiges Enrollment-Verfahren erspart wird. Zumindest sollte dem Arbeitnehmer unter dem Aspekt des Gebots der Datenvermeidung und Datensparsamkeit des § 3a BDSG und des Rechts des Betroffenen auf informationellen Selbstschutz je nach den Gegebenheiten die Möglichkeit eingeräumt werden, zwischen beiden Verfahren zu wählen.

1097   Das Identifikationsverfahren kann auch dadurch datenschutzfreundlich ausgestaltet sein, dass die Vergleichsdaten nicht personenbezogen, sondern anonym gespeichert werden und bei Fingerabdruckprüfungen allein festgestellt wird, ob die fragliche Person zum Kreis der Zugelassenen zählt.

1098   Das das biometrische Kontrollsystem „berechtigende" arbeitsvertragliche Interesse steht im Zusammenhang mit der durch das System erreichten höheren Sicherheit. Eine 100-prozentige Zuverlässigkeit bieten jedoch auch biometrische Systeme nicht. Maßgebend sind die Quoten der Falsch-Rückweisung berechtigter und diejenigen der Falsch-Akzeptanz unberechtigter Personen. Die Fehlerquoten liegen – abhängig von den verwendeten biometrischen Daten – jedoch im Regelfall unter 1 Prozent. Datenschutzrechtlich, also im Hinblick auf das informationelle Selbstbestimmungsrecht der „fehlerhaft" eingestuften Mitarbeiter, sind diese Fehler jedoch wenig relevant. Das gilt in jedem Fall für die unberechtigte Zutrittsgewährung. Aber auch eine unberechtigte, in der Regel auf Fehlern des Systems beruhende Rückweisung kann wohl regelmäßig keine schutzwürdigen Interessen des Mitarbeiters tangieren, d.h. zu Konsequenzen für den Betroffenen führen. Wenn ein Fingerabdrucksystem aufgrund der Ausprägung der „Minutien" (End- und Verzweigungspunkte von Fingerlinien) des Mitarbeiters nicht funktioniert, so darf das auch unter dem Aspekt des Gleichbehandlungsgrundsatzes nicht zu diskriminierenden Konsequenzen führen.

> *Vgl. hierzu im Rahmen des Abschlusses einer Betriebsvereinbarung bei Albrecht, DuD 2007, 171*

Diese können bereits dann gegeben sein, wenn das Ersatzverfahren sehr umständlich und zeitverzögernd ist.

1099   Zum Schutz des informationellen Selbstbestimmungsrechts muss die biometrische Kontrolle transparent sein, d.h., für den Betroffenen muss jederzeit feststellbar sein, dass er kontrolliert wird. Die Transparenz ist gegeben, wenn das Verfahren nur funktioniert, wenn er daran mitwirkt – ein Aspekt, der bei der Verbindung mit dem RFID-Einsatz jedoch nicht mehr zwingend vorgegeben ist.

5.2.3 Zulässigkeitsgrenzen des RFID-Einsatzes

1100   Entgegen den sich regelmäßig erhebenden Stimmen nach neuen gesetzlichen Regelungen

> *Eisenberg/Puschke/Singelnstein, ZRP 2005, S. 9; den Bedarf spezieller Regelungen verneinen Schmitz/Eckhardt, CR 2007, 171*

sah die Bundesregierung in Beantwortung einer kleinen Anfrage der FDP „nach dem derzeitigen Stand der Technik keinen ergänzenden datenschutzrechtlichen Regelungsbedarf" für den Einsatz der RFID-Technik. Dazu wird u.a. auf die auch insoweit geltenden Verarbeitungsrestriktionen und Sicherheitsanforderungen des BDSG und die bei mobilen Speicher- und Verarbeitungsmedien nach § 6c BDSG bestehenden Informationspflichten hingewiesen.

> *Dazu, inwieweit – abhängig von der jeweiligen Ausgestaltung des RFID-Chips – § 6c BDSG zum Tragen kommt, siehe bei Lahner, DuD 2004, 723; Schmitz/Eckhardt, CR 2007, 171*

1101   § 6c BDSG schreibt – wie sie auch im Bereich der Videoüberwachung inzwischen Standard ist – die Transparenz gegenüber dem Betroffenen fest. § 6c BDSG findet mit seinen Informationsvorschriften zwar erst Anwendung, wenn die Chipdaten Bezug zu einer

Person haben, was jedoch bei der Überwachung im Arbeitsverhältnis regelmäßig dem Sinn entspricht. Der Betroffene ist über die Funktionsweise des Mediums einschließlich der Art der zu verarbeitenden Daten zu informieren. Kommunikationsvorgänge, die auf dem Medium eine Datenverarbeitung auslösen, müssen für ihn eindeutig erkennbar sein. Insoweit muss er auch über den Stand der Lesegeräte informiert sein. Konkrete Auskunftsansprüche bezüglich der über ihn gespeicherten Daten ergeben sich aus § 34 BDSG.

---

§ 6c BDSG – Mobile personenbezogene Speicher- und Verarbeitungsmedien

(1) Die Stelle, die ein mobiles personenbezogenes Speicher- und Verarbeitungsmedium ausgibt oder ein Verfahren zur automatisierten Verarbeitung personenbezogener Daten, das ganz oder teilweise auf einem solchen Medium abläuft, auf das Medium aufbringt, ändert oder hierzu bereithält, muss den Betroffenen

1) über ihre Identität und Anschrift,

2) in allgemein verständlicher Form über die Funktionsweise des Mediums einschließlich der Art der zu verarbeitenden personenbezogenen Daten,

3) darüber, wie er seine Rechte nach den §§ 19, 20, 34 und 35 ausüben kann, und

4) über die bei Verlust oder Zerstörung des Mediums zu treffenden Maßnahmen

unterrichten, soweit der Betroffene nicht bereits Kenntnis erlangt hat.

(2) Die nach Absatz 1 verpflichtete Stelle hat dafür Sorge zu tragen, dass die zur Wahrnehmung des Auskunftsrechts erforderlichen Geräte oder Einrichtungen in angemessenem Umfang zum unentgeltlichen Gebrauch zur Verfügung stehen.

(3) Kommunikationsvorgänge, die auf dem Medium eine Datenverarbeitung auslösen, müssen für den Betroffenen eindeutig erkennbar sein.

Ein Kontrollrecht im Rahmen des Arbeitsvertrages (§ 32 Abs. 1 BDSG) wird z.B. hinsichtlich der Erfassung des Anlaufens bestimmter Kontrollpunkte bei dem Rundgang eines Wachmannes nicht zu verneinen sein. Sofern die Kontrolle nicht im Einzelfall aus Sicherheitsgründen oder zur vertragsgemäßen Abrechnung erforderlich ist, ist eine lückenlose Kontrolle, welcher für den Warenbestand der Regale des Supermarkts zuständige Mitarbeiter wann welche Waren wo nachgefüllt bzw. welche Arbeitsleistung er insoweit aggregiert über den Tag, die Woche, den Monat erbracht hat – abgesehen davon, dass für die Erfassung derartiger Organisationsabläufe i.d.R. anonymisierte Daten ausreichen dürften –, mit dem Anspruch auf Persönlichkeitsschutz (vgl. § 75 Abs. 2 BetrVG) wohl nur höchst ausnahmsweise vereinbar. **1102**

Zur Mitbestimmung bei der Anweisung an bei einer Fremdfirma eingesetzte Mitarbeiter zur Teilnahme an der dort praktizierten Fingerabdruckkontrolle vgl. BAG, RDV 2004, 122 = NZA 2004, 556

5.3 Überwachung extern tätiger Beschäftigter

5.3.1 Allgemeines

Während die Überwachung durch RFID-Technik sich aufgrund der Reichweite des Funkkontakts in der Regel auf den Betrieb begrenzen wird, bieten sich für die Überwachung extern tätiger Mitarbeiter andere neue Techniken an, die zum Teil gesetzlich vorgegeben werden. **1103**

Bereits bisher bestehen vielfältige Möglichkeiten der Kontrolle nicht an einen Arbeitsplatz gebundener Mitarbeiter. So kann der Arbeitgeber die Beschäftigten mit Mobiltelefonen ausstatten, über die sie jederzeit erreichbar sind, um über ihren Aufenthaltsort und die dortige Tätigkeit Rechenschaft abzulegen. Der Mitarbeiter kann verpflichtet werden, derartige Standortmeldungen von sich aus nach bestimmten Regeln abzugeben. Rüstet man den Mitarbeiter sodann noch mit einem mobilen Zeiterfassungsgerät

vgl. hierzu Skowronek, CF 7-8/2005, 45

aus, mit dem nicht nur die Arbeitszeit insgesamt, sondern die für die jeweiligen Arbeitsvorgänge aufgewendeten Zeiten erfasst und unmittelbar an den Arbeitgeber übermittelt werden, so ist auch der externe Mitarbeiter im Kontrollbereich, wenngleich die Angaben nicht in jedem Falle verifizierbar sind.

1104 Insoweit können dann von dem Mitarbeiter nicht beeinflussbare Kontrolltechniken weiterhelfen, wobei das Navigationssystem GPS die unmittelbare Bestimmung des Aufenthaltsorts von Fahrzeugen, Waren und auch von Menschen ermöglicht. Auch der Standort des mitgeführten Mobiltelefons lässt sich mit Hilfe bestimmter Verfahren ermitteln. Anbieter von derartigen „Location Based Services" führen die Standortermittlung durch und geben das Ergebnis per Internet in ihrem Webportal bekannt. Auch andere Informationswege sind im Angebotsspektrum, je nachdem, ob es sich um eine einmalige Standorterfassung oder um eine Routenverfolgung handelt.

5.3.2 Staatlich vorgeschriebene Überwachung: der digitale Tachograf

1105 Neu produzierte größere Lastwagen und Busse mit mehr als neun Plätzen müssen ab dem 1. Mai 2006 auf Grund des EU-Rechts

EG-Verordnung Nr. 561/2006, Fahrerpersonalgesetz und Arbeitszeitgesetz; zu den weiterhin geltenden Normen vgl. bei Brandt, CuA 5/2007, 13

mit digitalen Tachografen ausgerüstet sein. Der elektronische Fahrtenschreiber (Blackbox) speichert ggf. in Kombination mit einer fahrergebundenen Chipkarte u. a. folgende auf den Fahrer bezogene oder zumindest beziehbare Daten: Identität des Fahrers bei gesteckter Chipkarte, Lenk-, Ruhe- und Arbeitszeiten, gefahrene Geschwindigkeit, zurückgelegte Wegstrecke. Ziel der Aufzeichnung ist der Schutz der Fahrer hinsichtlich der Einhaltung von Ruhepausen und die Steigerung der Verkehrssicherheit durch Verbesserung der Kontrollmöglichkeiten durch Polizei und Gewerbeaufsicht. Dazu müssen die Daten ausgelesen und für die Kontrollbehörden zwei Jahre aufbewahrt werden (§ 21a ArbZG).

1106 Die diesbezüglichen gesetzlichen Regelungen sind einerseits Erlaubnisnormen nach § 4 Abs. 1 BDSG,

gleichzeitig scheidet Mitbestimmung so lange aus, wie nur der Gesetzesauftrag erfüllt wird; Kiesche/Wilke, CuA 5/2007, 8

andererseits legen sie den Verwendungszweck der Daten nicht endgültig fest, sodass der Arbeitgeber gestützt auf sein arbeitsvertragliches Kontrollrecht (§ 32 Abs. 1 BDSG) die Daten ggf. auch für anderweitige Auswertungen vorsehen kann. Der Arbeitgeber hat einerseits die – auch im Interesse der Mitarbeiter – liegende Aufgabe, auf die Einhaltung von Verordnungen und Gesetzen für das Lkw-Fahrpersonal zu achten und das diesbezügliche Verhalten der Fahrer zu überprüfen. Andererseits hat er hierbei, soweit er über die gesetzlich vorgeschriebenen Datenverarbeitungspflichten hinausgeht, den Schutzinteressen der Mitarbeiter hinreichend Rechnung zu tragen. Gegenstand dieser Interessenabwägung kann die insoweit erforderliche Betriebsvereinbarung sein.

Vgl. bei Stass, CuA 5/2007, 15

Eine – ggf. in Kombination mit den nachfolgenden Überwachungstechniken – ermöglichte vollständige Überwachung des Arbeitsverhaltens wäre jedoch mit dem Persönlichkeitsrechtsschutz (§ 75 Abs. 2 BetrVG) nur schwer vereinbar.

Bezug zu ihrem „Transporteur" können auch elektronisch geführte Transportpapiere **1107** haben. Bei dem Empfang einer Ware wird auf einem Schreib- und Sendegerät die Ablieferung durch Unterschrift bestätigt und gleichzeitig dem Absender mitgeteilt. Zweckbestimmung ist es, dass der Auftraggeber den Empfang seiner Sendung unmittelbar und zeitgenau bestätigt erhält. Gleichzeitig könnte das Transportunternehmen die Daten auch zur Leistungskontrolle des mit dem Transport beauftragten Mitarbeiters nutzen.

Vgl. zur Unzulässigkeit des Fahrverhaltens auswertender Telematiksysteme zwecks Anhaltung zu umweltschonendem Fahrverhalten LDI NRW, 21. TB (2013), Ziff. 7.2

5.3.3 Handy-Ortung

5.3.3.1 Das Verfahren

Unter dem Begriff der Location Based Services werden Mobilfunk-Online-Dienstleis- **1108** tungen angeboten, deren Auswahl und Durchführung in Abhängigkeit von dem Standort des Nutzers erfolgt. Die jeweiligen Netzbetreiber sind über die „International Subscriber Identity (IMSI)" in der Lage und ggf. auch befugt, den Standort eines Mobiltelefons und damit auch den vermutlichen Aufenthalt des Nutzers zu bestimmen, wobei der das Verfahren in Anspruch nehmende Teilnehmer, d.h. der Vertragspartner des TK-Dienstleisters (§ 3 Nr. 20 TKG), keineswegs mit dem dem Dienstleister nicht bekannten Nutzer (§ Nr. 14 TKG) übereinstimmen muss.

Der Informationsweg an den Teilnehmer erfolgt über den Mobilfunkanbieter oder einen **1109** LBS-Anbieter, die Netzbetreiber arbeiten in der Regel mit einem oder mehreren (Vodafone, E-Plus, O2) Internet-Aufspürdiensten zusammen

der die von dem Mobilfunkanbieter erhaltenen und von ihm leistungsgemäß aufbereiteten Daten dem Auftraggeber zugänglich macht. Die Erfassung der Standortdaten beruht darauf, dass aktive Mobiltelefone Signale zu den sie umgebenden Sendemasten senden. In Großstädten, in denen diese Masten „enger" positioniert sind als im ländlichen Bereich, kann der Standort mit einer Bandbreite von unter hundert Metern ermittelt werden. Eine noch genauere Ermittlung ist möglich, wenn das Telefon zu diesem Zweck mit einem GPS-Chip ausgerüstet ist.

Genutzt wird diese Erfassungsmöglichkeit derzeit bereits bei der Handy-Ortung im Not- **1110** fall, d.h. der Standort-Auskunftserteilung, wenn z.B. der Betroffene bei einem Unfall nicht weiß, wo er sich befindet oder wenn er selbst dies der Unfallleitstelle in Notsituationen nicht mehr mitteilen kann. Beim Anruf der Notrufnummer des Anbieters Notfon D (0800-668 366 3) wird der Standort ermittelt und an die Leitstelle weitergegeben. Bei der Wahl der Notrufnummern 110 und 112 besteht eine Bereitstellungspflicht des Betreibers des Telekommunikationsnetzes (§ 108 Abs. 1 S. 1 und 2 TKG; ferner § 98 Abs. 3 TKG). Anbieter sog. Friendfinder-Systeme bieten die Möglichkeit, den Aufenthalt bestimmter Personen im Bereich des Nachfragenden zu ermitteln. Unter dem Motto

„Track Your Kid" besteht für Eltern die Möglichkeit der Ermittlung des jeweiligen Standorts des Mobiltelefons ihres Kindes, d. h., der Serviceleister

> *vgl. dazu auch Pauly/Osnabrügge, Telefon-, Handy-, Palm-, BlackBerry-Nutzung, in: Besgen/ Prinz, Neue Medien und Arbeitsrecht, 137 (158); zur Verleihung des sog. BigBrotherAwards an einen entsprechenden Dienstleister vgl. Tangens/Padeluun, Schwarzbuch Datenschutz, 118*

teilt den Eltern je nach dem von den Eltern gewünschten Umfang den Standort des Telefons bzw. dessen Veränderung per SMS mit.

1111 Gleiche Möglichkeiten bestehen natürlich auch für Arbeitgeber hinsichtlich der Feststellung des Standorts bzw. der Bewegungsdaten der an ihre Mitarbeiter ausgegebenen Mobiltelefone.

> *Vgl. hierzu Jandt/Schnabel, K&R 2008, 723; Strunk, CuA 11/2008, 25*

5.3.3.2 Telekommunikation-Datenschutz

1112 Die datenschutzrechtliche Zulässigkeit des Verfahrens richtet sich zunächst für die Ermittlung der Standortdaten durch den TK-Dienstleister nach dem TKG. Die Erhebung der Standortdaten (§ 3 Abs. 19 TKG) ist dem Telekommunikationsanbieter nach § 98 Abs. 1 TKG gestattet, wenn der Teilnehmer (also hier der Arbeitgeber als Partner des mit dem Anbieter der Telekommunikationsdienste abgeschlossenen Vertrages, § 3 Nr. 20 TKG) seine Einwilligung erteilt hat.

> *Vgl. ausführlich bei Jandt, MMR 2007, 74*

1113 Gleiches gilt auch für den weiteren Verarbeitungsvorgang der Übermittlung, falls der LBS durch einen anderen Dienstleister erfolgt. Einer Einwilligung der jeweiligen Arbeitnehmer als Nutzer des Geräts bedarf es jedenfalls gegenüber dem Anbieter des Telekommunikationsdienstes nicht. Der Teilnehmer ist aber gemäß § 98 Abs. 1 Satz 2 TKG verpflichtet, die Nutzer über eine erteilte Einwilligung zu unterrichten.

---

§ 98 TKG – Standortdaten

(1) Standortdaten, die in Bezug auf die Nutzer von öffentliche Telekommunikationsnetzen oder öffentlich zugänglichen Telekommunikationsdiensten verwendet werden, dürfen nur im zur Bereitstellung von Diensten mit Zusatznutzen erforderlichen Umfang und innerhalb des dafür erforderlichen Zeitraums verarbeitet werden, wenn sie anonymisiert wurden oder wenn der Teilnehmer dem Anbieter des Dienstes mit Zusatznutzen seine Einwilligung erteilt hat. In diesen Fällen hat der Anbieter des Dienstes mit Zusatznutzen bei jeder Feststellung des Standortes des Mobilfunkendgerätes den Nutzer durch eine Textmitteilung an das Endgerät, dessen Standortdaten ermittelt wurden, zu informieren. Dies gilt nicht, wenn der Standort nur auf dem Endgerät angezeigt wird, dessen Standortdaten ermittelt wurden. Werden die Standortdaten für einen Dienst mit Zusatznutzen verarbeitet, der die Übermittlung von Standortdaten eines Mobilfunkendgerätes an einen anderen Teilnehmer oder Dritte, die nicht Anbieter des Dienstes mit Zusatznutzen sind, zum Gegenstand hat, muss der Teilnehmer abweichend von § 94 seine Einwilligung ausdrücklich, gesondert und schriftlich gegenüber dem Anbieter des Dienstes mit Zusatznutzen erteilen. In diesem Fall gilt die Verpflichtung nach Satz 2 entsprechend für den Anbieter des Dienstes mit Zusatznutzen. Der Anbieter des Dienstes mit Zusatznutzen darf die erforderlichen Bestandsdaten zur Erfüllung seiner Verpflichtung aus Satz 2 nutzen. Der Teilnehmer muss Mitbenutzer über eine erteilte Einwilligung unterrichten. Eine Einwilligung kann jederzeit widerrufen werden.

(2) Haben die Teilnehmer ihre Einwilligung zur Verarbeitung von Standortdaten gegeben, müssen sie auch weiterhin die Möglichkeit haben, die Verarbeitung solcher Daten für jede Verbindung zum Netz oder für jede Übertragung einer Nachricht auf einfache Weise und unentgeltlich zeitweise zu untersagen.

---

(3) Bei Verbindungen zu Anschlüssen, die unter den Notrufnummern 112 oder 110 oder der Rufnummer 124 124 oder 116 117 erreicht werden, hat der Diensteanbieter sicherzustellen, dass nicht im Einzelfall oder dauernd die Übermittlung von Standortdaten ausgeschlossen wird.

(4) Die Verarbeitung von Standortdaten nach den Absätzen 1 und 2 muss auf das für die Bereitstellung des Dienstes mit Zusatznutzen erforderliche Maß sowie auf Personen beschränkt werden, die im Auftrag des Betreibers des öffentlichen Telekommunikationsnetzes oder öffentlich zugänglichen Telekommunikationsdienstes oder des Dritten, der den Dienst mit Zusatznutzen anbietet, handeln.

Unterrichtet wird der Arbeitnehmer als Nutzer des auf den Arbeitgeber als Teilnehmer angemeldeten Mobiltelefons ferner durch bei ihm eingehende Textmeldungen über die Ortung (§ 98 Abs. 1 S. 3 TKG).

Dem Transparenzgebot tragen andere Mobilfunkanbieter dadurch Rechnung, dass sie 1114 eine Zustimmungserklärung des Nutzers durch Abgabe einer Freistellungserklärung per SMS vor Abgabe der Daten anfordern.

5.3.3.3 Arbeitsrechtlicher Datenschutz

Auch wenn das Ortungsverfahren mit den Vorschriften des Telekommunikationsrechts 1115 übereinstimmt, bedeutet das noch nicht, dass der Arbeitgeber befugt ist, seine von ihm mit einem „Dienst-Handy" ausgerüsteten Mitarbeiter der LBS-Kontrolle zu unterziehen – ein Aspekt, der nachfolgend mit der eine gleichartige Überwachung enthaltene GPS-Ortung näher erörtert wird.

5.3.4 GPS-Ortung im Arbeitsverhältnis

GPS-Überwachung gehört – folgt man z. B. den Angeboten entsprechender Dienstleister 1116 im Internet – u. a. zum Leistungsangebot von Detekteien gegenüber Arbeitgebern. Eine vorgefundene Leistungsbeschreibung lautet wie folgt: „*Nicht viel größer als eine Zigarettenschachtel und dennoch unglaublich leistungsstark. So kann man unser verwendetes Ortungssystem beschreiben. Einmal in Ihrem Kfz aktiviert, entgeht Ihnen kein Weg mehr, den das Fahrzeug zurücklegt. Sie können bestimmen, in welchen Intervallen unsere Zentrale die aktuelle Position Ihres Kfz abrufen soll. Sie erfahren den genauen Standort (Straße, eventuelle Ankunfts- oder Abfahrzeit, die momentane Geschwindigkeit, die zurückgelegte Wegstrecke oder gar, ob die Beifahrertür geöffnet wurde ...). Der Einbau des Systems erfolgt an dem von Ihnen gewünschten Ort und Zeitpunkt. Dabei arbeiten unsere Techniker natürlich mit der gebotenen Diskretion.*"

Anbieter von sog. „Location Based Services" führen die Standortermittlung durch und 1117 geben das Ergebnis in ihrem Webportal bekannt. Auch andere Informationswege sind im Angebotsspektrum enthalten, je nachdem, ob es sich um eine einmalige Lokationserfassung oder um eine Routenverfolgung handelt. Rechtsgrundlage bilden – vorbehaltlich der Regelung des § 98 TKG – die Regelungen des TMG.

Einen Beispielsfall schildert die Aufsichtsbehörde Baden-Württemberg.

30. TB (2010/2011), S. 148

In dem beurteilten Fall waren in Dienstwagen von im Außendienst tätigen Verkäufern neben dem Navigationsgerät auch eine Telematik-Rechnereinheit mit GPS-Empfänger und ein Mobilfunkmodul zur Übertragung der Positionsdaten in Echtzeit an ein webbasiertes Portal eingebaut. Das webbasierte Portal wurde von einem EDV-Dienstleister im Auftrag des Unternehmens betrieben. In dem Portal konnten die jeweiligen Standorte der Fahrzeuge von allen Vorgesetzten der betreffenden Fahrer eingesehen werden. In der dazu abgeschlossenen Betriebsvereinbarung war auch dem örtlich zuständigen Betriebsrat ein Einsichtsrecht eingeräumt. Außerdem wurden dort Datum, Uhrzeit und Aufenthaltsort zu Beginn und Ende der jeweiligen Einzelfahrt sowie der jeweilige Kilometerstand des Fahrzeugs (Fahrtenbuch) notiert.

5.3.5 Arbeitsrechtliche Zulässigkeit von Location Based Services

5.3.5.1 Allgemeines

1118 Es kann nicht in Frage gestellt werden, dass die Überwachung von Mitarbeitern diesen offenbart sein muss. Die Verpflichtung ergibt sich nicht nur aus § 98 Abs. 1 TKG, sondern auch aus § 4 Abs. 3 BDSG. Diese Transparenz bedeutet aber nicht, dass das Verfahren datenschutzrechtlich zulässig ist.

Die Mitteilung an den Arbeitnehmer und dessen Akzeptanz dieser Arbeitsbedingung heißt keineswegs, dass er gleichzeitig sein Einverständnis mit der Datenerfassung und -verarbeitung erklärt. Eine dem Gebot der Freiwilligkeit entsprechende Einwilligung setzt zumindest voraus, dass der Mitarbeiter das Ortungssystem, ohne Nachteile zu befürchten, auch ausschalten kann. Besteht keine Möglichkeit, der Überwachung zu entgehen, so entspricht deren „Akzeptanzerklärung" nicht den Anforderungen des § 4a BDSG.

1119 Eine freiwillige Einwilligung liegt vor, wenn die Erhebung und Speicherung der Wegzeiten erfolgt, weil Außendienstmitarbeiter diese Daten für ihre Einkommenssteuer benötigen und die Fahrtenbuchfunktion nach Belieben ein- und abgestellt werden kann.

LfD Baden-Württemberg, 30. TB (2010/2011), S. 152

Sichergestellt sein muss jedoch, dass nur der betroffene Mitarbeiter Ausdrucke der Daten erhält.

1120 Ohne Einwilligung des Beschäftigten kann sich eine Rechtfertigung aus arbeitsvertraglichen Kontrollrechten des Arbeitgebers ergeben (§ 32 Abs. 1 S. 1 BDSG) bzw. aus anderweitigen berechtigten Interessen (§ 28 Abs. 1 S. 1 Nr. 2 BDSG), wenn der Arbeitgeber die Daten nicht zur Durchführung des Beschäftigungsverhältnisses erhebt. Zu den Rechten des Arbeitgebers gehört auch die Gestaltung der Organisation des Betriebs, in die der Arbeitnehmer zur Erfüllung seiner Arbeitspflicht eingegliedert ist. Erforderlich sind die in diesem Rahmen anfallenden Datenerhebungen und -verarbeitungen jedoch nur, wenn die berechtigten Informationsinteressen des Arbeitgebers auf andere, weniger eingreifende Weise nicht oder nicht angemessen gewahrt werden können.

Vgl. Gola/Schomerus, § 32 Rdn. 12

1121 Im Rahmen der Durchführung des Beschäftigungsverhältnisses ist der Arbeitgeber befugt, die Einhaltung der Arbeitszeit zu kontrollieren. So wie die Kontrolle der Einhaltung der Arbeitszeit durch Zeiterfassungsgeräte erfolgen kann, kann sie bei externen Mitarbeitern auch mit Ortungstechnik erfolgen, wenn Beginn oder Ende der Arbeitszeit mit Beginn bzw. Ende der Fahrt mit dem Dienstwagen zusammenfällt.

1122 Ggf. besteht aber auch ein berechtigtes Interesse an der nachkontrollierbaren zeitgenauen Erfassung des Beginns und des Endes der Arbeitszeit am jeweiligen Arbeitsort.

Die Erfassung der An- und Abfahrtzeiten nebst Tag, Kilometerstand und bei Kunden verbrachter Zeit können zur Abrechnung der dem Kunden in Rechnung zu stellenden Beträge erforderlich sein. Der Arbeitgeber muss sich nicht darauf beschränken, dass ihm entsprechende Notizen des Beschäftigten ausgehändigt werden.

> *Zur Berechtigung diesbezüglicher Kontrollen, s.a. Innenministerium Baden-Württemberg, TB (2007/2009), Abschnitt B 10.5, RDV 2009, 243*

Die Daten dürfen über die Abrechnung beim Kunden hinaus so lange gespeichert werden, wie mit Kundenreklamationen normalerweise zu rechnen ist. **1123**

> *Der LfD Baden-Württemberg, 30. TB (2010/2011) S. 150, sieht eine Frist von 90 Tagen noch als angemessen an.*

Die Erfassung der Daten kann der Feststellung in der Vergangenheit liegender Arbeitsleistungen dienen, um z.B. Zulagen für Außendiensttätigkeiten abzurechnen.

> *LDI NRW, 20. TB (2009/2010), Ziff. 7.6*

Legitime Ziele sind darüber hinaus die Unterstützung des Managements des externen Kundendienstes und die Optimierung der Transportplanung, d.h. die Senkung von Verwaltungsaufwand, Zeitersparnis und Überstundenabbau. Für die Speicherung der Daten besteht jedoch nur so lange ein berechtigter Anlass, wie der Standort sich noch nicht verändert hat. **1124**

Zu nennen ist natürlich auch eine GPS-Überwachung des Fuhrparks oder von Baumaschinen, die allein der Nachspürung bei einem Autodiebstahl oder Unfall dient. Hier ist aber genügend, wenn der Sender in einem solchen Fall erst aktuell aktiviert wird, um dann die Position des Fahrzeugs zu übermitteln. Dabei sollte die Aktivierung auch seitens des Fahrers – so. z.B. bei einem Unfall oder Betriebsschaden – erfolgen können. Der Sicherheit des Beschäftigten mag das Ortungssystem im Überlebensanzug des Mitarbeiters einer Bohrinsel dienen, um ihn im Falle des Überbordgehens schnell finden und retten zu können. **1125**

Ein zulässiger Eingriff in das Persönlichkeitsrecht des Beschäftigten liegt jedoch nicht vor, wenn der Mitarbeiter, losgelöst von einem bestimmten konkreten Informationsbedarf des Arbeitgebers, einer Rundumkontrolle **1126**

> *zur Unzulässigkeit permanenten Kontrolldrucks, vgl. LfD Niedersachsen, XX. TB (2009/2010), S. 31*

seiner Bewegungen außerhalb des Betriebs unterworfen würde. Damit verbietet sich auch eine allgemeine Überwachung zur Kontrolle des Verbots privater Nutzung. Diesem Überwachungsinteresse genügt die Führung eines manuellen Fahrtenbuchs. Gleiches gilt für die Unverhältnismäßigkeit der Überwachung, um Umwegfahrten zu ermitteln und zu sanktionieren.

> *LDI NRW 20. TB (2009/2010), Ziff. 7.6.*

Liegt ein konkreter Missbrauchsverdacht vor, so würde die Überwachung nur Sinn machen, wenn sie nicht offen erfolgt.

Nicht mehr von den Arbeitgeberinteressen gedeckt ist, d.h. ausgeschlossen sein muss die Überwachung des privaten Bereichs des Beschäftigten, so wenn er das Dienst-Handy mit nach Hause nehmen und auch für private Zwecke nutzen darf oder wenn er den Dienst-PKW außerhalb des Dienstes auch für Privatfahrten verwenden darf. Im letztgenannten Fall muss die Möglichkeit bestehen, dass der Beschäftigte die Überwachungstechnik abschalten kann. **1127**

5.3.5.2 Zugriffs- und Einsichtsrechte

1128 Zugang zu den Standortdaten dürfen alle Vorgesetzen haben, die diese zur Wahrnehmung ihrer Funktion benötigen. Dazu gehört z. B. der Transportleiter, nicht aber der Personalleiter. Jedenfalls ein ständiges Einsichtsrecht steht dem Betriebsrat im Rahmen seiner Kontrollaufgaben nicht zu

> *Kort, NZA 2011, 1267*

und kann ihm auch nicht durch Betriebsvereinbarung eingeräumt werden.

Das Einsichtsrecht der betroffenen Beschäftigten ergibt sich aus § 34 BDSG.

5.3.5.3 Geheime Überwachung

1129 Eine geheime Überwachung kann nach der geltenden Rechtslage

> *Gola/Schomerus, § 32 Rdn. 24 ff.*

durch § 32 Abs. 1 S. 1 BDSG gerechtfertigt sein. Voraussetzung ist, dass tatsächliche Anhaltspunkte zur missbräuchlichen Verwendung des Fahrzeugs oder zu sonstigem Fehlverhalten des Mitarbeiters vorliegen, z. B. dass der Fahrer des Dienstwagens bei seiner beruflichen Tätigkeit Straftaten oder vergleichbare Verfehlungen begangen hat. Die Datenerhebung und -speicherung muss zur Aufklärung und Verhinderung weiterer Taten unabdingbar erforderlich sein; zudem darf das schutzwürdige Interesse des Betroffenen am Unterbleiben der Maßnahme nicht überwiegen, was z. B. bei Unterverhältnismäßigkeit der Maßnahme gegeben sein kann.

5.3.5.4 Mitbestimmung

1130 Bei der gem. § 87 Ziff. 6 BetrVG vor Einführung des Verfahrens einzuholenden Zustimmung der Mitarbeitervertretung ist festzulegen, für welche Zwecke und wie lange die Informationen gespeichert und genutzt werden dürfen. Eine Nutzung zu einer allgemeinen Leistungs- und Verhaltenskontrolle ist auszuschließen. Zu regeln sind die Einsichtsrechte der Betroffenen. Es müssen Löschungsfristen festgelegt werden, die sich an der Erforderlichkeit ausrichten. Während Angaben über den Standort der Kundendienstfahrzeuge alsbald nach Beendigung der Betriebsfahrten gelöscht werden müssen, können Abrechnungsdaten so lange gespeichert werden, wie erfahrungsgemäß mit Reklamationen hinsichtlich der Abrechnung zu rechnen ist.

> *Zu den wesentlichen Inhalten einer Betriebsvereinbarung, vgl. ULD Schleswig.Holstein, TB (2010), Ziff. 5.6.1.*

6 Kontrolle der Nutzung der betrieblichen Kommunikationstechnik

6.1 Allgemeines

1131 Eine nach wie vor aktuelle datenschutz- und arbeitsrechtliche Thematik stellt die Kontrolle der Mitarbeiter bei der Nutzung der ihnen vom Arbeitgeber bereitgestellten Kommunikationstechniken dar. Die datenschutz- und arbeitsrechtliche Problematik ergibt sich daraus, dass es zwar einerseits dem Arbeitgeber grundsätzlich freisteht, ob und zu welchen Zwecken er welche Kommunikationstechnik den Mitarbeitern am Arbeitsplatz zur Verfügung stellt, und insbesondere, ob er eine private Nutzung gestattet,

> *zur Problematik Kiper, Computer-Fachwissen 2/2002, 16; Naujock, DuD 2002, 592; Wedde, Computer und Recht, 3/2007, 9*

dass er aber andererseits bei der Kontrolle der Einhaltung des von ihm insoweit vorgegebenen Erlaubnisrahmens allgemeinen individual- und kollektivrechtlichen Restriktionen unterliegt.

Der dem Arbeitgeber gezogene datenschutzrechtliche Erlaubnisrahmen wird – sofern bei der dienstlichen Nutzung anfallende Daten gespeichert werden – durch das BDSG bzw. die LDSG sowie durch eventuell abgeschlossene Betriebs- oder Dienstvereinbarungen (zum geringeren Teil auch Regelungsabsprachen) bestimmt. Maßgebend ist, dass der Arbeitgeber die Daten zur Wahrnehmung der ihm aus dem Arbeitsverhältnis zustehenden Kontrollbefugnisse benötigt (§ 32 Abs. 1 und § 28 Abs. 6 Nr. 3 BDSG). **1132**

6.2 Anwendung des TKG und des TMG

6.2.1 Private Nutzung als Geltungsbereich

Adressat des Fernmeldegeheimnisses (§ 88 TKG, § 206 StGB) ist der Arbeitgeber, wenn er dem Mitarbeiter die private Nutzung der betrieblichen Kommunikationstechnik gestattet. **1133**

> *Vgl. Rdn. 29, 1042 ff.*

Gleichwohl ist angezeigt, dass der Arbeitgeber das Verbot – u.a. im Hinblick auf die Rechtsprechung zur Rechtmäßigkeit arbeitsrechtlicher Sanktionen – noch einmal ausdrücklich klarstellt.

> *Mitbestimmung scheidet hierbei aus, da nur die Rechtslage dargestellt wird; vgl. auch Weißgerber, Arbeitsrechtliche Fragen bei der Einführung und Nutzung vernetzter Computerarbeitsplätze, S. 63, wonach § 87 Abs. 1 Nr. 1 BetrVG deshalb ausscheide, weil es nicht um die Ordnung im Betrieb, sondern um die Sachherrschaft an den Betriebsmitteln gehe.*

Gestattet der Arbeitgeber die private Nutzung, so sollte er gleichzeitig den Erlaubnisrahmen präzisieren. Derartige Regelungen können ausdrücklich per Aushang, E-Mail an alle, als Klauseln im Arbeitsvertrag oder per Betriebsvereinbarung getroffen werden. Sie können die Nutzung auf bestimmte Zeiten (Pausen, nach Dienstende), auf einen bestimmten Zeitumfang oder auch bestimmte Inhalte beschränken. **1134**

Ist dies nicht der Fall oder liegt eine nur konkludent erteilte Erlaubnis vor, bedarf die Erklärung der Auslegung (§§ 133, 157 BGB), wobei für den Beschäftigten in jedem Fall erkennbar sein muss, dass die private Nutzung den Dienstbetrieb nicht beeinträchtigen darf und sich daher regelmäßig auf Pausenzeiten beschränken muss. Auch dürfen die dem Arbeitgeber entstehenden Kosten nicht ins Gewicht fallen. Ferner sind, auch wenn es um private Nutzung geht, strafbare Nutzungen im betrieblichen Interesse natürlich nicht gestattet.

> *Hanau/Hoeren, Private Internetnutzung durch Arbeitnehmer, S. 24, problematisieren das Spannungsfeld zwischen dem noch „Hinnehmbaren" und dem schon „Ausschweifenden". Zum Übermaßverbot auch Beckschulze, DB 2003, 2777; Ernst, NZA 2002, 585; Mengel, BB 2004, 1445*

1135 Bereichsspezifische Vorschriften des Multimedia-Datenschutzes, d.h. des TKG und des TMG, erlangen insoweit erst dann Geltung und auch nur, wenn die Nutzung von Telefon, E-Mail und Internet durch den Arbeitnehmer – kraft ausdrücklicher oder konkludenter Gestattung

vgl. bei Gola, MMR 1999, 328; Ernst, NZA 2002, 585 (586); im Einzelnen Rdn. 1142 ff.

bzw. infolge betrieblicher Übung –

Beckschulze/Henkel, DB 2001, 1491 sehen diese schon bei halbjähriger nicht unter Widerrufsvorbehalt erteilter Genehmigung bzw. Duldung als gegeben an.

legitimerweise für private Zwecke

So sollen Nutzungen des Internet an Hochschulen durch Hochschullehrer und Studenten für Forschungs- und Studienzwecke dem persönlich-privaten Bereich zugerechnet werden, sodass die Universität insoweit geschäftsmäßiger TKG-Anbieter sein soll, so Lehnhardt, DuD 2003, 487

erfolgt.

1136 Dabei ist davon auszugehen, dass ohne eine diesbezügliche Erlaubnis auch bei nicht ausdrücklich ausgesprochenem Verbot eine private Nutzung nicht gestattet ist.

Auch bei dem Internetzugang oder der E-Mail-Kommunikationsmöglichkeit kann der Arbeitnehmer keineswegs ohne Weiteres davon ausgehen, dass er zur privaten Nutzung berechtigt sei, und dies auch dann, wenn die Nutzung seine Arbeitszeit nur unwesentlich in Anspruch nimmt und die Kostenbelastung des Arbeitgebers unerheblich ist.

Beckschulze, DB 2003, 277; Dickmann, NZA 2003, 1009; Mengel, BB 2004, 1445; dies., BB 2004, 2014

Vielmehr muss er – wie bei anderen dem Arbeitnehmer zur Erledigung zur Verfügung gestellten Arbeitsmitteln – auch bei Telefon und Internetzugang als selbstverständlich davon ausgehen, dass diese Infrastruktur nicht seinen privaten Zwecken dienen soll. Eine Art von Sozialadäquanz

so noch LAG Köln, RDV 2006, 83 für 80 bis 100 Stunden pro Jahr

lehnt das BAG zwar ab. Eine Kündigung scheidet jedoch aus bei nur kurzfristiger Nutzung und fehlender ausdrücklicher Verbotsregelung.

Vgl. BAG, RDV 2006, 70: „Es ist nicht ersichtlich, woraus sich eine solche Sozialadäquanz ergeben könnte. Allenfalls ist eine kurzfristige private Nutzung während der Arbeitszeit allgemein gerade noch hinnehmbar, wenn keine ausdrücklichen Verbote der privaten Nutzung bestehen.“

1137 Nicht ohne Weiteres ist auch der Auffassung zu folgen, dass bei ausdrücklich oder stillschweigend gestatteten privaten Telefonaten von den Arbeitnehmern auch auf einen diesbezüglichen Willen des Arbeitgebers beim E-Mail-Versand und bei der Internetnutzung geschlossen werden kann.

So Beckschulze/Henkel, BB 2001, 1491; Ernst, NZA 2002, 585; ablehnend: Uecker, ITRB 2003, 158

1138 Grenzbereiche sind einmal Nutzungen aus dienstlich-privatem Anlass, wie Verabredungen mit Kollegen zur gemeinsamen Mittagspause, ein Anruf zu Hause, dass die Sitzung länger dauert, etc.; sie dürfen auch beim Verbot privater Kommunikation getätigt werden – der Arbeitgeber wird dadurch nicht zum Adressaten von TKG oder TMG. Dies gilt auch für gelegentliche im Rahmen der Fürsorgepflicht erfolgende Gestattungen privater Kommunikation, u.a. schon wegen der fehlenden Geschäftsmäßigkeit des Arbeitgeberhandelns.

6.2.2 Konkludente Erlaubniserteilung

Ohne ausdrückliche Erlaubnis kann sich die Gestattung der privaten Nutzung aus konkludentem Handeln des Arbeitgebers ergeben. Dieses liegt für die jeweilige Kommunikationsform jedenfalls dann vor, wenn dem Mitarbeiter eine private E-Mail-Adresse eingerichtet oder das Telefon unter Vorwahl einer bestimmten Nummer für Privatgespräche freigeschaltet wird. Ferner kann das konkludente Handeln darin bestehen, dass der Arbeitgeber gegen die ihm bekannten privaten Nutzungsgewohnheiten der Mitarbeiter nicht einschreitet, d.h., sie erkennbar dulden will. **1139**

Noch keine konkludente Gestattung ist anzunehmen, wenn in der Voreinstellung des Rechners, so z.B. im Favoriten-Ordner, außerdienstliche Internetseiten aufgeführt werden, so Beckschulze, DB 2003, 2777; Dickmann, NZA 2003, 1009 (1020); a.A. Däubler, Inernet und Arbeitsrecht, Rdn. 184. Ausführlich – auch zum Folgenden – Barton, Multimediarecht, S. 112 ff.

6.2.3 Betriebliche Übung

Dem Mitarbeiter kann auch ohne ausdrückliche Vereinbarung sogar ein Rechtsanspruch auf die private Inanspruchnahme der betrieblichen Kommunikationstechnik auf Grund einer betrieblichen Übung zuwachsen. **1140**

Beckschulze/Henkel, BB 2001, 1491; Dickmann, NZA 2003, 1009; Ernst NZA 2002, 585; Kramer, NZA 2004, 457; a.A. Mengel, BB 2004, 2014

Eine einen Rechtsanspruch des Beschäftigten begründende betriebliche Übung entsteht, wenn der Arbeitgeber eine bestimmte Leistung ohne erklärte Einschränkung, d.h. ohne Hinweis auf die Freiwilligkeit und Widerruflichkeit wiederholt gewährt und damit bei den Beschäftigten das berechtige Vertrauen hervorruft, dass diese Leistung auch in Zukunft erhalten bleiben soll.

Dieses Vertrauen ist in der Regel ausgeschlossen, wenn Änderungen oder Ergänzungen der vertraglichen Ansprüche nur schriftlich wirksam werden können; vgl. BAG, DB 2003, 2339; NJW 1993, 2333: „Der Arbeitnehmer des öffentlichen Dienstes muss in aller Regel davon ausgehen, dass ihm sein Arbeitgeber nur Leistungen gewähren will, zu denen er rechtlich verpflichtet ist."

Ein rein passives Verhalten des Arbeitgebers allein kann einen solchen Vertrauensschutz nicht rechtfertigen. Dies gilt insbesondere, wenn der Beschäftigte sich bewusst über entgegenstehende betriebliche Regelungen einseitig hinwegsetzt und gar nicht erkennen kann, in welchem Umfang der Arbeitgeber es dulden will, dass seine bisherige Regelung durchbrochen werden kann.

Vgl. auch bei Beckschulze, DB 2007, 1526, der unter Berufung auf die BAG-Rechtsprechung aus einem rein passiven Verhalten des Arbeitgebers in der Regel keinen Rechtsanspruch des Arbeitnehmers entstehen lässt; ferner u.a. Mengel, BB 2004, 2014

Im Falle der Schaffung der betrieblichen Übung durch bloße Duldung ist es also erforderlich, dass der Arbeitgeber die sich eingebürgerte private Nutzung der Beschäftigten offensichtlich kennt und über einen längeren Zeitraum ohne Beanstandungen hinnimmt. **1141**

Beckschulze/Henkel, DB 2001, 1491; Ernst, NZA 2020, 585 sehen diese schon bei halbjähriger Duldung als gegeben an; Kramer, NZA 2004, 457 setzt ein Jahr an.

Der Umfang der Duldung ist aus Sicht eines verständigen Arbeitnehmers unter Berücksichtigung der gegenseitigen vertraglichen Interessen gemäß § 133, 157 BGB auszulegen. Daraus folgt auch, dass der Arbeitgeber die sich insoweit ergebenden Grenzen auch nachträglich noch präzisieren kann. Eine Duldung wird ausgeschlossen, wenn der Arbeitgeber die Einhaltung des Verbots in Stichproben kontrolliert und gegen Verstöße einschreitet.

6.2.4 Das Anbieter-Nutzer-Verhältnis

1142 Die Anwendung von TKG und TMG nur auf „rein" private Kommunikation erklärt sich daraus, dass sowohl für die Anwendung des TKG als auch für die des TMG ein Anbieter-Nutzer-Verhältnis vorausgesetzt wird. Dies liegt jedoch bei dienstlicher Nutzung der betrieblichen oder behördlichen Kommunikationstechniken nicht vor. Der Arbeitgeber stellt die Informationstechnik im Rahmen der „Eigennutzung" sich selbst bzw. den für ihn tätigen Mitarbeitern zur Verfügung. Er macht kein Angebot, das der Arbeitnehmer auch ablehnen kann. Dies stellt der Gesetzgeber im TMG

Telemediengesetz vom 26.2.2007 (BGBl. I, 179)

für die betriebsinterne Nutzung eines unternehmenseigenen Teledienstes bzw. durch die Eröffnung des Zugriffs auf Internetangebote vom Arbeitsplatz aus in § 11 Abs. 1 TMG ausdrücklich klar.

> **§ 11 TMG – Anbieter-Nutzer-Verhältnis**
>
> *(1) Die Vorschriften dieses Abschnitts gelten nicht für die Erhebung und Verwendung personenbezogener Daten der Nutzer von Telediensten, soweit die Bereitstellung solcher Dienste*
>
> *1) im Dienst- und Arbeitsverhältnis zu ausschließlich beruflichen oder dienstlichen Zwecken oder*
>
> *2) innerhalb von und zwischen nicht öffentlichen Stellen oder öffentlichen Stellen ausschließlich zur Steuerung von Arbeits- und Geschäftsprozessen erfolgt.*

1143 Andererseits ist Nutzer nach § 3 Nr. 14 TKG jede natürliche Person, die einen Telekommunikationsdienst für private oder geschäftliche Zwecke nutzt, ohne notwendigerweise Teilnehmer, d.h., jemand zu sein, der mit dem Anbieter einen Vertrag über die Erbringung der Dienste abgeschlossen hat (§ 3 Nr. 20 TKG).

1144 So ist die Beziehung Arbeitgeber-Arbeitnehmer jedoch bei der privaten Nutzung der betrieblichen Kommunikationsmittel angelegt. Hier ist der Arbeitnehmer „Dritter", der ein – ggf. von ihm zu bezahlendes – Angebot des Arbeitgebers in Anspruch nimmt. Das bedeutet, dass die Eigenschaft des Arbeitgebers als Diensteanbieter nicht vorliegt, solange die private Nutzung nicht erlaubt ist und auch nicht geduldet wird.

Vgl. OVG Lüneburg, ZD 2012, 44

Hingewiesen werden muss aber darauf, dass eine Mindermeinung dem Arbeitgeber generell nicht die Eigenschaft als Adressat des TKG zuweist.

Z.B. Schimmelpfennig/Werning, DB 2006, 2280; Deiters, ZD 2012, 625

Diese Auffassung hat auch Zustimmung in zwei LAG-Entscheidungen gefunden.

LAG Berlin-Brandenburg RDV 2011, 251 und LAG Niedersachsen, MMR 2010, 639, die die Eigenschaft des Arbeitgebers als Diensteanbieter im Hinblick auf die angeblich h.M. vernei-

nen. Hierzu siehe Behring, BB 2010, 895; Panzer-Heemeier, DuD 2012, 49; Tiedemann, ZD 2011, 46; Schierbaum, CuA 3/2012, 5; Barton, RDV 2012, 217

Ein Anbieter-Nutzer-Verhältnis liegt auch in dem Fall vor, dass in einem Unternehmen längere Zeit tätigen Dritten (z.B. Prüfern des Finanzamts; Wartungstechnikern etc.) ein Büro mit Telefon und eigener E-Mail-Adresse zur Verfügung gestellt wird. Der Unternehmer wird insoweit zum Adressaten des TKG und des TMG und hat hinsichtlich der von diesem Büro aus stattfindenden Kommunikation das Fernmeldegeheimnis zu beachten. Geschützter Nutzer ist jedoch bei dienstlicher Kommunikation nicht der extern tätige Mitarbeiter, sondern dessen Arbeitgeber. **1145**

Gleichermaßen ist z.B. die Konzernmutter, deren Töchter die von der Mutter bereitgestellten Telekommunikationsanlagen mit nutzen, im Verhältnis zu diesen Anbieterin einer Telekommunikationsdienstleistung.

Vgl. Aufsichtsbehörde Baden-Württemberg, Hinweis zum BDSG Nr. 37, Staatsanzeiger vom 18.1.1999, Nr. 2, S. 13 = RDV 1999, 131

Nutzer sind nicht die Mitarbeiter der Töchter, sondern das jeweilige Konzernunternehmen, für dessen Zwecke der Telekommunikations- bzw. Internetzugang eröffnet wird. Es gilt das Fernmeldegeheimnis, das der Konzernmutter jegliche Kontrolle der Telekommunikationsvorgänge der Töchter und von deren Mitarbeitern untersagt. Zulässig wäre dies nur, wenn die Auswertungen der Nutzungsdaten im Auftrag der Tochter erfolgen würden. Würde die Tochter der Konzernmutter den Zugriff auf die Daten ihrer Mitarbeiter gestatten, so läge eine unzulässige, durch § 28 BDSG nicht gedeckte Datenübermittlung vor. **1146**

6.2.5 Konsequenzen aus der Gestattung privater Nutzung

Konsequenz erlaubter privater Nutzung ist, dass der Arbeitgeber insoweit einem weitgehenden Kontrollverbot unterliegt. Gestattet ist ihm allein, die für den technischen Betrieb und zur Gewährleistung der Datensicherheit des Netzes benötigten Daten vorübergehend in Protokolldateien zu speichern und, soweit die private Nutzung eine Entgeltzahlungspflicht des Arbeitnehmers nach sich zieht, nach Beendigung der Verbindung die Abrechnungsdaten festzuhalten. Die gesetzliche Zweckbindung der Protokolldaten (vgl. §§ 14 Abs. 4, 31 BDSG; § 15 TMG) verbietet jedoch zunächst – d.h. mangels einer weitergehenden Erlaubnis – Auswertungen zur Kontrolle der Einhaltung des gestatteten Nutzungsrahmens (Zugriff auf illegale Inhalte, unerlaubte private Nutzung etc.). **1147**

Die das auch strafrechtlich geschützte Fernmeldegeheimnis (§ 88 TKG, § 206 StGB) im Arbeitsverhältnis zur Geltung bringenden Regelungen erfassen zwar allein den „privaten Teil" der Kommunikation; lassen sich die Daten der betrieblichen und der privaten Nutzung – was beim E-Mail-Verkehr, der unter ein und derselben Adresse des Mitarbeiters abläuft, in der Regel der Fall ist – nicht trennen, so unterliegen alle Daten dem besonderen Schutz. **1148**

6.2.6 Rücknahme der Erlaubnis privater Nutzung

Damit stellt sich die Frage, ob der Arbeitgeber, um die Restriktionen des TKG und TMG zu vermeiden, die Erlaubnis privater Nutzung rückgängig machen kann. Dabei ist zu dif- **1149** ferenzieren: Hat der Arbeitgeber die private Nutzung deutlich als eine unter Widerrufsvorbehalt stehende freiwillige Leistung gekennzeichnet, so kann er sie auch wieder zurücknehmen. Mitbestimmungsrechte bestehen insoweit nicht.

1150 Hat der Arbeitnehmer jedoch einen Rechtsanspruch aufgrund des Arbeitsvertrages oder betrieblicher Übung erworben, so setzt das nunmehrige Verbot eine Änderungskündigung voraus.

> *Ggf. kann bei Befolgung des Verbots sich nun eine diesbezügliche betriebliche Übung ergeben; vgl. aber auch Waltermann, NZA 2007, 529.*

Befugt bleibt der Arbeitgeber indes, die nunmehr erworbene Nutzungserlaubnis hinsichtlich Umfang und Inhalt zu konkretisieren.

Ist eine Betriebsvereinbarung Grundlage der Nutzungsregelung, so kann diese gekündigt werden, wobei zu ermitteln ist, ob die Vereinbarung sich eventuell nur auf die Handhabung der privaten Nutzung und deren Kontrolle bezieht.

> *Vgl. hierzu Däubler, K&R 2000, 323*

6.2.7 Generelle Verbote

1151 Auch bei gestatteter privater Kommunikation bleiben Nutzungen untersagt, die gegen Gesetze oder eindeutig gegen Unternehmensinteressen verstoßen. Dies gilt für das Abrufen und Verbreiten beleidigender, rassistischer, sexistischer, gewaltverherrlichender oder pornografischer Inhalte ebenso wie bei Inhalten, die gegen persönlichkeitsrechtliche, urheberrechtliche oder strafrechtliche Bestimmungen verstoßen. Vielfach weisen Behörden und Betriebe hierauf nochmals besonders hin, wodurch jedoch die Pflicht zur Unterlassung derartiger Nutzungen nicht erst begründet wird.

1152 Auch wenn der Arbeitgeber sich z.B. beim Abrufen strafbarer kinderpornografischer Darstellungen durch einen Mitarbeiter nicht als Täter durch Unterlassen selbst strafbar macht,

> *vgl. im Einzelnen bei Wüstenberg, TKMR 2003, 4*

hat er ein für den Mitarbeiter erkennbares schützenswertes Interesse daran, dass er und seine Behörde/sein Unternehmen mit derartigen Aktionen gar nicht erst in Verbindung gebracht werden. Dies ergibt sich auch daraus, dass der Arbeitgeber kein Interesse daran haben kann, dass bei begründetem Verdacht derartiger Straftaten die Strafverfolgungsbehörden das Unternehmen aufsuchen und ggf. Beschlagnahmen vornehmen.

6.3 Telefondatenerfassung bei dienstlicher Nutzung

6.3.1 Allgemeines

1153 Ein schon „klassisches" Beispiel automatisierter Mitarbeiterkontrolle stellt die Telefondatenerfassung dar. Ähnlich wie ansonsten der Empfang und der Verbrauch von Arbeitsmitteln durch einzelne Arbeitnehmer seitens des Arbeitgebers registriert und kontingentiert werden, muss auch die Benutzung des Telefons nicht unkontrolliert geschehen.

6.3.2 Ausgehende Telefonate

Festzuhalten ist, dass mit den grundlegenden höchstrichterlichen Entscheidungen des **1154**
BAG

> *DB 1986, 2086 = RDV 1986, 199 und NZA 1987, 515 = RDV 1987, 136 = BB 1987, 1037 =*
> *DuD 1987, 413 = CR 1987, 592*

und des BVerwG

> *NJW 1982, 840; ZTR 1989, 366 = RDV 1990, 24; PersR 1989, 297 = DÖV 1990, 576 = DuD*
> *1990, 426 = CR 1990, 132 nebst Kommentierung von Auernhammer, DuD 1990, 487*

die grundsätzliche Berechtigung des Arbeitgebers zu derartigen Speicherungen und
Nutzungen außer Frage steht. Wie auch von den staatlichen Datenschutzaufsichtsinstanzen eingeräumt wird,

> *vgl. z. B. Aufsichtsbehörde Baden-Württemberg, Hinweis zum BDSG Nr. 3, Staatsanzeiger vom*
> *1.7.1978, Nr. 52, S. 4, Ziff. 8.1; BfD, 7. Tätigkeitsbericht, 20*

ist es dem Arbeitgeber gestattet, die von jeder Nebenstelle, d.h. also bezogen auf den
Mitarbeiter, dem diese Nebenstelle zugeordnet ist, dienstlich

> *dienstlich veranlasst – und grundsätzlich sowie kostenfrei gestattet – sind auch „private"*
> *Gespräche, wenn der Anlass für ein Privatgespräch auf einem betrieblichen Umstand beruht,*
> *vgl. BAG, NJW 1987, 674 (678)*

verursachten Kosten aufgeschlüsselt nach Zeitpunkt und Dauer festzuhalten, wobei hinsichtlich der Speicherung der kompletten Zielnummer

> *Hinsichtlich der Zulässigkeit der Speicherung der vollständigen Zielnummer kommen Recht-*
> *sprechung und Aufsichtsbehörden zu unterschiedlichen Ergebnissen, vgl. BAG, RDV 1991, 7;*
> *Wohlgemuth/Mostert, ArbuR 1986, 138.*

unterschiedliche Auffassungen bestehen.

Da zwischen Arbeitgeber und externen Gesprächspartnern ein die Telefondatenerfas- **1155**
sung ggf. rechtfertigendes Vertragsverhältnis fehlt und auch von einer stillschweigenden Einwilligung spätestens seit der Entscheidung des BVerfG vom 19.12.1991

> *NJW 1992, 815 = RDV 1992, 121*

nicht mehr ausgegangen werden kann, ist hier unter Anwendung des § 28 Abs. 1 S. 1
Nr. 2 BDSG das berechtigte Interesse des Arbeitgebers an der Kenntnis des dienstlichen
Gesprächspartners mit den schutzwürdigen Interessen des Gesprächspartners an der
Nichtregistrierung gegeneinander abzuwägen.

Um insoweit Probleme praxisgerecht zu vermeiden, empfiehlt es sich, nur die Vorwahl
und einen Teil der Rufnummer des Gesprächspartners zu speichern, da diese „Verstümmelung" für eine stichprobenartige Kontrolle – unter Rückfrage beim Arbeitnehmer –
regelmäßig ausreicht.

6.3.3 Eingehende Telefonate

Die ISDN-Technik ermöglicht dem Arbeitgeber auch, die „Entgegennahme" von einge- **1156**
henden dienstlichen Gesprächen durch den Mitarbeiter und auch den externen Partner zu
registrieren. Die Speicherung der Rufnummer des Anrufers und weiterer Daten bei eingehenden Telefonaten ist dem Anrufer gegenüber zulässig, weil der Arbeitgeber ein
berechtigtes Interesse daran hat, überprüfen zu können, in welchem Umfang und mit

welchen Kunden seine Mitarbeiter Gespräche führen. Überwiegende schutzwürdige Interessen des Anrufers stehen einer solchen Speicherung regelmäßig nicht entgegen (§ 28 Abs. 1 S. 1 Nr. 2 BDSG), u.a. weil der Inhaber eines ISDN-Anschlusses selbst entscheiden kann, ob er seine Telefonnummer übermittelt. Befinden sich unter den eingehenden Gesprächen – was auch bei nur für betriebliche Zwecke gestatteter Nutzung nicht zu vermeiden ist – private Anrufe, so führt dies nicht zur Anwendung des TKG.

Gola, MMR 1999, 322; Däubler, K&R 2000, 323 (327); Post-Ortmann, RDV 1999, 102

6.3.4 Keine allgemeine Leistungskontrolle

1157 Datenschutzrechtliche Grenzen sind dem Arbeitgeber jedoch bei der Nutzung der Telefondaten gezogen. Im Rahmen der für die Durchführung des Arbeitsverhältnisses zu bejahenden Erforderlichkeit (§ 32 Abs. 1 S. 1 BDSG) ist er befugt, die Daten mit dem Ziel der Missbrauchskontrolle (u.a. unerlaubte private Nutzung auf Kosten des Arbeitgebers, Verwendung der TK-Technik zwecks „Mobbing" von Kollegen u. Ä. m.) sowie der Kostenkontrolle und der Kostenrechnung auszuwerten; eine sonstige Leistungskontrolle hinsichtlich des allgemeinen Arbeitsverhaltens am Telefon, z.B. um in Kombination mit automatisierter Arbeitszeiterfassung eine Ermittlung von „Ruhepausen", vermuteten „Abwesenheitszeiten" o.Ä. durchzuführen, ist bzw. war bislang mit dem Anspruch des Mitarbeiters auf freie Entfaltung seiner Persönlichkeit auch im Betrieb (§ 75 Abs. 2 BetrVG) als nicht vereinbar angesehen worden.

6.3.5 Besonderheiten in Call-Centern

1158 Fraglich ist jedoch, inwieweit die Daten eingehender und auch ausgehender Gespräche in der besonderen Arbeitssituation eines Call-Centers auch zu einer allgemeinen Leistungskontrolle verwendet werden dürfen. In einer Entscheidung zur diesbezüglichen Leistungskontrolle hat das BAG

NZA 1996, 218 = RDV 1996, 30

es nicht für unzulässig angesehen, wenn der Arbeitgeber im Rahmen automatisierter Telefondatenerfassung Zahl und Dauer der eingehenden Anrufe registriert und in Form sog. „Bedienerplatzreports", aus denen sich u.a. ergibt, wie häufig sich Mitarbeiter eines Call-Centers bei Einsatz automatischer Anrufverteilung (ACD = Automatic Call Distribution) aus der Bearbeitung ankommender Gespräche ausgeschaltet haben, auswertet.

1159 Allgemein gültige Aussagen zum Umfang der Leistungs- und Verhaltenskontrolle an Arbeitsplätzen, bei denen Anzahl, Qualität und Erfolg von Telefonaten das „Produkt" der Arbeit darstellen, lassen sich jedoch aus dieser Entscheidung nur bedingt ableiten. Unzulässig wäre es in jedem Fall, das Arbeitsverhalten des einzelnen Agenten lückenlos erfassen zu wollen.

Vgl. Däubler, Internet und Arbeitsrecht, Rdn. 255: „Auch wenn es allein um das Arbeitsverhalten einzelner Beschäftigter geht, ist eine kontinuierliche, jede informelle Pause und jeden Gang zur Toilette einschließende Überwachung unzulässig."

Das Ergebnis wäre die Erstellung eines den Betroffenen als Arbeitnehmer beschreibenden Persönlichkeitsprofils, d.h. einer mit dem besonderen arbeitsrechtlichen Anspruch auf Persönlichkeitsschutz (§ 75 Abs. 2 BetrVG) nicht zu vereinbarenden Abbildung der Stärken und Schwächen eines Menschen innerhalb eines bestimmten Lebensbereichs.

Zum sog. Quality Monitoring in Call-Centern vgl. vorstehend Rdn. 1172 ff.

6.3.6 Besondere schutzwürdige Interessen des Beschäftigten oder Dritter

Den geschilderten Informationsinteressen des Arbeitgebers bei dienstlichen Gesprächen **1160**
können im Einzelfall jedoch vorrangige schutzwürdige Interessen des Beschäftigten
oder seines Telefonpartners entgegenstehen. Eine solche Hervorhebung der Persönlichkeitsrechte des Arbeitnehmers bzw. betroffener Dritter findet sich im Urteil des BAG
vom 18.1.1987,

> *RDV 1987, 136 = DB 1987, 1153 = BB 1987, 1037 = DuD 1987, 413 = CR 1987, 592*

demzufolge es einem Arbeitgeber untersagt ist, bei den von einem in einer öffentlichen
Beratungsstelle tätigen Psychologen mit den zu betreuenden Personen geführten Telefongesprächen die Zielnummer dieser Gespräche zu erfassen. Maßgebend für die Aussage des BAG ist, dass „eine fachgerechte, psychologische Beratung und Behandlung,
die Aussicht auf Erfolg haben soll, ein Vertrauensverhältnis zwischen der zu betreuenden Person und dem Psychologen voraussetzt, deren Entstehen wesentlich dadurch
bedingt ist, dass die Beratung und Behandlung vertraulich bleibt, d.h. anderen Personen
nicht bekannt wird".

Darüber hinaus weist das BAG auf die dem Psychologen nach § 203 StGB obliegende **1161**
Schweigepflicht hin: „*Ist der angestellte Berufspsychologe auch seinem Arbeitgeber
gegenüber verpflichtet, das ihm anvertraute fremde Geheimnis, nämlich die Beratung
oder Behandlung einer anderen Person, zu wahren, so ist auf der anderen Seite der
Arbeitgeber kraft seiner Fürsorgepflicht gegenüber dem angestellten Berufspsycholo-
gen gehalten, alles zu unterlassen, was diesen in einen Konflikt mit seiner Geheimhaltungspflicht bringen kann. Er darf vom angestellten Diplom-Psychologen nicht Auskunft
darüber verlangen, wer ihn in seiner Eigenschaft als Berater in Anspruch genommen
hat. Er muss die Arbeitsbedingungen so gestalten, dass der angestellte Diplom-Psycho-
loge seiner Geheimhaltungspflicht auch nachkommen kann und bei der Erfüllung seiner
Arbeitspflicht mit den ihm zur Verfügung gestellten Arbeitsmitteln nicht notwendig und
unvermeidbar von ihm zu wahrende fremde Geheimnisse offenbart.*"

Andererseits hat der VGH Mannheim einen derartigen Schutzanspruch, der ja im **1162**
Wesentlichen dem Schutz des Gesprächspartners dient, für Telefondaten eines Richters
verneint.

> *RDV 1991, 145 = CR 1991, 423 (Ls):* „*Der Beklagte hat durch besondere Regelung bestimmte
> Bedienstete, wie Berater bei Gesundheitsämtern, Psychologen, Ärzte, Geistliche und Sozialar-
> beiter bei den Vollzugsanstalten und staatlichen Krankenhäusern und Bewährungshelfer bei
> Gerichten, von der üblichen Telefondatenerfassung ausgenommen (Verwaltungsvorschrift des
> Finanzministeriums vom 31.5.1990, GABl. S. 439; geändert durch Verwaltungsvorschrift vom
> 31.5.1990, GABl. S. 527). Das ist – im Hinblick auf das zur Erfassung der Telefondaten eines
> Psychologen ergangene Urteil des BAG vom 13.1.1987 (BAGE 54,67) – in der Erwägung
> geschehen, die anhand der Zielnummer erlangte Kenntnis des jeweiligen Gesprächspartners
> könne Rückschlüsse auf eine zum persönlichen Lebensbereich gehörende Angelegenheit in der
> Sphäre des Anschlussinhabers – etwa die Tatsache einer psychologischen oder ärztlichen
> Betreuung – und damit auf ein fremdes Geheimnis ermöglichen, welches zu wahren der betref-
> fende Bedienstete verpflichtet ist (§ 203 StGB). Der Kläger zählt als Richter nicht zu diesem
> Kreis von Bediensteten. Er kann aus solchem Grund keine Ausnahme beanspruchen. Ver-
> gleichbare Verhältnisse sind bei Richtern angesichts der Art des Tätigkeitsfeldes nicht vorhan-
> den.*"

6.3.7 Telefondaten des Betriebs-/Personalrats

1163 Die Rechtsprechung erkennt – entgegen Stimmen der Literatur –

vgl. hierzu z.B Wohlgemuth/Mostert, ArbuR 1986, 146; Däubler, Gläserne Belegschaften?, Rdn. 808 ff.

keinen Verstoß gegen Geheimhaltungsverpflichtungen

vgl. BVerwG, PersR 1989, 297 = CR 1990, 132 = DÖV 1990, 576 (Ls) = DuD 1990, 426: „Die Schweigepflicht von Personalratsmitgliedern wird durch die Registrierung der Telefongespräche, die sie in Ausübung ihres Amtes führen, nicht berührt. Insoweit ist die Situation anders als bei der Erfassung von Telefondaten angestellter Psychologen, denn anders als dort können bei der Beratungstätigkeit des Personalrats aus der Offenbarung des Namens eines Gesprächspartners keine Rückschlüsse auf Angelegenheiten persönlicher Art gezogen werden."

oder das Prinzip der Unabhängigkeit

vgl. OVG Münster, RDV 1988, 32; vgl. auch BVerwG, ZTR 1989, 366 = RDV 1990, 24: „Die Wahrnehmung der gesetzlichen Aufgaben des Personalrats wird nicht dadurch unzulässig behindert, dass die Zielnummern handvermittelter Ferngespräche, die vom Telefonanschluss des Vorsitzenden geführt werden, in der Dienststelle erfasst werden."

darin, dass die Gesprächsdaten festgehalten werden, die von den der Mitarbeitervertretung zur Verfügung gestellten Dienstapparaten geführt werden. Dies gilt jedenfalls, soweit – nur – bei Ferngesprächen Zeitpunkt, Dauer und auch die Zielnummer erfasst werden. Da der Arbeitgeber im Rahmen der Erforderlichkeit die Kosten der Betriebsratstätigkeit zu tragen habe, habe er ein legitimes Interesse daran, diese Erforderlichkeit ggf. auch anhand von Informationen nachprüfen zu können,

vgl. BAG, RDV 1991, 81 = PersR 1991, 35

wobei hierfür nach Ansicht des BVerwG

ZTR 1989, 366 = RDV 1990, 24

„die Aufzeichnung der Zielnummer der Ferngespräche die Möglichkeit einer solchen Nachprüfung, die sich durch Stichproben schonungsvoll durchführen lässt", eröffnet.

Vgl. auch HessDSB, 41. TB (2012), Ziff. 2.2.3

1164 Unzulässig ist es jedoch – jedenfalls ohne konkreten Anlass –, Mitglieder der Mitarbeitervertretung gezielt zu kontrollieren.

Vgl. LAG Sachsen-Anhalt, RDV 2001, 28: „Will der Arbeitgeber die missbräuchliche Nutzung der betrieblichen Telefonanlage kontrollieren, so verstößt er gegen § 75 BetrVG (Behandlung aller Beschäftigten nach Recht und Billigkeit), wenn er ohne besondere Anhaltspunkte und außerhalb einer allgemeinen Stichprobenregelung ausschließlich Gesprächsdaten des Betriebsratsvorsitzenden auswertet."

Da die Kontrolle der Nutzung der Telekommunikation ausschließlich unter Kostenkontrollgesichtspunkten gerechtfertigt ist, scheidet die Erfassung eingehender Telefonate aus.

Bei einem Diensthandy, das sowohl dienstlich als auch im Rahmen der Personal- oder Betriebsratstätigkeit genutzt wird, können Geräte mit zwei SIM-Karten eine praktikable Lösung sein, HessDSB, 41. TB (2012), Ziff. 2.2.3

6.4 Mithören und Aufzeichnen des Inhalts dienstlicher Gespräche

6.4.1 Allgemeines

Nach von BVerfG und BAG inzwischen wiederholt bestätigter Rechtsprechung umschließt die Befugnis des Arbeitgebers, die Nutzung der Telekommunikation zu kontrollieren, regelmäßig auch bei dienstlichen Gesprächen nicht das Recht, auch den Inhalt der Gespräche ohne oder gegen den Willen des Beschäftigten mitzuhören. **1165**

Zur Zulässigkeit des offenen Mithörens durch Vorgesetzte vgl. BAG, NZA 1998, 218 = RDV 1996. 30; ferner Linnenkohl/Gressierer, AuA 1999, 410; Kopke, NZA 1999, 917

Der insoweit „unbefugt" handelnde Arbeitgeber verletzt nicht nur das Persönlichkeitsrecht der Mitarbeiter, er verstößt ggf. zudem gegen § 201 StGB, der das unbefugte Aufzeichnen oder per Abhörtechnik realisierte Mithören eines Telefonats strafrechtlich sanktioniert.

Nach der hierzu grundlegenden Entscheidung des BVerfG **1166**

BVerfG, NJW 1992, 815 = RDV 1992, 128

gilt der aus den Art. 1 und 2 GG abgeleitete Persönlichkeitsschutz

Das Persönlichkeitsrecht ist nach BVerfGE 34, 238 nicht tangiert, wenn die Person des Sprechenden hinter die Information zurücktritt, so z.B. bei der Durchsage von Börsennotierungen

in der Form des „Rechts am gesprochenen Wort" auch bei geschäftlichen Telefonaten und auch im Verhältnis Arbeitnehmer-Arbeitgeber, d.h., auch bei dienstlichen Telefonaten steht dem Arbeitnehmer das aus Art. 1 und 2 GG abgeleitete „Selbstbestimmungsrecht" zu, nach dem er grundsätzlich selbst entscheidet, ob seine Worte allein dem Gesprächspartner oder auch Dritten zugänglich sein oder gar auf Tonträger aufgenommen werden sollen.

Entgegen einer früheren Entscheidung des BGH **1167**

NJW 1964, 165; ferner BGH, AP Nr. 2 zu § 284 ZPO

sieht das BVerfG keine Rechtfertigung für ein heimliches Mithören darin, dass die moderne Technik dieses ohne Weiteres ermöglicht und der Telefonierende deshalb damit zu rechnen habe bzw. bei Benutzung der Technik in Kenntnis der Mithörmöglichkeit hierin konkludent einwillige. Der gleiche rechtliche Schutz kommt dem gesprochenen Wort des Kunden zu.

Diese Auffassung hat das BVerfG und nachfolgend der BGH **1168**

BVerfG, RDV 2003, 18; BGH, RDV 2003, 237

unter Aufhebung instanzgerichtlicher Entscheidungen auch speziell für den Fall bestätigt, dass das Mithören zur Gewinnung von Beweismitteln in zivilrechtlichen Verhandlungen oder Streitigkeiten dienen soll. Zwar kann im Rahmen einer Rechtsgüterabwägung auch ein heimliches Mithören oder Aufzeichnen zulässig sein. Gegenüber dem Interesse an der Aufklärung schwerer Straftaten

BVerfGE 34, 238; 80, 367

oder der Verfolgung von Erpressern oder anonymen Anrufen könne sich der Anrufer – auch im Hinblick auf die Aufrechterhaltung einer funktionsfähigen Rechtspflege –

nicht auf sein Recht am gesprochenen Wort berufen. Demgegenüber reiche allein das Interesse, sich ein Beweismittel für zivilrechtliche Ansprüche zu sichern, nicht aus,

vgl. auch BGH, NJW 1988, 1016; NJW 1998, 155

vielmehr müsse eine über das „schlichte" Beweisinteresse hinausgehende Beweisführungsnot bestehen. Diese Situation ist u. a. anzunehmen, wenn der Beweisführer sich in einer Notwehrsituation oder in einer notwehrähnlichen Lage befindet.

1169 Den grundsätzlich bestehenden Schutzanspruch des Gesprächspartners hat das BAG

NJW 1998, 1331 = NZA 1998, 307 = RDV 1998, 69 mit Nachweisen der zuvor zahlreich ergangenen instanzgerichtlichen Entscheidungen

auch für den Fall eines heimlichen Mithörens oder Mithörenlassens auf Seiten des Arbeitnehmers bei Gesprächen mit dem Arbeitgeber bestätigt.

Nach einer Entscheidung des BAG

RDV 2009, 222

wird das Persönlichkeitsrecht des Gesprächspartners eines Telefongesprächs nur verletzt, wenn der andere einen Dritten durch aktives Handeln zielgerichtet veranlasst, das Telefongespräch heimlich mitzuhören. Aus der rechtswidrigen Erlangung des Beweismittels folgt ein Beweisverwertungsverbot. Konnte ein Dritter jedoch zufällig, ohne dass der Beweispflichtige etwas dazu beigetragen hat, den Inhalt des Telefongesprächs mithören, liegt keine rechtswidrige Verletzung des zivilrechtlichen allgemeinen Persönlichkeitsrechts des Gesprächspartners vor. In diesem Fall besteht deshalb auch kein Beweisverwertungsverbot.

6.4.2 Grenzen der Einwilligung

1170 Erforderlich ist also die Kenntnis bzw. Einwilligung beider Gesprächspartner, wobei die Einwilligung konkludent erfolgt, wenn der Partner nach Information über das Mithören oder gar das Aufzeichnen eines Gesprächs das Gespräch fortführt.

BVerfG, RDV 2003, 22 = NJW 2002, 1009

Beweisprobleme können sich jedoch im Streitfall über die telefonisch erteilte Einwilligung ergeben.

Vgl. hierzu LAG Kiel, RDV 2005, 274

Hinsichtlich der erforderlichen Kenntnis bzw. Einwilligung des Arbeitnehmers in das Mithören und Aufzeichnen ist festzuhalten, dass diese „Einwilligung"

vgl. die Beispiele bei Menzler-Trott, RDV 1999, 257

infolge der zumeist fehlenden Freiwilligkeit dem Arbeitgeber nicht mehr gestattet, als ihm im Hinblick auf die notwendige Gestaltung des Arbeitsablaufs und aufgrund seiner Kontrollrechte aus dem Arbeitsverhältnis ohnehin zusteht.

Vgl. vorstehend Rdn. 407 ff.; Jordan/Bissels/Löw, BB 2008, 2626

1171 Bei allein der Qualitätskontrolle dienenden Maßnahmen ist zur Wahrung des Gebots der Verhältnismäßigkeit zu beachten, dass dem geringeren Eingriff des bloßen Mithörens der Vorzug vor dem Aufzeichnen zu geben ist, wenn dies für die angestrebten Schulungszwecke ausreichend ist.

6.4.3 Monitoring in Call-Centern

6.4.3.1   Das Mithören in Call-Centern

Das Persönlichkeitsrecht zieht aber auch einem offenem Mithören Grenzen, wie die Entscheidung des BAG   **1172**

> *RDV 1996, 30 = NZA 1996, 218*

zur Call-Centern-Kontrolle belegt. Das offene Mithören wurde vom BAG im konkreten Fall als zulässig angesehen, weil es dem Anlernprozess beschränkt auf die Probezeit diente. Ferner sah das BAG die Mitarbeiterinteressen nur als wenig tangiert an, weil die Gespräche sich ausschließlich auf Flugreservierungen bezogen und daher die geschützte Eigensphäre des Mitarbeiters nur gering berührten. Generell rechtfertigt sich der Engriff in das Recht am gesprochenen Wort, wenn er „arbeitsplatzimmanent" ist und der Grundsatz der Verhältnismäßigkeit u.a. hinsichtlich der Menge der überwachten Gespräche gewahrt ist. Zu Beweiszwecken erfolgendes „Daueraufzeichnen"

> *zur Daueraufzeichnung beim Telefonbanking vgl. LDSB NRW, Datenschutzbericht (2001), S. 141 f.*

darf zur Qualitätskontrolle nur stichprobenartig oder anlassbezogen, wie z.B. im Beschwerdefall, ausgewertet werden.

> *Vgl. insgesamt auch Jordan/Bissels/Löw, BB 2008, 2626*

Die Aufsichtsbehörden halten daran anschließend offenes Mithören für zulässig, wenn   **1173**
es durch überwiegende Firmeninteressen gekennzeichnet ist, was eben u.a. während der Einarbeitungsphase oder bei Nachschulungen bzw. zur Qualitätssicherung der Fall sein kann. Die Mitarbeiter müssen aber informiert sein.

> *Vgl. LDI NRW, TB (2009), S. 120 zur Unzulässigkeit von bei Abschluss des Arbeitsvertrages eingeholter pauschaler Einwilligung in unbegrenzte Kontrollen*

Dies soll in enger gezogenen Grenzen auch für heimliches Mithören gelten. Gefordert wird, dass die Mitarbeiter über die generelle Verfahrensweise des Arbeitgebers informiert werden, d.h., eine Information über das Mithören im konkreten Fall wird nicht verlangt.

> *Vgl. 4. TB (2007) des Innenministeriums Baden-Württemberg, S. 199: „Das heimliche Mithören von Telefongesprächen des Arbeitnehmers ist nach dem Grundsatz der Erforderlichkeit und der Verhältnismäßigkeit ... zulässig, wenn gerade für diese Form ein legitimierender Grund bzw. Anlass besteht, beispielsweise offene Qualitätsmängel, wiederholte Kundenbeschwerden.".*

6.4.3.2   Das Aufzeichnen in Call-Centern

Bei der Aufzeichnung von Gesprächen sind im Hinblick auf die insoweit bestehende   **1174**
besondere strafrechtliche Absicherung in § 201 StGB andere Kriterien anzulegen,

> *anders, ohne § 201 StGB zu erwähnen, 4. TB (2007) des Innenministeriums Baden-Württemberg, S. 199: „Die Aufzeichnung von Telefongesprächen ist unter den für das heimliche Mithören geltenden Voraussetzungen zulässig."; vgl. aber auch Vogt, DuD 2008, 780 zur Opt-in-Erklärung eines Call-Center-Kunden*

d.h., hinsichtlich des Aufzeichnens ist eine die Strafbarkeit nach § 201 StGB aufhebende Befugnis erforderlich, m.a.W., der Tatbestand entfällt dann, wenn der Sprechende eingewilligt hat. Die Einwilligung kann ggf. auch konkludent erfolgen, wobei aber auch für den Fall einer offenen Aufzeichnung nicht generell von einer Einwilligung ausgegangen werden kann.

1175 Seitens der Aufsichtsbehörden wird hinsichtlich einer bei Call-Center-Agenten eingeholten Einwilligung zutreffend angeführt, dass es hier häufig an der Freiwilligkeit fehlen wird.

> *Vgl. vorstehend Rdn. 392 ff., 407 ff.*

Das ändert aber nichts daran, dass der Mitarbeiter vor Eintritt in das Arbeitsverhältnis über einen insoweit stattfindenden Eingriff informiert sein muss und dann überlegen kann, ob er unter diesen Bedingungen arbeiten will. Gleiches gilt bei der Einführung einer Überwachungstechnik während eines bestehenden Arbeitsverhältnisses, wobei der die Einwilligung nicht abgebende Mitarbeiter ggf. aber mit Konsequenzen für sein Arbeitsverhältnis rechnen muss.

> *Zur Gestattung der Aufzeichnung per Betriebsvereinbarung vgl. Gola, Datenschutz am Arbeitsplatz, Rdn. 426 ff.*

1176 Nur ausnahmsweise kann die heimliche Aufzeichnung ohne Einwilligung befugt erfolgen, und zwar insbesondere dann, wenn einem von dem Sprechenden ausgehenden Rechtsangriff begegnet werden soll, was z.B. gegenüber dem Täter von sexuellen Angriffen

> *vgl. Post-Ortmann, RDV 1999, 97*

oder beim konkreten Verdacht des Verrats von Betriebsgeheimnissen der Fall sein kann.

> *Zur in der Praxis vorzufindenden regelmäßigen, momentanen Gesprächsaufzeichnung gefährdeter Einrichtungen zum Schutz vor Bombendrohungen vgl. TB des HambLDSB (15. TB, Ziff. 26.1.2; Bericht 1998, 8.4), der nur eine manuelle Aktivierung im Einzelfall als zulässig ansieht*

6.4.3.3 „Keyword Spotting" und Stimmanalyse

1177 In Einzelfällen bereits eingesetzte Verfahren ermöglichen es, die Gespräche hinsichtlich bestimmter Schlüsselworte und Sätze zu analysieren. Dabei geht es um die Praktizierung von zuvor vermittelten Verkaufstechniken. Es kann überprüft werden, wie oft der Agent das zu verkaufende Produkt oder das Preis-Leistungs-Verhältnis erwähnt. Das „Keyword Spotting" bietet auch die Möglichkeit, die aufzuzeichnenden Gespräche im Vorfeld per Technik auszuwählen, indem die Aufzeichnung ansetzt, wenn ein „kritischer" Inhalt des Gesprächs erkennbar wird. Das Verfahren kann nur unter denselben Vorgaben zulässig sein, wie sie für die Gesprächsaufzeichnung oder das Mithören generell gelten. Auch bei erteilter Einwilligung ist unter dem Aspekt der Verhältnismäßigkeit nur eine stichprobenartige Auswertung zulässig.

> *Zur generellen Unzulässigkeit, Wilke/Kische, RDV 2012, 188*

1178 Ein erheblich gravierender Eingriff in das Persönlichkeitsrecht liegt vor, wenn durch entsprechende Software der emotionale Zustand, d.h. die Stimmung des Agenten und des Kunden, im Verlauf des Gesprächs festgestellt werden soll.

> *Zum Verfahren vgl. auch Zoebisch, DuD 2011, 394*

Dies kann anhand der Verwendung bestimmter Worte, aber auch anhand der Tonlage, der Sprechgeschwindigkeit und des Atemrhythmus erfolgen, wobei die Vermittlung einer positiven Stimmung den Mitarbeitern antrainiert wird. Der Aufzeichnung bzw. Auswertung der hier erfassten biometrischen Daten steht generell der Persönlichkeitsschutz der Betroffenen entgegen. Zudem wird es an der Einwilligung des Kunden, falls er in die Überwachung einzogen ist, fehlen, wobei kaum zu erwarten ist, dass er eine solche Einwilligung bei erforderlicher Aufklärung erteilen würde.

6.5 Kenntnisnahme des Inhalts dienstlicher E-Mails und der Internetnutzung

6.5.1 Nutzungsdaten

Unter dem Aspekt der Verhältnismäßigkeit bestehen bei dienstlicher Kommunikation **1179** keine Bedenken gegen die Erfassung der äußeren Daten (bei E-Mail z.B. Absender und Empfänger, Zeitpunkt der Versendung,

> *Däubler, Gläserne Belegschaften?, Rdn. 351 und 354; einschränkend Ernst, NZA 2002, 585 (590) im Hinblick auf die Speicherung der kompletten Empfängeradresse*

bei WWW etwa Zeitpunkt des Aufrufs und insbesondere eventuelle Kosten) zur Missbrauchs- oder Kostenkontrolle.

> *Vgl. Raffler/Hellich, NZA 1997, 862; Busse, Datenschutz, in: Besgen/Prinz, Neue Medien und Arbeitsrecht, 341 (351 ff.)*

Ihre Rechtsgrundlage findet die Speicherung und Auswertung der Nutzungsdaten zu **1180** Kontrollzwecken in § 32 Abs. 1 S. 1 BDSG. Dieses arbeitgeberseitige Kontrollrecht besteht auch hinsichtlich der korrekten Nutzung der betrieblichen Arbeitsmittel. Bei der Wahrnehmung seines Kontrollinteresses hat der Arbeitgeber den aufgezeigten Schutzinteressen der Beschäftigten Rechnung zu tragen, d.h. die Zulässigkeit der einzelnen Kontrollmaßnahme ist im Rahmen einer Verhältnismäßigkeitsprüfung zu ermitteln.

Gleichwohl ist bei der Protokollierung zu prüfen und konkret festzulegen, ob ein alle Einzelheiten umfassendes Protokoll überhaupt benötigt wird bzw. welche Angaben ausgewertet werden und wie lange sie gespeichert werden sollen.

> *Vgl. hierzu Gola, Datenschutz am Arbeitsplatz, Rdn. 367*

Fraglich ist jedoch, ob die Zulässigkeit der Speicherung der Empfänger-E-Mail-Adresse **1181** anders als bei der Telefondatenerfassung bewertet werden muss, da hier – im Gegensatz zur Zielnummererfassung bei Telefonaten – häufig auch der volle Name und bei dienstlichen Adressen auch der Arbeitgeber des Empfängers erkennbar ist, womit der lesende Eingriff von höherer Intensität ist. Richtig ist es wohl auch, insoweit die Parallele zur Dienstpost zu ziehen, bei der selbstverständlich auch der Adressat dokumentiert wird.

> *Vgl. bei Mengel, BB 2004, 2014 m.w.N.*

Hinsichtlich der Auswertung der Protokolldaten ist wiederum dem Persönlichkeitsrechtsschutz (Art. 2 GG) der Beschäftigten Rechnung zu tragen.

Fraglich ist jedoch, ob der Arbeitgeber auch bei intern versandten E-Mails die Absen- **1182** dung einer Empfangs- und Lesebestätigung anordnen und so das diesbezügliche „Arbeitstempo" kontrollieren kann. Der Verhältnismäßigkeit angemessen ist, die Absendung der Empfangsbestätigung nur anzufordern, wenn der Vorgang eilig ist und der sofortigen Bearbeitung bedarf.

> *Vgl. LfD Bremen, 34. TB (2011), Ziff. 12.7: „Aus datenschutzrechtlicher Sicht kann die Nutzung der Sendeoption Empfangsbestätigung nur in einem begründeten Einzelfall erforderlich sein; eine regelmäßige Einstellung dieser Option ist nicht zulässig."*

6.5.2 Inhaltsdaten

Anders als bei dienstlichen Telefonaten, bei denen ein Mithören oder Aufzeichnen die **1183** Einwilligung oder zumindest die Kenntnis des Arbeitnehmers voraussetzt und das im

Übrigen auch nur unter dem Aspekt der Verhältnismäßigkeit gestattet sein kann, hat der Arbeitgeber grundsätzlich das Recht, vom Inhalt geschäftlicher E-Mail-Korrespondenz Kenntnis zu nehmen,

vgl. Beckschulze/Henkel, DB 2001, 1494; Lindemann/Simon, BB 2001, 1952

da sie als Teil der Unternehmenskommunikation dem Unternehmen zusteht.

Die Literatur vertritt teilweise eine andere Ansicht, indem sie E-Mails aus Gründen des Persönlichkeitsrechtsschutzes des Arbeitnehmers wie dienstliche Telefonate behandelt wissen will; vgl. Däubler, Internet am Arbeitsplatz, Rdn. 249; ders., Gläserne Belegschaften?, Rdn. 351; Raffler/Hellich, NZA 1997, 863; Bijok/Class, RDV 2001, 54

1184   Daran ändert nichts, dass bei der namensbezogenen E-Mail-Adresse des Mitarbeiters auch bei ausschließlich dienstlich gestatteter Nutzung private E-Mails eingehen. Dem Absender steht jedoch allein schon aufgrund der unterschiedlichen betrieblichen Gepflogenheiten kein Vertrauensschutz dahingehend zu, dass seine private E-Mail ausschließlich von dem Empfänger zur Kenntnis genommen wird.

A.A. Ernst, NZA 2002, 585

1185   Gleiches gilt für Dateien, die der Arbeitnehmer – ggf. kostenpflichtig – aus dem Internet heruntergeladen hat. Auch diese können nicht als seine „Privatsache" betrachtet werden.

So aber Däubler, Gläserne Belegschaften?, Rdn. 362

Ebenso wie der Arbeitgeber i.d.R. nicht kontrollieren wird, welchen Artikel sich ein Mitarbeiter z.B. aus einer Zeitschrift kopiert, genauso wenig wird er in der Praxis uneingeschränkt und ohne Information des Mitarbeiters von jeglichen Inhalten der E-Mail-Kommunikation oder der Internetnutzung Kenntnis nehmen wollen. Die Zugriffs- und Dokumentationsregelungen sind unter Beachtung des Verhältnismäßigkeitsprinzips an dem betrieblich Notwendigen auszurichten. Zur Missbrauchskontrolle werden regelmäßig anlassbezogene, stichprobenartige Überprüfungen genügen. Wickelt der Arbeitnehmer seine gesamte Arbeit über den PC ab, so würde eine Vollprotokollierung und -auswertung

vgl. zur Unverhältnismäßigkeit auch u.a. HessLDSB, 29. Tätigkeitsbericht (2000), 164 = RDV 2001, 207

aller Internetzugriffe und Aktivitäten zur laufenden Verhaltens- und Leistungskontrolle die Erstellung eines mit dem Anspruch des Arbeitnehmers nicht zu vereinbarenden „Persönlichkeitsprofils" bedingen.

Däubler, Gläserne Belegschaften?, Rdn. 356 f.

6.5.3   Vertretungsregelungen bei dienstlicher Nutzung

1186   Dazu, in welchem Umgang bei untersagter Privatnutzung dem Arbeitgeber bzw. Vorgesetzten oder Kollegen im Vertretungsfall bzw. bei Abwesenheit des Mitarbeiters ein Einsichtrecht in dienstlichen E-Mail-Verkehr eingeräumt wird, finden sich in der Praxis, u.a. als Kompromissergebnis einer Betriebsvereinbarung, unterschiedlich weitgehende Regelungen.

So kann z.B. vorgeschrieben werden, dass die dienstliche Korrespondenz über Gruppenbüros (Adresse: Fa XY-Einkauf) erfolgt, wobei für jedes Mitglied der Gruppe/Abteilung der Zugriff offensteht. Über persönliche E-Mail-Adressen darf nur private bzw. persönlich-dienstliche Post abgewickelt werden. (In der Praxis vorgefundenes Beispiel: „Grundsätzlich sind für die gesamte dienstliche Kommunikation die Gruppenbüros zu nutzen. Jedes Mitglied einer

Gruppe/Abteilung ist gleichermaßen zur Nutzung des jeweiligen Gruppenbüros berechtigt und im System freigeschaltet. Damit wird sichergestellt, dass bei Abwesenheit des Mitarbeiters (Urlaub, Ausbildung, Termine etc.) die Bearbeitung erfolgt und die Stellvertreterregelung (unplanmäßiger Ausfall des Mitarbeiters etc.) ohne technische Eingriffe möglich ist".) In anderen Fällen wird die Verantwortung für die Verfügbarkeit der Dienstpost dem Mitarbeiter übertragen. (Beispiel aus der Praxis: „Grundsätzlich haben Mitarbeiter und Vorgesetzte sicherzustellen, dass Sachverhalte, die für die Fortführung der Geschäfte bei Abwesenheit notwendig sind, auf einem öffentlichen Laufwerk der Abteilung/des Bereichs/der Gesellschaft zur Verfügung stehen.") Vgl. auch die Empfehlungen von Tiedemann, ZD 2011, 45

Zu unterscheiden ist zwischen der von dem Mitarbeiter selbst verfügten Freigabe der für ihn bestimmten Post und den ggf. ohne sein Mitwirken, z.B. bei ungeplanter Abwesenheit, erfolgenden Zugriffen. **1187**

Insoweit ist auch häufig die Verpflichtung bzw. bei ungeplanter Abwesenheit die Möglichkeit zur Aktivierung eines sog. Abwesenheitsassistenten nebst Weiterleitungsfunktion geregelt. Datenschutzfreundlich ist dabei die Variante, dass der Absender automatisch über die Abwesenheit und die Adresse des Vertreters informiert wird und er somit selbst entscheiden kann, ob er die Information auch dem Vertreter – ggf. in der vorgesehenen Form – zukommen lassen will. Zulässig ist aber auch, die Weiterleitungsfunktion automatisch zu aktivieren. Der Absender sollte jedoch informiert werden.

Zu beachten ist, dass in einem Vertretungsfall nicht Mitarbeiter Kenntnis von Daten erhalten, die für ihre Aufgabenerfüllung nicht erforderlich sind.

6.5.4 Kenntnisnahme erlaubter Privatnutzung

Der Kenntnisnahme der bei privater Nutzung anfallenden Daten und natürlich auch der Inhalte privater Kommunikation zwecks Kontrolle der Mitarbeiter stehen das Fernmeldegeheimnis und die datenschutzrechtlichen Regelungen des TMG und des TKG entgegen. **1188**

Vgl. vorstehend Rdn. 1135, 1142 ff.

6.5.5 Erweiterung der Kontrollbefugnis bei privater Nutzung durch Einwilligung der Mitarbeiter

6.5.5.1 *Allgemeines*

In Ausübung seines informationellen Selbstbestimmungsrechts kann der Mitarbeiter dem Arbeitgeber auch Datenverarbeitungs- und Kontrollrechte zugestehen, die über den gesetzlichen Erlaubnisrahmen hinausgehen. **1189**

Aufgrund einer Einwilligung können die private und die dienstliche Nutzung von E-Mail und WWW nach einheitlichen Grundsätzen behandelt werden, vgl. Büchner, Beck'scher TKG-Kommentar, § 85 Rdn. 19

Zu beachten ist jedoch, dass die Einwilligung, so wie es § 4a Abs. 1 S. 1 BDSG für über den Erlaubnisrahmen des § 32 Abs. 1 S. 1 BDSG hinausgehende Auswertungen von Protokolldaten ausdrücklich verlangt, auf der freien Entscheidung des Betroffenen beruhen muss.

6.5.5.2 *Erweiterung der Kontrollbefugnisse bei privater Nutzung*

Bedenken hinsichtlich der Freiwilligkeit von Erklärungen, die der Mitarbeiter bezüglich erweiterter Kontrollbefugnisse des Arbeitgebers im Zusammenhang mit der Gestattung **1190** privater Nutzung von Telefon, E-Mail oder Internet abgibt, bestehen nicht. Regelmäßig ist davon auszugehen, dass die Mitarbeiter in Zeiten des „Handys" nicht auf die Nutzung der betrieblichen Kommunikationsmittel für private Zwecke angewiesen sind. Auch für das private Surfen am Arbeitsplatz besteht genauso wenig eine „Zwangssituation" wie für das Lesen einer Sportzeitung während des Dienstes. Daher entscheiden die Mitarbeiter „frei", ob sie unter den vom Arbeitgeber vorgegebenen Bedingungen die Kommunikationsmöglichkeiten privat nutzen wollen.

Zur Einwilligung insgesamt vgl. vorstehend Rdn. 383 ff.

1191   Ob der Mitarbeiter seine Einwilligung in die Kontrollmaßnahmen auch inzidenter erklärt, wenn er in Kenntnis der vom Arbeitgeber vorgesehenen und ggf. infolge der Mitbestimmungspflicht in einer bekannt zu machenden Betriebs- oder Dienstvereinbarung festgeschriebenen Kontrollmaßnahmen die Telekommunikationstechnik privat nutzt, mag dahinstehen. Empfehlenswert ist die schriftliche Einholung nebst dem ausdrücklichen Hinweis auf den Erlaubnisrahmen; dies zum einen, weil nur die Einwilligung eines in vollem Umfang informierten Mitarbeiters wirksam ist – die bloße Existenz einer Betriebs-/Dienstvereinbarung kann die erforderliche individuelle Kenntnis des beabsichtigten Eingriffs in das Fernmeldegeheimnis nicht begründen –, und zum anderen, weil nur bei für den Mitarbeiter erkennbarer und vom Arbeitgeber nachweisbarer Eindeutigkeit des Verstoßes unmittelbare arbeitsrechtliche Sanktionen in Betracht kommen.

Vgl. den Textvorschlag im 36. TB (2007) des Hess. LDSB, S. 119 = RDV 2008,169

6.5.6   Erweiterung der Befugnisse durch Betriebs-/Dienstvereinbarung

1192   Regelt der Arbeitgeber die dienstliche und ggf. private Verwendung der betrieblichen Kommunikationstechniken in einer „Nutzungsordnung"

vgl. die Elemente einer Dienstanweisung zum Datenschutz, Hess LDSB a.a.O.; ferner die Mustervereinbarung von Pröpper/Römermann, MMR 2008, 514

und beabsichtigt er bzw. hat er die Möglichkeit – was für den Betrieb der Kommunikationstechniken unumgänglich ist –, das Nutzungsverhalten der Beschäftigten durch automatisierte Speicherung der Nutzungsdaten zu kontrollieren, so bedarf dies der Zustimmung des Betriebs- bzw. Personalrats (§ 87 Abs. 1 Nr. 1 und 6 BetrVG; § 75 Abs. 3 Nr. 15 und 17 BPersVG).

1193   Damit stellt sich die Frage, ob der Arbeitgeber durch eine Betriebsvereinbarung zu ansonsten die Einwilligung der Betroffenen erfordernden Datenauswertungen und Kenntnisnahmen berechtigt werden kann.

Betriebs- und Dienstvereinbarungen sind jedoch keine „gesetzlichen" Vorschriften und können daher nicht als Grundlage zur Durchbrechung des Fernmeldegeheimnisses herangezogen werden.

Vgl. im Einzelnen bei Gola, Datenschutz am Arbeitsplatz, Rdn. 426

Somit kann die Betriebs- oder Dienstvereinbarung nicht die für Kontrolleingriffe in den privaten Kommunikationsverkehr oder für das Mithören auch bei dienstlichen Gesprächen erforderliche Einwilligung ersetzen.

A.A. Kutzki/Hackemann, ZTR 2003, 375

6.5.7 Präventive „Zensurmaßnahmen" des Arbeitgebers

6.5.7.1 Zugangssperre

Der Arbeitgeber entscheidet sowohl bei dienstlicher als auch bei privater Kommunikation frei darüber, welche Kommunikationstechniken er den Beschäftigten für welche Zwecke zur Verfügung stellt. Insoweit steht es ihm auch frei, bestimmte Arten der Kommunikation (z.B. die Anwahl von Mehrwertnummern) oder auch die Kommunikation mit bestimmten Adressaten (z.B. Playboy.de) zu sperren bzw. umgekehrt nur auf einer Positivliste verzeichnete Adressen zugänglich zu machen. Hierdurch werden Missbrauchsmöglichkeiten und damit auch ein entsprechender Kontrollbedarf gemäß dem Gebot des § 3a BDSG ausgeschlossen oder zumindest reduziert.

1194

> *Zum Einsatz sog. URL-Filter vgl. ausführlich bei Gola, Datenschutz am Arbeitsplatz, Rdn. 180*

6.5.7.2 Unterdrückung eingehender E-Mails

Fraglich ist, ob auch in konkrete Kommunikationsvorgänge z.B. durch Nichtweiterleiten einer E-Mail eingegriffen werden darf.

1195

> *Vgl. hierzu im Einzelnen bei Gola, Datenschutz am Arbeitsplatz, Rdn. 157 ff.; zur Problematik generell: Lehnhardt, DuD 2003, 487*

Von besonders praktischer Bedeutung ist dies hinsichtlich der Nichtannahme von in der Regel rechtswidrig zugeleiteten (§ 7 Abs. 3 UWG) sog. Spam-E-Mails an Mitarbeiter, denen die Privatnutzung gestattet ist.

Unproblematisch ist der Einsatz von E-Mail-Filtern bei dienstlicher Kommunikation. Hier dürfen – § 88 TKG oder § 206 StGB sind nicht tangiert – im Wesentlichen aus Gründen der Datensicherheit Teilinhalte oder Anlagen von E-Mails unterdrückt werden, die gefährliche oder verdächtig ausführbare Codes enthalten (insbesondere Dateien mit den Erweiterungen .exe, .bat oder gepackte Dateien).

1196

Anders ist es jedoch bei privater Kommunikation. Bei privaten E-Mails kann der Tatbestand des § 206 StGB erfüllt sein, nach dem sich strafbar macht, wer eine dem Diensteerbringer „zur Übermittlung anvertraute Sendung unterdrückt". Der Schutzbereich der § 88 TKG und § 206 StGB umfasst neben dem Empfänger, der insoweit seine Einwilligung erteilen kann, auch den Absender.

1197

Rechtfertigungsgründe zur Durchbrechung des Verbots des § 206 StGB können sich im Hinblick auf die Gewährleistung der Datensicherung (§ 88 Abs. 3 i.V.m. § 109 TKG) oder im Hinblick auf das Einschreiten gegen Straftaten (§ 100 Abs. 3 TKG) ergeben.

1198

> *Vgl. im Einzelnen bei Gola, Datenschutz am Arbeitsplatz, Rdn. 163 ff.*

7 Datamining, Rasterfahndung, Screening, Scoring Fraud Detection

7.1 Allgemeines

Ein Unternehmen kann auch aus Compliance-Gründen nicht darauf verzichten, mögliche Betrüger zu ermitteln und abzuwehren. Immerhin:

1199

- Die meisten Betrugsdelikte gehen von den eigenen Mitarbeitern (44 Prozent) oder ehemaligen Mitarbeitern (22 Prozent) aus.
- Die meisten Wirtschaftskriminellen sind langjährige Mitarbeiter in Führungspositionen bei den betroffenen Unternehmen.
- 11 Prozent der Mitarbeiter in größeren Unternehmen haben bereits unerlaubt auf Firmendaten zugegriffen, um diese zu verkaufen, oder Firmengeräte gestohlen.

7.2 Die Verfahren

1200 Datamining beinhaltet Verfahren, um aus der Menge der zu den unterschiedlichen Zweckbestimmungen gespeicherten Personaldaten neue Erkenntnisse herauszufiltern. Ziel kann es auch sein, Hinweise auf Fälle von Korruption zu erhalten. Einen Weg der Filterung bildet die Rasterfahndung, indem die personenbezogenen Informationen nach definierten Ergebnissen und Auffälligkeiten durchsucht werden. Mitarbeiter, die die gesuchten Merkmale aufweisen, bleiben im Raster hängen. Eine Variante der Rasterfahndung ist das Screening. Der aus dem medizinischen Bereich stammende Begriff beschreibt gleiche Vorgänge, nämlich das gezielte „Aussieben" von Massendaten. Ein weiterer Schritt ist es, aus den Erkenntnissen über eventuell korrupte Mitarbeiter allgemeine Erfahrungswerte zu ermitteln, anhand derer dann der einzelne Mitarbeiter gescort wird. Ein Beispiel bilden unter den Bezeichnungen „Lost Prevention" oder „Fraud Detection" geführte Programme, die ein typisches Profil von Beschäftigten an Kassen erstellen, um dann an dem Verhalten einzelner Beschäftigter festzustellen, wer mit welchem Verdachtswert von dem typischen Profil abweicht.

1201 Dass derartige Verfahren einen weiteren Schritt zu einer lückenlosen Leistungs- und Verhaltenskontrolle der Beschäftigten eröffnen, steht außer Frage. Gleichwohl sind sie auch im Personalwesen im Bereich der Bekämpfung von Korruption, Betrug oder Unterschlagungen, aber auch zur Ermittlung allgemeiner Sicherheitsrisiken nicht per se unzulässig bzw. sogar notwendig.

1202 Gerade weil viele Innentäter hohe Nutzerprivilegien in den IT-Systemen haben, reicht es nicht, die Zugangs- und Zugriffskontrolle zu verschärfen. Froud-Detection-Software-Lösungen erzeugen deshalb Nutzerprofile als Normalfall und suchen nach den Abweichungen, also z. B. nach untypischen Aktivitäten eines Nutzers im Netzwerk. Dabei ist jedoch entscheidend, dass die Froud-Detection-Software-Lösung nicht alle Nutzerdaten sammelt, sondern dass mit Pseudonymisierung gearbeitet wird.

7.3 Screening

7.3.1 Der Datenabgleich

1203 Beim Screening werden mit spezieller Software die Stammdaten von Beschäftigten und Lieferanten (z. B. Kontonummer, Adressen) abgeglichen.

Das soll Anhaltspunkte dafür bieten, ob Arbeitnehmer Entgelte für angeblich erbrachte Leistungen auf eigene Konten überwiesen haben. Im Einkauf sind solche Anhaltspunkte, wenn Lieferanten gleiche Adressen wie Beschäftigte aufweisen. Buchungen zu ungewöhnlichen Zeiten oder selten genutzte Konten können Anlass zur weiteren Nachforschung sein und auch Erfolge zeitigen.

Vgl. Der Spiegel 7/2009, 74

7.3.2 Rechtmäßigkeit

Das Datenschutzrecht zieht derartigen Maßnahmen enge Grenzen, auch wenn bei einem **1204**
Screening keine neue Daten erhoben, sondern nur vorhandenes Datenmaterial miteinander abgeglichen, also genutzt wird. Auch die Nutzung i.S.v. § 3 Abs. 5 BDSG ist nur
zulässig, wenn eine Erlaubnis vorliegt. Die Erlaubnis von Screening-Maßnahmen
könnte sich aus § 32 BDSG, daneben aus § 28 BDSG ergeben. Die maßgebliche Erlaubnisnorm ist anhand des Zwecks des Screenings zu ermitteln.

In jedem Fall ist auch bei bejahtem arbeitgeberseitigem Informationsinteresse dem Ver- **1205**
hältnismäßigkeitsprinzip Rechnung zu tragen. Die Kriterien, die das BAG für die Zulässigkeit offener und ggf. auch geheimer Videoüberwachung aufgestellt hat, geben den
Maßstab vor.

Dabei ist zu unterscheiden, ob das Screening präventiven Zwecken dient, d.h. auf Grund
einer nach einer betriebswirtschaftlichen Analyse aller Geschäftsprozesse ermittelten
Gefährdungslage erfolgt, oder ob repressiv tatsächlichen Anhaltspunkten einer Straftat
nachgegangen werden soll. Der letztgenannte Fall wird aber regelmäßig nicht Sinn des
Screenings sein.

Die aus § 32 Abs. 1 S. 1 BDSG in Risikobereichen erfolgende präventive Kontrolle soll **1206**
ja erst dazu dienen, Tatsachen zu ermitteln, die auf einen Strafverdacht hindeuten und
gezielte Einzelmaßnahmen unter den Kriterien des § 32 Abs. 1 S. 2 BDSG rechtfertigen.

Bei präventiver Überwachung kann ausnahmsweise auch eine Gesamtüberwachung
vorgenommen werden. Diese muss berechtigt sein, wenn für die Ermittlung des in die
Analyse einzubeziehenden Personenkreises erst noch eine weitere datenschutzrechtlich
relevante Erhebung von Daten erforderlich wäre.

Eine Konkretisierung des Personenkreises anhand der betrieblichen Organisationsdaten **1207**
kann jedoch nicht wegen des Arbeitsaufwands als unzumutbar gesehen werden.

> *So aber Diller, BB 2009, 438; vgl. aber auch BVerfG, RDV 2009, 113, wonach bei einer
> staatsanwaltschaftlichen Datenerhebung bei einem Kreditkarteninstitut gegenüber Betroffenen, bei denen bei einem Datensuchlauf „kein Treffer erzielt wurde", kein Eingriff in das
> informationelle Selbstbestimmungsrecht erfolgte*

Eine Vollkontrolle wird regelmäßig nicht gerechtfertigt sein. **1208**

> *Vgl. Wilke, AiB 2006, 155 zur Unzulässigkeit dauerhaften Screenings des Kassiererverhaltens*

Auswertungen müssen grundsätzlich in pseudonymisierter Form erfolgen. Weitere Aufklärungsmaßnahmen im Verdachtsfall müssen § 32 Abs. 1 BDSG Rechnung tragen.

> *Vgl. zu dieser Problematik Schmid, RDV 2009, 193; Barton, RDV 2009, 203; Deutsch/Diller,
> DB 2009, 1462; Vogel/Glas, DB 2009, 343; Wybitul, BB 2009, 1582*

7.3.3 Transparenz

Es dürfte kaum Gründe dafür geben, derartige Verfahren „geheim" durchzuführen, d.h. **1209**
ihre Durchführung sollte allgemein bekannt gemacht werden.

> *Vgl. zur Benachrichtigungspflicht vorstehend Rdn. 269 ff.*

Die Bekanntmachung des Verfahrens und dessen Häufigkeit ergibt sich auch schon aus der hierzu nach § 87 Abs. 1 Nr. 6 BetrVG abzuschließenden Betriebsvereinbarung.

Die Gefahr, entdeckt zu werden, wird ein nützlicher Abschreckungseffekt sein, zudem genügt zunächst eine allgemeine Bekanntmachung und dann ggf. eine konkrete Information bei der Anhörung eventueller Verdächtiger.

7.3.4 Verfahrensablauf

1210 An der Durchführung der Recherche bzw. Analyse sind Betriebsrat und Datenschutzbeauftragte zu beteiligen. Das Verfahren ist zu dokumentieren. Die maßgebenden Entscheidungsschritte sollten in einem zu diesem Zweck eingerichteten Kontrollgremium erfolgen.

> *Vgl. insgesamt Albers, Compliance der Compliance, Elektronische Analyseverfahren personenbezogener Daen zur Prävention und Aufdeckung geschäftsschädigender Handlungen im Unternehmen, Forschungsbericht, 2009, FHS Düsseldorf*

Phasen eines solchen Recherche- und Analyseverfahrens sind:

Phase 1: Festlegung des Recherche- und Analysezwecks

Phase 2: Identifikation geeigneter Indikatoren

Phase 3: Definition der abzugleichenden Datenbestände

Phase 4: Bereitstellung eines geeigneten Softwaretools bzw. Einsatz einer geeigneten Abfragesprache

Phase 5: Extraktion anonymisierter bzw. pseudonymisierter Daten aus den betrieblichen Datenbeständen

Phase 6: Durchführung des Datenabgleichs

Phase 7: ggf. Reduktion der Schnittmenge im Ausschlussverfahren durch Anwendung weiterer Indikatoren

Phase 8: Personalisierung der generierten Verdachtsfälle

Phase 9: Klärung der Verdachtsfälle

7.4 AEO-Terroristen-Screening

7.4.1 Allgemeines

1211 DAS AEO-(Authorized-Economic-Operator-)Screening geht zurück auf einen Beschluss der UN nach den Ereignissen des 11.9.2001. Die hier verabschiedete Resolution 1373 sieht vor, dass es allen Ländern verboten ist, durch die vorsätzliche Bereitstellung oder die Sammlung von Geldern terroristische Handlungen zu fördern. In Umsetzung dieser Resolution wurden auf europäischer Ebene für alle Staaten unmittelbar und zwingend die Verordnungen EG Nr. 881/2002 und 2580/2001 erlassen. In diesen und den folgenden Verordnungen sind Listen mit Terrorverdächtigen enthalten.

Mit den dort Genannten sollen u.a. Geschäftskontakte ausgeschlossen werden. Nach den Verordnungen dürfen den betroffenen Personen weder direkt noch indirekt Geld oder sonstige wirtschaftliche Ressourcen zur Verfügung gestellt werden. Dem Verbot unterliegt auch der Abschluss von Arbeitsverträgen.

28.12.2001 Amtsblatt der Europäischen Gemeinschaften L 344/71:

Artikel 1

Für die Zwecke dieser Verordnung gelten folgende Begriffsbestimmungen:

1) *„Gelder, andere finanzielle Vermögenswerte und wirtschaftliche Ressourcen" sind Vermögenswerte jeder Art, unabhängig davon, ob sie materiell oder immateriell und beweglich oder unbeweglich sind und wie sie erworben wurden,*

sowie Rechtsdokumente und Urkunden in jeder Form, auch in elektronischer oder digitaler Form, zum Nachweis des Eigentums oder der Beteiligung an diesen Vermögenswerten, unter anderem Bankkredite, Reiseschecks, Bankschecks, Zahlungsanweisungen, Anteile, Wertpapiere, Obligationen, Wechsel und Akkreditive.

2) *...*

3) *...*

Artikel 2

(1) Sofern nicht eine Ausnahme nach Artikel 5 oder 6 vorliegt,

a) ...

b) werden weder direkt noch indirekt Gelder, andere finanzielle Vermögenswerte und wirtschaftliche Ressourcen für eine in der Liste nach Artikel 2 Absatz 3 aufgeführte natürliche oder juristische Person, Vereinigung oder Körperschaft oder zu ihren Gunsten bereitgestellt.

(2) ...

(3) Der Rat erstellt, überprüft und ändert einstimmig und im Einklang mit Artikel 1 Absätze 4, 5 und 6 des Gemeinsamen Standpunkts 2001/931/GASP die Liste der dieser Verordnung unterfallenden Personen, Vereinigungen oder Körperschaften.

Artikel 4

(1) Unbeschadet der geltenden Vorschriften über die Anzeigepflicht, die Vertraulichkeit und das Berufsgeheimnis sowie des Artikels 284 des Vertrags

- *übermitteln Banken, sonstige Finanzinstitute, Versicherungsgesellschaften und sonstige Einrichtungen und Personen Angaben, die die Anwendung dieser Verordnung erleichtern, z.B. über die nach Artikel 2 eingefrorenen Konten und Beträge und die nach den Artikeln 5 und 6 getätigten Geschäfte, unverzüglich*
- *den im Anhang aufgeführten zuständigen Behörden der Mitgliedstaaten, in denen sie ihren Sitz bzw. Wohnsitz haben, und*
- *über diese zuständigen Behörden der Kommission;*
- *arbeiten Banken, sonstige Finanzinstitute, Versicherungsgesellschaften und sonstige Einrichtungen und Personen mit den im Anhang aufgeführten zuständigen Behörden bei der Überprüfung dieser Angaben zusammen.*

(2) Die aufgrund dieses Artikels bereitgestellten oder eingegangenen Angaben dürfen nur für die Zwecke verwendet werden, zu denen sie bereitgestellt wurden bzw. eingegangen sind.

Daten der Betroffenen sind ggf. an die Deutsche Bundesbank bzw. die BaFin zum dortigen Abgleich zu übermitteln. § 25c Abs. 2 S. 2 KWG bildet hierfür eine Grundlage. **1212**

Vgl. bei Peters/Schwab, RDV 2006, 196

Sanktionen bei Nichtbeachtung der unmittelbar geltenden Verordnungen ergeben sich **1213**
aus dem Außenhandelswirtschaftsgesetz (§ 34 Abs. 4–7 AWG), das bereits bei fahrlässigen Handlungen Strafe und Umsatzabschöpfung vorsieht.

Vgl. hierzu auch Peuser, DuD 2006, 680

Eine gravierende Folge ist, dass ein Abgleich der möglichekn Terrorverdächtigen mit den Beschäftigtendaten verlangt wird, damit ein Unternehmen von der dafür zuständigen Zollverwaltung den AEO-Status erhält, also ein so genannter zugelassener Wirtschaftsbeteiligter wird.

1214 Der Erwerb des Zertifikates „AEO/Sicherheit" bringt dem Unternehmen dann eine Reihe von Erleichterungen; so werden zollrechtliche Überprüfungen schneller vorgenommen, insgesamt erfolgt eine vereinfachte Zollabfertigung. Für ein Unternehmen kann es deshalb in wirtschaftlicher Hinsicht höchst vorteilhaft sein, entsprechende Zertifikate zu erlangen.

7.4.2 Rechtsgrundlage

1215 Fraglich ist, ob die Zollbehörden von den Arbeitgebern etwas Datenschutzrechtswidriges verlangen, wenn sie für den vorgegebenen Nachweis eines angemessenen Sicherheitsstandards – jedoch ohne konkrete diesbezügliche Ermächtigung bzw. Verpflichtung der Arbeitgeber – einen umfassenden und systematischen, sich wiederholenden Datenabgleich fordern. Bezeichnend mag sein, dass der EuGH jedenfalls in einem eine konkrete Person betreffenden Fall die VO (EG) Nr. 881/2002 für nichtig erklärte.

EuGH vom 3.8.2008 – C 402/05P; zur Rechtslage im Einzelnen: Däubler-Gmelin, DuD 2011, 455; Kamp, IT-Sicherheit 1/2010, 58; Kirsch, ZD 2012, 519

Die rechtsstaatliche Problematik dieser Listen ergibt sich daraus, dass dem Betroffenen keine Rechtsschutzmöglichkeiten gegen ihre Registrierung zustehen.

Zur negativen Haltung der Aufsichtsbehörden: BfDI, 23. TB (2009/2010), S. 144; BlnDI, TB (2009), S. 145; Düsseldorfer Kreis, Beschluss vom 23./24.4.2009; vgl. auch Auszug aus dem Beschluss der obersten Aufsichtsbehörden für den Datenschutz im nicht-öffentlichen Bereich (Düsseldorfer Kreis am 22./23. November 2011):

„Diese Screenings werden zum Teil in Abständen von wenigen Wochen ohne konkreten Anlass und undifferenziert durchgeführt. In diesem Geschäftsfeld betätigen sich bereits spezialisierte Dienstleister, die sich die bestehende Unsicherheit bei den Unternehmen zunutze machen. Dies ist auch der Grund, warum diese Screenings immer häufiger durchgeführt werden. Nach den praktischen Erfahrungen der Aufsichtsbehörden mangelt es an klaren Regelungen, wie mit den Ergebnissen von Datenscreenings umzugehen ist (Treffermanagement). Das Bundesministerium der Finanzen hat zwar am 14. Juni 2010 anlässlich dieser Praxis einschränkende Vorgaben erlassen, diese werden jedoch von den zuständigen Zollbehörden nicht einheitlich umgesetzt. Der Düsseldorfer Kreis hält in seinem vorgenannten Beschluss derartige Screenings nur aufgrund einer speziellen Rechtsgrundlage für zulässig. Eine solche Rechtsgrundlage fehlt …

Auch die Bundesregierung ist der Auffassung, dass die Terrorismusverordnungen keinen systematischen, anlassunabhängigen Abgleich von Mitarbeiterdateien mit den Sanktionslisten verlangen. Allenfalls nach Maßgabe von Sorgfaltspflichten und differenzierend nach verschiedenen Verkehrskreisen und Risikolagen seien solche Abgleiche zulässig. Es bleibe den Unternehmen überlassen, wie sie die Einhaltung der Terrorismusverordnungen sicherstellen (Bundestags-Drucksache 17/4136 vom 03.12.2010).

Vor diesem Hintergrund empfiehlt und fordert der Düsseldorfer Kreis:

- *Unternehmen sollten Datenscreenings nicht pauschal und anlasslos durchführen. Da die Lohnzahlung nur unbar erfolgt, die Kreditinstitute nach § 25c Kreditwesengesetz (KWG) ohnehin Abgleiche mit den Terrorlisten vornehmen, ist ein Datenabgleichverfahren innerhalb des Unternehmens mit Mitarbeiterdaten nicht geboten …"*

Mangels hinreichend konkreter zum Screening ermächtigender bereichsspezifischer **1216** Norm ist gemäß dem Verbot des § 4 Abs. 1 BDSG eine Erlaubnis im BDSG zu suchen.

Entgegen auch in seiner Entscheidung aufgeführten Stimmen der Literatur sieht der BFH

RDV 2012, 303

keine datenschutzrechtlichen Bedenken, wenn „die Erteilung eines AEO-Zertifikats ‚Zollrechtliche Vereinfachungen/Sicherheit' von der Bedingung abhängig gemacht wird, dass der Antragsteller in sicherheitsrelevanten Bereichen tätige Bedienstete einer Sicherheitsüberprüfung anhand der sog. Terrorismuslisten der Anhänge der VO (EG) Nr. 2580/2001 und der VO (EG) Nr. 881/2002 unterzieht, wobei er die Ermächtigung des Arbeitgebers aus § 32 Abs. 1 S. 1 BDSG ableitet.

Fazit für Unternehmen, die sich infolge der Strafandrohung des AWG und angesichts **1217** der wirtschaftlichen Notwendigkeit entscheiden, ein EU-Screening durchzuführen, muss aber sein, dabei dem nach wie vor geltenden Verhältnismäßigkeitsgrundsatz Rechnung zu tragen und dieses

- auf in Sicherheitsbereichen tätige Beschäftigte,
- auf in der Regel jährliche Zeitabstände zu beschränken.

Kirsch, ZD 2012, 522

Der LfD NRW 21. TB (2013), Ziff. 7.4 weist letztlich darauf hin, dass die Beschäftigtenabgleiche nicht erforderlich seien, weil Kreditinstitute ohnehin bei Gehaltszahlungen nach § 25c Kreditwesengesetz einen Abgleich mit den Terrorismuslisten vornehmen müssen.

8   Erfolgskontrolle beim E-Learning

Der Begriff des E-Learning hat eine weite Spannbreite. Gemeint ist jede Wissensver- **1218** mittlung mit Hilfe „neuer" Medien. Die Wahrnehmung des Lernangebots kann freiwillig sein oder mehr oder weniger erzwungen.

Auch betriebliche Datenschutzbeauftragte setzen im Rahmen ihrer Schulungsverpflich- **1219** tung Selbstlernprogramme ein. Gegebenenfalls ist das Bestehen einer Selbstkontrollprüfung verbunden mit der Abgabe der Erklärung des Mitarbeiters zur Verpflichtung auf das Datengeheimnis.

Datenschutzrechtliche Fragen ergeben sich dann, wenn die Nutzungsdaten und ggf. **1220** auch der Lernerfolg festgehalten und ausgewertet werden sollen. Die Beantwortung der Frage hängt von dem Zweck der Teilnahme am Lernprogramm ab. Hieraus ergibt sich dann auch die Vergabe von Zugriffsrechten. Relevant ist zunächst, ob der Lernende sich selbst kontrolliert und es ihm ggf. ermöglicht wird, erst mit dem Stoff fortzufahren, wenn er den vorhergehenden Stoff beherrscht, oder ob die Daten der Leistungsbeurteilung durch Vorgesetzte dienen.

Maßgebend für die Speicherung der Nutzungsdaten und/oder des Prüfungsergebnisses ist § 32 Abs. 1 S. 1 BDSG. Das Lernprogramm stellt zwar einen Teledienst gemäß § 1 Abs. 1 TMG dar. Das Gesetz findet jedoch gemäß § 11 Abs. 1 Nr. 1 TKG keine Anwendung, wenn das Lernprogramm vom Arbeitgeber bereitgestellt wird.

Vgl. vorstehend Rdn 1142 ff.

1221 Einleuchtend ist, dass Vorgesetzte oder die Personalabteilung von dem Beherrschen einer Thematik für Entscheidungen über den Einsatz des Mitarbeiters bei bestimmten Tätigkeiten wissen müssen. Hierher gehört auch die mit Hilfe von E-Learning erfolgte Datenschutzschulung. Jedoch genügt es völlig, wenn das Prüfergebnis oder die daraufhin abgegebene Verpflichtungserklärung mitgeteilt werden. Ist die Teilnahme Pflicht und muss das Ergebnis innerhalb einer festgelegten Zeit vorliegen, so genügt es, wenn der Vorgesetzte das Ergebnis erfährt oder auch über die Nichteinhaltung der Zeit informiert wird. Ansonsten besteht an der Kenntnis, welche Lerndauer anfiel oder wie viele Wiederholungsraten erforderlich waren, regelmäßig kein berechtigtes Informationsinteresse. Daten über den Lernfortschritt, das Lerntempo etc. sind zu löschen, sobald sie für die Steuerung des E-Learning-Systems nicht mehr erforderlich sind. Zugriffsrechte können ggf. mit dem alleinigen Zweck der Unterstützung des Lernenden einem ihm zugeordneten Tutor eingeräumt werden. Nutzt der Arbeitnehmer das Programm einer freiwilligen Fortbildungsmaßnahme, so muss es ihm überlassen sein, ob er das Ergebnis dem Arbeitgeber anschließend mitteilt.

Abgesichert werden sollten die Fragen der – für das Lernverhalten jedenfalls regelmäßig untersagten – Leistungskontrolle in der auf Grund der Mitbestimmung nach § 87 Abs. 1 Nr. 6 bzw. §§ 96-98 BetrVG abzuschließenden Betriebsvereinbarung.

Ferner zu diesem Fragenkreis Hüneke, CuA 2/2009, 7; Kölbach/Heidemann, CuA 2/2009, 10; Michalke, CuA 2/2009, 14

Kapitel 7
Löschung, Berichtigung und Sperrung von Daten

1 Allgemeines

Der Mitarbeiter hat einen Anspruch darauf, dass unrichtige oder unzulässige Datenver- **1222**
arbeitungen beendet werden. Sind die Daten unrichtig, so sind sie richtigzustellen. Der
Anspruch ergibt sich zunächst aus der dem Arbeitgeber obliegenden Fürsorgepflicht
und aus der sich aus der Rücksichtnahmepflicht des § 241 BGB ergebenden Pflicht zur
Gewährleistung des informationellen Selbstbestimmungsrechts des Beschäftigten. Der
Arbeitgeber hat die fraglichen Angaben zu berichtigen oder die Unterlagen aus der Personalakte zur entfernen und ggf. durch zutreffende Unterlagen zu ersetzen.

> *Vgl. Thüsing in Richardi, § 83, Rdn. 39 mit Nachweisen sowie Rdn. 157,1258 ff.*

Besteht Streit über die Richtigkeit, so kann der Arbeitnehmer in jedem Fall von dem
arbeitsrechtlichen Korrekturinstrument der Gegendarstellung (§ 83 Abs. 2 BetrVG)
Gebrauch machen.

Aus dem BDSG (§ 35) kann sich ein Anspruch auf Löschung oder auch das die Daten- **1223**
verwendung nur einschränkende Korrekturrecht der Sperrung ergeben. Unter Sperren
wird das Kennzeichnen gespeicherter Daten verstanden, das dazu dient, deren weitere
Verarbeitung oder Nutzung generell oder in Bezug auf einzelne Verwendungszwecke
einzuschränken (§ 3 Abs. 4 Nr. 4 BDSG); es führt zu einem „relativen" Nutzungsverbot.

Das BDSG behandelt die Löschung und Sperrung unter einem doppelten Aspekt. Zum **1224**
einen werden diese Phasen der Datenverarbeitung unter das Zulässigkeitsregime des § 4
Abs. 1 BDSG gestellt (Verbot mit Erlaubnisvorbehalt),

> *vgl. vorstehend Rdn. 311 ff.*

zum anderen begründet § 6 BDSG Rechtsansprüche des Betroffenen auf diese Verarbei-
tungsformen. §§ 20 und 35 BDSG, auf die § 6 BDSG verweist, stellen also zugleich
Erlaubnisnormen im Sinne von § 4 Abs. 1 1. Alternative BDSG („... soweit dieses
Gesetz ...") dar.

2 Zulässigkeit des Löschens

2.1 Allgemeines

Mit dem Löschen (§ 3 Abs. 4 Nr. 5 BDSG) wird die Verarbeitung der Daten beendet. **1225**
Unter Löschung ist jede Form des Unkenntlichmachens – von der physischen Vernich-
tung des Datenträgers angefangen bis hin zu üblichen Einzelmerkmalsbeseitigungen
(Überschreiben, Durchstreichen, Übermalen mit Tipp-Ex, Überspielen von Tonträgern) –

zu verstehen. In jedem Fall müssen die Texte, d.h. die zu löschenden Daten, unwiederbringlich unlesbar geworden sein. Werden die Daten als Sicherungskopien in Back-up-Systemen „für alle Fälle" aufbewahrt, sind die Daten nicht gelöscht.

> *Vgl. auch LAG Köln, RDV 1989, 131, wonach dem personalaktenrechtlichen Löschungsanspruch nicht durch Überkleben der betreffenden Passagen genügt wird*

Die Art des Datenträgers (Papier, Mikrofilm, elektronische Speichermedien) ist irrelevant.

Auch wenn von dem „Entfernen" einer Unterlage aus der Personalakte gesprochen wird, bedeutet dies in der Regel nicht deren anderweitige Ablage, sondern ihre vollständige Vernichtung. Eine anderweitige Ablage ist nur berechtigt, wenn der Vorgang inhaltlich keinen Personalaktencharakter hat und z.B. nicht in einer Sachakte abgelegt werden muss.

2.2 Löschung als Korrekturverpflichtung

2.2.1 Personalaktenrechtliche Löschungs-/Entfernungsansprüche

1226 Eine Verletzung des Persönlichkeitsrechts ist nicht nur eine unerlaubte Handlung (§ 823 Abs. 1 BGB), sondern auch ein Verstoß des Arbeitgebers gegen arbeitsvertragliche Pflichten.

> *BAG, RDV 1988, 27 = DB 1987, 2571*

Bei objektiv rechtswidrigen Eingriffen in sein Persönlichkeits- bzw. informationelles Selbstbestimmungsrecht hat der Arbeitnehmer aus der entsprechenden Anwendung der §§ 241, 242, 1004 BGB abgeleitete Abwehransprüche, wozu der Anspruch auf Entfernung unzutreffender oder zutreffender, aber unberechtigt gespeicherter Äußerungen in der Personalakte gehört.

1227 Die Unzulässigkeit kann von Anfang an gegeben sein, sie kann aber auch erst nachträglich eingetreten sein, indem die die Speicherung rechtfertigende Zweckbestimmung entfallen ist. Dies gilt z.B. bei den Daten nicht berücksichtigter Bewerber nach Abschluss des Verfahrens.

> *Vgl. BAG, NJW 1984, 2910 = DB 1984, 2624; zu der sich aus dem AGG ergebenden, aber unterschiedlich bewerteten Problematik einer Speicherung der Bewerberdaten bis zum Ablauf der Klagefristen wegen diskriminierender Auswahlentscheidung (§§ 15, 22 AGG) vgl. Wisskirchen, AGG, 46; Gola/Schomerus, § 35 Rdn. 13b; ferner Gola, RDV 2013, 141 zur diesbezüglichen sechs-monatigen Wartefrist.*

1228 Das Beamtenrecht (z.B. § 112 Abs. 1 Nr. 1 BBG) enthält eine spezielle Regelung. Danach sind nicht Gegenstand eines Disziplinarverfahrens bildende Beschwerden sowie negative Behauptungen und Bewertungen, wenn sie sich als unbegründet oder falsch erwiesen haben, aus der Personalakte zu entfernen und zu vernichten. Der Beamte ist um Zustimmung zu bitten. Ansonsten steht es im Ermessen der Behörde, ob der Vorgang entfernt wird, wobei sie jedoch hierzu nach in den Beamtengesetzen unterschiedlich geregeltem Zeitablauf auf Antrag des Beamten verpflichtet ist. Dienstliche Beurteilungen sind von dieser Regelung ausgenommen.

> *Vgl. LfDI Berlin, TB (2007), S. 149 zur Unzulässigkeit der Aufbewahrung eines Vermerks über unentschuldigte, aber nachträglich gerechtfertigte Fehlzeiten über die gesetzliche Löschungsfrist hinaus, wenn der Beamte die Löschung beantragt*

§ 112 BBG – Entfernung von Unterlagen

(1) Unterlagen über Beschwerden, Behauptungen und Bewertungen, auf die § 16 Abs. 3 und 4 Satz 1 des Bundesdisziplinargesetzes nicht anzuwenden ist, sind,

1) *falls sie sich als unbegründet oder falsch erwiesen haben, mit Zustimmung der Beamtin oder des Beamten unverzüglich aus der Personalakte zu entfernen und zu vernichten oder,*

2) *falls sie für die Beamtin oder den Beamten ungünstig sind oder ihr oder ihm nachteilig werden können, auf Antrag nach zwei Jahren zu entfernen und zu vernichten; dies gilt nicht für dienstliche Beurteilungen.*

Die Frist nach Satz 1 Nr. 2 wird durch erneute Sachverhalte im Sinne dieser Vorschrift oder durch die Einleitung eines Straf- oder Disziplinarverfahrens unterbrochen. Stellt sich der erneute Vorwurf als unbegründet oder falsch heraus, gilt die Frist als nicht unterbrochen.

(2) Mitteilungen in Strafsachen, soweit sie nicht Bestandteil einer Disziplinarakte sind, sowie Auskünfte aus dem Bundeszentralregister sind mit Zustimmung der Beamtin oder des Beamten nach zwei Jahren zu entfernen und zu vernichten. Absatz 1 Satz 2 und 3 gilt entsprechend.

Eine Rolle spielt der Entfernungsanspruch u.a. bei unzulässig in der Personalakte gespeicherten Abmahnungen oder Rügen oder auch bereits bei zu Unrecht ergangenen Androhungen einer Abmahnung.

Vgl. BAG, NZA 1991, 768 für auch nur teilweise unzutreffende Abmahnungen; LAG Berlin-Brandenburg zum Fortbestehen des Entfernungsanspruchs über die Beendigung des Arbeitsverhältnisses hinaus, RDV 2011, 250

Der Arbeitnehmer kann die Beseitigung des Eingriffs in sein Persönlichkeitsrecht verlangen, wenn das berechtigte Interesse des Arbeitgebers an der Ausübung seines „Gläubigerrechts" auf Anforderung der geschuldeten Arbeitsleistung fehlt. Dies ist der Fall, wenn die Abmahnung formell nicht ordnungsgemäß zustande gekommen ist, sie unrichtige Tatsachenbehauptungen enthält, den Grundsatz der Verhältnismäßigkeit verletzt oder kein schutzwürdiges Interesse des Arbeitgebers am Verbleib der Abmahnung in der Personalakte mehr besteht. **1229**

BAG, AP Nr. 93 zu § 611 Fürsorgepflicht:

„1. Der Arbeitnehmer kann verlangen, dass der Arbeitgeber eine missbilligende Äußerung aus den Personalakten entfernt, wenn diese unrichtige Tatsachenbehauptungen enthält, die den Arbeitnehmer in seiner Rechtsstellung und seinem beruflichen Fortkommen beeinträchtigen können. Dies folgt aus der allgemeinen Fürsorgepflicht des Arbeitgebers, die auf dem Gedanken von Treu und Glauben beruht.

2. Nach dem Grundsatz von Treu und Glauben hat der Arbeitgeber das allgemeine Persönlichkeitsrecht in Bezug auf das Ansehen, soziale Geltung und berufliches Fortkommen zu beachten. Bei einem objektiv rechtswidrigen Eingriff in sein Persönlichkeitsrecht hat der Arbeitgeber in entsprechender Anwendung von §§ 242, 1004 BGB Anspruch auf Widerruf bzw. Beseitigung der Beeinträchtigung."; ferner BAG, RDV 1997, 29 = ZTR 1996, 475

Zu entfernen ist die Abmahnung auch, wenn sie die Rüge einer nicht bestehenden Pflicht beinhaltet, etwa hinsichtlich der Weigerung, an einem Personalgespräch über Gehaltsfragen teilzunehmen.

BAG, RDV 2009, 2016

1230   Das schutzwürdige Interesse an der Aufbewahrung einer gerechtfertigten Abmahnung entfällt erst dann, wenn das gerügte Verhalten in jeder Hinsicht bedeutungslos geworden ist.

> *Vgl. BAG, RDV 2013, 97 = NZA 2013, 91*

> *„1)Der Arbeitgeber kann die Entfernung einer zu Recht ergangenen Abmahnung aus der Personalakte nur dann verlangen, wenn das gerügte Verhalten für das Arbeitsverhältnis in jeder Hinsicht bedeutungslos geworden ist.*

> *2) Dies setzt voraus, dass die Abmahnung ihre Warnfunktion verloren hat und der Arbeitgeber auch kein sonstiges berechtigtes Interesse an der Dokumentation der Pflichtverletzung hat. Letzteres kann darin bestehen, dass die Abmahnung infolge der Erheblichkeit des Pflichtenverstoßes bei einer im Rahmen einer späteren Kündigung erforderlichen Interessenabwägung Bedeutung erlangen kann. "*

1231   Neben dem Entfernungsanspruch steht dem Arbeitnehmer ggf. auch nach Entfernung der Abmahnung ein Anspruch auf Widerruf der in der Abmahnung enthaltenen Erklärung zu, sofern seine Rechte weiterhin beeinträchtigt sind.

> *Vgl. BAG, RDV 1999, 264 = NJW 1999, 3576*

1232   Nicht mehr Bestand hat die ältere Rechtsprechung, die den aus dem BGB abgeleiteten Anspruch auf Entfernung der Abmahnung nach Beendigung des Arbeitsverhältnisses regelmäßig verneinte, da von ihr keine Gefahren für den Arbeitnehmer mehr ausgingen.

> *BAG, RDV 1995, 32 = MDR 1995, 179: „Nach Beendigung des Arbeitsverhältnisses hat der Arbeitnehmer regelmäßig keinen Anspruch mehr auf Entfernung einer zu Unrecht ergangenen Abmahnung aus der Personalakte. Ein solcher Anspruch kann aber dann gegeben sein, wenn objektive Anhaltspunkte dafür bestehen, dass die Abmahnung dem Arbeitnehmer auch noch nach Beendigung des Arbeitsverhältnisses schaden kann. Dafür ist der Arbeitnehmer darlegungs- und beweispflichtig. "*

Das BAG hat die Schutz- und Rücksichtsnahmepflichten zum Ausgangspunkt genommen, um den Arbeitgeber generell auf die Einhaltung des informationellen Selbstbestimmungsrechts zu verpflichten, das ihm allgemein verbietet, unrichtige Daten über den Arbeitnehmer zu speichern.

> *Vgl. BAG, RDV 2012, 243; ebenso LAG Berlin-Brandenburg, RDV 2011, 250*

1233   Gleiches muss gelten im Hinblick auf die Entfernung von rechtswidrig erstellten Beurteilungen.

Die Unrichtigkeit einer Beurteilung kann auf Grund ihrer Subjektivität jedoch nur bedingt festgestellt werden.

> *Vgl. BAG, RDV 2010, 86; NZA 2011, 115: „Die gerichtliche Kontrolle dienstlicher Beurteilungen richtet sich danach, wie die Beurteilung begründet wird. Werden Einzelvorkommnisse konkret benannt, ist der Sachverhalt voll zu überprüfen. Wird die Beurteilung auf allgemein gehaltene Tatsachenbehauptungen gestützt, hat der Arbeitgeber sie auf Verlangen des Arbeitnehmers zu konkretisieren. Das Gericht hat uneingeschränkt zu überprüfen, ob der Arbeitgeber von einem zutreffenden Sachverhalt ausgegangen ist. Wird eine dienstliche Beurteilung auf reine Werturteile gestützt, muss der Arbeitgeber im Prozess keine einzelnen Tatsachen vortragen und beweisen, die den Werturteilen zugrunde liegen. "*

> *Zur Überprüfbarkeit der Richtigkeit von Beurteilungen vgl. auch vorstehend Rdn. 121, 793*

1234   Die Rechtswidrigkeit kann sich auch aus Fehlern im Beurteilungsverfahren ergeben.

> *Vgl. BAG, RDV 2009, 70: „Der Arbeitnehmer hat Anspruch auf Entfernung einer dienstlichen Beurteilung aus der Personalakte, wenn sich ein Fehler im Beurteilungsverfahren auf das*

Beurteilungsergebnis auswirken kann. Fehler im Beurteilungsverfahren können in der nicht fristgerechten Bekanntmachung der Beurteilung liegen."

Ein Verfahrensfehler liegt ferner dann vor, wenn der Arbeitgeber die Beurteilung oder Abmahnung ohne die in einem Tarifvertrag oder einer Betriebsvereinbarung vorgesehene vorherige Anhörung zu den Akten nimmt. Ein „Verfahrensfehler" ergibt sich auch aus der fehlenden Beteiligung des Betriebsrats. Verwendet der Arbeitgeber ohne Zustimmung des Betriebsrats Beurteilungsgrundsätze (§ 94 Abs. 2 BetrVG), so steht dem Arbeitnehmer ein Anspruch auf Entfernung der auf ihrer Grundlage erstellten Beurteilung aus der Personalakte zu.

Fitting, § 94 Rdn. 35; Thüsing in Richardi, § 94 Rdn. 71

2.2.2 Löschung nach dem BDSG

Als zwingende Konsequenz aus der in § 4 Abs. 1 BDSG geforderten Rechtmäßigkeit **1235** der Speicherung von Daten ergibt sich, dass unzulässige Speicherungen beendet werden müssen – was eben nur, wie das BDSG in § 35 Abs. 2 S. 2 zum Ausdruck bringt, die Löschung der fraglichen Daten bedeuten kann.

---

§ 35 BDSG – Berichtigung, Löschung und Sperrung von Daten

(1) Personenbezogene Daten sind zu berichtigen, wenn sie unrichtig sind. Geschätzte Daten sind als solche deutlich zu kennzeichnen.

(2) Personenbezogene Daten können außer in den Fällen des Absatzes 3 Nr. 1 und 2 jederzeit gelöscht werden. Personenbezogene Daten sind zu löschen, wenn

1) ihre Speicherung unzulässig ist,

2) es sich um Daten über die rassische oder ethnische Herkunft, politische Meinungen, religiöse oder philosophische Überzeugungen, Gewerkschaftszugehörigkeit, Gesundheit, Sexualleben, strafbare Handlungen oder Ordnungswidrigkeiten handelt und ihre Richtigkeit von der verantwortlichen Stelle nicht bewiesen werden kann,

3) sie für eigene Zwecke verarbeitet werden, sobald ihre Kenntnis für die Erfüllung des Zweckes der Speicherung nicht mehr erforderlich ist, oder

4) sie geschäftsmäßig zum Zweck der Übermittlung verarbeitet werden und eine Prüfung jeweils am Ende des vierten, soweit es sich um Daten über

erledigte Sachverhalte handelt und der Betroffene der Löschung nicht widerspricht, am Ende des dritten Kalenderjahres beginnend mit dem Kalenderjahr, das der erstmaligen Speicherung folgt, ergibt, dass eine länger währende Speicherung nicht erforderlich ist.

(3) An die Stelle einer Löschung tritt eine Sperrung, soweit

1) im Falle des Absatzes 2 Satz 2 Nr. 3 einer Löschung gesetzliche, satzungsmäßige oder vertragliche Aufbewahrungsfristen entgegenstehen,

2) Grund zu der Annahme besteht, dass durch eine Löschung schutzwürdige Interessen des Betroffenen beeinträchtigt würden, oder

3) eine Löschung wegen der besonderen Art der Speicherung nicht oder nur mit unverhältnismäßig hohem Aufwand möglich ist.

(4) Personenbezogene Daten sind ferner zu sperren, soweit ihre Richtigkeit vom Betroffenen bestritten wird und sich weder die Richtigkeit noch die Unrichtigkeit feststellen lässt.

(4a) Die Tatsache der Sperrung darf nicht übermittelt werden.

> (5) Personenbezogene Daten dürfen nicht für eine automatisierte Verarbeitung oder Verarbeitung in nicht automatisierten Dateien erhoben, verarbeitet oder genutzt werden, soweit der Betroffene dieser bei der verantwortlichen Stelle widerspricht und eine Prüfung ergibt, dass das schutzwürdige Interesse des Betroffenen wegen seiner besonderen persönlichen Situation das Interesse der verantwortlichen Stelle an dieser Erhebung, Verarbeitung oder Nutzung überwiegt. Satz 1 gilt nicht, wenn eine Rechtsvorschrift zur Erhebung, Verarbeitung oder Nutzung verpflichtet.
>
> (6) Personenbezogene Daten, die unrichtig sind oder deren Richtigkeit bestritten wird, müssen bei der geschäftsmäßigen Datenspeicherung zum Zwecke der Übermittlung außer in den Fällen des Absatzes 2 Nr. 2 nicht berichtigt, gesperrt oder gelöscht werden, wenn sie aus allgemein zugänglichen Quellen entnommen und zu
>
> Dokumentationszwecken gespeichert sind. Auf Verlangen des Betroffenen ist diesen Daten für die Dauer der Speicherung seine Gegendarstellung beizufügen. Die Daten dürfen nicht ohne diese Gegendarstellung übermittelt werden.
>
> (7) Von der Berichtigung unrichtiger Daten, der Sperrung bestrittener Daten sowie der Löschung oder Sperrung wegen Unzulässigkeit der Speicherung sind die Stellen zu verständigen, denen im Rahmen einer Datenübermittlung diese Daten zur Speicherung weitergegeben wurden, wenn dies keinen unverhältnismäßigen Aufwand erfordert und schutzwürdige Interessen des Betroffenen nicht entgegenstehen.
>
> (8) Gesperrte Daten dürfen ohne Einwilligung des Betroffenen nur übermittelt oder genutzt werden, wenn
>
> 1) es zu wissenschaftlichen Zwecken, zur Behebung einer bestehenden Beweisnot oder aus sonstigen im überwiegenden Interesse der verantwortlichen Stelle oder eines Dritten liegenden Gründen unerlässlich ist und
>
> 2) die Daten hierfür übermittelt oder genutzt werden dürften, wenn sie nicht gesperrt wären.

1236 Bei der Speicherung von Personaldaten im Geltungsbereich des BDSG gilt § 35 Abs. 2 S. 1 BDSG. Dem Arbeitgeber wird die generelle Erlaubnis erteilt, gespeicherte Daten zu löschen,

- sofern nicht eine gesetzliche, satzungsmäßige oder vertragliche Pflicht zur Aufbewahrung, d.h. zur weiteren – ggf. gesperrten – Speicherung der Daten besteht,
- sofern Grund zur Annahme besteht, dass durch die Löschung schutzwürdige Interessen des Betroffenen beeinträchtigt würden.

1237 Da auch das Löschen ein unter dem Verbot mit Erlaubnisvorbehalt des § 4 Abs. 1 BDSG stehender Verarbeitungsschritt ist, beinhaltet § 35 Abs. 1 S. 1 BDSG, wie eingangs gesagt, die notwendige, das allgemeine Verarbeitungsverbot aufhebende Zulässigkeitsregelung.

Auf eines ist besonders hinzuweisen: Die Löschungsverpflichtung nach § 35 Abs. 2 S. 2 BDSG besteht von Gesetzes wegen, also unabhängig davon, ob der Betroffene ein diesbezügliches „Recht" – vgl. § 6 BDSG – geltend macht.

Da das Gesetz von der Annahme ausgeht, dass die Speicherung und weitere Verwendung von personenbezogenen Daten den nur aufgrund einer ausdrücklichen Legitimation zulässigen Eingriff in das Persönlichkeitsrecht des Betroffenen darstellt, ist es zunächst konsequent, die Löschung der Daten, mit denen dieser Eingriff beendet wird, generell zu gestatten. Da andererseits § 35 Abs. 2 S. 2 Nr. 3 BDSG die Löschung vorsieht, wenn der die Speicherung rechtfertigende Zweck entfällt, trifft Abs. 2 S. 1 Nr. 1 den praxisfremden Fall, dass der Arbeitgeber Daten löscht, deren Speicherung von

Anfang an unzulässig war. Das Gesetz verkennt jedoch nicht, dass eine Speicherung und Nutzung von Daten durchaus im Interesse des Betroffenen liegen kann. Werden z.B. Daten eines Mitarbeiters in einer Nachwuchskräftedatei bzgl. bestimmter Sprachkenntnissse gelöscht und damit ggf. seine weitere Karriere im Unternehmen behindert, so liegen die entgegenstehenden Interessen des Mitarbeiters auf der Hand. In diesem Fall tritt an die Stelle der Löschung die Sperrung (Abs. 3 Nr. 2).

Keines besonderen Hinweises bedarf es auch, dass einzelne Daten dann nicht gelöscht **1238** werden dürfen, wenn dies zur Unrichtigkeit der verbleibenden Daten führt. Aus der gesetzlichen Anordnung der Datenkorrektur in § 35 Abs. 1 BDSG folgt, dass unrichtige Daten nicht verarbeitet werden dürfen. Dabei macht das Gesetz keinen Unterschied, ob sich die Unrichtigkeit der Daten negativ oder positiv für den Betroffenen auswirkt. Bleiben für den Betroffenen „günstige" unrichtige Daten gleichwohl gespeichert, so kann der Betroffene hieraus jedenfalls keine aus einer Verletzung seines Persönlichkeitsrechts abgeleiteten Schadensersatzansprüche u. Ä. geltend machen.

Schutzwürdige Interessen können durch die Löschung auch verletzt werden, wenn **1239** dadurch das in der Personalakte, d.h. in der gesamten Datensammlung des Arbeitgebers gezeichnete Bild des Arbeitnehmers verzerrt und damit unrichtig wird.

2.2.3 Löschen und Sperren als Korrekturinstrument des BDSG

Löschung bzw. Sperrung haben ferner zu erfolgen, wenn der Betroffene die Richtigkeit **1240** bestimmter Daten bestreitet und die verantwortliche Stelle nicht die Richtigkeit beweisen kann (§ 35 Abs. 2 S. 2 Nr. 2 bzw. Abs. 4 BDSG). In Abs. 4 ist die Sperrung für den sog. „Non-liquet"-Fall bei nicht besonders sensiblen Daten vorgeschrieben.

Bei den in § 35 Abs. 2 S. 2 Nr. 2 BDSG aufgezählten sensiblen Daten, die weitgehend mit den in § 3 Abs. 9 genannten Daten identisch sind, ist für den Fall der Unbeweisbarkeit die Löschung vorgeschrieben. Zusätzlich genannt sind u.a. Daten über strafbare Handlungen und Ordnungswidrigkeiten.

Verlangt der Betroffene die Berichtigung oder Löschung der Daten, so stellt sich die **1241** Frage nach der Verteilung der Beweislast, die – jedenfalls regelmäßig – bei der verantwortlichen Stelle liegt. Von dem Betroffenen kann nicht verlangt werden, die Unrichtigkeit gespeicherter falscher Daten durch die Angabe der richtigen Daten nachweisen zu müssen, da ansonsten die verantwortliche Stelle durch die bewusste Speicherung falscher Daten die Offenbarung der richtigen Daten erreichen könnte.

Zu den Anforderungen an die „Konkretisierung" des Bestreitens vgl. auch Bergmann/Möhrle/ Herb, § 35 Rdn. 130 ff.

Ferner ist zu berücksichtigen, dass es Daten gibt, deren Richtigkeit einem Beweisverfah- **1242** ren nicht zugänglich ist. Die Regelung des § 35 Abs. 4 BDSG ermöglicht es dem Betroffenen – sofern er Anhaltspunkte für die Unrichtigkeit aufzeigt –, personenbezogene Daten, die möglicherweise sogar richtig, ihm aber nachteilig sind, zunächst dadurch einer weiteren Nutzung durch die verantwortliche Stelle zu entziehen, dass er – ohne den Beweis für seine Behauptung antreten zu müssen – deren Richtigkeit bestreitet. Misslingt der verantwortlichen Stelle der jetzt ihr obliegende Gegenbeweis – tritt also der sog. „Non-liquet"-Fall ein –, so sind die Daten zu sperren. Der letztgenannte Sperrungsfall scheidet im Falle bestrittener Personalaktendaten auf Grund des speziellen personalaktenrechtlichen Gegendarstellungsrechts des § 83 Abs. 2 BetrVG aus.

Vgl. nachstehend Rdn. 1252 ff.

1243 Obwohl auch das Sperren von Daten als erlaubnisbedürftiger Verarbeitungsschritt definiert wird, enthält das BDSG keinen Tatbestand, der es – abgesehen von den geschilderten Korrekturverpflichtungen – der speichernden Stelle ansonsten gestatten würde, Daten zu sperren.

Andererseits liegt es jedoch generell in der Entscheidungskompetenz des Arbeitgebers, festzulegen, für welche (legitimen) Zwecke er gespeicherte Daten verwenden will. Entscheidet er sich „freiwillig" dazu, Daten nur – noch – zu den in § 35 Abs. 8 BDSG genannten Zweckbestimmungen zu verarbeiten oder zu nutzen, so steht ihm das, sofern diese Verwendungen zulässig sind, selbstverständlich frei.

Aber auch hier gilt, dass dadurch schutzwürdige Belange des Betroffenen nicht verletzt werden dürfen, wobei auf die bei der Löschung genannten Beispiele verwiesen werden kann.

2.2.4 Folgen der Sperrung

1244 In § 35 Abs. 8 BDSG wird festgelegt, welche Folgen für die verantwortliche Stelle mit der Sperrung der Daten verbunden sind. Die Übermittlung oder Nutzung gesperrter Daten ist danach grundsätzlich nur zulässig, wenn der Betroffene seine Einwilligung erteilt hat.

1245 Ohne seine Einwilligung können allerdings drei Zweckbestimmungen die „Entsperrung" rechtfertigen:

- wissenschaftliche Zwecke,
- die Behebung einer bestehenden Beweisnot,
- sich aus einem überwiegenden Interesse der verantwortlichen Stelle oder eines Dritten ergebende Gründe.

Voraussetzung ist bei allen drei Zulässigkeitsalternativen, dass die beabsichtigte Übermittlung oder Nutzung für die fragliche Zweckerfüllung unerlässlich ist und die Daten ohne Sperrung hierfür übermittelt oder genutzt werden dürften. Unerlässlich bedeutet dabei mehr als das ansonsten für eine Verarbeitung verlangte Kriterium der „Erforderlichkeit". Die Übermittlung oder Nutzung ist nur dann unerlässlich, wenn der Zweck ohne die „Entsperrung" der Daten überhaupt nicht erreicht werden kann („conditio sine qua non"). Zum anderen ist die Entsperrung nur zulässig, falls, wie Nummer 2 zusätzlich fordert, die Daten für einen der drei genannten Zwecke auch dann verwendet werden dürften, wenn sie nicht gesperrt worden wären. Es würde dem Schutzziel der Sperrung der Daten zuwiderlaufen, wenn bestehende Übermittlungs- oder Nutzungsverbote durch ein Sperren der Daten aufgehoben würden. Dies bedeutet, dass neben den Kriterien für die Zulässigkeit der Entsperrung der Daten nach § 35 Abs. 8 BDSG zu prüfen ist, ob die Übermittlung oder Nutzung nach §§ 28, 32 BDSG zulässig ist bzw. war.

1246 Unzulässig ist es im Übrigen, Informationen über die Sperrung eines Datensatzes mitzuteilen (§ 35 Abs. 4a BDSG).

2.2.5 Löschung der Daten bei Beendigung des Beschäftigungsverhältnisses

1247 Nach § 35 Abs. 2 S. 2 Nr. 3 BDSG sind Daten zu löschen, wenn ihre Kenntnis für die Erfüllung des Zwecks der Speicherung nicht mehr erforderlich ist, wobei davon auszugehen ist, dass die Legitimationsbefugnis des § 32 Abs. 1 S. 1 BDSG regelmäßig nach

Beendigung des Beschäftigungsverhältnisses entfällt. Gleichwohl stellt sich sowohl bei herkömmlichen Personalakten als auch bei automatisiert gespeicherten Daten bei Ausscheiden des Mitarbeiters die Frage, wie lange die Unterlagen aufgehoben bzw. die Daten gespeichert werden dürfen bzw. müssen. Dabei ist davon auszugehen, dass der Arbeitgeber auch daran interessiert sein wird, unnötige Archivierungskosten zu vermeiden. Andererseits kann ein Interesse bestehen, die Akten z.B. bei einer nochmaligen Bewerbung wieder zu verwenden.

Ob die Daten nach dem Ausscheiden noch gespeichert werden dürfen bzw. müssen, hängt davon ab, ob spezielle Aufbewahrungsregelungen hierzu berechtigen oder verpflichten oder ob die Zweckbestimmung des nachwirkenden Arbeitsverhältnisses hierzu Legitimationswirkungen entfaltet. Die Rechtsgrundlage wäre dann in § 28 BDSG zu suchen. Besteht eine betriebliche Altersvorsorge, greift § 28 Abs. 1 S. 1 Nr. 2 BDSG. Auch eine Datei ehemaliger Mitarbeiter, die dazu dient, diesen zu Festtagen zu gratulieren oder sie zu Betriebsfeiern einzuladen, ist durch berechtigte Interessen gedeckt (§ 28 Abs. 2 i.V.m. Abs. 1 Nr. 2 BDSG). Generell wird zu prüfen sein, nach welchem Zeitraum nicht mehr damit gerechnet werden kann, dass sich aus dem Arbeitsverhältnis noch Rechte oder Pflichten der einen oder anderen Seite ergeben können, die durch Unterlagen belegt werden müssen. Diese Fristen werden aufgrund tariflicher Ausschluss- oder Verjährungsfristen zumeist überschaubar sein. Zu beachten ist, dass die Rechtsprechung für einzelne Ansprüche die Geltung tariflicher Ausschlussfristen verneint. Aber auch wenn die Verjährungsfrist – wie beim Zeugnisanspruch – dreißig Jahre beträgt, können die Unterlagen vernichtet werden, wenn die Erfüllung des Anspruchs nicht mehr zumutbar oder verwirkt ist. **1248**

Das BBG enthält für die Aufbewahrung von Personalakten nach „Abschluss des Beamtenverhältnisses" in § 113 spezielle Aussagen. **1249**

---

§ 113 BBG – Aufbewahrungsfrist

(1) Personalakten sind nach ihrem Abschluss von der personalaktenführenden Behörde fünf Jahre aufzubewahren. Personalakten sind abgeschlossen,

1) wenn die Beamtin oder der Beamte ohne Versorgungsansprüche aus dem öffentlichen Dienst ausgeschieden ist, mit Ablauf des Jahres der Vollendung der Regelaltersgrenze, in den Fällen des § 41 oder des § 10 des Bundesdisziplinargesetzes jedoch erst, wenn mögliche Versorgungsempfängerinnen und Versorgungsempfänger nicht mehr vorhanden sind,

2) wenn die Beamtin oder der Beamte ohne versorgungsberechtigte Hinterbliebene verstorben ist, mit Ablauf des Todesjahres, oder

3) wenn nach dem Tod der Beamtin oder des Beamten versorgungsberechtigte Hinterbliebene vorhanden sind, mit Ablauf des Jahres, in dem die letzte Versorgungsverpflichtung entfallen ist.

Kann der nach Satz 2 Nr. 2 und 3 maßgebliche Zeitpunkt nicht festgestellt werden, ist § 5 Abs. 2 Satz 2 des Bundesarchivgesetzes entsprechend anzuwenden.

(2) Unterlagen über Beihilfen, Heilfürsorge, Heilverfahren, Unterstützungen, Erkrankungen, Umzugs- und Reisekosten sind fünf Jahre, Unterlagen über Erholungsurlaub sind drei Jahre nach Ablauf des Jahres aufzubewahren, in dem die Bearbeitung des einzelnen Vorgangs abgeschlossen wurde. Für zahlungsbegründende Unterlagen nach Satz 1 beträgt die Aufbewahrungsfrist sechs Jahre. Unterlagen, aus denen die Art einer Erkrankung ersichtlich ist, sind unverzüglich zurückzugeben, wenn sie für den Zweck, zu dem sie vorgelegt worden sind, nicht mehr benötigt werden.

> *(3) Versorgungsakten sind zehn Jahre nach Ablauf des Jahres aufzubewahren, in dem die letzte Versorgungszahlung geleistet worden ist. Besteht die Möglichkeit eines Wiederauflebens des Anspruchs, sind die Akten 30 Jahre aufzubewahren.*
>
> *(4) Die Personalakten sind nach Ablauf der Aufbewahrungsfrist zu vernichten, sofern sie nicht nach § 2 des Bundesarchivgesetzes vom Bundesarchiv oder einem Landesarchiv übernommen werden.*

1250   Vielfach sind aber auch spezielle Aufbewahrungsnormen und -fristen zu beachten.

> *Vgl. Bolten/Pulte, Aufbewahrungsnormen und -fristen im Personalbereich; vgl. auch die Zusammenfassung der wesentlichen Normen: GDD, RDV 2006, 227*

Bei diesen Fristen gibt der Gesetzgeber teilweise zeitliche (Mindest-)Grenzen vor; diese reichen von sechs Monaten bis zu 60 Jahren. Daneben ist die Aufbewahrungszeit auf die Dauer der Existenz eines Gremiums, einer „gefährlichen" Anlage oder des Arbeitsverhältnisses bezogen. So sind z.B. diverse Arbeitszeitnachweise zwecks Kontrolle der Einhaltung von Arbeitszeitregelungen zwei bzw. drei Jahre vorrätig zu halten; für bestimmte Unterlagen nach dem Arbeitnehmerüberlassungsgesetz oder dem Heimarbeitsgesetz gelten drei bzw. vier Jahre, für nach dem HGB oder der AO und dem EStG relevante Unterlagen sind sechs bzw. zehn Jahre vorgegeben. Wahlunterlagen für Mitarbeitervertretungen sind für die Dauer der Amtszeit aufzubewahren.

3   Die Berichtigung der Personalakte

3.1   Das arbeitsrechtliche Gegendarstellungsrecht

3.1.1   Allgemeines

1251   Im Rahmen der Gewährleistung seines Persönlichkeitsrechtsschutzes kann der Arbeitnehmer verlangen, dass die Personalakte richtige Angaben enthält. Soweit sich der Arbeitgeber entschlossen hat, qualifizierte Personalakten zu führen, umfasst der Grundsatz ferner, dass das Bild, das die Akte über Person, Qualifikation und Werdegang des Betroffenen zeichnet, nicht dadurch unrichtig werden darf, dass einzelne relevante Angaben willkürlich nicht aufgenommen oder entfernt werden.

Bei der Ausübung des Ermessens hinsichtlich des Umfangs der Personalaktenführung ist ferner der Gleichbehandlungsgrundsatz zu beachten, d.h., es dürfen nicht einige Beschäftigte ohne sachlichen Grund durch die Führung umfangreicher Akten im Hinblick auf ihr weiteres berufliches Fortkommen unzulässig bevorzugt oder benachteiligt werden.

3.1.2   Erklärung zum Inhalt der Personalakte

1252   Ist der Arbeitnehmer der Auffassung, dass einzelne Angaben in seiner Personalakten oder das Gesamtbild unzutreffend oder unvollständig sind, kann er eine Erklärung zum Inhalt der Akte abgeben. Die Erklärung muss sich also nicht auf einen konkreten

„Inhalt", d.h. Vorgang beziehen. Er kann der Erklärung auch seine Angaben belegende Unterlagen beifügen.

Thüsing in Richardi,§ 83 Rdn. 38

§ 83 BetrVG – Einsicht in Personalakten

(1) ...

(2) Erklärungen des Arbeitnehmers zur Personalakte sind dieser beizufügen.

Der Arbeitgeber muss die Erklärung, auch dann, wenn er sie für unzutreffend ansieht, in die Akte aufnehmen, und zwar im räumlichen Zusammenhang zu dem bestrittenen Vorgang, sodass die Akte aus Rede und Gegenrede besteht und jeder Einsichtnehmende sich ein eigenes Bild machen kann. Dies gilt selbst für den Fall, dass eine Klage auf Entfernung des Vorgangs zuvor abgewiesen wurde. **1253**

BVerfG, NZA 1999, 77 = AuR 1999, 36 = RDV 1999, 70

Führt der Arbeitgeber jedoch keine qualifizierten Personalakten oder speichert er bestimmte Angaben (z.B. Sprachkenntnisse) generell nicht, so kann er entsprechende Personalaktenergänzungen zurückweisen. Gleiches gilt für Unterlagen, die für das Arbeitsverhältnis keine Rolle spielen bzw. spielen dürfen. **1254**

Thüsing in Richardi, § 83 Rdn. 38; GK/Wiese, § 83 Rdn. 61; a.A. wohl Fitting, § 83 Rdn. 14; DKK/Buschmann, § 83 Rdn. 12

Das Gegendarstellungsrecht des § 83 Abs. 2 BetrVG ist keine abschließende Korrekturregelung gegenüber unrichtiger Personaldatenverarbeitung, d.h., der Arbeitnehmer kann sowohl bei herkömmlicher Speicherung aus §§ 242, 1004 BGB Berichtigungsbzw. Entfernungsansprüche geltend machen **1255**

vgl. die ständ. Rechtspr. des BAG, NJW 1986, 1065; DB 1988, 1702; MDR 1991, 974

als auch sich bei Verarbeitungen im Geltungsbereich des BDSG, soweit es um Berichtigung oder Löschung geht, auf § 35 stützen.

Vgl. ArbG Berlin, RDV 1988, 48 = DB 1988, 137; Fitting, BetrVG § 83 Rdn. 34; Thüsing in Richardi, § 83 Rdn. 41; Bergmann/Möhrle/Herb, § 35 Rdn. 18

Von dem Gegendarstellungsrecht kann der Mitarbeiter auch gegenüber als unberechtigt angesehenen Abmahnungen oder Beurteilungen Gebrauch machen, wobei ein Entfernungsanspruch den Interessen des Mitarbeiters besser gerecht wird. Bei digitalen Personalakten ist die Erklärung des Arbeitnehmers zu dem korrigierten Datenbestand zu speichern. **1256**

Diller/Schuster, DB 2008, 428

Eine tarifliche Ausschlussfrist gilt für die Beseitigung der persönlichkeitsrechtlichen Störung nicht. **1257**

Vgl. BAG, RDV 1995, 78 = PersR 1995, 231 zur Ausschlussfrist des BAT

Ist die Abmahnung z.B. nicht nur aus formellen Gründen entfernt worden und dauert die Rechtsbeeinträchtigung an, so kann ein Anspruch auf Widerruf ggf. gerichtlich geltend gemacht werden. **1258**

BAG, NJW 1999, 357 = AuR 1999, 352 = RDV 1999, 264

3.2 Das Korrekturrecht aus § 35 BDSG

3.2.1 Allgemeines

1259 Gemäß § 35 Abs. 1 BDSG sind unrichtig gespeicherte personenbezogene Daten zu berichtigen. Die gemäß § 6 Abs. 1 BDSG unabdingbare Berichtigungspflicht besteht auch dann, wenn die Daten später unrichtig werden, es sei denn, es soll ein zu einem bestimmten Zeitpunkt bestehender, zutreffender Sachverhalt beschrieben werden. Der Arbeitgeber ist zur Berichtigung verpflichtet, wenn er von der Unrichtigkeit der Daten Kenntnis erhält. Gleichgültig ist, auf welche Weise dies geschieht. Sie kann sich aus amtlichen Mitteilungen, Hinweisen aus dem Kreis der Mitarbeiter oder öffentlichen Quellen (Telefonbücher, Presse etc.) ergeben. Es ist also nicht erforderlich, dass der Betroffene ausdrücklich einen Berichtigungsanspruch geltend macht.

Zur Information aufgrund einer Gegendarstellung vgl. nachstehend Rdn. 1252 ff.

1260 Regelmäßig wird eine Korrektur unrichtiger Daten keine Probleme bereiten, da auch dem Arbeitgeber daran gelegen sein wird, nur zutreffende Informationen zu verarbeiten. Gleichwohl beruht die Korrekturpflicht des BDSG ausschließlich auf dem Interesse des Betroffenen, dessen Persönlichkeitsrecht durch die Speicherung und die Nutzung unrichtiger Daten verletzt werden kann. Das Gesetz stellt aber hinsichtlich der Berichtigungspflicht nicht darauf ab, ob der Betroffene tatsächlich an der Berichtigung seiner Daten interessiert ist, was z.B. bei der Speicherung der für ihn günstigen Daten in der Regel wohl nicht der Fall sein wird. Der Berichtigungsanspruch besteht selbst dann, wenn nur eine geringfügige, den Persönlichkeitsbereich nicht sonderlich tangierende Unrichtigkeit vorliegt, wie beispielsweise ein falsch geschriebener Straßenname in der Anschrift.

1261 Unrichtigkeit liegt auch vor, wenn Daten aus dem Kontext gelöst werden und der Kontextverlust so gravierend ist, dass Fehlinterpretationen naheliegen.

H. M. für Arbeitnehmerdaten vgl. bei Däubler, Gläserne Belegschaften?, Rdn. 298; Wohlgemuth, Datenschutz für Arbeitnehmer, Rdn. 570

Dies gilt – trotz ihrer subjektiven Grundlage – auch für solche Werturteile, die auf falschen Tatsachen oder einer objektiv verfehlten Würdigung der Tatsachen beruhen.

Unrichtig sind Daten auch, wenn sie geschätzt sind und z.B. auf einem statistischen Wahrscheinlichkeitswert beruhen, diese Tatsache aber nicht verzeichnet ist (§ 35 Abs. 1 S. 2 BDSG).

1262 Das Gesetz schreibt keine bestimmte Frist vor, innerhalb derer die Berichtigung zu erfolgen hat, jedoch wird sie innerhalb eines zumutbaren Zeitraums durchgeführt werden müssen; in jedem Falle so rechtzeitig, d.h. ggf. unverzüglich, dass eine weitere Verarbeitung oder Nutzung der unrichtigen Daten nicht mehr stattfindet.

Die von Bergmann/Möhrle/Herb, § 35 Rdn. 39 gesetzte Drei-Monats-Frist erscheint recht willkürlich; vgl. aber auch die dortigen Vorschläge (Rdn. 54) für Übergangsregelungen bis zur evtl. erforderlichen Klärung der Berechtigung eines Löschungsbegehrens.

3.2.2 Verhältnis des Gegendarstellungsrechts zu § 35 BDSG

1263 Erfährt der Arbeitgeber durch die Gegendarstellung, dass Daten unrichtig sind, so greift im Geltungsbereich des BDSG vorrangig die Berichtigungs- und Löschungspflicht nach § 35 Abs. 1 bzw. Abs. 2 BDSG.

Vgl. aber auch DKK/Buschmann, § 83 Rdn. 25; Fitting, § 83 Rdn. 34, die dem Arbeitnehmer insoweit ein Wahlrecht einräumen

Gleiches gilt, wenn die Daten gesperrt statt gelöscht werden. Akzeptiert der Arbeitgeber die Gegendarstellung jedoch nicht als zutreffend, so ist der „Non-liquet"-Fall zunächst nach der arbeitsrechtlichen Spezialregelung zu behandeln.

Bergmann/Möhrle/Herb, § 35 Rdn. 135

Das arbeitsrechtliche Gegendarstellungrecht verdrängt den in § 35 Abs. 4 BDSG geregelten Sperrungsanspruch, da hier eine gleiche Konfliktlage geregelt wird.

Thüsing in Richardi, § 83 Rdn. 42; Fitting, § 83 Rdn. 35

Sollen die per Gegendarstellung bestrittenen Daten – was bei automatisierter Speicherung sich ggf. aus Praktikabilitätsgründen anbietet – stattdessen gesperrt werden, so bedarf dies der Zustimmung des Arbeitnehmers. **1264**

Nicht geteilt werden kann die Auffassung von Fitting, § 83 Rdn. 35, nach der per Betriebsvereinbarung geregelt werden kann, wann bei nicht feststellbarer Richtigkeit die Sperrung oder die Gegendarstellung zum Zuge kommen soll. Eine derartige in die Persönlichkeitsinteressen des Arbeitnehmers eingreifende Regelung entzieht sich der Regelungskompetenz der Betriebsparteien.

§ 83 BetrVG ist für die Betriebsparteien nicht disponibel; das Entscheidungsrecht steht ausschließlich dem Betroffenen zu.

Kapitel 8
Transparenzpflichten

1   Allgemeines

Die verfassungsrechtlich vorgegebene Transparenz   **1265**

> *vgl. BVerfG 65, 1 = NJW 1984, 419 und vorstehend Rdn. 117 ff., 168*

der Datenverarbeitung bedingt, dass der Betroffene wissen soll, wer Daten welcher Art zu welchem Zweck über ihn speichert. Das BDSG trägt dem Rechnung durch die Benachrichtigungspflicht des § 33 und das Auskunftsrecht nach § 34 BDSG. Die Benachrichtigungspflicht entfällt, wenn die Information z.B. bereits im Rahmen der Datenerhebung (§ 4 Abs. 3 BDSG) erfolgt ist. Nicht mitzuteilen ist nämlich das, was dem Betroffenen bereits bekannt ist, d.h., die Benachrichtigungspflicht entsteht für den Arbeitgeber nur, wenn personenbezogene Daten „ohne Kenntnis des Betroffenen" gespeichert werden (§ 33 Abs. 1 S. 1 BDSG) bzw. der Betroffene nicht bereits auf andere Weise Kenntnis von der Speicherung erlangt hat (§ 33 Abs. 2 S. 1 Nr. 1 BDSG).

Da einem Bewerber/Arbeitnehmer die Speicherung seiner Daten beim Arbeitgeber weit-   **1266**
gehend bekannt ist bzw. sein muss, besteht hier die Pflicht nach § 33 BDSG bereits deswegen allenfalls in Ausnahmefällen. Hinzu kommt, dass Personaldatenspeicherungen dem Arbeitgeber in großem Umfang bereits gesetzlich vorgegeben sind und § 33 Abs. 2 Nr. 4 BDSG auch für diesen Fall die Benachrichtigung entfallen lässt.

Spezielle Informationsrechte der Beschäftigten bezüglich der über sie im Einzelnen   **1267**
gespeicherten „Personalaktendaten" begründet zunächst das Einsichtsrecht des § 83 Abs. 1 BetrVG und entsprechendes Recht in Tarifverträgen (vgl. für den öffentlichen Dienst § 3 Abs. 4 TVöD; § 3 Abs. 6 TV-L). Das Auskunftsrecht nach § 34 BDSG besteht parallel, soweit es über die Rechte aus § 83 BetrVG hinausgeht,

> *Fitting, § 83 Rdn. 16*

d.h., es erstreckt sich auf alle im Geltungsbereich des BDSG gespeicherten personenbezogenen Daten des Arbeitnehmers und auf Angaben über die Quellen und Empfänger von Daten.

> *Es gilt gemäß § 27 Abs. 2 BDSG auch für nicht in Akten geführte Computerausdrucke.*

Mangels anderer Regelungen kann sich das Informationsrecht auch aus dem Recht auf informationelle Selbstbestimmung und den sich aus § 241 Abs. 2 BGB abzuleitenden Schutz- und Rücksichtsnahmepflichten des Arbeitgebers ergeben.

> *BAG, RDV 2011, 243; vorstehend Rdn. 14, 118; kritisch Husemann, SAE 2011, 155*

Zu erwähnen sind in diesem Zusammenhang auch die in §§ 81, 82 BetrVG enthaltenen Unterrichtungs- und Anhörungsrechte. § 81 BetrVG verpflichtet den Arbeitgeber, den Arbeitnehmer über die betreffenden Arbeitsbedingungen zu informieren. Dazu gehört nach Abs. 4 die Pflicht, den Arbeitnehmer über die auf Grund einer Planung von technischen Anlagen, Arbeitsverfahren und Arbeitsabläufen vorgesehenen Maßnahmen und deren Auswirkungen auf seinen Arbeitsplatz und die Arbeitsumgebung zu unterrichten. Mit dem Einsatz solcher technischen Anlagen können auch Überwachungstechniken verbunden sein, über die auch ein Informationsanspruch besteht. § 82 BetrVG normiert in „betrieblichen Angelegenheiten" ein Anhörungs- und Einsichtsrecht, das von der Initiative des Arbeitnehmers abhängt.

2 Benachrichtigungs- und Anhörungsrechte

2.1 Personalaktenrechtliche Benachrichtigungspflichten

1268 Der Arbeitgeber ist gegenüber Arbeitnehmern aufgrund arbeitsrechtlicher Vorschriften nicht ausdrücklich verpflichtet, diese formell über die Führung von Personalakten und ggf. die einzelnen Datensammlungen und deren Verarbeitungszwecke zu informieren. Andererseits setzt die Wahrnehmung des Einsichtsrechts die Kenntnis voraus, dass es „etwas zum Einsehen" gibt. Diese Kenntnis kann jedoch unterstellt werden. Andererseits können bestimmte Datenbestände nicht dadurch dem Einsichtsrecht entzogen werden, dass der Betroffene mangels Kenntnis gar nicht auf den Gedanken kommt, von seinem Einsichtsrecht Gebrauch zu machen.

1269 Die arbeitsrechtliche Rechtsprechung und im Beamtenrecht der Gesetzgeber (§ 110 BBG) haben festgelegt, dass, wenn der Beschäftigte Einsicht begehrt, ihm alle dem Einsichtsrecht unterliegenden Datenbestände offengelegt werden müssen, wobei auch nicht zu den Personalakten zählende Vorgänge mit einbezogen sind, sofern sie für das Dienstverhältnis verwendet werden.

> *DKK/Buschmann, § 83 Rdn. 2*

Eine Benachrichtigungspflicht enthält § 114 Abs. 5 BBG über automatisierte Verarbeitungen.

> **§ 114 BBG – *Automatisierte Verarbeitung von Personalaktendaten***
>
> *(1)-(4) ...*
>
> *(5) Bei erstmaliger Speicherung ist der Beamtin oder dem Beamten die Art der zu ihrer oder seiner Person nach Absatz 1 gespeicherten Daten mitzuteilen, bei wesentlichen Änderungen sind sie zu benachrichtigen. Ferner sind die Verarbeitungs- und Nutzungsformen automatisierter Personalverwaltungsverfahren zu dokumentieren und einschließlich des jeweiligen Verwendungszweckes sowie der regelmäßigen Empfänger und des Inhalts automatisierter Datenübermittlung allgemein bekannt zu geben.*

1270 Dem Grundsatz der Transparenz gegenüber dem Betroffenen kann auch das – im öffentlichen Dienst (§ 109 BBG § 3 Abs. 6 TV-L) sogar expressis verbis eingeräumte – Anhörungsrecht vor Aufnahme von negativen Tatsachen in die Akte zugeordnet werden.

> **§ 109 BBG – *Anhörungspflicht***
>
> *Beamtinnen und Beamte sind zu Beschwerden, Behauptungen und Bewertungen, die für sie ungünstig sind oder ihnen nachteilig werden können, vor deren Aufnahme in die Personalakte zu hören, soweit die Anhörung nicht nach anderen Rechtsvorschriften erfolgt. Ihre Äußerungen sind zur Personalakte zu nehmen.*

Bereits die Fürsorgepflicht des Arbeitgebers gebietet, dass, bevor negative Vorgänge – z. B. Abmahnungen – zu seiner Personalakte genommen werden, dem Betroffenen Gelegenheit zur Stellungnahme gegeben wird. **1271**

> *ArbG Frankfurt/Oder, RDV 2000, 227 mit umfassenden Nachweisen; vgl. auch BVerfG, RDV 2003, 238*

Gleiches gilt bei der Erstellung von Beurteilungen etc.

> *Vgl. nachstehend Rdn. 773 ff.*

2.2   Die Benachrichtigungspflicht nach § 33 BDSG

2.2.1   Die Voraussetzungen (§ 33 Abs. 1 S. 1 BDSG)

Die Benachrichtigungspflicht hinsichtlich im Geltungsbereich des BDSG gespeicherter Personaldaten ist für den Arbeitgeber nach § 33 Abs. 1 S. 1 BDSG an deren Speicherung „ohne Kenntnis" geknüpft. Werden Daten – was im Arbeitsverhältnis zunächst regelmäßig der Fall ist – mit Kenntnis des Betroffenen gespeichert, so fehlt es bereits an den grundsätzlichen Voraussetzungen der Benachrichtigungspflicht. Kenntnis des Betroffenen bedeutet jedoch, dass er Kenntnis von alledem hat, was Inhalt der Benachrichtigung ist. **1272**

> *Dix in Simitis, § 33 Rdn. 50; Gola/Schomerus, § 33 Rdn. 26; Däubler, Gläserne Belegschaften?, Rdn. 513; a.A. Schaffland/Wiltfang, § 33 Rdn. 7*

Insbesondere wenn nachfolgend andere Arten von Daten mit anderer Zweckbestimmung und nunmehr „erstmals ohne Kenntnis" gespeichert werden, so ist der Betroffene bei Wahrung des Verhältnismäßigkeitsprinzips entsprechend § 33 Abs. 1 BDSG zu informieren, es sei denn, dass die Pflicht nunmehr nach § 33 Abs. 2 BDSG entfällt. **1273**

> *Str.; so aber Dix in Simitis, § 33 Rdn. 11; Gola/Schomerus, § 32 Rdn. 16*

Werden gegen einen Beschäftigten auf Grund von Whistleblowermeldungen

> *Vgl. hierzu vorstehend Rdn. 747*

oder auf Grund eines Tatverdachts gemäß § 32 Abs. 1 S. 2 BDSG verdeckte Untersuchungen durchgeführt, ist er – sofern es der Aufklärung der Tat nicht entgegensteht – hierüber zu informieren. Das gilt unabhängig von der Anhörung vor eventuell zu ergreifenden Personalmaßnahmen.

Erhebt der Arbeitgeber Daten über einen Bewerber im Internet und speichert er diese Daten, ist der Bewerber auch hierüber zu informieren. **1274**

> *Vgl. Entwurf des Beschäftigtendatenschutzgesetzes, BT-Drs. 17/4230, S. 16; Gesetzesbegründung zu § 32 Abs. 6.*

---

§ 33 BDSG – Benachrichtigung des Betroffenen

(1) Werden erstmals personenbezogene Daten für eigene Zwecke ohne Kenntnis des Betroffenen gespeichert, ist der Betroffene von der Speicherung, der Art der Daten, der Zweckbestimmung der Erhebung, Verarbeitung oder Nutzung und der Identität der verantwortlichen Stelle zu benachrichtigen. Werden personenbezogene Daten geschäftsmäßig zum Zweck der Übermittlung ohne Kenntnis des Betroffenen gespeichert, ist der Betroffene von der erstmaligen Übermittlung und der Art der übermittelten Daten zu benachrichtigen.

Der Betroffene ist in den Fällen der Sätze 1 und 2 auch über die Kategorien von Empfängern zu unterrichten, soweit er nach den Umständen des Einzelfalles nicht mit der Übermittlung an diese rechnen muss.

(2) Eine Pflicht zur Benachrichtigung besteht nicht, wenn

1) *der Betroffene auf andere Weise Kenntnis von der Speicherung oder der Übermittlung erlangt hat,*

2) *die Daten nur deshalb gespeichert sind, weil sie aufgrund gesetzlicher, satzungsmäßiger oder vertraglicher Aufbewahrungsvorschriften nicht gelöscht werden dürfen oder ausschließlich der Datensicherung oder der Datenschutzkontrolle dienen und eine Benachrichtigung einen unverhältnismäßigen Aufwand erfordern würde,*

3) *die Daten nach einer Rechtsvorschrift oder ihrem Wesen nach, namentlich wegen des überwiegenden rechtlichen Interesses eines Dritten, geheim gehalten werden müssen,*

4) *die Speicherung oder Übermittlung durch Gesetz ausdrücklich vorgesehen ist,*

5) *die Speicherung oder Übermittlung für Zwecke der wissenschaftlichen Forschung erforderlich ist und eine Benachrichtigung einen unverhältnismäßigen Aufwand erfordern würde,*

6) *die zuständige öffentliche Stelle gegenüber der verantwortlichen Stelle festgestellt hat, dass das Bekanntwerden der Daten die öffentliche Sicherheit oder Ordnung gefährden oder sonst dem Wohle des Bundes oder eines Landes Nachteile bereiten würde,*

7) *die Daten für eigene Zwecke gespeichert sind und*

   a) *aus allgemein zugänglichen Quellen entnommen sind und eine Benachrichtigung wegen der Vielzahl der betroffenen Fälle unverhältnismäßig ist oder*

   b) *die Benachrichtigung die Geschäftszwecke der verantwortlichen Stelle erheblich gefährden würde, es sei denn, dass das Interesse an der Benachrichtigung die Gefährdung überwiegt ... Die verantwortliche Stelle legt schriftlich fest, unter welchen Voraussetzungen von einer Benachrichtigung nach Satz 1 Nr. 2 bis 7 abgesehen wird.*

8) *die Daten geschäftsmäßig zum Zweck der Übermittlung gespeichert sind und*

   a) *aus allgemein zugänglichen Quellen entnommen sind, soweit sie sich auf diejenigen Personen beziehen, die diese Daten veröffentlicht haben, oder*

   b) *es sich um listenmäßig oder sonst zusammengefasste Daten handelt (§ 29 Absatz 2 Satz 2)*

   und eine Benachrichtigung wegen der Vielzahl der betroffenen Fälle unverhältnismäßig ist,

9) *aus allgemein zugänglichen Quellen entnommene Daten geschäftsmäßig für Zwecke der Markt- oder Meinungsforschung gespeichert sind und eine Benachrichtigung wegen der Vielzahl der betroffenen Fälle unverhältnismäßig ist.*

Die verantwortliche Stelle legt schriftlich fest, unter welchen Voraussetzungen von einer Benachrichtigung nach Satz 1 Nr. 2 bis 7 abgesehen wird.

2.2.2 Der Inhalt der Benachrichtigung (§ 33 Abs. 1 S. 1, 3 BDSG)

1275 Neben der Tatsache, dass Daten gespeichert sind, sind bei fehlender „Vorkenntnis" des Beschäftigten ihm auch die Art der gespeicherten Daten, deren Zweckbestimmung und ggf. die Kategorien von Empfängern mitzuteilen. Hinsichtlich der Beschreibung der Art der Daten ist zu beachten, dass für den Betroffenen transparent werden soll, aus welchem Lebensbereich Daten über ihn gespeichert sind. Deutlich zu machen ist z.B., ob Adress-, Gehalts- oder auch Beurteilungsdaten gespeichert sind. Die Beschreibung muss nicht derart detailliert sein, dass sie eine Auskunft vorwegnimmt. Sie kann so formuliert werden, dass bei einem größeren Personenkreis eine formularmäßige Abwicklung noch möglich bleibt. Bei der Information über die Zweckbestimmung der Erhebung, Verarbeitung oder Nutzung sind die Festlegungen mitzuteilen. Hier genügen z.B. Angaben wie: Abwicklung der Rechte und Pflichten aus der arbeitsvertraglichen Beziehung, Erfüllung von Informationspflichten gegenüber Behörden und Sozialleistungsträgern, Weitergabe in das Konzerninformationssystem.

Zu benachrichtigen ist ggf. auch gemäß § 33 Abs. 1 S. 3 BDSG, wenn der Arbeitgeber sich erst später entscheidet, Daten an „Empfänger" weiterzugeben; so z.B. bei Auslagerung der Personaldatenverarbeitung durch Auftragsdatenverarbeitung im Konzern.

Keine zusätzliche – oder erneute – Benachrichtigung des betroffenen Arbeitnehmers ist erforderlich, wenn der Arbeitgeber mit den bereits von ihm gespeicherten Daten später neue Nutzungsprozesse durchführt, die zu Beginn von ihm noch nicht ins Auge gefasst wurden. Tritt jedoch im Verlauf des Arbeitsverhältnisses eine neue, d.h. außerhalb des Beschäftigungsverhältnisses liegende Zweckbestimmung hinzu, kann dies u.U. die Benachrichtigungspflicht auslösen. **1276**

2.2.3 Ausnahmen von der Benachrichtigungspflicht (§ 33 Abs. 2 BDSG)

§ 33 Abs. 2 BDSG enthält einen umfangreichen Ausnahmenkatalog, der die Benachrichtigungspflicht in der Praxis nicht zur Regel, sondern zu dem seltenen Ausnahmefall macht. Für Arbeitnehmerdaten wird zunächst die bereits in Abs. 2 S. 1 enthaltene Ausnahme „anderweitig erlangter Kenntnis" relevant (Nr. 1). Auf welche Weise die Kenntnis erlangt wurde, ist unerheblich; desgleichen braucht der Betroffene auch nicht konkret zu wissen, auf welche Weise die Daten gespeichert werden. **1277**

Bekannt ist die Speicherung also auch dann, wenn sie nach den Umständen des Einzelfalles unvermeidbar oder sonst (handels-)üblich ist. Auch Familienangehörige des Arbeitnehmers müssen davon ausgehen, dass bestimmte Grunddaten im Zusammenhang mit dem Arbeits- oder Dienstverhältnis ihres Ehepartners bzw. Elternteils gespeichert werden. **1278**

> *Aufsichtsbehörde Baden-Württemberg, Hinweis zum BDSG Nr. 33, Staatsanzeiger vom 4.1.1995, Nr. 1/2, S. 6 = RDV 1995, 94; Goldenbohm/Weise, CR 1991, 604; a.A. Däubler, Gläserne Belegschaften?, Rdn. 515*

Werden jedoch Angaben gespeichert, die über die üblichen Grunddaten wie Name, Geburtstag, Adresse, Beruf hinausgehen, so muss der Arbeitgeber über die Art der Daten – also nicht über jede einzelne Angabe – benachrichtigen. Wird die Verarbeitung in einer Betriebsvereinbarung geregelt, so kann die Bekanntheit im Betrieb unterstellt werden. **1279**

Ausdrücklich geregelt ist dieser Ausnahmeaspekt in § 33 Abs. 2 Nr. 4 BDSG für den Fall, dass gesetzliche Vorschriften eine Speicherung oder Übermittlung ausdrücklich vorsehen.

Sofern die Benachrichtigung einen unverhältnismäßigen Aufwand erfordern würde, kann die Benachrichtigung u.a. unterbleiben bei Daten, die ausschließlich der Datensicherung oder Datenschutzkontrolle dienen. Die Ausnahmen von Abs. 2 S. 1 Nr. 2 sind jedoch weitgehend gegenstandslos, da die noch aufzubewahrenden Daten zuvor regelmäßig für einen bestimmten Zweck gespeichert wurden, der bereits ggf. eine Benachrichtigungspflicht begründete. Gleiches gilt für Daten, die ausschließlich der Datensi- **1280** cherung dienen, da es sich hierbei zumeist um „Sicherungskopien" handeln wird, die nur eine Kopie der der Benachrichtigungspflicht unterliegenden aktiven Daten bilden. Im Übrigen sind von der letztgenannten Ausnahmeregelung die durch § 31 BDSG erfassten und durch Betriebsvereinbarung zu regelnden Verarbeitungen betroffen.

Die Nr. 3, Nr. 6 und Nr. 7b von Abs. 2 S. 1 lassen die Benachrichtigungspflicht entfallen bei geheimhaltungsbedürftigen Daten.

Zur Informationspflicht über im Rahmen eines sog. Whistleblowing gemeldeter Daten vgl. Rdn. 752

2.2.4 Dokumentation der Befreiungstatbestände (§ 33 Abs. 2 S. 2 BDSG)

1281   Nach § 33 Abs. 2 S. 2 BDSG hat der Arbeitgeber schriftlich festzulegen, dass bzw. warum für bestimmte Datenspeicherungen eine Benachrichtigung unter Anwendung der Ausnahmen der Nr. 2 bis 7 nicht stattfindet. Nicht festzuhalten ist also der für das Arbeitsverhältnis weitgehend relevante Wegfall der Benachrichtigung aufgrund bereits vorhandener Kenntnis. Diese Dokumentation ist sinnvollerweise Bestandteil der nach § 28 Abs. 1 S. 2 BDSG bereits bei der Erhebung von Daten zu treffenden konkreten Zweckbestimmung. Auch wenn die schriftliche Begründung des Verzichts auf die Benachrichtigung – im Gegensatz zu der Festlegung der Zweckbestimmung – nicht Gegenstand der dem Datenschutzbeauftragten nach §§ 4g Abs. 2, 4e S. 1 BDSG zu erstattenden Meldung ist, hat der Datenschutzbeauftragte im Rahmen der Wahrnehmung seiner Kontrollpflicht nach § 4g Abs. 1 S. 1 BDSG auf die Erstellung der Dokumentation hinzuwirken und die Berechtigung der genannten Ausnahmetatbestände zu überprüfen.

2.2.5 Folgen bei Verstößen

1282   Vorsätzliche und fahrlässige Verstöße gegen die Benachrichtigungspflicht sind als Ordnungswidrigkeit bußgeldbewehrt (§ 43 Abs. 1 Nr. 8 BDSG). Der Verstoß gegen die Benachrichtigungspflicht führt jedoch nicht zur Unzulässigkeit der Speicherung mit der Folge, dass der nicht benachrichtigte Betroffene einen Löschungs- oder Schadensersatzanspruch wegen unzulässiger Datenerhebung oder -verarbeitung nach § 7 BDSG geltend machen könnte. Die Benachrichtigung ist keine Rechtmäßigkeitsvoraussetzung.

Vgl. auch zu § 4 Abs. 3 vorstehend Rdn 214 ff.

3   Auskunfts- und Einsichtsrechte

3.1   Das personalaktenrechtliche Einsichtsrecht

3.1.1 Der Anwendungsbereich

1283   Sowohl das Arbeitsrecht als auch das Beamtenrecht gewähren den Beschäftigten ein eigenständiges Recht auf Einsicht in ihre Personalakte.

Für das personalaktenrechtliche Einsichtsrecht ist allein maßgebend, ob ein Vorgang – bereits – Teil der „materiellen" Personalakte ist, was auch heißt, dass nicht alle vom

Arbeitgeber gespeicherten personenbezogenen Daten der Beschäftigten von § 83 Abs. 1 BetrVG bzw. § 110 BBG erfasst werden. Mit Abs. 4 eröffnet § 110 BBG dem Betroffenen aber auch ein Einsichtsrecht in andere Akten, d. h. in sog. Sachaktendaten, d. h. nicht zur Personalakte gehörende Beamtendaten.

Vgl. vorstehend Rdn. 108

> **§ 83 Abs. 1 BetrVG**
>
> *(1) Der Arbeitnehmer hat das Recht, in die über ihn geführten Personalakten Einsicht zu nehmen. Er kann hierzu ein Mitglied des Betriebsrats hinzuziehen ...*
>
> **§ 110 BBG – Einsichtsrecht**
>
> *Beamtinnen und Beamte haben, auch nach Beendigung des Beamtenverhältnisses, ein Recht auf Einsicht in ihre vollständige Personalakte.*
>
> *(2) Bevollmächtigte der Beamtin oder des Beamten ist Einsicht zu gewähren, soweit dienstliche Gründe dem nicht entgegenstehen. Entsprechendes gilt für Hinterbliebene und deren Bevollmächtigte, wenn ein berechtigtes Interesse glaubhaft gemacht wird. Für Auskünfte aus der Personalakte gelten die Sätze 1 und 2 entsprechend.*
>
> *(3) Die personalaktenführende Behörde bestimmt, wo die Einsicht gewährt wird. Soweit dienstliche Gründe dem nicht entgegenstehen, können Auszüge, Abschriften, Kopien oder Ausdrucke gefertigt werden. Der Beamtin oder dem Beamten ist auf Verlangen ein Ausdruck der zu ihrer oder seiner Peron automatisiert gespeicherten Personalaktendaten zu überlassen.*
>
> *(4) Beamtinnen und Beamte haben ein Recht auf Einsicht auch in andere Akten, die personenbezogene Daten über sie enthalten und für ihr Dienstverhältnis verwendet werden, soweit gesetzlich nichts anderes bestimmt ist. Dies gilt nicht für Sicherheitsakten. Die Einsichtnahme ist unzulässig, wenn die Daten der oder des Betroffenen mit Daten Dritter oder geheimhaltungsbedürftigen nicht personenbezogenen Daten derart verbunden sind, dass ihre Trennung nicht oder nur mit unverhältnismäßig großem Aufwand möglich ist. In diesem Fall ist der Beamtin oder dem Beamten Auskunft zu erteilen.*

Für den öffentlichen Dienst gelten zudem eigenständige tarifliche und gesetzliche Bestimmungen.

Wie aufgezeigt gehören zu der Personalakte alle diejenigen Unterlagen und Vorgänge, **1284** die persönliche und dienstliche Verhältnisse betreffen, d. h. in einem unmittelbaren inneren Zusammenhang mit dem Beschäftigungsverhältnis des Mitarbeiters stehen, wobei hiermit gleichzeitig die Gesetzesdefinition des im Beamtenrecht normierten Begriffs der „Personalaktendaten" (§ 106 Abs. 1 S. 2 BBG) erfolgt.

Siehe aber auch Fitting, § 83 Rdn. 1, wonach der Personalaktenbegriff des § 83 BetrVG weiter sein soll als der des öffentlichen Dienstes; Thüsing in Richardi, § 83 Rdn. 6: Zur Personalakte gehören alle Unterlagen über die Person des Arbeitnehmers.

Die Bezeichnung des Vorgangs oder die Art der Aufbewahrung ist unerheblich. Sonder- **1285** und Nebenakten fallen ebenso hierunter wie Personaldaten in elektronischen Datenbanken. Auch Unterlagen außerhalb des Betriebes, die in der Zentrale des Unternehmens oder des Konzerns geführt werden, sind Personalakten. Dabei spielt es keine Rolle, ob die Auslagerung der Daten – z.B. bei Outsourcing der Personalverwaltung – als Auftragsdatenverarbeitung oder Funktionsübertragung konzipiert ist.

Die Unterlagen sind nach Möglichkeit so zu gestalten, dass die Vertraulichkeit der **1286** Daten von an einem Vorgang Mitbetroffenen gewahrt bleibt.

Vgl. nachstehend Rdn. 1293

Gegebenenfalls kann es genügen, die Daten zu schwärzen, wenn dadurch die Bestimmbarkeit der Person verloren geht.

1287   Zu den in dem geforderten Zusammenhang mit dem Beschäftigungsverhältnis stehenden Vorgängen gehören – neben Personalunterlagen und dienstlichen Beurteilungen – nicht nur Unterlagen, die den Inhalt des Dienstverhältnisses insgesamt oder einzelne aus ihm fließende Rechte und Pflichten bestimmen oder verändern, sondern auch solche Unterlagen, die die Art und Weise erhellen, in der die jeweilige Entscheidung vorbereitet worden ist, oder die Aufschluss über Gesichtspunkte oder Erwägungen geben, die für die einzelne Maßnahme oder dafür, dass sie unterblieben ist, maßgebend waren.

1288   So gehören neben den sog. Arbeitspapieren als typische Vorgänge zu den Personalakten: Bewerbungsunterlagen, Personalfragebogen, Nachweise über Vor-, Aus- und Fortbildung, Zeugnisse, Bescheinigungen, Arbeitserlaubnis bei Ausländern, Arbeitsvertrag oder Ernennungsurkunden, Versetzungsverfügungen, Nebentätigkeitsgenehmigungen, Beurteilungen, Abmahnungen, Rügen, Vereinbarungen über Darlehen, Vorschüsse, Lohnabtretungen, Gehaltspfändungen, das Arbeitsverhältnis betreffender Schriftwechsel zwischen dem Arbeitgeber und dem Arbeitnehmer oder Dritten.

> *Siehe auch bei Fitting, § 83 Rdn. 4; DKK/Buschmann, § 83 Rdn. 3*

1289   Nicht zu den Personalakten gehören wegen ihres besonderen Charakters Akten des Betriebsarzteses, da sie keine Unterlagen des Arbeitgebers sind,

> *Thüsing in Richardi, § 83 Rdn. 8; Fitting, § 83 Rdn. 6*

was jedoch an dem Recht auf Einsicht des „Patienten" nichts ändert. Grundlage kann jedoch einmal das Patientenverhältnis und zum anderen, wenn die Daten automatisiert verarbeitet werden, § 34 BDSG sein.

Somit kann es der BayLfD

> *25. TB (2012), Ziff 11.4*

offen lassen, ob die Unterlagen des Gesundheitsamts Personal- oder Sachaktenqualität haben, da sich das Einsichtsrecht so oder so aus dem Beamtenrecht ergibt (hier Art. 107 BayBG). Auf Einsichtsrechte aus dem BayLDSG war daher aufgrund deren Subsidiarität gegenüber den bereichsspezifischen Normen nicht mehr einzugehen. Feststellungen über den Gesundheitszustand unterliegen allein dann nicht dem Einsichtsrecht, wenn zu befürchten ist, dass der Betroffene bei Kenntnisnahme des Befunds weitere Gesundheitsschäden erleiden würde.

> *Zur Einsichtnahme in Patientenakten vgl. nun mehr § 630g BGB*

Ebenfalls keinen Personalaktencharakter haben Akten eines Rechtsstreits zwischen Arbeitgeber und Arbeitnehmer und die dort für die Prozessführung gesammelten Informationen.

> *Fitting, § 83 Rdn. 6*

3.1.2 Der berechtigte Personenkreis

1290   Zur Einsichtnahme in die Personalunterlagen berechtigt sind zunächst diejenigen Arbeitnehmer,

> *das Beamtenrecht gibt nicht nur dem Beamten selbst – auch nach Beendigung des Beschäftigungsverhältnisses –, sondern ausdrücklich auch einem Bevollmächtigten oder den Hinterbliebenen des Beamten das Recht auf Einsicht in die Personalakten; ferner wird klargestellt,*

dass im Rahmen der Einsichtnahme auch Auszüge, Abschriften Ablichtungen oder Kopien gefertigt werden dürfen

die unter den Anwendungsbereich des § 83 BetrVG fallen (§ 5 BetrVG). Legitimiert zur Ausübung des Einsichtsrechts ist jeder Arbeiter und Angestellte sowie die zu ihrer Berufsausbildung Beschäftigten. Nicht unter § 83 BetrVG fallen zunächst solche Beschäftigte, die keine „Arbeitnehmer" sind, wie freie Mitarbeiter oder abgewiesene Bewerber. Leitende Angestellte fallen ebenfalls nicht unter § 83 BetrVG, haben jedoch inzwischen ein Einsichtsrecht nach § 26 Abs. 2 SprAuG.

Jedoch kann auch anderen Beschäftigten ein Einsichtsrecht jedenfalls nicht generell verwehrt werden. Rechtseinbußen im Rahmen der Führung qualifizierter Personalakten treten unabhängig von dem Rechtsstatus des Beschäftigten ein.

Außerhalb des Dienst- und Arbeitsverhältnisses besteht jedoch nach Ansicht des BGH (NJW 1981, 2011) kein Einsichtsanspruch in „Personalakten", indem das Gericht einen Stipendiaten, der Einsicht in die bei einem gemeinnützigen Verein geführte Förderungsakte begehrte, abschlägig beschied.

Der individualrechtliche Einsichtsanspruch steht daher unabhängig davon, ob er für bestimmte Personen gesetzlich verankert ist, jedem Mitarbeiter zu, über den qualifizierte Personalakten geführt werden. Anspruchsgrundlage bilden die Fürsorgepflicht bzw. das Recht auf informationelle Selbstbestimmung. **1291**

Vgl. auch Linnenkohl/Töfflinger, ArbuR 1986, 201 mit Nachweisen; Fitting, § 83 Rdn. 1; Wiese in GK, vor § 81 Rdn. 22 mit Nachweisen

Gleiches gilt bei ausgeschiedenen Mitarbeitern. Diese werden nicht mehr von dem Arbeitnehmerbegriff des § 83 BetrVG erfasst, jedoch ist hier die sich aus dem Recht auf informationelle Selbstbestimmung ergebende Transparenzpflicht von Relevanz.

BAG, RDV 2012, 243

3.1.3 Der Umfang der Einsichtnahme

Der die Einsichtnahme begehrende Arbeitnehmer muss Gelegenheit erhalten, von sämtlichen ihn betreffenden Personaldaten Kenntnis zu nehmen. Folglich müssen verschlüsselte Angaben entschlüsselt werden, wobei auch die Aushändigung eines Schlüsselverzeichnisses an den Mitarbeiter ausreichen kann, nicht aber der bloße Verweis auf das Ausliegen eines solchen Verzeichnisses im Personalbüro oder beim Betriebsrat; Mikrofilme sind sichtbar, auf EDV-Datenträgern gespeicherte Angaben lesbar zu machen. Gleiches gilt für in Kurzschrift aufgenommene Vorstellungsprotokolle oder etwa in fremder Sprache niedergelegte Teile der Personalakte. **1292**

Auch sogenannte Sammelbelege, d.h. Vorgänge, die Personaldaten mehrerer Beschäftigter enthalten, sind, soweit dies unter Wahrung des Datenschutzes der übrigen Beschäftigten technisch möglich ist, zur Einsicht vorzulegen. Der Arbeitgeber muss also bereits bei der Anlage von Personalvorgängen darauf achten, dass der Grundsatz der Vertraulichkeit einerseits und das Einsichtsrecht andererseits gewahrt werden. Kann die Zusammenstellung von Personaldaten mehrerer Mitarbeiter nach ihrer Zweckbestimmung nur so vollzogen werden, dass bei Wahrnehmung des Einsichtsrechts vertrauliche Daten anderer Mitarbeiter eingesehen werden, so muss in der Regel – anderes gilt z.B. bei Konkurrentenstreitigkeiten – **1293**

Vgl. BVerwG (NJW 1976, 205 = MDR 1976, 77), wonach im Einzelfall bei Abwägung des Grundsatzes der Vertraulichkeit und des Einsichtsrechts dem Einsichtsrecht ggf. auch größe-

res Gewicht einzuräumen ist; so z. B. bei einem Vorgang, der zwei Bewerber betraf, wobei das Gericht davon ausging, dass jeder Bewerber eine Offenbarungsbereitschaft bezüglich seiner personenbezogenen Daten gegenüber allen denjenigen Personen und Gremien zeigte, die an seiner Einstellung mitwirkten. Bei dieser Offenbarungsbereitschaft könne man auch unterstellen, dass akzeptiert werde, dass einem Mitbewerber, dem ein Einsichtsrecht zustehe, auch von Vorgängen, die zwangsläufig beide oder mehrere Bewerber betreffen und im Falle einer Trennung unverständlich werden, Kenntnis gegeben werde. Vgl. hierzu ferner zum Umfang der Begründungspflicht und der dabei erforderlichen Mitteilung von Daten von Mitbewerbern bei beamtenrechtlichen Personalentscheidungen VG Frankfurt, RDV 1992, 186.

der Grundsatz der Vertraulichkeit Vorrang haben. Dies gilt beispielsweise für vergleichende Beurteilungen oder Ranglisten zur Vergabe einer Werkswohnung.

3.1.4 Geheimhaltungsrecht des Arbeitgebers

1294 Der Gesetzestext des § 83 Abs. 1 BetrVG kennt im Gegensatz zu den Bestimmungen zu den BDSG-Informationspflichten keine Ausnahmeregelungen. Ausnahmen können ggf. unter dem Aspekt von Treu und Glauben bestehen, wenn der Informationsanspruch rechtsmissbräuchlich ausgeübt wird.

Siehe hierzu nachstehend Rdn. 1311 ff.

3.1.5 Durchführung der Einsichtnahme

1295 Die Einsichtnahme erfolgt während der Arbeitszeit. Bei größeren Betrieben wird es zweckmäßig und gerechtfertigt sein, die Einsichtnahme nach Voranmeldung oder während bestimmter Sprechstunden zu gewähren. Zur Verhinderung von Manipulationen des Einsichtnehmenden ist es zulässig und geboten, dass die Einsicht unter allgemeiner Aufsicht stattfindet.

A.A. DKK/Buschmann, § 83 Rdn. 7, wobei der herangezogene Fall der Einsichtnahme des Betriebsrats in Bruttolohn- und Gehaltslisten nicht das Problem der Manipulation aufweist; ebenfalls: Thüsing in Richardi, § 83 Rdn. 23

1296 Ob ein Vermerk über die Einsichtnahme zu Zwecken der Gewährleistung der Auskunftspflichten erforderlich ist, muss wohl nunmehr im Hinblick auf § 6 Abs. 3 BDSG im Regelfall verneint werden. Anders wird es sein, wenn bei einer digitalisierten Personalakte die im Self Service praktizierte Einsichtnahme in der Zweckbestimmung des § 31 BDSG protokolliert wird.

Vgl. vorstehend Rdn. 168

1297 Ein wegen der Einsichtnahme eventuell eintretender Arbeitsausfall ist vom Arbeitgeber zu tragen, d. h., es besteht Lohn- und Gehaltsfortzahlungspflicht. Befindet sich die Akte nicht am Ort der Beschäftigung, so gilt der Grundsatz: Die Akte reist und nicht der Mitarbeiter. Der Arbeitnehmer kann sich bei der Einsichtnahme Notizen etc. machen, darüber hinaus kann er – dann auf seine eigenen Kosten – in angemessenem Rahmen die Aushändigung von Kopien (vgl. auch § 3 Abs. 4 TVöD)

LAG Niedersachsen, DB 1981, 1623; DKK/Buschmann, § 83, Rdn. 6

verlangen.

3.1.6 Hinzuziehung Dritter

1298 Das Recht auf Einsichtnahme ist grundsätzlich höchstpersönlicher Natur; jedoch wird es häufig durch tarifvertragliche Regelung auf Bevollmächtigte des Beschäftigten ausgedehnt (§ 3 Abs. 4 TVöD; § 3 Abs. 6 TV-L). Unabhängig davon wird einem Bevollmächtigten im Rahmen der Fürsorgepflicht dann Einsicht zu gewähren sein, wenn der Arbeitnehmer z.B. wegen Krankheit verhindert ist und die sofortige Einsicht begründet wird. Ansonsten steht es im Belieben des Arbeitgebers, ob er z.B. einem vom Beschäftigten bevollmächtigten Anwalt oder Gewerkschaftsvertreter Einsicht gewährt.

> *Thüsing in Richardi, § 83 Rdn. 27; a.A. Fitting, § 83 Rdn. 12; D/K/K/W-Buschmann, § 83 Rdn. 7*

Nach § 83 Abs. 1 S. 2 BetrVG kann der Arbeitnehmer bei der Akteneinsicht ein Mitglied des Betriebsrats hinzuziehen. **1299**

> *Nach D/K/K/W-Buschmann, § 83 Rdn. 10 soll auch die Einsicht ohne Begleitung des Beschäftigten bei entsprechender Bevollmächtigung zulässig sein.*

Schwerbehinderte sind nach § 95 Abs. 3 SGB IX befugt, bei der Einsichtnahme den Vertrauensmann hinzuzuziehen. Gleiches muss schon im Hinblick auf ihr eigenständiges Kontrollrecht für den von dem Betroffenen eingeschalteten Datenschutzbeauftragten oder die im öffentlichen Dienst vorgeschriebene Frauen- bzw. Gleichstellungsbeauftragte gelten.

3.1.7 Kein allgemeines Personalaktenzugangsrecht des Betriebsrats

Aus der Tatsache, dass der Gesetzgeber es in das Selbstbestimmungsrecht des Arbeitnehmers gelegt hat, ob und in welchem Umfang der Betriebsrat losgelöst von konkreten Informationsansprüchen gegenüber dem Arbeitgeber Personalakteninformationen erhält, ist zu folgern, dass der Betriebsrat sich nicht unter Auswertung der ihm bei den verschiedensten Gelegenheiten anlassbezogen zur Verfügung gestellten Personalinformationen eigene, ggf. automatisiert geführte Personalakten/-dateien anlegen darf. Derartige Dateien müssen sich auf die Angaben beschränken, die ständig zur Aufgabenwahrnehmung benötigt werden. **1300**

> *Vgl. im Einzelnen nachstehend Rdn. 1981 ff., 2000 ff.*

3.2   Die Auskunftsrechte nach § 34 BDSG

3.2.1 Einsichtsrecht und Auskunftsrecht

Das personalaktenrechtliche Einsichtsrecht ist zwar eine bereichsspezifische Vorschrift des Bundesrechts; eine vollständige Verdrängung (vgl. § 1 Abs. 4 BDSG) des ebenfalls der Transparenz der Datenverarbeitung des Arbeitgebers dienenden Auskunftsrechts des § 34 BDSG erfolgt jedoch nicht. Die Subsidiarität des BDSG kommt immer nur dann zum Tragen, wenn eine Spezialregelung, die sich auf in Dateien gespeicherte Daten bezieht, tatbestandlich kongruent mit der betreffenden BDSG-Bestimmung ist oder wenn das BDSG insoweit schweigt, also eine der besonderen Rechtsvorschriften entsprechende Regelung nicht enthält. **1301**

> *Vgl. bei Gola/Schomerus, § 1 Rdn. 24*

Derartige völlig deckungsgleiche Regelungen enthalten die § 34 Abs. 1 BDSG und § 83 Abs. 1 BetrVG bzw. § 110 BBG nicht. Der Auskunftsanspruch nach dem BDSG ist in mancherlei Hinsicht anders ausgestaltet als das personalaktenrechtliche Einsichtsrecht. **1302**

Soweit das Einsichtsrecht reicht, hat es Vorrang; darüber hinaus steht dem Beschäftigten der Auskunftsanspruch nach § 34 Abs. 1 BDSG zu.

Vgl. Wohlgemuth, Datenschutz für Arbeitnehmer, Rdn. 546; Garstka, ZRP 1978, 237; Fitting, § 83 Rdn. 30 ff.

1303 Das personalaktenrechtliche Einsichtsrecht geht einerseits weiter als das Auskunftsrecht des § 34 BDSG, z.B. weil es nicht mit einem Ausnahmenkatalog versehen ist, andererseits sind in § 34 BDSG auch Auskunftspflichten statuiert, z.B. die Mitteilung über die regelmäßigen Datenübermittlungen, die sich nicht in jedem Falle aus dem personalaktenrechtlichen Einsichtsrecht ergeben. Da in § 34 BDSG auch personenbezogene Daten des Arbeitnehmers schlechthin und nicht nur „Personalaktendaten" erfasst werden, ergänzen sich die verschiedenen Normen zu einem System, das dem betroffenen Beschäftigten umfassende Transparenz der über ihn stattfindenden Datenverarbeitungen verschafft.

3.2.2 Voraussetzung und Inhalt der Auskunftserteilung

1304 Die Erteilung der datenschutzrechtlichen Auskunft setzt ein Auskunftsersuchen voraus. Eine bestimmte Form ist hierfür nicht vorgeschrieben. Um pauschale Auskunftsersuchen und damit für die speichernde Stelle ggf. unnötigen Aufwand zu vermeiden, soll der Betroffene sein Auskunftsersuchen präzisieren. Er kann hierzu jedoch nicht gezwungen werden, denn § 34 Abs. 1 S. 2 BDSG ist nur als Sollvorschrift gestaltet. Der Arbeitgeber ist nicht etwa berechtigt, nur auf bestimmte Datenbereiche begrenzte Auskünfte zu erteilen, wenn ihm die Auswahl der weiteren Daten Schwierigkeiten bereitet. Bei elektronischer Personalaktenführung kann die Auskunft dem Beschäftigten als „Self Service" eröffnet werden.

Zur hinreichenden Bestimmtheit des Auskunftsanspruchs vgl. HessLAG, DuD 2013, 392

---

§ 34 BDSG – *Auskunft an den Betroffenen*

(1) Die verantwortliche Stelle hat dem Betroffenen auf Verlangen Auskunft zu erteilen über

1. die zu seiner Person gespeicherten Daten, auch soweit sie sich auf die Herkunft dieser Daten beziehen,

2. den Empfänger oder die Kategorien von Empfängern, an die Daten weitergegeben werden, und

3. den Zweck der Speicherung.

Der Betroffene soll die Art der personenbezogenen Daten, über die Auskunft erteilt werden soll, näher bezeichnen. Werden die personenbezogenen Daten geschäftsmäßig zum Zweck der Übermittlung gespeichert, ist Auskunft über die Herkunft und die Empfänger auch dann zu erteilen, wenn diese Angaben nicht gespeichert sind. Die Auskunft über die Herkunft und die Empfänger kann verweigert werden, soweit das Interesse an der Wahrung des Geschäftsgeheimnisses gegenüber dem Informationsinteresse des Betroffenen überwiegt.

(1a)- (5) ...

(6) Die Auskunft ist auf Verlangen in Textform zu erteilen, soweit nicht wegen der besonderen Umstände eine andere Form der Auskunftserteilung angemessen ist.

(7) Eine Pflicht zur Auskunftserteilung besteht nicht, wenn der Betroffene nach § 33 Abs. 2 Satz 1 Nr. 2, 3 und 5 bis 7 nicht zu benachrichtigen ist.

(8) Die Auskunft ist unentgeltlich. Werden die personenbezogenen Daten geschäftsmäßig zum Zweck der Übermittlung gespeichert, kann der Betroffene einmal je Kalenderjahr eine unentgeltliche Auskunft in Textform verlangen. Für jede weitere Auskunft kann ein Entgelt verlangt

---

werden, wenn der Betroffene die Auskunft gegenüber Dritten zu wirtschaftlichen Zwecken nutzen kann. Das Entgelt darf über die durch die Auskunftserteilung entstandenen unmittelbar
zurechenbaren Kosten nicht hinausgehen. Ein Entgelt kann nicht verlangt werden, wenn

1. besondere Umstände die Annahme rechtfertigen, dass Daten unrichtig oder unzulässig
   gespeichert werden, oder

2. die Auskunft ergibt, dass die Daten nach § 35 Abs. 1 zu berichtigen oder nach § 35 Abs. 2
   Satz 2 Nr. 1 zu löschen sind.

(9) Ist die Auskunftserteilung nicht unentgeltlich, ist dem Betroffenen die Möglichkeit zu
geben, sich im Rahmen seines Auskunftsanspruchs persönlich Kenntnis über die ihn betreffenden Daten zu verschaffen. Er ist hierauf hinzuweisen.

Bekannt zu geben sind nach § 34 Abs. 1 S. 1 Nr. 1 BDSG auch Angaben über die Her- **1305**
kunft der Daten, sofern sich solche Angaben ebenfalls bei den „zur Person des Betroffenen" gespeicherten Daten befinden. Mit der Herkunft der Daten wird die Stelle oder Person oder sonstige Quelle beschrieben, von der die speichernde Stelle die Daten erhalten
hat. Eine Pflicht zur Speicherung solcher Angaben besteht nicht. Zu nennen sind Name
und Postanschrift.

> *vgl. HessDSB, 41. TB (2012), Ziff. 4.7*

Die Auskunftspflicht nach § 34 Abs. 1 S. 1 Nr. 2 BDSG umfasst die Auskunft über die **1306**
Empfänger oder zumindest über Kategorien von Empfängern. Nach der bereits bei der
Erhebung bestehenden Informationspflicht (§ 4 Abs. 3 S. 1) bzw. der Benachrichtigungspflicht (§ 33 Abs. 1 S. 3) sind dem Betroffenen diese Informationen ggf. aber auch
schon ohne spezielles Auskunftsbegehren, d.h. unaufgefordert zu erteilen.

Nach § 34 Abs. 1 S. 1 Nr. 3 BDSG ist ferner der Zweck der Speicherung der Daten mit- **1307**
zuteilen. Er kann pauschal umschrieben werden. Mit Zweck der Speicherung ist die
Zweckbestimmung gemeint, die der Verarbeitung dient und durch die sie legitimiert ist.
Diese Zweckbestimmung ist bereits bei der Datenerhebung bei der Bewerbung bzw.
Einstellung offenzulegen (§ 4 Abs. 3). Häufig wird hier die Angabe „Abwicklung der
Rechte und Pflichten aus der arbeitsvertraglichen Beziehung und Erfüllung gesetzlicher
Informationspflichten" genügen. Gegebenenfalls ist sie jedoch zu präzisieren, so z.B.
bei der Datenspeicherung im Rahmen der Kontrolle der Internetnutzung.

Nicht verlangt werden kann die Erteilung der Auskunft in Schriftform, d.h. eine unter- **1308**
schriebene Erklärung, vielmehr genügt eine Erklärung in Textform (§ 126b BGB).
Besteht der Arbeitnehmer nicht auf dieser Art der Auskunftserteilung, kann die Auskunft auch mündlich ergehen. Gleiches gilt, wenn wegen besonderer Umstände eine
andere Form der Auskunftserteilung angemessen ist. Dies ist z.B. der Fall, wenn Einsicht in die Datei am Bildschirm gegeben wird.

Können personenbezogene Daten durch Einblick in den eigenen E-Mail-Account selbst
ermittelt werden, ist das Verlangen einer entsprechenden Auskunft in Textform rechtsmissbräuchlich.

> *HessLAG, DuD 2013, 392*

Eine Frist ist für die Auskunftserteilung nicht vorgesehen; auch hier gilt der Grundsatz **1309**
der „Unverzüglichkeit". Insoweit werden die im Geschäftsverkehr üblichen Fristen eingeräumt werden müssen. Sind zahlreiche Auskünfte zu bearbeiten, so wird der speichernden Stelle zugestanden werden müssen, sie gesammelt zu bearbeiten.

3.3   Ausnahmen von der Auskunftspflicht (§ 34 Abs. 7 BDSG)

1310   Nach § 34 Abs. 7 BDSG gelten die in § 33 Abs. 2 S. 1 Nr. 2, 3 und 5 bis 7 BDSG aufge-stellten Ausnahmen von der Benachrichtigungspflicht auch für die Auskunftserteilung. Für das Arbeitsverhältnis relevant ist, dass nur noch aufgrund gesetzlicher Aufbewah-rungspflichten – in dann regelmäßig gesperrter Form (§ 35 Abs. 3 Nr. 1 BDSG) – auf-gehobene oder die nach § 31 BDSG einer besonderen Zweckbindung unterworfenen Kontrolldaten (Nr. 2) regelmäßig nicht der Ausnahmeregelung unterfallen werden, da eine Einzelauskunft zumeist keinen unverhältnismäßigen, d.h. höheren Aufwand als in anderen Auskunftsfällen verursachen wird.

1311   Der Benachrichtigung und der Auskunft können Geheimhaltungsinteressen bzw. -pflichten entgegenstehen, und zwar solche eines Dritten (§ 33 Abs. 2 Nr. 3 BDSG) wie auch des Arbeitgebers selbst (§ 33 Abs. 2 Nr. 7b BDSG). Ihrem Wesen nach geheim zu halten sind z.B. Daten, die der Arbeitgeber im Hinblick auf die Aufdeckung eines Kor-ruptionsverdachts speichert, wobei unter die Geheimhaltungspflicht auch der Name eines Informanten fallen kann, dies dann, wenn die Anschuldigung nicht leichtfertig oder böswillig geschah.

> *Vgl. BVerwG, RDV 2004, 32*

Die Geheimhaltung kann auch im öffentlichen Interesse begründet sein, so, wenn ein Mitarbeiter im Verdacht geheimdienstlicher oder terroristischer Tätigkeit steht (§ 33 Abs. 2 Nr. 6), wobei die Geheimhaltungsbedürftigkeit von der öffentlichen Stelle – z.B. dem öffentlichen Auftraggeber des Arbeitgebers – festzustellen ist.

1312   Die Ablehnung der Auskunft ist zu begründen. Andererseits braucht der Arbeitgeber keine „Begründung" zu liefern bzw. kann mitteilen, dass keine zu beauskunftenden Daten vorliegen, wenn ansonsten bereits Rückschlüsse auf die gespeicherten Daten möglich wären (so in den Fällen des § 33 Abs. 2 Nr. 3, 6 und 7b BDSG).

1313   Fraglich ist, ob die Ausnahmen von der Auskunftspflicht auch gelten, wenn der Arbeit-nehmer sein Recht auf § 83 Abs. 1 BetrVG geltend macht, das jedenfalls vom Wortlaut der Norm her keinen Ausnahmeregelungen unterliegt. Die Literatur sieht insoweit, d.h. hinsichtlich gespeicherter Personalaktendaten – bei sog. Betriebs- und Sachaktendaten greift § 83 BetrVG nicht –,

> *zur Abgrenzung des Personalaktenbegriffs vgl. vorstehend Rdn. 99 ff.*

geheime Aufzeichnungen in jeglicher Form als unzulässig an,

> *Fitting, § 85 Rdn. 5; D/K/K/W-Buschmann, § 83 Rdn. 2*

sodass es auf die Auskunftsverweigerungsrechte des § 34 BDSG nicht ankommt.

> *Dix in Simitis, § 34, Rdn. 96*

Gleichwohl wird der Arbeitgeber im Ausnahmefall auch gegenüber dem Anspruch aus § 83 Abs. 1 BetrVG bei berechtigten, in der Person des Arbeitnehmers begründeten Geheimhaltungsinteressen (z.B. bei Korruptionsverdacht u.Ä.) ein letztlich in § 242 BGB begründetes Leistungsverweigerungsrecht zumindest zeitweise geltend machen können.

> *A.A. D/K/K/W-Buschmann, § 83 Rdn. 8; Fitting, § 83 Rdn. 6 für Ermittlungsakten*

3.4 Folgen bei Verstoß

Der Verstoß gegen die Benachrichtigungspflicht (§ 43 Abs. 1 Nr. 8 BDSG) und mit der **1314** Novelle 2009 auch gegen die Auskunftspflicht (§ 43 Abs. 1 Nr. 8a BDSG) kann als Ordnungswidrigkeit geahndet werden.

4 Informationspflichten gegenüber abgelehnten Bewerbern

4.1 Diskriminierungsschutz

Dem Arbeitgeber sind sowohl in der Privatwirtschaft als auch im öffentlichen Dienst **1315** Personalauswahlkriterien vorgegeben. In der Privatwirtschaft sind die Kriterien negativ ausgestaltet, indem nach dem AGG bestimmte Aspekte keine Rolle spielen dürfen (§ 1 AGG). Für den öffentlichen Dienst sind die Vorgaben positiv, indem die Auswahl allein unter den Kriterien der Eignung, Befähigung und fachlichen Leistung zu erfolgen hat (Art. 33 Abs. 2 GG). Während als Folge einer Praktizierung untersagter Auswahlgrundsätze für den Bewerber in der Privatwirtschaft kein Einstellungsanspruch erwächst, ist dies bei Bewerbern für den öffentlichen Dienst ggf. anders. In beiden Fällen können Schadensersatz- bzw. Entschädigungsansprüche entstehen.

Kommt es zu einer Auseinandersetzung mit einem Bewerber, der sich als rechtswidrig **1316** nicht berücksichtigt ansieht, stellt sich die Frage, in welchem Umfang der Arbeitgeber/ Dienstherr sich für seine Auswahlentscheidung zu rechtfertigen hat und ob ggf. Daten des erfolgreichen Bewerbers offengelegt werden dürfen bzw. müssen.

Dies beruht darauf, dass einem ablehnten Stellenbewerber nach § 15 AGG ein Entschä- **1317** digungs- und/oder Schadensersatzanspruch zustehen kann, wenn er durch die Auswahlentscheidung nach §§ 1, 2 Abs. 1 Nr. 1, 7 Abs. 1 AGG unzulässig benachteiligt wurde. Keine Rolle bei der Einstellungsentscheidung spielen darf – abgesehen von den in §§ 8 – 10 AGG genannten Ausnahmen – die Rasse oder ethnische Herkunft, das Geschlecht, die Religion oder Weltanschauung, eine Behinderung, das Alter oder die sexuelle Identität des Bewerbers.

> *Vgl. dazu vorstehend Rdn. 183, 367, 674*

Zur Geltendmachung des Schadensersatz- bzw. Entschädigungsanspruchs genügt und **1318** ist es aber auch erforderlich, dass der Bewerber anhand belegter Tatsachen Indizien vorträgt, die die Benachteiligung vermuten lassen, d.h. nach allgemeiner Lebenserfahrung mit überwiegender Wahrscheinlichkeit für eine Diskriminierung sprechen.

> *BAG, NZA 2004, 540*

Dem Arbeitgeber obliegt dann die Beweislast dafür, dass sein Verhalten nicht diskriminierend war. Diese Beweislastverteilung beruht darauf, dass es meistens um Vorgänge geht, die in der Sphäre des Arbeitgebers liegen und den Beteiligten z.T. nicht oder nicht im Einzelnen bekannt sein können.

Gleichwohl kann der Bewerber derartige die Diskriminierungsvermutung belegende **1319** Tatsachen in der Regel nur dann vortragen, wenn der Arbeitgeber diese Tatsachen „kundtut", sei es, dass die Stellenausschreibung „unglücklich" formuliert ist,

BAG, NZA 2010, 222: Altersdiskriminierende Stellenausschreibung; NZA 2010, 1412: Suche eines jüngeren, engagierten Volljuristen/Volljuristin; BAG, NJW 2004, 2112 = NZA 2004, 540: Verstoß gegen geschlechtsneutrale Ausschreibung; OLG Karlsruhe, NZA 2012, 392 = DB 2011, 2256: Ausschreibung der Stelle eines Geschäftsführers.

sei es, dass er vor der Auswahlentscheidung zumindest „missverständliche" Fragen stellt oder Verfahrensfragen nicht einhält.

Reif, RDV 2013, 25

Mit Vorlagebeschluss vom 20. Mai 2010

RDV 2010, 176 = AuR 2010, 275: Der Leitsatz lautet. 1. Wird eine Bewerbung ohne Begründung abgelehnt und kann der Bewerber darüber hinaus keine ausreichenden Indizien für die Vermutung der Benachteiligung wegen des Geschlechts, des Alters und der Herkunft vortragen, so ist der Arbeitgeber nach deutschem Recht nicht verpflichtet, mitzuteilen, ob und aufgrund welcher Kriterien er einen anderen Bewerber eingestellt hat.

2. Zur Klärung der Frage, ob dies mit den Antidiskriminierungsrichtlinien des Gemeinschaftsrechts vereinbar ist, wird dem EuGH folgende Frage zur Vorabentscheidung vorgelegt: Gebietet es das Gemeinschaftsrecht, einem Bewerber, der darlegt, dass er die Voraussetzungen für eine vom Arbeitgeber ausgeschriebene Stelle erfüllt, dessen Bewerbung jedoch nicht berücksichtigt wurde, gegenüber dem Arbeitgeber einen Anspruch auf Auskunft einzuräumen, ob dieser einen anderen Bewerber eingestellt hat und, wenn ja, aufgrund welcher Kriterien diese Einstellung erfolgt ist?

hatte das BAG den EuGH um die Klärung der Frage gebeten, ob es das gemeinschaftliche Diskriminierungsschutzrecht gebiete, einem abgelehnten Bewerber, der darlegt, dass er die Voraussetzung für eine vom Arbeitgeber ausgeschriebene Stelle erfüllt, einen Anspruch gegenüber dem Arbeitgeber darüber einzuräumen, ob und ggf. nach welchen Kriterien dieser einen anderen Bewerber eingestellt hat. Ausgegangen ist das Gericht dabei davon, dass nach deutschem Recht der Arbeitgeber nicht verpflichtet sei, seine Einstellungsentscheidung darzulegen

1320 Der EuGH

RDV 2012, 190 (LS) = AuR 2012, 227 = ZD 2012, 325; der Leitsatz lautet: Art. 8 Abs. 1 der Richtlinie 2000/43/EG des Rates vom 29. Juni 2000 zur Anwendung des Gleichbehandlungsgrundsatzes ohne Unterschied der Rasse oder der ethnischen Herkunft, Art. 10 Abs. 1 der Richtlinie 2000/54/EG des Rates vom 27. November 2000 zur Festlegung eines allgemeinen Rahmens für die Verwirklichung der Gleichbehandlung in Beschäftigung und Beruf und Art. 19 Abs. 1 der Richtinie 2006/54/EG des Europäischen Parlaments und des Rates vom 5. Juli 2006 zur Verwirklichung des Grundsatzes der Chancengleichheit und Gleichbehandlung von Männern und Frauen in Arbeits- und Beschäftigungsfragen sind dahingehend auszulegen, dass sie für einen Arbeitnehmer, der schlüssig darlegt, dass er die in einer Stellenausschreibung genannten Voraussetzungen erfüllt, und dessen Bewerbung nicht berücksichtigt wurde, keinen Anspruch auf Auskunft darüber vorsehen, ob der Arbeitgeber am Ende des Einstellungsverfahrens einen anderen Bewerber eingestellt hat.

Es kann jedoch nicht ausgeschlossen werden, dass die Verweigerung jedes Zugangs zu Informationen durch einen Beklagten ein Gesichtspunkt sein kann, der im Rahmen des Nachweises von Tatsachen, die das Vorliegen einer unmittelbaren oder mittelbaren Diskriminierung vermuten lassen, heranzuziehen ist. Es ist Sache des vorlegenden Gerichts, unter Berücksichtigung aller Umstände des bei ihm anhängigen Rechtsstreits zu prüfen, ob dies im Ausgangsverfahren der Fall ist.

hat die Anfrage schließlich im Ergebnis negativ beschieden. Dem folgte das BAG. Urteil vom 25.04. 2013 – 8AZR/08.

Andererseits räumte der EuGH ein, dass die Verweigerung von erbetenen Informationen für das Gericht im konkreten Fall ein Gesichtspunkt sein kann, der bei der Bewertung einer zu vermutenden Diskriminierung mit heranzuziehen ist.

Das soll bewirken, dass die zu Gunsten des Bewerbers gedachte Beweiserleichterung in § 22 AGG nicht deswegen unerreichbar bleibt, weil die benötigten Indizien vollständig in der Hand des Arbeitgebers liegen.

Braunroth, AuR 2012, 343

Wird die ablehnende Entscheidung jedoch begründet und entspricht die Begründung nicht den Tatsachen oder steht sie im Widerspruch zu dem Verhalten des Arbeitgebers, so kann dies ein Indiz für Diskriminierung bedeuten.

BAG, NZA 2013, 1345

Schließlich darf aber nicht übersehen werden, dass – anders als im öffentlichen Dienst – der Arbeitgeber seine Einstellungsentscheidung nach subjektiven, aber nicht diskriminierungsrelevanten Erwägungen zugunsten des weniger qualifizierten Bewerbers treffen kann. **1321**

Vgl. Meinel/Heyn/Herms, AGG, § 22 Rdn. 26

4.2 Konkurrentenstreitigkeiten im öffentlichen Dienst

Insoweit bietet es sich an, einen Blick auf die gleichgelagerte Problematik bei sog. Konkurrentenstreitigkeiten und die dort bestehenden Beweisführungsverfahren zu werfen. Während der Bewerber in der Privatwirtschaft „nur" einen Anspruch auf eine benachteiligungsfreie Auswahlentscheidung hat, steht der Zugang zu einer im öffentlichen Dienst zu besetzenden Stelle jedem nach den Kriterien der Eignung, Befähigung und Leistung Geeigneten offen. Art. 33 Abs. 2 GG begründet ein grundrechtsgleiches Recht auf rechtsfehlerfreie Einbeziehung in die Bewerberauswahl und auf deren Durchführung anhand der verfassungsrechtlichen Auswahlkriterien. Der rechtswidrig abgelehnte Bewerber hat – jedenfalls solange die Stelle noch frei ist – die Möglichkeit, die Einstellung einzuklagen. **1322**

BAG, NZA 1995, 781

Die Korrektheit der Auswahlentscheidung hat der Dienstherr/Arbeitgeber dem Bewerber ggf. zu belegen. In einhelliger und ständiger Rechtsprechung wird der Arbeitgeber/Dienstherr daher als verpflichtet angesehen, die wesentlichen der Auswahlentscheidung zugrunde liegenden Erwägungen unverzüglich schriftlich festzulegen. **1323**

Vgl. zuletzt BAG, NJW 2010, 3595, OVG NW IöD 2011, 244; ferner DVBl. 2009, 330

„Wird eine Bewerberauswahl maßgeblich auf die Eindrücke aus einem Auswahlgespräch gestützt, müssen die an die Bewerber gerichteten Fragen bzw. die besprochenen Themen, die Antworten der Bewerber, die Bewertung dieser Antworten durch die Auswahlkommission sowie der persönliche Eindruck von den Bewerbern zumindest in den Grundzügen nachvollziehbar dokumentiert werden."

So OVG Berlin-Brandenburg, RDV 2012, 308

Grundlage für die anzulegenden Auswahlkriterien müssen die für die Besetzung der Stelle vorab festgelegte Dienstpostenbeschreibung und das Anforderungsprofil sein. **1324**

BAG, NZA 2009, 1087

1325 Das Dokumentationsgebot ist für die Transparenz der Auswahlentscheidung unverzichtbar, weil anderenfalls die Effektivität des gerichtlichen Rechtsschutzes in Frage stünde. Die fehlende schriftliche Dokumentation stellt einen nicht heilbaren Verfahrensmangel dar, der zum Abbruch des Verfahrens führen muss.

BAG, OpenJur 2011, 96837

1326 Dem unterlegenen Konkurrenten wird zur Prüfung, ob er gegen den ablehnenden Bescheid vorgehen will, ein Einsichtsrecht in diese Unterlagen zugestanden, da dem Konkurrenten hinsichtlich der Kenntnis der vergleichenden Wertungen ein höheres Interesse zukommt als dem Geheimhaltungsinteresse des favorisierten Bewerbers.

Vgl. Bayer. LDSB, 21 TB (2006), Ziff. 16.1.3

1327 Des Weiteren ist die Rechtsprechung bereit, bei Streitigkeiten um Beförderungen dem Bewerber auch einen Anspruch auf Auskunft aus der Personalakte des Mitbewerbers jedenfalls dann einzuräumen, wenn sich die Personalentscheidung als angreifbar herausgestellt hat. Nicht genügend ist jedoch eine bloße Ausforschungsabsicht und das Interesse, das Prozessrisiko abzuschätzen. Kommt es zum Rechtstreit, sieht sich die Rechtsprechung im Regelfall zur Anforderung der Personalakte des berücksichtigten Bewerbers als berechtigt an.

4.3   Datenschutzrechtliche Auskunftsrechte

1328 Wird die Auswahlentscheidung dokumentiert, stellt sich die Frage nach den datenschutzrechtlichen Einsichts- oder Auskunftsrechten Betroffener. Nach § 34 Abs. 1 BDSG kann der Bewerber Auskunft über die zu seiner Person gespeicherten Daten verlangen, dies unter der Voraussetzung, dass die Datenspeicherung vom Geltungsbereich des BDSG erfasst wird, d.h. dass die Daten automatisiert oder in Dateien gespeichert sind (§ 1 Abs.2 Nr. 3, 27 Abs. 1 BDSG).

1329 Fraglich ist jedoch, ob die Ausnahmeregelung des § 33 Abs. 2 Nr. 3 BDSG, auf die in § 34 Abs. 7 BDSG verwiesen wird, zugunsten der Mitbewerber greift. Auskunft ist danach nicht zu erteilen, wenn Daten „ihrem Wesen nach, namentlich wegen des überwiegenden rechtlichen Interesse eines Dritten, geheim gehalten werden müssen". Konkret geht es darum, ob rechtliche Interessen der anderen Mitbewerber verletzt werden, wenn die sie betreffenden Auswahlüberlegungen offengelegt werden. Hiervon ist auszugehen, da der Bewerber die Beachtung der Vertraulichkeit seiner Daten erwarten kann und – anders als im öffentlichen Dienst – weder das Informationsinteresse des Arbeitgebers noch das des abgewiesenen Bewerbers als höherrangig anzusetzen ist.

1330 Des Weiteren könnte sich ein Informationsinteresse auf der Basis des informationellen Selbstbestimmungsrechts im Hinblick auf die Rücksichtnahmepflicht des § 241 Abs. 2 BGB ergeben. Wenn das BAG

RDV 2011, 225

bereit ist, dem ausgeschiedenen Mitarbeiter auf dieser Grundlage – unabhängig von einem besonderen berechtigten Interesse – ein Einsichtsrecht in seine ehemalige Personalakte einzuräumen, so wird man dem Bewerber auch zugestehen können, die über ihn geführten Unterlagen auf Richtigkeit und Zulässigkeit überprüfen zu können.

Jedoch kann dieses Recht nicht weiter greifen als die ggf. aufgrund der Art der Datenverarbeitung nicht zum Tragen kommende Regelung des § 34 BDSG.

Zulässig ist daher auch unter Betrachtung der datenschutzrechtlichen Auskunftsrechte **1331** nur die Bekanntgabe einer hinsichtlich der Mitbewerber anonymisierten Dokumentation des Auswahlprozesses. Diese relative Anonymisierung ist unbedenklich, wenn keine Bewerber eingestellt wurden und eine Rückführung der Angaben auf die Mitbewerber nicht erfolgen kann. Anders liegt es, wenn ein Bewerber eingestellt wurde, der ggf. von dem unterlegenen Mitbewerber ermittelt werden kann. In derartigen Fällen kann die Dokumentation nur mit Einwilligung des berücksichtigten Bewerbers weitergegeben werden.

5 Informationspflichten bei Datenschutzpannen

5.1 Allgemeines

Eine spezielle Informationspflicht trifft den Arbeitgeber nach § 42a BDSG bei sog. **1332** „Datenschutzpannen". Die Vorschrift soll es den Betroffenen und den Datenschutzaufsichtsbehörden erleichtern, bei Datenverlusten, d.h. wenn Daten unrechtmäßig in die Hände Dritter gelangt sind, Folgeschäden zu vermeiden. Der Informationspflicht unterliegen nur im § 27 Abs. 1 BDSG genannte verantwortliche Stellen. Mitteilungspflichten gegenüber den Arbeitnehmern, die sich für den Arbeitgeber bislang bereits aus der Fürsorgepflicht ergaben, sind nun normiert worden. Die Information war auch im Eigeninteresse geboten, um Haftungsansprüche nach § 7 BDSG, § 823 BGB zu minimieren. Daneben ist eine Pflicht zur „Selbstanzeige" bei der Aufsichtsbehörde getreten.

Zu beachten sind auch entsprechende bereichsspezifische Informationspflichten nach § 83a SGB X, § 15a TMG, § 109a TKG.

> *dazu BlnBDi, TB 2012, Ziff. 15.2*

Auslöser der Informationspflicht ist die Feststellung der konkreten Datenschutzpanne. **1333** Reine Vermutungen genügen nicht, wie bei der Feststellung einer Sicherheitslücke, wobei offen ist, ob diese von Unbefugten genutzt wurde. Die Information des Betroffenen ist unsinnig, wenn eine Mitteilung ihm noch keine Schadensminderungsmaßnahmen ermöglichen würde. Andererseits genügt bereits ein Verdacht, wenn dieser durch tatsächliche Anhaltspunkte belegt ist, so z.B. wenn ein Laptop mit unverschlüsselten Gehalts- und Bankdaten auf einer Dienstreise verloren ging.

> *Vgl. Gola/Schomerus, § 42a Rdn. 4; Dix in Simitis § 42a Rdn. 8*

Gleiches gilt für den unaufklärbaren Verlust von Touren- und Arbeitsablaufplänen einer Hauspflegeeinrichtung

> *vgl. BlnBDi, TB 2012, Ziff. 15.2*

Typische Fälle sind auch fehlgeleitete Faxe und E-Mails mit „brisanten" Informationen.

5.2 Bestehen einer besonderen Gefährdung

Die Pflicht zur Information ist an zwei Voraussetzungen geknüpft. Zum einen muss die **1334** Datenschutzpanne die in § 42 S. 1 BDSG enumerativ aufgeführten sensiblen Daten betreffen. Hierzu gehören die

- in § 3 Abs. 9 BDSG genannten besonderen Arten personenbezogener Daten,
- Daten, die einem Berufsgeheimnis unterliegen,
- Angaben in Bezug zu strafbaren oder ordnungswidrigen Handlungen
- und Daten zu Bank- und Kreditkartenkonten.

1335 Zum anderen müssen dem Betroffenen schwerwiegende Beeinträchtigungen materieller oder immaterieller Art drohen. Materielle Schäden können z.B. bei Bekanntwerden von Gehaltskontodaten entstehen. Immaterielle Beeinträchtigungen werden regelmäßig vorliegen, wenn sie zugleich als gravierende Persönlichkeitsverletzung einen immateriellen Schadensersatzanspruch begründen. Dies wäre z.B. der Fall bei Verlust von Daten des Betriebsarztes.

1336 Auch dem Arbeitgeber bekannt gewordene Verstöße beim Betriebsrat müssen ggf. dem Beschäftigten mitgeteilt werden. Stellt er z.B. fest, dass ein Betriebsratsmitglied Lohn- und Gehaltsdaten an eine Gewerkschaft weitergegeben hat, damit dort die Beitragsehrlichkeit eines Gewerkschaftsmitglied überprüft werden kann, könnte damit auch eine Übermittlung von § 3 Abs. 9 BDSG erfasster Daten verbunden sein. Der Arbeitgeber kann in diesem Fall zum Einschreiten etwa im Rahmen von § 23 BetrVG verpflichtet sein.

Vgl. BAG, DB 1959, 979

5.3 Verfahren und Inhalt der Benachrichtigung

1337 Die Information hat unverzüglich, d.h. ohne schuldhaftes Zögern (§ 121 BGB), zu erfolgen. Gegenüber den Betroffenen ist eine Verzögerung einer an sich sofort möglichen Information nicht schuldhaft, sondern berechtigt, wenn der Offenlegung zuvor noch zu schließende Sicherungslücken oder Interessen der Strafverfolgung entgegenstehen. Derartige „Verzögerungsgründe" bestehen gegenüber der Aufsichtsbehörde auf Grund der ihr obliegenden Verschwiegenheitspflicht nicht. Sie hat vielmehr zu prüfen, ob die vom Arbeitgeber ergriffenen Maßnahmen, die er der Aufsichtsbehörde mitzuteilen hat, hinreichend sind.

---

§ 42a Informationspflicht bei unrechtmäßiger Kenntniserlangung von Daten

Stellt eine nicht öffentliche Stelle im Sinne des § 2 Absatz 4 oder eine öffentliche Stelle nach § 27 Absatz 1 Satz 1 Nummer 2 fest, dass bei ihr gespeicherte

1. *besondere Arten personenbezogener Daten (§ 3 Absatz 9),*

2. *personenbezogene Daten, die einem Berufsgeheimnis unterliegen,*

3. *personenbezogene Daten, die sich auf strafbare Handlungen oder Ordnungswidrigkeiten, oder den Verdacht strafbarer Handlungen oder Ordnungswidrigkeiten beziehen, oder*

4. *personenbezogene Daten zur Bank- und Kreditkartenkonten*

unrechtmäßig übermittelt oder auf sonstige Weise Dritten unrechtmäßig zur Kenntnis gelangt sind, und drohen schwerwiegende Beeinträchtigungen für die Rechte oder schutzwürdigen Interessen der Betroffenen, hat sie dies nach den Sätzen 2 bis 5 unverzüglich der zuständigen Aufsichtsbehörde sowie den Betroffenen mitzuteilen. Die Benachrichtigung des Betroffenen muss unverzüglich erfolgen, sobald angemessene Maßnahmen zur Sicherung der Daten ergriffen worden oder nicht unverzüglich erfolgt sind und die Strafverfolgung nicht mehr gefährdet wird. Die Benachrichtigung der Betroffenen muss eine Darlegung der Art der unrechtmäßigen Kenntniserlangung und Empfehlung für Maßnahmen zur Minderung möglicher nachteiliger Folgen enthalten.

> *Die Benachrichtigung der zuständigen Aufsichtsbehörde muss zusätzlich eine Darlegung möglicher nachteiliger Folgen der unrechtmäßigen Kenntniserlangung und der von der Stelle daraufhin ergriffenen Maßnahmen enthalten. Soweit die Benachrichtigung der Betroffenen einen unverhältnismäßigen Aufwand erfordern würde, insbesondere aufgrund der Vielzahl der betroffenen Fälle, tritt an ihre Stelle die Information der Öffentlichkeit durch Anzeigen, die mindestens eine halbe Seite umfassen, in mindestens zwei bundesweit erscheinenden Tageszeitungen oder durch eine andere, in ihrer Wirksamkeit hinsichtlich der Information der Betroffenen gleich geeignete Maßnahme. Eine Benachrichtigung, die der Benachrichtigungspflichtige erteilt hat, darf in einem Strafverfahren oder in einem Verfahren nach dem Gesetz über Ordnungswidrigkeiten gegen ihn oder einen in § 52 Absatz 1 der Strafprozessordnung bezeichneten Angehörigen des Benachrichtigungspflichtigen nur mit Zustimmung des Benachrichtigungspflichtigen verwendet werden.*

Bei dem Inhalt der Benachrichtigung wird daher auch differenziert zwischen der Mitteilung an den tangierten Betroffenen und an die Aufsichtsbehörde. Dem Betroffenen ist die Art der unrechtmäßigen Kenntniserlangung in verständlicher Form, d.h. ggf. ohne Aufzeigen der Einzelheiten der technischen Hintergründe, darzulegen. Ferner sind ihm zur Minderung möglicher nachteiliger Folgen geeignete Maßnahmen zu empfehlen. Die Benachrichtigung der Aufsichtsbehörde muss dagegen die von der verantwortlichen Stelle selbst zur Vermeidung weiterer einschlägiger Datenschutzpannen ergriffenen Maßnahmen erhalten. Gegebenenfalls genügt und ist auch die alleinige Lösung, den Hersteller der Soft- oder Hardware zu verständigen. **1338**

Die Benachrichtigung des Betroffenen hat – soweit von Kosten und Aufwand vertretbar – individuell zu erfolgen. Eine Ausnahme besteht, wenn die individuelle Benachrichtigung einen unverhältnismäßigen Aufwand an Kosten und Zeit erfordert. Hier kann z.B. auch eine Publikation in Tageszeitungen genügen. Diese wird in der Regel bei Datenschutzpannen zu Lasten der Beschäftigten nicht zutreffen. Statt eines individuellen Anschreibens wird ggf. auch ein Rundschreiben oder eine Mitteilung in der Werkszeitung ausreichend sein. **1339**

> *Vgl. Gola/Schomerus, § 42a Rdn. 7; zur Veröffentlichung im Internet vgl. BlnBDi, TB 2012 Ziff. 15.2*

Die Offenlegung des Datenschutzversäumnisses ist keine Selbstanzeige, d.h., sie darf nicht in ein Straf- oder Ordnungswidrigkeitenverfahren Eingang finden, es sei denn, der Benachrichtigungspflichtige stimmt zu. Hierdurch wird dem Konflikt Rechnung getragen, dass der Betroffene so oder so, d.h. entweder wegen des eingetretenen Datenschutzverstoßes oder wegen der Nichtanzeige nach § 43 Abs. 2 Nr. 7 BDSG, mit einem Bußgeld belegt werden könnte. **1340**

Der betriebliche Datenschutzbeauftragte ist in zweierlei Richtung in das Verfahren eingebunden. Das betrifft zunächst seine Pflicht, von ihm festgestellte oder ihm bekannt gewordene, eine Informationspflicht begründende Tatbestände unverzüglich dem Vorstand/Geschäftsführer zu melden. In Fällen, in denen die „Panne" nicht vom DSB ermittelt wurde, ist er nach § 4d Abs. 1 S.1 BDSG in das Meldeverfahren und die Entscheidung über die Abwehrmaßnahmen mit einzubeziehen. **1341**

Kapitel 9

Das Datengeheimnis, Schweigepflichten und Sanktionen von Datenschutzverstößen

1 Die Adressaten datenschutzrechtlicher Schweigepflichten

Adressat der Verpflichtungen aus dem BDSG ist zunächst die verantwortliche Stelle **1342** (§§ 1 Abs. 2, 2 BDSG), d.h. konkret der oder die Leiter der Dienststelle bzw. die Leitung des Unternehmens, bei der der Arbeitnehmer beschäftigt ist. Aber nicht nur das „Schutzgesetz" BDSG gibt dem Dienstherrn bzw. Arbeitgeber datenschutzrechtliche Verpflichtungen auf, diese ergeben sich gleichermaßen aufgrund der das Beschäftigungsverhältnis gestaltenden Rücksichtnahmepflicht (§ 241 BGB)

> *BAG RDV 2012, 243 = NZA 2011,453; vorstehend Rdn. 131*

sowie der Auftrag aus § 75 Abs. 2 BetrVG.

> *Vgl. hierzu nachstehend Rdn. 1634*

Daneben wendet sich das BDSG an denjenigen, der zum betrieblichen Datenschutzbe- **1343** auftragten bestellt wurde, indem es auch ihm bestimmte Verpflichtungen zur Gewährleistung des Datenschutzes auferlegt, ohne aber dadurch die Leitung der verantwortlichen Stelle aus ihrer primären Verantwortung zu entlassen.

Schließlich richtet sich das BDSG aber in § 5 auch an alle Mitarbeiter, die in der Dienst- **1344** stelle bzw. im Betrieb bei der Verarbeitung von Personaldaten beschäftigt sind, indem es ihnen die unbefugte Verarbeitung oder Nutzung von Daten untersagt und Fehlverhalten ggf. sogar strafrechtlich sanktioniert.

> **§ 5 BDSG – Datengeheimnis**
>
> *Den bei der Datenverarbeitung beschäftigten Personen ist untersagt, personenbezogene Daten unbefugt zu erheben, zu verarbeiten oder zu nutzen (Datengeheimnis). Diese Personen sind, soweit sie bei nicht öffentlichen Stellen beschäftigt werden, bei der Aufnahme ihrer Tätigkeit auf das Datengeheimnis zu verpflichten. Das Datengeheimnis besteht auch nach Beendigung ihrer Tätigkeit fort.*

2 Die Datenschutzverpflichtung der Beschäftigten

2.1 Das Datengeheimnis

§ 5 S. 1 BDSG untersagt es den aufgrund von Dienst-, Arbeits- oder Beamtenverhältnis- **1345** sen bzw. sonstiger Rechtsbeziehung bei der Datenverarbeitung Beschäftigten, personenbezogene Daten unbefugt zu verarbeiten oder zu nutzen. Auf die Art des Beschäftigungsverhältnisses kommt es nicht an. Daher sind alle in § 3 Abs. 11 BDSG aufgezählten

„Beschäftigten" erfasst. Aber auch auf Werkvertragsbasis Tätige können betroffen sein. Gleiches gilt für ehrenamtlich oder auf Gefälligkeitsbasis Tätige.

Ehmann in Simitis, § 5 Rdn. 13 ff.

Die Reichweite der Regelung wird mit dem als Überschrift des § 5 BDSG gewählten Begriff „Datengeheimnis" daher nur unvollständig erfasst. Sie enthält nicht nur die in der Regel für den Personalsachbearbeiter schon aufgrund dienst- oder arbeitsvertraglicher Vorschriften bestehende Geheimhaltungsverpflichtung,

vgl. hierzu BAG, DB 1988, 1020 = MDR 1988, 607 = BB 1988, 980:

„1. Ein Arbeitnehmer ist auch nach Beendigung des Arbeitsverhältnisses verpflichtet, Verschwiegenheit über Geschäfts- und Betriebsgeheimnisse seines Arbeitgebers zu bewahren.

2. Betriebs- und Geschäftsgeheimnisse sind Tatsachen, die im Zusammenhang mit einem Geschäftsbetrieb stehen, nur einem eng begrenzten Personenkreis bekannt sind und nach dem bekundeten Willen des Betriebsinhabers geheim zu halten sind (u. a. BGH, AP Nr. 1 zu § 17 UWG; BAGE 41, S. 21)."

sondern untersagt jedwede unbefugte Verwendung und Nutzung.

1346   Die Verpflichtung nach § 5 S. 1 BDSG tritt daher auch nicht gemäß der Subsidiarität des BDSG nach § 1 Abs. 4 BDSG gegenüber speziellen Geheimhaltungspflichten (z.B. aus §§ 79 BetrVG, 17 UWG, 203 StGB, 67 BBG) zurück, wenngleich bei der Sanktion z.B. wegen Missbrauchs von Geschäftsgeheimnissen in der Regel auf die Spezialnorm zurückgegriffen wird, dies im speziellen Fall auch deswegen, weil § 44 BDSG das „bloße" unbefugte Nutzen von personenbezogenen Daten nicht unter Strafe stellt.

2.2   Der Schutz von Geschäftsgeheimnissen

1347   Den Schutz von Geschäfts- und Betriebsgeheimnissen untersagt den Beschäftigten § 17 UWG mit entsprechender Strafandrohung. Auch wenn Kunden- und Personaldaten unter diese Geheimhaltungspflicht fallen können, ist Zielrichtung der Norm nicht der Schutz des Persönlichkeitsrechts, sondern das Geschäftsinteresse des Arbeitgebers.

> **§ 17 UWG – *Verrat von Geschäfts- und Betriebsgeheimnissen***
>
> *(1) Wer als eine bei einem Unternehmen beschäftigte Person ein Geschäfts- oder Betriebsgeheimnis, das ihr im Rahmen des Dienstverhältnisses anvertraut worden oder zugänglich geworden ist, während der Geltungsdauer des Dienstverhältnisses unbefugt an jemand zu Zwecken des Wettbewerbs, aus Eigennutz, zugunsten eines Dritten oder in der Absicht, dem Inhaber des Unternehmens Schaden zuzufügen, mitteilt, wird mit Freiheitsstrafe bis zu drei Jahren oder mit Geldstrafe bestraft.*
>
> *(2) Ebenso wird bestraft, wer zu Zwecken des Wettbewerbs, aus Eigennutz, zugunsten eines Dritten oder in der Absicht, dem Inhaber des Unternehmens Schaden zuzufügen,*
>
> *1. sich ein Geschäfts- oder Betriebsgeheimnis durch*
>
> *a) Anwendung technischer Mittel,*
>
> *b) Herstellung einer verkörperten Wiedergabe des Geschäftsgeheimnisses oder*
>
> *c) Wegnahme einer Sache, in der das Geheimnis verkörpert ist, unbefugt verschafft oder sichert oder*
>
> *2. ein Geschäfts- oder Betriebsgeheimnis, das er durch eine der in Absatz 1 bezeichneten Mitteilungen oder durch eigene oder fremde Handlung nach Nummer 1 erlangt oder sich sonst unbefugt verschafft oder gesichert hat, unbefugt verwertet oder jemandem mitteilt.*

(3) Der Versuch ist strafbar.

(4) ... (6)

Vgl. zur unbefugten Nutzung von Kundendaten nach Ende des Dienstverhältnisses BGH, RDV 2006, 261 = CR 2006, 810 = MMR 2006, 815:

„(2) Ein ausgeschiedener Mitarbeiter, der als Geschäftsgeheimnis zu bewertende Kundenda-ten seines früheren Arbeitgebers zu Werbezwecken schriftlichen Unterlagen entnimmt, die er während seines früheren Dienstgeheimnisses zusammengestellt und im Rahmen seiner frühe-ren Tätigkeit befugtermaßen bei seinen privaten Unterlagen – etwa in einem privaten Adress-buch oder auf einem PC – aufbewahrt hat, verschafft sich damit dieses Geschäftsgeheimnis unbefugt im Sinne von § 17 Abs. 2 Nr. 2 UWG (im Anschluss an BGH, NJW-RR 2003, 833 – Verwertung von Kundenlisten)." BGH, RDV 2002, 62 = NJW 2004, 2385: „Ein Beschäftigter, der vor dem Ausscheiden aus dem Arbeitsverhältnis unter Verwendung des Adressenmaterials des Arbeitgebers ein Abschiedsschreiben an die bislang von ihm betreuten und dabei durch ein Vertrauensverhältnis verbundenen Kunden richtet, handelt wettbewerbswidrig, wenn er direkt oder indirekt (hier durch Angabe der privaten Adresse und Telefonnummer) auf seine zukünf-tige berufliche Tätigkeit als Wettbewerber oder für einen Wettbewerber hinweist."

Zur Strafbarkeit des Empfängers von Adressdaten einer unbefugten Übermittlung nach § 17 Abs. 2 UWG vgl. OLG Karlsruhe, RDV 2003, 246

2.3 Schutz des Dienstgeheimnisses

Eine ebenfalls aus Geheimhaltungsinteresse des Dienstherrn und – jedenfalls nicht pri-mär – aus Datenschutzgründen eventuell betroffener Bürger – normierte Schweige-pflicht enthält § 67 BBG. **1348**

§ 67 BBG – Verschwiegenheitspflicht

(1) Beamtinnen und Beamte haben über die ihnen bei oder bei Gelegenheit ihrer amtlichen Tätigkeit bekannt gewordenen dienstlichen Angelegenheiten Verschwiegenheit zu bewahren. Dies gilt auch über den Bereich eines Dienstherrn hinaus sowie nach Beendigung des Beam-tenverhältnisses.

(2) Absatz 1 gilt nicht, soweit

1. Mitteilungen im dienstlichen Verkehr geboten sind,

2. Tatsachen mitgeteilt werden, die offenkundig sind oder ihrer Bedeutung nach keiner Geheimhaltung bedürfen, oder

3. gegenüber der zuständigen obersten Dienstbehörde, einer Strafverfolgungsbehörde oder einer von der obersten Dienstbehörde bestimmten weiteren Behörde oder außerdienstli-chen Stelle ein durch Tatsachen begründeter Verdacht einer Korruptionsstraftat nach den §§ 331 bis 337 des Strafgesetzbuches angezeigt wird.

Im Übrigen bleiben die gesetzlich begründeten Pflichten, geplante Straftaten anzuzeigen und für die Erhaltung der freiheitlichen demokratischen Grundordnung einzutreten, von Absatz 1 unberührt.

(3) Beamtinnen und Beamte dürfen ohne Genehmigung über Angelegenheiten nach Absatz 1 weder vor Gericht noch außergerichtlich aussagen oder Erklärungen abgeben. Die Genehmi-gung erteilt die oder der Dienstvorgesetzte oder, wenn das Beamtenverhältnis beendet ist, die oder der letzte Dienstvorgesetzte. Hat sich der Vorgang, der den Gegenstand der Äußerung bildet, bei einem früheren Dienstherrn ereignet, darf die Genehmigung nur mit dessen Zustim-mung erteilt werden.

(4) Beamtinnen und Beamte haben, auch nach Beendigung des Beamtenverhältnisses, auf Verlangen der oder des Dienstvorgesetzten oder der oder des letzten Dienstvorgesetzten amtliche Schriftstücke, Zeichnungen, bildliche Darstellungen sowie Aufzeichnungen jeder Art über dienstliche Vorgänge, auch soweit es sich um Wiedergaben handelt, herauszugeben. Entsprechendes gilt für ihre Hinterbliebenen und Erben.

2.4 Das Sozialgeheimnis

1349 Der Begriff Sozialgeheimnis bezeichnet die bereichsspezifischen Datenschutz-Regelungen im Sozialrecht. Das Sozialgeheimnis konkretisiert das Grundrecht auf informationelle Selbstbestimmung für den Bereich der öffentlichen Sozialleistungsträger und anderer Stellen, die mit der Erhebung, Verarbeitung oder Nutzung von Sozialdaten betraut sind. Sozialgeheimnis ist der Anspruch des Einzelnen, dass die ihn betreffenden Sozialdaten von den Sozialleistungsträgern nicht unbefugt erhoben, gespeichert, verarbeitet, verändert, übermittelt, gelöscht und genutzt werden. Ob diese Daten geheim oder offenkundig sind, ist für das Sozialgeheimnis unerheblich. Gesetzlich geregelt ist das Sozialgeheimnis im § 35 Erstes Buch Sozialgesetzbuch in Verbindung mit den §§ 67 ff. Zehntes Sozialgesetzbuch.

vgl. BSozG, RDV 2013, 41 zur Durchbrechung des Sozialgeheimnisses

1350 Die Datenschutznormen des Sozialgesetzbuchs gehen aufgrund der Subsidiaritätsklausel in § 1 Abs. 3 BDSG als spezielle Datenschutznormen dem allgemeinen Datenschutzrecht des Bundes vor. Gleiches gilt entsprechend für die Datenschutzgesetze der Länder, zum Beispiel in Nordrhein-Westfalen aufgrund § 2 Abs. 3 DSG NRW. Die allgemeinen Datenschutzbestimmungen greifen nur, sofern es keine spezielle Regelung im Sozialgesetzbuch gibt.

§ 35 Sozialgeheimnis

(1) Jeder hat Anspruch darauf, dass die ihn betreffenden Sozialdaten (§ 67 Abs. 1 Zehntes Buch) von den Leistungsträgern nicht unbefugt erhoben, verarbeitet oder genutzt werden (Sozialgeheimnis). Die Wahrung des Sozialgeheimnisses umfasst die Verpflichtung, auch innerhalb des Leistungsträgers sicherzustellen, dass die Sozialdaten nur Befugten zugänglich sind oder nur an diese weitergegeben werden. Sozialdaten der Beschäftigten und ihrer Angehörigen dürfen Personen, die Personalentscheidungen treffen oder daran mitwirken können, weder zugänglich sein noch von Zugriffsberechtigten weitergegeben werden. Der Anspruch richtet sich auch gegen die Verbände der Leistungsträger, die Arbeitsgemeinschaften der Leistungsträger und ihrer Verbände, die Datenstelle der Träger der Rentenversicherung, die in diesem Gesetzbuch genannten öffentlich-rechtlichen Vereinigungen, gemeinsame Servicestellen, Integrationsfachdienste, die Künstlersozialkasse, die Deutsche Post AG, soweit sie mit der Berechnung oder Auszahlung von Sozialleistungen betraut ist, die Behörden der Zollverwaltung, soweit sie Aufgaben nach § 2 des Schwarzarbeitsbekämpfungsgesetzes und § 66 des Zehnten Buches durchführen, die Versicherungsämter und Gemeindebehörden sowie die anerkannten Adoptionsvermittlungsstellen (§ 2 Abs. 2 des Adoptionsvermittlungsgesetzes), soweit sie Aufgaben nach diesem Gesetzbuch wahrnehmen und die Stellen, die Aufgaben nach § 67c Abs. 3 des Zehnten Buches wahrnehmen. Die Beschäftigten haben auch nach Beendigung ihrer Tätigkeit bei den genannten Stellen das Sozialgeheimnis zu wahren.

(2) Eine Erhebung, Verarbeitung und Nutzung von Sozialdaten ist nur unter den Voraussetzungen des Zweiten Kapitels des Zehnten Buches zulässig.

(3) Soweit eine Übermittlung nicht zulässig ist, besteht keine Auskunftspflicht, keine Zeugnispflicht und keine Pflicht zur Vorlegung oder Auslieferung von Schriftstücken, nicht automatisierten Dateien und automatisiert erhobenen, verarbeiteten oder genutzten Sozialdaten.

(4) Betriebs- und Geschäftsgeheimnisse stehen Sozialdaten gleich.

(5) Sozialdaten Verstorbener dürfen nach Maßgabe des Zweiten Kapitels des Zehnten Buches verarbeitet oder genutzt werden. Sie dürfen außerdem verarbeitet oder genutzt werden, wenn schutzwürdige Interessen des Verstorbenen oder seiner Angehörigen dadurch nicht beeinträchtigt werden können.

Die Regelung richtet sich nicht an den einzelnen Beschäftigten, sondern an die verantwortliche Stelle, d.h. die Leistungsträger bzw. konkret die funktional mit der Aufgabenerfüllung betraute Stelle. Die Mitarbeiter sind zwar dienstlich zum Sozialdatenschutz verpflichtet, Adressat von § 35 SGB I ist aber die Stelle, für die der Dienststellenleiter verantwortlich handelt.

Krahmer, Sozialdatenschutz nach SGB I und X, § 35 Rdn. 13, 19 ff.

Die Sozialleistungsträger sind in § 18 bis 29 SGB I genannt, also z.B. die Träger der Sozialversicherung, die Träger der Jugendhilfe, der Grundsicherung für Arbeitssuchende, der Sozialhilfe. Der Sozialdatenschutz ist allerdings nur im Zusammenhang mit der Wahrnehmung von Aufgaben nach den Vorschriften des Sozialgesetzbuchs zu beachten. Er gilt beispielsweise nicht für Arbeitsverhältnisse von Mitarbeitern bei den o.g. Stellen oder in eigenwirtschaftlichen Vertragsverhältnissen der o.g. Stellen (z.B. Mietverträge, die eine Krankenkasse für ihre Geschäftsräume abgeschlossen hat). **1351**

Der Anspruch auf Wahrung des Sozialgeheimnisses steht jeder Person zu, von der eine der o.g. Stellen Daten erhebt, verarbeitet oder nutzt. Diese Person muss keinen Antrag auf Sozialleistungen gestellt haben. Das Sozialgeheimnis gilt auch für Personen, deren Daten als Unbeteiligte zufällig von einer der o.g. Stellen erhoben worden sind, z.B. wenn vor einem Jugendamt Namen von Mitschülern eines Kindes genannt werden. **1352**

Die Vorschriften des Sozialdatenschutzes gelten nicht für freie Träger, wie z.B. die Träger der freien Wohlfahrtspflege. Die Vorschriften gelten auch dann nicht, wenn freie Träger Leistungen erbringen und von den Sozialleistungsträgern die Kosten erstattet bekommen. Die Kirchen haben in Deutschland aufgrund des kirchlichen Selbstbestimmungsrechts zum Teil eigene Datenschutz-Regelungen getroffen, wie z.B. die Anordnung über den kirchlichen Datenschutz der röm.-kath. Kirche. Die Pflicht zur Wahrung von Persönlichkeitsrechten ergibt sich auch aus Nebenpflichten der Verträge, die freie Träger als Anbieter von sozialen Dienstleistungen mit den Leistungsempfängern abschließen. Für bestimmte Berufsgruppen gilt auch bei freien Trägern uneingeschränkt die strafrechtliche Schweigepflicht nach § 203 StGB. **1353**

Die berufliche Schweigepflicht der Mitarbeiter ist strafrechtlich durch § 203 StGB abgesichert. Zudem richtet sich § 35 Abs. 1 SGB I auch insoweit unmittelbar an die Bediensteten, indem sie über ihre Tätigkeit hinaus das Sozialdatengeheimnis weiterhin zu wahren haben. Sofern es bei dem Leistungsträger nicht um Sozialdaten geht, greift jedoch das Datengeheimnis aus dem jeweils geltenden Landes- oder Bundesdatenschutzgesetz. **1354**

2.5 Das Fernmeldegeheimnis

§ 88 TKG mit der Verpflichtung auf Wahrung des Fernmeldegeheimnisses gilt wiederum für den Anbieter des Telekommunikationsdienstes und seine dabei mitwirkenden Mitarbeiter. Voraussetzung im Arbeitsverhältnis ist, dass der Arbeitgeber private Telekommunikation der Mitarbeiter gestattet oder derartige Leistungen für sonstige Dritte, **1355** so z. B. outgesourcte Betriebsteile, mit erbringt. Strafrechtlich abgesichert ist es durch § 206 StGB.

Vgl. vorstehend Rdn. 29 ff.; 1133

Die Verpflichtung zur Wahrung des Fernmeldegeheimnisses betrifft nicht nur das Unternehmen als Diensteanbieter, sondern alle Personen, die an der Erbringung der Dienste mitwirken. Damit unterliegen auch die Beschäftigten, die Zugriff auf die Daten haben können, der Geheimhaltungspflicht. Das sind insbesondere die Administratoren der zur Erbringung der Kommunikation eingesetzten TK- und IT-Systeme.

Im Gegensatz zur Regelung des § 5 BDSG besteht keine ausdrückliche Pflicht zur gesonderten Verpflichtung auf das Fernmeldegeheimnis. Zu empfehlen ist jedoch im konkreten Fall diese besondere Schweigepflicht in die Information nach § 5 BDSG mit aufzunehmen.

Vgl. zu haftungs- und arbeitsrechtlichen Konsequenzen nachstehend Rdn. 1398 f., 1434 ff.

---

§ 88 TKG – Fernmeldegeheimnis

(1) Dem Fernmeldegeheimnis unterliegen der Inhalt der Telekommunikation und ihre näheren Umstände, insbesondere die Tatsache, ob jemand an einem Telekommunikationsvorgang beteiligt ist oder war. Das Fernmeldegeheimnis erstreckt sich auch auf die näheren Umstände erfolgloser Verbindungsversuche.

(2) Zur Wahrung des Fernmeldegeheimnisses ist verpflichtet, wer geschäftsmäßig Telekommunikationsdienste erbringt oder daran mitwirkt. Die Pflicht zur Geheimhaltung besteht auch nach dem Ende der Tätigkeit fort, durch die sie begründet worden ist.

(3) Den nach Absatz 2 Verpflichteten ist es untersagt, sich oder anderen über das für die geschäftsmäßige Erbringung der Telekommunikationsdienste erforderliche Maß hinaus Kenntnis vom Inhalt oder den näheren Umständen der Telekommunikation zu verschaffen. Sie dürfen Kenntnisse über Tatsachen, die dem Fernmeldegeheimnis unterliegen, nur für den in Satz 1 genannten Zweck nutzen, insbesondere die Weitergabe an andere ist nur zulässig, soweit dieses Gesetz oder eine andere gesetzliche Vorschrift dies vorsieht und sich dabei ausdrücklich auf Telekommunikationsvorgänge bezieht. Die Anzeigepflicht nach § 138 des Strafgesetzbuches hat Vorrang.

...

---

§ 206 StGB – Verletzung des Post- und Fernmeldegeheimnisses

(1) Wer unbefugt einer anderen Person eine Mitteilung über Tatsachen macht, die dem Post- und Fernmeldegeheimnis unterliegen und die ihm als Inhaber oder Beschäftigten eines Unternehmens bekannt geworden sind, das geschäftsmäßig Post- oder Telekommunikationsdienste erbringt, wird mit Freiheitsstrafe bis zu fünf Jahren oder mit Geldstrafe bestraft.

...

1356 Die Verpflichtung zur Wahrung des Fernmeldegeheimnisses besteht über das Ende des Beschäftigungsverhältnisses hinaus; es handelt sich um eine Regelung, die auch bei sonstigen im Rahmen von Beschäftigungsverhältnissen entstehenden Vertraulichkeitspflichten gilt (z. B. §§ 67 BBG, 226 AFG, 22 AO; anders § 17 UWG). Sanktionen bei Verletzung der Schweigepflicht können gegenüber einem ausgeschiedenen Mitarbeiter aber nur noch unter dem Gesichtspunkt der Haftung und in Anwendung strafrechtlicher Normen erfolgen.

2.6 Allgemeine arbeitsrechtliche Verschwiegenheitspflicht

Über die speziellen Vertraulichkeitsverpflichtungen hinaus besteht eine arbeitsrechtliche Verschwiegenheitsverpflichtung bei Betriebsgeheimnissen, d.h. Tatsachen technisch-personeller Art, die nur einem eng begrenzten Personenkreis bekannt sind und nach dem ausdrücklich oder konkludent bekundeten Willen des Arbeitgebers aufgrund eines berechtigten wirtschaftlichen Interesses geheim zu halten sind.

1357

> *BGH, DB 1987, 1026*
>
> *Diese auf der Rücksichtnahmepflicht des § 241 Abs. 2 BGB basierende Verschwiegenheitspflicht schützt alle schützenswerten Geheimhaltungspflichten des Arbeitgebers. Das Geheimhaltungsinteresse ist jedoch abzuwägen u.a. mit dem Recht auf Meinungsfreiheit oder dem Recht, strafrechtliche Vorgänge zur Anzeige zu bringen. Zu Verschwiegenheitsverpflichtungen von Arbeitnehmern im Allgemeinen vgl. Schwab, CuA 7-8/2012, 25.*

2.7 Die Geheimhaltungspflicht der Mitglieder der Mitarbeitervertretung

2.7.1 § 5 BDSG und bereichsspezifische Geheimhaltungsverpflichtungen

Durch § 5 BDSG auf das Datengeheimnis verpflichtet sind auch Mitglieder des Betriebs- oder Personalrats, wenn sie Personaldaten im Rahmen ihrer Funktionsausübung im Geltungsbereich des BDSG verarbeiten bzw. nutzen. Dies ist bereits dann der Fall, wenn ihnen Computerausdrucke mit Personaldaten zur Kenntnis gegeben werden (vgl. § 27 Abs. 2 BDSG).

1358

> *Vgl. LAG Berlin-Brandenburg, ZD 2013, 239, wonach der Verstoß eines Betriebsratsmitglieds gegen § 5 BDSG vorliegt, der zum Ausschluss aus dem Betriebsrat führen kann, wenn es wiederholt unberechtigten Einblick in elektronisch geführte Personalakten nimmt.*

Die Verpflichtung nach § 5 BDSG tritt nicht hinter die speziellen betriebsverfassungs- und personalvertretungsrechtlichen Geheimhaltungspflichten zurück.

1359

> *Ehmann in Simitis, § 5 Rdn. 18; Fitting, § 79 Rdn. 32 ff.; § 1 Rdn. 175 ff.*

Auch wenn die Mitglieder des Betriebsrats aufgrund einer Reihe von Einzelvorschriften (vgl. §§ 79, 99 Abs. 1 S. 3, 102 Abs. 12 S. 5, 82 Abs. 2 S. 3, 83 Abs. 1 S. 3 BetrVG) bereits die Verpflichtung trifft, über persönliche Verhältnisse der Beschäftigten, die ihnen im Rahmen der Amtstätigkeit bekannt geworden sind, Stillschweigen zu bewahren (für Mitglieder der Personalvertretung enthält § 10 BPersVG ein generelles Gebot des Stillschweigens), steht § 5 BDSG wegen des unterschiedlichen Regelungsinhalts ergänzend neben diesen speziellen Geheimhaltungsgeboten.

> **§ 79 BetrVG – Geheimhaltungspflicht**
>
> *(1) Die Mitglieder und Ersatzmitglieder des Betriebsrats sind verpflichtet, Betriebs- und Geschäftsgeheimnisse, die ihnen wegen ihrer Zugehörigkeit bekannt geworden sind und vom Arbeitgeber ausdrücklich als geheimhaltungsbedürftig bezeichnet worden sind, nicht zu offenbaren und nicht zu verwerten. Dies gilt auch nach dem Ausscheiden aus dem Betriebsrat. ...*

Eine Übermittlung von Daten durch die Mitarbeitervertretung ist nicht unbefugt, wenn sie durch § 28 Abs. 1 Nr. 2 BDSG gedeckt ist, d.h., berechtigte Interessen im Rahmen

1360

ordnungsgemäßer Aufgabenerfüllung sie unter Abwägung der Interessen der Betroffenen erfordern.

> *BAG, RDV 2004, 24 = AiB 2004, 184: „Die dem Betriebsrat nach § 89 Abs. 1 Satz 2 BetrVG obliegende Pflicht, die für den Arbeitsschutz zuständigen Behörden zu unterstützen, berechtigt ihn nicht stets und einschränkungslos, den Aufsichtsbehörden die vom Arbeitgeber elektronisch erfassten tatsächlich geleisteten Arbeitszeiten der Arbeitnehmer namensbezogen mitzuteilen. Aus Gründen des Datenschutzes muss er vielmehr im Einzelfall die Erforderlichkeit der Datenweitergabe prüfen und hierbei die Interessen der betroffenen Arbeitnehmer berücksichtigen.“*

1361   Bei der Anwendung der Zulässigkeitsnormen sind jedoch die vorrangigen Schweigepflichten zu beachten.

Hiervon geht offenbar auch das LAG Berlin aus, wenn es dem Betriebsrat unter ausdrücklichem Hinweis auf § 5 BDSG untersagt, im Rahmen seiner Belegschaftsinformation Betriebsratsprotokolle mit Personaldaten am Schwarzen Brett auszuhängen.

> *Vgl. LAG Berlin, RDV 1987, 252:*
>
> *„1. Der Betriebsrat handelt pflichtwidrig (§ 99 Abs. 1 S. 3 BetrVG), wenn er in den betriebsöffentlich ausgehängten Protokollabschriften der Betriebsratssitzungen die Vergütungsgruppen nebst Fallgruppen oder die Gehalts- und Lohnhöhe der von der personellen Maßnahme betroffenen Mitarbeiter aufführt.*
>
> *Diese Daten über Einkommen und Einkommenshöhe gehören zu den personenbezogenen Daten, die im konkreten Fall vom Betriebsrat der Belegschaft weder bekannt gegeben (§ 5 Abs. 1 BDSG) noch weitergegeben werden dürfen (§ 24 Abs. 1 S. 1 BDSG).“*
>
> *Vgl. auch BAG; DB 1959,979:*
>
> *Ein Betriebsratsmitglied, das Lohngruppendaten von Arbeitnehmern an die Gewerkschaft zwecks Überprüfung der Beitragsehrlichkeit weitergibt, kann aus dem Betriebsrat ausgeschlossen werden.*
>
> *Vgl. ebenso LAG Baden-Württemberg, RDV 2012, 312, demzufolge die heimliche Übertragung einer Betriebsratssitzung durch ein Betriebsratsmitglied per mitlaufendes Mobiltelefon sowohl eine Amtspflicht- als auch eine Vertragspflichtverletzung darstellt und einen Grund für eine außerordentliche Kündigung darstellen kann.*

2.7.2   Förmliche Verpflichtung des Betriebsrat auf § 5 BDSG

1362   Eine andere Frage ist, ob für die Mitglieder der Mitarbeitervertretung auch § 5 S. 2 BDSG zutrifft, d.h., ob sie vor Aufnahme ihrer Tätigkeit von der verantwortlichen Stelle – also dem Arbeitgeber – formell zu verpflichten sind bzw. ob sie einem entsprechenden Begehren des Arbeitgebers nachzukommen haben. Dies wird unter Berufung auf die „unabhängige Stellung" des Betriebsrats vielfach zu Unrecht verneint.

> *Vgl. Gola/Schomerus, § 5 Rdn. 13; auch die BAG-Entscheidung, RDV 1998, 64 = ZTR 1998, 284 zur fehlenden Kontrollbefugnis des DSB beim Betriebsrat; a.A. Ehmann in Simitis, § 5 Rdn. 18; Wächter, Datenschutz im Unternehmen, Rdn. 523*

1363   Da der DSB auch den Betriebsrat im Rahmen seiner Hinwirkungs- und Schulungspflicht entsprechend zu informieren hat, könnte im Rahmen der zwischen Betriebsrat und DSB angezeigten vertrauensvollen Zusammenarbeit eine einvernehmliche Lösung zu finden sein. So wäre es denkbar, dass der Betriebsratsvorsitzende die Verpflichtung der Mitglieder im Beisein des DSB durchführt.

> *Zur Problematik vgl. auch Wächter, Datenschutz im Unternehmen, Rdn. 425 ff.*

3 Das Verbot „unbefugten" Handelns nach § 5 BDSG

3.1 Allgemeines

Den bei der Datenverarbeitung Beschäftigten ist jedwede unbefugte Verarbeitung und Nutzung der ihnen „anvertrauten" Daten untersagt. Die Verwendung des Begriffs „unbefugt" hat nur deklaratorische Bedeutung; dadurch soll hervorgehoben werden, dass „befugte" Datenverarbeitung und -nutzung nur eine solche ist, die sich nach den Bestimmungen des BDSG vollzieht. **1364**

> *Vgl. die Beispiele unbefugter Datenverarbeitung bei Wohlgemuth, Datenschutz für Arbeitnehmer, Rdn. 524 ff.*

Eine Verarbeitung oder Nutzung ist demnach in jedem Falle unbefugt, wenn sie rechtswidrig ist. Die Rechtswidrigkeit kann sich aus datenschutzrechtlichen Normen oder aus arbeitsvertraglichen Verpflichtungen gegenüber dem Beschäftigten ergeben. **1365**

> *Ehmann in Simitis § 5 Rdn. 20 unterscheidet in zwei Prüfschritten, d.h. zum einen den Rechtsverstoß und zum anderen die Überschreitung des konkreten Befugnisumfangs.*

Insoweit ist jedenfalls bei automatisierter Verarbeitung von Personaldaten die ebenfalls eine Rechtmäßigkeitsvoraussetzung darstellende ordnungsgemäße Beteiligung der Mitarbeitervertretung relevant.

> *Klebe in: D/K/W/W, § 5 Rdn. 2*

Unbefugt handelt ein Mitarbeiter aber auch dann, wenn er eine an sich rechtmäßige Verarbeitung oder Nutzung vornimmt, zu der er aber gemäß seiner Aufgabenstellung nicht befugt ist, wenn er also z.B. die ihm zugewiesene Zugriffsberechtigung überschreitet.

So liegt ein Verstoß gegen das Datengeheimnis auch vor, wenn der für die Bearbeitung der Mitarbeiter mit den Anfangsbuchstaben A bis K zuständige Personalsachbearbeiter – gleichgültig ob aus Neugier oder zwecks sonstiger missbräuchlicher Verwendung – auf Personaldaten anderer Beschäftigter mit den Anfangsbuchstaben L bis Z zugreift. **1366**

> *Vgl. bei Klebe in D/K/W/W, § 5 Rdn. 9; a.A. Schaffland/Wiltfang, § 5 Rdn. 5*

Für den einzelnen Mitarbeiter stellt sich u.U. die keineswegs unproblematische Frage, welche Verhaltenspflichten ihm obliegen, wenn er von seinem Arbeitgeber zu einem Verarbeitungs- und Nutzungsschritt angewiesen wird, dessen Rechtswidrigkeit für ihn erkennbar ist. Sicherlich gehört es nicht zu den Sorgfalts- und Prüfungspflichten eines Sachbearbeiters, die Einhaltung von Mitbestimmungsgeboten durch den Arbeitgeber abzufragen oder sich Gedanken darüber zu machen, ob Daten, die er verarbeiten soll, in rechtmäßiger Weise erhoben wurden; soweit die Rechtmäßigkeitsprüfung nicht ihm, sondern Vorgesetzen oder Mitarbeitern anderer Organisationseinheiten obliegt, kann er sich im Allgemeinen auf deren Entscheidung verlassen. **1367**

Ist die Rechtswidrigkeit der Datenverarbeitung oder -nutzung jedoch evident, so ist der einzelne Beschäftigte nach § 5 S. 1 BDSG zumindest verpflichtet, gegen diese Anweisung zu „remonstrieren". Strafbare Handlungen (dies gilt auch für nach § 44 BDSG strafbare Verarbeitungen) müssen in jedem Falle verweigert werden, will sich der Mitarbeiter nicht der Gefahr der Beteiligung als Mittäter oder Gehilfe (§§ 25 Abs. 2, 27 Abs. 1 StGB) aussetzen. **1368**

Gleichfalls wird das Datengeheimnis regelmäßig verletzt, wenn technisch-organisatorische Regelungen der Datensicherung umgangen werden, so wenn das Gebot der Ziff. 8 **1369** der Anlage zu § 9 BDSG, nach dem zu unterschiedlichen Zwecken erhobene Daten getrennt verarbeitet werden sollen, nicht beachtet wird.

3.2 Betroffener Personenkreis

1370 Angesprochen sind in § 5 S. 1 BDSG „die bei der Datenverarbeitung beschäftigten Personen". Relevant ist die Abgrenzung dieses Personenkreises jedoch nur für die nach der Novellierung des BDSG lediglich noch im Bereich der Privatwirtschaft zu vollziehende „formelle" Verpflichtung auf das Datengeheimnis, da das Verbot unbefugter, also rechtswidriger Datenverarbeitung und Nutzung selbstverständlich auch für solche Mitarbeiter gilt, deren eigentliche Aufgabe nicht im Bereich der Datenverarbeitung liegt.

1371 Bei der Datenverarbeitung beschäftigt und damit ggf. auf das Datengeheimnis zu verpflichten sind zunächst die Personen, die Tätigkeiten im Sinn von § 3 Abs. 5 BDSG zu verrichten haben. In welchem Umfang diese Tätigkeiten anfallen bzw. dass u. U. sogar andere Tätigkeiten für das Beschäftigungsverhältnis bestimmend sind, ist irrelevant.

1372 Zweifel können auftreten bei Personen, die im Rahmen ihrer Aufgaben personenbezogene Daten lediglich zur Kenntnis nehmen müssen, aber keine Befugnisse zur Verarbeitung der Daten haben, wie z. B. die Revision, der Compliance Officer oder der betriebliche Datenschutzbeauftragte. Regelmäßig wird eine Verpflichtung auch dieser Personen angezeigt sein.

> *Vgl. auch Aufsichtsbehörde Baden-Württemberg, Hinweise zum BDSG Nr. 33, Staatsanzeiger vom 4.1.1995, Nr. 1/2, S. 6; ebenso Ehmann in Simitis, § 5 Rdn. 17; Gola/Schomerus, § 5 Rdn. 9; eine Verpflichtung des DSB verneinen: Schaffland/Wiltfang, § 5 Rdn. 8*

1373 Nachdem die Verpflichtung zur Bestellung eines DSB in § 4f Abs. 1 BDSG auch von der erhöhten Zahl der bei der Erhebung, Verarbeitung und Nutzung beschäftigten Personen abhängt,

> *vgl. nachstehend Rdn. 1460*

ist eine extensive Auslegung bei der Bestimmung des „bei der Datenverarbeitung" beschäftigten Personenkreises des § 5 BDSG konsequent.

> *Vgl. zur extensiven Anwendung auch Bergmann/Möhrle/Herb, § 5 Rdn. 10*

Daher können auch Boten, Schreibkräfte oder Wartungspersonal betroffen sein. Nicht erfasst sind jedoch Personen, die lediglich in der Nähe von Datenverarbeitungsanlagen tätig sind, wie z. B. der Reinigungsdienst, es sei denn, er nimmt DV-nahe Aufgaben wahr, wozu bereits die Entsorgung der Papierkörbe mit personenbezogenem Datenmaterial – Löschung von Daten – gehören kann. Aufgrund der Regelung des § 27 Abs. 2 BDSG sind auch diejenigen zu verpflichten, die aus Dateien stammende, in Akten gespeicherte Daten verarbeiten, da diese Daten auch dem Verbot mit Erlaubnisvorbehalt unterliegen.

> *So auch Schaffland/Wiltfang, § 5 Rdn. 5; Ehmann in Simitis, § 5 Rdn. 14*

1374 Nicht zu verpflichten ist hingegen die Geschäftsführung eines Unternehmens. Das folgt aus dem Umstand, dass diese die Verpflichtung zu veranlassen hat und sich infolgedessen ihr auch nicht unterwerfen kann: Sich selbst zu verpflichten, wäre aus Gründen der Logik widersinnig. Es bleibt der Geschäftsleitung überlassen, wie sie den Gesetzesauftrag exekutiert: Sie kann die Verpflichtung selbst vornehmen oder von Mitarbeitern durchführen lassen – insofern bietet sich der Datenschutzbeauftragte von der Natur der Sache her an.

Die Vorschriften des 1. Abschnitts des BDSG gelten auch für geschäftsmäßig tätig werdende Datenverarbeiter, so dass auch Service-Rechenzentren, Datenerfassungsbüros etc., die Daten im Auftrag verarbeiten, unter die Regelung des § 5 BDSG fallen (vgl. § 11 Abs. 4 BDSG). Das bedeutet, dass die Verpflichtung der Mitarbeiter des Auftragnehmers von ihrem Arbeitgeber vorzunehmen ist. Der Auftraggeber hat sich jedoch die Durchführung der Verpflichtung im Rahmen seiner Verpflichtung zur Auftragskontrolle nach § 11 Abs. 2 S. 4 BDSG ggf. nachweisen zu lassen bzw. die Durchführung der Verpflichtung zum Gegenstand des dem Auftrag zugrunde liegenden Vertrages zu machen. **1375**

> *Vgl. die diversen Muster bei Wächter, Datenschutz im Unternehmen, Rdn. 455 ff.*

Die Verpflichtung des Auftragnehmers selbst ist Gegenstand des Auftragvertrages, darauf ist auch insbesondere bei Verträgen mit DV-Verarbeitungsaufträge durchführenden „freien Mitarbeitern" zu achten. **1376**

Erteilt der Auftragnehmer erlaubterweise Unteraufträge, so muss er auf die Verpflichtung der Beschäftigten des Unterauftragnehmers achten.

3.3 Durchführung der Verpflichtung und Hinweise

Für die in der Privatwirtschaft vorzunehmende „formelle" Verpflichtung der Mitarbeiter schreibt das Gesetz keine bestimmte Form vor. Ausreichend ist jedoch nicht, diese Verpflichtung durch Aushang am Schwarzen Brett oder in einer allgemeinen Arbeitsanweisung vorzunehmen. Das Gesetz geht schon wegen der damit verbundenen arbeitsplatzbezogenen Belehrung von einer individuellen Verpflichtung aus. Die Verpflichtung bedeutet nicht nur eine einseitige, vom Arbeitgeber veranlasste Information, sondern erfordert als Rechtsakt die Bestätigung der Kenntnisnahme der Belehrung über die gesetzliche Verpflichtung **1377**

> *Ehmann in Simitis, § 5 Rdn. 26; vgl. das nachfolgende Muster*

Will der Arbeitgeber den Beschäftigten wegen unbefugter Datennutzung haftbar machen oder das Arbeitsverhältnis kündigen, **1378**

> *vgl. LAG Baden-Württemberg, RDV 1995, 81*

so setzt dies ein Verschulden, d.h. ein vorsätzliches oder fahrlässiges Verhalten des Mitarbeiters, voraus. Dazu gehört auch, dass der Mitarbeiter wissen musste, dass bestimmte, ihm zum Vorwurf gemachte Verfahrensweisen nicht zulässig waren.

> *Zur Verdachtskündigung bei Datenausspähung VG Frankfurt, RDV 2000, 279; LAG Chemnitz, RDV 2000, 177; vgl. aber auch ArbG Frankfurt, RDV 2003, 190, wonach strafbares Verarbeiten, selbst wenn es im Rahmen gestatteter privater Nutzung geschieht, erkennbar verboten ist*

Die Regelung des § 5 S. 2 BDSG hat daher auch den Effekt, dass sich der Beschäftigte im Fall eines Missbrauchs von Daten nicht auf einen Verbotsirrtum berufen kann.

Schon im Hinblick auf bei Verstößen evtl. fällige Sanktionen und den ggf. vom Arbeitgeber zu führenden Entlastungsbeweis im Rahmen einer Haftung ist der Vollzug der Verpflichtung aktenkundig zu machen und vom Betroffenen gegenzuzeichnen. Gleichzeitig wird die Erfüllung des § 5 S. 2 BDSG für Kontrollen der Aufsichtsbehörde dokumentiert. **1379**

Muster einer allgemeinen Verpflichtungserklärung

Gemäß dem Bundesdatenschutzgesetz gilt für Sie aufgrund Ihrer Aufgabenstellung § 5 des Gesetzes. Danach ist es Ihnen untersagt, geschützte personenbezogene Daten unbefugt zu verarbeiten oder zu nutzen.

Gemäß § 5 BDSG verpflichte ich Sie, das Datengeheimnis zu wahren. Diese Verpflichtung besteht über das Ende der Tätigkeit in unserem Unternehmen hinaus. Verstöße gegen das Datengeheimnis können nach § 44 BDSG und anderen Strafvorschriften mit Freiheits- oder Geldstrafe geahndet werden.

Der Arbeitgeber ist gemäß § 5 S. 2 BDSG verpflichtet, Sie hierüber besonders zu unterrichten. Einzelheiten zum Datengeheimnis und zu den Regelungen des Datenschutzes entnehmen Sie bitte dem ausgehändigten Schulungsmaterial.

Ihre sich aus Dienstvertrag und Arbeitsordnung sowie aus sonstigen gesetzlichen Regelungen (z.B. § 17 UWG) ergebenden Geheimhaltungsverpflichtungen werden durch diese Verpflichtung nicht berührt.

Meine Verpflichtung auf das Datengeheimnis gem. § 5 des Bundesdatenschutzgesetzes habe ich zur Kenntnis genommen.

_____

Ort   *Datum*

_____

Unterschrift Mitarbeiter   *Unterschrift DSB/Geschäftsleitung*

<u>*Hinweis:*</u> *Das Doppel der Erklärung wird zu der Personalakte genommen.*

Der Text der Erklärung sollte auf die jeweiligen Gegebenheiten des Unternehmens abgestellt werden.

Für den Personalbereich bei Wächter, Datenschutz im Unternehmen, Rdn. 448

1380 Pauschalverpflichtungen, die z.B. auch das Fernmeldegeheimnis (§ 88 TKG) oder sonstige spezielle Geheimhaltungsverpflichtungen umfassen,

vgl. das von dem BfDI entwickelte Muster (www.BfDI.de)

sollten nur den Teilnehmern vorgelegt werden, die hiervon betroffen sind. Ansonsten kann die Verpflichtung von dem Betroffenen leicht als für ihn unsinnige und damit rein formalistische, bürokratische Maßnahme verstanden werden.

1381 Zu vermeiden sind unter diesem Gesichtspunkt auch – z.B. bei Einsatz eines Self-Learn-Schulungsprogramms – sich wiederholende Abgaben der Erklärung. Sinnvoll ist es aber, in Zeitabständen auf die Verpflichtung hinzuweisen.

Beispielsweise kann die Belehrung in betriebsinternen Veranstaltungen für mehrere Personen gleichzeitig und/oder unter Aushändigung von Merkblättern, Schulungsheften oder Datenschutz-Tools vorgenommen werden. Unter Umständen kann es angezeigt sein, mehrere Merkblätter für unterschiedliche Zielgruppen (je nach Art ihrer Beschäftigung bei der Verarbeitung personenbezogener Daten) zu fertigen.

1382 Zu der erforderlichen Belehrung und der „Motivation" zur Beachtung der gegebenen Hinweise gehört auch die Unterrichtung über eventuelle Konsequenzen entsprechender Verstöße, wobei strafrechtliche Sanktionen von besonderem Belang sind.

Muster eines allgemeinen Merkblatts –

ggf. als Rückseite des Verpflichtungstextes

„Merkblatt Datenschutz"

Sie wollen nicht, dass Ihre personenbezogenen Daten – das sind alle Angaben über Ihre persönlichen oder sachlichen Verhältnisse inklusive Ihrer Adresse – Unbefugten zur Kenntnis gelangen. Davor schützt Sie das Bundesdatenschutzgesetz. Daher müssen auch Sie im Rahmen Ihrer beruflichen Tätigkeiten dafür sorgen, dass die personenbezogenen Daten anderer vertraulich behandelt werden. Behandeln Sie Daten anderer so, wie Sie Ihre eigenen Daten behandelt wissen wollen.

Sie sind dafür verantwortlich, dass die Ihnen anvertrauten personenbezogenen Daten nur im Rahmen Ihrer Aufgabenstellung verarbeitet oder genutzt werden. Jeder Missbrauch, jede unbefugte Weitergabe dieser Daten ist unzulässig und ggf. strafbar.

Sie sind daher insbesondere dafür verantwortlich, dass

- *die Ihnen anvertrauten Daten, Datenträger und Listenausdrucke unter Verschluss gehalten werden, wenn Sie nicht unmittelbar daran arbeiten. Hierzu sind insbesondere Bildschirme und PC bei Abwesenheit vom Arbeitsplatz zu sperren.*
- *Ihr Gerät/Ihre Anwendung/Ihr Passwort keinem Unbefugten zugänglich wird. Daher sollten Sie nur sichere Passwörter auswählen (z.B. Sonderzeichen, keine Namen) und diese regelmäßig wechseln.*
- *nicht mehr benötigte Datenträger und Listenausdrucke so vernichtet werden, dass eine missbräuchliche Verwendung unmöglich ist.*
- *Laptops bei Reisen sorgfältig gesichert werden, besonders im Auto, Hotel oder auf Flughäfen.*
- *keine vertraulichen Informationen per Fax verschickt werden. Falls Sie dies doch in Ausnahmefällen tun müssen, treffen Sie besondere Vorkehrungen (z.B. telefonische Absprache wegen Anwesenheit des Empfängers, Doppelkontrolle der Richtigkeit der eingegebenen Faxnummer).*
- *Sie nicht einfach mit Antwortfunktion auf E-Mails mit vertraulichem Inhalt reagieren, vorher Absenderlisten überprüfen und die Verschlüsselungsfunktion nutzen.*
- *keine vertraulichen Telefonate vom Mobiltelefon in der Öffentlichkeit geführt werden.*

Ihnen ist untersagt, Firmengeräte privat zu nutzen oder private Computer, Software und Datenträger in die Firma einzubringen, da sonst eine wirksame Kontrolle des Datenschutzes nicht möglich ist.

Sie sind auf das Datengeheimnis verpflichtet, das auch nach Beendigung Ihrer Tätigkeit fortbesteht.

Bei Fragen zum Datenschutz wenden Sie sich an Ihren Vorgesetzten oder – in besonderen Fällen – an den Datenschutzbeauftragten des Unternehmens.

Datenschutzbeauftragter (Datenschutzkoordinator) ist:

_____

*Telefon:*_____

Bei neu eingestellten Mitarbeitern dient einer ersten Schulung z.B. auch ein allgemeines Anschreiben des Datenschutzbeauftragten. Dies bietet sich insbesondere an, wenn die Verpflichtung auf das Datengeheimnis nicht von dem Datenschutzbeauftragten durchgeführt wird. **1383**

„Einführungsschreiben" an neu eingestellte Mitarbeiter

Der Datenschutzbeauftragte   Abt. Raum/Tel./E-Mail/etc.

Sehr geehrte/r Frau/Herr _____,

vor kurzem haben Sie Ihre Tätigkeit bei X begonnen. Zwangsläufig werden Sie nun auch in irgendeiner Form mit der Verarbeitung personenbezogener und ansonsten gesetzlich geschützter Daten in Berührung kommen, sei es als selbst „Betroffener" oder weil Sie bei der Verarbeitung solcher Daten mitwirken bzw. weil Ihnen solche Angaben während Ihrer Tätigkeit zur Kenntnis gelangen. Bereits aufgrund gesetzlicher Vorschriften (z. B. § 17 UWG) wird Ihnen das Gebot zur vertraulichen Handhabung von Personaldaten oder Geschäfts- und Betriebsgeheimnissen bekannt sein. Für die Mitarbeiter, die bei der Verarbeitung personenbezogener Daten im Geltungsbereich des Bundesdatenschutzgesetzes beschäftigt sind, gilt darüber hinaus die Verpflichtung zur Wahrung des Datengeheimnisses (§ 5 BDSG), auf die sie in einer schriftlich abzugebenden Erklärung besonders hingewiesen werden.

Zur Gewährleistung der Vorschriften des Datenschutzes und zur Sicherung der Daten gegen Verlust oder unbefugten Zugriff sind in X eine Reihe von Maßnahmen bzw. Richtlinien getroffen worden. Ich darf Sie bitten, sich mit diesen Regelungen – eine komplette Sammlung aller Regelungen befindet sich als „Datenschutzordnung" in allen Abteilungssekretariaten (oder: ein Exemplar der in unserem Unternehmen geltenden Datenschutzrichtlinie ist beigefügt) – vertraut zu machen. Ferner würde ich mich freuen, wenn Sie Gelegenheit finden würden, die von dem Datenschutzbeauftragten in regelmäßigen Abständen veranstalteten Schulungsmaßnahmen zum Datenschutz zu besuchen. Die anliegenden Unterlagen sollen Ihnen einen ersten Einstieg in die Materie und in die maßgebenden gesetzlichen Regelungen ermöglichen.

Insbesondere wenn Sie nur vorübergehend bei X tätig sind, darf ich Sie darauf hinweisen, dass die Verpflichtung zur Wahrung des Datengeheimnisses – und eine evtl. Strafbarkeit bei seiner Verletzung – auch nach Ausscheiden aus X fortdauert.

Im Übrigen stehe ich Ihnen gerne bei Rückfragen oder Beanstandungen zur Verfügung, sei es, dass Sie sich als Betroffener in Ihren Datenschutzrechten verletzt sehen, sei es, dass Sie sonstige Fragen bei der Anwendung der Datenschutzvorschriften bzw. der hierzu ergangenen Regelungen haben oder Mängel in der Handhabung von Datenschutz und Datensicherung feststellen. Gemäß der mir obliegenden gesetzlichen Verpflichtung bin ich gehalten, Ihre Mitteilungen absolut vertraulich zu behandeln.

Mit freundlichen Grüßen

Datenschutzbeauftragter

1384 Sinnvoll ist es auch, ausscheidende Mitarbeiter auf fortgeltende Schweigeverpflichtungen nochmals hinzuweisen.

Anschreiben an ausscheidende Mitarbeiter

Der Datenschutzbeauftragte

Sehr geehrte/r Frau/Herr _____,

anlässlich Ihres Ausscheidens aus unserer Firma möchte ich Ihnen einige Informationen zu in diesem Zusammenhang wichtigen Fragen des Datenschutzes geben:

- *Auch nach Ihrem Ausscheiden speichert unsere Firma automatisch (Löschung erfolgt hier in der Regel nach sechs Jahren) in den Personalakten die während des Bestehens Ihres Arbeitsverhältnisses gesammelten Personaldaten. Hierzu ist sie teilweise gesetzlich verpflichtet, teilweise geschieht dies aus betriebsinternen Gründen, z. B. zur späteren Beweisführung. Sofern die Daten nicht mehr für die Erfüllung des ursprünglichen Zwecks ihrer Speicherung benötigt werden – was in der Regel der Fall ist –, werden sie gesperrt. Dies bedeutet ein grundsätzliches Verarbeitungs- und insbesondere Übermittlungsverbot.*

> *So werden z.B. auch zukünftig Auskünfte über Sie an Ihren neuen Arbeitgeber nur mit Ihrer ausdrücklichen Einwilligung erteilt. Solange Daten über Sie gespeichert werden, können Sie – eine Ausnahme gilt für gesperrte archivierte Daten – Auskunfts- bzw. Korrekturrechte in entsprechender Anwendung des § 83 BetrVG bzw. gemäß den einschlägigen Bestimmungen des BDSG geltend machen.*
>
> • *Bitte beachten Sie jedoch auch, dass die während des Arbeitsverhältnisses bestehenden Schweige- und Geheimhaltungsgebote bezüglich personenbezogener Daten bzw. als vertraulich gekennzeichneter Geschäfts- und Betriebsgeheimnisse auch nach Beendigung des Arbeitsverhältnisses fortbestehen. Dies gilt für eine evtl. Verpflichtung auf das Datengeheimnis (§ 5 BDSG) ebenso wie für andere tarifvertragliche oder sonstige Geheimhaltungsvorschriften (z.B. § 17 UWG; § 85 TKG). Verstöße können auch nach Ihrem Ausscheiden zu straf- und haftungsrechtlichen Konsequenzen führen.*
>
> *Mit freundlichen Grüßen*
> *Datenschutzbeauftragter*

Bei bestimmten Berufen bieten sich für die Abgabe der Verpflichtung auch Klauseln in den Arbeitsverträgen – z.B. bei Bankbediensteten, bei denen das umfassendere Bankgeheimnis im Vordergrund stehen wird – oder in gesonderten Nebenabreden – z.B. bei Vereinbarung von Telearbeit – an. **1385**

> *Vgl. Beispiele bei Wächter, Datenschutz im Unternehmen, Rdn. 417 ff., der im Übrigen bei fest angestellten Mitarbeitern generell für eine Einbeziehung der Erklärung nach § 5 BDSG in den Arbeitsvertrag – ggf. als Teil der einen Bestandteil des Vertrages bildenden Arbeitsordnung – plädiert, Rdn. 435 ff.*

4 Strafrechtliche Sanktionen

4.1 Die BDSG-Straftatbestände

Rechtswidrige, d.h. unbefugte Verarbeitungen oder Nutzungen personenbezogener Daten können nach der Strafvorschrift des § 44 BDSG geahndet werden. Die einzelnen Tatbestände werden in § 43 Abs. 2 BDSG aufgezählt. Danach ist das gegen Entgelt oder in Bereicherungs- oder Schädigungsabsicht erfolgte unbefugte, vorsätzliche **1386**

- Erheben und Verarbeiten oder Bereithalten bzw. Abrufen von Daten im Rahmen automatisierter Abrufverfahren,
- Beschaffen von Daten aus Dateien,
- Übermitteln übermittelter Daten,
- Re-Anonymisieren von Daten
- sowie das arglistige Erschleichen von Daten

unter Strafe gestellt.

Geschütztes Rechtsgut sind personenbezogene Daten, die nicht offenkundig, d.h. allgemein zugänglich sind. **1387**

> *Vgl. zur Vorschrift des § 203 StGB, BGH, RDV 2003, 139: „Fahrzeug- und Halterdaten, die im Rahmen einer einfachen Registerauskunft nach § 39 Abs. 1 StVG übermittelt werden, sind nicht offenkundig und fallen damit unter den Schutz des § 203 Abs. 2 Satz 2 StGB."*

1388 Voraussetzung der Strafbarkeit ist, dass der Täter neben der vorsätzlichen Verwirklichung eines der Tatbestände des § 43 Abs. 2 BDSG gegen Entgelt oder in der Absicht, sich oder einen anderen zu bereichern oder einen anderen zu schädigen, handelt. Entgelt ist nach § 11 Abs. 1 Nr. 9 StGB „jede in einem Vermögensvorteil bestehende Gegenleistung". Ob damit eine Bereicherung angestrebt oder erreicht wird, ist bedeutungslos. Der geschädigte „andere" kann der Betroffene, die verantwortliche Stelle oder ein Dritter sein. Aus dem Begriff „Absicht" folgt, dass die Tat insoweit mit direktem Vorsatz begangen werden muss. Bedingter Vorsatz reicht nicht aus.

1389 Die Verfolgung der Tat setzt einen Strafantrag voraus. Antragsberechtigt sind der Betroffene, die verantwortliche Stelle, also der Arbeitgeber, und die zuständige Aufsichtsbehörde.

1390 Erfolgt die Tat ohne Bereicherungsabsicht oder nur fahrlässig, so kann sie nach § 43 Abs. 3 BDSG als Ordnungswidrigkeit mit einer Geldbuße von bis zu 300.000,– EUR geahndet werden.

1391 Als potenzieller Täterkreis sind zunächst angesprochen die Leitungen der verantwortlichen Stellen und die dort Beschäftigten. Aber auch jeder andere Externe kann ggf. die Tatbestände verwirklichen. Der Betroffene kann jedoch hinsichtlich der sich auf ihn beziehbaren Daten nicht Täter sein.

4.2   Spezielle Straftatbestände

1392 Konkurrierend mit den BDSG-Straftatbeständen können Straftatbestände des StGB zum Tragen kommen; hierzu zählen insbesondere:

- **§ 202a StGB** – Ausspähung: Kenntnisverschaffung aus gesicherten Systemen bzw. Eindringen in diese („Hacken")
- **§ 203 StGB** – Verletzung von Privatgeheimnissen: unbefugtes Offenbaren fremder Geheimnisse durch bestimmte Berufsinhaber (z.B. Ärzte, Rechtsanwälte, Drogenberater) und deren Gehilfen
- **§ 263a StGB** – Computerbetrug: Daten- und Programmmanipulation mit dem Ziel der Vermögensschädigung bzw. der Verschaffung eines Vermögensvorteils
- **§ 266 StGB** – Untreue: Bestechlichkeit/Vorteilsannahme; Rechnerzeitdiebstahl
- **§ 269 StGB** – Fälschung beweiserheblicher Daten: Verfälschen von Daten zu Beweiszwecken
- **§ 270 StGB** – Täuschung im Rechtsverkehr bei Datenverarbeitung: fälschliche Beeinflussung einer DV-Anlage im Rechtsverkehr
- **§ 303a StGB** – Datenveränderung: Löschen (Zerstören), Verändern, Unbrauchbarmachen, Unterdrücken von Daten
- **§ 303b StGB** – Computersabotage: Unterdrückung, Veränderung etc. von Hard-/ Software

1393 Weiterhin können spezielle, die Mitarbeiter des Betriebes betreffende, ebenfalls mit Strafe sanktionierte Schweigepflichten relevant werden.

Hier ist insbesondere im Hinblick auf den Einsatz von Multimedia die Verpflichtung zur Einhaltung des Fernmeldegeheimnisses nach § 88 TKG nebst seiner strafrechtlichen Sanktion in § 206 StGB zu nennen. Anzusprechen ist im Hinblick auf die Wahrung von Geschäfts- und Betriebsgeheimnissen u.a. § 17 UWG.

5   Vermögensrechtliche Haftung

5.1   Haftung des Mitarbeiters

5.1.1   Haftung gegenüber dem Arbeitgeber

Eine vermögensrechtliche Haftung des Arbeitnehmers für schuldhafte Datenschutzver-   **1394**
stöße kann sich zum einen gegenüber dem Arbeitgeber und zum anderen gegenüber
Betroffenen ergeben. Verkauft der Mitarbeiter einer Bank Kundendaten an ein Konkur-
renzunternehmen, so könnte sowohl der Arbeitgeber als auch der Betroffene einen materiellen, ggf. auch einen immateriellen Schaden erleiden.

Die Haftung gegenüber dem Arbeitgeber kann eintreten, entweder weil dieser unmittel-   **1395**
bar geschädigt wurde (Verlust der Kunden) oder weil er als verantwortliche Stelle für
den von dem Mitarbeiter bei dem Betroffenen verursachten Schaden einstehen muss; so
z. B. aus der Haftung nach § 7 BDSG.

> *Vgl. hierzu Gola/Schomerus, § 7 Rdn. 14*

Der Schadensersatzanspruch des Arbeitgebers gegenüber dem Arbeitnehmer kann sich   **1396**

- auf der Grundlage des Arbeitsvertrages (§ 611 BGB) aus positiver Forderungsverletzung bzw. Nichterfüllung (= Schadensersatz statt Leistung) (§§ 276, 280, 281 bis
  283 und 286 sowie §§ 325 und 326 BGB)

und

- ggf. auch aus unerlaubter Handlung wegen Verletzung eines absoluten Rechts
  (§ 823 Abs. 1 BGB) bzw. der Verletzung eines Schutzgesetzes nach § 823 Abs. 2
  BGB

ergeben.

Nach der Rechtsprechung zum Haftungsumfang von abhängig Beschäftigten gegenüber   **1397**
ihrem Dienstherrn/Arbeitgeber

> *vgl. Beschluss des Großen Senats des BAG vom 12.6.1998, MDR 1992, 124*

ist die Haftung aufgrund des vom Arbeitgeber zu tragenden Betriebsrisikos jedoch
dahingehend eingeschränkt, dass der Arbeitnehmer nur bei Vorsatz und in der Regel bei
grober Fahrlässigkeit auf den vollen Schadensersatz haftet. Insoweit ist auch maßgebend, inwieweit der Arbeitgeber oder dessen Datenschutzbeauftragter seinen Unterrich-
tungs- und Organisationspflichten nachgekommen ist. Eine Einschränkung der Inanspruchnahme des Beschäftigten kann sich auch aus seiner Leistungsfähigkeit und dem
ihm vom Arbeitgeber übertragenen Risiko ergeben.

> *Vgl. im Einzelnen Schaub, § 53 Rdn. 47 ff. zu den einzelnen Verschuldensstufen und den Haf-
> tungsquoten*

5.1.2   Haftung gegenüber dem Betroffenen

Da die speziellen datenschutzrechtlichen Haftungsnormen des BDSG nur gegenüber   **1398**
dem Arbeitgeber als verantwortlicher Stelle greifen, kommen für die Haftung des
Arbeitnehmers gegenüber Dritten mangels vertraglicher Beziehung des Arbeitnehmers
zu dem geschädigten Betroffenen nur die deliktischen Haftungsnormen nach §§ 823
Abs. 1 und 2, 824 oder 826 BGB in Betracht. Die unerlaubte Verwendung der Personal-

daten von Kollegen oder personenbezogener Daten sonstiger Dritter stellt einen Eingriff in das durch § 823 Abs. 1 BGB geschützte Persönlichkeitsrecht bzw. Recht auf informationelle Selbstbestimmung dar, die bei schweren Eingriffen auch einen Geldausgleich für den immateriellen Schaden nach sich ziehen kann. Ferner ist relevant, dass die Zulässigkeitsregelungen des BDSG und die in § 6 BDSG verankerten unabdingbaren Rechte Schutznormen im Sinne von § 823 Abs. 2 BDSG darstellen.

Vgl. dazu Wächter, Datenschutz im Unternehmen, Rdn. 1270 ff.

1399 In Betracht kommen ferner Ansprüche aus dem Tatbestand der Kreditschädigung (§ 824 BGB) oder bei vorsätzlich sittenwidriger Schädigung (§ 826 BGB). Voraussetzung ist aber immer ein nachzuweisendes Verschulden des Mitarbeiters.

1400 Schließlich können sich Ansprüche aus dem Gesichtspunkt der ungerechtfertigten Bereicherung (§ 812 ff. BGB) ergeben, so z.B. wenn durch eine unzulässige Verfügung über die Daten (z.B. Weitergabe von Personaldaten gegen Provision an eine Versicherung) ein Vermögensvorteil erzielt wurde.

1401 Ist die Verletzung der Datenschutzrechte des Dritten im Rahmen der betrieblichen Tätigkeit des Arbeitnehmers nur „normal" oder „leicht" fahrlässig verschuldet eingetreten, so muss der Arbeitgeber im Rahmen seiner Fürsorgepflicht und des von ihm zu tragenden Betriebsrisikos seinen nach „außen" haftenden Arbeitnehmer ggf. nach „innen" von der Haftung freistellen, d.h. die Ersatzleistung übernehmen.

Vgl. Simitis in Simitis, § 7 Rdn. 70; Schaub, § 53 Rdn. 71 ff.

Dies ergibt sich auch schon daraus, dass der Geschädigte ggf. auch den Arbeitgeber für den von seinem Mitarbeiter verursachten Schaden in Anspruch nehmen kann und dann der Rückgriff nur bei Vorsatz und grober Fahrlässigkeit möglich wäre.

Vgl. insoweit auch zur Haftung des Datenschutzbeauftragten nachstehend Rdn. 1610

1402 Hingewiesen werden soll hier nur darauf, dass für die Haftung gegenüber Betroffenen bei hoheitlichem Handeln ein Anspruch aufgrund sog. Amtshaftung (Art. 34 GG, § 839 BGB) besteht, der gegenüber dem Arbeitgeber/Dienstherrn geltend zu machen ist. Haftungsansprüche gegenüber dem Mitarbeiter scheiden aus.

Vgl. bei Gola/Schomerus, § 7 Rdn. 17

5.2 Haftung des Arbeitgebers gegenüber dem Mitarbeiter

5.2.1 Haftungstatbestände des BDSG

5.2.1.1 Allgemeines

1403 § 7 BDSG enthält eine eigenständige Haftungsnorm bei schuldhaften Datenschutzverstößen, die sowohl für öffentliche als auch für nicht öffentliche Stellen gilt. Die Haftung entfällt, wenn die verantwortliche Stelle, d.h. im konkreten Fall also der Arbeitgeber, vorträgt und beweisen kann, dass sie die erforderliche Sorgfalt beachtet hat, d.h., dass der Umstand, durch den der Schaden verursacht wurde, ihr nicht angelastet werden kann.

1404 Von der Schaffung eines allgemeinen, d.h. für den öffentlichen und privaten Bereich und nicht nur auf automatisierte Verarbeitung beschränkten, verschuldensunabhängigen (Gefährdungs-)Haftungstatbestands hat der Gesetzgeber abgesehen. Insofern ist es bei der bisherigen Spezialregelung des öffentlichen Bereichs in § 8 BDSG verblieben.

Dazu, ob diese Einschränkung mit Art. 23 EU-DatSchRL vereinbar ist, vgl. zustimmend Ehmann/Helfrich, Art. 23, Rdn. 11 ff.; Schneider, CR 1993, 35; BfD, 15. TB (1993/1994), S. 449; Bachmeier, RDV 1995, 49 (51); a.A. Ellger, RDV 1991, 121 (130); Simitis in Simitis, § 7 Rdn. 5

Der Schaden des Betroffenen muss ausgelöst worden sein durch eine unzulässige oder **1405** unrichtige Erhebung, Verarbeitung oder Nutzung seiner personenbezogenen Daten. Unzulässig ist jede Verarbeitung, die nicht erlaubt, d.h. rechtswidrig ist. Unzulässig und zur Haftung nach § 7 BDSG führend sind also nicht nur Verarbeitungen, die ohne Rechtfertigungsgrund nach § 4 BDSG durchgeführt werden. Unzulässig i.S.v. § 7 BDSG ist eine Erhebung oder Verarbeitung auch, wenn eine Rechtmäßigkeitvoraussetzung bildende Informationspflichten nicht erfüllt wurden.

Gola/Schomerus, § 4 Rdn. 46

Die Begriffe „unzulässig" und „unrichtig" überschneiden sich, da die Verarbeitung **1406** unrichtiger Daten regelmäßig auch unzulässig ist. Eine zur Haftung führende Verarbeitung liegt nicht nur vor, wenn die Daten „falsch" sind, sondern z.B. auch bei einer durch einen Programmfehler bedingten „unrichtigen" Verarbeitung. Unrichtig sind Daten auch dann, wenn sie – im Hinblick auf den Verwendungszweck – unvollständig sind und damit ein falsches Bild über den Betroffenen geben, was auch deshalb der Fall sein kann, weil der durch die automatisierte Verarbeitung möglicherweise bedingte Kontextverlust die Daten insofern unrichtig macht. Keine Rolle spielt es, ob die Unrichtigkeit der Daten von Beginn der Speicherung an bestand oder erst im Verlauf der Verarbeitung eingetreten ist.

Die Rechtswidrigkeit der Erhebung, Verarbeitung oder Nutzung der Daten kann beru- **1407** hen auf einem Verstoß gegen das BDSG oder gegen eine andere Vorschrift über den Datenschutz. Diese „andere" Vorschrift muss sich nicht auf Verarbeitungen im Geltungsbereich des BDSG beziehen, d.h., sofern eine andere Vorschrift (so z.B. der für die datenschutzgerechte Führung von Personalakten grundlegende § 83 BetrVG) im nicht öffentlichen Bereich geführte Akten betrifft, löst der Verstoß gegen sie den Anspruch nach § 7 BDSG aus. Gleiches gilt für unter Verstoß gegen eine Betriebsvereinbarung erfolgende Verarbeitungen oder bei Verstößen gegen die nicht mit einer besonderen Schadensersatzfolge versehenen Datenschutzregelungen des TKG oder des TMG.

Simitis in Simitis, § 7 Rdn. 16 und 19

Voraussetzung ist, dass der rechtswidrige Umgang mit den Daten zu einem Schaden des **1408** Betroffenen geführt hat, d.h., die Datenverarbeitung der verantwortlichen Stelle muss für den Schaden ursächlich geworden sein. Damit bleibt es zunächst Sache des Arbeitnehmers, einen Schaden zu beweisen und die Tatsache, dass dieser durch eine rechtswidrige Handlung des Arbeitgebers bzw. einer seiner Mitarbeiter, mithin durch einen in seinem Arbeitsbereich liegenden Umstand eingetreten ist.

Ferner ist es erforderlich, dass dieser rechtswidrige Umgang mit den Daten schuldhaft, **1409** d.h. gem. § 276 BGB vorsätzlich oder fahrlässig erfolgte. Keine Fahrlässigkeit liegt vor, wenn die nach den Umständen des Falles gebotene Sorgfalt beachtet wurde. Keine Ursächlichkeit liegt vor, wenn der Schaden auch bei Beachtung der gebotenen Sorgfalt eingetreten wäre.

Auch wenn § 7 Abs. 1 S. 2 BDSG dies nur undeutlich zum Ausdruck bringt, obliegt es **1410** dem für die Verarbeitung verantwortlichen Arbeitgeber zu beweisen, dass der Umstand, durch den der Schaden eingetreten ist, ihm nicht zur Last gelegt werden kann. Insofern verfügt also S. 2 des Absatzes 1 eine Umkehr der Beweislast, d.h., bei rechtswidrigem Umgang mit den Daten wird zunächst schuldhaftes Handeln unterstellt; der verantwortlichen Stelle steht jedoch die Möglichkeit der Exkulpation, d.h. des Entlastungsbeweises, offen. Erwägungsgrund 55 der EU-DatSchRL nennt als mögliche Exkulpationsgründe zum einen das Vorliegen höherer Gewalt und zum anderen eigenes Fehlverhalten des Betroffenen.

1411 Es stellt sich die Frage, ob der verantwortlichen Stelle auch die Exkulpationsmöglichkeit des § 831 BGB zur Verfügung steht. Ist der Schaden durch einen Verrichtungsgehilfen verursacht worden, so haftet die speichernde Stelle nach § 831 BGB, sofern es ihr nicht gelingt, sich durch den Nachweis zu entlasten, den Bediensteten, der den Schaden verursacht hat, sorgfältig ausgewählt zu haben. In Großbetrieben wird der Entlastungsbeweis nur dadurch zu führen sein, dass ausreichende organisatorische Vorkehrungen getroffen wurden, durch die eine sorgfältige Auswahl und ordnungsgemäße Beaufsichtigung gewährleistet wird. Die zu § 823 Abs. 1 BGB entwickelten Grundsätze der Organisationshaftung gelten damit auch in diesen Fällen. Dadurch wird verhindert, dass ein Betroffener, der einen Schaden durch das Versagen technischer Einrichtungen erleidet, vollen Ersatz erhielte, während er leer ausginge, wenn ein mit der Verarbeitung der Daten betrauter Mitarbeiter einmal versagt hätte. In diesem Zusammenhang spielt die ordnungsgemäße Durchführung der Verpflichtung der Mitarbeiter auf das Datengeheimnis ebenso eine Rolle wie die Durchführung von Schulungsmaßnahmen.

> *A.A. Simitis in Simitis, § 7 Rdn. 25: „Eine Entlastung kommt dagegen nicht in Betracht, wenn die unrichtige oder unzulässige Verwendung auf Fehler oder Nachlässigkeiten des Personals der verantwortlichen Stelle zurückzuführen ist. § 7 S. 2 überträgt weder unmittelbar noch mittelbar § 831 BGB in das BDSG."*

1412 Bei unzulässiger Datenverarbeitung, die auf rein persönlichen Motiven eines Arbeitnehmers beruht, ist dagegen kein Grund ersichtlich, dem Unternehmen die Entlastungsmöglichkeit nach § 831 Abs. 1 S. 2 BGB zu verwehren.

1413 Damit obliegt es weiterhin dem Betroffenen, zunächst die Tatsachen vorzutragen und zu beweisen, die die Rechtswidrigkeit der Erhebung, Verarbeitung oder Nutzung bewirken. Darüber hinaus ist es dann aber Sache des Arbeitgebers, d.h. der für die Verarbeitung etc. verantwortlichen Stelle, darzutun, dass ihn kein Verschulden trifft, bzw. dass die fragliche Handlung für den Schaden nicht ursächlich war.

1414 Geht es z.B. um den Ersatz materieller Schäden infolge einer unzulässigen Datenübermittlung im Zusammenhang mit einer sog. Arbeitgeberauskunft, so wird der Arbeitnehmer den durch die Ablehnung der Bewerbung entgangenen Arbeitsverdienst geltend machen. Insoweit ist der Arbeitnehmer gehalten, darzulegen, dass die Auskunft unzulässig war. Erfolgte die Auskunft als BDSG-Übermittlung, so kommt ihm nunmehr die Beweislastumkehr des § 7 S. 2 BDSG zugute. Er braucht nicht mehr zu beweisen, dass die unzulässige Auskunft für die Ablehnung seiner Bewerbung mitursächlich war. Der Arbeitgeber wird dann eine entsprechende Aussage des potenziellen neuen Arbeitgebers, der die Auskunft erbeten hat, beibringen müssen.

1415 Anders wäre es bei herkömmlicher Auskunftserteilung, weil die Rechtsprechung einen sich zugunsten des Arbeitnehmers auswirkenden Erfahrungssatz, dass eine negative Auskunft oder eine falsche Beurteilung bei ansonsten guter Qualifikation und guten

Arbeitszeugnissen für die Ablehnung des Bewerbers ursächlich gewesen sein müsse, nicht anerkennen wollte und § 32 Abs. 2 BDSG sich nicht auf § 7 BDSG erstreckt.

LAG Frankfurt, DB 1980, 1224; vgl. insoweit auch LAG Hamburg, NZA 1992, 509

Bei dem dem Betroffenen zugefügten Schaden muss es sich um materielle Beeinträchtigungen, d.h. um einen Vermögensschaden handeln. **1416**

Simitis in Simitis, § 7 Rdn. 32; Däubler in D/K/W/W, § 7 Rdn. 19

5.2.1.2 Immaterieller Schaden

Der in der Literatur teilweise vertretenen Auffassung, der in Art. 23 EU-DatSchRL verwendete Schadensbegriff zwinge auch zur Regelung des Ersatzes immaterieller Schäden, **1417**

vgl. Dammann/Simitis, Art. 23 Rdn. 5; Kopp, RDV 1993, 1 (8); Wuermeling, DB 1996, 663 (670); zur gegenteiligen Auffassung bzw. den Mitgliedstaaten zumindest insoweit Spielraum bei der Umsetzung in nationales Recht einräumend: Ehmann/Helfrich, Art. 23 Rdn. 20 ff.; Brühann/Zerdick, CR 1996, 429 (434 f.); Schneider, CR 1993, 35 (39)

ist der Gesetzgeber nicht gefolgt.

Während für den öffentlichen Bereich eine – aber auch nicht abschließende – Regelung für immaterielle Schäden in § 8 Abs. 2 BDSG enthalten ist, verbleibt es für die nicht öffentlichen Stellen insoweit bei den allgemeinen privatrechtlichen Haftungsregelungen zur Zahlung eines sog. Schmerzensgeldes.

Vgl. noch zur Rechtslage vor der Schuldrechtsreform, BAG, RDV 1999, 166 = NZA 1999, 645 = BB 1999, 1119: „Wird eine bei einem Anzeigenblatt beschäftigte und über längere Zeit wegen Krankheit und Schwangerschaft arbeitsunfähig geschriebene Arbeitnehmerin – wenn auch unter Namenskürzel, aber ohne vollständige Anonymisierung – unter Schilderung der von dem Arbeitgeber in Zweifel gezogenen Fehlzeitengründe und Hinweise auf evtl. Hintergründe der Schwangerschaft als ‚faulste Mitarbeitern Deutschlands‘ und ‚Königin der Tagediebe‘ tituliert, so begründet sich hieraus ein Anspruch auf Schmerzensgeld gemäß § 823 Abs. 1, §§ 830, 847 BGB i.V.m. Art. 1, 2 Abs. 1 GG, dessen Höhe im konkreten Fall mit 4000,– DM angemessen festgesetzt ist."

Nach wie vor setzt der Anspruch auf immateriellen Schadensausgleich jedoch eine schwerwiegende Persönlichkeitsrechtsverletzung voraus. **1418**

A.A. Simitis in Simitis, § , Rdn. 64, wonach die Schwere der Verletzung sich nur auf die Höhe des Ersatzanspruchs auswirke

Diese hat das BAG **1419**

Vgl. BAG, DB 1985, 2307:

„2. Der Arbeitgeber verletzt das Persönlichkeitsrecht des Arbeitnehmers, wenn er dessen Personalakte einem Dritten ohne Wissen des Betroffenen zugänglich macht; so z.B. in dem Fall, wenn der Arbeitsvertrag und ein Personalkreditvertrag einem anderen Arbeitgeber gezeigt werden, bei dem sich der Arbeitnehmer bewerben will …

4. Eine entsprechende Rechtsverletzung begründet keinen Schmerzensgeldanspruch, wenn sie keine Nachteile verursacht hat und aus der Sicht des Arbeitgebers auch den Interessen des Arbeitnehmers dienen sollte."

z.B. bei der unzulässigen Offenlegung einer keine negativen Eintragungen enthaltenden Personalakte verneint.

Vgl. zur sehr geringen Höhe derartiger Ausgleichszahlungen auch AG Frankfurt a.M., RDV 2002, 86

5.2.2 Haftung öffentlich-rechtlicher Arbeitgeber

1420 § 8 BDSG enthält eine eigenständige Haftungsnorm öffentlicher Stellen mit der Besonderheit des verschuldensunabhängigen Haftungstatbestands bei automatisierter Datenverarbeitung.

1421 Die Spezialnorm des § 8 BDSG verdrängt jedoch ebenso wie § 7 BDSG andere Anspruchsgrundlagen nicht. Dies gilt sowohl für den Fall, dass der Staat selbst auch unter anderen Gesichtspunkten haftet, also bei hoheitlicher Tätigkeit nach Art. 34 GG, § 839 BGB und im fiskalischen Bereich aufgrund eventueller vertraglicher oder deliktischer Haftung nach §§ 31, 89 bzw. § 831 BGB, wie für den Fall, dass auch ein anderer, so z.B. der für den Staat handelnde Bedienstete nach § 839 BGB, ebenfalls für den Schaden haftet, d.h., die Haftung nach § 8 BDSG ist nicht subsidiär und auch nicht lex specialis. Ist der Ersatzpflichtige ein Bediensteter einer hoheitlich tätigen öffentlichen Stelle, wie es bei der Verarbeitung von Beamtendaten durch den Dienstherrn der Fall ist, so ist jedoch die Subsidiarität seiner Haftung nach § 839 Abs. 2 BGB zu beachten.

1422 Der Haftung nach § 8 BDSG unterliegen „öffentliche Stellen" gem. § 2 BDSG auch, wenn sich die von ihnen vorgenommenen Verarbeitungen ansonsten nach Vorschriften des 3. Abschnitts richten. § 8 BDSG greift also auch bei rechtswidrigen Personaldatenverarbeitungen.

1423 Die Haftung der öffentlichen Stelle ist allein abhängig von einer unzulässigen oder unrichtigen automatisierten Verarbeitung und dem infolgedessen adäquat-kausal eingetretenen Schaden. Die Frage des Verschuldens der Daten verarbeitenden Stelle ist ohne Bedeutung. Es handelt sich bei § 8 BDSG also um einen reinen Gefährdungstatbestand, zumal auch auf eine Exkulpationsmöglichkeit der verarbeitenden Stelle verzichtet wurde. Dem Betroffenen obliegt jedoch der Nachweis der rechtswidrigen Verarbeitung, des ihm entstandenen Schadens sowie der Kausalität zwischen der Verarbeitung und dem Schaden.

1424 Da es sich um einen Gefährdungstatbestand handelt, ist es gerechtfertigt, in Abs. 3 die Höhe der Haftung summenmäßig zu begrenzen. Jedoch sind weder für die Bundesverwaltung noch im Länderbereich, wo derartige Haftungsnormen schon länger und zum Teil mit einem höheren Haftungsrahmen existent sind, bislang diesbezügliche Haftungsfälle bekannt geworden. Daher kann auch nicht beurteilt werden, inwieweit der Haftungsrahmen von 125.000,– EUR dem Gefährdungsrisiko angemessen ist.

1425 Ersetzt werden nicht nur materielle, sondern auch immaterielle Schäden. Bei schweren Eingriffen in das Persönlichkeitsrecht ist auch insoweit die Haftung nicht mehr von einem Verschulden abhängig.

1426 Die Haftung setzt, wie gesagt, eine unzulässige oder unrichtige automatisierte Verarbeitung voraus. Rechtswidriges Verhalten bei manueller Datenverarbeitung, selbst wenn es sich auf ein anschließendes automatisiertes Verarbeiten der Daten auswirkt, ist unerheblich. Die Gefährdungshaftung soll vielmehr nur die „typische Automationsgefährdung" abdecken, also Schäden, die durch automatisierte Verfahren eingetreten sind. So haftet die Daten verarbeitende Stelle nicht nach § 8 BDSG, wenn die Daten deshalb unrichtig gespeichert wurden, weil ein Erhebungsbogen manuell fehlerhaft ausgefüllt wurde. Gleiches gilt, wenn die Erhebung und damit auch die nachfolgende Speicherung von

Personaldaten deswegen rechtswidrig waren, weil die erforderliche Zustimmung der Mitarbeitervertretung nicht vorlag.

> *Vgl. BAG, NJW 1987, 2459 = DB 1987, 1048 = RDV 1987, 129 (zum Einsatz eines Personalfragebogens ohne die erforderliche Zustimmung der Mitarbeitervertretung)*

Eingabefehler müssen jedoch bereits dem durch die automatisierte Verarbeitung geschaffenen Gefahrenbereich zugeordnet werden.

Durch den Hinweis auf die Haftungsbegrenzung bei Mitverschulden des Geschädigten **1427** gem. § 254 BGB in § 8 Abs. 5 BDSG ist klargestellt, dass der Betroffene u.U. keinen Schadensersatz verlangen kann, wenn z.B. die Unrichtigkeit der Daten von ihm selbst verschuldet wurde, weil er falsche Angaben gemacht hat oder weil er gegenüber einer ihm bekannten unrichtigen Speicherung keinen Berichtigungsanspruch geltend gemacht hat. Die Regelung des § 254 BGB musste deshalb entsprechend anwendbar erklärt werden, weil ein „Mit-Verschulden" begrifflich ein die Haftung begründendes Verschulden voraussetzt. Durch die uneingeschränkte Verweisung auf § 254 BGB kommt auch § 254 Abs. 2 S. 2 BGB zum Tragen, nach dem sich der geschädigte Betroffene auch ein Mitverschulden seiner gesetzlichen Vertreter und seiner Erfüllungsgehilfen zurechnen lassen muss.

5.2.3 Weitere Haftungsgrundlagen

Die BDSG-Datenschutzhaftungsnormen enthalten keine abschließenden und aus- **1428** schließlichen Regelungen. Andererseits unterliegen sie aber auch nicht der Subsidiaritätsregel des § 1 Abs. 3 S. 1 BDSG. § 7 BDSG enthält einen „Mindestschutz" des Betroffenen. Gleiches gilt für § 8 BDSG. Sofern aber neben der deliktischen Norm des § 7 BDSG z.B. vertragliche Haftungsansprüche bestehen, werden diese – schon weil sie aufgrund der uneingeschränkten Haftung für Mitarbeiter gem. § 278 BGB weitergehend sind – nicht verdrängt.

Parallele Haftungsnormen gegenüber öffentlich-rechtlichen Stellen können zur Anwen- **1429** dung kommen, wenn der Staat außer nach § 7 oder § 8 BDSG unter anderen Gesichtspunkten haftet, also bei hoheitlicher Tätigkeit im Rahmen der Staatshaftung nach Art. 34 GG, § 839 BGB und im fiskalischen Bereich aufgrund eventueller vertraglicher oder deliktischer Haftung nach §§ 31, 89 bzw. 831 BGB. Auch ist der Anspruch gegen den eventuell auch persönlich haftenden Bediensteten z.B. nach § 839 BGB nicht ausgeschlossen.

Der privatrechtlich beschäftigte Arbeitnehmer kann aufgrund einer missbräuchlichen **1430** Verarbeitung personenbezogener Daten Schadensersatzansprüche aus § 280 BGB (positive Forderungsverletzung) ableiten, wobei davon auszugehen ist, dass der sorgsame gesetzeskonforme Umgang mit den personenbezogenen Daten des Vertragspartners sich regelmäßig auch als Nebenpflicht der arbeitsvertraglichen Beziehungen darstellt.

> *Vgl. bei Wind, RDV 1991, 16; zur Haftung des Arbeitgebers bei unzulässigen Auskünften an andere Arbeitgeber BAG, NJW 1981, 1697; LAG Hamburg, NZA 1992, 509*

Werden personenbezogene Daten im Rahmen eines vorvertraglichen Vertrauensverhält- **1431** nisses (z.B. Bewerberdaten für den Abschluss eines Arbeits- oder Mietvertrages) verarbeitet, so kann ein schuldhaft und rechtswidrig herbeigeführter Datenschutzverstoß Schadensersatzansprüche ebenfalls aus der nunmehr durch § 280 BGB abgedeckten

Haftung wegen eines Verschuldens bei Vertragsabschluss (culpa in contrahendo) begründen. Bedient sich der (potenzielle) Arbeitgeber eines Erfüllungsgehilfen (§ 278 BGB), so muss er für dessen Verschulden haften wie für eigenes.

5.3 Haftung für Datenschutzverstöße des Betriebsrats

1432 Der Betriebsrat ist zwar keine eigenständige verantwortliche Stelle, sondern Teil des Unternehmens. Gleichwohl genießt er im Rahmen seines betriebsverfassungsrechtlichen Sonderstatus Eigenständigkeit bei der Wahrnehmung seiner Aufgaben.

BAG, RDV 1998, 64 (66); BAGE 43, 109 (113); vgl. Rdn. 190 ff., 234, 1969 f.

Demgemäß hat der Betriebsrat auch in eigener Verantwortung für die Sicherheit der von ihm verarbeiteten Daten Sorge zu tragen.

Vgl. nachstehend Rdn. 2031

Kommt es z.B. infolge mangelnder Sicherheitsmaßnahmen zu Datenverlusten oder unbefugten Zugriffen, so liegt die Gefahr von Schäden zum Nachteil der Betroffenen nahe.

1433 Hinsichtlich der Haftung ist zunächst festzuhalten, dass der Arbeitgeber Dritten gegenüber nicht für unerlaubte Handlungen des Betriebsrats haftet.

BAG, RDV 1998, 64 (66)

Eine Haftung des Betriebsrats als Gremium für Schadensersatzansprüche aus unerlaubter Handlung scheidet ebenfalls mangels Delikts- und auch Vermögensfähigkeit aus.

Fitting, § 1 Rdn. 210, 220

Besteht die unerlaubte Handlung (= der Datenschutzverstoß) aus einem rechtswidrigen Beschluss des Gremiums, so haften diejenigen Betriebsratsmitglieder, die dem rechtswidrigen Beschluss zugestimmt haben, gem. §§ 830, 840 BGB.

Kraft/Franz in GK, § 1 Rdn. 82; Koch in Erfurter Kommentar, § 1 Rdn. 19

Die einzelnen Betriebsratsmitglieder trifft regelmäßig keine Einstandspflicht für ein Fehlverhalten des Gremiums.

Zu den einzelnen Voraussetzungen vgl. Thüsing in Richardi, § 26 Rdn. 14 ff.

Stellt der Arbeitgeber Datenschutzverstöße auf Seiten des Betriebsrats fest, hat er trotz fehlender Eingriffsbefugnisse mehrere Möglichkeiten, dagegen einzuschreiten.

Er kann die Datenschutzaufsichtsbehörde informieren. Dieser steht das Prüfungsrecht aus § 38 BDSG zu.

BAG, RDV 1998, 64 (68)

Er kann vor dem Arbeitsgericht beantragen, dass gem. § 23 Abs. 1 BetrVG einzelne Mitglieder aus dem Betriebsrat ausgeschlossen werden oder dass der Betriebsrat insgesamt aufgelöst wird.

Fitting, § 1 Rdn. 221; BAG, DB 1959, 979

6 Sonstige arbeitsrechtliche Konsequenzen/Kündigung

Durch die formelle Verpflichtung auf das Datengeheimnis muss dem Mitarbeiter die besondere Bedeutung des korrekten Umgangs mit personenbezogenen Daten und die Schwere der Verletzung seiner Pflichten als Arbeitnehmer bei unbefugtem Umgang mit Daten bzw. bei Verstößen gegen die betrieblichen Regelungen des Datenschutzes und der Datensicherung bewusst sein. **1434**

Verstößt er hiergegen, so kann dies bereits beim ersten Mal – und nicht erst im Wiederholungsfall nach erfolgter Abmahnung – den Arbeitgeber zur ordentlichen bzw. ggf. sogar zur fristlosen Kündigung berechtigen. **1435**

Vgl. z.B. LAG Kiel, DB 1990, 635 = CR 1990, 276 (Leits.): „Eine Angestellte im Schreibdienst, die an einem Textverarbeitungssystem arbeitet, dessen verschiedene Speicherebenen nur durch unterschiedliche Kennwörter eröffnet werden können, begeht einen schwerwiegenden Vertrauensbruch, wenn sie sich ein ihr offiziell nicht mitgeteiltes Kennwort verschafft und in die ihr an sich nicht zugängliche Textebene des Chefs wiederholt Einsicht nimmt. Diese Verletzung der allgemeinen Treuepflicht kann eine fristgemäße Kündigung rechtfertigen, selbst wenn man davon ausgeht, dass die Einsichtnahme nur aus Neugier erfolgt ist."

Ferner LAG Berlin, DB 1988, 1908 = BB 1988, 1531 (Leits.):

„1. Ein Arbeitnehmer ist grundsätzlich verpflichtet, die kollektivrechtlich oder einzelvertraglich eingeführten Kontrolleinrichtungen des Betriebes, wie etwa Stempeluhren, beim Betreten oder Verlassen des Betriebes ordnungsgemäß zu bedienen. Derartige Kontrolleinrichtungen erfüllen nur dann ihren Zweck, wenn sie von jedem Arbeitnehmer persönlich bedient werden.

2. Beim Mitstempeln für einen anderen Arbeitnehmer handelt es sich um einen gewichtigen Verstoß gegen betriebliche Ordnungsprinzipien in einem besonders sensiblen Bereich der Arbeitskontrolle. Verstößen dagegen kann der Arbeitgeber jedenfalls in Gestalt einer fristgerechten Kündigung begegnen."

An der zur fristlosen Kündigung berechtigenden Schwere des Verstoßes ändert nichts, wenn sich der Mitarbeiter den unbefugten Zugriff zu dienstlichen Zwecken, so z.B. um sich die Arbeit zu erleichtern, verschafft. **1436**

Vgl. ArbG Hannover, RDV 2002, 249 (Leits.):

„1.) Datenmissbrauch stellt in der Regel eine schwerwiegende Vertragspflichtverletzung dar, die den Arbeitgeber zur außerordentlichen und fristlosen Kündigung des Arbeitsverhältnisses ohne vorhergehende Abmahnung berechtigt.

2.) Diese Voraussetzungen sind gegeben, wenn ein Arbeitnehmer – und sei es auch nur für dienstliche Zwecke – unbefugt User-ID und Code eines Vorgesetzten in Erfahrung bringt und nutzt und für weitere heimliche Verwendung bereithält."

Zuzustimmen ist insoweit dem LAG Berlin

RDV 1992, 184

darin, dass bereits der Versuch eines Arbeitnehmers, sich Kopien gespeicherter Kundendaten zu verschaffen, um sie später in einem von ihm noch zu gründenden eigenen Betrieb zu verwenden, einen derart schweren Vertrauensbruch darstellt, der den Arbeitgeber zur fristlosen Kündigung berechtigt.

Der beurteilte Fall bekam zudem dadurch besondere Brisanz, dass es sich bei dem betroffenen Arbeitnehmer um einen Krankenpfleger handelte, der sowohl Patienten- als auch Personaldaten seines Arbeitgebers zu erlangen versucht hatte; vgl. ferner ArbG Kaiserslautern, ARSt 1991, 223 zur Berechtigung der Abmahnung wegen Datenmissbrauchs.

1437 Einem Bankmitarbeiter, der unter Verstoß gegen das Bankgeheimnis in größerem Umfang Kundendaten auf seinem privaten PC speichert, kann auch bei bisher langfristigen beanstandungslos verlaufendem Beschäftigungsverhältnis fristlos gekündigt werden.

> *LAG Frankfurt a.M., ZD 2012, 139; ebenso LAG Köln, RDV 2011, 43 bei einem Administrator, der seine Zugriffsrechte missbraucht*

Anders beurteilte das BAG

> *RDV 2011, 300 = ZD 2011, 128*

einen ähnlich gelagerten Fall, in dem der Arbeitnehmer private Daten auf seinem Firmen-Laptop und unternehmensbezogene Daten auf einer privaten, durch Passwort geschützten Festplatte speicherte. Hier wurde zunächst eine Abmahnung als ausreichend angesehen.

Mit einer Abmahnung lässt es das LAG Rheinland-Pfalz genügen bei einem Mitarbeiter einer Bank, der Kundendaten nutzt, um privaten Kontakt zu einer Kundin aufzunehmen.

> *ZD 2012, 437*

1438 Auch nach dem LAG Hamm

> *ZD 2012, 183*

rechtfertigt der unbefugte Abruf von Arbeitnehmerdaten durch einen langjährig beschäftigten Organisationsprogrammierer nicht ohne weiteres eine fristlose Kündigung, insbesondere, wenn die Handlung in unmittelbarem Zusammenhang mit der dem Arbeitnehmer obliegenden Tätigkeit erfolgt.

> *Vgl. hierzu auch Ruhland, CuA 7-8/2012, 13*

1439 Da der Arbeitgeber bei nachträglich festgestelltem unbefugtem Datenkopieren nicht feststellen kann, auf welche Datenbestände im Einzelnen zugegriffen wurde und ob die Behauptung des Arbeitnehmers, er habe die Daten wieder gelöscht, zutrifft, genügt allein der entsprechende Verdacht zur ggf. sogar fristlosen Kündigung.

> *LAG Chemnitz, ZTR 2000, 278 = RDV 2000, 198:*
>
> *„1. Der rechtswidrigen und schuldhaften Entwendung einer Sache steht das arbeitsvertragswidrige und schuldhafte Kopieren von Daten aus dem Bestand des Arbeitgebers auf privaten Datenträgern gleich.*
>
> *2. Kündigungsgrund ist bereits das Überspielen der fremden Daten auf einen eigenen (privaten) Datenträger des Arbeitnehmers. Der wichtige Grund für den Ausspruch einer außerordentlichen Kündigung setzt nicht voraus, dass es sich um für den Arbeitnehmer gesperrte Daten mit Personenbezug oder Betriebsgeheimnisse handelt.*
>
> *3. Insoweit ist auch der Wert der kopierten Daten jedenfalls so lange ohne Bedeutung, als der Arbeitgeber den Umfang der Kopien weder kennt noch nachträglich feststellen kann."*

1440 Kein unmittelbares Datenschutzproblem beinhaltet eine zur fristlosen Kündigung berechtigende Verfehlung eines als Arbeitnehmer beschäftigten Mitgesellschafters einer Fahrschule, der im Zusammenhang mit internen Streitigkeiten das Hauptpasswort für die EDV-Anlage ändert und damit den Arbeitgeber von dem Zugriff auf die Personal- und Buchhaltungsdaten ausschließt.

> *Vgl. LAG Hessen, RDV 2003, 148*

1441 Zur – ggf. fristlosen – Kündigung berechtigt bereits die Drohung mit Computersabotage.

> *Vgl. ArbG Frankfurt a.M., RDV 2002, 197*

Betriebliche Information und personenbezogene Daten über Vorgesetzte und Kollegen   **1442**
sind zunehmend Gegenstand der Veröffentlichung in sozialen Netzwerken.

Kort, NZA 2012, 1321; Bauer/Güther, NZA 2013, 67; Scheid/Klinkhammer, ArbR 2013, 6

Dabei sind auch negative Bewertungen und Beleidigungen Gegenstand der Äußerung. Abgesehen von der Frage, ob insoweit die vorstehend aufgezeigten Schweigepflichten verletzt werden, spielt bei den von dem Arbeitgeber ergriffenen Maßnahmen eine wesentliche Rolle, inwieweit solche Meinungsäußerungen noch von der Meinungsfreiheit gedeckt und vom Arbeitgeber hinzunehmen sind bzw. ob vor einer Kündigung eine Abmahnung ausreichend ist.

Vgl. hierzu LAG Hamm, ZD 2013, 93 = BB 2012, 2688; ArbG Duisburg, ZD 2013, 95 = BB 2012, 2752; ArbG Dessau-Roßlau, K&R 2012, 445

Kapitel 10
Die Kontrolle des Arbeitnehmerdatenschutzes

1   Das Datenschutz-Kontrollsystem

Die Kontrolle der Einhaltung der in den Betrieben und Verwaltungen zu beachtenden Bestimmungen des Datenschutzes obliegt zunächst den Unternehmen-/Dienststellenleitern (vgl. § 18 Abs. 1 BDSG), die insoweit als Normadressaten der Datenschutzgesetze und sonstigen Vorschriften, wie z.B. Betriebs- und Dienstvereinbarungen, angesprochen und zum Aufbau einer angemessenen Datenschutzorganisation verpflichtet sind.   **1443**

> *Vgl. Gola/Schomerus, § 3 Rdn. 48; § 18 Rdn. 2*

Das gilt insbesondere für den Fall, dass das Unternehmen aufgrund seiner Beschäftigtenzahl von der Pflicht zur Bestellung eines betrieblichen DSB befreit ist.

> **§ 4g BDSG – Aufgaben des Beauftragten für den Datenschutz**
>
> ...
>
> *(2a) Soweit bei einer nicht-öffentlichen Stelle keine Verpflichtung zur Bestellung eines Beauftragten für den Datenschutz besteht, hat der Leiter der verantwortlichen Stelle die Erfüllung der Aufgaben nach den Absätzen 1 und 2 in anderer Weise sicherzustellen.*
>
> ...

Parallel sind dem Betroffenen insoweit unabdingbare (§ 6 Abs. 1 BDSG) Rechtspositionen eingeräumt,   **1444**

> *vgl. dazu auch Däubler, CR 1991, 475; Schierbaum, PersR 2002, 238*

die ihm eine individuelle Selbstkontrolle ermöglichen.

Gleichzeitig obliegt der Schutz der Betroffenen in der Regel drei weiteren Kontrollinstitutionen, d.h.   **1445**

- dem betrieblichen bzw. behördeninternen Datenschutzbeauftragten (§§ 4f, 4g BDSG),
- der externen Aufsichtsbehörde (§§ 24, 38 BDSG),
- dem Betriebs-/Personalrat (§§ 75 Abs. 2, 80 Abs. 1 Nr. 1, Abs. 2 BetrVG, § 68 Abs. 1 Nr. 2 BPersVG), soweit es um den Schutz der Daten der in den Unternehmen/Dienststellen Beschäftigten geht.

> *Für die Angehörigen des öffentlichen Dienstes der Bundesländer kommen insoweit die entsprechenden Normen des jeweiligen Landespersonalvertretungsgesetzes bzw. Landesdatenschutzgesetzes zum Tragen.*

Diesen Kontrollinstanzen kommt für die Gewährleistung eines effektiven Datenschutzes gewichtige Bedeutung zu. Der einzelne Betroffene und Arbeitnehmer wird nämlich häufig – auch wenn er, was nach bisheriger Erkenntnis nur relativ selten der Fall ist, seine individuellen Kontrollrechte wahrnimmt – nicht hinreichend beurteilen können, welche Auswertungsmöglichkeiten mit welchen Folgen für ihn und ggf. seinen Arbeits-   **1446** platz dem Daten verarbeitenden Arbeitgeber/Dienstherrn eröffnet sind. Der auf die Daten verarbeitenden Stellen ausgeübte Kontrolldruck soll dazu beitragen, dem auch vom BVerfG

> *im Volkszählungsurteil (BVerfGE 65, 1 = NJW 1984, 419) hat das Gericht betont, dass die verfassungsrechtliche Verpflichtung zum Schutz des informationellen Selbstbestimmungsrechts dem Gesetzgeber auch die Pflicht zur Schaffung effektiver Kontrollfunktionen auferlegt; zur verfassungsrechtlichen Funktion der Datenschutzbeauftragten vgl. auch Riegel, ZTR 1997, 61*

anerkannten besonderen informationellen Schutzbedürfnis der durch die Verarbeitungen ihrer Daten in ihrem Persönlichkeitsrecht Betroffenen Rechnung zu tragen.

> *Zu den „Schwächen der Individualrechte" und dem Bedarf unabhängiger Kontrolle im Arbeitsverhältnis vgl. auch Däubler, Gläserne Belegschaften?, Rdn. 628 ff.*

1447 Der Gesetzgeber erwartet zudem, dass diese verschiedenen, im Interesse des Betroffenen tätigen Kontrollinstanzen zusammenarbeiten bzw. sich gegenseitig unterstützen. So hat er festgelegt, dass die Betroffenen, und das gilt grundsätzlich auch für abhängig Beschäftigte, sich an den Bundesbeauftragten (§ 21 BDSG), die Aufsichtsbehörde (§ 38 Abs. 1 BDSG), den betrieblichen Datenschutzbeauftragten (§ 4f Abs. 5 S. 2 BDSG), der insoweit ausdrücklich zum Stillschweigen über die Identität des beschwerdeführenden Betroffenen berechtigt und verpflichtet ist (§ 4f Abs. 4 BDSG), und natürlich auch an die Mitarbeitervertretung wenden können (vgl. § 85 Abs. 1 BetrVG, § 68 Abs. 1 Nr. 3 BPersVG).

1448 Auch der Datenschutzbeauftragte (§ 4g Abs. 1 S. 2 BDSG) und die Mitarbeitervertretung haben – ebenfalls unter Beachtung der arbeitsrechtlichen Treuepflicht bzw. der für die Mitarbeitervertretung vom Gesetz ausdrücklich betonten Pflicht zur vertrauensvollen Zusammenarbeit (vgl. insoweit die Verpflichtung zur „internen" Einigung in § 66 Abs. 3 BPersVG) – zumindest das Recht, sich des Rates der externen Kontrollinstanzen zu bedienen.

> *Vgl. HessLDSB, 31. TB (2002), S. 172 zur Berechtigung der Weitergabe dienstlicher Unterlagen durch den Personalrat an den LDSB zwecks datenschutzrechtlicher Überprüfung eines Vorgangs und der Unzulässigkeit diesbezüglicher dienstlicher Sanktionen*

1449 Auch wenn das BDSG oder das BetrVG/BPersVG keine ausdrücklichen Aussagen über das Miteinander von Datenschutzbeauftragten und Mitarbeitervertretung machen, so sollte die von der Sache her gebotene Zusammenarbeit

> *zur insoweit positiven Einstellung aus Arbeitnehmersicht: Schierbaum, PersR 2001, 454; ders., AiB 2001, 512 ff.; vgl. auch bei Wächter, Datenschutz im Unternehmen, 219 f. sowie Simitis in Simitis, § 4g Rdn. 8*

selbstverständlich sein. Dies gilt unabhängig davon, inwieweit sich diese Kontrollinstanzen auch gegenseitig zu überwachen haben.

2 Der betriebs- und behördeninterne Datenschutzbeauftragte

2.1 Allgemeines

2.1.1 Eigenständiges Kontrollorgan

1450 Die Verantwortung für die ordnungsgemäße Durchführung der nach dem Gesetz notwendigen Datenschutzmaßnahmen obliegt der Leitung der jeweiligen Daten verarbeitenden Stelle. Ergänzend schreibt das BDSG für private Unternehmen ab einer gewissen Größenordnung bzw. abhängig von der Art der Datenverarbeitung und nunmehr für öffentliche Stellen des Bundes generell in § 4f die Bestellung eines Beauftragten für den Datenschutz (DSB) vor.

---

§ 4f BDSG – Beauftragter für den Datenschutz

(1) Öffentliche und nicht-öffentliche Stellen, die personenbezogene Daten automatisiert verarbeiten, haben einen Beauftragten für den Datenschutz schriftlich zu bestellen. Nicht-öffentliche Stellen sind hierzu spätestens innerhalb eines Monats nach Aufnahme ihrer Tätigkeit verpflichtet. Das Gleiche gilt, wenn personenbezogene Daten auf andere Weise erhoben, verarbeitet oder genutzt werden und damit in der Regel mindestens 20 Personen beschäftigt sind. Die Sätze 1 und 2 gelten nicht für nicht-öffentliche Stellen, die in der Regel höchstens neun Personen ständig mit der automatisierten Verarbeitung personenbezogener Daten beschäftigen. Soweit aufgrund der Struktur einer öffentlichen Stelle erforderlich, genügt die Bestellung eines Beauftragten für den Datenschutz für mehrere Bereiche. Soweit nicht-öffentliche Stellen automatisierte Verarbeitungen vornehmen, die einer Vorabkontrolle unterliegen, oder personenbezogene Daten geschäftsmäßig zum Zweck der Übermittlung oder der anonymisierten Übermittlung oder für Zwecke der Markt- und Meinungsforschung automatisiert verarbeiten, haben sie unabhängig von der Anzahl der mit der automatisierten Verarbeitung beschäftigten Personen einen Beauftragten für den Datenschutz zu bestellen.

(2) ... (5)

Dass zur Kontrolle der Einhaltung des Datenschutzes vorrangig auf das Instrument der innerbetrieblichen bzw. innerbehördlichen Selbstkontrolle zurückgegriffen wird, entlastet den Staat von der Schaffung kostenträchtiger Verwaltungsinstanzen und die Privatwirtschaft von bürokratischer Gängelei. Die staatlichen Kontrollbehörden sollen und können – auch nach der seit Inkrafttreten des BDSG zweimaligen Erweiterung ihrer Kompetenzen – nur begleitend tätig werden. **1451**

2.1.2 Die Vorgaben der EU

Die Institution des internen Datenschutzbeauftragten (DSB) ist dem Gesetzgeber durch das EU-Recht nicht zwingend vorgegeben; vielmehr ist der DSB für die nationalen Gesetzgeber auf deutschen Wunsch **1452**

vgl. Weber, CR 1995, 297 und DuD 1995, 698

hin als eine von verschiedenen Kontrollalternativen vorgesehen. Erwähnung findet der DSB in der EU-DatSchRl an zwei Stellen. Dies geschieht einmal im Zusammenhang mit der in Art. 28 geregelten Meldepflicht. Von der Meldung automatisierter Verarbeitungen bei der staatlichen Kontrollbehörde kann nach Art. 18 Abs. 2 abgesehen werden, wenn entsprechend dem einzelstaatlichen Recht ein Datenschutzbeauftragter bestellt ist, dem insbesondere

- die „unabhängige Überwachung" der Anwendung der Datenschutznormen und
- hierzu die Führung eines ansonsten bei den Kontrollbehörden zu führenden Verzeichnisses der stattfindenden Verarbeitungen

obliegt. Ferner müssen die Mitgliedstaaten nach Art. 20 der Richtlinie vorsehen, dass vor besonders sensiblen Verarbeitungen „eine Vorabprüfung durch die Kontrollstelle oder in Zusammenarbeit mit ihr durch den Datenschutzbeauftragten vorgenommen wird".

1453   Abgesehen von diesen Aufgabenbeschreibungen und der Vorgabe, dass der DSB zur „unabhängigen" Überwachung (Art. 18 Abs. 2 EG-DatSchRL) in der Lage sein muss, äußert sich die Richtlinie zur Rechtsstellung des internen Datenschutzbeauftragten ausdrücklich nicht. Vielmehr verweist sie auf das diesbezügliche einzelstaatliche Recht.

Nur wenn diese Unabhängigkeit gewährleistet ist, kann der DSB die Aufgaben – Verfahrensregister, Vorabkontrolle – wahrnehmen, die ansonsten der externen Kontrollbehörde übertragen werden müssten.

Vgl. Gola, DuD, 1999, 341; Schild, DuD 2001, 31; zur EU-konformen Kompetenzausstattung: Pahlen-Brand, DuD 2003, 637

Inwieweit diese Unabhängigkeit angesichts der immer noch fraglichen Reichweite des Kündigungsschutzes hinreichend gewährleistet ist, muss weiter in Frage gestellt werden.

Gola/Jaspers, RDV 1998, 47; Gola RDV 2010, 97

2.1.3   Vergleichbare Funktionen

1454   Der vom Gesetzgeber gewählte Weg der innerbetrieblichen Selbstkontrolle ist nicht einmalig; insbesondere auf dem Gebiet des Umweltschutzes wird für die Durchführung der innerbetrieblichen Kontrollverpflichtungen vielfach die Bestellung von internen „Beauftragten" gesetzlich vorgeschrieben.

Vgl. Taeger, PersR 2000, 400; Fuchs, DÖV 1986, 363; vgl. die weiteren Beispiele in Gola/ Schomerus, § 4f Rdn. 5

So ist hinzuweisen auf den Immissionsschutzbeauftragten (§§ 53 ff. ImSchG), den Beauftragten für den Gewässerschutz (§§ 3, 21a WHG) oder den Betriebsbeauftragten für Abfall (§ 54fKrWlAbfG).

1455   Während das BDSG 1990 eine Pflicht zur Bestellung interner Datenschutzbeauftragter nur für die Privatwirtschaft kannte, sind hiervon nunmehr öffentliche wie private Stellen gleichermaßen betroffen. Auch die Länder haben – soweit nicht bereits vorhanden – die Pflicht bzw. zumindest die Option zur Bestellung des DSB in ihre novellierten Gesetze aufgenommen.

1456   Gesetzliche Verpflichtungen zur Bestellung eines DSB können sich für private und öffentliche Stellen auch aus „bereichsspezifischen" Datenschutzvorschriften ergeben. Hinzuweisen ist insoweit auf § 81 Abs. 4 SGB X, der Sozialleistungsträger (hierzu zählen die in § 35 SGB I genannten Stellen) zur Bestellung eines DSB verpflichtet.

1457   Ferner sind ggf. kirchliche Einrichtungen zur DSB-Bestellung aufgrund entsprechender eigenständiger Regelungen verpflichtet.

Vgl. im Einzelnen bei Claessen, Datenschutz in der evangelischen Kirche, 122 ff.; Fachet, Datenschutz in der katholischen Kirche, KDO § 17 Rdn. 5.1 ff.

2.1.4   Situation in anderen EU-Ländern

1458   Eine Reihe der EU-Staaten (Schweden, Niederlande, Frankreich, Luxemburg) hat die Möglichkeit der Bestellung eines Datenschutzbeauftragten zumindest als eine den

Unternehmen angebotene Alternative aufgegriffen. Bei der Bestellung, die der Aufsichtsbehörde zu melden ist, entfällt die Meldepflicht bezüglich der Datenverarbeitungsverfahren.

Manche Staaten (z.B. Polen, Slowakei) sehen die Bestellung vor, jedoch ohne dass die Meldepflicht entfällt.

Vgl. WP 106 der Art. 29-Gruppe vom 18.1.2005, wobei insoweit von einer deutschen „Success Story" mit Vorbildwirkung die Rede ist. Vgl. im Übrigen bei Klug, RDV 2005, 163.

2.1.5 Kommendes EU-Recht

Die EU-Kommission hat am 25. Januar 2012 den Vorschlag für eine EU-Datenschutz-Grundverordnung **1459**

DS-GVO, Kom (2012) 11 endg.; zum Inhalt: Hornung, ZD 2012, S. 100; Gola, EuZW 2012, S. 332: Gola/Schulz, RDV 2013, 1

in das EU-Rechtsetzungsverfahren eingebracht. Diese Verordnung, deren Bestimmungen mit unmittelbarer Wirkung an die Stelle entsprechender Regelungen des BDSG treten würden, sieht die Bestellung des Datenschutzbeauftragten in Wirtschaft und Verwaltung nunmehr zwingend in allen EU-Ländern vor, macht die Bestellpflicht aber abweichend von der Regelung des BDSG zunächst daran fest, dass ein Unternehmen wenigstens 250 Mitarbeiter beschäftigt. Daneben wird auf Datenverarbeitungsvorgänge abgestellt, welche aufgrund ihres Wesens, ihres Umfangs und/oder ihrer Zwecke eine regelmäßige und systematische Beobachtung von betroffenen Personen erforderlich machen (Art. 35 Abs. 1 Buchst. b und c DS-GVO-E). Die Bestellung soll befristet auf in der Regel zwei Jahre erfolgen. Eine erneute Bestellung ist zulässig. Die Aufgaben des DSB entsprechen weitgehend denen, die bereits das BDSG vorgibt. Sie sind jedoch mehr als begleitende Kontrolle gestaltet, was z.B. deutlich macht, dass dem DSB nicht mehr eine Vorabprüfung, wie sie die Vorabkontrolle beinhaltet, zugewiesen ist.

Zur Kritik an dem Regelungsvorschlag: Jaspers/Reif, RDV 2012, 78; Lang, K&R 2012, 459; Hoeren, ZD 2012, 355; Klug, RDV 2013, 18

2.2 Voraussetzung für die Bestellung

2.2.1 Die Zahl der beschäftigten Personen

Bei den Voraussetzungen für die Bestellpflicht ist zwischen öffentlichen und nicht öffentlichen Stellen zu differenzieren. Öffentliche Stellen – Normadressaten sind gemäß § 1 Abs. 2 Nr. 2 BDSG nur solche des Bundes, die personenbezogene Daten automatisiert verarbeiten – sind unabhängig von der Zahl der hiermit beschäftigten Bediensteten zur Bestellung des DSB verpflichtet. Des Weiteren gestattet § 4f Abs. 1 S. 5 BDSG die bereichsübergreifende Bestellung eines DSB für mehrere Behörden. **1460**

Im Bereich der Privatwirtschaft trifft die Bestellpflicht die nicht öffentliche Stelle, d.h. den Unternehmensinhaber bzw. die Leitung der juristischen Person, die das Unternehmen führt. Der Gesetzgeber hat davon abgesehen, einen sog. „Konzernbeauftragten" vorzusehen, d.h. einen Beauftragten, der „uno actu" durch die Konzernleitung für alle konzernangehörigen Firmen bestellt wird. Hier muss es dabei bleiben, dass der „Konzernbeauftragte" von allen Firmen einzeln bestellt wird, wobei er im Rahmen seiner **1461**

Datenschutzorganisation in den einzelnen Betrieben ihm zuarbeitende Datenschutz-Koordinatoren einsetzen kann oder sogar muss. Diese Koordinatoren sind in den einzelnen Betrieben bzw. Betriebsteilen Ansprechpartner der Mitarbeiter und sammeln gleichzeitig Informationen für den DSB.

Vgl. TB 1999 zum Datenschutz im nicht-öffentlichen Bereich in Hessen, LT-Drs. 15/1539 = RDV 2000, 289

1462 Bei nicht öffentlichen Stellen ist auch bei automatisierter Verarbeitung die Bestellpflicht weiterhin an einen „Mindestumfang" der Datenverarbeitung und damit an ein bestimmtes Gefährdungspotenzial geknüpft. Die private Stelle muss in der Regel im Fall automatischer Datenverarbeitung zehn oder bei herkömmlicher Verarbeitung zwanzig Personen ständig mit der Verarbeitung personenbezogener Daten betraut haben. Solange im Bereich der automatischen Datenverarbeitung weniger als zehn und bei der herkömmlichen manuellen Datenverarbeitung weniger als zwanzig Personen beschäftigt sind, bedarf es keines betrieblichen Beauftragten, und zwar auch dann nicht, wenn aus beiden Bereichen zusammen mehr als neun bzw. zwanzig Personen mit der Verarbeitung personenbezogener Daten beschäftigt werden.

Vgl. Gola/Schomerus, § 4f Rdn. 9; für eine Addition aufgrund anteiliger Umrechnung der Werte: Däubler in D/K/K/W, § 4f Rdn. 10 – dagegen Scheja in Taeger/Gabel, § 4f Rdn. 22

1463 Diese Mindestvoraussetzungen entfallen jedoch, wenn aus der Art der verarbeiteten Daten bzw. der Verwendungszwecke besondere Gefährdungen für das Persönlichkeitsrecht der Betroffenen zu befürchten sind. Dies ist zum einen der Fall, wenn die nicht öffentliche Stelle Datenverarbeitungen vornimmt, die einer Vorabkontrolle durch einen Datenschutzbeauftragten gemäß § 4d Abs. 5 BDSG unterliegen; zum anderen besteht die Bestellpflicht unabhängig von der Zahl der Beschäftigten für Unternehmen, die personenbezogene Daten geschäftsmäßig zum Zweck der personenbezogenen oder auch nur anonymisierten Übermittlung erheben, verarbeiten oder nutzen (§ 4f Abs. 1 S. 6 BDSG). Bei den mit dieser Regelung gemeinten Auskunfteien, Detekteien, Adresshandelsunternehmen und Markt- und Meinungsforschungsinstituten sieht der Gesetzgeber ein besonderes Gefährdungspotenzial für die Betroffenenrechte, dem durch verstärkte Kontrolle begegnet werden soll. Diese wird zum einen durch den in jedem Fall zu bestellenden internen DSB und zum anderen durch die ergänzend in § 4d Abs. 4 begründete Pflicht zur Meldung bei der Aufsichtsbehörde geschaffen.

2.2.2 Die in der Regel und ständig beschäftigten Personen

1464 Die Bestellpflicht wird begründet durch „in der Regel" und „ständig beschäftigte" Personen. Erfasst werden damit alle in einem Arbeitsverhältnis stehenden Beschäftigten, aber auch freie Mitarbeiter oder in den Betrieb eingegliederte Leiharbeiter.

Vgl. Scheja in Taeger/Gabel, § 4f Rdn. 17

„In der Regel" bedeutet hier, dass zur Bewältigung der Aufgabe „Verarbeitung personenbezogener Daten in Dateien" zehn bzw. zwanzig „Personen" benötigt werden, sie also hierbei ihre Dauerbeschäftigung finden. Anhaltspunkt dafür wird z. B. sein, dass für diese Angabe im Organisationsplan des Unternehmens eine entsprechende Anzahl von Dienstposten ausgewiesen ist. Sicher brauchen diese Stellen nicht auf unbegrenzte Dauer zu bestehen, sie müssen aber für einen längeren Zeitraum, mindestens wohl für ein Jahr festliegen. Abzustellen ist also auf die „normale" Beschäftigtenzahl des Betriebes. Außergewöhnliche Arbeitsanhäufungen oder zeitweiser Arbeitsrückgang – und eine damit verbundene Nichtbesetzung der Stelle, d.h. die temporäre Absenz von einschlägigen Personen – bleiben außer Betracht.

> *Gola/Schomerus, § 4f Rdn. 11; Schaffland/Wiltfang, § 4f Rdn. 14; Simitis in Simitis, § 4f Rdn. 19*

Dabei kommt es nicht darauf an, ob der den Dienstposten ausfüllende Mitarbeiter als Vollzeitkraft oder als Teilzeitbeschäftigter tätig ist. **1465**

Sollte also unter den angezeigten Bedingungen die maßgebende Zahl der Beschäftigten vorübergehend unter die „Norm" absinken, so ändert das an der fortbestehenden Verpflichtung zur Bestellung eines DSB nichts. Irrelevant sind auch Saisonarbeitskräfte. Verteilt der Arbeitgeber die Arbeit infolge einer Neuorganisation um, d.h. werden z.B. statt zehn Teilzeitkräften zukünftig nur noch fünf Vollzeitkräfte bei automatisierter Verarbeitung tätig, so entfällt auch die Verpflichtung zur Bestellung eines DSB. **1466**

„Ständige" Beschäftigung liegt vor, wenn diese Aufgabe, die nicht Hauptaufgabe zu sein braucht, auf unbestimmte, zumindest aber längere Zeit vorgesehen ist. Das Tatbestandsmerkmal „ständig" ist mithin auch erfüllt, wenn die Aufgabe selbst nur gelegentlich (einmal im Monat) anfällt, der Arbeitnehmer sie aber stets wahrzunehmen hat. Nicht ständig beschäftigt ist, wer die eigentlich anderen obliegenden Aufgaben gelegentlich mit übernimmt oder als Auszubildender vorübergehend zwecks Anlernens in diesem Bereich tätig ist. **1467**

Nicht ständig beschäftigt ist auch jemand, der ehrenamtlich und gelegentlich, wenn Not am Mann ist, in der Geschäftsstelle seines Vereins aushilft. **1468**

Hat jemand nur gelegentlich und ggf. zur Erledigung anderer Aufgaben auch mit der Datenverarbeitung zu tun (z.B. Revision, betrieblicher DSB, Wartungstechniker), so ist er nicht „ständig" damit beschäftigt. **1469**

> *Däubler in D/K/K/W, § 4f Rdn. 15*

Die zehn bzw. zwanzig Personen müssen „bei" der Verarbeitung personenbezogener Daten, d.h. „damit" beschäftigt sein. Zu berücksichtigen sind in jedem Fall Personen, die – bei automatischer Datenverarbeitung – unmittelbar an den Datenverarbeitungsanlagen tätig sind und eigens dafür eingestellt wurden, Daten, einschließlich personenbezogener, in automatischer Form zu speichern, zu verändern, zu übermitteln, zu sperren und zu löschen. Dazu ist z.B. neben dem Programmierer und dem Operator auch der Personalsachbearbeiter zu zählen, der von seinem Arbeitsplatz aus mittels eines Endgeräts die Daten verarbeiten kann, mag begrifflich insoweit auch nur ein „Nutzen" der Daten vorliegen. Generell kann festgehalten werden, dass nicht nur die Arbeitnehmer bei der Berechnung zu berücksichtigen sind, deren Aufgabenbereich die Wahrnehmung aller Phasen der Datenverarbeitung umfasst, sondern dass auch diejenigen mitzuzählen sind, die z.B. nur mit Vorarbeiten (Sortieren) oder Nacharbeiten (Versendung von Ausdrucken) beschäftigt sind. Demgemäß zählt hierzu auch Kassenpersonal, das Zahlung per Kreditkarteneingabe realisiert. **1470**

> *Gola/Schomerus, § 4f, Rdn. 13; Simitis in Simitis, § 4f, Rdn. 28*

Unerheblich ist insoweit auch, ob die weitere Verarbeitung außer Haus „im Auftrag" durchgeführt wird, wobei allerdings die Beschäftigten des Auftragnehmers nicht mitzählen. Da der Auftraggeber verantwortliche Stelle bleibt, sind bereits Tätigkeiten beim Erfassen der Daten zur Begründung der DSB-Bestellpflicht relevant. Mitzuzählen sind also auch Mitarbeiter, die befugt sind, sich Daten per Terminal anzeigen zu lassen. **1471**

1472 Sinken bei der nicht öffentlichen Stelle die maßgebenden Beschäftigtenzahlen dauerhaft unter die gesetzlich vorgesehene Anzahl, so entfällt auch die Bestellungsvoraussetzung nach § 4f Abs. 1 BDSG. Ein spezieller Widerruf der Bestellung sollte allerdings zur Klarstellung der arbeitsvertraglichen Situation erfolgen – ggf. ist insoweit auch eine Kündigung erforderlich, die dann aber durch einen wichtigen Grund gerechtfertigt ist.

Vgl. bei Gola/Schomerus, § 4f Rdn. 16; Simitis in Simitis, § 4f Rdn. 17

1473 Dies gilt auch deshalb, weil es der verantwortlichen Stelle freisteht, den DSB „freiwillig" weiterhin mit den bisherigen Aufgaben zu betrauen, wovon u. U. auch bei stillschweigender Weiterbeschäftigung auszugehen ist. Begründet sich die Bestellpflicht daraus, dass die stattfindende Verarbeitung einer Vorabkontrolle unterlag, so ist der DSB so lange „im Amt", wie diese Verarbeitung durchgeführt wird.

2.3   Die Person des Beauftragten

2.3.1   Allgemeines

1474 Die Aufgabe des DSB kann sowohl einem Beschäftigten des Unternehmens bzw. der Dienststelle als sog. „interner" DSB als auch einer Person außerhalb der verantwortlichen Stelle als sog. „externer" DSB übertragen werden, wobei öffentliche Stellen bei der Bestellung eines externen DSB jedoch auf einen Bediensteten einer anderen öffentlichen Stelle zurückgreifen müssen (§ 4f Abs. 2 S. 4 BDSG).

> **§ 4f BDSG – Beauftragter für den Datenschutz**
>
> *(1) ...*
>
> *(2) Zum Beauftragten für den Datenschutz darf nur bestellt werden, wer die zur Erfüllung seiner Aufgaben erforderliche Fachkunde und Zuverlässigkeit besitzt. Das Maß der erforderlichen Fachkunde bestimmt sich insbesondere nach dem Umfang der Datenverarbeitung der verantwortlichen Stelle und dem Schutzbedarf der personenbezogenen Daten, die die verantwortliche Stelle erhebt oder verwendet. Zum Beauftragten für den Datenschutz kann auch eine Person außerhalb der verantwortlichen Stelle betraut werden; die Kontrolle erstreckt sich auch auf personenbezogene Daten, die einem Berufs- oder Amtsgeheimnis, insbesondere dem Steuergeheimnis nach § 30 der Abgabenordnung unterliegen. Öffentliche Stellen können mit Zustimmung ihrer Aufsichtsbehörde einen Bediensteten aus einer anderen öffentlichen Stelle zum Beauftragten für den Datenschutz bestellen.*
>
> *(3) ... (5)*

1475 In der Regel wird ein Angehöriger des Unternehmens bzw. der Dienststelle, der den „Betrieb" und die in der Datenverarbeitung beschäftigten Personen kennt, mit der Wahrnehmung dieser Aufgabe betraut werden; allerdings akzeptiert § 4f Abs. 2 BDSG nur eine fachkundige und zuverlässige Person. Der Mitarbeiter kann die Tätigkeit neben anderen Aufgaben wahrnehmen, soweit er nicht in Interessenkollisionen gerät.

1476 Nicht öffentlichen Stellen ist aber auch die Bestellung eines völlig Außenstehenden als sog. externen DSB gestattet. Solche externen DSB sind teilweise auch für mehrere Unternehmen tätig. Häufig ist dies bei konzernverbundenen Unternehmen der Fall.

Zu den Vor- und Nachteilen vgl. Gola/Schomerus, § 4f Rdn. 17 f.; Schaffland/Wiltfang, § 4f Rdn. 47 f.

Im Hinblick darauf, dass der Datenschutzbeauftragte im Rahmen seiner Kontrolltätig- 1477
keit auch personenbezogene Daten zur Kenntnis erhält, können der Bestellung eines
„Externen" besondere Geheimhaltungsverpflichtungen entgegenstehen.

Vgl. nachstehend Rdn. 1541 ff.

Während einige Landesdatenschutzgesetze 1478

so z. B. § 5 Abs. 1 S. 1 HDSG

auch die Bestellung eines Vertreters des behördlichen DSB vorsehen,

§ 32a Abs. 1 DSG NW sieht ggf. mehrere Beauftragte vor. Die Bestellung steht im sachgerech-
ten Ermessen der Behörde, vgl. VG Düsseldorf, RDV 2012, 155 mit Anmerkung von Zilkens/
Eikel, RDV 2012, 138 und bestätigt in zweiter Instanz OVG Münster, ZD 2012, 397 mit Anmer-
kung von Richter

hat das BDSG auf eine ausdrückliche derartige Regelung verzichtet. Ein ständiger Vertreter des DSB muss daher zwingend jedenfalls nicht bestellt werden; auch für den Fall
vorübergehender Verhinderung (Urlaub, Krankheit) braucht kein neuer DSB befristet
zur Vertretung bestellt werden.

Simitis in Simitis, § 4f Rdn. 145

Gleichwohl sollte das Unternehmen im Eigeninteresse auf eine Vertretung bedacht sein,
da ihm ein „Kontrollvakuum" im Falle irregulärer Datenverarbeitung als Organisations-
mangel entgegengehalten werden könnte.

2.3.2 Die erforderliche Fachkunde

Die nach § 4f Abs. 2 S. 1 BDSG geforderte Fachkunde umfasst sowohl das allgemeine 1479
Grundwissen, das jeder Beauftragte aufweisen muss, als auch die ggf. erforderlichen
betriebsspezifischen Kenntnisse. Zum Grundwissen gehört in erster Linie das Datenschutzrecht, das wegen seines besonderen Charakters als Querschnittsmaterie nur derjenige richtig beherrschen wird, der über allgemeine Rechtskenntnisse verfügt. Unerlässlich ist ferner das Verständnis für betriebswirtschaftliche Zusammenhänge sowie
natürlich Grundkenntnisse über Verfahren und Techniken der automatisierten Datenverarbeitung. Eine Fachausbildung in einem oder mehreren dieser Bereiche kann zwar
nützlich sein, wird aber vom Gesetzgeber nicht vorgeschrieben.

Maßstab ist jedoch auch hier – wie § 4 Abs. 2 BDSG deutlich macht – das Prinzip der 1480
Verhältnismäßigkeit. Der z. B. von dem DSB eines Handwerksbetriebs zu verlangende
Kenntnisstand bzw. der ggf. von ihm wahrzunehmende Schulungsaufwand ist anders zu
bewerten als der des DSB eines Versicherungsunternehmens, eines Kreditinstituts oder
einer Auskunftei.

Auch wenn man die erforderliche Fachkunde einzelfallbezogen an den sich dem DSB 1481
stellenden Aufgaben und Problemen messen muss, darf das nicht dazu führen, dem DSB
ein nicht erfüllbares „Allround-Wissen" abzuverlangen; die §§ 4f und 4g BDSG müssen
in der betrieblichen Praxis anwendbar bleiben. Wo das Schwergewicht der Fachkunde
des DSB gemäß seiner Ausbildung und Berufserfahrung liegt, d. h. z. B. auf technischen,
rechtlichen oder organisatorischen Gebieten, ist generell irrelevant, sofern auch auf den
übrigen Gebieten das für die Gegebenheiten der jeweiligen Stelle erforderliche Grundwissen vorhanden ist, das ihn in die Lage versetzt – mit der ihm vom Unternehmen zu
gewährenden Unterstützung –, die anstehenden Aufgaben zu bewältigen.

1482 Es liegt auf der Hand, dass in größeren öffentlichen oder nicht öffentlichen Stellen mit breit gefächertem Aufgabenspektrum der Beauftragte nicht sämtliche Fachgebiete beherrschen kann. Hier müssen ihm Fachleute zugeteilt werden, die ihn bei der Erfüllung seiner Aufgaben gemäß der Verpflichtung nach § 4f Abs. 5 BDSG unterstützen; in jedem Fall muss einem externen DSB in dem oder den von ihm zu betreuenden Unternehmen ein Ansprechpartner als Kontaktperson vor Ort zur Verfügung stehen. Der oder diese Mitarbeiter können dem DSB direkt zugeordnet sein oder aber den Fachabteilungen angehören. In ihrer Funktion als Mitarbeiter des DSB unterliegen sie dessen Weisungen, nehmen aber nach außen an dessen Weisungsfreiheit nicht teil.

1483 Nach § 4 Abs. 3 letzter Satz BDSG ist dem Datenschutzbeauftragten auch ein Rechtsanspruch eingeräumt, in dem die verantwortliche Stelle verpflichtet ist, dem Beauftragten die Teilnahme an Fort- und Weiterbildungsveranstaltungen zu ermöglichen und deren Kosten zu übernehmen. Wie das bei externen, für mehrere Einrichtungen tätigen Datenschutzbeauftragten, umgesetzt werden wird, bleibt offen. Es empfiehlt sich, die Frage im Rahmen des Abschlusses des Vertrages zu berücksichtigen.

> *Zur Fachkunde des Datenschutzbeauftragten regeln Näheres die Aufsichtsbehörden (Beschluss des Düsseldorfer Kreises am 24./25. 11. 2010), RDV 2011, 52; ferner Wybitul, MMR 2011, 372; Hallermann, DuD 2012, 122*

2.3.3 Die erforderliche Zuverlässigkeit

1484 Neben der Fachkunde muss der Beauftragte auch die zur Erfüllung seiner Aufgaben erforderliche Zuverlässigkeit besitzen. Es wird also niemand zum betrieblichen Datenschutzbeauftragten bestellt werden können, der im Betrieb durch persönliche Unzuverlässigkeit – z.B. mangelnde Verschwiegenheit eines Sachbearbeiters in der Personalabteilung – aufgefallen ist, ohne dass das Arbeitsvertragsverhältnis beendet worden wäre. Das Erfordernis der persönlichen Integrität soll verhindern, dass ein für andere Arbeiten nicht qualifizierter Arbeitnehmer auf die Position des Datenschutzbeauftragten „abgeschoben" wird.

1485 > *Zur Feststellung der gesetzlich geforderten Zuverlässigkeit des Compliance-Beauftragten nach § 34d WpHG und WpHG-MAAnzV vgl. Böckelmann, RDV 2012. Insoweit stellt § 6 WpHG-MAAnzV die Vermutung fehlender Zuverlässigkeit auf, wenn die in Betracht gezogene Person in den vergangenen fünf Jahren wegen eines Verbrechens oder wegen Diebstahls, Unterschlagung, Erpressung, Betrugs, Untreue, Geldwäsche, Urkundenfälschung, Hehlerei, Wuchers, einer Insolvenzstraftat, einer Steuerhinterziehung oder aufgrund § 38 WpHG rechtskräftig verurteilt worden ist.*

1486 Mit dem Begriff ist allerdings nicht nur die generelle charakterliche Zuverlässigkeit gemeint, sondern sie ist bezogen auf die besonderen Anforderungen, die diese Aufgabe an ihren Inhaber stellt. Wer eine Person bestellt, der erkennbar die erforderliche Fachkunde und Zuverlässigkeit fehlen, hat keinen DSB i.S.d. Gesetzes bestellt und kann gemäß § 43 Abs. 1 BDSG mit einem Bußgeld belegt werden. Einen „Alibi-Datenschutzbeauftragten", der infolge anderweitiger Aufgaben an der Ausübung seines Amtes und der mit ihm verbundenen Pflichten gehindert ist, fehlt die gesetzlich geforderte Zuverlässigkeit ebenso wie demjenigen, der von Arbeitgeber zur Übernahme der Funktion bestimmt wurde und gegen seinen Willen nur dessen Anweisung befolgt.

> *Vgl. zur zweiten Variante Däubler in D/K/W/W, § 4f Rdn. 29*

Der Beauftragte kann sich von anderen Beschäftigten u.U. dadurch unterscheiden, dass **1487**
er ggf. auch gegen die Interessen bzw. Auffassungen der Leitung der verantwortlichen
Stelle zu handeln verpflichtet ist. Jedenfalls darf er sich mit den Geschäftszwecken und
Zielen seines Betriebes/seiner Dienststelle nicht so weitgehend identifizieren, dass
dadurch die Erfüllung seiner Kontrollfunktion beeinträchtigt wird.

Vgl. bei Gola/Schomerus, § 4f Rdn. 23a

Die Zuverlässigkeit des DSB kann ggf. besonderer Prüfung bedürfen, wenn er für meh- **1488**
rere Daten verarbeitende Stellen gleichzeitig tätig wird und hierdurch möglicherweise in
Interessenkollision gelangen kann. Dies gilt sowohl für den internen als auch für den
externen DSB. Soll der bei der Konzernmutter angestellte DSB gleichzeitig als DSB der
Töchter fungieren, so kann dies im Einzelfall nicht unproblematisch sein. Interessenkonflikte können auch auftreten, wenn der DSB insoweit für den Auftraggeber und den
Auftragnehmer einer Datenverarbeitung gleichermaßen bestellt ist und sich vor die
Frage gestellt sieht, bei der Durchführung des Auftrags festgestellte Unregelmäßigkeiten dem Auftraggeber mitzuteilen. Um hier nicht gegen die Treuepflicht gegenüber dem
einen oder anderen „Arbeitgeber" zu verstoßen, sollte die Problematik in dem Bestell-
schreiben geklärt werden.

Stellt ein IT-Dienstleistungsunternehmen, das der verantwortlichen Stelle DV-Dienst- **1489**
leistungen erbringt, den externen DSB, so bedarf der eventuelle Interessenkonflikt ebenfalls besonderer Prüfung.

Vgl. Gola/Schomerus, § 4f Rdn. 24a

Interessenkollisionen können auch bei der Bestellung eines externen DSB auftreten, so
bei der Bestellung eines Wirtschaftsprüfers, der das Unternehmen auch auf diesem
Gebiet betreut.

Das Problem einer eventuellen Interessenkollision und damit der vom Gesetz geforder- **1490**
ten Zuverlässigkeit stellt sich auch, wenn ein Beschäftigter nur „nebenamtlich" mit der
Aufgabe des DSB betraut werden soll. Die Bestimmungen über den Beauftragten für
den Datenschutz bringen den Gedanken einer qualifizierten Eigenkontrolle zum Ausdruck. Daraus folgt, dass bestimmte Personen, unabhängig von ihrer Fachkunde und
persönlichen Zuverlässigkeit, nicht zum Datenschutzbeauftragten bestellt werden dürfen. Dies gilt ausnahmslos für den Inhaber selbst, den Vorstand, den Geschäftsführer
oder den sonstigen gesetzlich oder verfassungsmäßig berufenen Leiter. Darüber hinaus
sollen auch Personen nicht zum Datenschutzbeauftragten berufen werden, die aufgrund
noch anderweitiger Funktionen in Interessenkonflikte geraten würden, die über das
unvermeidliche Maß hinausgehen; dies soll nach der Auffassung der Aufsichtsbehörden

vgl. Aufsichtsbehörde Baden-Württemberg, Hinweis zum BDSG Nr. 2, Staatsanzeiger vom
1.4.1978, Nr. 26, S. 5

regelmäßig der Fall sein, wenn z.B. der Leiter der EDV, der Personalleiter oder bei
Direktvertrieb der Vertriebsleiter zum Datenschutzbeauftragten bestellt werden soll.

Gleiche Bedenken meldet das BAG, DB 1994, 1678 = MDR 1995, 291 = RDV 1994, 182, auch
für einen Mitarbeiter der EDV-Abteilung an; ebenso Simitis in Simitis, § 4f Rdn. 106 für Mit-
arbeiter der genannten Bereiche.

Dabei obliegt es dem Leiter der verantwortlichen Stelle nachzuweisen, dass er niemand **1491**
anderen zum Datenschutzbeauftragten bestellen kann als z.B. den Leiter der Datenver-

arbeitung. Dies wird in aller Regel nur bei kleineren Betrieben oder Arbeitseinheiten der Fall sein. Die Bestellung des Leiters der EDV ist demgemäß nicht generell unzulässig.

Schaffland/Wiltfang, § 4f Rdn. 33 ff.; Bergmann/Möhrle/Herb, § 4f Rdn. 108; für generelle Unzulässigkeit Simitis in Simitis, § 4f Rdn. 100 m.w.N.

Insoweit ist auch zu beachten, dass der Leiter des Rechenzentrums zwar in den meisten Fällen nicht „Herr der Daten" ist, sondern die Fachabteilung, dass er aber im Gegensatz zum DSB vorrangig an einer möglichst rationellen, kostengünstigen und effizienten Datenverarbeitung interessiert sein wird.

1492 Als empfehlenswerte Kombination verschiedener Tätigkeiten sieht die Aufsichtsbehörde

Aufsichtsbehörde Baden-Württemberg, Hinweis zum BDSG Nr. 5, Staatsanzeiger vom 6.1.1979, Nr. 1/2, S. 7; ferner Hinweis Nr. 31, Staatsanzeiger vom 9.1.1993, Nr. 1/2, S. 5/6 = RDV 1993, 54

die von Revision

vgl. hierzu Peltier, RDV 2002, 121

oder Sicherheitsbeauftragten und Datenschutzbeauftragten an.

A.A. Simitis in Simitis, § 4f Rdn. 104 und 107

Dem Sicherheitsbeauftragten kann die Datenschutzkontrolle aber nur übertragen werden, wenn er nicht auch für Sicherheitsüberprüfungen der Beschäftigten und die Zusammenarbeit mit dem Verfassungsschutz zuständig ist.

1493 Gleiches gilt sicherlich für einen Mitarbeiter in den Bereichen Organisation oder in der Rechtsabteilung.

Siehe BfD-Info, Die Datenschutzbeauftragten in Behörde und Betrieb, 11; Schaffland/Wiltfang, § 4f Rdn. 32, 37, 38

Auch private Beziehungen , so z.B., wenn der im Betrieb beschäftigte Ehepartner zum Datenschutzbeauftragten ernannt werden soll, können ein Ausschlussgrund sein.

Ggl. HessDSB, 41. TB (2012) Ziff. 4.6

1494 Die Zuverlässigkeit des DSB bedingt auch, dass ihm – wird ihm die Aufgabe nebenamtlich zu einer bisher full-time ausgeübten Tätigkeit übertragen – die hierfür erforderliche Arbeitszeit, d.h. Freistellung von seiner bisheriger Tätigkeit, gewährt wird. Dies sollte zur Klarstellung in einer Arbeitsplatzbeschreibung festgelegt werden.

Muster vgl. bei Koch (Hrsg.), Der betriebliche Datenschutzbeauftragte, 122; Gola/Jaspers, Das neue BDSG im Überblick, S. 52

1495 Die Auffassung des ArbG Offenbach,

RDV 1993, 83

nach der bei einem Betrieb mit weniger als 300 Beschäftigten die Position des DSB mit i.d.R. weniger als 20 Prozent der Arbeitszeit ausgeübt werden kann, kann dabei zwar als Anhaltspunkt dienen. Entscheidend kommt es aber letztlich auf die DV-Abläufe im Einzelnen an. Es macht durchaus einen Unterschied, ob in einem Kreditinstitut oder bei einer Versicherungsgesellschaft 300 Beschäftigte mit zum Teil hochsensiblen Daten umgehen oder ein Sanitärgroßhandelsbetrieb diese Anzahl von Mitarbeitern im Warenlager oder Kundenbereich (Verkauf, Service) aufweist.

2.3.4 Betriebsrat als Datenschutzbeauftragter

Fraglich ist, ob Interessenkollisionen auftreten, wenn ein Betriebsrats-/ Personalratsmitglied zum DSB bestellt werden soll. Die Mitarbeitervertretung hat aufgrund ihrer auch den Arbeitnehmerdatenschutz umfassenden allgemeinen Kontrollfunktion nach § 80 Abs. 1 Nr. 1 BetrVG (§ 68 Abs. 1 Nr. 1 BPersVG) im Rahmen der Verarbeitung von Personaldaten weitgehend gleichgeartete Aufgaben wie der betriebliche DSB. **1496**

Vgl. BAG, DB 1987, 1791; ferner nachstehend Rdn. 1634 ff.

Ihre Überwachungspflicht erstreckt sich dann auch darauf, dass ein Datenschutzbeauftragter bestellt wird, der den Anforderungen des § 4f Abs. 2 BDSG genügt, und dass dieser seine Aufgaben ordnungsgemäß wahrnimmt. **1497**

BAG, DB 1994, 1678 = MDR 1995, 281 = RDV 1994, 182; BVerwG, NJW 1991, 375; Fitting, § 80 Rdn. 5

Irrig ist es jedoch anzunehmen, dass es sich aufgrund dieses Sachverhalts verbietet, ein Betriebsratsmitglied zum DSB zu bestellen. Dann müsste eine gleiche Inkompatibilität auch für sonstige Betriebsratsmitglieder gelten, die in ihrer beruflichen Tätigkeit mitarbeiterbezogene Aufgaben wahrnehmen, die der Kontrolle nach § 80 Abs. 1 Nr. 1 BetrVG unterliegen. **1498**

Inkompatibilität bejahen gleichwohl u. a. Beder, CR 1990, 475; Bergmann/Möhrle/Herb, § 4f Rdn. 105; Schlemann, Recht des betrieblichen Datenschutzbeauftragten, 208 ff. m.w.N.; ebenso Simitis in Simitis, § 4f Rdn. 108. Kritisch auch Drewes in Besgen, Handbuch Führungskräfte, Rdn. 113; Dzida/Kröpelin, NZA 2011, 1018 ff.

Eher könnte dieses Ergebnis daraus gefolgert werden, dass es ggf. auch Aufgabe des DSB ist, Personaldatenverarbeitungen und -nutzungen des Betriebsrats zu überwachen. Diese Zuständigkeit wird dem betrieblichen DSB jedoch nach einer fragwürdigen Entscheidung des BAG **1499**

RDV 1998, 64; dazu Kuhring/Werner, DuD 2000, 159; Rudolf, NZA 1996, 296

abgesprochen.

Auch wenn schließlich nicht zu leugnen ist, dass ein Betriebsrat bisweilen personenbezogene Informationswünsche gegenüber dem Arbeitgeber geltend macht, die mit den Datenschutzansprüchen der Betroffenen kollidieren, und der DSB sich insoweit gegen den Betriebsrat stellen müsste, **1500**

hierauf weist Simitis in Simitis, § 4f Rdn. 108 zur Begründung der Inkompatibilität hin

kann dies nicht dazu führen, einem Betriebsratsmitglied wegen seiner Funktion die „Befähigung" für die Position des DSB schlechthin abzusprechen. Ebenso wenig kann die Wahl eines DSB in den Betriebsrat als wichtiger Grund für seine Abberufung angesehen werden, wobei ein derartiges Ergebnis auch mit dem Benachteiligungsverbot des § 78 BetrVG nicht vereinbar wäre.

BAG, RDV 2011, 237; die Inkompatibilität ebenfalls ablehnend: Däubler in D/K/K/W, § 4f Rdn. 31; Gola/Schomerus, § 4f Rdn. 28; Breinlinger, RDV 1993, 53; Rudolf, NZA 1996, 296; Innenministerium Brandenburg, 2. TB, S. 11; a.A. Kort, RDV 2012, 8 (12f); Scheja in Taeger/ Gabel, § 4f Rdn. 71; Dzida/Kröpelin, NZA 2011, 1018 (1019)

Demgemäß vertritt beispielsweise auch die Aufsichtsbehörde für Hessen **1501**

15. Bericht der Hessischen Landesregierung über die Tätigkeit der im nicht öffentlichen Bereich zuständigen Aufsichtsbehörde, LT-Drs. 15/4659 vom 26.11.2002, S. 48

die Meinung, dass „nicht von vorneherein von derartigen Interessenkonflikten auszugehen sei, dass die gesetzlich geforderte Zuverlässigkeit eines dem Betriebsrat angehörenden Datenschutzbeauftragten automatisch nicht gewährleistet sein könnte". Eine Interessenkollision wird daher nicht per se angenommen.

1502 Gleichwohl sollte die Bestellung eines Betriebsratsmitgliedes ultima ratio sein. Aus der Sicht des betroffenen Arbeitnehmers ist es wünschenswert, wenn keine Personenidentität zwischen zwei Kontrollinstanzen besteht, d.h., dass seinem Anliegen ggf. zwei Institutionen nachgehen können. Ein doppeltes Kontrollsystem erhöht durch zwei verschiedene „Funktionäre" die Ordnungsgemäßheit und Sicherheit der Personaldatenverarbeitung.

> *In diesem Sinne auch Kort, RDV 2012, 8 (12f); Scheja in Taeger/Gabel, § 4f Rdn. 71: „Vier-Augen-Prinzip"*

2.4 Die Bestellung des Datenschutzbeauftragten

2.4.1 Form der Bestellung

1503 Die Bestellung des DSB muss schriftlich erfolgen, wobei auch Aufgabe und organisatorische Stellung zu konkretisieren sind. Die Wahrung der Schriftform ist konstitutiv. Dabei ist zu beachten, dass das schriftlich zu übertragende Amt des DSB und das zugrunde liegende Beschäftigungsverhältnis zwar getrennt zu betrachten sind,

> *zum sog. Trennungsprinzip auch in vergleichbaren Fällen vgl. Ehrich, NZA 1993, 248; zutreffend einschränkender BAG, DB 1994, 1678 = MDR 1995, 291 = RDV 1994, 182*

dass aber die Bestellung durch den Arbeitgeber nur erfolgen kann, wenn dies arbeitsvertraglich bzw. dienstrechtlich zulässig ist. Ob also der DSB die Bestellung auch gegenzeichnen muss

> *so aber bereits aus dem BDSG-Schriftformerfordernis folgernd u.a. Simitis in Simitis, § 4f Rdn. 56; Bergmann/Möhrle/Herb, § 4f Rdn. 54*

und welche rechtliche Bedeutung diese „Erklärung" des DSB hat, hängt von dem der Bestellung zugrunde liegenden Beschäftigungsverhältnis und insoweit ggf. von der zu beachtenden Formvorschriften ab.

2.4.2 Arbeitsvertragliche Auswirkungen

1504 Wird einem Arbeitnehmer die Tätigkeit als DSB zu den bisherigen Aufgaben zusätzlich übertragen, so hängt es von den Bedingungen des Arbeitsvertrages ab, ob die Bestellung im Rahmen des Direktionsrechts einseitig von dem Arbeitgeber durch ein nur aus Beweisgründen zu quittierendes Ernennungsschreiben verfügt werden kann

> *vgl. aber auch Simitis in Simitis, § 4, Rdn. 82, der für die Zuweisung der Tätigkeit des Datenschutzbeauftragten aufgrund der „Einzigartigkeit" der Arbeitsbedingungen immer einen Änderungsvertrag bzw. eine Änderungskündigung für erforderlich ansieht*

oder ob die Bestellung wegen der erforderlichen gleichzeitigen Änderung des Arbeitsvertrages der Zustimmung des betroffenen Mitarbeiters bedarf.

> *Vgl. auch BAG, RDV 2011,88: „Wird ein Arbeitnehmer im bestehenden Arbeitsverhältnis zum Beauftragten für den Datenschutz bestellt, liegt darin regelmäßig ein Angebot des Arbeitgebers, den Arbeitsvertrag um die mit dem Amt verbundenen Aufgaben für dessen Dauer nach Maßgabe der gesetzlichen Bestimmungen zu erweitern."*

Sind die vom Arbeitnehmer wahrzunehmenden Funktionen in seinem Arbeitsvertrag konkret festgelegt und soll ihm die Tätigkeit des DSB zusätzlich oder anstelle der bisher vereinbarten Aufgaben übertragen werden, so bedarf dies einer einvernehmlich vorzunehmenden Vertragsänderung bzw. einer Änderungskündigung. Ist der gemäß Arbeitsvertrag zu übernehmende Aufgabenkreis jedoch derart weit gefasst, dass ihm die DSB-Tätigkeit zugeordnet werden kann, so kann die Übertragung der Funktion des DSB als neue Konkretisierung der geschuldeten Arbeitspflicht einseitig durch den Arbeitgeber erfolgen.

Vgl. aber BAG, RDV 2007, 123, wonach dieses nur im Ausnahmefall zutreffen kann

Verweigert der ausgewählte Mitarbeiter die Zustimmung, so ist dies im letztgenannten Fall für seine arbeitsvertragliche Verpflichtung ohne Belang. Die Verweigerung wird jedoch insofern von Bedeutung sein, als der „widerwillige" DSB nicht, wie gesagt, die erforderliche Zuverlässigkeit gewährleistet. Gleiches gilt für den Fall, dass der DSB seine Zustimmung nachträglich zurückzieht, wozu er zwar ebenfalls arbeitsvertraglich nicht einseitig berechtigt sein kann, was aber gleichwohl die Bestellung hinfällig macht. Dies gilt auch bezüglich eines externen DSB. Auch er ist aufgrund des abgeschlossenen Vertrages zur Übernahme der vereinbarten Tätigkeit verpflichtet und kann diese Tätigkeit nur dann beenden, wenn der Vertrag das vorsieht. Verweigert er – vertragswidrig – die weitere Wahrnehmung der Tätigkeit, so liegt – unabhängig von etwaigen arbeitsvertraglichen Konsequenzen – tatsächlich keine (andauernde) Bestellung mehr vor, d.h., die Daten verarbeitende Stelle muss einen neuen DSB bestellen.

2.4.3 Inhalt der Arbeitspflichten

Schließlich muss die Bestellung die Kriterien beinhalten, die für die Wahrnehmung der Aufgabe maßgebend sind, z.B. den evtl. Umfang der hierfür aufzuwendenden Arbeitszeit oder die Zuordnung zu einem bestimmten Vorstandsmitglied. Dies kann auch geschehen im Rahmen einer Arbeitsplatzbeschreibung oder einer betrieblichen Datenschutzordnung.

Ob die Bestellung des DSB auch – z.B. zum Zweck der Erprobung – befristet oder kommissarisch erfolgen kann, muss im Hinblick auf den an einen wichtigen Grund geknüpften Widerruf als fraglich erscheinen. Unzulässig wäre es jedenfalls, durch die Befristung den „Kündigungsschutz" des DSB unterlaufen zu wollen. Eine Befristung oder eine auflösende Bedingung kann daher nur dann als zulässig angesehen werden, wenn auch hierfür bereits ein wichtiger Grund (z.B. Rückkehr des auf unbestimmte Zeit erkrankten bisherigen Amtsinhabers, ohnehin geplante Versetzung auf einen anderen Arbeitsplatz) vorliegt.

Vgl. AG Sigmaringen, RDV 1998, 75 = DuD 1998, 95 mit Anm. Herb; für einen sachlichen Grund der Befristung Schaffland/Wiltfang, § 4f Rdn. 65 ff.; ebenso Gola/Schomerus, § 4f Rdn. 32; die Befristung in das Ermessen der verantwortlichen Stelle stellt Simitis in Simitis, § 4f Rdn. 61 f. m.w.N., wobei jedoch eine „Probezeit" abgelehnt wird (Rdn. 63), gleichzeitig übt Simitis Kritik am Gesetzgeber und fordert eine gesetzlich geregelte Mindestzeit; für die Befristung auch Schlemann, Recht des betrieblichen Datenschutzbeauftragten, 261.

Keinesfalls darf die kommissarische oder befristete Bestellung des DSB dazu dienen, den DSB daran zu hindern, seine Befugnisse voll auszuschöpfen.

Insoweit mag eine Befristung auf fünf Jahre akzeptabel sein, so Däubler, Gläserne Belegschaften?, Rdn. 615.

1505
1506
1507
1508

Der Beauftragte ist bei nicht öffentlichen Stellen binnen eines Monats nach Eintreten der Voraussetzungen zu bestellen. Die Nichtbestellung ist ein Ordnungswidrigkeitentatbestand (§ 43 Abs. 1 Nr. 2 BDSG).

2.5   Die Beteiligung des Betriebs-/Personalrats

1509   Die Bestellung des DSB unterliegt keinem speziellen Beteiligungsrecht der Mitarbeitervertretung. Weder im BetrVG noch im BPersVG findet der DSB Erwähnung. Ein Mitbestimmungsrecht im Bereich der Privatwirtschaft entsteht im Fall der Bestellung eines nicht leitenden Angestellten vor dem Hintergrund des § 99 BetrVG, d.h., Mitbestimmung besteht, wenn die Bestellung verknüpft ist mit der Einstellung oder der Versetzung (Umsetzung) eines Mitarbeiters. Klargestellt hat das BAG,

DB 1994, 1678 = RDV 1994, 182

dass die Mitarbeitervertretung ihre Zustimmung zur Einstellung oder Versetzung im Hinblick auf ihr diesbezügliches Kontrollrecht aus § 80 Abs. 1 BetrVG

vgl. nachstehend Rdn. 1647 ff.

auch mit der Begründung verweigern kann, dem vorgesehenen Arbeitnehmer fehle die erforderliche Fachkunde oder Zuverlässigkeit.

Siehe LAG Hamm, ZD 2012, 83

1510   Zulässig ist es auch, dem Betriebsrat per Betriebsvereinbarung freiwillig ein volles Mitbestimmungsrecht bei der DSB-Bestellung einzuräumen, was jedoch im Nichteinigungsfalle für den Arbeitgeber problematisch werden kann.

Vgl. LAG Düsseldorf, RDV 1989, 48; Simitis in Simitis, § 4f Rdn. 68 f.

1511   Ferner können dem DSB unter Wahrung seiner fachlichen Unabhängigkeit bestimmte Kontroll- und Berichtsaufgaben – z.B. per Betriebsvereinbarung – übertragen werden, zumal der DSB in Datenschutzfragen der „geborene" Sachverständige für den Betriebsrat ist, der zunächst gefragt werden sollte, bevor externer Sachverstand gem. § 80 Abs. 3 BetrVG hinzugezogen werden kann. Der Arbeitgeber ist durch § 80 Abs. 3 S. 3 BetrVG sogar verpflichtet, dem Betriebsrat angeforderte „sachkundige" Arbeitnehmer als Auskunftspersonen zur Verfügung zu stellen.

Vgl. BAG, NZA 1988, 208 = DB 1987, 1491 = RDV 1987, 189

2.6   Der Widerruf der Bestellung und Kündigungsschutz

2.6.1 Allgemeines

1512   Das BDSG äußert sich an zwei Stellen auch zur Abberufung des DSB. § 38 Abs. 5 S. 3 BDSG räumt der für die Privatwirtschaft zuständigen Aufsichtsbehörde – dem BfDI oder den Landesbeauftragten wird ein derartiges Recht gegenüber öffentlichen verantwortlichen Stellen nicht zugestanden – das Recht ein, die Abberufung des DSB zu verlangen, wenn er nicht die erforderliche Fachkunde und Zuverlässigkeit besitzt, wobei die Daten verarbeitende Stelle dann auch gut beraten ist, dieser Aufforderung nachzukommen, da in einem solchen Fall keine ordnungsgemäße Bestellung vorliegt und der Bußgeldtatbestand des § 43 Abs. 1 Nr. 2 BDSG erfüllt ist. Dies gilt jedenfalls dann, wenn die entsprechende „Bewertung" der Person des DSB zutreffend ist.

Gleichwohl braucht sich der Arbeitgeber auch im Hinblick auf die Fürsorgepflicht gegenüber dem Arbeitnehmer insoweit nicht auf einen Streit mit der Aufsichtsbehörde einzulassen, da das entsprechende Verlangen der Aufsichtsbehörde ihn gegenüber dem Mitarbeiter – unabhängig davon, ob tatsächlich das als wichtiger Grund zu bewertende Fehlen der Fachkunde und Zuverlässigkeit gegeben ist – zum Widerruf berechtigt und verpflichtet.

A.A. Bergmann/Möhrle/Herb, § 38 Rdn. 84, die in dem Abberufungsverlangen einen privatrechtsgestaltenden Verwaltungsakt sehen, der die Bestellung – und bei einem externen DSB auch das zugrunde liegende Vertragsverhältnis – mit Bestandskraft der Verfügung beenden soll.

Jedoch steht dem Arbeitnehmer das Recht zu, sich im Verwaltungsverfahren gegen den ihn belastenden Verwaltungsakt zur Wehr zu setzen; Däubler in D/K/K/W, § 4f Rdn. 66

Zum anderen reduziert § 4f Abs. 3 S. 4 BDSG das Recht der Unternehmensleitung zur Abberufung des DSB auf zwei Tatbestände. Die Bestellung kann nur widerrufen werden, wenn die Aufsichtsbehörde dies verlangt oder ein wichtiger Grund im Sinne von § 626 BGB vorliegt.   **1513**

---

§ 4f BDSG – Beauftragter für den Datenschutz

(1) ... (2)

(3) Der Beauftragte für den Datenschutz ist dem Leiter der öffentlichen oder nicht-öffentlichen Stelle unmittelbar zu unterstellen. Er ist in Ausübung seiner Fachkunde auf dem Gebiet des Datenschutzes weisungsfrei. Er darf wegen der Erfüllung seiner Aufgaben nicht benachteiligt werden. Die Bestellung zum Beauftragten für den Datenschutz kann in entsprechender Anwendung von § 626 des Bürgerlichen Gesetzbuches, bei nicht-öffentlichen Stellen auch auf Verlangen der Aufsichtsbehörde, widerrufen werden. Ist nach Absatz 1 ein Beauftragter für den Datenschutz zu bestellen, so ist die Kündigung des Arbeitsverhältnisses unzulässig, es sei denn, dass Tatsachen vorliegen, welche die verantwortliche Stelle zur Kündigung aus wichtigem Grund ohne Einhaltung einer Kündigungsfrist berechtigen. Nach der Abberufung als Beauftragter für den Datenschutz ist die Kündigung innerhalb eines Jahres nach der Beendigung der Bestellung unzulässig, es sei denn, dass die verantwortliche Stelle zur Kündigung aus wichtigem Grund ohne Einhaltung einer Kündigungsfrist berechtigt ist. Zur Erhaltung der zur Erfüllung seiner Aufgaben erforderlichen Fachkunde hat die verantwortliche Stelle dem Beauftragten für den Datenschutz die Teilnahme an Fort- und Weiterbildungsveranstaltungen zu ermöglichen und deren Kosten zu übernehmen.

(4) ... (5

Neben dieser Einschränkung des Widerrufs genießt der im Arbeitsverhältnis beschäftigte DSB besonderen Kündigungsschutz (§ 4f Abs. 3 S. 4 BDSG).   **1514**

2.6.2 Art und Weise von Widerruf und Kündigung

Das Gesetz äußert sich zu Form, Inhalt und Frist des Widerrufs der Bestellung – im Gegensatz zum Vorgang der Bestellung selbst – nicht. Es gilt daher Formfreiheit. Eine entsprechende Anwendung der Regelungen über die Schriftlichkeit und gesonderte Vornahme der Bestellungshandlung auf den Widerruf scheidet nach dem insoweit als gewollt anzunehmenden Regelungsverzicht des Gesetzgebers aus. Damit kann der   **1515**

Widerruf ggf. auch konkludent erfolgen (z.B. durch Mitteilung der Bestellung eines Nachfolgers) und wird daher regelmäßig jedenfalls mit der Beendigung des Arbeitsverhältnisses verbunden sein, die jedoch nunmehr gemäß § 623 BGB immer der Schriftform bedarf.

Gola/Schomerus, § 4f Rdn. 44; Rudolf, NZA 1996, 301; auch hier das – aus Beweiszwecken natürlich zweckmäßige – Schriftformerfordernis als zwingend bejahend: Simitis in Simitis, § 4f Rdn. 178 Bergmann/Möhrle/Herb, § 4f Rdn. 66; Däubler in D/K/K/W, § 4f Rdn. 63

Das gilt auch für die einseitige Beendigung durch den DSB. Die Befugnis des DSB, auch selbst seine Akzeptanz zur Ausübung des Amtes zu „widerrufen", folgert aus der Besonderheit des ihm übertragenen Amtes.

1516 Die Form einer in der Regel gleichzeitig erforderlichen Kündigung richtet sich nach arbeitsrechtlichen Vorschriften, wobei § 623 BGB die Schriftform vorsieht. § 626 Abs. 2 S. 3 BGB ergänzt insoweit, dass der Kündigende dem anderen Teil den Kündigungsgrund auf Verlangen unverzüglich mitzuteilen hat.

1517 Ist die Tätigkeit des Datenschutzbeauftragten Gegenstand arbeitsvertraglicher Vereinbarung – und das kann nicht nur der Fall bei einem hauptamtlich, d.h. ausschließlich mit Aufgaben des DSB betrauten Arbeitnehmer sein –, so kann sich der Widerruf nur in Form der gleichzeitigen Kündigung dieser arbeitsvertraglichen Abrede vollziehen, wobei die Kündigung, je nachdem, ob das Arbeitsverhältnis beendet werden oder unter Wahrnehmung anderer Aufgaben fortgesetzt werden soll, sich als Änderungs- oder Beendigungskündigung darstellt.

Vgl. hierzu BAG, RDV 2007, 123; Vorinstanz Sächs. LAG, RDV 2005, 12

1518 Das BAG sieht insoweit jedoch eine besondere Situation, wenn ein zunächst mit 100 Prozent seiner Tätigkeit mit anderen Aufgaben Beschäftigter die Aufgabe des DSB zeitanteilig zusätzlich übernommen hat. Hier soll mit dem zulässigen Widerruf der DSB-Tätigkeit der früher bestehende Vertrag wiederaufleben, d.h. dass die andere Teilzeittätigkeit nun wieder vollumfänglich Gegenstand des Arbeitsvertrages sei. Nicht klar erkennbar ist, ob es hierzu zugleich einer sog. Teilkündigung bedarf.

Vgl. hierzu BAG, RDV 2011, 237 sowie BAG, RDV 2007, 123

1519 Anders als eine Änderungskündigung, die das gesamte Arbeitsverhältnis erfasst und dieses bei Nichtakzeptanz der geänderten Arbeitsbedingungen beendet, betrifft die Teilkündigung nur die „Sonderabrede" DSB-Bestellung und tangiert den Bestand des Arbeitsverhältnisses im Übrigen nicht. Zulässig ist eine Teilkündigung jedoch nur dann, wenn die beendete Arbeitsbedingung in einem gesonderten Teilvertrag und damit als selbstständig auflösbar vereinbart war.

Zur regelmäßigen Unzulässigkeit vgl. BAG, DB 1983, 1368; 1990, 740.

1520 Es muss mithin daran festgehalten werden, dass der Widerruf nicht ohne Kündigung vollzogen werden kann.

1521 Gleiches gilt für die Kündigung des Arbeitsverhältnisses, da diese „automatisch" auch die Tätigkeit als DSB beendet, d.h. den Widerruf der Bestellung beinhaltet.

Vgl. bei Simitis in Simitis, § 4f Rdn. 184 f m.w.N.: „Der verantwortlichen Stelle muss es deshalb auch und gerade untersagt sein, das zwischen ihr und dem Beauftragten bestehende Rechtsverhältnis aufzulösen, um die Bestellung, wenngleich mittelbar, zu beenden. Bei internen Beauftragten scheidet daher eine ordentliche Kündigung aus. "

2.6.3 Der Widerrufs-/Kündigungsgrund

Der Widerruf und die Kündigung sind nur aus wichtigem Grund, nämlich wenn der Arbeitgeber zur Kündigung ohne Einhaltung einer Kündigungsfrist berechtigt ist, wirksam. Dieser Schutz erstreckt sich auch auf Kündigungen während eines Jahres nach einer Abberufung als Datenschutzbeauftragter (§ 4f Abs. 3 S. 5 und 6 BDSG). **1522**

Im Gegensatz zum Kündigungsschutz erstreckt sich die gesetzliche Forderung des wichtigen Grundes für den Widerruf der Bestellung nicht nur auf die Funktion des Datenschutzbeauftragten, der im Rahmen eines Arbeitsverhältnisses beschäftigt ist. Die obigen Ausführungen gelten auch für einen Beamten oder einen per Dienstvertrag beschäftigten „freien" Mitarbeiter. Nicht anzuwenden ist die Regelung jedoch bei Werkverträgen oder ähnlicher Vertragsgestaltung mit einer externen Beratungsfirma etc., da § 626 BGB auf diese Vertragstypen keine Anwendung findet.

Der Kündigungsschutz gilt auch, wenn der Datenschutzbeauftragte gemäß einer im Arbeitsvertrag getroffenen Regelung überwiegend andere Tätigkeiten ausübt und die DSB-Tätigkeit dem Arbeitsverhältnis nicht das Gepräge gibt. Jedoch ist zu beachten, dass sich aus dieser bzw. in Bezug auf diese anderweitige Tätigkeit für den Arbeitgeber Gründe ergeben können, das Arbeitsverhältnis insgesamt zu beenden, d.h., dass die Beendigung des überwiegend ausgeübten Teils der Tätigkeit „wichtiger Grund" für die gleichzeitige Beendigung der DSB-Tätigkeit durch Widerruf sein kann. **1523**

Nach dem in § 4f Abs. 3 S. 4 BDSG angesprochenen § 626 BGB liegt ein wichtiger Grund dann vor, wenn Tatsachen oder Umstände gegeben sind, die unter Berücksichtigung der Gegebenheiten des Einzelfalles und unter Abwägung der Interessen beider Vertragsteile die Fortsetzung der Beschäftigung unzumutbar machen. **1524**

Als wichtiger Grund kommen daher sowohl Aspekte in Betracht, die die weitere Beschäftigung als Datenschutzbeauftragter betreffen, als auch solche, die das Arbeitsverhältnis allgemein bzw. seinen Nicht-DSB-Teil betreffen.

> *A.A. und auch insoweit absoluten Kündigungsschutz bejahend: Simitis in Simitis, § 4f Rdn. 187*

Letztere Gründe sind als wichtig anzusehen, wenn es für den Arbeitgeber unzumutbar ist, statt der Beendigungskündigung eine Änderungskündigung auszusprechen, die die Fortsetzung des Rest-Arbeitsverhältnisses als Datenschutzbeauftragter mit entsprechender Teilzeitbeschäftigung zum Inhalt hätte, woran im Übrigen auch der Datenschutzbeauftragte regelmäßig nicht interessiert sein dürfte. **1525**

Als einseitige, das zugrunde liegende Arbeitsverhältnis nicht berührende Maßnahme des Arbeitgebers ist der Widerruf der Bestellung dann zu verstehen, wenn der Arbeitgeber nach dem oben Gesagten im Rahmen des Direktionsrechts dem Arbeitnehmer zur Konkretisierung seiner Arbeitspflicht bestimmte Tätigkeiten zuweisen und auch wieder entziehen kann. Hier ist sein Direktionsrecht nunmehr gesetzlich Restriktionen unterworfen, indem die Voraussetzungen des § 626 BGB vorliegen müssen. **1526**

Greift der gekündigte DSB die Kündigung vor Gericht an, so besteht regelmäßig ein Weiterbeschäftigungsanspruch, **1527**

> *ArbG Erfurt, RDV 1996, 39; a.A. insofern LAG Erfurt, RDV 1996, 195; ebenso ablehnend Simitis in Simitis, § 4f Rdn. 196*

der sich daraus begründet, dass das Gesetz nur einen DSB vorsieht und eine, wenn ggf. auch nur an die Wirksamkeit der Abberufung des Vorgängers geknüpfte „Zweitbestellung" unwirksam wäre.

1528   Will der Arbeitnehmer gegen die Kündigung per Klage vorgehen, gilt die Drei-Wochen-Frist der §§ 7, 13 KSchG.

1529   Hinsichtlich der Frist für die „Ausnutzung" des wichtigen Grundes für den Widerruf gilt jedoch die Zwei-Wochen-Frist des § 626 BGB.

> *H.M. vgl. bei Bergmann/Möhrle/Herb, § 4f Rdn. 3.3; Schaffland/Wiltfang, § 4f Rdn. 65d*

1530   Eine besondere Problematik ergibt sich bei Fusion von Firmen, wobei sich die Frage stellt, ob der DSB der „eingegliederten Firma", da das Gesetz für jede verantwortliche Stelle nur einen DSB kennt, automatisch sein Amt verliert.

> *Vgl. ArbG Frankfurt, RDV 2001, 290; Däubler, RDV 2004, 55*

1531   Das BAG

> *RDV 2011, 88*

knüpft die Bestellung an die Person des Arbeitgebers. Fällt dieser weg, so erlischt die Bestellung, d. h. bei einer Fusion z. B. gesetzlicher Krankenkassen erlischt das Amt beider bisherigen Datenschutzbeauftragten. Das Amt geht nicht nach § 144 Abs. 4 S. 2 SGB V auf die neugebildete Krankenkasse über.

1532   Im Übrigen endet die Bestellung bei Ablauf einer Befristung, bei einvernehmlicher Regelung

> *hierzu vgl. Simitis in Simitis, § 4f Rdn. 176 f.*

oder wenn der Betroffene sein Amt niederlegt, unabhängig davon, ob er hierzu aufgrund des der Bestellung zugrunde liegenden Beschäftigungsverhältnisses berechtigt ist.

2.7   Die organisatorische Stellung

2.7.1   Funktionsgerechte Eingliederung

1533   Der Beauftragte für den Datenschutz wäre angesichts seiner Sonderstellung innerhalb des Betriebes überfordert, wenn er die ihm gesetzlich übertragenen Aufgaben nur durch persönlichen Einsatz erfüllen müsste. Der Gesetzgeber hat dem dadurch Rechnung getragen, dass er den Beauftragten funktionsgerecht eingegliedert (§ 4f Abs. 3 S. 1 BDSG), ihn mit der notwendigen Unabhängigkeit ausgestattet (§ 4f Abs. 3 S. 2 u. 3 BDSG) und die Unternehmensleitung und damit auch die seiner Kontrolle Unterliegenden zur Unterstützung verpflichtet hat (§ 4f Abs. 5 BDSG).

1534   Mit der unmittelbaren Unterstellung unter die Leitung der verantwortlichen Stelle nach § 4f Abs. 3 S. 1 wird verdeutlicht, dass der Datenschutz deren originäre Aufgabe ist. Die Unterstellung ist nur funktionsbezogen, sie bleibt also grundsätzlich ohne Auswirkungen auf die hierachische Eingliederung des Datenschutzbeauftragten in das Unternehmens/die Dienststelle und dessen tarifliche Eingruppierung. Der Beauftragte erhält ein direktes Vortragsrecht und kann in datenschutzrelevanten Angelegenheiten die Entscheidung der Leitung ohne Einschaltung des Dienstweges herbeiführen. Seine Sonderstellung verschafft ihm darüber hinaus bei denjenigen, die personenbezogene Daten verarbeiten, die notwendige Autorität.

Vgl. im Einzelnen, Gola, RDV 2001, 263; ferner Aufsichtsbehörde Baden-Württemberg, RDV 1994, 105

Aus der Regelung, dass der DSB dem Leiter bzw. einem bestimmten Vorstandsmitglied – wobei auch insoweit Interessenkonflikte vermieden werden sollten – zu unterstellen ist, ergibt sich im Übrigen auch, dass ein Mitglied des Leitungsgremiums nicht zum DSB bestellt werden kann. **1535**

So auch Bergmann/Möhrle/Herb, § 4f Rdn. 65; a.A. Schaffland/Wiltfang, § 4f Rdn. 40

2.7.2 Die Weisungsfreiheit

Die Autorität des Beauftragten ist keine abgeleitete, die etwa mit der des Erfüllungsgehilfen vergleichbar wäre, denn der Beauftragte unterliegt nicht den Weisungen der Leitung. Diese Unabhängigkeit, die er zur Erfüllung seiner gesetzlichen Aufgaben benötigt, wird ihm durch § 4f Abs. 3 S. 2 BDSG garantiert. Die Weisungsfreiheit ist ebenso wie die organisatorische Eingliederung nur auf die Funktion, d.h. seine Kontroll- und Beratungstätigkeit bezogen. Damit sind ihm innerhalb dieses Freiraums jedoch keine Entscheidungsbefugnisse übertragen. Entscheidungen zur Gewährleistung des Datenschutzes obliegen allein der Leitung der verantwortlichen Stelle, der eine unabhängige Beratung zur Seite gestellt wird. Weisungsfreiheit bedeutet auch nicht, dass der Beauftragte der allgemeinen Dienstaufsicht entzogen wäre. Die Leitung hat sich auch nach seiner Bestellung im Rahmen der Dienstaufsicht davon zu überzeugen, dass er seinen gesetzlichen Pflichten nachkommt. **1536**

Sie kann hiermit im konkreten Bedarfsfall andere Stellen – z.B. die Revision – beauftragen. Eine generelle Delegation an den Vorgesetzen, dem der DSB dienstlich untersteht, scheidet jedoch aus, **1537**

vgl. 11. Tätigkeitsbericht für die Datenschutzaufsicht im nicht-öffentlichen Bereich in Hessen, LT-Drs. 14/4159 = RDV 1999, 35

sodass sich aus der funktionsbezogenen Zuordnung eine organisatorische und disziplinarrechtliche Unterstellung unter die Unternehmensleitung ergibt, dies freilich nur, soweit unmittelbar die DSB-Tätigkeit betroffen ist.

Die Weisungsfreiheit erstreckt sich auch auf Mitarbeiter des DSB, d.h., sie unterliegen bei Anwendung der Fachkunde ausschließlich seinen Weisungen. **1538**

Simitis in Simitis, § 4f Rdn. 123; Schaffland/Wiltfang, § 4f Rdn. 27

Der Weisungsfreiheit steht auch nicht entgegen, wenn dem DSB bestimmte Prüfaufträge erteilt werden, sofern er dadurch nicht an der Wahrnehmung von Aufgaben behindert wird, die er im Rahmen seiner Fachkunde für vordringlich hält.

Gola/Schomerus, § 4f Rdn. 48; Bergmann/Möhrle/Herb, § 4f Rdn. 126

Gleiches gilt, wenn in einer Betriebs-/Dienstvereinbarung dem DSB bestimmte Kontrollaufgaben und Berichtspflichten gegenüber der Mitarbeitervertretung übertragen werden oder er nach § 80 Abs. 3 BetrVG als Sachverständiger zur Verfügung stehen soll. **1539**

Vgl. nachstehend Rdn. 1511

Im Hinblick auf die gebotene Unabhängigkeit kritisch zu betrachten ist das in § 9a BDSG vorgesehene Datenschutzaudit durch externe Gutachter. **1540**

Vgl. Gola, RDV 2000, 93; Drews/Kranz, DuD 2000, 226

Wird ein in der Regel unter Federführung des DSB erstelltes Datenschutzkonzept einer von der Leitung der verantwortlichen Stelle initiierten externen „Auditierung" unterzogen, so können Konflikte und faktische Zwänge für den DSB, sich den Vorstellungen des Auditors zu beugen, trotz der auch denkbaren Entlastungs- und Unterstützungseffekte

anders aber Roßnagel, DuD 2000, 331; zur Problematik vgl. auch Simitis in Simitis, § 4f, Rdn. 11 f.

nicht ausgeschlossen werden, da das Audit auch die Evaluation der Aktivitäten des DSB beinhaltet. Soll die durch Art. 18 Abs. 2 S. 2 EU-DatSchRl geforderte unabhängige Überwachung nicht in Frage gestellt werden, muss das zur Realisierung des Audits noch vorgesehene Gesetz in Ergänzung des Aufgabenkatalogs des § 4g BDSG die zwingende Beteiligung des DSB hierbei vorsehen.

2.8 Die Verschwiegenheitspflicht

1541 Die unabhängige Stellung des DSB wird auch durch die Verschwiegenheitsregelung des § 4f Abs. 4 BDSG gefördert. Danach ist der DSB verpflichtet – und natürlich auch berechtigt –, über die Identität eines Betroffenen Stillschweigen zu bewahren. Diese Verschwiegenheitspflicht betrifft den Fall, dass ein Betroffener sich mit einer Beschwerde oder Anfrage an den DSB wendet. Auch hier gilt die Zweckbindungsregelung des § 6 Abs. 3 BDSG.

> **§ 4f BDSG – Beauftragter für den Datenschutz**
>
> *(1) ... (3)*
>
> *(4) Der Beauftragte für den Datenschutz ist zur Verschwiegenheit über die Identität des Betroffenen sowie über Umstände, die Rückschlüsse auf den Betroffenen zulassen, verpflichtet, soweit er nicht davon durch den Betroffenen befreit wird.*
>
> *(4a) Soweit der Beauftragte für den Datenschutz bei seiner Tätigkeit Kenntnis von Daten erhält, für die dem Leiter oder einer bei der öffentlichen oder nicht öffentlichen Stelle beschäftigten Person aus beruflichen Gründen ein Zeugnisverweigerungsrecht zusteht, steht dieses Recht auch dem Beauftragten für den Datenschutz und seinem Hilfspersonal zu. Über die Ausübung dieses Rechts entscheidet die Person, der das Zeugnisverweigerungsrecht aus beruflichen Gründen zusteht, es sei denn, dass diese Entscheidung in absehbarer Zeit nicht herbeigeführt werden kann. Soweit das Zeugnisverweigerungsrecht des Beauftragten für den Datenschutz reicht, unterliegen seine Akten und andere Schriftstücke einem Beschlagnahmeverbot.*
>
> *(5)*

1542 Ein Recht zur Verschwiegenheit gegenüber der Leitung der verantwortlichen Stelle muss aber unter Beachtung der Weisungsunabhängigkeit auch dann bestehen, wenn sich ein Nichtbetroffener an den DSB wendet oder der DSB selbst Informationen einholt. Dem DSB muss das Recht zustehen, z. B. um Informationen zu erhalten, die ihm sonst nicht mitgeteilt werden, dem Betreffenden die vertrauliche Behandlung der von ihm gegebenen Informationen zusichern zu können. Die vom Gesetz verfügte Unterstellung unter die Leitung der verantwortlichen Stelle bedeutet nämlich nicht, dass dem DSB dieser gegenüber eine uneingeschränkte Informationspflicht auferlegt werden könnte.

Simitis in Simitis, § 4f Rdn. 119 und 166 ff.

Demgemäß ist der DSB auch berechtigt und verpflichtet, Informationen vertraulich zu behandeln, die ihm im Rahmen einer Kooperation mit dem Betriebs-/Personalrat bzw. dessen Kontrolle des Betriebs-/Personalrats bekannt geworden sind. Die Verschwiegenheitspflicht wird jedoch durchbrochen, wenn der sich an den DSB wendende Beschäftigte selbst einen schweren Datenschutzverstoß begangen hat. Sie kann auch nicht zur Anwendung kommen, wenn der DSB im Rahmen seiner Kontrolltätigkeit Unregelmäßigkeiten bei der Verarbeitung oder Nutzung von Daten eines bestimmten Betroffenen feststellt. Soweit es zur Sicherstellung des Datenschutzes erforderlich ist, darf und muss er natürlich auch „Ross und Reiter" nennen dürfen. **1543**

Vgl. bei Bergmann/Möhrle/Herb, § 4f Rdn. 155; Scheja in Taeger/Gabel, § 4f Rdn. 84 ff.

Zur Gewährleistung der Verschwiegenheitspflicht gehört eine entsprechende interne Organisation der Kommunikationswege von und zu dem Datenschutzbeauftragten. Die an ihn gerichtete Post darf nicht im allgemeinen Postgang zentral geöffnet werden, sondern muss ihn unkontrolliert erreichen. Ebenfalls müssen seine Telefonate aus einer bestehenden betrieblichen Telefondatenerfassung ausgenommen werden. Selbstverständlich ist auch, dass ihm zur Führung vertraulicher Gespräche ein separates Zimmer zur Verfügung steht. **1544**

Wird der DSB von einem einer besonderen Schweigepflicht unterworfenen Berufsinhaber (Arzt, Rechtsanwalt etc.) bestellt bzw. prüft er dort beschäftigte schweigepflichtige Personen, so erstreckt sich die Schweigepflicht hinsichtlich der Mandanten-/Kundendaten nach § 203 Abs. 3 S. 2 bzw. Abs. 1 Nr. 7 StGB sowohl auf den internen als auch auf den externen DSB. **1545**

Vgl. zu der seit 2006 geltenden Neuregelung bei Gola/Klug, NJW 2007, 118; Karper/Stutz, DuD 2006, 789; Gerhold, RDV 2006, 6

Darüber hinaus steht dem DSB nach § 4f Abs. 4a BDSG im gleichen Umfang ein Zeugnisverweigerungsrecht zu, von dem ihn der schweigepflichtige Berufsinhaber befreien kann. Ergänzt wird der Schutz der Berufsgeheimnisdaten durch ein Beschlagnahmeverbot (§§ 53 Abs. 1 Nr. 3, 97 StPO). **1546**

Unabhängig von § 4f Abs. 4 BDSG obliegt dem DSB eine Verschwiegenheitspflicht auch gegenüber sonstigen Stellen, wie z.B. der Aufsichtsbehörde oder der Mitarbeitervertretung. Auskunftsrechte dieser Stellen richten sich gegen den Leiter der verantwortlichen Stelle. **1547**

Im Hinblick auf diese Verschwiegenheitspflicht und auch im Hinblick auf bei seiner Prüftätigkeit ggf. zur Kenntnis genommene personenbezogene Daten ist der DSB zu dem auf das Datengeheimnis zu verpflichtenden Personenkreis zu zählen. **1548**

Vgl. Aufsichtsbehörde Baden-Württemberg, Hinweis zum BDSG Nr. 33, Ziff. 5, Staatsanzeiger vom 4.1.1995, Nr. 1/2, S. 6 = RDV 1995, 94; vorstehend Rdn. 1372 f.

Wird gegen die Verschwiegenheitspflicht verstoßen, so kann dies zu Schadensersatzansprüchen des Betroffenen gegenüber dem DSB nach § 823 Abs. 2 BGB führen. **1549**

Ein schwerwiegender Verstoß gegen die Verschwiegenheitspflicht stellt sich ggf. auch als Abberufungsgrund nach § 4f Abs. 3 S. 4 BDSG dar. **1550**

Vgl. Landesbeauftragter für den Datenschutz Niedersachsen, 12. TB (1993/94); LT-Drs. 13/610, S. 66

Dem Schutz des Betroffenen dienen auch die Regelungen des § 4f Abs. 4a BDSG und § 203 Abs. 2a StGB, nach denen der DSB auch besonderen Geheimhaltungspflichten unterworfen ist.

2.9   Benachteiligungsverbot

1551   Das Verbot der Benachteiligung des Beauftragten für den Datenschutz nach § 4f Abs. 3 S. 3 BDSG ist eine Konsequenz aus seiner Unabhängigkeit. Ein Arbeitgeber/Dienstherr hat vielseitige Möglichkeiten, einen ihm missliebigen Beauftragten zu „bestrafen". Sie reichen von der Übergehung bei der Beförderung bis hin zur Entlassung bzw. Nichtweiterbeschäftigung bei befristeter Bestellung.

Vgl. die Auflistung möglicher Benachteiligungen bei Königshofen in Roßnagel, Kap. 5.5 Rdn 122

1552   Vor einer ihn benachteiligenden Entlassung ist der betriebliche DSB nunmehr speziell durch den nur bei wichtigem Grund zulässigen Widerruf seiner Bestellung geschützt. Aber auch mit anderen Benachteiligungen muss ein DSB, der seine Aufgaben sorgfältig erfüllt, nicht rechnen. Werden sie offenkundig, kann er ihnen unter Berufung auf das Benachteiligungsverbot – ggf. unter Inanspruchnahme des Arbeitsgerichts – entgegentreten, wobei die Beweisführung regelmäßig schwierig sein dürfte. Im Konfliktfall, namentlich bei einer nachhaltigen Störung des Vertrauensverhältnisses, werden indes die Grenzen seiner Wirkungsmöglichkeiten erkennbar. Hier wird die Aufsichtsbehörde unterstützend eingreifen müssen. Auch die Mitarbeitervertretung wird, wenn die „Benachteiligung" sich in einer mitbestimmungspflichtigen Personalmaßnahme niederschlägt bzw. der DSB bei solchen Maßnahmen übergangen wird, für den DSB aktiv werden müssen.

Vgl. zur Problematik auch Bergmann/Möhrle/Herb, § 4f Rdn. 130; Simitis in Simitis, § 4f Rdn. 140 f.

1553   Das Benachteiligungsverbot dauert auch nach der Abberufung des DSB an, soweit Vorgänge aus der DSB-Zeit noch bei Personalentscheidungen relevant werden.

2.10   Unterstützungspflicht

2.10.1   Allgemeines

1554   Der „Erfolg" des Beauftragten für den Datenschutz beruht wesentlich darauf, dass die Leitung der verantwortlichen Stelle seine Aufgaben grundsätzlich bejaht und ihn bei deren Erfüllung unterstützt. Es reicht also nicht aus, ihn nicht zu benachteiligen, sich sonst aber völlig passiv zu verhalten. Eine solche Haltung ist mit der Verantwortlichkeit für den Datenschutz im Betrieb unvereinbar. Das Gesetz fordert daher eine aktive Unterstützung des Beauftragten.

Zu Art und Umfang der Unterstützungsmaßnahmen vgl. Könighofen in Roßnagel, Kap. 5.5 Rdn. 105 ff.; Scheja in Taeger/Gabel, § 4f Rdn. 88 ff.

§ 4f BDSG – Beauftragter für den Datenschutz

(1) ... (4)

(5) Die öffentlichen und nicht-öffentlichen Stellen haben den Beauftragten für den Datenschutz bei der Erfüllung seiner Aufgaben zu unterstützen und ihm insbesondere, soweit dies zur Erfüllung seiner Aufgaben erforderlich ist, Hilfspersonal sowie Räume, Einrichtungen, Geräte und Mittel zur Verfügung zu stellen. Betroffene können sich jederzeit an den Beauftragten für den Datenschutz wenden.

Sie besteht darin, ihn über alle datenschutzrelevanten Vorgänge zu unterrichten, ihm seine Arbeit durch organisatorische Vorkehrungen zu erleichtern.

Vgl. hierzu 25. TB des ULD S.-H., S. 39 = RDV 2003, 261: Danach ist es unvereinbar mit dem Benachteiligungsverbot bzw. der Unterstützungspflicht, wenn Arbeitgeber und Betriebsrat einvernehmlich eine in einer Betriebsvereinbarung auf konkrete Verdachtsfälle begrenzte und an die Mitwirkung des DSB gebundene Überwachung der Internetnutzung rückwirkend abändern, um anlassunabhängige Kontrollen ohne Einschaltung des DSB durchzuführen.

Im Bereich der ihm gesetzlich übertragenen Aufgaben sollte die Unternehmensleitung dem Beauftragten die Federführung überlassen, beispielsweise keine eigenen Schulungsaktivitäten entfalten. Schließlich gehört es auch vorrangig zu der Unterstützungspflicht, dass einem Mitarbeiter, dem die Aufgabe DSB zusätzlich zu den bisher wahrgenommenen Aufgaben übertragen wird, die erforderliche Zeit zur Wahrnehmung der Tätigkeit eingeräumt wird, d.h., dass er von anderen Aufgaben entlastet wird.

2.10.2 Der Ausstattungsanspruch

Die Unterstützungspflicht der Daten verarbeitenden Stelle wird dahingehend konkretisiert, dass dem DSB „insbesondere" personelle, sachliche und finanzielle Mittel zur Verfügung zu stellen sind. Gleiches gilt hinsichtlich der Möglichkeit zur Fortbildung (§ 4f Abs. 3 letzter Satz BDSG). Dieser Anspruch des DSB steht jedoch unter dem Vorbehalt der Erforderlichkeit. Ein Rechtsstreit, wie er zwischen Betriebsräten und Arbeitgebern zur Klärung der „Erforderlichkeit" angeforderter Sach- und Finanzmittel an der Tagesordnung ist, wird jedoch kaum stattfinden. Die gesetzliche Aussage dient jedoch dazu, dem Arbeitgeber die Verpflichtung, dass er dem DSB eine ordnungsgemäße Wahrnehmung seiner Funktion ermöglichen muss, deutlich vor Augen zu führen. Eine Konkretisierung der Unterstützungspflicht bedeutet zum einen die Regelung in § 4g Abs. 1 S. 3 2. Halbsatz BDSG, nach der ihm neue Vorhaben der automatisierten Verarbeitung personenbezogener Daten rechtzeitig mitzuteilen sind, und zum anderen die in § 4g Abs. 2 BDSG der Daten verarbeitenden Stelle auferlegte Pflicht, dem DSB eine Verfahrensübersicht zur Verfügung zu stellen.

Caster, RDV 2006, 29; Weniger, RDV 2005, 153

Geregelt werden muss insofern auch die Vertretung des DSB, die Kooperation mit Revision, Rechtsabteilung etc., die Bestellung von „Beauftragten" in Filialbetrieben oder auch die Installation eines Datenschutz-Arbeitskreises.

Simitis in Simitis, § 4f Rdn. 145

2.11 Der Datenschutzbeauftragte als Anwalt der Betroffenen

In S. 2 des § 4f Abs. 5 BDSG wird jedem Betroffenen – somit also auch jedem Arbeitnehmer – ausdrücklich das uneingeschränkte Recht zur Anrufung des betrieblichen bzw. behördlichen Datenschutzbeauftragten eingeräumt. Allein schon aus diesem Grunde sind der Name und die Funktion des DSB im Unternehmen und auch nach außen bekannt zu machen.

Düsseldorfer Kreis (Beschluss vom 24./25. 11. 2010), RDV 2011, 52; Wybitul, MMR 2011, 372

Diese Rechtsposition der Beschwerdestelle kann erst dadurch Bedeutung erlangen, indem sie den Beauftragten verpflichtet, das Anliegen des Betroffenen zu prüfen, der

1555

1556

1557

1558

1559

Sache ggf. nachzugehen und – wenn er Datenschutzverletzungen zum Nachteil des Betroffenen feststellt – auf die Abstellung der Mängel hinzuwirken und den Betroffenen auch über das Geschehene zu informieren.

Vgl. Simitis in Simitis, § 4f Rdn. 163

1560   Diese Folge besteht aber nur, soweit der Inhalt des „Petitums" eine Frage oder Beschwerde bezüglich der Verarbeitung der eigenen Daten ist. Hierbei ist, sofern der Betroffene den DSB nicht hiervon befreit hat, die Verschwiegenheitspflicht des § 4f Abs. 4 BDSG zu beachten.

2.12   Die Hinwirkungsaufgabe des Datenschutzbeauftragten

1561   Die allgemeinen Aufgaben des Beauftragten für den Datenschutz sind in § 4g Abs. 1 S. 1 BDSG festgelegt. Im Gegensatz zu der früheren Formulierung, nach der er die Durchführung der Datenschutznormen „sicherzustellen" hatte, hat er nunmehr auf die Einhaltung dieses Gesetzes und anderer Vorschriften über den Datenschutz „hinzuwirken".

> **§ 4g Aufgaben des Beauftragten für den Datenschutz**
>
> *(1) Der Beauftragte für den Datenschutz wirkt auf die Einhaltung dieses Gesetzes und anderer Vorschriften über den Datenschutz hin. Zu diesem Zweck kann sich der Beauftragte für den Datenschutz in Zweifelsfällen an die für die Datenschutzkontrolle bei der verantwortlichen Stelle zuständige Behörde wenden. Er hat insbesondere*
>
> *1. die ordnungsgemäße Anwendung der Datenverarbeitungsprogramme, mit deren Hilfe personenbezogene Daten verarbeitet werden sollen, zu überwachen; zu diesem Zweck ist er über Vorhaben der automatisierten Verarbeitung personenbezogener Daten rechtzeitig zu unterrichten,*
>
> *2. die bei der Verarbeitung personenbezogener Daten tätigen Personen durch geeignete Maßnahmen mit den Vorschriften dieses Gesetzes sowie mit anderen Vorschriften über den Datenschutz und mit den jeweiligen besonderen Erfordernissen des Datenschutzes vertraut zu machen.*
>
> *(2) ... (3)*

Schließlich kann er nicht mehr bewirken, als ihm im Rahmen der vom Gesetz gegebenen Befugnisse möglich ist. Da der Datenschutzbeauftragte einzelne Datenschutzmaßnahmen nicht gegen den Willen der Leitung der verantwortlichen Stelle durchsetzen kann, verbleibt die „Sicherstellungsaufgabe" bei dieser. Dabei ist sie – selbst bei einer von dem DSB vorgenommenen Vorabkontrolle (vgl. § 4d Abs. 6 BDSG) – nicht an das Votum des Datenschutzbeauftragten gebunden. Allerdings sollte die Leitung der verantwortlichen Stelle im Hinblick auf ihre Verpflichtung aus § 4f Abs. 5 BDSG keine Entscheidung treffen, ohne dem DSB zuvor Gelegenheit gegeben zu haben, sich zu äußern.

Vgl. Scheja in Taeger/Gabler, § 4g Rdn. 5

1562   Die in § 4g Abs. 1 S. 4 Nr. 1 und 2 und Abs. 2 BDSG genannten Aufgaben und Befugnisse bilden eine Art „Mindestausrüstung", die den Beauftragten in die Lage versetzt, seine Aufgaben zu erfüllen. Sie sind nur auf ihn bezogen, fallen daher auch nur in denjenigen Stellen an, die nach § 4f BDSG verpflichtet sind, einen Datenschutzbeauftragten zu bestellen.

Muss bzw. soll ein Datenschutzbeauftragter bestellt werden, so empfiehlt es sich zur **1563** Klarstellung und Festlegung seiner Position, die in § 4f und § 4d Abs. 6 BDSG geregelten und die weiteren sich aus den Besonderheiten der Daten verarbeitenden Stelle ergebenden Aufgaben und Befugnisse in einer mit seiner Bestellung in Kraft zu setzenden Stellenbeschreibung festzulegen.

> *Vgl. die Muster solcher Stellenbeschreibungen bei Koch, Der betriebliche Datenschutzbeauftragte, 121 f.; Gola/Jaspers, Das BDSG im Überblick, 45; Hinweise des Sächsischen Landesdatenschutzbeauftragten, RDV 1992, 268; Aufsichtsbehörde Baden-Württemberg, Hinweis zum BDSG Nr. 31, Staatsanzeiger vom 9.1.1993, Nr. 1/2, S. 5/6 = RDV 1993, 54*

Darin kann seine Tätigkeit so geregelt sein, dass er in reiner Stabsfunktion Überwa- **1564** chungs-, Koordinierungs-, Vorschlags- und Berichtsfunktionen hat. Es können ihm aber auch eigene Linienaufgaben mit Weisungsrechten zugewiesen werden, was im Einzelfall sicher zweckmäßig sein kann. So könnte er z. B. durch die Erstellung von Richtlinien, die dann er oder die Behörden-/Unternehmensleitung in Kraft setzt, die interne Datenschutzorganisation gestalten. Auch bei Gestaltung von Betriebs-/Dienstvereinbarungen zur Personaldatenverarbeitung oder zur Regelung von datenschutzrelevanten Arbeitsbedingungen wie z. B. bei der Gestaltung von Telearbeit

> *vgl. hierzu Gola, Computer-Fachwissen 12/1999, 12*

oder der Arbeit in Call-Centern sollte der DSB ein Beteiligungsrecht haben.

Zu seinen Aufgaben kann es insoweit gehören, die die interne Datenschutzorganisation **1565** gestaltenden Regelungen in einer „Datenschutzordnung" bzw. „Datenschutz-Dienstanweisung" zusammengefasst darzustellen. Als weitere Einzelaufgaben können dem DSB die Durchführung der Verpflichtung auf das Datengeheimnis nach § 5 Abs. 2 BDSG, die Erledigung von Auskunftsersuchen Betroffener, die Durchführung der ggf. erforderlichen Meldungen gegenüber der Aufsichtsbehörde oder die Mitwirkung bei der datenschutzkonformen Gestaltung von Formularen und Verträgen (z. B. bei der Auftragsdatenverarbeitung) zugewiesen werden. Ferner sollte der DSB zu einer in regelmäßigen Abständen zu vollziehenden Berichterstattung verpflichtet werden.

Fraglich ist, inwieweit es mit der unabhängigen Kontroll- und Hinwirkungspflicht ver- **1566** einbar ist, dem DSB die „Gesamtkompetenz" des Unternehmens in Datenschutzfragen zuzuweisen, d.h., dass er Datenschutzfragen auch nach außen – so z.B. in der Korrespondenz mit der Aufsichtsbehörde – als maßgebender Ansprechpartner im Namen der Unternehmensleitung vertritt.

> *Vgl. die Kritik an derartigen Regelungen bei Dorn, Datenschutz-Berater 10/2006, 9*

2.13 Datenschutz kontra Kontrollrecht

Fraglich ist auch, inwieweit der Kontrolle des DSB in konkreten Datenbeständen und **1567** insoweit insbesondere in Personalakten etwaige Datenschutzbelange der Betroffenen entgegenstehen. In der Privatwirtschaft kann dem DSB – trotz des zu beachtenden Prinzips der internen Vertraulichkeit von Personaldaten – eine unter Beachtung des Verhältnismäßigkeitsprinzips ausgeübte Kontrolle nicht versagt werden, was der Gesetzgeber auch durch die Klarstellung der Schweigepflicht bzw. des Zeugnisverweigerungsrechts deutlich gemacht hat.

> *So BlnLDSB, Jahresbericht 1992, 96; vgl. zur gleichgelagerten Problematik und der Befugnis stichprobenartiger Einsichtnahme in Personalakten durch die interne Revision BAG, NJW 1990, 2272 = RDV 1999, 184*

1568 Für behördliche DSB sind bei der Kontrolle im Personalaktenbereich die besonderen personalaktenrechtlichen Datenschutzvorgaben zu beachten gemäß §§ 106 ff. BBG. Das Recht auf Personalakteneinsichtnahme steht auch dem behördlichen DSB zu, da auch die Einhaltung der personalaktenrechtlichen Vorschriften seiner gesetzlichen Kontrollaufgabe unterliegt.

> *Vgl. BfD, 19. Tätigkeitsbericht (2001–2002), S. 122, wobei der BfD empfiehlt: „Um den Interessen der Beschäftigten gerecht zu werden, sollte der behördliche Datenschutzbeauftragte von der Einsichtnahme absehen, wenn der Beschäftigte ihm gegenüber der Einsichtnahme widersprochen hat."*

Da der Dienststellenleiter jedoch bestimmte Personen mit der Erledigung von Personalangelegenheiten beauftragen kann, kann er dazu auch den behördlichen DSB als „seinen" Kontrollgehilfen bestimmen. Der Gesetzgeber hat dieses Kontrollrecht nunmehr in § 107 Abs. 2 BBG ausdrücklich geregelt.

> **§ 107 – Zugang zur Personalakte**
>
> *(2) [1] Auf Verlangen ist Beauftragten für den Datenschutz nach § 4f des Bundesdatenschutzgesetzes Zugang zur Personalakte zu gewähren. [2] Zugang haben ferner die mit Angelegenheiten der Innenrevision beauftragten Beschäftigten, soweit sie die zur Durchführung ihrer Aufgaben erforderlichen Erkenntnisse nur auf diesem Weg und nicht durch Auskunft aus der Personalakte gewinnen können. [3] Jede Einsichtnahme nach Satz 2 ist aktenkundig zu machen.*

2.14 Kontrolle der Mitarbeitervertretung

1569 Eine besondere Problematik stellt sich für die Kontrollaufgabe des DSB bei Datenverarbeitungen der Mitarbeitervertretung. Das BAG hat nämlich

> *NJW 1998, 2466 = RDV 1998, 64= BB 1998, 897*

in einer umstrittenen

> *zustimmend u. a. Simitis, NJW 1998, 2395; Schaffland/Wiltfang, § 4f, Rdn. 65; Wagner, BB 1993, 1729; zur Gegenmeinung Gola/Jaspers, RDV 1998, 47; Kuhring/Werner, DuD 2000, 159; Leutze, ZTR 2002, 558; Scheja in Taeger/Gabel, § 4g Rdn. 8 ff.; Kort, RDV 2012, 8*

Entscheidung dem betrieblichen DSB die Kompetenz zur Kontrolle des Datenschutzes beim Betriebsrat abgesprochen, obwohl der Betriebsrat nach wie vor als Teil der verantwortlichen Stelle betrachtet wird. Wesentliches Argument des Gerichts war, dass der betriebliche DSB infolge fehlenden ausdrücklichen Mitbestimmungsrechts bei seiner Bestellung trotz seiner unabhängigen Stellung dem Arbeitgeber zuzuordnen sei und es deshalb mit der unabhängigen Stellung des Betriebsrats nicht vereinbar sei, wenn „einem Vertreter des Arbeitgebers grundsätzlich Zugang zu sämtlichen Dateien des Betriebsrats eröffnet würde".

> *Vgl. auch die Vorschläge von Aßmus, ZD 2011, 27*

1570 Das Gericht berücksichtigt dabei nicht, dass auch die Mitarbeitervertretung dem BDSG Folge zu leisten hat und ihre Datenverarbeitungen allgemein im Rahmen eines Verfahrensverzeichnisses wie individuell gegenüber den betroffenen Beschäftigten transparent machen muss und dass der DSB, wenn er bei seiner „beratenden" Kontrolle – so wie bei der Kontrolle in Personalakten – das Verhältnismäßigkeitsprinzip beachtet und seine Verschwiegenheit zusichert, die Interessen des Betriebsrats kaum gefährden könnte.

Ob diese Bedenken in den Ländern ausgeräumt sind, die dem Personalrat ein ausdrückliches Mitbestimmungsrecht bei der Bestellung des Datenschutzbeauftragten (z. B. § 74 Abs. 1 Nr. 3 HPVG) eingeräumt haben, ist ebenfalls umstritten; vgl. Schild, RDV 1999, 52 (54); HessDSB, RDV 2000, 87, der bei einer Kontrolle ohne Zustimmung des Personalrats die Friedenspflicht verletzt sieht.

Abwegig ist auch der Gedanke, dass der Betriebsrat nun einen eigenen betrieblichen Datenschutzbeauftragten zu bestellen hätte. Ein solcher Schritt könnte allenfalls als Akt der freiwilligen Selbstkontrolle verstanden werden, wobei dieser „eigene" DSB allerdings auch der betriebliche DSB in „Personalunion" sein kann.

1571

Vgl. auch DKK/Klebe, § 94, Rdn. 43; Wedde, Computer-Fachwissen, 8–9/2001, 28; Schierbaum, PersR 2002, 499; Kort, RDV 2012, 8 (13)

Die Mitarbeitervertretung ist jedoch gehalten, eine eigene Datenschutzorganisation zu schaffen. Insoweit kann auch ein Betriebsratsmitglied mit DSB-analogen Aufgaben betraut werden.

Vgl. hierzu auch bereits die Bekanntmachung des Innenministeriums Baden-Württemberg über Hinweise zum Bundesdatenschutzgesetz für die private Wirtschaft Nr. 33 (Staatsanzeiger vom 4.1.1995, Nr. 1/2, S. 6): „Der Betriebsrat erhält im Zusammenhang mit der Ausübung seiner Mitwirkungs- und Mitbestimmungsrechte und der Wahrnehmung seiner allgemeinen Aufgaben nach § 80 Abs. 1 BetrVG Kenntnis von einer Vielzahl von Arbeitnehmerdaten.

Bei der Verarbeitung und Nutzung solcher Daten muss der Betriebsrat daher neben der für ihn geltenden speziellen gesetzlichen Geheimhaltungspflicht nach § 79 BetrVG auch die Regelungen des Bundesdatenschutzgesetzes beachten (etwa erforderliche organisatorische und technische Maßnahmen nach § 9 BDSG und der Anlage hierzu treffen, die Mitglieder des Betriebsrats gemäß § 5 BDSG auf das Datengeheimnis verpflichten und seine Mitteilungspflichten nach § 37 Abs. 1 Nr. 1 und Abs. 2 BDSG erfüllen). Als Teil des Unternehmens hat der Betriebsrat auch innerbetriebliche Regelungen zum Datenschutz einzuhalten und erforderlichenfalls selbst ergänzende Regelungen zu treffen, um einen ausreichenden Datenschutz sicherzustellen.

Dabei kommen beispielsweise Regelungen darüber in Betracht,

- *welche Mitglieder des Betriebsrats auf welche Daten in Personaldateien des Unternehmens Zugriff nehmen dürfen;*

- *ob und auf welche Weise Mitglieder des Betriebsrats vor Sitzungen Unterlagen mit besonders schutzbedürftigen Daten (z. B. Daten über gesundheitliche Verhältnisse oder spezielle Kündigungsgründe) zugeleitet werden oder ob solche Unterlagen nur in der Sitzung ausgeteilt, zur Einsicht bereitgehalten oder mündlich bekannt gegeben werden. Sofern den Mitgliedern des Betriebsrats entsprechende Unterlagen überlassen werden, empfehlen sich auch Regelungen darüber, dass solche Unterlagen nach der Sitzung nicht bei den Mitgliedern verbleiben, sondern an den Vorsitzenden des Betriebsrats zurückzugeben und zu vernichten sind;*

- *über die Zweckbindung personenbezogener Daten, die das Unternehmen dem Betriebsrat im Zusammenhang mit der Ausübung von Mitwirkungs- und Mitbestimmungsrechten zur Verfügung stellt, und über die Verpflichtung, diese Daten dem Arbeitgeber nach Ausübung der Beteiligungsrechte wieder zurückzugeben oder zu vernichten bzw. zu löschen;*

- *welche Arbeitnehmerdaten der Betriebsrat zur Erfüllung seiner allgemeinen Aufgaben längerfristig gespeichert hat und*

- *über die Erteilung von Auskünften und die Berichtigung, Sperrung und Löschung von Daten von Arbeitnehmern, die beim Betriebsrat gespeichert sind.*

- *Zweck solcher Regelungen des Betriebsrats muss es sein, sicherzustellen, dass die Arbeitnehmerdaten bei ihm in datenschutzgerechter Weise verarbeitet und genutzt werden. "*

2.15   Die Einschaltung der Aufsichtsbehörden

2.15.1   Allgemeines

1572   Die in § 4g Abs. 1 BDSG getroffenen Regelungen zur Befugnis des DSB, sich an die zuständige Datenschutzaufsichtsbehörde zu wenden, unterscheiden hinsichtlich der Modalitäten danach, ob die die Einschaltung begründenden „Zweifelsfälle" in einer Behörde oder in einem Betrieb auftreten. Während das Anfragerecht – eine Pflicht begründet das Gesetz insoweit gemäß § 4d Abs. 6 S. 3 BDSG nur bei Zweifelsfällen im Rahmen der Vorabkontrolle – dem betrieblichen DSB uneingeschränkt zusteht, hat der behördliche DSB ein solches Vorgehen mit der Behördenleitung abzustimmen, wobei das letzte Wort zur Anrufung des BfDI bei der zuständigen obersten Bundesbehörde liegt.

1573   Für den bundesbehördlichen DSB ist zuständige Aufsichtsbehörde der BfDI (§ 24 BDSG). Die Aufsicht für die Privatwirtschaft nehmen zunächst die von den Ländern eingerichteten Behörden nach § 38 BDSG wahr. Die Zuständigkeit des BfDI besteht hier nur aufgrund der speziellen Zuständigkeitszuweisung nach § 115 Abs. 4 TKG für die Datenverarbeitungen im Bereich der geschäftsmäßigen Erbringung von Telekommunikationsdiensten sowie von Postdienstleistungen gem. §§ 2 Abs. 1 S. 2 BDSG, 42 Abs. 3 S. 1 PostG. Die Kontrolle der Beschäftigtendaten der Telekommunikationsanbieter obliegt jedoch nach wie vor der Landesaufsichtsbehörde.

   Vgl. hierzu Moos, DuD 1998, 162

1574   Während die Anrufung der Aufsichtsbehörde nach § 4g Abs. 1 S. 2 BDSG im Rahmen des Ermessens liegt, schreibt § 4d Abs. 6 BDSG im Zusammenhang mit der Vorabkontrolle die Einschaltung zwingend vor, wobei in beiden Fällen Voraussetzung das Vorliegen eines „Zweifelsfalles" ist.

> **§ 4d BDSG – Meldepflicht**
>
> *(1) ... (5)*
>
> *(6) Zuständig für die Vorabkontrolle ist der Beauftragte für den Datenschutz. Dieser nimmt die Vorabkontrolle nach Empfang der Übersicht nach § 4g Abs. 2 Satz 1 vor. Er hat sich in Zweifelsfällen an die Aufsichtsbehörde oder bei den Post- und Telekommunikationsunternehmen an den Bundesbeauftragten für den Datenschutz und die Informationsfreiheit zu wenden.*

2.15.2   Pflicht zur Einschaltung der Aufsichtsbehörde

1575   Ein zur Einschaltung der externen Kontrollbehörde berechtigender bzw. verpflichtender „Zweifelsfall" kann vorliegen, wenn der DSB über die Auslegung einschlägiger gesetzlicher Vorschriften oder die Angemessenheit einzelner Datenschutzmaßnahmen im Unklaren ist. Fraglich ist, ob ein Zweifelsfall auch dann zu bejahen ist, wenn der DSB und die Unternehmens-/Behördenleitung sich über die Notwendigkeit oder Zweckmäßigkeit bestimmter Datenschutzmaßnahmen nicht einigen können. Da es im Hinblick auf den Zweifelsfall nur allein auf die Auffassung des DSB ankommen kann und ein Zweifelsfall nicht nur dann vorliegt, wenn der DSB hinsichtlich der Beurteilung der Rechtslage unsicher ist, sondern auch dann, wenn seine Meinung von der verantwortlichen Stelle „angezweifelt" wird, wird gerade der Konfliktfall zur Anrufung der Aufsichtsbehörde berechtigen bzw. verpflichten.

So Bergmann/Möhrle/Herb, § 4f Rdn. 14

2.15.3 Im Ermessen liegendes Einschalten der Aufsichtsbehörde

Bei Einschaltung der Aufsichtsbehörde hat der betriebliche DSB abzuwägen zwischen seinem Recht aus § 4g Abs. 1 S. 4 BDSG und seiner Treuepflicht als Arbeitnehmer gegenüber dem Arbeitgeber. Wendet er sich an die Aufsichtsbehörde, so kann dies für die Aufsichtsbehörde den Anlass bieten, eine förmliche Kontrolle durchzuführen, der dann u.U. weitere Konsequenzen gemäß § 38 Abs. 4 BDSG nachfolgen. Der DSB wird daher in jedem Fall zunächst alle internen Möglichkeiten auszuschöpfen haben, um einen Datenschutzverstoß zu beenden und die Folgen zu beseitigen. Dazu wird er sich an die Geschäftsleitung wenden. Erst wenn auf diese Weise kein Erfolg erreichbar ist, kommt in gravierenden Fällen bei derartigen Streitfällen mit der Unternehmensleitung die Anrufung der Aufsichtsbehörde in Betracht. **1576**

> *Eine Verpflichtung zur Einschaltung der Aufsichtsbehörde bei Datenschutzverstößen bejaht u.a. Simitis, in: Simitis, § 4g, Rdn. 23, der auch eine sich aus der Treuepflicht ergebende Verpflichtung, den Arbeitgeber vor „Anzeige" bei der Aufsichtsbehörde zu informieren, verneint (Rdn. 24); a.A. Schaffland/Wiltfang, § 4g Rdn. 5; Gola/Schomerus, § 4g Rdn. 16. Ähnlich ist die Situation, wenn der Betriebsrat direkt an die Aufsichtsbehörde herantritt, ohne § 2 Abs. 1 BetrVG zu beachten; vgl. Kort 2012, 8*

Mag es auch grundsätzlich Sache des DSB sein, die Unternehmensleitung von der Einschaltung der Aufsichtsbehörde zu unterrichten oder nicht, **1577**

> *so Aufsichtsbehörde Baden-Württemberg, Hinweis zum BDSG Nr. 8, Staatsanzeiger vom 6.10.1979, Nr. 80, S. 5*

so muss in derartigen Streitfällen mit der Unternehmensleitung der DSB aber als verpflichtet angesehen werden, der Unternehmensleitung diesen Schritt anzukündigen. Anders mag dies sein, wenn der DSB den Rat der Aufsichtsbehörde einholt, um im Unternehmen oder bei ihm selbst bestehende Unsicherheiten zu beseitigen. Dabei wird es sich allerdings um eine Gratwanderung handeln, da bereits durch die Anfrage des DSB der Aufsichtsbehörde im Unternehmen bestehende Probleme signalisiert werden könnten, die sie ggf. zum Tätigwerden („Kontrolle") veranlasst.

Dem Anrufungsrecht des DSB entspricht in gewissem Umfang die in § 38 Abs. 1 S. 2 geregelte Pflicht, „die Beauftragten für den Datenschutz und die verantwortlichen Stellen mit Rücksicht auf deren typische Bedürfnisse" zu beraten und zu unterstützen. Diese Pflicht soll u.a. Unternehmen von datenschutzrechtlicher Bürokratie entlasten, indem die „Tipps" zur Umsetzung des BDSG branchenspezifisch von der Behörde kommen sollen. **1578**

Unabhängig davon ist aber davon auszugehen, dass die Behörde auch auf konkrete Einzelanfragen einzugehen hat, da das Anrufungsrecht des DSB ansonsten ins Leere gehen würde. Die Beratung durch die Aufsichtsbehörde umfasst auf Wunsch des DSB auch eine schriftliche Stellungnahme. **1579**

2.15.4 Einschalten der Aufsichtsbehörde zwecks Tatverfolgung

1580 Ein Anlass, sich an die Aufsichtsbehörde zu wenden, kann auch dann vorliegen, wenn der Datenschutzbeauftragte strafrechtlich relevante Verstöße gegen das BDSG aufdeckt und sich vor die Frage gestellt sieht, ob er den Betroffenen – ggf. im Wege über die Aufsichtsbehörde – benachrichtigt, damit ein Strafantrag gestellt werden kann. Während § 4g BDSG sich zur Information des Betroffenen durch den DSB nicht äußert, ist der Aufsichtsbehörde (§ 38 Abs. 1 S. 5 BDSG) – nicht jedoch dem BfDI – zumindest ein solches Recht eingeräumt.

1581 Eine Pflicht des DSB, den Betroffenen unmittelbar oder über die Aufsichtsbehörde zu informieren, ist jedoch nur dann zu bejahen, wenn der Verstoß aufgrund einer Beschwerde des Betroffenen festgestellt wurde.

2.16 Meldepflicht

1582 Eine weitere Frage hinsichtlich der Zusammenarbeit zwischen Unternehmen und Aufsichtsbehörde ist, ob das Unternehmen seine Tätigkeit und den DSB bei der Aufsichtsbehörde nach §§ 4d, 4e BDSG melden muss. Maßgebend ist insoweit zunächst die Ausnahme von der Meldepflicht für Unternehmen, die einen Datenschutzbeauftragten bestellt haben (§ 4d Abs. 2 BDSG). Für Kleinunternehmen, die die Bestellgrenze nicht erreichen, entfällt sie aber auch schon dann, wenn Daten mit Einwilligung des Betroffenen oder im Rahmen vertraglicher Beziehungen verarbeitet werden, was bei Personaldaten regelmäßig der Fall ist.

1583 Sofern eine Meldepflicht besteht, ergibt sich ihr Inhalt aus § 4e BDSG. Auch wenn das Gesetz dies nicht vorsieht, sehen die Aufsichtsbehörden auch die Angabe des Datenschutzbeauftragten vor, da dieser Ansprechpartner der Betroffenen ist und diese ihn dann durch Wahrnehmung des Rechts auf Einsicht in das Melderegister der Behörde ermitteln können.

2.17 Die Programmüberwachung

1584 Die Überwachung der ordnungsgemäßen Anwendung der Datenverarbeitungsprogramme, mit deren Hilfe personenbezogene Daten verarbeitet werden, gehört zu den Schwerpunkten der Tätigkeit des DSB. Durch diese begleitende Kontrolle soll verhindert werden, dass es überhaupt zu gesetzwidriger Verarbeitung personenbezogener Daten kommt. Der Beauftragte soll daher schon bei der Erstellung der Programme eingeschaltet werden. Die gesetzlich vorgeschriebene „rechtzeitige" Unterrichtung des DSB über neue Vorhaben des EDV-Einsatzes ist nur gewahrt, wenn er ausreichend Zeit zur Stellungnahme hat und seine Stellungnahme die Planungen auch noch beeinflussen kann. § 37 Abs. 1 S. 5 Nr. 1 BDSG enthält insofern nicht nur ein Unterrichtungsrecht, sondern auch ein Anhörungsrecht des DSB. Dies kann aber nicht bedeuten, dass der DSB das vorgesehene Programm „nach"-programmieren müsste, was nur möglich wäre, wenn er mit einem nahezu gleich großen Stab von Datenverarbeitungsfachleuten ausgestattet wäre wie die Fachabteilung selbst. Die gesetzliche Regelung ist den Gegebenheiten angepasst anzuwenden. Sie ermöglicht es dem DSB, sich dort einzuschalten, wo er es aufgrund der potenziellen Gefährdung der Daten für geboten hält.

Nach Auffassung der Aufsichtsbehörde **1585**

> *vgl. Aufsichtsbehörde Baden-Württemberg, Hinweise zum BDSG Nr. 10, Staatsanzeiger vom 2.4.1980, Nr. 27/28, S. 4*

hat die Pflicht zur Überwachung der ordnungsgemäßen Programmanwendung insbesondere auch die regelmäßige Durchführung von angemeldeten und unvermuteten Prüfungen zum Inhalt. Umfang und Intensität der Prüfungen sollten sich mindestens an der Prüfpraxis der Aufsichtsbehörden ausrichten. Für die systematische Überprüfung wird ein jährlicher Turnus empfohlen.

Das Prüfergebnis sollte in einem allen Beteiligten zuzustellenden Bericht festgehalten werden. Unbeschadet der Verpflichtung, den DSB frühzeitig bei der Programmentwicklung zu beteiligen, ist es zweckdienlich, das Verfahren der Programmfreigabe unter Beteiligung des DSB zu formalisieren. **1586**

> *Vgl. hierzu Münch, RDV 2003, 223*

2.18 Die Schulungsfunktion

Das Gesetz fordert, dass alle an der Datenverarbeitung beteiligten und damit für den Datenschutz verantwortlichen Mitarbeiter mit Ziel und Inhalt des Datenschutzes vertraut gemacht werden (§ 4g Abs. 1, S. 5 Nr. 2 BDSG). Erforderlich ist, dass bei allen, die personenbezogene Daten verarbeiten, das Bewusstsein für Bedeutung und Notwendigkeit des Datenschutzes vorhanden ist. Die dafür erforderlichen Kenntnisse zu vermitteln, ist ausdrückliche Aufgabe des DSB. Im Rahmen seiner Weisungsfreiheit ist er berechtigt, unter Berücksichtigung der Erfordernisse und Möglichkeiten des Betriebes selbst zu bestimmen, welches die geeigneten Maßnahmen zur Schulung der Mitarbeiter sind. Die Unternehmens- bzw. Behördenleitung hat hierfür die erforderlichen Räume, finanziellen Mittel, Materialien etc. zur Verfügung zu stellen und ggf. die Teilnahme an der Schulungsveranstaltung für die in Betracht kommenden Mitarbeiter anzuordnen. Dabei hat sie jedoch den insoweit bestehenden Mitbestimmungsrechten der Mitarbeitervertretung Rechnung zu tragen (§§ 96 bis 98 BetrVG, §§ 75 Abs. 3 Nr. 7, 76 Abs. 2 Nr. 1 BPersVG). **1587**

Die Schulungsmaßnahmen muss der DSB nicht persönlich durchführen, **1588**

> *Königshofen in Roßnagel, Kap. 5.5 Rdn. 45*

sondern kann sich dafür geeigneter Hilfskräfte bedienen. So ist etwa eine Delegation auf sog. Datenschutzberater möglich.

> *Vgl. Königshofen in Roßnagel, Kap. 5.5 Rdn. 76*

Die Möglichkeiten zur Information und Schulung der Mitarbeiter sind vielfältig. Sie reichen von Veranstaltungen, Seminaren bis hin zum persönlichen Gespräch, von der Herausgabe allgemeiner Lehr- und Schulungsunterlagen bis hin zu aktuellen arbeitsplatzbezogenen Informationen und Verfahrensrichtlinien. So kann die Schulung beginnen, indem jeder neu eingestellte Mitarbeiter – unabhängig, ob er auf das Datengeheimnis zu verpflichten ist oder nicht – zunächst einmal grundsätzlich mit allgemeinen Fragen des Datenschutzes und der Funktion des DSB in einem „Einführungsschreiben" vertraut gemacht wird. Für die Mitarbeiter, die auf das Datengeheimnis gem. § 5 S. 2 BDSG zu verpflichten sind, muss sich zwangsläufig eine weitere Information anschließen. Das rein formalistische Abfordern einer Verpflichtungserklärung, möglicherweise sogar **1589** noch als Pauschalerklärung in Form einer Klausel des Arbeitsvertrages, genügt nicht, um die Anforderungen des § 5 S. 2 BDSG zu erfüllen. Vielmehr muss der DSB sicherstellen, dass die dem Datengeheimnis unterliegenden Mitarbeiter auch im Hinblick auf die Gegebenheiten ihres Arbeitsplatzes über die Anforderungen des Datenschutzes informiert sind. Ausscheidende Mitarbeiter können auf ihre fortbestehenden Datenschutzrechte und -pflichten durch ein Merkblatt hingewiesen werden. Schließlich können regelmäßige Hinweise (z.B. von allgemeiner Art in der Werkszeitung) und Verfahrensvorschläge Schulungszwecke erfüllen.

> *Zu Datenschutzrichtlinien, -leitlinien, -anweisungen und Merkblättern vgl. Königshofen in Roßnagel, Kap. 5.5 Rdn. 33 ff.*

1590 In der behördlichen Praxis sind Informationen und Anweisungen zum Datenschutz auch häufig Gegenstand von Dienstanweisungen, die insofern die Abstimmung mit den behördlichen DSB erfordern.

2.19 Das „Verfahrensverzeichnis"

2.19.1 Die Bereitstellung der Übersicht

1591 Gemäß § 4g Abs. 2 S. 1 BDSG ist dem DSB von der verantwortlichen Stelle eine „Übersicht" zur Verfügung zu stellen, die die ansonsten zum Inhalt einer Meldung gegenüber der Aufsichtsbehörde nach § 4e BDSG gehörenden Angaben enthält und hierzu ergänzend die zugriffsberechtigten Personen benennen soll.

---

§ 4g BDSG – Aufgaben des Beauftragten für den Datenschutz

(1)

(2) Dem Beauftragten für den Datenschutz ist von der verantwortlichen Stelle eine Übersicht über die in § 4e Satz 1 genannten Angaben sowie über zugriffsberechtigte Personen zur Verfügung zu stellen. Der Beauftragte für den Datenschutz macht die Angaben nach § 4e Satz 1 Nr. 1 bis 8 auf Antrag jedermann in geeigneter Weise verfügbar.

(2a) ... (3)

1592 Dem DSB obliegt es nach dem Wortlaut des BDSG nicht, selbst diese „Übersicht" zu erstellen; sie ist ihm vielmehr unaufgefordert auszuhändigen. In welcher Art und Weise dies erfolgt, z.B. auf Formularen oder in automatisierter Form, überlässt das Gesetz der Leitung der verantwortlichen Stelle.

1593 Da diese Übersicht dem DSB von der verantwortlichen Stelle zur Verfügung zu stellen ist und es, wie es bisher vielfach der betrieblichen Praxis entsprach, nicht dem DSB – ggf. nach entsprechender ergänzender Aufgabenübertragung in der Stellenbeschreibung des DSB – auferlegt werden darf, die benötigten Informationen durch Anfordern bei den einzelnen Organisationseinheiten einzuholen und durch Überprüfung der vorliegenden Meldungen und durch entsprechende Nachfragen in angemessenen Zeitabständen auf dem aktuellen Stand zu halten,

> *vgl. auch Schild, RDV 1998, 52 (54); ders., DuD 2001, 282*

folgt daraus, dass die verantwortliche Stelle nunmehr bereits bei der Erhebung die Zweckbestimmung der Datenverarbeitung konkret festzulegen (§ 28 Abs. 1 S. 2) und dem Betroffenen mitzuteilen (§ 4 Abs. 2) hat. Die gesetzlich geforderte konkrete Festlegung sollte allein schon im Hinblick auf die erforderliche Kontrollierbarkeit schriftlich erfolgen und dem DSB bereits bei der Planung des Verarbeitungsvorhabens gem. § 4g Abs. 1 S. 2 Nr. 1 Teilsatz 2 BDSG mitgeteilt werden.

Auf das Recht der Mitarbeitervertretung, im Rahmen ihrer Unterrichtungs- und Kontrollrechte nach § 80 Abs. 1 und 2 BetrVG bzw. § 68 Abs. 2 Nr. 2 BPersVG über die praktizierten Personaldatenverarbeitungen informiert zu werden – wozu die Übersicht ein guter Ausgangspunkt ist –, ist ergänzend hinzuweisen.

Vgl. BAG, RDV 1986, 160; 1988, 1989; Gola, ZfPR 1997, 94

2.19.2 Inhalt der Übersicht

Die Übersicht verschafft dem Beauftragten die Informationen, die er zur Durchführung seiner sonstigen Aufgaben benötigt. Die Übersicht muss sich nicht auf die im Gesetz geforderten Angaben beschränken. Zweckmäßig wäre es z.B. auch, die jeweilige Rechtsgrundlage der Speicherung mit aufzunehmen. Die Übersicht sollte auch die sowieso schriftlich zu treffende Festlegung (§ 19 Abs. 2 S. 2, § 33 Abs. 2 S. 2 BDSG) enthalten, in welchen Fällen von einer Benachrichtigung des Betroffenen abgesehen wird. Die Übersicht kann auch dazu dienen, Auskunftsersuchen Betroffener zu erledigen. Sie dient in der Regel auch der Aufsichtsbehörde als erstes Informationsmittel im Rahmen ihrer Kontrolltätigkeit. **1594**

Im Mittelpunkt der durch die Übersicht zu vermittelnden Information stehen die Zweckbestimmungen der Erhebung, Verarbeitung und Nutzung der Daten und die weiteren wesentlichen Verwendungen der Daten, die das „Verarbeitungsverfahren" ausmachen,

vgl. auch BR-Drs. 461/00, 3, wonach § 4d BDSG so zu verstehen ist, dass sich die Meldepflicht nicht auf jeden einzelnen Verarbeitungsvorgang, sondern auf den Einsatz eines automatisierten Verfahrens als Ganzes bezieht

sodass die in den Landesdatenschutzgesetzen (z.B. § 6 HDSG; § 8 DSG-NRW; § 7 LDSG S.-H.) für die Übersicht gewählte Bezeichnung als „Verfahrensverzeichnis" auch für das BDSG passend ist.

Der Mindestinhalt der Übersicht ist durch § 4e BDSG festgelegt. **1595**

---

§ 4e BDSG – Inhalt der Meldepflicht

Sofern Verfahren automatisierter Verarbeitungen meldepflichtig sind, sind folgende Angaben zu machen:

1) Name oder Firma der verantwortlichen Stelle,

2) Inhaber, Vorstände, Geschäftsführer oder sonstige gesetzliche oder nach der Verfassung des Unternehmens berufene Leiter und die mit der Leitung der Datenverarbeitung beauftragten Personen,

3) Anschrift der verantwortlichen Stelle,

4) Zweckbestimmungen der Datenerhebung, -verarbeitung oder -nutzung,

5) eine Beschreibung der betroffenen Personengruppen und der diesbezüglichen Daten oder Datenkategorien,

6) Empfänger oder Kategorien von Empfängern, denen die Daten mitgeteilt werden können,

---

> 7) *Regelfristen für die Löschung der Daten,*
>
> 8) *eine geplante Datenübermittlung in Drittstaaten,*
>
> 9) *eine allgemeine Beschreibung, die es ermöglicht, vorläufig zu beurteilen, ob die Maßnahmen nach § 9 zur Gewährleistung der Sicherheit der Verarbeitung angemessen sind.*
>
> *§ 4d Abs. 1 und 4 gilt für die Änderung der nach Satz 1 mitgeteilten Angaben sowie für den Zeitpunkt der Aufnahme und der Beendigung der meldepflichtigen Tätigkeit entsprechend.*

1596 Ferner sind gemäß § 4g Abs. 2 S. 1 BDSG die zugriffsberechtigten Personen mitzuteilen. Das Gesetz geht hierbei wohl von einer namentlichen Benennung und nicht nur von der abstrakten Angabe des entsprechenden Arbeitsplatzes/Dienstpostens aus. Dies lässt sich daraus folgern, dass die Empfänger bzw. Kategorien von Empfängern der Daten – hierzu gehören nach § 3 Abs. 8 S. 1 BDSG auch Personen innerhalb der verantwortlichen Stelle – bereits nach § 4e S. 1 Nr. 6 BDSG Gegenstand der Übersicht sind, wobei hier die Angabe der Funktionsbezeichnung genügt.

> *Vgl. im Einzelnen Petri, RDV 2003, 267; zur internen Verfahrensübersicht Caster, RDV 2006, 29; Weniger, RDV 2005, 153*

1597 Aufgrund der Verweisung in Satz 2 des in § 4g in Bezug genommenen § 4e auf § 4d BDSG erfasst die Meldepflicht bzw. die an ihre Stelle getretene Verpflichtung zur Bereitstellung der Übersicht an den DSB auch die Pflicht, Änderungen mitzuteilen. Das Gesetz gibt hier zwar keine Zeitangaben vor, jedoch ist im Hinblick auf die erforderliche rechtzeitige Kontrolle durch den DSB davon auszugehen, dass der DSB vor dem Vollzug zu informieren ist.

2.19.3 Informationspflicht gegenüber jedermann

1598 Da aufgrund der Regelung des § 4d BDSG eine Meldepflicht zum bei der Aufsichtsbehörde geführten und von jedermann einsehbaren Register (§ 38 Abs. 2 BDSG) nur noch ausnahmsweise besteht, wird die insofern gewollte Transparenz durch ein nunmehr für jedermann gegenüber dem DSB bestehendes Informationsrecht hergestellt. Der DSB hat die Angaben der Übersicht – mit Ausnahme der Beurteilung der angemessenen Sicherheitsmaßnahmen nach § 4e S. 1 Nr. 9 BDSG und der zugriffsberechtigten Personen nach § 4g Abs. 2 S. 2 BDSG – jedem Interessierten in geeigneter Weise verfügbar zu machen.

1599 Ist ein DSB nicht bestellt, weil die kritische Zahl der Mitarbeiter nicht erreicht ist, und entfällt auch hier unter den in § 4d Abs. 3 BDSG genannten Voraussetzungen die Meldepflicht, so obliegt der verantwortlichen Stelle gemäß § 4d Abs. 2 S. 3 BDSG jedenfalls die gegenüber jedermann bestehende Informationspflicht. Ausgenommen von der Informationspflicht sind gemäß Abs. 2 S. 4 die in § 6 Abs. 2 S. 4 BDSG genannten Sicherheitsbehörden.

1600 Während die Landesdatenschutzgesetze dem Interessenten nur ein Einsichtsrecht bei der verantwortlichen Stelle gewähren (z.B. § 8 Abs. 2 DSG-NW), sind die Angaben nach dem BDSG „verfügbar" zu machen. Fraglich ist, ob der Begriff „zur Verfügung zu stellen" über ein Einsichtsrecht hinausgeht, d.h., ob der Interessent auch verlangen kann, dass ihm die Angaben übermittelt werden, er sie z.B. per Internet auch abrufen können muss. Berücksichtigt man, dass die Informationspflicht das früher und auch jetzt nur in

Form des Einsichtsrechts bestehende Informationsrecht des § 38 Abs. 2 S. 2 BDSG ersetzen soll, so ist die Verfügbarkeit auch durch Gewährung der Einsichtnahme auf Antrag gegeben.

Wie die „Verfügbarkeit" hergestellt wird, ist somit dem DSB überlassen. Er kann die Übersicht sowohl zur Einsicht bereithalten, wobei das Verlangen nach einer vorherigen Anmeldung bzw. Terminvereinbarung mit dem Interessenten nicht unangemessen ist. Die Übersicht kann aber ebenso automatisiert geführt und dem Interessenten durch Zugriff per Internet zugänglich gemacht werden. **1601**

2.20 Die Vorabkontrolle

Eine weitere dem DSB speziell zugewiesene Aufgabe ist die in § 4d Abs. 5 und 6 BDSG geregelte Vorabkontrolle. **1602**

> *§ 4d BDSG – Meldepflicht*
>
> *(1) ... (3)*
>
> *(4) Die Absätze 2 und 3 gelten nicht, wenn es sich um automatisierte Verarbeitungen handelt, in denen geschäftsmäßig personenbezogene Daten von der jeweiligen Stelle*
>
> *1. zum Zweck der Übermittlung,*
>
> *2. zum Zweck der anonymisierten Übermittlung oder*
>
> *3. für Zwecke der Markt- oder Meinungsforschung*
>
> *gespeichert werden.*
>
> *(5) Soweit automatisierte Verarbeitungen besondere Risiken für die Rechte und Freiheiten der Betroffenen aufweisen, unterliegen sie der Prüfung vor Beginn der Verarbeitung (Vorabkontrolle). Eine Vorabkontrolle ist insbesondere durchzuführen, wenn*
>
> *1. besondere Arten personenbezogener Daten (§ 3 Abs. 9) verarbeitet werden oder*
>
> *2. die Verarbeitung personenbezogener Daten dazu bestimmt ist, die Persönlichkeit des Betroffenen zu bewerten einschließlich seiner Fähigkeiten, seiner Leistung oder seines Verhaltens,*
>
> *es sei denn, dass eine gesetzliche Verpflichtung oder eine Einwilligung des Betroffenen vorliegt oder die Erhebung, Verarbeitung oder Nutzung für die Begründung, Durchführung oder Beendigung eines rechtsgeschäftlichen oder rechtsgeschäftsähnlichen Schuldverhältnisses mit dem Betroffenen erforderlich ist.*
>
> *(6) ...*

Soweit automatisierte Verarbeitungen „spezifische Risiken für die Rechte und Freiheiten der Personen beinhalten können", sind sie einer speziellen Prüfung vor Beginn der Verarbeitung (Vorabkontrolle) (so Art. 20 Abs. 1 EU-DatSchRl) zu unterziehen. Die deutschen Gesetzgeber (Bund und Länder) haben sich dafür entschieden, die Vorabkontrolle in dem Betrieb bzw. der Behörde anzusiedeln und dem internen Selbstkontrollorgan DSB zu übertragen. Begrüßenswerte Gründe hierfür sind die Vermeidung von Meldepflichten gegenüber der staatlichen Aufsicht und damit überflüssiger, kosten- und zeitaufwändiger Bürokratie sowie die realistische Einschätzung, dass die Aufsichtsbehörden jedenfalls im Rahmen der derzeitigen Personalausstattung diese Aufgabe gar nicht leisten könnten. **1603**

1604 § 4d Abs. 5 S. 1 BDSG schreibt eine Vorabkontrolle zunächst dann vor, wenn die automatisierte Verarbeitung unter Betrachtung des konkreten Anwendungsfalles „besondere Risiken für die Rechte und Freiheiten der Betroffenen aufweist". Da die anschließend ausdrücklich genannten beiden Fälle regelmäßiger Annahme eines besonderen Risikos für das Persönlichkeitsrecht des Betroffenen keine abschließende Aufzählung sind („insbesondere"), ist zunächst bei jeder beabsichtigten Erhebung, Verarbeitung oder Nutzung von Daten die Prüfung angezeigt, ob sie „besondere Risiken" aufweisen, wobei einerseits der Bandbreite der Interpretation des unbestimmten Rechtsbegriff des „besonderen Risikos" kaum Grenzen gesetzt sind, andererseits jedoch die verantwortliche Stelle in keinem Fall der Vornahme der Prüfung enthoben ist.

1605 Nach Satz 2 sollen solche Risiken regelmäßig dann bestehen, wenn Daten besonderer Art, d.h. besonders sensible Daten gem. § 3 Abs. 9 BDSG, verarbeitet werden oder die Verarbeitung dazu bestimmt ist, „die Persönlichkeit des Betroffenen zu bewerten, einschließlich seiner Fähigkeiten, seiner Leistung oder seines Verhaltens".

1606 Gleichwohl entfällt jedoch auch dann wieder die Vorabkontrolle, wenn eine gesetzliche Verpflichtung, eine Einwilligung oder § 28 Abs. 1 S. 1 Nr. 1 bzw. § 32 Abs. 1 S. 1 BDSG die Erhebung, Verarbeitung oder Nutzung rechtfertigt, sodass Personalinformationssysteme, sofern sie dem Arbeitgeber im Rahmen der Zweckbestimmung des Arbeitsverhältnisses zustehende Informationen zur Verfügung stellen, keiner Vorabkontrolle unterliegen.

Vgl. aber auch Petri in Simitis § 4 d Rdn. 84

1607 Ob die vom Bundesgesetzgeber getroffenen Festlegungen einer Vorabkontrolle dem beabsichtigten Betroffenenschutz gerecht werden, muss fraglich erscheinen. In den bislang EU-konform novellierten Landesdatenschutzgesetzen sind auch sinnvollere Lösungen erkennbar, indem z.B. generelle und formelle Freigabeverfahren vorgeschrieben sind (vgl. § 10 Abs. 3 DSG-NW; § 7 Abs. 3 BdgDSG; § 7 Abs. 6 HDSG).

1608 § 4d Abs. 6 BDSG überträgt die Zuständigkeit für die Vorabkontrolle dem Datenschutzbeauftragten. Gleichwohl wird es aber auch hier zunächst der verantwortlichen Stelle obliegen, die Rechtmäßigkeit der beabsichtigten Verarbeitungen insbesondere auch im Hinblick auf besondere Gefährdungen der Betroffenenrechte zu prüfen und diese ggf. durch besondere Schutzmechanismen zurückzudrängen.

Vgl. hierzu Klug, RDV 2001, 12; Schild, DuD 2001, 285

1609 Erkennt die verantwortliche Stelle derartige Risiken, so muss es als ihre Pflicht angesehen werden, den DSB um die Vornahme der Vorabkontrolle zu ersuchen. Aber auch wenn der „Verantwortliche" keinen Bedarf für eine Vorabkontrolle erkennt, obliegt dem DSB aufgrund der ihm ausdrücklich übertragenen Zuständigkeit die eigenständige Entscheidung über deren Notwendigkeit, wobei – auch wenn es sich bei dem „besonderen Risiko" um einen unbestimmten Rechtsbegriff handelt – dem DSB ein gewisser Beurteilungsspielraum eingeräumt ist.

Vgl. auch die Checkliste zur Vorabkontrolle in BfD-Info 4, 39; Engelien-Schulz, RDV 2003, 270

2.21 Haftung des Datenschutzbeauftragten gegenüber dem Arbeitgeber/Dienstherrn

1610 Für die Tätigkeit des betrieblichen DSB ist nicht ohne Belang, inwieweit er für die korrekte Umsetzung der Datenschutznormen die Verantwortung trägt und z.B. bei Rechtsverstößen oder Sicherheitslücken haftbar gemacht werden kann. Für eine Haftung des DSB gegenüber dem Arbeitgeber bzw. dem Dienstherrn für einen der verantwortlichen Stelle zugefügten unmittelbaren oder mittelbaren Schaden ist zunächst das seiner Tätigkeit als DSB zugrunde liegende Vertragsverhältnis maßgebend. Haftungsgrundlage in einem Arbeitsverhältnis bildet § 286 BGB, wobei jedoch die nach der nunmehrigen Rechtsprechung des BAG zum Umfang des Betriebsrisikos und der Arbeitnehmerhaftung

vgl. BAG, NJW 1993, 1732 und Gemeinsamer Senat der obersten Gerichtshöfe, NJW 1994, 856; ferner NJW 2011, 1094, NZA 2013, 640; vgl. Rdn. 1395 ff.

eine volle Haftung begründende „grobe Fahrlässigkeit" des DSB regelmäßig nicht vorliegen wird. Auch der DSB des öffentlichen Dienstes haftet aufgrund der dort geltenden privilegierenden Haftungsregelungen (§ 78 BBG) nur bei Vorsatz und grober Fahrlässigkeit. Ferner setzt Haftung die Ursächlichkeit des Handelns bzw. Nichthandelns des DSB für den eingetretenen Schaden voraus, wobei eben die primäre Handlungspflicht bei der Leitung der verantwortlichen Stelle bzw. der die einzelne Verarbeitung durchführenden Fachabteilung liegt. Daher werden auf dem Markt angebotene Datenschutz-Haftpflichtversicherungen auch höchstens für einen nicht mit dem arbeitsrechtlichen Haftungsprivileg ausgestatteten externen DSB Sinn machen.

2.22 Strafrechtliche Haftung aus Garantenstellung

Strafbarkeit infolge einer Garantenpflicht (§ 13 StGB) hat der BGH   **1611**

NJW 2009, 3373 m. Anm. Stoffers; BB 2009, 2263 mit Anm. Wybitul

für einen Revisionsleiter bejaht, der angesichts ihm bekannter, von Mitarbeitern des Unternehmens gegenüber Kunden begangener Betrugsfälle nichts unternommen hatte. Die Einstandspflicht beschränkt sich ggf. nicht nur darauf, Vermögensbeeinträchtigungen des eigenen Unternehmens zu unterbinden, sondern können auch die Verhinderung aus dem eigenen Unternehmen kommender Straftaten gegen dessen Vertragspartner umfassen. Diese Garantenstellung wurde vorliegend bejaht, da sich aus seiner Aufgabenstellung derartige Schutzpflichten zum Einschreiten ergaben. Er wurde wegen Beihilfe zum Betrug durch Unterlassen verurteilt. Bedeutsam ist, dass der BGH obiter dictum auch eine Aussage zu sonstigen Betriebsbeauftragten wie u.a. insbesondere Compliance-Beauftragten trifft.

Vgl. Barton, RDV 2010, 191; Kamp/Körfer, RDV 2010, 72

Garantenstellungen können danach auch vorliegen, wenn eine gesetzlich vorgesehene   **1612**
Funktion als Beauftragter z.B. für den Gewässerschutz, Immissionsschutz oder Strahlenschutz übernommen wurde. Dabei nimmt der BGH Bezug auf eine Entscheidung des OLG Frankfurt,

NJW 1987, 2753

in der die strafrechtliche Haftung eines „inaktiven" Abwässerbeauftragten bejaht wurde. Ob diese Haftungsfragen sich auch für einen betrieblichen Datenschutzbeauftragten stellen, hängt wesentlich von seinem Arbeitsvertrag bzw. seiner Stellenbeschreibung ab. Noch nicht abschließend geklärt ist, ob die gesetzliche Hinwirkungspflicht des § 4f Abs. 1 S. 1 allein zu einer Garantenstellung führt und welche weiteren Voraussetzungen subjektiver und objektiver Art für einen strafrechtlichen Vorwurf vorliegen müssen.

Vgl. Barton, RDV 2010, 247; Kort, NStZ 2011, 4 zur Strafbarkeit nach § 203 StGB

3 Die Behörden der Datenschutzaufsicht

3.1 Die Organisation der Kontrollbehörden

1613 Das BDSG hat die Kontrolle über die Behörden des Bundes einer eigenständigen Behörde, dem Bundesbeauftragten für den Datenschutz und die Informationsfreiheit, zugewiesen. Dieser wird vom Deutschen Bundestag für eine Amtszeit von fünf Jahren gewählt; eine Wiederwahl ist zulässig. Er hat gegenüber den Behörden Auskunfts- und Kontroll-, jedoch keine Weisungsrechte. Schwere Datenschutzverstöße kann er förmlich beanstanden (§ 25 BDSG).

1614 In gleichartiger Weise haben die Bundesländer die Datenschutzaufsicht über ihre Verwaltungen organisiert und Landesdatenschutzbeauftragte eingesetzt. Die Länder sind aber auch für die Kontrolle des privatwirtschaftlichen Bereichs zuständig, da der Bund die Aufgabe der Kontrolle und Überwachung der nicht öffentlichen Stellen in § 38 Abs. 6 BDSG den Ländern übertragen hat, die hierzu die entsprechenden Behörden installiert haben.

1615 Abgesehen von Bayern und Schleswig-Holstein haben die Bundesländer inzwischen auch die Aufsicht über die nicht öffentlichen Stellen den Landesdatenschutzbeauftragten übertragen. In Schleswig-Holstein ist das Unabhängige Landeszentrum für den Datenschutz zuständig, in Bayern ist das Landesamt für Datenschutzaufsicht Kontrollbehörde.

1616 Die innerstaatlichen und auch die europäischen Aufsichtsbehörden arbeiten auf der Grundlage des ausdrücklich geregelten Informationsaustausches zusammen (§ 38 Abs. 1 S. 3 und 4 BDSG).

1617 Soweit die verantwortlichen Stellen den Regelungen der Gewerbeordnung unterliegen, können nach § 38 Abs. 7 BDSG Verstöße gegen Datenschutzvorschriften auch nach Maßgabe der gewerberechtlichen Bestimmungen geahndet werden. Ob dies geschieht, entscheidet jedoch nicht die Datenschutzaufsichtsbehörde, sondern das zuständige Gewerbeaufsichtsamt. Die Datenschutzaufsichtsbehörden sind allerdings befugt, die Gewerbeaufsichtsämter über festgestellte Rechtsverletzungen zu unterrichten. Ist der Gesetzesverstoß derart, dass die für die Ausübung des Gewerbes erforderliche Zuverlässigkeit verneint werden muss, kann sogar jede weitere gewerbliche Tätigkeit untersagt werden. Es können aber auch bestimmte Auflagen gemacht werden, die für die weitere Fortsetzung des Gewerbes erfüllt werden müssen.

1618 Eine weitere Möglichkeit, Datenschutzverstöße mit Hilfe anderer Behörden verfolgen zu lassen, ergibt sich aus dem in § 41 Abs. 2 BDSG dem Bundesbeauftragten und den Aufsichtsbehörden eingeräumten Strafantragsrecht bei Datenschutz-Straftaten nach § 44 Abs. 1 BDSG.

1619 Sofern ein Arbeitgeber als Telekommunikationsdienstleister gegenüber seinen Mitarbeitern tätig wird, d.h., diesen die Nutzung von Telefon, E-Mail und Internet auch für private Zwecke gestattet,

vgl. hierzu vorstehend Rdn. 1759

obliegt dem Bundesbeauftragten auch dort die Kontrollkompetenz für den Datenschutz der Beschäftigten (§ 115 Abs. 4 TKG).

3.2 Die Aufsichtsbehörden des privatwirtschaftlichen Bereichs

3.2.1 Der Kontrollbereich

Im Gegensatz zu dem betrieblichen/behördlichen DSB und dem BfDI, die neben der Ausführung des BDSG auch die Einhaltung anderer, d.h. also jeglicher Vorschriften über den Datenschutz zu überwachen haben (vgl. §§ 4g Abs. 1 S. 1, 24 Abs. 1 S. 1 BDSG), ist die Kontrolle der Aufsichtsbehörde auf automatisierte bzw. dateigebundene Verarbeitungen beschränkt. Ausgenommen sind Auskunfteien (vgl. § 34 Abs. 2 BDSG) hinsichtlich der sich auch auf Akten erstreckenden Auskunftspflicht. Ferner ist die Speicherung von aus Dateien stammenden Unterlagen in Akten unter der Voraussetzung des § 27 Abs. 2 BDSG der Kontrolle unterworfen. **1620**

> *Vgl. Gola/Schomerus, § 38 Rdn. 3; Petri in Simitis, § 38 Rdn. 33*

Für manuell verarbeitete Daten gilt zwar die Zulässigkeitsregelung des § 32 Abs. 1 BDSG gemäß § 32 Abs. 2 BDSG ebenfalls. Diese Erweiterung des Anwendungsbereichs des BDSG wurde jedoch nicht in § 38 Abs. 1 BDSG aufgenommen. **1621**

Vorschriften über spezielle Schweige- und Geheimhaltungsverpflichtungen und sonstige spezielle Erlaubnis- und Verbotsregelungen auch allgemeiner Art sind schon deshalb bei der Prüfung durch die Aufsichtsbehörde zu beachten, weil sie den Regelungen des BDSG gegenüber ggf. vorrangig sind (§§ 1 Abs. 4, 4 Abs. 1) und insofern die Verarbeitung nicht etwa unkontrolliert bleiben kann.

3.2.2 Die Kontrolle „von Amts wegen"

Die Aufsichtsbehörde führt ihre Kontrollmaßnahmen „von Amts wegen" durch, d.h., es bedarf nicht eines Antrags eines Betroffenen oder eines Verdachts eines Datenschutzverstoßes. Schon im Hinblick auf die personelle Ausstattung der Behörden wird sie in erster Linie stichprobenartig in besonderen Gefährdungsbereichen tätig werden. Anlass für ein Einschreiten kann auch die Beschwerde eines Betroffenen sein. Liegen ihr konkrete Anhaltspunkte für Datenschutzverstöße vor, so wird sie regelmäßig tätig werden müssen. **1622**

Wird die Aufsichtsbehörde aufgrund einer schlüssig begründeten Beschwerde eines Betroffenen nicht tätig, so kann das Tätigwerden im Wege einer allgemeinen Leistungsklage erzwungen werden. **1623**

> *A.A. Bergmann/Möhrle/Herb, § 38, Rdn. 96, Untätigkeitsklage gem. § 75 VwGO*

Die Aufsichtbehörde ist jedoch nur zur Entgegennahme, sachlichen Prüfung und Bescheidung der Beschwerde verpflichtet, nicht eingeklagt werden kann, dass die Behörde bestimmte Feststellungen oder Beanstandungen trifft. **1624**

> *OVG Münster, RDV 1994, 139 für den Landesdatenschutzbeauftragten*

Das Versagen oder eine mangelhafte Durchführung der Prüftätigkeit kann als Amtspflichtverletzung gem. Art. 34 GG, § 839 BGB Schadensersatzverpflichtungen begründen.

> *Vgl. aber VG Darmstadt, RDV 2011, 151, das dem Betroffenen ein Recht auf Einschreiten der Behörde gibt, wenn schutzwürdige Interessen gravierend verletzt werden, so dass das ansonsten bestehende Ermessen auf null sinkt.*

3.2.3 Auskunftspflichten der verantwortlichen Stelle

1625 Damit die Behörde ihren Kontrollaufgaben nachkommen kann, erlegt das Gesetz (§ 38 Abs. 3 BDSG) den Verantwortlichen eine Auskunftsverpflichtung auf. Ferner hat die Behörde das Recht zur Kontrolle vor Ort (§ 38 Abs. 4 BDSG). Die Verpflichtung zur Auskunftserteilung nach Abs. 3 beschränkt sich auf die Angaben, die die Aufsichtsbehörde zur Erfüllung ihrer Aufgaben benötigt. Die Auskunft selbst muss unverzüglich, d.h. ohne schuldhaftes Zögern gegeben werden. Ein Entgelt kann dafür nicht verlangt werden. Sie kann sich auf die Verarbeitungsvorgänge bezüglich der nach diesem Gesetz geschützten Daten beschränken.

Abgesehen davon muss die Auskunft alle zur Erfüllung der Aufgaben erforderlichen Angaben enthalten, also vollständig sein.

> Zum Umfang vgl. auch AG Kiel, RDV 1988, 93; AG Trier, RDV 1988, 154; OLG Celle, RDV 1995, 244

Welche Personen der Aufsichtsbehörde gegenüber die Auskünfte erteilen, entscheidet die verantwortliche Stelle. In der Regel wird der DSB hieran zumindest beteiligt sein. In jedem Fall ist jedoch der Leiter des Unternehmens in der Pflicht, der sich jedoch der Unterstützung weiterer Mitarbeiter bedienen kann. Die Verletzung dieser Verpflichtung ist eine Ordnungswidrigkeit nach § 43 Abs. 1 Nr. 10, es sei denn, dass ein Auskunftsverweigerungsrecht vorliegt. Nach § 38 Abs. 3 S. 2 BDSG braucht der Auskunftspflichtige sich nicht selbst zu belasten. Der Auskunftsverpflichtete kann die Auskunft auf solche Fragen verweigern, deren Beantwortung ihn selbst oder eine der oben genannten Personen der Gefahr strafrechtlicher Verfolgung oder der Ahndung wegen einer Ordnungswidrigkeit aussetzen würde. Die Aufsichtsbehörde ist verpflichtet, bei einem Auskunftsersuchen hierauf hinzuweisen.

3.2.4 Anordnungs- und Untersagungsrechte

1626 Bezüglich der Erfüllung der Einhaltung des BDSG sind der Aufsichtsbehörde in § 38 Abs. 5 BDSG Anordnungs- und Untersagungsbefugnisse eingeräumt.

> **§ 38 BDSG – Aufsichtsbehörde**
>
> *(1)–(4) ...*
>
> *(5) Zur Gewährleistung der Einhaltung dieses Gesetzes und anderer Vorschriften über den Datenschutz kann die Aufsichtsbehörde Maßnahmen zur Beseitigung festgestellter Verstöße bei der Erhebung, Verarbeitung oder Nutzung personenbezogener Daten oder technischer oder organisatorischer Mängel anordnen. Bei schwerwiegenden Verstößen oder Mängeln, insbesondere solchen, die mit einer besonderen Gefährdung des Persönlichkeitsrechts verbunden sind, kann sie die Erhebung, Verarbeitung oder Nutzung oder den Einsatz einzelner Verfahren untersagen, wenn die Verstöße oder Mängel entgegen der Anordnung nach Satz 1 und trotz der Verhängung eines Zwangsgeldes nicht in angemessener Zeit beseitigt werden. Sie kann die Abberufung des Beauftragten für den Datenschutz verlangen, wenn er die zur Erfüllung seiner Aufgaben erforderliche Fachkunde und Zuverlässigkeit nicht besitzt.*
>
> *(6)–(7) ...*

1627 Stellt sie z.B. im Rahmen ihrer Prüftätigkeit fest, dass technische und organisatorische Versäumnisse bei der Erfüllung der Auflagen aus § 9 BDSG (nebst Anlage) vorliegen, so kann sie deren Abstellung anordnen. Welche konkreten Maßnahmen zur Beseitigung der festgestellten Mängel ergriffen werden, bleibt jedoch der Entscheidung der speichernden Stelle überlassen, soweit eben ein bestimmtes Verfahren generell nicht mehr stattfinden darf bzw. einzig und allein als adäquate Lösung in Betracht kommt. Die speichernde Stelle wird jedoch gut daran tun, einer von der Aufsichtsbehörde gegebenen Empfehlung zu folgen, da sie ansonsten mit weiteren Konsequenzen zu rechnen hat.

Wurde die Beseitigung der Mängel angeordnet und führte dies nicht zu dem erwarteten Ergebnis, so greift ein abgestuftes Verfahren. Die Aufsichtsbehörde ist nunmehr gehalten, die Beseitigung der Mängel unter Setzung einer angemessenen Frist durch Verhängung eines Zwangsgelds durchzusetzen. Daraus folgt, dass selbst bei gravierenden Sicherheitsmängeln ein sofortiges Verbot der Verarbeitungsverfahren nicht zulässig ist. Die Schwere des festgestellten Mangels wird jedoch für die zur Beseitigung festgesetzte Frist mitbestimmend sein. Wird die verantwortliche Stelle auch in dieser Frist nicht wie angeordnet tätig, so hat die Aufsichtsbehörde das Recht, den Einsatz des „ungesicherten" Verfahrens zu untersagen. Voraussetzung ist jedoch das Vorliegen eines „schwerwiegenden" Mangels, der insbesondere bei einer besonderen Gefährdung des Persönlichkeitsrechts der Betroffenen vom Gesetz bejaht wird. Diese Gefährdung muss bedingt sein durch die zuvor gerügten und nicht abgestellten technischen und organisatorischen Mängel. **1628**

3.2.5 Abberufung des betrieblichen Datenschutzbeauftragten

Aus § 38 Abs. 5 S. 3 und § 4f Abs. 3 S. 4 BDSG ergibt sich die Befugnis der Aufsichtsbehörde, die Abberufung des betrieblichen Datenschutzbeauftragten zu verlangen. Voraussetzung hierfür ist, dass bei aus bestimmten Anlässen oder bei einer von Amts wegen durchgeführten Kontrolle die Unzuverlässigkeit bzw. fehlende Fachkunde des DSB festgestellt wurde. Zur Abberufung berechtigende Mängel können sich bei einem nebenamtlichen DSB aus unzulässiger Interessenkollision bzw. aus einer aus seiner überwiegend ausgeübten Funktion zu folgernden fehlenden Fachkunde ergeben. Ferner spricht hierfür jahrelange Untätigkeit bzw. das Unvermögen, bisherige Tätigkeiten durch Dateiübersicht, Tätigkeitsberichte, Richtlinien belegen zu können. **1629**

Das Abberufungsverlangen ist ein Verwaltungsakt, der sich zwar an die verantwortliche Stelle richtet, gegen den aber nicht nur die verantwortliche Stelle, sondern auch der betroffene DSB Rechtsschutz suchen kann. Wird der Verwaltungsakt rechtskräftig, führt das nicht zur Beendigung der Tätigkeit des DSB, vielmehr ist die verantwortliche Stelle nunmehr verpflichtet, den Widerruf auszusprechen. **1630**

3.2.6 Überprüfung von brancheninternen Verhaltensregelungen

In § 38a BDSG wird den Aufsichtbehörden eine weitere Pflichtaufgabe übertragen, indem sie die Wirtschaft bei dem Bestreben, im Rahmen sog. „Selbstregulierung" die Datenschutznormen für eine bestimmte Branche sachgerecht umzusetzen, unterstützen soll. Selbst gesetzte Verhaltensregelungen sollen durch das Placet der Aufsichtsbehörde mit einer Art „Gütesiegel" versehen werden können. Derartige Regelungen sind auf dem Gebiet des Arbeitnehmerdatenschutzes bislang nicht direkt, sondern allenfalls im Zusammenhang mit betrieblichen Ethikregelungen Praxis geworden, **1631** obwohl solche Verhaltensregeln entsprechende gesetzgeberische Aktivitäten entbehrlich machen können.

Keinen unmittelbaren Bezug haben die in § 38a BDSG vorgesehenen Verhaltensregeln zu der Problematik von Codes of Conduct als Grundlage für den EU-grenzüberschreitenden Datenverkehr.

3.2.7 Arbeitsrechtliche Besonderheiten

1632 Beanstandungen hinsichtlich der Verarbeitung von Personaldaten können von den betroffenen Beschäftigten oder aber auch von der Mitarbeitervertretung gegenüber der Aufsichtsbehörde geltend gemacht werden. Sofern der Arbeitnehmer als Betroffener die Verletzung eigener Datenschutzrechte rügt, kann ihm dies – jedenfalls dann, wenn zunächst gegenüber dem Arbeitgeber vorgetragene Beanstandungen oder die Einschaltung innerbetrieblicher Clearing-Stellen wie Betriebsrat, Compliance Officer oder Datenschutzbeauftragter ohne Erfolg geblieben sind – nicht als Verstoß gegen die ihm obliegende Treuepflicht angelastet werden. Insofern ist auf § 612a BGB zu verweisen, der es dem Arbeitgeber verbietet, einen Arbeitnehmer zu benachteiligen, weil er in zulässiger Weise seine Rechte ausübt, da zur Wahrnehmung der Rechte selbstverständlich auch gehört, diese ggf. mit Hilfe der hierfür zur Verfügung stehenden Instanzen durchzusetzen. Die Aufsichtsbehörde ist daher auch nicht verpflichtet, den Namen des beschwerdeführenden Arbeitnehmers dem Arbeitgeber bekannt zu geben.

> *VG Bremen, RDV 2010, 129*

1633 Anders liegt der Sachverhalt, wenn ein Arbeitnehmer den Arbeitgeber hinsichtlich ihn nicht unmittelbar betreffender Verstöße gegen Datenschutzpflichten bei der Aufsichtsbehörde „anzeigt". Demgemäß hat die Rechtsprechung für den Fall, dass ein Arbeitnehmer als „externer Whistleblower" den Arbeitgeber wegen Steuerhinterziehung, Kartellverstößen, der Verletzung von Vorschriften des Lebensmittelrechts u.Ä. bei den zuständigen Behörden „denunziert", im Falle einer Kündigung zu prüfen, ob jeweils die „staatsbürgerliche" Pflicht Vorrang ,vor den arbeitsrechtlichen Pflichten hat.

> *Vgl. BAG, NJW 2007, 2204 = NZA 2007, 502:*
>
> *„1. Eine Strafanzeige gegen den Arbeitgeber verletzt keine arbeitsvertraglichen Pflichten und rechtfertigt keine Kündigung, wenn die Vorwürfe schwerwiegend sind, eine innerbetriebliche Klärung nicht zu erwarten ist und der Arbeitnehmer nicht leichtfertig handelt. Bei dieser Konstellation muss die Pflicht des Arbeitnehmers auf Rücksichtnahme regelmäßig zurückstehen.*
>
> *2. Der Ausgang des Strafverfahrens ist für die Bewertung der Rechtmäßigkeit der Anzeige nicht maßgebend, ,Whistleblowing' ist dem Arbeitnehmer vorzuwerfen, wenn die Ausübung der staatsbürgerlichen Rechte zur Erstattung einer Strafanzeige zu unverhältnismäßigen Reaktionen bis hin zu Schädigung des arbeitsvertraglichen Partners führt."*
>
> *Ebenso BVerfG, RDV 2002, 25:*
>
> *„1. Es liegt kein Grund zur fristlosen Kündigung eines Arbeitsverhältnisses vor, wenn ein Arbeitnehmer im Rahmen staatsanwaltlicher Ermittlungen seinen Arbeitgeber belastet.*
>
> *2. Der Arbeitnehmer erfüllt damit eine allgemeine Staatsbürgerpflicht, deren Ausübung im Interesse einer funktionsfähigen Strafrechtspflege verfassungsrechtlich geschützt ist, so dass auch gutgläubige Falschaussagen eine Schadensersatzpflicht nicht begründen."*
>
> *Vgl. ferner EGMR, NZA 2011, 1196; LAG Schleswig-Holstein, ZD 2012, 336*

4 Kontrollfunktionen der Betriebs- und Personalräte

4.1 Der Schutzauftrag des § 75 Abs. 2 S. 1 BetrVG

4.1.1 Förderung der freien Entfaltung der Persönlichkeit

Arbeitgeber und Betriebsrat haben nach § 75 Abs. 1 BetrVG darüber zu wachen, dass **1634** alle im Betrieb tätigen Personen nach Recht und Billigkeit behandelt werden. Als eine der sich insoweit ergebenden Aufgaben werden in Absatz 1 der Diskriminierungsschutz und in Absatz 2 der Persönlichkeitsschutz genannt.

Demgemäß ist es Aufgabe des Betriebsrats –, wie bereits aus § 75 Abs. 1 S. 1 BetrVG und auch aus § 17 Abs. 1 AGG folgt –, auf die Einhaltung der sich aus dem AGG ergebenden Diskriminierungsverbote und auf die Vermeidung der Erhebung und Verarbeitung von diskriminierungsrelevanten Daten hinzuwirken.

> *Vgl. Hayen, AiB 2006, 730; ders. ArbuR 2007, 6; Richardi, NZA 2006, 881*

Der Betriebsrat wird durch § 75 Abs. 2 S. 1 BetrVG verpflichtet, sich aktiv für die **1635** Förderung der freien Entfaltung der Persönlichkeit der Arbeitnehmer und damit namentlich auch für den Persönlichkeitsrechtsschutz vor dem Hintergrund der durch die automatisierte Datenverarbeitung eröffneten Möglichkeiten der Mitarbeiterkontrolle einzusetzen.

Ihm sind mithin Überwachungsaufgaben hinsichtlich des Datenschutzes der Beschäftig- **1636** ten übertragen. § 75 Abs. 2 S. 1 BetrVG stellt aber nicht nur auf die Abwehr möglicher Gefahren ab, sondern verpflichtet den Betriebsrat – wie den Arbeitgeber –, aktiv auf entsprechende Rahmenbedingungen für die betrieblichen Abläufe mit dem Ziel der Sicherung des Arbeitnehmerdatenschutzes hinzuwirken.

§ 75 Abs. 2 S. 1 BetrVG bildet eine Zielvorgabe für das Tätigwerden des Betriebsrats **1637** und eine Auslegungsregel für geltende Vereinbarungen. Weichen z.B. in einer Betriebsvereinbarung getroffene Regelungen von dem für Arbeitgeber und Betriebsrat gesetzlich vorgegebenen Schutzauftrag ab, so kann dies zur Unwirksamkeit dieser Regelung führen.

> *Vgl. BAG, RDV 1992, 173 = NZA 1992, 43 für die Unwirksamkeit einer mit dem Betriebsrat vereinbarten Videoüberwachung am Arbeitsplatz; ferner BAG, DB 1999, 2218. Wegen unzulässiger Eingriffe in die Privatsphäre der Arbeitnehmer sind auch Regelungen in Betriebsvereinbarungen unwirksam, die die Verwendung des Arbeitsentgelts betreffen (BAG, NZA 2007, 640) oder die eine Teilnahmepflicht an Betriebsfesten begründen (BAG, DB 1971, 295).*

Von Bedeutung ist der Schutzauftrag des § 75 Abs. 2 BetrVG auch im Zusammenhang **1638** mit den sich aus § 90 BetrVG ergebenden Unterrichtungs- und Beratungspflichten des Arbeitgebers im Rahmen der Planung neuer technischer Anlagen, d.h. insbesondere bei neuen Informations- und Kommunikationstechniken. Vorschläge und Bedenken des Betriebsrats, die der Arbeitgeber bereits in der Planungsphase bei seinen Überlegungen berücksichtigen soll, werden sich insbesondere auch mit den mit diesen Techniken verbundenen Möglichkeiten der Mitarbeiterüberwachung befassen müssen.

> *DKK/Berg, § 75, Rdn. 42 m.w.N.*

Damit besteht schon insoweit für Mitarbeitervertretungen und Datenschutzbeauftragte **1639** im Bereich des Personaldatenschutzes eine grundlegende Gemeinsamkeit, indem es für beide gesetzlicher Auftrag ist, den Schutz des Persönlichkeitsrechts der Beschäftigten zu gewährleisten.

4.1.2 Unterlassungs- und Handlungsansprüche des Betriebsrats

1640 Aus der gemeinsamen Verpflichtung von Arbeitgeber und Betriebsrat aus § 75 Abs. 2 BetrVG leitet sich ein Mitbestimmungsrecht

vgl. auch BAG, RDV 2000, 23 = ZTR 1999, 573:

„1. Die Anweisung an die Sachbearbeiter, in Geschäftsbriefen auch ihren Vornamen anzugeben, betrifft das Arbeitsverhalten und ist daher nicht nach § 87 Abs. 1 Nr. 1 BetrVG mitbestimmungspflichtig.

2. Ein Verstoß des Arbeitgebers gegen seine Pflicht, die Arbeitnehmer in der freien Entfaltung der Persönlichkeit zu schützen und zu fördern (§ 75 Abs. 2 BetrVG), vermag kein Mitbestimmungsrecht zu begründen.

3. Ob die Anweisung des Arbeitgebers gegen § 75 Abs. 2 BetrVG verstößt, bleibt offen."

oder ein eigenständiges Unterlassungsrecht des Betriebsrats nicht ab.

NZA 2003, 166 = RDV 2003, 87

1641 Die Vorschrift begründet keine einklagbaren Rechte der Betriebsparteien untereinander. Vielmehr regelt sie Schutz- und Förderpflichten des Arbeitgebers und des Betriebsrats jeweils im Verhältnis zu den betriebsangehörigen Arbeitnehmern.

Fitting, § 75 Rdn. 99; DKK/Berg, § 75 Rdn. 42 und DKK/Trittin, § 23 Rdn. 83 jeweils mit Nachweisen; den Charakter als Schutzgesetz ablehnend: Richardi in Richardi, § 75 Rdn. 55

1642 Vom Betriebsrat geltend zu machende Unterlassungsansprüche können sich jedoch bei groben, d.h. bei objektiv schwerwiegenden und offensichtlichen Verstößen des Arbeitgebers gegen seine in § 75 Abs. 2 BetrVG normierten Pflichten aus § 23 Abs. 3 BetrVG ergeben, wobei es auf ein Verschulden des Arbeitgebers nicht ankommt.

BAG, NZA 1999, 1288; 1994, 184; Thüsing in Richardi, § 75 Rdn. 86b, 89

1643 Die Rechtsprechung hat verschiedenartige Persönlichkeitsrechtsverletzungen als einen solchen groben Verstoß bewertet.

Vgl. ArbG Regensburg, AiB 1989, 354 zur Veröffentlichung der Namen von Mitarbeitern, die eine Abmahnung erhalten haben, am Schwarzen Brett, das LAG Niedersachsen, AuR 1991, 153 für die entsprechende Bekanntmachung von Fehlzeiten von Betriebsratsmitgliedern, das LAG Köln, DB 1989, 1341 bei Schreiben des Arbeitgebers an kranke Arbeitnehmer, in denen diesen generell willkürliches und nicht zwingendes Fernbleiben vorgeworfen wird

1644 Insoweit ist zu beachten, dass § 17 Abs. 2 AGG dem Betriebsrat bei groben Verstößen des Arbeitgebers gegen seine Pflichten aus dem AGG unter Verweis auf § 23 BetrVG ausdrücklich ein Klagerecht auf Unterlassung bzw. Beseitigung einräumt. Die grobe Pflichtverletzung muss für den diskriminierten Mitarbeiter objektiv erheblich sein. Insoweit genügt auch eine einmalige Pflichtverletzung. Weniger relevante Verstöße können bei Fortsetzung oder Wiederholung zu einem groben Verstoß anwachsen.

Fitting, § 23 Rdn. 62; DKK/Trittin, § 23 Rdn. 73 f.

§ 17 AGG – Soziale Verantwortung der Beteiligten

(1) ...

(2) In Betrieben, in denen die Voraussetzungen des § 1 Abs. 1 Satz 1 des Betriebsverfassungsgesetzes vorliegen, können bei einem groben Verstoß des Arbeitgebers gegen Vorschriften aus diesem Abschnitt der Betriebsrat oder eine im Betrieb vertretene Gewerkschaft unter den Voraussetzungen des § 23 Abs. 3 Satz 1 des Betriebsverfassungsgesetzes die dort genannten Rechte gerichtlich geltend machen; § 23 Abs. 3 Satz 2 bis 5 des Betriebsverfassungsgesetzes gilt entsprechend. Mit dem Antrag dürfen nicht Ansprüche des Benachteiligten geltend gemacht werden.

§ 23 BetrVG – Verletzung gesetzlicher Pflichten

(1) ... (2) ...

(3) Der Betriebsrat oder eine im Betrieb vertretene Gewerkschaft können bei groben Verstößen des Arbeitgebers gegen seine Verpflichtungen aus diesem Gesetz beim Arbeitsgericht beantragen, dem Arbeitgeber aufzugeben, eine Handlung zu unterlassen, die Vornahme einer Handlung zu dulden oder eine Handlung vorzunehmen. Handelt der Arbeitgeber der ihm durch rechtskräftige gerichtliche Entscheidung auferlegten Verpflichtung zuwider, eine Handlung zu unterlassen oder die Vornahme einer Handlung zu dulden, so ist er auf Antrag vom Arbeitsgericht wegen einer jeden Zuwiderhandlung nach vorheriger Anhörung zu einem Ordnungsgeld zu verurteilen. Führt der Arbeitgeber die ihm durch eine rechtskräftige gerichtliche Entscheidung auferlegte Handlung nicht durch, so ist auf Antrag vom Arbeitsgericht zu erkennen, dass er zur Vornahme der Handlung durch Zwangsgeld anzuhalten sei. Antragsberechtigt sind der Betriebsrat oder eine im Betrieb vertretene Gewerkschaft. Das Höchstmaß des Ordnungsgeldes und des Zwangsgeldes beträgt 10.000 Euro.

Verstöße gegen das AGG und damit gegen das BDSG können darauf beruhen, dass zur **1645** Diskriminierung geeignete Daten abgefragt oder für derartige Zwecke genutzt werden.

Vgl. vorstehend Rdn. 183 ff.

Unabhängig von insoweit ggf. bestehenden Mitbestimmungs- und sich daraus ergeben- **1646** den Unterlassungsansprüchen kann dem Arbeitgeber aufgegeben werden, bestimmte gegen das AGG verstoßende Handlungen zu unterlassen. Hierzu würde z. B. – unabhängig von einer Missachtung des Mitbestimmungsrechts nach § 93 BetrVG –

vgl. hierzu nachstehend Rdn. 1750 ff.

die Untersagung des Einsatzes eines Bewerberfragebogens mit Fragen nach der Schwangerschaft oder der Schwerbehinderteneigenschaft zählen.

4.2 Kontrollbefugnisse gem. § 80 Abs. 1 BetrVG/§ 68 Abs. 1 BPersVG

4.2.1 Das BDSG als Schutzgesetz

Nach § 80 Abs. 1 Nr. 1 BetrVG bzw. § 68 Abs. 1 Nr. 2 BPersVG gehört es zu den **1647** grundlegenden Aufgaben jeder Mitarbeitervertretung, die Durchführung der zugunsten der Beschäftigten geltenden Normen zu überwachen. Jedoch folgt aus der Überwachungs- und Hinwirkungsaufgabe nach § 80 Abs. 1 BetrVG kein eigener Anspruch des Betriebsrats auf Einhaltung einer Schutzvorschrift.

Thüsing in Richardi, § 80 Rdn. 18

> **§ 80 Abs. 1 BetrVG – Allgemeine Aufgaben**
>
> *(1) Der Betriebsrat hat folgende allgemeine Aufgaben:*
>
> 1. *darüber zu wachen, dass die zugunsten der Beschäftigten geltenden Gesetze, Verordnungen, Unfallverhütungsvorschriften, Tarifverträge und Betriebsvereinbarungen durchgeführt werden;*
>
> *(2) ... (4)*

1648 Die Überwachungspflicht umfasst die Einhaltung sämtlicher Vorschriften, die „zugunsten" der Arbeitnehmer in Betrieb oder Dienststelle wirken; eingeschlossen sind auch arbeitsrechtliche Grundsätze wie der allgemeine Gleichbehandlungsgrundsatz oder die arbeitgeberseitige Fürsorgepflicht.

Vgl. BAG, AP NR. 1 und 3 zu § 80 BetrVG; BVerwG, DVBl. 1985, 748

1649 Dass zu den arbeitnehmerschützenden Gesetzen auch das Bundesdatenschutzgesetz gehört, steht inzwischen außer Frage.

Vgl. grundlegend BAG, DB 1987, 1791 = RDV 1988, 1989; RDV 1992, 176; BVerwG, PersR 1986, 95; CR 1990, 784

Dies wird im Übrigen auch an § 32 BDSG deutlich, der sich speziell mit der Verarbeitung von Beschäftigtendaten befasst. So muss ein Betriebsrat beim Arbeitgeber auch reklamieren, wenn ein betrieblicher Datenschutzbeauftragter aus objektiven oder subjektiven Gründen seinen Aufgaben nicht nachkommt.

4.2.2 Zuständigkeit beim Einzelbetriebsrat

1650 Zuständig für die Wahrnehmung der Überwachungsaufgabe ist nicht der Gesamt-, sondern der Einzelbetriebsrat.

BAG, ZD 2012, 180 = RDV 2012, 28

Hinsichtlich des Überwachungsrechts nach § 80 Abs. 1 BetrVG findet die Aufgabenzuweisung des § 50 Abs. 1 S. 1 BetrVG keine Anwendung, da das Beteiligungsrecht einer weiteren Ausgestaltung durch die Betriebsparteien nicht zugänglich ist bzw. einer solchen nicht bedarf. Die Überwachungsbefugnis des Betriebsrats wird auch nicht dadurch tangiert, dass der Gesamtbetriebsrat im Rahmen seiner Zuständigkeit eine Betriebsvereinbarung zur Personaldatenverarbeitung abschließt.

4.2.3 Informationsansprüche nach § 80 Abs. 2 S. 1 BetrVG/§ 68 Abs. 2 BPersVG

1651 Nach § 80 Abs. 2 S. BetrVG ist der Betriebsrat zur Durchführung seiner Aufgaben, zu denen auch die allgemeine Überwachungsfunktion des § 80 Abs. 1 BetrVG gehört, rechtzeitig und umfassend, ggf. unter Vorlage der erforderlichen Unterlagen, vom Arbeitgeber über die relevanten Tatbestände zu unterrichten (§§ 80 Abs. 2 S. 1 und 2 BetrVG).

> **§ 80 Abs. 2 BetrVG**
>
> *(1) ...*
>
> *(2) Zur Durchführung seiner Aufgaben nach diesem Gesetz ist der Betriebsrat rechtzeitig und umfassend vom Arbeitgeber zu unterrichten; die Unterrichtung erstreckt sich auch auf die*

Beschäftigung von Personen, die nicht in einem Arbeitsverhältnis zum Arbeitgeber stehen. Dem Betriebsrat sind auf Verlangen jederzeit die zur Durchführung seiner Aufgaben erforderlichen Unterlagen zur Verfügung zu stellen; in diesem Rahmen ist der Betriebsausschuss oder ein nach § 28 gebildeter Ausschuss berechtigt, in die Listen über die Bruttolöhne und -gehälter Einblick zu nehmen. Soweit es zur ordnungsgemäßen Erfüllung der Aufgaben des Betriebsrats erforderlich ist, hat der Arbeitgeber ihm sachkundige Arbeitnehmer als Auskunfspersonen zur Verfügung zu stellen; er hat hierbei die Vorschläge des Betriebsrats zu berücksichtigen, soweit betriebliche Notwendigkeit nicht entgegenstehen.

(2) ... (4) ...

Informationsrechte der Mitarbeitervertretung bestehen also nicht nur im Rahmen der Ausübung von beim Einsatz der EDV bestehenden Mitbestimmungs- und Mitwirkungsrechten, bei denen sie zum Teil auch noch einmal gesondert normiert sind (vgl. §§ 87, 90, 92 Abs. 1, 99 Abs. 1, 100 Abs. 2, 102 Abs. 1 BetrVG).

Vgl. auch BVerwG, DVBl. 1988, 704

Bezogen auf die Überwachung der Einhaltung des Arbeitnehmerdatenschutzes bedeutet **1652** das, dass die Mitarbeitervertretung nicht nur die Rechtmäßigkeit der Personaldatenverarbeitung oder die Art und Weise, mit der den Rechten der Arbeitnehmer entsprochen wird, sondern auch die Ordnungsmäßigkeit der Datensicherung und der betrieblichen Datenschutzkontrolle überprüfen kann und auch, will sie ihren Aufgaben ordnungsgemäß nachkommen, überprüfen muss.

Vgl. nur bei Fitting, § 80 Rdn. 7 m.w.N.

Im Rahmen der ihr gesetzlich zugewiesenen Datenschutzkontrollfunktion soll die Mit- **1653** arbeitervertretung einen Überblick über alle die Kontrollfunktion betreffenden Fakten und Vorhaben erhalten, um Rechtsverstößen und Unbilligkeiten nach Möglichkeit bereits im Vorfeld entgegenwirken zu können, wobei dem Arbeitgeber/Dienstherrn eine „Vorleistungspflicht" zur Information der Mitarbeitervertretung obliegt; er hat zu agieren und nicht etwa erst auf Nachfrage und Anforderung der Mitarbeitervertretung zu reagieren.

Wie das BAG **1654**

DB 1987, 1491 = RDV 1987, 189

deutlich gemacht hat, benötigt der Betriebsrat zur Wahrnehmung seiner Überwachungsfunktion nach § 80 Abs. 1 Nr. 1 BetrVG Kenntnisse darüber, *„welche personenbezogenen Daten der Arbeitgeber gespeichert hat und zu welchen Zwecken sie verarbeitet werden"*. Der Betriebsrat ist danach ferner zu unterrichten über die zum Schutz dieser Datenverarbeitungen getroffenen Maßnahmen, um so selbst beurteilen zu können, ob diese ausreichend und geeignet sind, um sicherzustellen, dass eine unbefugte Datenverarbeitung nicht erfolgt.

Die Prüfung der Rechtmäßigkeit der Datenverarbeitungen und -nutzungen und auch der **1655** Frage einer eventuellen Mitbestimmungspflichtigkeit macht weiter erforderlich, dass die Mitarbeitervertretung über alle Programme, mit denen Personaldaten verarbeitet werden, unterrichtet wird. Ferner sind die technischen Verfahrensabläufe darzulegen und entsprechende Unterlagen zur Verfügung zu stellen.

Vgl. hierzu LAG Hamburg, BB 1985, 2110 = RDV 1986, 273:

> *„Im Rahmen der Unterrichtungspflicht des § 80 Abs. 2 BetrVG ist der Arbeitgeber verpflich-
> tet, dem Betriebsrat Einsicht in die gesamte Dateienübersicht mit personenbezogenen Daten
> der beschäftigten Arbeitnehmer zu gewähren und mitzuteilen, welche personenbezogenen
> Daten der beschäftigten Arbeitnehmer verarbeitet werden, welche personenbezogenen Daten
> dieser Arbeitnehmer an andere Konzernunternehmen übermittelt werden, welche Maßnahmen
> zur Verhinderung von Missbrauch getroffen werden und ob Verknüpfungsmöglichkeiten per-
> sonenbezogener Daten mit dem Informationsmanagementsystem bestehen."*

1656 Die Information der Mitarbeitervertretung muss umfassend und vollständig sein, ansonsten beginnen etwaige Erklärungsfristen, innerhalb derer im Mitbestimmungsverfahren
die Zustimmung versagt werden kann (vgl. § 69 Abs. 2 BPersVG), nicht zu laufen.

> *Vgl. BVerwG, DVBl. 1990, 634 = RDV 1990, 141:*
>
> *„Hat die Dienststelle wegen der Einführung eines automatischen Personal- und Stellenver-
> waltungssystems von sich aus die Landesbeauftragte für den Datenschutz um Abklärung etwa-
> iger datenschutzrechtlicher Probleme angerufen, so liegt vor Abschluss dieses Abklärungspro-
> zesses regelmäßig keine umfassende Information der Personalvertretung vor; die Frist für eine
> Versagung der Zustimmung beginnt dann nicht zu laufen."*

1657 Die Informationsansprüche der Mitarbeitervertretung sind also auf die Bekanntgabe der
für die Wahrnehmung der betriebsverfassungs- bzw. personalvertretungsrechtlichen
Aufgaben erforderlichen Angaben beschränkt. Daher besteht auch keine Informationspflicht bezüglich der Kontrolle des Datenschutzes einzelner Beschäftigter, wenn es
darum geht, die Einhaltung ausschließlich individuelle Ansprüche oder Pflichten regeln-
der Vorschriften im Einzelfall zu überwachen.

> *Vgl. hierzu auch BVerwG, PersR 1991, 463, wonach dem Personalrat kein Anspruch zusteht,
> von der Aufforderung gegenüber einer Beschäftigten, sich einer postbetriebsärztlichen Eig-
> nungsuntersuchung zu unterziehen, vorab unterrichtet zu werden. Hierbei handele es sich aus-
> schließlich um individuelle Rechte der betroffenen Angestellten, die sie selbst in Anspruch neh-
> men und verteidigen könne, und nicht um die Gewährleistung der kollektiven Belange der
> Beschäftigten der Dienststelle.*

1658 Als sehr restriktiv und jedenfalls mit dem Datenschutz-Kontrollinformationsanspruch als
nicht mehr vereinbar ist ein weiterer Beschluss des OVG Münster

> *CR 1989, 734*

anzusehen, in dem das Gericht dem Personalrat das Recht auf Herausgabe eines Compu-
terprogramms, das bei der Vorbereitung von Einstellungsentscheidungen eingesetzt
wird, abspricht.

4.2.4 Unterrichtung bei Auftragsdatenverarbeitung

1659 Werden die Arbeitnehmerdaten im Auftrag anderweitig verarbeitet, ändert das an dem
Kontrollauftrag nichts. Die Inanspruchnahme von Auftragsdatenverarbeitern bedeutet
eine Datennutzung,

> *Dammann in Simitis, § 3 Rdn. 195; Hoeren in Roßnagel Kap. 4.6, Rdn. 101*

bei der schon wegen des wohl regelmäßig bestehenden Mittbestimmungsrechts nach
§ 87 Abs. 1 Nr. 6 BetrVG eine Informationsverpflichtung des Arbeitgebers begründet
wird.

Wird die der Kontrolle des Betriebsrats unterliegende Personaldatenverarbeitung unter Beauftragung eines Dritten, also im Rahmen sog. „Auftragsdatenverarbeitung" im Sinne von § 11 BDSG

1660

> *zum Begriff und den bei Auftragsdatenverarbeitung bestehenden BDSG-Anforderungen vgl. vorstehend Rdn. 259 ff.*

und damit außerhalb des Zuständigkeitsbereichs der Mitarbeitervertretung durchgeführt, so werden dadurch die Kontrollrechte der Mitarbeitervertretung nicht ausgesetzt oder reduziert.

> *Fitting, § 87 Rdn. 244*

Der Arbeitgeber muss, ggf. durch vertragliche Vereinbarungen mit dem Auftragnehmer (Service-RZ, Konzerngesellschaft etc.), dafür Sorge tragen, dass die Kontrollmöglichkeiten der Mitarbeitervertretung nicht beschnitten werden und dass er seinerseits den ihm gegenüber der Mitarbeitervertretung obliegenden Informationsverpflichtungen nachkommen kann.

1661

> *Vgl. hierzu auch LAG Hamburg, RDV 1986, 273 = BB 1985, 2110:*
>
> *„Es bleibt zwar einem Unternehmen unbenommen, die Bearbeitung von Vorgängen wie z. B. die Gehaltsabrechnung im Rahmen der unternehmerischen Entscheidungsbefugnis an andere Unternehmen zu vergeben. In einem solchen Fall hat es aber, ggf. mit Hilfe entsprechender Vereinbarungen mit den Drittfirmen, dafür Sorge zu tragen, dass die Informations- und Unterrichtungsrechte des Betriebsrats nicht beschnitten werden. Bei der Vergabe eines solchen Auftrags an einen Dritten, hier der Muttergesellschaft, muss es sicherstellen, daß es seiner Informationspflicht gegenüber dem Betriebsrat nachkommen kann (vgl. hierzu auch Beschluss des LAG Frankfurt vom 9.10.1984 – 5 TaBV 104/84; NZA 1985, 34)."*

Dies entspricht auch der Ansicht des BAG.

1662

> *RDV 1987, 189 = DB 1987, 1491. Dort heißt es u.a.:*
>
> *„Durch eine solche Auftragsvergabe entfällt nicht die datenschutzrechtliche Verantwortlichkeit des Arbeitgebers als Auftraggeber. Nach § 22 Abs. 2 Satz 1 BDSG 77 gelten die Vorschriften der §§ 22 bis 30 BDSG auch für den, in dessen Auftrag personenbezogene Daten verarbeitet werden. ...*
>
> *Damit bleibt der Arbeitgeber Herr der personenbezogenen Daten seiner Arbeitnehmer auch dann, wenn er diese im Rahmen eines Auftragsverhältnisses durch Dritte verarbeiten lässt (Simitis/Dammann/Mallmann/Reh, BDSG, 3. Aufl., § 22 Rz. 46, § 31 Rz. 30, 38; Linnenkohl, NJW 1981, 202, 203). Der Arbeitgeber ist daher nicht nur tatsächlich in der Lage, über Art und Umfang der Datenverarbeitung durch die Dienstleistungs-KG Auskunft zu geben, sondern dieser gegenüber zu solchen Auskünften auch berechtigt. Wenn diese personenbezogenen Daten nur im Rahmen der Weisung des Arbeitgebers verarbeitet werden dürfen, dann ist Inhalt einer Auskunft des Arbeitgebers über Einzelheiten dieser Datenverarbeitung stets ein eigenes Wissen des Arbeitgebers, nicht aber ein Internum des Auftragnehmers, das als Betriebsgeheimnis oder Know-how vom Arbeitgeber nicht offenbart werden dürfte."*

Da die Verlagerung der Verarbeitung der Personaldaten zu einem Auftragnehmer die den Betriebs-/Personalrat bestehenden Mitbestimmungstatbestände nicht ausschließt, wird die Mitarbeitervertretung bei Erteilung ihrer Zustimmung abzuwägen haben, ob nicht durch die Herausgabe u. U. sensibler Daten

1663

> *zur Problematik der Verarbeitung besonders sensibler Daten im Wege der Auftragsdatenverarbeitung bei Gola/Schomerus, § 11 Rdn. 2*

aus der unmittelbaren Herrschaft des Betriebs (z.B. an die Konzernmutter) Missbrauchsmöglichkeiten geschaffen werden, denen sie – auch unter Beachtung der insoweit bestehenden Wirtschaftlichkeitsinteressen des Arbeitgebers – im Interesse der Mitarbeiter nicht zustimmen kann.

4.2.5 Art und Weise der Auskunftserteilung

1664 § 80 Abs. 2 Satz 1, Halb. 1 BetrVG äußert sich nicht dazu in welcher Form der Arbeitgeber die benötigten Auskünfte zu erteilen hat. Dem Arbeitgeber steht vielmehr ein weiter Spielraum bei der Art der Erfüllung der Informationsverpflichtung zu,

BAG, NZA 2007, 99

wenngleich er bei umfangreichen und komplexen Angaben nach § 2 Abs. 1 BetrVG regelmäßig gehalten sein, die Auskunft schriftlich zu erteilen.

BAG, RDV 2012, 192

1665 Die Mitarbeitervertretung kann jedoch nicht verlangen, dass ihr ein ständiger Online-Lesezugriff auf einschlägige Informationen enthaltende Dateien eingeräumt wird. Es liegt im Ermessen des Arbeitgebers, ob er den Auskunftsanspruch durch Ausdruck des vorlagepflichtigen Dateiinhalts erfüllen will. Ein Onlinezugriff würde ggf. dem Recht und der bei personenbezogenen Daten bestehenden Pflicht des Arbeitgebers entgegenstehen, die jeweilige aufgabenbezogene Erforderlichkeit der Datenweitergabe zu prüfen.

BAG, RDV 2012, 28 = ZD 2012, 180

1666 Anderes kann sich auch nicht aus der in § 80 Abs. 2 S. 2 BetrVG geregelten Pflicht zur Vorlage von für die Betriebsratsarbeit erforderlichen Unterlagen ergeben. Dateien sind regelmäßig keine Unterlagen, die im Original vorzulegen sind. Dies gilt namentlich für Dateien, die aufgrund fortlaufenden Nutzung einer ständigen Änderung unterworfen sind bzw. auch Angaben enthalten, auf die sich der Informationsanspruch des Betriebsrats nicht erstreckt.

Fitting, § 80 Rdn. 64

4.2.6 Personenbezogene Daten als Inhalte der Information

1667 Wie das BAG

DB 1987, 1491 = RDV 1987, 189

deutlich gemacht hat, benötigt der Betriebsrat zur Wahrnehmung seiner Datenschutzkontrollfunktion nach § 80 Abs. 1 Nr. 1 BetrVG Kenntnisse darüber, welche personenbezogenen Daten der Arbeitgeber gespeichert hat und zu welchen Zwecken sie verarbeitet werden. Der Betriebsrat ist ferner zu unterrichten über die zum Schutz dieser Datenverarbeitungen getroffenen Maßnahmen, um so selbst beurteilen zu können, ob diese ausreichend und geeignet sind, sicherzustellen, dass eine unbefugte Datenverarbeitung nicht erfolgt.

1668 Der Informationsanspruch richtet sich auf die Art der gespeicherten Daten, den Zweckbezug, den der Arbeitgeber verfolgt, die Datenverarbeitungen, aus denen sich Auswertungsmöglichkeiten ergeben, sowie ggf. Vernetzungen mit anderen Daten, im Regelfall aber nicht auf die konkreten Daten eines Beschäftigten, so dass auch insoweit regelmäßige Onlinezugriffe ausscheiden.

Str.; wie hier Kort, NZA 2010, 1038; ders., RDV 2012, 8 (14); VG Frankfurt, RDV 2011, 288

4.3 Informationelle Selbstbestimmung und Datenschutzkontrolle

4.3.1 Allgemeines

Es stellt sich die Frage, ob die Mitarbeitervertretung im Rahmen ihres Kontrollrechts **1669** durch Einsichtnahme in Dateien, Programmabläufe und Ergebnisse der Verarbeitungsvorgänge auch „Echt-Daten" der Beschäftigten ohne deren Einwilligung zur Kenntnis nehmen kann oder ob ein solches Verfahren einerseits mit dem BDSG und andererseits mit dem dem Betroffenen bezüglich seiner Personalakte eingeräumten „Verfügungsrecht" (§ 83 Abs. 1 S. 2 BetrVG) kollidieren kann.

4.3.2 § 80 Abs. 2 BetrVG als vorrangige Erlaubnisnorm gemäß § 1 Abs. 3 BDSG?

Nach den überwiegenden Stimmen der Literatur haben die Informationsvorschriften des **1670** BetrVG Vorrang vor dem BDSG, d.h. werden nicht durch das BDSG eingeschränkt.

Buschmann in D/K/K/W, § 80 Rdn. 93; Schaub, § 233 Rdn. 18; Thüsing in Richardi, § 80 Rdn. 57; Fitting § 80 Rdn. 58; Simitis in Simitis, § 3 Rdn. 247

Welche personenbezogenen Daten der Arbeitgeber an den Betriebsrat weiterzugeben habe, richte sich nach dem BetrVG. Die Aussage ist jedoch nur bedingt richtig.

Vgl. Kort, RDV 2012, 8 (10); kritisch Wronka, RDV 2012, 277

Dass der Betriebsrat kein Dritter ist, sondern Teil der speichernden Stelle, und dass **1671** damit der Datenfluss zwischen Arbeitgeber und Betriebsrat nicht den Tatbestand der Datenübermittlung erfüllt, ist kein Argument für die Nichtanwendung des BDSG.

So aber wohl Fitting, § 80 Rdn. 58; dagegen zutreffend Thüsing in Richardi, § 80 Rdn. 57

Will die Personalabteilung dem Betriebsrat Informationen über die Mitarbeiter zugänglich machen, so erfüllt der betriebsinterne Datenfluss nicht den Tatbestand der Übermittlung, sondern den ebenfalls unter dem Verbot mit Erlaubnisvorbehalt (§ 4 Abs. 1 BDSG) stehenden Tatbestand der Datennutzung.

S.o.; Bergmann/Möhrle/Herb, § 3 Rdn. 109; Gola/Schomerus, § 3 Rdn. 49

Die Prüfung der Zulässigkeit dieser Datennutzung nach den Vorschriften des BDSG ent **1672** fällt erst dann, wenn sie durch eine andere Rechtsvorschrift – hier das BetrVG – bereits geregelt wird.

Vgl. zum „Konnex zwischen beiden Normenkomplexen" Kort, RDV 2012, 8 (10)

Die sogenannte doppelte Subsidiarität des BDSG **1673**

vgl. Gola/Schomerus, § 4 Rdn. 7

tritt einmal ein, wenn eine bereichsspezifische Bundesnorm den Sachverhalt vorrangig behandelt (§ 1 Abs. 3 BDSG). Eine solche konkrete das BDSG verdrängende Bundesvorschrift stellt z.B. § 80 Abs. 2 S. 2 BetrVG dar, der dem Betriebsrat ein Recht auf Einsicht in Bruttolohn- und Gehaltslisten gibt.

Keine das BDSG verdrängende Regelung ist jedoch § 80 Abs. 2 S. 1 BetrVG, der nur **1674** pauschal zur Weitergabe von zur Wahrnehmung der Betriebsrats-Aufgaben erforderlichen Informationen verpflichtet.

Vgl. Gola/Schomerus, § 4 Rdn. 8; Jordan/Bisels/Löw, BB 2010, 1889

Eine Norm außerhalb des BDSG rechtfertigt eine Datenverarbeitung oder Nutzung nur, wenn sie eine konkrete Aussage bezüglich der Art der Daten und ihrer Zweckbestimmung macht.

> *LAG Köln RDV 2012, 37 = ZD 2012, 183*

Es genügt nicht, dass lediglich allgemein eine Aufgabe beschrieben wird, zu deren Erfüllung ggf. personenbezogene Daten benötigt werden.

> *Kort, RDV 2012, 8 (9); Dix in Simitis, § 1 Rdn. 170; Wronka, RDV 2012, 277 (278)*

Im Übrigen hat sich inzwischen auch das BAG von der früher von ihm vertretenen Auffassung eines apodiktischen Vorrangs von § 80 Abs. 2 vor dem BDSG (§ 1 Abs. 3 BDSG) verabschiedet, wenn es im Rahmen der Unterrichtungsverpflichtung § 28 Abs. 6 Nr. 1 BDSG prüft – was sich dogmatisch verbietet, wenn BDSG-Normen durch § 80 Abs. 2 BetrVG präkludiert würden.

4.3.3 Fortgeltende Erlaubnistatbestände des BDSG

1675 Sofern also der Arbeitgeber nicht durch spezielle, den konkreten Tatbestand regelnde Vorschriften des BetrVG gehalten ist, bestimmte Daten der Mitarbeitervertretung bekannt zu geben bzw. nicht bekannt zu geben, ist die Zulässigkeit der Nutzungen in erster Linie an der im Rahmen des § 32 Abs. 1 S. 1 BDSG maßgebenden Zweckbestimmung des Beschäftigungsverhältnisses zu messen, sofern die Datenweitergabe im Rahmen betriebsverfassungsrechtlicher Vorschriften unter die Zweckbestimmung „Durchführung des Beschäftigungsverhältnisses" zu subsumieren ist. Zur Durchführung des Beschäftigungsverhältnisses zählen alle Datenverarbeitungen, die der Erfüllung der aus dem Beschäftigungsverhältnis resultierenden Rechte und Pflichten des Arbeitgebers dienen, wobei Informationspflichten gegenüber dem Betriebsrat, die sich im Rahmen von zu der Durchführung des Arbeitsverhältnisses erforderlichen Datenverarbeitungen ergeben, miterfasst sind.

Geht es um sensible personenbezogene Daten (§ 3 Abs. 9 BDSG), ist § 28 Abs. 6 BetrVG die vom Arbeitgeber zu beachtende Zulässigkeitsnorm, die durch § 32 Abs. 1 BDSG nicht verdrängt wird.

> *BAG RDV 2012, 192 (betriebliches Eingliederungsmanagement)*

1676 Das BDSG verlangt zunächst die Prüfung, ob die Weitergabe personenbezogener Daten für die Wahrnehmung der Aufgabe des Betriebsrats erforderlich ist oder ob nicht anonymisierte oder pseudonymisierte Angaben genügen (§ 3a BDSG). Ggf. muss der Betriebsrat sich mit solchen Aufstellungen begnügen, wobei erst bei Auffälligkeiten eine Individualisierung angezeigt sein kann. Für der Datenschutzkontrolle dienende Überprüfungen werden grundsätzlich die Mitteilung der Art der gespeicherten Daten bzw. anonymisierte Daten genügen.

> *Seifert in Simitis, § 32 Rdn. 173; DKK/Klebe, § 94 Rdn. 43*

1677 Eine im Einzelfall anstehende Bekanntgabe personenbezogener Daten muss im Rahmen der Durchführung des Beschäftigungsverhältnisses erforderlich sein (§ 32 Abs. 1 S. 1 BDSG). Die Erforderlichkeit ist in einer am Verhältnismäßigkeitsgrundsatz auszurichtenden Interessenabwägung zu ermitteln. Berechtige Interessen bestehen nicht, wenn die Verarbeitung zur Erreichung des legitimen Zwecks nicht geeignet ist, bzw. schutzwürdige Interessen sind verletzt, wenn weniger eingreifende Maßnahmen zur Verfügung stehen und zumutbar sind.

Auch § 80 Abs. 2 S. 2 BetrVG stellt zumindest bei der Pflicht zur Vorlage von Unterlagen im Wortlaut darauf ab, dass diese zur Durchführung der Aufgaben des Betriebsrats erforderlich sein müssen. Dabei besteht kein Anlass zur Annahme, dass hinsichtlich der Interpretation des Begriffs der „Erforderlichkeit" Unterschiede zwischen § 80 Abs. 2 S.2 BetrVG und § 32 Abs. 1 S. 1 BDSG zu machen sind. **1678**

Geht man von dieser Prämisse aus, so trifft im Ergebnis die Aussage zu, dass das BDSG nicht bezwecke, das Recht des Betriebsrats nach dem BetrVG einzuschränken.

> *Thüsing in Richardi, § 80 Rdn. 57 mit Nachweisen*

Die Feststellung, dass das BDSG nicht zur Einschränkung der Rechte führt, die das BetrVG der Mitarbeitervertretung gewährt, **1679**

> *LAG Bremen, DB 1978, 2488; LAG Köln, RDV 2012, 37 = ZD 2012, 183, ebenso der dort zitierte BfDI*

kann aber nur gelten, sofern man bereit ist, den Begriff der Erforderlichkeit einheitlich datenschutzkonform zu interpretieren, wozu aber das BAG im Gegensatz zum BVerwG anscheinend nicht bereit ist. Die Auffassung, der Arbeitgeber sei nicht befugt, sich gegenüber dem Überwachungsrecht des Betriebsrats auf Grundrechte der Arbeitnehmer und speziell deren Recht auf informationelle Selbstbestimmung zu berufen,

> *BAG, NZA 2012, 744; Fitting, § 80 Rdn. 61, Buschmann in D/K/K/W, § 80 Rdn. 76; vgl. auch Düwell, CuA 5/2013, 17*

kann keinen Bestand haben, wenn diese Rechte – wie aufgezeigt – bei Ermittlung der Erforderlichkeit der Information zu beachten sind.

> *So vom Ergebnis her auch Thüsing in Richardi, § 80 Rdn. 58a mit Nachweisen positiver und negativer Literatur*

Maßgebend bleibt das Verhältnismäßigkeitsprinzip. Abzuwägen ist insbesondere bei sensiblen Daten, ob nicht schutzwürdige Interessen des Beschäftigten der Weitergabe im konkreten Fall entgegenstehen. **1680**

> *Vgl. Thüsing in Richardi, § 80 Rdn. 58a mit Nachweisen; a.A. BAG, DB 1968, 1224 und die überwiegende Meinung der Kommentarliteratur*

4.3.4 Einwilligung des Beschäftigten

Nicht zum Zuge kommt die Erlaubnisnorm des § 32 Abs. 1 S. 1 BDSG, wenn eine spezielle Schutznorm die Weitergabe von der Einwilligung des Beschäftigten abhängig macht, was in § 83 Abs. 1 BetrVG für sog. Personalaktendaten geschieht. **1681**

> *Zum Begriff der materiellen Personalakten und dem Begriff der Personalaktendaten vgl. Gola, RDV 2011, 66*

Das BetrVG (§ 83 Abs. 1) räumt dem einzelnen Beschäftigten das Recht ein, selbst darüber zu bestimmen, ob der Mitarbeitervertretung bzw. einem ihrer Mitglieder Einsicht in die Personalakte gewährt wird. Dieses Selbstbestimmungsrecht verbietet es dem Arbeitgeber, dem Betriebsrat Zugriff auf die Personaldatensammlung einzuräumen.

> *Vgl. Buschmann in D/K/K/W, § 80 Rdn. 44 ff.; Fitting, § 80 Rdn. 66; BAG, NZA 1989, 393*

Demzufolge ist die Mitarbeitervertretung auch nicht befugt, parallel eigene Personalakten anzulegen. **1682**

> *Vgl. Kort, NZA 2010, 1267; Seifert in Simitis, § 32 Rdn. 173; BVerwG, NJW 1991, 375; Hess-StGH, DVBl 1986, 936*

1683 Fraglich ist, ob das aufgezeigte Selbstbestimmungsrecht auch im Hinblick auf Einzelbestandteile der Personalaktendatensammlung gilt. Eindeutig ist, dass die arbeitsrechtliche Rechtsprechung diesen Aspekt im Zusammenhang mit dem Informationsanspruch aus § 80 Abs. 2 S. 1 BetrVG weitgehend unberücksichtigt lässt.

1684 So entschied das BAG, dass der Arbeitgeber auch ohne Einverständnis des Arbeitnehmers dem Betriebsrat ein namentliches Verzeichnis der Mitarbeiter, die im Jahreszeitraum mehr als sechs Wochen arbeitsunfähig waren, vorzulegen habe.

> *RDV 2012, 192; kritisch dazu Kort, DB 2012, 688. Vgl. auch die gegenläufige Tendenz in der Entscheidung des VGH München vom 30.4.2009, BeckRS 2010, 53777; BayLfD, 25. TB (2012), Ziff 11.2.1 für den öffentlichen Dienst.*

Und selbst bei einem Widerspruch eines Großteils der Betroffenen (Ärzte) gestattet das LAG Niedersachsen dem Betriebsrat Einsicht in ihrer Lohnunterlagen nebst individuell erzielten Liqidationserlösen; das gesetzliche Einblicksrecht in die Bruttolohn- und -gehaltslisten verstoße weder gegen deutsches noch EU-Datenschutzrecht.

> *RDV 2012, 309*

1685 Bei der Ausübung der Datenschutzkontrolle werden jedoch Einsichtnahmen in konkrete Datenbestände nicht erforderlich sein. Hier ist die Einholung der Einwilligung der Betroffenen angezeigt. Anders ist es, wenn ausnahmsweise bei der Programmkontrolle ggf. zwangsläufig Datenkenntnisnahme erfolgen kann.

4.4 Kontrollregelungen in Betriebs-/Dienstvereinbarungen

4.4.1 Allgemeines

1686 Die automatisierte Verarbeitung von Beschäftigtendaten darf in der Regel nur mit Zustimmung der Mitarbeitervertretung stattfinden (§ 87 Ziff. 6 BetrVG). Im Allgemeinen wird die Mitbestimmung durch Abschluss einer Betriebsvereinbarung ausgeübt. Der Betriebsrat wird sich nicht darauf beschränken, die Verarbeitung von Mitarbeiterdaten zu reglementieren; er muss die Einhaltung der getroffenen Regelungen auch kontrollieren können. Zum Vollzug einer Vereinbarung gehören mithin zusätzlich die Überprüfbarkeit und die tatsächliche Überprüfung. Die Vereinbarung kann Informationswege konkretisieren und namentlich die mitzuteilenden Datenarten bestimmen.

1687 Auch wenn die Mitarbeitervertretung im Interesse der Gewährleistung des Datenschutzes und der Kontrolle der Einhaltung der abgeschlossenen Vereinbarungen daran interessiert sein muss, möglichst umfassend über die Verarbeitung von Beschäftigtendaten informiert zu sein, so können dem Betriebsrat Informationsbefugnisse eingeräumt werden, die das BetrVG bzw. das BDSG nicht vorsieht.

> *Weichert in D/K/K/W, § 4 Rdn. 2; Wellhöner/Byers, BB 2009, 2310*

1688 Mit anderen Worten: Sofern eine Betriebsvereinbarung der Mitarbeitervertretung eigenständige Zugriffsrechte auf die vom Arbeitgeber geführten Datenbestände gewährt, ist eine solche Regelung auf ihre Vereinbarkeit mit dem Erfordernis des Aufgabenbezugs der Information und mit dem auch der Mitarbeitervertretung gegenüber zu wahrenden „Personalaktengeheimnis" zu überprüfen, wobei das Ergebnis im Rahmen der hier aufgezeigten Aufgabe Datenschutzkontrolle wohl nur negativ ausfallen würde.

> *Vgl. Kort, ZD 2012, 247*

Bereits bei Abschluss einer Betriebs-/Dienstvereinbarung über automatisierte Verarbeitungen von Mitarbeiterdaten ist mithin darauf zu achten, dass die Verarbeitung so organisiert wird, dass Kontrollen auch möglich und Verstöße leicht feststellbar sind. Zudem muss die Kontrolle auch tatsächlich stattfinden. Auch bei Beachtung und in Vertrauen auf den Grundsatz der vertrauensvollen Zusammenarbeit genügt es nicht, so lange von der Einhaltung der getroffenen Vereinbarungen auszugehen, bis Verstöße bekannt werden bzw. wenigstens ein „begründeter Tatverdacht" besteht. Wo also eine Zwangsprotokollierung (die lückenlose Aufzeichnung z.B. aller Auswertungen der Daten durch das System selbst) erfolgt bzw. aufgrund der Betriebs-/ Dienstvereinbarung erfolgen muss, können in bestimmten Zeitabständen diese Protokolle zumindest stichprobenartig auf Abweichungen von den zulässigen Verarbeitungsschritten überprüft werden. Dabei muss die Mitarbeitervertretung natürlich auf die Akzeptanz ihrer Kontrollmaßnahmen bei den Mitarbeitern achten, damit sie nicht vom Kontrolleur des Arbeitgebers zum Kontrolleur der Beschäftigten wird.

4.4.2 Regelungsgrenzen

Wenn die Mitarbeitervertretung auch im Interesse der Gewährleistung des Datenschutzes und der Kontrolle der Einhaltung der abgeschlossenen Vereinbarungen daran interessiert sein muss, möglichst umfassend über die Personaldatenverarbeitung informiert zu sein, so können gleichwohl die aufgezeigten betriebsverfassungs- und personalvertretungsrechtlich vorgegebenen – und richterrechtlich verdeutlichten – Einschränkungen der Informationsansprüche der Mitarbeitervertretung auch nicht durch Bestimmungen einer Betriebs- oder Dienstvereinbarung außer Kraft gesetzt werden. Wird zur Regelung der Personaldatenverarbeitung eine Betriebs-/Dienstvereinbarung abgeschlossen, so regelt sich die Zulässigkeit der Verarbeitung der Personaldaten nach dem Inhalt dieser Vereinbarung, da ein Rückgriff auf die allgemeinen Vorschriften des BDSG (z.B. § 28) aufgrund der nach der Regelungstechnik des Gesetzes statuierten Vorrangigkeit „sonstiger" Zulässigkeitsregelungen in § 4 Abs. 1 BDSG nicht mehr möglich ist.

Soweit das Betriebsverfassungs- oder das Personalvertretungsrecht die Informationsbefugnisse der Mitarbeitervertretungen aus datenschutzrechtlichen Gesichtspunkten begrenzt, kann auch eine Betriebs- oder Dienstvereinbarung keine neuen Erlaubnistatbestände für die Datenverarbeitung und -nutzung schaffen. Dies ergibt sich aus dem von den Parteien der Vereinbarung zu beachtenden Vorrang gesetzlicher Regelung (§ 87 Abs. 1 S. 1 BetrVG) und für den öffentlichen Dienst aus dem generellen Verbot der Erweiterung personalvertretungsrechtlicher Befugnisse durch Dienstvereinbarung (§ 97 BPersVG).

Mit anderen Worten: Sofern eine Betriebs- oder Dienstvereinbarung der Mitarbeitervertretung das Recht zur eigenen Speicherung und Auswertung von Personaldaten einräumt oder wenn der Mitarbeitervertretung u.a. zur Wahrnehmung ihres „Datenschutzkontrollrechts" ein eigenständiges Zugriffsrecht auf die vom Arbeitgeber geführten Datenbestände gewährt wird, so ist eine solche Regelung auf ihre Vereinbarkeit mit dem Erfordernis des Aufgabenbezugs der Information und dem – auch – der Mitarbeitervertretung gegenüber zu wahrenden „Personalaktengeheimnis" zu überprüfen.

1689

1690

1691

1692

1693   Dabei ist dem Auftrag zum Schutz der Persönlichkeitsrechte aus § 75 Abs. 2 BetrVG und dem Verhältnismäßigkeitsprinzip Rechnung zu tragen, wonach sich solche Zugriffe, wie gesagt, auf Stichproben im Einzelfall erstrecken könnten.

4.5   Hinzuziehung von Sachverständigen

4.5.1 Allgemeines

1694   Die Mitglieder der Mitarbeitervertretung müssen die erforderlichen Sach- und Rechtskenntnisse besitzen, um die ihnen gegebenen Informationen entsprechend bewerten zu können. Diese Sachkenntnis muss sich die Mitarbeitervertretung zunächst selbst mit Hilfe von betriebsinternen Informationen, Fachliteratur oder mit der Teilnahme an Schulungsveranstaltungen zu verschaffen suchen.

> *Vgl. hierzu nachstehend Rdn. 1709 ff.*

1695   Daneben sieht § 80 Abs. 3 S. 1 BetrVG vor, dass der Betriebsrat, wenn er im Einzelfall gleichwohl wegen der Kompliziertheit der Materie nicht ohne sachkundigen Rat auskommen kann, die Hilfe eines externen Sachverständigen in Anspruch nehmen kann.

> **§ 80 Abs. 3 BetrVG – Allgemeine Aufgaben**
>
> *(1) ... (2) ...*
>
> *(3) Der Betriebsrat kann bei der Durchführung seiner Aufgaben nach näherer Vereinbarung mit dem Arbeitgeber Sachverständige hinzuziehen, soweit dies zur ordnungsgemäßen Erfüllung seiner Aufgaben erforderlich ist.*
>
> *(4) ...*

1696   Ein gleiches Recht ist, auch wenn das BPersVG – im Gegensatz zu einigen Landespersonalvertretungsgesetzen (z.B. § 30 Abs. 4 NPersVG; § 31 BlnPersVG; § 31 Abs. 4 HPVG; § 38 Abs. 3 PersVh-LSA) – dies nicht ausdrücklich erwähnt, auch der Personalvertretung zuzugestehen.

> *BVerwG, DVBl. 1990, 634 = PersR 1990, 102 = RDV 1990, 141:*
>
> *„1. Das Bundespersonalvertretungsrecht gesteht dem Personalrat nicht weniger Handlungsmöglichkeiten zu, als dies das Betriebsverfassungsgesetz für den Betriebsrat tut. § 68 Abs. 2 LPersVG Bad.-Württemb. (= § 68 Abs. 2 BPersVG) schließt daher nicht aus, dass der Personalrat Sachverständige zu seiner Beratung hinzuzieht.*
>
> *2. Der Personalrat ist, wenn es um die Gewinnung erforderlicher Informationen geht, nicht ausschließlich auf die Unterrichtung durch die Dienststelle angewiesen. Eine ‚Selbstinformation' widerspricht der Rechtsstellung des Personalrats nicht."*

1697   Bevor sich die Mitarbeitervertretung jedoch des Rates ‚eines externen Sachverständigen bedienen kann, müssen – jedenfalls wenn durch die Inanspruchnahme des Sachverständigen vom Arbeitgeber/Dienstherrn nach § 40 BetrVG, § 44 BPersVG zu tragende Kosten entstehen – unter Beachtung des Prinzips der Verhältnismäßigkeit andere interne

> *vgl. BAG, DB 1987, 1491 = RDV 1987, 189 sowie BAG, DB 1988, 50 = NZA 1988, 208 = RDV 1988, 38: „Der Betriebsrat kann die Hinzuziehung eines Sachverständigen gemäß § 80 Abs. 3 BetrVG zur Beurteilung der technischen Funktions- und betrieblichen Arbeitsweise von elektronischen Datenverarbeitungsanlagen und deren Möglichkeit von Leistungs- und Verhaltenskontrollen der Arbeitnehmer nicht verlangen, wenn er es grundsätzlich ablehnt, sich der ihm*

vom Arbeitgeber angebotenen betrieblichen Informationsquellen zu bedienen und sich z.B. durch die Mitarbeiter der EDV-Abteilung des Betriebes unterrichten und informieren zu lassen. Die Hinzuziehung betriebsfremder Sachverständiger kommt grundsätzlich erst dann in Betracht, wenn die betriebsinternen Informationsquellen ausgeschöpft sind." Ebenso Schaub, § 233 Rdn. 21unter Hinweis auf § 2 Abs. 1 BetrVG.

Vgl. ferner BAG, RDV 2006, 209: „Die Beauftragung eines Sachverständigen ist daher nicht erforderlich, wenn sich der Betriebsrat nicht zuvor bei dem Arbeitgeber um die Klärung der offenen Fragen bemüht hat."

Zur Bestellung von EDV-Sachverständigen vgl. ferner LAG Hamburg, AiB 1986, 23

Informationsmöglichkeiten ausgeschöpft werden. So können bereits ergänzende Auskünfte des Arbeitgebers oder betriebsinterner Experten weiterhelfen. Hierauf weist § 80 Abs. 2 S. 3 BetrVG ausdrücklich hin.

Vgl. zur überwiegenden Ablehnung dieser „Ultima ratio"-Anforderung in der Literatur: DKK/Buschmann, BetrVG § 80 Rdn. 121 und 132 ff.; Däubler, Gläserne Belegschaften?, Rdn. 646 jeweils mit Nachweisen; Schierbaum, PersR 2003, 177; Schneider, AiB 2000, 606; Pflüger, NZA 1988, 45; Wagner, ArbuR 1993, 70

Ein sachkundiger Arbeitnehmer, den der Arbeitgeber benennt, ist nicht Berater des Betriebsrats. Will der Betriebsrat bestimmte Arbeitnehmer hinzuziehen, dürfen diese nur mit dem Einverständnis des Arbeitgebers tätig werden; ihre „Abstellung" als Auskunftspersonen beruht auf dem Direktionsrecht des Arbeitgebers; Schaub, § 233 Rdn. 24.

Zu den internen Unterrichtungsmöglichkeiten gehört auch die Befragung des betrieblichen Datenschutzbeauftragten. **1698**

Vgl. LAG Berlin, ARSt. 1986, 65; LAG Frankfurt, ARSt 1986, 35; Buschmann in D/K/K/W, § 80 Rdn. 117; Linnenkohl/Kiltz, RDV 1988, 189; BB 1988, 766; Matthiessen, CR 1988, 478

Auch weniger aufwändige und das Organisationsrecht des Arbeitgebers/Dienststellenleiters weniger tangierende externe Informationsquellen, wie z.B. das Eigenstudium einschlägiger Fachliteratur oder die Teilnahme an Schulungsveranstaltungen, müssen vor der Einschaltung des externen Sachverständigen erschlossen werden. **1699**

Vgl. BVerwG, DVBl. 1990, 634 = PersR 1990, 102 = RDV 1990, 141:

„Der Personalrat muss sich zu seiner Information zunächst der ihm zur Verfügung stehenden Hilfen zur Informationsbeschaffung und -verarbeitung bedienen. Das schließt je nach Art und Schwierigkeit der Problemlage Erkundigungen bei Gewerkschaften – soweit sie sich im Rahmen des Üblichen halten –, ferner die Selbstunterrichtung anhand von Fachliteratur – soweit dies fallbezogen erfolgen kann – sowie die Entgegennahme von Einzelauskünften durch die Dienststelle und die Teilnahme an von ihr angebotenen Schulungsmaßnahmen mit ein."

Die Kosten des externen Sachverständigen braucht der Arbeitgeber/Dienstherr nämlich nur dann zu tragen, wenn die Inanspruchnahme des Sachverständigen „erforderlich" (§ 80 Abs. 2 S. 1 BetrVG), d.h., im Sinne der Kostentragungsregelungen der §§ 40 Abs. 1 BetrVG, 44 Abs. 1 BPersVG für die Tätigkeit der Mitarbeitervertretung „notwendig" ist, wobei das BAG **1700**

DB 1987, 1491 = RDV 1987, 189; ebenso BAG, CR 1993, 98 = ArbuR 1993, 95 mit abl. Anm. von Wagner

an das Merkmal der Erforderlichkeit sehr hohe Anforderungen stellt.

Vgl. auch BVerwG, DVBl. 1990, 634 = PersR 1990, 102 = RDV 1990, 141:

„Hat die Dienststelle wegen der Einführung eines automatischen Personal- und Stellenverwaltungssystems die Landesbeauftragte für den Datenschutz um Abklärung etwaiger daten-

schutzrechtlicher Probleme angerufen und ist die eingeleitete datenschutzrechtliche Überprüfung durch die Landesbeauftragte noch nicht abgeschlossen, so hat der Personalrat keinen Anspruch darauf, seinerseits wegen rechtlicher und technischer Fragen, die mit dem Datenschutz zusammenhängen, einen Sachverständigen hinzuzuziehen."

Vgl. hierzu auch Kruse, PersR 1993, 64; Vogelgesang, CR 1992, 409

1701 Die Information durch Sachverständige muss sich auf die Vermittlung fachlicher und rechtlicher Kenntnisse zu konkreten aktuellen Fragen des – geplanten – EDV-Einsatzes beziehen.

Vgl. OVG Nordrhein-Westfalen, RDV 2001, 239: „Der Personalrat hat keinen Anspruch auf Übernahme der Kosten eines Sachverständigen durch die Dienststelle, wenn er einen Informationsbedarf im EDV-Bereich zwar im Bereich denkbarer, aber jenseits konkreter Einzelmaßnahmen der Beteiligten und jenseits konkreter geplanter personalvertretungsrechtlicher Initiativen geltend macht. Zudem muss er aufzeigen, dass der Informationsbedarf nicht kostengünstiger, d. h. u. a. dienststellenintern gedeckt werden kann."

1702 Voraussetzung ist, dass eine bestimmte Aufgabe von der Mitarbeitervertretung nur ordnungsgemäß wahrgenommen werden kann, wenn dafür Kenntnisse und Erfahrungen erforderlich sind, über die die Mitglieder der Mitarbeitervertretung nicht verfügen und die sie sich auch nicht – ggf. rechtzeitig – verschaffen können.

Vgl. bei Jobs, RDV 1987, 127 mit Nachweisen; Jobs/Rauschenberg, RDV 1990, 77

1703 Ob die Hinzuziehung eines Sachverständigen angesichts der komplexen Technik eines geplanten oder verwendeten Systems auch als „Lese- und Verständigungshilfe" notwendig sein kann, hat das BAG

DB 1988, 69 = RDV 1988, 38

zumindest insofern nicht ausgeschlossen, als eine Vermittlung fachlicher Kenntnisse durch einen Sachverständigen zu dem Zeitpunkt schon in Betracht kommen kann, in dem eine bestimmte Aufgabe der Mitarbeitervertretung noch nicht erkennbar ist, der Sachverständige also erst dazu beitragen soll, festzustellen, ob die Datenverarbeitung Kompetenzen der Mitarbeitervertretung berührt und ihr Tätigwerden erfordert.

4.5.2 Auswahl und Beauftragung des Sachverständigen

1704 Soweit die Hinzuziehung des Sachverständigen in diesem Rahmen notwendig ist, sind mit dem Arbeitgeber nach § 80 Abs. 3 S. 1 BetrVG die näheren Modalitäten der Bestellung, d.h. Auftrag, Person und Kosten, näher abzustimmen.

Vgl. BAG, ARSt 1989, 184:

„1.) Die Hinzuziehung eines Sachverständigen durch den Betriebsrat bedarf der vorherigen näheren Vereinbarung gem. § 80 Abs. 3 Satz 1 BetrVG auch dann, wenn der Sachverständige in der Betriebsversammlung ein Referat halten soll; ohne eine solche Vereinbarung sind die Kosten für den Sachverständigen nicht vom Arbeitgeber zu tragen.

2.) In der nach § 80 Abs. 3 Satz 1 BetrVG erforderlichen näheren Vereinbarung sind das Thema, zu dessen Klärung der Sachverständige hinzugezogen werden soll, die voraussichtlichen Kosten der Hinzuziehung und insbesondere die Person des Sachverständigen festzulegen.

3.) Kommt es nicht zur näheren Vereinbarung über die Hinzuziehung des Sachverständigen, so kann der Betriebsrat eine arbeitsgerichtliche Entscheidung darüber herbeiführen. Wird einem solchen Antrag stattgegeben, so darf der Betriebsrat nach Eintritt der Rechtskraft des Beschlusses den Sachverständigen hinzuziehen."

Insofern liegt es also nicht im freien Ermessen des Betriebsrats, über die Hinzuziehung eines Sachverständigen zu entscheiden.

> *Zur strittigen Frage der Bestellung des Sachverständigen im Wege einer einstweiligen Verfügung bzw. einer evtl. nachträglichen gerichtlichen Billigung der Beauftragung vgl. die obigen Literaturnachweise sowie Buschmann in D/K/K/W, § 80, Rdn. 67; Däubler, Gläserne Belegschaften?, Rdn. 651; Fitting, § 80 Rdn. 63*

Da für den Bereich des Personalvertretungsrechts eine ausdrückliche gesetzliche Regelung über die Bestellung eines Sachverständigen für die Mitarbeitervertretung fehlt, wird sich ein eventueller Streit über die Notwendigkeit der Bestellung im Rahmen der Kostenübernahme durch die Dienststelle gemäß § 44 Abs. 1 BPersVG abspielen. **1705**

4.5.3 Regelung per Betriebsvereinbarung

Die Bestellung des Sachverständigen ist regelmäßig außer Streit und in die alleinige Entscheidung der Mitarbeitervertretung gelegt, wenn hierzu Aussagen in einer zum Einsatz der EDV abgeschlossenen Betriebs- oder Dienstvereinbarung gemacht worden sind. Hierbei handelt es sich dann, wenn nicht nur der insoweit sowieso bestehende gesetzliche Anspruch noch einmal wiedergegeben wird, um eine freiwillig eingegangene Verpflichtung des Arbeitgebers, die nur im Bereich des Betriebsverfassungsgesetzes (§ 88 BetrVG) möglich ist, da das Personalvertretungsrecht freiwillige Vereinbarungen, die der Mitarbeitervertretung mehr personalvertretungsrechtliche Befugnisse einräumen wollen, als das Gesetz vorsieht, ausdrücklich untersagt (§ 97 BPersVG). **1706**

Aber auch in einer Betriebsvereinbarung sind Bestimmungen zur Bestellung von Sachverständigen nur dann sinnvoll, wenn sie nicht nur die gesetzliche Regelung des § 80 Abs. 3 S. 1 BetrVG – ggf. sogar mit anderen, neue Auslegungsprobleme provozierenden Worten – wiederholen, sondern konkrete Festlegungen der Voraussetzungen für die Einschaltung von Sachverständigen und über den Umfang ihrer Tätigkeit treffen und so das Entstehen von diesbezüglichen Streitigkeiten vermeiden helfen. **1707**

Die in der Praxis vorgefundene Formulierung „*Der Betriebsrat hat das Recht, auf Verlangen die vollständigen Systemunterlagen einzusehen und sich erläutern zu lassen. Bei Bedarf kann der Betriebsrat externe Berater hinzuziehen.*" kann daher kaum als hilfreich bezeichnet werden.

Andererseits müssen Regelungen, die dem Betriebsrat ohne besondere Voraussetzung und ohne zeitliche und kostenmäßige Begrenzung, wie etwa mit folgendem, in einer Betriebsvereinbarung vorgefundenen Text: „*Der Betriebsrat hat das Recht, bei auseinandergehenden Auffassungen zwischen Vorstand und Betriebsrat zur Klärung von Fachfragen Sachverständige seiner Wahl hinzuzuziehen. Das Honorar, über das der Betriebsrat mit dem Sachverständigen im Rahmen des Üblichen Vereinbarungen treffen kann, zahlt der Arbeitgeber.*", jedenfalls nach dem Wortlaut insoweit unbegrenzte Kompetenzen einräumen, aus Arbeitgebersicht als wenig empfehlenswert bezeichnet werden. So wird häufig versucht – wie es in folgendem in der Praxis vorgefundenen Beispiel – „*Bei Ausübung des Überprüfungsrechts kann der Betriebsrat einen Sachverständigen seiner Wahl beteiligen, und zwar einmal im Jahr für drei Manntage ohne Zustimmung des Arbeitgebers.*" geschehen ist –, die über § 80 Abs. 3 BetrVG hinausgehenden Befugnisse genau festzulegen und einzugrenzen. Bei derartigen Regelungen wird dann regelmäßig noch hervorgehoben, dass die Rechte zur Einschaltung eines **1708**

Sachverständigen nach § 80 Abs. 3 BetrVG daneben weiterhin in Anspruch genommen werden können.

4.5.4 Sonstige – vorrangige – Wege zur Verschaffung des erforderlichen Sachverstands

1709 Gemäß § 37 Abs. 6 BetrVG bzw. § 46 Abs. 6 BPersVG haben die Mitglieder der Mitarbeitervertretung das Recht, an Schulungs- und Bildungsveranstaltungen teilzunehmen, die Kenntnisse vermitteln, die für ihre Tätigkeit erforderlich sind. Hinsichtlich derartiger Kenntnisse sind Grundkenntnisse, die jedes Mitglied der Mitarbeitervertretung benötigt, von solchen Spezialkenntnissen zu unterscheiden, die unter Berücksichtigung der konkreten Gegebenheiten bei der Mitarbeitervertretung aber keineswegs bei allen ihren Mitgliedern vorhanden sein müssen. Im Rahmen der Entscheidung über die Freistellung des Mitarbeitervertreters kann der Arbeitgeber/Dienststellenleiter daher prüfen, ob der zu Entsendende bereits Kenntnisse auf dem beabsichtigten Schulungsgebiet hat und ob nicht im Betriebs-/Personalrat Mitglieder vorhanden sind, die über entsprechende Spezialkenntnisse verfügen.

Vgl. BVerwG, PersV 1983, 374; ablehnend Wohlgemuth, Datenschutz für Arbeitnehmer, Rdn. 667 mit Nachweisen

1710 Zu solchen Spezialthemen gehören auch Detailkenntnisse auf dem Gebiet der Datenverarbeitung und des Datenschutzes, wenn diese Thematik im Betrieb bzw. in der Dienststelle relevant wird.

BVerwG, ArbuR 1984, 380; LAG Nürnberg, ARSt 1988, 23

1711 Sowohl aufgrund bestehender Mitbestimmungsrechte beim Einsatz der EDV als auch aufgrund der allgemeinen Kontrollfunktion zur Gewährleistung des Datenschutzes wird man aber davon ausgehen können, dass inzwischen zumindest Grundkenntnisse auf diesen Gebieten zu dem bei jedem Mitarbeiter erforderlichen Mindestkenntnisstand gehören.

Vgl. LAG Berlin, CR 1987, 699, wonach Grundkenntnisse, die es ermöglichen, festzustellen, inwieweit der EDV-Einsatz Mitbestimmungsrechte auslöst, für jedes Betriebsratsmitglied erforderlich sind.

Dies gilt jedenfalls dann, wenn der Arbeitgeber Personaldaten automatisiert verarbeiten will, und sei es auch nur – zunächst – zum Zwecke der Gehaltsabrechnung.

So ArbG Stuttgart, BB 1983, 1715

1712 Zudem hat das BDSG auch unabhängig von dem Einsatz der EDV Folgewirkungen für den Betrieb und die Aufgaben der Mitarbeitervertretung, sodass Schulungen zum Thema „Datenschutz im Betrieb" allgemein als erforderlich anzusehen sind.

LAG Niedersachsen, EzA § 37 Abs. 6 BetrVG Nr. 64; ArbG Hamburg, CR 1987, 438; ArbG Wetzlar, CR 1986, 400

1713 Das Betriebsverfassungsgesetz (§ 40 Abs. 2 BetrVG) und das Personalvertretungsrecht (§ 44 Abs. 2 BPersVG) verpflichten den Arbeitgeber/Dienstherrn, der Mitarbeitervertretung die für die Erledigung ihrer Aufgaben erforderlichen Sachmittel zur Verfügung zu stellen. Zu den für die Wahrnehmung der Aufgaben benötigten Sachmitteln gehört selbstverständlich auch entsprechende Literatur (Gesetzestexte, Kommentare, Fachzeitschriften).

Dass in der Praxis hinsichtlich des Bezugs einer bestimmten Zeitschrift (vgl. BAG, ARSt 1990, 63 = Ablehnung eines Anspruch auf Bezug des „Handelsblatts") oder eines Kommentars (vgl. VGH Baden-Württemberg, PersR 1990, 183 = Anspruch auf Bereitstellung eines BAT-Kommentars) die Gerichte offensichtlich „aus Prinzip" immer wieder bemüht werden und damit letztlich weit höhere Kosten verursacht werden, soll auch angemerkt werden.

Zum literaturmäßigen Geschäftsbedarf zählen die Texte der für die Arbeit der Mitarbeitervertretung maßgebenden Rechtsvorschriften, **1714**

BVerwG, NZA 1986, 442

eine oder mehrere für die Arbeit einschlägige Fachzeitschriften

BAG, NJW 1984, 2309; BVerwG, PersR 1990, 11

oder ein Kommentar zum Betriebsverfassungs- bzw. Personalvertretungsrecht sowie zu anderen in der Arbeit der Mitarbeitervertretung relevant werdenden Problemstellungen – also auch Literatur, die die Mitarbeitervertretung benötigt, um sich durch Eigenstudium die erforderliche Sachkenntnis zur Wahrnehmung der „Datenschutzkontrolle" und zur Ausübung der Mitbestimmungsrechte beim EDV-Einsatz zu verschaffen.

VGH Baden-Württemberg, PersR 1987, 268; VG München, PersR 1987, 62; ferner bei Wohlgemuth, Datenschutz für Arbeitnehmer, Rdn. 668

Dabei können Kostengesichtspunkte und der in der öffentlichen Verwaltung maßgebende Grundsatz der Sparsamkeit nur die Art und Weise beeinflussen, in der eine Zeitschrift oder ein Kommentar etc. der Mitarbeitervertretung zur Verfügung zu stellen ist, also z.B. im Umlaufverfahren, zum Einsehen, zum Entleihen in der Werksbibliothek oder zur ausschließlich eigenen Verfügung der Mitarbeitervertretung. Somit wird es also wesentlich von der Größe der Mitarbeitervertretung bzw. dem Umfang der – ggf. speziellen – Problemstellungen und damit der Häufigkeit der Benutzung der Literatur abhängen, ob diese Literatur der Mitarbeitervertretung nur zeitweise oder ständig in eigenem Bezug, z.B. als eigene Handbibliothek, zur Verfügung stehen muss. **1715**

Vgl. BVerwG, DVBl. 1988, 269:

„In Übereinstimmung mit der vom BAG in seinem Beschluss vom 21.4.1983 – 6 ABR 70/82 – (BAGE 42, 259) in Anwendung der mit § 44 Abs. 2 BPersVG vergleichbaren Vorschrift des § 40 Abs. 2 BetrVG vertretenen Auffassung, die vom Vorprüfungsausschuss des BVerfG im Beschluss vom 10.2.1985 – 1 BvR 1724/83 – (NJW 1986, 1923) nicht für verfassungswidrig gehalten worden ist, geht der Senat davon aus, dass zu dem erforderlichen Geschäftsbedarf, den die Dienststelle dem Personalrat für seine Tätigkeit zur Verfügung zu stellen hat, grundsätzlich auch eine für seine Arbeit einschlägige Fachzeitschrift gehört. Hierfür ist weder die Größe der Dienststelle noch die Zahl der von der Personalvertretung zu vertretenden Beschäftigten entscheidend.

Angesichts des mit dem Einsatz neuer Daten- und Überwachungstechniken sowie sich ständig wandelnder Problemstellungen im personellen und sozialen Bereich verbundenen Auftretens immer neuer personalvertretungsrechtlicher Fragen auf den Gebieten des Beamten-, Arbeits- und Sozialrechts sowie der Auswirkungen moderner Technik auf den Menschen muss ein Personalrat, der seine Aufgaben sachgerecht wahrnehmen will, von diesen Entwicklungen und den erörterten Lösungsmöglichkeiten zeitgerecht Kenntnis nehmen müssen."

Grundsätzlich frei entscheiden kann die Mitarbeitervertretung insoweit dann darüber, welche Kommentare oder welche Fachzeitschrift sie zurate ziehen will; es muss sich lediglich um Publikationen handeln, die um eine sachliche, vollständige, ausgewogene, Konflikte vermeidende Unterrichtung bemüht sind. **1716**

BVerwG, DVBl. 1988, 1069; BAG, DB 1984, 248

1717   Die Mitarbeitervertretung braucht sich nicht auf – ggf. im Betrieb bereits vorhandene – Publikationen verweisen zu lassen, die die Thematik aus Arbeitgebersicht darstellen.

Vgl. Fitting, § 40 Rdn. 43; BVerwG, PersR 1990, 11

1718   Auch hinsichtlich des Anspruchs der Mitarbeitervertreter auf Teilnahme an Datenschutzschulungen und des Umfangs des durch Fachliteratur zu deckenden Informationsbedarfs kann Streit vermieden und „Goodwill" des Arbeitgebers/Dienstellenleiters gezeigt werden, wenn er insoweit – ohne die Erforderlichkeit noch in Frage zu stellen – der Mitarbeitervertretung einen Mindeststandard zubilligt. Geht das Zugesagte über den an sich vom Gesetz her zustehenden erforderlichen Bedarf hinaus, so handelt es sich wieder um eine freiwillige Vereinbarung gemäß § 88 BetrVG.

4.6   Kontrolle des betriebs-/behördeninternen Datenschutzbeauftragten

4.6.1   Mitwirkung/Mitbestimmung bei der Bestellung

1719   Die Mitarbeitervertretung hat darüber zu wachen, dass zur Erfüllung der gesetzlichen Pflichten u. a. auch ein Datenschutzbeauftragter bestellt wird.

1720   Unterbleibt die Bestellung trotz entsprechender Hinweise auf die gesetzliche Notwendigkeit, kann dies in letzter Konsequenz sogar zur Anzeige wegen einer Ordnungswidrigkeit (§ 43 Abs. 1 Nr. 2 BDSG) bei der Aufsichtsbehörde, die nach Landesrecht zur Ahndung der Ordnungswidrigkeiten nach § 43 BDSG berufen ist, führen. Die Mitarbeitervertretung wird vor einer Anzeige des Arbeitgebers bei der Aufsichtsbehörde oder vor einer „Flucht in die Öffentlichkeit" unter Beachtung des Prinzips der vertrauensvollen Zusammenarbeit (§ 2 Abs. 1 BetrVG; § 66 Abs. 3 BPersVG) die interne Bereinigung der erkannten Missstände versuchen und den Schritt nach außen dann vorher anzukündigen müssen.

Vgl. BAG, RDV 2004, 24; Kort, RDV 2012, 8 (11); Schaub, § 233 Rdn. 4

1721   Das Überwachungsrecht erstreckt sich auch darauf, dass ein Datenschutzbeauftragter bestellt wird, der den Ansprüchen des § 4f Abs. 2 BDSG genügt, d. h., der die erforderliche Fachkunde und Zuverlässigkeit aufweist. Dazu zählt auch der Umstand, ob die betreffende Person objektiv überhaupt in der Lage ist, den gesetzlichen Aufgaben nachzukommen oder ob ihr dies aufgrund sonstiger Arbeitsbelastung faktisch unmöglich ist und sie lediglich eine Alibifunktion erfüllt.

1722   Zwar ist dem Betriebsrat bei der Bestellung des DSB kein spezielles Mitbestimmungsrecht eingeräumt – weder das BDSG noch das BetrVG oder das BPersVG

im Gegensatz zu einer Reihe der Landespersonalvertretungsgesetze (z. B. § 74 Abs. 1 Nr. 3 HPVG; § 79 Abs. 3 Nr. 2 LPVG B.-W.; § 66 PersVG Bdg), die ein ausdrückliches Mitbestimmungsrecht für die Personalvertretung nicht vorsehen

äußern sich insoweit zu einer Kompetenz des Betriebsrats –,

zur freiwilligen Einräumung durch Betriebsvereinbarung vgl. Koch, Der betriebliche Datenschutzbeauftragte, 96; Simitis, in Simitis, § 4f Rdn. 68; dagegen u. a. Wächter, DuD 1994, 258; sichergestellt sein muss jedoch, dass im Nichteinigungsfall umgehend entschieden wird, um einen Verstoß gegen die Bestellpflicht zu vermeiden. Siehe hierzu LAG Düsseldorf, DB 1988, 2651.

jedoch wird die Zustimmung der Mitarbeitervertretung dann erforderlich, wenn mit der Bestellung eine mitbestimmungspflichtige Einzelpersonalmaßnahme nach § 99 BetrVG bzw. §§ 75, 76 BPersVG, d.h. eine Einstellung oder Versetzung oder die Übertragung einer höherwertigen Tätigkeit,

vgl. hierzu Fitting, § 99 Rdn. 110; Kort, RDV 2012, 8 (13)

verbunden ist.

Die Mitarbeitervertretung darf ihre Zustimmung zu der entsprechenden personellen Einzelmaßnahme nicht geben, wenn erkennbar ein ungeeigneter Mitarbeiter zum Datenschutzbeauftragten bestellt werden soll; sie würde ansonsten (§ 4f Abs. 2 BDSG = „... darf nur bestellt werden ...") ein rechtswidriges Verhalten fördern und ihre Überwachungspflicht verletzen. **1723**

BAG, DB 1994, 1678 = MDR 1995, 291 = RDV 1994, 182; ArbG Offenbach, RDV 1993, 83; ArbG Dortmund, RDV 1998, 77; Gola/Schomerus, § 4f Rdn. 35; DKK/Kittner, § 99 Rdn. 1750; Fitting, § 99 Rdn. 165

Wird die Bestellung des Datenschutzbeauftragten ohne gleichzeitige, Mitbestimmungsrechte auslösende Einzelpersonalmaßnahme vollzogen **1724**

die die Zuweisung eines anderen Arbeitsbereichs voraussetzende Versetzung (§ 95 Abs. 3 BetrVG) ist aber bei der Übertragung der DSB-Aufgabe nur fraglich, wenn ein mit DSB-Aufgaben befasster Mitarbeiter nachfolgen soll, wobei zu beachten ist, dass auch dann eine andersartige Einordnung in die Unternehmenshierarchie erfolgt; vgl. Simitis, in: Simitis, BDSG § 4f Rdn. 81, der in diesem Falle Mitbestimmung verneint

oder wird die Aufgabe einem dem „Zugriff" des Betriebsrats entzogenen leitenden Angestellten (§ 5 Abs. 3 BetrVG) als zusätzliche Teilaufgabe übertragen,

die Wahrnehmung der DSB-Tätigkeit führt einen Mitarbeiter nicht automatisch in den Personenkreis der leitenden Angestellten; Gola/Schomerus, § 4f Rdn. 33; ausführlich Simitis in Simitis, § 4f Rdn. 71 ff.; einschränkend im Hinblick auf die Kompetenzen Schaffland/Wiltfang, § 4f Rdn. 41 f.

so ist der Betriebsrat hierüber gemäß §§ 105, 80 Abs. 1 Nr. 1 BetrVG zumindest zu informieren.

Die Mitarbeitervertretung hat bei der Bestellung eines nicht den gesetzlichen Vorgaben entsprechenden Mitarbeiters aber das Recht und die Pflicht zur Gegenvorstellung, der dann, wenn diese fruchtlos bleibt, ggf. die Einschaltung der Aufsichtsbehörde folgen kann.

Gleiches gilt bei der Bestellung eines externen DSB, es sei denn, dass dessen Arbeitsplatzbeschreibung derart beschaffen ist, dass von einer „Eingliederung in die betrieblichen Arbeitsabläufe" gesprochen werden kann, die einer mitbestimmungspflichtigen Einstellung gleichsteht. **1725**

Insoweit im konkreten Fall zustimmend LAG Frankfurt, RDV 1990, 150 = CR 1990, 342; bejahend wohl auch Fitting, § 99 Rdn. 75; ablehnend Simitis in Simitis, § 4f Rdn. 76; Kort, RDV 2012, 8 (13)

4.6.2 Kontrolle der Tätigkeit des Datenschutzbeauftragten

Erweist sich ein Datenschutzbeauftragter bei der Wahrnehmung seines Amtes als untätig, unzuverlässig oder nicht ausreichend fachkundig, so hat der Betriebsrat zunächst auch hier das Recht und die Pflicht, die Abberufung dieses DSB bei dem Arbeitgeber zu verlangen. Die dem DSB vorzuwerfenden „Mängel" müssen aber von der Art sein, dass der nach § 4f Abs. 3 S. 4 BDSG den Widerruf der Bestellung rechtfertigende „wichtige **1726**

Grund" vorliegt. Hier kann als „ultima ratio" die Einschaltung der Aufsichtsbehörde in Betracht kommen, da auch diese gemäß § 38 Abs. 5 S. 3 BDSG die Abberufung des DSB verlangen kann.

Einschränkend insoweit Däubler, Gläserne Belegschaften?, Rdn. 688

1727 Das Kontrollrecht des Betriebs-/Personalrats wird nicht etwa dadurch eingeschränkt, dass der DSB bei der Wahrnehmung seiner Kontrolltätigkeit gemäß gesetzlicher Anordnung „weisungsfrei" (§ 4f Abs. 3 S. 2 BDSG) ist. Seine Weisungsfreiheit wird dadurch, dass er über seine Aktivitäten dem Arbeitgeber und im Bereich des Arbeitnehmerdatenschutzes auch der Mitarbeitervertretung Rechenschaft schuldet, nicht tangiert.

Vgl. Simitis in Simitis, § 4g Rdn. 8; die Frage, inwieweit hierbei der „Dienstweg" über den Arbeitgeber eingehalten werden muss, wird unterschiedlich bewertet.

§ 4f BDSG ist eine Verfahrensvorschrift, die einzig und allein die in § 1 Abs. 1 BDSG festgelegte Zielrichtung verfolgt, nämlich das Persönlichkeitsrecht der Betroffenen und damit auch der Beschäftigten des Unternehmens zu schützen. Daher ist auch § 4f BDSG eine „zu Gunsten der Arbeitnehmer" geltende gesetzliche Regelung, deren Einhaltung sich der Kontrolle der Mitarbeitervertretung nicht entzieht.

Vgl. Fitting, § 80, Rdn. 4, 38; Buschmann in D/K/K/W, § 80, Rdn. 5

1728 Adressat für Beanstandungen des Betriebs-/Personalrats wäre im Übrigen auch nicht der DSB, sondern der Arbeitgeber/Dienststellenleiter als die „bestellende Stelle".

So auch Stellungnahme des BMI vom 13.11.1985, wiedergegeben in RDV 1986, 160

1729 Der Betriebs- und Personalrat hat aber nicht nur Überwachungsrechte und -pflichten, sondern auch Schutzpflichten gegenüber dem DSB. Sieht er die Weisungsfreiheit des DSB tangiert oder sind Verstöße gegen das Benachteiligungsverbot zu erkennen, so muss er zugunsten des DSB aktiv werden. Wenn der DSB „nebenamtlich" bestellt ist, so wird die Mitarbeitervertretung auch darauf zu achten haben, dass dem DSB auch tatsächlich neben seiner „Hauptfunktion" noch genügend Zeit für die nach § 4g BDSG wahrzunehmenden Aufgaben verbleibt.

4.7 Mitbestimmung bei Schulungsmaßnahmen

1730 Das bloße Kontrollrecht der Mitarbeitervertretung nach § 80 Abs. 1 Nr. 1 BetrVG, § 68 Abs. 1 Nr. 2 BPersVG kann ggf. durch ein Mitbestimmungsrecht verdrängt werden, wenn der Datenschutzbeauftragte Konzepte entwickelt, um der ihm gesetzlich ausdrücklich zugewiesenen Schulungsfunktion (§ 4g Abs. 1 S. 3 Nr. 2 BDSG) nachzukommen. Sofern dabei nicht konkrete, arbeitsplatzbezogene Unterweisungen, sondern Fortbildungsveranstaltungen i.S.v. §§ 96 ff. BetrVG bzw. § 75 Abs. 3 Nr. 7 BPersVG stattfinden, greift die Mitbestimmung der Mitarbeitervertretung nach § 98 BetrVG sowie nach §§ 75 Abs. 3 Nr. 7, 76 Abs. 2 Nr. 1 (Auswahl der Teilnehmer an Fortbildungsveranstaltungen) bzw. § 76 Abs. 2 Nr. 6 (allgemeine Fragen der Fortbildung der Beschäftigten) BPersVG.

Vgl. bei Wohlgemuth, Datenschutz für Arbeitnehmer, Rdn. 747; insoweit unbestimmt Simitis in Simitis, § 4g Rdn. 57: „§ 4g Abs.1 Satz 3 Nr. 2 mag ihrem Mitbestimmungsrecht die Wirkung nehmen", bejaht aber gleichwohl ein Kooperationsgebot.

1731 Die Mitbestimmung kann sich jedoch nicht auf Art und Inhalt der Bildungsveranstaltung erstrecken, da der DSB insofern weisungsfrei ist. Ordnet jedoch der Arbeitgeber, wozu der DSB wiederum nicht befugt ist, die Teilnahme bestimmter Beschäftigter an derartigen Veranstaltungen an, so kann der Betriebs-/Personalrat ggf. Vorschläge für die Teilnahme von weiteren in Betracht kommenden Mitarbeitern machen.

4.8 Mitbestimmung bei Maßnahmen zur Datensicherung

Das BDSG verpflichtet die Daten verarbeitende Stellen gem. § 9, die technischen und organisatorischen Maßnahmen zu treffen, die zur Gewährleistung der Vertraulichkeit der Daten und zu deren Schutz vor Verlust, Zerstörung, unbefugtem Zugriff etc. erforderlich sind. **1732**

> *Zu dem insoweit zu beachtenden Verhältnismäßigkeitsprinzip vgl. bei Gola/ Schomerus, § 9 Rdn. 7 ff.*

Bei automatisierter Verarbeitung sind gemäß der Anlage zu § 9 BDSG acht Kontrollbereiche vorgegeben, die weitgehend auch die Beobachtung und Registrierung des Verhaltens der Mitarbeiter, die mit der Verarbeitung der personenbezogenen Daten beschäftigt sind, zum Inhalt haben. **1733**

> *Vgl. im Einzelnen zum Inhalt und den Realisierungsmöglichkeiten der Kontrollmaßnahmen vorstehend Rdn. 432 ff.*

Auch hinsichtlich dieser Datensicherungsmaßnahmen stehen der Mitarbeitervertretung ggf. neben dem Kontrollrecht noch Mitbestimmungsrechte zu, d.h., die Maßnahmen dürfen erst nach erteilter Zustimmung des Betriebsrats eingeführt werden. Mitbestimmung besteht dann – was auch in der Praxis regelmäßig der Fall ist –, wenn bei der Zugangs-, Benutzer-, Zugriffs- oder Eingabekontrolle Angaben über das Arbeitsverhalten der Bediener und Benutzer der Datenverarbeitungsanlagen automatisiert protokolliert werden. **1734**

Beispielsweise kann die gesetzlich vorgeschriebene „Eingabekontrolle" (Nr. 5 der Anlage zu § 9 BDSG) sinnvollerweise nur dadurch realisiert werden, dass der Benutzer unter Verwendung eines persönlichen Codes Zugriff auf den Computer hat und jeder von diesem Benutzer getätigte Arbeitsvorgang automatisch festgehalten wird. Die entsprechenden Kontrollmaßnahmen stellen dann den Einsatz technischer Überwachungsverfahren dar, die gemäß § 87 Abs. 1 Nr. 6 BetrVG, § 75 Abs. 3 Nr. 17 BPersVG nur mit Zustimmung der Mitarbeitervertretung zur Anwendung kommen dürfen. **1735**

> *Vgl. für den aufgrund der Tendenzregelung (§ 118 Abs. 1 BetrVG) freien Einsatz der EDV im Bereich der Forschung LAG München, CR 1988, 562:*
>
> *„1. Soweit EDV-Systeme in die Forschung eines solchen Unternehmens integriert sind, das unmittelbar und überwiegend wissenschaftlichen Zwecken dient (§ 118 Abs. 1 BetrVG), hat der Betriebsrat bei Einführung und Anwendung dieser Systeme kein Mitbestimmungsrecht.*
>
> *2. Werden jedoch EDV-Systeme zur Kontrolle bzw. Überwachung ihrer Benutzer eingesetzt, unterliegt diese Art der Anwendung der Mitbestimmung nach § 87 Abs. 1 Nr. 6 BetrVG."*

Gegebenenfalls greift auch das bei der Regelung der Ordnung des Betriebes/der Dienststelle und des allgemeinen Verhaltens der Mitarbeiter in dem Betrieb/der Dienststelle gemäß § 87 Abs. 1 Nr. 1 BetrVG, § 75 Abs. 3 Nr. 15 BPersVG zu beachtende Mitbestimmungsrecht.

Daraus ergibt sich, dass nicht jede Maßnahme der Datensicherung der Zustimmung der Mitarbeitervertretung bedarf. So fallen regelmäßig solche Kontrollmechanismen nicht **1736** unter die aufgezeigten Mitbestimmungstatbestände, bei denen Passwörter, Code-Karten oder audiovisuelle Prüfsysteme nur „Schlüsselfunktion" erfüllen, also den Zugang zu Rechenzentren oder DV-Geräten eröffnen, ohne die entsprechenden Arbeits-/Mitarbeiterbewegungen im Einzelnen aufzuzeichnen. Soll aber die zum Zutritt berechtigende „Code-Karte" gleichzeitig zum Nachweis der Zugangsberechtigung in ggf. gesonderten Sicherheitszonen offen als Ausweis getragen werden, so löst diese allgemeine Verhaltensregelung wiederum Mitbestimmung aus.

> *Vgl. BAG, DB 1984, 2097:*
>
> *„1. Die Installation eines Zugangssicherungssystems, das bei der Präsentation von codierten Ausweiskarten den Ein- oder Ausgang zu Betriebsräumen freigibt, ohne festzuhalten, wer wann in welcher Richtung den Zugang benutzt, unterliegt nicht der Mitbestimmung des Betriebsrats.*
>
> *2. Etwas anderes gilt, falls die codierte Ausweiskarte auch die Funktion eines ‚Werksausweises' hat (§ 87 Abs. 1 Nr. 1 BetrVG) bzw. falls die Zugangsdaten auch automatisch registriert werden (§ 87 Abs. 1 Nr. 6 BetrVG). "*

1737 Das Mitbestimmungsrecht entfällt auch nicht etwa deswegen, weil die Datensicherungskontrollen gesetzlich vorgegeben sind. Mitbestimmung würde nur dann entfallen, wenn den Daten verarbeitenden Stellen bei der Gestaltung der gesetzlich vorgeschriebenen Kontrollmaßnahmen keinerlei Spielraum

> *vgl. hierzu Klebe in D/K/K/W, § 87, Rdn. 25 mit Nachweisen; vgl. LAG Rheinland-Pfalz, zur Videoüberwachung in einer Spielbank, RDV 2013, 99*

mehr verbleiben würde. Regelmäßig steht dem Arbeitgeber aber eine Reihe von Möglichkeiten zur Verfügung, um den einzelnen Kontrollen der Anlage zu § 9 BDSG zu genügen.

1738 So kann die Zutrittskontrolle (Nr. 1 der Anlage zu § 9 BDSG) „manuell" (z.B. durch Pförtner und ggf. zusätzliche Ausgabe von Besucherzetteln oder Registrierung in Zutrittsprotokollen) erfolgen, was ggf. zur Mitbestimmung nach § 87 Abs. 1 Nr. 1 BetrVG, § 75 Abs. 3 Nr. 15 BPersVG führen kann; sie kann aber auch durch automatisierte Zugangskontrollsysteme realisiert werden, was aber nur dann Mitbestimmung nach § 87 Abs. 1 Nr. 6 BetrVG, bzw. § 75 Abs. 3 Nr. 17 BPersVG nach sich zieht, wenn die Zutritts- und Abgangsdaten auch automatisiert gespeichert werden.

> *Vgl. BAG, DB 1984, 2097; ferner OVG Hamburg, DVBl. 1988, 1078*

1739 Hinzuweisen ist insoweit aber auch auf das strikte Zweckbindungsgebot des § 31 BDSG für die Verwendung dieser zu Zwecken der Datenschutzkontrolle und Datensicherung gespeicherten Daten. Diese Zweckbindung zieht der Mitbestimmung Grenzen, indem auch durch Zustimmung des Betriebsrats keine abweichenden Auswertungen legitimiert werden können. Den Parteien steht jedoch das Recht zu, für die Zukunft weitere Verarbeitungszwecke festzulegen, indem z.B. Zutrittsdaten zum einen der Kontrolle und zum anderen der Arbeitszeiterfassung dienen.

> *Gola/Schomerus, § 31 Rdn. 9; Dammann in Simitis, § 31 Rdn. 7; § 14, Rdn. 113*

1740 Nach der Rechtsprechung des BAG

> *RDV 1990, 38 = DB 1990, 743*

erstreckt sich das Mitbestimmungsrecht bei der Einführung einer technischen Kontrolleinrichtung jedoch nicht auch auf deren Abschaffung (z.B. bei der Abschaffung von Zeiterfassungsgeräten).

Kapitel 11
Datenschutz durch Mitbestimmung

1 Allgemeines

1.1 Rechtsgrundlagen

Das Betriebsverfassungsgesetz und das Personalvertretungsrecht des Bundes enthalten **1741**
– abgesehen von einer Reihe inzwischen dahingehend novellierter Landespersonalvertretungsgesetze –

> *vgl. u.a. §§ 72 Abs. 3 PVG-NW; 80 Abs. 1 HPVG; 79 Abs. 3 Nr. 13 PVG-BW; Art. 75a Abs. 1*
> *Nr. 2 BayPVG; § 80 Abs. 1 Nr. 3, 11 LPersVG – Rh.-Pf.*

bislang keine speziellen Regelungen zur Beteiligung der Mitarbeitervertretungen bei der
Einführung automatisierter Personaldatenverarbeitung. Bei der Abfassung dieser
Gesetze Anfang der 70er Jahre hatte der Gesetzgeber eine derartige Problematik nicht
vorausgesehen und auch nicht voraussehen können. Als Ende der 70er Jahre die mit der
automatisierten Datenverarbeitung verbundenen Gefährdungen und sich hieraus ergebende Datenschutzerfordernisse erkannt wurden und ihren Niederschlag zunächst in den
allgemeinen Datenschutzgesetzen des Bundes und der Länder fanden, verzichtete der
Gesetzgeber trotz entsprechender Forderungen zunächst darauf, den besonderen Daten-
schutzproblemen im Arbeitsverhältnis durch Schaffung bereichsspezifischer Regelungen, die sowohl die Rechtsposition der Mitarbeiter als auch die der Mitarbeitervertretungen bei der Personaldatenverarbeitung konkretisieren und verbessern sollten, gerecht zu
werden.

Somit galt es, die vorhandenen Mitwirkungs- und Mitbestimmungsrechte dem Schutz- **1742**
zweck der Normen entsprechend auf die Tatbestände automatisierter Personaldatenverarbeitung anzuwenden und einer sachgerechten Auslegung im Hinblick auf die veränderten technischen Verhältnisse zu unterziehen,

> *vgl. bei Däubler, Gläserne Belegschaften?, Rdn. 692 ff.; Wohlgemuth, Datenschutz für Arbeit-*
> *nehmer, Rdn. 630 f. mit Nachweisen*

wobei zwischenzeitlich wohl unbestritten festgestellt werden kann, dass die Rechtsprechung dieser Aufgabe in einer für die Gewährleistung der Arbeitnehmerinteressen
befriedigenden Weise nachgekommen ist.

1.2 Auslegungsgrundsätze

Bei der Anwendung der den Mitarbeitervertretungen im Betriebsverfassungs- und Per- **1743**
sonalvertretungsrecht mit dem Ziel des „Persönlichkeitsrechtsschutzes" eingeräumten
Beteiligungsrechte beim Einsatz automatisierter Verfahren der Personaldatenverarbeitung war dem auch im Arbeitsverhältnis zur Geltung kommenden Recht auf informationelle Selbstbestimmung Rechnung zu tragen.

1744 Im Hinblick darauf, dass das BVerfG

BVerfGE 35, 4 = NJW 1984, 419 = DB 1984, 36 = DÖV 1984, 136 (Volkszählungsurteil)

effektive Kontrollen zur Beachtung des informationellen Selbstbestimmungsrechts fordert, ist auch eine angemessene und effektive Kontrolle und Mitbestimmung bei dem Einsatz automatisierter Personaldatenverarbeitung erforderlich.

1745 In seiner Entscheidung vom 16.9.1984 (Technikerberichtssystementscheidung)

NJW 1985, 450 = DB 1984, 2514 = BB 1985, 193 = RDV 1985, 48 = ArbuR 1985, 261

hat das BAG daher bei der Auslotung der Mitbestimmungsrechte des Betriebsrats bei automatisierter Personaldatenverarbeitung auch ausdrücklich auf das Volkszählungsurteil Bezug genommen und Mitbestimmung nach § 87 Abs. 1 Nr. 6 BetrVG bei Personalinformationssystemen, d.h. bei der automatisierten Verarbeitung von Personaldaten, bejaht, indem es gerade in der Objektstellung des Arbeitnehmers und der Möglichkeit der Behinderung der Entfaltung seiner Persönlichkeitsrechte Eingriffe in das Recht auf informationelle Selbstbestimmung erkannte, denen durch äquivalenten Einfluss der Kontrollinstanz „Betriebsrat" begegnet werden müsse.

1746 Für den öffentlichen Dienst hat sich das BVerwG

DVBl. 1988, 355 = PersR 1988, 206 = NZA 1988, 513

der Auffassung des BAG angeschlossen, indem es darauf hinweist, dass Mitbestimmung der Personalvertretungen zum Schutz vor durch die Verarbeitung von Personaldaten ermöglichten Eingriffen in die Persönlichkeitssphäre der Beschäftigten geboten sei, da es für die Beschäftigten ansonsten „keine hinreichend rechtlich gesicherten Abwehrmöglichkeiten" gebe.

1747 Insoweit war dann insbesondere für die Arbeitsgerichtsbarkeit die Versuchung, sich – angesichts des Schweigens des Gesetzgebers und über eine sachgerechte Auslegung bestehender Normen hinausgehend – als Ersatzgesetzgeber zu betätigen bzw. die Auslegung der Bestimmungen vom gewünschten Ergebnis her vorzunehmen, nicht zu verkennen.

Vgl. Ehmann, ZfA 1986, 357; Gaul, RDV 1987, 109; Jobs, DB 1983, 2307; ders., DB 1982, 2081; Peter Nipperdey, CR 1987, 434; Simitis, NJW 1985, 401

1748 Inzwischen ist festzustellen, dass die von der Rechtsprechung schrittweise vollzogene Einbeziehung der automatisierten Personaldatenverarbeitung in das Mitbestimmungssystem des Betriebsverfassungs- bzw. Personalvertretungsrechts weitgehend abgeschlossen und auch weitestgehend akzeptiert ist.

Vgl. Gola, ArbuR 1988, 105; Heither, BB 1988, 1049; Tonner, BB 1988, 1813; Vogelgesang, CR 1992, 405; mit kritischer Sicht hinsichtlich der Umsetzung in Betriebsvereinbarungen: Ehmann, NZA 1993, 241

1.3 Anzuwendende Normen

1749 Betrachtet man die für den Datenschutz der Beschäftigten beim EDV-Einsatz relevanten und von der Rechtsprechung insoweit herangezogenen Beteiligungsrechte des Betriebsverfassungs- und Personalvertretungsrechts, so sind hier die §§ 95, 94, 87 Abs. 1 Nr. 1 und 6 BetrVG bzw. §§ 75 Abs. 3 Nr. 9, 76 Abs. 2 Nr. 3, 75 Abs. 3 Nr. 8, 76 Abs. 2 Nr. und 8, 86 Abs. 3 Nr. 17 BPersVG vorrangig zu nennen.

Vgl. hierzu Buchner, BB 1987, 1942; Gola, DÖV 1984, 839; Heither, BB 1988, 1049; Taeger, PersR 2000, 435; Tonner, BB 1988, 1813; Vogelgesang, CR 1992, 405; Volmer, PersR 1987, 27

Daneben sind Beteiligungsrechte zu beachten, die im Hinblick auf die durch den Einsatz der neuen Technologie erfolgten Veränderungen der Organisation des Betriebes oder der Arbeitsbedingungen bestehen.

2 Mitbestimmung bei Personalfragebogen

2.1 Begriffsbestimmung

2.1.1 Inhalt der Befragung

Gemäß § 94 Abs. 1 BetrVG sowie §§ 75 Abs. 3 Nr. 8, 76 Abs. 2 Nr. 1 BPersVG unter- **1750** liegt der Inhalt von Personalfragebogen der Mitbestimmung durch die Mitarbeitervertre- tung. § 94 Abs. 2 BetrVG bezieht auch die Erhebung von Daten in Formulararbeitsver- trägen mit ein.

> **§ 94 BetrVG – Personalfragebogen, Beurteilungsgrundsätze**
>
> *(1) Personalfragebogen bedürfen der Zustimmung des Betriebsrats. ...*
>
> *(2) Absatz 1 gilt entsprechend für persönliche Angaben in schriftlichen Arbeitsverträgen, die allgemein im Betrieb verwendet werden sollen, ...*

Wie das BVerwG **1751**

DVBl. 1988, 355; ferner PersV 1990, 170 mit Nachweisen

wiederholt unter Hinweis auf seine ständige Rechtsprechung festgestellt hat, handelt es sich bei einem Personalfragebogen um einen Erhebungsbogen, „der Fragen nach der Person, den persönlichen Verhältnissen, dem beruflichen Werdegang, den fachlichen Kenntnissen und sonstigen Fähigkeiten eines Bewerbers oder Beschäftigten" enthält. Er ist also „seiner Natur nach personenbezogen und vorzugsweise ein Mittel, die Eignung des Bewerbers oder Beschäftigten für bestimmte Aufgaben festzustellen".

Vgl. ferner Wohlgemuth, Datenschutz für Arbeitnehmer, Rdn. 681; LAG Frankfurt, DB 1989, 230; ferner Vogelgesang, CR 1992, 406

Abzugrenzen ist der Begriff des Personalfragebogens von der – mitbestimmungsfreien – **1752** dem Beschäftigten per Erhebungsbogen abverlangten Arbeitsplatzbeschreibung, die sich „nur" auf Inhalt, Umfang und Bedeutung der auf einem bestimmten Arbeitsplatz zu verrichtenden Tätigkeiten erstreckt, ohne Rücksicht auf den jeweiligen Inhaber des Arbeitsplatzes.

Stehen Erhebungsbogen zur Diskussion, die sowohl personenbezogene als auch sachbe- **1753** zogene Fragen enthalten – wird z.B. nach der individuellen Bewältigung der anfallen- den Arbeit gefragt –, so hängt nach Auffassung des BVerwG

DVBl. 1988, 355 = PersR 1988, 152; Mitbestimmung bei auch geringerem Anteil der perso- nenbezogenen Fragen bejahen LAG Frankfurt, CR 1990, 274; Battis/Schulte-Trux, CR 1991, 353

die Mitbestimmung davon ab, ob die personenbezogenen Fragen überwiegen, da es für die rechtliche Einordnung des Bogens nur auf den Inhalt, nicht aber auf den damit verfolgten Zweck ankomme.

BVerwG, PersV 1990, 170 = ZBR 1990, 52 = PersR 1989, 352; vgl. auch HessVGH RDV 1986, 270; LAG Frankfurt, DB 1990, 2030

1754 Zutreffenderweise wird man aber nicht darauf abstellen können, nur die Anzahl der Fragen rein summenmäßig zu vergleichen, vielmehr ist maßgebend,

so im Ergebnis wohl auch Vogelgesang, CR 1992, 406

ob die erhobenen Daten objektiv geeignet sind, als Grundlage der Ermittlung eines „Eignungsprofils" des Beschäftigten zu dienen.

Dabei wird die Frage, ob Daten Auskunft über die Eignung eines Beschäftigten geben, nicht immer überzeugend abgegrenzt; vgl. BVerwG, PersV 1983, 507 = ZBR 1983, 308 verneinend für die Befragung über Nebentätigkeiten; anders BVerwG, PersR 1994, 78 = RDV 1994, 134: „Das Recht auf Mitbestimmung über den Inhalt von Personalfragebogen erstreckt sich auch auf einen Erhebungsbogen, mit dem umfangreiche personenbezogene Daten zum Zwecke der Berechnung von Ortszuschlag, Sozialzuschlag und Anwärterverheiratetenzuschlag abgefragt werden."

Ebenfalls ist irrelevant, ob und in welchem Umfang die Befragung zu Erkenntnissen führt, die dem Arbeitgeber noch nicht bekannt sind.

So aber OVG Münster, RDV 1999, 221 (Ls)

1755 Von einem Teil der Literatur wird die – formularmäßige – Einholung einer Einwilligung sowohl nach § 4a BDSG als auch nach § 94 Abs. 1 BetrVG als mitbestimmungspflichtig angesehen.

So Däubler, Gläserne Belegschaften?, Rdn. 677; ders., RDV 1988, 96; Fitting, § 94 Rdn. 11; a.A. Lambrich/Cahlik, RDV 2002, 287 (297)

Diese Auffassung kann jedoch nur insoweit geteilt werden, als es um die Einwilligung in eine ansonsten nicht realisierbare Datenerhebung geht. Will der Arbeitgeber z.B. im Rahmen eines standardisierten „Anwesenheitsverbesserungsprozesses" Krankheitsdaten von Mitarbeitern unter bestimmten Voraussetzungen bei deren Arzt erheben, so ist die Erfragung der dafür erforderlichen Entbindung von der Schweigepflicht – die Zulässigkeit des Vorgehens sei dabei dahingestellt – mitbestimmungspflichtig.

Vgl. zu der strittigen Frage bei Klebe in D/K/KW, § 9 Rdn. 11 m.w. N.

1756 Sofern es jedoch um die Erhebung und Verarbeitung von nicht bereits durch § 32 Abs. 1 BDSG legitimierten Datenerhebungen und die Zustimmung zu einer vom Betriebsrat bisher nicht gedeckten Datenerhebung, d.h. um die Erweiterung des Datenkatalogs geht, bleibt die Datenerhebung bereits wegen Umgehung der Mitbestimmung unzulässig.

1757 Soll die Einwilligung nicht für die Erhebung, sondern für andere Verarbeitungs- oder Nutzungsschritte, z.B. die Übermittlung in ein Drittland, eingeholt werden, so wird zwar an alle Beschäftigten „formularmäßig" eine Frage, nämlich die nach Abgabe der Einwilligung in die Verarbeitung zu einem bestimmten Zweck, gestellt, gleichwohl ist die Zustimmung oder Ablehnung keine den Inhalt eines Personalfragebogens ausmachende Information. Daran ändert nichts, dass je nach dem Zweck der Übermittlung

z. B. erkennbar wird, dass der Mitarbeiter an einem Einsatz im Ausland oder dem Bezug von Aktien der Konzernmutter interessiert ist.

2.1.2 Formularmäßige Erhebung

Der Begriff des „Personalfragebogens" stellt nicht darauf ab, dass Fragen und Antwor-   **1758**
ten zum Zweck der einheitlichen Datenerhebung in einem „Formular" niedergelegt werden. Mitbestimmung besteht auch dann, wenn die personenbezogenen Daten ansonsten
vom Arbeitgeber/Dienststellenleiter standardmäßig erfragt werden. Dies ist z. B. bei
mündlicher Befragung zwecks Eingabe in den PC der Fall oder bei im Rahmen von Ein-
stellungsgesprächen, sog. Krankengesprächen und Mitarbeitergesprächen mit Zielvereinbarung

> *bei derartigen Gesprächen greift ggf. auch Mitbestimmung nach § 87 Abs. 1 Nr. 1 BetrVG;*
> *vgl. auch Tondorf, AiB 1998, 322; Pfisterer, AiB 1999, 375; Hinrichs/Schierbaum, CuA 4/*
> *2009, 5; a.A. VG Karlsruhe, RDV 1998, 31*

standardmäßig (Checkliste) gestellten Fragen.

> *LAG Köln, NZA-RR 1997, 481 für sog. Jahresgespräche; Boewer, RDV 1988, 15; Fitting, § 94,*
> *Rdn. 11; Klebe in D/K/K/W, § 94, Rdn. 3; Simitis, RDV 1989, 583; a.A. Zöllner, Daten- und*
> *Informationsschutz im Arbeitsverhältnis, 85; vgl. zu dem bei formalisierten, einheitlich gestalte-*
> *ten Fragen bei psychologischen Testverfahren oder im Rahmen ärztlicher Einstellungsuntersu-*
> *chungen bestehenden Meinungsstreit bei DKK/Klebe, § 94, Rdn. 11; insoweit zustimmend:*
> *Schierbaum, PersR 1993, 145; ablehnend: Vogelgesang, CR 1992, 407; vgl. zu evtl. Unterschie-*
> *den zwischen BetrVG und BPersVG, Däubler, Gläserne Belegschaften?, Rdn. 863 ff.*

An der Mitbestimmungspflichtigkeit ändert auch nichts, wenn die Datenerhebung von   **1759**
einem vom Arbeitgeber beauftragten Institut etc. durchgeführt wird.

> *Vgl. hierzu auch nachstehend zu § 87 Abs. 1 Nr. 6 BetrVG Rdn. 183 ff.*

Gleiches gilt für den Fall, dass in einem Konzern von der Mutter eine alle konzernangehörigen Mitarbeiter erfassende Fragebogenaktion durchgeführt wird und dem eigentlichen Arbeitgeber zumindest faktisch kein Entscheidungsspielraum mehr bleibt. Dieser
Aspekt ist vielmehr bei der Ausübung des bei der Mitbestimmung bestehenden Ermes-
sensspielraums mit zu berücksichtigen.

> *HessLAG, DB 2001, 2254 = RDV 2002, 131, 455 „Auch bei einer von der im Ausland ansäs-*
> *sigen Konzernmutter durchgeführten und gesteuerten Befragungsaktion per E-Mail oder*
> *Intranet besteht ein Mitbestimmungsrecht des Betriebes gem. § 94 Abs. 1 BetrVG gegeenüber*
> *dem im Inland ansässigen Arbeitgeber, dessen Arbeitnehmer davon betroffen sind."*

Hat der Arbeitgeber auf die Art und den Umfang der Datenerhebung keinen Einfluss –   **1760**
wie es bei einer behördlichen Sicherheitsüberprüfung der Fall ist –,

> *zur eigenverantwortlich vom Arbeitgeber durchgeführten Sicherheitsüberprüfung vgl. BAG,*
> *DB 1992, 143*

so entfällt die Mitbestimmung.

> *Vgl. BAG, RDV 1992, 130: „Nach § 94 BetrVG bedürfen Personalfragebogen der Zustim-*
> *mung des Betriebsrats sowohl hinsichtlich ihres Inhalts als auch ihrer Anwendung überhaupt.*
> *Das gilt jedoch nur insoweit, als der Arbeitgeber selbst Personalfragebögen verwendet, um*
> *von den Arbeitnehmern Daten über persönliche Verhältnisse wie Familienverhältnisse, Aus-*
> *bildung, Kenntnisse, Berufsweg und Ähnliches zu erlangen."*

1761 Gleiches gilt, wenn der Arbeitgeber nach der Zweckbestimmung der Beauftragung des Dritten (z.B. eines externen Beraters) die von diesem initiierte Befragung gar nicht zur Kenntnis erhält.

> *Vgl. OVG Münster, PersR 1999, 123 = RDV 1999, 221 (Ls): „Der von einem externen Berater zum Zwecke der Ermittlung von Daten zum Führungsverhalten eingesetzte und von den Teilnehmern der entsprechenden Schulungsveranstaltung zu beantwortende Erhebungsbogen unterliegt nicht der Mitbestimmung, wenn die Daten durch den externen Berater nur als Grundlage der Schulungsveranstaltung erhoben und ausschließlich – und dies in gemittelter Form – an die Schulungsteilnehmer weitergegeben werden."*

1762 Zuzustimmen ist andererseits dem ArbG Bonn,

> *RDV 2004, 133*

das Mitbestimmung nach § 94 Abs. 1 S. 1 BetrVG bejaht bei vom Arbeitgeber in Auftrag gegebenen zunächst personenbezogenen Befragungen, die anschließend in anonymisierter Auswertung dem Arbeitgeber übergeben werden sollen, damit der Betriebsrat im Rahmen seines Schutzauftrags auf die Durchführung der absoluten Anonymisierung hinwirken kann.

> *Vgl. aber auch BAG, RDV 1992, 176, das bei einer durch den Arbeitgeber in Auftrag gegebenen Kundenbefragung, bei der auch auf die Beschäftigten beziehbare Daten erhoben wurden, dem Betriebsrat ggf. „nur" ein Informationsrecht über das Befragungsergebnis zugestand.*

1763 Fraglich ist, ob die Mitbestimmung hinsichtlich der Verwendung von Personalfragebogen auch greift, wenn der Arbeitgeber gleichförmig Daten über die Beschäftigten nicht bei diesen selbst, sondern bei Dritten bzw. aus eigenen Unterlagen erhebt.

> *Bejahend für das „Ausfüllen des Formulars" durch Auswertung eigener Unterlagen: Müller, BB 1984, 476; Wohlgemuth, Datenschutz für Arbeitnehmer, Rdn. 690; verneinend: Zöllner, Daten- und Informationsschutz im Arbeitsverhältnis, 8; BVerwG, PersR 1989, 303; VGH Baden-Württemberg, ZBR 1989, 154; HessVGH, PersR 1992, 251: „Personalfragebogen, die vom Rechnungshof einer Dienststelle zugeleitet werden, unterliegen hinsichtlich ihres Inhalts nur dann der Mitbestimmung durch den Personalrat, wenn diese Fragebogen von den Beschäftigten selbst auszufüllen sind."*

1764 Versteht man § 94 BetrVG bzw. §§ 75 Abs. 3 Nr. 8, 76 Abs. 2 Nr. 1 BPersVG als kollektive Absicherung der datenschutzrechtlichen Grenzen des Arbeitgebers bei der Erhebung von Daten seiner Beschäftigten, so muss der Tatbestand für alle standardisierten Erhebungen Geltung haben, d.h. jedenfalls auch für die Datenerhebung bei Dritten, so z.B. bei früheren Arbeitgebern oder bei einer Auskunftei. Gleiches gilt, wenn Kunden etc. über das Personal befragt werden sollen.

> *Fitting, § 94 Rdn. 11; DKK/Klebe, § 94 Rdn. 23; Wohlgemuth, BB 1980, 1530*

1765 Das Mitbestimmungsrecht besteht unabhängig davon, ob den Befragten – was bei der nicht vom Arbeitgeber angeordneten Teilnahme an der Befragung durch Dritte sich bereits von selbst ergibt – die Beantwortung freigestellt ist.

> *LAG Köln, NZA-RR 1997, 481*

1766 Auch wenn der Betriebsrat nach § 5 BetrVG Arbeitnehmer vertritt, gilt hinsichtlich des Einsatzes von Personalfragebogen, dass hier auch der Schutz von Bewerbern wahrzunehmen ist.

> *Fitting, § 94 Rdn. 6; Thüsing in Richardi, § 94 Rdn. 5*

2.2 Umfang der Mitbestimmung

Im Rahmen ihrer Mitbestimmung hat die Mitarbeitervertretung zunächst die Zulässig- **1767**
keit der beabsichtigten Datenerhebung zu prüfen. Dabei hat sie den von der Rechtsprechung entwickelten Grundsätzen von Fragerecht und Offenbarungspflicht und den
neuen allgemeinen (§ 4 Abs. 2, 28 Abs. 1 S. 1 BDSG) und bereichsspezifischen (§§ 56
Abs. 4 BRRG, 90 Abs. 4 BBG) datenschutzrechtlichen Erhebungsregelungen Rechnung
zu tragen. Aufgabe der Mitarbeitervertretung ist es, im Rahmen zulässiger Datenerhebung den Interessen der Mitarbeiter so weit wie möglich Geltung zu verschaffen. Die
Beurteilung der Zulässigkeit der Datenerhebung und die Interessenwahrung der
Beschäftigten ist jedoch nur dann möglich, wenn der Betriebs-/Personalrat zumindest
darüber informiert wird, welchen Zweckbestimmungen die erhobenen Daten dienen sollen, da die Erhebung nur dann zulässig ist, wenn dies auch für die nachfolgend beabsichtigte Speicherung der Fall ist.

> *Vgl. auch Gola, DÖV 1984, 83; Wohlgemuth, Datenschutz für Arbeitnehmer, Rdn. 686 ff. mit
> Nachweisen*

Daher ist bei Datenerhebungen der Zweck vorab fest- und auch dem Betroffenen offenzulegen (§ 4 Abs. 3 BDSG).

Ob darüber hinaus auch die nachfolgenden Speicherungszwecke im Rahmen der die **1768**
Mitbestimmung bei der Datenerhebung realisierenden Betriebs-/Dienstvereinbarung
erzwingbar festgeschrieben werden können, wird jedenfalls für das Personalvertretungsrecht mehrheitlich verneint,

> *vgl. auch OVG Münster, PersR 2001, 305 zum PersVG-NW und zu fehlender Mitbestimmung
> bei Bewerberbefragungen*

weil jedenfalls hier die Mitbestimmung ausdrücklich auf den „Inhalt von Personalfragebogen" bezogen ist. Für § 94 BetrVG wird diese Frage jedoch zutreffend überwiegend
bejaht.

> *Vgl. Däubler, Gläserne Belegschaften?, Rdn. 678 m.w.N.; Fitting, § 94 Rdn. 7 f.; Simitis, RDV
> 1989, 49; a.A. Boewer, RDV 1988, 13; Ehmann, RDV 1988, 221; Zöllner, Daten- und Infor-
> mationsschutz im Arbeitsverhältnis, 89*

Erfolgt die nachfolgende Speicherung in automatisierten Verfahren, wird sich die Mit- **1769**
bestimmung regelmäßig aus § 87 Abs. 1 Nr. 6 BetrVG bzw. § 75 Abs. 3 Nr. 17
BPersVG ergeben.

> *Vgl. HessVGH, PersR 1992, 251: „Unter Überwachen im Sinne des § 75 Abs. 3 Nr. 17
> BPersVG ist auch das Sammeln und Auswerten bereits vorliegender, nicht durch eine techni-
> sche Kontrolleinrichtung gewonnener Daten mittels einer solchen Einrichtung zu verstehen."*

> *Vgl. ferner OVG Berlin, RDV 1992, 32: „Die EDV-gestützte Speicherung und Auswertung von
> Fragebogen, in denen sich Studenten im Einzelnen über die Qualität von Lehrveranstaltungen
> äußern, fällt unter den Mitbestimmungstatbestand des § 85 Abs. 1 Nr. 13 PersVG-Bln (= § 75
> Abs. 3 Nr. 17 BPersVG)."*

Ob im Übrigen in den Mitbestimmungstatbeständen der §§ 94 Abs. 1 BetrVG, 75 Abs. 3 **1770**
Nr. 8, 76 Abs. 2 Nr. 2 BPersVG für die Fälle, in denen ausnahmsweise keine spezielle
Mitbestimmung bei der nachfolgenden Speicherung der erhobenen Daten besteht, eine
Art Auffangtatbestand gesehen werden kann, erscheint im Hinblick auf die bisher
erkennbare restriktive Anwendung der Norm durch die Rechtsprechung fraglich.

> *Vgl. Matthes, RDV 1987, 1; ders., RDV 1988, 63; hierzu kontrovers: Boewer, RDV 1988, 13*

1771 Im Übrigen kann die Mitbestimmung nach § 94 Abs. 1 BetrVG sich mit der Mitbestimmung bei Beurteilungsrichtlinien überschneiden bzw. decken, wenn Daten zum Zwecke entsprechender Verwendung erhoben werden. Gleiches gilt für die Mitbestimmung nach § 87 Abs. 1 Nr. 1 BetrVG, wenn die Durchführung der Datenerhebung Gegenstand einer das Ordnungsverhalten betreffenden Regelung ist.

2.3 Allgemein verwendete Arbeitsverträge

1772 Die zu der Mitbestimmung beim Einsatz von Personalfragebogen gemachten Aussagen sind gemäß § 94 Abs. 2 BetrVG auch auf Arbeitsverträge anzuwenden, die allgemein für den Betrieb verwendet werden sollen. Ziel der Regelung ist der Ausschluss von Versuchen, die Mitbestimmung durch die Form der Datenerhebung zu umgehen. Abzustellen ist jedoch auf persönliche Angaben, die sich im Regelfall auf die Adressdaten beschränken.

1773 Mitbestimmung bei im Arbeitsvertrag enthaltenen Einwilligungserklärungen kann auch insoweit nur unter den zuvor genannten Voraussetzungen bejaht werden.

Vgl. vorstehend Rdn. 1755; weitergehend Klebe in D/K/K/W, § 94 Rdn. 27

3 Beurteilungsrichtlinien

3.1 Begriffs- und Problembestimmung

1774 Nach § 94 Abs. 2 BetrVG (§§ 75 Abs. 3 Nr. 9, 76 Abs. 2 Nr. 3 BPersVG) bedarf die Aufstellung allgemeiner Beurteilungsrichtlinien der Zustimmung der Mitarbeitervertretung.

> **§ 94 BetrVG – Personalfragebogen, Beurteilungsgrundsätze**
>
> *(1) Personalfragebogen bedürfen der Zustimmung des Betriebsrats. ...*
>
> *(2) Absatz 1 gilt ... für die Aufstellung allgemeiner Beurteilungsgrundsätze.*

Unter solchen Beurteilungsgrundsätzen sind Richtlinien zu verstehen, die vorgeben, nach welchen Kriterien Leistung und Verhalten, d.h. die fachliche und persönliche Qualifikation der Arbeitnehmer bzw. Bewerber, bewertet werden sollen.

Vgl. OVG Bremen, PersR 1991, 472: „Eine Beurteilungsrichtlinie ist dadurch gekennzeichnet, dass sie allgemein den Kreis der zu Beurteilenden, den Beurteilungsanlass, die Beurteilungsgrundsätze und das Beurteilungsverfahren festlegt."

1775 Sie sollen ein einheitliches Vorgehen bei der Beurteilung und Bewertung ermöglichen und damit – auch unter dem Gesichtspunkt der Vergleichbarkeit – einheitliche und insofern gerechte Beurteilungsmaßstäbe festlegen.

Vgl. LAG Frankfurt, DB 1991, 1027 mit dem Anspruch des Betroffenen auf Entfernung der nicht mitbestimmten Beurteilung aus der Personalakte; ebenso ArbG Bonn, RDV 2005, 275 zur Löschung nicht mitbestimmter Beurteilungsdaten: „Das gilt auch, wenn in einer Erprobungsphase erstellte Beurteilungen nicht durch gemeinsame Billigung des erprobten Verfah-

rens bestätigt werden."; ferner hierzu LAG Berlin, ArbuR 1988, 122; OVG Münster, PersR 1987, 267; Fischer, AiB 1998, 152; Jedzig, DB 1991, 753 und 859; ders. DB 1996, 1337

Durch die Beteiligung der Mitarbeitervertretung soll sichergestellt werden, dass die für die Beurteilung programmgemäß heranzuziehenden Daten nach sachlichen und Verletzungen des Persönlichkeitsrechts der Beschäftigten vermeidenden Gesichtspunkten festgelegt werden. **1776**

BAG, AP Nr. 3 zu § 75 BPersVG

Darüber hinaus besteht die Pflicht der Mitarbeitervertretung zur Überwachung der gleichmäßigen Behandlung aller Beschäftigten.

Für den Persönlichkeitsschutz bei automatisierter Personaldatenverarbeitung ist das Mitbestimmungsrecht von besonderer Bedeutung, weil allgemeine Beurteilungsgrundsätze u.a. Voraussetzung für eine automationsgerechte Erstellung von Fähigkeits- und Eignungsprofilen sind. **1777**

Da es um den Persönlichkeitsschutz einzelner Arbeitnehmer geht, kommt § 94 Abs. 2 BetrVG nicht zur Anwendung, wenn keine personenbezogenen Beurteilungsergebnisse ermittelt werden.

Vgl. BAG, RDV 2001, 24: „Lässt eine Bank ohne Kenntnis der Arbeitnehmer durch ein anderes Unternehmen Tests zur Überprüfung der Beratertätigkeit durchführen, wobei die Arbeitgeberin die Ergebnisse nicht mit einzelnen Arbeitnehmern oder Gruppen in Verbindung bringen kann, so hat der Betriebsrat weder nach § 87 Abs. 1 Nr. 1 oder Nr. 6 noch nach § 94 Abs. 2 BetrVG ein Mitbestimmungsrecht."

Schlägt ein „Personalinformationssystem" nach programmgemäß festgelegten Kriterien ein Beurteilungsergebnis vor, so besteht Mitbestimmungspflicht. **1778**

Jedzig, DB 1991, 753; ders. DB 1996, 1337; Richardi, § 94 Rdn. 54; Wohlgemuth, Datenschutz für Arbeitnehmer, Rdn. 684; Zöllner, Daten- und Informationsschutz im Arbeitsverhältnis, 93

Gleiches gilt, wenn Bewerbungen oder Einsatzmöglichkeiten eines Mitarbeiters im Rahmen eines sog. Scoringverfahrens oder eines Punktesystems bewertet werden. Auch wenn dieses System die Voraussetzungen des § 6a BDSG

vgl. hierzu vorstehend Rdn. 112, 471

erfüllt, wird die Mitbestimmung hiervon nicht berührt.

Biometrische Identifikationsverfahren fallen im Regelfall nicht unter § 94 Abs. 2 BetrVG, es sei denn, dass sie auch Aussagen zu Eigenschaften der Person treffen. Eindeutig ist jedoch die allgemeine Einführung von Tests jeglicher Art erfasst. **1779**

Zur Zulässigkeit vgl. vorstehend Rdn. 613 ff.

Einige bereichsspezifische dienstrechtliche Datenschutzbestimmungen der Landesdatenschutzgesetze untersagen grundsätzlich die Speicherung von Beurteilungsdaten und lassen insofern auch keinen Entscheidungsspielraum für Arbeitgeber und Mitarbeitervertretung. **1780**

3.2 Inhalt der Mitbestimmung

Das Mitbestimmungsrecht erstreckt sich, soweit – wie z.B. für Beamte – die Beurteilung nicht bereits gesetzlich geregelt ist, auf die Beurteilungsmerkmale und das Verfahren, in **1781** dem die Beurteilung durchgeführt werden soll, d.h. ggf. auch darauf, welche Daten zur Beurteilung aus welchen Quellen (z.B. durch Abgabe von Beurteilungen durch Vorgesetzte oder Einholung grafologischer Gutachten, psychologischer Tests etc.) erhoben und mit welcher Gewichtung sie für das Beurteilungsergebnis verwendet werden sollen.

Insofern kann Mitbestimmung bei Krankengesprächen oder Mitarbeitergesprächen mit Zielvereinbarung, Tests etc. sowohl nach § 94 Abs. 1 als auch nach Abs. 2 BetrVG bestehen. Ferner kann § 87 Abs. 1 Nr. 1 BetrVG in Betracht kommen.

1782 Ferner gehören hierzu der Beurteilungszeitraum und die Rechte der Beurteilten auf Anhörung, Erörterungsgespräch etc.

Vgl. Klebe in D/K/K/W, § 94 Rdn. 29 ff. mit Nachweisen; vgl. aber auch VGH Baden-Württemberg, PersR 1990, 139: „Eine Anordnung, die bestimmt, dass Unterrichtsbesuche der Schulaufsichtsbeamten den Lehrern nicht vorher anzukündigen sind, ist keine Beurteilungsrichtlinie.“; ferner BAGE 47, 96 wonach „durch eine Regelung in Führungsrichtlinien an Vorgesetzte zur Durchführung von Kontrollen ihrer Untergebenen noch nicht von Beurteilungsrichtlinien gesprochen werden könne, auch wenn das Ergebnis der Kontrolle Grundlage für die Beurteilung und Förderung des Mitarbeiters bilde“.

1783 Zu den für die Feststellung von Beurteilungsmerkmalen relevanten Daten gehören ggf. Angaben über Arbeitsergebnisse, Zufriedenheit von Kunden, Sorgfalt der Ausführung, Zuverlässigkeit, Initiative, Urteilsfähigkeit oder Führungseigenschaften, wobei nur Daten berücksichtigt werden dürfen, für die im Hinblick auf die Aufgabenstellung des Beschäftigten und ggf. seine zukünftige Verwendung ein objektiv begründetes Bedürfnis besteht.

Klebe in D/K/K/W, § 94 Rdn. 3; ferner LAG Hamm, PersR 1991, 383 zur Angabe einer Tätigkeit als Personalrat in einer dienstlichen Beurteilung; ebenso BAG, PersR 1993, 85 = NZA 1993, 222

1784 Die Zustimmung der Mitarbeitervertretung bezieht sich nur auf die Aufstellung der allgemeinen Grundsätze, nicht aber auf die Beurteilung im Einzelfall; insoweit ist der Betriebs-/Personalrat nicht zu beteiligen. Beurteilungsergebnisse dürfen der Mitarbeitervertretung nur mit Zustimmung des Betroffenen bekannt gegeben werden. Von der Mitbestimmung erfasst ist auch nicht der Abgleich des einzelnen Fähigkeitsprofils mit einem Arbeitsplatzprofil. Mitbestimmungspflichtig ist, ob ein solcher Abgleich erfolgt, wobei die diesbezügliche Personaldatenauswertung jedoch unter den Tatbestand des § 87 Abs. 1 Nr. 6 BetrVG zu subsumieren ist.

Vgl. Däubler, Gläserne Belegschaften?, Rdn. 681; a.A. Mathes, RDV 1988, 64; Boewer, RDV 1988, 16

4 Auswahlrichtlinien

4.1 Begriffsbestimmung

1785 Nach § 95 Abs. 1 BetrVG (§ 76 Abs. 2 Nr. 8 BPersVG) unterliegt die Aufstellung und Anwendung von Auswahlrichtlinien, d.h. Richtlinien für die Personalauswahl bei Einstellungen, Versetzungen, Umgruppierungen oder Kündigungen, der Mitbestimmung.

§ 95 BetrVG – Auswahlrichtlinien

(1) Richtlinien über die personelle Auswahl bei Einstellungen, Versetzungen, Umgruppierungen und Kündigungen bedürfen der Zustimmung des Betriebsrats. ...

(2) In Betrieben mit mehr aus 500 Arbeitnehmern kann der Betriebsrat die Aufstellung von Richtlinien über die bei Maßnahmen des Absatzes 1 Satz 1 zu beachtenden fachlichen und persönlichen Voraussetzungen und sozialen Gesichtspunkte verlangen. ...

(3) ...

Unter den Begriff „Richtlinie" fallen alle abstrakten Grundsätze, die allgemein oder für bestimmte Personalentscheidungen festlegen, welche Voraussetzungen und Gesichtspunkte für deren Durchführung eine Rolle spielen sollen.   **1786**

> *Grunewald, NZA 1996, 15*

Auch die bloße Festlegung eines „Negativkatalogs", d.h. die Festschreibung von Kriterien, die keine Rolle spielen dürfen, kann den Begriff der Richtlinie erfüllen.

> *Vgl. bei Fitting, § 95 Rdn. 5*

Regelmäßig vorgesehene Tests oder Anfragen bei Dritten, so z.B. regelmäßige ärztliche Tauglichkeitsuntersuchungen, erfüllen ebenfalls den Begriff der Richtlinie.

> *Vgl. ArbG München, RDV 1988, 204 für die regelmäßige Anfrage beim Verfassungsschutz und Nichtberücksichtigung bei Negativbescheid; zustimmend m.w.N. DKK/Klebe, § 95 Rdn. 9*

Sollen gespeicherte Personaldaten dahingehend ausgewertet werden, dass Personaleinzelentscheidungen vorbereitet werden, d.h., soll der Arbeitgeber bei der Auswahl der von der Personalentscheidung betroffenen Mitarbeiter durch das System unterstützt werden, so unterliegt dies der Mitbestimmung.   **1787**

Wird der Arbeitgeber bei seiner Entscheidung jedoch nicht nur unterstützt, sondern trifft das Programm bereits die endgültig ablehnende Entscheidung, verstößt dies gegen das Verbot automatisierter Einzelentscheidung in § 6a BDSG, sofern dem Betroffenen nicht eine „Remonstrationsmöglichkeit" eingeräumt ist.   **1788**

Bei der Erhebung bzw. bei der Frage, auf welche Daten im Rahmen des Auswahlsystems zurückgegriffen werden soll, d.h., die zu Auswahlzwecken genutzt werden sollen, spielte bereits bisher und aufgrund des Allgemeinen Gleichbehandlungsgesetzes noch verstärkt das Verbot der Diskriminierung eine gewichtige Rolle. Auch Kriterien wie das Alter, der Gesundheitszustand oder weltanschauliche Ansichten dürfen im Regelfall keine Rolle mehr spielen.   **1789**

Keine Richtlinie ist vorgegeben, wenn für eine Auswahlentscheidung relevante Daten gespeichert und ggf. durch eine individuell gestaltete Abfrage ausgewertet werden.   **1790**

4.2   Anforderungsprofil

Sollen Personalentscheidungen per Computer dadurch vorbereitet werden, dass aufgrund von eingegebenen Personal- und Beurteilungsdaten erstellte Mitarbeiterprofile mit Anforderungsprofilen der zu besetzenden Stellen abgeglichen werden, so stellen sich das für die Vornahme dieses Abgleichs erforderliche Programm bzw. seine zuvor festgelegten Kriterien – je nach der Verwertung der zugrunde liegenden Daten und der   **1791**

Verwendung des Ergebnisses – als Auswahlrichtlinie oder jedenfalls Beurteilungsrichtlinie dar.

> *Fitting, § 95 Rdn. 8; Klebe/Schumann, ArbuR 1983, 40, jeweils mit Nachweisen; Wohlgemuth,*
> *Datenschutz für Arbeitnehmer, Rdn. 720*

1792   Das Anforderungsprofil bzw. die Stellenbeschreibung selbst, mit denen die fachlichen,
persönlichen und sonstigen Anforderungen für einen bestimmten Arbeitsplatz abstrakt
festgelegt werden, sind jedoch nach Auffassung des BAG

> *BAGE 43, 26 = BB 1984, 275 = DB 1983, 2311; ebenso OVG Münster, PersR 1989, 330; a.A.*
> *in der Literatur u.a. Fitting, § 95 Rdn. 16; Klebe in D/K/K/W, § 95 Rdn. 5 f. mit Nachweisen*

nicht Teil der Auswahl- oder Beurteilungsrichtlinie; Gleiches gilt für die Erstellung bei
der Personalauswahl eingesetzter Stellen-

> *BAG, DB 1984, 119 = NZA 1984, 51*

und Funktionsbeschreibungen.

> *BAGE 50, 337 = DB 1986, 1286 = NZA 1986, 531; kritisch auch hierzu Klebe in D/K/K/W,*
> *§ 95 Rdn. 8 m.w.N. auch im Hinblick auf die gleichzeitig verfolgten personalplanerischen Ziel-*
> *setzungen*

1793   Die Mitarbeitervertretung ist ferner nicht zu beteiligen, wenn in sog. Anforderungsprofilen Kriterien festgelegt werden, „durch die auf den Umfang und die Zusammensetzung
des zu erwartenden Bewerberkreises selbst Einfluss genommen wird".

> *So ArbG Hannover, DB 2005, 896; OVG Münster, RiA 1982, 216*

Bei Stellenbeschreibungen und Anforderungsprofilen bestehen daher Beteiligungsrechte der Mitarbeitervertretungen ggf. nur in Form der Information und Beratung im
Rahmen der Personalplanung.

4.3   Inhalt der Mitbestimmung

1794   Der Zustimmung bedürfen hiernach die materiellen Merkmale für die Auswahl eines
Mitarbeiters oder Bewerbers (z.B. beruflicher Werdegang, Ausbildung, Prüfungen,
Spezialkenntnisse, Alter, Gesundheit, soziale Gesichtspunkte) sowie die Verfahren und
Methoden, die für die Ermittlung der Auswahlkriterien (z.B. Durchführung von Vorstel-
lungsgesprächen, Leistungstests etc. und ggf. Teilnahme der Mitarbeitervertretung
hieran) und die Auswahl der Bewerber

> *vgl. hierzu OVG Münster, PersR 1989, 330; ferner PersV 1984, 374; Gola, DÖV 1984, 839*

maßgebend sein sollen. Das Mitbestimmungsrecht erstreckt sich also darauf, welche
Daten zur Berücksichtigung bei der Auswahl herangezogen werden sollen und welches
Gewicht ihnen

> *vgl. die Punkteverfahren zur Sozialauswahl im Rahmen eines Interessenausgleichs oder bei*
> *Versetzungen; hierzu BAG, NZA 1993, 608; BAG, AP Nr. 19 zu § 1 KschG*

zukommen soll.

5 Personalplanung

5.1 Begriffsbestimmung

Werden die gespeicherten Daten zum Zwecke der Personalplanung ausgewertet, d. h. **1795** genutzt, so ist die Mitarbeitervertretung hieran noch nicht zu beteiligen, es sei denn, dass derartige Auswertungen in einer die zulässigen Verfahren der Personaldatenverarbeitung festschreibenden Betriebsvereinbarung – als Inhalt einer Dienstvereinbarung würde eine derartige Bindung wohl den Rahmen des zwingenden Mitbestimmungsrechts in unzulässiger Weise überschreiten – nicht zugelassen sind.

> **§ 92 BetrVG – Personalplanung**
>
> *(1) Der Arbeitgeber hat den Betriebsrat über die Personalplanung, insbesondere über den gegenwärtigen und künftigen Personalbedarf, sowie über die sich daraus ergebenden personellen Maßnahmen und Maßnahmen der Berufsbildung anhand von Unterlagen rechtzeitig und umfassend zu unterrichten. Er hat mit dem Betriebsrat über Art und Umfang der erforderlichen Maßnahmen und über die Vermeidung von Härten zu beraten.*
>
> *(2) Der Betriebsrat hat dem Arbeitgeber Vorschläge für die Einführung einer Personalplanung und ihre Durchführung zu machen.*
>
> *(3) ...*

Nach § 92 Abs. 1 BetrVG ist der Arbeitgeber jedoch in jedem Fall verpflichtet, die sich **1796** aus den Erkenntnissen der Datenauswertung ergebenden Planungsüberlegungen mit der Mitarbeitervertretung zu beraten, wobei für § 78 Abs. 3 BPersVG, der die Beteiligung bei der Personalplanung dahingehend definiert, dass der Personalrat vor der Weiterleitung von Personalanforderungen zum Haushaltsvoranschlag und im Rahmen von Personalplanungsüberlegungen anzuhören ist, Gleiches gilt.

> *Für den Einbezug in die Unterrichtungspflicht schon hinsichtlich der Planung der einschlägigen EDV-Systeme Fitting, § 92 Rdn. 25 m.w.N.; Schneider in D/K/K/W, § 92 Rdn. 17*

Das Gesetz definiert den Begriff der Personalplanung nicht; es setzt ihn vielmehr vor- **1797** aus. Nach der Zielsetzung des Gesetzgebers, die Interessen der Beschäftigten bereits im Vorfeld von ggf. das „Personal" betreffenden Maßnahmen – für § 78 Abs. 3 BPersVG z.B. in Form von konkreten Stellenanforderungen – in die Überlegungen des Arbeitgebers mit einzubringen, gehört hierzu die gesamte Personalpolitik mit Personalbedarfs-, Personalbeschaffungs-, Personaldeckungs-, Personalentwicklungs-, Personaleinsatz- und Kontrollplanung.

> *Vgl. BVerwG, RDV 2002, 188; ferner BVerwG, ZBR 4983, 243 = PersV 1984, 240; VGH-S.-H, PersR 1990, 193: „Personalplanung, Personalbedarfsermittlung, Personaleinsatz, Arbeitsorganisation und Rationalisierung berühren ummittelbar Aufgaben der Personalvertretung."*

So sind die Überlegungen des Arbeitgebers bezüglich des zukünftigen Personalbedarfs **1798** nach Quantität und Qualität hierunter ebenso zu fassen wie die Überlegungen dazu, wie das insoweit ermittelte Soll in das gewünschte Ist umgesetzt werden soll.

Aber auch wenn sich die Planung nicht in einer umfassenden und methodisch abgesi- **1799** cherten Weise vollzieht, sondern mehr ad hoc und ggf. auch einzelfallbezogen erfolgt, oder wenn hierzu ein externes Beratungsunternehmen eingeschaltet wird, ändert das nichts an den sich aus § 92 BetrVG bzw. § 78 Abs. 3 BPersVG ergebenden Verpflichtungen.

1800 Hinsichtlich des zwingenden Zusammenhangs der Personalplanung mit anderen Planungen des Arbeitgebers hält das BAG

RDV 1987, 15 = DB 1984, 2305 = BB 1984, 142

Folgendes fest: *„Die Personalplanung darf nicht losgelöst von anderen wirtschaftlichen Planungen des Arbeitgebers gesehen werden. Diese sind der Personalplanung des Arbeitgebers nicht vorgelagert. Zwischen allen Planungen des Arbeitgebers besteht ein innerer Zusammenhang (a.A. Dietz/Richardi, BetrVG, 6. Aufl., § 92, Rdn. 8; Galperin/Löwisch, BetrVG, 6. Aufl., § 92, Rdn. 6)."*

5.2 Zeitpunkt und Inhalt der Unterrichtung

1801 Danach ist die Mitarbeitervertretung über die gesamte Personalplanung rechtzeitig und umfassend zu unterrichten. Die insoweit in § 92 BetrVG ausdrücklich genannten Bereiche der Personalbedarfsplanung und der sich daraus ergebenden personellen Maßnahmen und Berufsbildungsmaßnahmen bilden nur Beispiele. Da auch die Methoden der Planung und die dazu eingesetzten Mittel der Informationsgewinnung von der Unterrichtungs- und Beratungspflicht umfasst werden,

vgl. DKK/Schneider, § 92 Rdn. 35

sollte es unstreitig sein, dass auch die Errichtung und der Ausbau sowie die diesbezüglich vorzunehmenden Auswertungen eines Personalinformationssystems und deren Ergebnisse über Personalbestand,

vgl. BVerwG, RDV 2002, 18, wonach zu den dem Personalrat bei der Unterrichtung zur Personalplanung – in diesem Falle auf Dauer – zur Verfügung zu stellenden Unterlagen der Personalbedarfsplan und der Stellenplan gehören

Fluktuation, Fehlzeiten, Altersaufbau, Qualifikationen etc. zumindest auch Grundlage von Personalplanungsüberlegungen bilden und daher unaufgefordert, rechtzeitig und vollständig der Mitarbeitervertretung bekannt zu geben sind.

Fitting, § 92 Rdn. 25

1802 Die umfassende Kenntnis der Mitarbeitervertretung setzt aber auch die Unterrichtung über das Verarbeitungsprogramm voraus, das die Ergebnisse erstellt hat. Dies gilt auch für Maßnahmen im Zusammenhang mit der Beteiligung nach § 96 BetrVG, jedenfalls dann, wenn die per EDV gewonnenen Erkenntnisse Grundlage von Personalplanungsmaßnahmen bilden.

Vgl. hierzu Matthes, RDV 1985, 19

1803 Hinsichtlich Beginn und Umfang der Unterrichtungspflicht stellt das BAG

RDV 1997, 15 = DB 1984, 2305 = BB 1984, 142

Folgendes fest: *„Der Arbeitgeber hat den Betriebsrat über die Personalplanung umfassend zu unterrichten. Er muss daher dem Betriebsrat alle Tatsachen bekannt geben, auf die er die jeweilige Personalplanung stützt. Dazu können auch diejenigen Planungsdaten gehören, die in einem anderen Zusammenhang erhoben und festgestellt wurden, z.B. Rationalisierungsvorschläge, Produktions- und Investitionsentscheidungen. Denn nur so kann der Betriebsrat Interessen und Bedürfnisse der Arbeitnehmer schon im Pla-*

nungsstadium zur Geltung bringen. Rücksichten auf die im Betrieb beschäftigten Arbeit-nehmer oder die zu erwartenden Schwierigkeiten bei der Personalbeschaffung können und sollen sich auch auf die Planung von Produktion, Investitionen oder Rationalisie-rung auswirken. ...

Der Arbeitgeber hat den Betriebsrat anhand von Unterlagen zu unterrichten. Er muss deshalb dem Betriebsrat alle Unterlagen zugänglich machen, die er zur Grundlage sei-ner Personalplanung machen will. Der Betriebsrat soll sich anhand dieser Unterlagen vergewissern können, ob die vom Arbeitgeber gemachten Angaben zur Personalplanung auch tatsächlich zutreffen. Alle tatsächlichen Angaben des Arbeitgebers zur Personal-planung müssen daher belegt werden, soweit solche Belege vorhanden sind. ...

Nach § 92 Abs. 1 S. 1 BetrVG braucht der Betriebsrat erst beteiligt zu werden, wenn Überlegungen des Arbeitgebers das Stadium der Planung erreicht haben. Solange der Arbeitgeber nur Möglichkeiten einer Personalreduzierung erkundet, will er nur wissen, welche Handlungsspielräume ihm zur Verfügung stehen. Verzichtet er dann auf Ratio-nalisierungen und somit auf eine Personalreduzierung, braucht er dem Betriebsrat die-sen Verzicht nicht zu erläutern und zu begründen. Erst wenn er die aufgezeigten Hand-lungsspielräume seiner betrieblichen Personalpolitik zugrunde legen will, setzen die Beteiligungsrechte des Betriebsrats ein."

Bei der Erfüllung der Informationspflicht hat der Arbeitgeber den Grundsätzen der Datensparsamkeit bzw. -vermeidung des § 3a BDSG Rechnung zu tragen, d.h., er muss prüfen, ob dem Informationsbedarf auch durch die Übermittlung anonymisierter oder pseudonymisierter Daten hinreichend genügt wird. Es fallen jedoch auch einzelne Pla-nungsüberlegungen und -entscheidungen darunter. **1804**

> *Schneider in D/K/K/W, § 92 Rdn. 33*

5.3 Vorschlagsrecht

Der Betriebsrat hat im Rahmen seiner Beratungsfunktion nicht nur das Recht, zu den Überlegungen des Arbeitgebers eigene Vorschläge einzubringen, vielmehr kann er nach § 92 Abs. 2 BetrVG überhaupt die Initiative zur Einführung einer Personalplanung und zu ihren Einzelaspekten ergreifen. Auch wenn der Arbeitgeber solchen Vorschlägen nicht folgt, so wird er doch wenigstens im Rahmen der ihm insoweit auferlegten Prü-fungspflicht gehalten sein, die hierfür maßgebenden Daten aus der EDV mit dem Betriebsrat im Hinblick auf die hieraus zu ziehenden Schlussfolgerungen zu beraten. **1805**

> *Fitting, § 92 Rdn. 34*

Auch insoweit sind dem Betriebsrat die erforderlichen Unterlagen bereits dann zur Ver-fügung zu stellen, wenn er sich im Stadium der Prüfung bestimmter Vorschläge befin-det.

> *Schneider in D/K/K/W, § 92 Rdn. 44*

Für die Personalvertretungen ergibt sich ein derartiges Vorschlagsrecht u.a. aus § 68 Abs. 1 Nr. 1 BPersVG, nach dem Maßnahmen beantragt werden können, die der Dienst-stelle und ihren Angehörigen dienen, wobei hierzu z.B. die Planung und die Durchfüh-rung von Qualifikationsmaßnahmen entsprechend den sich verändernden Anforderun-gen an das Personal gehören. **1806**

6 Mitbestimmung bei Fragen der Ordnung des Betriebes und des Verhaltens der Arbeitnehmer

6.1 Allgemeines

1807 Will der Arbeitgeber in allgemein gültiger Weise das Verhalten der Mitarbeiter im Betrieb regeln und damit die Ordnung des Betriebes gestalten, so unterliegen derartige Regelungen und Anweisungen gemäß § 87 Abs. 1 Nr. 1 BetrVG bzw. § 75 Abs. 3 Nr. 15 BPersVG der Mitbestimmung.

> ### § 87 BetrVG – Mitbestimmungsrechte
>
> *(1) Der Betriebsrat hat, soweit eine gesetzliche oder tarifliche Regelung nicht besteht, in folgenden Angelegenheiten mitzubestimmen:*
>
> *1. Fragen der Ordnung des Betriebes und des Verhaltens der Arbeitnehmer im Betrieb;*
>
> *2. ...*
>
> *(2) ...*

1808 Dass auch bei der Erhebung von Personaldaten (z.B. Anweisung zur Ausfüllung bestimmter Formulare) oder beim Einsatz der EDV (z.B. Anweisung zur Benutzung bestimmter Eingänge unter Bedienung einer Stechuhr) die Ordnung im Betrieb geregelt und den Mitarbeitern ein bestimmtes Verhalten vorgeschrieben wird, durch das erst die Verarbeitung ihrer Daten ermöglicht wird, liegt auf der Hand. So ist festzustellen, dass dieser Mitbestimmungstatbestand für den Datenschutz bei nicht automatisierter Datenerhebung oder Bekanntgabe von Daten in der Rechtsprechung Gewicht gewonnen hat.

1809 Da nach Auffassung des BAG

> *ständ. Rechtspr. vgl. AP Nr. 7,8,10 zu § 87 BetrVG 1972 – Ordnung des Betriebes; ferner BAG, DB 1990, 483 f. und 893 f.; NZA 1997, 1062; DB 1999, 2218; ebenso das BVerwG für den gleichlautenden Mitbestimmungstatbestand im BPersVG, BVerwG, PersR 1991, 139; PersR 1990, 259; PersR 1989, 364, jeweils mit Nachweisen*

die Ordnung des Betriebes durch Maßnahmen zur Sicherung eines ungestörten Arbeitsablaufs und des reibungslosen Zusammenlebens/Zusammenwirkens der Arbeitnehmer im Betrieb geregelt wird, ist es für die Mitbestimmung zudem irrelevant, ob primär das Verhalten oder die betriebliche Ordnung betroffen ist; vielmehr verschmelzen die beiden Alternativen des § 87 Abs. 1 Nr. 1 BetrVG bzw. § 75 Abs. 3 Nr. 15 BPersVG zu einem Tatbestand.

> *Vgl. BVerwG, PersR 1990, 259: „Dieser einheitliche Tatbestand umfasst die Gesamtheit der Regelungen, die einen störungsfreien und reibungslosen Ablauf des Lebens in der Dienststelle gewähren sollen."*

Mit anderen Worten: Mitbestimmung setzt bei Maßnahmen des Arbeitgebers ein, die das Ordnungsverhalten der Arbeitnehmer betreffen. Diese begriffliche Abgrenzung ist wesentlich, da andererseits Maßnahmen, die das Arbeitsverhalten der Mitarbeiter betreffen, mitbestimmungsfrei ergriffen werden können. Mitbestimmungsfrei ist auch die bloße Standardisierung des Ordnungsverhaltens.

> *Vgl. auch BAG, RDV, 2013, 85 zur fehlenden Mitbestimmung bei der Einführung von Laufzetteln: „Die Verwendung von Laufzetteln, auf denen der Erhalt von Arbeitsmitteln und Zutritts-*

berechtigungen einschließlich erforderlicher Belehrungen vermerkt ist, unterliegt nicht der Mitbestimmung des Betriebsrates nach § 87 Abs. 1 Nr. 1 BetrVG. Die bloße Standardisierung des Ordnungsverhaltens bewirkt keine Zuordnung des Ordnungsverhaltens."

Das Arbeitsverhalten wird reglementiert, wenn Anweisungen erteilt werden, die sich auf die Erledigung der Arbeit beziehen und damit eine Konkretisierung der sich unmittelbar aus dem Arbeitsverhältnis ergebenden Rechte und Pflichten zum Inhalt haben. Mitbestimmungsfrei sind somit nach Rechtsprechung des BAG **1810**

vgl. die Nachweise bei Klebe in D/K/K/W, § 87 Rdn. 42

nicht nur sog. arbeitsnotwendige Maßnahmen, d.h. Anweisungen und Regelungen, ohne die der Arbeitnehmer seiner Arbeitspflicht nicht ordnungsgemäß nachkommen könnte, sondern auch solche, die der Arbeitsleistung ggf. auch nur mittelbar

Fitting, § 87 Rdn. 66

dienen. Die Mitbestimmung findet damit dort ihre Grenze, wo die Erfüllung der Aufgaben der Dienststelle (des Betriebes) – insbesondere die Dienstausübung im eigentlichen Sinne – im Vordergrund steht.

Vgl. hierzu auch das BAG, RDV 2003, 21 = ZTR 2002, 604 zur Mitbestimmung bei der Einführung von Namensschildern:

„1. Die Anordnung zum Tragen von Namensschildern auf der Dienstkleidung von Fahrern im öffentlichen Nahverkehr ist als Regelung der Ordnung des Betriebes und des Verhaltens der Beschäftigten (§ 87 Abs. 1 Nr. 1 BetrVG) mitbestimmungspflichtig.

2. Ob eine Anordnung nach § 87 Abs. 1 Nr. 1 BetrVG mitbestimmungspflichtiges Ordnungsverhalten oder das mitbestimmungsfreie Arbeitsverhalten betrifft, beurteilt sich nicht nach den subjektiven Vorstellungen, die den Arbeitgeber zu der Maßnahme bewogen haben. Entscheidend ist der objektive Regelungszweck, der sich nach dem Inhalt der Maßnahme und der Art des zu beeinflussenden betrieblichen Geschehens bestimmt.

3. Eine das Ordnungsverhalten betreffende Maßnahme wird nicht dadurch mitbestimmungsfrei, dass sie in einem Randbereich das Arbeitsverhalten berührt."

Kein Mitbestimmungsrecht besteht daher bei der Einführung von Laufzetteln, mit denen der Erhalt von Arbeitsmitteln und Zugangsberechtigungen einschließlich erforderlicher Belehrungen vermerkt ist.

BAG, RDV 2013, 85; vgl. auch ArbG Cottbus, Beschluss vom 16.2.2011 – 2 BV 11/11: Der Betriebsrat hat kein Mitbestimmungsrecht bei der Einführung von Erhebungsbögen, in denen die Arbeitnehmer ihre tägliche jeweilge Arbeitszeit ausfüllen müssen.

Grundsätzlich erfasst die Mitbestimmung – im Gegensatz zu konkreten Einzelanweisungen zur Erledigung arbeitsvertraglicher Pflichten – alle Regelungen des Arbeitgebers, wenn ein einheitliches Verhalten der Arbeitnehmer oder einer Arbeitnehmergruppe im Betrieb angestrebt wird. Unerheblich ist, wie die Regelung umgesetzt wird, also z.B. im Rahmen einer Betriebsordnung, einer Dienstanweisung oder als Zusatz zum Arbeitsvertrag. **1811**

Fitting, § 87 Rdn. 68; Klebe in D/K/K/W, § 87 Rdn. 47

Nach Auffassung des BAG **1812**

RDV 2003, 87 = NZA 2003, 166 zur Einführung einer Meldepflicht von Redakteuren einer Wirtschaftszeitung über private Aktiengeschäfte

ist das Mitbestimmungsrecht zunächst nicht deshalb ausgeschlossen, wenn sog. Ethikregeln nicht per Direktionsrecht eingeführt werden können,

vgl. hierzu vorstehend Rdn. 754

sondern einer gesonderten Vereinbarung mit den Beschäftigten bedürfen, da

„Vereinbarungen dieser Art nicht individuellen Bedürfnissen der Arbeitnehmer, sondern einem Koordinationsinteresse des Arbeitgebers Rechnung tragen. Der einzelne Arbeitnehmer hat, wenn überhaupt, nur geringe Möglichkeiten, durch den Einsatz persönlicher Verhandlungsstärke eine in seinem Interesse liegende Vertragsgestaltung zu erreichen. Ob der Arbeitgeber aber eine Maßnahme einseitig anordnet oder ihr durch das Vertragsrecht Geltung zu verschaffen sucht, ist für das Eingreifen des Mitbestimmungsrechts nicht entscheidend. Gegenstand der Mitbestimmung in den sozialen Angelegenheiten des § 87 Abs. 1 Nr. 1 BetrVG ist nicht die äußere Form einer Maßnahme, sondern deren Inhalt. "

1813 Zutreffend sieht dagegen das LAG Hamm

RDV 2007, 32, zum Verbot der Privatnutzung von Internet und E-Mail-Verkehr

in einer arbeitgeberseitigen Anordnung, Betriebsmittel nicht für private Zwecke zu nutzen, keine mitbestimmungspflichtige Regelung des Ordnungsverhaltens. Vielmehr handelt es sich um eine konkrete Arbeitsanweisung, die Mitarbeiter beim/im Umgang mit dienstlichen Geräten des Arbeitgebers bei Ausübung ihrer vertraglichen Tätigkeit – im Grunde selbstverständlich – zu beachten haben. Allein bei der Frage, in welcher Weise ggf. gestattete Privatnutzung im Einzelnen genutzt werden darf, ist der Betriebsrat tangiert.

6.2   Fallbeispiele

1814 Dass die Rechtsprechung die fallbezogene Umsetzung dieser abstrakten Abgrenzung mitbestimmungspflichtiger und mitbestimmungsfreier innerbetrieblicher Regelungen und Anweisungen nicht immer völlig widerspruchsfrei vorgenommen hat, wird in der Literatur

vgl. Klebe in D/K/K/W, § 87 Rdn. 43 f.; Fitting, § 87 Rdn. 66

zu Recht kritisch angemerkt.

1815 So hat das BAG Mitbestimmung beim Tragen von Namensschildern bejaht,

NZA 2002,1299, wenn das – wie hier bei Straßenbahnschaffnern – für die geschuldete Arbeitsleistung nur untergeordnete Bedeutung hat

bei der Anordnung der Angabe des vollen Namens, d.h. auch der Angabe von Vornamen, bei der Absenderangabe von dienstlicher Post verneint.

Vgl. BAG, RDV 2000, 23 = DB 1999, 2218; zustimmend u.a. Fitting, § 87 Rdn. 73

1816 Während das BVerwG

BVerwG, PersR 1991, 138

Mitbestimmung bei der Anordnung sog. Krankengespräche verneint, vertritt das BAG die – unter dem Gesichtspunkt des Datenschutzes vom Ergebnis her begrüßenswerte – gegenteilige Auffassung.

BAG, RDV 1995, 175 = PersR 1995, 267 = BB 1995, 1188: „Die Führung formalisierter Krankengespräche zur Aufklärung eines überdurchschnittlichen Krankenstandes einer nach abstrakten Kriterien ermittelten Anzahl von Arbeitnehmern ist gemäß § 87 Abs. 1 Nr. 1 BetrVG mitbestimmungspflichtig. Es handelt sich dabei um das Verhalten der Arbeitnehmer in Bezug auf die betriebliche Ordnung und nicht um das Verhalten bei der Arbeitsleistung selbst. "

Fraglich ist, inwieweit die Organisation des in § 84 Abs. 2 SGB IX im Fall länger andau-   **1817**
ernder Krankheit geregelten betrieblichen Eingliederungsmanagements (BEM) der Mitbestimmung unterliegt,

> *Klebe in D/K/K/W, § 87 Rdn. 51 und 204; Gagel, NZA 2004, 1359; vgl. aber auch Balders/*
> *Lepping, NZA 2005, 854; Namensdorf/Natzel, DB 2005, 1794; Kieper/Schierbaum, CuA 12/*
> *2012, 25 mit positiven Beispielen von Instanzgerichten*

da im Einzelfallmanagement die diesbezüglichen Abläufe und das der Mitarbeiterbetei-
ligung eingeräumte Initiativ- und Kontrollrecht gesetzlich in § 84 Abs. 2 SGB IX vorgegeben sind bzw. von dem Willen des Beschäftigten abhängen.

> *Zum Informationsrecht der Mitarbeitervertretung über für das BEM in Betracht kommende*
> *Beschäftigte vgl. BAG, RDV 2012, 192 sowie vorstehend Rdn. 725, 887*

Anders liegt es bei der Anordnung zur Teilnahme an Eignungstests (z.B. im Hinblick
auf Alkohol- oder Drogenabhängigkeit).

> *Zur individualrechtlichen Voraussetzung vgl. vorstehend Rdn. 610, 680*

Die Mitbestimmung setzt die Einführung eines formalisierten Verfahrens voraus, was   **1818**
jedoch nicht zwingend ist. Ob auch zugleich der Mitbestimmungstatbestand des § 87
Abs. 1 Nr. 7 BetrVG bei Fragen des Gesundheitsschutzes zum Tragen kommt, ist
umstritten.

> *Vgl. ablehnend wegen des individuellen Charakters der Maßnahme: LAG Hamburg, DuD*
> *2009, 54 = RDV 2009, 76 mit Nachweisen der unterschiedlichen Literaturmeinungen*

Im Gegensatz zu der Mitbestimmung bei der Installation des Verfahrens im Allgemei-   **1819**
nen und der allgemeinen Information zur Wahrung ihrer Kontrollfunktion nach § 84
Abs. 2 S. 7 SGB IX setzt die Einschaltung der Interessenvertretung im Einzelfall und die
damit verbundene Übermittlung ggf. sehr sensibler Daten die zuvor erteilte Zustimmung
des Betroffenen an der Durchführung des Verfahrens voraus.

Ob das auch für eine Vorabinformation hinsichtlich des für die mögliche Einleitung
eines Verfahrens relevanten Fehlzeitenrahmens von sechs Wochen und das diesbezügliche Angebot des Arbeitgebers oder die Reaktion des Betroffenen auf ein diesbezügliches Angebot gilt, wird in der Rechtsprechung und Literatur unterschiedlich bewertet.

> *Zustimmend BAG, RDV 2012, = ZD 2012; ablehnend für das Personalvertretungsrecht:*
> *BayVGH vom 12.06.2012 – 17 P11.11.40,; VG Aachen, DuD 2008, 824; VG Düsseldorf, RDV*
> *2009, 78 = DuD 2009, 57; a.A. VG Hamburg, DuD 2009, 58; für Bayern vgl. LDSB, 25 TB*
> *(2012), Ziff. 11.2.1*

Eine Meldepflicht bei Verspätungen   **1820**

> *BAG, ArbuR 1978, 278*

soll das Ordnungsverhalten betreffen, während vom Arbeitnehmer in Form von Tätig-
keitsberichten oder Tagesnotizen zu erstellende arbeitsbegleitende Papiere

> *BAG, DB 1981, 1144; zu den weitgehend abweichenden Stimmen der Literatur vgl. bei Klebe*
> *in D/K/K/W, § 87 Rdn. 50*

oder das Führen von Abwesenheitslisten

> *BVerwG, RDV 1990, 259: „Eine Anordnung des Dienststellenleiters, dass sich Beschäftigte*
> *vor Verlassen des Dienstgebäudes während der Abwesenheit in eine Abwesenheitsliste einzu-*
> *tragen haben, regelt die Erfüllung dienstlicher Aufgaben der Beschäftigten. Sie steht mit der zu*
> *erbringenden Arbeitsleistung in unmittelbarem Zusammenhang.“*

oder die Anordnung zur Bedienung von Zeiterfassungsgeräten

BVerwG, PersR 1992, 505 = RDV 1993, 32 = CR 1993, 159: „Eine Anordnung zur Benutzung eines Zeiterfassungsgeräts dient grundsätzlich nicht der Regelung der Ordnung in der Dienststelle oder des Verhaltens der Beschäftigten, sondern bezieht sich auf die Erfüllung der Dienstpflicht des einzelnen Beschäftigten und auf die von ihm zu erledigenden Aufgaben. "

nicht die Ordnung oder das Verhalten der Beschäftigten, sondern unmittelbar die Erfüllung der Arbeitspflicht des einzelnen Beschäftigten und die von ihm zu erledigenden Aufgaben betreffen sollen.

BVerwG, PersR 1992, 505; ebenso das BAG, AP Nr. 7 zu § 87 BetrVG 1972 – Ordnung des Betriebes für ein mit als Schlüssel funktionierenden codierten Ausweiskarten zu bedienendes Zugangskontrollsystem; a.A. Klebe in D/K/K/W, § 87, Rdn. 53

1821 Andererseits bedarf nach Auffassung des BAG

RDV 1997, 208 = NZA 1997, 785

die Einführung eines Formulars, auf dem Arbeitnehmer, die während der Arbeitszeit einen Arzt aufsuchen, sich die Notwendigkeit des Besuches während der Arbeitszeit zur Vorlage beim Arbeitgeber bescheinigen lassen müssen, der Zustimmung des Betriebsrats nach § 87 Abs. 1 Nr. 1 BetrVG.

1822 Mitbestimmung wurde auch bejaht für eine an alle Arbeitnehmer gerichtete, durch § 5 Abs. 1 S. 3 EFZG eröffnete Anordnung, Zeiten der Arbeitsunfähigkeit unabhängig von deren Dauer generell durch eine vor Ablauf des dritten Tages nach Beginn der Arbeitsunfähigkeit vorzulegende ärztliche Bescheinigung testieren zu lassen.

BAG, RDV 2000, 164; Zur generellen Zulässigkeit einer derartigen Anordnung vgl. BAG, NJW 2013, 892

1823 Mitbestimmungspflichtig sind auch allgemeine Regelungen zur Wahrnehmung des Rechts auf Einsicht in die Personalakte nach § 83 BetrVG.

Klebe in D/K/K/W, § 87 Rdn. 52

1824 Für die hier zu erörternde Gewährleistung des Arbeitnehmerdatenschutzes im Rahmen von Mitbestimmungstatbeständen ist aber ferner bedeutsam, dass das BAG

RDV 1995, 128 = DB 1995, 783:

„1. Arbeitsmessung durch manuelle Betätigung einer Stoppuhr ist keine technische Überwachung. Sie ist daher nicht mitbestimmungspflichtig nach § 87 Abs. 1 Nr. 6 BetrVG.

2. Der Betriebsrat hat bei der Durchführung von Arbeitsablaufstudien auch nicht nach § 87 Abs. 1 Nr. 1 BetrVG mitzubestimmen. Eine bloße Registrierung von Arbeitsabläufen, die nicht auf das Verhalten der betroffenen Arbeitnehmer einwirkt, fällt nicht in den Anwendungsbereich des § 87 Abs. 1 Nr. 1 BetrVG. "

aufgrund des speziellen Mitbestimmungstatbestands des § 87 Abs. 1 Nr. 6 BetrVG Kontrollmaßnahmen nicht technischer Art nicht durch den Mitbestimmungstatbestand nach Nr. 1 als erfasst ansieht, da ansonsten die Eingrenzung der Vorschrift der Nr. 6 auf „technische Kontrollen" bzw. die Vorschrift selbst gegenstandslos wären.

Zur Kritik an dieser Auffassung vgl. bei Klebe in D/K/K/W, § 87 Rdn. 45; Fitting, § 87 Rdn. 69, die Nr. 6 als Spezialvorschrift zu Nr. 1 insoweit verstehen wollen, dass hier eine allgemeine Regulierung des Verhaltens entbehrlich ist; a.A. Raab, NZA 1993, 193

1825 Demgemäß hat das BAG

BB 1991, 691 = DB 1991, 1834 = NZA 1991, 729

Mitbestimmung bei der Überwachung von Arbeitnehmern durch Privatdetektive bei der Erfüllung ihrer Arbeitspflicht mit folgender Begründung verneint: „*Es geht dabei nicht um die Ordnung des Betriebes und das Verhalten der Arbeitnehmer innerhalb dieser Ordnung im Sinne von § 87 Abs. 1 Nr. 1 BetrVG, sondern um das sog. Arbeitsverhalten der Arbeitnehmer. Die Überwachung der Arbeitsleistung selbst unterliegt nach § 87 Abs. 1 Nr. 6 BetrVG nur dann der Mitbestimmung des Betriebsrats, wenn sie mit Hilfe technischer Einrichtungen erfolgt.*"

Abgelehnt wurde Mitbestimmung einerseits bei sog. Ehrlichkeitskontrollen, bei denen durch bewusste Manipulation des Kassenbestands die korrekte Abrechnung geprüft werden sollte, **1826**

BAG, RDV 2000, 166; dazu auch HessVGH, PersR 2003, 421

oder bei nicht personenbezogenen Mitarbeitertests durch Fremdfirmen.

BAG, RDV 2001, 24; das ArbG Bonn, RDV 2004, 133, bejaht Mitbestimmung nach § 94 Abs. 1 S. 1 BetrVG bei zunächst personenbezogenen Befragungen, die anschließend in anonymisierter Auswertung dem Arbeitgeber übergeben werden sollen, damit der Betriebsrat im Rahmen seines Schutzauftrags auf die Durchführung der absoluten Anonymisierung hinwirken kann; vgl. auch zur Durchführung sog. Mystery Calls bei Call-Centern Gola, Datenschutz am Arbeitsplatz, Rdn. 355

Für eine Regelung, die es Arbeitnehmern verbietet, eigenes Bargeld mit an den Arbeitsplatz zu bringen, um denkbare Kassenmanipulationen zu erschweren, wurde andererseits die Anwendung des § 87 Abs. 1 Nr. 1 BetrVG bejaht. **1827**

HessLAG, RDV 2004, 176 = NZA-RR 2004, 411

Bedeutung hat der Mitbestimmungstatbestand des § 87 Abs. 1 Nr. 1 BetrVG auch im Hinblick auf die zunehmenden, häufig auch das Persönlichkeitsrecht des Mitarbeiters berührenden betrieblichen Ethikrichtlinien und hierin aufgenommene Mitteilungspflichten bekommen. **1828**

Vgl. auch LAG Hamm, DB 1981, 1336 zur Einholung einer schriftlichen Geheimhaltungsverpflichtung

Diese Mitteilungspflichten betreffen als sog. „Whistleblower-Klauseln" die Meldung des Fehlverhaltens von Kollegen, Vorgesetzten etc. Die Mitbestimmung kann sich bei dem Erlass derartiger Regelungen sowohl aus § 87 Abs. 1 Nr. 1 als auch aus Abs. 6 BetrVG ergeben. Regelungen zur Meldepflicht betreffen die Ordnung und das Verhalten im Betrieb und nicht mehr das mitbestimmungsfreie Arbeitsverhalten, wenn eine über die generell bestehende Schadensabwendungspflicht hinausgehende Meldepflicht bzw. auch speziell der Weg des Meldeverfahrens geregelt wird.

Vgl. Junker, BB 2005, 602; Schuster/Darsow, NZA 2005, 273; Wisskirchen/Jordan/Bissels, DB 2005, 2190

Die Mitbestimmung entfällt auch, wenn die Verhaltens- oder die Meldepflicht bereits gesetzlich geregelt ist. So besteht keine Mitbestimmung bei Regelungen, die nur die im AGG enthaltenen Verbote unerwünschten sexuellen Verhaltens wiederholen. Mitbestimmungspflichtig bleibt eine Regelung des Beschwerdeverfahrens bzw. der Beschwerdestelle nach § 13 AGG, da § 13 nur dessen Errichtung und mögliche Besetzung regelt. **1829**

Vgl. BAG, RDV 2009, 25

„1. Der Betriebsrat hat nach § 87 Abs. 1 Nr. 1 BetrVG mitzubestimmen, wenn der Arbeitgeber in einem Verhaltenskodex das Verhalten der Arbeitnehmer und die betriebliche Ordnung regeln will. Das Mitbestimmungsrecht an einzelnen Regelungen begründet nicht notwendig ein Mitbestimmungsrecht am Gesamtwerk.

2. Die Regelungen müssen nicht zwingend sein; es genügt, wenn das Verhalten der Arbeitnehmer gesteuert oder die Ordnung des Betriebes gewährleistet werden soll. Regelungen, die allein die geschuldete Arbeitsleistung konkretisieren oder eine Unternehmensphilosophie kundtun, unterliegen nicht der Mitbestimmung.

3. Die Mitbestimmung entfällt, wenn der Gegenstand bereits gesetzlich geregelt ist, Ausländische Normen (hier: Sarbanes-Oxley Act) bleiben außer Betracht, auch wenn sie für den Arbeitgeber von Bedeutung sind.

4. Eine Mitbestimmung verdrängende Regelung findet sich im AGG, soweit dort bestimmte sexuelle Handlungen verboten werden. Der Mitbestimmung unterliegt jedoch die Einführung eines Beschwerdeverfahrens, da § 13 Abs. 1 AGG nur die Errichtung und Besetzung der Beschwerdestelle regelt.

5. Die Unzulässigkeit einer vom Arbeitgeber geplanten konkreten Regelung (hier über private Beziehungen) schließt die zur Wahrung des Persönlichkeitsrechts bestehende Mitbestimmung nicht aus. Zudem sind Regelungen über im Betrieb stattfindende private Verhaltensweisen, insbesondere wenn es um das Verhältnis von Vorgesetzten und Untergebenen geht, nicht generell unzulässig."

1830 Enthält der Verhaltenskodex eine Regelung über die computermäßige Verarbeitung der eingemeldeten Daten, so z.B. bei Meldeverfahren per Intranet oder hinsichtlich der späteren Speicherung der Daten, ist insoweit § 87 Abs. 1 Nr. 6 BetrVG einschlägig.

7 Technische Überwachung

7.1 Allgemeines

1831 Dreh- und Angelpunkt der Beteiligung der Mitarbeitervertretung bei automatisierter Personaldatenverarbeitung bilden nach gefestigtem Stand der Rechtsprechung § 87 Abs. 1 Nr. 6 BetrVG bzw. die weitgehend gleichlautenden Bestimmungen des Personalvertretungsrechts (z.B. § 75 Abs. 3 Nr. 17 BPersVG) zur Mitbestimmung bei der Einführung und Anwendung technischer Einrichtungen, die zur Überwachung von Leistung und Verhalten der Beschäftigten bestimmt sind.

> **§ 87 Abs. 1 Nr. 6 BetrVG – Mitbestimmungsrecht**
>
> *(1) Der Betriebsrat hat, soweit eine gesetzliche oder tarifliche Regelung nicht besteht, in folgenden Angelegenheiten mitzubestimmen:*
>
> *...*
>
> *6. Einführung und Anwendung von technischen Einrichtungen, die dazu bestimmt sind, das Verhalten oder die Leistung der Arbeitnehmer zu überwachen;*
>
> *(2) ...*

Nach Aussage des BVerwG   **1832**

DVBl. 1988, 329 = RDV 1989, 80

sind technische Einrichtungen im Sinne dieser Vorschrift „Anlagen und Geräte, die unter Verwendung nicht menschlicher, sondern anderweitig erzeugter Energie mit den Mitteln der Technik, insbesondere der Elektronik, eine selbstständige Leistung erbringen", wobei der Schutzzweck des § 75 Abs. 3 Nr. 17 BPersVG eben darin liegt, „durch eine weitreichende und gleichberechtigte Beteiligung der Personalvertretung sicherzustellen, dass die Beeinträchtigungen und Gefahren für den Schutz der Persönlichkeit der Beschäftigten am Arbeitsplatz, welche von der Technisierung der Verhaltens- und Leistungskontrolle ausgehen, auf das erforderliche Maß beschränkt bleiben".

Zum Stellenwert des § 87 Abs. 1 Nr. 6 BetrVG im Rahmen des verfassungsrechtlichen Auftrags zum Schutz des informationellen Selbstbestimmungsrechts vgl. bei Däubler, Gläserne Belegschaften?, Rdn. 697 ff. m.w.N.

Insofern steht auch außer Frage, dass der Personaldaten verarbeitende Computer nebst den Verarbeitungsprogrammen (Hard- und Software) eine technische Einrichtung im Sinne des Mitbestimmungstatbestandes ist.

Nach den hierzu ergangenen Grundsatzentscheidungen, nämlich dem Bildschirmar-   **1833**
beitsplatzbeschluss vom 6.12.1983

BAG, DB 1984, 775 = RDV 1985, 43, der Leitsatz lautet: „Datensichtgeräte in Verbindung mit einem Rechner sind dann zur Überwachung von Leistung und Verhalten der Arbeitnehmer bestimmt im Sinne von § 87 Abs. 1 Nr. 6 BetrVG, wenn aufgrund vorhandener Programme Verhaltens- und Leistungsdaten ermittelt und aufgezeichnet werden, die bestimmten Arbeitnehmern zugeordnet werden können, unabhängig davon, zu welchem Zweck diese Daten erfasst werden."

und der Technikerberichtssystementscheidung vom 14.9.1984,

NJW 1985, 450 = BB 1985, 813 = AuR 1985, 261 = DB 1984, 2513 = RDV 1985, 48, die Leitsätze lauten:

„1. Eine datenverarbeitende Anlage kann auch dann eine zur Überwachung von Leistung oder Verhalten der Arbeitnehmer bestimmte technische Einrichtung sein (§ 87 Abs. 1 Nr. 6 BetrVG), wenn die leistungs- oder verhaltensbezogenen Daten nicht auf technischem Wege (durch die Einrichtung selbst) gewonnen werden, sondern dem System zum Zwecke der Speicherung und Verarbeitung eingegeben werden.

2. Eine solche technische Einrichtung ist jedenfalls dann dazu bestimmt, Verhalten oder Leistung der Arbeitnehmer zu überwachen, wenn diese Daten programmgemäß zu Aussagen über Verhalten und Leistung einzelner Arbeitnehmer verarbeitet werden."

sowie zahlreichen nachfolgenden, die Grundhaltung des BAG präzisierenden und erweiternden Entscheidungen

vgl. hierzu Buchner, BB 1987, 1942; Gaul, RDV 1987, 109; Gola, ArbuR 1988, 105; Heither, BB 1988, 1049; Kort, CR 1992, 611; Linnenkohl/Rauschenberg/Schütz, BB 1987, 1454; Matthes, RDV 1987, 1; Tonner, BB 1988, 1813

ist festzustellen, dass das BAG und die mit ihm übereinstimmende verwaltungsgerichtliche Rechtsprechung

vgl. hierzu grundlegend BVerwG, NZA 1988, 513 = DVBl. 1988, 355 = RDV 1988, 206, die Leitsätze lauten:

„1. Das Mitbestimmungsrecht des Personalrats nach § 75 Abs. 3 Nr. 17 BPersVG erstreckt sich auf die Einführung und Anwendung solcher technischer Einrichtungen, die zur Überwa-

chung von Verhalten oder Leistung der Beschäftigten objektiv ,geeignet' sind, ohne dass der Dienststellenleiter die Absicht hat, sie zu diesem Zweck einzusetzen.

2. Der Beschäftigte wird auch dann durch die technische Einrichtung ,überwacht', wenn die leistungs- und verhaltensbezogenen Daten nicht von der Einrichtung selbst erhoben werden, sondern ihr – aufgrund der von den Beschäftigten erstellten Tätigkeitsberichte – zur Speicherung und Verarbeitung eingegeben werden. "

mit Hilfe des bei „technischen Kontrolleinrichtungen" bestehenden Mitbestimmungstatbestands ein in sich geschlossenes, durchgängiges System der Beteiligung der Mitarbeitervertretungen bei automatisierter Personaldatenverarbeitung gestaltet haben.

1834 Die Rechtsprechung geht inzwischen wohl unwidersprochen

zur anfänglichen Diskussion um diese erweiternde Interpretation des § 86 Abs. 1 Nr. 6 BetrVG, nämlich zu der Streitfrage, ob technische Überwachung nur dann vorliegt, wenn der Computer die Daten unmittelbar erfasst, oder ob technische Überwachung auch dann vorliegt, wenn der Computer lediglich zur Speicherung und Auswertung anderweitig erhobener Daten eingesetzt wird, vgl. Ehmann, RDV 1988, 221; Gaul, RDV 1987, 109; Gola, DÖV 1984, 839; Hesse, NZA 1986, 657; Hunold, BB 1985, 193; Klebe/Schumann, ArbuR 1983, 40; Müllner, BB 1984, 475; Schapper/Waniorek, ArbuR 1985, 246; Schwarz, DB 1983, 226; Söllner, DB 1984, 1243; Weng, DB 1985, 1341; Zöllner, DB 1984, 241; vgl. hierzu auch OVG Münster, DB 1985, 288: „Entscheidend ist, dass das Merkmal der Unmittelbarkeit – so wie es vom BAG (BB, 1975, 2233) statuiert worden ist – eine maschinelle und damit im Kern automatisierte Informationsgewinnung (Datenerfassung) voraussetzt"; weitere Nachweise der mit dieser Auffassung noch übereinstimmenden Literatur vgl. bei Fitting, § 87 Rdn. 74

davon aus, dass eine durch den Computer ermöglichte technische Überwachung bereits vorliegt, wenn die im System verwendeten Programme Verhaltens- und Leistungsdaten von Arbeitnehmern erfassen und aufzeichnen oder gespeicherte Daten entsprechend auswerten.

1835 Eine technische Überwachung liegt demgemäß auch dann vor, wenn anderweitig gewonnene Personaldaten im System gespeichert werden, um sie zu Aussagen über das Verhalten oder die Leistung des Arbeitnehmers heranzuziehen bzw. wenn eine derartige Auswertung zwar nicht beabsichtigt, aber nach den technischen Gegebenheiten zumindest möglich ist.

1836 Der Begriff der technischen Überwachung wird somit in drei Phasen automatisierter Personaldatenverarbeitung erfüllt, nämlich durch

- das Sammeln von Informationen, d.h. das Erheben von Daten über den Beschäftigten mittels des EDV-Systems;
- das Sichten und Ordnen gespeicherter Daten, d.h. das automatisierte Verarbeiten;
- das Beurteilen und Bewerten, d.h. eine Nutzung in Gestalt eines Vergleichs einer gefundenen Aussage mit einer Vorgabe.

7.2   Beispiele aus der Praxis

1837 Demgemäß hat das BAG in weiteren Entscheidungen Mitbestimmung ebenso angenommen bei der automatisierten Erfassung und Speicherung von Benutzerdaten bei der Bedienung des Diensttelefons,

DB 1986, 2080 = ArbuR 1987, 149 = NZA 1986, 643 = RDV 1986, 199 (Telefondatenerfassung); RDV 1996, 30 = NZA 1996, 21 = MDR 1996, 393 (Bedienplatzreports)

bei der Dateneingabe im Rahmen rechnergestützter Textsysteme (Satzerfassung)

DB 1985, 1898 = BB 1985, 1664 = RDV 1985, 53

sowie dann, wenn in einem Personalinformationssystem auf einzelne Arbeitnehmer bezogene Aussagen über krankheitsbedingte Fehlzeiten, attestfreie Krankheitszeiten und entschuldigte Fehlzeiten erarbeitet werden (PAISY-Krankenläufe-Entscheidung).

NJW 1986, 2724 = DB 1986, 1496 = BB 1986, 1292 = ArbuR 1986, 285 = NZA 1986, 526 = RDV 1986, 191

Das BVerwG hat sich dieser Rechtsprechung in der Mitarbeiterberichtssystementscheidung

NZA 1988, 513 = DVBl. 1988, 355 = RDV 1988, 206

angeschlossen und sie in nachfolgenden Entscheidungen, so u.a. beim Einsatz eines Mehrplatz-Textsystems mit Speicherung der Nutzerdaten am Bildschirmarbeitsplatz ohne derzeitiges Auswertungsprogramm

BVerwG, PersR 1992, 147 = RDV 1992, 139, wobei der Leitsatz u.a. lautet: „2. Eine technische Einrichtung ist auch dann zur Überwachung des Verhaltens und der Leistung der Beschäftigten bestimmt, wenn sie ohne unüberwindliche Hindernisse mit einem zur Überwachung geeigneten Programm versehen werden kann."

und bei der Verwendung einer EDV-gestützten Parkerlaubnisverwaltung,

PersR 1993, 212 = RDV 1993, 179: „Die Einführung einer EDV-gestützten Parkerlaubnisverwaltung, bei der auch Parkverstöße, Abmahnungen, Verwarnungen und Entscheidungen über den Entzug der Parkerlaubnis gespeichert werden, unterliegt der Mitbestimmung nach § 75 Abs. 3 Nr. 15 BPersVG, und zwar auch dann, wenn diese von Hand eingegeben sowie Schreibaufträge über Abmahnungen oder Entzug manuell erteilt und ausgeführt werden."

bestätigt und erweiternd präzisiert.

Das Mitbestimmungsrecht erfasst auch den Einsatz automatisierter Verarbeitungen „zur Probe", sofern „echte" Personaldaten gespeichert werden; **1838**

LAG Berlin, CR 1987, 26; OVG Rheinland-Pfalz, PersR 1985, 160; nicht gefordert werden kann daher für den Begriff der „Überwachung" eine gewisse Kontinuität der Maßnahme; so aber BVerwG, PersR 2001, 521 = RDV 2002, 27 (Ls) zur einmaligen Verarbeitung von Schülerdaten zwecks Evaluation, vgl. hierzu auch Däubler, Gläserne Belegschaften ?, Rdn. 731 m.w.N. und Rdn. 870

es erlaubt dem Arbeitgeber auch nicht, ein probeweise befristet genehmigtes System nach Ablauf der zugestimmten Probephase – auch wenn es nur um die Pflege des Systems bis zur künftigen Einführung geht – weiterhin implementiert zu halten.

OVG Münster, PersV 1987, 203

Auch Veränderungen des Systems **1839**

zur Mitbestimmung bei Vernetzung von Geräten BVerwG, PersR 1993, 30

lösen erneute Mitbestimmungspflicht aus, wobei jedoch einschränkend einige Landespersonalvertretungsgesetze insoweit auf „wesentliche" Veränderungen abstellen. Mitbestimmungspflichtig ist das gesamte System, die technische Einrichtung als Ganzes, sodass eine Trennung in mitbestimmungspflichtige und mitbestimmungsfreie Verarbeitungen der gespeicherten Personaldaten nicht zulässig ist.

7.3 Weisung des Arbeitgebers hinsichtlich Überwachung durch Dritte

1840 Schließlich kann der Tatbestand des § 87 Abs. 1 Nr. 6 BetrVG auch dann erfüllt sein,

zur entsprechenden Situation bei Personalbefragungen vgl. vorstehende Rdn. 1784 ff.

wenn der Arbeitgeber selbst die Überwachung nicht vornimmt, sondern durch entsprechende Anweisung an die Mitarbeiter die Voraussetzungen für die technische Überwachung durch Dritte schafft, so wenn ein Unternehmen, bei dem die Mitarbeiter zwecks Arbeitserledigung tätig werden, diese in eine biometrische Zugangskontrolle einbeziehen will

vgl. BAG, RDV 2004, 122 = NZA 2004, 556:

„1. Der Betriebsrat hat nach § 87 Abs. 1 Nr. 1 und Nr. 6 BetrVG mitzubestimmen, wenn ein Arbeitgeber seine Arbeitnehmer anweist, sich in einem Kundenbetrieb der dort eingerichteten biometrischen Zugangskontrolle zu unterziehen.

2. Zwischen Betriebsrat und Arbeitgeber ist zu regeln, ob und in welcher Weise die Mitarbeiter in dem fremden Betrieb der Kontrolle unterworfen werden. Der Arbeitgeber muss bei der Vertragsgestaltung mit dem Kunden dafür sorgen, dass die mit dem Betriebsrat getroffenen Vereinbarungen umgesetzt werden. Individualrechtliche Rechtspositionen der betroffenen Arbeitnehmer bleiben hiervon unberührt. "

Das LAG Rheinland-Pfalz, PersR 1991, 383 bejaht in der Anweisung zur Abgabe der Fingerabdrücke einen Fall des § 87 Abs. 1 Nr. 1 BetrVG.

oder wenn sie auch an den betrieblichen Zeiterfassungssystemen des Fremdunternehmens teilnehmen.

LAG Bremen, RDV 2006, 24

1841 Führt der Dritte die Überwachung ohne Abstimmung mit dem Arbeitgeber durch (hier: Überwachung der Laderäume eines Flugzeugs durch Videokontrolle zwecks Schutz vor Diebstählen durch das Flughafenpersonal), so entfällt eine Mitbestimmung, weil keine Entscheidung des Arbeitgebers vorliegt. Die fehlende Mitbestimmung steht damit auch nicht der Verwendung der Videoaufzeichnungen in einem Kündigungsschutzprozess entgegen.

LAG Köln, RDV 2006, 172

Vgl. auch BVerwG, RDV 2011, 196 bei nicht veranlasster Videoüberwachung von Beschäftigten: Die Überwachung von Beschäftigten durch einen Dritten ohne Wissen und Zustimmung des Dienststellenleiters ist keine diesem zuzurechnende Maßnahme im Sinne des Personalvertretungsrechts.

1842 Bei einer „extern" von Diensteanbietern durchgeführten Telefonüberwachung und der Weiterleitung der Verbindungsdaten an den Arbeitgeber schreibt § 99 Abs. 1 S. 3 TKG vor, dass diese Datenweitergabe nur bei Beachtung der Mitbestimmung zulässig ist.

Vgl. Gola, Datenschutz am Arbeitsplatz, Rdn. 241; ders., DuD 1997, 344; Mengel, BB 2004, 1445

7.4 Die Zweckbestimmung der Überwachung

1843 Es ist ständige Rechtsprechung des BAG, dass es entgegen dem Wortlaut des § 87 Abs. 1 Nr.6 BetrVG nicht darauf ankommt, ob der Arbeitgeber die technische Einrichtung zur Kontrolle einsetzen will, sondern darauf, ob sie dafür „objektiv" geeignet ist.

Diese Auslegung gilt auch für die Parallelvorschriften des Personalvertretungsrechts, wobei einige Landesgesetze dies auch entsprechend formulieren.

Nach der auch von der Literatur wohl fast einhellig vertretenen „objektiv-finalen" Theorie   **1844**

    vgl. Däubler, Gläserne Belegschaften?, Rdn. 756 m.w.N.

genügt eine „abstrakte" Geeignetheit, d.h. die Existenz der technischen Einrichtung, allein nicht.

Wird eine Videokamera so installiert, dass Arbeitnehmer nicht erfasst werden, so scheidet Mitbestimmung aus, mag auch abstrakt die Möglichkeit der Mitarbeiterüberwachung durch Ummontieren gegeben sein. Werden jedoch – wie z.B. bei der Videoüberwachung in einer Bank – auch Mitarbeiter in die Beobachtung mit einbezogen, so besteht Mitbestimmung, obwohl die Mitarbeiterüberwachung nur ein ungewollter Nebeneffekt ist, d.h., die Mitarbeiter nicht das eigentliche Beobachtungsobjekt sind.   **1845**

Das BVerwG   **1846**

    PersR 1993, 28 = RDV 1993, 52

hat die Grenzen des Mitbestimmungstatbestands bei dem Einsatz eines PCs mit folgenden Grundsätzen formuliert:

„1. Bei der zur Ermittlung der Überwachungsfunktion technischer Einrichtungen im Rahmen des § 75 Abs. 3 Nr. 17 BPersVG gebotenen objektiv-finalen Betrachtungsweise ist nicht ausschließlich auf die technische Einrichtung als solche, deren Funktionsweise und Benutzungsbedingungen abzustellen, sondern auch auf den dafür vorgesehenen Arbeitsplatz und insbesondere die dazugehörigen Tätigkeitsgebiete. Später mögliche Änderungen der für die Beschäftigten erkennbaren objektiven Einsatzbedingungen können das Mitbestimmungsrecht erst dann auslösen, wenn sie konkret vorgenommen werden (neuer Anwendungsfall des § 75 Abs. 3 Nr. 17 BPersVG).

2. Die Einführung und Anwendung eines Personalcomputers ist zur Überwachung des Benutzers nicht ‚bestimmt', wenn es diesem zum einen freigestellt ist, ob und in welchem Umfang er überhaupt in kontrollierbarer Weise Daten bearbeitet, speichert und wieder löscht, und zum anderen aus der Verhinderung einer Kontrolle auch keine Rückschlüsse auf die Leistung und das Verhalten des Beschäftigten gezogen werden.

3. Ein Personalcomputer ist dann nicht zur Überwachung der anderen Beschäftigten bestimmt, wenn nach den Tätigkeiten am Arbeitsplatz des allein zugelassenen Benutzers keine Daten anderer Beschäftigter zu bearbeiten sind und aus der Sicht eines objektiven Beobachters auch keine Veranlassung zu der Befürchtung besteht, dass eine Überwachung erfolgt."

Dieser Eingrenzung folgt der VGH Baden-Württemberg,   **1847**

    RDV 2001, 185

wenn er die pseudonymisierte Verarbeitung von bei dem Betriebsarzt gespeicherten Gesundheitsdaten in einem nur dem Betriebsarzt zugänglichen Laborsystem von der Mitbestimmung ausnimmt, weil diese Daten keiner Leistungs- und Verhaltenskontrolle dienen und dem Arbeitgeber zu einem derartigen Zweck nicht zugänglich sind. Gleichzeitig verneint das Gericht – zu Unrecht – den Leistungsbezug von Gesundheitsdaten.

Ob ein Computer „objektiv" zur Überwachung geeignet ist, wird an die Möglichkeit der entsprechenden „programmgemäßen" Auswertung von Personaldaten geknüpft, wobei   **1848** es keinen Unterschied macht, ob die Auswertungsmöglichkeit durch das Betriebssystem oder die Anwendersoftware geschaffen ist bzw. geschaffen werden kann.

So die Rechtsprechung und h.M. der Literatur; gegen das Programmerfordernis: Simitis, RDV 1989, 55; Fitting, § 87 Rdn. 236

1849 In der Technikerberichtssystementscheidung hat der 1. Senat des BAG

NJW 1985, 450 = DB 1984, 2513

ausgeführt, dass die technische Einrichtung „jedenfalls dann" zur Überwachung bestimmt bzw. geeignet und daher mitbestimmungspflichtig sei, wenn Daten „programmgemäß" zu Aussagen über Leistung und Verhalten der Arbeitnehmer verarbeitet werden bzw. werden können. Das BVerwG

DVBl. 1988, 355 = RDV 1988, 200

formuliert dahingehend, dass EDV-Anlagen nur dann zur Überwachung geeignet seien, wenn sie mit einem entsprechenden Programm versehen sind oder versehen werden können.

1850 Diese Aussage präzisiert es u. a. in der Entscheidung zur Mitbestimmung bei Mehrplatz-Textsystemen mit Bildschirmarbeitsplatz.

RDV 1992, 125 = PersR 1992, 147; vgl. insoweit ferner BVerwG, PersR 1990, 113; kritisch: Haas, PersR 1989, 192

Danach genügt es, wenn die Einrichtung ohne unüberwindliche Hindernisse mit einem zur Überwachung geeigneten Programm versehen werden kann. Dies soll der Fall sein, wenn der Dienststellenleiter ein solches Programm beim Hersteller der Anlage selbst oder sonst ohne außergewöhnliche Schwierigkeiten und ohne unverhältnismäßigen Aufwand beschaffen kann.

Vgl. auch BayVGH, PersR 1992, 412; der Leitsatz lautet: „Eine technische Einrichtung ‚zur Überwachung des Verhaltens' liegt vor, wenn sie – und sei es durch eine erst anzuschaffende Software – Angaben darüber liefert, wer, wie oft und wie lange zum Zwecke der Dienstleistung von ihr Gebrauch gemacht hat."

1851 Zutreffend äußert sich zur Reichweite der Schutznorm der HessVGH:

PersR 1991, 295

„*Nach dem Schutzgedanken der §§ 87 Abs. 1 Nr. 6 BetrVG und 75 Abs. 3 Nr. 17 BPersVG kommt es nicht darauf an, ob das System das Verhalten oder die Leistung von Beschäftigten selbst beurteilt. Es genügt, wenn es eine solche Beurteilung aufgrund seiner Angaben ermöglicht; der jeweils letzte oder vorletzte gedankliche Schritt muss nicht mehr dem System zugewiesen sein, sondern kann auch einem Funktionsträger überlassen werden.*"

1852 Das Erfordernis der „programmgemäßen" Verarbeitung ist in jedem Fall auch erfüllt bei der Speicherung der Daten in programmunabhängigen „absoluten" Systemen mit beliebig einsetzbaren Abfragesprachen, mit denen eine leistungs- oder verhaltensbezogene Auswertung eben in das Belieben des Zugriffsberechtigten gestellt ist.

Vgl. Oechsler/Schönfeld, RDV 1987, 70; Linnenkohl/Schütz, RDV 1987, 137; vgl. ferner OVG Münster, RDV 1989, 53: „Eine Einschränkung dahingehend, dass die Einrichtung und Anwendung einer automatisierten Personaldatei lediglich dann der Beteiligung der Personalvertretung unterliegt, wenn das Anwendungsprogramm eine automatisierte Auswertung ermöglicht, wird von dem Schutzzweck der Norm nicht gefordert. Im Gegenteil dient es dem vom Gesetz-

geber angestrebten Schutz des ‚informationellen Selbstbestimmungsrechts' eher, wenn auch diejenigen internen Personaldateien von der Mitbestimmungspflicht erfasst werden, die lediglich in der Form genutzt werden, dass die in einer Datenverarbeitungsanlage eingespeicherten Daten unverändert abgerufen werden."

Dass andererseits derartige Abfragesprachen datenschutzrechtlich nicht unproblematisch sind, zeigt die Beurteilung durch den Bundesbeauftragten für den Datenschutz. **1853**

9. Tätigkeitsbericht (1987), S. 9 f.

Er führt an, dass die Verfügbarkeit freier Abfragesprachen ausschließt, dass der Datenschutzbeauftragte seinem Auftrag, die ordnungsgemäße Anwendung der Datenverarbeitungsprogramme zu überwachen, hinreichend nachkommen könne. Ferner weist er zutreffend darauf hin, dass bei spontan formulierten Abfragen die gebotene Beteiligung bzw. Kontrolle der Mitarbeitervertretung ebenso unterlaufen werden könne wie die des internen Datenschutzbeauftragten.

Vor dem Hintergrund der aufgezeigten Rechtsprechung kann festgehalten werden: Speichert ein Computer Benutzerdaten, so ist die Auswertungsmöglichkeit bezüglich des Arbeitsverhaltens der Mitarbeiter generell gegeben. Ob dies auch bei jeglicher sonstiger Speicherung von Personaldaten der Fall ist, hängt davon ab, in welcher Weise das Erfordernis der „Leistungs- bzw. Verhaltensbezogenheit" der Überwachung zu verstehen ist. **1854**

7.5 Überwachung von Leistung und Verhalten

7.5.1 Leistungs- und Verhaltensdaten

Schon um Kritik an seiner Rechtsprechung zu entkräften, hat das BAG **1855**

so in der Technikerberichtssystementscheidung, NJW 1985, 450 = DB 1984, 2514 = ArbuR 1985, 261 = RDV 1985, 48 und in der Opel-Paisy-Entscheidung, BB 1985, 1666 = ArbuR 1986, 60 = RDV 1985, 55

bei seinen Entscheidungen zur Mitbestimmung nach § 87 Abs. 1 Nr. 6 BetrVG wiederholt darauf hingewiesen, dass sich der Mitbestimmungstatbestand keineswegs auf jede technische Erhebung und Verarbeitung von Arbeitnehmerdaten erstrecke, sondern nur zum Tragen komme, wenn es sich um die Erhebung und Verarbeitung von Verhaltens- und Leistungsdaten handele. Welche Daten bzw. Auswertungen insoweit nicht die Mitbestimmungspflicht auslösen sollen, hat das BAG u.a. in der Entscheidung vom 22.10.1986 zur Verarbeitung sog. Stammdaten

NJW 1987, 2459 = DB 1987, 1048 = BB 1987, 1461 = ArbuR 1988, 124 = RDV 1987, 129

deutlich gemacht. Danach sollen Daten über den Familienstand, die Ausbildung, den beruflichen Werdegang oder Sprachkenntnisse nichts über die Arbeitsleistung und das Verhalten der Arbeitnehmer aussagen und ihre Speicherung soll keine Mitbestimmung voraussetzen.

Betrachtet man jedoch die damaligen Aussagen des BAG zu den von ihm für die Mitbestimmung als maßgebend betrachteten Begriffen „Leistung und Verhalten" näher, so ist zunächst zu statuieren, dass eine überzeugende, Streitfragen beseitigende Definition des Begriffspaars Leistung und/oder Verhalten vom BAG bisher nicht geliefert wurde. Das Gericht **1856**

NJW 1985, 450 = DB 1984, 2513; zu den unterschiedlichen Interpretationen des Leistungsbe-
griffs der Literatur vgl. bei Däubler, Gläserne Belegschaften?, Rdn. 733; Fitting, § 87
Rdn. 221; Matthes, RDV 1987, 3; Klebe in D/K/K/W, § 87 Rdn. 148

hatte sich zunächst auf eine kurze Anmerkung dahingehend beschränkt, dass Leistung
im Sinne von § 87 Abs. 1 Nr. 6 BetrVG nicht im naturwissenschaftlich-technischen
Sinne als Arbeit pro Zeiteinheit zu verstehen sei, sondern als vom Arbeitnehmer in
Erfüllung seiner vertraglichen Arbeitspflicht geleistetes Arbeiten.

1857 Die Entscheidung vom 11.3.1986 zur Zulässigkeit sog. Krankenläufe zwang das BAG,

NJW 1986, 2724 = DB 1986, 1496 = RDV 1986, 191 (Opel-Paisy-Entscheidung)

näher Stellung zu nehmen. Das BAG wollte nunmehr Personaldaten – entsprechend der
Unterscheidung in § 1 Abs. 2 KSchG – trennen in solche, die Angaben über das Verhalten des Arbeitnehmers, nämlich über ein willentlich gesteuertes Tun oder Unterlassen
des Arbeitnehmers, beinhalten, wobei Verhalten in diesem Sinne auch Angaben über die
Leistung des Arbeitnehmers umfassen soll, und in solche, die Umstände in der Person
des Arbeitnehmers beschreiben.

1858 Diese Auffassung hat auch in der Literatur vielfach Zustimmung gefunden, indem u.a.
Müllner

DB 1984, 1677

Daten aussondern will, die Angaben über „in der Person liegende Umstände" machen,
und auch nur das arbeitsplatzbezogene Verhalten erfassen will; andere verneinen für
„Statusdaten" schlichtweg jeden Leistungsbezug.

Matthes, RDV 1985, 17; a.A. nunmehr Fitting, § 87 Rdn. 221 aufgrund der mittels EDV eröff-
neten Verknüpfungsmöglichkeiten

1859 Folgt man dieser Auffassung, so wäre es konsequent, Krankheitsdaten ebenso wie sonstige Statusdaten nicht zu den leistungs- oder verhaltensbezogenen Daten zu zählen, da,
wie das BAG sicherlich zutreffend meint, die Tatsache der Krankheit selbst ein objektiver, vom Willen des Arbeitnehmers unabhängiger Zustand ist. Die daraus einzig logische Konsequenz zu ziehen, nämlich die Speicherung und weitere Verarbeitung der
krankheitsbedingten Fehlzeitendaten von der Mitbestimmung des § 87 Abs. 1 Nr. 6
BetrVG auszunehmen, erschien dem erkennenden 1. Senat aber offenbar – und zu Recht
– unvertretbar zu sein, sodass er mit äußerst spitzfindiger, aber im Grunde überflüssiger
Argumentation reinen Krankheitsdaten doch Verhaltensbezug zugestand, weil der
Arbeitnehmer sich auch bei tatsächlicher Arbeitsunfähigkeit noch entscheiden könne,
ob er arbeiten wolle oder nicht.

1860 Somit sind bei einer dem Datenschutz Rechnung tragenden Auslegung unter Verhalten
nicht nur die über die unmittelbaren Leistungsgesichtspunkte hinausgehenden Arbeits-
weisen des Arbeitnehmers, sondern ganz allgemein das Verhalten im Betrieb, die Zuverlässigkeit, der Kontakt zu Kollegen oder das Verhalten zu Vorgesetzten zu verstehen,
wobei aus einem Vergleich mit der Vorschrift des § 87 Abs. 1 Nr. 1 BetrVG folgernd
hier jedwedes Verhalten, also auch außerbetriebliches Verhalten, erfasst ist.

Schwarz, BB 1985, 531; vgl. auch Schapper/Waniorek, ArbuR 1985, 250; vgl. auch Klebe, DB
1986, 380; vgl. auch BayVGH, PersR 1992, 412: „Hierbei ist als Verhalten jedes willentlich
gesteuerte Tun oder Unterlassen anzusehen."; dazu, dass hiermit auch jedes außerbetriebli-
che Tun erfasst wird, vgl. ferner Klebe in D/K/K/W, § 87 Rdn. 149; Fitting, § 87 Rdn. 221

Bemerkenswert sind insofern die Entscheidungen des HessVGH zur Speicherung von **1861** Krankenversichertendaten im Rahmen von mit den Mitarbeitern – außerhalb des Beschäftigungsverhältnisses – bestehenden Versicherungsverhältnissen.

> *HessVGH, ZTR 1989, 203 = AiB 1989, 126 = RDV 1991, 193 mit Anm. von Gola, der Leitsatz lautet: „Das Mitbestimmungsrecht besteht unabhängig davon, ob die personenbezogenen Daten der Beschäftigten aufgrund arbeitsvertraglicher oder sonstiger Rechtsbeziehungen gespeichert und verarbeitet werden. Es unterliegt deshalb der Mitbestimmung des Personalrats, wenn ein Krankenversicherungsträger (hier: AOK) die versicherungsrechtlichen Daten der bei ihm versicherten eigenen Beschäftigten elektronisch speichert und verarbeitet.“*

Wenn somit auch unter dem den Aspekt der Leistung mit umfassenden Begriff des Ver- **1862** haltens jegliches Arbeitnehmerverhalten zu verstehen ist, das für das Arbeitsverhältnis eine Rolle spielen kann,

> *so Däubler, Gläserne Belegschaften?, Rdn. 737 m.w.N.*

so weisen viele personenbezogene Daten der Arbeitnehmer – jedenfalls in gesonderter Betrachtung – keinen derartigen Bezug auf. Insofern ist die Aussage des BAG zum fehlenden Verhaltens- und Leistungsbezug sog. Stammdaten zutreffend. Auch Gesundheitsdaten sind nicht Ursache eines Verhaltens. Zu weit hergeholt wäre es auch, z.B. Angaben über den Familienstand – auch wenn dem ein Verhalten des Mitarbeiters zugrunde liegt – einen derartigen Bezug zu geben.

Dies könnte zu dem Schluss verleiten, dass z.B. die Speicherung von Namen und **1863** Nebenstellennummern der Mitarbeiter zwecks Erstellung des betrieblichen Telefonverzeichnisses außerhalb der Anwendung des § 87 Abs. 1 Nr. 6 BetrVG liege. Auch im Rahmen der Gehaltsabrechnung werden ggf. ausschließlich Statusdaten ohne leistungs- und verhaltensbezogene Erkenntnisse verarbeitet. Keine leistungsbezogene Auswertung soll auch bei alleinigen Auswertungen für medizinische oder wissenschaftliche Zwecke vorliegen.

> *Vgl. BVerwG, RDV 2002, 27, für die Speicherung von Daten einer Schülerbefragung, weil die Auswertung der zwecks einer wissenschaftlichen Untersuchung erhobenen Daten weder für sich allein noch in Verbindung mit weiteren Erkenntnissen eine vernünftige und sachgerechte Bewertung der Lehrkräfte ermögliche*

Gleichwohl heißt das nicht, dass die Speicherung und Auswertung derartiger Daten nicht von dem Mitbestimmungstatbestand des § 87 Abs. 1 Nr. 6 erfasst würde.

7.5.2 Die verhaltensbezogene Auswertungsmöglichkeit

Maßgebend sind nicht die Aussage eines einzelnen Datums, sondern seine im Zusam- **1864** menhang mit anderen Daten und sog. Zusatzwissen durch die EDV ermöglichten Auswertungsergebnisse. Nicht nur der Inhalt des einzelnen gespeicherten und zur Auswertung herangezogenen Datums, sondern auch die durch die Auswertung zu gewinnende Aussage ist für die eventuelle Gefährdung des Persönlichkeitsrechts des Arbeitnehmers relevant.

Diese Auffassung vertritt auch das BAG, **1865**

> *Opel-Paisy-Entscheidung; so auch die h.M.: Gola, RDV 1986, 134; ders. ArbuR 1988, 109; Hinrichs, ArbuR 1986, 287; Klebe, DB 1986,382; Linnenkohl/Rauschenberg/Schütz, RDV 1986, 234; Simitis, RDV 1989, 54*

wenn es ausführt, dass die verhaltensbezogenen Aussagen auch aus Daten gewonnen werden können, „*die jedes für sich selbst nicht als Verhaltensdatum bezeichnet werden können*", wobei hinsichtlich des Auswertungsergebnisses zwei Aspekte von Bedeutung sind. Das Auswertungsergebnis enthält zum einen bereits dann einen Verhaltens- und Leistungsbezug, wenn Anhaltspunkte gewonnen werden können, die eine Vermutung für bestimmte Verhaltensweisen begründen können. Zum anderen können sich diese Vermutungen sowohl auf Verhaltensweisen der Vergangenheit als auch der Zukunft beziehen.

1866   Werden z.B. die den Statusdaten zugeordnete Zahl der Kinder und deren Alter nebst Familiensituation (z.B. alleinerziehend) mit der Zweckbestimmung ausgewertet, um eventuelle Ursachen mangelnder Leistungsbereitschaft (z.B. Ablehnung von Überstunden) einer Mitarbeiterin zu ergründen, so kann der „potenzielle" Verhaltens- und Leistungsbezug dieser Auswertung nicht in Frage gestellt werden. Ihre Relevanz im Rahmen der Mitbestimmung nach § 87 Abs. 1 Nr. 6 BetrVG zu leugnen, wäre verfehlt.

1867   Selbst das auf den ersten Blick insoweit irrelevante Telefonverzeichnis kann zur verhaltensbezogenen Überwachung herangezogen werden, wenn die Datei als Grundlage einer personenbezogenen Auswertung der Telefondaten dient.

1868   Zu beachten bleibt aber auch insoweit, dass die von der technischen Einrichtung gelieferte Aussage für sich allein noch nicht eine sachgerechte Beurteilung des Mitarbeiters ermöglichen muss. Es genügt, dass sie, wiederum in Verbindung mit weiteren Erkenntnissen, die auch auf einem schon vorhandenen Zusatzwissen des Arbeitgebers beruhen können, zu einer leistungs- oder verhaltensbezogenen Erkenntnis führt.

1869   Jede restriktivere Auslegung wäre mit dem Schutzzweck des Mitbestimmungstatbestands nicht vereinbar, da durch die leistungs- und verhaltensbezogene Auswertung von zunächst nur einen Zustand beschreibenden Angaben oder von außerbetrieblichen „privaten" Verhaltensdaten ein weit über die Kontrolle bei der Arbeit hinausgehender, bisher unbekannter Überwachungsdruck und neue Befürchtungen einer undurchschaubaren Computerkontrolle erzeugt werden würden.

1870   Zieht man aus diesen Aussagen das Ergebnis, so ist es letztlich nicht möglich, bestimmte Personaldaten eindeutig und endgültig in Daten mit und ohne Verhaltens- und Leistungsbezug zu klassifizieren; vielmehr ist davon auszugehen, dass eine leistungs- und verhaltensbezogene Auswertungsmöglichkeit im Hinblick auf die durch die EDV ermöglichten Auswertungen und Verknüpfungen von Daten bei jeglichem personenbezogenen Datum besteht.

> *Vgl. hierzu auch Gola, RDV 1986, 133; Linnenkohl/Schütz/Rauschenberg, NZA 1986, 769; Wohlgemuth, Datenschutz für Arbeitnehmer, Rdn. 703 mit Nachweisen; Däubler, Gläserne Belegschaften?, Rdn. 754 m.w.N.; Erdmann/Mager, DB 1987, 47; Wagner, ArbuR 1993, 74*

1871   Eine Eignung zur leistungs- und verhaltensbezogenen Überwachung liegt daher immer dann vor, wenn eine Beurteilung des Arbeitnehmers erfolgen soll, wobei für den Mitbestimmungstatbestand genügt, dass eine derartige Auswertung der Gesamtheit der Daten zum Zweck der Beurteilung möglich ist.

> *Zum Nachweis der insoweit zahlreich zustimmenden Literatur vgl. bei Klebe in D/K/K/W, § 87 Rdn. 150; ferner Linnenkohl, RDV 1990, 61; ders., BB 1990, 992; Fitting, § 87 Rdn. 231; an der fehlenden Mitbestimmung bei sog. Statusdaten festhaltend: Kort, CR 1992, 617; Lambrich/ Cahlik, RDV 2002, 287 (208)*

Mitbestimmung scheidet nur dann aus, wenn eine derartige Auswertungsmöglichkeit **1872** seitens des „Verarbeitungssystems" ausgeschlossen ist, wie es in den genannten Beispielen der Verarbeitung von Daten zu medizinischen oder Forschungszwecken oder auch im Rahmen von Schulungsmaßnahmen seitens der Rechtsprechung angenommen wurde.

Außer Frage muss daher auch stehen, dass sog. „Betriebsdatensysteme", die von der Zweckbestimmung her nur die Fertigung, den Materialverbrauch, die Feststellungen von Störungen etc. zum Ziel haben, aufgrund möglicher Verknüpfungen der Daten auch der Mitarbeiterüberwachung dienen können.

Linnenkohl, Informationstechnologie und Mitbestimmung, 16

7.6 Die Überwachung einer Arbeitnehmergruppe

Wenngleich die Mitbestimmung bei technischen Überwachungseinrichtungen darauf **1873** abzielt, den Persönlichkeitsschutz des einzelnen Arbeitnehmers zu sichern, hat das BAG

DB 1986, 1178 = BB 1986, 154 = ArbuR 1986, 488 = RDV 1986, 138 = NZA 1995, 187 (Kienzle-Schreiber-Entscheidung); kritisch Gaul, RDV 1987, 115

Mitbestimmung bei technischer Überwachung auch dann bejaht, wenn die mit der technischen Einrichtung erhobenen Daten lediglich die Aussage über die Leistung einer Gruppe von Arbeitnehmern enthalten, der von der technischen Einrichtung ausgehende Überwachungsdruck aber auch auf das einzelne Gruppenmitglied durchschlägt, was z.B. der Fall ist, wenn die Arbeitnehmer in einer überschaubaren Gruppe (bei sechs bis acht Mitgliedern bejaht) im Gruppenakkord arbeiten und der Akkordlohn der Mitglieder der Gruppe von der Zahl der gemeinsam produzierten Stücke abhängt. Nach einer weiteren Entscheidung des BAG

NZA 1995, 187; vgl. auch ArbG Bielefeld, AiB 1995, 600

wird maßgebend auf die gemeinschaftliche Verantwortlichkeit der Gruppenmitglieder für das Arbeitsergebnis abgestellt und darauf, dass das einzelne „außerhalb der Norm liegende" Mitglied ggf. auch dem „Druck" der anderen unterliege, indem seine Schlechtleistung für die anderen identifizierbar ist.

Die Mitbestimmung soll dann bestehen, **1874**

vgl. Matthes, RDV 1987, 1; vgl. aber auch Simitis, RDV 1989, 49

wenn innerhalb der Gruppe durch die Überwachung Abhängigkeiten entstehen, denen sich der einzelne, ohne aufzufallen, nicht entziehen kann, wobei dieser Überwachungsdruck auch bei größeren, ggf. im Wettbewerb mit anderen Gruppen stehenden Einheiten entstehen kann.

So mit weiteren Nachweisen der Rechtsprechung und der h.M. der Literatur DKK/Klebe, § 87 Rdn. 147; Fitting, § 87 Rdn. 215; vgl. ferner ArbG Berlin, CR 1990, 286; Gola, ArbuR 1988, 105; kritisch dazu Redeker, CR 1990, 482; Kort, CR 1992, 611

Bei der gebotenen datenschutzrechtlichen Betrachtung kommt es darauf an, ob die **1875** Gruppendaten von dem Arbeitgeber auch als personenbezogene Daten der einzelnen Gruppenmitglieder betrachtet und verarbeitet werden, indem die Aussagen über das Gruppenverhalten auch dem einzelnen Mitarbeiter zugeschrieben werden (z.B. Mitglied einer Negativgruppe), und das einzelne Gruppenmitglied so behandelt wird, als ob die

Gruppenerkenntnis auch individuell zutreffe. Ob dies der Fall ist, hängt von den Umständen des Einzelfalles und den Auswertungsmöglichkeiten der Gruppendaten ab.

> *Zur Problematik vgl. Gola/Schomerus, § 3 Rdn. 11; keine „Gruppenüberwachung" soll vorliegen, wenn ein Telefonanschluss von mehreren Mitarbeitern benutzt wird und die aufgezeichneten Daten nicht auf einzelne Mitarbeiter aufgeschlüsselt werden können; so Fitting, § 87 Rdn. 220; für von mehreren benutzte Bildschirmgeräte ebenso: LAG Düsseldorf, DB 1981, 379*

1876 Fraglich ist, ab welcher Gruppengröße der „Überwachungsdruck" nicht mehr das einzelne Gruppenmitglied betrifft. Je kleiner die Gruppe ist, desto mehr wird sich der Einzelne das „Gruppenergebnis", für das er mit verantwortlich gemacht wird, zurechnen lassen müssen.

> *ArbG Berlin, CR 1990, 482*

1877 Im Rahmen der an dieser Bewertung geübten Kritik wird u. a. darauf hingewiesen,

> *Nipperdey, CR 1987, 434; Gaul, RDV 1987, 109*

dass für den Betriebsrat bzw. die Einigungsstelle hinsichtlich der notwendigen Erfassung der Produktionsdaten vernünftigerweise gar nichts mehr zu regeln sei und dass die Mitglieder der Gruppe selbst im Hinblick auf das positive Arbeitsergebnis den Überwachungsdruck ausüben; dass dieser Überwachungsdruck aber auch mit Auswirkungen auf das Verhalten der Gruppenmitglieder vom Arbeitgeber verstärkt werden kann, kann schwerlich in Zweifel gezogen werden. Wenn das BAG im Hinblick auf die die Mitbestimmung auslösende Gefährdung von Persönlichkeitsrechten der Arbeitnehmer von dem auf den einzelnen Arbeitnehmer durchschlagenden Überwachungsdruck spricht, so hat es jedenfalls kein neues Tatbestandsmerkmal eingeführt, sondern eine griffige Formulierung für die durch die Mitbestimmung einzudämmende Gefährdung durch technisierte Mitarbeiterkontrolle gefunden. Im Grunde ist jedoch allein maßgebend, ob die die Gruppe beschreibenden Daten auch den einzelnen Mitarbeitern zugerechnet werden sollen bzw. vernünftigerweise zugerechnet werden können und damit als personenbezogene Daten auch ihr Verhalten oder ihre Leistung beschreiben. So kann die Bedienung eines Kopierers per Codeschlüssel, der von einer größeren Zahl von Mitarbeitern quasi nur als Zugangsschlüssel benutzt wird, mitbestimmungsfrei sein, während der Einsatz des Schlüssels zwecks Kontrolle einer vorgegebenen Kopiermenge bei einer kleineren Einheit unter den aufgezeigten Elementen Mitbestimmung auslösen kann.

> *OVG Münster, PersR 1993, 33, für den Fall, dass wenige Personen einen Kopierer mit gleicher Codenummer nutzen und das Kopiervolumen erfasst wird*

7.7 Reichweite der Mitbestimmung

7.7.1 Vorrangige Regelungen

1878 Die aufgezeigten Mitbestimmungstatbestände des § 87 BetrVG kommen nur zum Zuge, soweit eine gesetzliche oder tarifliche Regelung (§§ 87 Abs. 1 BetrVG, 75 Abs. 3 BPersVG) nicht besteht. Das Mitbestimmungsrecht entfällt jedoch nur dann, wenn die entsprechende gesetzliche oder tarifliche Norm dem Arbeitgeber keinen Entscheidungsspielraum mehr lässt, es sich also um eine abschließende Regelung handelt. Lässt das Gesetz offen, ob und/oder nach welchen Modalitäten der Arbeitgeber von einem ihm eingeräumten Recht Gebrauch macht, so bleibt Mitbestimmung bestehen.

> *Vgl. Klebe in D/K/K/W, § 87 Rdn. 25; Fitting, § 87 Rdn. 24; Gola, ArbuR 1988, 111*

Letzteres ist z.B. bei den gesetzlich vorgeschriebenen Maßnahmen der Mitarbeiterkontrolle im Rahmen der Datensicherung (Anlage zu § 9 BDSG) regelmäßig der Fall. Nur da, wo dem Arbeitgeber rechtlich oder praktisch kein Regelungsspielraum bleibt, z.B. weil keine andere sinnvolle Maßnahme möglich ist, entfällt die Mitbestimmung. **1879**

> *Vgl. BAG, EzA, § 87 BetrVG 1972 Kontrolleinrichtung Nr. 13; VGH Baden-Württemberg, ArbuR 1982, 355; OVG Hamburg, BB 1988, 2245; ArbG Düsseldorf, EzA, § 87 Kontrolleinrichtung Nr. 8; HessVGH, AiB 1989, 126; keine Verdrängung der Mitbestimmung beim Einsatz automatisierter Telefondatenerfassung durch behördliche Dienstanschlussverordnungen, OVG Münster, PersR 1992, 410; ferner insgesamt bei Fitting, § 87, Rdn. 254 f.*

Ein weiteres Beispiel ist die gesetzlich verfügte Pflicht zur Aufzeichnung von über die tägliche Regelarbeitszeit hinausgehender Mehrarbeit nach § 16 ArbZG. Da der Gesetzgeber nur das Ob und nicht das Wie der Erstellung der Arbeitszeitnachweise vorgibt, bleibt hinsichtlich des Wie Mitbestimmung bestehen. Gleiches gilt, wenn Verarbeitungen oder Nutzungen über ein bestimmtes gesetzlich vorgeschriebenes Verfahren hinausgehen sollen. Bei dem gesetzlich vorgeschriebenen Fahrtenschreiber (§ 75 a StVZO) ist die Zustimmung des Betriebsrats somit nur hinsichtlich des Einsatzes der Kontrolleinrichtung im Rahmen der gesetzlichen Zweckbestimmung **1880**

> *BAG, DB 1979, 2428; vgl. auch Däubler, Gläserne Belegschaften?, Rdn. 775 f. m.w.N.*

entbehrlich. Die weitere Verwendung der durch die Fahrtenschreibertechnik erfassten Daten unterliegt dann der Mitbestimmung, wenn sie über den Gesetzeszweck hinausgehend erfolgen soll.

> *Vgl. BAG, RDV 1988, 197: „Zutreffend ist …, dass die Bundespost Erkenntnisse aus den Schaublättern über die Arbeitsleistung des Klägers nicht verwenden darf, wenn gerade diese Verwertung der Mitbestimmung des Personalrats unterliegt, das Mitbestimmungsrecht des Personalrats aber nicht beachtet wurde."*

Die Mitbestimmung bei Einführung der Videoüberwachung in einer Spielbank entfällt daher nur insoweit, wie die die Überwachung anordnende Landesverordnung keine Regelungsspielräume mehr belässt. **1881**

> *LAG Rheinland-Pfalz, DuD 2013, 110*

7.7.2 Das BDSG als vorrangige Mindestschutznorm

Von besonderer Bedeutung ist die Frage, inwieweit die Schutznormen des BDSG als Gesetzesvorbehalt im Sinne des § 87 Abs. 1 BetrVG zu verstehen sind. Unzutreffend ist insoweit sicherlich die Auffassung, dass der Betriebsrat eine Kontrolleinrichtung zu akzeptieren habe, wenn sie nur den Vorschriften des BDSG entspreche. **1882**

> *So Ehmann, ZfA 1986, 388*

Das BDSG ist insoweit nicht als abschließende Regelung zu verstehen, als dass der dort gewährte Schutz nicht durch Betriebsvereinbarung verbessert werden könnte. Fraglich ist jedoch das Abweichen zum „Nachteil" des einzelnen Arbeitnehmers.

Eine Verschlechterung der in § 6 BDSG als unabdingbar bezeichneten Rechte auf Auskunft, Berichtigung, Löschung oder Sperrung schließt das BDSG schon selbst aus. Diese Aufzählung der auch einem Arbeitnehmer unabdingbar zustehenden Betroffenenrechte ist aber keineswegs abschließend. **1883**

Auch weitere Rechtspositionen, die dem Betroffenen aus dem BDSG zustehen, können nicht durch Rechtsgeschäft oder durch Betriebs- oder Dienstvereinbarung ausgeschlossen oder reduziert werden.

1884 Ein negatives Abweichen ist daher nur bei den Zulässigkeitsregelungen denkbar, die gegenüber dem BDSG als „andere Rechtsvorschriften" nach § 4 Abs. 1 vorrangig sein können. Es ist aber auch weder mit dem im BDSG verankerten Grundrechtsschutz noch mit dem Schutzauftrag des § 75 Abs. 2 BetrVG vereinbar, im sog. kollektiven Interesse Datenschutzansprüche einzelner Arbeitnehmer oder der Belegschaft insgesamt dadurch zu minimieren, dass dem Arbeitgeber Datenverarbeitungsbefugnisse eingeräumt werden, die ihm nach dem BDSG, d.h. nach § 28 Abs. 1 S. 1 Nr. 1 BDSG, einen Ausnahmefall aus Nr. 2 nicht zugestehen.

> *Vgl. auch Sassenberg/Bamberg, DuD 2006, 226; sie halten eine begrenzte Abdingbarkeit des BDSG für vertretbar. Ähnlich der AK Medien der Konferenz der Datenschutzbeauftragten des Bundes und der Länder (RDV 2002,156) in einer Orientierungshilfe zur datenschutzgerechten Nutzung von E-Mail: „Soweit die grundlegenden Datenschutzprinzipien eingehalten werden, kann die Dienstvereinbarung Regelungen enthalten, die im Einzelfall hinter dem Beamtengesetz oder BDSG zurückbleiben."*

1885 Regelmäßig ist davon auszugehen, dass derartige Erweiterungen unter Beachtung der informationellen Selbstbestimmung nur von dem einzelnen Arbeitnehmer verfügt werden können.

> *Vgl. insgesamt auch bei Däubler, Gläserne Belegschaften?, Rdn. 787 ff.; zutreffend hält der Hamburgische Datenschutzbeauftragte (Tätigkeitsbericht 2000/01, S. 193 = RDV 2002, 21) fest: „Die Aufsichtsbehörde ist wie die überwiegende Meinung der Literatur der Meinung, dass Betriebsvereinbarungen den Datenschutz gegenüber dem BDSG nicht einschränken können. Betriebsvereinbarungen können nur soweit vom BDSG abweichen, wie sie die dort getroffenen Regelungen durch Schutzvorkehrungen ersetzen, die den besonderen Beschäftigungsbedingungen besser angepasst, allerdings mindestens so weitreichend sind."*

1886 Eine besondere Problematik ergibt sich, wenn per Betriebsvereinbarung Kontrollrechte des Arbeitgebers im Rahmen einer erlaubten oder geduldeten Privatnutzung der betrieblichen Kommunikationsmittel unter Eingriff in das Fernmeldegeheimnis (§ 88 TKG) gestattet werden sollen.

> *Vgl. hierzu im Einzelnen bei Gola, Datenschutz am Arbeitsplatz, Rdn. 436 ff.*

Auch hier stellt sich allein die Frage, ob der Mitarbeiter bei Inanspruchnahme der privaten Nutzungen in Kenntnis der in der Vereinbarung gestatteten Kontrollmaßnahmen seine nach wie vor erforderliche Einwilligung konkludent erklärt. Eine solche konkludente Erklärung kann nicht „kollektivrechtlich" verfügt werden, sondern setzt die tatsächliche vorherige Kenntnis der Verarbeitungsbedingung, d.h. der Betriebsvereinbarung, voraus.

> *Vgl. aber den Vorschlag folgender Klausel in der BITKOM-Handlungsanleitung: Die Nutzung von E-Mail und Internet im Unternehmen, Version 1.0, Ziff. 4.2: „Durch die private Nutzung des Internetzugangs erklärt der Beschäftigte seine Einwilligung in die Protokollierung und Kontrolle gemäß Ziffer 5 dieser Vereinbarung für den Bereich privater Nutzung. Insoweit stimmt er auch seiner Einschränkung des Telekommunikationsgeheimnisses zu."*

1887 Die Frage des Abweichens von den Schutzvorschriften des BDSG wird aber nur in Ausnahmefällen eine Rolle spielen. Vielmehr ist es typischer Regelungsinhalt einer Betriebsvereinbarung, dass die in ihrer eigentlichen Zweckbestimmung nicht auf eine Mitarbeiterüberwachung ausgerichteten Verarbeitungssysteme – so z.B. bei Betriebsdatensystemen – eben nicht auch für eine datenschutzrechtlich ggf. zulässige Leistungs- und Verhaltenskontrolle herangezogen werden dürfen.

Vgl. LAG Köln, RDV 2007, 78, wonach es unzulässig ist, dass die Daten eines elektronischen Zeitmanagement-Systems, das ausschließlich zur Feststellung von Arbeitsbeginn und Arbeitsende dienen soll, zur Verhaltenskontrolle Verwendung finden sollen, d.h., dass sie nicht dazu herangezogen werden können, um bei einem Verdacht auf Arbeitszeitbetrug arbeitsrechtliche Maßnahmen zu ergreifen.

7.7.3 Vertrauensschutz der Beschäftigten

Die Betriebsparteien haben es im Hinblick auf den Vertrauensschutz der Beschäftigten auch nicht in der Hand, die mittels einer Betriebsvereinbarung geschaffene Schutzposition rückwirkend wieder aufzuheben. Macht z.B. ein Arbeitgeber die Betriebsvereinbarung zur Grundlage der Nutzung der betrieblichen Kommunikationsmittel und der diesbezüglichen Kontrollmaßnahmen, so gibt er gleichzeitig gegenüber den Beschäftigten eine „Vertrauensgarantie" dahingehend ab, dass darüber hinausgehende Eingriffe in ihr Persönlichkeitsrecht nicht erfolgen. Wenn auch im Einvernehmen mit der Mitarbeitervertretung eine Änderung der Vereinbarung und damit ggf. eine Erweiterung des bislang festgelegten Kontrollrahmens jederzeit erfolgen kann, so kann diese Änderung aufgrund dieses Vertrauensschutzes erst nach Information der Mitarbeiter und mit Wirkung für die Zukunft in Vollzug gesetzt werden. **1888**

Unzulässig wäre es daher, im Einvernehmen mit dem Betriebsrat gleichwohl über den Kontrollrahmen hinausgehende Auswertungen von in der Vergangenheit erstellten Protokollen vorzunehmen.

Vgl. hierzu den von dem Landesdatenschutzbeauftragten Schleswig-Holstein erstellten 25. TB (2002) = RDV 2003, 260 zur bisher nicht gestatteten Kontrolle der Internetnutzung hinsichtlich des Aufrufens von Auktionsseiten ohne konkreten Anlass

Zulässig wäre dies nur zukunftsbezogen und nach vorheriger Information der Mitarbeiter.

7.7.4 Behördliche Anordnungen

Die Entscheidungsbefugnis des Arbeitgebers kann nach durch das BVerfG **1889**

NZA 1995, 129 = RDV 1994, 243

bestätigter Auffassung des BAG

BAGE 58, 297= BB 1988, 2316; zustimmend Fitting, § 87, Rdn. 30; Fabricius, SAE 1989, 140; kritisch: Klebe in D/K/K/W, § 87 Rdn. 28, 34; Däubler, AiB 1989, 16; Beck/Trümmer, ArbuR 1989, 77 mit Lösungsvorschlägen

auch durch eine unanfechtbar gewordene behördliche Anordnung eingeschränkt sein, sodass insoweit auch keine Mitbestimmung mehr besteht. So stellt das BAG fest, dass das Mitbestimmungsrecht des Betriebsrats nur eine Regelung verlangen kann, die außerhalb des Betriebsverfassungsrechts der Arbeitgeber auch allein treffen könnte. Ist der Arbeitgeber aufgrund eines ihm gegenüber bindend gewordenen Verwaltungsaktes verpflichtet, eine bestimmte Maßnahme vorzunehmen, so kann der Betriebsrat unter Berufung auf sein Mitbestimmungsrecht keine hiervon abweichende Regelung verlangen.

Vgl. hierzu BAG, RDV 1992, 130: „Macht die Genehmigungsbehörde dem Betreiber einer kerntechnischen Anlage zur Auflage, dass nur Personen eingestellt und weiterbeschäftigt werden dürfen, die einer Sicherheitsüberprüfung durch die Genehmigungsbehörde unterzogen wurden, so kann der Betriebsrat nicht verlangen, dass solche Sicherheitsüberprüfungen unter-bleiben, solange er diesen nicht zugestimmt hat (Bestätigung BAGE 58, 297 = AP § 87 BetrVG-Ordnung des Betriebs Nr. 14)."

7.7.5 Mitbestimmung bei Abschaffung von Kontrolleinrichtungen

1890 Das BAG

BAGE 63, 283 = DB 1990, 743 = NZA 1990, 406 = RDV 1990, 88:

„1. Die Abschaffung einer einmal mit Zustimmung des Betriebsrats eingeführten technischen Überwachungseinrichtung (hier: automatische Zeiterfassung) unterliegt nicht der Mitbestimmung.

2. Dem Betriebsrat steht aus § 87 Abs. 1 Nr. 6 BetrVG auch kein Initiativrecht dahingehend zu, die Einführung einer technischen Kontrolleinrichtung über den Spruch einer Einigungsstelle zu erzwingen."

hatte sich nicht nur damit zu befassen, wann die Mitarbeitervertretung bei dem Einsatz einer Kontrolleinrichtung zu beteiligen ist, sondern auch damit, ob der Betriebsrat ein Initiativrecht zur Einführung einer technischen Kontrolleinrichtung habe bzw. zumindest bei der Abschaffung der – zuvor genehmigten – Einrichtung einzuschalten sei. Das BAG ging dabei zutreffend davon aus, dass es Sinn der Mitbestimmung bei technischen Überwachungseinrichtungen sei, Eingriffe in das Persönlichkeitsrecht durch anonyme technische Überwachung nur bei gleichberechtigter Mitbestimmung zu gestatten, und dass kein Anlass für Mitbestimmung gegeben sei, wenn die „Gefahr" wieder beseitigt wird.

Dieser Auffassung des BAG ist auch wiederholt das BVerwG gefolgt.

Vgl. BVerwG, RDV 2005, 26 zur Initiative auf Einführung einer automatisierten Zeiterfassung

1891 Die aus dem Schutzziel der Norm des § 87 Abs. 1 Nr. 6 BetrVG, nämlich der dem Betriebsrat übertragenen präventiven Schutzfunktion zur Gewährleistung des Persönlichkeitsrechts der Beschäftigten, abgeleitete ablehnende Haltung des BAG zu einem diesbezüglichen Initiativrecht hat in der Literatur nur wenig Zustimmung gefunden;

vgl. die gegenteilige Auffassung bei Fitting, § 87 Rdn. 245; Klebe in D/K/K/W, § 87 Rdn. 135; Däubler, Gläserne Belegschaften?, Rdn. 815; Schlomp-Röder, CR 1990, 477; zustimmend Kort, CR 1992, 611 mit Nachweisen

wobei diesen kritischen Stimmen jedenfalls insoweit zuzustimmen ist, dass die Installation einer Überwachungseinrichtung im Einzelfall auch dem Persönlichkeitsrecht vorrangigen Interessen der Belegschaft dienen kann.

1892 Anders wird der Sachverhalt aber zu beurteilen sein, wenn bestimmte Datensicherungsmaßnahmen zum Gegenstand einer bestimmte Verarbeitungen von Personaldaten reglementierenden Betriebs-/Dienstvereinbarungen gemacht wurden. Hier geht es nämlich nicht um die Zustimmung zur Installation einer konkreten Überwachungstechnik, sondern darum, dass die Mitarbeitervertretung bestimmte Verarbeitungen nur akzeptiert, wenn gleichzeitig einzelne, in der Vereinbarung festgelegte Datensicherungsmaßnahmen ergriffen werden. Auch insoweit wird der Arbeitgeber/Dienststellenleiter möglicherweise zwar hinsichtlich der Abschaffung der Maßnahmen frei sein, das aber nur unter der Vorgabe, dass er dann auch die in der Betriebsvereinbarung gestatteten Personaldatenverarbeitungen einzustellen hat, was ggf. erst nach Kündigung der Vereinbarung möglich ist.

7.7.6 Mitbestimmung bei Auftragsdatenverarbeitung

Das Mitbestimmungsrecht nach § 87 Abs. 1 Nr. 6 BetrVG, § 75 Abs. 3 Nr. 17 BPersVG **1893** wird nicht dadurch berührt, dass der Arbeitgeber die Daten der Beschäftigten im Rahmen sog. Auftragsdatenverarbeitung (§ 11 BDSG) z.B. bei einem Servicerechenzentrum oder einem anderen Konzernunternehmen verarbeiten lässt.

Vgl. Fitting, § 87 Rdn. 244; LAG Frankfurt, NZA 1985, 34; LAG Hamburg, BB 1985, 2110 sowie RDV 1986, 273

Da der Arbeitgeber bei der Auftragsdatenverarbeitung „Herr der Daten" bleibt, werden Beteiligungsrechte der Mitarbeitervertretung hierdurch nicht geschmälert.

BAG, DB 1987, 1491 = RDV 1987, 189

Mitbestimmung muss ferner angenommen werden, wenn eine bisher vom Arbeitgeber **1894** vorgenommene Verarbeitung nunmehr im Wege der Auftragsdatenverarbeitung erfolgen soll, da gerade durch die Herausgabe der Daten neue Gefährdungen für das Persönlichkeitsrecht der Beschäftigten entstehen können, denen die Mitarbeitervertretung jedenfalls durch die Festschreibung neuer Sicherungs- und Kontrollvereinbarungen Rechnung tragen können muss.

Vgl. insoweit zur Durchführung der Kantinenabrechnung bei der Konzernmutter ArbG Berlin, DB 1984, 411; Wohlgemuth, Datenschutz für Arbeitnehmer, Rdn. 518; wohl auch Däubler, Gläserne Belegschaften?, Rdn. 771

Bei Abschluss des nach § 11 BDSG notwendigen Vertrages mit dem Auftragnehmer ist **1895** sicherzustellen, dass der Arbeitgeber vom Auftragnehmer alle Informationen erhält, die er nach § 80 Abs. 1 Nr. 1 BetrVG dem Betriebsrat schuldet.

Vgl. BAG, DB 1987, 1493

8 Erweiterte Mitbestimmung durch Betriebsvereinbarung

Die dem Betriebsrat gesetzlich eingeräumte Mitbestimmung kann durch entsprechende **1896** Regelung in einer Betriebsvereinbarung – freiwillig – auch auf nicht mitbestimmungspflichtige Tatbestände ausgedehnt werden. § 88 BetrVG begründet eine umfassende funktionelle Zuständigkeit der Betriebsparteien zur Regelung „sozialer" Angelegenheiten, wozu auch der Persönlichkeitsschutz der Arbeitnehmer gehört (vgl. den Schutzauftrag des § 75 Abs. 2 BetrVG). Es kann auch der Katalog der Mitbestimmungsrechte erweitert werden, sodass sich der Arbeitgeber etwa in einer Rahmenvereinbarung verpflichten kann, jegliche Verarbeitung von Personaldaten nur nach Zustimmung der Mitarbeitervertretung vorzunehmen.

Für die Parteien von Dienstvereinbarungen sind derartige freiwillige Ausweitungen der gesetzlichen Mitbestimmungstatbestände untersagt (§ 97 BPersVG).

So ist von der gesetzlichen Mitbestimmung nicht erfasst die unternehmerische Entschei- **1897** dung für eine bestimmte Hardware.

A.A. Klebe in D/K/K/W, § 87 Rdn. 138, 157 mit Nachweisen

Dies gilt einmal insoweit, wie der Hersteller auszuwählen ist, und zum anderen etwa hinsichtlich der Konfiguration der Hardware, mit der Maßgabe, wie hierdurch nicht gleichzeitig über Verarbeitungsmöglichkeiten implizit entschieden wird.

> *Vgl. bei Tonner, BB 1988, 1813; ders. AiB 1992, 213; Däubler, Gläserne Belegschaften?, Rdn. 465, 512 m.w.N.; vgl. auch VGH Kassel, NJW 1989, 2641, der zutreffend Mitbestimmung bejaht für den Fall eines Systemwechsels*

1898 Wenn in Betriebsvereinbarungen aber gleichwohl die eingesetzte Hardware verbindlich beschrieben und ihre Veränderung der Mitbestimmung unterworfen wird, so handelt es sich um eine freiwillige Bindung des Arbeitgebers gemäß § 88 BetrVG.

1899 Gleiches gilt für den Abschluss einer Rahmen-Betriebsvereinbarung mit allgemeinen Regeln über den Einsatz von EDV-Anlagen, ohne dass es um konkrete Anwendungen geht,

> *LAG Düsseldorf, NZA 1989, 146 = RDV 1989, 243*

oder um die Einräumung eines umfassenden Mitbestimmungsrechts bei der Bestellung des betriebsinternen Datenschutzbeauftragten,

> *zur diesbezüglichen Problematik vgl. LAG Düsseldorf, DB 1989, 2651 = RDV 1989, 4*

wobei es jedoch bei komplexen Tatbeständen häufig nicht ohne Weiteres zu trennen ist, welche Aspekte im erzwingbaren Bereich und welche Regelungen bereits freiwillig getroffen wurden.

9 Ausübung der Mitbestimmung durch Betriebs-/Dienstvereinbarung

9.1 Allgemeines

1900 Bereits bei den Vorüberlegungen zur Einführung oder Erweiterung von Verfahren zur automatisierten Personaldatenverarbeitung stellt sich für den Arbeitgeber/Dienststellenleiter und die in jedem Fall zunächst einmal zu informierende Mitarbeitervertretung gleichermaßen die Frage, ob und inwieweit es gesetzlich zwingend geboten oder zumindest auf freiwilliger Basis sinnvoll ist, hierüber Einvernehmen zu erzielen und ggf. die beabsichtigten Verarbeitungen und Nutzungen der Personaldaten in einer Betriebs-/Dienstvereinbarung festzuschreiben. Der Abschluss einer solchen Vereinbarung bzw. der an ihre Stelle tretende Beschluss der Einigungsstelle kann von der Mitarbeitervertretung erzwungen werden, soweit die beabsichtigten Personaldatenverarbeitungen und die hierfür benötigten Techniken (z.B. Bildschirmarbeitsplätze, Kontrollen nach § 9 BDSG etc.) ihrer Mitbestimmung unterliegen.

1901 Der Abschluss einer Betriebs-/Dienstvereinbarung ist für die Rechtmäßigkeit der Personaldatenverarbeitung von Bedeutung zum einen deswegen, weil eine ohne Beachtung der Beteiligungsrechte durchgeführte Verarbeitung auch dem betroffenen Mitarbeiter gegenüber unzulässig ist,

> *vgl. BAG, DB 1987, 1048 = RDV 1987, 129; LAG Frankfurt, PersR 1990, 52; vgl. aber auch BAG, RDV 2003, 293 = NJW 2003, 3436 zur „Heilung bei nachträglicher Zustimmung des Betriebsrats bei nicht mitbestimmt eingeführter Videoüberwachung"*

und zum anderen, weil eine als Ergebnis der Beteiligung zustande gekommene Vereinbarung eine Erlaubnis- bzw. Verbotsnorm gemäß § 4 Abs. 1 BDSG für die geregelten Verarbeitungen und Nutzungen

vgl. BAG, DB 1986, 2080 = RDV 1986, 199

darstellen kann, aus der sich auch unmittelbar Rechte der Beschäftigten ergeben können.

9.2   Regelungsbereich

Auch bei dem Abschluss einer freiwilligen Betriebsvereinbarung sind den Parteien keine unbegrenzten Regelungsmöglichkeiten eingeräumt. Insbesondere haben die Parteien den Schutzbereich des § 75 Abs. 2 BetrVG zu beachten. Die Regelungskompetenz der Parteien erstreckt sich im Übrigen nur auf Fragen, die den Inhalt von Arbeitsverhältnissen oder die betriebliche Organisation betreffen. Werden diese Regelungsgrenzen überschritten, so ist die getroffene Vereinbarung nichtig. **1902**

Im Rahmen der Regelungskompetenz getroffene Vereinbarungen haben normativen Charakter. Sie erzeugen als „Gesetz des Betriebes" objektives Recht, das auf die einzelnen Arbeitsverhältnisse unmittelbar und zwingend einwirkt (§ 77 Abs. 4 S. 1 BetrVG). **1903**

> **§ 77 BetrVG – Durchführung gemeinsamer Beschlüsse, Betriebsvereinbarungen**
>
> *(1) ... (3) ...*
>
> *(4) Betriebsvereinbarungen gelten unmittelbar und zwingend. Werden Arbeitnehmern durch Betriebsvereinbarungen Rechte eingeräumt, so ist ein Verzicht auf sie nur mit Zustimmung des Betriebsrats zulässig. Die Verwirkung dieser Rechte ist ausgeschlossen. Ausschlussfristen für ihre Geltendmachung sind nur insoweit zulässig, als sie in einem Tarifvertrag oder in einer Betriebsvereinbarung vereinbart wurden; dasselbe gilt für die Abkürzung von Verjährungsfristen.*
>
> *(5) ... (6) ...*

Abweichende einzelvertragliche Abreden sind nur wirksam, soweit sie für den Arbeitnehmer günstigere Regelungen enthalten. Einen Verzicht auf die durch die Betriebsvereinbarung eingeräumten Rechte kann der Arbeitnehmer nur mit Zustimmung des Betriebsrats aussprechen (§ 77 Abs. 4 S. 2 BetrVG). **1904**

9.3   Regelungsabrede

Die Ausübung von Mitbestimmungsrechten äußert sich nicht immer in dem Abschluss einer Betriebs-/Dienstvereinbarung. Der Abschluss einer Vereinbarung scheidet immer dann aus, wenn es um die Beteiligung der Mitarbeitervertretung bei personellen Einzelmaßnahmen geht. Eine Betriebs-/Dienstvereinbarung dient nämlich der kollektiven Regelung der betrieblichen oder behördlichen Ordnung sowie der „abstrakten" Gestaltung der Rechtsbeziehungen zwischen Arbeitgeber/Dienstherrn und Beschäftigten mit normativer Wirkung. **1905**

Aber auch bei derartigen generellen Regelungen mit Dauerwirkung kann die Mitarbeitervertretung auf den Abschluss einer förmlichen Vereinbarung verzichten und in Ausübung ihres Mitbestimmungsrechts ggf. mündlich oder schriftlich ihre Zustimmung zu der von dem Arbeitgeber beabsichtigten Vorgehensweise erklären. **1906**

1907 Fälle der nicht durch Abschluss einer mit normativer Wirkung ausgestatteten Vereinbarung zwischen Arbeitgeber und Mitarbeitervertretung werden mit dem dem Betriebsverfassungsgesetz selbst nicht bekannten Begriff der Regelungsabrede erfasst.

> *Vgl. bei Fitting, § 87 Rdn. 255*

Derartige Abreden begründen nur schuldrechtliche Beziehungen zwischen den Parteien mit entsprechender Selbstbindung. Eine Verbesserung datenschutzrechtlicher Ansprüche der Beschäftigten oder Eingriffsbefugnisse i.S.v. § 4 Abs. 1 BDSG können nicht begründet werden.

1908 Will man sich von ihnen lösen, so müssen die Betriebsparteien bei einer formlosen Abrede, durch die für einen längeren Zeitraum eine mitbestimmungspflichtige Angelegenheit i.S.v. § 87 Abs. 1 BetrVG geregelt wurde, ordentlich mit einer Frist von drei Monaten kündigen (analog § 77 Abs. 5 BetrVG).

Eine gekündigte Regelungsabrede wirkt analog § 77 Abs. 6 BetrVG bis zum Abschluss einer Betriebsvereinbarung weiter, wenn der Gegenstand der Regelungsabrede der Mitbestimmung unterlag.

1909 Dabei darf jedoch nicht übersehen werden, dass nur eine Betriebs-/Dienstvereinbarung auf Dauer und verbindlich unmittelbare Rechte und Pflichten für Arbeitgeber und Beschäftigte schaffen und Rechtssicherheit gewähren kann.

> *Vgl. BVerwG, PersR 1993, 212: „Eine Regelung über die Begrenzung bestehender Überwachungsmöglichkeiten kann gegenüber dem Personalrat dauerhafte Verbindlichkeit nur dadurch erlangen, dass sie zum Inhalt einer Dienstvereinbarung gemacht wird.“*

1910 Da die „Vereinbarung“ Zulässigkeits- und gleichzeitig Verbotsnorm für die Personaldatenverarbeitungen des Arbeitgebers sein kann und der Betriebs-/Personalrat anstreben wird, die vereinbarten Datenschutzrechte der Betroffenen auch mit normativer Wirkung festzuschreiben, wird der Abschluss einer Betriebs-/Dienstvereinbarung den Regelfall ausgeübter Mitbestimmung beim Einsatz automatisierter Personaldatenverarbeitung bilden.

9.4 Abschluss, Geltungsbereich und Beendigung der Vereinbarung

9.4.1 Abschluss und Zuständigkeiten

1911 Die Betriebs-/Dienstvereinbarung ist ein Vertrag, der schriftlich (§ 125 BGB) zwischen Arbeitgeber und dem Träger des Mitbestimmungsrechts – also z.B. Betriebs- bzw. Gesamt- oder Konzernbetriebsrat –

> *entsprechende Zuständigkeitsverteilungen bestehen im Bereich des Personalvertretungsrechts für die sog. Stufenvertretung und den Gesamtpersonalrat (§ 53 BPersVG)*

abgeschlossen wird.

---

§ 77 BetrVG – Durchführung gemeinsamer Beschlüsse, Betriebsvereinbarungen

(1)

(2) Betriebsvereinbarungen sind vom Betriebsrat und Arbeitgeber gemeinsam zu beschließen und schriftlich niederzulegen. Sie sind von beiden Seiten zu unterzeichnen; dies gilt nicht, soweit Betriebsvereinbarungen auf dem Spruch einer Einigungsstelle beruhen. Der Arbeitgeber hat die Betriebsvereinbarung an geeigneter Stelle im Betrieb auszulegen.

(3) ... (6) ...

Dies bedingt, dass der Arbeitgeber und die Mitarbeitervertretung den schriftlich formulierten Text der getroffenen Abrede auf derselben Urkunde zu unterzeichnen haben (§ 126 Abs. 2 BGB). Wird die Schriftform nicht gewahrt, so ist keine Vereinbarung mit normativer Wirkung, ggf. jedoch eine „Regelungsabrede" zustande gekommen. Bei der Unterzeichnung wird die Mitarbeitervertretung i.d.R. durch ihren Vorsitzenden (§ 26 Abs. 3 BetrVG) vertreten, der hierfür aufgrund eines Beschlusses der Mitarbeitervertretung bevollmächtigt sein muss. Liegt ein derartiger Beschluss nicht vor, so ist die Vereinbarung bis zur evtl. Genehmigung durch den Betriebs-/Personalrat schwebend unwirksam. Der Arbeitgeber kann selbst oder durch einen Bevollmächtigten (§§ 49 Abs. 1, 54 HGB) handeln. Für die Dienststelle handelt deren Leiter bzw. dessen Vertreter (§ 7 BPersVG). **1912**

Der Gesamtbetriebsrat ist zuständig, wenn ihm die Ausübung der Mitbestimmung nach § 50 Abs. 1 BetrVG obliegt oder nach § 50 Abs. 2 BetrVG übertragen wurde. Von Gesetzes wegen besteht die Zuständigkeit des Gesamtbetriebsrats, wenn die Angelegenheit mindestens mehrere Betriebe des Unternehmens betrifft und sinnvoll nur einheitlich und nicht durch die einzelnen Betriebsräte innerhalb der Betriebe geregelt werden kann. **1913**

vgl. BAG, RDV 2012, 28

Die Zuständigkeit des Gesamtbetriebsrats ist nicht abschließend, d.h., der Einzelbetriebsrat bleibt zuständig, wenn der Gesamtbetriebsrat keinen Regelungsbedarf oder keine Zuständigkeit sieht. **1914**

LAG Düsseldorf, NZA 1992, 613; LAG Nürnberg, AiB 1990, 74; Trittin in D/K/K/W, § 50 Rdn. 12 ff.; a.A. Ehrich, ZfA 1993, 430

Gleiches gilt, wenn der Gesamtbetriebsrat sich auf den Abschluss einer Rahmenvereinbarung beschränkt hat oder Zuständigkeiten der Einzelbetriebsräte durch Öffnungsklauseln gewährt hat.

Fitting, § 50 Rdn. 24

Soll ein Personalinformationssystem die zentrale Verarbeitung der Personaldaten aller Beschäftigten nach einheitlichen Verfahren bewirken, so handelt es sich um eine solche überbetriebliche Angelegenheit. Die Mitbestimmung bei einer zentralen unternehmenseinheitlichen Personalplanung oder Entgeltabrechnung obliegt daher nur dem Gesamtbetriebsrat. **1915**

Vgl. BAG, RDV 2007, 165:

„1. Die Mitbestimmung nach § 87 Abs. 1 Nr. 6 BetrVG bei der Einführung eines elektronischen Datenverarbeitungssystems, das zur Verhaltens- und Leistungskontrolle bestimmt ist, obliegt gemäß § 50 Abs. 1 Nr. 6 BetrVG dem Gesamtbetriebsrat, wenn das System betriebsübergreifend eingeführt werden soll und eine unterschiedliche Ausgestaltung in den einzelnen Betrieben mit der einheitlichen Funktion des Systems nicht vereinbar wäre.

2. Die nach § 50 Abs. 1 Satz 1 BetrVG begründete originäre Zuständigkeit des Gesamtbetriebsrats zur Regelung einer mitbestimmungspflichtigen Angelegenheit ist nicht auf eine Rahmenkompetenz beschränkt. Eine einheitliche mitbestimmungspflichtige Angelegenheit kann nicht aufgespalten werden in Teile, die in die Zuständigkeit des Gesamtbetriebsrats fallen, und solche, für welche die örtlichen Betriebsräte zuständig sind."

Andererseits verkennen das LAG Köln **1916**

DB 1987, 2107 = CR 1988, 315

und das LAG Düsseldorf

> *DB 1981, 379, ferner NZA 1988, 211 = CR 1988, 1016; vgl. ferner LAG Frankfurt, NZA 1985, 33 sowie DKK/Trittin, BetrVG § 50 Rdn. 24, 28*

nicht, dass auch bei unternehmensweiter Einführung computergestützter Datenverarbeitung Zuständigkeiten der Einzelbetriebsräte erhalten bleiben können, was bei der Schaffung von Bildschirmarbeitsplätzen bejaht wurde, soweit sie hinsichtlich des Dialogs Benutzer/Datenbestand unterschiedlich gestaltet werden können.

> *Anders aber LAG Köln, DB 1983, 1101 für die Telefondatenerfassung*

1917 Auch um in der Praxis insoweit auftretende Abgrenzungsprobleme und Kompetenzstreitigkeiten zwischen den Mitarbeitervertretungen auszuschließen, will Keim

> *BB 1987, 962*

die für die Zuständigkeit des Gesamtbetriebsrats zwingend gebotene Notwendigkeit einer einheitlichen Regelung für den Abschluss einer „Rahmen-Vereinbarung" bejahen, wobei jedoch zu beachten ist, dass das Betriebsverfassungsgesetz diese Spielart der Betriebsvereinbarung nicht kennt, sodass sie i.d.R. nur als freiwillige Vereinbarung abgeschlossen werden kann.

> *Vgl. LAG Düsseldorf, RDV 1989, 243*

1918 Auf die im öffentlichen Dienst ähnlich gelagerten Zuständigkeitsfragen zwischen Personalrat, Gesamtpersonalrat und evtl. Stufenvertretung (§§ 53 ff. BPersVG) sei hier nur hingewiesen.

Ist auf höherer Ebene unter Beachtung der aufgezeigten Zuständigkeiten eine Vereinbarung abgeschlossen, so ist die Regelungskompetenz der nachgeordneten Ebenen verbraucht.

> *VGH Baden-Württemberg, RDV 1989, 25; LAG Nürnberg, AiB 1990, 74*

1919 Nicht berührt wird dagegen die Kontrollkompetenz, d.h., die Aufgabe des einzelnen Betriebsrats, nach § 80 Abs. 1 Nr. 1 BetrVG darüber zu wachen, dass die Betriebsvereinbarung eingehalten wird, geht nicht auf den die Vereinbarung abschließenden Gesamtbetriebsrat über und kann auch nicht von ihm durch entsprechende Regelung in der Vereinbarung dem Einzelbetriebsrat entzogen werden.

> *BAG, RDV 1989, 125*

9.4.2 Geltungsbereich

1920 Jede Betriebs- und Dienstvereinbarung hat einen räumlichen, persönlichen und sachlichen Geltungsbereich. Räumlich erfasst sie die Betriebe und Dienststellen, für die sie abgeschlossen ist. In persönlicher Hinsicht erstreckt sie sich auf die Beschäftigten bzw. auf bestimmte Beschäftigtengruppen der betroffenen Betriebe/Dienststellen. Begrenzt – und rechtlich sehr umstritten – ist die gerade bei der Verarbeitung personenbezogener Daten sich aufdrängende Möglichkeit, Pensionäre, ehemalige Mitarbeiter, Angehörige der Beschäftigten oder Bewerber mit einzubeziehen.

1921 Dass die Mitarbeitervertretung bei der Regelung der Personaldatenverarbeitung auch für Bewerber zuständig ist, dürfte sich bereits aus der Mitbestimmung bei der Verwendung von Personalfragebogen gemäß §§ 94, 95 BetrVG, §§ 75 Abs. 3 Nr. 8, 76 Abs. 2 Nr. 2 BPersVG ergeben.

> *So auch Wohlgemuth, Datenschutz für Arbeitnehmer, Rdn. 680 ff.; Fitting, § 99 Rdn. 167, 174 f.*

Ebenso muss es zulässig sein, festzulegen, welche Daten eines Beschäftigten nach dessen Ausscheiden gelöscht bzw. mit welcher Frist weiter gespeichert werden, da es hier um Rechtspositionen im Zusammenhang mit der Beendigung von Arbeitsverhältnissen geht. Ferner hat die Mitarbeitervertretung die Kompetenz, die Verarbeitung der Daten Dritter (z.B. von Familienangehörigen, Gläubigern etc.) zu regeln, wenn diese Daten gleichzeitig personenbezogene Daten der Arbeitnehmer sind. **1922**

Vgl. insoweit BAG, DB 1986, 2080 = RDV 1986, 199, wonach Telefondaten sowohl Daten des anrufenden Arbeitnehmers als auch solche des angerufenen Dritten sind

Der sachliche Geltungsbereich schließlich betrifft den eigentlichen Zweck oder Gegenstand der Vereinbarung, also Regelungen über die Verarbeitung personenbezogener Daten in einem computergestützten Personaldatensystem, wobei i.d.R. für jedes verwendete EDV-System – ggf. in Ausfüllung einer sog. Rahmenvereinbarung – eine spezielle Vereinbarung abzuschließen sein wird, die auf die speziellen, mit dem jeweiligen System verbundenen datenschutzrechtlichen Gefahren besonders eingeht. **1923**

Vgl. Waßer/Klöpper, AiB 1992, 195

9.4.3 Regelungsgegenstand

Der Wille der Parteien, eine Betriebs-/Dienstvereinbarung abzuschließen, d.h., normative Regelungen zu treffen, muss in dem Text der Vereinbarung deutlich zum Ausdruck kommen. Dies geschieht regelmäßig dadurch, dass die Vereinbarung im „Kopf", der auch die Partner der Vereinbarung nennt, ausdrücklich als solche bezeichnet wird. Ferner wird, um den Regelungsgegenstand zu bezeichnen, eine nähere Kennzeichnung hinzugefügt (z.B. Betriebsvereinbarung über den Einsatz des Personal-Abrechnungs- und Informationssystems PAISY). **1924**

Als typische und wichtigste Regelungsgegenstände der Praxis können insoweit Vereinbarungen über **1925**

- Arbeitszeitsysteme
- Betriebsdatenerfassungssysteme
- CAD-Programme
- Datenschutz in Call-Centern
- E-Learning
- E-Mail- und Internetnutzung
- Handynutzung
- PC- bzw. Laptop-Einsatz
- personaldatenverarbeitende Systeme (Abrechnungs- und Informationssysteme)
- Telearbeit
- Telefondatenerfassungssysteme
- Zugangskontrollen

verzeichnet werden.

Vgl. auch die Beispiele in Gliss/Kramer, Arbeitnehmerdatenschutz – Aktionsfelder für Betriebsräte, 2005; zu Call-Centern Menzler-Trott, RDV 1999, 257; Reska, Call-Center – Analyse und Handlungsempfehlung, 2005; Wedde, Computer-Fachwissen 6/2001, 20; EVA-Rahmenregelung: Reith, Computer-Fachwissen 1/2003, 4; E-Learning: Bieler/Rager/Weinfurter, Computer-Fachwissen 10/2002, 9; E-Mail und Internet: Bijok/Class, RDV 2001, 58; Kiper, PersR 2002, 104; zum Intranet: Wilke, Computer-Fachwissen 3/2000, 16 = RDV 2000, 186;

> *Intranet und Internet: Skowranek, Computer-Fachwissen 5/2001, 7; zur Telearbeit: Gola, Computer-Fachwissen/1999, 16; zur Videoüberwachung: Tammen, RDV 2000 15; Schierbaum, Computer-Fachwissen 5/2002, 24; umfassend Ahrens/Konrad-Klein, Datenschutz & Mitbestimmung, 2005*

1926 Die Kennzeichnung kann auch dadurch erfolgen bzw. noch weiter präzisiert werden, indem den eigentlichen Regelungen eine „Präambel" vorangestellt wird, die zwar selbst keinen normativen Charakter hat, aber die Zielrichtung für ggf. erforderliche Auslegungen der nachfolgenden Klauseln aufzeigt. Unter dem Aspekt des Datenschutzes können hier die Aufgaben der Parteien bei der Gewährleistung des Persönlichkeitsrechts der Beschäftigten und die verfassungsrechtlichen Garantien des „Rechts auf informationelle Selbstbestimmung" angesprochen werden.

1927 Trotz der hierzu inzwischen ergangenen, die wesentlichen Zweifelsfragen beseitigenden höchstrichterlichen Rechtsprechung kann es im konkreten Fall zwischen den Parteien der Vereinbarung strittig sein, ob eine gefundene Regelung ganz oder teilweise vom Arbeitgeber „freiwillig" oder aufgrund zwingenden Mitbestimmungsrechts abgeschlossen wird. Soweit hierzu unzutreffende oder gegensätzliche Aussagen in der Betriebsvereinbarung selbst oder in begleitendem Schriftwechsel gemacht werden, ist das für die Wirksamkeit der Vereinbarung zunächst ohne Bedeutung. Dies gilt selbst dann, wenn die Regelungen „irrtümlich" von beiden Parteien als erzwingbar angesehen wurden.

> *Hinsichtlich der sich hieraus ergebenden Konsequenzen vgl. bei Gaul, DB 1984, 1723*

1928 Ist die Betriebsvereinbarung in Kraft, entfalten die freiwilligen wie die erzwungenen Bestimmungen qualitativ unterschiedslos die gleichen rechtlichen Wirkungen. Im Falle einer Kündigung wirken auch die freiwilligen Abreden nach, zum einen, wenn dies so vereinbart wurde, und zum anderen, wenn freiwillige und erzwingbare Klauseln in einer nicht voneinander zu trennenden Einheit verbunden sind.

> *Vgl. bei Fitting, § 77 Rdn. 47*

9.4.4 Wesentliche Regelungsinhalte

1929 Die wesentlichen Fragenbereiche, die in Betriebs-/Dienstvereinbarungen angesprochen zu werden pflegen,

> *vgl. auch das Gliederungskonzept in einer Lehrgangsunterlage (Heß, Personaldatenverarbeitung und Arbeitnehmerrechte, Computertechnik für Arbeitnehmer, Bd. 2, hrsg. von der Technologieberatungsstelle beim DGB-Landesbezirk NW und dem MAGS-NW) sowie Gola/Wronka, Betriebsvereinbarungen über PAISY, 23*

lassen sich wie folgt zusammenfassen:

- Ziele und Regelungsgegenstand
- Geltungsbereich
- Systemanwendung, Datenkatalog (ggf. in Anlagen präzisiert)
- Begriffsbestimmungen
- Zulässigkeit der Datenverarbeitung und -nutzung
- Leistungs- und Verhaltenskontrolle
- Auftragsdatenverarbeitung
- Rechte der betroffenen Beschäftigten
- Rechte des Betriebsrats (Informationen, Kontrollen, Sachverständige)
- Aufgaben des Datenschutzbeauftragten

- Datensicherung, Zugriffsberechtigungen (ggf. in Anlagen präzisiert)
- Arbeitskreis/Verfahren bei Streitigkeiten
- Schlussbestimmungen, Kündigung und Nachwirkung

Welche Aussagen im Einzelnen zu diesen Regelungsbereichen in Festlegung, Erweiterung oder Einschränkungen der sich aus dem BDSG oder sonstigen arbeitsrechtlichen Normen ergebenden datenschutzrechtlichen Vorgaben möglich und auch häufig anzutreffen sind, wurde bereits angesprochen.   **1930**

Vgl. auch die Arbeitshilfe, die der Bundesdatenschutzbeauftragte hinsichtlich der in einer Dienstvereinbarung zur Personaldatenverarbeitung zu regelnden Themenbereiche gegeben hat, 9. Tätigkeitsbericht, S. 12; und entsprechende Empfehlungen der Literatur, u.a. bei Wohlgemuth, Datenschutz für Arbeitnehmer, Rdn. 173 ff.; Freund, Mitbestimmung bei betrieblichen Personalinformationssystemen, 95 ff.; Linnenkohl, Informationstechnologie und Mitbestimmung, 113, Waßer/Klöpper, AiB 1992, 195 ff.

9.5   Verfahren im Streitfall/Einigungsstelle

9.5.1   Regelungskompetenz

Kommt es im Rahmen der gesetzlich vorgeschriebenen Mitbestimmung nicht zu einer Einigung zwischen Arbeitgeber und Mitarbeitervertretung, so kann jede Partei die Einigungsstelle anrufen (§§ 76 Abs. 5 BetrVG, 71 BPersVG). Während im Bereich des Betriebsverfassungsrechts der Spruch der Einigungsstelle in jedem Falle die Einigung zwischen Arbeitgeber und Betriebsrat ersetzt und die Angelegenheit abschließend regelt, sind im öffentlichen Dienst der Kompetenz der Einigungsstelle verfassungsrechtliche Grenzen gesetzt,   **1931**

vgl. HessStGH, DVBl. 1986, 936 = ArbuR 1987, 36 = RDV 1986, 149; BVerfGE 9, 268

aufgrund derer die Letztentscheidung ggf. doch bei dem Dienstherrn verbleiben muss. Insoweit ist daher im Personalvertretungsrecht zu unterscheiden, ob der Einigungsstelle im Rahmen „voller" Mitbestimmung die endgültige Entscheidungskompetenz übertragen ist oder ob nur „eingeschränkte" Mitbestimmung besteht, bei der dem Spruch der Einigungsstelle nur empfehlender Charakter zukommt. Da die Mitbestimmung überall dort eingeschränkt ist, wo es um wichtige Verwaltungs- und Staatsaufgaben geht, fallen hierunter auch Fragen der Verwaltungs- und Behördenorganisation und darunter auch grundsätzliche Entscheidungen über den Einsatz der EDV und die Einführung neuer Kommunikationstechniken.

Zur Problematik vgl. auch Kübel, PersV 1987, 217; ders., PersV 1988, 201; Battis, NVwZ 1986, 884; Lecheler, NJW 1986, 1079; Kallenborn-Schmidtke, ZTR 1992, 446

Als nicht verfassungswidrig wurde es von dem HessStGH   **1932**

DVBl. 1986, 936 = ArbuR 1987, 36 = RDV 1986, 149

jedoch angesehen, wenn bei der primär soziale Angelegenheiten berührenden Mitbestimmung bei technischer Überwachung – wie es auch in § 75 Abs. 1 Nr. 17 BPersVG der Fall ist – uneingeschränkte Mitbestimmung mit Letztentscheidung der Einigungsstelle vorgesehen ist. Andererseits gewähren aber einige Landespersonalvertretungsgesetze auch hier nur eingeschränkte Mitbestimmung.

Auch bei der Letztentscheidungskompetenz unterliegen die Beschlüsse der Einigungsstelle sowohl in der öffentlichen Verwaltung als auch im Bereich der Privatwirtschaft   **1933** der Rechtmäßigkeitskontrolle durch die Gerichte, insbesondere im Hinblick auf erfolgte Ermessensausübung.

Vgl. zum Verfahren insgesamt: Färber/Theilenberg, Personaldatenverarbeitung im Einigungsstellenverfahren; Pünnel, Die Einigungsstelle des BetrVG

> **§ 76 BetrVG – Einigungsstelle**
>
> *(1) ... (4) ...*
>
> *(5) ... Die Einigungsstelle fasst ihre Beschlüsse unter angemessener Berücksichtigung der Belange des Betriebes und der betroffenen Arbeitnehmer nach billigem Ermessen. Die Überschreitung der Grenzen des Ermessens kann durch den Arbeitgeber oder den Betriebsrat nur binnen einer Frist von zwei Wochen, vom Tage der Zuleitung des Beschlusses an gerechnet, beim Arbeitsgericht geltend gemacht werden.*
>
> *(6) ... (8) ...*

Die Einigungsstelle hat bei ihrer Entscheidung den Gesetzesauftrag im Auge zu behalten, die Beschlüsse unter angemessener Berücksichtigung der Belange des Betriebes und der betroffenen Arbeitnehmer nach billigem Ermessen zu fassen.

9.5.2 Konsequenzen bei Ermessensüberschreitung

1934 Wird dieses Ermessen überschritten, so kann der Spruch zur gerichtlichen Überprüfung gestellt werden (§ 76 Abs. 5 BetrVG). Steht dieser nicht im Einklang mit der Rechtsordnung, so äußert sie keine Rechtswirkung, ohne dass es dazu an sich einer gerichtlichen Entscheidung bedarf. Die gerichtliche Entscheidung über die Wirksamkeit einer Betriebs- oder Dienstvereinbarung oder den Spruch einer Einigungsstelle hat daher nur feststellende und nicht rechtsgestaltende Bedeutung.

Vgl. BAG, DB 1986, 2000 = ArbuR 1987, 149 = NZA 1986, 643 = RDV 1986, 199

Ist der Beschluss der Einigungsstelle rechtswidrig und damit unwirksam, entfaltet er nicht die ansonsten für die Beteiligten eintretende Bindung (vgl. § 71 Abs. 4 S. 2 BPersVG).

A.A. Berg, in D/K/K/W § 76, Rdn. 94 f. mit Nachweisen

1935 Bedeutsam ist somit, die Grenzen des Ermessens der Einigungsstelle festzustellen, d.h. u.a. die Frage zu klären, ob die Einigungsstelle in ordnungsgemäßer Ermessensausübung den Einsatz neuer Techniken ggf. auch völlig blockieren kann. Dabei ist davon auszugehen, dass sich das billige Ermessen, in dem sich der Entscheidungsspielraum bewegt, am Zweck des jeweiligen Mitbestimmungsrechts auszurichten hat. Für die Ausübung der Mitbestimmung nach § 87 Abs. 1 Nr. 6 BetrVG stellt das BAG

DB 1986, 2080 = ArbuR 1987, 149= NZA 1986, 643 = RDV 1986, 199

fest: *„Inhalt dieses Mitbestimmungsrechts ist der Schutz vor den Gefahren der technischen Datenerhebung und Datenverarbeitung anlässlich einer Überwachung der Arbeitnehmer, nicht aber der Schutz vor Überwachung schlechthin. Gegenstand einer mitbestimmungspflichtigen Regelung bei der technischen Überwachung müssen daher Vorkehrungen dafür sein, dass die notwendige Erhebung und Verarbeitung von Verhaltens- und Leistungsdaten nicht zu einem unpersönlichen Überwachungssystem ausartet und für eine Entfaltung der Persönlichkeit des Arbeitnehmers und für persönliche Bezie-*

hungen zwischen Arbeitnehmer und Arbeitgeber kein Raum mehr bleibt (Beschluss des Senats vom 14.9.1984, BAG 46, 367 = AP Nr. 9 zu § 87 BetrVG 1972 Überwachung)."

Danach wird der Entscheidungsspielraum der Einigungsstelle einerseits begrenzt durch das Interesse der Arbeitnehmer, dem Arbeitgeber keine zu umfangreichen und leicht auswertbaren Informationen über ihr Verhalten zukommen zu lassen, und andererseits durch das Interesse des Arbeitgebers an einer je nach Lage des Falles berechtigten Kontrolle der Arbeitnehmer. Für die Rechtswirksamkeit der von der Einigungsstelle gefundenen Regelung ist also maßgebend, ob sie einen billigen Ausgleich dieser Interessen gefunden hat. **1936**

Unter diesen Aspekten ist es – auch bei Betrachtung der weiteren für einen EDV-Einsatz in Betracht kommenden Mitbestimmungstatbestände – nur im extremen Ausnahmefall denkbar, dass es sachgerechter Ermessensausübung entspricht, die Einführung von Verfahren automatisierter Personaldatenverarbeitung im Hinblick auf entgegenstehende Arbeitnehmerinteressen schlechthin zu unterbinden. **1937**

> *Andere Einzelfallbeispiele bildet aber auch der Einsatz von Videoüberwachung am Arbeitsplatz, BAG 2005, 21 = NJW 2005, 313 und RDV 2005, 216.*

Die Einigungsstelle vermag – abhängig vom jeweiligen Einzelfall – Regelungen zu treffen, die eventuell nachteilige Auswirkungen für die Arbeitnehmer ausschließen oder mildern. Dass aber andererseits allein die im Falle des mangelnden Konsenses mit der Mitarbeitervertretung entstehende zeitliche Verzögerung des Einsatzes neuer Techniken ggf. erhebliche Nachteile für den Betrieb bzw. die Dienststelle mit sich bringen kann, ist nicht zu verkennen. **1938**

> *Vgl. bei Erdmann/Mager, DB 1987, 46; Papier, NJW 1987, 988; für den öffentlichen Dienst: Wahlers, DöD 1987, 191*

In Fällen, in denen eine Mitarbeitervertretung es bewusst hierauf anlegt, wird auch das Argument des Rechtsmissbrauchs zu prüfen sein.

> *Zum Rechtsmissbrauch bei der Ausübung von Beteiligungsrechten: Witt, BB 1986, 2194*

9.6 Gerichtlicher Rechtsschutz

9.6.1 Allgemeines

Wenn eine Maßnahme zur Erhebung, Verarbeitung oder Nutzung von personenbezogenen Daten der Beschäftigten und zum Einsatz der EDV der Mitbestimmung der Mitarbeitervertretung unterliegt, so darf der Arbeitgeber ohne Beachtung der Beteiligungsrechte des Betriebs-/Personalrats, d.h. ggf. vor Ersetzung der Einigung mit der Mitarbeitervertretung durch den Spruch der Einigungsstelle, nicht tätig werden. Dies gilt auch für die zunächst nur „versuchsweise" Implementierung eines mit „Echtdaten" betriebenen Personaldatensystems **1939**

> *LAG Berlin, CR 1986, 26; OVG Koblenz, PersR 1985,160; Mitbestimmung sogar bereits bei der Erprobung mit fiktiven Daten bei Klebe in D/K/K/W, § 87 Rdn. 140*

und auch für den Fall, dass das System bis zum Abschluss der laufenden Verhandlungen über eine Dienstvereinbarung ausschließlich zur Pflege der Stammdaten weiter betrieben werden soll.

> *OVG Münster, PersV 1987, 203*

1940　Missachtet der Arbeitgeber/Dienstherr die Mitbestimmungsrechte der Mitarbeitervertretung nach § 87 BetrVG, so ergeben sich hieraus Abwehrrechte der betroffenen Beschäftigten, da – wie aufgezeigt – die Mitbestimmung Rechtmäßigkeits- und Wirksamkeitsvoraussetzung für die Praktizierung und Durchsetzung der der Mitbestimmung unterliegenden Maßnahmen des Arbeitgebers gegenüber den betroffenen Beschäftigten ist. Den Mitarbeitern steht ein Zurückbehaltungsrecht zu, d.h., sie müssen z.B. die nicht mitbestimmte Zeiterfassungsanlage so lange nicht bedienen, bis die Zustimmung der Mitarbeitervertretung vorliegt. Ferner können sich aus unterlassener Beteiligung der Mitarbeitervertretung bei deshalb rechtswidriger Datenspeicherung für die Beschäftigten Unterlassungs-, Löschungs- oder sonstige Korrekturansprüche ergeben.

> *Ob eine nachträgliche Zustimmung die Unwirksamkeit rückwirkend aufhebt, ist strittig; zustimmend: Fitting, § 87 Rdn. 256; Meents in Taeger/Gabel, § 35 Rdn. 19f. zur bejahten Auswertung einer nicht mitbestimmt durchgeführten Videoüberwachung: BAG, RDV 2003, 293 = NJW 2003, 3436; zur Kritk hieran Wronka, RDV 2013, 277*

Gleiches gilt, wenn zu einem Thema zwar eine Betriebsvereinbarung abgeschlossen wurde, der Arbeitgeber jedoch seiner Verpflichtung zur Umsetzung nicht nachkommt.

1941　Fraglich ist jedoch, ob und auf welchem Wege sich die Mitarbeitervertretung vor dem Arbeits- bzw. Verwaltungsgericht gegen eine Missachtung ihrer Beteiligungsrechte zur Wehr setzen und ggf. auch Unterlassungsansprüche geltend machen kann bzw. ob im Rahmen des gerichtlichen Beschlussverfahrens (§§ 2a, 80 ff. ArbGG) auch der Erlass einer einstweiligen Verfügung zulässig sein kann.

9.6.2　Klärung der Mitbestimmungspflichtigkeit

1942　Sowohl für das Betriebsverfassungs- als auch für das Personalvertretungsrecht steht es zunächst außer Frage, dass die Mitarbeitervertretung gerichtliche Hilfe jedenfalls insoweit in Anspruch nehmen kann, wie es darum geht, zu klären, ob und in welchem Umfang bei einem bestimmten Vorgehen des Arbeitgebers ein Mitbestimmungsrecht besteht.

1943　Insoweit stellt § 83 Abs. 1 Nr. 3 BPersVG ausdrücklich fest, dass die Verwaltungsgerichte bei Streitigkeiten zwischen Personalvertretung und Dienststelle über Fragen der Zuständigkeit der Personalvertretung entscheiden; die entsprechende Zuständigkeit der Arbeitsgerichte im Bereich des Betriebsverfassungsrechts zeigt § 2 a ArbGG auf. Insoweit geht es dann aber – nur – um die Feststellung des vom Arbeitgeber negierten oder missachteten Beteiligungsrechts.

9.6.3　Unterlassungsansprüche/Einstweilige Verfügung

1944　Für den Bereich des Betriebsverfassungsrechts gibt § 23 Abs. 3 BetrVG dem Betriebsrat u.a. die Befugnis, beim Arbeitsgericht zu beantragen, „dem Arbeitgeber aufzugeben, eine Handlung zu unterlassen, die Vornahme einer Handlung zu dulden oder eine Handlung vorzunehmen". Voraussetzung ist nach dem Wortlaut des § 23 Abs. 3 jedoch „ein grober Verstoß" des Arbeitgebers gegen seine betriebsverfassungsrechtlichen Pflichten.

> *Vgl. hierzu vorstehend Rdn. 1640 ff.*

Dass auch und gerade die Missachtung der Mitbestimmung der Mitarbeitervertretung beim Einsatz technischer Kontrollinstrumente und der Erhebung, Verarbeitung und Nutzung personenbezogener Daten sich als ein solcher grober Verstoß darstellen kann, hat die Rechtsprechung wiederholt festgehalten.

LAG Baden-Württemberg, AiB 1988, 281; BAG, AP Nr. 5, 11 zu § 23 BetrVG; BAG, DB 1991, 2043; LAG Hamburg, ArbuR 1990, 202; ferner Blanke in D/K/K/W, § 23 Rdn. 55 mit Nachweisen

Das BAG   **1945**

grundlegend NZA 1995, 40 = DB 1994, 2450 = RDV 1995, 129 = PersR 1995, 36:

„1. Dem Betriebsrat steht bei Verletzung seiner Mitbestimmungsrechte aus § 87 BetrVG ein Anspruch auf Unterlassung der mitbestimmungswidrigen Maßnahme zu. Dieser Anspruch setzt keine grobe Pflichtverletzung des Arbeitgebers i.S. des § 23 Abs. 3 BetrVG voraus. Insoweit gibt der Senat seine entgegenstehende Rechtsprechung (BAGE 42, 11 = DB 1983, 1926) auf.

2. Ist der Unterlassungsanspruch des Betriebsrats so weit gefasst, dass er viele denkbare künftige Fallgestaltungen betrifft, ist er insgesamt unbegründet, wenn nicht in allen diesen Fällen ein Mitbestimmungsrecht besteht. "

räumt dem Betriebsrat aber inzwischen bei der Verletzung von Mitbestimmungsrechten aus § 87 BetrVG auch unabhängig von den Voraussetzungen des § 23 Abs. 3 BetrVG einen Unterlassungsanspruch bei mitbestimmungswidrigem Verhalten des Arbeitgebers ein.

Hat z.B. der Arbeitgeber unter Verstoß gegen Mitbestimmungsrechte den Mitarbeitern   **1946**
Anweisungen erteilt und diese in ein betriebliches Handbuch aufgenommen, kann der Betriebsrat – unabhängig von der individualrechtlichen Unwirksamkeit der Anweisung – die Beseitigung des betriebsverfassungswidrigen Zustands, d.h. die Herausnahme aus dem Handbuch, verlangen.

BAG, RDV 1999, 124

Eine restriktivere Haltung gegenüber der Zulässigkeit eines Unterlassungsantrags   **1947**
nimmt das Bundesverwaltungsgericht und der wohl immer noch überwiegende Teil der Instanzgerichte für Streitigkeiten in personalvertretungsrechtlichen Beteiligungsangelegenheiten ein, indem auch hier die Interessen der Mitarbeitervertretung regelmäßig als ausreichend gewahrt angesehen werden, wenn das in Frage stehende Beteiligungsrecht und seine etwaige Verletzung durch das Gericht festgestellt werden.

BVerwG, PersV 1976, 422; a.A. OVG Bremen, PersR 1987, 248.

Dem Betriebsrat steht neben einem etwaigen Anspruch auf Unterlassung mitbestim-   **1948**
mungswidrigen Verhaltens auch ggf. ein Anspruch auf Unterlassung von einer Betriebsvereinbarung zuwiderlaufenden Handlungen des Arbeitgebers zu. Der Anspruch ergibt sich aus § 77 Abs. 1 S. 1 BetrVG, demzufolge der Arbeitgeber verpflichtet ist, Betriebsvereinbarungen durchzuführen bzw. vereinbarungswidrige Maßnahmen zu unterlassen.

Vgl. LAG Köln, RDV 2007, 78, zu einer gegen das Verbot einer Leistungs- und Verhaltenskontrolle verstoßenden Auswertung von Zeitmanagementdaten zwecks Aufklärung eines Arbeitszeitbetrugs

Kapitel 12
Datenschutz bei der Mitarbeitervertretung

1 Allgemeines

Fragen des Datenschutzes stellen sich bei Verarbeitungen von Personaldaten durch die **1949** Mitarbeitervertretungen unter mehreren Aspekten. Einmal geht es darum, welche ggf. sehr sensiblen Daten der Arbeitgeber der Mitarbeitervertretung bekannt geben muss bzw. darf. Des Weiteren ist der Umgang der Mitarbeitervertretung mit den ihr bekannt gegebenen oder auch von ihr selbst erhobenen Daten zu erörtern. Insbesondere ist die Frage relevant, ob und ggf. in welchem Umfang die Mitarbeitervertretung eigene Verarbeitungen dieser Daten vornehmen darf.

Vgl. Kort, RDV 2012, 8 (10f.)

Auch wenn der Betriebs- und Personalrat keine eigenständige verantwortliche Stelle, **1950** sondern Teil des Betriebes bzw. der Dienststelle und damit kein Dritter im Sinne des § 3 Abs. 8 S. 2 BDSG ist,

vgl. nachstehend Rdn. 1967 ff.

regelt er aufgrund seiner vom Arbeitgeber unabhängigen Stellung den Schutz der bei ihm gespeicherten Daten selbstständig.

BAG, RDV 1998, 64; RDV 2012, 295 (betr. Maßnahmen der Zugangskontrolle); LAG Berlin-Brandenburg, RDV 2011,197

Er hat für die gesetzlich gebotene Transparenz seiner Datenverarbeitungen gegenüber den Betroffenen zu sorgen und ist Adressat der Auskunfts- und Korrekturrechte der Mitarbeiter.

Vgl. Dammann in Simitis, § 3 Rdn. 240; Kort, RDV 2012, 8 (12)

Die insoweit in Betriebs- und Dienstvereinbarungen typischerweise geregelten Pflichten **1951** des Arbeitgebers, nämlich

- Schaffung von Transparenz über die Verarbeitungen personenbezogener Daten der Beschäftigten,
- Begrenzung der Verarbeitung und Auswertung von Personaldaten im Rahmen enger Zweckbindung in Bezug auf das Arbeitsverhältnis,
- Festlegung der zugriffsberechtigten Personen,
- Regelung von Löschungsfristen,
- Ausgestaltung der Rechte der Beschäftigten auf Benachrichtigung, Auskunft, Korrektur,

muss die Mitarbeitervertretung auch sich selbst gegenüber gelten lassen und in Eigenorganisation umsetzen.

Vgl. Schierbaum, PersR 2002, 499 ff.; Wedde, Computer-Fachwissen 8–9/2001, 28; ders. AiB 1999, 695

2 Die Ausstattungspflicht mit IuK-Technik nach § 40 Abs. 2 BetrVG

2.1 Allgemeines

1952 Zumindest in größeren Betrieben hat die automatisierte Datenverarbeitung auch bei den Betriebsräten Einzug gehalten, und zwar in der Regel dadurch, dass der Mitarbeitervertretung eigene PCs zur Verfügung stehen. Daneben bedienen sich auch Betriebsräte der IuK-Technik, nutzen Intra- und Internet, kommunizieren per E-Mail und präsentieren sich mit einem eigenen Netzauftritt.

> *Vgl. die Beispiele und Adressen bei Kiper, PersR 2004, 204 (206 ff.) oder Computer-Fachwissen 9/2004, 33; ferner die Arbeitshilfen bei Haverkamp, Computer-Fachwissen 4/2004, 38*

1953 Dass die Bereitstellung dieser Infrastruktur ggf. Verpflichtung des Arbeitgebers ist, ergibt sich aus § 40 BetrVG, der dem Arbeitgeber die durch die Tätigkeit des Betriebsrats entstehenden Kosten auferlegt und ihn zur Bereitstellung der für die Geschäftsführung des Betriebsrats erforderlichen Sachmittel verpflichtet, wobei bei der letzten Novellierung des BetrVG

> *Änderung durch Gesetz vom 23. Juli 2001, BGBl. I, 1852; zur Reichweite der Neuregelung: Engels/Trebinger/Löhr-Steinhaus, DB 2001, 538; Hanau, RdA 2001, 71; Hilber/Frik, RdA 2002, 89 (96) Konzen, RDA 2001, 84; Löwisch, BB 2001, 1744*

die modernen Informations- und Kommunikationstechniken ausdrücklich in die Ausstattungspflicht des Arbeitgebers (§ 40 Abs. 2 BetrVG) aufgenommen wurden. Andererseits ist der Ausstattungsanspruch des Betriebsrats nach wie vor „auf den erforderlichen Umfang"

> *vgl. hierzu u.a. LAG Köln, RDV 2003, 32; ArbG Frankfurt, RDV 2002, 133; LAG Rheinland-Pfalz, RDV 2006, 79; LAG Hamm, RDV 2006, 83*

beschränkt. So wird es nicht verwundern, dass in der Vergangenheit bereits die Bereitstellung eines eigenen Telefons,

> *BAG, NZA 1999, 1292; bei Kleinstbetrieben genügt ggf. die Mitbenutzung des „Betriebsapparats": LAG Rheinland-Pfalz, NZA 1993, 426*

eines Faxgeräts

> *LAG Hamm, AiB 1998, 43; LAG Düsseldorf, NZA 1993, 1143; LAG Rheinland-Pfalz, BB 1996, 2465; dass., NZA-RR 1998, 403; ArbG Frankfurt a.M., NZA-RR 1999, 420; bejahend auch Fitting, § 40 Rdn. 130*

und auch eines Mobiltelefons

> *ArbG Frankfurt a. M, AiB 1998, 223 mit Anm. Hess-Grunewald; vgl. hierzu auch Klebe/Wedde, DB 1999, 1954; Beckschulze, DB 1998, 1815*

die Rechtsprechung beschäftigte.

2.2 Die Erforderlichkeit

1954 Zwar gehört ein eigener PC nicht per se zur selbstverständlichen „Normalausstattung" einer jeden Mitarbeitervertretung. Die Notwendigkeit zur Erledigung der gesetzlich wahrzunehmenden Aufgaben ist nämlich nach wie vor darzulegen, dies dürfte aber zumindest bei größeren Mitarbeitervertretungen mit eigenem Personal im Hinblick auf den heutigen Standard der Büroausstattung unschwer gelingen.

Vgl. LAG Köln, NZA-RR 1998, 163; Altenburg/v. Reinersdorf/Leister, MMR 2005, 222 (225). Zur Erforderlichkeit vgl. Fitting, § 40 Rdn. 127, 132 der allerdings einen PC zur „normalen Büroausstattung" zählt, die dem BR grundsätzlich zur Verfügung zu stellen ist. Vgl. aber BAG, AP Nr. 90 zu § 40 BetrVG 1972

Aber auch kleinere Betriebsräte werden die für Betriebsratsmitglieder entstehende **1955** Arbeitsentlastung regelmäßig ins Feld führen können. Dies jedenfalls dann, wenn dadurch Zeit für andere zusätzliche Aufgaben ermöglicht wird.

BAG, BB 1999, 1923

Wird keine Einigung mit dem Arbeitgeber erzielt, muss der PC eingeklagt werden, wobei das BAG

RDV 2000, 69 = NZA 1999, 1290; NZA 1998, 953

der Mitarbeitervertretung hinsichtlich der Feststellung der „Erforderlichkeit" einen Beurteilungsspielraum zugesteht. Die Gerichte können die Entscheidung des Betriebsrats nur daraufhin kontrollieren, „ob das verlangte Sachmittel der Wahrnehmung seiner gesetzlichen Aufgaben dienen soll und der Betriebsrat bei seiner Entscheidung berechtigten Interessen des Arbeitgebers und der Belegschaft angemessen Rechnung getragen hat".

Des Weiteren zuvor BAG, RDV 1998, 257 = NZA 1998, 953; NZA 1999, 945; zur Kritik u.a. Däubler, Internet und Arbeitsrecht, Rdn. 462 ff.

Die unterinstanzgerichtliche Rechtsprechung scheint aber jetzt zunehmend dahin zu tendieren, dem BR PCs zuzusprechen, da diese inzwischen allgemein im Betrieb eingesetzt werden und ihre Versagung die Erledigung der Aufgaben des BR beeinträchtigen würde.

Vgl. LAG München, AiB 2008, 545; LAG Köln, AuA 2008, 495; LAG Bremen, NZA-RR 2009, 485

2.3   Kostengesichtspunkte

Bei der im Rahmen der Erforderlichkeitsprüfung vorzunehmenden Interessenabwägung **1956** sind unter dem Gesichtspunkt der Verhältnismäßigkeit auch die Kosten zu berücksichtigen, wobei diese allein jedoch nicht ausschlaggebend sind. Auch wenn die Erfüllung des Ausstattungswunsches der Mitarbeitervertretung kostenneutral ist, enthebt das nicht von der Begründung seiner Erforderlichkeit. So wurde es beispielsweise für den Anspruch auf ein anderes als das vom Arbeitgeber bereitgestellte und in der Dienststelle allgemein verwendete System auch bei Kostenneutralität nicht als genügend angesehen, dass das beantragte System einen größeren Bearbeitungskomfort mit sich brächte. Diese Tatsache sei nur relevant, wenn ohne diese Qualitätssteigerung die Mitarbeitervertretung ihre Aufgaben nicht – mehr – sachgerecht wahrnehmen könne.

Vgl. VGH Baden-Württemberg, RDV 2002, 316 = PersR 2002, 126

2.4   Vertraulichkeitsaspekte

Die Erforderlichkeit eines vom Netzwerk des Betriebes unabhängigen Systems bzw. **1957** eines eigenen Servers wurde auch nicht darin gesehen, dass die Mitarbeitervertretung auf diese Weise die Vertraulichkeit ihrer Daten absichern wollte.

*Zum Vertraulichkeitsschutz des Betriebsrats durch eigene Software und eigene Geräte vgl.
auch Däubler, Computer-Fachwissen 11/2002, 25 ff., der den Anspruch bejaht, aber zur fried-
lichen Beilegung des Problems den Betriebsrat auf ihm nicht verwehrbaren Einsatz ggf. kostenlos zu beschaffender eigener Software verweist.*

Gleiches muss wohl für die derart begründete Bereitstellung eines zweiten Stand-alone-
PCs gelten. Die Bereitstellung einer Verschlüsselungssoftware wird aber als zur Ausstattungspflicht gehörig betrachtet werden müssen.

*Vgl. auch LAG Baden-Württemberg, ArbRAktuell 2013, 165: „Kein Anspruch auf zusätzlichen
Internetanschluss über externen Betreiber"*

*Ein vom Arbeitgeber dem Betriebsrat über das betriebliche Intranet zur Vefügung gestellter
Internetanschluss erfüllt die Informations- und Kommuniktionsansprüche des Betriebsrates
aus § 40 II BetrVG. Es besteht in diesem Fall grundsätzlich kein Anspruch auf einen (weiteren)
Internetanschluss über einen externen Provider, durch den zusätzliche Kosten anfallen. Zur
Begründung eines solchen Anspruchs reichen insbesondere allgemeine Sicherheitsbedenken
oder Überwachungsbesorgnisse ohne konkrete Tatsachengrundlage nicht aus.*

2.5   Gleichheit des Ausstattungsniveaus

1958 Das Erfordernis der Ausstattung mit einer bestimmten Kommunikationstechnik kann
auch nicht allein daraus abgeleitet oder darauf beschränkt werden, dass der Arbeitgeber
selbst eine bestimmte Technik nutzt bzw. nicht nutzt. Die Normen des BetrVG begründen keine Pflicht des Arbeitgebers, dem Betriebsrat dieselben Sachmittel zur Verfügung
zu stellen, wie er sie selbst nutzt.

*Vgl. BAG, NZA 1998, 953 einerseits und BAG, AP Nr. 82 zu § 40 BetrVG 1972 andererseits,
wonach die Ausstattung des Arbeitgebers durchaus die „Erforderlichkeit" auf Seiten des BR
beeinflusst.*

1959 Andererseits gehört die technische Ausstattung eines Betriebes zu den betrieblichen
Verhältnissen, die vom Betriebsrat im Rahmen seiner Erforderlichkeitsprüfung zu
berücksichtigen sind, was aber letztlich nichts an der konkreten, betriebsbezogenen Darlegung der Erforderlichkeit des PC, E-Mail-Anschlusses oder Internet-/Intranet-
Zugangs ändert. So hat das BAG

BAG, NZA 1998, 953

es jedenfalls vor zehn Jahren noch abgelehnt, dem Betriebsrat nur deshalb, weil der
Arbeitgeber die Mitarbeiter durch ein elektronisches Kommunikationssystem mit Mail-
box unter der Benutzung eines sonst gesperrten Schlüssels „an alle" informiert, dasselbe
Informationssystem mit demselben Schlüssel uneingeschränkt zur Verfügung zu stellen.

*Dazu, dass die Entwicklung der betrieblichen Kommunikationsentscheidung die damaligen
Überlegungen des Gerichts hinfällig gemacht hat, vgl. bei Elschner, in: Hoeren/Sieber/Holz-
nagel, Handbuch Multimedia-Recht, Teil 22.1, Rdn. 188.*

Dem Betriebsrat muss aber andererseits die Möglichkeit eingeräumt werden, die Mitarbeiter in ausgelagerten Betriebsteilen oder Filialen unmittelbar und schnell am Arbeitsplatz erreichen zu können.

*Vgl. BAG, RDV 2000, 21; vgl. generell zu den innerbetrieblichen Kommunikationsnotwendig-
keiten des BR Fitting, § 40 Rdn. 133 ff.*

Ein Anspruch auf gleiche Kommunikations- und Arbeitsmittel kann sich daraus erge- **1960**
ben, dass Betriebsrat und Arbeitgeber – wie es z.B. in Mitbestimmungsangelegenheiten
der Fall ist – die gleiche Materie bearbeiten und der Betriebsrat zur sachgerechten Bearbeitung und Beurteilung der Arbeitgebererkenntnisse und Vorgehensweisen auch die
gleichen technischen Möglichkeiten benötigt

so für die Nutzung der elektronischen Datenverarbeitung BAG, RDV 1998, 257 und NZA 1999,
945 sowie NZA 1999, 1209

bzw. wenn die innerbetriebliche Kommunikation allgemein weitgehend per E-Mail
stattfindet.

Fitting, § 40 Rdn. 104 m.w.N.

2.6   Der Zugang des Betriebsrats zum Intra- und Internet

Außer Frage steht, dass – wie das BAG **1961**

NZA 2004, 278 = RDV 2004, 24

festgehalten hat – zu den dem Betriebsrat vom Arbeitgeber nach § 40 Abs. 2 BetrVG zur
Verfügung zu stellenden Informations- und Kommunikationstechniken auch der
Zugang zum Intra- bzw. Internet gehören kann. Die Ansprache der Mitarbeiter per E-
Mail kann dem Betriebsrat bei entsprechender betrieblicher Infrastruktur genauso wenig
untersagt sein wie das betriebsinterne Telefonat.

Vgl. zur telefonischen Erreichbarkeit der Mitarbeiter die sog. Schleckerentscheidung des
BAG, AP Nr. 66 zu § 40 BetrVG, 72; vgl. auch Fitting, § 40 Rdn. 134 m.w.N.

Die Einrichtung einer eigenen Website zur rechtzeitigen und umfassenden Information **1962**
der gesamten Belegschaft über seine Tätigkeit wird der Betriebsrat jedenfalls dann für
erforderlich halten dürfen, wenn dem Arbeitgeber dadurch keine besonderen Kosten
entstehen

hierzu wird – jedenfalls bei möglicher anderweitiger betrieblicher Unterstützung – nicht die
Beauftragung eines externen Web-Designers zählen, vgl. bei Elschner, in: Hoeren/Sieber,
Handbuch Multimedia-Recht, Teil 22.1, Rdn. 192

und dieser auch keine sonstigen entgegenstehenden betrieblichen Belange geltend
macht.

Vgl. die generelle Bejahung dieses Anspruchs durch Däubler, Der Betriebsrat im Internet –
rechtliche Rahmenbedingungen, Computer-Fachwissen 9/2004, 25; vgl. auch BAG, AP Nr. 78
und AP Nr. 82 zu § 40 BetrVG 1972

Der Betriebsrat muss sich also insoweit nicht auf die bisher ohne Probleme genutzten **1963**
Informationsmittel wie Rundschreiben, Schwarzes Brett etc. verweisen lassen.

Vgl. auch AG Paderborn, DB 1998, 678; zustimmend Beckschulze/Henkel, DB 2001, 1499;
Elschner, in: Hoeren/Sieber, Multimedia-Recht, Teil 22.1, Rdn. 191

Das BAG sieht auch kein Recht des Arbeitgebers, die elektronische Information der **1964**
Mitarbeiter auf den E-Mail-Verkehr

BAG, AP Nr. 78 zu § 40 BetrVG 1972; zum E-Mail-Verkehr vgl. auch LAG Baden-Württem-
berg, AiB 1997, 521 mit Anm. Wedde; Däubler, ArbuR 2001, 285; Löwisch, BB 2001, 1744

zu beschränken; dies jedenfalls dann, wenn auf diesem Wege nicht alle Mitarbeiter mangels persönlicher Adresse erreicht werden können.

1965 Die Nutzung der innerbetrieblichen Kommunikation zur Zusendung von Werbe-E-Mails an die Belegschaft vor Betriebsratswahlen etc. durch Kandidaten ist dem „privaten" Bereich zuzuordnen und bei einem Verbot privater Nutzung unzulässig.

> *Beckschulze, DB 2007, 1526; Gola, MMR 2005, 17; Jansen, DB 2006, 334*

Gleiches gilt für die Zusendung von Gewerkschaftswerbung an die dienstliche Adresse.

> *Vgl. Gola, Datenschutz am Arbeitsplatz, Rdn. 511 ff.; ArbG Frankfurt RDV 2007, 215*

1966 An den Anspruch auf Zugang zum Internet gilt ebenfalls das Erforderlichkeits- und das Verhältnismäßigkeitsprinzip. Das Internet ist geeignet, die dem Betriebsrat zur Erfüllung seiner Aufgaben notwendigen Informationen über Entwicklungen in Gesetzgebung und Rechtsprechung schnell, zeitnah und umfassend zu verschaffen. Ferner kann es dem Informationsaustausch mit anderen Mitarbeitervertretungen bzw. sonstigen Kommunikationspartner wie Gewerkschaften, Rechtsanwälten,

> *Vgl. BAG, RDV 2007, 168:*
>
> *1. Der Betriebsrat kann nicht ohne Rücksicht auf die betrieblichen Belange oder betriebsbezogenen Notwendigkeiten den Zugang zu jeder Informationsquelle verlangen, die sich mit Themen seiner gesetzlichen Aufgabenstellung befasst. Die normative Wertung des § 40 Abs. 2 BetrVG verlangt eine sachgerechte Abwägung der Belange beider Betriebsparteien.*
>
> *2. Die fortschreitende technische Entwicklung und die Üblichkeit der Nutzung technischer Mittel ist im Rahmen von § 40 Abs. 2 BetrVG nur von Bedeutung, wenn sie sich in den konkreten betrieblichen Verhältnissen niedergeschlagen hat.*
>
> *3. Die allgemeine Überwachungspflicht des § 80 BetrVG erfordert im Regelfall keinen unmittelbaren tagesaktuellen Zugriff auf arbeitsrechtlich relevante Datenbanken.*

Sachverständigen etc. dienen. Hat der Arbeitgeber an Mitarbeiterarbeitsplätzen den Zugang zum Internet eröffnet und ist der Betriebsrat bereits mit einem PC ausgerüstet ist, so wird der Betriebsrat den Anschluss auch seines PC an das Internet beanspruchen können, wenn weder Kostenaspekte noch sonstige betriebliche Belange entgegenstehen. Kostengesichtspunkte scheiden jedenfalls dann aus, wenn der Arbeitgeber eine Flatrate hat.

> *Vgl. bei Wedde, Computer-Fachwissen 5/2004, 28; Fitting, § 40 Rdn. 133 vgl. aber auch Beckschulze, DB 2007, 1526; Besgen, NZA 2006, 956*

3 Anwendung des BDSG

3.1 Die Mitarbeitervertretung als Normadressat

1967 Will der Betriebs-/Personalrat die EDV zur Verarbeitung von Personaldaten einsetzen, z. B. mit Hilfe des Personalcomputers eine Mitarbeiterdatei aufbauen – was wohl häufig auch beabsichtigt sein wird –, so stellt sich zusammen mit der Frage nach der Erforderlichkeit und Wirtschaftlichkeit noch zusätzlich die grundsätzliche Frage nach der datenschutzrechtlichen Zulässigkeit.

1968 Bei der Beurteilung der datenschutzrechtlichen Erlaubnis von automatisierten Personaldatenverarbeitungen durch die Mitarbeitervertretung ist zu beachten, dass das BDSG bzw. die für den Datenschutz im Bereich des öffentlichen Dienstes der Länder ggf. maßgebenden Landesdatenschutzgesetze unmittelbar nur begrenzt Anwendung finden und dass, wie das BAG

DB 1983, 1607 = DuD 1983, 320

jedenfalls im Ergebnis zutreffend für den Bereich des Betriebsverfassungs- und auch das BVerwG

NJW 1901, 375 = PersR 1990, 329 (mit Anm. von Gola) = RDV 1991, 38; zum Vorrang dieser personalvertretungsrechtlichen Informationsansprüche vgl. auch BVerwG, PersR 2002, 201 = RDV 2002, 189 (191): „Im Übrigen geht das an die Voraussetzungen des § 68 Abs. 2 BPersVG, insbesondere an den Maßstab der Erforderlichkeit gebundene Informationsrecht der Personalvertretung als bereichsspezifische Regelung des Dienstrechts einem etwa weitergehenden Datenschutz vor.“ Entsprechend u.a. BAG, RDV 1989, 126 = DB 1989, 1032

für den Geltungsbereich des Personalvertretungsrechts festgestellt haben, das BDSG die betriebsverfassungs- bzw. personalvertretungsrechtliche Stellung der Mitarbeitervertretung nicht berührt.

Vgl. hierzu insgesamt auch Wohlgemuth, CR 1993, 218

Diese Feststellung hängt wesentlich damit zusammen, dass die Mitarbeitervertretung **1969** trotz der personalvertretungs- bzw. betriebsverfassungsrechtlichen Unabhängigkeit nach inzwischen eindeutig herrschender Auffassung

vgl. die Nachweise bei Battis/Bleckmann, CR 1989, 532; Gola/Schomerus, § 3, Rdn. 49; Schierbaum, PersR 2002, 498; Wohlgemuth, Datenschutz für Arbeitnehmer, Rdn. 371

Teil der verantwortlichen Stelle, d.h. des jeweiligen Unternehmens/der jeweiligen Behörde, ist (§ 3 Abs. 7 BDSG).

Vgl. BAG, NJW 1998, 2466 = RDV 1998, 64 = DuD 1998, 228 für den Betriebsrat; Kort, RDV 2012, 8 (12); Buchner in Taeger/Gabel, § 27 Rdn. 5

Sie ist insbesondere nicht als „andere Personenvereinigung des privaten Rechts“ zu ver- **1970** stehen, sondern funktionell und existenziell an den jeweiligen Betrieb bzw. die jeweilige Dienststelle gebunden. Ist der Betriebsrat also keine eigenständige „verantwortliche Stelle“, so ist er damit auch nicht Normadressat der Bestimmungen, die sich an die Leitung der verantwortlichen Stelle richten.

So hat die Mitarbeitervertretung – auch wenn der betriebliche Datenschutzbeauftragte ihr gegenüber keine Kontrollbefugnisse hat –, nicht die Pflicht des § 4f BDSG zur Bestellung eines eigenen Datenschutzbeauftragten, was jedoch als freiwillige organisatorische Datenschutzmaßnahme sinnvoll sein kann.

Will die Mitarbeitervertretung Personaldaten automatisiert verarbeiten bzw. nutzen, so **1971** hat sie zu fragen, ob die damit verfolgten Zwecke durch die Zulässigkeitstatbestände des § 4 Abs. 1 BDSG, d.h. sofern keine bereichspezifischen Regelungen des Betriebsverfassungs- oder Personalvertretungsrechts oder sonstigen vorrangigen Gesetzes greifen und keine Einwilligung vorliegt, durch § 32, ggf. § 28 BDSG gedeckt sind.

Kort, RDV 2012, 8 (10); zur strengen Zweckbindung und der Beachtung des Gebots der Datensparsamkeit und Datenvermeidung des § 3a BDSG vgl. Wedde, Computer-Fachwissen 8-9/2001, 28; in der pauschalen Aussage unzutreffend ist die Aussage von Schierbaum (PersR 2002, 498 (501)), der Personalrat dürfe die ihm vom Arbeitgeber rechtmäßig zur Verfügung gestellten Daten verarbeiten, ohne dass eine Zulässigkeitsprüfung nach § 4 BDSG zu erfolgen habe.

3.2 Die Mitarbeitervertretung als „interner" Datenempfänger

1972 Des Weiteren folgt aus der Einordnung der Mitarbeitervertretung als „Teil" der jeweiligen verantwortlichen Stelle, dass die Mitarbeitervertretung gegenüber dem Arbeitgeber/Dienstherrn kein Dritter im Sinne von § 3 Abs. 8 BDSG ist. Das BDSG siedelt den „Dritten" außerhalb der verantwortlichen Stelle an; dies ist für die Mitarbeitervertretung weder räumlich noch organisatorisch noch rechtlich der Fall.

> *Der Betriebsrat ist jedoch „Empfänger" i.S.v. § 3 Abs. 8 S. 1 BDSG, woraus sich ggf. Informationspflichten des Arbeitgebers gegenüber den Betroffenen ergeben (vgl. § 4 Abs. 3, § 33 Abs. 1 BDSG).*

1973 Jedoch stellt die Weitergabe von Personaldaten an die Vertretung eine ebenfalls unter dem Verbot mit Erlaubnisvorbehalt stehende „Nutzung" dar.

> *Gola/Schomerus, § 3 Rdn. 49; Kort, NZA 2010, 1269*

Dabei ist davon auszugehen, dass der Begriff der Nutzung (§ 3 Abs. 6 BDSG) auf den konkreten Verwendungszweck der Daten abstellt und dass insofern Nutzungen zu Arbeitgeberzwecken andere sind als solche, die der Erfüllung von Aufgaben der Mitarbeitervertretung dienen.

4 Datenschutzrechtliche Informationsbegrenzungen durch BetrVG bzw. Personalvertretungsrecht

4.1 Der allgemeine Informationsanspruch

1974 Nutzt oder verarbeitet eine Mitarbeitervertretung ihr bekannt gegebene Mitarbeiterdaten z.B. zu Kontrollzwecken, indem sie sie automatisiert speichert, auswertet oder an Dritte, z.B. einen Sachverständigen oder eine sie beratende Gewerkschaft, übermittelt, so bleibt vor dem Hintergrund der bereits aufgezeigten Informationsansprüche der Mitarbeitervertretung und der insoweit gleichzeitig zu ziehenden datenschutzrechtlichen Grenzen die Frage im Raum, inwieweit die für die Rechtmäßigkeit der Verarbeitung dieser Daten maßgebenden Vorschriften des BDSG durch vorrangige betriebsverfassungs- und personalvertretungsrechtliche Bestimmungen verdrängt werden.

1975 Zunächst ist folgende Aussage zu treffen: Verbietet das Betriebs- bzw. Personalvertretungsrecht dem Arbeitgeber, der Mitarbeitervertretung bestimmte Informationen zur Verfügung zu stellen, so darf diese gleichwohl erlangte Informationen nicht verarbeiten oder nutzen.

> *Unklar Jordan/Bissels/Löw, BB 2010, 2889, denenzufolge eine Datenverarbeitung auch erlaubt sein kann, wenn kein Bezug zu den Aufgaben des BR besteht.*

1976 Eine Speicherung von Daten ist auch dann nach dem Betriebsverfassungs- bzw. Personalvertretungsrecht bereits untersagt, wenn Unterlagen der Mitarbeitervertretung nur zur Einsichtnahme zur Verfügung stehen, wie es z.B. bei den Bruttolohn- und -gehaltslisten der Fall ist.

> *Vgl. BAG, DB 1982, 653 = BB 1982, 61 sowie RDV 1996, 87 = DB 1996, 430 = NZA 1996, 330 dazu, dass streng zwischen der Verpflichtung des Arbeitgebers, „Unterlagen zur Verfü-*

gung zu stellen", und dem Recht des Betriebsrats, in Unterlagen „Einsicht zu nehmen", unterscheidet und im letzten Fall ein Anspruch auf Aushändigung oder Fertigung von Kopien nicht besteht.

Wenn bei der Einsichtnahme auch Notizen gemacht werden dürfen, **1977**

vgl. auch BVerwG, RDV 1999, 25: „Sind diese Listen nicht auszuhändigen, so dürfen von ihnen auch Kopien oder komplette Abschriften nicht angefertigt werden; die Zahl der für den Personalrat Einsicht nehmenden Personen ist außerdem zu begrenzen; einzelne Notizen dürfen allerdings bei der Einsichtnahme in der Dienststelle gemacht werden."

so verbietet sich, da bereits das Kopieren der gesamten Liste nicht gestattet ist, selbstverständlich auch, die Gehaltsdaten unter Verwendung der Liste oder unter Auswertung anderer, der Mitarbeitervertretung z.B. bei den das Gehalt betreffenden Personalentscheidungen bekannt gewordener Daten zu speichern und auszuwerten, um so eine eigene, automatisiert geführte Lohn- und Gehaltsdatei zu erhalten.

Vgl. auch LAG Nürnberg, RDV 2006, 84, wonach dem Betriebsrat weder aus § 80 noch aus § 40 Abs. 2 BetrVG ein Anspruch auf Zugriff auf das SAP-Entgeltprogramm zusteht

Demgemäß gilt generell: Die Beschränkungen der personenbezogenen Informationsan- **1978** sprüche der Mitarbeitervertretung sollen dem Datenschutz der Beschäftigten Rechnung tragen. Der Arbeitgeber ist daher nicht befugt, freiwillig Informationen zu liefern oder Unterlagen in einer Art und Weise zur Verfügung zu stellen, die das Betriebsverfassungs- bzw. Personalvertretungsrecht nicht vorsieht.

Vgl. Kort, RDV 2012, 8 (10). Insofern ist davon auszugehen, dass sich die Weiterleitung personenbezogener Daten an die Mitarbeitervertretung nach dem BetrVG bzw. BPersVG richtet, wobei diese in unbestimmten Rechtsbegriffen gefassten Informationsverpflichtungen unter Beachtung des informationellen Selbstbestimmungsrechts der Betroffenen zu interpretieren sind; vgl. hierzu BVerwG, PersR 2002, 201 zur diesbezüglichen Abwägung bei der Überlassung von Stellenplänen; zur Mitteilung der Schwangerschaft ohne Zustimmung der Betroffenen BVerwG, NJW 1991, 373 = RDV 1991, 34.

Die Information der Mitarbeitervertretung muss umfassend und vollständig sein, **1979** ansonsten beginnen ggf. bestehende Erklärungsfristen, innerhalb derer im Mitbestimmungsverfahren die Zustimmung nur versagt werden kann (vgl. § 69 Abs. 2 BPersVG), nicht zu laufen.

Vgl. BVerwG, DVBl. 1990, 634 = RDV 1990, 141: „Hat die Dienststelle wegen der Einführung eines automatischen Personal- und Stellenverwaltungssystems von sich aus die Landesbeauftragte für den Datenschutz um Abklärung etwaiger datenschutzrechtlicher Probleme angerufen, so liegt vor Abschluss dieses Abklärungsprozesses regelmäßig keine umfassende Information der Personalvertretung vor; die Frist für eine Versagung der Zustimmung beginnt dann nicht zu laufen."

Die Informationsansprüche der Mitarbeitervertretung sind also auf die Bekanntgabe der **1980** für die Wahrnehmung der betriebsverfassungs- bzw. personalvertretungsrechtlichen Aufgaben erforderlichen Angaben beschränkt.

Sofern das Kollektivrecht keine das BDSG nach § 1 Abs. 3 BDSG verdrängende konkrete Informationsregelung, sondern allgemein umfassende Mittelungspflichten ergibt sich diese Erforderlichkeit aus den Erlaubnisnormen des BDSG.

4.2   Informationelle Selbstbestimmung gegenüber der Mitarbeitervertretung

4.2.1   Schutz der Personalakte

1981   Sowohl das BetrVG (§ 83 Abs. 1) als auch das Personalvertretungsrecht (§ 68 Abs. 1 BPersVG) räumen dem einzelnen Beschäftigten das Recht ein, selbst darüber zu bestimmen, ob der Mitarbeitervertretung bzw. einem ihrer Mitglieder Einsicht in seine Personalakte gewährt werden soll.

> *Vgl. HessVGH, DVB. 1990, 314 (Ls) = RDV 1990, 135: „Der Dienststellenleiter ist nicht verpflichtet, aber auch nicht berechtigt, dem Personalrat bei der Beteiligung in Personalangelegenheiten die Personalakten und dienstlichen Beurteilungen ohne ausdrückliche Zustimmung des/der Betroffenen vorzulegen bzw. zur Kenntnis zu geben."*

Aus diesem Verfügungsrecht des Betroffenen bezüglich der materiellen Personalakte

> *zum Begriff vgl. vorstehend Rdn. 99 ff.; Listen und Übersichten mit Personaldaten wie den Stellenbesetzungsplan (PersR 2002, 201) oder Bruttolohn- und Gehaltslisten zählt das BVerwG jedoch nicht hierzu; vgl. auch BVerwG, RDV 1999, 25: „Bei den hier in Rede stehenden Listen wie sonst bei Bruttolohn- und Gehaltslisten oder Listen mit freiwillig gezahlten Leistungszulagen handelt es sich nach der Rechtsprechung des Senats nicht um Bestandteile der Personalakten, sondern lediglich um Listen, ‚die hinsichtlich ihrer Vertraulichkeit und ihres Maßstabs, der an ihre Zugänglichkeit für die Personalverwaltung anzulegen ist, derartigen Personalakten im Wesentlichen gleichzuachten' sind. Diese Vergleichbarkeit geht nach der Rechtsprechung des Senats allerdings nicht so weit, dass sie die Einsichtnahme, deren Rechtsgrundlagen im Personalvertretungsrecht eine vorrangige bereichsspezifische Regelung im Sinne des Datenschutzrechts darstellen, an die Zustimmung der betroffenen Beschäftigten bindet."*

ergibt sich gleichzeitig, dass die Mitarbeitervertretung auch im Rahmen ihrer geschilderten Kontrollrechte nicht die Vorlage der gesamten Personalakte verlangen kann.

> *Buschmann in D/K/K/W, § 80 Rdn. 44 ff.*

1982   Aus dem fehlenden unmittelbaren Personalakteneinsichtsrecht folgt weiter, dass der Mitarbeitervertretung ein generelles Informationsrecht über die Mitarbeiter auch nicht bei automatisierter Datenverarbeitung gewährt ist. Denn auch bei automatisierter „Personalaktenführung" bleibt es bei der dem Betroffenen insoweit eingeräumten Selbstbestimmung, woraus sich die Einräumung eines Zugriffsrechts der Mitarbeitervertretung auf die automatisiert geführten Personaldateien oder Teile hiervon verbietet.

1983   Teil der der Mitarbeitervertretung nicht zugänglichen Personalakte bilden insbesondere Beurteilungen. So stellt Art. 69 Abs. 3 S. 2 BayPersVG ausdrücklich fest, dass von Beurteilungen, auch wenn sie Grundlage einer mitbestimmungspflichtigen Personalmaßnahme sind, dem Personalrat nur die abschließende Bewertung bekannt zu geben ist. Auch im Rahmen der Erstellung der Beurteilung ist der Personalrat nur zu beteiligen, wenn der Betroffene es ausdrücklich wünscht (§ 68 Abs. 2 S. 3 BPersVG).

1984   In Bezug auf die Informationsverpflichtungen gegenüber der Mitarbeitervertretung (§ 80 Abs. 2 BetrVG, § 68 Abs. 1 BPersVG) sind Vorschriften im Sinne eines gestuften Verfahrens zu verstehen, d.h., auf einen konkreten Sachverhalt und Einzelfall bezogen kann in diesem Sachzusammenhang die Erteilung einer Information, die personenbezogene Daten enthält, erforderlich sein und ggf. auch ohne vorherige Einwilligung des Betroffenen gegeben werden. Nach den grundlegenden datenschutzrechtlichen Prinzipien der Erforderlichkeit und Zweckgebundenheit bei der Verarbeitung von Daten kann dies aber bei Personalaktendaten und somit sensiblen Daten nur abgestuft und vor dem Hintergrund der beide Prinzipien beachtenden Würdigung eines konkreten Einzelfalls geschehen.

So der Hess. LDSB zum Verhältnis von § 34 Abs. 1 HDSG und § 62 Abs. 2 HPVG (37. TB (2008), S. 126), wobei er im konkreten Fall zu dem Ergebnis kommt: „Ein regelmäßiger, halbjährlicher Bericht über Qualifizierungsmaßnahmen mit namentlicher Auflistung der Bediensteten ist ebenso wie ein dauerhaftes Leserecht des Personalrats für die Daten der elektronischen Zeiterfassung der Bediensteten aus datenschutzrechtlicher Sicht unzulässig."

4.2.2 Verhältnismäßigkeit bei Einzelinformationen

Der Arbeitgeber muss also im Einzelfall konkrete Informationen auch aus der Personalakte erteilen, wenn diese Informationen für die Aufgabenerfüllung des Betriebsrats erforderlich sind.

1985

Vgl. auch OVG Münster, CR 1991, 240, das sogar die Einsichtnahme in die Arbeitszeitkarten von Mitarbeitern unter Berufung auf deren Personalaktencharakter ablehnt; a.A. zur Informationspflicht über in der Vergangenheit geleistete Überstunden und zur Herausgabe von Stechkarten vgl. Buschmann in D/K/K/W, § 80 Rdn. 45; das Recht auf Einsicht in Zeiterfassungskarten bejahend: LAG Frankfurt, ArbuR 1981, 30. Den Anspruch des BR auf Einsicht in Gleitzeitlisten bejaht LAG Köln, RDV 2012, 37 ebenso wie BAG, RDV 2012, 192 auf Benennung der Arbeitnehmer im Rahmen des betrieblichen Eingliederungsmanagements.

Werden der Mitarbeitervertretung aufgabenbezogene Einzelinformationen zur Kenntnis gegeben, so muss der betroffene Mitarbeiter dies regelmäßig hinnehmen, wenn „gegenüber dem kollektivrechtlich begründeten Einsichtsrecht die Individualinteressen zurückzutreten haben".

1986

So BAG, DB 1989, 1032 = RDV 1989, 126; LAG Düsseldorf, BB 1990, 282; BVerfG, ArbuR 1983, 155; sowie Buschmann in D/K/K/W, § 80 Rdn. 62 mit Nachweisen

Hinnehmen sollen es sogar während eines Streiks arbeitswillige Mitarbeiter, dass dem Betriebsrat ihre Streikbrechereigenschaft mitgeteilt wird.

1987

Vgl. BAG, RDV 2003, 291:

„1. Zur Wahrung von Koalitionsfreiheit und Tarifautonomie sind Mitbestimmungsrechte des Betriebsrats bei Maßnahmen des Arbeitgebers zur Abwehr von Folgen eines Arbeitskampfes eingeschränkt, wenn die Mitbestimmung unmittelbar und zwangsläufig die Freiheit des Arbeitgebers, Arbeitskampfmaßnahmen zu ergreifen oder Folgen des Streiks abzuwehren, ernsthaft beeinträchtigen würde.

2. Die Einschränkungen gelten für die bloßen Unterrichtungsansprüche nach § 80 Abs. 2 S. 1 BetrVG nicht. Demgemäß ist der Betriebsrat über die Anordnung von Überstunden, Schichtverschiebungen und kurzfristige Versetzungen gegenüber nicht-streikenden Arbeitnehmern personenbezogen zu informieren.

3. Die arbeitswilligen Arbeitnehmer haben keinen Anspruch, dass ihre Arbeitsbereitschaft dem Betriebsrat unbekannt bleibt."

Vgl. auch LAG Berlin, NZA 1984, 406, demzufolge dem BR während einer arbeitskampfbedingten Produktionspause sogar die Privatanschriften der Mitarbeiter mitzuteilen sind

Ebenso müssen nach Ansicht des BAG

1988

BB 1983, 1214

auch ggf. durchaus berechtigte Geheimhaltungswünsche eines Arbeitnehmers bezüglich seines Gehalts im kollektiven Schutzinteresse zurücktreten; widerspricht ein Mitarbeiter, dass der Mitarbeitervertretung im Rahmen ihres Einsichtsrechts in die Bruttolohn- und -gehaltslisten nach § 80 Abs. 3 BetrVG

zu Berechtigung und Umfang dieses Anspruchs vgl. auch HessStGH, DVBl. 1986, 936 = RDV 1986, 149; BVerwG, DVBl 1985, 748; sowie allgemein BAG, DB 1988, 1551 = NZA 1988, 620; DB 1988, 2569 sowie BAG, DB 1987, 1152: „Nach § 80 Abs. 2 Satz 2 BetrVG hat der Betriebsrat Anspruch auf Einblick in die vollständige Liste aller Bruttolöhne und -gehälter. Die Lohnlisten müssen alle Lohnbestandteile enthalten einschließlich übertariflicher Zulagen und solcher Zahlungen, die individuell unter Berücksichtigung verschiedener Umstände ausgehandelt und gezahlt werden (Bestätigung von BAGE 35, 342 = DB 1981, 2386)."

auch seine Daten offengelegt werden, so soll dieser Wunsch unbeachtet bleiben.

Vgl. LAG Niedersachsen, RDV 2012, 192 hinsichtlich der von Ärzten erzielten Liquidationserlöse

1989 Untersagt ein Mitarbeiter dem Arbeitgeber ausdrücklich die Offenlegung seiner Daten gegenüber der Mitarbeitervertretung, so ist dieser Widerspruch regelmäßig entweder unbeachtlich bzw. führt dazu, dass vom Arbeitgeber gewünschte, aber nur mit Zustimmung bzw. nach erfolgter Information der Mitarbeitervertretung zu realisierende Maßnahmen nicht vollzogen werden können. Lehnt es also ein Bewerber ab, dass seine Bewerbungsunterlagen der Mitarbeitervertretung vorgelegt werden, so muss dieser Wunsch zwar beachtet werden, wobei dies jedoch zum Ergebnis führt, dass der Betroffene für die Besetzung der Stelle nicht in Betracht kommen kann.

1990 Im Rahmen der Beteiligung bei Einstellungen sind der Mitarbeitervertretung die Personalunterlagen – die zu diesem Zeitpunkt aber auch die zukünftige „Personalakte" darstellen – aller Bewerber vorzulegen, wobei das BAG

DB 1986, 917

sogar die Auffassung vertritt, dass diese Unterlagen dem Betriebsrat bis zur Beschlussfassung, längstens eine Woche, zu überlassen sind und evtl. Interessen des Arbeitgebers und des Bewerbers an der Geheimhaltung der Unterlagen ein solches Verfahren nicht ausschließen. Beruht die Einstellungsentscheidung auf dem Ergebnis von Vorstellungsgesprächen

BAG, RDV 2005, 216; OVG Lüneburg, PersR 1990, 264

oder sonstigen über den Bewerber gefertigten Unterlagen,

BAG, RDV 2005, 268

gehört zur vollständigen Unterrichtung des Betriebsrats eine Mitteilung über deren Inhalt.

Vgl. hierzu auch LAG Frankfurt, PersR 1990, 70, das zu den vorzulegenden Unterlagen in extensiver Auslegung des § 68 Abs. 2 BPersVG auch die Ergebnisse von Eignungstests zählt: „Gegenstand und Umfang der Prüfungspflicht bei Einstellungen gebietet aber auch die Vorlage von Eignungstests, die der Arbeitgeber zur Prüfung der Fähigkeiten der Bewerber hat erstellen lassen. Für psychologische Eignungsgutachten ist dies bereits entschieden (VGH Baden-Württemberg, ZBR 1983, 137). Für Schreibmaschinen- und Übersetzungstests, denen sich die Bewerber haben unterziehen müssen, kann jedenfalls bei einer Stelle des fraglichen Anforderungsprofils nichts anderes gelten."

1991 Festzustellen ist jedoch, dass jedenfalls die verwaltungsgerichtliche Rechtsprechung zunehmend bereit ist, den Datenschutzbelangen und dem Recht auf informationelle

Selbstbestimmung der betroffenen Beschäftigten auch gegenüber Informationsansprüchen der Mitarbeitervertretung in größerem Umfang als bisher Rechnung zu tragen.

So hängt nach Auffassung des BVerwG **1992**

> *DVBl 1985, 748*

die Frage, in welcher Weise dem Personalrat im Rahmen der Unterrichtung Unterlagen nach § 68 Abs. 2 S. 2 BPersVG vorzulegen sind, d. h., ob nur Einsicht gewährt wird oder ob die Unterlagen befristet oder auf Dauer überlassen werden, einmal davon ab, wie eingehend und häufig sich die Mitarbeitervertretung anhand der Unterlagen im Rahmen ihrer Aufgaben informieren muss. Müssen die Unterlagen für die Mitarbeitervertretung jederzeit verfügbar sein, so sind sie dieser auch auf Dauer zu überlassen, ggf. durch Fertigung von Abschriften oder Kopien. Insoweit muss aber auch berücksichtigt werden, ob die Unterlagen ggf. vertrauliche Angaben enthalten, wobei das BVerwG dann zu dem Schluss kommt, dass Unterlagen, die personenbezogene Daten enthalten, regelmäßig nur für die Gewährung der Einsicht innerhalb der Dienststelle in Betracht kommen.

In Fortführung dieser Überlegungen hat das BVerwG **1993**

> *NJW 1991, 373 = RDV 1991, 35 = PersR 1990, 301*

sich mit dem Anspruch des Personalrats auf Unterrichtung über Schwangerschaften von Mitarbeiterinnen befasst und gefolgert, dass eine derartige Information – trotz des Schutzauftrags des Personalrats aus § 68 Abs. 2 BPersVG zur Überwachung der Einhaltung der Mutterschutzvorschriften – in der Regel die Einwilligung der jeweils betroffenen Beschäftigten voraussetze.

> *A.A. selbst für den Fall des Widerspruchs der Schwangeren, Buschmann in D/K/K/W, § 80 Rdn. 37 mit weiteren Nachweisen; anders aber wieder Richardi in Richardi § 80 Rdn. 55*

Das Gericht will im Rahmen eines sich aus der sachgerechten Aufgabenerfüllung ergebenden Informationsbedarfs zwar ggf. Ausnahmen zulassen, stellt aber insoweit fest: **1994**
„Der Grundsatz der Verhältnismäßigkeit verlangt es hier, an den im Rahmen der Erforderlichkeit der Unterrichtung zu fordernden sachlich berechtigten Anlass für das Informationsbegehren strenge Anforderungen zu stellen, um die Beeinträchtigung von Persönlichkeitsrechten auf eine entsprechend gewichtige Veranlassung beschränken zu können.“

> *Vgl. auch die restriktive Haltung des HessStGH, DVBl 1986, 936 = RDV 1986, 149, der Informationen über sensible „Personalaktendaten“ der Mitarbeitervertretung nur zugestehen will, wenn die Datenweitergabe ausdrücklich gesetzlich geregelt ist*

Insoweit unterschiedlich bewertet wird auch die Einschaltung der Mitarbeitervertretung vor Einführung des BEM ohne Einwilligung der Betroffenen (§ 84 Abs. 2 SGB X).

> *vgl. Gola, RDV 2013, 73; Düwell, CuA 5/13, 17*

4.3   Eigene Datenerhebungen der Mitarbeitervertretung

Die aufgezeigten Grenzen des Informationsanspruchs der Mitarbeitervertretung stehen **1995** nicht grundsätzlich eigenen Datenerhebungen des Betriebsrats entgegen. Vielmehr ist es dem Betriebs-/Personalrat auch – allerdings mit gewissen Einschränkungen – gestattet, andere Informationsquellen zu erschließen und die Mitarbeiter zu befragen. So kann er Informationen – z. B. im Rahmen seiner Sprechstunden – unmittelbar bei den Beschäftigten erheben.

1996 Allein, ob Besuche am Arbeitsplatz der vorherigen Ankündigung oder Genehmigung durch den Arbeitgeber/Dienststellenleiter bedürfen, ist teilweise strittig.

> *Vgl. BVerwG, PersR 1990, 177 = RDV 1990, 247:*
>
> *„1.) Der Personalrat oder einzelne seiner Mitglieder haben das Recht auf Zugang zu den Beschäftigten am Arbeitsplatz; allerdings nur im Einvernehmen mit dem Dienststellenleiter.*
>
> *2.) Der Dienststellenleiter muss, wenn er widerspricht, dass der Personalrat Beschäftigte an ihrem Arbeitsplatz aufsucht, triftige Gründe geltend machen, etwa dass anderenfalls eine nicht unerhebliche Störung der Ordnung oder des Arbeitsablaufs zu besorgen oder der Besuch offensichtlich rechtsmissbräuchlich wäre."*
>
> *Vgl. hierzu auch BAG Nr. 36 zu § 80 BetrVG; zur Zulässigkeit von Betriebsbegehungen ArbG Berlin, AiB 1988, 187; Fitting, § 80 Rdn. 5, 80 m.w.N.; Buschmann in D/K/K/W, § 50 Rdn. 93; Däubler, Gläserne Belegschaften?, Rdn. 637*

1997 Auch Fragebogenaktionen sind insoweit zulässig, da hier keine Pflicht der Arbeitnehmer zur Teilnahme an der Datenerhebung besteht.

> *Vgl. Buschmann in D/K/K/W, § 80 Rdn. 99 mit Nachweisen*

Er darf den Beschäftigten allerdings nicht „hinter dem Rücken" des Arbeitgebers veranlassen, Angaben zu machen, die nicht ihn, sondern seine Kollegen betreffen.

1998 Auch ist es mit dem gesetzlich geregelten Informationsfluss Arbeitgeber/Mitarbeitervertretung und dem Gebot vertrauensvoller Zusammenarbeit (§ 2 Abs. 1 BetrVG) nicht zu vereinbaren, wenn die Mitarbeitervertretung Datenerhebungen allein zu dem Zweck durchführen würde, um die vom Arbeitgeber bereitgestellten Informationen zu überprüfen.

1999 Zudem hat sich der Betriebsrat/Personalrat auch insoweit an den Zulässigkeitsgrenzen des für ihn wohl entsprechend heranzuziehenden § 28 Abs. 1 S. 1 Nr. 2 und des § 4 Abs. 2 BDSG auszurichten, wobei der zulässige Zweck durch § 80 Abs. 2 BetrVG bzw. § 68 Abs. 2 BPersVG nach „der Erforderlichkeit im Rahmen der Aufgabenerfüllung" bestimmt wird.

> *Vgl. bei Leuze, ZTR 2002, 558 (563); Kersten, PersV 2001, 307*

4.4 Kein Personalinformationssystem für die Mitarbeitervertretung

2000 Für den Aufbau und die Nutzung eigener Personaldateien durch die Mitarbeitervertretung ist demgemäß folgendes Fazit zu ziehen: Da personenbezogene Daten zur Wahrung der Datenschutzansprüche der Beschäftigten der Mitarbeitervertretung grundsätzlich nur – sei es vorübergehend, sei es auf Dauer –

> *vgl. hierzu auch bei Leuze, ZTR 2002, 558 (561 und 565) m.w.N.*

zur Einsichtnahme zur Verfügung gestellt werden dürfen, wird einer nachfolgenden Speicherung bekannt gegebener Personaldaten zwecks weiterer Auswertung das Betriebsverfassungs- und Personalvertretungsrecht nur in Ausnahmefällen nicht entgegenstehen. Eine Verarbeitung von Personaldaten durch die Mitarbeitervertretung kann vielmehr nur dann und so lange in Betracht kommen, wie Unterlagen dem Betriebs-/Personalrat – zeitweise oder auf Dauer – ohne Eingrenzung der Verwertungsbefugnisse im Rahmen seiner kollektivrechtlich begründeten Informationsansprüche überlassen werden dürfen bzw. müssen.

Rechtsgrundlage für die Speicherung ist, da das BetrVG keine diesbezügliche Aussage enthält, § 28 Abs. 1 S. 1 Nr. 2 BDSG. § 32 Abs.1 S. 1 BDSG kann nicht herangezogen werden, da diese Verarbeitung nicht der Durchführung des Beschäftigungsverhältnisses dient.

In diesem Sinne hat sich auch das BVerwG **2001**

> *NJW 1991, 375 = PersR 1990, 329 = RDV 1990, 38: „Jedenfalls bei einer Dienststelle von der Größenordnung einer Hundertschaft des Bundesgrenzschutzes ist das Speichern von perso-nenbezogenen Daten der Angehörigen der Dienststelle, die der Personalrat im Rahmen seiner Unterrichtung durch die Dienststelle aus Anlass von konkreten, beteiligungspflichtigen Ange-legenheiten erfährt, durch den Personalrat oder eines seiner Mitglieder, um bei passender Gelegenheit zwecks leichterer Erfüllung seiner Aufgaben auf diese Daten zurückgreifen zu können, ohne Einwilligung der Betroffenen unzulässig."*

geäußert, indem es die Beantwortung der Frage, ob und in welchem Umfang ein Personalrat berechtigt ist, eine automatisiert geführte Personaldatei einzurichten, bezogen auf den Einzelfall und unter Beachtung der Situation der Dienststelle von der Art der gespeicherten Daten abhängig macht. Das Gericht betont auch insoweit nochmals, dass bei Erfüllung der Informationsverpflichtungen gegenüber der Mitarbeitervertretung dem Recht der Beschäftigten auf informationelle Selbstbestimmung Rechnung zu tragen sei, woran sich auch die Art und Weise der Unterrichtung des Personalrats und der Verwendung der erhaltenen Daten durch den Personalrat auszurichten habe. Zutreffend folgert das Gericht, dass die jeweils angemessene Form der Unterrichtung durch Vorlage von Unterlagen mit dem Umfang ihrer Verwendung und mithin auch der automatisierten Speicherung in einem untrennbaren Zusammenhang steht und dass die zur Verfügung gestellten Daten grundsätzlich nur für die Dauer des konkreten Vorgangs und nicht darüber hinaus in automatisierten Verfahren ausgewertet werden dürfen.

Eine Ausnahme kann hiervon aber dann gelten, wenn Daten dem Personalrat ohnehin **2002** auf Dauer – nicht nur zur Einsicht – zur Verfügung zu stellen sind, wobei eben Art und Umfang dieser Daten wesentlich von der Struktur und der Überschaubarkeit der Dienststelle abhängig sind.

> *Vgl. zum Stellenplan BVerwG, PersR 2002, 201 = RDV 2002, 188: „Unterlagen, die der Per-sonalrat zur Wahrnehmung seiner Beteiligungsrechte immer wieder benötigt, sind ihm in Kopie auf Dauer zu belassen"; insofern zu eng OVG Münster, PersV 1987, 161, das dem Per-sonalrat nicht das Recht einräumt, laufend über Name, Dienstanschrift und Dauer der Beschäftigungsverhältnisse informiert zu werden; vgl. aber die Zustimmung von Leuze mit sei-ner Kritik an der Entscheidung des BVerwG (ZTR 2002, 558 (563, 566)).*

Es wird also darauf abzustellen sein, welche Personaldaten die Mitarbeitervertretung im **2003** Rahmen ordnungsgemäßer Geschäfts- und Aktenführung bislang herkömmlich archivieren und im dauernden Zugriff haben darf und muss (z.B. Protokolle, Anträge etc.). Ab einer gewissen Größe des Betriebes bzw. der Dienststelle wird der Mitarbeitervertretung das Recht nicht abzusprechen sein, Grundinformationen über die Belegschaft auch auf Dauer automatisiert zu speichern, um den Gesamtüberblick zu behalten. Ferner kann es ihr nicht verboten sein, im Rahmen der Bearbeitung konkreter Aufgaben vom Arbeitgeber zur Verfügung gestellte Daten befristet – bis zur Erledigung der Aufgabe – auch automatisiert auszuwerten.

Demgemäß hält der Bayerische LDSB **2004**

> *25. TB (2012), Ziff 11.7*

u.a. Folgendes fest: *„Aus datenschutzrechtlicher Sicht ist die Zulässigkeit in jedem Einzelfall daran zu messen, ob die Speicherung der Beschäftigtendaten zur Aufgabenerfüllung des Personalrats erforderlich ist. Diesem Prinzip folgt letztlich auch das Bundesverwaltungsgericht in seinem Beschluss vom 04.09.1990, Az.: 6 P 28/87. Es legt dabei die Überlegung zugrunde, aus den differenzierten Vorschriften des Personalvertretungsrechts über die interne Weitergabe personenbezogener Beschäftigtendaten an den Personalrat seien auch Grundsätze für die Speicherung personenbezogener Beschäftigtendaten beim Personalrat ableitbar (BVerwG, a.a.O., juris Rdnr. 26 bis 28). Im Ergebnis nichts grundlegend anderes ergibt sich, wenn man – von der Systematik des Datenschutzrechts her überzeugender – für die Frage der Speicherung Art. 17 BayDSG und für die Frage der Löschung bzw. Sperrung Art. 12 BayDSG anwendet. Im Grundsatz wird man festhalten können, dass regelmäßig dann Anlass zu datenschutzrechtlichen Bedenken besteht, wenn ein Personalrat die Erkenntnisse über Beschäftigte aus Mitbestimmungsverfahren in einer gesonderten, automatisierten Datei zusammenfasst, die erweiterte Auswertungsmöglichkeiten bietet. Auch darf es nicht dazu kommen, dass der Personalrat mit Hilfe der ihm im Rahmen des Mitbestimmungsverfahrens überlassenen Unterlagen quasi jeweils eine zweite (automatisierte) Personalakte aufbaut. Hingegen wird man es meiner Auffassung nach dem Personalrat nicht verwehren können, dass er Unterlagen, die er im Zusammenhang mit einem Mitbestimmungsverfahren erhalten hat, für eine gewisse Zeit aufbewahrt, selbst wenn diese einige personenbezogene Beschäftigtendaten enthalten sollten. Zu berücksichtigen ist ferner, dass der Personalrat ohnehin über jede Sitzung eine Niederschrift aufzunehmen hat, die u.a. mindestens den Wortlaut der Beschlüsse zu enthalten hat (Art. 41 Abs. 1 Satz 1 BayPVG). Auch insoweit ist die nicht nur vorübergehende Speicherung einzelner Beschäftigtendaten, zur Aufgabenerfüllung erforderlich. "*

Dieser Datenverarbeitung und -nutzung durch die Mitarbeitervertretung kann man auch nicht entgegenhalten, die Mitarbeitervertretungen hätten ihren Informationsbedarf generell durch die Anforderung von Auskünften und Unterlagen bei dem Arbeitgeber zu decken.

2005 Grundstammdaten wie Name, Arbeitsplatz, Besoldungs- und Vergütungsgruppe, Beginn des Beschäftigungsverhältnisses etc. werden in größeren Einheiten auch für den Betriebs-/Personalrat mit den durch die EDV geschaffenen schnelleren und übersichtlichen Zugriffsmöglichkeiten ständig zur Verfügung stehen dürfen, ohne dass eine „unzulässige" Vorratsspeicherung vorliegen würde.

> *Vgl. 17. Tätigkeitsbericht (97/98) des LDSB des Saarlandes, 105 ff.: „Bei der Größe der Verwaltung mit mehreren Hundert Mitarbeitern bestehen aus Datenschutzsicht keine grundsätzlichen Bedenken, dass der Personalrat die personenbezogenen Daten der Beschäftigten, die er für seine tägliche Arbeit benötigt, automatisiert speichert. …*
>
> *Zu den ‚Grunddaten' gehören aus meiner Sicht Personalnummer, Name, Vorname, Geburtsdatum, Dienst- und Berufsbezeichnung, organisatorische Zugehörigkeit zu Amt, Dezernat usw., Besoldungs-, Vergütungs-, Lohn-, Fallgruppe, Eintrittsdatum, Vollzeit- oder Teilzeitbeschäftigung. Der Datenbestand sollte in regelmäßigen Zeitabständen aktualisiert werden. Eine darüber hinausgehende, dateimäßige Verarbeitung von Personaldaten durch den Personalrat ist zu dessen Aufgabenerfüllung nicht erforderlich; sie ist daher aus datenschutzrechtlicher Sicht als unzulässig anzusehen. "*

2006 Vorrangige schutzwürdige Interessen der Beschäftigten werden einer derartigen Speicherung auch deswegen nicht entgegenstehen, da diese „Grunddaten" betriebs-/behördenintern durch Personalnachrichten, Geschäftsverteilungsplan etc. weitgehend bekannt sein werden.

> *Eine ausdrückliche diesbezügliche Verarbeitungsbefugnis enthält § 65 Abs. 3 LPVG Baden-Württemberg, wobei zu den Grunddaten gezählt werden: Name, Funktion nebst Bewertung, Besoldungs-, Vergütungs- und Lohngruppe, Geburts-, Einstellungs- und letztes Beförderungsdatum.*

Nicht zu diesen Grunddaten gehört die Privatanschrift, an der die Mitarbeitervertretung **2007** kein regelmäßiges Informationsinteresse hat. Nur ausnahmsweise wird sie sich an die Privatanschrift der Mitarbeiter wenden müssen.

> *Vgl. LAG Berlin, DB 1984, 1936, das aufgrund des konkreten Informationsbedarf unter ausdrücklicher Abwägung mit eventuell entgegenstehenden Datenschutzinteressen der Betroffenen dem Betriebsrat einen Anspruch einräumt, in Zeiten eines arbeitskampfbedingten Produktionsstillstands die Privatanschriften der Beschäftigten mitgeteilt zu erhalten, um diese auch in dieser Zeit erreichen zu können*

Der Datenbestand darf sich jedoch aus den oben aufgezeigten Überlegungen weder von **2008** der Quantität noch von der Qualität her derart gestalten, dass der Inhalt der Datei zum Personalinformationssystem wird, d.h. einer ganz oder in Teilen automatisiert geführten Personalakte gleichkommt.

Anstatt dass der Betriebs-/Personalrat sich eine eigene „Grunddatendatei" aufbaut, kann **2009** aber auch der Arbeitgeber/Dienstherr ihm die entsprechende Information durch die Eröffnung entsprechender Zugriffsrechte auf das Personalverwaltungssystem einräumen, wobei die Mitarbeitervertretung sich dann hierauf beschränken muss.

> *Vgl. 22. Tätigkeitsbericht (1993) des Hess. LDSB, 23: „Nach den Regelungen des Personalvertretungsrechts hat der Personalrat ohne Einwilligung des Beschäftigten kein eigenes Zugangsrecht zur Personalakte. Ihm sind jedoch alle Unterlagen zur Verfügung zu stellen, die zu seiner Aufgabenerfüllung erforderlich sind. ... Um diese Pflichten sinnvoll ausfüllen zu können, benötigt der Personalrat einen Überblick, wen er vertritt. Diese Daten sind ihm daher zur ständigen Verwendung zur Verfügung zu stellen. Dazu gehören Angaben wie Name, Organisationseinheit, Eingruppierung, letzte Beförderung, Beurlaubung, Ermäßigung der Arbeitszeit. In welchem Rhythmus diese Aufstellungen aktualisiert werden, müssen die Beteiligten miteinander vereinbaren.*
>
> *Das Gleiche gilt für das Verfahren, wie die Daten zur Verfügung gestellt werden. Grundsätzlich ist es möglich, dem Personalrat ein Leserecht für diese Datenfelder im Personalverwaltungssystem einzuräumen, unter der Bedingung, dass sichergestellt ist, dass er nur auf die entscheidenden Felder zugreifen kann. Eine Rahmenbedingung, die für jeden anderen Nutzer des Systems ja ebenfalls gilt." Vgl. auch Däubler, Gläserne Belegschaften, Rdn. 642*

4.5 Datenübermittlungen und Grundsatz der Vertraulichkeit

4.5.1 Spezielle Schweigepflicht

Will die Mitarbeitervertretung Daten an Dritte übermitteln oder im Betrieb bekannt **2010** machen, so hat sie die speziellen Schweigepflichten zu beachten, die als bereichsspezifische „Verbotsnormen" Erlaubnistatbeständen nach §§ 32, 28 BDSG vorgehen.

Aus dem aufgezeigten umfassenden Unterrichtungsanspruch der Mitarbeitervertretung **2011** ergibt sich zwangsläufig die Verpflichtung, diese zur Erfüllung eigener Aufgaben mitgeteilten Informationen auch nur „intern" zu verwenden. Dies gilt für Betriebs- und Geschäftsgeheimnisse ebenso wie für Personaldaten.

2012 So sind die Mitglieder des Betriebsrats aufgrund einer Reihe von Einzelvorschriften (§§ 99 Abs. 1 S. 3; 102 Abs. 2 S. 5; 82 Abs. 2 S. 3; 83 Abs. 1 S. 3 BetrVG) gehalten, über die persönlichen Verhältnisse der Beschäftigten, die ihnen im Rahmen der Amtstätigkeit bekannt geworden sind, Stillschweigen zu bewahren, wobei insoweit auch die Pflicht zur Wahrung des Persönlichkeitsrechts des Betroffenen nach § 75 Abs. 2 BetrVG von Bedeutung ist.

> *Vgl. das Verbot, Protokolle der Betriebsratsitzungen mit Angaben über konkrete Personalfälle im Betrieb „zwecks Transparenz der Betriebsratsarbeit" auszuhängen, LAG Berlin, RDV 1987, 252*

2013 Die Pflicht zur Wahrung von Geschäfts- und Betriebsgeheimnissen – wozu auch Angaben über die Belegschaft und die Vergütungsstruktur gehören können – enthält § 79 BetrVG.

> *Buschmann in D/K/K/W, § 79 Rdn. 10 und 28; ferner BAG, DB 1988, 2569*

2014 § 10 BPersVG enthält ein generelles Gebot des Stillschweigens hinsichtlich aller bei der Personalrattätigkeit bekannt gewordenen Angelegenheiten und Tatsachen. Die Schweigepflicht entfällt nur dann, wenn die Angelegenheit bereits offenkundig ist oder ihrer Bedeutung nach keiner Geheimhaltung bedarf, wobei Letzteres bei Personalangelegenheiten regelmäßig nicht zutreffen wird.

> *Zur Bedeutung der Schweigepflicht als Schweigerecht gegenüber der Dienststelle bei Aussagen im Prozess etc. vgl. Baden, PersR 2002, 428*

4.5.2 Informationen an die Gewerkschaft

2015 Somit ist grundsätzlich auch eine nicht durch Einwilligung legitimierte Datenweitergabe vom Betriebsrat an eine Gewerkschaft unzulässig.

Auch wenn der Betriebsrat die Gewerkschaft zur Unterstützung in einem bestimmten Personalproblem zur Stärkung der Position des Beschäftigten einschalten will, ist der Betriebsrat gehalten – und hiergegen spricht auch nichts –, die Einwilligung des Betroffenen einzuholen.

2016 Dies gilt auch insoweit, als Gewerkschaft, Arbeitgeber und Mitarbeitervertretung zur „vertrauensvollen Zusammenarbeit" aufgerufen sind (§ 2 BPersVG, § 2 BetrVG).

> *Vgl. hierzu HessStGH, RDV 1986, 143 = DVBl 1986, 936, wonach die im ehemaligen Hessischen Personalvertretungsgesetz vorgesehene Teilnahme von Vertretern der im Personalrat vertretenen Gewerkschaften an den sog. Monatsgesprächen zwischen Dienststellenleiter und Personalrat die Einwilligung der betroffenen Beschäftigten voraussetzt, sofern dort sie betreffende Personalangelegenheiten verhandelt werden. Für eine Regelung, die die Datenübermittlung auch ohne Einwilligung des Betroffenen an externe Gewerkschaftsfunktionäre vorsehe, fehle das erforderliche überwiegende Allgemeininteresse. Entsprechendes hätte der StGH nach ausdrücklichem Bekunden in den Urteilsgründen auch für das bisher unbeanstandet im Personalvertretungs- und Betriebsverfassungsrecht (§ 3l BetrVG) enthaltene Teilnahmerecht von Gewerkschaftsvertretern an den Personalratssitzungen erklärt.*

2017 Etwas anderes kann ausnahmsweise gelten, wenn es um die Unterstützung der Wahrung eigener Rechte der Mitarbeitervertretung geht und die Hilfe der Gewerkschaft oder eines Sachverständigen oder eines Rechtsanwalts erforderlich wird; dabei wird es aber häufig genügen, den mit dem Arbeitgeber strittigen Personalfall – zunächst – in anonymisierter Form zu beraten.

4.5.3 Erforderlichkeit und Datensparsamkeit

Schaltet die Mitarbeitervertretung, wozu sie zwecks Wahrnehmung ihres kollektiven Schutzauftrags ggf. sogar ausdrücklich ermächtigt ist, externe Kontrollinstanzen wie z. B. die Datenschutzaufsichtsbehörde oder die für den Arbeitsschutz zuständigen Behörden ein, so muss sie, sofern die Mitteilung personenbezogene Daten enthalten soll, auch insoweit abwägen, ob hierdurch schutzwürdige Interessen der betroffenen Beschäftigten berührt werden. | **2018**

> *Vgl. BAG, RDV 2003, 193: „Die dem Betriebsrat nach § 89 Abs. 1 S. 2 BetrVG obliegende Pflicht, die für den Arbeitsschutz zuständigen Behörden zu unterstützen, berechtigt ihn nicht stets und einschränkungslos, den Aufsichtsbehörden die vom Arbeitgeber elektronisch erfassten tatsächlich geleisteten Arbeitsstunden der Arbeitnehmer namensbezogen mitzuteilen. Aus Gründen des Datenschutzes muss er vielmehr im Einzelfall die Erforderlichkeit der Datenweitergabe prüfen und hierbei die Interessen der betroffenen Arbeitnehmer berücksichtigen."* Zur Frage, inwieweit und wann der BR generell befugt ist, sich an die Aufsichtsbehörde zu wenden, vgl. Kort, RDV 2012, 8 (11)*

4.5.4 Veröffentlichungen im Intra- und Internet

Dem Betriebsrat steht ggf., wie bereits gesagt, auch ein Zugang zum betrieblichen Intranet zu. Der Betriebsrat darf aber nur solche Vorgänge publizieren, die in seiner Zuständigkeit liegen und nicht vertraulich sind. | **2019**

Was die Installierung einer eigenen Website der Mitarbeitervertretung betrifft, | **2020**

> *Vgl. ArbG Paderborn, DB 1998, 678 = MMR 1998, 379; zustimmend Beckschulze/Henkel, DB 2001, 1499; Hennige, MMR 1998, 379; Altenburg/v. Reitersdorff/Leister, MMR 2005, 222 (225)*

so dürfte die Durchsetzung eines solchen Begehrens häufig an der Erforderlichkeit, d.h. der fehlenden Außenkompetenz des Betriebsrats, scheitern. Es wäre auch mit dem Grundsatz der vertrauensvollen Zusammenarbeit nicht vereinbar, Betriebsinterna und ggf. betriebliche Auseinandersetzungen in aller Öffentlichkeit auszubreiten. Demgemäß hat es das HessLAG | **2021**

> *RDV 2005, 170*

als unzulässig angesehen, wenn ein Betriebsratsmitglied auf seiner „Betriebsratshomepage" eine Werkszeitung seiner Betriebsratsgruppe veröffentlicht, in der Betriebs- und Betriebsratsinterna publiziert sind. Der Grundsatz der vertrauensvollen Zusammenarbeit (§ 2 Abs. 1 BetrVG) habe hier Vorrang vor dem Grundrecht der Informationsfreiheit.

Soll es Sinn einer vom Arbeitgeber freiwillig eröffneten Homepage sein, den Mitarbeitern die Möglichkeit zu geben, Informationen über die Betriebsratstätigkeit von zu Hause aus abzurufen, so muss der Zugriff dann durch Passwörter auf den Kreis der Beschäftigten beschränkt werden. | **2022**

Hat der Betriebsrat in freiwilliger Vereinbarung mit dem Arbeitgeber eine eigene Website im Intranet, so hat er jedenfalls nur Vorgänge zu publizieren, die in seiner Zustän- | **2023** digkeit liegen. Dabei hat er sowohl Interessen des Betriebes als auch der Beschäftigten zu beachten. Nicht alle Geschäfts- oder Personaldaten dürfen jedem Beschäftigten zugänglich gemacht werden.

2024   Andererseits ist es dem Arbeitgeber nicht gestattet, gegen unzulässige Texte per Selbsthilfe vorzugehen, indem er sie entfernt bzw. den Zugriff hierauf sperrt.

BAG, NZA 2004, 278 = RDV 2004, 171; LAG Hamm, RDV 2004, 223

Der Betriebsrat kann die Unterlassung dieser Behinderung seiner Tätigkeit verlangen (§ 78 BetrVG). Ein Unterlassungs- bzw. Entfernungsbegehren muss der Arbeitgeber also mit Hilfe des Arbeitsgerichts durchzusetzen versuchen.

4.6   Löschungsfristen im Betriebs-/Personalratsbüro

2025   Das BetrVG und auch das BPersVG enthalten keine Aussagen dazu, wie lange die Mitarbeitervertretungen ihnen überlassene Unterlagen und/oder dateimäßig gespeicherte „Daten" aufbewahren dürfen.

Diesbezügliche Regelungen finden sich jedoch in einer Reihe von Landespersonalvertretungsgesetzen.

Rheinland-Pfalz (LPersVG vom 8.12.1992)

§ 72 Behandlung personenbezogener Unterlagen

(1) Personenbezogene Unterlagen, die anlässlich eines Mitbestimmungsverfahrens zur Verfügung gestellt wurden, sind nach dessen Abschluss zurückzugeben. Ihre Sammlung, fortlaufende aktenmäßige Auswertung sowie Speicherung in Dateien ist unzulässig.

(2) Unterlagen des Personalrats, die personenbezogene Daten enthalten (z.B. Niederschriften, Personallisten), sind vor unbefugter Einsichtnahme zu schützen. Die Dienststelle hat dem Personalrat geeignete Sicherungseinrichtungen zur Verfügung zu stellen.

(3) Personenbezogene Unterlagen des Personalrats sind für die Dauer der Amtsperiode des Personalrats aufzubewahren. Sie sind spätestens nach Ablauf einer weiteren Amtsperiode zu vernichten, soweit sie nicht von dem Archiv einer Gebietskörperschaft übernommen werden."

oder

Niedersachsen (Nds. PersVG vom 2.3.1994)

§ 61 Behandlung personenbezogener Unterlagen

(1) Unterlagen mit personenbezogenen Daten, die dem Personalrat aus Anlass seiner Beteiligung an einer bestimmten Maßnahme zur Verfügung gestellt wurden, sind nach Abschluss des Beteiligungsverfahrens der Dienststelle zurückzugeben.

...

(4) Andere Unterlagen des Personalrats, die personenbezogene Daten enthalten, insbesondere Niederschriften und Personallisten, sind für die Dauer der regelmäßigen Amtszeit des Personalrats aufzubewahren. Sie sind spätestens nach Ablauf einer weiteren regelmäßigen Amtszeit zu vernichten.

2026   Die Mitarbeitervertretung hat sich jedoch ebenso wie der Arbeitgeber an den einschlägigen Regelungen des Bundes- oder Landesdatenschutzgesetzes auszurichten und Löschungsfristen entsprechend der Zweckbestimmung der Daten festzulegen.

Vgl 17. Tätigkeitsbericht (97/98) des LDSB des Saarlandes, S. 105 ff.: „Unterlagen mit perso-nenbezogenem Inhalt sind (nur) so lange aufzubewahren, wie die Kenntnis der Daten zur Auf-gabenerfüllung des Personalrates erforderlich ist. Nach Ablauf der Aufbewahrungsfrist sind die Unterlagen zu vernichten (vgl. § 19 Abs. 3 SDSG). Bei der Prüfung wurden zwar keine Verstöße gegen diese Grundsätze festgestellt. Es ist jedoch nicht konkret geregelt, welche Unterlagen wie lange aufzubewahren sind. Ich habe vorgeschlagen, in der Geschäftsordnung des Personalrates Aufbewahrungsfristen festzulegen. M.E. sollten Vorgänge über die Beteili-gung des Personalrates in Einzelfällen (z.B. Höhergruppierung) nicht länger als ein Jahr, nachdem die Angelegenheit in der Personalratssitzung behandelt wurde, aufbewahrt werden. Unfallanzeigen könnten ebenfalls nach einem Jahr vernichtet werden. Sitzungsniederschriften des Personalrates sollten nicht länger als ein Jahr nach Ablauf der Amtszeit aufbewahrt wer-den."

Sofern Personalvertretungsgesetze den Personalräten die Speicherung von Daten erlau-ben, besteht Löschungspflicht mit Ablauf der Erlaubnis, wobei unbestimmt gefasste Regelungen **2027**

vgl. § 65 Abs. 2 LPSVG Baden-Württemberg, der den Personalvertretungen gestattet, perso-nenbezogene Daten zu speichern, soweit und solange dies zur Erfüllung ihrer Aufgaben erfor-derlich ist

wenig hilfreich sind und zu eigenen organisatorischen Festlegungen zwingen.

5 „Selbstkontrolle" und -organisation des Datenschutzes

5.1 Selbstkontrolle

Der Gesetzgeber hat sich dafür entschieden, die nach BVerfG und EU-DatSchRl gebo-tene Kontrolle der Einhaltung des Datenschutzes weitgehend nicht externen Aufsichts-behörden, sondern u.a. mit der Pflicht zur Bestellung eines unabhängigen Datenschutz-beauftragten den verantwortlichen Stellen selbst zu übertragen. **2028**

Nach durchaus kritisch zu sehender Entscheidung des BAG **2029**

NJW 1998, 2466 = DB 1998, 627 = DuD 1998, 228

soll jedoch der Betriebsrat nicht der Kontrolle des DSB unterworfen sein. Das BAG lässt es insoweit mit der Kontrolle durch die Aufsichtsbehörde genügen.

Vgl. vorstehend Rdn. 1669 ff.

Während die Entscheidung des BAG teilweise schon zuvor vertretenen Auffassungen „gewerkschaftsnaher" Autoren entsprach und hier auch Zustimmung gefunden hat, tei-len andere die Argumente des BAG nicht,

z.B. Gola/Jaspers, RDV 1998, 47; Kuhrung/Werner, DuD 2000, 159; Leuze, ZTR 2002, 545; Kersten, PersV 2001, 307

wobei dies jedoch nichts daran ändert, dass hier der Gesetzgeber gefordert ist, den inso-weit „kontrollfreien" Raum Mitarbeitervertretung zu beseitigen.

Vgl. Simitis, NJW 1998, 315

Die Mitarbeitervertretung ist jedoch gehalten, eine eigene Datenschutzorganisation zu schaffen. Insoweit kann auch ein Betriebsratsmitglied mit DSB-analogen Aufgaben **2030** betraut werden. Selbstverständlich kann sich der Betriebsrat auch freiwillig der Kontrolle des betrieblichen DSB unterziehen.

Vgl. hierzu auch bereits Bekanntmachung des Innenministeriums Baden-Württemberg über Hinweise zum Bundesdatenschutzgesetz für die private Wirtschaft Nr. 33 (Staatsanzeiger vom 4.1.1995, Nr. 1/2, S. 6): „Der Betriebsrat erhält im Zusammenhang mit der Ausübung seiner Mitwirkungs- und Mitbestimmungsrechte und der Wahrnehmung seiner allgemeinen Aufgaben nach § 80 Abs. 1 BetrVG Kenntnis von einer Vielzahl von Arbeitnehmerdaten.

Bei der Verarbeitung und Nutzung solcher Daten muss der Betriebsrat daher neben der für ihn geltenden speziellen gesetzlichen Geheimhaltungspflicht nach § 79 BetrVG auch die Regelungen des Bundesdatenschutzgesetzes beachten (etwa erforderliche organisatorische und technische Maßnahmen nach § 9 BDSG und der Anlage hierzu treffen, die Mitglieder des Betriebsrats gemäß § 5 BDSG auf das Datengeheimnis verpflichten und seine Mitteilungspflichten nach § 37 Abs. 1 Nr. 1 und Abs. 2 BDSG erfüllen). Als Teil des Unternehmens hat der Betriebsrat auch innerbetriebliche Regelungen zum Datenschutz einzuhalten und erforderlichenfalls selbst ergänzende Regelungen zu treffen, um einen ausreichenden Datenschutz sicherzustellen.

Dabei kommen beispielsweise Regelungen darüber in Betracht,

- *welche Mitglieder des Betriebsrats auf welche Daten in Personaldateien des Unternehmens Zugriff nehmen dürfen;*
- *ob und auf welche Weise Mitglieder des Betriebsrats vor Sitzungen Unterlagen mit besonders schutzbedürftigen Daten (z.B. Daten über gesundheitliche Verhältnisse oder spezielle Kündigungsgründe) zugeleitet werden oder ob solche Unterlagen nur in der Sitzung ausgeteilt, zur Einsicht bereitgehalten oder mündlich bekannt gegeben werden. Sofern den Mitgliedern des Betriebsrats entsprechende Unterlagen überlassen werden, empfehlen sich auch Regelungen darüber, dass solche Unterlagen nach der Sitzung nicht bei den Mitgliedern verbleiben, sondern an den Vorsitzenden des Betriebsrats zurückzugeben und zu vernichten sind;*
- *über die Zweckbindung personenbezogener Daten, die das Unternehmen dem Betriebsrat im Zusammenhang mit der Ausübung von Mitwirkungs- und Mitbestimmungsrechten zur Verfügung stellt, und über die Verpflichtung, diese Daten dem Arbeitgeber nach Ausübung der Beteiligungsrechte wieder zurückzugeben oder zu vernichten bzw. zu löschen;*
- *welche Arbeitnehmerdaten der Betriebsrat zur Erfüllung seiner allgemeinen Aufgaben längerfristig gespeichert hat*

und

- *über die Erteilung von Auskünften und die Berichtigung, Sperrung und Löschung von Daten von Arbeitnehmern, die beim Betriebsrat gespeichert sind. "*

Zweck solcher Regelungen des Betriebsrats muss es sein, sicherzustellen, dass die Arbeitnehmerdaten bei ihm in datenschutzgerechter Weise verarbeitet und getrennt werden.

5.2 Datenschutz- und -sicherheitsorganisation

2031 Nach der Rechtsprechung entscheidet die Mitarbeitervertretung selbstständig und ggf. abweichend von den vom Arbeitgeber aufgestellten Datensicherungsregelungen über ihre Datenschutzorganisation. Für die Beachtung des Datenschutzes beim Zugang zu einem von allen Betriebsratsmitgliedern genutzten PC hat der Betriebsrat in eigener Verantwortung zu sorgen.

BAG, RDV 2012, 295 = DuD 2013, 56 = ZD 2013, 36

So liegt es im Rahmen einer nach § 40 Abs. 2 BetrVG gebotenen Bereitstellung eines Internetzugangs im Beurteilungsspielraum des Betriebsrats, ob der Zugang zum Internet den einzelnen Betriebsratsmitgliedern nur über einen zentralen Rechner im Betriebsratsbüro oder auch am Arbeitsplatz des Betriebsratsmitglieds erfolgen soll.

2032

Ferner ist es grundsätzlich auch Sache des Betriebsrats, festzulegen, ob beim Zugang einzelner Betriebsratsmitglieder zum Internet über einen gemeinsamen Rechner des Betriebsrats eine Personalisierung stattfinden soll, so dass dem Arbeitgeber nicht ermöglicht wird, die Internetrecherchen der einzelnen Betriebsratsmitglieder nachzuvollziehen.

Vgl. LAG Berlin-Brandenburg, RDV 2011, 197

Anhang

Die wichtigste höchstrichterliche Rechtsprechung zur Verarbeitung von Arbeitnehmerdaten in den Jahren 1986–2012

– von nicht mehr aktuellen Entscheidungen bereinigte Zusammenstellung, wiedergegeben in zeitlicher Reihenfolge und erschlossen durch Stichworte –

(1) Zulässigkeit von Personalinformationssystemen (PAISY-Krankenläufe); Mitbestimmung bei technischer Überwachung

(Bundesarbeitsgericht, Beschluss vom 11. März 1986 – 1 ABP 12/84 –)

1) Der Betriebsrat hat mitzubestimmen, wenn in einem Personalinformationssystem auf einzelne Arbeitnehmer bezogene Aussagen über krankheitsbedingte Fehlzeiten erarbeitet werden.

2) Vorschriften des Datenschutzrechtes stehen solchen Datenläufen nicht entgegen.

3) Der Spruch einer Einigungsstelle, der auf der einen Seite solche Datenläufe unter bestimmten Voraussetzungen für zulässig erklärt und auf der anderen Seite regelt, in welcher Weise der Arbeitgeber auf so gewonnene Erkenntnisse reagieren darf, stellt einen angemessenen Ausgleich der Interessen der Arbeitnehmer und des Betriebs dar.

Fundstelle: RDV 1986, 191 = DB 1986, 1496

(2) Verfassungsmäßigkeit der Mitbestimmung des Personalrats beim Datenschutz

(HessStaatsGH, Urteil vom 10. April 1986 – P. St. 1023 –)

1) Die Regelung des § 61 Abs. 1 Nr. 17 (jetzt § 74 Abs. 1 Ziff. 17) HPVG, nach der der Personalrat über Tatbestände automatisierter Verarbeitung personenbezogener Daten der Beschäftigten mitbestimmt, ist mit der Verfassung des Landes Hessen (Art. 70, 71, 102, 137, 138) unvereinbar und nichtig, soweit nach § 60b Abs. 4 S. 2 (jetzt § 69 Abs. 3 S. 2) HPVG im Nichteinigungsfalle der Beschluss nach Einigungsstelle die Beteiligten bindet, ohne dass eine endgültige Entscheidung nach § 60b Abs. 5 HPVG herbeigeführt werden kann.

2) Die Vorschrift des § 61 Abs. 1 Nr. 3 (jetzt § 74 Abs. 1 Ziff. 3) HPVG, nach der der Personalrat bei der Bestellung und Abberufung von Datenschutzbeauftragten mitbestimmt, ist mit der Verfassung des Landes Hessen vereinbar.

3) Die Regelung des § 55 Abs. 4 HPVG, nach der an den „Monatsgesprächen" zwischen Dienststellenleiter und Personalrat Beauftragte der im Personalrat vertretenen Gewerkschaften sowie Vertreter des jeweiligen Arbeitgeberverbandes teilnehmen können, verstößt gegen das Recht auf informationelle Selbstbestimmung (Art. 2 und

3 der Verfassung des Landes Hessen), soweit Gegenstände behandelt werden, die die Mitteilung oder Erörterung schutzwürdiger personenbezogener Daten einschließen.

4) Das dem Personalrat in § 91 Abs. 2 HPVG eingeräumte Einblicksrecht in Brutto-lohn- und -gehaltslisten verstößt nicht gegen den verfassungsrechtlich begründeten Datenschutz.

Fundstelle: RDV 1986, 149 = ArbuR 1987, 36 = DVBl 1986, 936

(3)   Zulässigkeit der Telefondatenerfassung

(Bundesarbeitsgericht, Beschluss vom 27. Mai 1986 – 1 ABR 48/84 –)

1) Die Erfassung von Daten über die von Arbeitnehmern geführten Telefongespräche unterliegt der Mitbestimmung des Betriebsrats nach § 87 Abs. 1 Nr. 6 BetrVG.

2) Daten über von Arbeitnehmern geführte Telefongespräche sind personenbezogene Daten des Arbeitnehmers im Sinne des Bundesdatenschutzgesetzes. Sie können, wenn die Zielnummer erfasst wird, auch personenbezogene Daten des Angerufenen sein.

3) Die Verarbeitung von personenbezogenen Daten der Arbeitnehmer ist datenschutz-rechtlich schon dann zulässig, wenn sie durch eine Betriebsvereinbarung oder durch einen Spruch der Einigungsstelle erlaubt wird. Betriebsvereinbarung oder Spruch der Einigungsstelle können auch zu Ungunsten der Arbeitnehmer von den Vorschrif-ten des Bundesdatenschutzgesetzes abweichen. Sie müssen sich im Rahmen der Regelungskompetenz der Betriebspartner halten und den Grundsätzen über den Per-sönlichkeitsschutz des Arbeitnehmers im Arbeitsverhältnis Rechnung tragen.

4) Gegen eine Betriebsvereinbarung, die die Erfassung der vollen Zielnummer bei Dienstgesprächen und Privatgesprächen aus dienstlichem Anlass erlaubt, bestehen jedenfalls dann keine Bedenken, wenn daneben Privatgespräche geführt werden, bei denen die Zielnummer nicht erfasst wird.

5) Ob die Erfassung der Zielnummer im Verhältnis zum Angerufenen datenschutz-rechtlich zulässig ist, bleibt unentschieden. Eine Betriebsvereinbarung oder ein Spruch der Einigungsstelle, der die Erfassung von Telefondaten regelt, ist nicht des-wegen unwirksam, weil die geregelte Telefondatenerfassung gegenüber dem Ange-rufenen datenschutzrechtlich unzulässig ist.

6) Es stellt keine unzulässige Behinderung der Betriebsratstätigkeit dar, wenn für Betriebsratsgespräche bei Ferngesprächen auch Zeitpunkt und Dauer des einzelnen Gesprächs erfasst werden.

Fundstelle: RDV 1986, 199 = DB 1986, 2086

(4)   Zulässigkeit der internen Weitergabe von Personaldaten

(Bundesverwaltungsgericht, Urteil vom 28. August 1986 – 2 C 51/84 –)

1) Die Fürsorgepflicht des Dienstherrn gebietet es, den Kreis der mit Personalakten befassten Beschäftigten möglichst eng zu halten (hier: Mitteilung eines Pfändungs- und Überweisungsbeschlusses an den unmittelbaren Vorgesetzten).

2) Hiernach hat der Dienstherr den Kreis der mit Personalakten befassten Beschäftigten möglichst eng begrenzt zu halten und auch Teilakten, Auszüge oder einzelne Angaben nicht ohne dienstlichen Grund – je nach dem Maße ihrer Schutzwürdigkeit – anderen Beschäftigten zur Kenntnis zu geben (vgl. Plog/Wiedow/Beck/Lemhöfer, BBG, § 90 Rdn. 51); denn Personalakten genießen sowohl im dienstlichen Interesse als auch im schutzwürdigen persönlich-privaten Interesse des Beamten einen besonderen Vertrauensschutz, der sich auch auf den Verkehr der Behörden untereinander erstreckt (vgl. BVerwGE 19, 185).

Fundstelle: NJW 1987, 1214 = DVBl. 1987, 254

(5)   Das Erheben und Speichern sogenannter Stammdaten

(Bundesarbeitsgericht, Urteil vom 22. Oktober 1986 – 5 AZR 660/85 –)

1) Das Bundesdatenschutzgesetz regelt nicht die Erhebung personenbezogener Daten. Jedoch ist die Speicherung unzulässig erhobener Daten verboten.

2) Das Speichern in zulässiger Weise erhobener Daten ist im Rahmen der Zweckbestimmung des Arbeitsverhältnisses – mit den Einschränkungen durch das informationelle Selbstbestimmungsrecht – erlaubt (§§ 2, 23 BDSG).

a) Maßgebend für die im Rahmen der Zweckbestimmung vorzunehmende Interessenabwägung ist der Grundsatz der Verhältnismäßigkeit.

b) Unter Berücksichtigung der beiderseitigen Belange dürfen aus einem Personalfragebogen folgende Arbeitnehmerdaten gespeichert werden: Geschlecht, Familienstand, Schule, Ausbildung in Lehr- und anderen Berufen, Fachschulausbildung/Fachrichtung/Abschluss, Sprachkenntnisse.

c) Die weitere Kenntnis dieser Daten kann auch im Verlauf des Arbeitsverhältnisses im Rahmen seiner Zweckbestimmung erforderlich sein (§ 27 Abs. 3 Satz 2 BDSG).

3) Die Speicherung der genannten Daten verletzt nicht das Mitbestimmungsrecht des Betriebsrats bei einer Leistung- und Verhaltenskontrolle (§ 87 Abs. 1 Nr. 6 BetrVG), weil diese Daten nichts über Verhalten und Leistung des Arbeitnehmers aussagen.

Fundstelle: RDV 1987, 129 = DB 1987, 1048

(6)   Grenzen der Telefondatenerfassung

(Bundesarbeitsgericht, Urteil vom 13. Januar 1987 – 1 AZR 267/85 –)

1) Der in einer Beratungsstelle für Erwachsene, Kinder und Jugendliche eines Landkreises tätige Psychologe mit staatlich anerkannter wissenschaftlicher Abschlussprüfung ist dem Landkreis als Arbeitgeber gegenüber nicht berechtigt und verpflichtet, Auskunft darüber zu geben, mit welchen von ihm zu betreuenden Personen er ein Telefongespräch geführt hat.

2) Der Arbeitgeber darf sich diese Kenntnis nicht dadurch verschaffen, indem er bei der automatischen Erfassung der vom Psychologen geführten dienstlichen Telefongespräche mit zu betreuenden Personen die Zielnummer dieses Telefongesprächs erfasst. Durch die Erfassung der Zielnummer ist in der Regel der Anschlussinhaber

entweder als unmittelbarer Gesprächspartner oder doch als eine Person bestimmbar, die zu dem Gesprächspartner in einem nahen Verhältnis steht.

3) Die Tatsache, dass der Anschlussinhaber Gesprächspartner eines Gesprächs mit einem Psychologen war oder dass eine zu ihm in naher Beziehung stehende dritte Person dieser Gesprächspartner war, ist ein vom Psychologen zu wahrendes Geheimnis des Anschlussinhabers, von dem sich auch der Arbeitgeber durch die Erfassung der Zielnummer keine Kenntnis verschaffen darf.

Fundstelle: RDV 1987, 136 = DB 1987, 1153

(7)   Zulässigkeit der internen Weitergabe von Personaldaten

(Bundesarbeitsgericht, Urteil vom 15. Juli 1987 – 5 AZR 215/86 –)

1) Aufgrund des verfassungsrechtlich gewährleisteten Persönlichkeitsschutzes ist der Arbeitgeber verpflichtet, die Personalakten des Arbeitnehmers sorgfältig zu verwahren, bestimmte Informationen vertraulich zu behandeln und für die vertrauliche Behandlung durch die Sachbearbeiter Sorge zu tragen (Fortführung der bisherigen Rechtsprechung des Senats). Auch muss der Arbeitgeber den Kreis der mit Personalakten befassten Mitarbeiter möglichst eng halten (im Anschluss an BVerwG Urteil vom 28. August 1986 – 2 C 51.84).

2) Ansprüche aus Persönlichkeitsverletzungen fallen als absolute Rechte nicht unter Ausschlussklauseln, die ihren Wirkungsbereich auf Ansprüche aus dem Arbeitsvertrag oder dem Arbeitsverhältnis erstrecken.

Fundstelle: RDV 1988, 27 = DB 1987, 2571

(8)   Überwachung per Videokamera

(Bundesarbeitsgericht, Urteil vom 7. Oktober 1987 – 5 AZR 116/86 –)

1) Eine Verletzung des Persönlichkeitsrechts eines Arbeitnehmers kann vorliegen, wenn er einem ständigen lückenlosen Überwachungsdruck dadurch unterworfen wird, dass der Arbeitgeber sich vorbehält, jederzeit ohne konkreten Hinweis den Arbeitsplatz durch versteckt aufgestellte Videokameras zu beobachten.

2) Eine solche Maßnahme kann allerdings gerechtfertigt sein, wenn überwiegende schutzwürdige Interessen des Arbeitgebers sie erfordern. Hierzu bedarf es eines substantiellen Sachvortrages.

Fundstelle: RDV 1988, 137 = DB 1988, 403

(9)   Datenübermittlung an den BRH

(Bundesarbeitsgericht, Urteil vom 12. Januar 1988 – 1 AZR 352/86 –)

1) Die Installation von Fahrtenschreibern unterliegt nicht der Mitbestimmung des Personal- bzw. Betriebsrats, soweit diese gesetzlich vorgeschrieben ist. Damit ist jedoch nicht ausgeschlossen, dass die weitere Verwendung der durch den Fahrtenschreiber erhobenen und auf den Schaublättern aufgezeichneten Daten durch den Arbeitgeber – soweit diese nicht ebenfalls gesetzlich vorgeschrieben ist – der Mitbestimmung des Personalrats unterliegt.

2) Der Personalrat hat nicht mitzubestimmen, wenn die Dienststelle auf Ersuchen des Bundesrechnungshofs Schaublätter aus Fahrtenschreibern in von Bediensteten der Dienststelle gefahrenen Kraftfahrzeugen dem Bundesrechnungshof übersendet.

3) Durch die in § 95 Abs. 1 BHO normierte Verpflichtung der Dienststelle, dem Bundesrechnungshof solche Schaublätter vorzulegen, wird der Arbeitnehmer, dessen Fahrtzeiten in den Schaublättern aufgezeichnet sind, nicht in seinem Persönlichkeitsrecht verletzt.

Fundstelle: RDV 1988, 197 = DB 1988, 1552

(10)   Sicherheitsüberprüfung im öffentlichen Dienst

(Bundesverfassungsgericht, Beschluss vom 10. Februar 1988 – 2 Br. 522/67 –)

Auch unter Beachtung der verfassungsmäßigen Anforderungen für einen Eingriff in das Recht auf informationelle Selbstbestimmung bietet § 55 BBG dem Dienstherrn die erforderliche gesetzliche Grundlage zur Durchführung einer Sicherheitsüberprüfung. Der Dienstherr kann hiernach von seinen Beamten die Angaben verlangen, die zur Gewährleistung der Sicherheit im Bereich des öffentlichen Dienstes geeignet und erforderlich sind.

Fundstelle: RDV 1988, 248 = DB 1988, 170

(11)   Zur Speicherung erledigter Vorgänge

(Bundesarbeitsgericht, Urteil vom 13. April 1988 – 5 AZR 537/86 –)

Der Arbeitnehmer kann die Entfernung eines auf einer wahren Sachverhalts Darstellung beruhenden Schreibens aus der Personalakte verlangen, wenn es für seine weitere Beurteilung überflüssig geworden ist und ihn in seiner beruflichen Entwicklungsmöglichkeit fortwirkend beeinträchtigen kann.

Fundstelle: DB 1988, 1702 = NZA 1988, 654 = RDV 1988, 248

(12)   Aufbewahrung von Disziplinarakten

(Bundesverwaltungsgericht, Beschluss vom 20. Februar 1989 – 2 B 129/88 –)

1) Akten über die disziplinarrechtlichen Vorermittlungen verbleiben auch dann zulässigerweise bei den Personalakten des Beamten, wenn das Ermittlungsverfahren eingestellt wurde.

2) Das Recht des Dienstherrn zur Führung von Personalakten greift nicht in unzulässiger Weise in das Recht des Beamten auf informationelle Selbstbestimmung ein. Diesem Recht wird hinreichend durch die Pflicht des Dienstherrn Rechnung getragen, den Kreis der mit Personalakten Beschäftigten möglichst eng zu halten.

Fundstelle: NJW 1989, 1942

(13) Telefondatenerfassung bei der Mitarbeitervertretung

(Bundesverwaltungsgericht, Beschluss vom 28. Juli 1989 – 6 D 1/88 –)

1) Die Registrierung von Telefongesprächen der Mitarbeiter einer Dienststelle mit Hilfe von Telefondatenerfassungsgeräten unterliegt in Niedersachsen nicht der Mitbestimmung des Personalrats.

2) Der Personalrat wird durch die Registrierung der Telefongespräche seiner Mitglieder nicht unzulässig behindert oder in seinen Rechten beeinträchtigt. Der Dienststellenleiter ist jedoch nicht berechtigt, die Daten über dienstliche Telefongespräche seinen Amtsleitern zur Kontrolle und Stellungnahme zuzuleiten.

Fundstelle: Perser 1989, 289

(14) Datenweitergabe an den Betriebsrat bei Einstellungsentscheidungen

(Bundesarbeitsgericht, Beschluss vom 3. Oktober 1989 – 1 ABR 73/88 –)

1) Der Arbeitgeber ist nach § 99 Abs. 1 BetrVG nicht verpflichtet, bei einer Einstellung den Betriebsrat auch über die effektive Höhe des mit dem Arbeitnehmer vereinbarten Arbeitsentgelts zu unterrichten.

2) Auch ansonsten ist er nicht verpflichtet, Angaben zum Inhalt des abgeschlossenen oder abzuschließenden Arbeitsvertrages – abgesehen von der vorgesehenen Eingruppierung – zu machen.

Fundstelle: RDV 1990, 190

(15) Zulässigkeit privater PCs am Arbeitsplatz

(Bundesverwaltungsgericht, Beschluss vom 12. Oktober 1989 – 6 P 9.88 –)

1) Gestattet der Leiter einer Dienststelle einem Beschäftigten auf dessen Wunsch hin die Benutzung seines privaten Kleincomputers zur Erledigung dienstlicher Aufgaben, so liegt jedenfalls dann keine mitbestimmungspflichtige Maßnahme vor, wenn dadurch lediglich individuellen Wünschen des einzelnen Beschäftigten Rechnung getragen werden soll.

2) Durch die Erlaubnis zur Nutzung des Kleincomputers sind keine schützenswerten Rechte der anderen Beschäftigten der Dienststelle berührt worden. Das wäre der Fall, wenn der Beschäftigte mit seinem Computer etwa personenbezogene Daten anderer Beschäftigter elektronisch erfassen und es dadurch ermöglichen würde, diese für eine dienstliche Verhaltens- oder Leistungskontrolle zu verwenden. Die Erlaubnis zum Einsatz des EDV-Geräts wäre dann in Wirklichkeit nicht auf den Arbeitsplatz des Angestellten beschränkt. In diesen Fällen räumt § 75 lll Nr. 17 BPersVG der Personalvertretung ein Mitbestimmungsrecht ein (Einführung und Anwendung technischer Einrichtungen, die dazu bestimmt sind, das Verhalten oder die Leistung der Beschäftigten zu überwachen).

Fundstelle: RDV 1990, 86 = NJW 1990, 1248

(16) Informationsrecht der Personalvertretung beim Datenschutz durch Sachverständige

(Bundesverwaltungsgericht, Beschluss vom 8. November 1989 – 6 P 7.87 –)

1) Hat die Dienststelle vor Einführung eines automatischen Personalsystems von sich aus die Landesbeauftragte für Datenschutz um Abklärung etwaiger datenschutzrechtlicher Probleme angerufen, so liegt vor Abschluss dieses Abklärungsprozesses regelmäßig keine umfassende Information der Personalvertretung vor; die Frist für eine Versagung der Zustimmung beginnt dann nicht zu laufen.

2) § 68 Abs. 2 LPVG BW (= § 68 Abs. 2 BPersVG) schließt die Hinzuziehung von Sachverständigen durch den Personalrat nicht schlechthin aus.

3) Ist die datenschutzrechtliche Überprüfung durch die Landesbeauftragte noch nicht abgeschlossen, hat der Personalrat keinen Anspruch darauf, seinerseits wegen rechtlicher und technischer Fragen, die mit dem Datenschutz zusammenhängen, einen Sachverständigen hinzuzuziehen.

Fundstelle: RDV 1990, 141 = DVBl. 1990, 634

(17) Aufnahme einer Abmahnung in die Personalakte ohne Anhörung des Betroffenen

(Bundesarbeitsgericht, Urteil vom 19. November 1989 – 6 AZR 64/88 –)

1) Ein Angestellter ist gemäß § 13 Abs. 2 Satz 1 BAT zu Beschwerden und Behauptungen tatsächlicher Art, die für ihn ungünstig sind oder ihm nachteilig werden können, vor deren Aufnahme in die Personalakte zu hören, gleichgültig, ob diese aus dem internen Bereich des Arbeitgebers oder von Außenstehenden kommen.

2) Die nachträgliche Anhörung des Arbeitnehmers in Form der Übersendung des zu den Akten genommenen Abmahnungsschreibens heilt den Mangel nicht. Ebenso wenig kann der abgemahnte Arbeitnehmer auf sein Recht zur Gegendarstellung oder sein Recht zur Überprüfung der inhaltlichen Unrichtigkeit verwiesen werden.

3) Zur Gewährleistung eines uneingeschränkten Anhörungsrechts ist deshalb bei der Nichtbeachtung des rechtlichen Gehörs der zu den Akten genommene Vorgang zunächst bis zur Durchführung einer erneuten Anhörung zu entfernen. Denn ohne diese Sanktionierung der fraglichen Nebenpflicht wäre das tarifliche Anhörungsrecht im Ergebnis bedeutungslos. Gegebenenfalls kann dann der Vorgang nach entsprechender Würdigung des Vorbringens des Angestellten durch den Arbeitgeber wieder zu den Akten genommen werden.

Fundstelle: RDV 1990, 145 = DB 1990, 841 = NZA 1990, 477

(18) Zulässigkeit der Abschaffung einer Kontrolleinrichtung bei Widerspruch des Betriebsrats

(Bundesarbeitsgericht, Beschluss vom 28. November 1989 – 1 ABR 97/88 –)

1) Die Abschaffung einer einmal mit Zustimmung des Betriebsrats eingeführten technischen Überwachungseinrichtung (hier: automatisierte Zeiterfassung) unterliegt nicht der Mitbestimmung.

2) Dem Betriebsrat steht aus § 87 Abs. 1 Nr. 6 BetrVG kein Initiativrecht dahingehend zu, die Einführung einer technischen Kontrolleinrichtung über den Spruch einer Einigungsstelle zu erzwingen.

Fundstelle: RDV 1990, 88 = DB 1989, 2542

(19)   Datenerhebung durch die Personalvertretung am Arbeitsplatz

(Bundesverwaltungsgericht, Beschluss vom 9. März 1990 – 6 P 15.88 –)

1) Der Personalrat oder einzelne seiner Mitglieder haben das Recht auf Zugang zu Beschäftigten am Arbeitsplatz, allerdings nur im Einvernehmen mit dem Dienststellenleiter.

2) Der Dienststellenleiter muss, wenn er widerspricht, dass der Personalrat Beschäftigte an ihrem Arbeitsplatz aufsucht, triftige Gründe geltend machen, etwa dass andernfalls eine nicht unerhebliche Störung der Ordnung und des Arbeitsablaufs zu besorgen oder dass der Besuch offensichtlich rechtsmissbräuchlich wäre; insoweit steht ihm aufgrund seines Direktionsrechts ein Widerspruchsrecht zu.

3) Dem steht die Rechtsprechung des Bundesarbeitsgerichts nicht entgegen. Dieses hat im Zusammenhang mit der Erörterung des Zutrittsrechts einer in der Dienststelle vertretenen Gewerkschaft (§§ 2 Abs. 1, 3 Abs. 4 LPersVG NW) unter anderem festgestellt, der Personalrat bedürfe keiner Zustimmung des Leiters der Dienststelle, bevor er im Rahmen seiner Aufgaben einzelne Arbeitsplätze betrete und Beschäftigte besuche (BAG, Urteil vom 17. Januar 1989 – 1 AZR 806/87 – PersRat 1989,138). Diese Ausführungen sind indessen im Zusammenhang mit der Erläuterung eines sogenannten akzessorischen Zugangsrechts der Gewerkschaften gemacht worden (§ 3 Abs. 4 LPersVG NW). Dieses besagt, dass der Personalrat sich nur in solchen Angelegenheiten der gewerkschaftlichen Unterstützung bedienen darf, die sich im Rahmen seiner ihm gesetzlich zugewiesenen Aufgaben halten.

Fundstelle: RDV 1990, 247

(20)   Inhalt der Personalakten

(Bundesverwaltungsgericht, Beschluss vom 4. April 1990 – 2 B 38.90 –)

Für die Zuordnung eines Schriftstücks zu den Personalakten ist der Inhalt, d.h. die darin getroffene Aussage, maßgebend, nicht aber deren sachliche Richtigkeit. Dem Schutzinteresse des betroffenen Beamten ist u.a. durch die Möglichkeit der Beifügung einer Gegendarstellung Rechnung getragen.

Fundstelle: RDV 1991, 79

(21)   Einsicht der Revision in Personalakten

(Bundesarbeitsgericht, Urteil vom 4. April 1990 – 5 AZR 299/89 –)

1) Die Revisionsstellen einer Sparkasse sind im Rahmen ihres Prüfungsauftrags befugt, im Einzelfall Personalakten stichprobenartig zur Nachprüfung der Personalaufwendungen einzusehen.

2) Soweit besonders vertrauliche Informationen in der Personalakte enthalten sind, sind besondere Vorkehrungen erforderlich, um den Schutz für sensible Daten zu gewährleisten. So kann es unter Umständen notwendig sein, solche Vorgänge in geschlossenen Umschlägen oder außerhalb der Personalakte in besonders gesicherten Schränken aufzubewahren (Senatsurteil vom 15. Juli 1987 – 5 AZR 215/86). Damit ist den Interessen des Arbeitnehmers hinreichend Rechnung getragen, ohne das Einsichtsrecht der Mitarbeiter der Revision im Einzelfall im Rahmen des Prüfungsauftrages auszuschließen.

Fundstelle: RDV 1990, 184 = NJW 1990, 2272

(22)   Telefondatenerfassung bei der Mitarbeitervertretung

(Bundesarbeitsgericht, Beschluss vom 1. August 1990 – 7 ABR 99/88 –)

1) Die Rufnummern von Gesprächsteilnehmern der Betriebsvertretung dürfen von der Dienststelle nur bei Fern-, nicht aber bei Haus-, Orts- und Nahgesprächen aufgezeichnet, gespeichert oder sonst wie erfasst werden.

2) Es besteht ein berechtigtes Interesse der Dienststelle aus Gründen der Kontrolle der Mittel, die äußeren Daten von Ferngesprächen zu registrieren. Dieses Interesse schließt einen Verstoß gegen § 23 BDSG aus.

Fundstelle: RDV 1991, 81

(23)   Unterrichtung des Personalrats über Schwangerschaften

(Bundesverwaltungsgericht, Beschluss vom 29. August 1990 – 6 P 30.87 –)

1) Der Personalrat kann von der Dienststelle regelmäßig nicht verlangen, über die Schwangerschaften von Mitarbeiterinnen unterrichtet zu werden, die hierzu nicht ihre Einwilligung erteilt haben.

2) Das in § 68 Abs. 2 Satz 1 BPersVG geregelte Unterrichtungsrecht setzt voraus, dass die Personalvertretung eine Aufgabe zu erfüllen hat, die es erfordert, sie über einen bestimmten Sachverhalt zu unterrichten (vgl. Beschluss vom 21. Februar 1980 – BVerwG 6 P 77.78 – Buchholz 238.3 A § 68 BPersVG Nr. 2 = PersV 1980, 278). Die Information nach Satz 1 muss ebenso wie die Vorlage von Unterlagen in untrennbarer Beziehung zu den Aufgaben der Personalvertretung und ihrer Wahrnehmung stehen, d.h. zur Erledigung einer bestimmten und konkreten Aufgabe erforderlich sein (vgl. Beschluss vom 11. Februar 1981 – BVerwG 6 P 44.79 – BVerwGE 61, 325 = PersV 1981, 320).

3) Dies gilt grundsätzlich auch im Bereich der allgemeinen Überwachungsaufgaben gemäß § 68 Abs. 1 Nr. 2 BPersVG.

4) In den Fällen, in denen zur Ermöglichung einer sachgerechten Aufgabenerfüllung eine Unterrichtung der Personalvertretung auch ohne oder gegen den Willen der schwangeren Mitarbeiterin erforderlich wird, ist jedoch zu beachten, dass eine Weitergabe persönlicher Daten und Lebenssachverhalte, insbesondere aus der Intimbzw. Privatsphäre – wie z.B. das Bestehen einer Schwangerschaft –, ohne Einwilligung der betroffenen Mitarbeiterinnen eine Beeinträchtigung von Persönlichkeitsrechten der Betroffenen bedeutet (vgl. BAG, Beschluss vom 27. Februar 1968 – 1

ABR 6/67 – a.a.0.). Der Grundsatz der Verhältnismäßigkeit verlangt es hier, an den im Rahmen der Erforderlichkeit der Unterrichtung zu fordernden sachlich berechtigten Anlass für das Informationsbegehren strenge Anforderung zu stellen, um die Beeinträchtigung von Persönlichkeitsrechten auf eine entsprechend gewichtige Veranlassung beschränken zu können.

Fundstelle: RDV 1991, 34 = NJW 1991, 373

(24) Speicherung von Personaldaten mit Hilfe der EDV durch den Personalrat

(Bundesverwaltungsgericht, Beschluss vom 4. September 1990 – 6 P 28.87 –)

Jedenfalls bei einer Dienststelle von der Größenordnung einer Hundertschaft des Bundesgrenzschutzes ist das Speichern von personenbezogenen Daten der Angehörigen der Dienststelle, die der Personalrat im Rahmen seiner Unterrichtung durch die Dienststelle aus Anlass von konkreten beteiligungspflichtigen Angelegenheiten erfährt, durch den Personalrat oder eines seiner Mitglieder, um bei passender Gelegenheit zwecks leichterer Erfüllung seiner Aufgaben auf diese Daten zurückgreifen zu können, ohne Einwilligung der Betroffenen unzulässig.

Fundstelle: RDV 1991, 33 = NJW 1991, 375

(25) Datenerhebung zur Ablehnung der Einstellung einer Schwangeren

(Europäischer Gerichtshof, Urteil vom 8. November 1990 – RsC 177/88 –)

1) Ein Arbeitgeber verstößt unmittelbar gegen das Diskriminierungsverbot der Richtlinie 76/207/EWG zur Verwirklichung des Grundsatzes der Gleichberechtigung von Männern und Frauen hinsichtlich des Zugangs zur Beschäftigung, wenn er es ablehnt, mit einer von ihm für geeignet befundenen Bewerberin einen Arbeitsvertrag zu schließen, weil er wegen der Einstellung einer schwangeren Frau Nachteile zu befürchten hat.

2) Dabei macht es keinen Unterschied, dass sich kein Mann um die Stelle beworben hat.

Fundstelle: NJW 1991, 628 = RDV 1991, 132

(26) Vorlage von Bewerbungsunterlagen bei Beauftragung eines Personalberaters

(Bundesarbeitsgericht, Beschluss vom 18. Dezember 1990 – 1 ABR 15/90 –)

1) Beauftragt der Arbeitgeber ein Personalberatungsunternehmen, ihm geeignete Bewerber zur Einstellung auf einem bestimmten Arbeitsplatz vorzuschlagen, beschränkt sich die Unterrichtspflicht des Arbeitgebers nach § 99 Abs. 1 BetrVG auf die Personen und deren Bewerbungsunterlagen, die ihm das Personalberatungsbüro genannt hat.

2) Beauftragt der Arbeitgeber ein Personalberatungsunternehmen, ihm einen geeigneten Bewerber vorzuschlagen, und ist der Arbeitgeber entschlossen, bereits den ersten vorgeschlagenen Bewerber einzustellen, so muss er dem Betriebsrat auch nur die Unterlagen dieses einen Bewerbers vorlegen.

3) Es bleibt unentschieden, ob der Arbeitgeber dann, wenn für ihn ein Personalberatungsunternehmen mit einer Anzeige einen Arbeitnehmer mit bestimmten Qualifikationen sucht, gegenüber dem Betriebsrat verpflichtet ist, vom Personalberatungsunternehmen die Vorlage der Bewerbungsunterlagen aller Personen zu verlangen, die sich auf die Annonce gemeldet haben.

Fundstelle: MDR 1991, 650 = RDV 1991, 265

(27) Aufnahme privater Dankschreiben in die Personalakten

(Bundesverwaltungsgericht, Beschluss vom 23. Januar 1991 – 1 WB 89/90, 113/90 –)

1) Private Schreiben sind auch dann nicht rechtlich zwingend zu den Personalakten zu nehmen, wenn sie sich auf dienstliche Vorgänge und Bereiche beziehen.

2) Es ist nicht ermessensfehlerhaft, wenn solche Schreiben zur Vermeidung einer Überfrachtung der Personalakten nicht zu diesen genommen werden.

Fundstelle: RDV 1991, 251

(28) Unzulässigkeit eines elektronischen Videoüberwachungsprogramms

(Bundesarbeitsgericht, Urteil vom 15. Mai 1991 – 5 AZR 115/90 –)

Eine nicht durch besondere Sicherheitsinteressen des Arbeitgebers ausnahmsweise gerechtfertigte heimliche Videoüberwachung der Arbeitnehmer kann nicht durch Zustimmung des Betriebs- oder Personalrats legitimiert werden.

Fundstelle: RDV 1992, 178

(29) Zulässigkeit behördlich angeordneter Sicherheitsüberprüfung ohne Mitbestimmung

(Bundesarbeitsgericht, Beschluss vom 9. Juli 1991 – 1 ABR 57/90 –)

Macht die Genehmigungsbehörde dem Betreiber einer kerntechnischen Anlage zur Auflage, dass nur Personen eingestellt und weiterbeschäftigt werden dürfen, die einer Sicherheitsüberprüfung unterzogen worden sind, so kann der Betriebsrat nicht verlangen, dass solche Sicherheitsüberprüfungen unterbleiben, solange er nicht zugestimmt hat (Bestätigung BAGE 58, 297 = RDV 1989, 49).

Fundstelle: RDV 1992, 132 = MDR 1992, 385

(30) Mitbestimmung bei Mehrplatz-Textsystem mit Bildschirmarbeitsplatz

(Bundesverwaltungsgericht, Beschluss vom 27. November 1991 – 6 P 7.90 –)

1) Das Mitbestimmungsrecht bei der Einführung einer grundlegend neuen Arbeitsmethode setzt nicht voraus, dass diese Methode für die Dienststelle insgesamt eingeführt wird. Abzustellen ist auf die tatsächliche Betroffenheit von Beschäftigten, die die neue Arbeitsmethode anzuwenden haben.

2) Eine technische Einrichtung ist auch dann zur Überwachung des Verhaltens oder der Leistung der Beschäftigten bestimmt, wenn sie ohne unüberwindliche Hindernisse mit einem zur Überwachung geeigneten Programm versehen werden kann.

3) Der Tarifvertrag Nr. 366 vom 26. Juni 1981 zwischen dem Bundesminister für das Post- und Fernmeldewesen und der Deutschen Postgewerkschaft über die Arbeitsbedingungen an Bildschirmarbeitsplätzen enthält hinsichtlich der generellen Ausstattung und Gestaltung von Bildschirmarbeitsplätzen eine tarifrechtliche Regelung, die im Stadium der Beschaffung grundsätzlich eine Mitbestimmung des Personalrats bei der Gestaltung der Arbeitsplätze ausschließt.

4) Die fachliche Unterrichtung zur Aufrechterhaltung des dienstlich erforderlichen Leistungsstandes und zur Anpassung der Fertigkeiten der Dienstkräfte an eine technische Neuerung stellt keine Fortbildung im Sinne des § 76 Abs. 2 Satz 1 Nr. 6 BPersVG dar.

Fundstelle: RDV 1992, 139 = PersR 1992, 147

(31) Unzulässigkeit des heimlichen Mithörens eines dienstlichen Telefonats durch den Arbeitgeber

(Bundesverfassungsgericht, Beschluss vom 19. Dezember 1991 – 1 BvR 382/85 –)

1) Das heimliche Mithören eines dienstlichen Telefonats eines Arbeitnehmers durch den Arbeitgeber verletzt das dem Arbeitnehmer auch insoweit zustehende Recht am eigenen Wort.

2) Die erforderliche Einwilligung des Betroffenen kann weder aus der Benutzung des Diensttelefons noch aus der bloßen Kenntnis der Mithörmöglichkeit gefolgert werden.

Fundstelle: NJW 1992, 815 = RDV 1992, 128

(32) Datenerhebung bei Mitarbeitern des öffentlichen Dienstes

(Bundesarbeitsgericht, Urteil vom 23. Januar 1992 – 6 AZR 87/90 –)

Ein Beschäftigter des öffentlichen Dienstes ist nicht verpflichtet, seinem Arbeitgeber auf dem Dienstweg die Gründe mitzuteilen, die er hinsichtlich der Ablehnung eines Wahlehrenamtes geltend machen will.

Fundstelle: RDV 1992, 231 = ARSt 1992, 114

(33) Datenschutzkontrolle des Betriebsrats bei Kundenbefragungen

(Bundesarbeitsgericht, Beschluss vom 28. Januar 1992 – 1 ABR 41/91 –)

Werden bei einer im Auftrag des Arbeitgebers durchgeführten Kundenbefragung auch auf Beschäftigte beziehbare Daten erhoben und dem Arbeitgeber mitgeteilt, so kann sich aus § 80 Abs. 2 BetrVG ein Anspruch des Betriebsrats ergeben, über das Ergebnis der Befragung unterrichtet zu werden.

Fundstelle: RDV 1992, 176

(34)   Nachweis des Vertretenseins einer Gewerkschaft im Betrieb

(Bundesarbeitsgericht, Beschluss vom 25. März 1992 – 7 ABR 65/90 –)

1) Eine Gewerkschaft ist dann im Betrieb vertreten, wenn ihr mindestens ein Arbeitnehmer des Betriebes angehört, der nicht zu den leitenden Angestellten im Sinne des § 5 Abs. 3 BetrVG zählt.

2) Die Gewerkschaft kann den erforderlichen Beweis auch durch mittelbare Beweismittel, z.B. durch notarielle Erklärung führen, ohne den Namen ihres im Betrieb des Arbeitgebers beschäftigten Mitglieds zu nennen. Ob diese Beweisführung ausreicht, ist eine Frage der freien Beweiswürdigung.

Fundstelle: NJW 1993, 612 = ARSt 1993, 92

(35)   Mitbestimmung bei Regelung zur Attestvorlage

(Bundesarbeitsgericht, Beschluss vom 5. Mai 1992 – 1 ABR 69/91 –)

1) Nach § 87 Abs. 1 Nr. 1 BetrVG hat der Betriebsrat mitzubestimmen in Fragen der Ordnung des Betriebes und des Verhaltens der Arbeitnehmer im Betrieb. Der 5. Senat hat im Urteil vom 27.6.1990 (– 5 AZR 314/89 – EzA § 3 LohnFG Nr. 12) ausgesprochen, Vorschriften über die Pflicht des Arbeitnehmers, im Falle einer Erkrankung ein ärztliches Attest vorzulegen, beträfen eine Frage der Ordnung des Betriebes und des Verhaltens der Arbeitnehmer im Betrieb.

2) Ein solches Mitbestimmungsrecht ist nach § 87 Abs. 1 BetrVG Eingangssatz jedoch ausgeschlossen, wenn die Vorlage des Attests durch Tarifvertrag geregelt ist.

Fundstelle: ZTR 1992, 527

(36)   Nutzung unzulässig gespeicherter Abmahnung

(Bundesarbeitsgericht, Urteil vom 21. Mai 1992 – 2 AZR 551/91 –)

1) Die kündigungsrechtliche Warnfunktion einer Abmahnung wird nicht dadurch aufgehoben, dass die Abmahnung zu Unrecht in die Personalakte aufgenommen wurde.

2) Der Verstoß gegen das Anhörungsrecht des § 13 Abs. 2 BAT macht die Abmahnung nur formell rechtswidrig.

Fundstelle: RDV 1993, 71

(37)   Mitbestimmung bei Zeiterfassungsgeräten

(Bundesverwaltungsgericht, Beschluss vom 13. August 1992 – 6 P 20.91 –)

1) Eine Anordnung zur Benutzung eines Zeiterfassungsgeräts dient grundsätzlich nicht der Regelung der Ordnung in der Dienststelle oder des Verhaltens der Beschäftigten, sondern bezieht sich auf die Erfüllung der Dienstpflicht des einzelnen Beschäftigten und auf die von ihm zu erledigenden Aufgaben.

2) Eine mitbestimmungspflichtige Änderung der Anwendung einer technischen Einrichtung im Sinne des § 75 Abs. 3 Nr. 17 BPersVG ist dann gegeben, wenn neu festgelegt wird, an welchem Ort der Dienststelle ein Zeiterfassungsgerät von den Beschäftigten zu benutzen ist.

Fundstelle: PersR 1992, 505 = RDV 1993, 32 = CR 1993, 159

(38) Unzulässigkeit der Erwähnung einer Personalratstätigkeit in einer dienstlichen Beurteilung

(Bundesarbeitsgericht, Urteil vom 19. August 1992 – 7 AZR 262/91 –)

Eine ehrenamtliche Tätigkeit nach dem Bundespersonalvertretungsgesetz darf im Regelfall in einer dienstlichen Beurteilung nicht erwähnt werden.

Fundstelle: PersR 1993, 85 = NZA 1993, 222 = RDV 1993, 122

(39) Datierung einer Zeugniskorrektur

(Bundesarbeitsgericht, Urteil vom 9. September 1992 – 5 AZR 509/91 –)

1) Ein vom Arbeitgeber berichtigtes Zeugnis ist auf das ursprüngliche Ausstellungsdatum zurückzudatieren, wenn die verspätete Ausstellung nicht vom Arbeitnehmer zu vertreten ist.

2) Die für die Ausstellung des Zeugnisses maßgebende Wahrheitspflicht steht der Rückdatierung im Sonderfall der Zeugnisberichtigung nicht entgegen. Wenn nämlich ein Zeugnis ein Ausstellungsdatum trägt, welches nicht unerheblich nach dem Ausscheiden des Arbeitnehmers liegt, ist nach den Erfahrungen des Arbeitslebens zu befürchten, dass dadurch bei dem Arbeitgeber, bei dem sich der Arbeitnehmer unter Vorlage des Zeugnisses bewirbt, der Eindruck hervorgerufen werden kann, das Zeugnis sei erst nach längeren Auseinandersetzungen mit dem früheren Arbeitgeber ausgestellt worden. Ein solcher Eindruck entwertet das Zeugnis und ist geeignet, Misstrauen gegen den Inhalt des Zeugnisses zu erwecken.

Fundstelle: NJW 1993, 2196 = NZA 1993, 698 = BB 1993, 367, 729 = DB 1993, 644

(40) Personalcomputer als Überwachungseinrichtung

(Bundesverwaltungsgericht, Beschluss vom 23. September 1992 – 6 P 26.90 –)

1) Bei der zur Ermittlung der Überwachungsfunktion technischer Einrichtungen im Rahmen des § 75 Abs. 3 Nr. 17 BPersVG gebotenen objektiv-finalen Betrachtungsweise ist nicht ausschließlich auf die technische Einrichtung als solche, deren Funktionsweise und Benutzungsbedingungen abzustellen, sondern auch auf den dafür vorgesehenen Arbeitsplatz und insbesondere die dazu gehörigen Tätigkeitsgebiete. Später mögliche Änderungen der für die Beschäftigten erkennbaren objektiven Einsatzbedingungen können das Mitbestimmungsrecht erst dann auslösen, wenn sie konkret vorgenommen werden (neuer Anwendungsfall des § 75 Abs. 3 Nr. 17 BPersVG).

2) Die Einführung und Anwendung eines Personalcomputers ist zur Überwachung des Benutzers nicht „bestimmt", wenn es diesem zum einen freigestellt ist, ob und in welchem Umfang er überhaupt in kontrollierbarer Weise Daten bearbeitet und speichert oder wieder löscht, und zum anderen aus der Verhinderung einer Kontrolle auch keine Rückschlüsse auf die Leistung und das Verhalten des Beschäftigten gezogen werden können.

3) Ein Personalcomputer ist dann nicht zur Überwachung der anderen Beschäftigten „bestimmt", wenn nach den Tätigkeitsgebieten am Arbeitsplatz des allein zugelassenen Benutzers keine Daten anderer Beschäftigter zu bearbeiten sind und aus der

Sicht eines objektiven Beobachters auch keine Veranlassung zu der Befürchtung besteht, dass eine Überwachung erfolgt.

Fundstelle: PersR 1993, 28 = RDV 1993, 52

(41) Generelle Unzulässigkeit der Frage nach der Schwangerschaft

(Bundesarbeitsgericht, Urteil vom 15. Oktober 1992 – 2 AZR 227/92 –)

Die Frage nach der Schwangerschaft vor Einstellung einer Arbeitnehmerin enthält in der Regel eine unzulässige Benachteiligung wegen des Geschlechts und verstößt damit gegen das Diskriminierungsverbot des § 611a BGB, gleichgültig, ob sich nur Frauen oder auch Männer um den Arbeitsplatz bewerben (Aufgabe von BAG-Urteil vom 20.2.1986 – 2 AZR 244/85, DB 1986, 2287 im Anschluss an EuGHE 1990, 3941 = DB 1991, 286).

Fundstelle: DB 1993, 435 = NZA 1993, 257 = RDV 1993, 127

(42) Mitbestimmung bei EDV-gestützter Parkerlaubnisverwaltung

(Bundesverwaltungsgericht, Beschluss vom 9. Dezember 1992 – 6 P 16.91 –)

1) Die Einführung einer EDV-gestützten Parkerlaubnisverwaltung, bei der auch Parkverstöße, Abmahnungen, Verwarnungen und Entscheidungen über den Entzug der Parkerlaubnis gespeichert werden, unterliegt der Mitbestimmung nach § 75 Abs. 3 Nr. 17 BPersVG, und zwar auch dann, wenn diese Daten von Hand eingegeben sowie Schreibaufträge über Abmahnungen und Entzug manuell erteilt und ausgeführt werden.

2) Eine Regelung über die Begrenzung bestehender Überwachungsmöglichkeiten kann gegenüber dem Personalrat dauerhafte Verbindlichkeit nur dadurch erlangen, indem sie zum Inhalt einer Dienstvereinbarung gemacht wird.

Fundstelle: PersR 1993, 212 = RDV 1993, 179

(43) Mailboxnutzung durch den Betriebsrat

(Bundesarbeitsgericht, Beschluss vom 17. Februar 1993 – 7 ABR 19/92 –)

Allein daraus, dass der Arbeitgeber seine Arbeitnehmer durch ein elektronisches Kommunikationssystem mit Mailbox unter Benutzung eines sonst gesperrten Schlüssels „an alle" informiert, folgt nicht, dass es i.S. des § 40 Abs. 2 BetrVG erforderlich wäre, dem Betriebsrat dasselbe Informationssystem mit demselben Schlüssel uneingeschränkt zur Verfügung zu stellen.

Fundstelle: DB 1993, 1426 = RdA 1993, 245 = MDR 1993, 882

(44) Anforderungen an die äußere Form eines Zeugnisses

(Bundesarbeitsgericht, Urteil vom 3. März 1993 – 5 AZR 182/92 –)

1) Seinem Zweck entsprechend, dem Arbeitnehmer als verbindliche Erklärung des Arbeitgebers und Teil seiner Arbeitspapiere für künftige Bewerbungen zu dienen,

muss das Arbeitszeugnis auch seiner äußeren Form nach gehörig sein. Durch die äußere Form darf nicht der Eindruck erweckt werden, der ausstellende Arbeitgeber distanziere sich vom buchstäblichen Wortlaut seiner Erklärung.

2) Werden im Geschäftszweig des Arbeitgebers für schriftliche Äußerungen üblicherweise Firmenbogen verwendet und verwendet auch der Arbeitgeber solches Geschäftspapier, so ist ein Zeugnis nur dann ordnungsgemäß, wenn es – in einheitlicher Maschinenschrift – auf diesem Firmenpapier geschrieben ist.

Fundstelle: DB 1993, 1624 = NJW 1993, 2197 = NZA 1993, 697 = ZTR 1993, 385

(45) Ausnahmsweise gerechtfertigte Frage nach einer Schwangerschaft

(Bundesarbeitsgericht, Urteil vom 1. Juli 1993 – 2 AZR 25/93 –)

Die Frage nach der Schwangerschaft ist ausnahmsweise dann sachlich gerechtfertigt, wenn auf dem vorgesehenen Arbeitsplatz eine gesundheitliche Gefährdung von Mutter und Kind zu befürchten ist und eine anderweitige Beschäftigung nicht möglich ist.

Fundstelle: DB 1993, 1978 = RDV 1993, 174

Redaktioneller Vermerk: Vgl. dazu aber nachstehend Nr. 136

(46) Erfüllung des Personalbogenbegriffs bei standardisierter Abfrage

(Bundesarbeitsgericht, Beschluss vom 21. September 1993 – 1 ABR 28/93 –)

Der Betriebsrat ist nach § 94 Abs. 1 BetrVG zu beteiligen, wenn der Arbeitgeber vor der Einstellung aus einer formularmäßigen Zusammenfassung von Fragen über die persönlichen Verhältnisse, insbesondere über Eignung, Kenntnisse und Fähigkeiten (Personalfragebogen), dem Bewerber die Fragen nacheinander mündlich stellt und die Antworten jeweils selbst vermerkt.

Fundstelle: DB 1994, 480 = RDV 1994, 130

(47) Zulässigkeit der Frage nach der „Schwerbehinderteneigenschaft"

(Bundesarbeitsgericht, Urteil vom 11. November 1993 – 2 AZR 467/93 –)

An der bisherigen Rechtsprechung des Bundesarbeitsgerichts zur Anfechtung wegen arglistiger Täuschung bei wahrheitswidriger Beantwortung der Frage nach der Schwerbehinderteneigenschaft (u.a. BAG, Urteile vom 7. Juni 1984, AP Nr. 26 zu § 123 BGB und vom 28. Februar 1991 – 2 AZR 51 5/90, n. v.) ist jedenfalls in den Fällen weiter festzuhalten, in denen die Schwerbehinderungserkrankung für die auszuübende Tätigkeit von Bedeutung ist.

Fundstelle: BB 1994, 357 = RDV 1994, 128 = ZTR 1994, 211

(48) Information des Personalrats und Persönlichkeitsschutz

(Bundesverwaltungsgericht, Beschluss vom 22. Dezember 1993 – 6 P 15.92 –)

Der Personalrat kann verlangen, dass die Dienststelle ihn von Leistungszulagen unterrichtet und ihm dabei auch die Namen der Empfänger dieser Zulagen mitteilt. Dies darf aber nur in der Form der Einsichtnahme in entsprechende Unterlagen oder Listen geschehen, die ihm nicht zum Verbleib auszuhändigen sind.

Fundstelle: PersR 1994, 78 = RDV 1994, 134

(49) Mitbestimmung bei Personalfragebogen

(Bundesverwaltungsgericht, Beschluss vom 22. Dezember 1993 – 6 P 11.92 –)

Das Recht auf Mitbestimmung über den Inhalt von Personalfragebogen erstreckt sich auch auf einen Erhebungsbogen, mit dem umfangreiche personenbezogene Daten zum Zwecke der Berechnung von Ortszuschlag, Sozialzuschlag und Anwärterverheiratetenzuschlag abgefragt werden.

Fundstelle: PersR 1994, 81 = RDV 1994, 132

(50) Information des Personalrats bei Versetzungen

(Bundesverwaltungsgericht, Beschluss vom 26. Januar 1994 – 6 P 21.92 –)

1) Der Personalrat kann anlässlich der Mitbestimmung bei der Versetzung eines Beamten auf einen ausgeschriebenen Dienstposten auch die Vorlage von Unterlagen verlangen, in denen vorhandene Erkenntnisse oder eingeholte Auskünfte zur Eignung, Befähigung und fachlichen Leistung der Bewerber zusammengestellt und abgewogen werden, wenn ihm diese Informationen sonst nicht zur Verfügung stehen.

2) Der Umstand, dass sein Versetzungsbewerber mit Beförderungsbewerbern konkurriert, lässt den Vorlageanspruch jedenfalls dann nicht entfallen, wenn und soweit feststeht, dass der ausgeschriebene Dienstposten im Wege der Bestenauslese besetzt werden soll.

Fundstelle: PersR 1994, 213

(51) Nachweis der Vertretung einer Gewerkschaft im Betrieb

(Bundesverfassungsgericht, Beschluss vom 21. März 1994 – 1 BvR 1485/93 –)

Eine Gewerkschaft kann ihr Zugangsrecht zum Betrieb, das voraussetzt, dass sie wenigstens mit einem Mitglied im Betrieb vertreten ist, im Rahmen mittelbarer Beweisführung nachweisen. Sie ist nicht gehalten, das Mitglied namentlich zu benennen (Bestätigung von BAG (B 44)).

Fundstelle: RDV 1994, 243

(52) Unterlassungsanspruch des Betriebsrats bei mitbestimmungswidrigem Verhalten des Arbeitgebers

(Bundesarbeitsgericht, Beschluss vom 3. Mai 1994 – 1 ABR 24/93 –)

1) Dem Betriebsrat steht bei Verletzung seiner Mitbestimmungsrechte aus § 87 BetrVG ein Anspruch auf Unterlassung der mitbestimmungswidrigen Maßnahme

zu. Dieser Anspruch setzt keine grobe Pflichtverletzung des Arbeitgebers i.S. des § 23 Abs. 3 BetrVG voraus. Insoweit gibt der Senat seine entgegenstehende Rechtsprechung (BAGE 42, 11 = DB 1983, 1926) auf.

2) Ist der Unterlassungsanspruch des Betriebsrats so weit gefasst, dass er viele denkbare künftige Fallgestaltungen betrifft, ist er insgesamt unbegründet, wenn nicht in allen diesen Fällen ein Mitbestimmungsrecht besteht.

Fundstelle: DB 1994, 2450 = RDV 1995, 129 = PersR 1995, 36

(53)   Einsichtsrecht in Personalakten nach Ausscheiden

(Bundesarbeitsgericht, Urteil vom 11. Mai 1994 – 5 AZR 660/93 –)

1) Durch § 83 BetrVG und § 13 BAT wird dem Arbeitnehmer ein Einsichtsrecht in seine Personalakten nur bis zur Beendigung des Arbeitsverhältnisses gewährt.

2) Aus nachwirkender Fürsorgepflicht kann sich im Einzelfall jedoch auch noch nach dem Ausscheiden ein Einsichtsanspruch ergeben.

Fundstelle: RDV 1994, 249

Redaktioneller Vermerk: Vgl. dazu aber nachstehend Nr. 186

(54)   Mitbestimmung bei technischer Überwachung einer Arbeitnehmergruppe

(Bundesarbeitsgericht, Beschluss vom 26. Juli 1994 – 1 ABR 6/94 –)

1) Die technische Auswertung von Leistungsdaten, die nicht auf einzelne Arbeitnehmer, sondern auf eine Arbeitnehmergruppe in ihrer Gesamtheit bezogen sind, ist dann eine Überwachung i.S.v. § 87 Abs. 1 Nr. 6 BetrVG, wenn der Überwachungsdruck auf die einzelnen Gruppenmitglieder weitergeleitet wird (Bestätigung von BAGE 51,143 = AP Nr. 13 zu § 87 BetrVG 1972 Überwachung).

2) Dazu genügt, dass wegen Größe und Organisation der Gruppe sowie der Art ihrer Tätigkeit für das einzelne Gruppenmitglied entsprechende Anpassungszwänge bestehen. Die Entlohnung (Gruppenakkord) ist nur ein Mittel, das solche Anpassungszwänge erzeugen kann.

Fundstelle: RDV 1995, 29 = DB 1995, 147 = NZA 1995, 185 = ARSt 1995, 29

(55)   Keine Mitbestimmung bei Umsetzung hoheitlicher Anordnung

(Bundesverfassungsgericht, Beschluss vom 22. August 1994 – 1 BvR 1767/91 –)

Dem Betriebsrat steht von Verfassungswegen kein Mitbestimmungsrecht im Hinblick auf Maßnahmen zu, bei denen der Arbeitgeber in Erfüllung einer Pflicht handelt, die ihm durch eine hoheitliche Maßnahme (hier: atomrechtliche Anordnung) auferlegt worden ist.

Fundstelle: NZA 1995, 129 = RDV 1994, 243

(56) Entfernung einer Abmahnung nach Ende des Arbeitsverhältnisses

(Bundesarbeitsgericht, Urteil vom 14. September 1994 – 5 AZR 632/93 –)

Nach Beendigung des Arbeitsverhältnisses hat der Arbeitnehmer regelmäßig keinen Anspruch mehr auf Entfernung einer zu Unrecht ergangenen Abmahnung aus der Personalakte. Ein solcher Anspruch kann aber dann gegeben sein, wenn objektive Anhaltspunkte dafür bestehen, dass die Abmahnung dem Arbeitnehmer auch noch nach Beendigung des Arbeitsverhältnisses schaden kann. Dafür ist der Arbeitnehmer darlegungs- und beweispflichtig.

Fundstelle: MDR 1995, 179 = RDV 1995, 32 = ARSt 1995, 41

(57) Verdeckter AIDS-Test bei EG-Bewerbern

(Europäischer Gerichtshof, Urteil vom 5. Oktober 1994 – Rs. C – 404/92 X/Kommission –)

1) Das gemäß Art. 8 EMRK gewährleistete Recht auf Achtung des Privatlebens ist ein gleichermaßen von der Gemeinschaftsordnung geschütztes Grundrecht und beinhaltet auch das Recht des Einzelnen auf Geheimhaltung seines Gesundheitszustandes.

2) Das berechtigte Interesse der Gemeinschaftsorgane zur Durchführung einer Einstellungsuntersuchung kann daher nicht dazu führen, dass eine Untersuchung gegen den Willen des Betroffenen vorgenommen wird.

Fundstelle: NJW 1994, 3005 = NVwZ 1995, 53

(58) Keine Mitbestimmung bei Stoppuhrmessungen

(Bundesarbeitsgericht, Beschluss vom 8. November 1994 – 1 ABR 20/94 –)

1) Arbeitszeitmessung durch manuelle Betätigung einer Stoppuhr ist keine technische Überwachung. Sie ist daher nicht mitbestimmungspflichtig nach § 87 Abs. 1 Nr. 6 BetrVG.

2) Der Betriebsrat hat bei der Durchführung der Arbeitsablaufstudien auch nicht nach § 87 Abs. 1 Nr. 1 mitzubestimmen. Eine bloße Registrierung von Arbeitsabläufen, die nicht auf das Verhalten der betroffenen Arbeitnehmer einwirkt, fällt nicht in die Anwendung des § 87 Abs. 1 Nr. 1 BetrVG.

Fundstelle: DB 1995, 783 = RDV 1995, 128

(59) Mitbestimmung bei Krankengesprächen

(Bundesarbeitsgericht, Beschluss vom 8. November 1994 – 1 ABR 22/ 94 –)

Die Führung formalisierter Krankengespräche zur Aufklärung eines überdurchschnittlichen Krankenstandes einer nach abstrakten Kriterien ermittelten Mehrzahl von Arbeitnehmern ist gemäß § 87 Abs. 1 Nr. 1 BetrVG mitbestimmungspflichtig. Es geht dabei um das Verhalten der Arbeitnehmer in Bezug auf die betriebliche Ordnung und nicht um das Verhalten bei der Arbeitsleistung selbst.

Fundstelle: PersR 1995, 267 = RDV 1995, 175 = MDR 1995, 829

(60) Erteilung/Entfernung einer Abmahnung und tarifliche Ausschlussfrist

(Bundesarbeitsgericht, Urteil vom 14. Dezember 1994 – 5 AZR 137/94 –)

1) Das Recht des Arbeitgebers, den Arbeitnehmer schriftlich abzumahnen und die Abmahnung zur Personalakte zu nehmen, ist kein Anspruch im Sinne des § 70 Abs. 1 BAT.

2) Der Anspruch des Arbeitnehmers auf Entfernung einer Abmahnung aus der Personalakte verfällt nicht nach § 70 BAT sechs Monate nach Kenntnis von der Abmahnung (Aufgabe von BAG EzBAT § 70 BAT Nr. 28 = RzK I 1 Nr. 48).

Fundstelle: RDV 1995, 78 = MDR 1995, 504 = PersR 1995, 231

(61) Information des Betriebsrats über Krankenkontrolle durch Detektiv bei Kündigung

(Bundesarbeitsgericht, Urteil vom 26. Januar 1995 – 2 AZR 386/94 –)

Dem Betriebsrat sind gem. § 102 Abs. 1 S. 2 BetrVG die Gründe für die Kündigung mitzuteilen. Dazu gehört im Allgemeinen die Vorlage von Beweismaterial nicht; etwas anderes ergibt sich auch nicht aus § 80 Abs. 2 BetrVG.

Fundstelle: RDV 1995, 243 = ARSt 1995, 170

(62) Zulässigkeit von Alkoholtests am Arbeitsplatz

(Bundesarbeitsgericht, Urteil vom 26. Januar 1995 – 2 AZR 649/94 –)

Eine mit Zustimmung des Arbeitnehmers durchgeführte Alkomatmessung kann bei der Feststellung des Alkoholisierungsgrads sowohl zur Be- wie auch Entlastung des Arbeitnehmers beitragen.

Fundstelle: RDV 1995, 127 = NZA 1995, 517 = DB 1995, 1028

(63) Übermittlung von überbetrieblichen Beurteilungsdaten an den Ausbildungsbetrieb

(Bundesverwaltungsgericht, Beschluss vom 31. Mai 1995 – 1 B 73.95 –)

Aus §§ 6 bis 8 BBiG i.V.m. den die überbetriebliche Ausbildung regelnden Vorschriften ist zu entnehmen, dass der Ausbildende bei einer nur unterstützend durchgeführten überbetrieblichen Ausbildungsmaßnahme von dem öffentlich-rechtlichen Träger dieser Maßnahme im erforderlichen Umfang über den individuellen Verlauf und das Ergebnis der Maßnahme unterrichtet wird.

Fundstelle: RDV 1996, 29

(64)   Anwesenheit von Arbeitgebervertretern bei Einsicht des Betriebsrats in Bruttolohn- und -gehaltslisten

(Bundesarbeitsgericht, Beschluss vom 16. August 1995 – 7 ABR 63/94 –)

Der Arbeitgeber ist nicht befugt, Vertreter des Betriebsrats bei Einsichtnahme in Bruttolohn- und -gehaltslisten offen oder versteckt zu kontrollieren. Die in dem Raum der Einsichtnahme üblicherweise arbeitenden Mitarbeiter können während der Ausübung der Einsichtnahme dort verbleiben.

Fundstelle: DB 1995, 1771 = RDV 1996, 87

(65)   Automatische Erfassung und Auswertung von eingehenden Anrufen im Rahmen eines „Bedienplatzreports"

(Bundesarbeitsgericht, Beschluss vom 30. August 1995 – 1 ABR 4/95 –)

1) Eine Einigungsstelle hält sich in dem ihr eingeräumten Entscheidungsspielraum, wenn sie dem Arbeitgeber gestattet,
   - im Rahmen automatisierter Telefondatenerfassung Zahl und Dauer der eingehenden Anrufe zu registrieren und in Form sog. „Bedienplatzreports", aus denen sich u.a. ergibt, wie häufig sich der Mitarbeiter aus der Verteilung ankommender Gespräche ausgeschaltet hat, auszuwerten;
   - während der Probezeit externe Gespräche der Arbeitnehmer in deren Gegenwart durch Vorgesetzte zu Ausbildungszwecken mithören zu lassen.
2) Offen bleibt, inwieweit der Spruch der Einigungsstelle mit Datenschutzansprüchen der Kunden zu vereinbaren ist.
3) Eine Regelung, nach der Abmahnungen in entsprechender Anwendung des § 99 BetrVG mitbestimmungspflichtig sein sollen, kann nicht durch Beschluss der Einigungsstelle gegen den Willen des Arbeitgebers oder Betriebsrats erzwungen werden.

Fundstelle: RDV 1996, 30 = MDR 1996, 393 = NZA 1996, 218 = ARSt 1996, 53

(66)   Datenerhebung durch den Arbeitgeber nach der Einstellung

(Bundesarbeitsgericht, Urteil vom 7. September 1995 – 8 AZR 828/93 –)

1) Der Arbeitnehmer ist auch nach seiner Einstellung verpflichtet, Fragen des Arbeitgebers zu seiner Vor- und Ausbildung zu beantworten, wenn die bei der Einstellung abgegebenen Erklärungen und danach erfolgte Ergänzungen nicht mehr vollständig vorhanden sind.
2) Der Arbeitnehmer ist nicht verpflichtet, außergerichtliche Erklärungen zu möglichen Kündigungsgründen anzugeben, soweit nicht besondere rechtliche Grundlagen hierfür bestehen.
3) Der öffentliche Arbeitgeber darf nach dem Grundgesetz nur solche Lehrer einsetzen, die zu den Werten der freiheitlich demokratischen Grundordnung im Sinne des Grundgesetzes stehen. Zur Sicherstellung dieser Aufgabe sind solche Fragen gegenüber dem Lehrer zulässig, die Zweifel an dessen Eignung im Zusammenhang mit einer früheren Tätigkeit betreffen. Hierzu gehören Fragen nach der Tätigkeit für das

frühere Ministerium für Staatssicherheit (MfS) und nach Funktionen in politischen Parteien und Massenorganisationen der ehemaligen DDR (im Anschluss an Senatsurteil vom 26.8.1993 – 8 AZR 561/92 – AP Nr. 8 zu Art. 20 Einigungsvertrag).

Fundstelle: RDV 1996, 86 = ARSt 1996, 90 (Ls)

(67)   Frage nach der Schwerbehinderteneigenschaft

(Bundesarbeitsgericht, Urteil vom 5. Oktober 1995 – 2 AZR 923/94 –)

Die Frage des Arbeitgebers nach der Schwerbehinderteneigenschaft des Stellenbewerbers ist auch dann uneingeschränkt zulässig, wenn die Behinderung, auf der die Anerkennung beruht, tätigkeitsneutral ist (Fortführung von BAG, Urteil vom 11. November 1993, AP Nr. 38 zu § 123). Die unzutreffende Beantwortung kann die Anfechtung des Arbeitsvertrages wegen arglistiger Täuschung rechtfertigen.

Fundstelle: RDV 1996, 137 = BB 1996, 696 = ARSt 1996, 62

Redaktionelle Anmerkung: Vgl. nachfolgend Nr. 192

(68)   Mitteilung von Sozialdaten an BR bei Kündigung

(Bundesarbeitsgericht, Urteil vom 26. Oktober 1995 – 2 AZR 1026/94 –)

Zur ordnungsgemäßen Beteiligung der Personalvertretung vor Ausspruch der Kündigung gehört die Mitteilung der Auswahlüberlegung, die der Arbeitgeber angestellt hat. Beruft er sich auf eine Auswahl nach sozialen Kriterien, hat er der Personalvertretung auch die von ihm herangezogenen Sozialdaten der aufgrund der Auswahl nicht betroffenen Arbeitnehmer anzugeben (Fortsetzung der Rechtsprechung im Urteil vom 5.10.1995 – 2 AZR 1019/94 –).

Fundstelle: RDV 1996, 85

(69)   Mitteilung von Sozialdaten an BR bei außerordentlicher Kündigung

(Bundesarbeitsgericht, Urteil vom 15. November 1995 – 2 AZR 974/94 –)

Der Wirksamkeit einer außerordentlichen Kündigung steht die fehlende Mitteilung der genauen Sozialdaten des zu kündigenden Arbeitnehmers an den Betriebsrat jedenfalls dann nicht entgegen, wenn es dem Arbeitgeber wegen der Schwere der Kündigungsvorwürfe auf die genauen Daten ersichtlich nicht ankommt, der Betriebsrat die ungefähren Daten kennt und er daher die Kündigungsabsicht des Arbeitgebers ausreichend beurteilen kann.

Fundstelle: RDV 1996, 136 = DSB 12/1995, 18 = ARSt 1996, 90 (Ls)

(70)   Betriebsvereinbarung zum konzerninternen Personaldatenfluss

(Bundesarbeitsgericht, Beschluss vom 20. Dezember 1995 – 7 ABR 8/95 –)

1) Schließt ein Konzernbetriebsrat eine Konzernbetriebsvereinbarung ab, so können die Einzelbetriebsräte dessen Zuständigkeit hierzu gerichtlich prüfen lassen. Sie

sind nicht befugt, eventuelle Verletzungen von Datenschutzrechten der Arbeitnehmer feststellen zu lassen.

2) Lässt sich der Zweck einer Regelung (hier: Austausch von Mitarbeiterdaten zwischen Konzernunternehmen) nur durch eine einheitliche Regelung auf Konzernebene erreichen, so ist der Konzernbetriebsrat zuständig.

Fundstelle: RDV 1996, 224 = NZA 1996, 945 = BB 1996, 2686 = DB 1996, 1985

(71) Auskunftspflicht des Arbeitnehmers und Pflicht zur Anzeige von Nebentätigkeiten

(Bundesarbeitsgericht, Urteil vom 18. Januar 1996 – 6 AZR 314/95 –)

1) Im Arbeitsverhältnis besteht nach § 242 BGB ein Auskunftsanspruch, soweit der Anspruchsberechtigte in entschuldbarer Weise über Bestehen und Umfang seines Rechts im Ungewissen ist, während der Verpflichtete unschwer Auskunft erteilen kann.

2) Eine Nebentätigkeit muss dem Arbeitgeber angezeigt werden, soweit dadurch seine Interessen bedroht sind. Dies ist der Fall, wenn die Nebentätigkeit mit der vertraglich geschuldeten Arbeitsleistung nicht vereinbar ist und die Ausübung der Nebentätigkeit somit eine Verletzung der Arbeitspflicht darstellt.

3) Auch eine zu Unrecht ergangene Androhung einer Abmahnung ist aus der Personalakte zu entfernen.

Fundstelle: RDV 1997, 29 = ZTR 1996, 475

(72) Erhebung von Krankheitsdaten vor Kündigung

(Bundesarbeitsgericht, Urteil vom 21. März 1996 – 2 AZR 543/95 –)

Ist der Beweiswert einer ärztlichen Arbeitsunfähigkeitsbescheinigung nicht erschüttert, sondern besteht lediglich ein gewisser Anfangsverdacht, der Arbeitnehmer könne eine Erkrankung vorgetäuscht haben, so ist der Arbeitgeber regelmäßig verpflichtet, die Verdachtsmomente (z.B. durch Befragen des Arbeitnehmers über die Art der Erkrankung) näher aufzuklären, ehe er mit einer fristlosen Kündigung droht und den Arbeitnehmer dadurch zum Abschluss eines Auflösungsvertrages veranlasst.

Fundstelle: DB 1996, 1879 = NJW 1997, 676 = RDV 1997, 27

(73) Attestvorlage ist für Entgeltfortzahlung nicht anspruchsbegründend

(Bundesarbeitsgericht, Urteil vom 12. Juni 1996 – 5 AZR 960/94 –)

War ein Arbeitnehmer infolge Krankheit arbeitsunfähig, hat er auch dann Anspruch auf Entgeltfortzahlung, wenn er kein ärztliches Attest vorlegt, die krankheitsbedingte Arbeitsunfähigkeit aber unstreitig ist (Weiterführung von BAGE 48, 11 = AP Nr. 63 zur § 1 LohnFG).

Fundstelle: RDV 1997, 124 = ZTR 1997, 134

(74)   Beweiswert des ärztlichen Beschäftigungsverbots

(Bundesarbeitsgericht, Urteil vom 31. Juli 1996 – 5 AZR 474/95)

1) Ein mutterschutzrechtliches ärztliches Beschäftigungsverbots hat einen hohen Beweiswert.

2) Das ärztliche Beschäftigungsverbot kann widerlegt werden. Dies kann nicht nur durch eine anderweitige ärztliche Untersuchung geschehen. Vielmehr kann der Arbeitgeber tatsächliche Umstände darlegen, die den Schluss zulassen, dass das Beschäftigungsverbot auf nicht zutreffenden Angaben der Schwangeren, auch hinsichtlich ihrer Beschwerden, beruht.

Fundstelle: RDV 1997, 168 = ZTR 1997, 181 (Ls)

(75)   Informationsanspruch des Personalrats über Sozialdaten bei verhaltensbedingter Kündigung

(Bundesverwaltungsgericht, Beschluss vom 9. Oktober 1996 – 6 P 1.94 –)

Im Rahmen der Mitwirkung bei verhaltensbedingten Kündigungen hat der Dienststellenleiter den Personalrat nur dann über die Sozialdaten des zu kündigenden Beschäftigten, aus denen sich Unterhaltsverpflichtungen für Familienangehörige ergeben, zu unterrichten, wenn er davon ausgehen muss, dass derartige Daten für die Beurteilung der Wirksamkeit der Kündigung durch den Personalrat von Bedeutung sind, oder aber dann, wenn der Personalrat ein entsprechendes Informationsbedürfnis mit vertretbaren Gründen geltend macht.

Fundstelle: RDV 1997, 121 = ZTR 1997, 144 (Ls)

(76)   Nichtbeantwortung von Fragen nach früherer Stasi-Tätigkeit

(Bundesarbeitsgericht, Urteil vom 10. Oktober 1996 – 2 AZR 552/95 –)

1) Die Nichtbeantwortung von Fragen nach einer früheren Tätigkeit für das Ministerium für Staatssicherheit ist kein Verhalten, das auf Unehrlichkeit als charakterlichen Mangel schließen ließe, der zur Kündigung des Arbeitsverhältnisses berechtigen würde.

2) Die Kündigung ist jedenfalls erst nach erfolgter Abmahnung gerechtfertigt.

Fundstelle: RDV 1997, 123

(77)   Formularmäßige Arztbesuchsbescheinigung bedarf der Mitbestimmung

(Bundesarbeitsgericht, Beschluss vom 21. Januar 1997 – 1 ABR 53/96 –)

Die Einführung eines Formulars, auf dem Arbeitnehmer, die während der Arbeitszeit einen Arzt aufsuchen, sich die Notwendigkeit des Besuches während der Arbeitszeit zur Vorlage beim Arbeitgeber bescheinigen lassen müssen, bedarf der Zustimmung des Betriebsrats gem. § 87 Abs. 1 Nr. 1 BetrVG.

Fundstelle: ArbuR 1997, 81 = RDV 1997, 208 = NZA 1997, 785

(78)   Informationspflicht bei Beschäftigungsverbot nach § 3 Abs. 1 MuSchG

(Bundesarbeitsgericht, Urteil vom 12. März 1997 – 5 AZR 766/95 –)

1) Die Beweislast dafür, dass die Voraussetzungen für das vom Arzt ausgesprochene Beschäftigungsverbot in Wahrheit nicht vorliegen, trägt der Arbeitgeber (vgl. BAG, RDV 1997, 168).

2) Der Arzt der Schwangeren hat zwar die Fragen des Arbeitgebers nach dem Umfang des Beschäftigungsverbots, nicht aber Fragen nach den Gründen des Ausspruchs des Beschäftigungsverbots zu beantworten.

3) Angaben über den Gesundheitszustand und den Verlauf der Schwangerschaft gehören nicht in das nach § 3 Abs. 1 MuSchG auszustellende ärztliche Zeugnis hinein. Durch einfaches Bestreiten kann der Arbeitgeber nicht erreichen, dass die Schwangere oder ihr Arzt Angaben dazu zu machen haben.

Fundstelle: NZA 1997, 882 = RDV 1997, 262 = ZTR 1997, 425

(79)   Fragerecht und Sonderkündigungsrecht wegen SED- und Stasi-Tätigkeit

(Bundesverfassungsgericht, Beschluss vom 8. Juli 1997 – 1 BvR 195/95 und 1 BvR 2189/ 95 –)

1) Es war mit dem allgemeinen Persönlichkeitsrecht (Art. 2 Abs. 1 i.V.m. Art. 1 Abs. 1 GG) der aus dem öffentlichen Dienst der Deutschen Demokratischen Republik übernommenen Arbeitnehmer grundsätzlich vereinbar, dass die Arbeitgeber von ihnen vor der Entscheidung über eine Kündigung nach den Vorschriften des Einigungsvertrages verlangten, Fragen über frühere Parteifunktionen in der SED und Tätigkeiten für das Ministerium für Staatssicherheit zu beantworten.

2) Fragen nach Vorgängen, die vor dem Jahre 1970 abgeschlossen waren, verletzten jedoch das allgemeine Persönlichkeitsrecht der Beschäftigten. Wurden sie unzutreffend beantwortet, dürfen daraus keine arbeitsrechtlichen Konsequenzen gezogen werden.

Fundstelle: NJW 1977, 2307 = ZTR 1997, 424 = RDV 1997, 253

(80)   Hinterlegung des Sozialversicherungsausweises und Anspruch auf Entgeltfortzahlung

(Bundesarbeitsgericht, Urteil vom 21. August 1997 – 5 AZR 530/96 –)

1) Der Arbeitgeber kann im Arbeitsvertrag vorsehen, dass der Arbeitnehmer im Falle der Arbeitsunfähigkeit seinen Sozialversicherungsausweis vorzulegen hat und dass im Falle der Nichtvorlage die Entgeltfortzahlung unterbleibt.

2) § 100 Abs. 2 Satz 2 Halbsatz 1 SGB IV gibt dem Arbeitgeber jedoch auch dann nur ein zeitweiliges Leistungsverweigerungsrecht, wenn der Arbeitnehmer den Sozialversicherungsausweis erst nach Ende der Arbeitsunfähigkeit und nach Ende des Arbeitsverhältnisses vorlegt (Bestätigung von BAG vom 14.06.1995 – 5 AZR 143/ 94).

Fundstelle: RDV 1998, 109 = ZTR 1998, 94 = NZA 1998, 424

(81)   Wahrheitswidrige Verneinung der Stasi-Tätigkeit durch Berufssoldaten

(Bundesverwaltungsgericht, Urteil vom 3. September 1997 – 2 WD 54/96 –)

1) Mit der wahrheitswidrigen Verneinung seiner früheren Tätigkeit für das ehemalige Ministerium für Staatssicherheit im Einstellungsfragebogen und in einer „Dienstlichen Erklärung" verstößt der Soldat gegen die Treuepflicht nach § 7 Soldatengesetz.

2) Bei einem derart schwerwiegenden Pflichtenverstoß ist grundsätzlich die Entfernung aus dem Dienst als disziplinarrechtliche Höchstmaßnahme angezeigt.

Fundstelle: NJW 1998, 693

(82)   Inhalt und Beweiswert ärztlicher Bescheinigung nach § 3 Abs. 1 MuSchG

(Bundesarbeitsgericht, Urteil vom 1. Oktober 1997 – 5 AZR 685/96 –)

1) Ein Beschäftigungsverbot nach § 3 MuSchG setzt voraus, dass „nach ärztlichem Zeugnis" Leben oder Gesundheit von Mutter oder Kind bei Fortdauer der Beschäftigung gefährdet ist.

2) Ein ordnungsgemäß ausgestelltes schriftliches Beschäftigungsverbot hat einen hohen Beweiswert. Es kann nur dadurch erschüttert werden, dass der Arbeitgeber Umstände vorträgt und ggf. beweist, die zu ernsthaften Zweifeln an der Berechtigung des Beschäftigungsverbots Anlass geben. Ein bloßes Bestreiten des Arbeitgebers reicht dafür nicht aus.

Fundstelle: RDV 1998, 20

(83)   Nachweis der Arbeitsunfähigkeit und Regelung der Attestvorlage

(Bundesarbeitsgericht, Urteil vom 1. Oktober 1997 – 5 AZR 726/96 –)

1) Der Arbeitnehmer, der Entgeltfortzahlung im Krankheitsfall begehrt, hat darzulegen und zu beweisen, dass er arbeitsunfähig erkrankt war. Den Beweis führt er i.d.R. durch Vorlage einer ärztlichen Arbeitsunfähigkeitsbescheinigung. Der Arbeitnehmer kann den Beweis der Arbeitsunfähigkeit aber auch mit jedem anderen zulässigen Beweismittel führen.

2) Es ist zulässig, im Arbeitsvertrag zu vereinbaren, dass eine ärztliche Arbeitsunfähigkeitsbescheinigung bereits für den ersten Tag der Arbeitsunfähigkeit beigebracht werden muss.

3) Kommt der Arbeitnehmer seiner Verpflichtung zur Beibringung einer Arbeitsunfähigkeitsbescheinigung nicht nach, so folgt hieraus allein kein endgültiges Leistungsverweigerungsrecht des Arbeitgebers, sondern nur ein Zurückbehaltungsrecht (§ 7 Abs. 1 Nr. 1 EFZG). Es endet, wenn der Arbeitnehmer anderweitig bewiesen hat, arbeitsunfähig krank gewesen zu sein.

Fundstelle: RDV 1998, 172 = NJW 1997, 2762 = NZA 1998, 369 = ArbuR 1998, 123 = ZTR 1998, 227

(84) Unzulässigkeit heimlichen Mithörenlassens beim Telefonat zwischen Arbeitnehmer und Arbeitgeber

(Bundesarbeitsgericht, Urteil vom 29. Oktober 1997 – 5 AZR 508/96 –)

1) Das heimliche Mithörenlassen von Telefongesprächen zwischen Arbeitnehmer und Arbeitgeber ist im Allgemeinen unzulässig. Es verletzt das Persönlichkeitsrecht des Gesprächspartners. Auf diese Weise erlangte Beweismittel dürfen nicht verwertet werden.

2) Wer jemanden mithören lassen will, hat den Gesprächspartner vorher darüber zu informieren. Dieser ist nicht gehalten, sich seinerseits vorsorglich zu vergewissern, dass niemand mithört.

Fundstelle: RDV 1998, 61 = NJW 1998, 1331 = NZA 1998, 307 = DB 1998, 371 = MDR 1998, 421

(85) Pflicht zur Vorlage von Arztunterlagen

(Bundesarbeitsgericht, Urteil vom 6. November 1997 – 2 AZR 801/96 –)

Bestehen begründete Zweifel, ob ein Angestellter des öffentlichen Dienstes nur vorübergehend durch Krankheit an der Arbeitsleistung verhindert oder auf Dauer berufs- oder erwerbsunfähig ist, so hat er sich auf Verlangen des Arbeitgebers einer ärztlichen Untersuchung zu stellen, wenn er schuldhaft keinen Rentenantrag stellt. Gefährdet der Arbeitnehmer den Erfolg dieser Untersuchung dadurch, dass er trotz Abmahnung beharrlich sein Einverständnis zu der Beiziehung der Vorbefunde der behandelnden Ärzte verweigert, so kann dies je nach den Umständen einen wichtigen Grund zur außerordentlichen Kündigung darstellen.

Fundstelle: RDV 1998, 161 = NZA 1998, 326 = BB 1998, 592

(86) Verwertung von Vorstrafen im Disziplinarverfahren

(Bundesverwaltungsgericht, Urteil vom 3. März 1998 – 1 D 13.97 –)

Die im Bundeszentralregister noch nicht getilgte Vorstrafe eines Beamten darf im Disziplinarverfahren auch dann berücksichtigt werden, wenn die aus Anlass der Vorstrafe entstandenen Disziplinarvorgänge getilgt sind (st. Rspr., BVerwG, DöD 1975, 86).

Fundstelle: RDV 1999, 26 = ZBR 1998, 427

(87) Einsichtnahme des Personalrats in Bruttogehalts- und -gagenlisten

(Bundesverwaltungsgericht, Beschluss vom 22. April 1998 – 6 P 4.97 –)

1) Der Bühnenpersonalrat hat hinsichtlich fester monatlicher Gehälter der von ihm vertretenen Mitarbeiter ein Recht auf Einsichtnahme in die Bruttogehalts- und -gagenlisten, um seinen Auftrag erfüllen zu können, darüber zu wachen, dass die Tarifverträge durchgeführt werden.

2) Dieses Recht wird nicht durch die Bestimmungen zur Einsicht in Personalakten oder Bestimmungen des Datenschutzes eingeschränkt.

Fundstelle: RDV 1999, 25 = PersR 1998, 461 = ZTR 1999, 88 = NZA-RR 1999, 274

(88)   Nachweis des Kündigungsschutzes wegen Schwangerschaft

(Bundesarbeitsgericht, Urteil vom 7. Mai 1998 – 2 AZR 417/97 –)

1) Gemäß § 9 MuSchG genießt eine schwangere Arbeitnehmerin Kündigungsschutz. Die Bestimmung des Beginns der Schwangerschaft erfolgt grundsätzlich durch Rückrechnung um 280 Tage von dem ärztlich festgestellten voraussichtlichen Entbindungstermin (st. Rspr.; AP Nr. 15 zu § 9 MuSchG).

2) Die Schwangere genügt deshalb ihrer Darlegungslast für das Bestehen einer Schwangerschaft im Kündigungszeitpunkt zunächst durch Vorlage der ärztlichen Bescheinigung über den mutmaßlichen Tag der Entbindung, wenn der Zugang der Kündigung innerhalb von 280 Tagen vor diesem Termin liegt.

3) Der Arbeitgeber kann jedoch den Beweiswert der Bescheinigung erschüttern und Umstände darlegen und beweisen, aufgrund derer es der wissenschaftlich gesicherten Erkenntnis widersprechen würde, von einem Beginn der Schwangerschaft der Arbeitnehmerin vor Kündigungszugang auszugehen. Die Arbeitnehmerin muss dann einen weiteren Beweis führen und ist ggf. gehalten, ihre Ärzte von der Schweigepflicht zu entbinden.

Fundstelle: MDR 1999, 1354 = NJW 1999, 1804 = NZA 1998, 1049 = RDV 1998, 257 (Ls)

(89)   Kein Wettbewerbsverbot aufgrund nachvertraglicher Verschwiegenheitspflicht

(Bundesarbeitsgericht, Urteil vom 19. Mai 1998 – 9 AZR 394/97 –)

Nach Beendigung des Arbeitsverhältnisses darf ein Arbeitnehmer, der nicht durch ein den §§ 74 ff. HGB entsprechendes Wettbewerbsverbot gebunden ist, zu seinem Arbeitgeber in Wettbewerb treten. Eine nachvertragliche Verschwiegenheits- sowie nachvertragliche Treuepflicht des Arbeitnehmers begründen für den Arbeitnehmer regelmäßig gegen den ausgeschiedenen Arbeitnehmer keine Ansprüche auf Unterlassung von Wettbewerbshandlungen (Bestätigung von BAGE 73, 229 = AP NR. 40 zu § 6111 BGB Konkurrenzklausel).

Fundstelle RDV 1999, 167 = NZA 1999, 200

(90)   Strafbarer Anstellungsbetrug aufgrund Verneinung langjähriger Stasi-Tätigkeit

(Bundesverfassungsgericht, Beschluss vom 20. Mai 1998 – 2 BvR 1385/95 –)

1) Es ist verfassungsrechtlich nicht zu beanstanden, bei Angestellten des öffentlichen Dienstes in besonderen Vertrauensstellungen für den Tatbestand des Anstellungsbetruges an die gleichen Kriterien anzuknüpfen wie bei Beamten. Danach liegt ein Betrug (§ 263 Abs. 1 StGB) voraussetzender Vermögensschaden bei einem Erschwindeln einer Einstellung u.a. vor, wenn der Bedienstete trotz anschließender ausreichender Leistungen und tadelloser Führung sich infolge der Täuschung bzw. der Täuschung zugrunde liegenden Tatsachen der Stellung als unwürdig erweist.

2) Eine derartige Rechtsanwendung verstößt nicht gegen Art. 103 Abs. 2 GG, nach dem Voraussetzungen einer Strafbarkeit von dem Gesetzgeber so klar umschrieben werden müssen, dass der Bürger wenigstens das Risiko einer Bestrafung erkennen können muss.

Fundstelle: RDV 1999, 115 = NJW 1998, 2589 = DöD 1999, 61

(91)   Anfechtung des Arbeitsvertrages wegen falscher Stasi-Auskunft

(Bundesarbeitsgericht, Urteil vom 28. Mai 1998 – 2 AZR 549/97 –)

1) Die wahrheitswidrige Beantwortung der Frage nach einer Mitarbeit für das Ministerium für Staatssicherheit der ehemaligen DDR kann bei einer Einstellung in den öffentlichen Dienst unter Umständen die Anfechtung des Arbeitsvertrages wegen arglistiger Täuschung gemäß §§ 123, 124 BGB rechtfertigen.

2) Die Anfechtung ist jedoch ausgeschlossen (§ 242 BGB), wenn die Rechtslage des Getäuschten zum Zeitpunkt der Anfechtung nicht mehr beeinträchtigt ist (st. Rspr., BAGE 75, 77, 86 = BB 1994, 357).

Fundstelle: ZTR 1998, 467 = NZA 1998, 474 = RDV 1998, 256 (Ls)

(92)   Anspruch des Betriebsrats auf Beseitigung eines betriebsverfassungswidrigen Zustands

(Bundesarbeitsgericht, Beschluss vom 16. Juni 1998 – 1 ABR 68/97 –)

Hat der Arbeitgeber unter Verstoß gegen Mitbestimmungsrechte den Mitarbeitern Anweisungen erteilt und diese in ein betriebliches Handbuch aufgenommen, kann der Betriebsrat – unabhängig von der individualrechtlichen Unwirksamkeit der Anweisung – die Beseitigung des betriebsverfassungswidrigen Zustands, d.h. die Herausnahme aus dem Handbuch verlangen.

Fundstelle: RDV 1999, 122 = ZTR 1999, 91

(93)   Rücknahme der Beamtenernennung wegen falscher Angaben

(Bundesverwaltungsgericht, Beschluss vom 29. Juli 1998 – 2 B 63.98 –)

1) Hat ein Beamtenbewerber die Behörde arglistig getäuscht, so genügt es für den Ursachenzusammenhang zwischen Täuschung und Ernennung, dass der Bewerber ohne Täuschung nicht wie geschehen alsbald ernannt, sondern weitere Prüfungen und Erwägungen angestellt und erst sodann auf vervollständigter Grundlage über seine Bewerbung entschieden worden wäre.

2) Die Rechtmäßigkeit der Rücknahme setzt nicht die Feststellung voraus, wie eine auf solcher Grundlage ergangene ablehnende Entscheidung ausgefallen und dass sie rechtsfehlerfrei gewesen wäre (st. Rspr., vgl. auch BVerwG, DöD 1986, 198).

Fundstelle: DöD 1999, 111

(94) Detektivkosten wegen Arbeitnehmerüberwachung

(Bundesarbeitsgericht, Urteil vom 17. September 1998 – 8 AZR 5/97 –)

Der Arbeitnehmer hat dem Arbeitgeber die Kosten der Beauftragung eines Detektivs zu ersetzen, wenn der Arbeitgeber anlässlich eines konkreten Tatverdachts gegen den Arbeitnehmer einem Detektiv die Überwachung des Arbeitnehmers überträgt und der Arbeitnehmer einer vorsätzlichen vertragswidrigen Handlung überführt wird (Best. v. BAG, BB 1987, 689).

Fundstelle: NJW 1999, 308 = NZA 1999, 1334 = MDR 1999, 16 = DuD 1999, 109 = RDV 1999, 75

(95) Abmahnung und Meinungsfreiheit im Arbeitsverhältnis

(Bundesverfassungsgericht, Beschluss vom 16. Oktober 1998 – 1 BvR 1685/92 –)

1) Äußert sich ein Mitarbeiter einer Stadtverwaltung in der Presse negativ über die von seiner Partei beabsichtigte erneute Nominierung des derzeitigen Bürgermeisters, so ist die Äußerung, sofern sie weder eine Schmähkritik noch eine Formalbeleidigung beinhaltet, von dem Grundrecht der freien Meinungsäußerung aus Art. 5 Abs. 1 S. 1 GG gedeckt.

2) Eine insoweit ergangene Abmahnung bewirkt jedoch keine weitere Belastung des Beschäftigten, wenn seit der Aufnahme in die Personalakte 6 Jahre vergangen sind, da sie entweder – ungeachtet ihrer Rechtmäßigkeit – infolge durch Zeitablauf einge-tretener kündigungsrechtlicher Unwirksamkeit aus der Akte zu entfernen ist oder durch Hinzufügen einer unter Beifügung der ergangenen Gerichtsentscheidung erfolgten Gegendarstellung entkräftet werden kann.

Fundstelle: RDV 1999, 70 = ArbuR 1999, 37

(96) Information des Betriebsrats vor Kündigung

(Bundesarbeitsgericht, Urteil vom 3. Dezember 1998 – 2 AZR 234/98 –)

Gem. § 102 Abs. 1 Satz 2 BetrVG sind dem BR die Gründe für die Kündigung auch dann mitzuteilen, wenn das Arbeitsverhältnis nicht dem allgemeinen Kündigungsschutz unterliegt. Hat allerdings der Arbeitgeber keine auf Tatsachen gestützte und demgemäß durch die Mitteilung dieser Tatsachen konkretisierbare Kündigungsgründe, so genügt es, wenn er dem Betriebsrat seine subjektiven Wertungen mitteilt, die ihn zur Kündi-gung veranlassen.

Fundstelle: RDV 1999, 167 = ArbuR 1999, 145 = DB 1999, 1172

(97) Fragerecht zur Schwerbehinderteneigenschaft

(Bundesarbeitsgericht, Urteil vom 3. Dezember 1998 – 2 AZR 754/97 –)

1) Die unrichtige Beantwortung der Frage nach der Schwerbehinderteneigenschaft kann die Anfechtung des Arbeitsvertrages wegen arglistiger Täuschung nach § 123 BGB rechtfertigen (Bestätigung der ständigen Rechtsprechung des Bundesarbeits-

gerichts, zuletzt Urteil vom 5. Oktober 1995 – 2 AZR 923/94 – BAGE 81, 120 = AP Nr. 40 zu § 123 BGB).

2) Ficht der Arbeitgeber im Anschluss an eine Arbeitsunfähigkeit des Arbeitnehmers den Arbeitsvertrag an und verweigert die Entgeltfortzahlung, besteht kein Grund, von der Regelfolge rückwirkender Anfechtung (§ 142 BGB) abzuweichen; die entgegenstehende Rechtsprechung des BAG (U. v. 18. April 1968 – AP Nr. 32 zu § 63 HGB, vom 16. September 1982 – BAGE 41, 54 und vom 20. Februar 1986 – BAGE 51, 167 = AP Nr. 24 und 31 zu § 123 BGB) wird aufgegeben.

Fundstelle: RDV 1999, 119 = ZTR 1999, 229 = NZA 1999, 584

(98) Unterrichtung des Betriebsrats über freie Mitarbeiter

(Bundesarbeitsgericht, Beschluss vom 15. Dezember 1998 – 1 ABR 9/98 –)

1) Der Betriebsrat hat nach § 80 Abs. 2 BetrVG Anspruch auf Unterrichtung auch hinsichtlich der Beschäftigung freier Mitarbeiter. Der Arbeitgeber schuldet insoweit diejenigen Angaben, die der Betriebsrat benötigt, um beurteilen zu können, ob und inwieweit Mitbestimmungsrechte in Betracht kommen.

2) Der Betriebsrat muss sein Auskunftsersuchen nach Art und Umfang konkretisieren. Ist dies wegen der großen Zahl freier Mitarbeiter und der Vielfalt der Beschäftigungsmodalitäten nicht möglich, kann er zunächst eine Gesamtübersicht zu einem von ihm bestimmten Stichtag verlangen.

Fundstelle: RDV 1999, 217 = NZA 1999, 722 = ArbuR 1999, 242 = BB 1999, 1497

(99) Persönlichkeitsrechtsverletzung durch Bekanntgabe von Arbeitnehmerdaten in der Presse

(Bundesarbeitsgericht, Urteil vom 18. Februar 1999 – 8 AZR 735/97 –)

1) Die Pressefreiheit (Art. 5 Abs. 1 S. 2 GG) vermag keine ehrverletzenden Berichte aus der Intimsphäre eines Arbeitnehmers zu rechtfertigen.

2) Wird eine bei einem Anzeigenblatt beschäftigte und über längere Zeit wegen Krankheit und Schwangerschaft arbeitsunfähig geschriebene Arbeitnehmerin – wenn auch unter Namenskürzel, aber ohne vollständige Anonymisierung – unter Schilderung der von dem Arbeitgeber in Zweifel gezogenen Fehlzeitengründe und Hinweise auf evtl. Hintergründe der Schwangerschaft als „faulste Mitarbeiterin Deutschlands" und „Königin der Tagediebe" tituliert, so begründet sich hieraus ein Anspruch auf Schmerzensgeld gemäß § 823 Abs. 1, §§ 830, 847 BGB i.V.m. Art. 1, 2 Abs. 1 GG, dessen Höhe im konkreten Fall mit 4000,– DM angemessen festgesetzt ist.

Fundstelle: RDV 1999, 166 = NZA 1999, 645 = BB 1999, 1119

(100) Anspruch auf Widerruf bereits entfernter Abmahnung

(Bundesarbeitsgericht, Urteil vom 15. April 1999 – 7 AZR 716/97 –)

1) Auch nach der Entfernung einer Abmahnung aus der Personalakte ist der Arbeitnehmer nicht gehindert, einen Anspruch auf Widerruf der in der Abmahnung abgegebenen Erklärung gerichtlich geltend zu machen.

2) Der Widerrufsanspruch dient dem Schutz des Betroffenen vor einer anhaltenden Beeinträchtigung seiner Rechte. Er setzt neben dem Vorliegen entsprechender Rechtsverletzungen voraus, dass diese Rechtsbeeinträchtigungen andauern und durch den begehrten Widerruf auch beseitigt werden können.

Fundstelle: NJW 1999, 3576 = RDV 1999, 264 = ArbuR 1999, 352 = ZTR 1999, 525 (Ls)

(101) Erhebung von Vorstrafen und laufenden Ermittlungsverfahren

(Bundesarbeitsgericht, Urteil vom 20. Mai 1999 – 2 AZR 320/98 –)

1) Der Arbeitgeber darf den Bewerber bei der Einstellung nach Vorstrafen fragen, wenn und soweit die Art des zu besetzenden Arbeitsplatzes dies erfordert (st. Rspr., AP Nr. 2 zu § 123 BGB = MDR 1958, 372).

2) Bei der Prüfung der Eignung des Bewerbers für die geschuldete Tätigkeit (im Fall: Einstellung in den Polizeivollzugsdienst) kann es je nach den Umständen zulässig sein, dass der Arbeitgeber den Bewerber auch nach laufenden Ermittlungsverfahren fragt bzw. verpflichtet, während eines längeren Bewerbungsverfahrens anhängig werdende Ermittlungsverfahren nachträglich mitzuteilen.

3) Die wahrheitswidrige Beantwortung einer danach zulässigen Frage nach Vorstrafen und laufenden Ermittlungsverfahren bzw. die pflichtwidrige Unterlassung der nachträglichen Mitteilung eines Ermittlungsverfahrens rechtfertigen unter der Voraussetzung der §§ 123, 124 BGB die Anfechtung des Arbeitsvertrages.

Fundstelle: RDV 2000, 23 = MDR 1999, 1273 = ArbuR 1999, 352 = ZTR 1999, 523 = NJW 1999, 3653

(102) Unterrichtung des Betriebsrats über Mitarbeiterbefragung

(Bundesarbeitsgericht, Beschluss vom 8. Juni 1999 – 1 ABR 28/97 –)

1) Der Betriebsrat kann vom Arbeitgeber nach § 80 Abs. 2 BetrVG Auskunft über die Auswertung einer im Betrieb durchgeführten Umfrage verlangen, wenn hinreichende Wahrscheinlichkeit besteht, dass die gewonnenen Erkenntnisse Aufgaben des Betriebsrats betreffen.

2) Für den Grad der Wahrscheinlichkeit ist der jeweilige Kenntnisstand des Betriebsrats maßgebend. Die Anforderungen sind um so niedriger, je weniger der Betriebsrat aufgrund der ihm bereits zugänglichen Informationen beurteilen kann, ob die begehrten Auskünfte zur Durchführung seiner Aufgaben erforderlich sind.

3) Kennt der Betriebsrat bereits die Fragebögen und die betriebsbezogenen Auswertungen der Antworten, so setzt ein Anspruch auf Vorlage zusätzlich erstellter abteilungsbezogener Auswertungen konkretere Anhaltspunkte voraus. Fehlen sie, so muss der Betriebsrat darlegen, zur Ausübung welcher Rechte er seine Kenntnisse nicht als ausreichend ansieht und welche zusätzlichen einschlägigen Informationen er sich insoweit aus den abteilungsbezogenen Auswertungen verspricht.

Fundstelle: ArbuR 2000, 267 = RDV 2000, 23 (Ls)

(103) Angabe von Vornamen auf Geschäftsbriefen

(Bundesarbeitsgericht, Beschluss vom 8. Juni 1999 – 1 ABR 67/98 –)

1) Die Anweisung an Sachbearbeiter, in Geschäftsbriefen auch ihre Vornamen anzugeben, betrifft das Arbeitsverhalten und ist daher nicht nach § 87 Abs. 1 Nr. 1 BetrVG mitbestimmungspflichtig.

2) Ein Verstoß des Arbeitgebers gegen die Pflicht, seine Arbeitnehmer in der freien Entfaltung der Persönlichkeit zu schützen und zu fördern (§ 75 Abs. 2 BetrVG), vermag kein Mitbestimmungsrecht zu begründen.

3) Ob die Anweisung des Arbeitgebers gegen § 75 Abs. 2 BetrVG verstößt, bleibt offen.

Fundstelle: RDV 2000, 23 = ZTR 1999, 573 = DuD 2000, 45

Redaktionelle Anmerkung: Vgl. dazu nachfolgend Nr. 162

(104) Regelmäßig keine Pflicht zur Blutuntersuchung

(Bundesarbeitsgericht, Urteil vom 12. August 1999 – 2 AZR 55/99 –)

1) Ein Arbeitnehmer ist regelmäßig nicht verpflichtet, im laufenden Arbeitsverhältnis routinemäßig Blutuntersuchungen zur Klärung, ob er alkohol- oder drogenabhängig ist, zuzustimmen.

2) Auch bei einem Wachmann, der eine Waffe mit sich führt, setzt die Anordnung einer solchen Untersuchung einen auf hinreichend sicheren Feststellungen beruhenden Verdacht einer solchen Abhängigkeit voraus.

Fundstelle: ArbuR 1999, 486 = RDV 2000, 66 = ZTR 2000, 39

(105) Gleitzeitmanipulation als Kündigungsgrund

(Bundesarbeitsgericht, Urteil vom 12. August 1999 – 2 AZR 832/98 –)

Eine Gleitzeitmanipulation kann je nach den Umständen – vor allem, wenn der Arbeitnehmer vorsätzlich falsche Zeitangaben auch noch beharrlich leugnet – einen wichtigen Grund für eine außerordentliche Kündigung darstellen.

Fundstelle: SAE 2000, 200

(106) Blutuntersuchung als Kündigungsvoraussetzung bei Alkoholismus

(Bundesarbeitsgericht, Urteil vom 16. September 1999 – 2 AZR 123/99 –)

1) Eine krankheitsbedingte Beeinträchtigung infolge Alkoholismus kann auch bei sog. unkündbaren Angestellten (§§ 54, 55 Abs. 1 BAT) u.U. eine außerordentliche Kündigung rechtfertigen.

2) Will sich der Arbeitnehmer bei einem aufgrund objektiver Anhaltspunkte – und in der konkreten Situation vom Arbeitnehmer auch nicht bestrittenen – gegebenen Verdacht einer Alkoholisierung im Dienst mit Hilfe eines Alkoholtest entlasten, so muss

er i.d.R. diesen Wunsch äußern. Von sich aus braucht der Arbeitgeber den Test nicht anzubieten.

Fundstelle: ZTR 2000, 132 = ArbuR 2000, 35 (Ls) = RDV 2000, 66 (Ls)

(107) Regelmäßig kein Anspruch des Betriebsrats auf Vorlage ausgefüllter Arbeitsverträge

(Bundesarbeitsgericht, Beschluss vom 19. Oktober 1999 – 1 ABR 75/98 –)

1) Dem Betriebsrat obliegt es gemäß § 80 Abs. 1 Nr. 1 BetrVG darauf zu achten, dass die Vorschriften des Nachweisgesetzes vom Arbeitgeber eingehalten werden.

2) Werden in dem Betrieb dem Betriebsrat bekannte Formulararbeitsverträge verwendet, die alle nach dem Nachweisgesetz erforderlichen Angaben vorsehen, so bedarf es zusätzlicher Anhaltspunkte dafür, dass die Vorlage der einzelnen Arbeitsverträge erforderlich ist, um die Einhaltung des Nachweisgesetzes zu überwachen.

Fundstelle: RDV 2000, 20 (Ls) = DB 1999, 2271

(108) Ehrlichkeitskontrollen und Verdachtskündigung

(Bundesarbeitsgericht, Urteil vom 18. November 1999 – 2 AZR 743/98 –)

1) Bei der Überprüfung einer Verdachtskündigung haben die Gerichte dem Vorbringen des Arbeitnehmers, mit dem er sich von dem ihm gegenüber vorgebrachten Verdacht reinigen will, durch eine vollständige Aufklärung des Sachverhalts nachzugehen (Bestätigung der ständigen Senatsrechtsprechung; u.a. Urteil vom 4. Juni 1964 – 2 AZR 310/63 – AP Nr. 13 zu § 626 BGB Verdacht strafbarer Handlung).

2) Sogenannte Ehrlichkeitskontrollen gegenüber Arbeitnehmern durch Mitarbeiter des Arbeitgebers sind ohne Zuhilfenahme einer technischen Einrichtung nicht nach § 87 Abs. 1 Nr. 1 oder Nr. 6 BetrVG mitbestimmt (im Anschluss an BAG, Beschluss vom 26. März 1991 – 1 ABR 26/90 – AP Nr. 21 zu § 87 BetrVG 1972 Überwachung).

3) Ehrlichkeits- und Zuverlässigkeitstests des Arbeitgebers (hier: stillschweigende Erhöhung des Kassenbestands durch den Arbeitgeber) stellen nicht von vornherein einen rechtswidrigen Eingriff in das grundrechtlich geschützte Persönlichkeitsrecht dar. Maßgebend ist, ob im Rahmen einer Abwägung der Kontrollinteressen des Arbeitgebers mit dem Persönlichkeitsrecht des Arbeitnehmers die Interessen des Arbeitgebers als überwiegend zu beurteilen sind.

Fundstelle: RDV 2000, 166

(109) Fragenbogenlüge als Entlassungsgrund

(Bundesarbeitsgericht, Urteil vom 2. Dezember 1999 – 2 AZR 724/98 –)

Die fehlende Zustimmung des Personalrats zu einem Personalfragebogen gibt dem Arbeitnehmer nicht das Recht, eine in dem Fragebogen individualrechtlich zulässigerweise gestellte Frage wahrheitswidrig zu beantworten.

Fundstelle: NJW 2000, 2444 = PersR 2000, 336 = RDV 2000, 220 = BB 2000, 1092 = DB 2000, 1418

(110) Anforderung einer Arbeitsunfähigkeitsbescheinigung und Mitbestimmung des Betriebsrats

(Bundesarbeitsgericht, Beschluss vom 25. Januar 2000 – 1 ABR 3/99 –)

1) Die nach § 5 Abs. 1 Satz 3 EFZG zulässige Anweisung des Arbeitgebers, Zeiten der Arbeitsunfähigkeit unabhängig von deren Dauer generell durch eine vor Ablauf des dritten Kalendertages nach Beginn der Arbeitsunfähigkeit vorzulegende Bescheinigung nachzuweisen, betrifft eine Frage der betrieblichen Ordnung im Sinne von § 87 Abs. 1 Nr. 1 BetrVG.

2) Das danach bei einer diesbezüglichen allgemeinen Regelung bestehende Mitbestimmungsrecht des Betriebsrats ist nicht durch das Entgeltfortzahlungsgesetz ausgeschlossen. § 5 Abs. 1 Satz 3 EFZG eröffnet dem Arbeitgeber einen Regelungsspielraum hinsichtlich der Frage, ob und wann die Arbeitsunfähigkeit vor dem vierten Tag nachzuweisen ist. Bei dieser Regelung hat der Betriebsrat mitzubestimmen.

Fundstelle: RDV 2000, 164 = PersR 2000, 517

(111) Keine Mitbestimmung bei anonymen Mitarbeitertests durch Drittfirmen

(Bundesarbeitsgericht, Beschluss vom 18. April 2000 – 1 ABR 22/99 –)

Lässt eine Bank ohne Kenntnis der Arbeitnehmer Tests zur Überprüfung der Beratungsqualität an zufällig ausgewählten Schaltern durchführen, wobei die Arbeitgeberin die Ergebnisse nicht mit einzelnen Arbeitnehmern oder Gruppen in Verbindung bringen kann, so hat der Betriebsrat weder nach § 87 Abs. 1 Nr. 1 oder Nr. 6 noch nach § 94 BetrVG ein Mitbestimmungsrecht.

Fundstelle: NJW 2000, 1211 = RDV 2001, 24

(112) Anfechtung des Arbeitsvertrages wegen unzutreffender Verneinung der Schwerbehinderteneigenschaft

(Bundesarbeitsgericht, Urteil vom 18. Oktober 2000 – 2 AZR 6221/99 –)

Die Falschbeantwortung der Frage nach der Schwerbehinderung des Arbeitnehmers berechtigt nicht zur Anfechtung des Arbeitsvertrages, wenn die Schwerbehinderung für den Arbeitgeber offensichtlich war und deshalb bei ihm kein Irrtum entstanden ist.

Fundstelle: NJW 2001, 1885 = RDV 2000, 102 = ZTR 2001, 283 (Ls)

(113) Freiheit der Wahl zum Betriebsrat/Vertraulichkeit der Wählerlisten

(Bundesarbeitsgericht, Beschluss vom 6. Dezember 2000 – 7 ABR 34/99 –)

1) Aus dem allgemeinen Grundsatz der Freiheit der Wahl folgt die Verpflichtung des Wahlvorstands, während der laufenden Betriebsratswahl Dritten keine Einsichtnahme in die mit dem Stimmabgabevermerk versehene Wählerliste zu geben.

2) Gewährt der Wahlvorstand einzelnen Wahlbewerbern diese Einsichtnahme, verletzt er neben diesem Grundsatz auch den ungeschriebenen Grundsatz der Chancengleichheit der Wahlbewerber.

Fundstelle: RDV 2001, 238

(114) Kein Anspruch auf Zeugnisschlussklausel

(Bundesarbeitsgericht, Urteil vom 20. Februar 2001 – 9 AZR 44/00 –)

1) Ein Arbeitgeber ist nicht verpflichtet, einem ausscheidenden Arbeitnehmer in einer Schlussklausel des Zeugnisses „alles Gute" zu wünschen.

2) Das Fehlen einer solchen Klausel stellt keine unzulässige, indirekte „Distanzierung" von den ggf. positiven Beurteilungen der Leistung und des Verhaltens des Beschäftigten dar.

Fundstelle: NJW 2001, 2995 = RDV 2001, 131 (Ls) = ZTR 2001, 531

(115) Datenerhebungen vor Einstellung eines Wachmannes

(Bundesgerichtshof, Urteil vom 20. März 2001 – VI ZR 373/99 –)

1) Im Rahmen der ihm obliegenden Verkehrssicherungspflicht hat ein Bewachungsunternehmen vor Einstellung eines bewaffneten Wachmannes die ihm zumutbaren Möglichkeiten auszuschöpfen, um sicherzustellen, dass die zum Wachdienst erforderliche Waffe nur in Hand von Personen gelangt, die einen verantwortungsbewussten Umgang mit der Waffe gewährleisten.

2) Dazu ist in jedem Falle erforderlich, sich einen lückenlosen Lebenslauf mit entsprechenden Belegen vorlegen zu lassen.

Fundstelle: NJW 2001, 2023 = RDV 2001, 235 = MDR 2001, 1025

(116) Beweiswert eines ärztlichen Beschäftigungsverbots

(Bundesarbeitsgericht, Urteil vom 21. März 2001 – 5 AZR 352/99 –)

1) Die Voraussetzungen für ein Beschäftigungsverbot nach § 3 Abs. 1 MuSchG können auch dann vorliegen, wenn psychisch bedingter Stress Leben oder Gesundheit von Mutter und Kind gefährden. Voraussetzung ist, dass der gefährdende Stress gerade durch die Fortdauer der Beschäftigung verursacht oder verstärkt wird.

2) Die Beweislast für die Umstände, die den Beweiswert einer ärztlichen Bescheinigung nach § 3 Abs. 1 MuSchG erschüttern sollen, trägt der Arbeitgeber. Die Beweislast dafür, dass trotz des erschütterten Beweiswerts der ärztlichen Bescheinigung ein Beschäftigungsverbot angezeigt war, trägt die Arbeitnehmerin.

Fundstelle: NJW 2002, 235 = RDV 2001, 236 (Ls)

(117) Angabe der Religionszugehörigkeit auf der Lohnsteuerkarte

(Bundesverfassungsgericht, Beschluss vom 25. Mai 2001 – 1 BvR 2253/00 –)

1) Die gesetzlich vorgesehene Eintragung der Religionszugehörigkeit auf der Lohnsteuerkarte verletzt keine Grundrechte von Arbeitnehmern. Sie ist mit der durch Art. 4 Abs. 1 GG gewährleisteten und in Art. 140 GG in Verbindung mit Art. 136 Abs. 3 Satz 1 WRV besonders hervorgehobenen Freiheit, religiöse Überzeugungen zu verschweigen, vereinbar (vgl. BVerfGE 49, 375).

Fundstelle: RDV 2002, 126 = NJW 2001, 2874

(118) Zeugnisunterschrift durch weisungsberechtigten Arbeitgebervertreter

(Bundesarbeitsgericht, Urteil vom 26. Juni 2001 – 9 AZR 392/00 –)

1) Unterschreibt ein unternehmensangehöriger Vertreter des Arbeitgebers ein Arbeitszeugnis, ist im Zeugnis herauszustellen, dass der Vertreter gegenüber dem Arbeitnehmer weisungsbefugt war.

2) Ist ein Arbeitnehmer direkt der Geschäftsleitung unterstellt, so ist das Zeugnis von einem Mitglied der Geschäftsleitung auszustellen. Der Unterzeichnende muss in dem Zeugnis auf seine Position als Mitglied der Geschäftsleitung hinweisen.

Fundstelle: NJW 2001, 2995 = RDV 2001, 236 (Ls) = MDR 2001, 1063

(119) Nachweis der Arbeitsunfähigkeit durch Arbeitsunfähigkeitsbescheinigung

(Bundesgerichtshof, Urteil vom 16. Oktober 2001 – VI ZR 408/00 –)

Der Unternehmer, der an den Beschäftigten bei dessen krankheitsbedingter Abwesenheit aufgrund vertraglicher Vereinbarung das Gehalt weiterbezahlt, darf sich entsprechend dem Rechtsgedanken des § 5 Abs. 1 S. 2 EFZG für den Nachweis der Arbeitsunfähigkeit auf die ohne zeitliche Lücke vorgelegten Arbeitsunfähigkeitsbescheinigungen verlassen, wenn nicht tatsächliche Umstände ernsthafte Zweifel an der Glaubhaftigkeit des Inhalts der ärztlichen Zeugnisse begründen.

Fundstelle: NJW 2002, 128 = RDV 2002, 130 (Ls)

(120) Verletzung der Mitteilungspflicht über das vorzeitige Ende einer Schwangerschaft

(Bundesarbeitsgericht, Urteil vom 13. November 2001 – 9 AZR 590/99 –)

1) Eine Arbeitnehmerin ist im Hinblick auf den damit verbundenen Fortfall umfangreicher Schutzpflichten verpflichtet, den Arbeitgeber über das vorzeitige Ende einer zuvor mitgeteilten Schwangerschaft unverzüglich zu unterrichten (in Bestätigung von BAG vom 18.1. 2000 – 9 AZR 932/98 – BAGE 93, 179).

2) Das gilt auch, wenn der Arbeitgeber der Arbeitnehmerin in Unkenntnis der Schwangerschaft bereits gekündigt hatte, die Arbeitnehmerin innerhalb der Zwei-Wochen-Frist des § 9 Abs. 1 MuSchG ihre Schwangerschaft zur Inanspruchnahme des Kündigungsschutzes mitteilt und der Arbeitgeber sich gleichwohl weigert, sie weiter zu

beschäftigen. Der Annahmeverzug des Arbeitgebers lässt die aus dem Arbeitsverhältnis ergebenden (Mitteilungs-) Pflichten unberührt.

3) Die schuldhafte Verletzung der Mitteilungspflicht begründet Schadensersatzansprüche. Wenngleich der Arbeitgeber bei früherer Mitteilung ggf. das Arbeitsverhältnis gekündigt hätte, umfasst der zu ersetzende Schaden nicht die während des Annahmeverzuges bestehenden Entgeltansprüche. Die Abgabe einer Kündigungserklärung kann nicht über § 249 S. 1 BGB fingiert werden.

Fundstelle: ZTR 2002, 495 = RDV 2002, 313 (Ls)

(121) Warneffekt bei Abmahnungen wegen wiederholt verspäteter Arbeitsaufnahme

(Bundesarbeitsgericht, Urteil vom 15. November 2001 – 2 AZR 609/00 –)

Zahlreiche Abmahnungen wegen gleichartiger Pflichtverletzungen, denen keine weiteren Konsequenzen folgen, können die Warnfunktion der Abmahnungen abschwächen. Der Arbeitgeber muss die letzte Abmahnung vor Ausspruch der Kündigung besonders eindringlich gestalten, um dem Arbeitnehmer klarzumachen, dass weitere derartige Pflichtverletzungen nunmehr zum Ausspruch einer Kündigung führen können.

Fundstelle: MDR 2002, 523 = RDV 2002, 191

(122) Entfernung einer zu Unrecht ergangenen Abmahnung aus der Personalakte

(Bundesarbeitsgericht, Urteil vom 11. Dezember 2001 – 9 AZR 464/00 –)

1) Nach der ständigen Rechtsprechung des Bundesarbeitsgerichts kann der betroffene Arbeitnehmer in entsprechender Anwendung der §§ 242, 1004 BGB die Entfernung einer zu Unrecht ergangenen Abmahnung aus der Personalakte verlangen, wenn das berechtigte Interesse des Arbeitgebers als Gläubiger auf Leistung ordnungsgemäßer Arbeitsleistung fehlt.

2) Dies ist der Fall, wenn die Abmahnung formell nicht ordnungsgemäß zustande gekommen ist, sie unrichtige Tatsachenbehauptungen enthält, sie den Grundsatz der Verhältnismäßigkeit verletzt oder kein schutzwürdiges Interesse des Arbeitgebers am Verbleib der Abmahnung in der Personalakte mehr besteht.

Fundstelle: NZA 2002, 965

(123) Informationsrecht des Personalrats/Dauerhafte Überlassung von Unterlagen

(Bundesverwaltungsgericht, Beschluss vom 23. Januar 2002 – 6 P 5.01 –)

Unterlagen, die der Personalrat zur Wahrnehmung seiner Beteiligungsrechte immer wieder benötigt, sind ihm in Kopie auf Dauer zu belassen (hier: Aushändigung von Personalbedarfsberechnung und Stellenplan).

Fundstelle: PersR 2002, 201 = ZTR 2002, 196 = RDV 2002, 188

(124) Schwerbehinderten-Kündigungsschutz vor Antragstellung – Kenntnis des Arbeitgebers

(Bundesarbeitsgericht, Urteil vom 7. März 2002 – 2 AZR 612/00 –)

1) Voraussetzung für den Sonderkündigungsschutz nach § 15 SchwbG ist, dass vor Zugang der Kündigung entweder ein Bescheid über die Anerkennung der Schwerbehinderteneigenschaft ergangen ist oder der Schwerbehinderte jedenfalls einen entsprechenden Anerkennungsantrag gestellt hat (vgl. zuletzt BAG vom 16.8.1991 – 2 AZR 241/90 –).

2) Die Rechte aus dem Schwerbehindertengesetz werden nicht „von Amts wegen" gewährt; vielmehr ist es allein dem Schwerbehinderten überlassen, ob er durch Beantragung der Anerkennung die rechtlichen Wirkungen der Schwerbehinderung in Anspruch nehmen will.

3) Ausnahmsweise kann der Sonderkündigungsschutz bereits vor der Antragstellung greifen, wenn die Behinderung offenkundig ist oder der Behinderte den Arbeitgeber vor dem Ausspruch der Kündigung über seine körperliche Beeinträchtigung informiert und über die beabsichtigte Antragstellung in Kenntnis gesetzt hat.

Fundstelle: RDV 2003, 29 = NJW 2002, 3568 = ZTR 2002, 602 = MDR 2002, 1377

(125) Auskunft über den auf das bei Nichtleistung gewährte Entgelt anzurechnenden Nebenverdienst

(Bundesarbeitsgericht, Urteil vom 19. März 2002 – 9 AZR 16/01 –)

1) Auf den trotz Nichtleistung bestehenden Entgeltanspruch ist ein vom Arbeitnehmer erzielter anderweitiger Verdienst gesetzlich nach § 615 Abs. 1 S. 1 BGB, § 11 KSchG anzurechnen. Vorausgesetzt wird, dass sich der Arbeitgeber mit der Annahme der vom Arbeitnehmer geschuldeten Dienste in Verzug befindet.

2) Will der Arbeitgeber bei einer unter Anrechnung von Urlaub vereinbarten bezahlten Freistellung anderweitig erzielten Verdienst anrechnen, so muss er sich dies vorbehalten. Er muss dann aber auch die genaue zeitliche Lage des Urlaubs im Freistellungszeitraum festlegen, da während des Urlaubs erzielter anderweitiger Verdienst auf das geschuldete Arbeitsentgelt nicht angerechnet werden kann.

3) Hat sich der Arbeitnehmer auf seinen Entgeltanspruch anderweitig erzielten Verdienst anrechnen zu lassen, kann der Arbeitgeber Auskunft über die tatsächlichen Umstände der anderweitigen Erwerbstätigkeit verlangen und die Leistung bis zur Erteilung der Auskunft verweigern.

Fundstelle: ZTR 2003, 98

(126) Schuldlos verspätete Mitteilung einer Schwangerschaft

(Bundesarbeitsgericht, Urteil vom 16. Mai 2002 – 2 AZR 730/00 –)

1) Die Überschreitung der Frist des § 9 Abs. 1 MuSchG ist von der Schwangeren zu vertreten, wenn sie auf einem gröblichen Verstoß gegen das von einem verständigen Menschen im eigenen Interesse billigerweise zu erwartende Verhalten zurückzuführen ist (Verschulden gegen sich selbst).

2) Einen solchen gröblichen Verstoß stellt es nicht dar, wenn die Schwangere (wie durch einen Zeugen belegt wird) die Bescheinigung über die Schwangerschaft mit normaler Post an den Arbeitgeber versendet und der Brief dann aus ungeklärter Ursache verloren geht. Mit dem Verlust des Briefes auf dem Beförderungswege muss die Schwangere nicht von vornherein rechnen.

Fundstelle: MDR 2002, 94 = RDV 2003, 89

(127) Mitbestimmung bei der Einführung von Ethikregeln für Redakteure einer Wirtschaftszeitung

(Bundesarbeitsgericht, Beschluss vom 28. Mai 2002 – 1 ABR 32/01 –)

1) Die Einführung von Ethikregelungen mit der Pflicht zur Meldung von Wertpapierbesitz bedarf einer Vereinbarung, d.h. der Zustimmung der betroffenen Redakteure.

2) Dem Betriebsrat steht bei der Einführung eines Formulars, in dem Redakteure einer Wirtschaftszeitung auf Grund einer vertraglichen Nebenabrede den Besitz bestimmter Wertpapiere dem Arbeitgeber anzuzeigen haben, ein Mitbestimmungsrecht nach § 87 Abs. 1 Nr. 1 BetrVG zu. Diese Maßnahme unterliegt nicht dem Tendenzschutz nach § 118 Abs. 1 S. 1 BetrVG.

3) Bei der Einführung von Regeln, die für Redakteure einer Wirtschaftszeitung den Besitz von Wertpapieren oder die Ausübung von Nebentätigkeiten mit dem Ziel einschränken, die Unabhängigkeit der Berichterstattung zu gewährleisten, schließt der Tendenzschutz des § 118 Abs. 1 S. 1 BetrVG eine Mitbestimmung des Betriebsrats aus.

4) Aus § 75 Abs. 2 S. 1 BetrVG folgt kein Anspruch des Betriebsrats, vom Arbeitgeber zu verlangen, Persönlichkeit verletzende Maßnahmen gegenüber den betroffenen Arbeitnehmern zu unterlassen.

Fundstelle: RDV 2003, 87 = NZA 2003, 166 = BB 2003, 264 = DB 2003, 287

(128) Zum Entscheidungsspielraum bei dienstlichen Beurteilungen

(Bundesverfassungsgericht, Beschluss vom 29. Mai 2002 – 2 BvR 723/99 –)

1) Es ist verfassungsrechtlich nicht zu beanstanden, dass dienstliche Beurteilungen von Beamten nach der verwaltungsgerichtlichen Rechtsprechung nur beschränkt gerichtlich überprüfbar sind, indem die Rechtmäßigkeitskontrolle sich allein darauf erstreckt, ob die Verwaltung gegen Verfahrensvorschriften verstößt, anzuwendende Begriffe oder den rechtlichen Rahmen, in dem sie sich frei bewegen kann, verkannt hat oder ob sie von einem unrichtigen Sachverhalt ausgegangen ist, allgemeine Wertungsmaßstäbe nicht beachtet oder sachfremde Erwägungen angestellt hat (BVerwGE, 60, 245 m. w. N.).

2) Unter Beachtung obiger Grundsätze steht dem Dienstherrn ein Beurteilungsspielraum zu, wobei das als Ergebnis getroffene Werturteil einer beweismäßigen Prüfung nicht zugänglich ist; dies gilt insbesondere für Beurteilungen mit Prognosecharakter.

Fundstelle: ZTR 2002, 451 = RDV 2002, 236 (Ls)

(129) Mitbestimmung bei der Einführung von Namensschildern

(Bundesarbeitsgericht, Beschluss vom 11. Juni 2002 – 1 ABR 46/01 –)

1) Die Anordnung zum Tragen von Namensschildern auf der Dienstkleidung von Fahrern im öffentlichen Nahverkehr ist als Regelung der Ordnung des Betriebes und der Verhalten der Beschäftigten (§ 87 Abs. 1 Nr. 1 BetrVG) mitbestimmungspflichtig.

2) Ob eine Anordnung nach § 87 Abs. 1 Nr. 1 BetrVG mitbestimmungspflichtiges Ordnungsverhalten oder das mitbestimmungsfreie Arbeitsverhalten betrifft, beurteilt sich nicht nach den subjektiven Vorstellungen, die den Arbeitgeber zu der Maßnahme bewogen haben. Entscheidend ist der objektive Regelungszweck, der sich nach dem Inhalt der Maßnahme und der Art des zu beeinflussenden betrieblichen Geschehen bestimmt.

3) Eine das Ordnungsverhalten betreffende Maßnahme wird nicht dadurch mitbestimmungsfrei, dass sie in einem Randbereich das Arbeitsverhalten berührt.

Fundstelle: RDV 2003, 28 = NZA 2002, 1299 = ZTR 2002, 604 = PersR 2003, 88

(130) Nichtbefolgung der Aufforderung zur Offenlegung etwaiger „Stasi-Verstrickungen" als Kündigungsgrund

(Bundesarbeitsgericht, Urteil vom 13. Juni 2002 – 2 AZR 234/01 –)

1) Die Falschbeantwortung einer Frage des Arbeitgebers nach früheren „Stasi-Kontakten" kann eine ordentliche Kündigung (hier: einer Zeitungsredakteurin) rechtfertigen.

2) Das Fragerecht ist allerdings beschränkt durch das betriebliche Interesse und das Persönlichkeitsrecht des Arbeitnehmers. Damit der Arbeitnehmer die Zulässigkeit der Frage beurteilen kann, muss sie so konkret formuliert sein, dass der Arbeitnehmer zweifelsfrei erkennen kann, wonach gefragt ist.

Fundstelle: RDV 2003, 86 = MDR 2003, 337

(131) Tarifvertrag als Rechtsgrundlage einer Datenübermittlung

(Bundesarbeitsgericht, Urteil vom 25. Juni 2002 – 9 AZR 405/00 –)

1) Tarifvertragliche Rechtsnormen sind gemäß § 1 Abs. 1 TVG Rechtsvorschriften im Sinne des § 4 Abs. 1 2. Altn. BDSG.

2) Im vorliegenden Fall kann dahinstehen, ob tarifvertragliche Vorschriften an die materiellen Voraussetzungen gebunden sind, die das BDSG festlegt, da die getroffene Regelung durch § 28 Abs. 1 S. 1 Nr. 2 BDSG gedeckt ist.

Fundstelle: RDV 2004, 269

(132) Verwertung eines länger zurückliegenden Verhaltens als Kündigungsgrund

(Bundesarbeitsgericht, Urteil vom 15. August 2002 – 2 AZR 514/01 –)

1) Ein gemäß § 626 Abs. 2 BGB „verfristeter" wichtiger Grund kann grundsätzlich noch zum Anlass einer ordentlichen verhaltensbedingten Kündigung genommen werden.

2) Eine „Regelausschlussfrist", innerhalb derer der Arbeitgeber das Recht zur ordentlichen Kündigung ausüben muss, kennt das KSchG nicht. Gleichwohl kann ein kündigungsrelevanter Vorgang irgendwann durch Zeitablauf so an Bedeutung verlieren, dass eine ordentliche Kündigung nicht mehr gerechtfertigt wäre. Es wäre mit Art. 12 Abs. 1 GG nicht vereinbar, wenn der Arbeitgeber einen Kündigungsgrund über längere Zeit „auf Vorrat" hielte, um das Arbeitsverhältnis zu einem beliebigen Zeitpunkt kündigen zu können.

3) Der dem Arbeitnehmer insoweit zu gewährende Schutz ergibt sich regelmäßig aus der Anwendung der allgemeinen Grundsätze der Verwirkung.

4) Das Recht des Arbeitgebers zur ordentlichen Kündigung ist verwirkt,

- wenn er in Kenntnis eines Kündigungsgrundes längere Zeit untätig bleibt, d.h. die Kündigung nicht ausspricht, obwohl ihm dies möglich und zumutbar wäre (sog. Zeitmoment),
- wenn er dadurch beim Arbeitnehmer das berechtigte Vertrauen erweckt, die Kündigung werde unterbleiben,

und

- wenn der Arbeitnehmer sich dadurch auf den Fortbestand des Arbeitsverhältnisses einrichtet (sog. Umstandsmoment).

Fundstelle: RDV 2003, 187 = ZTR 2003, 307

(133) Kein Recht der Krankenkassen zur Erhebung von Arbeitnehmerdaten zwecks Mitgliederwerbung

(Bundessozialgericht, Urteil vom 28. November 2002 – B 7/1 A 2/00 R –)

1) Die Mitgliederwerbung gehört nicht zu den Aufgaben, für die die Krankenkassen gemäß den Zulässigkeitstatbeständen des Sozialgesetzbuches (§ 284 SGB V) Sozialdaten erheben dürfen.

2) Demgemäß ist es unzulässig, dass sich die Kassen an Betriebe bzw. Arbeitgeber wenden, um Adressen von Auszubildenden oder Berufsanfängern zu erhalten.

Fundstelle: RDV 2003, 142 = DuD 2003, 645

(134) Unterrichtsansprüche des Betriebsrats im Arbeitskampf

(Bundesarbeitsgericht, Beschluss vom 10. Dezember 2002 – 1 ABR 7/02 –)

1) Zur Wahrung von Koalitionsfreiheit und Tarifautonomie sind Mitbestimmungsrechte des Betriebsrats bei Maßnahmen des Arbeitgebers zur Abwehr von Folgen eines Arbeitskampfes eingeschränkt, wenn die Mitbestimmung unmittelbar und zwangsläufig die Freiheit des Arbeitgebers, Arbeitskampfmaßnahmen zu ergreifen oder Folgen des Streiks abzuwehren, ernsthaft beeinträchtigen würden.

2) Die Einschränkungen gelten für die bloßen Unterrichtungsansprüche nach § 80 Abs. 2 Satz 1 BetrVG nicht. Demgemäß ist der Betriebsrat über die Anordnung von Überstunden, Schichtverschiebungen und kurzfristige Versetzungen gegenüber nicht-streikenden Arbeitnehmern personenbezogen zu informieren.

3) Die arbeitswilligen Arbeitnehmer haben keinen Anspruch, dass ihre Arbeitsbereitschaft dem Betriebsrat unbekannt bleibt.

Fundstelle: RDV 2003, 296 = NZA 2004, 223 = ZTR 2003, 468

(135) Rechtsschutzinteresse bei Klage auf Änderung einer Beurteilung

(Bundesverwaltungsgericht, Urteil vom 19. Dezember 2002 – 1 R 10/00 –)

1) Für eine Klage gegen eine dienstliche Beurteilung besteht erst dann kein Rechtsschutzinteresse mehr, wenn die Beurteilung ihre rechtliche Zweckbestimmung verliert – so wenn das Beamtenverhältnis durch Entlassung oder Eintritt in den Ruhestand beendet ist.

2) Die Zweckbestimmung einer zurückliegenden Beurteilung entfällt nicht dadurch, dass der Beamte zwischenzeitlich erneut beurteilt oder befördert worden ist, da sie von Rechts wegen für künftige Verwendungs- und Auswahlentscheidungen als zusätzliche Erkenntnismöglichkeiten von Belang bleibt.

3) Es besteht kein Anspruch, dass sich die Beurteilung zu einer Tätigkeit im Personalrat oder einer Kommunalvertretung äußert.

Fundstelle: ZTR 2003, 419

(136) Keine arglistige Täuschung bei Falschbeantwortung der Frage nach der Schwangerschaft einer Bewerberin trotz Beschäftigungsverbots

(Bundesarbeitsgericht, Urteil vom 6. Februar 2003 – 2 AZR 621/01 –)

1) Nach § 123 BGB kann eine Partei eines Arbeitsvertrages ihre zum Abschluss des Vertrages führende Willenserklärung anfechten, wenn sie von der anderen Seite durch arglistige Täuschung zum Abschluss des Vertrages veranlasst wurde.

2) Erreicht ein Arbeitnehmer den Abschluss des Arbeitsvertrages durch bewusst falsche Beantwortung von Fragen, die der Arbeitgeber vor Vertragsabschluss gestellt hatte, so kann darin eine arglistige Täuschung liegen. Dies gilt jedoch nicht, wenn die Datenerhebung unzulässig war.

3) Die Frage nach dem eventuellen Bestehen einer Schwangerschaft ist auch dann wegen nach § 611a BGB verbotener geschlechtsbezogener Diskriminierung unzulässig, wenn die unbefristet eingestellte Arbeitnehmerin die vorgesehene Tätigkeit wegen eines mutterschaftlichen Beschäftigungsverbot zunächst nicht ausüben kann. Das vorübergehende Beschäftigungshindernis führt nicht zu einer dauerhaften Störung des Arbeitsverhältnisses.

Fundstelle: RDV 2003, 86

(137) Keine Pflicht zur Mitteilung einer erneut bestehenden Schwangerschaft bei Verlangen um vorzeitige Beendigung einer Elternzeit

(Europäischer Gerichtshof, Urteil vom 27. Februar 2003 – C-320/01 –)

1) Artikel 2 Absatz 1 der Richtlinie 76/207/EWG des Rates vom 9. Februar 1976 zur Verwirklichung des Grundsatzes der Gleichbehandlung von Männern und Frauen

hinsichtlich des Zugangs zu Beschäftigung, zur Berufsbildung und zum beruflichen Aufstieg sowie in Bezug auf die Arbeitsbedingungen ist dahin auszulegen, dass er dem entgegensteht, dass eine Arbeitnehmerin, die mit Zustimmung ihres Arbeitgebers vor dem Ende des Erziehungsurlaubs an ihren Arbeitsplatz zurückkehren möchte, verpflichtet ist, dem Arbeitgeber mitzuteilen, dass sie erneut schwanger ist, wenn sie wegen bestimmter gesetzlicher Beschäftigungsverbote ihre Tätigkeit nicht in vollem Umfang ausüben kann.

2) Artikel 2 Absatz 1 der Richtlinie 76/207/EWG ist dahin auszulegen, dass er dem entgegensteht, dass ein Arbeitnehmer nach nationalem Recht zur Anfechtung seiner Willenserklärung, mit der er der Rückkehr der Arbeitnehmerin auf ihren Arbeitsplatz vor Ende des Erziehungsurlaubs zugestimmt hat, berechtigt ist, weil er sich über das Bestehen einer Schwangerschaft bei der Betroffenen geirrt hatte.

Fundstelle: RDV 2003, 133 = ZTR 2003, 299

(138) Auskunft des Beamten über einen Denunzianten – Vorrang des beamtenrechtlichen Personalaktenrechts

(Bundesverwaltungsgericht, Urteil vom 27. Februar 2003 – 2 C 10.02 –)

1) Für Ansprüche eines Beamten auf Auskunft über zu seiner Person gespeicherte Daten ist nicht das allgemeine Datenschutzrecht, sondern das bereichsspezifische beamtenrechtliche Personalaktenrecht maßgebend.

2) Indem in § 56 Abs. 1 S. 2 BRRG, § 90 Abs. 1 S. 2 BBG und § 102 Abs. 1 S. 2 LBG-NW ausdrücklich klargestellt ist, dass zur Personalakte auch die in Dateien gespeicherten Unterlagen gehören, nehmen sie die Dateien mit Daten zur Person des Beamten aus dem Geltungsbereich der Datenschutzgesetze aus und unterwerfen sie den beamtenrechtlichen Vorschriften. Diese bilden ein umfassendes und abschließendes Regelwerk über den Umgang mit Personaldaten, die sich im Besitz des Dienstherrn befinden; gleichgültig ob es sich um Daten in Personal- oder Sachakten handelt.

3) Ein Anspruch auf Auskunft über Daten, die weder in Akten noch in eine Datei aufgenommen wurden, kann sich aus der Fürsorgepflicht des Dienstherrn ergeben, die es gebietet, den Beamten gegen unberechtigte Vorwürfe zu schützen und ihm Hilfe zu bieten, um sich gegen derartige Vorwürfe selbst zur Wehr zu setzen.

4) Der fürsorgerechtliche Auskunftsanspruch kann durch wichtige öffentliche Belange ausgeschlossen sein. Hierzu zählt das öffentliche Interesse, gegen Bestechlichkeit im öffentlichen Dienst vorzugehen. Die Behörden sind insoweit auf Informanten angewiesen und dürfen diesen Vertraulichkeit zusichern.

5) Macht der Informant seine Angaben leichtfertig oder wider besseres Wissen, so darf der Dienstherr dem Interesse an der Geheimhaltung der Identität nicht den Vorrang vor dem Interesse des Betroffenen geben, den Sachverhalt vollständig aufzuklären. Leichtfertigkeit verlangt einen, gemessen an den individuellen Fähigkeiten des Handelnden, erhöhten Grad an Fahrlässigkeit.

Fundstelle: RDV 2003, 238 mit Anm. Gola = ZTR 2003, 420

(139) Dienstliche Beurteilung eines weitgehend freigestellten Personalratsmitglieds

(Bundesarbeitsgericht, Urteil vom 19. März 2003 – 7 AZR 334/02 –)

Das Benachteiligungsverbot nach § 8, § 46 Abs. 5 SächsPersVG kann den Arbeitgeber verpflichten, bei einer für eine Höhergruppierung maßgeblichen Beurteilung eines teilweise freigestellten Personalratsmitglieds auch dessen Werdegang ohne Freistellung fiktiv nachzuzeichnen und die Ergebnisse der Nachzeichnung neben der Bewertung der dienstlichen Leistungen zu berücksichtigen.

Fundstelle: RDV 2004, 27 = ZTR 2004, 50

(140) Zulässigkeit verdeckter Videoüberwachung/Beweisverwertungsverbot wegen fehlender Mitbestimmung

(Bundesarbeitsgericht, Urteil vom 27. März 2003 – 2 AZR 51/02 –)

1) Die heimliche Überwachung von Arbeitnehmern mit Videokameras stellt einen Eingriff in das durch Art. 2 Abs. 1 GG geschützte Persönlichkeitsrecht der Betroffenen dar. Beweise, die durch solche Eingriffe erlangt werden, unterliegen in der Regel einem Verwertungsverbot.

2) Derart gewonnene Beweismittel können nur dann berücksichtigt werden, wenn besondere Umstände, z.B. eine notwehrähnliche Lage, den Eingriff rechtfertigen. Hierbei ist der Grundsatz der Verhältnismäßigkeit zu wahren.

3) Demgemäß kann eine heimliche Videoüberwachung gerechtfertigt sein bei Vorliegen eines konkreten Verdachts heimlich begangener Straftaten, der nicht oder nur schwer mit anderen das Persönlichkeitsrecht des Arbeitnehmers wahrenden Mitteln geklärt werden kann.

4) War der Betriebsrat bei der Installation der Videoüberwachung nicht nach § 87 Abs. 1 Nr. 6 BetrVG beteiligt, so ergibt sich aus diesem Verstoß jedenfalls dann kein eigenständiges Verwertungsverbot, wenn der Betriebsrat der Verwendung des Beweismittels und der darauf gestützten Kündigung zustimmt und die Beweisverwertung nach den allgemeinen Grundsätzen gerechtfertigt ist.

Fundstelle: RDV 2003, 293 = NJW 2003, 3436 = DuD 2003, 705

(141) Verpflichtung des Arbeitgebers zur Arbeitszeitkontrolle bei Vertrauensarbeitszeit

(Bundesarbeitsgericht, Beschluss vom 6. Mai 2003 – 1 ABR 13/02 –)

1) Nach § 80 Abs. 2 Satz 1 BetrVG hat der Betriebsrat Anspruch auf Erteilung aller Auskünfte, derer er zur Durchführung seiner gesetzlichen Aufgaben bedarf. Zu diesen Aufgaben zählt nach § 80 Abs. 1 Nr. 1 BetrVG die Überwachung der Durchführung von Gesetzen und Tarifverträgen zugunsten der Arbeitnehmer. Der Betriebsrat hat deshalb zu überprüfen, ob die in § 5 ArbZG vorgeschriebene Mindestruhezeit von 11 Stunden und die tarifliche Arbeitszeit eingehalten werden.

2) Die dafür erforderlichen und in seinem Betrieb anfallenden Informationen hat sich der Arbeitgeber in geeigneter Weise zu beschaffen. Er kann sich der gesetzlichen

Kontrollpflicht und dem daraus resultierenden Auskunftsanspruch des Betriebsrats nicht dadurch entziehen, dass er im Rahmen sog. Vertrauensarbeitszeit darauf verzichtet, von der täglichen Arbeitszeit seiner Beschäftigten Kenntnis zu nehmen.

Fundstelle: RDV 2003, 193 = ZTR 2004, 101

(142) Arbeitszeitüberwachung und Datenübermittlungen durch den Betriebsrat an die Aufsichtsbehörde

(Bundesarbeitsgericht, Beschluss vom 3. Juni 2003 – 1 ABR 19/02 –)

Die dem Betriebsrat nach § 89 Abs. 1 Satz 2 BetrVG obliegende Pflicht, die für den Arbeitsschutz zuständigen Behörden zu unterstützen, berechtigt ihn nicht stets und einschränkungslos, den Aufsichtsbehörden die vom Arbeitgeber elektronisch erfassten tatsächlich geleisteten Arbeitsstunden der Arbeitnehmer namensbezogen mitzuteilen. Aus Gründen des Datenschutzes muss er vielmehr im Einzelfall die Erforderlichkeit der Datenweitergabe prüfen und hierbei die Interessen der betroffenen Arbeitnehmer berücksichtigen.

Fundstelle: RDV 2004, 24 = AiB 2004, 184

(143) Mitbestimmung bei Entsendung in Kundenbetrieb mit biometrischem Zugangskontrollsystem

(Bundesarbeitsgericht, Beschluss vom 27. Januar 2004 – 1 ABR 7/03 –)

1) Der Betriebsrat hat nach § 87 Abs. 1 Nr. 1 und Nr. 6 BetrVG mitzubestimmen, wenn ein Arbeitgeber seine Arbeitnehmer anweist, sich in einem Kundenbetrieb der dort eingerichteten biometrischen Zugangskontrolle zu unterziehen.

2) Zwischen Betriebsrat und Arbeitgeber ist zu regeln, ob und in welcher Weise die Mitarbeiter in dem fremden Betrieb der Kontrolle unterworfen werden. Der Arbeitgeber muss bei der Vertragsgestaltung mit dem Kunden dafür sorgen, dass die mit dem Betriebsrat getroffenen Vereinbarungen umgesetzt werden. Individualrechtliche Rechtspositionen der betroffenen Arbeitnehmer bleiben hiervon unberührt.

Fundstelle: RDV 2004, 122 = NZA 2004, 556

(144) Die „Eingetragene Lebenspartnerschaft" als Personalaktendatum

(Bundesverwaltungsgericht, Beschluss vom 4. März 2004 – 1 WB 32.03 –)

Die im Personalführungs- und -informationssystem von Soldaten der Bundeswehr gespeicherte Familienstandsangabe „ledig" ist auf Antrag des Betroffenen zu berichtigen, wenn dieser eine eingetragene Lebenspartnerschaft nach dem Lebenspartnerschaftsgesetz begründet hat.

Fundstelle: RDV 2004, 268

(145) Verabschiedungsschreiben des ausscheidenden Arbeitnehmers an Kunden

(Bundesgerichtshof, Urteil vom 22. April 2004 – I ZR 303/01 –)

Ein Beschäftigter, der vor dem Ausscheiden aus dem Arbeitsverhältnis unter Verwendung des Adressmaterials des Arbeitgebers ein Abschiedsschreiben an die bislang von ihm betreuten und dabei durch ein Vertrauensverhältnis verbundenen Kunden richtet, handelt wettbewerbswidrig, wenn er direkt oder indirekt (hier durch Angabe der privaten Adresse und Telefonnummer) auf seine zukünftige berufliche Tätigkeit als Wettbewerber oder für einen Wettbewerber hinweist.

Fundstelle: RDV 2004, 262 = NJW 2004, 2385

(146) Zur Verhältnismäßigkeit der Videoüberwachung am Arbeitsplatz

(Bundesarbeitsgericht, Beschluss vom 29. Juni 2004 – 1 ABR 21/03 –)

1) Die Einführung einer Videoüberwachung am Arbeitsplatz unterfällt dem Mitbestimmungstatbestand nach § 87 Abs. 1 Nr. 6 BetrVG. Die Betriebsparteien haben dabei gemäß § 75 Abs. 2 BetrVG das grundrechtlich geschützte allgemeine Persönlichkeitsrecht der Arbeitnehmer zu beachten.

2) Für die erforderliche Verhältnismäßigkeit sind die Gesamtumstände maßgebend. Mitentscheidend ist insbesondere die Intensität des Eingriffs.

3) Auf die Videoüberwachung an einem nicht öffentlichen Arbeitsplatz ist § 6b BDSG weder unmittelbar noch mittelbar anwendbar. Auch das Hausrecht des Arbeitgebers vermag für sich allein nicht die Überwachung von Arbeitnehmern während der Arbeitszeit rechtfertigen.

Fundstelle: RDV 2005, 21 = NJW 2005, 313 = DuD 2005, 747 = NZA 2004, 1278

(147) Kein Initiativrecht des Personalrats zur Einführung einer technischen Kontrolleinrichtung

(Bundesverwaltungsgericht, Beschluss vom 29. September 2004 – 6 P 4.04 –)

Aus dem Mitbestimmungsrecht bei der Einführung von technischen Kontrolleinrichtungen ergibt sich kein Recht des Personalrats, selbst einen Initiativantrag zur Einführung einer derartigen Kontrolltechnik (hier: automatisierte Zeiterfassung) zu stellen.

Fundstelle: RDV 2005, 26

(148) Videoüberwachung am Arbeitsplatz

(Bundesarbeitsgericht, Beschluss vom 14. Dezember 2004 – 1 ABR 34/03 –)

1) Die Überwachung der Arbeitnehmer am Arbeitsplatz durch eine Videoanlage stellt einen schwerwiegenden Eingriff in das allgemeine Persönlichkeitsrecht dar, der nicht durch eine ausdrückliche gesetzliche Regelung gestattet ist; der Eingriff kann auch nicht auf das Hausrecht des Arbeitgebers gestützt werden.

2) Der Eingriff in das Persönlichkeitsrecht der Arbeitnehmer kann nur durch überwiegende schutzwürdige Belange des Arbeitgebers gerechtfertigt sein. Dient die Videoüberwachung dem Zweck, die Entwendung von Postsendungen zu verhindern, so sind das Postgeheimnis, das Eigentum des Postkunden und die eigenen wirtschaft-

lichen Interessen des Arbeitgebers als hohe (Grund-)Rechtsgüter und schutzwürdige Belange zugunsten des Arbeitgebers zu beachten.

3) Ob diese Belange es rechtfertigen, das ebenfalls grundrechtlich geschützte Interesse der Arbeitnehmer an der Beachtung ihres allgemeinen Persönlichkeitsrechts – zumindest zeitweilig – hintanzusetzen, hängt von den Umständen des Einzelfalls ab.

Fundstelle: RDV 2005, 216 = AuR 2005, 346

(149) Bewerbungsunterlagen für den Betriebsrat

(Bundesarbeitsgericht, Beschluss vom 14. Dezember 2004 – 1 ABR 55/03 –)

Zu den dem Betriebsrat vorzulegenden Bewerbungsunterlagen nach § 99 Abs. 1 Satz 1 BetrVG gehören auch solche Unterlagen, die der Arbeitgeber anlässlich der Bewerbung über die Person des Bewerbers erstellt hat.

Fundstelle: RDV 2005, 268 = NJW-Spezial 2005, 418 = AuR 2005, 345

(150) Kriterien für die Aufnahme eines Drogenscreenings in die Personalakte

(Bundesverfassungsgericht, Beschluss vom 14. Januar 2005 – 2 BvR 488/04 –)

1) Es mag im überwiegenden Allgemeininteresse liegen, Soldaten, die für die Verwendung als Kraftfahrer oder als Führer und Benutzer von anderen Geräten und Waffen vorgesehen sind, von denen erhebliche Gefahren für Personen und Sachwerte ausgehen können, darauf zu überprüfen, ob sie Rauschmittel zu sich nehmen. Ob durch diese Interessen auch anlasslose, nicht auf einem Verdacht beruhende Kontrollen gerechtfertigt sein können, kann hier dahinstehen.

2) Die Datenerhebung kann jedenfalls nur dann dem Prinzip der Verhältnismäßigkeit genügen, wenn durch entsprechende verfahrensmäßige Schutzvorkehrungen eine ausreichende Richtigkeitsgewähr gegeben ist. Dazu können Maßnahmen beitragen, die eine Persönlichkeitsverwechslung nach Möglichkeit ausschließen. Hierzu gehören Anhörungs- und Beteiligungsrecht des Betroffenen, der die Chance erhalten muss, etwaige Fehlinformationen festzuhalten.

Fundstelle: RDV 2005, 214

(151) Diskriminierung wegen Behinderung

(Bundesarbeitsgericht, Urteil vom 15. Februar 2005 – 9 AZR 635/03 –)

1) Gegen die Regelung in § 81 Abs. 2 Satz 2 Nr. 3 Satz 1 SGB IX, nach der ein wegen seiner Schwerbehinderung diskriminierter Bewerber, der auch bei benachteiligungsfreier Auswahl die Stelle nicht erhalten hätte, Anspruch auf Entschädigung von bis zu drei Monatsentgelten hat, bestehen keine verfassungsrechtlichen Bedenken.

2) Die Einhaltung der Ausschlussfrist nach § 81 Abs. 2 Satz 2 Nr. 4 SGB IX zur Geltendmachung einer Entschädigung wegen Diskriminierung setzt nicht die Angabe einer bestimmten Forderungshöhe voraus.

3) Der schwerbehinderte Bewerber kann eine Beweislastverschiebung herbeiführen. Voraussetzung ist, dass er Hilfstatsachen darlegt und ggf. unter Beweis stellt, die eine Benachteiligung wegen der Schwerbehinderteneigenschaft vermuten lassen.

4) Steht fest, dass der Arbeitgeber die Schwerbehindertenvertretung entgegen § 81 Abs. 1 Satz 4 SGB IX nicht über die eingegangene Bewerbung eines bestimmten schwerbehinderten Menschen unterrichtet hat, so ist dessen Benachteiligung wegen der Schwerbehinderteneigenschaft zu vermuten.

5) Es obliegt dann dem Arbeitgeber nachzuweisen, dass die Behinderung bei der ablehnenden Entscheidung keine Rolle – und zwar auch nicht als Teil eines Motivbündels – gespielt hat.

Fundstelle: RDV 2006, 19 (Ls) = DB 2005, 1802 = NZA 2005, 870

(152) Erwähnung der Elternzeit im Arbeitszeugnis

(Bundesarbeitsgericht, Urteil vom 10. Mai 2005 – 9 AZR 261/04 –)

Der Arbeitgeber darf in einem Zeugnis die Elternzeit eines Arbeitnehmers nur erwähnen, sofern sich die Ausfallzeit als eine wesentliche tatsächliche Unterbrechung der Beschäftigung darstellt. Das ist dann der Fall, wenn dieses nach Art und Dauer erheblich ist und wenn bei ihrer Nichterwähnung für Dritte der falsche Eindruck entstände, die Beurteilung des Arbeitnehmers beruhe auf einer der Dauer des rechtlichen Bestands des Arbeitsverhältnisses entsprechenden tatsächlichen Arbeitsleistung.

Fundstelle: RDV 2006, 19 = NZA 2005, 1237

(153) Bindung des Arbeitgebers an den Zeugnistext

(Bundesarbeitsgericht, Urteil vom 21. Juni 2005 – 9 AZR 352/04 –)

Entspricht ein Zeugnis nach Form und Inhalt nicht den tatsächlichen und rechtlichen Anforderungen (hier Schreibfehler und fehlerhafte Angabe des Geburtsortes), so hat der Arbeitnehmer einen Anspruch auf Berichtigung. Der Arbeitgeber ist verpflichtet, dem Arbeitnehmer eine neues Zeugnis auszustellen. Hierbei ist er an den bisherigen vom Arbeitnehmer nicht beanstandeten Zeugnistext gebunden. Eine Ausnahme greift nur für den Fall, dass dem Arbeitgeber nachträglich Umstände bekannt werden, die die Leistung oder das Verhalten des Arbeitnehmers in einem anderen Licht erscheinen lassen.

Fundstelle: RDV 2005, 216 (Ls) = NZA 2006, 104 = DB 2005, 2360

(154) Unterrichtung des Betriebsrat über Vorstellungsgespräche

(Bundesarbeitsgericht, Beschluss vom 28. Juni 2005 – 1 ABR 26/04 –)

1) Nach § 99 Abs. 1 Satz 1 BetrVG hat der Arbeitgeber den Betriebsrat vor jeder Einstellung zu unterrichten und Auskunft über die Person der Beteiligten zu geben. Erfolgt keine vollständige Unterrichtung, so kann der Betriebsrat seine Zustimmung zu der Arbeitgeberentscheidung versagen.

2) Wenn für die Auswahlentscheidung Vorstellungsgespräche mit verschiedenen Bewerbern maßgeblich waren, gehört zu einer vollständigen Auskunft eine Mitteilung über den Gesprächsinhalt.

3) Darüber hat der Arbeitgeber auch ohne Nachfrage des Betriebsrat zu informieren, wenn an den Vorstellungsgesprächen Bewerberinnen beteiligt waren und er sich in einem Frauenförderungsplan verpflichtet hat, bei gleicher Eignung den Anteil der Frauen in unterbesetzten Bereichen zu erhöhen.

Fundstelle: RDV 2005, 216 (Ls) = NZA 2006, 111

(155) Einsichtnahme in die Wahlakten der Betriebsratswahl

(Bundesarbeitsgericht, Beschluss vom 27. Juli 2005 – 7 ABR 54/04 –)

Nach § 16 WO besteht grundsätzlich auch ohne Darlegung eines besonderen rechtlichen Interesses und unabhängig von einem Wahlanfechtungs- oder Nichtigkeitsverfahren ein Anspruch des Arbeitgebers auf Einsichtnahme in die von dem Betriebsrat aufbewahrten Wahlakten der Betriebsratswahl. Dies gilt jedoch nicht für die Bestandteile der Betriebsratswahlakten, die Rückschlüsse auf das Wahlverhalten einzelner Arbeitnehmer zulassen, z.B. die mit Stimmabgabevermerken des Wahlvorstands versehenen Wählerlisten. Die Einsichtnahme in derartige Unterlagen durch den Arbeitgeber ist nur zulässig, wenn gerade dies zur Überprüfung der Ordnungsmäßigkeit der Wahl erforderlich ist. Dies hat der Arbeitgeber darzulegen.

Fundstelle: RDV 2006, 19 (Ls) = NZA 2006, 59

(156) Vertretung des Arbeitgebers bei Unterschrift eines Zeugnisses

(Bundesarbeitsgericht, Urteil vom 4. Oktober 2005 – 9 AZR 507/04 –)

1) Wird ein Zeugnis nicht von dem Arbeitgeber selbst, seinem gesetzlichen Vertretungsorgan oder im öffentlichen Dienst von dem Dienststellenleiter oder dessen Vertreter unterzeichnet, so ist es zumindest von einem ranghöheren Vorgesetzten zu unterzeichnen, der zudem aus Sicht eines Dritten geeignet ist, die Verantwortung für die Beurteilung des Arbeitnehmers zu übernehmen. Die Stellung muss sich aus dem Zeugnis entnehmen lassen.

2) Ein Zeugnis eines wissenschaftlichen Mitarbeiters einer Forschungsanstalt ist daher regelmäßig von einem ihm vorgesetzten Wissenschaftler (mit) zu unterzeichnen.

Fundstelle: RDV 2005, 268 (Ls) = NZA 2006, 436

(157) Private handschriftliche Aufzeichnungen eines Vorgesetzten über seine Mitarbeiter

(Bundesverwaltungsgericht, Urteil vom 19. Oktober 2005 – 1 D 14.04 –)

1) Ein Vorgesetzter, der in seiner im Dienstschreibtisch aufbewahrten Tagebuchkladde negative Bemerkungen über Mitarbeiter niedergeschrieben hat, begeht allein durch die Tagebucheinträge noch kein Dienstvergehen.

2) Sind die Daten nicht zur Mitteilung an Dritte bzw. als Materialsammlung für dienstliche Beurteilungen angelegt, genießt der Verfasser den Schutz des allgemeinen Persönlichkeitsrechts.

3) Besteht von vorneherein nicht die Gefahr der Verwechselung mit dienstlichen Vorgängen und auch kein Grund zu diesbezüglichem Misstrauen, muss er im Regelfall auch nicht damit rechnen, dass diese Bemerkungen den Betroffenen von dritter Seite unbefugt zur Kenntnis gebracht werden, um ihn und die Betroffenen zu schädigen.

4) Dem Vorgesetzten ist dann, wenn die Daten gleichwohl von dritter Seite den Betroffenen unbefugt zugänglich gemacht werden, kein disziplinarischer Verstoß gegen seine Pflichten zur Unterlassung der Störung des Betriebsfriedens zu machen.

Fundstelle: RDV 2006, 124 (Ls)

(158) Vertraulichkeit sensibler Daten in der Personalakte

(Bundesarbeitsgericht, Urteil vom 12. September 2006 – 9 AZR 271/06 –)

1) Soweit sensible Gesundheitsdaten in die Personalakte aufgenommen werden dürfen, hat der Arbeitnehmer Anspruch darauf, dass dies unter Berücksichtigung seiner Interessen geschieht. Der Arbeitgeber ist verpflichtet, die Daten in besonderer Weise aufzubewahren. Dies folgt aus der Gewährleistung des allgemeinen Persönlichkeitsrechts (Art. 1 und Art. 2 GG, § 75 Abs. 2 BetrVG). Die zur Personalakte genommenen Gesundheitsdaten sind vor unbefugter zufälliger Kenntnisnahme durch Einschränkung des Kreises der Zugriffsberechtigten zu schützen.

2) Verstößt der Arbeitgeber gegen diese Grundsätze, hat der Arbeitnehmer nach den §§ 12, 862, 1004 BGB einen Anspruch darauf, dass der Arbeitnehmer ausreichende Maßnahmen zum Schutz der sensiblen Gesundheitsdaten vor unbefugter Einsichtnahme, z. B. durch Aufbewahrung in einem verschlossenen Umschlag, ergreift.

3) Diese Einschränkung des Rechts zur Personalaktenführung steht nicht dem berechtigten Interesse des Arbeitgebers an der Vollständigkeit der Personalakte entgegen. Die Personalakte bleibt vollständig. Bei einem berechtigten Anlass kann jede vom Arbeitgeber ermächtigte Person den Umschlag öffnen, den Anlass vermerken und die Daten einsehen.

Fundstelle RDV 2007, 125 (Ls) = NJW 2007, 2204 = NZA 2007, 502 = DB 2007, 1198

(159) Strafanzeige gegen den Arbeitgeber (externes Whistleblowing)

(Bundesarbeitgericht, Urteil vom 7. Dezember 2007 – 2 AZR 400/05 –)

1) Eine Strafanzeige gegen den Arbeitgeber verletzt keine arbeitsvertraglichen Pflichten und rechtfertigt keine Kündigung des Arbeitsverhältnisses, wenn die Vorwürfe schwerwiegend sind, eine innerbetriebliche Klärung nicht zu erwarten ist und der Arbeitnehmer nicht leichtfertig handelt. Bei dieser Konstellation muss die Pflicht des Arbeitnehmers auf Rücksichtnahme regelmäßig zurückstehen (BAGE 10, 36).

2) Der Ausgang des Strafverfahrens ist für die Bewertung der Rechtmäßigkeit der Anzeige nicht maßgebend. „Whistleblowing" ist dem Arbeitnehmer nur vorwerfbar, wenn die Ausübung der staatbürgerlichen Rechte zur Erstattung einer Strafanzeige

zu unverhältnismäßigen Reaktionen bis hin zur Schädigung des arbeitsvertraglichen Vertragspartners führt.

Fundstelle RDV 2007, 125 (Ls) = NJW 2007, 2204 = NZA 2007, 502

(160) Verwertung von unter Mitbestimmungsverstoß gewonnenen Erkenntnissen

(Bundesarbeitsgericht, Urteil vom 13. Dezember 2007 – 2 AZR 537/06 –)

1) Vom Arbeitnehmer zu Lasten des Arbeitgebers begangene Vermögensdelikte sind regelmäßig geeignet, eine außerordentliche Kündigung aus wichtigem Grund zu rechtfertigen. Dies gilt nach der ständigen Rechtsprechung des Senats auch dann, wenn die rechtswidrige Verletzungshandlung nur Sachen von geringem Wert betrifft.

2) Die Durchführung von Taschenkontrollen der Mitarbeiter unterliegt dem Mitbestimmungsrecht des Betriebsrats nach § 87 Abs. 1 Nr. 1 BetrVG.

3) Beachtet der Arbeitgeber das Mitbestimmungsrecht des Betriebsrats nach § 87 Abs. 1 Nr. 1 BetrVG oder sich aus einer Betriebsvereinbarung (hier: Personenkontrolle) ergebenden Pflichten nicht, so führt dieser Umstand nicht dazu, dass der Arbeitgeber die unstreitige Tatsache eines im Besitz der Arbeitnehmerin während einer Personenkontrolle aufgefundenen Gegenstandes (hier: eines Lippenstiftes) in einem Kündigungsschutzprozess nicht verwerten darf.

4) Ein „Sachvortragsverwertungsverbot" kennt das deutsche Zivilrecht nicht. Der beigebrachte Tatsachenstoff ist entweder unschlüssig oder unbewiesen, aber nicht „unverwertbar". Das Arbeitsgericht ist an ordnungsgemäß in den Prozess eingeführten Sachvortrag der Parteien gebunden. Insbesondere unstreitige Tatsachen muss es berücksichtigen und darf einen Parteivortrag nicht ohne gesetzliche Grundlage unbeachtet und unverwertet lassen.

Fundstelle: RDV 2008, 20 = NJW 2008, 2732 = NZA 2008, 1008 = DB 2008, 1633

(161) Rechtsweg für den Auskunftsanspruch eines beim Bundesnachrichtendienst beschäftigten Arbeitnehmers

(Bundesverwaltungsgericht, Urteil vom 31. Januar 2008 – 2 A 4.06 –)

1) Für den Auskunftsanspruch aus § 7 BNDG i.V.m. § 15 BVerfSchG eines vor dem Arbeitsgericht klagenden Betroffenen über die beim Bundesnachrichtendienst zu seiner Person gespeicherten Daten ist der Verwaltungsrechtsweg gegeben, sofern ein außerhalb des Arbeitsprozesses liegendes besonderes Interesse geltend gemacht wird.

2) Prozessuale Ansprüche auf Vorlage bestimmter Erkenntnismittel und Beweisstücke – hier Auskunft über Gesundheitsbeeinträchtigungen bei der Dienstausübung zwecks Schadensersatz – sind innerhalb des jeweiligen Rechtswegs (hier zu den Arbeitsgerichten) geltend zu machen und ggf. durchzusetzen. Es ist nicht Aufgabe der Gerichte eines anderen Rechtswegs, die Einhaltung arbeitsgerichtlicher Verfahrensvorschriften zu überprüfen und sicherzustellen.

Fundstelle: NJW 2008, 1398

(162) Kontaktdaten von Beamten im Internet

(Bundesverwaltungsgericht, Beschluss vom 12. März 2008 – 2 B 131.07 –)

1) Kein Bediensteter einer Behörde hat Anspruch darauf, von Publikumsverkehr und von der Möglichkeit, postalisch oder elektronisch von außen mit ihm Kontakt aufzunehmen, abgeschirmt zu werden, es sei denn, legitime Interessen z.B. der Sicherheit gebieten das.

2) Das beinhaltet das Recht der Behörde, die personenbezogene E-Mail-Anschrift im Internet anzugeben.

Fundstelle: DuD 2008, 696

(163) Zur Anhörung eines Arbeitnehmers bei Verdachtskündigung

(Bundesarbeitsgericht, Urteil vom 13. März 2008 – 2 AZR 961/06 –)

1) Nicht nur eine vollendete Tat, sondern auch der schwerwiegende Verdacht einer strafbaren Handlung oder sonstigen schweren Pflichtverletzung kann einen wichtigen Grund zur außerordentlichen Kündigung bilden.

2) Der Arbeitgeber muss den Arbeitnehmer vor Ausspruch der Kündigung zu den gegen ihn bestehenden Verdachtsmomenten hören.

3) Weiß der Arbeitnehmer, hinsichtlich welcher Straftaten der Verdacht des Arbeitgebers besteht, so ist der Arbeitgeber nicht verpflichtet, so lange abzuwarten, bis der Arbeitnehmer die Ermittlungsakten der Staatsanwaltschaft eingesehen hat.

Fundstelle: RDV 2008, 128 = NZA 2008, 809 = DB 2008, 2200

(164) Mitbestimmung bei der Einführung von Ethikrichtlinien

(Bundesarbeitsgericht, Beschluss vom 22. Juli 2008 – 1 ABR 40/07 –)

1) Der Betriebsrat hat nach § 87 Abs. 1 Nr. 1 BetrVG mitzubestimmen, wenn der Arbeitgeber in einem Verhaltenskodex das Verhalten der Arbeitnehmer und die betriebliche Ordnung regeln will. Das Mitbestimmungsrecht an einzelnen Regelungen begründet nicht notwendig ein Mitbestimmungsrecht am Gesamtwerk.

2) Die Regelungen müssen nicht zwingend sein; es genügt, wenn das Verhalten der Arbeitnehmer gesteuert oder die Ordnung im Betrieb gewährleistet werden soll. Regelungen, die allein die geschuldete Arbeitsleistung konkretisieren oder eine Unternehmensphilosophie kundtun, unterliegen nicht der Mitbestimmung.

3) Die Mitbestimmung entfällt, wenn der Gegenstand bereits gesetzlich geregelt ist. Ausländische Normen (hier Sarbanes-Oxley Act) bleiben außer Betracht, auch wenn sie für den Arbeitgeber von Bedeutung sind.

4) Eine Mitbestimmung verdrängende Regelung findet sich im AGG, soweit dort bestimmte sexuelle Handlungen verboten werden. Der Mitbestimmung unterliegt jedoch die Einführung eines Beschwerdeverfahrens, da § 13 Abs. 1 AGG nur die Errichtung und Besetzung der Beschwerdestelle regelt.

5) Die Unzulässigkeit einer vom Arbeitgeber geplanten konkreten Regelung (hier über private Beziehungen) schließt die zur Wahrung des Persönlichkeitsrechts bestehende Mitbestimmung nicht aus. Zudem sind Regelungen über im Betrieb stattfindende

private Verhaltensweisen, insbesondere wenn es um das Verhältnis von Vorgesetzten und Untergebenen geht, nicht generell unzulässig.

Fundstelle: RDV 2009, 25 = DB 2008, 2485 = NJW 2008, 3731 = NZA 2008, 1248

(165) Zum notwendigen Inhalt eines Zeugnisses

(Bundesarbeitsgericht, Urteil vom 12. August 2008 – 9 AZR 632/07 –)

1) Nach § 109 Abs. 2 GewO muss das Zeugnis klar und verständlich formuliert sein (Grundsatz der Zeugnisklarheit). Deshalb darf das Zeugnis keine Formulierungen enthalten, die eine andere als aus der äußeren Form oder auch dem Wortlaut ersichtliche Aussage über den Arbeitnehmer treffen. Weiterhin muss das erteilte Zeugnis Leistung und Sozialverhalten des Arbeitnehmers bei wohlwollender Beurteilung zutreffend wiedergeben (Grundsatz der Zeugniswahrheit).

2) Im Übrigen bestimmt sich der notwendige Inhalt nach dem Zeugnisgebrauch. Dieser kann nach Branche und Inhalt unterschiedlich sein. Lässt ein erteiltes Zeugnis hiernach übliche Formulierungen ohne sachliche Rechtfertigung aus, hat der Arbeitnehmer Anspruch auf Ergänzung. Die Auslassung eines bestimmten Inhalts, der von einem einstellenden Arbeitgeber in einem Zeugnis erwartet wird, kann ein unzulässiges Geheimzeichen sein.

Fundstelle: RDV 2008, 205 = NZA 2008, 1349 = DB 2008, 2546

(166) Zulässigkeit der Videoüberwachung im Betrieb

(Bundesarbeitsgericht, Beschluss vom 26. August 2008 – 1 ABR 16/07 –)

1) Arbeitgeber und Betriebsrat sind grundsätzlich befugt, eine Videoüberwachung im Betrieb einzuführen. Die Zulässigkeit des damit verbundenen Eingriffs in die Persönlichkeitsrechte der Arbeitnehmer richtet sich nach dem Grundsatz der Verhältnismäßigkeit.

2) Eine befristete heimliche Überwachung kann bei konkretem Tatverdacht zulässig sein. Die Arbeitnehmer sind über die Möglichkeit pauschal zu informieren.

3) Bei einer Videoüberwachung in öffentlich zugänglichen Räumen ist § 6b BDSG zu beachten.

Fundstelle: RDV 2008, 238 = NZA 2008, 1187 = BB 2008, 2743

(167) Anzeigepflicht eines Richters über wissenschaftliche Tätigkeit

(Bundesverfassungsgericht, Beschluss vom 1. September 2008 – 2 BvR 1872/07 –)

1) Die Vorschrift des § 66 Abs. 2 S. 1 BBG – soweit sie über § 46 DRiG auch Richter eine Anzeigepflicht auferlegt – ist mit Verfassungsrecht vereinbar.

2) Dabei kann dahinstehen, ob die Anzeigepflicht in die Freiheit der informationellen Selbstbestimmung eingreift. Ein solcher Eingriff wäre jedenfalls verfassungsrechtlich gerechtfertigt.

3) Die Anzeigepflicht für bestimmte entgeltliche, nicht genehmigungspflichtige Nebentätigkeiten dient einem legitimen Zweck. Die Anzeigepflicht soll dem Dienst-

herrn die Prüfung und Entscheidung darüber erlauben, ob durch die Nebentätigkeit dienstliche Pflichten verletzt werden und ob sie dem Ansehen der öffentlichen Verwaltung schadet. Sie soll namentlich Gefahren für die hergebrachten Grundsätze des Berufsbeamtentums in Art. 33 Abs. 5 GG vorbeugen, demzufolge ein Beamter sich mit voller Hingabe seinem Beruf zu widmen hat.

Fundstelle: RDV 2008, 237

(168) Entfernung verfahrensfehlerhaft erstellter Beurteilung

(Bundesarbeitsgericht, Urteil vom 18. November 2008 – 9 AZR 865/07 –)

1) Der Arbeitgeber darf Eignung, Befähigung und fachliche Leistung der bei ihm beschäftigten Arbeitnehmer beurteilen und die Beurteilungen den Personalakten beifügen. Auch formalisierte Regelbeurteilungen können erstellt werden.

2) Dienstliche Beurteilungen sind gerichtlich nur eingeschränkt überprüfbar. Sie können darauf kontrolliert werden, ob der Beurteiler allgemeine Beurteilungsmaßstäbe beachtet, alle wesentlichen Umstände berücksichtigt und ein fehlerfreies Verfahren eingehalten hat.

3) Der Arbeitnehmer hat Anspruch auf Entfernung einer dienstlichen Beurteilung aus der Personalakte, wenn sich ein Fehler im Beurteilungsverfahren auf das Beurteilungsergebnis auswirken kann.

4) Fehler im Beurteilungsverfahren können in der nicht fristgerechten Bekanntmachung der Beurteilung liegen.

Fundstelle: RDV 2009, 70 = NZA 2009, 206 = NJW 2009, 1627 = DB 2009, 458

(169) Gewerkschaftswerbung an die dienstliche E-Mail-Adresse

(Bundesarbeitsgericht, Urteil vom 20. Januar 2009 – 1 AZR 515/08 –)

Eine tarifzuständige Gewerkschaft ist auf Grund ihrer verfassungsrechtlich geschützten Betätigungsfreiheit grundsätzlich berechtigt, E-Mails zu Werbezwecken auch ohne Einwilligung des Arbeitgebers und Aufforderung durch die Arbeitnehmer an die betrieblichen E-Mail-Adressen der Beschäftigten zu versenden.

Fundstelle: RDV 2009, 172 = NJW 2009, 1990 = MMR 2009, 747 = NZA 2009, 615 = DB 2009, 1410

(170) Altersdiskriminierende Versetzung in Stellenpool

(Bundesarbeitsgericht, Urteil vom 22. Januar 2009 – 8 AZR 906/07 –)

1) Beschränkt ein öffentlicher Arbeitgeber die Auswahl der in einen sog. Stellenpool zu versetzenden Arbeitnehmer auf Beschäftigte einer bestimmten Altersgruppe (hier: über 40 Jahre alt), so führt dies zu einer unzulässigen unterschiedlichen Behandlung wegen des Alters i.S.d. § 10 AGG, wenn die Vorgehensweise lediglich – und ohne Erläuterung – mit der Herstellung einer ausgewogenen Personalstruktur begründet wird.

2) Ein dadurch unzulässig benachteiligter Beschäftigter hat auch Anspruch auf eine angemessene Entschädigung wegen des keinen Vermögensschaden ausmachenden Schadens, die im konkreten Fall auch 1000,– EUR festgesetzt wird.

Fundstelle: RDV 2009, 70 = NJW 2009, 3533 = NZA 2009, 945 = DB 2009, 2045

(171) Zur fortbestehenden Warnfunktion unrechtmäßiger Abmahnungen

(Bundesarbeitsgericht, Urteil vom 19. Februar 2009 – 2 AZR 60307 –)

Eine fehlerhaft ergangene und aus der Personalakte entfernte Abmahnung oder eine nicht wirksam ausgesprochene Kündigung kann die für eine nachfolgende Kündigung erforderliche Abmahnung darstellen.

Fundstelle: RDV 2009, 281 = NJW 2009, 2909 = NZA 2009, 894 = DB 2009, 1822

(172) Mitbestimmung bei der Einholung von Verschwiegenheitserklärungen

(Bundesarbeitsgericht, Beschluss vom 10. März 2009 – 1 ABR 87/07)

1) Mitbestimmung nach § 87 Abs. 1 Nr. 1 BetrVG greift bei der Einholung von inhaltlich standardisierten Erklärungen, in denen sich der Arbeitnehmer zum Stillschweigen über bestimmte betriebliche Vorgänge verpflichten soll, nur dann, wenn die Verschwiegenheit das betriebliche Ordnungsverhalten betrifft.

2) Sie entfällt, wenn die Schweigepflicht sich auf das Arbeitsverhalten der Arbeitnehmer oder bereits bestehende gesetzliche tarifliche Regelungen bezieht.

Fundstelle: RDV 2009, 117 = NZA 2010, 180 = DB 2009, 2275 = BB 2010, 512

(173) Beweisverwertungsverbot nur bei veranlasstem Mithören

(Bundesarbeitsgericht, Urteil vom 23. April 2009 – 6 AZR 198/08 –)

1) Das zivilrechtliche allgemeine Persönlichkeitsrecht des Gesprächspartners eines Telefongesprächs ist verletzt, wenn der andere einen Dritten durch aktives Handeln zielgerichtet veranlasst, das Telefongespräch heimlich mitzuhören. Aus der rechtswidrigen Erlangung des Beweismittels folgt ein Beweisverwertungsverbot. Der Dritte darf nicht als Zeuge zum Inhalt der Äußerungen des Gesprächspartners vernommen werden, der von dem Mithören keine Kenntnis hat.

2) Konnte ein Dritter zufällig, ohne dass der Beweispflichtige etwas dazu beigetragen hat, den Inhalt des Telefongesprächs mithören, liegt keine rechtswidrige Verletzung des zivilrechtlichen allgemeinen Persönlichkeitsrecht des Gesprächspartners vor. In diesem Fall besteht deshalb auch kein Beweisverwertungsverbot.

Fundstelle: RDV 2009, 276 = NJW 2010, 104 = NZA 2009, 974 = DB 2009, 1936

(174) Geschlechtsbezogene unterschiedliche Behandlung

(Bundesarbeitsgericht, Urteil vom 28. Mai 2009 – 8 AZR 536/08 –)

Für die Tätigkeit in einem Mädcheninternat, die auch mit Nachtdiensten verbunden ist, stellt das weibliche Geschlecht der Stelleninhaberin eine wesentliche und entscheidende

Anforderung i.S.d. § 8 Abs. 1 AGG dar. Dabei steht es dem Arbeitgeber grundsätzlich frei festzulegen, welche Arbeiten auf einem zu besetzenden Arbeitsplatz zu erbringen sind.

Fundstelle: RDV 2009, 224 = NZA 2009, 1016 = NJW 2009, 3672

(175) Erstattung von Detektivkosten

(Bundesarbeitsgericht, Urteil vom 28. Mai 2009 – 8 AZR 226/08 –)

1) Sofern konkrete Verdachtsmomente vorliegen, gehören auch die Aufwendungen, die eine vernünftige, wirtschaftlich denkende Person nach den Umständen des Falles zur Abwehr drohender Schäden gemacht hätte, zu dem dem Geschädigten nach § 249 BGB zu ersetzenden Schaden.

2) Ein Arbeitgeber kann dann die durch das Tätigwerden eines Detektives entstandenen notwendigen Kosten ersetzt verlangen, wenn er den Detektiv anlässlich eines konkreten Tatverdachts mit der Überwachung eines Arbeitnehmers beauftragt und der Arbeitnehmer dann einer konkreten Vertragsverletzung überführt wird.

Fundstelle: RDV 2010, 32 = NZA 2009, 1300 = DB 2009, 2379

(176) Abmahnung wegen Weigerung, an einem Personalgespräch teilzunehmen

(Bundesarbeitsgericht, Urteil vom 23. Juni 2009 – 2 AZR 606/08 –)

1) Nach § 106 der Gewerbeordnung (GewO) kann der Arbeitgeber Inhalt, Ort und Zeit der Arbeitsleistung nach billigem Ermessen näher bestimmen, soweit diese Arbeitsbedingungen nicht durch Arbeitsvertrag, Betriebsvereinbarung, Tarifvertrag oder Gesetz bereits festgelegt sind; außerdem können Weisungen zur Ordnung und dem Verhalten der Arbeitnehmer im Betrieb erfolgen.

2) Das Weisungsrecht beinhaltet dagegen nicht die Befugnis, den Arbeitnehmer zur Teilnahme an einem Personalgespräch zu verpflichten, in dem es ausschließlich um eine bereits abgelehnte Vertragsänderung (hier: Absenkung der Arbeitsvergütung) gehen soll.

3) Eine wegen der Ablehnung der Teilnahme an einem solchen Gespräch erteilte Abmahnung ist aus der Personalakte zu entfernen.

Fundstelle: RDV 2009, 224 = NZA 2009, 1011 = NJW 2009, 3115 = DB 2009, 1991

(177) Umfang der Unterrichtung über neuen Arbeitgeber bei Betriebsübergang

(Bundesarbeitsgericht, Urteil vom 23. Juli 2009 – 8 AZR 538/08 –)

1) Bei der Unterrichtung nach § 613a Abs. 5 BGB muss über die Identität des Betriebserwerbers so informiert werden, dass die unterrichteten Arbeitnehmer in die Lage versetzt sind, über ihrem möglichen neuen Arbeitgeber Erkundigungen einzuholen.

2) Dazu können gehören bei Gesellschaften, sofern eine vollständige gesetzliche Vertretung nicht genannt wird, die Nennung einer natürlichen Person mit Personalkom-

petenz, der unternehmerischen Gründe für den Betriebsübergang und des Standes der Gründung des Erwerbsunternehmens.

Fundstelle: RDV 2010, 87 = NZA 2010, 89 = DB 2010, 58

(178) Zur gerichtlichen Kontrolle dienstlicher Beurteilungen

(Bundesarbeitsgericht, Urteil vom 18. August 2009 – 9 AZR 617/08 –)

Die gerichtliche Kontrolle dienstlicher Beurteilungen richtet sich danach, wie die Beurteilung begründet wird. Werden Einzelvorkommnisse konkret benannt, ist der Sachverhalt voll zu überprüfen. Wird die Beurteilung auf allgemein gehaltene Tatsachenbehauptungen gestützt, hat der Arbeitgeber sie auf Verlangen des Arbeitnehmers zu konkretisieren. Das Gericht hat uneingeschränkt zu überprüfen, ob der Arbeitgeber von einem zutreffenden Sachverhalt ausgegangen ist. Wird eine dienstliche Beurteilung auf reine Werturteile gestützt, muss der Arbeitgeber im Prozess keine einzelnen Tatsachen vortragen und beweisen, die den Werturteilen zugrunde liegen.

Fundstelle: RDV 2010, 86 = NZA 2010, 115

(179) Elektronisches Leserecht bei Dateien und E-Mail-Korrespondenz des Betriebsrats

(Bundesarbeitsgericht, Beschluss vom 12. August 2009 – 7 ABR 15/08 –)

Jedes Mitglied des Betriebsrats verfügt nach § 34 Abs. 3 BetrVG über ein unabdingbares Recht, auf Datenträgern gespeicherte Dateien und E-Mails des Betriebsrats auf elektronischem Wege zu lesen.

Fundstelle: RDV 2010, 33 = NZA 2009, 1218 = DuD 2010, 262

(180) Internetzugang für den Betriebsrat

(Bundesarbeitsgericht, Beschluss vom 17. Februar 2010 – 7 ABR 81/09 –)

1) Dem Anspruch des Betriebsrats auf Einrichtung eines Internetzugangs steht nicht entgegen, dass ein Arbeitgeber, der sich in seinem Betrieb des Internets bedient, den einzelnen Betriebsleitungen keinen Internetzugang eingerichtet hat. Allerdings kann es im Einzelfall angemessen sein, dass der Betriebsrat eines kleinen Betriebs mit geringer wirtschaftlicher Leistungskraft, dessen Inhaber selbst aus Kostengründen auf den Einsatz teurerer Informations- und Kommunikationstechnik verzichtet, ebenfalls von der Forderung nach deren Zurverfügungstellung absieht.

2) Die abstrakte Gefahr, der Betriebsrat könne seinen Internetzugang missbrauchen, steht dem Anspruch auf Einrichtung eines solchen Zugangs ebenfalls nicht entgegen. Gleiches gilt für die abstrakte Gefahr von Störungen durch Viren oder sog. Hackerangriffe.

Fundstelle: RDV 2010, 227 = NJW 2011, 796 = DB 2010, 2676

(181) Zutrittsrecht betriebsfremder Gewerkschaftsmitglieder zur Mitgliederwerbung im mitgliederlosen Betrieb

(Bundesarbeitsgericht, Urteil vom 22. Juni 2010 – 1 AZR 179/09 –)

Das Verlangen einer Gewerkschaft, einmal im Kalenderhalbjahr im Betrieb Mitgliederwerbung durch betriebsfremde Beauftragte zu betreiben, entsprich in der Regel dem Gebot praktischer Konkordanz.

Fundstelle: RDV 2011, 91 = NZA 2010, 1365 = DB 2010, 2674

(182) Internetzugang für einzelne Betriebsratsmitglieder

(Bundesarbeitsgericht, Beschluss vom 14. Juli 2010 – 7 ABR 80/08 –)

1) Der Arbeitgeber hat dem Betriebsrat für die laufende Geschäftsführung im erforderlichen Umfang Informations- und Kommunikationstechnik zur Verfügung zu stellen (§ 40 Abs. 2 BetrVG). Insofern kann der Betriebsrat, sofern berechtigte Interessen des Arbeitgebers nicht entgegenstehen, von diesem die Eröffnung eines Internetzugangs auch für einzelne Betriebsratsmitglieder verlangen.

2) Letzteres gilt jedenfalls dann, wenn alle Betriebsratsmitglieder an PC-Arbeitsplätzen beschäftigt sind, so dass es lediglich der Freischaltung des Internets und der Einrichtung einer E-Mail-Adresse bedarf.

Fundstelle: RDV 2010, 227 = MMR 2010, 116 = DB 2010, 2731

(183) Erstattung von Detektivkosten des Arbeitgebers

(Bundesarbeitsgericht, Urteil vom 28. Oktober 2010 – AZR 547/09 –)

Der Anspruch auf Erstattung von Detektivkosten setzt voraus, dass der Arbeitgeber anlässlich eines konkreten Verdachts einer vorsätzlichen Vertragsverletzung (hier unerlaubte Konkurrenztätigkeit) einen Detektiv zur Überwachung des Arbeitnehmers beauftragt und die Überwachungsmaßnahmen noch erforderlich und verhältnismäßig sind.

Fundstelle: RDV 2011, 87 = DB 2011, 305 = BB 2011, 958

(184) Keine Mitbestimmung bei nicht veranlasster Videoüberwachung von Beschäftigten

(Bundesverwaltungsgericht, Beschluss vom 9. September 2010 – BVerwG 6 PB.10 –)

Die Überwachung von Beschäftigten durch einen Dritten ohne Wissen und Zustimmung des Dienststellenleiters ist keine diesem zuzurechnende Maßnahme im Sinne des Personalvertretungsrechts.

Fundstelle: RDV 2011, 196

(185) Bestellung als Datenschutzbeauftragter bei Betriebsübergang

(Bundesarbeitsgericht, Urteil vom 29. September 2010 – 10 AZR 588/09 –)

1) Wird ein Arbeitnehmer im bestehenden Arbeitsverhältnis zum Beauftragten für den Datenschutz bestellt, liegt darin regelmäßig das Angebot des Arbeitgebers, den Arbeitsvertrag um die mit dem Amt verbundenen Aufgaben für dessen Dauer nach Maßgabe der gesetzlichen Bestimmungen zu erweitern.

2) Bei einer Fusion gesetzlicher Krankenkassen erlischt das Amt des Datenschutzbeauftragten bei den geschlossenen Krankenkassen. Das Amt geht nicht nach § 144 Abs. 4 S. 2 SGB V auf die neu gebildete Krankenkasse über.

Fundstelle: RDV 2011, 882 = NZA 2011, 151 = MMR 2011, 275 = DB 2011, 243

(186) Einsicht in Personalakte nach Ende des Arbeitsverhältnisses

(Bundesarbeitsgericht, Urteil vom 16. November 2010 – 9 AZR 573/09 –)

1) Der Arbeitnehmer hat gemäß § 241 Abs. 2 BGB i.V.m Art. 2 Abs. 1 und Art. 1 Abs. 1 GG auch nach Beendigung des Arbeitsverhältnisses Anspruch auf Einsicht in seine vollständige Personalakte.

2) Dieser nachvertragliche Anspruch setzt nicht voraus, dass der Arbeitnehmer ein konkretes berechtigtes Interesse darlegt. Der Arbeitnehmer kann seine über das Ende des Arbeitsverhältnisses hinaus bestehenden Rechte auf Beseitigung oder Korrektur unrichtiger Daten in seiner Personalakte nur geltend machen, wenn er von deren Inhalt Kenntnis hat. Schon das begründet ein Einsichtsrecht.

Fundstelle: RDV 2011, 225 = NZA 2011, 453 = NJW 2011, 1306 = DB 2011, 823

(187) Zur prozessualen Berücksichtigung heimlich gewonnener Videoerkenntnisse

(Bundesarbeitsgericht, Urteil vom 16. Dezember 2010 – 2 AZR 485/08 –)

1) Ein wichtiger Grund (§ 626 BGG) zur Kündigung eines Arbeitsverhältnisses kann vorliegen, wenn ein Mitarbeiter in einer Beziehung als Kunde des Unternehmens in Bereicherungsabsicht das dem Unternehmen zuzurechnende Vermögen unmittelbar vorsätzlich schädigt.

2) Der Umstand, dass eine Partei die Kenntnis der von ihr behaupteten Tatsachen auf rechtswidrige Weise (hier heimliche Videoüberwachung) erlangt hat, führt nicht ohne weiteres zu einem Verbot von deren prozessualer Verwertung. Falls die betreffenden Tatsachen von der Gegenseite nicht bestritten werden, also unstreitig geworden sind, besteht ein solches Verbot nur, wenn der Schutzzweck der bei Informationsgewinnung verletzten Norm einer gerichtlichen Verwertung der Information zwecks Vermeidung eines Eingriffs in höherrangige Rechtspositionen dieser Partei zwingend entgegensteht.

3) Einer Prozesspartei kann die Möglichkeit, für sie günstige Tatsachen mit rechtlich unbedenklichen Mitteln nachzuweisen, nicht deshalb versagt werden, weil sie das Wissen von der Geeignetheit eines solchen Mittels auf rechtswidrige Weise erlangt.

Fundstelle: RDV 2011, 192 = NZA 2011, 571 = DB 2011, 999

(188) Entschädigung bei Benachteiligung wegen Schwangerschaft

(Bundesarbeitsgericht, Urteil vom 27. Januar 2011 – 8 AZR 483/09 –)

Besetzt der Arbeitgeber, dem die Schwangerschaft der Bewerberin bekannt ist, die Stelle mit einem Mann, so hat die Arbeitnehmerin eine geschlechtsspezifische Benachteiligung glaubhalt gemacht, wenn sie außer der Schwangerschaft weitere Tatsachen vorträgt, welche eine Benachteiligung wegen ihres Geschlechts vermuten lassen. An diesen weiteren Tatsachenvortrag sind keine strengen Anforderungen zu stellen.

Fundstelle: NZA 2011, 689 = NJW 2011, 2461 = DB 2011, 1114

(189) Information des Betriebsrats bei der Einstellung von Leiharbeitnehmern

(Bundesarbeitsgericht, Beschluss vom 9. März 2011 – 7 ABR 137/09 –)

1) Bei einem und sei es nur kurzfristigen tatsächlichen Einsatz eines Leiharbeitnehmers handelt es sich um eine Einstellung nach § 99 Abs. 1 S. 1 und 2 BetrVG und § 14 Abs. 3 S. 1 AÜG.

2) Der Arbeitgeber hat im Rahmen der Einholung der Zustimmung des Betriebsrats vor der Einstellung eines Leiharbeitnehmers diesem dessen Namen mitzuteilen. Dies gilt auch dann, wenn nach der Vereinbarung zwischen entleihenden Arbeitgeber und dem Verleiher die konkret personenbezogene Auswahl der zum Einsatz kommenden Leiharbeitnehmer beim Verleiher liegt.

Fundstelle: RDV 2011, 241 = NZA 2011, 871 = DB 2011, 2099

(190) Widerruf der Bestellung eines Datenschutzbeauftragten

(Bundesarbeitsgericht, Urteil vom 23. März 2011 – 10 AZR 562/09 –)

1) Wirtschaftliche oder betriebsorganisatorische Gründe können nur im Ausnahmefall den Widerruf der Bestellung eines Datenschutzbeauftragten in Sinne von § 4f Abs. 3 Satz BDSG begründen.

2) Die Absicht einer konzernweiten einheitlichen Betreuung des Datenschutzes durch einen externen Beauftragten ist kein wichtiger Grund im Sinne dieser Vorschrift.

3) Eine Mitgliedschaft des Datenschutzbeauftragten im Betriebsrat führt nicht zu Interessenkonflikten, die die Zuverlässigkeit des Datenschutzbeauftragten in Frage stellen.

4) Wird die Bestellung eines mit einem Bruchteil seiner Arbeitszeit als Datenschutzbeauftragter beschäftigten Arbeitnehmers wirksam widerrufen, ist die Wahrnehmung dieser Aufgabe nicht mehr Bestandteil des Arbeitsvertrages. Einer Teilkündigung bedarf es nicht.

Fundstelle: RDV 2012, 40 = ZD 2011, 82 = CR 2011, 776 = NZA 2011, 1036

(191) Ab- und Rückmeldepflicht von Betriebsratsmitgliedern

(Bundesarbeitsgericht, Urteil vom 29. Juni 2011 – 7 ABR 135/09 –)

Ein Betriebsratsmitglied muss sich grundsätzlich bei seinem Arbeitgeber abmelden, bevor es an seinem Arbeitsplatz Betriebsratstätigkeit verrichtet. Das gilt nicht, wenn es nach den Umständen des Einzelfalls nicht ernsthaft in Betracht kommt, die Arbeitseinteilung vorübergehend umzuorganisieren. Der Arbeitgeber kann dann aber verlangen, dass ihm die Gesamtdauer der in einem bestimmten Zeitraum ausgeübten Betriebsratstätigkeit nachträglich mitgeteilt wird.

Fundstelle: RDV 2012, 149 = NZA 2012, 47 = DB 2012, 747

(192) Frage nach der Schwerbehinderteneigenschaft gegenüber Bewerber

(Bundesarbeitsgericht, Urteil vom 7. Juli 2011 – 2 AZR 396/10 –)

1) Die falsche Beantwortung einer dem Arbeitnehmer bei der Einstellung zulässigerweise gestellten Frage kann den Arbeitgeber dazu berechtigen, den Arbeitsvertrag wegen arglistiger Täuschung anzufechten. Das setzt voraus, dass die Täuschung für den Abschluss des Arbeitsvertrags ursächlich war. Wirkt sich die Täuschung im Arbeitsverhältnis weiterhin aus, kann zudem eine Kündigung gerechtfertigt sein.

2) Ob die Klägerin berechtigt war, die ihr gestellte Frage nach einer Schwerbehinderteneigenschaft wahrheitsgemäß zu beantworten, kann hier dahinstehen, da die Täuschung nicht ursächlich war für den Abschluss des Arbeitsvertrages, weil der Arbeitgeber auch einen Schwerbehinderten eingestellt hätte.

Fundstelle: RDV 2012, 147 = NZA 2012, 34 = NJW 2012, 2063

(193) Kein Anspruch eines Bewerbers auf Informationen über Mitbewerber zur Prüfung einer Diskriminierung

(Europäischer Gerichtshof, Urteil vom 21. Juli 2011 – C 104/10 –)

1) Art. 4 Abs. 1 der Richtlinie 97/80/EG des Rates vom 15 Dezember 1997 über die Beweislast bei Diskriminierung aufgrund des Geschlechts ist dahin auszulegen, dass er einem Bewerber für eine Berufsausbildung, der meint, dass ihm der Zugang zu dieser Ausbildung wegen Verletzung des Gleichbehandlungsgrundsatzes verwehrt worden ist, keinen Anspruch auf im Besitz des Veranstalters dieser Ausbildung befindliche Informationen über die Qualifikationen der anderen Bewerber für diese Ausbildung verleiht, um ihn in die Lage zu versetzen, gemäß dieser Bestimmung Tatsachen glaubhaft (zu) machen, die das Vorliegen einer unmittelbaren oder mittelebaren Diskriminierung vermuten lassen.

Es kann jedoch nicht ausgeschlossen werden, dass eine Verweigerung von Informationen durch einen Beklagten im Rahmen des Nachweises solcher Tatsachen die Verwirklichung des mit dieser Richtlinie verfolgten Ziels beeinträchtigen und auf diese Weise insbesondere deren Art. 4 Abs. 1 ihre praktische Wirksamkeit nehmen kann.

2) Art. 4 der Richtlinie 76/207/EWG des Rates vom 9. Februar 1976 zur Verwirklichung des Grundsatzes der Gleichbehandlung von Männern und Frauen hinsichtlich des Zugangs zur Beschäftigung, zur Berufsbildung und zum beruflichen Aufstieg

sowie in Bezug auf die Arbeitsbedingungen oder Art. 1 Nr. 3 der Richtlinie 2002/73/EG des Europäischen Parlaments und des Rates vom 23. September 2002 zur Änderung der Richtlinie 76/207 sind dahin auszulegen, dass sie einem Bewerber für eine Berufsausbildung keinen Anspruch auf Einsichtnahme in im Besitz des Veranstalters dieser Ausbildung befindliche Informationen über die Qualifikationen der anderen Bewerber gehabt zu haben und im Sinne von Art. 4 aufgrund des Geschlechts diskriminiert worden zu sein, oder wenn dieser Bewerber rügt, im Sinne von Art. 1 Nr. 3 aufgrund des Geschlechts in Bezug auf den Zugang zu dieser Berufsausbildung diskriminiert worden zu sein.

3) Wenn sich ein Bewerber für eine Berufsausbildung für die Einsichtnahme in im Besitz des Veranstalters dieser Ausbildung befindliche Informationen über die Qualifikationen der anderen Bewerber auf die Richtlinie 97/80 berufen könnte, kann dieser Einsichtnahmeanspruch durch die Bestimmungen des Unionsrechts über die Vertraulichkeit berührt werden.

4) Die in Art. 267 Abs. 3 AEUV vorgesehene Pflicht ist nicht unterschiedlicher Art je nachdem, ob in einem Mitgliedstaat ein Rechtssystem besteht, in dem der Verhandlungsgrundsatz gilt, oder ein Rechtssystem, in dem der Untersuchungsgrundsatz gilt.

Fundstelle: RDV 2011, 291

(194) Zum Umfang des Kontrollrechts des Gesamtbetriebsrats durch Online-Zugriff nach § 80 Abs. 1 Nr. 1 BetrVG bezüglich personenbezogener Datenverarbeitung

(Bundesarbeitsgericht, Beschluss vom 16. August 2011 – 1 ABR 22/10 –)

1) Der Gesamtbetriebsrat ist nicht Träger des Überwachungsrechts aus § 80 Abs. 1 Nr. 1 BetrVG. Für dessen Wahrnehmung ist allein der Betriebsrat zuständig.

2) Dem Arbeitgeber steht ein Ermessensspielraum zu, auf welchem Wege er die erforderlichen Unterlagen zur Verfügung stellt. Ein Online-Zugriffsrecht steht dem Betriebsrat nicht zu.

Fundstelle: RDV 2012, 28 = ZD 2012, 180 = NZA 2012, 342 = DB 2012, 638

(195) Verschlüsselte Zeugnisformulierungen

(Bundesarbeitsgericht, Urteil vom 15. November 2011 – 9 AZR 386/10 –)

1) Das Zeugnis eines Arbeitnehmers darf gemäß § 109 Abs. 2 S. 2 GewO keine Formulierungen enthalten, die den Zweck haben, eine andere als die aus der äußeren Form oder dem Wortlaut ersichtlichen Aussage über den Arbeitnehmer zu treffen (Grundsatz der Zeugnisklarheit).

2) Eine im Zeugnis enthaltene Formulierung „Wir haben XX als sehr interessierten und hoch motivierten Mitarbeiter kennengelernt" erweckt aus Sicht des objektiven Empfängerhorizonts nicht den Eindruck, dass dem Arbeitnehmer in Wahrheit Desinteresse und fehlende Motivation attestiert werde.

Fundstelle: RDV 2012, 85 = NZA 2012, 448 = NJW 2012, 1754 = DB 2012, 636

(196) Information des Betriebsrats bei betrieblichem Eingliederungsmanagement

(Bundesarbeitsgericht, Beschluss vom 7. Februar 2012 – 1 ABR 46/10 –)

1) Der Betriebsrat kann verlangen, dass ihm der Arbeitgeber – unabhängig von dem diesbezüglichen Willen des Betroffenen – die Arbeitnehmer benennt, welche nach § 84 Abs. 2 SGB IX die Voraussetzungen für die Durchführung des betrieblichen Eingliederungsmanagements erfüllen.

2) Die Datenweitergabe der Gesundheitsdaten der Beschäftigten ist gerechtfertigt nach § 80 Abs. 1 Nr. 1 BetrVG und § 28 Abs. 6 Nr. 3 BDSG.

3) Der Arbeitgeber muss die Namen der betroffenen Arbeitnehmer dem Betriebsrat auch dann mitteilen, wenn diese der Weitergabe widersprochen haben.

Fundstelle: RDV 2012, 192 = ZD 2012,481 = NZA 2012, 744 = DB 2012, 1517

(197) Zur Zulässigkeit der Frage nach der Schwerbehinderteneigenschaft im laufenden Arbeitsverhältnis

(Bundesarbeitsgericht, Urteil vom 16. Februar 2012 – 6 AZR 553/10 –)

Die Frage des Arbeitgebers nach der Schwerbehinderung bzw. einem diesbezüglich gestellten Antrag ist im bestehenden Arbeitsverhältnis jedenfalls nach sechs Monaten, dh. ggf. nach Erwerb des Behindertenschutzes gemäß §§ 85 ff. SGB IX, zulässig. Das gilt insbesondere zur Vorbereitung von beabsichtigten Kündigungen.

Fundstelle: RDV 2012, 141 = ZD 2012, 478 = DuD 2012, 606

(198) Zur Ausschlussfrist von Ansprüchen wegen Benachteiligung nach § 15 Abs. 4 AGG

(Bundesarbeitsgericht, Urteil vom 15. März 2012 – 8 AZR 37/11 –)

1) Die zweimonatige Ausschlussfrist des § 15 Abs. 4 AGG zur Geltendmachung von Ansprüchen wegen eines Verstoßes gegen das Benachteiligungsverbot des § 7 AGG beginnt im Falle einer erfolglosen Bewerbung grundsätzlich mit dem Zugang der Ablehnung, nicht jedoch vor dem Zeitpunkt, ab dem der Bewerber Kenntnis von seiner Benachteiligung erlangt.

2) Unter Zugrundelegung dieser Auslegung verstößt § 15 Abs. 4 AGG nicht gegen Europarecht.

Fundstelle: RDV 2012, 301 = NZA 2012, 1211

(199) Anspruch auf Auskunft, ob ein anderer Bewerber eingestellt wurde

(Europäischer Gerichtshof, Urteil vom 19. April 2012 – C-415/10 –)

1) Art. 8 Abs. 1 der RL 2000/43/EG des Rates v. 29.6.2000 zur Anwendung des Gleichbehandlungsgrundsatzes ohne Unterschied der Rasse oder der ethnischen Herkunft, Art. 10 Abs. 1 der RL 2000/78/EG des Rates v. 27.11.2000 zur Festlegung eines allgemeinen Rahmens für die Verwirklichung der Gleichbehandlung in Beschäftigung und Beruf und Art. 19 Abs. 1 der RL 2006/54/EG des Europäischen Parlaments und des Rates v. 5,7,2006 zur Verwirklichung des Grundsatzes der

Chancengleichheit und Gleichbehandlung von Männern und Frauen in Arbeits- und Beschäftigungsfragen sind dahingehend auszulegen, dass sie für einen Arbeitnehmer, der schlüssig darlegt, dass er die in einer Stellenausschreibung genannten Voraussetzungen erfüllt, und dessen Bewerbung nicht berücksichtigt wurde, keinen Anspruch auf Auskunft darüber vorsehen, ob der Arbeitgeber am Ende des Einstellungsverfahrens einen anderen Bewerber eingestellt hat.

2) Es kann jedoch nicht ausgeschlossen werde, dass die Verweigerung jedes Zugangs zu Informationen durch einen Beklagten ein Gesichtspunkt sein kann, der im Rahmen des Nachweises von Tatsachen, die das Vorliegen einer unmittelbaren oder mittelbaren Diskriminierung vermuten lassen, heranzuziehen ist. Es ist Sache des vorlegenden Gerichts, unter Berücksichtigung aller Umstände des bei ihm anhängigen Rechtsstreits zu prüfen, ob dies im Ausgangsverfahren der Fall ist.

ZD 2012, 325 = DuD 2012, 685 = NZA 2012, 493 = BB 2012, 980

(200) Sicherheitsüberprüfung anhand der sog. Terrorismuslisten als Voraussetzung für das AEO-Zertifikat

(Bundesfinanzhof, Urteil vom 19. Juni 2012 – VII R 43/11 –)

Die Erteilung eines AEO-Zertifikats „Zollrechtliche Vereinfachungen/Sicherheit" darf von der Bedingung abhängig gemacht werden, dass der Antragsteller in sicherheitsrelevanten Bereichen tätige Bedienstete einer Sicherheitsüberprüfung anhand der sog. Terrorismuslisten der Anhänge der VO (EG) Nr. 2580/2001 und der VO(EG) Nr. 881/2002 unterzieht.

Fundstelle: RDV 2012, 303 = ZD 2013, 129

(201) Verdeckte Videoüberwachung und Beweisverwertungsverbot

(Bundesarbeitsgericht, Urteil vom 21. Juni 2012 – 2 AZR 153/11 –)

1) Entwendet eine Verkäuferin Zigarettenpackungen aus dem Warenbestand des Arbeitgebers, kann dies auch nach längerer Beschäftigungsdauer eine Kündigung des Arbeitsverhältnis rechtfertigen.

2) Das aus einer verdeckten Videoüberwachung öffentlich zugänglicher Arbeitsplätze gewonnene Beweismaterial unterliegt nicht allein deshalb einem prozessualen Beweisverwertungsverbot, weil es unter Verstoß des Gebots des § 6b Abs. 2 BDSG gewonnen wurde, bei Videoaufzeichnung öffentlich zugänglicher Räume den Umstand der Beobachtung und die verantwortliche Stelle durch geeignete Maßnahmen kenntlich zu machen.

3) Heimliche Videoüberwachung ist auch hier zulässig, wenn der gegen einen zumindest räumlich und funktional abgrenzbaren Kreis von Arbeitnehmern konkrete Verdacht einer strafbaren Handlung oder einer anderen schweren Verfehlung zu Lasten des Arbeitgebers besteht und die verdeckte Überwachung – nach Ausschöpfung möglicher weniger einschneidender Mittel – das einzig verbleibende Mittel darstellt und unter Beachtung des Verhältnismäßigkeitsprinzip erfolgt.

RDV 2012, 297 = NZA 2012,1025 = ZD 2012, 568 = DuD 2012, 841

(202) Darlegung von Indizien für eine Diskriminierung

(Bundesarbeitsgericht, Urteil vom 21. Juni 2012 – 8 AZR 364/11 –)

1) Werden in einem Betrieb keine Arbeitnehmer nichtdeutscher Herkunft beschäftigt, jedoch im gesamten Unternehmen Arbeitnehmer aus insgesamt 13 Nationen, so ist dies kein aussagekräftiges Indiz dafür, dass in diesem Betrieb Arbeitnehmer nichtdeutscher Herkunft benachteiligt werden.

2) Gegebene, jedoch falsche, wechselnde oder in sich widersprüchliche Begründungen für eine benachteiligende Maßnahme können Indizwirkung i.S.d. § 22 AGG haben.

Fundstelle: RDV 2013, 35 = NZA 2012,1345

(203) Zugang des Betriebsrats zum Internet ohne Personalisierung

(Bundesarbeitsgericht, Beschluss vom 18. Juli 2012 – 7 ABR 23/11 –)

1) Im Rahmen einer nach § 40 Abs. 2 BetrVG gebotenen Bereitstellung eines Internetzugangs liegt es im Beurteilungsspielraum des Betriebsrats, ob der Zugang zum Internet den einzelnen Betriebsratsmitgliedern nur über einen zentralen Rechner im Betriebsratsbüro oder auch am Arbeitsplatz des Betriebsratsmitglieds ermöglicht werden soll.

2) Es ist grundsätzlich auch Sache des Betriebsrats festzulegen, ob beim Zugang einzelner Betriebsratsmitglieder zum Internet über einen gemeinsamen Rechner des Betriebsrats eine Personalisierung stattfinden soll damit dem Arbeitgeber nicht ermöglicht wird, die Internetrecherchen der einzelnen Betriebsratsmitglieder nachzuvollziehen.

3) Für die Beachtung des Datenschutzes beim Zugang zu einem von allen Betriebsratsmitgliedern genutzten PC hat der Betriebsrat in eigener Verantwortung zu sorgen.

Fundstelle: RDV 2012, 295 = DuD 2013, 56 = ZD 2013, 36

(204) Anspruch auf Entfernung einer Abmahnung aus der Personalakte

(Bundesarbeitsgericht, Urteil vom 19. Juli 2012 – 2 AZR 782/11 –)

1) Der Arbeitnehmer kann die Entfernung einer zu Recht ergangenen Abmahnung aus der Personalakte nur dann verlangen, wenn das gerügte Verhalten für das Arbeitsverhältnis in jeder Hinsicht bedeutungslos geworden ist.

2) Dies setzt voraus, dass die Abmahnung ihre Warnfunktion verloren hat und der Arbeitgeber auch kein sonstiges berechtigtes Interesse an der Dokumentation der Pflichtverletzung hat. Letzteres kann darin bestehen, dass die Abmahnung infolge der Erheblichkeit des Pflichtenverstoßes bei einer im Rahmen einer späteren Kündigung erforderlichen Interessenabwägung Bedeutung erlangen kann.

Fundstelle: ArbRAktuell 2013, 21 = RDV 2013, 87 = NZA 2013, 91

(205) Fristlose Kündigung wegen heimlichen Mitschnitts eines Personalgesprächs

(Bundesarbeitsgericht, Urteil vom 19. Juli 2012 – 2 AZR 989/11 –)

1) Nach § 96 Abs. 3 S. 1 SGB IX gilt für Vertrauenspersonen der schwerbehinderten Menschen § 15 KSchG i.V. mit § 103 BetrVG entsprechend. Die Vertrauenspersonen können nur aus wichtigem Grund und nur mit Zustimmung des Betriebs- bzw. Personalrats gekündigt werden.

2) Der heimliche Mitschnitt eines Personalgesprächs ist in der Regel geeignet, eine außerordentliche Kündigung zu rechtfertigen. Neben der Strafbarkeit nach § 201 StGB fällt besonders die mit diesem Verhalten verbundene Verletzung der dem Arbeitnehmer nach § 241 Abs. 2 BGB obliegende Pflicht zur Rücksichtnahme auf die berechtigten Interessen des Arbeitgebers ins Gewicht.

Fundstelle: NZA 2013, 142

(206) Entschädigung wegen Benachteiligung aufgrund des Alters

(Bundesarbeitsgericht, Urteil vom 23. August 2012 – 8 AZR 285/11 –)

Enthält eine Stellenausschreibung den Hinweis, dass Mitarbeiter eines bestimmten Alters gesucht werden, so scheitert der Anspruch eines nicht eingestellten älteren Bewerbers auf eine Entschädigung nach dem Allgemeinen Gleichbehandlungsgesetz (AGG) nicht allein daran, dass der Arbeitgeber keinen anderen neuen Mitarbeiter eingestellt hat.

Fundstelle: RDV 2013, 32 = NZA 2013, 37 = DB 2012, 2811

(207) Keine Mitbestimmung bei der Einführung von Laufzetteln

(Bundesarbeitsgericht, Beschluss vom 25. September 2012 – 1 ABR 50/11 –)

Die Verwendung von Laufzetteln, auf denen der Erhalt von Arbeitsmitteln und Zutrittsberechtigungen einschließlich erforderlicher Belehrungen vermerkt ist, unterliegt nicht der Mitbestimmung des Betriebsrats nach § 87 Abs. 1 Nr. 1 BetrVG. Die bloße Standardisierung des Ordnungsverhaltes bewirkt keine Zuordnung des Ordnungsverhaltens.

Fundstelle: RDV 2013, 85

(208) Zuständigkeit des Konzernbetriebsrats bei zentraler Personaldatenverarbeitung

(Bundesarbeitsgericht, Beschluss vom 25. September 2012 – 1 ABR 45/11 –)

Wird in einem Konzern die Personaldatenverarbeitung zentral bei einer Konzerntochter durchgeführt, liegt die Mitbestimmungsbefugnis bei dem Konzernbetriebsrat (§§ 58 Abs. 1 S. 1 Halbs. 1, 87 Abs. 1 Nr. 6 BetrVG)

Fundstelle: RDV 2013, 157

(209) Vorlage von Arbeitsunfähigkeitsbescheinigungen ab dem ersten Krankheitstag

(Bundesarbeitsgericht, Urteil vom 14. November 2012 – 5 AZR 886/11 –)

Die Ausübung des dem Arbeitgeber nach § 5 Abs. 1 S. 3 EFZG eingeräumten Rechts, von dem Arbeitnhmer die Vorlage einer ärztlichen Bescheinigung für das Bestehen der

Arbeitsunfähigkeit und deren voraussichtliche Dauer schon vom ersten Tag der Erkrankung zu verlangen, steht im nicht gebundenen Ermessen des Arbeitgebers.

Fundstelle: RDV 2013, 155 = NJW 2013, 892 = NZA 2013, 322

(210) Fragerecht des Arbeitgebers nach erledigtem Ermittlungsverfahren

(Bundesarbeitsgericht, Urteil vom 15. November 2012 – 6 AZR 339/11 –)

1) An der Informationsbeschaffung durch die unspezifizierte Frage nach eingestellten Ermittlungsverfahren an den Stellenbewerber besteht grundsätzlich kein berechtigtes Interesse des potenziellen Arbeitgebers. Eine solche Frage ist damit im Regelfall nicht erforderlich i.S.v. § 29 Abs. 1 Satz 1 DSG NRW. Das ergibt sich aus den Wertentscheidungen des § 53 BZRG. Eine allein auf die wahrheitswidrige Beantwortung einer solchen Frage gestützte Kündigung verstößt deshalb gegen die objektive Wertordnung des Grundgesetzes, wie sie im Recht auf informationelle Selbstbestimmung zum Ausdruck kommt, und ist nach § 138 Abs. 1 BGB unwirksam.

2) Hat der öffentliche Arbeitgeber auf andere Weise als durch die Frage nach eingestellten Ermittlungsverfahren Kenntnis von solchen Verfahren erlangt, ist es ihm von § 29 NW DSG i.V. mit §§ 51, 53 BZRG grundsätzlich nicht verwehrt, im Hinblick auf die bekannt gewordenen Ermittlungsverfahren weitere Nachforschungen anzustellen und gegebenenfalls auf Grund der daraus gewonnenen Erkenntnisse eine mangelnde Eignung des Arbeitnehmers für die ausgeübte Tätigkeit anzunehmen.

Fundstelle: RDV 2013, 152 = ZD 2013, 235 = NZA 2013, 429

(211) Eine Einschränkung mit sich bringende Krankheit als Behinderung

(Europäischer Gerichtshof, Urteil vom 11. April 2013 – C-335/11, C-337/11)

Eine Krankheit ist eine „Behinderung" wenn sie eine Einschränkung mit sich bringt, die den Betreffenden an der vollen Teilhabe am Berufsleben hindern kann und von langer Dauer ist. Dies gilt unabhängig davon, ob es sich um eine heilbare oder unheilbare Krankheit handelt und auch davon, ob die einzige Einschränkung darin besteht, dass der Betreffende ohne sonstigen Einschränkungen zu unterliegen, allein zu einer vollzeitigen Tätigkeit außer Stande ist. Unterlässt der Arbeitgeber es, Maßnahmen zu ergreifen, um Menschen mit Behinderung den Zugang zur Beschäftigung zu ermöglichen, kann dies zur Folge haben, dass die Fehlzeiten des behinderten Arbeitnehmers auf die Untätigkeit des Arbeitgebers und nicht auf die Behinderung zurückzuführen sind.

Fundstelle: ArbRAktuell 2013, 235

Stichwortverzeichnis

Die Zahlen verweisen auf die Randnummern.
Fettgestellte Zahlen verweisen auf die Rechtsurteile im Anhang.

Symbole
§ 202b StGB 40

A
Abberufung des DSB 1516, 1629
Abfangen 40, 41
Abfragesprachen 1853
Ablage
  anderweitige 1225
Abmahnung 132, 778, 785, 1227, 2, 1256, 1270, 1435, **17, 36, 38, 60, 71, 95, 100, 121, 122, 171, 176, 204**
  Anhörungsrecht 791
  Fürsorgepflicht 793
  Rechtmäßigkeit 785
  Warnfunktion 780
  Widerruf 124, 1231
  Zeitablauf 789
Abmeldung **191**
Abrechnungsdaten 1147
Abschottungsgebot 942
Abschreckungseffekt 1014, 1079
Absenderangabe bei Dienstpost 1815
Abwesenheitsassistent 1187
Abwesenheitsliste 974
Adressenhandel 216
Adressenmaterial **145**
Adresshandel 216
AEO 1211
AEO-Status 1213
AEO-Zertifikat **200**
Agent 1159
AGG 1636, 1789, **164, 206**
  Ausschlussfrist **198**
  Beschwerdestelle 200
  Lichtbild 514
Aids 600
Aids-Erkrankung 600
Aids-Test **57**
Akte
  Erklärung zum Inhalt der 1252
Aktendaten
  Transparenz der 91

Aktiv 993
Alarmmeldung 1082
Alkohol- oder Drogenabhängigkeit 21
Alkohol-/Drogentest 610
Alkoholabhängigkeit 478, 610
Alkoholfahrt 561
Alkohol-Test **62, 106**
alleinerziehend 508
allgemeine Aufsicht 1295
Allgemeines Gleichbehandlungsgesetz (AGG) 185
Alter 186, 509
Altersdiskriminierung **170, 203, 205, 206**
Altersvorsorge
  betriebliche 1248
Amtshaftung 1402
Amtsträger 23
Amtsträgerfunktion 23
An- und Abfahrtzeit 1122
Anbahnungsverhältnis 488
  Vertrauensverhältnis, vorvertragliches 143
Anbieter-Nutzer-Verhältnis 1142
andere Rechtsvorschrift 327
Änderungskündigung 1150
Anfechtung 482, 528, 529, 577, **91, 97, 112, 136, 192**
Anforderungsprofil 1791
Angestellte
  leitende 1290
Anhörung 1234, **17, 150, 163**
Anhörungsrecht 119, 1269
  des Betroffenen 938
Anlass
  dienstlich-privater 1138
Anonymisieren 193, 225
Anonymität 751
Anordnung, behördliche 1889
Anrufe
  anonyme 1168
  private 1156
  sexuell belästigende 1176
ansteckende Krankheit 575

Anstellungsbetrug 564, **90**

Anweisung
  konkrete 287

Anwesenheitsverbesserungsprozess 1755

Anzeigen
  anonyme 748

Anzeigepflicht **167**

Anzeigepflichten
  Beamte 1617

Arbeitgeber
  Auskunftserteilung untereinander 628
  Fragerecht des 132, 630
  früherer 625
  nächstfolgender 627
  Post des 35

Arbeitgeberauskunft 630

Arbeitgeberauskünfte 205, 625, 898, 1414

Arbeitgeberführungszeugnis 561

Arbeitgeberverband, Auskünfte an 917

Arbeitgeberzeitschrift 993

Arbeitnehmer 334
  Einwilligung des 636

Arbeitnehmerdaten **99**

Arbeitnehmergruppe 1873

Arbeitsabläufe 1267

Arbeitsausfall 1297

Arbeitsbedingungen 1267

Arbeitspapiere 94, 126, 1288

Arbeitsplatzbeschreibung 1507, 1752

Arbeitsunfähigkeit
  Anzeige 689
  Ausland 711
  im Urlaub 710
  Nachweispflicht 694

Arbeitsunfähigkeitsbescheinigung **209**

Arbeitsverhalten 1810

Arbeitsverhältnis
  bestehendes 496
  Konzernbezug 810
  Zweckbestimmung 17, 799

Arbeitsverwaltung 639

Arbeitszeit 242, 1880
  Einhaltung der 1121

Arbeitszufriedenheit 666

Archivierung 165
  ordnungsgemäße 165

arglistige Täuschung 475, 483, 775, **192**

Art der Daten 1275

Arztbesuchsformular 1821

Arzthelferin 525

ärztliche Begutachtung 497

ärztliche Schweigepflicht 583

Arztwahl, freie 579, 681

Arztwechsel, häufiger 719

Astrologe 494

Atomkraftgegner 543

Attest 687
  Beweiswert 715
  Vorlage 694, 1822
  Vorlagefrist 697

Attestvorlage **209**

Aufbewahren 218

Aufbewahrungsfristen 1242, 1250

Aufbewahrungspflicht
  gesetzliche 1310

Aufbewahrungsregelungen 1248

Aufenthaltsgeheimnis 1083

Aufenthaltsort 1083

Auffangcharakter 171

Auffangfunktion 314

Auffangtatbestand 232

Aufklärungspflicht 606

Aufnehmen 218

Aufsicht
  allgemeine 1295

Aufsichtsbehörde 1314, 1337
  Anordnungsrechte 1626
  Anzeige bei 1632
  Beratung des Datenschutzbeauftragten 1572, 1578
  Organisation 1613
  Untersagungsrecht 1628
  Zuständigkeit 1620

Auftrag
  Beendigung des 280

Auftragsdatenverarbeiter 255

Auftragsdatenverarbeitung 189, 212, 213, 259, 261, 804, 1375, 1471, 1893
  Auftragskontrolle 1375
  Auftragsvergabe 278
  Auftragsverhältnis 264
  Auswahl des Auftragnehmers 283
  Beendigung 280
  Datensicherung 281
  Haftung 290
  Hinweispflicht 287
  Kontrollrecht des Betriebsrats 1684
  konzerninterne 283

Auftragskontrolle 438

Auftragsverhältnis
  Rechtsform eines 264

Aufwand
    unverhältnismäßiger 1280
Aufzeichnen 1165
Aufzeichnung, heimliche **205**
Ausbildungsergebnisse 971
Ausfallzeiten 574
Auskunft
    an Dritte 889, 929
    Auskunftspflicht 213
    Ausnahmen 1310
    Inhalt der 1305
    Nachrangigkeit 1301
    Voraussetzung 1304
Auskunft über Ablehnungsgründe **202**
Auskunftei 310, 624, 742
Auskunftsanspruch 444
Auskunftserteilung
    unter Arbeitgebern 628
Auskunftspflicht
    Ausnahmen 1310
Auskunftsrecht 323, 1301
    Inhalt 1301
    Nachrangigkeit 1301
Auskunftsrecht 1267
Auskunftsverweigerung 213
Auslandseinsatz 835
Ausnahmen von der Auskunftspflicht 1310
Ausnahmenkatalog 1277
Ausscheiden
    des Mitarbeiters 1247
Ausscheiden, Grund des 1002
Ausschlussfrist
    tarifliche 1257
Ausschlussfristen 1248, 1257
Außenhandelswirtschaftsgesetz 1212
Ausspähen 45
Auswahlrichtlinie 609
Auswahlrichtlinien 113, 1785
Auswahlsystem 113
Auswertungsmöglichkeit 51
Authentifizierung 1089, 1091
Authorized Economic Operator 1211
Autodiebstahl 1125
Automatic Call Distribution 1158
Automatisierte Einzelentscheidung 370, 375, 1708
    Überprüfung 371
automatisierte Entscheidung 376
automatisierte Verarbeitung 173
AVAD 310, 636

B
Background-Checks 497
Bank 1047
Banken 1056
Banküberweisung 835
Bargeld, Einbringen von 1827
BDSG 61, 311
BDSG, Mindestschutznorm 1882
Beamte **93**, **135**, **162**
Beamtenrecht 342, 381, 604
Beamtenverhältnis
    auf Lebenszeit 604
Bedienerplatzreports 1158
Bedienplatzreports 243, 1158, **65**
Beeinträchtigung 1335
    schwerwiegende 1335
Befragung **33**
Befunddaten 585
Begutachtung
    ärztliche 497
    astrologische 615
Behinderung 510, 572, **210**
Beihilfedaten 141, 142
Bekanntgabe **168**
Bekanntmachung, betriebsinterne 957
Benachrichtigung 1058
Benachrichtigungspflicht 269, 1058, 1265, 1268, 1272
    Ausnahmen 1277
    Dokumentation 1281
    Inhalt 1275
    Voraussetzung 1272
Benachrichtigungspflicht des § 42a BDSG 289
Benachteiligungsverbot 592, 595, 1546
Benutzerdaten 243, 244
Beobachtung 1035
Beratungsqualität 761
berechtigtes Interesse
    Abwägung des 20
Berechtigungskonzept 169
Bereiche, öffentlich zugängliche 1039
Bereichsspezifische Vorschriften 314, 330, 393
Berichtigung 1259, **153**, **165**
Berufssoldat **81**
Beschäftigte 177, 178, 179, 180, 181, 182
Beschäftigtendatenschutz 85, 172, 173, 174, 664, 799
Beschäftigung
    regelmäßige 1464
    ständige 1467

beschäftigungsfremde Daten 108
Beschäftigungsverbot **74, 78, 82, 116**
Beschäftigungsverhältnis
    Beendigung des 1247
Bescheiddaten 584
Beschlagnahme 1152
Beschwerdestelle **164**
Beschwerdeverfahren 1829
besondere Arten personenbezogener Daten
    182, 367
Bestellung des DSB
    Änderung des Arbeitsvertrages bei 1505
    befristete 1508
    Bestellpflicht 1460
    Bestellungspflicht 1462
    freiwillige 1473
    Mitbestimmung bei 1509
    Schriftform 1503
    Widerruf der 1512
Bestenliste 970
Bestimmbarkeit 175
bestimmte Merkmale 302
Betrieb **143**
    Organisation des 1120
betriebliche Altersvorsorge 1248
Betriebliche Übung 1135, 1150
betrieblicher Datenschutzbeauftragter 82
Betriebs- und Dienstvereinbarungen 328, 332
Betriebs-/Personalrat 255
Betriebsarzt 578, 1289, 1335
Betriebsdaten 108, 1872, 1877, 1887
Betriebserwerber, Unterrichtung über **178**
Betriebsfeier 1248
Betriebsfrieden **157**
Betriebsfusion **185**
Betriebsgeheimnis 1176
Betriebsinhaberwechsel 914
betriebsinterne Mitteilung 233
betriebsinterne Rente 271
Betriebsklima 963
Betriebskrankenkasse 987
Betriebsrat 234, **1, 3, 9, 22, 52, 64, 92, 103,**
    107, 110, 111, 123, 139, 140, 142, 149, 154
    Datenspeicherungen des **24, 203**
    Information bei Eingliederungsmanage-
       ment 197
    Internetzugang **180**, 203
    Mitbestimmung bei Leiharbeitnehmern
       189
    Online-Zugriff **194**

Personalaktenzugangsrecht des 1300
Zuständigkeit zur Datenschutzkontrolle
    194
Betriebsrat (siehe auch Mitarbeitervertre-
    tung) 232, 959, 1002, 1163, 1300
    als Datenschutzbeauftragter 1493
    Datenschutzbeauftragter des 1571
    Personaldaten des 989
    Protokolle 1359, 1361
    Unterlassungsanspruch 1642, 1939,
       1944
Betriebsratsmitglied
    als Datenschutzbeauftragter **190**
    An- und Abmeldung **191**
    elektronisches Leserecht **177**
    Internetzugang **182, 203**
    personalisierter Zugang **202**
Betriebsratswahl **113, 155**
Betriebsrisiko 1397
betriebstreu 113
Betriebsübergang 914, **178**
Betriebsveräußerung 820
Betriebsvereinbarung 243, 244, 311, 822,
    1106, 1150, 1186, 1191, 1193, 1263
    abschließende Zweckbindung 1887
    Abschluss 1900, 1911
    als Rechtmäßigkeitsvoraussetzung 214
    als Zulässigkeitsnorm 318, 332, 388
    Bestellung Sachverständiger 1706
    freiwillige 1896, 1902, 1927
    Geltungsbereich 1920
    Kontrollrechte der Mitarbeitervertretung
       1688
    Regelungsgegenstände 1925, 1929
    über private IKT-Nutzung 1886
    Vertrauensschutz 1888
    Vorrang vor BDSG 1884
    vorrangige Zulässigkeitsnorm 931
    Zuständigkeit 1911
Betriebsversammlung 50
Betrug 1201
Beurteilung 120, 136, 137, 773, 1233, 1270,
    38, 63, 128, 137, 139, 168
    Änderung **135**
    dienstliche 121
    gerichtliche Kontrolle **179**
Beurteilung 1233
Beurteilungsrichtlinien 1774
Beurteilungsverfahren 1234
Bevollmächtigter 1298
Bewachungsgewerbe 945

Bewegungsdaten 1083, 1084, 1241
Beweisfunktion 162
Beweislast 1241, 1410
Beweismittel 1168
Beweisverwertungsverbot 1165, 1169, **140**, **173**, **187**, **201**
Beweiswert 164, **72**, **74**, **78**, **116**
Bewerber 1227
   Persönlichkeit des 489, 516
Bewerberdaten 379, 456, 1989, **26**, **47**, **57**, **67**
Bewerbung
   Motiv 549
   nicht berücksichtigte 1227
   unaufgeforderte 198
   Vertraulichkeit einer 631, 903
Bewerbungsunterlagen **149**, **199**
Bewerbungsverfahren 507
Bewerbungsverhältnis (Anbahnungsverhältnis) 143
Beziehungen
   -private **164**
Biergarten 50
Bierzelt 1048
Bildaufnahmen
   Urheberrecht am 877
bildliche Darstellung 46
Bildschirmarbeitsplatz **30**
   Bindung an **156**
Bildschirmplatzüberwachung 599, 1833, 1850
Biometrie 377, 1089, 1779, 1840
   Daten 1178
   Identifikationsverfahren 377
   Verfahren 1090
   Zugangskontrolle **143**
Blut- und Urinuntersuchung 582
Blutuntersuchung 21, 581, **104**, **106**
Branchenauskunftsdienst 636, 908
Briefgeheimnis 30, 31
Briefverteilungsstelle 1077
Briefverteilungszentrum 1031
Bruttolohn- und -gehaltslisten 1977, 1988, **2**, **64**, **87**
Bundesbedienstete 344
Bundeskriminalamt 953
Bundesnachrichtendienst **161**
Bundesrechnungshof 925, **9**
Bundeswirtschaftsministerium 941
Bundeszentralregister 559
Bundeszentralregistergesetz 559

C

Call-Center 243, 409, 760, 1158, 1174, 1218, **65**
   Mithören im 1172
Charakter
   vorbeugender 1011
Charta der Grundrechte 6
Codes of Conduct 753, 831, 1022
Comparison on Card 1093
Compliance 747, 752, 1200, **164**
Compliance Officer 755
Compliance-Beauftragter 1023
Complianceregelung 753
Compliance-System 1028
Computersabotage 1441
conditio sine qua non •
Conduitenlisten
   geheime 89
Culpa in contrahendo 1431

D

Dankschreiben **27**
Datei 302
Dateien 301
Daten
   Bewerber 166, 1989
   biometrische 1178
   geheimhaltungsbedürftige 1280
   geschätzte 176
   gesperrte 221
   Herkunft der 1305
   juristischer Personen 172, 173, 174
   offenkundige 1387
   personenbezogene 169, 1093
   sensible 124, 345, 1334
Daten mit Doppelbezug 206
Daten, aus automatisierter Verarbeitung stammende 305
Daten, sensible **158**
Datenabgleich 1203
Datenerhebung 196, **5**, **25**, **32**, **47**, **66**, **67**, **101**, **115**, **130**, **133**
   durch den Personalrat **19**
Datenfluss
   interner 212
Datenfluss, bchördeninterner 957
Datengeheimnis 1344
   förmliche Verpflichtung 1358, 1362, 1377
   Verpflichtung des Betriebsrats 1363

Verpflichtung des DSB 1548
    Verpflichtungserklärung 1379
Datengeheimnis 292
Datensammlung, unvollständige 1239
Datenschutz 4
    Gesetzgebungskompetenzen 57
    Rechtsquellen 55
    Verfassungsrang 62
    Zielrichtung 1
    Zweiteilung des 64
Datenschutzaudit 1540
Datenschutzbeauftragter 200, 1372, 1448, **2**
    als Betriebsratsmitglied **190**
    als Sachverständiger des Betriebsrats
        1511, 1697
    Anrufung der Aufsichtsbehörde 1572
    Anwalt der Betroffenen 1559
    Ausstattung des 1557
    betrieblicher 82
    Betriebsrat als 1493
    Datenschutzpanne 1341
    Erlöschen des Amtes **185**
    Fachkunde des 1479
    Fortbildung des 1483
    Haftung des 1610
    Hinwirkungspflicht 1561
    Kontrolle der Mitarbeitervertretung
        1569, 2029
    Kontrolle des 1536
    Kontrollrecht des 1567
    Kündigungsschutz 1514
    organisatorische Stellung 150
    Schulungsfunktion 1587
    Stellenbeschreibung 1563
    Treuepflicht des 1576
    Verschwiegenheitspflicht des 1541
    Vertreter des 1478
    Weisungsfreiheit des 1536
    Widerruf der Bestellung **190**
    Zuverlässigkeit des 1484
Datenschutzbegriff 4
Datenschutzgesetzgebung 55
Datenschutz-Koordinator 1461
Datenschutzniveau, angemessenes 829
Datenschutzordnung 1443, 1565
Datenschutzpanne 1332
Datenschutzrecht
    Modernisierung des 66
Datenschutzschulungsveranstaltungen 1709
Datensicherheit 4

Datensicherung 4, 427, 431, 1198, 1280, 1879
    bei Telearbeit 452
    Benutzerkontrolle 446
    Kontrollmaßnahmen 432
    Protokolle 449
    Umgehung 1369
    Verhältnismäßigkeit 442
    Zweckbindung 1739
Datensicherungsmaßnahmen 192
Datensparsamkeit 193, 357, 358, 359, 507,
    1804, 2018
Datenträger 218
Datenübermittlung 194, 195, 199, 1146, **131**
    durch den Betriebsrat **142**
Datenverarbeitung
    unbegrenzte 2
Datenverarbeitung
    Kontrolle der beschäftigten Mitarbeiter
        446
Datenverarbeitung, beschäftigt bei 1371,
    1470
Datenverknüpfung 222, 796
Datenvermeidung 193, 357
deckungsgleiche Regelung 322
Denunziant **138**
Detektei 1116
Detektiv 202, 203, 743, 745, 882, 1825, **61**,
    94, **175**
    Kostenerstattung **183**
Detektive 202
Diebstahlsverdacht 1074
Dienstkorrespondenz
    briefliche 35
dienstliche Beurteilung 121
Dienstpost 33
    Parallele zur 1181
Dienstverhältnis 97
digitalisierte Form 105
digitalisierte Personalakten 156
Direkterhebung 201, 497
Direktionsrecht 1504
Direktübertragung 46
Diskriminierung 477, 1092, 1789
    Auskunft über Mitbewerber **193**, **199**
    Ausschlussfrist **198**
    Entschädigung **99**, **170**, **188**, **198**
    geschlechtsbezogene **174**
    Indiz für **202**, **205**
    Mitbestimmung 1829
    wegen Alter **205**, **207**

wegen Behinderung **151**
wegen Herkunft **202**
Diskriminierungsabsicht
   Vermutung einer 506
Diskriminierungsansprüche 641
Diskriminierungsverbot 477, 503
Disziplinarakten **12**, **86**
Disziplinarmaßnahme **81**, **86**
DNA-Analyse 599
Dokumentationsmanagementsystem 151
Dokumentationspflicht 1018
Dokumente
   gescannte 162
Dokumentenmanagementsystem 152
Doppelfunktion 986
Dritte, Auskunftsersuchen von 889
Dritter 250, 252, 254, 1144
   Betriebsrat als 1972
Drittinteresse 990
Drittland 293, 294
   Auftragnehmer im 294
   sensible Daten 298
Drittwirkung 9
Drogenabhängigkeit 610
Drogenkonsum 612
Drogenscreening 123, **150**
Due-Diligence-Prüfung 910
Duldung 1141
Duschräume 54
DV-Anlagen
   Miete von fremden 266

E
EG-Bewerber **57**
Ehrenamt **32**
ehrenamtliche Tätigkeit 539
Ehrlichkeitskontrolle 1826
ehrverletzende Angaben 319
eidesstattliche Versicherung 522
Eigengebrauch 114
Eigengebrauch des Vorgesetzten 114
Eigentum
   Schutz von 1046
Eignung 457, 489
Eignungsprofil 1754, 1777
Eignungstest 205, 613
Einfirmenvertreter 180
Einführungsschreiben 1383
Eingabekontrolle 437
Eingetragene Lebensgemeinschaft **144**

Eingliederungsmanagement 1817, **197**
   Mitbestimmung 725, 731
Einigungsstelle 1931
   Einschaltung 1931
   Ermessensausübung 1933
   Kompetenz 1931
Einsatzverbot
   zeitweises 527
Einsicht 14, 117
Einsichtnahme **2**, **21**, **53**, **64**, **87**, **186**
   in Wahlakten des Betriebsrats **155**
   Umfang der 1292
   unbefugte 34
   Vermerk über 1296
Einsichtsrecht 118, 129, 752, 1267, 1268,
   1283
   berechtigter Personenkreis 1290
   des Betriebsrats 1300
   Durchführung 1295
   Hinzuziehung Dritter 1298
   Protokollierung 1296
   Umfang 1292
Einstellung **66**
Einstellungsentscheidung 492
   subjektive 492
Einstellungstest 202, 203, 497
Einstellungsuntersuchung 598
Einwilligung 311, 383, 416, 593, 629, 636,
   727, 838, 876, 902, 908, 926, 1112, 1118,
   1189
   conditio sine qua non 407
   des Arbeitnehmers 636
   des Betroffenen 629
   freiwillige 392
   konkludente 1167, 1170, 1191
   Konkretheit 402
   Mitbestimmung bei 1755, 1773
   Rücknahme 386, 416, 728
   Schriftform 404
   Zurücknahme der 416
Einzelentscheidung, automatisierte 375, 1788
Einzelfallbeurteilung 1784
E-Learning 1218
elektronisches Leserecht **177**
Elternteil
   alleinerziehend 508
Elternzeit 529, 531, **137**, **152**
E-Mail 93
   Unterdrückung 1195
E-Mail-Adresse, namensbezogene 1183,
   1184

E-Mail-Anschrift **162, 169**
E-Mail-Filter 1196
E-Mail-Korrespondenz
    Inhalt geschäftlicher 1183
E-Mails
    intern versandte 1182
Empfänger 210, 254, 255, 840, 1576, 1972
    Kategorien von 1306
Empfänger-E-Mail-Adresse 1181
Empfangsbestätigung 1182
Engagement, soziales 544
Entbürokratisierung 67
Entfernung von Unterlagen **10, 17, 56, 168, 205**
Entfernungsanspruch 784, 795, 1255
Entgeltfortzahlung 685, 693, **73, 80, 83, 110**
Entschädigung **170, 203**
Entscheidung
    automatisierte 376
Entscheidungsfindung 110
Entscheidungskompetenz 267
Entsorgungsunternehmen 284, 285
Entsperrung 1245
Entziehungskur 518
Epilepsie 477
E-Recruiting 379
Erfahrungen 457
Erfassen 218
Erforderlichkeit 369, 474
Erfüllungsgehilfe 1431
Erheben 193, 196, 1035
Erhebung
    Zweckbestimmung der 1275
Erhebung, formularmäßige 1758
Erlaubnis
    konkludente 1134
    Rücknahme der 1149
Erlaubnisrahmen 1134
Erlaubnisvorbehalt
    Verbot mit 140
Ernennung **93**
Ethikregeln **127, 164**
Ethikregelung 747, 752, 753, 1022, 1633, 1812
EU-Datenschutzrichtlinie 65
EuGH
    Rechtsprechung des 525
europarechtliche Vorgaben 65
EU-Verfassung 6
Examensnote **206**
Exkulpationsmöglichkeit 1411

Externer 212
externes Rechenzentrum
    Serviceleistungen eines 260

F
Fachkunde 1479
fachspezifische Rechtsvorschrift 324
Fähigkeit
    fachliche und persönliche 457
Fahrerlaubnis 545
Fahrtenbuchfunktion 1119
Fahrtenschreiber 925, 1880, **9**
Fahrtkostenzuschuss 373
Falsch-Akzeptanz 1098
Familienangehörige 1278
Familiensituation 772, 1866
Familienstand 496, 508
Faxgerät 1953
Fehlzeiten
    krankheitsbedingte 19
Fehlzeitendaten **1**
Ferngespräch 1163
Fernmeldegeheimnis 1133, 1145, 1148, 1188, 1193, 1355, 1380, 1393, 1886
finanzielle Verhältnisse 521
Fingerabdruck 1093, 1094
Firmenfusion 1530
Firmenrabatt 886
Firmenübergabe 258
Fluggesellschaft 1075
Flugreservierung 1172
Folgebescheinigung 709
Form
    pseudonymisierte 1208
Forschungsprojektteam 813
Fragebogenlüge **109**
Fragerecht 132, 472, 498, 620, 630, 641, 757, 903
    des Arbeitgebers 132, 630
    Erweiterung durch Einwilligung 396
    Fraud Detection 1200
Fraud-Detection-Programme 1023
Frauenförderungsplan **154**
Freie Mitarbeiter **98**
Freiheitsstrafe 134, 534
Freistellungsanspruch 539
Freiwilligkeit 215, 392, 839, 1170, 1189, 1190
Freizeitaktivitäten 491
Friedrich Wilhelm I. 89
Friseur 1055

Führungszeugnis 504
  polizeiliches 461, 561
Funktionsübertragung 267, 268, 804
Fürsorgepflicht 1229, 1271, 1342, 1401
  nachwirkende 634

G
Gaststätte 1048
Geburtstagslisten 962
Gefährdungshaftung 1404, 1423
Gegendarstellung 157, 1251, 1263, **95**
Gegendarstellungsrecht 1251, 1255
Gehalt
  bisheriges 548
  zuletzt bezogenes 548
Gehaltsabrechnung 1863
Gehaltsprogramm 378
geheime Conduitenlisten 89
Geheimhaltungsinteressen 752, 1294, 1311
Geheimhaltungspflichten 1346, 1358
  Betriebsrat 739, 1359
Geheimhaltungsrecht 1294
Geheimhaltungsvorschrift 331
Geldentschädigung 1068
Geldgeschäfte, private 537, 733
Geldwäsche 837
gemeinschaftliches Zusammenleben 7
Generelle Verbote 1151
Genomanalyse 590, 593
Gerichte, ausländische 881
Gerichtsverfahren 881
Gesamtbetriebsrat 1913
Gesamtbild des Mitarbeiters 1252
Geschäfts- und Betriebsgeheimnis 1346,
  1393, 2011
Geschäftsmäßigkeit 1138
Geschlecht 186
Gesetzestreue 1026
Gesetzgebungskompetenz 55
Gesichtserkennung 1092, 1095
Gesichtserkennungssoftware 51
Gespräche
  Aufzeichnen von 1174
Gestattung
  konkludente 1135
Gesundheit 572
Gesundheitsbeeinträchtigung 477, 573
Gesundheitsdaten 124, 135, 141, 142, 477,
  578, **59, 75, 77, 97, 161, 196**
Gesundheitsprävention 727

Gesundheitsschutz
  Mitbestimmung 1818
Gewerbeordnung 1617
Gewerkschaft **34, 51**
  Mitgliederwerbung **169, 181**
  Zutrittsrecht **181**
Gewerkschaft, Vertretungsnachweis 741
Gewerkschaften, Auskünfte an 919
Gewerkschaftswerbung, elektronische 1965
Gewerkschaftszugehörigkeit 569, 571
gezielte Kenntnisnahme 232
Gläubigeranfragen 893
Gleichbehandlung 98, 525, 704, 1251, 1776
Gleichbehandlungsgrundsatz 98, 127, 1251
Gleitzeitmanipulation **105**
GPS 1104, 1116
GPS-Überwachung 1116
grafologische Begutachtung 413, 494, 614,
  1780
grenzüberschreitende Übermittlung 253
Grundakte 104
Gründe der Ablehnung 380
Grundrechte
  mittelbare Wirkung 10
grundsätzliche Pflichten 172
grundsätzliches Verbot 312
Gruppenakkord 1873
Gruppenüberwachung 1872, **54**
Gutachten
  grafologisches 614
Güter und Interessenabwägung 18

H
Hackerangriffe **180**
Haftung 290, 1610
  des Arbeitgebers gegenüber Mitarbeiter
    1403
  des Mitarbeiters gegen Arbeitgeber 1394
  des Mitarbeiters gegenüber Betroffenen
    1398
  öffentlicher Arbeitgeber 1420
  vermögensrechtliche 1394
Handeln
  konkludentes 1139
Handelsvertreter
  selbstständiger 257
Handlung
  strafbare 288
  unerlaubte 1226
Handlungen, sexuelle **164**
Handlungsempfehlungen 169

Handy
Ortung 1108
Hausrecht 1044, 1045, **146**, **148**
heimliche Überwachung 364
Herkunft der Daten 1305
Herkunft, ethnische **202**
hinreichender Tatverdacht 1017
Hinweispflicht 288
Hinweisschilder 1056
HIV-Infektion 601
HIV-Test 592, 600
höchstpersönlicher Lebensbereich, Bilder aus
51, 52
Human Resource System 152, 800, 912

I

Identifikation 599, 1091
Identifikationsverfahren 1092
biometrisches 377
IHK 949
IHK-Sachverständiger 866
immaterieller Schaden 148
Information
aufgedrängte 198
informationelle Selbstbestimmung 3, 629,
1098
Recht auf 15, 62, 131
Informationsdienst
brancheninterner 636
Informationspflicht (siehe auch Benachrichti-
gung) 269
bei Auftragsdatenverarbeitung 269
bei Erhebung 207
Verstoß gegen 214
Informationsschriften 1589
inhaltliche Umgestaltung 222
Inhaltsdaten 1183
Initiativrecht **147**
Innentäter 1199
Insolvenz 916
Insolvenzverfahren 522
Intelligenztest 621
quantifizierender 620
Interessenabwägung 58, 421, 664
Internet 253, 641, 1142, 1274, 2019
Bildveröffentlichung 873
Veröffentlichung im 420, 858, 862
Internetrecherche 642
Internetzugang **162**, **180**, **182**
Inventurverlust 1030

J

Jubiläen 854, 970

K

Kameraattrappen 1038
Karriereerwartung 549
Karriereplanung 491
Kassendifferenz 1050
Kategorien
von Empfängern 210, 1306
Kaufhof-Schuhreparatur-Zentrale 1074
Kausalität 1409
Kellnerin 50
Kenntniserlangung
unrechtmäßige 1338
Kenntnisnahme
gezielte 232
Kenntnisse 457
Kernbereich der Persönlichkeitssphäre 591
Kernkraftwerk 1080
Keyword Spotting 1177
Kinderpornografie 1152
Kinderzahl 496, 772
Koalitionsfreiheit 569
Kommunikation, Vertraulichkeit 1544
Kommunikationstechnik 1131
Konkurrentenstreitigkeiten 1293
Kontaktaufnahme
soziale 508
Kontaktdaten 505, **162**
Kontextverlust 1261, 1406
Kontrolldruck 1446
Kontrolle
bei Straftaten 663
präventive 663
Kontrolleffekte, gegenseitige 973
Kontrolleinrichtung, technische **147**
Kontrollinstanzen 1445
Kontrollmaßnahme
präventive 1012
Kontrollrecht
arbeitsvertragliches 1120
Kontrollverbot 1147
Konzern 209, 800, 836, 992, 1145, 1285,
1759, **70**
Konzernbeauftragter 1461
Konzernbetriebsrat 822, **208**
Konzernbezug des Arbeitsverhältnisses 810
Konzernmutter 211, 271, 1145
Kopien 1297
Kopierer 1877

Körperverletzung
   strafbare 605
Korrekturpflicht 1260
Korruption 1201
Korruptionsverdacht 1311
Kostenerstattung **175**, **183**
Kostenfaktor 1054
Kostenkontrolle 1157, 1164
Kostenrechnung 1157
Krankengespräch 684, 693, 1780, 1816, **59**,
   72
Krankenhausaufenthalt 575
Krankenkasse **133**
Krankenkontrolle 204, 743, **61**, **72**
Krankenläufe 19
Krankenstand 960
Krankheit, ansteckende 575
krankheitsbedingte Fehlzeiten 19
Krankheitsdaten 819, 1001, 1859
Krankheitsdatenauswertung 1837, 1857
Krankschreibung, missbräuchliche 716
Kristallkugelbefragung 615
Kundenbefragung 1762, **33**, **145**
Kundenbeschwerde 883
Kundendaten 1086, 1346
Kundendatenschutz 69
Kundenreklamation 1123
Kündigung 780, 1136, 1435, **68**, **69**, **72**, **75**,
   76, **79**, **85**, **96**, **132**, **160**, **163**, **171**, **195**
Kündigungsschutz 1514, **88**
Kunsturhebergesetz 49, 50

L
Landesdatenschutzgesetz 589, 775
Landesverfassung 62
Laufzettel **207**
Lebensgemeinschaft, eingetragene **144**
Lebensgestaltung
   private 547
Lebenslauf 509, 517, **115**
Lebenswandel
   ärgerlicher 89
Leiharbeitnehmer 257, 258, **189**
Leistung, freiwillige 1149
Leistungs- und Verhaltensdaten 1855
Leistungskontrolle 1047, 1157
Leitende Angestellte 1290
Lernprogramm 1220
Lesebestätigung 1182
Letter-Shop-Funktion 888
lex generalis 321

Lichtbild 514
Lichtbilder 48
Liebesbeziehung 748, 755
limits of this regulation 86
LKW-Fahrpersonal 1106
Location Based Services 1104, 1118
Lohnlisten 920
Lohnsteuerkarte **117**
Löschen 193, 225
Löschung 1064, 1223, 1225, 1235, **10**, **17**
Löschungsfristen 559, 2025
Löschungspflicht 1064

M
Mädcheninternat **174**
Mailbox **43**
Maßnahmen
   technische und organisatorische 430
Maßregelungsverbot 532
Medienprivileg 843
medizinischer Dienst 204
Mehrfachbestellung, Interessenkollision bei
   1488
Mehrwertnummer 1194
Meinungsfreiheit **95**
Meldepflicht 747, 752, 1452, 1582, 1828
menschliche Nachprüfung 381
Merkblatt 1382
Miete
   von fremden DV-Anlagen 266
Missbrauchskontrolle 1157, 1185
Mitarbeiter
   ausgeschiedene 1291
   ausgeschiedener 1247, 1384
   Ausscheiden des 1247
   extern tätiger 1103
Mitarbeiterbefragung 260, 770, **102**
   anonyme 770
   Freiwilligkeit 770
Mitarbeitervertretung 190, 1447, 1721
   Datenschutz bei 1949
   Datenschutz gegenüber der 1690
   Datenschutzkontrolle bei der 1569
   Datenschutzkontrollfunktion 1653
   Datenweitergabe an 1972
   Datenweitergabe an Gewerkschaft 2015
   eigene Datenschutzorganisation 2028
   eigene Personaldatei 1967, 2000, 2008
   eigene Webseite 1962, 2020
   Einsicht in Personalakten 1981

elektronische Mitarbeiterinformation
1964
elektronische Wahlwerbung 1965
Fachliteratur für 1699, 1715
Informationsansprüche der 1796
Kontrollbefugnisse 1647
*Kontrolle bei Auftragsdatenverarbei-
tung* 1684
Kontrolle des DSB 1479 1726
Kontrolle durch den DSB 2029
Kontrollfunktion 1635
Löschungsfristen 2025
Mitbestimmung bei DSB-Bestellung 1719
Sachverständige für 1694
Schutzauftrag 1635
Schutzfunktion gegenüber DSB 1729
Schweigepflichten 2010
Unterrichtung der 1595, 1802
verantwortliche Stelle 1950, 1969
Veröffentlichungen im Intra-/Internet
2019
Zugang zum Internet 1961, 1965
Zugriff auf Personaldatei 2009
Mitbestimmung 286, 729, 1367, 1509, 1742,
**1, 2, 3, 9, 15, 18, 28, 29, 30, 35, 37, 40, 42,
46, 49, 52, 54, 55, 58, 59, 77, 92, 110, 111,
127, 129, 140, 143, 146, 160, 164, 171, 172,
207**
Abwesenheitsliste 1820
*als Rechtmäßigkeits- und Zulässigkeits-
voraussetzung* 1940
Anforderungsprofil 1791
Attestvorlage 1822
Auftragsdatenverarbeitung 1893
*automatisierte Personaldatenverarbei-
tung* 1769
bei Bestellung des DSB 1899
bei Einwilligung 1755
*bei Überwachung durch fremde Beschäf-
tigungsfirma* 1840
bei Umsetzung behördlicher Anordnung
1889
bei Verhaltens- und Leistungskontrolle
1832
bei Whistleblowerklausel 1828
Beurteilungsrichtlinien 1774
Datenerhebung bei Dritten 1764
Datenerhebung in Arbeitsverträgen 1772
Datensicherung 1732, 1879, 1892
Datenverarbeitung des Betriebsarztes
1847

Ehrlichkeitskontrolle 1826
Ethikregelung 1812
Gruppenüberwachung 1873
Kundenbefragung 1762
Ordnung und Verhalten 1807
Personalfragebogen 1750
Privatdetektiv 1825
private IKT-Nutzung 1813
Rechtsschutz bei Verstoß 1939, 1944
*Regelung zur Personalakteneinsichtnah-
me* 1823
Scoringverfahren 1778
Sicherheitsüberprüfung 1760
Spielraum der 447
Stellenbeschreibung 1792
technische Überwachung 1831
Telefonverzeichnis 1863, 1867
Mitbewerber **193, 198**
Mitgliederwerbung **181**
Mithören 1165, **31, 65, 84, 173**
heimliches 1167
offenes 1172
Mitteilung
betriebsinterne 233
Mitteilungspflicht **120, 124, 125, 126, 127,
130, 137**
Mitverschulden 1427
Mobilität, konzerninterne 812
Mobiltelefon (siehe auch Handy) 1103, 1108,
1953
Monatsgespräch 926
Monitoring 1035
Motivationsbild
positives 550
Multimedia 60, 1135
Museum 1041
Mustererkennung 1082
Mystery Calls 759, 764, 767
Mystery-Test 760

N
Nachricht
private 36
Nachweisgesetz 96, 159
Nachweispflicht, fortgesetzte 708
Nachwuchskräftedatei 1237
Namensbekanntgabe 870
Namensschilder 1815, **129**
Nebenakte 104
Nebenakten 1285

Nebenamtlicher Datenschutzbeauftragter 1490

Nebenstelle 1154

Nebentätigkeit 536, **71**, **125**, **167**

Nebentätigkeiten

    Anzeige 536, 538, 733, 735

Nebenverdienst **125**

Negativkatalog 1786

neue Zweckbestimmung 238

Neueintritte 855

Nicht-Verfügbarkeit 535

Non-liquet-Fall 1240

Normadressat 171

normative Wirkung 332

normenklare Regelung 57

Notrufnummer 1110

Notwehr 1169

Nutzen 190, 193

Nutzerprofil 1202

Nutzung 227, 1134, 1973

    gesetzwidrige 1151

    korrekte 1180

    private 1131, 1133, 1136, 1139, 1149,
        1188

Nutzungsdaten 1180

Nutzungsordnung 1192

Nutzungsverbot 239

O

Offenbarungspflicht 132, 134, 472

offene Videoüberwachung 1032

offensichtliche Herkunft 308

öffentlich zugängliche Räume 1016, 1040

öffentliche Verwaltung 342

Öffentlicher Dienst 88, **7**, **9**, **10**, **12**, **32**, **128**,
    138, **161**, **162**, **167**

    bereichsspezifische Regelung 347

Online-Zugriff **194**

Ordnungsverhalten 1809, **103**, **129**, **172**, **206**

Ordnungswidrigkeit 1020, 1390

Organisation

    des Betriebs 1120

organisatorische Maßnahmen 123

Organmitglieder 180

Originalunterlagen 157

    Vernichtung von 158

Outplacementmanagement 885

P

Paginierung 124, 125

Parkerlaubnisverwaltung 1837, **42**

Parkplatz

    Zuteilung eines 373

Partner

    externer 1156

Passbild 184

Passwort 37, 38

PC **15**, **30**, **40**

PC-Arbeitsplatz **182**

Personalakte 14, 719, 776, 787, 926, 1289,
    1407, 1418, 1981, **4**, **7**, **10**, **12**, **20**, **21**, **27**,
    53, **122**, **150**, **158**, **176**, **205**

    Beamte 927

    digitalisierte 105, 151, 1296

    Einsichtnahme in 168

    Einsichtsnahme **186**

    Einsichtsrecht 1283, 1823

    elektronische 151

    Inhalt 1288

    materielle 1284

    qualifizierte 97, 1251

    Richtigkeit 120

    sichere Datenverarbeitung 123

    Transparenz 117

    Vertraulichkeit 138, 633

    Vollständigkeit 124

    Zulässigkeit der Daten 130

Personalaktendaten 102, 350, 1284

Personalaktenführung, Pflicht zur 94

Personalaktenkontrolle 1568

Personalaktenrecht 99

    Geltungsbereich 99, 100, 101, 102

    Grundsätze 87

    Historie 88

Personalaktenwahrheit 124

Personalaktenzugangsrecht

    des Betriebsrats 1300

Personalberater 209, 212, 273, 500, 639, 771,
    1761, 1799, 1826, **26**

Personalcomputer 1846

Personaldaten im Internet 253

Personaldatenfluss, konzernintern **70**

Personaldatenrecht 99

Personalfragebogen 303, 304, 1750, **46**, **49**,
    109

    Personalfragebogenentscheidung 16

Personalgespräch 28, 1229, **176**, **205**

Personalinformationssystem 1607, 1745,
    1801, **144**

    grenzüberschreitendes 825

personalisierter Zugang **203**

Personalmitteilungen, öffentlicher Dienst 856

Personalplanung 1795
Personalrat **2, 13, 15, 16, 19, 23, 24, 77, 87,
139, 147**
  Datenspeicherungen des **24**
Personalratsmitgliedschaft **38, 139**
Personalstammdaten 18
Personen
  Schutz von 1046
Personenbezogene Daten 1753, 1875
  besondere Arten 182, 367
Personenbezug 169, 175
  Verzicht auf 766
Personenkontrolle **160**
persönliche Tätigkeit 310
persönliche Umstände 582
Persönlichkeit des Bewerbers 489, 516
Persönlichkeitsmerkmale 377
Persönlichkeitsprofil 372, 865, 1185
Persönlichkeitsprofile 2
Persönlichkeitsrecht 11, 15, 1159, 1251
Persönlichkeitsrechtsverletzung, schwerwie-
  gende 1418
Persönlichkeitsschutz 1031, 1159, **48**
Persönlichkeitssphäre
  Kernbereich der 591
Persönlichkeitsverletzung **99**
Petitionsausschuss 926
Pfändungen 523
Pflichten
  grundsätzliche 172
Plattform
  berufsorientierte 642
politische Überzeugung 542
polizeiliches Führungszeugnis 461, 561
positive Forderungsverletzung 449, 1396
Post des Arbeitgebers 35
Postgeheimnis 1031
Praxisverkauf 820
Pre-Employment Checks 499
Presse **95, 99**
Pressefreiheit 845
Privatanschrift 993, 2007
private Lebensgestaltung 547
private Mitnutzung 29
private Nachricht 36
private Nutzung 1133
private Tagebuchkladde 114
Privatfahrten 1127
Privatsphäre 508
Programmüberwachung 1584

Protokolldatei 169, 449, 1147
Prüfergebnis 1221
Prüfungsakten 109
Pseudonymisierung 193, 225, 1202
Psychologe 613, 1160, **6**
psychologischer Test 616
Publikation in Tageszeitung 1339
publizistischer Zweck 848
Punktesystem 113

Q

qualifizierte Personalakte 1251
Qualitätskontrolle 1171
Qualitätstest 759
Querschnittsmaterie 56

R

Rahmenbetriebsvereinbarung 1899, 1917
Ranglisten 1293
Ranking 379
Rauchen 547
Raucherpause 670
Räume, öffentlich zugängliche **201**
Recht am eigenen Bild 46, 873, 1068
Recht am geschriebenen Wort 30, 31
Recht am gesprochenen Wort 26, 1166
Recht auf Arbeit 493
Recht auf Entfernung 14
Recht auf informationelle Selbstbestimmung
  4, 8, 15, 62
Recht auf Widerspruch 414
Rechte, unabdingbare 170, 171, 1444
Rechtsbeeinträchtigung 485, 487
Rechtsbegriff
  unbestimmter 58
Rechtschutzinteresse, Beurteilung **135**
Rechtsform
  eines Auftragsverhältnisses 264
Rechtssicherheit 78
Rechtsvorschrift
  fachspezifische 324
Rechtsvorschrift außerhalb des BDSG 311
Rechtsvorschriften des Bundes 337
Redaktion, unselbstständige 850
Referenzen 623
Regelbeurteilung 773, **168**
Regelmäßigkeit 284
Regelung
  normenklare 57
Regelungsabrede 1905

Reichskolonialbeamtengesetz 90
Religion 513
Religionszugehörigkeit **117**
Remonstrieren 1368
Rente
    betriebsinterne 271
Repräsentationsfunktion 864
repressive Überwachung 1014
Revision 143, 1492, 1537, **21**
RFID 1084
    Technik 1086
    Transparenz 1095, 1099
Richter **167**
Richtigkeit 120
Risiken, besondere 1604
Risikoanalyse 1072
Rücksichtnahmepflicht 131, 1222, **159**, **186**
Rügen 778
Rundumkontrolle 1126

S
Sachakten 108
Sachaktendaten 108, 348
Sachverständiger 1694, **16**
Safe-Harbor 834
Sammelbelege 1286, 1288, 1293
Sarbanes-Oxley Act **164**
Schaden, immaterieller 148, 1417, 1425
Schriftform 278
    gesetzliche 160
Schülerbefragung 1863
Schulungsprogramm 1381, 1385, 1730
Schulungszweck 772
Schutz- und Rücksichtnahmepflicht 1232
Schutzgesetz, BDSG als 1649
Schutzkonzept 144, 145
Schutzniveau, angemessenes 295
Schutzpflichten 488
Schutzstufenkonzept 150
schutzwürdige Belange 61
Schwangerschaft 132, 398, 496, 524, 1993,
    23, 25, 41, 45, 78, 82, 88, 116, 120, 126,
    136, 137, 188
Schwarzarbeit 718
Schwarzes Brett 959
schwebendes Strafverfahren 555
Schweigepflicht 30, 581, 1161, 2010, **172**
    ärztliche 583
    des Betriebsrats 739, 1263
Schwerbehinderte 510, 1299

Schwerbehinderteneigenschaft 184, **47, 67,**
    97, 112, 124
    Fragerecht im bestehenden Arbeitsver-
        hältnis **196**
    Fragerecht im Bewerbungsverhältnis
        192
Schwerbehinderung 510, 1299
schwerwiegende Beeinträchtigung 1335
Scientologen 542
Scoring 112, 176, 1200
Screening 1023, 1200, 1203, **200**
Selbstanzeige 1340
Selbstauskunft 558
Selbstbestimmungsrecht 47
Selbsteinschätzung 549
Selbstkontrolle, innerbetriebliche 1454
Selbstschutz, informeller 1096
selbstständiger Handelsvertreter 257
Selbstständigkeit
    Ermangelung der 263
sensible Daten 298, 830, 913, 1334
    im Konzern 819
sensibler Vorgang 142
sensitiver Bereich 1051
Sicherheitsbeauftragter 1492
Sicherheitsbehörden, Anfragen von 894
Sicherheitslücke 1333
Sicherheitspersonal 1054
Sicherheitsrisiko 637
Sicherheitsüberprüfung 1760, **11, 29, 55**
    Mitbestimmung 944
Sicherheitsunternehmen 1057
Sicherungskopien 221
Sicherungslücke 1337
Sicherungsmaßnahmen 281
Soft Skills 490
Sozialadäquanz 1136
Sozialdaten 340, 988, **68, 69, 75, 133**
Sozialdatenschutz 59
soziale Gesichtspunkte 340
soziale Netzwerke 500
soziales Engagement 544
Sozialgeheimnis 1349
Sozialleistungsträger 1456
Sozialversicherungsausweis 249, **80**
Spam 1195
Speichermedien, mobile 1100, 1101
Speichern 193, 218
Speicherung
    Unzulässigkeit der 1282
    Zweck der 1307

Sperrung 193, 1223, 1240, 1243, 1244
spezielle Zulässigkeitsnormen 326
sportliche Betätigung 540
Sprechstunden 1295
Stammdaten 1203, 2005, **5**
Standardvertragsklauseln 296
Standardvertragsregelungen 832
Standesregelung 1, 829
Standortdaten 1109
Standortermittlung 1104
Stasi-Tätigkeit 563, **76, 79, 81, 90, 91, 130**
Stasi-Unterlagengesetz 567
statistische Erfahrungswerte 112
Statusdaten 1858
Stellenabbau 480
Stellenausschreibung 273
Stellenpool **170**
Stellungnahme 1271
Steuerberater 271
Steuerprüfung 143
Stichproben 410
Stimmanalyse 1177
Stimmung 1178
Stoppuhrmessung **58**
Strafantrag 157, 1389
Strafanzeige **159**
strafbare Handlung 288, 1386, 1392
strafrechtliche Verurteilung 133
Straftat 1011, 1019, **163**
Strafverfahren, schwebendes 555
Streikbrecher 1987
Streikende 1052
subjektiv 492
Subsidiarität 314, 1301, 1428
Subunternehmer 291, 1376

T
Tachograph, digitaler 1105
Tagebucheinträge **157**
Tagebuchkladde
    private 114
Tageszeitung
    Publikation in 1339
Tarifvertrag 311
Tarifvertrag als Zulässigkeitsnorm 332
Tarifvertrag, Datenübermittlung **131**
Taschenkontrolle **160**
Tätigkeit
    ehrenamtliche 539
    gefährdende 597
tätigkeitsneutrale Frage 510

Tatverdacht **166, 175, 183**
    hinreichender 1017
Tauglichkeitsuntersuchung 1786
Taxi 1049
Technikerberichtssystem 1745, 1833, 1849
technische und organisatorische Maßnahmen
    430
Teilakte 104
Teilkündigung des DSB 1518
Telearbeit 270, 1385
    Datensicherung 452
    Einwilligung 412
    Personaldaten 453
    Zugangsrecht 454
Teledienst 1220
Telefax 455
Telefonate
    Aufzeichnen 1165
    ausgehende 1154
    des Betriebsrats 1163
    eingehende 1156
    Mithören 1165
    private 1137
    von Richtern 1162
    Zielnummer 1154
Telefonbanking 1174
Telefondaten **3, 6, 65**
    des Betriebs-/Personalrats 1163
Telefondatenerfassung 1013, 1153, 1837
Telefonmithören **31, 65, 84, 173**
Telefonverzeichnis 958
    konzernweites 859
Telekommunikationsanlage 29
Tendenzunternehmen 541
Terrorismuslisten **200**
Terroristenfahndung 952
Terrorverdächtige 1211
Test
    psychologischer 616
Testanruf 760
Testdieb 759
Tester
    externer 759
Testkäufer 202, 203
Testshopping 759
Testverfahren 613
Textform 1308
Thinking Camera 1082
Toiletten 54
Tonbandaufnahme 1165
Track Your Kid 1110

Traineeprogramm **207**
Transparenz 117, 168, 172, 1118, 1265
Transparenz der Personalakte 117
Transportpapiere 1107
Transportplanung 1124
Trennungsgebot 440, 582
Treu und Glauben 416
Treuepflicht 747, 752, 1572, 1633
Türöffner 1088

U
Übermittlung 193, 250
Übermittlungsgebote 923
Überqualifizierung 519
Überwachung 1010
    Eignung für 1843
    geheime 1129
    heimliche 364
    repressive 1014
    technische 1831
Überwachungsdruck 1069, **8, 54**
Überwachungseinrichtung **18, 40**
Überwachungstechnik 1267
Übung, betriebliche 1135, 1140, 1150
Ultima-ratio-Prinzip 1073
Umgang 193
Umschlag
    versiegelter 166
Umschlag, verschlossener **158**
Umweltschutz 1454
Unabhängigkeit 1163
Unabhängigkeit, völlige 1453
unbefugte Einsichtnahme 34
unbefugte Verbreitung 49
unbefugtes Verschaffen 41
unbestimmter Rechtsbegriff 58
Unbeweisbarkeit 1240
unerlässlich •
unerlaubte Handlung 1226, 1396
unmittelbarer Zusammenhang 106
Unterlagen, Überlassung von **123**
Unterlassung **52, 89, 92**
Unternehmen
    konzernverbundenes 636
Unternehmensverkauf 914
Unterrichtungspflicht 1113, 1554
Unterschlagung 1201
Unterschlagungsverdacht 1074
Untersuchung
    ärztliche 461
    verdeckte 1273

Unverzüglichkeit 1309
unzulässige Speicherung 1282
Urheberrecht 877
URL-Filter 1194

V
Verabschiedungsschreiben **145**
verändern 193, 222, 796
verantwortliche Stelle 188, 209, 1342, 1450,
    1625
Verarbeitung 193
    automatisierte 173
    unbefugte 1345, 1364
    weisungsgemäße 287
Verarbeitungsmedien
    mobile 1100
Verarbeitungsverpflichtung
    eindeutige 422
Verbesserungsvorschläge 854, 971
Verbindungsversuche
    erfolglose 29
Verbot
    generelles 1151
Verbot der Verarbeitung 330
Verbot mit Erlaubnisvorbehalt 140, 326
Verbotsirrtum 1378
Verbraucher-Insolvenzverfahren 522
Verdachtskündigung 1437, **105, 163**
Verfahren
    fehlerfreies 121
Verfahrensfehler 1234, **168**
verfahrensmäßige Schutzvorkehrungen **150**
Verfahrensverzeichnis 1591
    Einsichtnahme Dritter 1598
    Erstellung 1592
    Inhalt 1595
Verfassungsmäßigkeit **2**
verfassungsrechtlicher Rang 62
Verfassungstreue 563
Verfügbarkeitskontrolle 439
Verhalten
    sexuelles 747, 752
Verhaltens- und Leistungskontrolle 1047,
    1170, 1832
Verhaltenskontrolle 1047
Verhaltensregelungen, brancheninterne 1631
Verhältnismäßigkeit 443, 663, 1132, 1179,
    1185, **146, 148, 166**
Verhältnismäßigkeitsgrundsatz 1217
Verhältnismäßigkeitsprüfung 1180
Verhinderung 535

Verhinderungsgründe 535
Verifikation 1091
Verjährungsfrist 1248
Vermögensverhältnisse 521, 624
Veröffentlichung 150, 842, 857
Verpflichtungserklärung 1221
Verrichtungsgehilfe 1411
Verschlossensein 31
Verschlüsselung 166, 441
Verschlüsselungsverfahren 441
Verschlusssachen 936
Verschwiegenheitserklärung, Mitbestimmung
   bei **172**
Verschwiegenheitspflicht **89**
Versetzung **50**
Versicherungen, Datenübermittlung an 886
Versicherungsdaten 1861
Verspätung, Meldepflicht bei 1820
Vertrag
   befristeter 528
Vertragsfreiheit 493
Vertrauensarbeitszeit **141**
Vertrauensarzt 714
Vertrauensbruch 1436
Vertrauensleute 192
Vertrauensmann 986
Vertrauensperson 921, **205**
Vertrauensposition 561
Vertrauensschutz 1140, 1184, 1888
Vertraulichkeit 39, 427, 853, 958, 996, 1286,
   1293, **4**, **7**, **158**
   bei digitalisierten Personalakten 166
   interne 140
Vertraulichkeitsregelungen 1
Vertretungsfall 1186
Verwertungsverbot 216, 1076, **132**, **160**, **201**
Verwirkung **132**
Videoaufzeichnung 15, 745, 1039, 1845
   bei Drittfirma 1841
   durch Attrappe 1079
   heimliche 745, 1076
   Intensität 1071
   Interessenabwägung 1046
   Transparenz 1056
Videoüberwachung 15, **8**, **28**, **140**, **146**, **148**,
   166, **187**, **201**
   heimliche 1016
   offene 1032
Videoüberwachungsanlage 272
Vier-Augen-Prinzip 1074
Volkszählungsurteil 3

Vollständigkeit 124, 126
Vorabkontrolle 169, 1067, 1574, 1602
Vorgesetzter, ranghöherer **156**
Vorlesungsverzeichnis 869
Vorname 870, 1815, **103**
vorrangige Verbotsregelung 330
Vorrangigkeit 315
Vorrätighalten 219
Vorschlagsrecht 1805
Vorsorgeuntersuchung 582
Vorstellungsgespräch 516, 1990, **154**
Vorstrafe 552, **101**
   einschlägige 554
Vorstrafen 552
Vortragsverbot **160**

W
Wachmann 21, 680, 1088, 1102, **104**, **115**
Wahlakten **115**
Wählerverzeichnis **113**
Wahrheitsgehalt 499
Wahrscheinlichkeitswert 113
Warenhaus 1041, 1087
Warneffekt **121**, **171**, **204**
Wartungspersonal 1373
Webcam 51
Wehr-/Ersatzdienst 517
Weimarer Reichsverfassung 91
Weisungsfreiheit 1536
Weisungsrecht **176**
Weitergabe 250
Weitergabekontrolle 436
Weiterleitungsfunktion 1187
Werbung 976
   Arbeitgeberzeitung 993
   gewerkschaftliche 922
Werksausweis 48, 514
Werkschutz 272
Werkszeitung 252, 842
Werturteil 121, 1261, **179**
Wettbewerber **145**
Wettbewerbsbedingungen 78
Wettbewerbsverbot 479, **89**
Whistleblower 747, 752, 1311, 1633, 1828
Whistleblowermeldungen 1273
Whistleblowing 1023
Whistleblowing, externes **159**
wichtiger Grund 1523
Widerruf 1231, **100**
Widerrufsvorbehalt 1149

Widerspruch
  Recht auf 414
Widerspruchsmöglichkeit 418
Widerspruchsrecht 932
Widerspruchsrecht bei Internetveröffentlichung 872
Widerspruchsrecht, allgemeines 414
Widerspruchsrecht, Nichtausübung 417
Wirtschaftskriminalität 499
Wirtschaftszeitung **127**
Wohlwollen, verständiges 1000
Wohnung
  Zugang zur 454

Z
Zeitarbeit 884
Zeiterfassung **18**, **37**, **147**
Zeiterfassungsgerät 1820
Zeiterfassungssystem 1841
Zertifizierung 680
Zeugnis 509, 625, 627, 777, 900, 997
  äußere Form 1004
  Formulierung, übliche **165**
  Inhalt 999
  Korrekturansprüche 1006
  qualifiziertes 998
  Schlussklausel **114**
  Unterschrift **118**, **156**
  verfälschtes 484
  verschlüsselte Formulierungen **195**
Zeugnisanspruch 1248
Zeugniserteilung **39**, **44**
Zeugnisverweigerungsrecht 1546
Zeugniswahrheit **165**
Zielnummer 1154
Zielvereinbarung 1758
Zugang zur Wohnung 412

Zugangskontrolle 197, 217, 434
  biometrische **143**
  personalisierte **203**
Zugangskontrollkarte 376
Zugangssperre 1194
Zugriff
  weltweiter 152
Zugriffsberechtigungen 38
Zugriffskontrolle 435
Zugriffsschutz 141, 142
Zusammenhang
  unmittelbarer 106
Zusatzwissen 1868
Zustand
  emotionaler 1178
Zutrittskontrolle 242, 433, 1738
  biometrische 1096
Zutrittskontrollsystem 1089
Zutrittsrecht, gewerkschaftliches **181**
Zuverlässigkeit 637
Zuverlässigkeitsprüfung 948
Zuverlässigkeitstest 759, 762
Zweck
  präventiver 1205
Zweck der Speicherung 1307
Zweckändernde Nutzung 494
Zweckbestimmung 17, 130, 208, 222, 339, 667, 770, 797, 1273
  der Erhebung 1275
  Kenntnis der 215
  neue 238, 1276
Zweckbindung 431
Zweckbindungsgebot 239, 351
Zweckentfremdung 1
Zweigniederlassung 808
Zweiteilung des Datenschutzes 64
Zweituntersuchung 611

Anschriften nationaler und internationer Datenschutzbehörden

Bund
Der Bundesbeauftragte für den Datenschutz und die Informationsfreiheit
Peter Schaar
Husarenstraße 30, 53117 Bonn
Postfach 20 01 12, 53131 Bonn
Telefon: 0228/997799-0 / Fax: 997799-550
E-Mail: poststelle@bfdi.bund.de / Internet: http://www.bfdi.bund.de

Baden-Württemberg
Der Landesbeauftragte für den Datenschutz Baden-Württemberg
Jörg Klingbeil
Königstraße 10a, 70173 Stuttgart, Postfach 10 29 32, 70025 Stuttgart
Telefon: 0711/615541-0 / Fax: 615541-15
E-Mail: poststelle@lfd.bwl.de / Internet: http://www.baden-wuerttemberg.datenschutz.de

Bayern, öffentlicher Bereich
Der Bayerische Landesbeauftragte für den Datenschutz
Dr. Thomas Petri
Wagmüllerstraße 18, 80538 München, Postfach 22 12 19, 80502 München
Telefon: 089/212672-0 / Fax: 212672-50
E-Mail: poststelle@datenschutz-bayern.de / Internet: http://www.datenschutz-bayern.de

Bayern, nicht öffentlicher Bereich
Landesamt für Datenschutzaufsicht
Thomas Kranig
Promenade 27 (Schloss), 91522 Ansbach
Telefon: 0981/53-1300 / Fax: 53-5300
E-Mail: poststelle@lda.bayern.de / Internet: http://www.lda.bayern.de

Berlin
Berliner Beauftragter für Datenschutz und Informationsfreiheit
Dr. Alexander Dix
An der Urania 4-10, 10787 Berlin
Telefon: 030/13889-0 / Fax: 215-5050
E-Mail: mailbox@datenschutz-berlin.de / Internet: http://www.datenschutz-berlin.de

Brandenburg
Die Landesbeauftragte für den Datenschutz und für das Recht auf Akteneinsicht Brandenburg
Dagmar Hartge
Stahnsdorfer Damm 77, 14532 Kleinmachnow
Telefon: 033203/356-0 / Fax: 356-49
E-Mail: poststelle@lda.brandenburg.de / Internet: http://www.lda.brandenburg.de

Bremen
Die Landesbeauftragte für Datenschutz und Informationsfreiheit Bremen
Dr. Imke Sommer
Arndtstraße 1, 27570 Bremerhaven, Postfach 10 03 80, 27503 Bremerhaven
Telefon: 0421/361-2010 / Fax: 496-18495
E-Mail: office@datenschutz.bremen.de / Internet: http://www.datenschutz-bremen.de

Hamburg
Der Hamburgische Beauftragte für Datenschutz und Informationsfreiheit
Prof. Dr. Johannes Caspar
Klosterwall 6 (Block C), 20095 Hamburg
Telefon: 040/42854-4040 / Fax: 42854-4000
E-Mail: mailbox@datenschutz.hamburg.de / Internet: http://www.datenschutz-hamburg.de

Hessen
Der Hessische Datenschutzbeauftragte
Prof. Dr. Michael Ronellenfitsch
Gustav-Stresemann-Ring 1, 65189 Wiesbaden
Postfach 31 63, 65021 Wiesbaden
Telefon: 0611/1408-0 / Fax: 1408-900
E-Mail: poststelle@datenschutz.hessen.de / Internet: http://www.datenschutz.hessen.de

Mecklenburg-Vorpommern
Der Landesbeauftragte für Datenschutz und Informationsfreiheit Mecklenburg-Vorpommern
Reinhardt Dankert
Schloss Schwerin, 19053 Schwerin
Telefon: 0385/59494-0 / Fax: 59494-58
E-Mail: datenschutz@mvnet.de / Homepage: http://www.informationsfreiheit-mv.de

Niedersachsen
Der Landesbeauftragte für den Datenschutz Niedersachsen
Joachim Wahlbrink
Brühlstraße 9, 30169 Hannover
Postfach 221, 30002 Hannover
Telefon: 0511/120-4500 / Fax: 120-4599
E-Mail: poststelle@lfd.niedersachsen.de / Internet: http://www.lfd.niedersachsen.de

Nordrhein-Westfalen
Landesbeauftragter für Datenschutz und Informationsfreiheit Nordrhein-Westfalen
Ulrich Lepper
Kavalleriestraße 2–4, 40213 Düsseldorf
Postfach 20 04 44, 40102 Düsseldorf
Telefon: 0211/38424-0 / Fax: 38424-10
E-Mail: poststelle@ldi.nrw.de / Internet: http://www.ldi.nrw.de

Rheinland-Pfalz
Der Landesbeauftragte für den Datenschutz und die Informationsfreiheit Rheinland-Pfalz
Edgar Wagner
Hintere Bleiche 34, 55116 Mainz
Postfach 3040, 55020 Mainz
Telefon: 06131/208-2449 / Fax: 208-2497
E-Mail: poststelle@datenschutz.rlp.de / Internet: http://www.datenschutz.rlp.de

Saarland
Unabhängiges Datenschutzzentrum Saarland Landesbeauftragte für Datenschutz und Informationsfreiheit
Judith Thieser
Fritz-Dobisch-Straße 12, 66111 Saarbrücken
Postfach 10 26 31, 66026 Saarbrücken
Telefon: 0681/94781-0 / Fax: 94781-29
E-Mail: poststelle@datenschutz.saarland.de / Internet: http://www.datenschutz.saarland.de

Sachsen
Der Sächsische Datenschutzbeauftragte
Andreas Schurig
Bernhard-von-Lindenau-Platz 1, 01067 Dresden
Postfach 12 09 05, 01008 Dresden
Telefon: 0351/493-5401 / Fax: 493-5490
E-Mail: saechsdsb@slt.sachsen.de / Internet: http://www.saechsdsb.de.de

Sachsen-Anhalt
Landesbeauftragter für den Datenschutz Sachsen-Anhalt
Dr. Harald von Bose
Leiterstraße 9, 39104 Magdeburg
Postfach 19 47; 39009 Magdeburg
Telefon: 0391/81803-0 / Fax: 81803-33
E-Mail: poststelle@lfd.sachsen-anhalt.de / Internet: http://www.datenschutz.sachsen- anhalt.de

Schleswig-Holstein
Unabhängiges Landeszentrum für Datenschutz Schleswig-Holstein
Dr. Thilo Weichert
Holstenstraße 98, 24103 Kiel
Postfach 71 16, 24171 Kiel
Telefon: 0431/ 988-1200 / Fax: 988-1223
E-Mail: mail@datenschutzzentrum.de / Internet: http://www.datenschutzzentrum.de

Thüringen
Thüringer Landesbeauftragter für den Datenschutz
Dr. Lutz Masse
Jürgen-Fuchs-Straße 1, 99096 Erfurt
Postfach 90 04 55, 99107 Erfurt
Telefon: 0361/377190 / Fax: 3771904
E-Mail: poststelle@datenschutz.thueringen.de / Internet: http://www.thueringen.de/datenschutz

Anschriften internationaler Datenschutzbehörden

Der Europäische Datenschutzbeauftragte European Data Protection Supervisor (EDPS)
Peter Hustinx
Rue Montoyer 63, 6th floor B-1047 Brüssel
Tel.: + 32 2 28 319 00 / Fax: + 32 2 28 31 950
E-Mail: edps@edps.europa.eu / Homepage: http://www.edps.europa.eu/ edpsweb

Europäische Kommission
Sekretariat der Artikel 29-Datenschutzgruppe
Frau Marie-Hélène Boulanger (Referatsleiterin)
Generaldirektion Justiz, Freiheit und Sicherheit Datenschutzressort
B-1049 Brüssel
Telefon: + 32 2 296 94 08 / Telefax: + 32 2 299 80 94
E-Mail: JLS-ARTICLE29WP-SEC@ec.europa.eu
Homepage: http://ec.europa.eu/justice_home/ fsj/privacy/index_de.htm

Andorra
Agència Andorrana de Protecció de Dades (APDA)
C/Prat de la Creu, núm. 59-65 Escala A, planta 3a AD500 Andorra la Vella
Principat d'Andorra
Tel.: + 376 808 115 / Fax: + 376 808 118
Homepage: https://www.apda.ad

Belgien
Commission de la protection de la vie privée c/o Minstere de la Justice
Mr. Willem Debeuckelaere Rue Haute, 139
B-1000 Bruxelles
Tel.: + 32 2213 85 40 / Fax: + 32 2213 85 65
E-Mail: commission@privacycommission.be / Homepage: http://www.privacycommission.be

Bulgarien
Commission for personal data protection Chairperson
Mrs. Veneta Lubenova Shopova
15 Acad. Ivan Evstratiev Geshov Blvd. Sofia 1431
Telefon: + 35 92 91 53 515 / Telefax: + 35 92 91 53 525
E-Mail: kzld@cpdp.bg / Homepage: www.cpdp.bg

Dänemark
Datatilsynet
Mrs. Janni Christoffersen
Borgergade 28, 5th fl.,
DK-1300 Kobenhaven K
Tel.: + 45 3319 3200 / Fax: + 45 3319 3218
E-Mail: dt@datatilsynet.dk / Homepage: http://www.datatilsynet.dk

Deutschland Der Bundesbeauftragte für den Datenschutz und die Informationsfreiheit Peter Schaar Husarenstraße 30 53117 Bonn Tel.: 0228/99-7799-0 / Fax: 0228/99-7799-550 E-Mail: poststelle@bfdi.bund.de / Homepage: www.bfdi.bund.de
Estland Estonian Data Protection Inspectorate Director General: Mr. Viljar Peep (Ph.D.) 19 Väike-Ameerika St., 10129 Tallin Telefon: + 372 627 41 35 / Telefax: + 372 627 41 37 E-Mail: info@aki.ee / Homepage: http://www.aki.ee
Finnland Office of the Data Protection Ombudsman Mr. Reijo Aarnio P.O. Box 315 Albertinkatu 25 A, 3rd floor FIN-00181 Helsinki Tel.: + 358 10 36 66700 / Fax: + 358 10 36 66735 E-Mail: tietosuoja@om.fi / Homepage: http://www.tietosuoja.fi
Frankreich Commission Nationale de l'Informatique et des Libertés (CNIL) Présidente: Isabelle Falque-Pierrotin 8 rue Vivienne CS 30223 F-75083 Paris cedex 02 Tel.: + 33 1 5373 2222 / Fax: + 33 1 5373 2200 E-Mail: webmaster@cnil.fr / Homepage: http://www.cnil.fr
Griechenland Hellenic Data Protection Authority President: Petros Christoforos Kifissias Av. 1-3, Ampelokipi GR-11523 Athens Telefon: + 30 210 6475 601 / Telefax: + 30 210 6475 628 E-Mail: contact@dpa.gr / Homepage: http://www.dpa.gr
Großbritannien Information Commissioner's Office Mr. Christopher Graham Wycliffe House, Water Lane GB-Wilmslow Cheshire SK9 5AF Telefon: + 44 303 123 1113 / Telefax: + 44 1625 524510 E-Mail: mail@ico.gsi.gov.uk / Homepage: http://www.ico.gov.uk
Irland Office of the Data Protection Commissioner President: Billy Hawkes Canal House, Station Road Portarlington, Co. Laois Ireland Tel.: + 353 57 868 4800 / Fax: + 353 57 868 4757 E-Mail: info@dataprotection.ie / Homepage: http://www.dataprotection.ie
Island Icelandic Data Protection Commission Managing Director Sigrun Johannesdottir Raudararstigur 10 IS-105 REYKJAVIK Tel.: + 354/510 9600 / Fax: + 354/510 9606 E-Mail: postur@personuvernd.is / Homepage: http://www.personuvernd.is

618

Italien
Garante per la Protezione dei Dati Personali
President: Francesco Pizzetti
Piazza di Monte Citorio n. 121 I-00186 Roma
Tel.: + 39 06 69 677.1 / Fax: + 39 06 69 677.3785
E-Mail: garante@garanteprivacy.it / Homepage: http://www.garanteprivacy.it

Lettland
Data State Inspectorate Riga Director
Mrs. Signe Plumina
Riga, Blaumana iela 11/13 -15, LV-1011
Tel.: + 37 1/67223131 / Fax: + 37 1/67223556
E-Mail: info@dvi.gov.lv / Homepage: http://www.dvi.gov.lv/

Liechtenstein
Liechtensteinische Landesverwaltung Datenschutzstelle (DSS)
Datenschutzbeauftragter: Dr. Philipp Mittelberger
Postfach 684
FL-9490 Vaduz
Tel.: + 423 236 6090 / Fax: + 423 236 6099
E-Mail: info@dss.llv.li / Homepage: http://www.dss.llv.li

Litauen
State Data Protection Inspectorate
Director Algirdas Kuncinas
A. Juozapaviciaus g. 6 / Slucko g. 2
LT-09310 Vilnius
Tel.: + 370 5 279 1445 / Fax: + 370 5 261 9494
E-Mail: ada@ada.lt / Homepage: http://www.ada.lt/

Luxemburg
Commission nationale pour la protection des données
President: Gérard Lommel
41, avenue de la gare 4ième étage
L-1611 Luxembourg
Tel.: + 352 26 10 601 / Fax: + 352 26 10 6029
E-Mail: info@cnpd.lu / Homepage: http://www.cnpd.lu

Malta
Office of the Information and Data Protection Commissioner
Mr. Joseph Ebejer
Airways House, Second Floor High Street
Sliema SLM 1549 Malta
Telefon: + 356 2328 7100 / Telefax: + 356 2328 7198
E-Mail: idpc.info@gov.mt / Homepage: http://www.idpc.gov.mt

Monaco
Commission de Contrôle des Informations Nominatives
Président Michel Sosso
12, Avenue de Fontvieille 98000 Monaco
Monaco
Telefon: + 377 97 70 22 44 / Telefax: + 377 97 70 22 45
E-Mail: ccin@ccin.mc / Homepage: http://www.ccin.mc

Niederlande
College Bescherming Persoonsgegevens
President: Jacob Kohnstamm
Postbus 93374
NL-2509 AJ Den Haag
Tel.: + 31 70 88 88500 / Fax: + 31 70 88 88501
E-Mail: info@cbpweb.nl / Homepage: http://www.cbpweb.nl

619

Norwegen
Datatilsynet
The Data Inspectorate
Director General Mr. Georg Apenes Tollbugata 3
N-0152 Oslo
Tel.: + 47 22 39 69 00 / Fax: + 47 22 42 23 50
E-Mail: postkasse@datatilsynet.no / Homepage: http://www.datatilsynet.no

Österreich
Österreichische Datenschutzkommission
Dr. Eva Souhrada-Kirchmayer
Hohenstaufengasse 3
A-1010 Wien
Telefon: + 43 1 531 15 202525 / Telefax: + 43 1 531 15 202690
E-Mail: dsk@dsk.gv.at / Homepage: http://www.dsk.gv.at/

Polen
Generalny Inspektor Ochrony Danych Osobowych
Wojciech Rafa Wiewiórowski ul. Stawki 2
PL 00-193 Warszawa
Tel.: + 48 22 860 7086 / Fax: + 48 22 860 7086
E-Mail: kancelaria@giodo.gov.pl / Homepage: http://www.giodo.gov.pl/

Portugal
Comissão Nacional de Protecção de Dados
Presidente Dr. Luis Novais
Lingnau da Silveira Rua de São Bento 148-3°
P-1200-821 Lisboa
Tel.: + 351 21 392 8400 / Fax: + 351 21 397 6832
E-Mail: geral@cnpd.pt / Homepage: http://www.cnpd.pt

Republik Moldau
National Center for Personal Data Protection of the Republic of Moldova
Director: Mr. Vitalie Panis MD-2004 Chisinau
48, Serghei Lazo Str. office n. 106 Republic of Moldova
Tel.: + 3 73-22-82 08 01 / Fax: + 3 73-22-82 08 07
E-Mail: centru@datepersonale.md / Homepage: http.//www.datepersonale.md

Rumänien
The National Supervisory Authority for Personal Data Processing
President: Georgeta Basarabescu
No. 28-30 B-dul Magheru Bucharest, Romania
Tel.: + 40 318 059 211 / Fax: + 40 318 059 602
E-Mail: anspdcp@dataprotection.ro / Homepage: http://www.dataprotection.ro

Schweden
Datainspektionen
Director General Göran Gräslund
Box 8114/Flemminggatan 14
S-104 20 Stockholm
Tel.: + 46 8 657 6100 / Fax: + 46 8 652 8652
E-Mail: datainspektionen@datainspektionen.se / Homepage: http://www.datainspektionen.se

Schweiz
Eidgenössischer Datenschutz- und Öffentlich- keitsbeauftragter
Hanspeter Thür Feldeggweg 1 CH-3003 Bern
Telefon: + 41 31 322 4395 / Telefax: + 41 31 325 9996
E-Mail: info@edoeb.admin.ch / Homepage: http://www.edoeb.admin.ch

Slowakei
Úrad na ochranu osobny´ch údajov (The Office for Personal Data Protection) President: Gyula Veszelei Odboráske námestie 3 817 60 Bratislava 15 Slovak Republic Telefon: + 421 2 5023 9418 / Telefax: + 421 2 5023 9441 E-Mail: statny.dozor@pdp.gov.sk / Homepage: http://www.dataprotection.gov.sk

Slowenien
Information Commissioner of the Republic of Slovenia Ms. Nataša Pirc Musar Vošnjakova 1 p.p. 78 1000 Ljubljana Slovenia Telefon: + 386 1 230 97 30 / Telefax: + 386 1 230 97 78 E-Mail: gp-ip@ip-rs.de / Homepage: http://www.ip-rs.si/

Spanien
Agencia Espanola de Protección de Datos Director Artemi Rallo Lombarte C/Jorge Juan, 6 E-28001 Madrid Telefon: + 34 901100099 / Telefax: + 34 912663517 E-Mail: ciudadano@agpd.es / Homepage: https://www.agpd.es

Tschechische Republik
The Office for Personal Data Protection The President of the Czech data protection authority Dr. Igor Nmec Pplk. Sochora 27 CZ-170 00 Praha 7 Telefon: + 420 234 665 111 / Telefax: + 420 234 665 444 E-Mail: posta@uoou.cz / Homepage: http://www.uoou.cz

Ungarn
Parliamentary Commissioner for Data Protection and Freedom of Information Dr. András Jóri H-1051 Budapest Nádor utca 22 Hungary Telefon: + 36 1 4757186 / Telefax: + 36 1 269 3541 E-Mail: adatved@obh.hu / Homepage: http://www.obh.hu

Zypern
Commissioner for Personal Data Protection Mrs. Panayiota Polychronidou 1 Iasonos street CY-1082 Nicosia or: P.O. Box 23378 CY-1682 Nicosia Telefon: + 357 22 818 456 / Telefax: + 357 22 304 565 E-Mail: commissioner@dataprotection.gov.cy / Homepage: http://www.dataprotection.gov.cy

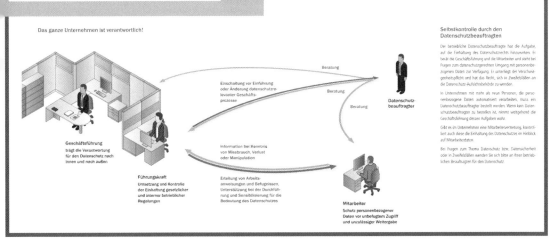

Teil 1	Einführung in den Datenschutz für die Privatwirtschaft	
Teil 2	Einführung in den technisch-organisatorischen Datenschutz	Basis-Schulung
Teil 3	Datenschutz-Management	
Repetitorium	Vorbereitung auf die Prüfung zum GDDcert.	Vertiefung und Prüfungs-vorbereitung (fakultativ)
Prüfung	Zertifizierung durch die GDD Prüfungsinhalte sind die Teile 1 bis 3	

GDD CERT.
DATENSCHUTZ-BEAUFTRAGTER
GESELLSCHAFT FÜR DATENSCHUTZ UND DATENSICHERHEIT e.V.

GDD-BASIS-SCHULUNGEN

Datenschutz-Organisation

>> Datenschutz Atkuell

>> Datenschutz Kompakt

>> Der Teilzeit-Datenschutzbeauftragte

>> Entlastung des Datenschutzbeauftragten von Routinearbeiten durch Datenschutzintegration

>> Arbeitnehmerdatenschutz im öffentlichen Dienst

>> Neuer Kundendatenschutz

Datenschutz-Praxis

>> Herausforderung: Internationaler Datenverkehr

>> Praxisfragen beim betrieblichen Internet- und E-Mail-Einsatz

>> Präsentationstechniken für Datenschutzbeauftragte

>> Datenschutzprüfungen der Aufsichtsbehörden

>> Rechtssichere Personaldatenverarbeitung und Prozesse

>> Die 30 häufigsten Datenschutz-Schwachstellen und deren Lösung

>> Die Datenpanne! Albtraum jedes Unternehmens

>> E-Discovery und Datenschutz

SAP-Workshop

>> Prüfung von SAP-Systemen durch Datenschutzbeauftragte

>> Das SAP-System für Datenschutz beauftragte

Workshop-Reihe

>> Coaching-Workshop: Datneschutzpraxis

>> Praxisforum: Internationale Auftragsdatenverarbeitung

>> Update-Workshop: Datensicherheitspraxis

AUFGABENSPEZIFISCHE SEMINARE

Datenschutzfachtagung (DAFTA)